Einbeziehung von AGB im unternehmerischen Geschäftsverkehr
zwischen Deutschland und Finnland

Studien zum vergleichenden und internationalen Recht -
Comparative and International Law Studies

Herausgeber: Bernd von Hoffmann†, Erik Jayme
und Heinz-Peter Mansel

Band 182

PETER LANG
Frankfurt am Main · Berlin · Bern · Bruxelles · New York · Oxford · Wien

Jutta Jasmin Uusitalo

Einbeziehung von AGB im unternehmerischen Geschäftsverkehr zwischen Deutschland und Finnland

PETER LANG
Internationaler Verlag der Wissenschaften

Bibliografische Information der Deutschen Nationalbibliothek
Die Deutsche Nationalbibliothek verzeichnet diese Publikation in der Deutschen Nationalbibliografie; detaillierte bibliografische Daten sind im Internet über http://dnb.d-nb.de abrufbar.

Zugl.: Köln, Univ., Diss., 2012

Gedruckt auf alterungsbeständigem,
säurefreiem Papier.

D 38
ISSN 0930-4746
ISBN 978-3-631-63948-1

www.peterlang.de

Meinem Bruder zum Gedenken
und meinem Mann

Vorwort

Das AGB-Recht ist momentan in Deutschland ein vieldiskutiertes Thema und nach dem Regierungswechsel im Herbst 2009 haben diese Diskussionen weiter stark zugenommen. Die vorliegende Arbeit, die im Wintersemester 2011/2012 an der Rechtswissenschaftlichen Fakultät der Universität zu Köln als Dissertation angenommen wurde, soll einen Beitrag zu dieser rechtswissenschaftlichen und rechtspraktischen Diskussion leisten, indem das deutsche Recht mit dem finnischen Recht und dem UN-Kaufrecht verglichen wird. Dieser Vergleich ist ergiebig, weil diese Rechtssysteme einerseits eine gemeinsame Basis haben, andererseits aber bedeutsame systematische und praktische Unterschiede vorweisen.

Mein Interesse für das Thema dieser Arbeit wurde bereits während eines Praktikums bei der Zweigniederlassung Deutschland des Saint-Gobain Konzerns im Jahr 2003 geweckt, weil ich dort erstmals auf die Unterschiede zwischen dem deutschen und dem finnischen AGB-Recht gestoßen bin. Zum überwiegenden Teil entstand diese Arbeit im Zeitraum Oktober 2007 bis Dezember 2008. Dies wurde mir durch einen von meinem Arbeitgeber TDC Oy FINLAND gewährten Ausbildungsurlaub und ein DAAD-Stipendium ermöglicht. Weiterhin wurde ich durch den finnischen Juristenverband „Suomen Lakimiesliitto ry" gefördert. Die Arbeit wurde bis zur Disputation am 28. Februar 2012 neben meiner Vollzeittätigkeit in Finnland kontinuierlich weitergeführt und die bereits bestehenden Teile anhand neuer Literatur aktualisiert.

Erstens gilt mein Dank meiner verehrten Doktormutter, Frau Prof. Dr. Dauner-Lieb, die vor der Doktorarbeit schon meine LL.M. Magisterarbeit betreut, mich bei beiden Arbeiten unterstützt und mir bei der Gestaltung der Arbeit viele Freiräume eingeräumt hat.

Für die ausgesprochen zügige Erstellung des Zweitgutachtens danke ich herzlich Herrn Prof. Dr. Berger. Seine Vorlesungen und Fachveröffentlichungen zum AGB-Recht haben viele wertvolle Anregungen und Ideen geliefert, deren Grundlagen in persönlichen Diskussionen dankenswerterweise noch weiter vertieft werden konnten.

Mein besonderer Dank gilt auch Herrn Prof. OTT Ari Saarnilehto und Herrn Oberassistent OTT Mika Viljanen, die mit mir ausführliche Gespräche über das finnische (AGB-)Recht geführt und mir viele Anregungen für die Arbeit gegeben haben, sowie dem Personal der rechtswissenschaftlichen Bibliothek der Universität zu Turku, welches mir jederzeit wertvolle Hinweise auf neu erschienene Literatur gegeben und mir eine flexible Nutzung der Bibliothek ermöglicht hat.

Weiterhin bedanke ich mich bei Herrn Prof. Dr. Mansel für die Aufnahme der Arbeit in die Reihe „Studien zum vergleichenden und internationalen Recht / Comparative and International Law Studies" sowie bei den Mitarbeitern der Bibliothek des Instituts für internationales und ausländisches Privatrecht, insbesondere bei Frau Lorig, für die stetige Unterstützung.

Herzlich bedanken möchte ich mich bei meinen Freunden Frau RAin Dr. Christina Blanken, RA Marcus Anlauf und Michaela Kauppinen, die die Mühen des Korrekturlesens auf sich genommen und dadurch einen wesentliche Beitrag zum Gelingen der Arbeit geleistet haben. Natürlich danke ich auch meinen anderen Freunden in Deutschland und in Finnland für die förderlichen und aufmunternden Gespräche sowie für die praktische Unterstützung, die sich von der Beherbergung bis zum Senden von im jeweils anderen Land neu erschienenen Aufsätzen erstreckt hat.

Zusätzlich danke ich Frau Winkelkötter vom Peter Lang Verlag für die gute Zusammenarbeit sowie dem Fonds „Olkiluodon Juhlarahasto" für die Beihilfe zur Veröffentlichung der Dissertation.

Zum Schluss gebührt mein Dank meinem Ehemann Manfred Walter, ohne den ich vermutlich nicht auf die Idee gekommen wäre, in Deutschland zu promovieren, und der mir während des Schreibprozesses mit vielfältiger Unterstützung und Hilfe zur Seite stand, sowie meinen Eltern, die meinen Weg zum Studium aktiv gefördert haben.

Helsinki, im August 2012 *Jutta Uusitalo*

Inhaltsverzeichnis

1. Einführung

1.1 Hintergrund

Wie schon seit langem bekannt, sind die allgemeinen Geschäftsbedingungen (im folgenden AGB) für die Funktionsfähigkeit der modernen Wirtschaft notwendig[1], und die Wurzeln der Verwendung formularmässiger Klauseln stammen schon aus der Zeit der Antike[2]. Durch die Verwendung von AGB erfolgt eine Rationalisierung des Geschäftsverkehrs, da sie die Organisation des Unternehmens vereinfacht, seine Kalkulationen erleichtert und die Transaktionskosten reduziert. Weiterhin ermöglichen AGB die Abänderung des nicht passenden dispositiven Rechts und die Substitution des fehlenden Rechts. Beispielsweise sind viele der Gesetzgebung unbekannte Vertragsformen, wie Leasing-, Factoring- und Franchiseverträge, durch AGB ausgestaltet und typisiert worden. Hinzu kommt noch, dass durch die Verwendung von AGB mit allen Vertragspartnern des Verwenders inhaltlich gleiche Verträge geschlossen werden. Dies erleichtert die Vertragsverwaltung im Unternehmen, erhöht die Gleichberechtigung aller Vertragspartner und verstärkt die Rechtssicherheit.[3]

Den positiven Funktionen von AGB stehen negative Begleiterscheinungen gegenüber. Zunächst hat der AGB-Verwender gegenüber seinem Vertragspartner einen intellektuellen Vorsprung, weil er die Bedingungen zuerst aufstellen kann. Daher ist es dem Verwender in der Regel möglich, seine eigene Rechtsposition durch die AGB deutlich zu stärken und im Vergleich zu der Risikoverteilung des dispositiven Rechts viele Risiken auf seinen Vertragspartner zu verlagern. Zweitens hat der Vertragspartner des AGB-Verwenders häufig nicht die notwendigen Fähigkeiten, die AGB hinreichend zu verstehen. Weiterhin ist er oft auch wirtschaftlich schwächer als der Verwender der AGB oder sogar von diesem abhängig und kann daher seine eigenen Rechte nicht verteidigen. Wegen des Missbrauchs der einseitigen Gestaltungsmacht durch den AGB-Verwender bleibt beim Vertragsabschluss unter Einbeziehung von AGB der gegenseitige Interessenausgleich oft aus, der normalerweise durch den Vertragsabschluss ge-

---

1 *Hildebrandt* JR 1955, 325, 325; *Fischer* BB 1957, 481, 48; *Braun* BB 1979, 689, 691; *Ostendorf* FAZ Nr. 218 von 17.9.2008, S. 23; *Olsson* Nordiska Juristmötet 1957, 7, 7; *Häyhä* DL 1996, 313, 324; *Kuuskoski*, S. 26.

2 Genauer über die Geschichte der allgemeinen Geschäftsbeziehungen siehe *Hellwege*, S. 2-3.

3 Palandt/*Grüneberg* 2012, Überbl. v. § 305 Rn 4-5; *Stoffels*, S. 20-21; *Kessel/Jüttner* BB 2008, 1350, 1350; *Eberstein*, S. 19-20; *Linna*, S. 35; *Saarnilehto*, Talentum, S. 1-3; *Bernitz*, S. 20-23; *Hoppu/Hoppu*, S. 63; *Ekuri*, S. 37; *Oikeustoimilakitoimikunta*, S. 296-297; *Erma* DL 1971, 316, 319 ff; *Taxell*, Avtal och Rättsskydd, S. 37-38.

schafften wird. Die negativen Begleiterscheinungen erwachsen also daraus, dass der Verwender der AGB durch die Vorformulierung die Vertragsgestaltungsfreiheit einseitig in Anspruch nimmt.[4]

Diese wirtschaftlich bedingten positiven Funktionen und negativen Begleiterscheinungen der Verwendung von AGB sind in allen Ländern grundsätzlich gleich. So, wie die positiven Funktionen überall anerkannt sind, ist nach einhelliger Ansicht in der Staatenwelt eine Kontrolle durch Gesetzgebung oder Rechtsprechung erforderlich, um die negativen Begleiterscheinungen in Grenzen zu halten, ohne die positiven Effekte einzubüßen. Die Kontrolle erfolgt im Allgemeinen erstens durch die Einbeziehungsvoraussetzungen und zweitens durch die Inhaltskontrolle. Die Gewichtung zwischen diesen Methoden ist jedoch von Land zu Land unterschiedlich.[5]

Im internationalen Geschäftsverkehr ist die praktische Bedeutung von AGB besonders ausgeprägt. Wegen der unterschiedlichen Rechtsinstitute und Rechtsbegriffe in verschiedenen Rechtssystemen liegt es im Interesse der Parteien, ihre Vertragsbeziehung möglichst umfassend durch Vertragsbedingungen, oft durch AGB, festzulegen.[6] Je größer die Unterschiede in den „eigenen" Rechtssystemen der Parteien sind, desto wichtiger ist dies.[7] Des Weiteren hat die Verwendung von AGB in manchen Branchen und bei manchen Geschäftstypen eine besonders große Bedeutung erlangt.[8]

---

4 Zu den positiven Funktionen und negativen Begleiterscheinungen der Verwendung von AGB siehe schon *Dauner-Lieb*, Verbraucherschutz, insb. S. 69 ff; BT-Drs. 7/3919, S. 9; Erman Bd. I/*Roloff* 2011, vor §§ 305-310 Rn 1; *Locher*, S. 7-8; *Bastian/Böhm* BB 1974, 110, 111-112; Wolf/Lindacher/Pfeiffer/*Pfeiffer* 2009, Einl. Rn 3-4; *Stoffels,* S. 21-22; *Hemmo*, Sopimusoikeus I, S. 145; *Kuusi* Oikeustiede-Jurisprudentia XIX 1986, 351, 358-359; *Bernitz* 1993, S. 15-16; *Oikeustoimilakitoimikunta*, S. 298; *Linna*, S. 36-37.

5 *Drasch*, S. 1-2 und 4; *Stadler*, S. 90; Staudinger Rom I Bd.1/*Hausmann* 2011, Art. 10 Rn 102; vgl. auch *Berger*, in: AGB und Vertragsgestaltung, S. 34; *Berger*, in: FS Horn, S. 10-11 sowie *Rühl*, S. 134-135, 139, 144, 146, 150 und 153, die die Gewichtung von Kontrollmethoden im italienischen, französischen, spanischen, englischen, schweizerischen und amerikanischen Recht vergleicht; hinsichtlich des deutschen und des finnischen Rechts siehe den Exkurs bezüglich der Allgemeinen Inhaltskontrolle unter Abschnitt 11.2.

6 *Berger*, in: FS Horn, S. 3 und 6; *Schultheiß*, S. 11; *Stadler*, S. 39; *Schmidt-Kessel/Meyer* IHR 2008, 177, 177; *Herbel*, in: FS Schlechtriem, S. 14-15; *Hesse*, S. 58; *Wilhelmsson/Sevón/Koskelo*, S. 17; *Lehtinen*, S. 256; *Hemmo* JFT 2005, 488, 488; *Väinölä*, S. 84; *Liuksiala*, S. 57; *Erma* DL 1971, 316, 320.

7 *Sisula-Tulokas*, in: Ulkomaankauppaoikeus, S. 80.

8 *Schmidt-Kessel* NJW 2002, 3444, 3444; vgl. auch *Berger/Kleine* BB 2007, 2137, 2137.

Jedoch gibt es bei der Regelung der Einbeziehung von AGB und deren Inhaltskontrolle deutliche Unterschiede zwischen den verschiedenen Rechtssystemen.[9] Bei grenzüberschreitenden Geschäften können diese Unterschiede große Auswirkungen haben. Es ist z.B. möglich, dass die AGB nach einem Rechtssystem ordnungsgemäß in den Vertrag einbezogen sind, dies aber nach einem anderen Rechtssystem nicht der Fall ist.[10] Es ist wichtig, diese Unterschiede zu kennen und bei der Einbeziehung von AGB zu berücksichtigen[11], da die AGB nur dann zur Geltung kommen, wenn sie wirksamer Bestandteil des Vertrags geworden sind.[12] Die Nichteinbeziehung von AGB kann aus der Sicht des AGB-Verwenders zu bedauernswerten Überraschungen führen, da die in den AGB enthaltenen Klauseln dann nicht gelten.[13]

1.2 Gegenstand, Gang und Ziele der Untersuchung

1.2.1 Gegenstand und Gang der Untersuchung

Vor dem obigen Hintergrund behandelt diese Untersuchung den unternehmerischen Geschäftsverkehr zwischen Deutschland und Finnland, da Deutschland ein sehr wichtiger Handelspartner für Finnland ist.[14] In der Arbeit werden die

---

9 *Magnus*, in: FS Kritzer, S. 303; Staudinger Rom I Bd.1/*Hausmann* 2011, Art. 10 Rn 83-84; vgl. auch die Länderberichte in *Müller/Otto*; *Kuusi* Oikeustiede-Jurisprudentia XIX 1986 und *Reithmann/Martiny*, S. 216-217.

10 Vgl. *Sieg* RIW 1997, 811, 811-812; *Schmidt-Kessel/Meyer* IHR 2008, 177, 177.

11 Meines Erachtens ist dem gegensätzlichen Vorschlag von *Schuhmann* (JZ 1998, 127, 132), das AGB-Recht völlig auszublenden, insbesondere im internationalen Geschäftsverkehr nicht zu folgen, da dies wesentliche Risiken beinhaltet.

12 Der Charakter der AGB als Vertragsbedingungen, die in den Vertrag einbezogen werden müssen, wird nicht mehr ernsthaft in Frage gestellt. Somit bedarf die in der früheren Literatur zum Teil vertretene Ansicht, dergemäß die AGB normenähnlich gelten würden, nur eine Erwähnung am Rande (vgl. *Erma*, S. 10; *Tulokas*, in: FS Ylöstalo, S. 448; *Stoffels,* S. 32-34; MüKo Bd. 2/*Basedow* 2007, § 305 Rn 47-48; *Hellwege*, S. 8, 13, 213-222, 340-341).

13 Vgl. z.B. den Fall Turun HO 20.3.2008, T:593, in dem der Verwender 510 000 Euro Schadensersatz zuzüglich Zinsen und Prozesskosten statt der nach den AGB geltenden 8 000 Euro bezahlen musste, weil die AGB nicht wirksam in den Vertrag einbezogen worden waren. Jedoch anders unter dem deutschen Recht, da eine Haftungsbegrenzung in AGB nach deutschem Recht in der Praxis kaum möglich ist (siehe z.B. *Kollmann* NJOZ 2011, 625, 625-626; *Schiffer/Weichel* BB 2011, 1283, 1284-1285; *Graf von Westphalen* AL 2010, 77, 77 und 84).

14 In den Jahren 2006, 2007 und 2009 war Deutschland Finnlands wichtigster Handelspartner bei der Gesamtbewertung des Exports und Imports. In den Jahren 2008, 2010

Anforderungen des deutschen, des finnischen und des UN-Kaufrechts[15] hinsichtlich der Einbeziehung von AGB untersucht. Der Einfachheit halber wird das UN-Kaufrecht in dieser Arbeit als Rechtssystem bezeichnet, obwohl es sich um ein Übereinkommen der Vereinten Nationen handelt und nicht um ein Rechtssystem im eigentlichen Sinne.

Der Ausgangspunkt dieser Untersuchung ist ein Fall, in welchem ein deutsches und ein finnisches Unternehmen einen Vertrag z.B. über den Kauf von Waren oder Dienstleistungen schließen.[16] Bei einem solchen Vertrag möchten üblicherweise entweder eine oder beide Parteien AGB verwenden. Trotz der daraus folgenden großen praktischen Bedeutung von AGB für den, insbesondere aus finnischer Sicht wichtigen Geschäftsverkehr zwischen Deutschland und Finnland ist eine monographische Untersuchung über die Einbeziehungsanforderungen und die akzessorischen Fragen bisher nicht durchgeführt worden. Weiterhin ist das Thema ergiebig, da es bei den behandelten Rechtssystemen sowohl grundsätzliche Ähnlichkeiten als auch wesentliche Unterschiede gibt, die besonders bedeutsam für die Praxis des unternehmerischen Geschäftsverkehrs sind.

Die Einbeziehungsproblematik wird anhand unterschiedlicher Szenarien und anhand der verschiedenen Einbeziehungsformen behandelt. Mit den Szenarien sind die erstmalige, einseitige Einbeziehung von AGB, die Einbeziehung sich widersprechender AGB der Parteien und die Einbeziehung von geänderten AGB (Neufassung) in bestehenden Verträgen gemeint. Die Einbeziehung von AGB kann durch einzelvertragliche Vereinbarungen, Rahmenvereinbarungen sowie aus besonderem Grund, wie z.B. aufgrund Handelsbrauch oder laufender Geschäftsbeziehung, erfolgen. Auch die Behandlung von überraschenden AGB-

und 2011 war Deutschland Finnlands zweit wichtigster Handelspartner nach Russland (http://www.tulli.fi/fi/tiedotteet/ulkomaankauppatilastot/muut_katsaukset/kuluvavuosi/taskutilasto2010/liitteet/tasku2010.pdf; http://www.tulli.fi/fi/suomen_tulli/ulkomaankauppatilastot/tilastokatsaukset/maat/vuodet/liitteet/Maat_2009.pdf; http://www.tulli.fi/fi/suomen_tulli/ulkomaankauppatilastot/tilastoja/maatilastoja/vuodet/index.jsp, Stand 12.5.2010; http://www.tulli.fi/fi/suomen_tulli/ulkomaankauppatilastot/tilastoja/maatilastoja/index.jsp, Tuonti ja vienti maittain suuruusjärjestyksessä, Stand 12.3.2012).

15 United Nations Convention on Contract for the International Sale of Goods / Übereinkommen der Vereinten Nationen über Verträge über den internationalen Warenkauf vom 11. April 1980; verkürzt bei Artikelangaben als CISG. Genauer über die Entstehungsgeschichte, Grundlagen und Anwendbarkeit des UN-Kaufrechts siehe vor allem Kapitel 2 und Abschnitt 4.3.

16 Die Untersuchung erfolgt auf einer allgemeingültigen Ebene. Daher sind die Art des Geschäfts, und die Rollenverteilung zwischen den Vertragsparteien bezüglich ihrer Nationalität nicht genauer definiert. Aufgrund dieses Ausgangspunktes sind jedoch z.B. arbeitsrechtliche Fragestellungen ausgegrenzt.

Klauseln und die Rechtsfolgen der Nichteinbeziehung der AGB werden besprochen. Der Einbeziehung von AGB in besonderen Fällen im Sinne von § 305 a BGB wird im Rahmen dieser Arbeit nicht nachgegangen.

Für die Praxis wichtige akzessorische Vorfragen, z.B. wann das UN-Kaufrecht für Verträge zwischen einem deutschen und einem finnischen Unternehmen anwendbar ist (Abschnitt 2), welches Recht in welchem Fall maßgeblich ist (Abschnitt 3) und unter welchen Voraussetzungen Vertragsbedingungen nach den drei zu behandelnden Rechtssystemen AGB sind (Abschnitt 5), werden ebenfalls mitbehandelt. Hierbei liegt die Betonung auf den Aspekten, die einen besonders engen Kontakt zu der AGB-rechtlichen Problematik aufweisen und somit für das Hauptthema dieser Arbeit besonders bedeutsam sind.

Des Weiteren werden auch bestimmte Grundgedanken des deutschen und finnischen (AGB)-Rechts sowie des UN-Kaufrechts erläutert (Abschnitt 4), da diese für das Verstehen und den Vergleich der unterschiedlichen Lösungen der Rechtssysteme wesentlich sind.[17] Zusätzlich wird ein Exkurs über die Grundlagen der Inhaltskontrolle eingefügt, weil das AGB-Recht eine Gesamtheit bildet, bei welcher sich die Einbeziehungskontrolle und die Inhaltskontrolle wechselseitig beeinflussen. Ferner bieten die Einbeziehungs- und Inhaltskontrolle in Bezug auf bestimmte Problematik alternative Lösungswege an, wie später genauer gezeigt wird. Dieser Exkurs ist unter Abschnitt 11 Überraschende Klauseln dargestellt, da die überraschenden AGB-Klauseln im finnischen Recht anders als im deutschen Recht als Teil der Inhaltskontrolle behandelt werden. Es besteht somit an dieser Stelle ein natürlicher Zusammenhang zwischen dem Hauptthema dieser Arbeit, der Einbeziehung von AGB, und der Inhaltskontrolle.

1.2.2 Ziele der Untersuchung

Das Ziel dieser Arbeit ist solche Fragen herauszuarbeiten und zu beantworten, die aus der Sicht der Praxis eine wesentliche Bedeutung bei der Einziehung von AGB in einen Vertrag zwischen einem deutschen und einem finnischen Unternehmen haben. Aufgrund des praxisnahen Ausgangspunkts wird eine ganzheitliche Behandlung der Problematik angestrebt. Daher werden sowohl die internationalprivatrechtlichen (IPR-rechtlichen) als auch vertragsrechtlichen Fragestel-

---

17 Vgl. *Kischel* ZVglRWiss 2005, 10, 14 und 16-17, der die Bedeutung des dogmatischen Umfelds, der Rechtskultur und der nichtrechtlichen Bereiche für eine erfolgreiche Rechtsvergleichung hervorhebt. Vertiefend bezüglich der einzelnen Faktoren siehe *Kischel* ZVglRWiss 2005, 10, 18 ff.; vgl. auch *Koulu* DL 2002, 211, 214, nach dem Juristen bei der Interpretation anderer Rechtssysteme in der Regel automatisch durch die Charakteristika des ihnen vertrauten Rechtssystems beeinflusst werden.

lungen bearbeitet. Aus gleichem Grund werden auch die Anforderungen und Bedürfnisse der unternehmerischen Praxis[18] in die Ausführungen ständig miteinbezogen.

Bezüglich der Einbeziehung von AGB ist das Ziel die unterschiedlichen Regelungen der gewählten Rechtssysteme aufzuzeigen. Weiter werden die praktischen Folgen der unterschiedlichen Regelungen für den unternehmerischen Geschäftsverkehr zwischen Deutschland und Finnland erläutert und Hinweise für die Praxis gegeben.

Außerdem werden die unterschiedlichen Lösungsansätze der Rechtssysteme verglichen und bewertet. Ferner werden aus den drei Rechtssystemen Ansätze herausgearbeitet, die auf die jeweils anderen oder auf alle behandelten Rechtssysteme angewendet werden können, um deren Weiterentwicklung anzuregen. Dabei liegt der Schwerpunkt beim deutschen und finnischen Recht, da sie als nationale Rechtssysteme flexibler für Weiterentwicklung sind als das UN-Kaufrecht als internationales Übereinkommen.[19] Selbstverständlich werden daher aber Stellungnahmen bezüglich der Streitfragen im Bereich des UN-Kaufrechts nicht übergegangen.

Des Weiteren verfolgt die Arbeit das herausfordernde Ziel, auf universalem Niveau solche systematische Grundgedanken und rechtspolitische Aspekte zu verdeutlichen, die zu der Entwicklung des AGB-Rechts im jeweiligen Rechtssystem beigetragen haben. Durch das Verständnis dieser Kausalzusammenhänge zusammen mit dem Vergleich der unterschiedlichen Lösungsmodelle wird eine Neubewertung manche überkommener Denkweisen angestoßen.

---

18 Wie *Koch* (BB 2010, 1810, 1811) zutreffend erwähnt, sind hierbei die Interessen beider Vertragsparteien in die Betrachtung einzubeziehen. Hinsichtlich der Bedeutung von Anforderungen und Bedürfnisse der unternehmerischen Praxis im Bezug auf das AGB-Recht siehe insbesondere *Berger* ZIP 2006, 2149 ff sowie *Berger* NJW 2010, 465 ff.

19 Ein internationales Übereinkommen, wie das UN-Kaufrecht, kann lediglich durch einen völkerrechtlichen Änderungsvertrag, der der Zustimmung aller Parteien des ursprünglichen Vertrags bedarf, geändert werden (*Herdegen*, S. 140; *Schweisfurth*, S. 178). Somit kommt eine Änderung des Wortlauts des UN-Kaufrechts in der Praxis nicht in die Frage. Eine Änderung der Auslegung ist dagegen im Rahmen der im Übereinkommen festgelegten Auslegungsregeln auch beim UN-Kaufrecht möglich. Allerdings stellen solche Änderungen und deren Verbreitung immer eine Herausforderung für die Einheitlichkeit des UN-Kaufrechts.

1.3 Auswahl der Rechtssysteme

Für die vorliegende Arbeit wurden das deutsche und das finnische Rechtssystem zur Untersuchung ausgewählt, da jede Vertragspartei meistens die Rechtsordnung gelten lassen möchte, die ihr am bekanntesten ist. In diesem Fall sind die Informations- und Beratungskosten sowie die Kosten für Prozessführung am geringsten. Daher schlägt der AGB-Verwender oft die Maßgeblichkeit seiner eigenen Rechtsordnung vor und setzt dies auch häufig durch.[20] Zweitens führen die objektiven Anknüpfungsregeln des internationalen Privatrechts im Regelfall zur Maßgeblichkeit der Rechtsordnung einer der beiden Vertragsparteien, wie in

---

20 *Rühl*, S. 31-32; *Herbel*, in: FS Schlechtriem, S. 9; *Graf von Bernstorff*, Vertragsgestaltung, S. 262; Diskussionsbeitrag von *Freitag* im Rahmen des 7. AGB Symposions am 11.3.2010, siehe *Rabus*, in: *Axer* u.a., Tagungsbericht S. 9-10 (bisher unveröffentlicht); *Lindström*, S. 87-88; vgl. auch *Steinberger*, BB-Editorial Heft 35/2009; *Hochbaum*, NJW-Editorial Heft 51/2008; die Initiative „Bündnis für das deutsche Recht" (http://www.bmj.bund.de/enid/Rechtsstaatsentwicklung/Buendnis_fuer_das_deutsche_Recht_1j4.html, Stand 12.5.2010) und die in Abschnitt 3.2.3 aufgeführte Begründungen; vgl. aber auch *Graf von Westphalen*, RIW-Editorial Heft 1/1999 und *Kondring* RIW 2010, 184, 191, die einerseits die Vorteile der Anwendbarkeit des Heimatrechts anerkennen, aber andererseits gleichzeitig zur Meidung des deutschen Rechts raten; sowie *Berger* ZIP 2006, 2149, 2149; *Lischek/Mahnken* ZIP 2007, 158, 163; *Bellinghausen*, in: AGB im Spannungsfeld, S. 43; *Salger*, AGB-Rechtsprechung; *Brachert/Dietzel* ZGS 2005, 441; Expertendialog, BB 2010, 2; denen gemäß manche deutsche Großunternehmen das schweizerische Recht bevorzugen, da das deutsche AGB-Recht zu streng ist; vgl. jedoch auch Vortrag von *Graf von Westphalen* im Rahmen des 7. AGB Symposions am 11.3.2010, siehe *Axer*, in: *Axer* u.a., Tagungsbericht S. 8 (bisher unveröffentlicht), dem zufolge die Flucht in die Schiedsgerichtsbarkeit den durch die Schuldrechtsmodernisierung eingeführten verbraucherfreundlichen Veränderungen des BGB zuzuschreiben ist und nicht dem AGB-Recht. Diese Argumentation kann analog auch für die Flucht in das schweizerische Recht gelten. Zudem hebt *Graf von Westphalen* (BB-Editorial Heft 20/2009) die Inhaltskontrolle als entscheidendes Wettbewerbsvorteil des deutschen Rechts hervor, weil es ein (vor allem in der jetzigen Krise) unverzichtbares Gegengewicht gegenüber der Freiheit, einen Vertrag lediglich nach den eigenen Interessen zu gestalten, bildet und somit eine gerechte Balancierung unterschiedlicher Interessen der Parteien gewährleistet. Außerdem beschränkt das internationale Privatrecht eine solche Flucht ins fremde Recht, da gemäß Art. 27 III EGBGB / Art. 3 III Rom-Übereinkommen / Art. 3 III Rom I-VO die zwingenden Normen des Rechts desjenigen Staates, in welchem alle Elemente des Sachverhalts belegen sind, durch eine Wahl des Rechts eines anderen Staates nicht berührt werden können. Zumindest für viele kleinere und mittlere Unternehmen könnte es aus praktischen Gründen schwierig sein, den für die erfolgreiche Vermeidung des deutschen Rechts erforderlichen Umweg über das Ausland zu gehen, wenn das Geschäft ansonsten rein inländisch ist.

Abschnitt 3.3 genauer gezeigt wird. Drittens kann die Grundproblematik der Einbeziehung von AGB im unternehmerischen Geschäftsverkehr und die Auswirkung der unterschiedlichen Grundansätze verschiedener Rechtssysteme anhand der gewählten Rechtssysteme dem Wesen nach abschließend dargestellt werden. Bei der Anwendung anderen Rechts würden lediglich die Einzelregelungen variieren. Eine umfassende Bearbeitung dieser Regelungen würde aber den Rahmen dieser Arbeit sprengen, da zumindest theoretisch alle existierenden Rechtssysteme durch eine Rechtswahl in Frage kommen können.

Das UN-Kaufrecht gilt – in den Staaten, die das Übereinkommen ratifiziert haben, – als ein Bestandteil des nationalen Rechts automatisch und autonom für diejenigen internationalen[21] Kaufverträge, die in seinem Anwendungsbereich liegen. Weder eine dahin gehende Äußerung noch ein Wissen der Parteien über die Existenz des UN-Kaufrechts ist notwendig.[22] Für diese Verträge regelt das UN-Kaufrecht nach Art. 4 Satz 1 CISG den Vertragsabschluss[23] (Teil II des Übereinkommens) und die aus diesem Vertrag erwachsenden Rechte und Pflichten der Vertragsparteien (Teil III des Übereinkommens). Soweit das UN-Kaufrecht einen Sachverhalt erfasst, wird das unvereinheitlichte nationale Recht verdrängt.[24] Andere Bereiche, vor allem die Gültigkeit des Vertrags oder einer Vertragsklausel (Art. 4 Satz 2 lit. a) CISG) und die Wirkung des Vertrags auf das Eigentum der Ware (Art. 4 Satz 2 lit. b) CISG),[25] dagegen richten sich nach

---

21 Genauer siehe Abschnitt 2.1.

22 OLG Celle RIW 2010, 164, 165; OGH 17.12.2003, http://www.cisg-online.ch, case 828; *Piltz* NJW 2005, 2126, 2127; *Rösler* EuZW 2011, 1; *Fogt* IPRax 2007, 417, 417-418; MüKo Bd. 10/*Martiny* 2010, Art. 4 Anh. Rn 75; Staudinger CISG/*Magnus* 2005, Art. 4 Rn 12; *Piltz* NJW 2003, 2056, 2059; *Koch* NJW 2000, 910, 910; *Väinölä*, S. 9; *Routamo/Ramberg*, S. 48; *Routamo*, S. 26-27; Saarnilehto/Hemmo/Kartio/*Ämmälä* 2001, S. 839. Auch die Gerichte haben das UN-Kaufrecht grundsätzlich von Amts wegen anzuwenden (*Piltz* NJW 2011, 2261, 2262).

23 Unter dem Vertragsabschluss ist „das äußere Vertragsschlussgeschehen/die äußere Konsens, also die Mechanik, nach der zwischen zwei oder mehr Parteien eine bindende, auf dem Parteiwillen beruhende Vereinbarung zustande kommt“, zu verstehen (Staudinger CISG/*Magnus* 2005, Art. 4 Rn 13; Schlechtriem/Schwenzer/*Ferrari* 2008, Art. 4 Rn 9).

24 BGH IHR 2002, 14, 15; OLG Celle RIW 2010, 164, 165; OLG Hamm IHR 2010, 59, 61; OLG Thüringen 10.11.2010, http://www.cisg-online.ch, case 2216; *Piltz* NJW 2011, 2261, 2263; *Stoffels*, S. 82; *Lenkaitis/Löwisch* ZIP 2009, 441, 449; Wolf/Lindacher/Pfeiffer/*Hau* 2009, IntGV Rn 69; MüKo HGB Bd. 6/*Benicke* 2007, Art. 4 Rn 2; Staudinger CISG/*Magnus* 2005, Art. 4 Rn 12; *Hesse*, S. 59; *Stadler*, S. 51; *Piltz* NJW 2003, 2056, 2059.

25 Gemäß Art. 7 II CISG findet das anwendbare nationale Recht auch dort Anwendung, wo das UN-Kaufrecht keine abschließenden Regelungen enthält.

dem jeweilig subsidiär anwendbaren nationalen Recht.[26] Somit ist das jeweils anwendbare nationale Recht maßgeblich für die Inhaltskontrolle der AGB, obwohl das UN-Kaufrecht Maßstab für die inhaltliche Wertung der Klauseln bleibt.[27]

Diese Untersuchung betrifft die Einbeziehung von AGB. Nach der ganz herrschenden Meinung richtet sich die Einbeziehung von AGB ausschließlich nach den Vertragsschlussregeln (Teil II, Art. 14-24 CISG in Verbindung mit Art. 8 CISG) des UN-Kaufrechts, obwohl das UN-Kaufrecht keine ausdrücklichen Vorschriften diesbezüglich enthält.[28]

Nach der Gegenansicht beurteilt sich die Einbeziehung von AGB nach den Vorschriften des jeweils subsidiär anwendbaren nationalen Rechts.[29] Diese Auffassung stützt sich darauf, dass das UN-Kaufrecht keine ausdrücklichen Regelungen über die Einbeziehung von AGB enthält. Weiterhin wird vertreten, dass in einigen Ländern die AGB-Kontrolle hauptsächlich in der Einbeziehungsebene erfolgt und im UN-Kaufrecht eine entsprechend umfassende Einbeziehungskon-

---

26 Witz/Salger/Lorenz/*Lorenz* 2000, Art. 4 Rn 1; Staudinger CISG/*Magnus* 2005, Art. 4 Rn 5 und 19; *Piltz* NJW 2003, 2056, 2059; Schlechtriem/Schwenzer/*Ferrari* 2008, Art. 4 Rn 6; *Railas* DL 2005, 1268, 1269; genauer über die nicht vom UN-Kaufrecht erfasste Materien siehe *Rudolph* 1996, Art. 6 Rn 5.

27 *Magnus*, in: FS Kritzer, S. 307; Ulmer/Brandner/Hensen/*Schmidt* 2011, Anh. § 305 Rn 10; Wolf/Lindacher/Pfeiffer/*Hau* 2009, IntGV Rn 76; Staudinger Eckpfeiler/*Coester* 2011, E. Rn 75; *Lenkaitis/Löwisch* ZIP 2009, 441, 449; MüKo HGB Bd. 6/*Benicke* 2007, Art. 4 Rn 5; *Piltz* IHR 2004, 133, 138; *Koller*, in: FS Honsell, S. 242; *Magnus* ZEuP 1997, 823, 836.

28 BGH NJW 2002, 370, 371; OLG Frankfurt IHR 2010, 250, 253; OLG Thüringen 10.11.2010, http://www.cisg-online.ch, case 2216; *Stoffels,* S. 82; *Schmidt-Kessel* ZEuP 2008, 605, 608; Staudinger Eckpfeiler/*Coester* 2011, E. Rn 75; *Piltz,* Internationales Kaufrecht, S. 125; *Magnus*, in: FS Kritzer, S. 305-306; *Schmidt-Kessel/Meyer* IHR 2008, 177, 178; MüKo Bd. 10/*Martiny* 2010, Art. 4 Anh. Rn 60; Staudinger CISG/*Magnus* 2005, Art. 4 Rn 25; MüKo HGB Bd. 6/*Benicke* 2007, Art. 4 Rn 5; Schlechtriem/Schwenzer/*Ferrari* 2008 Art. 4 Rn 21; Erman Bd. I/*Roloff* 2011, § 305 Rn 57; Palandt/*Grüneberg* 2012, § 305 Rn 58; *Rudolph* 1996, Art. 14 Rn 6; *Hesse*, S. 58-59; Witz/Salger/Lorenz/*Lorenz* 2000, Art. 4 Rn 16; Wolf/Lindacher/Pfeiffer/*Hau* 2009, IntGV Rn 72; Ulmer/Brandner/Hensen/*Schmidt* 2011, Anh. § 305 Rn 10; *Hellwege,* S. 370; *Schillo* IHR 2003, 257, 261, *Piltz* NJW 2005, 2126, 2128; *Koch* NJW 2000, 910, 910; *Sauthoff* IHR 2005, 21, 22; *Lohmann*, S. 208-209; *Schultheiß*, S. 12; *Stadler*, S. 90; *Koller*, in: FS Honsell, S. 236; *Drasch*, S. 3; *Van Alstine*, S. 193; *Sistermann*, S. 36; *Kramer*, in: FS Welser, S. 549; OLG Düsseldorf NJW-RR 2001, 1562, 1562; AG Nordhorn, Urt. v. 14.6.1994, 3 C 75/94, UNILEX.

29 OLG Celle, IHR 2001, 107; LG Duisburg, RIW 1996, 774, 775; *Teklote*, S. 85; *Ebenroth* JurBl 1986, 681, 686; *Stoll*, in: FS Beitzke, S. 763 (noch zum EAG).

trolle fehlt.[30] Außerdem soll die Einbeziehung von AGB nach gleichen Regeln wie die Inhaltskontrolle beurteilt werden.[31]

Die Gegenansicht ist nicht überzeugend. Wie oben festgestellt, regelt Teil II der CISG abschließend den „äußeren Konsens" der Parteien, und das nationale Recht wird insoweit verdrängt. Die Einbeziehung von AGB ist notwendigerweise ein Teil der Mechanik, durch die die „bindende, auf dem Parteiwillen beruhende Vereinbarung zustande kommt".[32] Weiterhin führt die Anwendung der Maßstäbe des UN-Kaufrechts gerade zu der von dem einheitlichen Kaufrecht beabsichtigten Rechtsvereinheitlichung. Dies ist im internationalen Geschäftsverkehr besonders wünschenswert.[33] Zusätzlich wurde bei der Vorbereitung des UN-Kaufrechts vorgeschlagen, besondere Regeln über die Einbeziehung von AGB in das UN-Kaufrecht mit aufzunehmen. Dies wurde aber mit dem Hinweis abgelehnt, dass die Regeln des UN-Kaufrechts ausreichend seien.[34] Außerdem steht der Wortlaut des Art. 4 Satz 2 CISG der einheitlichen Behandlung der Einbeziehung und der Inhaltskontrolle der AGB entgegen. Hinzu kommt noch, dass der Anwendungsbereich des UN-Kaufrechts nicht durch die nationalen Rechtssystemen insofern bestimmt werden soll, dass das UN-Kaufrecht so weit restriktiv interpretiert wird, bis nationale Schutzvorschriften angewendet werden können. Dagegen sollen sich die nationalen Rechtssysteme dem UN-Kaufrecht anpassen.[35]

Somit ist der herrschenden Ansicht Folge zu leisten, nach der das UN-Kaufrecht (Teil II) für die Einbeziehungsproblematik grundsätzlich allein maßgeblich ist, soweit sich der jeweilige Vertrag in seinem Anwendungsbereich befindet. Daher werden hier das UN-Kaufrecht und seine Anwendungsvoraussetzungen untersucht.

---

30 *Teklote*, S. 85-87.

31 *Stoll*, in: FS Beitzke, S. 763 (noch zum EAG).

32 Schlechtriem/Schwenzer/*Ferrari* 2008 Art. 4 Rn 9; Staudinger CISG/*Magnus* 2005, Art. 4 Rn 13; MüKo HGB Bd. 6/*Benicke* 2007, Art. 4 Rn 5; *Schultheiß*, S. 12.

33 *Schultheiß*, S. 40.

34 UNCITRAL Yearbook 1978, S. 81 Nr. 278, im Internet abrufbar unter http://www.uncitral.org/uncitral/en/publications/yearbook.html, Stand 29.2.2012.

35 *Stadler*, S. 90; vgl. auch MüKo Bd. 3/*Gruber* 2012, Art. 14 Rn 29 Fußnote 75.

2. Anwendbarkeit des UN-Kaufrechts

Das UN-Kaufrecht ist anwendbar, wenn seine räumlichen, sachlichen und zeitlichen Anwendungsvoraussetzungen erfüllt werden[36] und die Vertragsparteien seine Anwendbarkeit gemäß Art. 6 CISG nicht ausgeschlossen haben.

2.1 Räumlicher Anwendungsbereich

2.1.1 Anwendbarkeit des UN-Kaufrechts gemäß Art. 1 I CISG unter Betrachtung des Art. 92 CISG

Wie in Abschnitt 1.3 erwähnt, unterfallen dem UN-Kaufrecht nach Art. 1 I CISG lediglich internationale Kaufverträge. Im Sinne des UN-Kaufrechts ist der Vertrag immer dann international, wenn die maßgeblichen Niederlassungen der Parteien in verschiedenen Staaten liegen (Art. 1 I CISG). Andere Merkmale, die auf die Internationalität des Vertrags hinweisen[37], führen dagegen nicht zur Anwendbarkeit des UN-Kaufrechts, wenn sich die maßgeblichen Niederlassungen im gleichen Land befinden.[38] Andererseits geht die aufgrund von in verschiedenen Staaten liegenden Niederlassungen festgestellte Internationalität auch dann nicht verloren, wenn die verkauften Waren innerhalb eines Landes geliefert und verbraucht werden.[39]

Die Internationalität des Vertrags reicht jedoch nicht allein aus, sondern die räumliche Anwendbarkeit des UN-Kaufrechts verlangt außerdem, dass entweder die Voraussetzungen des Art. 1 I lit. a) oder des Art. 1 I lit. b) CISG erfüllt sind. Gemäß Art. 1 I lit. a) CISG findet das UN-Kaufrecht immer dann Anwendung, wenn beide Vertragspartner ihre für den jeweiligen Vertrag bedeutsamen Niederlassungen in verschiedenen Vertragsstaaten haben. Deutschland und Finnland haben beide das Übereinkommen ratifiziert.[40]

---

36 *Siehr*, S. 139-142.

37 Solche Merkmale können z.B. unterschiedliche Staatsangehörigkeit der Parteien (Art. 1 III CISG), grenzüberschreitende Lieferung der Ware oder Vertragsschluss über die Grenze oder in einem anderen Staat sein (Witz/Salger/Lorenz/*Lorenz* 2000, Art. 1 Rn 9).

38 Vgl. Schlechtriem/Schwenzer/*Ferrari* 2008, Art. 1 Rn 40; *Piltz* NJW 2007, 2159, 2160; *Routamo/Ramberg*, S. 46; vgl. OLG Köln 27.11.1991, http://www.cisg-online.ch, case 31.

39 *Rapakko* DL 1990, 656, 665; *Schultheiß*, S. 7; *Achilles* 2000, Art. 1 Rn 6; *Siehr* RabelsZ 52 (1988), 587, 590.

40 In Deutschland trat das UN-Kaufrecht am 1.1.1991 und in Finnland am 1.1.1989 in Kraft.

Finnland hat jedoch bei der Ratifizierung des Übereinkommens die im Art. 92 I CISG gewährleistete Möglichkeit genutzt und erklärt, dass Teil II des Übereinkommens „Abschluss des Vertrages“ für Finnland nicht verbindlich ist.[41] Ein Staat, der von dieser Vorbehaltsmöglichkeit Gebrauch gemacht hat, wird in Bezug auf diese Teile als Nicht-Vertragsstaat angesehen.[42] Da Finnland somit in Bezug auf den Teil II nicht als Vertragsstaat gilt, ist das UN-Kaufrecht gemäß Art. 1 I lit. a) CISG bei der Einbeziehung von AGB in einen Vertrag zwischen einem deutschen und einem finnischem Unternehmen nicht anwendbar.

Möglicherweise ist das UN-Kaufrecht jedoch aufgrund Art. 1 I lit. b) CISG anwendbar, da Deutschland keinen entsprechenden Vorbehalt wie Finnland erklärt hat. Gemäß Art. 1 I lit. b) CISG ist UN-Kaufrecht anwendbar, wenn die Regeln des internationalen Privatrechts zur Anwendung des Rechts eines Vertragsstaats führen. Nach einer Ansicht sind die Regelungen des UN-Kaufrechts über den Abschluss des Vertrags trotz des Art. 1 I lit. b) CISG nie anwendbar, wenn eine Partei ihre Niederlassung in einem Staat hat, der einen Vorbehalt gemäß Art. 92 I CISG erklärt hat.[43] Diese, ohne jegliche Begründung vertretene Ansicht folgt nicht dem Wortlaut des Art. 1 I lit. b) CISG. Weiterhin ermöglicht Art. 95 CISG den Vertragsstaaten ausdrücklich, einen Vorbehalt gegen Art. 1 I lit. b) CISG zu erklären. Somit gibt es keinen Grund, die Reichweite der Erklärung nach Art. 92 I CISG so auszudehnen, dass die Erklärung automatisch, unabhängig von dem für den Vertrag anwendbaren Recht, das UN-Kaufrecht ausschließen würde. Deswegen ist der herrschenden Gegenansicht zu folgen. Nach dieser Ansicht ist UN-Kaufrecht anwendbar, wenn das Recht eines hinsichtlich Art. 92 CISG vorbehaltlosen Vertragsstaats auf den Vertrag Anwendung findet und der Staat, dessen Recht anzuwenden wäre, keinen Vorbehalt nach Art. 95 CISG erklärt hat.[44] Einen Vorbehalt nach Art. 95 CISG haben Deutschland und Finnland nicht erklärt.

---

41 § 2 Ziffer 1) Asetus kansainvälistä tavaran kauppaa koskevista sopimuksista tehdyn yleissopimuksen voimaansaattamisesta sekä yleissopimuksen eräiden määräysten hyväksymisestä annetun lain voimaantulosta.

42 *Sevón* JFT 2006, 431, 435; OLG Hamm NJW-RR 2010, 708, 708; Staudinger CISG/*Magnus* 2005, Art. 92 Rn 5; MüKo HGB Bd. 6/*Benicke* 2007, Art. 1 Rn 30; Schlechtriem/Schwenzer/*Ferrari* 2008, Art. 92 Rn 3; *Magnus* ZEuP 1997, 823, 827.

43 Http://www.cisg.law.pace.edu/cisg/countries/cntries-Finland.html, Stand 29.2.2012; *Hemmo*, Sopimusoikeus I, S. 45; *Mäkilaurila*, S. 92; vgl. auch *Lookofsky*, Understanding the CISG in Scandinavia, S. 16 bezüglich der dänischen Gesetzesvorarbeiten.

44 *Sisula-Tulokas*, CISG 2009, S. 5; *Kuoppala*, S. 91-92 und 115; *Sevón* JFT 2006, 431, 435; *Huber/Sundström* DL 1997, 747, 749; *Väinölä*, S. 9-10; *Sisula-Tulokas*, in: Ulkomaankauppaoikeus, S. 56; *Rapakko* DL 1990, 656, 659; *Sevón* LM 1988, 1, 9; BGH IHR 2010, 216, 217; *Piltz* NJW 2011, 2261, 2262; *Magnus* ZEuP 2010, 881, 885; Staudinger CISG/*Magnus* 2005, Art. 1 Rn 110 und Art. 92 Rn 5; *Hammerschmidt*, S.

Die obige Argumentation hat zur Konsequenz, dass das UN-Kaufrecht in dieser Arbeit als Bestandteil des deutschen Rechtssystems untersucht wird. Wenn das finnische Recht auf den Vertrag anwendbar ist, ist die Anwendung des Teils II des UN-Kaufrechts dagegen ausgeschlossen. Stattdessen wird das nationale finnische Recht angewendet. Um terminologische Klarheit zu schaffen, wird in dieser Arbeit mit dem deutschen Recht nur das unvereinheitlichte deutsche Recht (BGB, HGB usw.) bezeichnet, und das UN-Kaufrecht wird als eigenes Rechtssystem behandelt.

Anzumerken ist jedoch, dass das finnische Justizministerium, wie von der Literatur einige Jahre vorher vorgeschlagen[45], gemeinsam mit den anderen skandinavischen Ländern im Jahr 2009 angefangen hat, die Abschaffung des Vorbehalts gemäß Art. 92 CISG vorzubereiten.[46] Aufgrund des Regierungsentwurfs vom 26.8.2011 hat Finnland grundsätzlich akzeptiert[47], den Vorbehalt entsprechend Art. 97 IV CISG zurückzunehmen[48], aber aufgrund des gemeinsamen Vorbereitungswegs mit den anderen skandinavischen Ländern steht der Zeitpunkt der Zurücknahme des Vorbehalts noch nicht fest. Sie wird vermutlich in den nächsten Jahren in Kraft treten.[49] Gemäß Art. 97 IV CISG wird eine solche Rücknahme am ersten Tag des Monats wirksam, der auf einen Zeitabschnitt von sechs Monaten nach Eingang der Notifikation beim Generalsekretär der Vereinten Nationen folgt.

Nach der Zurücknahme des Vorbehalts gilt auch der Teil II des Übereinkommens als Bestandteil des finnischen Rechts für solche Verträge, die nach der Zurücknahme des Vorbehalts geschlossen werden. Für Verträge, die vor der Zurücknahme geschlossen worden sind, gilt der Vorbehalt weiterhin. Zusätzlich

---

30; MüKo HGB Bd. 6/*Ferrari* 2007, Art. 92 Rn 3; *Fogt* ZEuP 2002, 580, 584; Witz/Salger/Lorenz/*Witz* 2000, Art. 92 Rn 2; *Achilles* 2000, Art. 92 Rn 1; vgl. Anhang 1: Vertragsstaaten des UN-Kaufrechts.

45 *Sevón* JFT 2006, 431, 437; *Railas* DL 2005, 1268, 1290-1291.

46 Über den Prozess der Zurücknahme des Vorbehalts siehe genauer: http://www.om.fi/Etusivu/Valmisteilla/Lakihankkeet/Velvoiteoikeusjakuluttajansuoja/1238674659972, Stand 30.1.2012; vgl. auch *Magnus* ZEuP 2010, 881, 883.

47 Das Parlament hat den Entwurf am 6.10.2011 und die Staatspräsidentin am 18.11.2011 angenommen (http://www.om.fi/Etusivu/Valmisteilla/Lakihankkeet/Velvoiteoikeusjakuluttajansuoja/1238674659972).

48 HE 16/2011 (Regierungsentwurf an das Parlament über die Zurücknahme des Vorbehalts bezüglich des Übereinkommens der Vereinten Nationen über Verträge über den internationalen Warenkauf und über die Akzeptanz einer neuen Vorbehaltserklärung) und http://www.om.fi/Etusivu/Valmisteilla/Lakihankkeet/Velvoiteoikeusjakuluttajansuoja/1238674659972.

49 Telefonische Auskunft vom Justizministerium am 30.1.2012.

kommt der Teil II des Übereinkommens bei Verträgen zwischen skandinavischen Vertragsparteien auch zukünftig nicht zur Anwendung.[50]

2.1.2 Erkennbarkeit der Internationalität des Vertrages

Art. 1 II CISG schließt die räumliche Anwendbarkeit des UN-Kaufrechts aus, wenn der grenzüberschreitende Bezug des Vertrags vor oder bei Vertragsschluss für beide Parteien nicht erkennbar ist. Die Erkennbarkeit des Auslandsbezugs wird anhand objektiver Kriterien beurteilt.[51] Nach Art. 1 II CISG kann sich der grenzüberschreitende Bezug aus dem Vertrag, aus früheren Geschäftsbeziehungen oder aus Verhandlungen oder Auskünften ergeben. Es ist umstritten[52], ob diese Aufzählung der Erkenntnisquellen abschließend ist. Meines Erachtens ist diese Frage irrelevant, da die erwähnten Kriterien weit gefasst sind und somit grundsätzlich alle für die Praxis wesentlichen Umstände einschließen.[53]

Beim Handel zwischen einem deutschen und einem finnischen Unternehmen dürfte der Auslandsbezug und dessen Erkennbarkeit die Regel sein, soweit das Geschäft nicht durch in demselben Staat liegende Niederlassungen[54] abgewickelt wird. Soweit das Unternehmen mehrere Niederlassungen hat, ist nach Art. 10 lit. a) CISG für die räumliche Anwendbarkeit des UN-Kaufrechts immer die Niederlassung maßgebend, die die engste Beziehung zu dem Vertrag und zu seiner Erfüllung aufweist. Dies wird durch die für beide Parteien vor oder bei Ver-

---

50 HE 16/2011 S. 6 und 11.

51 *Brunner* 2004, Art. 1 Rn 5; Schlechtriem/Schwenzer/*Ferrari* 2008, Art.1 Rn 49 und 51; Honsell/*Melis* 2010, Art. 10 Rn 5.

52 Bejahend: *Achilles* 2000, Art. 1 Rn 7; in diesem Sinne ist wohl auch Honsell/*Siehr* 2010, Art. 1 Rn 28; *Schlechtriem*, S. 9. Verneinend: Staudinger CISG/*Magnus* 2005, Art. 1 Rn 76; Soergel Bd. 13/*Lüderitz/Fenge* 2000, Art. 1 Rn 7; Witz/Salger/Lorenz/*Lorenz* 2000, Art. 1 Rn 15; *Brunner* 2004, Art. 1 Rn 5.

53 So auch Schlechtriem/Schwenzer/*Ferrari* 2008, Art. 1 Rn 52.

54 Unter Niederlassung ist im Bereich des UN-Kaufrechts „der Ort, von dem aus die geschäftliche Tätigkeit tatsächlich und schwerpunktmäßig betrieben wird […] wofür eine gewisse Dauer und Stabilität der Einrichtung und eine gewisse selbstständige Handlungskompetenz erforderlich sind“ zu verstehen (OLG Stuttgart, 28.2.2000, http://www.cisg-online.ch, case 583; Tribunale di Rimini, 26.11.2002, http://www.cisg-online.ch, case 737; vgl. auch *Brunner* 2004, Art. 10 Rn 1; *Lögering*, S. 25-26; Witz/Salger/Lorenz/*Lorenz* 2000, Art. 1 Rn 9). Tochtergesellschaften sind dagegen keine Niederlassungen sondern eigenständige juristische Personen, und daher kommt es auf die Niederlassung der Tochtergesellschaft – und nicht etwa auf die Niederlassung der Muttergesellschaft – an, wenn die Tochtergesellschaft den Kaufvertrag abschließt (Schlechtriem/Schwenzer/*Ferrari* 2008, Art. 1 Rn 47).

tragsschluss bekannten Gesamtumstände beurteilt.[55] Im Zweifel ist die engste Beziehung jedoch zu der Niederlassung gegeben, die den Vertragsschluss tätigt.[56]

Zusätzlich können Fälle, in denen eine Partei Geschäfte in einem anderen als in ihrem Heimatland durch einen dortigen Vertreter tätigt, problematisch sein.[57] Für die Internationalität des Vertrags ist es entscheidend, ob es auf die im gleichen Land liegende Niederlassung des Vertreters oder auf die im anderen Land liegende Niederlassung des Vertretenen ankommt. Dies wird nach den Vorschriften des durch das internationale Privatrecht (IPR) des Forumsstaates berufenen Rechts beurteilt[58], da das UN-Kaufrecht nicht regelt, wer Vertragspartei ist[59].

Sowohl nach deutschem als auch nach finnischem[60] Recht ist die Niederlassung des „Vertreters" bei mittelbarer/verdeckter Vertretung[61] maßgeblich, da

---

55 *Achilles* 2000, Art. 10 Rn 2; Staudinger CISG/*Magnus* 2005, Art. 10 Rn 5; *Siehr* RabelsZ 52 (1988), 587, 590. Bedeutend können z.B. diesbezügliche Parteivereinbarung, Auftreten bei der Vertragsverhandlungen, Verantwortung für den Vertragsschluss, Erfüllung des Vertrags (Lieferung) oder Zuständigkeitsbezeichnungen wie Benennung als Zahlstelle oder als Empfangsstelle für Mitteilungen sein (Witz/Salger/Lorenz/*Witz* 2000, Art. 10 Rn 3; *Achilles* 2000, Art. 10 Rn 2; Schlechtriem/Schwenzer/*Ferrari* 2008, Art. 10 Rn 7).

56 Staudinger CISG/*Magnus* 2005, Art. 10 Rn 5; *Brunner* 2004, Art. 10 Rn 1; Bamberger/Roth Bd. 1/*Saenger* 2007, Art. 10 Rn 3; Schlechtriem/Schwenzer/*Ferrari* 2008, Art. 10 Rn 8; Witz/Salger/Lorenz/*Witz* 2000, Art. 10 Rn 3; aA *Achilles* 2000, Art. 10 Rn 2, nach dem die Hauptniederlassung im Zweifel maßgebend sein soll. Diese Ansicht ist fragwürdig vor allem in Fällen, in denen die Hauptniederlassung an dem Vertrag gar nicht beteiligt war, sondern es Zweifel zwischen zwei anderen Niederlassungen gibt. Vgl. auch Honsell/*Melis* 2010, Art. 10 Rn 4; der die Vermutung, dass im Zweifelsfall auf den Vertragsschluss abzustellen sei, für zu verallgemeinernd hält und nach dem die Zweigstelle maßgebend sein soll, die den Vertrag (weitgehend) selbständig abwickelt. Meines Erachtens handelt es sich in einem solchen Fall nicht um einen Zweifelsfall, sondern die Zweigstelle weist die engste Beziehung zu dem Vertrag und zu seiner Erfüllung auf und ist daher maßgebend.

57 Vgl. *Rapakko* DL 1990, 656, 665.

58 Honsell/*Siehr* 2010, Art. 1 Rn 8; Schlechtriem/Schwenzer/*Ferrari* 2008, Art. 1 Rn 41.

59 Bamberger/Roth Bd. 1/*Saenger* 2007, Art. 1 Rn 9; MüKo HGB Bd. 6/*Ferrari* 2007, Art. 7 Rn 10; Honsell/*Siehr* 2010, Art. 1 Rn 8; *Prinz von Sachsen Gessaphe*, S. 104; in diesem Sinne auch Tribunale di Padova IHR 2005, 31, 33.

60 Im Bereich dieser Arbeit dürften die Regelungen des finnischen Rechts allerdings nur in dem vermutlich relativ seltenen Fall bedeutsam sein, wenn die Parteien die Anwendung des Teils II des UN-Kaufrechts vereinbart haben („Opting-in"; siehe Abschnitt 2.4, 3.2.2 und 3.2.3) und das finnische Recht entweder aufgrund einer Parteivereinbarung oder aufgrund des IPR des Forumsstaates für die im UN-Kaufrecht nicht geregelten Fragen maßgeblich ist. Dies beruht darauf, dass der Teil II des UN-Kaufrechts

hier der „Vertreter" allein Vertragspartei des Kaufvertrages ist.[62] Bei offener Vertretung[63] wird dagegen die Niederlassung des Vertretenen für bedeutsam gehalten.[64] Zusätzlich muss hier vorausgesetzt werden, dass der Vertreter zum Ausdruck bringt, dass die maßgebliche Niederlassung des Vertretenen in einem anderen Land liegt.[65] Ansonsten würde der Zweck des Art. 1 II CISG, die jeweils andere Vertragspartei bei einem als reines Inlandsgeschäft erscheinendem Geschäft vor einer überraschenden Anwendung des UN-Kaufrechts zu schützen[66], gefährdet werden.

Die sich auf die Anwendung des UN-Kaufrechts berufende Partei muss die Internationalität des Vertrags beweisen.[67] Wenn dies erfolgt ist, muss die andere Partei die fehlende Erkennbarkeit der Internationalität beweisen, soweit sie das UN-Kaufrecht nicht gelten lassen will.[68] Selbst minimale Hinweise auf den Auslandsbezug genügen, um zur Anwendbarkeit des UN-Kaufrechts zu gelangen, da Art. 1 II CISG als eine Ausnahmevorschrift eng auszulegen ist.[69]

---

nicht als Bestandteil des finnischen Rechts zur Anwendung kommen kann und somit auch die Fragen (hier Internationalität des Vertrags und ihre Erkennbarkeit), die nur für die Anwendbarkeit des UN-Kaufrechts maßgebend sind, bei der Anwendung des finnischen Rechts grundsätzlich irrelevant sind.

61 Die Vertretung gilt als mittelbare/verdeckte, wenn der Vertreter den Vertrag in seinem eigenen Namen schließt, obwohl er den Kauf eigentlich für den „Vertretenen" tätigt und im Innenverhältnis verpflichtet ist, das Erlangte ihm abzugeben. Z.B. ist die Kommission eine verdeckte Vertretung (*Köhler*, BGB Allgemeiner Teil, S. 158; NomosKomm Bd. 1/*Stoffels* 2012, § 164 Rn 16; Saarnilehto/Hemmo/Kartio/*Vuorijoki* 2001, S. 1028-1029; *Hemmo*, Sopimusoikeus I, S. 454; KKO 1996:44; Helsingin HO 5.10.1999, T:2877).

62 Saarnilehto/Hemmo/Kartio/*Vuorijoki* 2001, S. 1029; Schlechtriem/Schwenzer/*Ferrari* 2008, Art. 1 Rn 41 und 43.

63 Bei offener Vertretung handelt der Vertreter im Namen des Vertretenen und schließt den Vertrag mit unmittelbarer Wirkung für und gegen diesen (*Köhler*, BGB Allgemeiner Teil, S. 156; NomosKomm Bd. 1/*Stoffels* 2012, § 164 Rn 9; Saarnilehto/Hemmo/Kartio/*Saarnilehto* 2001, S. 309-310, Aktualisierung 26.5.2004, *Telaranta*, S. 401-402).

64 Witz/Salger/Lorenz/*Lorenz* 2000, Art. 1 Rn 10.

65 Vgl. *Rapakko* DL 1990, 656, 665.

66 Staudinger CISG/*Magnus* 2005, Art. 1 Rn 72; *Achilles* 2000, Art. 1 Rn 7.

67 Schlechtriem/Schwenzer/*Ferrari* 2008, Art. 1 Rn 42; Ferrari/Kieninger et al./*Saenger* 2012, Art. 1 Rn 27.

68 Honsell/*Siehr* 2010, Art. 1 Rn 30; Staudinger CISG/*Magnus* 2005, Art. 1 Rn 82.

69 Witz/Salger/Lorenz/*Lorenz* 2000, Art. 1 Rn 15; Schlechtriem/Schwenzer/*Ferrari* 2008, Art. 1 Rn 58.

2.2 Sachlicher Anwendungsbereich

Ebenso wie der räumliche Anwendungsbereich, wird der sachliche Anwendungsbereich des UN-Kaufrechts maßgeblich in Art. 1 I CISG bestimmt. Demgemäß ist das UN-Kaufrecht auf Kaufverträge[70] über Waren anzuwenden. Der Begriff Ware wird im UN-Kaufrecht nicht definiert. Nach der überwiegenden Meinung versteht man unter „Ware" bewegliche körperliche Sachen.[71] Dabei ist es irrelevant, ob es sich um bereits existierende, herzustellende oder entstehende Sachen handelt.[72] Für die Feststellung der „Beweglichkeit" ist die Lieferungszeit maßgebend. Deshalb schadet es nicht, dass die Sache beim Vertragsschluss noch mit einem Grundstück, wie z.B. die Ernte auf dem Halm, gebunden war oder nach der Lieferung fest eingebaut werden soll.[73]

Gemäß Art. 3 II CISG erfasst das UN-Kaufrecht auch solche Verträge, die sowohl Warenlieferungen als auch Arbeits- oder andere Dienstleistungen betreffen. Dies setzt jedoch voraus, dass die Ausführung der Arbeit oder der anderen Dienstleistungen nicht den überwiegenden Teil der Pflichten des Lieferanten formt. Dieser Wertungsmaßstab gilt analog für alle Verträge über gemischte

---

70 Daher finden die Vorschriften des UN-Kaufrechts keine Anwendung auf Miet- und Leasingverträge, Tauschverträge, Schenkungen oder Vertriebs-, Distributions-, Franchise- und Zusammenarbeitsverträge (Staudinger CISG/*Magnus* 2005, Art. 1 Rn 29, 32-34, 37-39; *Achilles* 2000, Art. 1 Rn 3; *Piltz* NJW 2011, 2261, 2262). Bei gemischter Leistungserbringung muss eine Zahlung in Geld der größte Teil der von dem Käufer zu erbringenden Leistung sein und nur ein deutlich kleinerer Teil darf aus einer Lieferung von Sachen bestehen (*Piltz* NJW 2011, 2261, 2262).

71 Obergericht des Kantons Aargau IHR 2010, 209, 209; MüKo HGB Bd. 6/*Benicke* 2007, Art. 1 Rn 16; Schlechtriem/Schwenzer/*Ferrari* 2008, Art. 1 Rn 34; *Achilles* 2000, Art. 1 Rn 4; *Schultheiß*, S. 5; Honsell/*Siehr* 2010, Art. 2 Rn 1; *Riski*, S. 19-20; *Lindström*, S. 40; OLG Köln NJW-RR 1995, 245, 246-247. Dies schließt Immobilien und unkörperlichen Sachen wie Rechte, Immaterialgütern, Forderungen aus. Weiterhin fällt ein Unternehmenskauf nicht unter das UN-Kaufrecht. Dagegen sind Tiere, auf einem Datenträger verkörperte Software, Flüssigkeiten und Sachgesamtheiten Waren im Sinne des UN-Kaufrechts (*Piltz* NJW 2007, 2159, 2160; Schlechtriem/Schwenzer/*Ferrari* 2008, Art. 1 Rn 34-37; *Schultheiß*, S. 5; *Routamo/Ramberg*, S. 17 und 42-43; vgl. aber auch *Hilberg*, S. 89-93, dergemäß es sowohl bei einer nicht auf einem Datenträger verkörperten Software als auch bei einer Software-Neuerstellung um einen Warenkauf im Sinne des UN-Kaufrechts geht.

72 Schlechtriem/Schwenzer/*Ferrari* 2008, Art. 1 Rn 34; *Brunner* 2004, Art. 2 Rn 2.

73 Obergericht des Kantons Aargau IHR 2010, 209, 209; Ferrari/Kieninger et al./*Saenger* 2012, Art. 1 Rn 6; Staudinger CISG/*Magnus* 2005, Art. 1 Rn 50; *Piltz* NJW 2005, 2126, 2127; *Schultheiß*, S. 5.

Leistungen.[74] Weiterhin fallen Werklieferungsverträge nach Art. 3 I CISG unter das UN-Kaufrecht, es sei denn, der Besteller selbst stellt einen wesentlichen Teil der für die Herstellung notwendigen Stoffe zur Verfügung. Dagegen enthält Art. 2 CISG eine Reihe von Ausnahmen, bei denen UN-Kaufrecht nicht anwendbar ist. Zu diesen gehören Verbrauchergeschäfte, Versteigerungen, Käufe von Wertpapieren oder Zahlungsmitteln, Käufe von elektrischer Energie, Schiffen oder Luftfahrzeugen sowie Käufe aufgrund von Zwangsvollstreckungs- oder anderen gerichtlichen Maßnahmen.

2.3 Zeitlicher Anwendungsbereich

Der zeitliche Anwendungsbereich des UN-Kaufrechts ergibt sich aus Art. 100 CISG. Demgemäß findet UN-Kaufrecht auf den Abschluss eines Vertrages nur dann Anwendung, wenn das Angebot zum Vertragsschluss an oder nach dem Tag des Inkrafttretens des UN-Kaufrechts in dem jeweiligen Vertragsstaat gemacht wird. Soweit es um die aus dem Vertrag erwachsenden Rechte und Pflichten geht, ist der Tag des Vertragsabschlusses entscheidend. In Deutschland trat das UN-Kaufrecht am 1. Januar 1991 und in Finnland am 1. Januar 1989 in Kraft.

2.4 Vorrang der Parteiautonomie

Schließlich prägt das Prinzip der Parteiautonomie[75] das UN-Kaufrecht. Dieser beherrschende Grundsatz des Übereinkommens ist im Art. 6 CISG statuiert. Nach diesem Grundsatz können die Vertragsparteien die Anwendung des UN-Kaufrechts ausschließen, von seinen Bestimmungen abweichen oder deren Wirkung ändern (Opting-out).

Weiterhin ist allgemein anerkannt, dass die Vertragsparteien das UN-Kaufrecht nicht nur abwählen oder von ihm abweichen können, sondern sie

---

74 Obergericht des Kantons Aargau IHR 2010, 209, 209; Witz/Salger/Lorenz/*Lorenz* 2000, Art. 3 Rn 7; Staudinger CISG/*Magnus* 2005, Art. 1 Rn 27; *Huber/Sundström* DL 1997, 747, 749; *Karollus*, S. 25.

75 Unter Parteiautonomie wird das Recht der Parteien, auf der kollisionsrechtlichen Ebene zu bestimmen, welche Rechtsordnung anwendbar ist, verstanden. Darüber hinausgehende materiell-rechtliche Gestaltungsfreiheit beruht dagegen auf Privatautonomie, die den Grundsatz des deutschen, finnischen und UN-Kaufrechts bildet. Dabei geht es um die individuelle, an den Bedürfnissen der Parteien orientierte inhaltliche Gestaltung des Rechtsverhältnisses zwischen den Parteien (genauer *Jaspers*, S. 56 ff.; vgl. auch *Basedow,* RabelsZ 75 (2011), 32, 38-39 und 57-59).

können auch seine Geltung für Verträge vereinbaren, die an sich nicht im Anwendungsbereich des UN-Kaufrechts liegen (Opting-in). Dies beruht allerdings nicht auf dem UN-Kaufrecht, sondern auf dem Prinzip der Parteiautonomie des jeweilig anwendbaren nationalen Rechts.[76] Im Falle einer Opt-in-Vereinbarung gilt auch der Teil II des UN-Kaufrecht, obwohl das finnische Recht subsidiär anwendbar wäre.[77]

Da es sich sowohl bei Opting-out als auch bei Opting-in eigentlich um eine Rechtswahlvereinbarung (entweder zuungunsten oder zugunsten des UN-Kaufrechts) handelt, werden diese Fälle samt ihrer Besonderheiten in dieser Arbeit genauer in Abschnitt 3.2 im Zusammenhang mit IPR-rechtlichen Rechtswahlklauseln behandelt.

2.5 Zusammenfassung

Das UN-Kaufrecht gilt in den Staaten, die das Übereinkommen ratifiziert haben, automatisch und autonom als ein Bestandteil des nationalen Rechts für diejenigen Verträge, die in seinem Anwendungsbereich liegen. Bei diesen Verträgen hat das UN-Kaufrecht Vorrang vor dem unvereinheitlichten nationalen Recht.

Dem UN-Kaufrecht unterfallen internationale Kaufverträge. Beim unternehmerischen Geschäftsverkehr zwischen Deutschland und Finnland müsste die Internationalität und deren Erkennbarkeit die Regel sein. Lediglich dann, wenn eine in dem Heimatland der anderen Vertragspartei liegende Niederlassung oder eine dortiger Vertreter des Unternehmens den Vertrag schließt und abwickelt, kann es an der Internationalität des Vertrags bzw. deren Erkennbarkeit fehlen, was dazu führt, dass das UN-Kaufrecht nicht anwendbar ist. Daher müssen solche Fälle besonders beachtet werden.

Allerdings hat Finnland einen Vorbehalt gemäß Art. 92 CISG gegen den Teil II „Abschluss des Vertrags" des UN-Kaufrechts erklärt. Somit ist die Anwendung des für die Einbeziehung von AGB maßgeblichen Teils II des UN-Kaufrechts ausgeschlossen, wenn das finnische Recht anwendbar ist. Daher ist die Einbeziehung von AGB in diesen Fällen nach finnischem unvereinheitlichtem Recht zu beurteilen.

---

76 MüKo Bd. 10/*Martiny* 2010, Art. 4 Anh. Rn 84; Staudinger CISG/*Magnus* 2005, Art. 6 Rn 62; Witz/Salger/Lorenz /*Lorenz* 2000, Art. 6 Rn 21; *Güllemann*, S. 139; *Schlechtriem*, S. 18; *Lohmann*, S. 133-134; *Lookofsky*, Understanding the CISG, S. 29-30; *Rudolph* 1996, Art. 6 Rn 9; *Piltz,* UN-Kaufrecht, S. 33-34; *Ämmälä*, in: Juhlajulkaisu Saarnilehto, S. 470.

77 *Sisula-Tulokas*, CISG 2009, S. 5.

Wenn das deutsche Recht oder das Recht eines anderen hinsichtlich Art. 92 CISG vorbehaltlosen Vertragsstaats für den Vertrag anwendbar ist, ist das UN-Kaufrecht für die Einbeziehung von AGB maßgeblich. Dies setzt allerdings voraus, dass der Vertrag auch sachlich und zeitlich im Anwendungsbereich des UN-Kaufrechts liegt. Somit muss es sich um einen Warenkaufvertrag handeln und das Angebot muss nach dem Inkrafttreten des UN-Kaufrechts erfolgt sein. In Bezug auf gemischte Verträge ist es entscheidend, ob die Warenlieferung den überwiegenden Teil der Pflichten des Lieferanten formt. Außerdem dürfen die Vertragsparteien die Anwendbarkeit des UN-Kaufrechts entsprechend der Möglichkeit nach Art. 6 CISG nicht ausdrücklich oder konkludent ausgeschlossen haben.

3. Das für die Einbeziehung der AGB maßgebliche Recht

Um beurteilen zu können, ob AGB wirksam in den Vertrag einbezogen sind, muss man wissen, welches Recht für die Einbeziehung im jeweiligen Fall maßgeblich ist. Dies richtet sich nach den Regelungen des internationalen Privatrechts (IPR) desjenigen Staates, dessen Gerichte für das Verfahren bezüglich des Vertrags zuständig und somit mit dem Vertrag befasst sind.[78] Aufgrund der Schwerpunktsetzung dieser Untersuchung werden hier nur die Grundlagen und die für diese Arbeit besonders relevanten Aspekte des IPR behandelt. Besondere Aufmerksamkeit wird den in AGB enthaltenen Rechtswahlklauseln gewidmet, weil hier der Einbeziehung von AGB eine besondere Bedeutung zukommt.

3.1 Grundsätze zum anwendbaren Recht

Innerhalb der Europäischen Gemeinschaft sind die Regelungen des IPR durch das Römische Übereinkommen über das auf vertragliche Schuldverhältnisse anzuwendende Recht vom 19.6.1980 (Rom-Übereinkommen) harmonisiert worden. In Deutschland entsprachen die Regelungen Art. 27 ff. EGBGB den Regelungen des Übereinkommens.[79] In Finnland galt das Übereinkommen aufgrund eines Gesetzes[80] und einer Verordnung[81] unmittelbar wie ein finnisches Gesetz.[82]

---

78 *Stoffels,* S. 69; *Stadler*, S. 42; *Graf von Bernstorff*, Rechtsprobleme, S. 12; *Klami/Kuisma*, S. 66. Die internationale Zuständigkeit bestimmt sich bezüglich Deutschland und Finnland in erster Linie nach der EG-Verordnung über die gerichtliche Zuständigkeit und die Anerkennung und Vollstreckung von Entscheidungen in Zivil- und Handelssachen vom 22.12.2000, soweit die Parteien keine gültige Gerichtsstandsvereinbarung getroffen haben (*Kropholler*, S. 590, 626 und 629-630; *Looschelders* 2004, Übersicht/S. 2; *von Hoffmann/Thorn*, S. 120 und 150-151).

79 Die Artikel des EGBGB fließen aus dem Römischen Übereinkommen. Falls Abweichungen zwischen dem Übereinkommen und dem EGBGB auftreten sollten, geht das Übereinkommen nach Art. 36 EGBGB vor, obwohl das Rom-Übereinkommen nach dem Zustimmungsgesetz innerstaatlich keine unmittelbare Anwendung findet (*Kegel/Schurig*, S. 13 und 648; Kronke/Melis/Schnyder/*Benicke* 2005, Teil B Rn 110; *Reithmann/Martiny* S. 32 und genauer *Reithmann/Martiny* 2004, S. 18).

80 Laki Itävallan, Suomen ja Ruotsin liittymisestä sopimusvelvoitteisiin sovellettavaa lakia koskevaan yleissopimukseen (18.12.1998/398).

81 Asetus Itävallan, Suomen ja Ruotsin liittymisestä sopimusvelvoitteisiin sovellettavaa lakia koskevaan yleissopimukseen annetun lain osittaisesta voimaantulosta (26.3.1999/399).

82 *Klami/Kuisma*, S. 26 und 89; *Andem/Juanto*, in: Oikeusjärjestys I, S. 539.

Das Rom-Übereinkommen ist durch die am 17.12.2009 in Kraft getretene Rom I-Verordnung[83] ersetzt worden (Art. 24 Rom I-VO). Die Rom I-Verordnung gilt in den EU-Mitgliedstaaten mit Ausnahme von Dänemark[84] als unmittelbar geltendes Recht für Verträge, die ab dem 17.12.2009 geschlossen[85] werden (Art. 28 Rom I-VO[86]). Deshalb sind Artt. 27-37 EGBGB durch das am 17.12.2009 in Kraft getretene Gesetz zur Anpassung der Vorschriften des Internationalen Privatrechts an die Verordnung (EG) Nr. 593/2008 aufgehoben worden.[87] Das Rom-Übereinkommen bzw. Artt. 27 ff. EGBGB bleiben jedoch weiterhin maßgeblich für solche Verträge, die vor dem 17.12.2009 geschlossen worden sind.[88] Ebenso gilt das Rom-Übereinkommen für Dänemark weiterhin, aber die anderen EU-Mitgliedstaaten wenden auch in Fällen mit Bezug zu Dänemark die Rom I-Verordnung an.[89]

---

83 Verordnung (EG) Nr. 593/2008 des Europäischen Parlaments und des Rates vom 19.6.2008 über das auf vertragliche Schuldverhältnisse anzuwendende Recht (Rom I-VO).

84 Dänemark beteiligt sich aufgrund seiner Sonderrolle nach dem Amsterdamer Vertrag (Art. 69 i.V.m. dem Protokoll über die Position Dänemarks) generell nicht an den Arbeiten zur justiziellen Zusammenarbeit. Irland und das Vereinigte Königreich, die eine Entscheidungsfreiheit bei jedem Rechtsakt haben, haben sich zu einer Beteiligung an der Rom I-Verordnung entschlossen. Bezüglich der Republik Irland ergibt sich dies direkt aus der Präambel, Erwägungsgrund 44 und bezüglich des Vereinigten Königsreich aus Dok. 12143/08 JUSTCIV 162 vom 24.7.2008 (http://register.consilium.europa.eu/pdf/en/08/st12/st12143.en08.pdf), das allerdings erst nach der Beendigung des angeleiteten Akzeptanzverfahren endgültig wurde, da die Erklärung nach der Annahme der Verordnung abgegeben wurde (Entscheidung der Kommission vom 22.12.2008 K(2008) 855 (http://eurlex.europa.eu/LexUriServ/LexUriServ.do?uri=OJ:L:2009:010:0022:0022:DE:PDF, Stand 29.2.2012); *Mansel/Thorn/Wagner* IPRax 2009, 1, 21; *Magnus* IPRax 2010, 27, 27; *Güllemann*, S. 19).

85 Der Abschlusszeitpunkt ist durch das Vertragsstatut zu bestimmen. Es ist jedoch umstritten, ob das Vertragsstatut nach den Regeln des alten Kollisionsrechts (so *Leible/Lehmann* RIW 2008, 528, 531; *Martiny* RIW 2009, 737, 752) oder nach den Regeln der Rom I-Verordnung (so *Staudinger/Steinrötter* JA 2011, 241, 242) zu ermitteln ist.

86 Das Irritationen hervorrufende ursprüngliche „nach 17.12.2009“ ist in „ab 17.12.2009“ korrigiert worden (Amtsblatt Nr. L 309 vom 24/11/2009 S. 87; *Martiny* ZEuP 2010, 747, 754; zum früheren Diskussion vgl. z.B. *Magnus* IPRax 2010, 27, 31).

87 BT-Drs. 16/12104, S. 8; *Martiny* RIW 2009, 737, 740; Erman Bd. II/*Hohloch* 2011, Artt. 27-37.

88 BT-Drs. 16/12104, S. 10; *Bogdan* SJT 2011, 873, 893; *Staudinger/Steinrötter* JA 2011, 241, 242; MüKo Bd. 10/*Martiny* 2010, Art. 28 Rn 4; *Martiny* ZEuP 2010, 747, 754; Erman Bd. II/*Hohloch* 2011, Anh II Art. 26, Vorbemerkungen Rn 9; *Güllemann*, S. 21.

89 *Staudinger/Steinrötter* JA 2011, 241, 242; *Martiny* ZEuP 2010, 747, 750; *Magnus* IPRax 2010, 27, 30-31; *Leible/Lehmann* RIW 2008, 528, 532; *Pfeiffer* EuZW 2008, 622, 623.

Der Regelungsgehalt der Rom I-Verordnung entspricht größtenteils dem Inhalt des Rom-Übereinkommens.[90] Soweit die Änderungen Bedeutung für den Inhalt dieser Arbeit haben, werden sie an den entsprechenden Stellen erläutert. Somit müssten nach wie vor sowohl deutsche und finnische als auch Gerichte anderer EG-Staaten im konkreten Fall das gleiche materielle Recht anwenden.[91]

---

90 *Mankowski* IHR 2008, 133, 133 und 151-152; *Magnus* IPRax 2010, 27, 27 und 33; *Wagner* IPRax 2008, 377, 386; *Clausnitzer/Woopen* BB 2008, 1798, 1798; *Bogdan* SJT 2011, 873, 893; *Hafrén* JFT 2008, 75, 80.

91 Allerdings besteht ein bedeutsamer Unterschied darin, dass in Deutschland die herrschende Meinung davon ausgeht, dass der Richter die Regeln des deutschen IPR von Amts wegen anwenden muss und dadurch auch ein ausländisches Recht zur Anwendung kommen kann (BGH NJW 1998, 1321; Zöller/*Geimer* 2012, § 293 Rn 9-10; *Schack*, S. 240-241). In der finnischen Literatur wird dagegen vertreten, dass bei dispositiven Rechtsfällen, in denen ein Vergleich erlaubt ist, der Richter das finnische Recht anwenden darf, soweit sich keine von den Parteien auf die Anwendung des ausländischen Rechts berufen hat (*Andem/Juanto*, in: Oikeusjärjestys I, S. 553; *Koulu*, Kansainvälinen, S. 45; *Lindström*, S. 85; vgl. weiterhin auch KKO 2011:74 und *Mikkola* DL 2011, 833, 836-837 bezüglich eines Prorogationsvertrags, der nicht die Behandlung des Falles im finnischen Gericht verhinderte, da sich die Parteien nicht auf den Vertrag beriefen). Obwohl die finnische Ansicht rechtsökonomisch vertretbar sein mag und den universalen Drang der Gerichte, das ihnen bekannte Recht anzuwenden, entspricht (*Klami/Kuisma*, S. 51), ist hier die deutsche Ansicht zu befürworten, weil somit die Anwendung desselben materiellen Rechts für den Rechtsfall unabhängig von dem Gerichtsstand sichergestellt wird. Dies entspricht dem Ziel des Rom Übereinkommens und der Rom I-Verordnung (genauer siehe Präambel, Erwägungsgrund 6). Dieser Unterschied spiegelt sich auch bei der Ermittlung des Inhalts des berufenen ausländischen Rechts wider. Nach dem deutschen Recht ist der Richter dazu verpflichtet, obwohl die Parteien ihm dabei z.B. durch Privatgutachten helfen dürfen (§ 293 ZPO; Zöller/*Geimer* 2012, § 293 Rn 14-16; Baumbach/Lauterbach et. al./*Hartmann* 2012, § 293 Rn 5-6). Nach dem finnischen Recht sind die Parteien zunächst verantwortlich, den Inhalt des ausländischen Rechts zu ermitteln und dem Gericht vorzulegen, und das Gericht hat lediglich das Recht, den Inhalt des ausländischen Rechts auch selbst zu ermitteln (§ 3 Abschnitt 17 des Oikeudenkäymiskaari [finnische Prozessordnung]; *Andem/Juanto*, in: Oikeusjärjestys I, S. 551-552; *Klami/Kuisma*, S. 53 und 56; *Lindström*, S. 35 und 85). Lässt sich das ausländische Recht nicht ermitteln, wird der Fall in beiden Ländern nach dem eigenen Recht als sogenanntem Ersatzrecht entschieden (§ 3 Abschnitt 17 des OK (Oikeudenkäymiskaari); Baumbach/Lauterbach et. al./*Hartmann* 2012, § 293 Rn 9; Zöller/*Geimer* 2012, § 293 Rn 27). Allerdings gilt dies in Deutschland – anders als in Finnland – als „allerletzter Notbehelf" (vgl. *Schack*, S. 248; *Andem/Juanto*, in: Oikeusjärjestys I, S. 551-552).

Das Zustandekommen und die Wirksamkeit des Vertrags, inklusive der Einbeziehung von AGB[92], beurteilt sich gemäß Art. 31 I EGBGB / Art. 8 I Rom-Übereinkommen / Art. 10 I Rom I-VO grundsätzlich nach dem Recht, das anzuwenden wäre, wenn der Vertrag wirksam wäre (Vertragsstatut). Etwas anderes gilt nur, wenn sich aus den Umständen ergibt, dass es nicht gerechtfertigt wäre, die Wirkung des Verhaltens einer Partei bei Vertragsabschluss nach dem Vertragsstatut zu bestimmen. In solchen Fällen kann diese Partei aufgrund des Rechts ihres gewöhnlichen Aufenthalts behaupten, dass sie dem Vertrag nicht zugestimmt habe (Art. 31 II EGBGB / Art. 8 II Rom-Übereinkommen / Art. 10 II Rom I-VO). Das Vertragsstatut ist gemäß Art. 32 I Nr. 1 EGBGB / Art. 10 I lit. a) Rom-Übereinkommen / Art. 12 I lit. a) Rom I-VO maßgebend auch für die Auslegung des Vertrags. Unter Vertragsstatut ist das in diesem Staat geltende materielle Recht und nicht die Regelungen seines internationalen Privatrechts zu verstehen (Art. 35 I EGBGB / Art. 15 Rom-Übereinkommen / Art. 20 Rom I-VO).

3.2 Rechtswahl

3.2.1 Grundzüge der Rechtswahl im Bereich des IPR

Die Zulässigkeit der Rechtswahl unterliegt der lex fori.[93] In dem für den unternehmerischen Geschäftsverkehr zwischen Deutschland und Finnland relevanten europäischen Raum können die Vertragsparteien entsprechend dem Grundsatz der Parteiautonomie das Vertragsstatut grundsätzlich frei durch eine Rechts-

92 OLG Frankfurt NJW-RR 2003, 704, 706; LG Duisburg 1996, 774, 775; OLG Hamm NJW 1983, 523, 524; Palandt/*Thorn* 2012, Art. 10 Rom I Rn 3; MüKo Bd. 10/*Spellenberg* 2006, Art. 31 Rn 14; MüKo Bd. 10/*Spellenberg* 2010, Art. 10 Rn 27; *Graf von Bernstorff*, Vertragsgestaltung, S. 241-242; *Müller/Otto*, S. 120; *Tanninen*, S. 60.

93 BGH IPRax 1998, 479, 481; Anwkomm Bd. 1/*Leible* 2005, Art. 27 Rn 66; MüKo Bd. 10/*Martiny* 2006, Art. 27 Rn 100; MüKo Bd. 10/*Martiny* 2010, Art. 3 Rn 9 und 104; *Hamacher*, in: AGB im Spannungsfeld, S. 86; Staudinger Rom I Bd.1/*Magnus* 2011, Art. 3 Rn 168; *Andem/Juanto*, in: Oikeusjärjestys I, S. 549; *Hemmo*, Sopimusoikeus II, S. 461; *Klami/Kuisma*, S. 92. Die Rechtswahl ist ein weltweit vorherrschendes kollisionsrechtliches Prinzip bei vertraglichen Schuldverhältnissen, obwohl sich deutliche Einschränkungen in einigen arabischen und südamerikanischen Staaten finden (*Mallmann* NJW 2008 2953, 2957; *Giuliano/Lagarde* BT-Drs. 10/503, 33, 33 ff und 47-48; *Jaspers*, S. 45 und 47; *Dicey/Morris/Collins*, S. 1561, *Vischer/Huber/Oser*, S. 25-38; *Rühl*, S. 43; *Piltz,* UN-Kaufrecht, S. 34; *Sevón* LM 1988, 1, 4).

wahlvereinbarung festlegen (positive Rechtswahl nach Art. 27 I EGBGB / Art. 3 I Rom-Übereinkommen / Art. 3 I Rom I-VO). Ausnahmen gelten für Verbraucherverträge (Art. 29 I und Art. 29a EGBGB / Art. 5 Rom-Übereinkommen / Art. 6 Rom I-VO), für Arbeitsverträge (Art. 30 I EGBGB / Art. 6 I Rom-Übereinkommen / Art. 8 Rom I-VO) und für reine Inlandsgeschäfte ohne jegliche Auslandskontakte (Art. 27 III EGBGB / Art. 3 III Rom-Übereinkommen / Art. 3 III Rom I-VO). Die dargelegten Ausnahmen werden bei dem unternehmerischen Geschäftsverkehr zwischen Deutschland und Finnland regelmäßig nicht zutreffen. Somit steht den Parteien eines deutsch-finnischen Vertrags die freie Rechtswahl zu.

Durch die Rom I-Verordnung wird diese Rechtslage insofern geändert, als die Parteien das Recht eines Staates außerhalb EU wählen. Trotz dieser Wahl bleiben gemäß Art. 3 IV Rom I-VO die zwingenden Bestimmungen des Gemeinschaftsrechts[94] anwendbar, wenn sich der gesamte Vertragssachverhalt – abgesehen von der Rechtswahl – ausschließlich auf einen oder mehrere EU-Mitgliedstaaten bezieht, wie es bei deutsch-finnischen Verträgen oft der Fall ist.

Eine IPR-rechtliche Rechtswahl ist grundsätzlich eine kollisionsrechtliche Verweisung. Dies bedeutet, dass die Normen der gewählten Rechtsordnung sowohl die dispositiven als auch die zwingenden Normen des objektiv anwendbaren Rechts ersetzen.[95] Die Rechtswahl kann den ganzen Vertrag oder nur einen Teil des Vertrags betreffen (Art. 27 I EGBGB / Art. 3 I Rom-Übereinkommen / Art. 3 I Rom I-VO). Weiterhin können die Parteien die Rechtswahl jederzeit, auch während eines laufenden Verfahrens, neu vereinbaren und damit das Vertragsstatut ändern (Art. 27 II EGBGB / Art. 3 II Rom-Übereinkommen / Art. 3 II Rom I-VO).

---

94 Unter zwingenden Bestimmungen des Gemeinschaftsrechts sind solche Bestimmungen zu verstehen, die für die gemeinschaftliche Rechtsordnung von grundlegender Bedeutung sind. Dazu gehören vor allem Normen, die den Grundfreiheiten dienen bzw. einen unverfälschten Wettbewerb im Binnenmarkt schützen (*Clausnitzer/Woopen* BB 2008, 1798, 1799).

95 *Looschelders* 2004, Art. 27 Rn 10; Soergel Bd. 10/*von Hoffmann* 1996, Art. 27 Rn 2; *Koulu*, Kansainvälinen, S. 17. Eine IPR-rechtliche Rechtswahl wird als materiellrechtliche Verweisung gesehen, wenn der Vertrag rein inländisch ist und somit der vorausgesetzte Auslandsbezug fehlt. Bei einer materiell-rechtlichen Verweisung werden die Normen der gewählten Rechtsordnung wie Vertragsklauseln behandelt. Die zwingenden Normen des kollisionsrechtlich anwendbaren Rechts bleiben maßgeblich (MüKo Bd. 10/*Martiny* 2006, Art. 27 Rn 15 und 96; *Kegel/Schurig*, S. 654-655; *von Bar/Mankowski*, S. 594; Staudinger Rom I Bd.1/*Magnus* 2011, Art. 3 Rn 39 und 131; *Norros* LM 2007, 25, 30-31; *Koulu*, Kansainvälinen, S. 122 und 144-145; *Pålsson*, S. 51).

Den Vertragsparteien steht nicht nur zu, ein Recht zur Anwendung zu berufen, sondern sie können auch eine oder mehrere Rechtsordnungen abwählen (negative Rechtswahl).[96] Dennoch können die Parteien nicht sämtliche mit dem Vertrag in Beziehung stehende staatliche Rechtsordnungen wirksam ausschließen, da es keinen rechtsordnungslosen Vertrag geben kann. Falls sie dies tun, bleibt die (negative) Rechtswahlklausel unbeachtlich.[97]

Soweit die Parteien gleichzeitig mit der Abwahl keine andere Rechtsordnung positiv gewählt haben, wird das anwendbare Recht im Wege einer objektiven Anknüpfung[98] ermittelt. Falls die Parteien das Recht mit der engsten Verbindung ausgeschlossen haben, gilt das Recht der zweitengsten Verbindung.[99] Falls die Parteien ein anderes Recht ausgeschlossen haben, kommt der alleinstehenden negativen Rechtswahl keine praktische Bedeutung zu, da das Recht der engsten Verbindung gilt.

3.2.2 Grundzüge der Rechtswahl im Bereich des UN-Kaufrechts

Wie in Abschnitt 1.3 festgestellt, kommt das UN-Kaufrecht automatisch als Bestandteil des nationalen Rechts zur Anwendung, sofern seine Anwendungsvoraussetzungen erfüllt sind. Die Vertragsparteien können mittels einer Vereinbarung das UN-Kaufrecht ausschließen oder von seinen Bestimmungen abweichen (Art. 6 CISG).

---

96 MüKo Bd. 10/*Martiny* 2010, Art. 3 Rn 19; *von Hoffmann/Thorn*, S. 433; *Reithmann/ Martiny*, S. 89; Anwkomm Bd. 1/*Leible* 2005, Art. 27 Rn 44; *Hesse*, S. 36; *Wukoschitz,* in: Rechtswahlklauseln, S. 29; *Wenner*, in: FS Werner, S. 40; Staudinger Rom I Bd.1/*Magnus* 2011, Art. 3 Rn 67.

97 Bamberger/Roth Bd. 3/*Spickhoff* 2008, Art. 27 Rn 28; Palandt/*Thorn* 2012, Art. 3 Rom I Rn 4; PWW/*Brödermann/Wegen* 2011, ex Art. 27 Rn 7; *Kropholler*, S. 464; MüKo Bd. 10/*Martiny* 2010, Art. 3 Rn 40; Anwkomm Bd. 1/*Leible* 2005, Art. 27 Rn 29 und 44; *Vischer/Huber/Oser*, S. 81; Soergel Bd. 10/*von Hoffmann* 1996, Art. 27 Rn 20; aA *Lorenz* RIW 1987, 569, 573-574; vgl. auch *Wenner*, in: FS Werner, S. 41-42, demgemäß es den Bedürfnissen der Praxis entspricht, die Wahl außerstaatlichen Rechts zuzulassen.

98 Genauer siehe Abschnitt 3.3.

99 Bamberger/Roth Bd. 3/*Spickhoff* 2008, Art. 27 Rn 34; *von Hoffmann/Thorn*, S. 433; MüKo Bd. 10/*Martiny* 2010, Art. 3 Rn 19; *Wukoschitz,* in: Rechtswahlklauseln, S. 29; Staudinger Rom I Bd.1/*Magnus* 2011, Art. 3 Rn 67.

Eine solche Vereinbarung ist sowohl bei, als auch nach Vertragsschluss möglich.[100] Durch eine Parteivereinbarung kann das UN-Kaufrecht als Ganzes oder nur teilweise ausschlossen werden.[101] Neben einer gesonderten Ausschlussvereinbarung können die Parteien das UN-Kaufrecht auch konkludent durch eine IPR-rechtliche Wahl der Rechtsordnung eines Nicht-Vertragsstaates ausschließen.[102]

Diejenige Partei, die den Ausschluss, die Abweichung oder die Änderung des UN-Kaufrechts behauptet, trägt die Beweislast hierfür.[103] Haben die Parteien die Anwendbarkeit des UN-Kaufrechts ausgeschlossen, sind die Regelungen des anwendbaren unvereinheitlichten nationalen Rechts maßgeblich.[104] Soweit die Parteien keine positive Rechtswahl getroffen haben, wird das anwendbare Recht mittels Rückgriff auf die objektiven Anknüpfungsregeln des IPR des Forums ermittelt. Wird danach das Recht eines Vertragsstaates berufen, ist das unvereinheitlichte nationale Recht dieses Staates anzuwenden.[105]

Wenn das UN-Kaufrecht ansonsten nicht räumlich anwendbar wäre, können die Vertragsparteien seine Geltung durch eine IPR-rechtliche Rechtswahl des Rechts eines Mitgliedstaates erreichen (Art 1 I lit. b) CISG).[106] Dann gilt das UN-Kaufrecht als Bestandteil dieses Rechts automatisch für die Vertragsbeziehung, es sei denn die Parteien haben explizit das unvereinheitlichte nationale

---

100 OLG Hamm IHR 2010, 59, 62; *Köhler*, Das UN-Kaufrecht, S. 75-78; MüKo Bd. 10/*Martiny* 2010, Art. 4 Anh. Rn 75 und 77; *Piltz* NJW 2005, 2126, 2127; *Ferrari* ZEuP 2002, 737, 744; Honsell/*Siehr* 2010, Art. 6 Rn 3.

101 Schlechtriem/Schwenzer/*Ferrari* 2008, Art. 6 Rn 34-35: Witz/Salger/Lorenz /*Lorenz* 2000, Art. 6 Rn 18; *Lindström*, S. 43; *Sisula-Tulokas*, CISG 2009, S. 9. Dies ergibt sich auch aus dem Wortlaut des Artikels 6 CISG, da er explizit eine Änderung der Bestimmungen des UN-Kaufrechts vorsieht.

102 OLG Düsseldorf 2.7.1993, http://www.cisg-online.ch, case 74; *Piltz* NJW 2011, 2261, 2262; *Kampf* RIW 2009, 297, 298; Schlechtriem/Schwenzer/*Schmidt-Kessel* 2008, Art. 8 Rn 55; *Schlechtriem*, S. 16; Graf von Westphalen/Thüsing/*Graf von Westphalen/Thüsing*, Vertragsrecht – Rechtswahlklauseln Rn 24; Staudinger CISG/*Magnus* 2005, Art. 6 Rn 23; *Ferrari* ZEuP 2002, 737, 743; *Piltz,* UN-Kaufrecht, S. 32.

103 MüKo Bd. 3/*Westermann* 2012, Art. 6 Rn 13; MüKo HGB Bd. 6/*Benicke* 2007, Art. 2 Rn 23; *Schlechtriem*, S. 16; *Köhler*, Das UN-Kaufrecht, S. 78-79; *Achilles* 2000, Art. 6 Rn 10.

104 Honsell/*Siehr* 2010, Art. 6 Rn 8; Witz/Salger/Lorenz /*Lorenz* 2000, Art. 6 Rn 4.

105 Ferrari/Kieninger et al./*Saenger* 2012, Art. 6 Rn 3; MüKo Bd. 10/*Martiny* 2010, Art. 4 Anh. Rn 82; Schlechtriem/Schwenzer/*Ferrari* 2008, Art. 6 Rn 15; aA U.S. District Court, S.D. New York 18.1.2011, http://www.cisg-online.ch, case 2178; *Piltz* NJW 2011, 2261, 2262.

106 Staudinger CISG/*Magnus* 2005, Art. 1 Rn 104; *Lookofsky*, Understanding the CISG, S. 29; *Piltz,* Internationales Kaufrecht, S. 52; *Achilles* 2000, Art. 1 Rn 9.

Recht dieses Staates (z.B. Kaufrecht des BGB, des HGB oder der Kauppalaki[107]) gewählt, und dadurch die Anwendbarkeit des UN-Kaufrechts ausgeschlossen.[108]

Weiterhin können die Vertragsparteien dem UN-Kaufrecht durch eine Opt-in-Vereinbarung zur Geltung verhelfen. Die Möglichkeit einer materiell-rechtlichen Wahl des UN-Kaufrechts, bei der die Vorschriften des UN-Kaufrechts wie AGB in den Vertrag inkorporiert werden, wird nicht in Frage gestellt. Dabei bleiben die zwingenden Normen des maßgeblichen nationalen Rechts uneingeschränkt anwendbar und bilden somit die Grenzen der Vertragsfreiheit.[109]

Dagegen ist es umstritten, ob die kollisionsrechtliche Wahl des UN-Kaufrechts möglich ist.[110] Nach der zutreffenden Ansicht hängt die Möglichkeit

---

107 Kaufgesetz (27.3.1987/355).

108 Dies entspricht der herrschenden Meinung, nach der die Wahl der Rechtsordnung eines Mitgliedstaates nicht allein als Ausschluss des UN-Kaufrechts gilt, aber ein Ausschluss des UN-Kaufrechts durch eine explizite Wahl des unvereinheitlichten nationalen Rechts möglich ist (BGH IHR 2010, 216, 217; Obergericht des Kantons Aargau IHR 2010, 209, 210; OLG Stuttgart, 31.3.2008, http://www.cisg-online.ch, case 1658; OGH 4.7.2007, http://www.cisg-online.ch, case 1560; OGH 22.10.2001, http://www.cisg-online.ch, case 614; Tribunale di Padova IHR 2005, 31, 31; OLG Hamburg 26.1.2000, http://www.cisg-online.ch, case 509; *Schlechtriem*, S. 11-12 und 16; *Piltz* NJW 2007, 2159, 2160; MüKo Bd. 10/*Martiny* 2010, Art. 4 Anh. Rn 80; Staudinger CISG/*Magnus* 2005, Art. 6 Rn 24 und 30; Graf von Westphalen/Thüsing/*Graf von Westphalen/Thüsing*, Vertragsrecht – Rechtswahlklauseln Rn 24; *Ferrari* ZEuP 2002, 737, 743; *Huber/Kröll* IPRax 2003, 309, 310; *Stadie/Nietzer* MDR 2002, 428, 431 und 433; *Holthausen* RIW 1989, 513, 516-517; *Väinölä*, S. 9; Saarnilehto/Hemmo/Kartio/*Ämmälä* 2001, S. 839; *Sisula-Tulokas*, in: Ulkomaankauppaoikeus, S. 59; *Sevón* LM 1988, 1, 5. Dabei ist zu berücksichtigen, dass eine Formulierung „internes Recht" nicht genügt, dass UN-Kaufrecht auszuschließen, da das UN-Kaufrecht ein Bestandteil des nationalen Rechts und kein ausländisches oder internationales Recht ist (*Piltz* NJW 2011, 2261, 2262). AA *Karollus* JuS 1993, 378, 381, der behauptet, dass die herrschende Ansicht dem tatsächlichen Parteiwillen vielfach Gewalt antut, weil kaum jemand bei der Wahl des „deutschen Rechts" das UN-Kaufrecht meint). Ein direkter Ausschluss auf Basis der Rechtswahl wäre auch unbegründet, da das UN-Kaufrecht als Bestandteil dieses Rechts durch die Verweisung automatisch mitgewählt wird und im Rahmen seines Anwendungsbereichs gegenüber dem unvereinheitlichten nationalen Recht Vorrang hat. Gleichwohl muss der deutlich ausgedrückte Parteiwille respektiert werden (vgl. *Otto*, S. 104-105 noch zum EKG).

109 *Lohmann*, S. 314; Schlechtriem/Schwenzer/*Ferrari* 2008, Art. 6 Rn 41; *Rudolph* 1996, Art. 6 Rn 9; PWW/*Brödermann/Wegen* 2011, ex Art. 27 Rn 7; MüKo Bd. 10/*Martiny* 2010, Art. 4 Anh. Rn 84; *Mankowski* RIW 2003, 2, 10-11; Staudinger Rom I Bd.1/*Magnus* 2011, Art. 3 Rn 39; *Hemmo* JFT 2005, 488, 493-494.

110 Bejahend: Witz/Salger/Lorenz /*Lorenz* 2000, Art. 6 Rn 21; *Lohmann*, S. 334; Honsell/*Siehr* 2010, Art. 6 Rn 14-16. Verneidend: Staudinger CISG/*Magnus* 2005, Art. 6

der kollisionsrechtlichen Wahl des UN-Kaufrechts davon ab, ob die lex fori eine derartige Rechtswahl zulässt.[111] Dies entspricht dem allgemeinen IPR-rechtlichen Grundsatz, dass die Zulässigkeit der Rechtswahl der lex fori unterliegt.[112]

Bezüglich des deutschen IPR ist die kollisionsrechtliche Wählbarkeit des UN-Kaufrechts umstritten.[113] In der finnischen Literatur ist diese Frage nur wenig behandelt worden. *Klami* und *Kuisma* sowie *Lindström* vertreten bezüglich des lex mercatoria, dass der Vertrag immer einem staatlichen Recht unterliegen muss und dass das lex mercatoria somit lediglich materiell-rechtlich wählbar ist.[114] Das gleiche stellen *Norros* und *Hemmo* bezüglich der UNIDROIT Principles und der Principles of European Contract Law fest.[115] *Koulu* vertritt dagegen die Ansicht, dass diese Auffassung nicht zutrifft und dem Prinzip der Parteiautonomie nicht entspricht. Er führt auch auf, dass niederländische Gerichte[116] die kollisionsrechtliche Wahl des UN-Kaufrechts schon akzeptiert haben und dass dies zukünftig allgemein akzeptiert werden soll.[117]

Meines Erachtens ist die kollisionsrechtliche Wählbarkeit des UN-Kaufrechts sowohl nach deutschem als auch nach finnischem Recht abzulehnen. Dies ergibt sich daraus, dass das Rom-Übereinkommen die kollisionsrechtliche Verweisungsfreiheit der Parteien auf die Wahl des Rechts eines Staates beschränkt.[118] Weil das UN-Kaufrecht keine international selbständige staatliche

---

Rn 62 und 64; *Mankowski* RIW 2003, 2, 10; Wolf/Lindacher/Pfeiffer/*Hau* 2009, IntGV Rn 15 und 69; MüKo HGB Bd. 6/*Benicke* 2007, Art. 6 Rn 17.

111 Schlechtriem/Schwenzer/*Ferrari* 2008, Art. 6 Rn 42; MüKo HGB Bd. 6/*Benicke* 2007, Art. 6 Rn 17; *Prinz von Sachsen Gessaphe*, S. 98; Honsell/*Siehr* 2010, Art. 6 Rn 14-15; *Lindström*, S. 43; *Hemmo* JFT 2005, 488, 489.

112 Siehe Abschnitt 3.2.1.

113 Bejahend: *Lohmann*, S. 329-330; Anwkomm Bd. 1/*Leible* 2005, Art. 27 Rn 35; *Lindbach*, S. 202-203; *Siehr* RabelsZ 52 (1988), 587, 612. Verneinend: Palandt/*Thorn* 2012, Art. 3 Rom I Rn 4 und Art. 4 Rom I Rn 5; MüKo Bd. 10/*Martiny* 2010, Art. 4 Anh. Rn 84; Bamberger/Roth Bd. 3/*Spickhoff* 2008, Art. 27 Rn 6; Staudinger Rom I Bd.1/*Magnus* 2011, Art. 3 Rn 39.

114 *Klami/Kuisma*, S. 96; *Lindström*, S. 90. Dies müsste auch das UN-Kaufrecht betreffen, da es keine staatliche Rechtsordnung darstellt, sondern ein internationales Übereinkommen ist.

115 *Norros* LM 2007, 25, 28; *Hemmo* JFT 2005, 488, 489.

116 Hoge Raad 26.5.1989 und 5.1.2001.

117 *Koulu*, Kansainvälinen, S. 112; vgl. auch *Lando/Nielsen* JPrivIntL 2007, 29, 31-34, die das gleiche bezüglich der lex mercatoria behaupten.

118 Dies ergibt sich aus dem Wortlaut und Zusammenhang des Art. 2, Art. 3 i.V.m. Art. 4 I, Art. 7 I und Art. 15 des Rom-Übereinkommens. Dies ist auch im Grünbuch über die Umwandlung des Übereinkommens von Rom aus dem Jahr 1980 über das auf vertragliche Schuldverhältnisse anzuwendende Recht in ein Gemeinschaftsinstrument sowie

Rechtsordnung, sondern ein internationales Übereinkommen ist, ist dessen kollisionsrechtliche Wahl bei einem gerichtlichen Verfahren[119] nicht gestattet.[120]

Daran ändert die am 17.12.2009 in Kraft getretene Rom I-Verordnung nichts, da die vom Europäischen Parlament am 29.11.2007 angenommene und

---

über seine Aktualisierung explizit festgestellt worden (KOM(2002) 654 / 14.1.2003, S. 27). Vgl. auch *Hau/Eichel* AL 2010, 84, 85; *Staudinger/Steinrötter* JA 2011, 241, 244 und Fußnote 51; *von Hoffmann/Thorn*, S. 433; MüKo Bd. 10/*Martiny* 2006, Art. 27 Rn 28; *Dicey/Morris/Collins*, S. 1567-1568; *Püls*, S. 181-183; *von Bar*, S. 315; *Hemmo JFT* 2005, 488, *489* und 493; vgl. weiterhin auch bezüglich EGBGB Bamberger/Roth Bd. 3/*Spickhoff* 2008, Art. 27 Rn 24. Die Befürworter der kollisionsrechtlichen Wählbarkeit des UN-Kaufrechts führen unterschiedliche Begründungen auf. *Lohmann* begründet die kollisionsrechtliche Wählbarkeit des UN-Kaufrechts dadurch, dass das UN-Kaufrecht als in Mitgliedstaaten automatisch geltendes Recht staatliches Recht ist und somit auch kollisionsrechtlich wählbar, obwohl die Zuordnung zu bestimmten Staaten bei der Wahl durch eine Opt-in-Klausel nicht direkt möglich ist (*Lohmann*, S. 329-330). *Leible* behauptet, dass „staatlich" nur funktional in Sinne von „Ordnung mit Gerechtigkeitsgewähr" zu verstehen ist und somit auch andere als von Staaten geschaffene Rechte kollisionsrechtlich wählbar sind, soweit sie diese funktionelle Anforderung erfüllen (Anwkomm Bd. 1/*Leible* 2005, Art. 27 Rn 35). *Lindbach* vertritt die Auffassung, dass dem UN-Kaufrecht „eine von den staatlichen Rechtssystemen abgehobene und eigenständige Qualität", die vom Kollisionsrecht verlangt wird, zukommt und somit das UN-Kaufrecht kollisionsrechtlich wählbar sei, trotz seiner formalen Geltung als innerstaatliches Recht der Vertragsstaaten (*Lindbach*, S. 202-203). Bezüglich des lex mercatoria vgl. auch *Lando/Nielsen* JPrivIntL 2007, 29, 32-34. Keine von diesen zum Teil gegensätzlichen Begründungen ist besonders einleuchtend und ihnen ist entgegenzuhalten, dass sie dem Wortlaut des Rom-Übereinkommens und somit dem Willen des Gesetzgebers nicht entsprechen. Weiterhin weichen die angewendeten Begriffsauslegungen deutlich von den üblichen Auslegungen ab, was ohne entsprechend tiefgreifende Begründung nicht zu unterstützen ist.

119 Es ist hervorzuheben, dass den Parteien im Rahmen von Schiedsverfahren eine freie Wahl der Entscheidungsgrundlage gestattet ist. Somit können sie auch die Entscheidung nach außerstaatlichem Recht, wie internationalen Übereinkommen bzw. Klauselwerken oder dem lex mercatoria oder gar nach Billigkeit vereinbaren (§ 1051 III ZPO und § 31 III Laki välimiesmenettelystä; vgl. auch PWW/*Brödermann/Wegen* 2011, ex Art. 27 Rn 9; *Schmidt-Ahrendts/Höttler* SchiedsVZ 2011, 267, 270 und 272; *von Bar/Mankowski*, S. 83-84; Staudinger Rom I Bd.1/*Magnus* 2011, Art. 3 Rn 41; *Püls*, S. 180-181; *Savola* DL 2009, 31, 57; Lappalainen/Frände/Koulu/*Havansi* 2007, S. 1099; *Norros* LM 2007, 25, 29; *Hemmo* JFT 2005, 488, 489; aA *McGuire* SchiedsVZ 2011, 257, 264-265, nach der auch die Rechtswahlfreiheit nach § 1051 ZPO bezüglich der reinen Inhaltsgeschäften und Verbrauchergeschäften ungeschriebenen Schranken unterliegt).

120 Staudinger CISG/*Magnus* 2005, Art. 6 Rn 65; MüKo Bd. 10/*Martiny* 2006, Art. 28 Anh. Rn 84; *Mankowski* RIW 2003, 2, 10-11; vgl. auch *Bogdan,* Svensk internationell privat- och processrätt, S. 255; *Kondring* RIW 2010, 184, 188.

am 17.6.2008 unterschriebene Fassung nicht mehr die von der Europäischen Kommission vorgeschlagene Regelung über die Möglichkeit der Wahl nichtstaatlichen Rechts enthält. Dagegen weist der Erwägungsgrund 13 der Präambel darauf hin, dass die Parteien nichtstaatliches Recht bzw. internationale Übereinkommen durch eine Verweisung in den Vertrag inkorporieren können. Hierbei handelt es sich allerdings deutlich um eine materiell-rechtliche Wahl, bei der die verwiesenen Normen wie Vertragsklauseln zu behandeln sind. Lediglich zum Gemeinschaftsrecht gehörendes materielles Recht soll neben den staatlichen Rechtsordnungen direkt wählbar sein, soweit eine solche Möglichkeit in dem Gemeinschaftsinstrument vorgesehen wird.[121]

Somit können die Parteien eines deutsch-finnischen Vertrags bei Anwendung einer Opt-in-Klausel lediglich mit einer materiell-rechtlichen Geltung des UN-Kaufrechts rechnen. Dies hat beim unternehmerischen Geschäftsverkehr allerdings nur eine beschränkte Bedeutung, da die Parteien entsprechend dem Grundsatz der Vertragsfreiheit bei individualvertraglich gestalteten kaufrechtlichen Verhältnissen einen relativ breiten Gestaltungsspielraum haben und somit für sie passende Regelungen vereinbaren können.

3.2.3 Bedeutung von Rechtswahlklauseln im internationalen Geschäftsverkehr

Die Verträge des internationalen Geschäftsverkehrs beinhalten üblicherweise eine positive IPR-rechtliche Rechtswahlklausel.[122] Die Vertragsparteien möch-

---

121 Rom I-Verordnung, Präambel, Erwägungsgrund 13-14; MüKo Bd. 10/*Martiny* 2010, Art. 4 Anh. Rn 84; *Pfeiffer* EuZW 2008, 622, 624; *Magnus* IPRax 2010, 27, 33; *Leible/Lehmann* RIW 2008, 528, 533; *Mankowski* IHR 2008, 133, 136; *Wagner* IPRax 2008, 377, 379-380; *Martiny* ZEuP 2010, 747, 755; *Güllemann*, S. 24; *Clausnitzer/Woopen* BB 2008, 1798, 1799; so auch *Rösler* EuZW 2011, 1, der jedoch für die kollisionsrechtliche Wahlmöglichkeit der UNIDROIT-Principles plädiert; aA freilich *McGuire* SchiedsVZ 2011, 257, 265-266, nach der Rom I-Verordnung auch die Wahl nichtstaatlichen Rechts ermöglicht.

122 *Hau/Eichel* AL 2010, 84, 85; *Savola* DL 2009, 31, 56; Lappalainen/Frände/Koulu/*Koulu* 2007, S. 1250; *Koulu*, Kansainvälinen, S. 118-119; vgl. auch *Maultzsch*, RabelsZ 75 (2011), 60, 61-62, der erläutert, dass die durch die Rechtswahlmöglichkeit geschaffenen Gestaltungsspielräume in immer stärkerem Maße wahrgenommen werden; *Hamacher*, in: AGB im Spannungsfeld, S. 91 und 102, nach dem Rechtwahlklauseln nicht unüblich sind und *Rühl*, S. 27, die aufführt, dass AGB insbesondere bei Geschäften mit Auslandsbezug regelmäßig eine Rechtswahlklausel enthalten; vgl. aber auch *Hesse*, S. 37, der die Meinung vertritt, dass die Rechtswahl im internationalen Geschäftsverkehr oft vernachlässigt wird.

ten Sicherheit darüber gewinnen, welches Recht anwendbar ist. Weiterhin möchten sie das anwendbare Recht selbst wählen, damit sie mit dem Recht vertraut sind und das Recht möglichst gut ihre Interessen widerspiegelt; z.B. von den Parteien gewollte Lösungen zu den diversen Rechtsproblemen anbietet und die von ihnen bevorzugte Risikoverteilung herbeiführt.[123] Des Weiteren spielen auch die Informations- und Beratungskosten sowie die Kosten für Prozessführung eine erhebliche Rolle bei der Wahl des anwendbaren Rechts. Außerdem ist es möglich, dass sich die Parteien entweder von vornherein oder mangels anderweitiger Einigung auf das neutrale Recht eines dritten Staates verständigen möchten, obwohl dies fremd für beide Parteien ist. Ferner wird in einigen Branchen typischerweise das Recht eines bestimmten Landes angewendet.[124] Zudem enthalten viele Musterverträge eine Rechtswahlklausel und tragen somit zu der häufigen Anwendung von Rechtswahlklauseln bei.[125] In der Praxis setzt meistens die stärkere Partei – also oft der AGB-Verwender – ihr nationales Recht durch und verschafft sich somit einen Vorteil, da sie das maßgebliche Recht besser kennt. Allerdings kommt es auch vor, dass die Wahl eines anderen Rechts für den AGB-Verwender tatsächlich besser gewesen wäre.[126]

Isolierte negative IPR-rechtliche Rechtswahlklauseln sind dagegen in der Praxis selten.[127] Dies ist verständlich, da die Vertragsparteien ein bestimmtes Recht auch dadurch ausschließen können, dass sie explizit ein anderes Recht wählen. Bei einer positiven Rechtswahl können die Parteien zusätzlich sicher

123 Vgl. *Wetzler,* in: Rechtswahlklauseln, S. 2; Kronke/Melis/Schnyder/*Benicke* 2005, Teil B Rn 113; *Hamacher*, in: AGB im Spannungsfeld, S. 85; *Maultzsch*, RabelsZ 75 (2011), 60, 64; *Rühl*, S. 62-63; *McGuire* SchiedsVZ 2011, 257, 258; *Reithmann/Martiny*, S. 87; *Vischer/Huber/Oser*, S. 13-14; *Püls*, S. 157; *Koulu*, Kansainvälinen, S. 145; *Sisula-Tulokas*, in: Ulkomaankauppaoikeus, S. 103-104; *Wilhelmsson*, S. 58.

124 *Pfeiffer*, in: Handbuch der Handelsgeschäfte, S. 901; *Hamacher*, in: AGB im Spannungsfeld, S. 85; *Dicey/Morris/Collins*, S. 1562-1563; *Hochbaum*, NJW-Editorial Heft 51/2008; *Mankowski* RIW 2003, 2, 4-5; *Lindström*, S. 87; *Fountoulakis*, B.I, II, C, und C. I; *von Bar*, S. 307; *Wenner*, in: FS Werner, S. 44-45; *Bogdan,* Svensk internationell privat- och processrätt, S. 255; *Koulu*, Kansainvälinen, S. 145; *Hemmo* JFT 2005, 488, 488.

125 *Lindström*, S. 17; *Hietala/Järvensivu et al.*, S. 462, 482 und 509; *Ring/Klingelhöfer/Niebling*, S. 307 ff.

126 *Herbel*, in: FS Schlechtriem, S. 9; *Hesse*, S. 37, 42-43; *Rühl*, S. 31-32; vgl. aber auch *Maultzsch*, RabelsZ 75 (2011), 60, 63, dem zufolge bei einem wohlinformierten und rationalen Verhalten der Parteien eine Pareto-effiziente Wahl eines solchen Rechts zustande kommt, die keine der Parteien schlechter stellt als das objektiv maßgebliche Recht, möglicherweise aber besser.

127 Staudinger Rom I Bd.1/*Magnus* 2011, Art. 3 Rn 68. Dies wird auch durch die geringe Berücksichtigung negativer Rechtswahlklauseln in der Literatur bestätigt.

sein, welches Recht für ihre Beziehung maßgeblich ist. Es ist auch möglich die negative Rechtswahl mit einer positiven IPR-rechtlichen Rechtswahl zu verbinden. Allerdings sind solche Klauseln im IPR-rechtlichen Bereich ungewöhnlich, da der negativen Rechtswahl keine gesonderte Bedeutung zukommt, sondern das positiv gewählte Recht maßgeblich ist.

Die Vertragsparteien schließen die Geltung des UN-Kaufrechts häufig aus[128] trotz der Stimmen in der Literatur, die für die Anwendung des UN-Kaufrechts plädieren.[129] Es wird aufgeführt, dass dies auf eine Scheu vor Unbekanntem zurückzuführen wäre[130], obwohl das UN-Kaufrecht schon seit 1989 in Finnland und seit 1991 in Deutschland gilt. Die Tendenz, das UN-Kaufrecht abzuwählen, scheint in Deutschland noch stärker als in Finnland zu sein.[131] Ohne weiteres kann jedoch festgehalten werden, dass die Ausschlussklauseln sowohl im unter-

---

128 *Köhler*, Das UN-Kaufrecht, S. 313 und *Meyer* RabelsZ 69 (2005), 457, 484, denen gemäß das UN-Kaufrecht in etwa zwei Dritteln der Verträge ausgeschlossen wird; siehe auch *Stoffels*, S. 83; *Stürner*, in: AGB im Spannungsfeld, S. 156-157; *Güllemann*, S. 128; *Freiburg* IHR 2005, 56, 56; *Brunner* 2004, Art. 6 Rn 6; *Schultheiß*, S. 116; *Stadie/Nietzer* MDR 2002, 428, 431; *Ferrari* ZEuP 2002, 737, 737; Begrüßung von *Abels* im Rahmen des 7. AGB Symposions am 11.3.2010, siehe *Friedrich/Lennartz*, in: *Axer* u.a., Tagungsbericht S. 3 (bisher unveröffentlicht); *Sisula-Tulokas*, in: FS Majamaa, S. 428; so auch *Kröll/Hennecke* RabelsZ 67 (2003), 448, 455, die allerdings auch darauf hinweisen, dass das UN-Kaufrecht inzwischen in immer stärkeren Maße auch von der Praxis angenommen wird.

129 *Fountoulakis*, E.VI; *Hesse*, S. 53-54; *Güllemann*, S. 128-130; *Piltz* NJW 2007, 2159, 2159, dem zufolge das unvereinheitlichte deutsche Recht des BGB/HGB für den Exporteur in aller Regel deutlich nachteiliger ist als das UN-Kaufrecht; *Kuoppala*, S. 188; *Regula/Kannowski* IHR 2004, 45, 53; *Piltz* RIW 1999, 897, 902; in diesem Sinne wohl auch *Stadler*, S. 44-45 und 236; *Jungemeyer* RIW 2010, 166, 167.

130 *Fountoulakis*, E.V.6; *Handorn*, S. 17; *Schultheiß*, S. 116; *Mankowski* RIW 2003, 2, 8; *Koch* NJW 2000, 910, 910. Als sonstige Ausschlussgründe werden zu geringe Rechtssicherheit bei der Anwendung des UN-Kaufrechts – teilweise begründet durch die Unbekanntheit des UN-Kaufrechts –, diesbezügliche Mandantenwunsch und Unübersichtlichkeit und Unhandlichkeit des UN-Kaufrechts erwähnt (*Meyer*, RabelsZ 69 (2005), 457, 474-476).

131 Vgl. *Herbel*, in: FS Schlechtriem, S. 12. Dies mag darauf beruhen, dass die Kautelarpraxis, Branchenverbände und zum Teil auch die Literatur in Deutschland oft routinemäßig – zumindest der Verkäuferseite – geraten hat, das UN-Kaufrecht auszuschließen. Weiterhin beinhalten viele deutsche Musterverträge und von Verbänden empfohlene AGB eine entsprechende Ausschlussklausel (vgl. *Meyer*, RabelsZ 69 (2005), 457, 462-464; *Schillo* IHR 2003, 257, 259 und 268; *Mankowski* RIW 2003, 2, 8; *Koch* NJW 2000, 910, 910; *Lübbert*, Diskussionsbeitrag in: FS Schlechtriem, S. 26; *Ring/Klingelhöfer/Niebling*, S. 307 ff; *Graf von Westphalen*, Verkaufsbedingungen, S. 207; *Hesse*, S. 44). Demgegenüber haben die Stimmen der Literatur, die für die Anwendung des UN-Kaufrechts plädiert haben, nicht genügend Gewicht bekommen.

nehmerischen Geschäftsverkehr zwischen Deutschland und Finnland als auch in internationalen Kaufverträgen im Allgemeinen üblich sind und somit eine bedeutende Rolle spielen.

Dagegen ist die Zuwahl des UN-Kaufrechts (Opt-in) im internationalen Geschäftsverkehr nicht von überragender praktischer Bedeutung.[132] Somit ist die Aussage *Lindbachs*, dass dies mit der zunehmenden Zahl der Ratifikationen und der steigenden Bekanntheit des Übereinkommens an Bedeutung gewinnt[133], noch nicht richtig verwirklicht.

Allerdings kann die Zuwahl (bzw. nicht Abwahl) des UN-Kaufrechts unter Umständen sinnvoll sein, damit unabhängig von der Nationalität des Vertragspartners und des anwendbaren nationalen Rechts auf ein neutrales, einheitliches und international anerkanntes Regelungswerk zurückgegriffen werden kann.[134] Deshalb ist die Anwendung des UN-Kaufrechts in den Vertragsverhandlungen häufig leichter durchzusetzen als die Anwendung des eigenen nationalen Rechts. Zudem ist die Handhabung des UN-Kaufrechts im Vergleich zu IPR und Auslandsrecht oft einfacher und kostensparender, da das UN-Kaufrecht in sechs verbindlichen Originalsprachen vorliegt[135] und es hervorragende internationale Internet-Datenbanken[136] und Materialien in vielen Sprachen gibt.[137] Es ist jedoch zuzugeben, dass wegen des Fehlens einer gemeinsamen obersten Auslegungsinstanz nationale Sonderwege das UN-Kaufrecht teilweise ausprägen, und somit die obigen Vorteile zum Teil relativieren.[138] Weiterhin soll nicht außer Acht gelassen werden, dass das UN-Kaufrecht nicht alle Aspekte einer Vertragsbezie-

---

132 *Schultheiß*, S. 116.

133 *Lindbach*, S. 178.

134 Vgl. *Fountoulakis*, E. I, II und V; *Kuoppala* Oikeustieto 2009, 2, 5; *Handorn*, S. 18; *Schultheiß*, S. 116 Fußnote 529; *Mankowski* RIW 2003, 2, 15; *Piltz*, in: Einheitliches Kaufrecht, S. 47-48 noch zum EKG.

135 Dies sind Englisch, Französisch, Arabisch, Chinesisch, Russisch und Spanisch (CISG-online, http://www.globalsaleslaw.org/index.cfm?pageID=643, Stand 29.2.2012). Die deutsche und finnische Übersetzung haben somit keine Rechtsverbindlichkeit, sondern dienen nur als Arbeitserleichterung.

136 Genauer siehe Fußnote 395.

137 *Verweyen/Foester/Toufar*, S. 38-41; *Stürner*, in: AGB im Spannungsfeld, S. 171; *Hesse*, S. 53-54; *Güllemann*, S. 129; *Meyer,* RabelsZ 69 (2005), 457, 479-481; *Handorn*, S. 18; *Fountoulakis*, E. II und III; *Mankowski* RIW 2003, 2, 9-10 und 14-15; *Piltz* RIW 1999, 897, 899; *Lindström*, S. 88 und 97.

138 *Stürner*, in: AGB im Spannungsfeld, S. 171; *Verweyen/Foester/Toufar*, S. 42-43; *Güllemann*, S. 129-130; *Freiburg* IHR 2005, 56, 56; vgl. auch die in Fußnote 152 beschriebene amerikanische Haltung bezüglich des stillschweigenden Ausschlusses des UN-Kaufrechts; aA *Fountoulakis*, E.VI, dergemäß die Anwendung des UN-Kaufrechts die Vorhersehbarkeit des Ergebnisses eines Rechtsstreits verbessert.

hung reguliert und somit eine ergänzende Regulierung durch ein anderes Rechtssystem notwendig ist.[139]

Zusammenfassend kann also festgestellt werden, dass Rechtswahlvereinbarungen in der internationalen Vertragspraxis üblich sind. Allerdings sind die am häufigsten vorkommenden Formen der Rechtswahlabreden im Bereich des IPR und des UN-Kaufrechts gegensätzlich. Im Bereich des IPR bildet die positive Rechtswahl den Regelfall. Im Bereich des UN-Kaufrechts ist dagegen die negative Rechtswahl (=Abwahl des UN-Kaufrechts) die bedeutsamste Form der Rechtswahlvereinbarungen.

3.2.4 Erklärung der Rechtswahl

3.2.4.1 Ausdrückliche Rechtswahl durch Individualvereinbarung oder in AGB

Selbstverständlich kann sowohl die IPR-rechtliche als auch die UN-kaufrechtliche Rechtswahl ausdrücklich vereinbart werden. In der Praxis erfolgt die Rechtswahl oft individualvertraglich, aber noch häufiger in den AGB.[140] Dies ist darauf zurückzuführen, dass der AGB-Verwender bei Massenverträgen sicherstellen will, dass alle vom ihm abgeschlossenen Verträge der gleichen, ihm bekannten Rechtsordnung unterliegen. Somit muss er seine Verträge nicht den Rechtsordnungen der Herkunftsländer seiner Vertragspartner anpassen und er kann seine Haftungs- und sonstige Risiken besser einschätzen und sie beherrschen.[141]

---

139 Vgl. *Herbel*, in: FS Schlechtriem, S. 12-13, *Hesse*, S. 48; *Verweyen/Foester/Toufar*, S. 43 und 55; *Güllemann*, S. 129.

140 PWW/*Brödermann/Wegen* 2011, Art. 3 Rom I Rn 7; *von Hoffmann/Thorn*, S. 434; *Hamacher*, in: AGB im Spannungsfeld, S. 85; Anwkomm Bd. 1/*Leible* 2005, Art. 27 Rn 43; *Looschelders* 2004, Art. 27 Rn 16; *Kegel/Schurig*, S. 657; *Stoffels,* S. 78; *Bogdan,* Svensk internationell privat- och processrätt, S. 258. Es ist heutzutage unstreitig, dass eine Rechtswahl in AGB sowohl im IPR-rechtlichen als auch im UN-kaufrechtlichen Bereich zulässig ist (MüKo Bd. 10/*Martiny* 2010, Art. 3 Rn 42; MüKo Bd. 10/*Spellenberg* 2010, Art. 10 Rn 165; Staudinger Rom I Bd.1/*Magnus* 2011, Art. 3 Rn 176; *Güllemann*, S. 26; *Tiedemann* IPRax 1991, 424, 425; OGH 4.7.2007, http://www.cisg-online.ch, case 1560; Ferrari/Kieninger et al./*Saenger* 2012, Art. 6 Rn 3; *Lohmann*, S. 208; Ulmer/Brandner/Hensen/*Schmidt* 2011, Anh. § 305 Rn 9; *Koulu*, Kansainvälinen, S. 144; *Ferrari* ZEuP 2002, 737, 741-742; vgl. aber auch *Rösler* EuZW 2011, 1, der es bezüglich der Wahl eines optionalen Rechts für fraglich hält, ob die Rechtswahl auch in den AGB erfolgen kann oder nur explicit und gesondert).

141 Vgl. *Rühl*, S. 27 und 31-32; *Sisula-Tulokas*, in: Ulkomaankauppaoikeus, S. 104.

Die Rechtswahl ist auch dann ausdrücklich, wenn die die Rechtswahlabrede enthaltenden AGB stillschweigend in den Vertrag einbezogen worden sind[142] oder wenn der Vertrag auf die die Rechtswahl enthaltenden Bedingungen eines anderen Vertrags verweist[143]. Dennoch müssen die AGB wirksam in den Vertrag einbezogen sein, damit die in AGB enthaltene Rechtswahl wirksam zustande gekommen ist.[144]

Zudem wird bezüglich des UN-Kaufrechts die Ansicht vertreten, dass ein Ausschluss des UN-Kaufrechts in AGB überraschend sein kann. Besonders nahe liegt dies, wenn die Parteien schon zuvor ihre Geschäfte auf der Grundlage des UN-Kaufrechts abgewickelt haben.[145] Entsprechendes könnte auch dann gelten, wenn die Parteien ihre Verhandlungen auf der Grundlage des UN-Kaufrechts geführt haben, die erst beim Vertragsschluss beigefügten AGB jedoch wider Erwarten eine Ausschlussklausel enthalten.[146]

Dennoch sollte diese Ansicht darüber hinaus nicht ohne weiteres auf andere Fälle ausgeweitet werden, da das UN-Kaufrecht in der Vertragspraxis relativ häufig ausgeschlossen wird. Daher müssten die Vertragsparteien damit genauso rechnen können wie generell mit der Verwendung von Rechtswahlklauseln im internationalen Geschäftsverkehr.[147] Somit kann ein ausdrücklicher Ausschluss

---

142 Anwkomm Bd. 1/*Leible* 2005, Art. 27 Rn 43; Bamberger/Roth Bd. 3/*Spickhoff* 2008, Art. 27 Rn 34; vgl. auch BGHZ 108, 353, 361-362.

143 Staudinger Rom I Bd.1/*Magnus* 2011, Art. 3 Rn 64.

144 Genauer siehe Abschnitt 3.2.5. Weiterhin muss nach dem AGB-Recht (Inhaltskontrolle) geprüft werden, ob und inwieweit die Bestimmungen des UN-Kaufrechts durch AGB abbedungen werden können, sofern das UN-Kaufrecht durch eine diesbezügliche AGB-Klausel abbedungen werden sollte (*Schlechtriem*, S. 18; *Rudolph* 1996, Art. 6 Rn 15; *Frense*, S. 102 ff.).

145 *Schlechtriem*, S. 17; Schlechtriem/Schwenzer/*Ferrari* 2008, Art. 6 Rn 17; *Ferrari* ZEuP 2002, 737, 741; Witz/Salger/Lorenz/*Lorenz* 2000, Art. 6 Rn 3; aA *Achilles* 2000, Art. 6 Rn 2.

146 *Köhler*, Das UN-Kaufrecht, S. 135.

147 So auch *Köhler*, Das UN-Kaufrecht, S. 134-135; *Lindbach*, S. 250. Im Bereich des IPR wird eine Rechtswahl nach der herrschenden Ansicht nur dann als überraschend erachtet, wenn der Sachverhalt keinerlei oder nur einen unbedeutenden Auslandsbezug aufweist (*Hamacher*, in: AGB im Spannungsfeld, S. 91; Wolf/Lindacher/Pfeiffer/*Hau* 2009, IntGV Rn 23; MüKo Bd. 10/*Spellenberg* 2010, Art. 10 Rn 207; Staudinger Rom I Bd.1/*Magnus* 2011, Art. 3 Rn 176-177; *Mankowski* RIW 1996, 1001, 1001; vgl. auch BGHZ 123, 380, 383; *Meyer-Sparenberg* RIW 1989, 347, 350; aA AnwK AGB-Recht/*Klodt-Bußmann* 2012, Glossar Rn 1368, nach der eine Rechtswahlklausel als überraschend angesehen werden kann, wenn es unter einer Überschrift steht, unter der man diese Bestimmung nicht vermutet).

des UN-Kaufrechts in AGB nicht grundsätzlich als überraschend bewertet werden.[148]

3.2.4.2 Stillschweigende Rechtswahl – insbesondere durch Verwendung von AGB

Die Vertragsparteien müssen die IPR-rechtliche Rechtswahl nicht ausdrücklich vereinbaren, sondern sie kann sich mit hinreichender Sicherheit aus den Bestimmungen des Vertrags oder aus den Umständen des Falles ergeben (Art. 27 I EGBGB / Art. 3 I Rom-Übereinkommen). Ein mutmaßlicher Parteiwille reicht nicht aus, sondern die Indizien müssen so viel Gewicht haben, dass aus ihnen der reale Wille der Parteien, dass für ihren Vertrag ein bestimmtes Recht gelten soll, geschlossen werden kann.[149]

Nach Art. 3 I Rom I-VO muss sich eine stillschweigende Rechtswahl „eindeutig" aus den Bestimmungen des Vertrags oder aus den Umständen des Falles ergeben. Somit folgt die neue Formulierung tendenziell den französischen Text des Rom-Übereinkommens und verlangt nach mehr Sicherheit als die bisherige deutschsprachige Formulierung.[150] Es bleibt jedoch abzuwarten, inwieweit diese neue Formulierung tatsächlich eine Änderung im Vergleich zu der jetzigen Rechtslage bedeutet.[151]

Der Wortlaut des Art. 6 CISG beinhaltet keinen Verweis auf die Möglichkeit der stillschweigenden Vereinbarung, aber nach fast einhelliger Ansicht kann das UN-Kaufrecht auch konkludent abgewählt oder von ihm abgewichen werden. Weiterhin besteht weitgehend Einigkeit darüber, dass ein wirklicher und hinreichend deutlicher Parteiwille vorliegen muss.[152] Somit reicht ein schlichtes

---

148 Vgl. *Stürner*, in: AGB im Spannungsfeld, S. 160; *Lohmann*, S. 226-227; *Achilles* 2000, Art. 6 Rn 2.

149 BGH NJW-RR 2005, 206, 208; PWW/*Brödermann/Wegen* 2011, Art. 3 Rom I Rn 8; MüKo Bd. 10/*Martiny* 2010, Art. 3 Rn 46; Erman Bd. II/*Hohloch* 2011, Art. 3 Rom I Rn 11 und 13 (Anh II Art. 26); *Koulu* DL 2002, 211, 218; *Klami/Kuisma*, S. 94; *Tikkanen* Oikeustieto 1998, 3, 4; aA AnwK AGB-Recht/*Klodt-Bußmann* 2012, Glossar Rn 1368, nach der eine Rechtswahl gemäß der Rom I-Verordnung ausdrücklich erfolgen muss.

150 *Hau/Eichel* AL 2010, 84, 85; *Leible/Lehmann* RIW 2008, 528, 532; PWW/*Brödermann/Wegen* 2011, Art. 3 Rom I Rn 8; *Güllemann*, S. 27; *Martiny* ZEuP 2010, 747, 756; *Magnus* IPRax 2010, 27, 33.

151 Bis zum Ende des Jahres 2011 waren noch keine Vorabentscheidungsverfahren zur Rom I-Verordnung eingeleitet (*Mansel/Thorn/Wagner* IPRax 2012, 1, 27).

152 OGH 4.7.2007, http://www.cisg-online.ch, case 1560; OLG Hamm IHR 2010, 59, 62; Tribunale di Padova IHR 2005, 31, 32; Tribunale di Vigevano IHR 2001, 72, 73; OLG Dresden 27.12.1999, http://www.cisg-online.ch, case 511; OLG München 9.7.1997, http://www.cisg-online.ch, case 282; *Magnus* ZEuP 2010, 881, 892; MüKo HGB Bd.

Verhandeln auf Basis des unvereinheitlichten nationalen Rechts nicht aus, sondern ein auf Ausschluss des UN-Kaufrechts gerichtete Erklärungsbewusstsein und Erklärungswille der Parteien muss vorhanden sein.[153]

Sowohl im Bereich des deutschen IPR[154] als auch im Bereich des UN-Kaufrechts[155] wird der Verwendung bestimmter AGB vielfach eine sehr starke

---

6/*Benicke* 2007, Art. 6 Rn 10; *Brunner* 2004, Art. 6 Rn 1; Schlechtriem/Schwenzer/*Ferrari* 2008, Art. 6 Rn 18; Staudinger CISG/*Magnus* 2005, Art. 6 Rn 20; *Lindbach*, S. 253; *Karollus*, S. 38; *Holthausen* RIW 1989, 513, 515-516; *Ferrari* ZEuP 2002, 737, 741-742 mit weiteren Nachweisen aus der internationalen Literatur; aA *Schmitt/Ulmer*, S. 27, nach denen die Abwahl des UN-Kaufrechts ausdrücklich erfolgen muss. Zusätzlich wird in den USA vorausgesetzt, dass der Ausschluss des UN-Kaufrechts ausdrücklich vereinbart wird (vgl. z.B. U.S. District Court, M.D. of Pensylvania 6.1.2006, http://www.cisg-online.ch, case 1104; mit weiteren Nachweisen *Ferrari* IHR 2009, 8, 18). Allerdings wurde der Vorschlag, nur den ausdrücklichen Ausschluss zu erlauben, während der Vorbereitung des UN-Kaufrechts bewusst abgelehnt (http://www. cisg.law.pace.edu/cisg/1stcommittee/summaries6.html, Stand 29.2.2012). Somit ist der herrschenden Ansicht zu folgen.

153 OLG Hamm NJW-RR 2010, 708, 709; Tribunale di Padova IHR 2005, 31, 32; *Piltz* NJW 2011, 2261, 2263; Schlechtriem/Schwenzer/*Ferrari* 2008, Art. 6 Rn 25.

154 BGH NJW 2003, 2605, 2606; BGH RIW 1976, 447, 448; OLG Hamburg RIW, 1986, 462, 463; Palandt/*Thorn* 2012, Art. 3 Rom I Rn 7; PWW/*Brödermann/Wegen* 2011, Art. 3 Rom I Rn 14; Anwkomm Bd. 1/*Leible* 2005, Art. 27 Rn 52; Bamberger/Roth Bd. 3/*Spickhoff* 2008, Art. 27 Rn 40; Erman Bd. II/*Hohloch* 2011, Art. 3 Rom I Rn 16 (Anh II Art. 26); *Güllemann*, S. 28; Ulmer/Brandner/Hensen/*Schmidt* 2011, Anh. § 305 Rn 3; *Reithmann/Martiny*, S. 126-127; *Vischer/Huber/Oser*, S. 102; *Gruber* DB 1999, 1437, 1441; *Rühl*, S. 98; aA *Meyer-Sparenberg* RIW 1989, 347, 348; kritisch auch Wolf/Lindacher/Pfeiffer/*Hau* 2009, IntGV Rn 16; Staudinger Rom I Bd.1/*Magnus* 2011, Art. 3 Rn 93, der zu Recht auf das „Eindeutigkeits-Erfordernis" einer stillschweigenden Rechtswahl unter der Rom I-Verordnung hinweist. Weiterhin wird beim deutschen Recht vertreten, dass die Vereinbarung der deutschen technischen Regeln, wie z.B. DIN-Normen, ein maßgebliches Indiz für die Wahl des deutschen Rechts sein soll (BGH NJW 2001, 1936, 1937, in diesem Urteil wird die gegensätzliche Begründung des Berufungsgerichts ausdrücklich widerlegt; BGH RIW 1999, 537, 538; PWW/*Brödermann/Wegen* 2011, Art. 3 Rom I Rn 14). Allerdings ist dieser Ansicht entgegenzuhalten, dass der Vereinbarung bestimmter technischer Normen, die zumindest teilweise lokal zwingend sein können, keine kollisionsrechtliche Rechtswahlvereinbarung entnommen werden kann, da die Leistungsbeschreibung und die Vereinbarung der ansonsten anwendbaren schuldrechtlichen Regelungen nicht zwingend zusammenhängend sind (*Wenner*, in: FS Thode, S. 664; vgl. auch MüKo Bd. 10/*Martiny* 2010, Art. 3 Rn 62, dem zufolge solche technische Normen nur ein schwaches Indiz sind).

155 Oberlandesgericht Linz 23.1.2006, http://www.cisg-online.ch, case 1377; *Graf von Bernstorff*, Vertragsgestaltung, S. 103; Staudinger CISG/*Magnus* 2005, Art. 6 Rn 42;

Indizwirkung beigemessen, so dass die Parteien das Heimatrecht des AGB-Verwenders oder des Verbandes, von dem die AGB stammen, stillschweigend gewählt haben. Dies wird damit begründet, dass der Inhalt und das System des Vertrags – insbesondere aufgrund der einbezogenen AGB – so sehr vom Recht dieses Staates beeinflusst sind bzw. auf diesem Recht beruhen, dass der Vertrag ohne Rückgriff auf dieses Recht nicht verständlich ist.[156] Diese Indizwirkung sollte lediglich dann fehlen, wenn es sich um international übliche bzw. von internationalen Organisationen verfasste AGB handelt, da die AGB hierbei nichts über das anwendbare Recht aussagen.[157]

Zusätzlich zu dem offenkundigen Aufbau der AGB auf dem Heimatrecht des AGB-Verwenders oder des Verbandes wird beim UN-Kaufrecht vorausgesetzt, dass sich die Parteien der Anwendbarkeit des UN-Kaufrechts bewusst waren, da ihnen sonst das für den Ausschluss erforderliche Erklärungsbewusstsein fehlt.[158] Bezüglich des deutschen IPR wird dagegen vertreten, dass sich die Parteien nicht bewusst sein müssen, dass aus den Indizien auf eine Rechtswahl geschlossen wird.[159]

Weiterhin wird beim UN-Kaufrecht danach differenziert, ob nur einzelne AGB-Klauseln den Regelungen des UN-Kaufrechts widersprechen oder ob die verwendeten AGB als Ganzes mit dem UN-Kaufrecht unvereinbar bzw. sinnwidrig sind. Im ersten Fall handelt es sich nur um einen teilweisen Ausschluss

---

Reithmann/Martiny, S. 513; Schlechtriem/Schwenzer/*Ferrari* 2008, Art. 6 Rn 30; *Schultheiß*, S. 136; aA Witz/Salger/Lorenz /*Lorenz* 2000, Art. 6 Rn 13-15.

156 BGH RIW 1999, 537, 538; PWW/*Brödermann/Wegen* 2011, Art. 3 Rom I Rn 14; MüKo Bd. 10/*Martiny* 2006, Art. 27 Rn 61; MüKo Bd. 10/*Martiny* 2010, Art. 3 Rn 61; Schlechtriem/Schwenzer/*Ferrari* 2008, Art. 6 Rn 30.

157 *Reithmann/Martiny*, S. 128; Graf von Westphalen/Thüsing/*Graf von Westphalen/Thüsing*, Vertragsrecht – Rechtswahlklauseln Rn 11.

158 Tribunale di Padova IHR 2005, 31, 32; Tribunale di Vigevano IHR 2001, 72, 74; *Piltz* NJW 2005, 2126, 2127; *Lohmann*, S. 264 und 278; Schlechtriem/Schwenzer/*Ferrari* 2008, Art. 6 Rn 25; *Köhler*, Das UN-Kaufrecht, S. 73; *Piltz,* Internationales Kaufrecht, S. 62; Honsell/*Siehr* 2010, Art. 6 Rn 3; *Magnus* ZEuP 2002, 523, 530; *Ferrari* ZEuP 2002, 737, 745; aA *Schultheiß*, S. 137.

159 MüKo Bd. 10/*Martiny* 2006, Art. 27 Rn 46; MüKo Bd. 10/*Martiny* 2010, Art. 3 Rn 46; Soergel Bd. 10/*von Hoffmann* 1996, Art. 27 Rn 42-43; aA Bamberger/Roth Bd. 3/*Spickhoff* 2008, Art. 27 Rn 43.

bzw. eine teilweise Änderung des UN-Kaufrechts[160], im letzteren wird dagegen ein konkludenter Ausschluss des UN-Kaufrecht gesehen[161].

Im finnischen Recht scheint man der Anwendung bestimmter AGB als Indiz für eine stillschweigende Rechtswahl weniger Bedeutung beizumessen. *Hemmo*[162] führt beispielweise aus, dass die Anwendung der auf einem bestimmten Recht aufbauenden AGB manchmal bedeutsam sein kann. *Koulu*[163], *Klami* und *Kuisma*[164] sowie *Buure-Hägglund*[165] erwähnen die Anwendung bestimmter AGB gar nicht, obwohl sie sonst viele mögliche Indizien behandeln. Weiterhin werden in HE 1987/44[166] mehrere Indizien aufgeführt, aber nicht die Anwendung bestimmter AGB. Hinzu kommt noch, dass die Anwendung bestimmter AGB in der höchstrichterlichen Rechtsprechung bisher nicht als Indiz einer konkludenten Rechtswahl erwähnt worden ist, obwohl KKO[167] z.B. in der Entscheidung 1997:160 einige mögliche Indizien aufgelistet hat. Dagegen scheint *Lindström*[168] – allerdings mit Hinweis auf das englische Recht – der Verwendung bestimmter AGB eine ähnliche Indizwirkung beizumessen, wie die herrschenden Ansichten zum deutschen und zum UN-Kaufrecht.

In der Tat scheint es bedenklich, in der Einbeziehung bestimmter AGB, die auf einem bestimmten Recht beruhen, grundsätzlich eine stillschweigende Wahl dieses Rechts zu sehen. Diese Bedenken resultieren einerseits aus der Tatsache, dass auch die stillschweigende Rechtswahl den übereinstimmenden Willen der Vertragsparteien voraussetzt, dass für ihren Vertrag ein bestimmtes Recht gelten soll. Dieser Wille muss sich mit hinreichender Sicherheit aus dem Vertrag oder aus den Umständen des Falles ergeben. In der Praxis des internationalen Geschäftsverkehrs wird es häufig an der verlangten Eindeutigkeit des übereinstimmenden Willens fehlen. Diese Problematik wird genauer im nächsten Abschnitt über das Zustandekommen der Rechtswahlvereinbarung erläutert.

---

160 Schlechtriem/Schwenzer/*Ferrari* 2008, Art. 6 Rn 30; *Schultheiß*, S. 134; Staudinger CISG/*Magnus* 2005, Art. 6 Rn 41; Soergel Bd. 13/*Lüderitz/Fenge* 2000, Art. 6 Rn 6; *Holthausen* RIW 1989, 513, 518.

161 Staudinger CISG/*Magnus* 2005, Art. 6 Rn 43; *Schultheiß*, S. 137; Schlechtriem/Schwenzer/*Ferrari* 2008, Art. 6 Rn 30; *Holthausen* RIW 1989, 513, 518.

162 *Hemmo*, Sopimusoikeus II, S. 463; vgl. auch *Pålsson*, S. 49, demgemäß die Anwendung auf bestimmtes Recht aufbauenden AGB ein Indiz für eine entsprechende Rechtswahl sein kann.

163 *Koulu*, Kansainvälinen, S. 147-148.

164 *Klami/Kuisma*, S. 94.

165 *Buure-Hägglund*, S. 32.

166 HE 1987/44 S. 15-16. Regierungsentwurf zum Gesetz über das auf internationale Verträge anwendbare Recht.

167 Korkein oikeus (KKO) ist der höchste finnische Gerichtshof in Zivil- und Strafsachen.

168 *Lindström*, S. 87.

Andererseits beruhen diese Bedenken auf den praktischen Umständen und der Realität des internationalen Geschäftsverkehrs. Oft werden internationale Verträge so gestaltet, dass sie möglichst eigenständig sind und sämtliche Aspekte der Vertragsbeziehung unabhängig von dem anzuwendenden Recht regeln.[169] Außerdem ist es durchaus möglich, dass der Verwender für den internationalen Geschäftsverkehr spezielle AGB entwickelt hat, die nicht auf sein Heimatrecht zugeschnitten sind.[170] Weiterhin vereinbaren die Vertragsparteien erfahrungsgemäß auch im Prozess die Geltung eines anderen Rechts als des Heimatrechts des AGB-Verwenders. Sofern kann nicht generell davon ausgegangen werden, dass die Parteien das Heimatrecht des AGB-Verwenders grundsätzlich wählen möchten, obwohl die AGB auf diesem beruhen.[171]

Dagegen ist die Unklarheitenregel hier kaum zu berücksichtigen, wie manchmal aufgeführt wird.[172] Dies ergibt sich daraus, dass die Rechtswahl nicht aus dem Inhalt der AGB hervorgeht. Vielmehr wird die Rechtswahl aus dem Gedanken geschlossen, dass die Parteien ihren Willen, den Vertrag einem bestimmten Recht unterzustellen, durch Einbeziehung bestimmter AGB zum Ausdruck bringen.[173] Es geht also um die Auslegung der Willenserklärungen der Parteien und nicht um die Auslegung der AGB, bei welcher die Unklarheitenregel nach § 305c II BGB und nach den allgemeinen Prinzipien des finnischen Rechts anwendbar wäre.

Aus dem zuvor gesagten folgt, dass eine konkludente Rechtswahl aufgrund Einbeziehung bestimmter AGB nicht selbstverständlich angenommen werden kann. Die hinreichende Sicherheit über die Vereinbarung der Rechtswahl setzt weitere unterstützende Indizien[174] voraus, es sei denn es handelt sich um be-

---

169 Vgl. Abschnitt 1.1.

170 Vgl. *Verweyen/Foester/Toufar*, S. 41 und *Wittmann* CR 1989, 1078, 1079 und 1083, denen gemäß insbesondere das UN-Kaufrecht dies ermöglicht; vgl. auch *Schultheiß*, S. 134-135; Witz/Salger/Lorenz/*Lorenz* 2000, Art. 6 Rn 13 und MüKo Bd. 10/*Spellenberg* 2006, Art. 31 Fußnote 155, die dies indirekt für möglich halten, obwohl sie feststellen, meines Erachtens zu Recht, dass die Unternehmen dies oft nicht tun.

171 LG Heidelberg IPRspr 1985, 68, 71; OLG Düsseldorf IPRspr, 1962/62, 76, 77; *Maindl*, S. 7.

172 *Achilles* 2000, Art. 6 Rn 6; Witz/Salger/Lorenz/*Lorenz* 2000, Art. 6 Rn 13; *Meyer-Sparenberg* RIW 1989, 347, 348, nach dem die Unklarheitenregel zur Maßgeblichkeit des dem AGB-Verwender jeweils ungünstigen Rechts führt.

173 Vgl. *Maindl*, S. 6.

174 Als sonstige Indizien kommen z.B. zur Frage die Gerichtsstands- oder Schiedsgerichtsvereinbarung, das Verhalten der Parteien im Prozess und die frühere Vertragspraxis der Parteien. Dagegen sind die Vertragssprache und die Währung nur ein sehr schwaches Indizien (IPR: Palandt/*Thorn* 2012, Art. 3 Rom I Rn 7-8; MüKo Bd. 10/*Martiny* 2010, Art. 3 Rn 48-56 und 66; *Vischer/Huber/Oser*, S. 91-96; *Graf von*

kannte AGB, die die Geltung eines bestimmten Rechts voraussetzen und der Vertragspartner dies wissen muss, weil er professionell in der Branche tätig ist. Als solche bekannte AGB können z.B. Spediteurbedingungen oder sonstige international angewendete branchendeckende AGB in Frage kommen.[175] Entgegen der oben erläuterten Einschränkung hinsichtlich international üblicherweise verwendeten AGB, gilt diese Überlegung genau für solche AGB.

Soweit die hinreichende Sicherheit fehlt, liegt keine Rechtswahl vor, und das anzuwendende Recht wird mittels objektiver Anknüpfung ermittelt. Weil die Auslegung und Bewertung der Indizien unterschiedlich ausfallen kann, ist eine ausdrückliche Rechtswahlvereinbarung in der Praxis empfehlenswert[176], um Unsicherheiten vorzubeugen. Dies gilt ungeachtet dessen, dass die stillschweigende

---

Bernstorff, Rechtsprobleme, S. 17-18; *Gruber* DB 1999, 1437, 1441; *Koulu*, Kansainvälinen, S. 147-148; *Klami/Kuisma*, S. 94; *Tanninen*, S. 57; aA *Hemmo*, Sopimusoikeus II, S. 463 bezüglich Gerichtsstands- und Schiedsklausel; UN-Kaufrecht: *Brunner* 2004, Art. 6 Rn 4; Schlechtriem/Schwenzer/*Ferrari* 2008, Art. 6 Rn 31-32). Ein interessanter Unterschied zwischen IPR und UN-Kaufrecht scheint darin zu bestehen, dass die Möglichkeit der konkludenten Rechtswahl beim UN-Kaufrecht tendenziell kritischer als beim IPR angesehen wird und dafür zusätzliche Anforderungen gestellt werden. Im IPR gilt z.B. aufgrund einer ausschließlichen Gerichtsstands- oder Schiedsklausel das an diesem Ort geltendes Recht als gewählt, wenn es keine deutlichen gegenläufigen Indizien gibt (Staudinger Rom I Bd.1/*Magnus* 2011, Art. 3 Rn 75 und 80; Bamberger/Roth Bd. 3/*Spickhoff* 2008, Art. 27 Rn 38; *Pålsson*, S. 49; vgl. auch Rom I-Verordnung, Präambel, Erwägungsgrund 12; aA *Schmidt-Ahrendts/Höttler* SchiedsVZ 2011, 267, 270). Dagegen werden neben einer Gerichtsstands- oder Schiedsklausel zusätzliche eindeutige Indizien für den konkludenten Ausschluss des UN-Kaufrechts verlangt (OLG Stuttgart, 31.3.2008, http://www.cisg-online.ch, case 1658; Obergericht des Kantons Aargau IHR 2010, 209, 211; *Lohmann*, S. 280; *Brunner* 2004, Art. 6 Rn 4; Schlechtriem/Schwenzer/*Ferrari* 2008, Art. 6 Rn 31-32; aA jedoch Staudinger CISG/*Magnus* 2005, Art. 6 Rn 36). Des Weiteren setzt der Ausschluss des UN-Kaufrechts voraus, dass sich die Parteien der Anwendbarkeit des UN-Kaufrechts bewusst waren, da ihnen ansonsten das für den Ausschluss erforderliche Erklärungsbewusstsein fehlt (*Magnus* ZEuP 2002, 523, 530; *Ferrari* ZEuP 2002, 737, 745; Tribunale di Padova IHR 2005, 31, 32; Tribunale di Vigevano IHR 2001, 72, 74; *Piltz* NJW 2005, 2126, 2127; *Lohmann*, S. 264 und 278; *Köhler*, Das UN-Kaufrecht, S. 73). Dieser Unterschied kann darauf zurückzuführen sein, dass es beim UN-Kaufrecht in der Regel um dessen Ausschluss geht, obwohl es sich um ein automatisch geltendes internationales Übereinkommen handelt. Beim IPR handelt es sich hingegen normalerweise um eine positive Rechtswahl, die aus der Parteiautonomie hervorgeht und daher vorrangig im Vergleich zu den objektiven Anknüpfungsregeln zu sehen ist. Zudem ist das UN-Kaufrecht in jedem Vertragsstaat einfach zugänglich, anders als die unvereinheitlichten nationalen Rechte anderer Staaten.

175 *Maindl*, S. 7.

176 Vgl. *Rapakko* DL 1990, 656, 675.

Rechtswahl womöglich das Prestige der Partei schont, deren Recht nicht gewählt wird, wie *Kropholler*[177] vorbringt. Daher sollte eine Vertragspartei nur dann eine konkludente Rechtswahl durch Indizien anstreben, wenn eine ausdrückliche Vereinbarung nicht erreicht werden kann.

3.2.5 Zustandekommen der Rechtswahlvereinbarung

Die Rechtswahlvereinbarung ist ein eigenständiger Verweisungsvertrag, der von dem Hauptvertrag streng zu trennen ist. Diese Grundlage gilt sowohl im IPR-rechtlichen als auch im UN-kaufrechtlichen Bereich. Somit werden das Zustandekommen und die Wirksamkeit der beiden Verträge unabhängig voneinander bestimmt. Dabei kommt der Rechtswahlvereinbarung ein logischer Vorrang zu.[178] Dieser gilt auch dann, wenn der Hauptvertrag und der Rechtswahlvertrag in einem einheitlichen Akt geschlossen worden sind.[179]

Die Rechtswahl in den AGB kommt nur zustande, wenn die AGB (bzw. die Rechtswahlklausel) wirksam in den Vertrag einbezogen sind.[180] Wie die vorliegende Arbeit zeigt, sind die Anforderungen an eine wirksame Einbeziehung von AGB von Rechtssystem zu Rechtssystem unterschiedlich. Daher ist die Frage nach dem für das Zustandekommen der Rechtswahl maßgeblichen Recht besonders wichtig.

---

177 *Kropholler*, S. 460.

178 *Köhler*, Das UN-Kaufrecht, S. 81; MüKo Bd. 10/*Martiny* 2010, Art. 3 Rn 5 und 104; *Kropholler*, S. 461; Staudinger Rom I Bd.1/*Magnus* 2011, Art. 3 Rn 166; *Güllemann*, S. 27; *Schultheiß*, S. 117; *Sieg* RIW 1997, 811, 813; *Lindbach*, S. 231-232; *Stoll*, in: FS Heini, S. 432; *Müller/Otto*, S. 105-106; *Tikkanen* Oikeustieto 1998, 3, 4; *Pålsson*, S. 50.

179 Wolf/Lindacher/Pfeiffer/*Hau* 2009, IntGV Rn 17; MüKo Bd. 10/*Spellenberg* 2010, Art. 10 Rn 165; Graf von Westphalen/Thüsing/*Graf von Westphalen/Thüsing*, Vertragsrecht – Rechtswahlklauseln Rn 4; *Köhler*, Das UN-Kaufrecht, S. 81; Anwkomm Bd. 1/*Leible* 2005, Art. 27 Rn 65; *Wetzler*, in: Rechtswahlklauseln, S. 4; *Reithmann/Martiny*, S. 89.

180 OLG Frankfurt IHR 2010, 250, 253; OLG Thüringen 10.11.2010, http://www.cisg-online.ch, case 2216; OGH 4.7.2007, http://www.cisg-online.ch, case 1560; *Piltz* NJW 2011, 2261, 2262; *Kondring* RIW 2010, 184, 186; Graf von Westphalen/Thüsing/*Graf von Westphalen/Thüsing*, Vertragsrecht – Rechtswahlklauseln Rn 6; *Schlechtriem*, S. 17; Ferrari/Kieninger et al./*Saenger* 2012, Art. 6 Rn 3; *Hamacher*, in: AGB im Spannungsfeld, S. 87; *Stoffels*, S. 78-79; *Handorn*, S. 23; *Rühl*, S. 103; *Huber*, RabelsZ 43 (1979), 413, 427; *Koulu*, Kansainvälinen, S. 146; *Lindström*, S. 86.

3.2.5.1 Im Bereich des IPR

Im IPR-rechtlichen Bereich unterstehen das Zustandekommen und die Wirksamkeit der Rechtswahl gemäß Art. 27 IV EGBGB / Art. 3 IV Rom-Übereinkommen / Art. 3 V Rom I-VO i.V.m. Art. 31 I EGBGB / Art. 8 I Rom-Übereinkommen / Art. 10 I Rom I-VO dem Recht, das bei Wirksamkeit der Rechtswahl auf den Hauptvertrag anzuwenden wäre (Vertragsstatut). Hierbei handelt es sich um eine Art logischen Zirkelschluss, da das gewählte Recht über das Zustandekommen und die Wirksamkeit der Rechtswahl entscheidet.

Dieser Vorgriff auf das gewählte Recht beruht darauf, dass ansonsten zusammengehörende Vorgänge auseinander gerissen würden. Somit könnte das Zustandekommen des einen bejaht und des anderen verneint werden, wenn man Haupt- und Verweisungsvertrag verschiedenen Regeln unterstellt.[181] Des Weiteren steht die lex fori, die als Alternative zu dem gewählten Recht in Frage kommen könnte, in dem Zeitpunkt der Rechtswahl noch gar nicht fest. Hinzu kommt noch, dass es oft zufällig ist, ob und in welchem Staat die mögliche spätere gerichtliche Auseinandersetzung stattfindet.[182] Daher würden die Vertragsparteien nicht wissen, welche Anforderungen sie erfüllen müssten, um eine wirksame Rechtswahl zu treffen. Insofern ist der Vorgriff auf das gewählte Recht die beste, praktikabelste Lösung, obwohl Zirkelschlüsse im Allgemeinen missbilligt werden sollten.

Nach der herrschenden Meinung genügt der Anschein einer (einseitigen) Rechtswahlerklärung, also z.B., dass der Anbietende eine Rechtswahlklausel in sein Angebot aufnimmt. Danach gilt diese Rechtsordnung als gewählt und entscheidet somit, ob eine Rechtswahlvereinbarung durch eine Annahme zustande gekommen ist. Dies gilt auch in Bezug auf eine in den AGB enthaltene Rechtswahlklausel.[183] Daher legt das in den AGB genannte Recht grundsätzlich den

---

181 MüKo Bd. 10/*Martiny* 2006, Art. 27 Rn 102; MüKo Bd. 10/*Martiny* 2010, Art. 3 Rn 106; Wolf/Lindacher/Pfeiffer/*Hau* 2009, IntGV Rn 18; *Rühl*, S. 60-61 und 72; *Meyer-Sparenberg* RIW 1989, 347, 348; Gesetzesentwurf der Bundesregierung zur Neuregelung des Internationalen Privatrechts BT-Drs. 10/504 S. 81; *Tanninen*, S. 60.

182 *Kropholler*, S. 461; MüKo Bd. 10/*Martiny* 2010, Art. 3 Rn 106; *Kost*, S. 62-63; *Stoll*, in: FS Heini, S. 433; vgl. auch *Pfeiffer* NJW 1999, 3674, 3682 Fußnote 136, der die Maßgeblichkeit der lex fori ablehnt; aA AG Langenfeld (NJW-RR 1998, 1524), das von der Maßgeblichkeit der lex fori ausgeht.

183 BGH NJW-RR 2005, 1071, 1072; BGH NJW 1994, 262, 262-263; *Kropholler*, S. 295-296; Staudinger Rom I Bd.1/*Magnus* 2011, Art. 3 Rn 171; MüKo Bd. 10/*Martiny* 2010, Art. 3 Rn 105; *Wukoschitz*, in: Rechtswahlklauseln, S. 30; Soergel Bd. 10/*von Hoffmann* 1996, Art. 27 Rn 101; *Reithmann/Martiny*, S. 90; *von Bar*, S. 349-350 und 390; *Mann* NJW 1984, 2740, 2741; *Bogdan* SJT 2010, 33, 55; in diesem Sinne wohl auch Graf von Westphalen/Thüsing/*Graf von Westphalen/Thüsing*, Vertragsrecht –

Maßstab für die wirksame Einbeziehung der AGB und dadurch auch für das Zustandekommen der in den AGB enthaltenen Rechtswahlerklärung fest.[184]

Allerdings kann sich der Vertragspartner des AGB-Verwenders gemäß Art. 31 II EGBGB / Art. 8 II Rom-Übereinkommen / Art. 10 II Rom I-VO auf das

---

Rechtswahlklauseln Rn 14 und 16; aA sind *Rühl* (S. 109-110) und *Stoll* (in: FS Heini, S. 436), die die Ansicht vertreten, dass eine von einer Seite abgegebene Rechtswahlerklärung nicht genügt, um den Rechtsschein zu bejahen. Vielmehr müsste verlangt werden, dass der Annehmende nach außen den Anschein erweckt, dass er mit der Geltung der Rechtswahlvereinbarung einverstanden ist und somit der Anschein eines gemeinsamen Rechtsanwendungswillens vorliegt. Diese Ansicht ist jedoch problematisch, da es häufig nicht möglich ist, die Handlung (Erklärung bzw. Verhalten) des Annehmenden in das Erwecken des Anscheins und in die Willenserklärung der Annahme einzuteilen. Daher würde die gleiche Handlung in der Praxis erst nach Maßstäben der lex fori bezüglich des Anscheins der Rechtswahl geprüft (vgl. *Wetzler,* in: Rechtswahlklauseln, S. 5 und Fußnote 9; MüKo Bd. 10/*Spellenberg* 2010, Art. 12 Rn 8). Nach Auffassung von *Rühl* (S. 111) ist das Vorliegen des Anscheins nach objektiven Hinweisen zu ermitteln. Allerdings beruhen die Maßstäbe der Beurteilung der Hinweise immer auf einem Rechtssystem. Dies folgt schon allein dadurch, dass der Beurteiler seinen Hintergrund in einem bestimmten Rechtssystem hat. Deswegen sind die Maßstäbe nie absolut objektiv und daher führt diese Auffassung nicht weiter (i.d.S. wohl auch *Otto*, S. 172-173). Wird der Anschein der Rechtswahl bejaht (unabhängig davon, nach welchen Maßstäben dies geprüft wird), wird die gleiche Handlung noch nach dem (anscheinend) gewählten Recht bezüglich des Zustandekommens der Rechtswahl geprüft. Es liegt nahe, dass bei der Prüfung des Vorhandenseins des Anscheins tatsächlich die gleiche oder eine sehr ähnliche Prüfung wie bei der Beurteilung des Zustandekommens durchgeführt wird. Eine solche doppelte Prüfung, die möglicherweise wegen unterschiedlichen Kriterien zu unterschiedlichen Ergebnissen führen kann, ist nicht zu begründen, da Art. 27 IV EGBGB / Art. 3 IV Rom-Übereinkommen / Art. 3 V Rom I-VO i.V.m. Art. 31 I EGBGB / Art. 8 I Rom-Übereinkommen / Art. 10 I Rom I-VO deutlich feststellt, dass das Zustandekommen der Rechtswahlvereinbarung nach dem Recht zu ermitteln ist, das anzuwenden wäre, wenn die Vereinbarung wirksam wäre (vgl. MüKo Bd. 10/*Martiny* 2006, Art. 27 Rn 101; MüKo Bd. 10/*Martiny* 2010, Art. 3 Rn 105). Daher müsste eine von einer Seite abgebene Rechtswahlerklärung als Anschein der Rechtswahl genügen. Es ist dann nach diesem Recht zu prüfen, ob die im Angebot erklärte Rechtswahl durch eine Annahme zustande gekommen ist. Weiterhin ist zu erwähnen, dass die direkte Anwendung des im Angebot erwähnten Rechts normalerweise nicht zu einem unbilligen Ergebnis führt, da der Annehmende sich gemäß Art. 31 II EGBGB / Art. 8 II Rom-Übereinkommen / Art. 10 II Rom I-VO gegebenenfalls auf das Recht seines gewöhnlichen Aufenthaltsorts berufen kann (vgl. *Wetzler,* in: Rechtswahlklauseln, S. 5 Fußnote 9).

184 Palandt/*Thorn* 2012, Art. 3 Rn 9 und Art. 10 Rom I Rn 3; Erman Bd. II/*Hohloch* 2011, Art. 10 Rom I Rn 8 (Anh II Art. 26); NomosKomm Bd. 2/*Kollmann* 2012, § 305 Rn 112; *Güllemann*, S. 73; aA AnwK AGB-Recht/*Klodt-Bußmann* 2012, Glossar Rn 1368, nach der dies nach deutschem Recht zu prüfen ist.

Recht seines gewöhnlichen Aufenthaltsorts berufen, soweit er behauptet, dass er dem Vertrag nicht zugestimmt habe. Dies jedoch nur dann, wenn es nicht gerechtfertigt ist, die Wirkung seines Verhaltens nach dem ansonsten anwendbaren Recht zu bestimmen. Art. 31 II EGBGB (bzw. zukünftig Art. 10 II Rom I-VO), der traditionell vor allem beim Schweigen auf kaufmännische Bestätigungsschreiben Anwendung gefunden hat[185], kann auch bei Rechtswahlklauseln in AGB wichtig sein, weil nationale Rechte sehr unterschiedliche Anforderungen an die wirksame Einbeziehung von AGB stellen. Insbesondere kann dies der Fall sein, wenn das gewählte Recht die Einbeziehung von AGB unter wesentlich leichteren Voraussetzungen als wirksam ansieht als das Heimatrecht des Vertragspartners des AGB-Verwenders.[186] Dies rührt daher, dass die Rechtswahl eine Weichenstellung für das gesamte Vertragswerk darstellt.[187] Das folgende Beispiel veranschaulicht dieses.

Nach dem oben genannten Grundsatz unterliegt die Rechtswahlklausel in AGB der Einbeziehungskontrolle des deutschen Rechts, wenn sie das deutsche Recht als maßgeblich bezeichnet. Wie später genauer gezeigt wird, genügt nach dem deutschen unvereinheitlichten Recht für die Einbeziehung der AGB im unternehmerischen Geschäftsverkehr, dass der AGB-Verwender deutlich auf die AGB hinweist. Der Hinweis kann auch konkludent sein. Danach muss sein Vertragspartner sich selbst Kenntnis über den Inhalt der AGB verschaffen, und soweit er den AGB nicht widerspricht, werden diese in den Vertrag einbezogen.[188]

185 Genauer in Abschnitt 6.3.4. Art. 31 II EGBGB / Art. 8 II Rom-Übereinkommen / Art. 10 II Rom I-VO ist jedoch seinem Wortlaut nach auf jegliches zum Vertragsschluss führende Verhalten anwendbar. Somit umfasst er auch aktives Verhalten, wie Bewirken bzw. Entgegennahme der Leistung oder Zahlung des Kaufpreises, die als konkludente Annahmeerklärung ausgelegt werden können, genauso wie die Fälle, in welchen die Bedeutung des Schweigens zu beurteilen ist. Ansonsten wäre das Ziel des Art. 31 II EGBGB / Art. 8 II Rom-Übereinkommen / Art. 10 II Rom I-VO, dass das Verhalten einer Partei nicht überraschend als Zeichen für einen Bindungswille ausgelegt wird, nicht zu erreichen (vgl. MüKo Bd. 10/*Spellenberg* 2010, Art. 10 Rn 218-219; *Giuliano/Lagarde* BT-Drs. 10/503, 33, 60; Staudinger Rom I Bd.1/*Hausmann* 2011, Art. 10 Rn 43 und 47; *Pfeiffer*, in: Handbuch der Handelsgeschäfte, S. 910; *Baumert* RIW 1997, 805, 807-808; *Rühl*, S. 159-160).

186 Vgl. Wolf/Lindacher/Pfeiffer/*Hau* 2009, IntGV Rn 23; Palandt/*Thorn* 2012, Art. 10 Rom I Rn 5; *Wukoschitz,* in: Rechtswahlklauseln, S. 31; *Hamacher*, in: AGB im Spannungsfeld, S. 90; *Stadler*, S. 111; *Fischer*, S. 335; *Sieg* RIW 1997, 811, 816; *von Bar*, S. 349-350; vgl. auch *Baumert* RIW 1997, 805, 808-809; Graf von Westphalen/Thüsing/*Graf von Westphalen/Thüsing*, Vertragsrecht – Rechtswahlklauseln Rn 16; *Tanninen*, S. 61.

187 Vgl. *Hau/Eichel* AL 2010, 84, 86.

188 Vgl. vor allem Anschnitt 6.2.1.

Somit wird das deutsche Recht durch eine entsprechende Rechtswahlklausel in AGB schon dann gewählt, wenn der AGB-Verwender in seinem Angebot lediglich auf die AGB, die die Rechtswahlklausel zugunsten des deutschen Rechts beinhalten, deutlich hinweist, und sein Vertragspartner die Leistung widerspruchslos entgegennimmt. Insofern muss der Vertragspartner des AGB-Verwenders überhaupt nicht wissen, dass die AGB, auf die der Verwender hinweist, aber die er nicht beigefügt hat, eine Rechtswahlklausel beinhalten. Noch weniger muss der Vertragspartner wissen, dass das deutsche Recht, gegebenenfalls sogar unter Ausschluss des UN-Kaufrechts, gewählt worden ist. Somit kann er nicht wissen, dass die Einbeziehung der AGB und dadurch auch das Zustandekommen der Wahl des deutschen Rechts nach deutschem Recht beurteilt werden.

Obwohl Rechtswahlklauseln in der internationalen Vertragspraxis üblich sind und die Rechtswahl häufig in den AGB vorgenommen wird, bleibt die Bedeutung der widerspruchslosen Entgegennahme der Leistung bei Distanzgeschäften[189] fraglich.[190] Soweit der Vertragspartner auf die Geltung seines Heimatrechts bzw. auf die Geltung des UN-Kaufrechts vertrauen durfte[191] und dieses, wie z.B. das finnische und das UN-Kaufrecht[192], eine Kenntnisverschaf-

189 Bei Distanzgeschäften befinden sich beide Vertragsparteien im eigenen Heimatland und sind daher schutzwürdiger als bei Inlandsgeschäften, bei welchen der ausländische Vertragspartner den Vertrag im Heimatland des AGB-Verwenders schließt und deshalb mit der Geltung des Rechts des Abschlussortes rechnen muss (Staudinger Rom I Bd.1/*Hausmann* 2011, Art. 10 Rn 70-71 und 91-92; *Rühl*, S. 162; *Reithmann/Martiny*, S. 204 und 217-218; vgl. auch *Drobnig*, in: FS Mann, S. 605).

190 Vgl. Staudinger Rom I Bd.1/*Hausmann* 2011, Art. 10 Rn 86, nach dem Einigkeit darüber besteht, dass allein der fehlende Widerspruch bei Ausländern nicht im gleichen Umfang wie bei Inländern zur Geltung der AGB führen kann; *Güllemann*, S. 74, nach dem Art. 10 II Rom I-VO beim Schweigen auf nicht beigefügte AGB zur Anwendung kommen kann. Vgl. aber auch MüKo Bd. 10/*Spellenberg* 2006, Art. 31 Rn 122, der die Ansicht vertritt, dass Art. 31 II EGBG beim kaufmännischen Verkehr nur in absoluten Ausnahmefällen außerhalb des kaufmännischen Bestätigungsschreibens anwendbar sein kann, weil die am internationalen Geschäftsverkehr Teilnehmenden nicht auf die Geltung des eigenen Rechts vertrauen dürfen und sich ständig bezüglich der fremden Regeln erkundigen müssen.

191 Vgl. *Reithmann/Martiny*, S. 204 und 217-218; *Rühl*, S. 162. In der Praxis kann das Vertrauen z.B. darauf beruhen, dass das eigene Heimatrecht nach den objektiven Anknüpfungsregeln gelten würde und der Verwender der AGB ansonsten keinen Eindruck vermittelt hat, er lege Wert auf die Geltung seines Rechts (vgl. MüKo Bd. 10/*Spellenberg* 2006, Art. 31 Rn 124 und 131 bezüglich Auftragsbestätigung und kaufmännisches Bestätigungsschreiben).

192 Genauer in Abschnitt 6.2.2 und 6.2.3. Weiterhin sind konkludente Hinweise im finnischen Recht und im UN-Kaufrecht nicht gleichermaßen akzeptiert wie im deutschen

fungspflicht des Verwenders als Voraussetzung wirksamer Einbeziehung der AGB vorsieht, zieht der Vertragspartner kaum in Betracht, der Geltung von ihm nicht zugänglich gemachten AGB zu widersprechen. Jedoch ist es in diesem Fall kaum zu erwarten, dass die widerspruchslose Entgegennahme der Leistung eine Akzeptanz der Rechtswahl bzw. der Einbeziehung der AGB beinhaltet. Daher wäre es nicht gerechtfertigt, die Wirkung des Verhaltens des Vertragspartners nach dem deutschen Recht zu bestimmen.[193] Insbesondere gilt dies, wenn der Vertragspartner des AGB-Verwenders im internationalen Geschäftsverkehr unerfahren ist, wenn die sonstigen vertragswesentlichen Bedingungen individualvertraglich vereinbart worden sind oder wenn das gewählte Recht keinen logischen Zusammenhang mit dem Vertrag hat. Weiterhin trifft dies zu, wenn die Rechtswahlklausel intransparent ist.[194]

Wegen dieser Fragwürdigkeit der Anwendbarkeit der deutschen Einbeziehungsanforderungen vertreten *Hau* und *Eichel* entgegen der herrschenden Meinung, dass für die Einbeziehung von Rechtswahlklauseln strengere Maßstäbe gelten sollten als für die Einbeziehung sonstiger AGB-Klauseln. Daher sollte eine in den AGB enthaltene Rechtswahlklausel auch nach deutschem Recht lediglich dann wirksam einbezogen werden, wenn der Verwender die AGB seinem Vertragspartner zur Verfügung gestellt hat und die Rechtswahl zudem drucktechnisch hervorgehoben worden ist.[195]

Recht. Auch andere ausländische Rechte stellen zum Teil erheblich strengere Anforderungen an die wirksame Einbeziehung von AGB als das deutsche Recht (vgl. Staudinger Rom I Bd.1/*Hausmann* 2011, Art. 10 Rn 83 mit weiteren Nachweisen).

193 Vgl. *Reithmann/Martiny*, S. 204 und 217-218; vgl. auch Wolf/Lindacher/Pfeiffer/*Hau* 2009, IntGV Rn 24 und *Stoll*, in: FS Heini, S. 436, nach denen eine Rechtswahlvereinbarung im internationalen Unternehmensverkehr voraussetzt, dass der Verwender die AGB seinem Vertragspartner beim Vertragsschluss zur Verfügung gestellt hat.

194 Vgl. *Wukoschitz,* in: Rechtswahlklauseln, S. 31; MüKo Bd. 10/*Spellenberg* 2010, Art. 10 Rn 256; *Lohmann*, S. 347; vgl. auch Staudinger Rom I Bd.1/*Hausmann* 2011, Art. 10 Rn 91, der feststellt, dass die Internationalität des Sachverhalts für das Unternehmen ohne weiteres keine Obliegenheit begründet, sich nach den Einbeziehungsvoraussetzungen des fremden Rechts zu erkundigen. Anders liegt der Fall, wenn der Verwender die AGB seinem Vertragspartner übersendet hat und dessen Unkenntnis lediglich darin begründet ist, dass er die AGB nicht gelesen hat (vgl. *Spellenberg* IPRax 2007, 98, 100).

195 *Hau/Eichel* AL 2010, 84, 86; vgl. auch Wolf/Lindacher/Pfeiffer/*Hau* 2009, IntGV Rn 24 und *Stoll*, in: FS Heini, S. 436; vgl. ferner auch OLG Celle RIW 2010, 164, 165, wonach die Formerfordernisse des Art. 23 I Satz 3 lit a) EuGVVO für das Zustandekommen einer in den AGB enthaltenen Gerichtsstandsvereinbarung auch im unternehmerischen Geschäftsverkehr lediglich dann erfüllt sind, wenn der Verwender seinem Vertragspartner die AGB zur Verfügung gestellt hat oder sie ihm im Rahmen einer laufenden Geschäftsbeziehung bereits vorliegen. Hierfür genügt nach dem Urteil

Aufgrund der obigen Argumentation kann festgehalten werden, dass sich der Vertragspartner des AGB-Verwenders in bestimmten Fällen gemäß Art. 31 II EGBGB / Art. 8 II Rom-Übereinkommen / Art. 10 II Rom I-VO auf sein eigenes Heimatrecht berufen darf, um einzuwenden, dass er dem Vertrag nicht zugestimmt hat.[196] Dies entspricht der Zielsetzung des Art. 31 II EGBGB / Art. 8 II Rom-Übereinkommen / Art. 10 II Rom I-VO[197], fördert den guten Glauben im internationalen Handeln und unterstützt die Möglichkeit kleinerer Unternehmen, international tätig zu werden.

Verbunden mit den oben genannten Einschränkungen verstößt dies auch nicht zu stark gegen die Eigenverantwortung der Unternehmen. Außerdem entfällt dieses Veto-Recht, wenn der Vertragspartner aufgrund der ihm zur Verfügung gestellten AGB[198], aufgrund einer laufenden Geschäftsbeziehung oder aufgrund der im Verkehr erforderlichen Sorgfalt (z.B. wegen der ständigen Geschäftsbeziehungen mit Vertragspartnern aus dem jeweiligen Land) wissen müsste, welches Recht maßgeblich ist[199].

Hierauf bezieht sich auch die im Abschnitt 3.2.4.2 erwähnte Problematik über eine stillschweigende Rechtswahl zugunsten des Heimatrechts des AGB-Verwenders aufgrund der Verwendung seiner auf dieses Recht beruhende AGB. Wie oben aufgeführt, muss das Einverständnis der beiden Parteien zu der Rechtswahl bei der Auslegung des Vertrags und des Parteiverhaltens mit hinreichender Sicherheit erkennbar sein, um die stillschweigende Rechtswahl bejahen zu können. In der Praxis des internationalen Geschäftsverkehrs fehlt es allerdings häufig an dieser Sicherheit, wenn die Rechtswahl aus der Verwendung bestimmter AGB geleitet wird.

Dies ergibt sich daraus, dass der Vertragspartner des AGB-Verwenders mit dem Heimatrecht des AGB-Verwenders oftmals nicht vertraut ist. Deshalb ist es

---

nicht, dass der Verwender darauf hinweist, dass die AGB auf seiner Internetseite abrufbar sind. Ähnlich OLG Oldenburg IHR 2008, 112, 116-117, wonach gemäß Art. 23 I Satz 3 EuGVVO eine tatsächliche Zustimmung der anderen Vertragspartei zu einer von den allgemeinen Grundsätzen abweichenden Zuständigkeitsregelung eine notwendige Voraussetzung für deren Einbeziehung ist. Dies kann nach dem Gericht lediglich dann festgestellt werden, wenn die AGB der anderen Partei zum Zeitpunkt des Vertragsschlusses vorlagen.

196 Vgl. Staudinger Rom I Bd.1/*Hausmann* 2011, Art. 10 Rn 86 und 90; *Wukoschitz,* in: Rechtswahlklauseln, S. 31; Anwkomm Bd. 1/*Leible* 2005, Art. 27 Rn 69; *Reithmann/Martiny*, S. 204 und 217-218.

197 Genauer in Fußnote 185.

198 Die AGB müssen grundsätzlich in einer für den Vertragspartner verständlichen Sprache verfasst sein (genauer siehe Abschnitt 6.4).

199 Staudinger Rom I Bd.1/*Hausmann* 2011, Art. 10 Rn 92; MüKo Bd. 10/*Spellenberg* 2010, Art. 10 Rn 252 und 259; PWW/*Brödermann/Wegen* 2011, Art. 10 Rom I Rn 12.

ihm nur schwer möglich zu erkennen, ob und inwiefern die AGB auf ein bestimmtes Recht aufbauen, auch wenn er die AGB erhalten und gelesen hat.[200] Außerdem darf der Vertragspartner darauf vertrauen, dass grundsätzlich nur das ausdrücklich Vereinbarte gilt, solange nichts Anderes ersichtlich ist.[201] Deshalb kann nicht generell davon ausgegangen werden, dass die Geltung von AGB automatisch mit der Geltung des Heimatrechts des AGB-Verwenders verbunden wäre, obwohl die AGB objektiv gesehen auf diesem Recht beruhen würden.[202]

Weiterhin ist es kaum zumutbar vorauszusetzen, dass der Vertragspartner bei Vertragsschluss eine tiefgehende Analyse des Heimatrechts des AGB-Verwenders durchführen lässt, wenn er nicht kontinuierlich in diesem Land tätig ist.[203] Insbesondere ist dies der Fall, wenn der Vertrag keine ausdrückliche diesbezügliche Rechtswahl oder keine direkten Verweisungen auf Normen dieses Rechts enthält.[204] Eine solche Analyse würde auch die Vertragsverhandlungen deutlich verlangsamen und möglicherweise auch die Kosten des Vertragsabschlusses so stark erhöhen, dass der Grenzwert, bis zu dem der Vertrag noch lukrativ ist, überschritten wird.[205] Soweit dem ausländischen Vertragspartner nicht bekannt war, auf welchem Recht die AGB wesentlich aufbauen, bleiben Zweifel, ob er eine diesbezügliche Willenserklärung abgegeben hat. Somit kommt auch keine konkludente Rechtswahl zustande.[206]

---

200 *Achilles* 2000, Art. 6 Rn 6.

201 Vgl. *Lindbach*, S. 325.

202 *Maindl*, S. 7; *Vischer/Huber/Oser*, S. 103; in diesem Sinne wohl auch Staudinger Rom I Bd.1/*Magnus* 2011, Art. 3 Rn 174*gnus* 2011, Art. 3 Rn 93; vgl. auch *von Bar*, S. 340, nach dem Vorsicht geboten ist, wenn der im Einzelfall erforderlich konkrete Rechtswahlwille aus bestimmten typischen Umständen geschlossen wird.

203 Vgl. Staudinger Rom I Bd.1/*Hausmann* 2011, Art. 10 Rn 91, nach dem ein Unternehmen aufgrund der Internationalität des Sachverhalts sich eben nicht zuerst nach den AGB-Einbeziehungsvoraussetzungen des fremden Rechts erkundigen muss. Daher muss dies erst Recht dafür gelten, dass der Vertragspartner sich nicht nach dem Inhalt des gesamten Rechtssystems erkundigen muss, um beurteilen zu können, ob die AGB wesentlich auf diesem Recht aufbauen. Vgl. auch *Rühl*, S. 38, die auf diesbezügliche Informationsschwierigkeiten hinweist. Vgl. weiterhin auch MüKo Bd. 10/*Spellenberg* 2010, Art. 10 Rn 254, der aufführt, dass man Kenntnisse über das ausländische Recht von solchen Kaufleuten erwarten kann, die häufiger Geschäfte unter dem betreffenden Recht schließen.

204 Vgl. *Achilles* 2000, Art. 6 Rn 6, nach dem sogar Verweisungen auf vereinzelte Normen dieses Rechts nicht dazu führen, dass der Vertragspartner den Rechtswahlbezug erkennen musste.

205 Vgl. *Määttä*, S. 176-177 und *Hoppu/Hoppu*, S. 126 bezüglich der Bedeutung des Vertragsrechts für die Transaktionskosten.

206 Vgl. OLG Düsseldorf 25.7.2003, http://www.cisg-online.ch, case 919, in dem das Gericht einen entsprechenden Zweifel am Zustandekommen einer mit hinreichender Si-

Dagegen hält die von *Maidl*[207] angegebene Begründung, dass die AGB oft nicht gelesen werden und der Vertragspartner des AGB-Verwenders daher nicht weiß, inwiefern die von ihm unwidersprochene AGB auf einem bestimmten Recht aufbauen, beim internationalen Geschäftsverkehr nicht stand. Es gehört zum eigenen Risiko des international tätigen Unternehmens, die ihm vorgelegten AGB zu lesen oder den Vertrag eben ohne diese zu schließen.[208]

Das Zustandekommen von negativen IPR-rechtlichen Rechtswahlklauseln[209] wird in der Rechtsliteratur nicht explizit diskutiert. Dies beruht vermutlich auf der oben dargestellten Seltenheit der alleinstehenden negativen Rechtswahlklauseln. Es bestehen allerdings keine Gründe, warum die Regeln der Art. 27 IV EGBGB / Art. 3 IV Rom-Übereinkommen / Art. 3 V Rom I-VO i.V.m. Art. 31 I EGBGB / Art. 8 I Rom-Übereinkommen / Art. 10 I Rom I-VO nicht angewendet werden sollten. Obwohl auf diese Artikel im Allgemeinen mit den Wörtern „das gewählte Recht" verwiesen wird, ist er dem Wortlaut nach allgemeingültig formuliert, da das Recht maßgeblich ist, das anzuwenden wäre, wenn die Rechtswahl wirksam wäre.

Somit beurteilt sich das Zustandekommen alleinstehender negativer Rechtswahlklauseln nach dem Recht der engsten Verbindung, falls dies nicht ausgeschlossen ist. Sofern das Recht der engsten Verbindung abgewählt worden ist, ist das Recht der zweitengsten Verbindung maßgeblich, da dieses Recht auf den Vertrag anwendbar ist.

3.2.5.2 Im Bereich des UN-Kaufrechts

Der Großteil der Literatur befasst sich nicht ausdrücklich mit der Frage, nach welchem Recht sich das Zustandekommen der Zuwahl des UN-Kaufrechts (Opting-in) beurteilt. Soweit diese Frage behandelt wird, wird das UN-Kaufrecht (Artt. 14 ff) für das Zustandekommen solcher Vereinbarung beziehungsweise für die Einbeziehung der entsprechenden Opt-in-Klausel in AGB maßgeblich

---

cherheit anzunehmenden konkludenten Rechtswahl äußerte, wenn sich der Verwender auf eine konkludente Rechtswahl aufgrund einer in seinen AGB enthaltenen Gerichtsstands- und Erfüllungsortabrede beruft.

207 *Maindl*, S. 6-7; vgl. auch *Rühl*, S. 38, die allerdings noch eine Stufe weiter geht, indem sie behauptet, dass auch von geschäftsmäßig agierenden Vertragspartnern nicht zu erwarten ist, dass sie die ihnen vorgelegten AGB komplett lesen und verstehen und dass ihnen daher häufig die Kenntnis von der Existenz einer Rechtswahlklauseln fehlt.

208 Vgl. *Stoll*, in: FS Heini, S. 436; vgl. auch die allgemeine Regel in allen drei zu behandelnden Rechtssystem, nach der lediglich eine zumutbare Kenntnisnahmemöglichkeit – und nicht die tatsächliche Kenntnis über den Inhalt der AGB – erforderlich ist (siehe Abschnitt 6.2.1.3, 6.2.2.3 und 6.2.3.3).

209 Genauer siehe Abschnitt 3.2.1.

gehalten.[210] Um den hierfür erforderlichen Anschein der Wahl des UN-Kaufrechts zu begründen, genügt eine einseitige Rechtswahlerklärung.[211] Weiterhin ist die mögliche Anwendbarkeit des Art. 31 II EGBGB / Art. 8 II Rom-Übereinkommen / Art. 10 II Rom I-VO in Betracht zu ziehen.[212] Allerdings setzt das UN-Kaufrecht, wie später genauer gezeigt wird, relativ strenge Voraussetzungen an die Einbeziehung von AGB, so dass es in der Praxis vermutlich nur selten zu solchen Fällen kommt.[213]

Die Anwendbarkeit des UN-Kaufrechtes wird einerseits damit begründet, dass die Parteien ihren Willen bekundet haben, dass das UN-Kaufrecht für ihre Vertragsbeziehung gelten soll.[214] Andererseits wird aufgeführt, dass dies dem internationalen Grundsatz entspricht, nach dem das gewählte Recht über das Zustandekommen der Rechtswahl entscheidet. Dieser Grundsatz ergibt sich aus dem EGBGB bzw. dem Rom-Übereinkommen (zukünftig Rom I-VO), die anwendbar sind, weil das UN-Kaufrecht keine eigene Regelung über seine positive Wahl enthält.[215] Weiterhin wird vertreten, dass diese Ansicht dem Gebot einheitlicher Anwendung des UN-Kaufrechts entspricht.[216]

Hinsichtlich des Ausschlusses des UN-Kaufrechts geht die herrschende Ansicht davon aus, dass das Zustandekommen der Abwahlvereinbarung ausschließlich nach dem UN-Kaufrecht (Artt. 14 ff. CISG) zu beurteilen ist.[217] Dies gilt

---

210 *Schultheiß*, S. 124; *Lohmann*, S. 340 und 346. Dies setzt natürlich voraus, dass die positive Wahl des UN-Kaufrechts nach der lex fori zulässig ist (Abschnitt 3.2.2).

211 *Lohmann*, S. 341 und 346.

212 *Lohmann*, S. 347.

213 Vgl. vor allem Abschnitt 6.2.3.

214 *Schultheiß*, S. 124.

215 *Lohmann*, S. 339. *Lohmann* fügt allerdings hinzu, dass, soweit das IPR-rechtlich anwendbare Recht – entweder die lex fori oder das Recht des Abschlussortes – für die Beurteilung des Zustandekommens der Rechtswahl maßgeblich ist, es nicht zur Anwendung des UN-Kaufrechts kommt.

216 *Drasch*, S. 45.

217 LG Aachen IHR 2011, 82, 85; OLG Oldenburg IHR 2008, 112, 117; *Piltz* NJW 2011, 2261, 2262; Staudinger Eckpfeiler/*Coester* 2011, E. Rn 75; MüKo Bd. 10/*Spellenberg* 2010, Art. 10 Rn 185; *Jungemeyer* RIW 2010, 166, 166; MüKo Bd. 3/*Westermann* 2012, Art. 6 Rn 3; *Schmidt-Kessel* ZEuP 2008, 605, 613; Ferrari/Kieninger et al./*Saenger* 2012, Art. 6 Rn 2; Bamberger/Roth Bd. 1/*Saenger* 2007, Art. 6 Rn 2; *Stürner*, in: AGB im Spannungsfeld, S. 157; *Schmidt-Kessel/Meyer* IHR 2008, 177, 177; *Piltz,* Internationales Kaufrecht, S. 61; *Köhler*, Das UN-Kaufrecht, S. 61-62 und 98; Staudinger CISG/*Magnus* 2005, Art. 6 Rn 10-11; *Lohmann*, S. 197; Schlechtriem/ Schwenzer/*Ferrari* 2008, Art. 6 Rn 13 und 18; Schlechtriem/Schwenzer/*Schmidt-Kessel* 2008, Art. 8 Rn 55; MüKo HGB Bd. 6/*Benicke* 2007, Art. 6 Rn 2; *Schultheiß*, S. 119-121; *Kröll/Hennecke* RabelsZ 67 (2003), 448, 464; *Piltz* IHR 2002, 2, 6; Soergel Bd. 13/*Lüderitz/Fenge* 2000, Art. 6 Rn 1; Witz/Salger/Lorenz/*Witz* 2000, vor Artt.

unabhängig davon, ob der Ausschluss individualvertraglich oder formularmäßig durch Einbeziehung entsprechender AGB-Klausel vereinbart wird.[218] Somit ist das UN-Kaufrecht maßgeblich für die Einbeziehung der AGB, die die Abwahlklausel beinhalten. Zudem ist das sich Berufen auf das Heimatrecht aufgrund Art. 31 II EGBGB / Art. 8 II Rom-Übereinkommen / Art. 10 II Rom I-VO nicht gestattet.[219]

Die herrschende Ansicht wird häufig vertreten, ohne dass sie begründet wird.[220] Soweit sie begründet wird, wird auf den völkerrechtlichen Vorrang des UN-Kaufrechts vor den unvereinheitlichten nationalen Rechtsordnungen hingewiesen.[221] Da Art. 6 CISG jedoch lediglich festschreibt, dass die Parteien das UN-Kaufrecht ausschließen können, aber nicht erklärt, welches Recht für das Zustandekommen der Abwahlvereinbarung maßgeblich ist, wird darin eine interne Lücke gesehen, die durch die analoge Anwendung der Artt. 14 ff. CISG zu schließen sei.[222]

Weiterhin wird aufgeführt, dass die einheitliche und autonome Bestimmung der Bedingungen einer Nichtgeltung des UN-Kaufrechts geboten ist, um dessen einheitliche Anwendung und Auslegung in allen Vertragsstaaten zu gewährleisten.[223] Außerdem soll die Anwendung des UN-Kaufrechts dem Richter und den Parteien eine schnelle und sichere Prüfung des Zustandekommens der Abwahlvereinbarung ermöglichen.[224]

14-24 Rn 16; *Drasch*, S. 43; *Sieg* RIW 1997, 811, 813; *Magnus* ZEuP 1997, 823, 837; *Lindbach*, S. 235; *Karollus* JuS 1993, 378, 381; *Holthausen* RIW 1989, 513, 517.

218 Bamberger/Roth Bd. 1/*Saenger* 2007, Art. 6 Rn 2; *Schultheiß*, S. 119; *Piltz* IHR 2002, 2, 6.

219 *Schmidt-Kessel* ZEuP 2008, 605, 613.

220 Sogar *Piltz* (IHR 2002, 2, 6) und *Saenger* (Bamberger/Roth Bd. 1/*Saenger* 2007, Art. 6 Rn 2; Ferrari/Kieninger et al./*Saenger* 2012, Art. 6 Rn 2), die sich erst später der herrschenden Meinung angeschlossen haben, begründen ihre Meinungsänderung nicht.

221 *Stürner*, in: AGB im Spannungsfeld, S. 158; *Köhler*, Das UN-Kaufrecht, S. 61; *Schultheiß*, S. 119; *Magnus* ZEuP 1997, 823, 837; *Drasch*, S. 43; *Sieg* RIW 1997, 811, 813; bezüglich des Vorrangs des UN-Kaufrechts siehe genauer Abschnitt 1.3.

222 *Lindbach*, S. 233-234; *Schultheiß*, S. 119-120.

223 *Drasch*, S. 43-44; *Lindbach*, S. 235.

224 *Lindbach*, S. 235; *Schultheiß*, S. 120-121. Allerdings setzt dies eindeutig geklärte, einheitliche Prüfungsmaßstäbe voraus. Zumindest in einigen Bereichen fehlt es an solchen, wie die in dieser Arbeit erläuterten Streitfragen veranschaulichen (vgl. auch *Schultheiß*, S. 122). Zudem folgen manche Gerichtsentscheidungen nicht den allgemein akzeptierten Grundlagen, wie das in Fußnote 152 dargestellte Beispiel über die Ablehnung des stillschweigenden Ausschlusses durch amerikanische Gerichte zeigt. Daher kann diese Begründung in ihrer Absolutheit nicht akzeptiert werden, obwohl zugegeben werden muss, dass die Prüfung nach dem UN-Kaufrecht einheitlicher als die Prüfung nach diversen unvereinheitlichten nationalen Rechten ist.

Die herrschende Ansicht bedeutet, dass die Vertragsparteien die teilweise sehr strengen Einbeziehungsvoraussetzungen des UN-Kaufrechts einhalten müssen, wenn sie das UN-Kaufrecht durch eine AGB-Klausel ausschließen möchten. In der Praxis kann dies dazu führen, dass das UN-Kaufrecht nicht wirksam ausgeschlossen wird, obwohl dies der gemeinsame Wille der Parteien beim Vertragsschluss gewesen ist. Das ist der Fall, wenn die Parteien lediglich die Einbeziehungsvoraussetzungen des für maßgeblich gehaltenen nationalen Rechts beachtet haben, diese aber weniger streng als diejenigen des UN-Kaufrechts sind und somit die Abwahlvereinbarung unwirksam ist.[225] Das diesbezügliche Risiko wird zusätzlich erhöht, weil die meisten Vertragsparteien die Normen des EGBGB bzw. des Rom-Übereinkommens oder der Rom I-Verordnung kennen, wenn ihnen Rechtswahlnormen überhaupt bekannt sind.[226]

Hierauf beruft sich die Gegenansicht, nach der das unvereinheitlichte nationale Recht, das bei der Nichtgeltung des UN-Kaufrechts aufgrund des IPR (Rechtswahl oder objektive Anknüpfung[227]) anwendbar wäre, für das Zustandekommen der Abwahlvereinbarung maßgeblich ist.[228] Somit beurteilt sich auch die Einbeziehung der in AGB enthaltenen Abwahlklausel nach diesem nationalen Recht.

---

225 Vgl. Bamberger/Roth Bd. 3/*Saenger* 2003, Art. 6 Rn 2; *Handorn*, S. 23. Wie oben festgestellt, können die Parteien in einem solchen Fall den Ausschluss des UN-Kaufrechts auch später – sogar während des Prozesses – vereinbaren. Allerdings kann eine Partei aus der Geltung des UN-Kaufrechts Vorteile ziehen und daher die Existenz der Abwahlvereinbarung bestreiten und die nachträgliche Vereinbarung ablehnen. Wegen der Beweislastregelungen stehen der anderen Partei dann kaum Möglichkeiten zur Verfügung, obwohl dieses Ergebnis nicht zufriedenstellend ist.

226 Vgl. Witz/Salger/Lorenz/*Lorenz* 2000, Art. 6 Rn 2.

227 Hierbei muss jedoch berücksichtigt werden, dass die Regeln der lex fori für die objektive Anknüpfung außerhalb des Geltungsbereichs des Rom-Übereinkommens bzw. der Rom I-VO deutlich von diesen abweichen können. Allerdings ist der Gerichtsstand beim unternehmerischen Geschäftsverkehr zwischen Deutschland und Finnland vermutlich selten außerhalb Europas. Des Weiteren ist dies ein allgemeines Problem des IPR und müsste somit den Parteien grundsätzlich bekannt sein.

228 *Hamacher*, in: AGB im Spannungsfeld, S. 95; Ferrari/Kieninger et al./*Mankowski* 2012, Vor Art. 14 Rn 48; Bamberger/Roth Bd. 3/*Saenger* 2003, Art. 6 Rn 2; *Piltz*, Internationales Kaufrecht 1993, S. 48; *Piltz*, in: Handbuch der Handelsgeschäfte, S. 494; Witz/Salger/Lorenz/*Lorenz* 2000, Art. 6 Rn 4; von Caemmerer/Schlechtriem/*Herber* 1995, Art. 6 Rn 23; *Rehbinder*, in: Einheitliches Kaufrecht, S. 151; Rechtbank Zwolle 21.5.2003, http://www.cisg-online.ch, case 993; bei Vorhandensein einer Rechtswahl auch Honsell/*Siehr* 2010, Art. 6 Rn 4; vgl. auch LG München I NJW 1996, 401-402, in welchem die Einbeziehung der in den AGB enthaltenen Rechtswahlklausel (gleichzeitig positive IPR-rechtliche Rechtswahl und Abwahl des UN-Kaufrechts) nach dem nach IPR berufenen unvereinheitlichten nationalen Recht beurteilt wird.

Die Gegenansicht, die teilweise lediglich für den vollständigen Ausschluss oder für den Ausschluss des Teils II des UN-Kaufrechts vertreten wird[229], wird damit begründet, dass der Ausschluss des UN-Kaufrechts auch den Beurteilungsmaßstab des Zustandekommens der Abwahlvereinbarung umfasst. Dies ist darauf zurückzuführen, dass die Abwahlvereinbarung den Willen der Parteien dokumentiert, dass sie das UN-Kaufrecht in seiner Gesamtheit ausschließen wollen.[230] Weiterhin wird festgehalten, dass die Parteien beim Ausschluss des UN-Kaufrechts in der Regel nicht davon ausgehen, dass sich das Zustandekommen dieser Vereinbarung gerade nach dem ungewollten Recht beurteilt.[231]

Zusätzlich vertreten viele Befürworter der herrschenden Ansicht die Meinung, dass das Zustandekommen der positiven Rechtswahl nach dem gewählten Recht zu bestimmen ist, soweit die Vertragsparteien gleichzeitig mit der Abwahl des UN-Kaufrechts eine positive Rechtswahl treffen.[232] Dies führt allerdings dazu, dass der einheitliche Rechtswahlvorgang aufgrund von zwei unterschiedlichen Rechtsordnungen zu beurteilen ist. Diese Konstellation – welche bei der Gegenansicht ausgeschlossen ist – ist weder aus systematischer noch aus praktischer Sicht wünschenswert, da hier das Zustandekommen des einen bejaht und des anderen verneint werden könnte. Zudem rechnen die Vertragsparteien selten mit einem derartigen Ergebnis und befolgen daher meist nur die Einbeziehungsvoraussetzungen des von ihnen gewählten Rechts. Diese Überlegung ist besonders bedeutsam, weil die Parteien typischerweise ein nationales Recht unter Ausschluss des UN-Kaufrechts wählen.

Außerdem wird von den Vertretern der Gegenansicht sogar erläutert, dass Art. 6 CISG keine Bedeutung zukäme, falls die Artt. 14 ff. CISG doch noch be-

---

229 *Rehbinder*, in: Einheitliches Kaufrecht, S. 151-152; im diesem Sinne wohl auch von Caemmerer/Schlechtriem/*Herber* 1995, Art. 6 Rn 23. In der Praxis ist ein teilweiser Ausschluss des UN-Kaufrechts viel seltener als ein vollständiger Ausschluss. Insofern ist dieser Meinungsunterschied nicht von entscheidender Natur.

230 *Rehbinder*, in: Einheitliches Kaufrecht, S. 152; Dieses Argument wird auch von *Schultheiß* (S. 121) angenommen, obwohl seiner Meinung nach andere Aspekte überwiegen und er sich der herrschenden Ansicht anschließt. Im Allgemeinen muss aber festgestellt werden, dass auch die Gegenansicht oft ebenso oberflächlich begründet wird wie die herrschende Ansicht.

231 Bamberger/Roth Bd. 3/*Saenger* 2003, Art. 6 Rn 2; vgl. auch *Lindbach*, S. 234, der auch dies erkannt hat, sich aber trotzdem für die herrschende Ansicht entschieden hat.

232 *Schmidt-Kessel* ZEuP 2008, 605, 612; MüKo Bd. 3/*Westermann* 2012, Art. 6 Rn 4; Staudinger CISG/*Magnus* 2005, Art. 6 Rn 19; Schlechtriem/Schwenzer/*Ferrari* 2008, Art. 6 Rn 16; MüKo HGB Bd. 6/*Benicke* 2007, Art. 6 Rn 4; *Schultheiß*, S. 125; Soergel Bd. 13/*Lüderitz/Fenge* 2000, Art. 6 Rn 1; *Lindbach*, S. 234-235; aA Schlechtriem/Schwenzer/*Schmidt-Kessel* 2008, Art. 8 Rn 55, wonach das UN-Kaufrecht auch für die positive Rechtswahl maßgeblich ist.

züglich des Zustandekommens der Abwahlvereinbarung Anwendung finden würden.[233] Dieser Gedanke ist insofern interessant, als *Schultheiß*[234] und *Sieg*[235] die herrschende Ansicht gerade dadurch begründet, dass sich die Möglichkeit zur Abwahl des UN-Kaufrechts erst aus Art. 6 CISG ergibt. Ein Rückgriff auf Art. 6 CISG sei allerdings nur dann möglich, wenn das UN-Kaufrecht Geltung erlangt hat. Wenn das UN-Kaufrecht insofern einmal anwendbar sein muss, um den Ausschluss zu ermöglichen, ist es seiner Meinung nach konsequent, das Zustandekommen solcher Vereinbarung nach Artt. 14 ff. CISG zu prüfen. Hierfür besteht allerdings keine logische Notwendigkeit, da Art. 6 CISG keine Stellung dazu nimmt, nach welchem Recht die Abwahl des UN-Kaufrechts zu beurteilen ist. Insofern ist diese Frage getrennt von Art. 6 CISG zu lösen.

Zudem kann berechtigterweise gefragt werden, ob Art. 6 CISG konstitutiv oder lediglich deklaratorisch ist. Die Parteiautonomie ist ein weltweit herrschendes Prinzip[236], welches fundamental für eine liberal organisierte Wirtschaftsordnung steht[237] und auch die Grundlage des UN-Kaufrechts ist[238]. Die Dispositivität des UN-Kaufrechts lässt sich zusätzlich zu Art. 6 CISG auch z.B. aus Artt. 30, 31, 35, 53, 57, 58 CISG ableiten. Auch in der Literatur wird oft festgestellt,

---

233 Bamberger/Roth Bd. 3/*Saenger* 2003, Art. 6 Rn 2.

234 *Schultheiß*, S. 122.

235 *Sieg* RIW 1997, 811, 813.

236 *Jaspers*, S. 45 und 47; *Vischer/Huber/Oser*, S. 25-38; *Rühl*, S. 43; *von Bar*, S. 304-305; *Sevón* LM 1988, 1, 4; *Bogdan,* Svensk internationell privat- och processrätt, S. 258; *Koulu* DL 2002, 211, 218; *Lindström*, S. 43; vgl. auch *Maultzsch,* RabelsZ 75 (2011), 60, 61 und *Püls*, S. 19 und 158; kritisch *Basedow,* RabelsZ 75 (2011), 32, 34, der darauf hinweist, dass es vor allem in Lateinamerika und im Nahen Osten Staaten gibt, in denen der Grundsatz der freien Rechtswahl keine Anerkennung findet.

237 *Mankowski* IHR 2008, 133, 134; *Leible*, in: Ein neues internationales Vertragsrecht für Europa, S. 41-42; *Ferrari* IHR 2009, 8, 18; vgl. auch Abschnitt 4.

238 Commentary on the Draft Convention on Contracts for the International Sale of Goods prepared by the Secretariat, UN DOC. A/CONF. 97/5 („Secretariat Commentary") Art. 5, im Internet abrufbar unter http://www.globalsaleslaw.org/index.cfm?pageID=644# Article 5 Stand 29.2.2012, wonach Art. 5 (später Art. 6) CISG den dispositiven Charakter des UN-Kaufrechts explizit zum Ausdruck bringt. Vgl. auch *Hilberg*, S. 187; *Verweyen/Foester/Toufar*, S. 58; Staudinger CISG/*Magnus* 2005, Art. 6 Rn 1; *Kröll/Hennecke* RIW 2001, 736, 742; *Achilles* 2000, Art. 6 Rn 1; *Hillman 1*, The General Principles of the Convention; *Lindbach*, S. 69-70; *Ämmälä*, in: FS Saarnilehto, S. 473; *Railas* DL 2005, 1268, 1269. Weiterhin wird der Vorrang des Parteiwillens unter Art. 7 II CISG als der wichtigste allgemeine Grundsatz betrachtet (*Hillman 2,* Article 7(2); Staudinger CISG/*Magnus* 2005, Art. 7 Rn 42; Schlechtriem/Schwenzer/*Ferrari* 2008, Art. 7 Rn 48).

dass Art. 6 CISG die Parteiautonomie statuiert, kodifiziert oder festschreibt.[239] Insofern ist denkbar, dass das UN-Kaufrecht selbst ohne diesbezügliche explizite Feststellung in Art. 6 CISG für abdingbar gehalten werden würde. Dies verdeutlicht, warum die Entscheidung über die Beurteilungsmaßstäbe des Zustandekommens der Abwahlvereinbarung nicht über Art. 6 CISG begründet werden kann.

Die Befürworter der herrschenden Ansicht gehen von dem völkerrechtlichen Vorrang des UN-Kaufrechts vor dem nationalen Recht aus. *Magnus*[240], *Köhler*[241] und *Drasch*[242] verweisen diesbezüglich auf Art. 3 II EGBGB und ziehen daraus den Schluss, dass das UN-Kaufrecht vorrangig sei.[243] Da das Rom-Übereinkommen bei Abweichungen dem EGBGB vorgeht[244], sollte vor allem auf die Konkurrenz zwischen diesen beiden Übereinkommen anhand der jeweils eigenen Konkurrenzregelungen Stellung genommen werden.

Art. 90 CISG stellt fest, dass das UN-Kaufrecht gegenüber anderen bi- oder multilateralen Übereinkommen, die Bestimmungen über die im UN-Kaufrecht geregelten Gegenstände enthalten, nachrangig ist. Weil aber Art. 21 Rom-Übereinkommen seinerseits anderen Staatsverträgen einen entsprechend weitgehenden Vorrang vor sich selbst einräumt, droht hier ein ergebnisloser Zirkelschluss. Diese Situation wird überwiegend dadurch gelöst, dass das UN-Kaufrecht als spezielleres Übereinkommen Geltung erhält.[245]

Da Art. 21 Rom-Übereinkommen sehr weit gefasst ist und das Rom-Übereinkommen im Allgemeinen als nachrangig im Verhältnis zum UN-Kaufrecht gilt, ist es begründet, der herrschenden Ansicht zu folgen, obwohl sie mit einigen sowohl systematischen als auch praktischen Problemen verbunden ist. Somit wird das Zustandekommen der Abwahlvereinbarung gemäß Artt. 14 ff. CISG analog beurteilt, da das UN-Kaufrecht keine ausdrückliche Regelung diesbezüglich enthält.

---

239 Ferrari/Kieninger et al./*Saenger* 2012, Art. 6 Rn 1; *Schlechtriem*, S. 15; Staudinger CISG/*Magnus* 2005, Art. 6 Rn 1; *Achilles* 2000, Art. 6 Rn 1.

240 *Magnus* ZEuP 1997, 823, 837.

241 *Köhler*, Das UN-Kaufrecht, S. 61.

242 *Drasch*, S. 43.

243 Vgl. allerdings *Herber* IHR 2004, 89, 91, dem zufolge Art. 3 II EGBGB nur für IPR-rechtliche Übereinkommen – und daher nicht für das UN-Kaufrecht – gilt.

244 *Kegel/Schurig*, S. 13 und 648; Kronke/Melis/Schnyder/*Benicke* 2005, Teil B Rn 110; *Reithmann/Martiny* S. 32 und *Reithmann/Martiny* 2004, S. 18.

245 MüKo Bd. 3/*Huber* 2012, Art. 90 Rn 5; Staudinger CISG/*Magnus* 2005, Art. 90 Rn 17; Schlechtriem/Schwenzer/*Ferrari* 2008, Art. 90 Rn 4; *Schroeter*, S. 464; Witz/Salger/Lorenz/*Witz* 2000, Art. 90 Rn 2; *Lindström*, S. 35; vgl. aber auch Ferrari/Kieninger et al./*Mankowski* 2007, Art. 90 Rn 13, nach dem dies nur für die speziellen Regelungen des UN-Kaufrechts über die kollisionsrechtlichen Fragen (Art. 1 I CISG) gilt.

Nach dem Inkrafttreten der Rom I-Verordnung am 17.12.2009 muss diese Problematik erneut behandelt werden. Obwohl Art. 25 Rom I-VO auch Rücksicht auf die bestehenden internationalen Übereinkommen nimmt und deren Kollisionsnormen Vorrang einräumt, stellt sich die Situation hier anders dar als hinsichtlich des Rom-Übereinkommens.

Erstens ist Art. 21 Rom-Übereinkommen weiter formuliert als Art. 25 Rom I-VO, denn Art. 25 Rom I-VO stellt anders als Art. 21 Rom-Übereinkommen ausdrücklich fest, dass nur solche internationale Übereinkommen vorrangig sind, die Kollisionsnormen für vertragliche Schuldverhältnisse enthalten. Zudem beinhaltet Art. 25 Rom I-VO anders als Art. 21 Rom-Übereinkommen Einschränkungen in zeitlicher Hinsicht und bezüglich Übereinkommen, die zwischen zwei oder mehrere Mitgliedstaaten der Europäischen Union geschlossen worden sind.

Zweitens sind EG-Verordnungen anders als das Rom-Übereinkommen nach gängiger, obwohl teils umstrittener Auslegung gemäß Art. 90 CISG vorrangig vor dem UN-Kaufrecht[246], obwohl sie direkt keine staatsvertragliche Übereinkünfte, sondern „gesetzgeberische Akte einer supranationalen Rechtsgemeinschaft eigener Art“[247] sind. Daher sind die unmittelbar geltenden EG-Verordnungen im Bereich der Europäischen Union das erstrangige Rechtsvereinheitlichungsmittel. Insofern ist Art. 25 Rom I-VO als Ausnahmevorschrift eng auszulegen. Daher sollte dem UN-Kaufrecht als lex specialis der Vorrang vor Rom I-Verordnung nur insoweit zugebilligt werden, wie es ausdrückliche Regelungen über die kollisionsrechtlichen Fragen enthält[248] oder wo sich die interne Lücke in dem kaufrechtlichen Kernbereich des UN-Kaufrechts befindet[249].

---

246 *Kampf* RIW 2009, 297, 299; MüKo Bd. 3/*Huber* 2012, Art. 90 Rn 2; Ferrari/Kieninger et al./*Mankowski* 2012, Art. 90 Rn 8; Witz/Salger/Lorenz/*Witz* 2000, Art. 90 Rn 3; Staudinger CISG/*Magnus* 2005, Art. 90 Rn 4. Wenn schon Richtlinien Vorrang vor dem UN-Kaufrecht haben sollen, muss dies erst recht für Verordnungen gelten, die unmittelbar geltendes Recht und somit ein stärkeres Instrument des sekundären Gemeinschaftsrechts sind; aA *Schlechtriem*, S. 244; MüKo HGB Bd. 6/*Ferrari* 2007, Art. 90 Rn 3; Bamberger/Roth Bd. 1/*Saenger* 2007, Art. 90 Rn 1; *Schroeter*, S. 316-318; Honsell/*Siehr* 2010, Art. 90 Rn 6.

247 Staudinger CISG/*Magnus* 2005, Einl zum CISG Rn 46 und Art. 90 Rn 10.

248 Soweit die gleiche Frage nicht angesprochen wird, fehlt es an einer direkten Überschneidung zwischen der Rom I-Verordnung und dem UN-Kaufrecht. In diesem Sinne *Kampf* RIW 2009, 297, 300, nach dem die Einschlägigkeit der kollisionsrechtlichen Normen unter den Vorbehalt zu stellen ist, dass die konkrete Rechtsfrage nicht bereits durch eine sachrechtlich Vorschrift, wie das UN-Kaufrecht beantwortet wird; *Schilling* EuZW 2011, 776, 778-780, nach dem eine direkte Konkurrenz nur dann besteht, wenn das materielle Einheitsrecht (UN-Kaufrecht) eine Verweisungsnorm im Sinne von Kollisionsrecht beinhaltet. Lediglich in diesen Fällen hat das materielle Einheitsrecht

Da das UN-Kaufrecht lediglich festlegt, dass die Vertragsparteien das UN-Kaufrecht ausschließen können, aber nicht sagt, welches Recht für das Zustandekommen der Ausschlussvereinbarung anwendbar ist, fehlt hier eine ausdrückliche Regelung und somit eine direkte Überschneidung. Weiterhin definieren Artt. 1 und 4 I CISG deutlich, dass das UN-Kaufrecht Kaufverträge und deren Abschluss regelt. Der von dem Hauptvertrag getrennt zu beurteilende kollisionsrechtliche Verweisungsvertrag gehört nicht zu diesem kaufrechtlichen Kernbereich des UN-Kaufrechts.[250] Somit ist das UN-Kaufrecht bezüglich des Zustan-

---

(UN-Kaufrecht) den Vorrang vor Rom I-Verordnung und Ferrari/Kieninger et al./*Mankowski* 2012, Art. 90 Rn 13, nach dem spezielle Kollisionsnormen aus speziellen Übereinkommen aufgrund des Art. 25 Rom I-VO der Rom I-VO vorgehen sollten und dass der Art. 1 I CISG in seiner kollisionsrechtlichen Funktion durch diese Tür schreitet; wohl auch *Pfeiffer* EuZW 2008, 622, 624, der auf das UN-Kaufrecht als weiter geltende Übereinkommen verweist, „weil es in Art. 1 I CISG unmittelbar geltende Kollisionsnormen enthält" und *Staudinger/Steinrötter* JA 2011, 241, 244 Fußnote 46, die auch auf Art. 1 I CISG hinweisen und darstellen, dass „in dem dann bestehenden Konkurrenzverhältnis" die Rom I-Verordnung den Vorrang für den Staatsvertrag einräumt. Unklar *Güllemann*, S. 22, nach dem das UN-Kaufrecht Vorrang vor Rom I-Verordnung hat, soweit es greift.

249 Dies ergibt sich aus Art. 4 I CISG, nach dem das UN-Kaufrecht den Abschluss des Kaufvertrages und die aus ihm erwachsenden Rechte und Pflichte des Verkäufers und des Käufers regelt. Auch Art. 1 CISG stellt fest, dass das UN-Kaufrecht auf Kaufverträge anwendbar ist. Für andere Bereiche ist das UN-Kaufrecht kein lex specialis; vgl. auch *von Bar*, S. 299 und *Kampf* RIW 2009, 297, 300, denen gemäß das UN-Kaufrecht im Allgemeinen nicht als lex specialis im Vergleich zu den kollisionsrechtlichen Normen eingestuft werden kann.

250 Vgl. Bamberger/Roth Bd. 1/*Saenger* 2007, Art. 90 Rn 2 und *Kampf* RIW 2009, 297, 299; nach denen Art. 90 CISG sich nur auf materiell-rechtliche und nicht auf kollisionsrechtliche Vereinbarungen bezieht; vgl. auch *Gruber* DB 1999, 1437, 1441 und *Bogdan,* Svensk internationell privat- och processrätt, S. 274, nach denen das UN-Kaufrecht kein Kollisionsrecht enthält und Soergel Bd. 10/*von Hoffmann* 1996, Art. 31 Rn 9, der die Ansicht vertritt, dass die in den Kaufverträgen enthaltenen Rechtswahlklauseln vom UN-Kaufrecht nicht erfasst sind, da der sachliche Anwendungsbereich des UN-Kaufrechts auf den Kaufvertrag als solchen beschränkt ist; vgl. weiterhin auch *Magnus*, in: FS Kritzer, S. 308-311, der in Bezug auf Gerichtsstandklauseln feststellt, dass andere internationale Verordnungen bzw. Übereinkommen als das UN-Kaufrecht für die Einbeziehung von Gerichtsstandsklauseln maßgeblich sind, weil Gerichtsstandsklausel nicht zu den vom UN-Kaufrecht behandelten Fragen des internationalen Warenkaufs gehören. Lediglich im Falle des Fehlens solcher anderer Verordnungen bzw. Übereinkommen soll das UN-Kaufrecht für die Einbeziehung von Gerichtsstandsklausel anwendbar sein. Meines Erachtens müsste das gleiche für Rechtswahlklauseln gelten, da sie ebenso wenig wie Gerichtsstandsklauseln Fragen des internationalen Warenkaufs sind.

dekommens seiner Abwahl kein lex specialis im Vergleich zur Rom I-Verordnung.

Daher ist das für das Zustandekommen der Abwahlvereinbarung maßgebliche Recht in der Europäischen Union nach Inkrafttreten der Rom I-Verordnung nach deren Regeln zu ermitteln.[251] Somit entscheidet das unvereinheitlichte nationale Recht, das anzuwenden wäre, wenn der Ausschluss des UN-Kaufrechts wirksam wäre, ob die Abwahlklausel wirksam in den Vertrag einbezogen worden ist.

Es ist aber zuzugeben, dass dann keine einheitlichen Maßstäbe für den Ausschluss des UN-Kaufrechts gewährleistet werden können, weil die Einbeziehung von Abwahlklauseln nach den unterschiedlichen Regelungen der nationalen Rechte beurteilt wird. Allerdings erreicht man zugleich mehr Einheitlichkeit in zwei anderen Aspekten, worauf im Folgenden einzugehen sein wird. Des Weiteren geht es hier um den Ausschluss des UN-Kaufrechts. Dabei ist die Einheitlichkeit der Maßstäbe logischerweise nicht gleichermaßen wichtig wie bei der Anwendung des UN-Kaufrechts, bei der die Einheitlichkeit das zentrale Ziel ist.[252]

Einerseits wird die oben beschriebene Behandlung eines einheitlichen Rechtwahlvorgangs nach zweierlei Kriterien vermieden, welche den Vertragsparteien meist nicht begreiflich wäre. Die uneinheitliche Behandlung wäre auch aus systematischer Sicht problematisch, weil das Zustandekommen des einen bejaht und des anderen verneint werden könnte.

Andererseits ist es systematisch betrachtet zu befürworten, alle negativen Rechtswahlklauseln, unabhängig davon, ob eine nationale Rechtsordnung oder das UN-Kaufrecht ausgeschlossen wird, gleich zu behandeln.[253] Obwohl dieser das IPR und das UN-Kaufrecht vergleichende und gleich behandelnde Ansatz,

---

251 Die Europäische Kommission hätte nach Art. 26 Rom I-VO vor 17.12.2009 eine Liste über solche internationale Übereinkommen, die unter Art. 25 Rom I-VO fallen, veröffentlichen sollen. Diese Liste wurde am 17.12.2010 veröffentlicht. Da das UN-Kaufrecht nicht gelistet worden ist, sind die Regelungen der Rom I-Verordnung meines Erachtens direkt für das Zustandekommen einer Abwahlvereinbarung maßgeblich (so auch *Schilling* EuZW 2011, 776, 779). Auf jeden Fall sind sie aufgrund der hier erläuterten Argumentation maßgeblich. Vgl. *Kampf* RIW 2009, 297, 299, dem zufolge die Rom I-Verordnung Vorrang vor dem UN-Kaufrecht hat; aA wohl *Martiny* ZEuP 2010, 747, 752; *Magnus* IPRax 2010, 27, 32; Staudinger Rom I Bd.2/*Magnus* 2011. Art. 25 Rn 13; MüKo Bd. 3/*Huber* 2012, Art. 90 Rn 5, die darauf verweisen, dass das UN-Kaufrecht als materielles Einheitsrecht im Allgemeinen vorrangig ist.

252 Vgl. *Sisula-Tulokas*, in: Ulkomaankauppaoikeus, S. 60-61.

253 Außerdem fördert es die Einheitlichkeit im Bereich des UN-Kaufrechts, wenn das für das Zustandekommen maßgebliche Recht sowohl für Opt-in-Klauseln als auch für die Abwahlklauseln nach den gleichen Prinzipien bestimmt wird.

soweit ersichtlich, bisher kaum Eingang[254] in die Literatur gefunden hat, ist die einheitliche Behandlungsweise aller negativen Rechtswahlklauseln für die Vertragsparteien überschaubarer als die Anwendung unterschiedliche Kriterien.[255] Außerdem kommt es den Anforderungen der Praxis entgegen, dass der von den Parteien gewollte Ausschluss des UN-Kaufrechts nicht überraschend unwirksam ist, wenn die Parteien die Einbeziehungsregeln des von ihnen gewählten Rechts befolgt haben.

Ferner ist dieses Ergebnis insofern zu unterstützen, dass die Vertragsparteien den Ausschluss des UN-Kaufrechts auch durch eine positive IPR-rechtliche Wahl des Rechts eines Nicht-Vertragsstaates bewirken können.[256] Bei dieser Alternative beurteilt sich das Zustandekommen der Rechtswahl entsprechend den IPR-rechtlichen Regelungen lediglich nach dem gewählten Recht.[257] Es ist nicht notwendigerweise einleuchtend, warum das Recht, das für die Vereinbarung maßgeblich ist, welche den Ausschluss bewirkt, davon abhängen sollte, ob die Parteien positiv das Recht eines Vertragsstaates oder eines Nicht-Vertragsstaates gewählt haben.[258]

Zusammenfassend lässt sich feststellen, dass die Einbeziehung der Ausschlussvereinbarung bei Verträgen, die vor dem 17.12.2009 geschlossen worden

254 Siehe *Hamacher*, in: AGB im Spannungsfeld, S. 95 (ohne weitere Nachweise), nach dem eine Uneinheitlichkeit bei der Beurteilung der Wirksamkeit einer Rechtswahl sachlich nicht zu rechtfertigen sei, weil ein dem UN-Kaufrecht unterfallender Vertrag gegenüber anderen internationalen Verträgen keine erkennbare Besonderheiten bezüglich der Rechtswahl aufweist. Somit soll die Überprüfung der Wirksamkeit des Verweisungsvertrags immer nach den Normen des von den Parteien gewählten unvereinheitlichten nationalen Rechts erfolgen; siehe auch Ferrari/Kieninger et al./*Mankowski* 2012, Vor Art. 14 Rn 48, nach dem der Grundsatz des IPR, dass sich das Zustandekommen einer Vertragsbestimmung nach dem Recht beurteilt, das anwendbar wäre, wenn jene Vertragsbestimmung wirksam zustanden gekommen wäre, auch beim UN-Kaufrecht anzuwenden ist.

255 Es ist den Parteien meist nicht verständlich, warum das wirksame Zustandekommen der (gleichen) Rechtswahlklausel davon abhängen soll, ob eine Ware im Sinne des UN-Kaufrechts oder ein von dem UN-Kaufrecht nicht erfasstes Objekt Gegenstand des internationalen Kaufvertrags ist bzw. ob es sich um einen Kaufvertrag oder eine andere Vertragsart als einen Kaufvertrag handelt (vgl. *Hamacher*, in: AGB im Spannungsfeld, S. 95). Vgl. auch *Kost*, S. 65, der bezüglich des IPR die Maßgeblichkeit des gewählten Rechts für das Zustandekommen des Vertrags dadurch begründet, dass die Parteien, die in der Regel juristische Laien sind, von der Anwendung einer Rechtsordnung auf den „ganzen Vertrag" – also Rechtswahl und Hauptvertrag – ausgehen und auf das von ihnen gewählte Recht vertrauen.

256 Genauer in Abschnitt 3.2.2.

257 Genauer in Abschnitt 3.2.5.1.

258 In diesem Sinne wohl auch *Hamacher*, in: AGB im Spannungsfeld, S. 94.

sind, analog nach Artt. 14 ff. CISG beurteilt wird, trotz der zahlreichen praktischen und systematischen Nachteilen dieser Ansicht. Dies ergibt sich aus der weiten Fassung des Art. 21 Rom-Übereinkommen und aus der allgemeinen Nachrangigkeit des Rom-Übereinkommens im Verhältnis zum UN-Kaufrecht. Nach der hier vertretenen Ansicht ist die Rechtslage anders bei Verträgen, die nach dem Inkrafttreten der Rom I-Verordnung geschlossen worden sind bzw. geschlossen werden. Bei diesen Verträgen ist das Recht, das anzuwenden wäre, wenn die Ausschlussklausel wirksam wäre, für die Einbeziehung der Ausschlussvereinbarung maßgeblich. In der Praxis ist dies entweder das von den Parteien positiv gewählte nationale Recht oder mangels Rechtswahl das aufgrund der objektiven Anknüpfung geltende nationale Recht.

Diese Änderung ist positiv zu bewerten, weil der Parteiwille verstärkt berücksichtigt wird, die Behandlung des Zustandekommens negativer (IPR- und UN-kaufrechtlicher) Rechtswahlklauseln vereinheitlicht wird und der einheitliche Rechtswahlvorgang nach demselben Recht beurteilt wird. Diese Vorteile überwiegen den an sich bedauerlichen Nachteil, dass das Zustandekommen der Abwahlvereinbarung nicht nach einheitlichen Maßstäben entschieden werden kann. Weiterhin ist dies akzeptabel, da das Zustandekommen der Abwahlvereinbarung nicht zu den direkt geregelten Fragen oder zu dem kaufrechtlichen Kernbereich des UN-Kaufrechts gehört.

3.3 Objektiv maßgebliches Recht

Haben die Parteien keine Rechtswahl getroffen bzw. erweist sie sich als unwirksam, unterliegt der Vertrag nach den Anknüpfungsregeln des IPR dem Recht des Staates, zu dem er die engste Verbindung aufweist (Art. 28 I EGBGB / Art. 4 I Rom-Übereinkommen). Dies ist in der Regel der Staat, in dem der Vertragspartner, der die charakteristische Leistung erbringt (z.B. Verkäufer oder Werkunternehmer), zum Zeitpunkt des Vertragsabschlusses seine für die Leistungserbringung verantwortliche Niederlassung hat (Art. 28 II EGBGB / Art. 4 II Rom-Übereinkommen).

Art. 4 I der Rom I-VO enthält anders als das Rom-Übereinkommen konkrete Anknüpfungsregeln für zahlreiche Vertragstypen. Somit dient er der Klarheit und Rechtssicherheit und dürfte daher eine Hilfe für die Praxis sein. Dies ändert jedoch nicht die Maßgeblichkeit des Prinzips der charakteristischen Leistung, sondern gestaltet lediglich einen Katalog von Anwendungsbeispielen.[259] Soweit

259 *Mansel/Thorn/Wagner* IPRax 2009, 1, 6; *Wagner* IPRax 2008, 377, 381-382; *Pfeiffer* EuZW 2008, 622, 625; *Mankowski* IHR 2008, 133, 136-137; *Clausnitzer/Woopen* BB 2008, 1798, 1799-1800; *Bogdan* SJT 2010, 33, 53-54; *Hafrén* JFT 2008, 75, 86; in die-

sich die charakteristische Leistung nicht bestimmen lässt, unterliegt der Vertrag dem Recht des Staates, zu dem er die engste Verbindung aufweist (Art 4 IV Rom I-VO).

3.4 Anwendung auf den unternehmerischen Geschäftsverkehr zwischen Deutschland und Finnland

Das Zustandekommen und die Wirksamkeit des Vertrags beurteilt sich gemäß Art. 31 I EGBGB / Art. 8 I Rom-Übereinkommen / Art. 10 I Rom I-VO grundsätzlich nach dem Vertragsstatut, also nach dem Recht, das anzuwenden wäre, wenn der Vertrag wirksam wäre. Das Vertragsstatut ist maßgeblich auch für die Einbeziehung von AGB. Aus der Darstellung in den vorigen und in diesem Kapitel ergibt sich, dass hinsichtlich des Vertragsstatuts für Verträge zwischen einem deutschen und einem finnischem Unternehmen sechs verschiedene Fälle gebildet werden können.

1) Das internationale Privatrecht führt zur Anwendung des deutschen Rechts, da die Vertragsparteien entweder das deutsche Recht gewählt haben oder der Vertrag mangels Rechtswahl die engste Verbindung mit dem deutschen Recht aufweist, der Vertrag liegt im Anwendungsbereich des UN-Kaufrechts und die Parteien haben das UN-Kaufrecht nicht ausgeschlossen. In diesem Fall wird die Einbeziehung von AGB nach dem UN-Kaufrecht beurteilt.
2) Das internationale Privatrecht führt zur Anwendung des deutschen Rechts und entweder liegt der Vertrag nicht im Anwendungsbereich des UN-Kaufrechts oder die Parteien haben das UN-Kaufrecht ausgeschlossen. In diesem Fall ist das unvereinheitlichte deutsche Recht (das BGB und das HGB) maßgeblich für die Einbeziehung von AGB.
3) Das internationale Privatrecht führt zur Anwendung des finnischen Rechts. Dann regelt das finnische unvereinheitlichte Recht die Einbeziehung von AGB. Die Anwendung des UN-Kaufrechts kommt nicht in Frage, da Finnland einen Vorbehalt gemäß Art. 92 I CISG erklärt hat und somit hinsichtlich des für die Einbeziehung von AGB maßgeblichen Teils II des UN-Kaufrechts als ein Nicht-Vertragsstaat gilt. Nach dem Inkrafttreten der Zurücknahme des Vorbehalts wird das für die Einbeziehung von AGB maßgebliche Recht ähn-

---

sem Sinne auch *Martiny* ZEuP 2010, 747, 757; *Güllemann*, S. 30; vgl. jedoch auch *Hau/Eichel* AL 2010, 84, 87, die davon auszugehen scheinen, dass das Prinzip der charakteristischen Leistung zukünftig nur noch subsidiär maßgeblich ist.

lich bestimmt wie bei der Anwendung des deutschen Rechts (hier Fälle 1) und 2)).

4) Das internationale Privatrecht führt zur Anwendung des Rechts eines dritten Staates, der das UN-Kaufrecht ratifiziert und keinen Vorbehalt gemäß Art. 95 CISG erklärt hat, der Vertrag liegt im Anwendungsbereich des UN-Kaufrechts und die Parteien haben das UN-Kaufrecht nicht ausgeschlossen. In diesem Fall beurteilt sich die Einbeziehung von AGB nach dem UN-Kaufrecht.

5) Die Parteien haben durch eine Opt-in-Vereinbarung die Geltung des UN-Kaufrechts für den Vertrag vereinbart, obwohl der Vertrag an sich nicht im räumlichen, sachlichen oder zeitlichen Anwendungsbereich des UN-Kaufrechts liegt. In diesem Fall regelt das UN-Kaufrecht die Einbeziehung von AGB. Hierbei ist zu berücksichtigen, dass lediglich eine materiell-rechtliche Wahl des UN-Kaufrechts möglich ist. Somit werden die Vorschriften des UN-Kaufrechts wie AGB in den Vertrag inkorporiert und die zwingenden Normen des maßgeblichen nationalen Rechts bleiben uneingeschränkt anwendbar.

6) Das internationale Privatrecht führt zur Anwendung des Rechts eines anderen Staates, der entweder das UN-Kaufrecht nicht ratifiziert hat oder der Vertrag liegt nicht im Anwendungsbereich des UN-Kaufrechts oder die Parteien haben das UN-Kaufrecht ausgeschlossen. Dann ist das Recht dieses Staates maßgeblich für die Einbeziehung von AGB.

Tab. 1.1 Das für die Einbeziehung der AGB maßgebliche Recht

Anwendbares Recht nach dem IPR (Vertragsstatut)	Anwendbarkeit des UN-Kaufrechts		Maßgebliches Recht für die Einbeziehung der AGB
	JA	NEIN	
deutsches Recht	X		UN-Kaufrecht
deutsches Recht		X	deutsches Recht
finnisches Recht		X	finnisches Recht
ein anderes Recht	X		UN-Kaufrecht
finnisches Recht oder Recht eines anderen Nicht-Vertragsstaates in Verbindung mit materiell-rechtlicher Wahl des UN-	(X)		UN-Kaufrecht

Kaufrechts			
ein anderes Recht		X	Recht, des jeweiligen Landes

In der Praxis ist den Teilnehmern des internationalen Geschäftsverkehrs anzuraten, dass sie das anwendbare Recht durch eine Rechtswahlvereinbarung festlegen, wenn dies nach der lex fori, wie nach den meisten Rechtsordnungen, zulässig ist. Hierdurch gewinnen die Vertragsparteien Sicherheit darüber, welches Recht anwendbar ist und können das Recht wählen, das ihre Interessen möglichst gut widerspiegelt. Bei der Wahl des Vertragsstatuts sollten die Vertragsparteien unter anderem die AGB-rechtlichen Unterschiede der in Frage kommenden Rechtssysteme berücksichtigen.

Soweit die Vertragsparteien keine Rechtswahlvereinbarung getroffen haben oder die Rechtswahl sich als unwirksam erweist, wird das anwendbare Recht durch objektive Anknüpfung ermittelt. Dann gilt innerhalb der Europäischen Union das Recht, zu dem der Vertrag die engste Verbindung aufweist. Wenn das Forum außerhalb der Europäischen Union liegt, können die Regeln der objektiven Anknüpfung unterschiedlich sein. Obwohl das Forum beim unternehmerischen Geschäftsverkehr zwischen Deutschland und Finnland sicherlich in den meisten Fällen innerhalb der Europäischen Union liegt, bildet dies einen weiteren Punkt, weswegen den Parteien zu empfehlen ist, das anwendbare Recht durch eine Rechtswahl festzulegen.

Dagegen kann meines Erachtens kein eindeutiger Rat gegeben werden, ob die Vertragsparteien das UN-Kaufrecht ausschließen oder gegebenenfalls durch eine Opt-in-Vereinbarung zuwählen sollten. Einerseits bietet das UN-Kaufrecht ein neutrales und international anerkanntes Regelungswerk mit vielen leicht zugänglichen Informationsquellen. Andererseits hat das Fehlen einer gemeinsamen obersten Auslegungsinstanz zu unterschiedlicher Auslegung bzw. Anwendung der Vorschriften geführt. Zudem reguliert das UN-Kaufrecht nicht alle Aspekte einer Vertragsbeziehung und muss somit immer durch ein nationales Recht ergänzt werden. Daher hängt die Entscheidung zum Ausschluss bzw. zur Zuwahl des UN-Kaufrechts immer von der jeweiligen Situation ab.

Weiterhin ist den Vertragsparteien eines internationalen Vertrags zu empfehlen, dass sie die Rechtswahlvereinbarung ausdrücklich treffen. Dies ist darauf zurückzuführen, dass ein für eine stillschweigende Rechtswahl notwendiges mit hinreichender Sicherheit anzunehmendes Einverständnis des Vertragspartners im internationalen Geschäftsverkehr oft fehlt. Vielfach wird vertreten, dass aus der Verwendung bestimmter AGB eine Rechtswahl zugunsten des Heimatrechts des AGB-Verwenders entnommen werden kann. Allerdings kann der Vertragspartner des AGB-Verwenders häufig nicht erkennen, ob und inwiefern die AGB auf einem bestimmten Recht aufbauen. Somit ist kaum anzunehmen, dass er durch die bloße Einbeziehung von AGB eine Einverständniserklärung zur Wahl des Heimatrechts des AGB-Verwenders abgegeben hat. Daher sollte sich der Verwender der AGB nicht darauf verlassen, dass eine Rechtswahl zugunsten seines Heimatrechts aus der Verwendung seiner AGB entnommen wird. Zumindest müssten weitere unterstützende Indizien, wie entsprechende Gerichtsstands- oder Schiedsgerichtsvereinbarungen, das Verhalten der Parteien im Prozess und die frühere Vertragspraxis der Parteien, vorhanden sein, um eine stillschweigende Rechtswahl annehmen zu können.

Am besten sollten die Parteien die Rechtswahl individualvertraglich vereinbaren. Soweit sich die Rechtswahlklausel in AGB befindet, wie es in der Praxis oft der Fall ist, kommt die Rechtswahl nur zustande, wenn die AGB bzw. die Rechtswahlklausel wirksam in den Vertrag einbezogen wird. Dies beurteilt sich grundsätzlich nach dem Recht, das entsprechend der vorigen Tabelle für die Einbeziehung von AGB maßgeblich ist.[260] Für die Maßgeblichkeit eines Rechts in Bezug auf die Beurteilung des Zustandekommens und der Wirksamkeit einer Rechtswahl genügt der Anschein einer einseitigen Rechtswahlerklärung, also z.B. dass der Anbietende eine Rechtswahlklausel zugunsten dieses Rechts in sein Angebot aufnimmt. Trotzdem sollte der Verwender von AGB in der Praxis dafür Sorge tragen, dass die Einbeziehungsvoraussetzungen des strengsten in Frage kommenden Rechtssystems erfüllt werden, um das Zustandekommen der Rechtswahl sicherzustellen.

Dies ergibt sich aus zwei Gründen. Einerseits kann sich der Vertragspartner des AGB-Verwenders gemäß Art. 31 II EGBGB / Art. 8 II Rom-Übereinkommen / Art. 10 II Rom I-VO auf sein Heimatrecht berufen, um einzuwenden, dass er der Einbeziehung von AGB bzw. der Rechtswahlklausel nicht zugestimmt hat, wenn es sich aus den Umständen ergibt, dass es nicht gerechtfertigt wäre, die Wirkung seines Verhaltens beim Vertragsabschluss nach dem Vertragsstatut zu bestimmen. Somit sind dann die strengeren Einbeziehungsvoraussetzungen des Heimatrechts des Vertragspartners faktisch maßgeblich für die Wirksamkeit der Einbeziehung der in den AGB enthaltenen Rechtswahl.

In der Praxis des unternehmerischen Geschäftsverkehrs zwischen Deutschland und Finnland wird diese Möglichkeit vor allem dann bedeutsam, wenn der deutsche AGB-Verwender bei Distanzgeschäften in seinem Angebot auf solche AGB hinweist, die eine Rechtswahl zugunsten des deutschen Rechts enthalten, aber weder die AGB dem Angebot beigefügt hat noch sonst den Eindruck vermittelt hat, er lege besonderen Wert auf die Geltung seines Heimatrechts und

---

260 Hinsichtlich des Sonderfalls der kollidierenden Rechtswahlklauseln siehe Abschnitt 10.7.

das finnische Recht aufgrund der objektiven Anknüpfung anwendbar gewesen wäre. In einem solchen Fall kann sich der finnische Vertragspartner gegebenenfalls darauf berufen, dass die Wirkung seines Verhaltens, wie die widerspruchslose Entgegennahme der Leistung, nach dem finnischen Recht zu beurteilen ist.

Andererseits beurteilt sich die Einbeziehung eines Ausschlusses des UN-Kaufrechts bei Verträgen, die vor dem Inkrafttreten der Rom I-Verordnung abgeschlossen worden sind, analog nach Artt. 14 ff. CISG. Außerdem ist nicht sicher, ob die Rechtsprechung nach dem Inkrafttreten der Rom I-Verordnung der in dieser Arbeit vorgeschlagenen Lösung folgt[261], nach der das Recht, das anzuwenden wäre, wenn der Ausschluss des UN-Kaufrechts wirksam wäre, für die Einbeziehung der Ausschlussvereinbarung maßgeblich ist. Solange diese Ansicht in der Rechtsprechung nicht bestätigt worden ist, muss der Verwender die Möglichkeit beachten, dass die Einbeziehung der Ausschlussvereinbarung auch zukünftig nach dem UN-Kaufrecht beurteilt wird. Somit muss der AGB-Verwender die in Abschnitt 6.2.3 erläuterten Einbeziehungsanforderungen des UN-Kaufrechts einhalten.

Hinsichtlich des unternehmerischen Geschäftsverkehrs zwischen Deutschland und Finnland bedeutet das Befolgen der strengsten Einbeziehungsvoraussetzungen, dass der Verwender seinem Vertragspartner Kenntnis über den Inhalt der AGB verschaffen muss, wenn er sicher über das wirksame Zustandekommen der in den AGB enthaltenen Rechtswahl sein will, da das finnische und das UN-Kaufrecht dies voraussetzen, wie später in Abschnitt 6.2.2 und 6.2.3 genauer erläutert wird. Außerdem ist es wegen des Charakters der Rechtswahl als Weichenstellung für das gesamte Vertragswerk empfehlenswert, sie drucktechnisch hervorzuheben[262]. Aus den oben genannten Gründen gilt dieser Ratschlag auch dann, wenn das deutsche Recht, das keine Kenntnisverschaffung seitens des AGB-Verwenders verlangt, nach der Rechtswahlklausel für den Vertrag anwendbar ist. Deshalb ist es aus der Sicht des AGB-Verwenders oft empfehlenswert, Rechtssicherheit und Rechtsklarheit dadurch zu schaffen, dass die Rechtswahl individualvertraglich vereinbart wird.

---

261 Vgl. *Mansel/Thorn/Wagner* IPRax 2012, 1, 27, nach denen bis zum Ende des Jahres 2011 noch keine Vorabentscheidungsverfahren zur Rom I-Verordnung eingeleitet waren.

262 Vgl. *Hau/Eichel* AL 2010, 84, 86.

4. Grundlagen des AGB-Rechts in den gewählten Rechtssystemen und deren Vergleich unter systematischen Aspekten

Sowohl Deutschland als auch Finnland sind demokratische Rechtsstaaten, die auf sozialstaatliche Prinzipien aufbauen und in Form einer Republik existieren.[263] Beide Länder haben freiheitliche, an marktwirtschaftlichen Grundsätzen orientierte Rechtssysteme[264] und – obwohl der nordische Rechtskreis heutzutage als eigener Rechtskreis betrachtet wird[265] – die Ursprünge des finnischen (skandinavischen) Rechts beruhen auf germanischen Rechtstraditionen[266]. Als Folge des Liberalismus des 19. Jahrhunderts, der die Autonomie des Einzelnen betont hat, bildet die Privatautonomie[267] den Kern des deutschen und des finnischen Privatrechts.[268] Der Vertrag hat sich als zentrales Mittel für die Gestaltung von rechtlich relevanten privaten Angelegenheiten und somit für die Verwirklichung der Privatautonomie etabliert.[269] Somit ist die Vertragsfreiheit ein zentraler Bau-

---

263 Art. 20 und 28 GG; §§ 1, 2 und 19 Suomen Perustuslaki (Grundgesetz von Finnland, PL).

264 Vgl. *Lorenz*, S. 22; *Dauner-Lieb* NJW 2004, 1431, 1433; *Wilhelmsson*, in: Oikeusjärjestelmä I, S. 106-107; *Pöyhönen*, in: Finnish Law, S. 79; *Tolonen*, in: Varallisuusoikeuden, S. 23; *Bogdan,* Komparativ rättskunskap, 66-67.

265 *Husa*, Edilex 2011, S. 5; *Güllemann*, S. 5; *Graf von Bernstorff*, Vertragsgestaltung, S. 5; *Zweigert/Kötz*, S. 270 ff.

266 *Sacco*, S. 240; *Ring/Olsen-Ring*, S. 3; *Björne* Oikeus 2011, 476, 477-478; *Kartio*, in: Varallisuusoikeuden, S. 35-36 und 40; *Wilhelmsson*, in: Oikeusjärjestelmä I, S. 129; *Klami*, in: Oikeusjärjestelmä I, S. 12; *Husa*, Edilex 2011, S. 5.

267 Die Privatautonomie bedeutet „die Selbstgestaltung der Rechtsverhältnisse durch den einzelnen nach seinem Willen“ (BVerfG 72, 155, 170; *Fastrich*, S. 29 und 36; *Flume*, S. 1). Die Definition der „yksityisautonomia“ im finnischen Recht ist grundsätzlich ähnlich (vgl. z.B. *Wilhelmsson*, S. 2; *Lehmuskenttä*, in: Maksupalvelusopimuksista, S. 25).

268 Die Privatautonomie ist durch die Garantie der allgemeinen Handlungsfreiheit sowohl im deutschen (Art. 2 I GG) als auch im finnischen (§§ 7 und 18 PL) Grundgesetz verankert. Siehe auch *Flume*, S. 1; *Kötz*, S. 6-7; *Rüthers/Stadler*, S. 26-27; *Schön*, in: FS Canaris, S. 1191; *Axer*, S. 6 und 17; *Laurila*, S. 1 und 7-8; *Tolonen*, in: Varallisuusoikeuden, S. 74; *Toiviainen*, S. 83-84; *Kartio*, in: Varallisuusoikeuden, S. 38; *Wilhelmsson*, in: Oikeusjärjestelmä I, S. 106.

269 BVerfG NJW 2001, 957, 958; BVerfG NJW 2007, 286, 287; *Stürner*, S. 5;-6 *Leuschner* JZ 2010, 875, 880; *Kirchhof*, in: FS Ulmer, S. 1211; *Axer*, S. 17; *Kötz*, S. 5-7; *Flume*, S. 7 und 601-602; *Schroeder*, S. 9; *Norros* LM 2008, 183, 183; *Hemmo*, Sopimusoikeus I, S. 4; *Kaisto,* Sopimusvapaus, 60-61; *Linna*, S. 49; *Erma*, S. 9.

stein eines freiheitlichen, an marktwirtschaftlichen Grundsätzen orientierten Rechtssystems.[270]

Weiterhin ist die Bindung der Vertragsparteien an die von ihnen gemeinsam getroffene Regelung entsprechend dem Prinzip „Pacta sunt servanda“ eine unabdingbare Grundlage dafür, dass sich die Parteien auf den Vertrag verlassen und darauf als Basis ihres Handelns vertrauen können.[271] Insofern ist das Prinzip „Pacta sunt servanda“ als Voraussetzung des rechtlichen Verkehrs auch Voraussetzung und Grundlage sowohl der deutschen als auch der finnischen sowie jeder anderen Rechtsordnung, die auf Privatautonomie aufbaut.[272]

Gleichzeitig enthalten beide Rechtssysteme eine Korrektive vor einem Missbrauch der Freiheit, da die privatautonome Gestaltung lediglich in dem von der Rechtsordnung zur Verfügung gestellten Rahmen erfolgen kann und solche Regelungsgegenstände der Privatautonomie entzogen sind, die „als Resultat fairer Aushandlungsprozess unter Freien und Gleichen nicht denkbar sind“.[273] Das AGB-Recht hat diesbezüglich einen besonderen Stellenwert, da kein anderes Rechtsgebiet die Vertragsfreiheit so stark und umfassend beeinflusst hat wie das AGB-Recht, das die Grenzen der Vertragsfreiheit in großen Teilen neu bestimmt hat.[274]

---

270 *Dauner-Lieb* NJW 2004, 1431, 1433; *Leuschner* JZ 2010, 875, 881; *Zöllner* NZA-Beil. 2006, 99, 99; *Dauner-Lieb* AnwBl 2006, 430, 434; *Tolonen*, in: Varallisuusoikeuden, S. 27-28; *Kartio*, in: Varallisuusoikeuden, S. 39; *Toiviainen*, S. 89; *Mäkilaurila*, S. 16.

271 BVerfG NJW 2001, 957, 958; *Lorenz*, S. 37-38; *Stürner*, S. 5-6; *Kötz*, S. 8-9; Vaasan HO 3.11.1997, T:1616; *Linna*, S. 18; *Wilhelmsson*, S. 2; *Ramberg/Ramberg*, S. 29-30; *Tolonen*, in: Varallisuusoikeuden, S. 70.

272 *Lorenz*, S. 1, 29 und 37-38; *Hübner*, in: FS Börner, S. 720; *Toiviainen*, S. 147; *Laurila*, S. 7-8; *Pöyhönen*, in: Finnish Law, S. 79; *Kurkela*, S. 22.

273 *Wagner* ZEuP 2007, 180, 200; BVerfG NJW 2011, 1339, 1340; 2001, 957, 958; 1990, 1469, 1470; *Kirchhof*, in: FS Ulmer, S. 1212 und 1214; *Stürner*, S. 9; *Rüthers/Stadler*, S. 29; *Schön*, in: FS Canaris, S. 1203; *Kötz* JuS 2003, 209, 210; *Graf von Westphalen* NJW 2009, 3560, 3561; *Lorenz*, S. 1 und 16-17; *Wellenhofer-Klein* ZIP 1997, 774, 781; *Flume*, S. 7-8 und 10; *Mäkelä*, S. 106; *Wilhelmsson*, S. 2-3; *Kaisto*, in: Business law forum, S. 64-65; *Pöyhönen*, in: Finnish Law, S. 79; *Toiviainen*, S. 100; *Hemmo*, Sopimusoikeus II, S. 47; *Mäkilaurila*, S. 16; *Lindmark*, in: Avtalslagen, S. 293; *Tolonen*, in: Varallisuusoikeuden, S. 77; *Linna*, S. 19.

274 *Wolf*, in: 50 Jahre BGH, S. 111; *Canaris* AcP 200 (2000), 273, 320-321; *Schmitt/Ulmer*, S. VI Vorwort; *Laurila*, S. 1, 9 und 30; in diesem Sinne wohl auch *Lieb* DNotZ 1989, 274, 284; vgl. auch *Braun* BB 1979, 689, 689; Staudinger Eckpfeiler/*Busche* 2011, F. Rn 9; *Schmidt*, Handelsrecht, S. 31, der auf die Notwendigkeit von AGB-rechtlichen Kontrollmechanismen hinweist, weil die „innere Richtigkeit“, die dem privatautonom ausgehandelten Vertrag innewohnen soll, wegen der einseitigen Inanspruchnahme der Vertragsgestaltungsfreiheit fehlt, und somit die Privatautonomie in Frage stellt und *Schmidt* NJW 2011, 3329, 3330, nach dem der Schutz durch AGB-

Jedoch bedarf jeder Eingriff in die Vertragsfreiheit und in das Prinzip „Pacta sunt servanda“ (z.B. durch nicht privatautonom vereinbarte Möglichkeit, sich von dem vertraglichen Vereinbarten einseitig zu lösen,) einer Legitimation, da der übereinstimmende Wille der Vertragsparteien grundsätzlich einen sachgerechten Interessenausgleich reflektiert, den der Staat zu respektieren hat.[275] Des Weiteren müssen solche Einschränkungen der Vertragsfreiheit und des Prinzips „Pacta sunt servanda“ aus Gründen des Vertrauensschutzes und der Rechtssicherheit eng beschränkt sein und auch diesbezügliche gesetzliche Regelungen müssen sich rechtfertigen lassen. Ansonsten würde „der mit der Selbstbestimmung untrennbar verbundene Gedanke der Selbstverantwortung aus dem Privatrecht verbannt“.[276] Letztlich würde dies unüberlegtes Handeln fördern und zur Beeinträchtigung der Funktionsfähigkeit der Privatautonomie führen.[277]

Zudem gehören sowohl das deutsche als auch das finnische Recht zu den kontinentalen Rechtssystemen, die primär auf Gesetzestexten und ihrer Interpre-

---

rechtliche Vorschriften die Vertragsfreiheit nicht beseitigt sondern sichert; vgl. weiterhin auch *Kessel/Stomps* BB 2009, 2666, 2668; *Jahn* FAZ Nr. 236 von 11.10.2006, S. 25; *Lehmuskenttä*, in: Maksupalvelusopimuksista, S. 27; *Wilhelmsson*, S. 8-9.

275 BVerfG NJW 2007, 286, 287; BVerfG NJW 2001, 957, 958; *Leuschner* JZ 2010, 875, 880-881; *Dauner-Lieb* AnwBl 2006, 430, 434; *Miethaner*, S. 17-18; *Meyer* ZHR 174 (2010), 108, 111 und 113; *Grünberger* Jura 2009, 249, 249; *Eidenmüller* JZ 2005, 216, 222; *Horn*, in: Gutachten, S. 565; *Axer*, S. 6; *Lorenz*, S. 41; *Lieb* DNotZ 1989, 274, 284; *Ahtonen*, S. 87-88; *Saarnilehto*, in: Maksupalvelusopimuksista, S. 79-80; *Laurila*, S. 7-9; ausführlich über die Legitimation der AGB-rechtlichen Inhaltskontrolle *Fastrich*, S. 29-78; vgl. auch *Hemmo*, Sopimusoikeus I, S. 49; *Linna*, S. 19 und *Zöllner* NZA-Beil. 2006, 99, 101.

276 *Lorenz*, S. 34 und 41-42; vgl. auch *Dauner-Lieb/Axer* ZIP 2010, 309, 314, nach denen hohe Anforderungen an die Rechtfertigung zu stellen sind; *Stürner*, S. 446, wonach die Durchbrechung des Grundsatzes der Vertragsbindung erst ab der Schwelle der Missbräuchlichkeit zulässig ist; *Schön*, in: FS Canaris, S. 1202 und 1204-1205, dem zufolge immer das milderste effektive Mittel zu wählen ist; *Köhler*, BGB Allgemeiner Teil, S. 34, nach dem jede Bevormundung nach Möglichkeit unterbleiben soll; *Koch* BB 2010, 1810, 1815; *Miethaner*, S. 19, 21-22, 166 und 269; *Hübner*, in: FS Börner, S. 720-721; *Leuschner* AcP 207 (2007), 491, 526-527; vgl. aber auch *Medicus* AcP 192 (1992), 35, 62, demgemäß man sich einem Übermaß an gesetzgeberischen Eingriffen annähert, obwohl solche Eingriffe lediglich ausnahmsweise zur Anwendung kommen sollten; *Dauner-Lieb/Axer* ZIP 2010, 309, 309, denen gemäß die Rechtsprechung dazu neigt, die gegen die Vertragsfreiheit gerichteten Stellschrauben immer weiter anzuziehen und *Pöyhönen*, in: Finnish Law, S. 80, nach dem solche Einschränkungen jedoch nicht mehr als so besondere, restriktiv auszulegende Ausnahmen anzusehen sind wie früher.

277 *Lorenz*, S. 41-42; in diesem Sinne wohl auch *Fastrich*, S. 228.

tation aufbauen.[278] Trotz dieser gemeinsamen Basis bestehen zwischen dem deutschen und dem finnischen Recht einige bedeutsame Unterschiede, die in diesem Kapitel erläutert werden. Des Weiteren werden auch der Hintergrund und die zentralen Bausteine des UN-Kaufrechts, das in dieser Arbeit als drittes Rechtssystem untersucht wird, erläutert.

4.1 Grundlagen des deutschen AGB-Rechts

Das Gesetz zur Regelung des Rechts der Allgemeinen Geschäftsbedingungen (AGB-Gesetz) trat in Deutschland am 1.4.1977 in Kraft. Bis zum Erlass des Gesetzes war die Einbeziehung von Unternehmen in den Schutzbereich des AGB-Rechts umstritten.[279] Am Ende wurden Unternehmen aufgrund der „rechtspolitischen Fragwürdigkeit des Kaufmannbegriffs" und der „Schutzbedürftigkeit der Masse der Vollkaufleute" vom Gesetz erfasst.[280]

Durch das Gesetz zur Modernisierung des Schuldrechts wurden die materiell-rechtlichen Vorschriften des AGB-Gesetzes als §§ 305-310 in das BGB integriert. Somit sind diese BGB-Vorschriften jetzt für die AGB maßgeblich. Inhaltlich wurden die Vorschriften des AGB-Rechts durch die Neuordnung nur gering geändert.[281] Insbesondere die für diese Untersuchung bedeutsamen Vor-

---

278 *Zweigert/Kötz*, S. 68-69 und 271; *Sacco*, S. 241; *Toiviainen*, S. 56; *Aarnio,* in: Finnish Law, S. 12; *Bogdan,* Komparativ rättskunskap, S. 81-83; *Letto-Vanamo*, in: Muuttuva oikeus, S. 58; vgl. aber auch *Ring/Olsen-Ring*, S. 3, die (allerdings lediglich) als Begründung dafür, dass das skandinavische Recht einen eigenständigen Rechtskreis darstellt, behaupten, dass das Recht der skandinavischen Staaten dem kontinentaleuropäischen Zivilrechtssystem nicht zugehörig ist. Jedoch stellen sie fest, dass das skandinavische Recht sowie das deutsche Recht primär auf Gesetzgebung basiert (*Ring/Olsen-Ring*, S. 8).

279 *Berger* ZIP 2006, 2149, 2151; Ulmer/Brandner/Hensen/*Fuchs* 2011, § 307 Rn 371; *Wolf*, in: 50 Jahre BGH, S. 119; *Lieb* AcP 178 (1978), 196, 196-197; zur damaligen Diskussion vgl. z.B. *Ulmer*, in: Verhandlungen des 50. Deutschen Juristentages, S. H8 ff, H21 ff; *Bastian/Böhm* BB 1974, 110 ff; *Lindacher* BB 1972, 296 ff; *Schmidt-Salzer* NJW 1971, 1010, 1014.

280 *Berger* ZIP 2006, 2149, 2151; vgl. auch *Ulmer*, in: Verhandlungen des 50. Deutschen Juristentages, S. H8, H24-H25; vgl. auch weiterhin *Niebling* MDR 2011, 1399, 1399 und 1406-1407, nach dem das Ziel des AGB-Rechts, den Rechtsverkehr von unwirksamen Klauseln freizuhalten, nicht erlaubt, den unternehmerischen Geschäftsverkehr auszublenden.

281 BT-Drs. 14/6040, S. 150; *Kappus* NZM 2010, 529, 530; NomosKomm Bd. 2/*Kollmann* 2012, vor §§ 305 ff. Rn 2; Palandt/*Grüneberg* 2012, Überbl v. § 305 Rn 1; *Ring/Klingelhöfer*, S. 21.

schriften wurden nicht geändert.[282] Deswegen können auch die Kommentare zum AGB-Gesetz aus der Zeit vor der Schuldrechtsmodernisierung herangezogen werden.

Gemäß § 310 I BGB finden jedoch § 305 II und III BGB, die die Einbeziehung von AGB regeln, auf AGB, die gegenüber Unternehmern[283] verwendet werden, keine Anwendung. Dies trägt dem Gedanken Rechnung, dass Unternehmer mehr Geschäftserfahrung als Verbraucher und eine erhöhte Selbstverantwortung für ihre geschäftlichen Angelegenheiten haben.[284] Weiterhin sind sie normalerweise besser in der Lage, die nachteiligen Wirkungen von AGB-Klauseln abzuschätzen und sich bei Bedarf gegen diese abzusichern oder die

282 Vgl. Anhang 2: Paragrafensynopse §§ 305 ff. BGB/AGBG. Genauer *Stoffels* 2003, S. 555-567.

283 Nach einer Ansicht ist nach den deutschen Vorschriften zu beurteilen, ob der ausländische Vertragspartner bei Vertragsabschluss als Unternehmer handelt (*Stadler*, S. 83, Ulmer/Brandner/Hensen/*Brandner* 2001, § 24 Rn 15; MüKo Bd. 10/*Birk* 2009, Art. 7 Rn 45). Nach einer zweiten Ansicht sollen die Maßstäbe des ausländischen Rechts mit einbezogen werden (*Schlechtriem*, in: FS Duden, S. 580). Nach einer dritten Ansicht wird die Kaufmannseigenschaft von Ausländern gemäß Art. 7 EGBGB nach dem Recht am Ort der gewerblichen Niederlassung beurteilt, also in der Regel nach dem ausländischen Recht (Palandt/*Thorn* 2012, Art. 7 EGBGB Rn 7; *Sieg* RIW 1997, 811, 815). Da diese Frage ausschließlich dann relevant wird, wenn das unvereinheitlichte deutsche Recht (BGB, HGB usw., aber nicht das UN-Kaufrecht) Anwendung findet, ist es überzeugender, das deutsche Recht auf alle mit dem Vertrag zusammenhängenden Probleme anzuwenden. Weiterhin betrifft Art. 7 EGBGB die Rechts- und Geschäftsfähigkeit einer Person. Die Unternehmereigenschaft hinsichtlich der Einbeziehung der AGB ist nicht mit der Rechts- und Geschäftsfähigkeit gleichzustellen, da es sich um eine Begriffsbestimmung auf einem anderen Niveau handelt. Außerdem umfasst der Wortlaut des Art. 7 EGBGB nicht ausdrücklich die Unternehmereigenschaft. Somit ist der Unternehmerbegriff im Anwendungsbereich des unvereinheitlichten deutschen Rechts nach § 14 BGB zu definieren. Demgemäß ist ein Unternehmer eine natürliche oder juristische Person oder eine rechtsfähige Personengesellschaft, die bei dem Abschluss des Vertrags in Ausübung ihrer gewerblichen oder selbstständigen beruflichen Tätigkeit handelt. Somit erfasst der Unternehmerbegriff auch Freiberufler, Handwerker und nicht im Handelsregister eingetragene Kleingewerbetreibende. Auch ein Scheinunternehmer, der nur vorgibt, Unternehmer zu sein, steht einem Unternehmer gleich (*Niebling* MDR 2011, 1399, 1400; Palandt/*Grüneberg* 2012, § 310 Rn 2; Herberger/Martinek et al./*Lapp/Salomon* 2010, § 310 Rn 5).

284 BGH NJW 2005, 2006, 2007; *Berger*, in: FS Westphalen, S. 15; *Lenkaitis/Löwisch* ZIP 2009, 441, 443; *Berger/Kleine* NJW 2007, 3526, 3527; Ulmer/Brandner/Hensen/*Fuchs* 2011, § 307 Rn 375; Staudinger Eckpfeiler/*Coester* 2011, E. Rn 32; *Pfeiffer*, in: Handbuch der Handelsgeschäfte, S. 315-316; *Berger* ZGS 2004, 415, 415; *Wellenhofer-Klein* ZIP 1997, 774, 775.

Nachteile anderweitig auszugleichen oder weiterzugeben.[285] Somit ist das Schutzbedürfnis eines Unternehmers als Vertragspartner des AGB-Verwenders geringer als das eines Verbrauchers, was die beschränkte Geltung des AGB-Rechts nach § 310 I BGB rechtfertigt.[286] Da es im Hinblick auf die Weite des Unternehmerbegriffs in § 14 BGB kaum AGB-Verwender gibt, die nicht Unternehmer sind, wirkt § 310 I BGB hauptsächlich beim Geschäftsverkehr zwischen Unternehmern.[287]

§ 310 I BGB bedeutet jedoch lediglich, dass die formalisierten Einbeziehungsvoraussetzungen des § 305 II BGB gegenüber einem Unternehmer nicht erfüllt werden müssen. Es bleibt aber dabei, dass auch im unternehmerischen Geschäftsverkehr die AGB grundsätzlich nur kraft rechtsgeschäftlicher Vereinbarung der Parteien Bestandteil des Vertrags werden.[288] Somit richtet sich die Einbeziehung der AGB im unternehmerischen Geschäftsverkehr nach den allgemeinen rechtsgeschäftlichen Grundsätzen. Erforderlich ist also eine Willensübereinstimmung der Vertragsparteien gemäß §§ 145 ff. BGB über die Geltung der AGB. Dies ist, soweit erforderlich, durch Auslegung gemäß §§ 133 und 157 BGB festzustellen.[289] Weiterhin sind die Vorschriften des HGB zu berücksichtigen.[290]

---

285 *Berger*, in: FS Westphalen, S. 26; *Kessel/Stomps* BB 2009, 2666, 2670; *Berger* ZIP 2006, 2149, 2151 und 2154; Wolf/Lindacher/Pfeiffer/*Wolf* 2009, § 307 Rn 188-189; *Pfeiffer*, in: Handbuch der Handelsgeschäfte, S. 316; *Paulusch* DWiR 1992, 182, 188; vgl. auch BGH NJW 2005, 2006, 2007; *Lutz*, S. 4; BT-Drs. 7/3919, S. 43.

286 BT-Drs. 14/6857, S. 17; Erman Bd. I/*Roloff* 2011, § 305 Rn 46; *Berger*, in: FS Horn, S. 5; *Pfeiffer*, in: Handbuch der Handelsgeschäfte, S. 315-316; *Lutz*, S. 3-4; vgl. aber auch *Schroeder*, S. 76-78, der behauptet, dass die geringere Schutzwürdigkeit der Kaufleute nicht der Grund für die Regelung des § 310 I BGB ist, da viele Kaufleute genauso schutzbedürftig wie Nichtkaufleute sind. Dagegen sieht er die Begründung für § 310 I BGB in dem Interesse der Unternehmen, die Geschäfte rasch und problemlos ohne Verzögerungen abzuschließen (allerdings noch zu § 24 I AGB-Gesetz).

287 *Berger* ZGS 2004, 415, 415; MüKo Bd. 2/*Basedow* 2007, § 305 Rn 89.

288 BGH NJW 1988, 1210, 1212; BGH WM 1992, 657, 659; BGHZ 117, 190, 194; *Vogt* TranspR 2010, 15, 16; PWW/*Berger* 2011, § 305 Rn 30-31; *Ring/Klingelhöfer*, S. 40; *Grünberger* Jura 2009, 249, 252; *Müller-Graff*, in: FS Pleyer, S. 405; vgl. jedoch Abschnitt 8.1, da im Einzelfall Geltung der AGB kraft Handelsbrauchs gemäß § 346 HGB in Betracht kommt.

289 BGHZ 117, 190, 194-195; BGH NJW 1985, 1838; *Berger* ZGS 2004, 415, 415-416; *Graf von Westphalen*, Einkaufsbedingungen, S. 17-18; NomosKomm Bd. 2/*Kollmann* 2012, § 305 Rn 80-81 und § 310 Rn 3; Wolf/Lindacher/Pfeiffer/*Pfeiffer* 2009, § 305 Rn 124-125.

290 *Stadler*, S. 59 und 88-89; *Hennemann*, S. 18; Wolf/Lindacher/Pfeiffer/*Pfeiffer* 2009, § 305 Rn 123; *Wieland*, in: AGB in europäischen Rechtspraxis, S. 48.

Zudem wird in Deutschland momentan intensiv und kontrovers diskutiert, ob das in § 310 I BGB enthaltene Gebot zur Differenzierung zwischen Verbrauchergeschäften und Geschäften zwischen Unternehmen in der Rechtspraxis missachtet wird. Dies ist darauf zurückzuführen, dass in der höchstrichterlichen Rechtsprechung bei beiden Geschäftsarten bei vielen Fragestellungen ähnlich strenge Anforderungen angewendet werden und die vom Gesetzgeber gewollte Differenzierung[291] hauptsächlich auf die Nichtanwendung der formalisierten Einbeziehungsvoraussetzungen des § 305 II und III BGB reduziert zu sein scheint. Im Bereich der Einbeziehung von AGB ist diese Kritik besonders stark hinsichtlich der Kriterien des Aushandelns, worauf im Abschnitt 5.2.1.1. genauer eingegangen wird. Weiterhin wird die Indizwirkung der Klauselverbote der §§ 308 und 309 BGB hinsichtlich der Inhaltskontrolle beim unternehmerischen Geschäftsverkehr heftig kritisiert.[292]

4.2 Die Besonderheiten des finnischen (AGB-)Rechts im Vergleich zum deutschen Recht

Anders als das deutsche Recht beinhaltet das finnische Recht keine besonderen Vorschriften über AGB.[293] Oikeustoimilakitoimikunta[294] schlug in seinem Memorandum im Jahr 1990 vor, dass ein Gesetz bezüglich AGB verfasst werden soll.[295] Das Memorandum hat jedoch zu keiner neuen Gesetzgebung geführt.[296]

291 Vgl. BT-Drs. 7/3919, S. 23 und S. 43; BT-Drs. 14/6857, S. 54; genauer siehe *Dauner-Lieb/Axer* ZIP 2010, 309, 311-312.

292 Zu dieser Kritik siehe genauer *Dauner-Lieb/Axer* ZIP 2010, 309, 310 ff; *Berger* NJW 2010, 465, 465; *Pfeil*, RIW-Editorial Heft 5/2009; *Steinberger*, BB-Editorial Heft 35/2009; *Koch* BB 2010, 1810, 1812 und 1814.

293 *Keto-Girgin*, S. 96; *Linna*, S. 37; *Kuuskoski,* S. 24; *Hemmo*, Sopimusoikeus I, S. 144; *Oikeustoimilakitoimikunta*, S. 320; *Hellwege*, S. 353-354.

294 Oikeustoimilakitoimikunta war eine Kommission von fünf Professoren und Rechtsanwälten, die die geltende Rechtslage zusammengefasst und bewertet hat und vor diesem Hintergrund Gesetzesänderungen entworfen hat.

295 *Oikeustoimilakitoimikunta*, S. 291 ff.

296 Zum Teil wird die Entstehung eines gesonderten AGB-Rechts als eigenes Rechtsgebiet mit eigenen Paragrafen für unnötig oder sogar für unerwünscht gehalten. Dies wird damit begründet, dass die Probleme, die sich auf die AGB beziehen, nicht von den allgemeinen rechtsgeschäftlichen Problemen getrennt werden sollen (*Wilhelmsson*, S. 47; *Sandvik* JFT 2008, 115, 116; *Saarnilehto*, in: Maksupalvelusopimuksista, S. 129; *Mäkelä*, S. 104; aA *Karhapää*, S. 4). Die Entwicklung spezieller AGB-rechtlicher Prinzipien innerhalb der allgemeinen Rechtsgeschäftslehre wird allerdings nicht abgewiesen (*Wilhelmsson*, S. 49; *Bernitz,* S. 29).

Somit wird die Einbeziehung von AGB nach den Regelungen des Oikeustoimilaki[297] (Rechtsgeschäftsgesetz, OikTL) über den Vertragsabschluss, sowie nach den in der Rechtsprechung und in der Rechtsliteratur entwickelten allgemeinen Prinzipien über die Auslegung der Willenserklärungen und über die AGB beurteilt und setzt eine rechtsgeschäftliche Vereinbarung der Parteien voraus.[298]

Dies ist im Allgemeinen nicht ungewöhnlich, da in Finnland eine Gesamtkodifikation, wie BGB oder Code Civil, fehlt. Dagegen basiert das finnische Recht auf Einzelgesetzen, die zudem nicht auf eine erschöpfende Regelung des jeweiligen Gebiets abzielen. Stattdessen sind die Vorschriften oftmals ganz bewusst generell gehalten, und daneben finden allgemeine, ungeschriebene Rechtsgrundsätze und Prinzipien Anwendung. Die Konkretisierung erfolgt durch richterliche Interpretation unter Beachtung der aktuellen gesellschaftlichen Wertevorstellungen.[299] Weiterhin sind solche Methoden der Rechtsentwicklung und Rechtsfortbildung, die Rechtsprechung und Analogie verwenden, sowohl in Finnland als auch in den anderen skandinavischen Ländern üblich und stellen somit keine „Notlösung" dar.[300]

---

297 Laki varallisuusoikeudellisista oikeustoimista (13.6.1929/228), verkürzt bei Artikelangaben als OikTL; Anhang 3: Zentrale Paragrafen des finnischen Rechtsgeschäftsgesetzes.

298 Helsingin HO 31.3.2008, T:885; Rovaniemen HO 18.11.1998, T:941; Turun HO 14.1.1992, T:21; Turun HO 29.1.1991, T:149; *Wilhelmsson*, S. 39 und 67; *Kuuskoski*, S. 24; *Linna*, S. 37; *Kosonen*, S. 22; *Bernitz* 1993, S. 20; *Halila/Hemmo* 1996, S. 41; *Oikeustoimilakitoimikunta*, S. 294; *Lehmuskenttä*, in: Maksupalvelusopimuksista, S. 35; vgl. auch *Keto-Girgin*, S. 98. Weiterhin werden die allgemeinen Prinzipien in Bezug auf die Entwicklung der rechtlichen und gesellschaftlichen Realität weiterentwickelt (*Tolonen*, in: Varallisuusoikeuden, S. 158).

299 *Ring/Olsen-Ring*, S. 8-9 und 11; *Husa*, Edilex 2011, S. 6 und 8; *Zweigert/Kötz*, S. 271 und 279; *Wilhelmsson*, in: Oikeusjärjestelmä I, S. 123; *Tolonen*, in: Varallisuusoikeuden, S. 156 und 158-159; *Pöyhönen*, Sopimusoikeuden järjestelmä, S. 53 und 73-77; *Aarnio*, in: Finnish Law, S. 12; *Timonen*, in: Finnish Law, S. 23-24; *Lindroos-Hovinheimo*, LM 2011, 278, 291-292 und 296-297; *Letto-Vanamo*, in: Muuttuva oikeus, S. 60 und 65; *Toiviainen*, S. 86; *Grönfors/Dotevall*, S. 22-23; *Wilhelmsson/Sevón/Koskelo*, S. 28; *Ramberg/Ramberg*, S. 25-26; *Bogdan*, Komparativ rättskunskap, S. 82; vgl. auch *Keto-Girgin*, S. 101, die hinsichtlich der Richtlinie über missbräuchliche Klauseln in Verbraucherverträgen feststellt, dass die Generalklauseln des finnischen Rechts weiter, allgemeiner und inhaltlich unbestimmter sind als die der Richtlinie.

300 Vgl. *Halila/Hemmo*, S. 26-27; *Toiviainen*, S. 82 und 86; *Aarnio*, Laintulkinnan teoria, S. 232-234, 243 und 246-247; *Lindroos-Hovinheimo*, LM 2011, 278, 291-292 und 296-297; *Kaisto*, Lainoppi ja oikeusteoria, S. 442; *Lehrberg*, S. 281; *Tolonen* LM 1997, 25, 51-53 und 61; *Pöyhönen*, Uusi varallisuusoikeus, S. 186-191; *Hellner/Hager/Persson* 2010, S. 27; *Koch/Magnus/Winkler von Mohrenfels*, S. 291; *Zweigert/Kötz*, S. 277.

Eine Zusammenarbeit zwischen den Ländern charakterisiert die Gesetzgebung im Rahmen des nordischen Rechtskreises. Diese Kooperation ist im Bereich des Vertragsrechts und zwischen Finnland und Schweden besonders eng.[301] Auch Oikeustoimilaki ist aufgrund einer skandinavischen Zusammenarbeit entstanden[302], und die allgemeinen Prinzipien des schwedischen (AGB-) Rechts sind im Grundsatz weitgehend ähnlich wie die finnischen[303]. Daher wird in der vorliegenden Arbeit entsprechend der skandinavischen Tradition[304] teilweise auf die schwedische Rechtsliteratur verwiesen.

4.2.1 Konkret-individuelle Betrachtungsweise des finnischen Rechts

Bezüglich des finnischen Rechts ist anzumerken, dass die allgemeinen Prinzipien flexibel unter Berücksichtigung aller Umstände des jeweiligen Falles und der tatsächlichen Positionen der Parteien angewendet werden.[305] Diese konkret-individuelle Betrachtungsweise ist sehr typisch für das finnische Recht. Dies zeigt z.B. die zentrale Norm der Inhaltskontrolle im finnischen Recht (§ 36 OikTL), auf die später genauer eingegangen wird.[306]

---

301 *Aarnio*, in: Finnish Law, S. 4; *Husa*, Edilex 2011, S. 9-10; *Letto-Vanamo*, in: Muuttuva oikeus, S. 60; *Kartio*, in: Varallisuusoikeuden, S. 40; *Wilhelmsson*, in: Oikeusjärjestelmä I, S. 128-129; *Björne* Oikeus 2011, 476, 480-481; *Ring/Olsen-Ring*, S. 7; *Koch/Magnus/Winkler von Mohrenfels*, S. 291.

302 Detaillierte Informationen über die skandinavische Zusammenarbeit bei der Gesetzgebung der Oikeustoimilaki in *Johannsen*, S. 58-63; *Zweigert/Kötz*, S. 276-277; *Sisula-Tulokas*, in: FS Majamaa, S. 424 und 434-435; *Grönfors/Dotevall*, S. 26-27.

303 Vgl. *Kuusi* Oikeustiede-Jurisprudentia XIX 1986, 351, 381, *Hemmo*, Sopimusoikeus I, S. 144 ff.

304 Genauer siehe *Hemmo*, Sopimusoikeus I, S. 43; *Hellner/Hager/Persson* 2010, S. 30, die zu Recht darauf hinweisen, dass dies nur in den Rechtsgebieten der Fall ist, die auf einer gemeinsam vorbereiteten Gesetzgebung basieren.

305 *Wilhelmsson*, S. 67 und 125; *Karhu*, in: FS Kartio, S. 103 und 105; *Heikkinen*, S. 46 und 48; *Karhu*, in: Oikeusjärjestys III, S. 44-45; *Linna*, S. 50; Tolonen, S. 52 und 133; *Lindmark*, in: Avtalslagen, S. 284-285; *Halila/Hemmo*, S. 6; *Pöyhönen*, Sopimusoikeuden järjestelmä, S. 23 und 75; *Taxell*, Avtal och rättsskydd, S. 40.

306 Vgl. z.B. auch *Pöyhönen*, Uusi varallisuusoikeus, S. 194, der der Meinung ist, dass die Fallbezogenheit an erster Stelle, noch vor den im Voraus definierten Begriffen steht, sowie dass die richterlichen Erwägungen und das richterliche Ermessen immer in bestimmtem Maße situationsbedingt vorgenommen werden sollen; *Wilhelmsson*, S. 124.

§ 36 Oikeustoimilaki (Rechtsgeschäftsgesetz)

(1) Falls eine Vertragsbedingung unangemessen ist oder deren Anwendung zu einer Unangemessenheit führen würde, kann die Bedingung entweder angepasst oder unberücksichtigt gelassen werden. *Bei der Prüfung der Unangemessenheit ist auf den gesamten Inhalt des Vertrags, die Stellung der Parteien, die Umstände bei und nach Abschluss des Vertrags und auf alle sonstigen Umstände und Angelegenheiten Rücksicht zu nehmen.*

(2) Ist die anpassungsbedürftige Bedingung von solcher Bedeutung für den Vertrag, dass es nicht angemessen wäre, den Vertrag im Übrigen mit unverändertem Inhalt gelten zu lassen, kann der Vertrag auch in anderer Hinsicht angepasst werden oder in seiner Gesamtheit unberücksichtigt gelassen werden.[307]

Die konkret-individuelle Betrachtungsweise des finnischen Rechts unterscheidet sich deutlich vom deutschen Recht, in welchem die Begrifflichkeit sowie die systematische und generell-typisierende Betrachtung[308] im Vordergrund stehen.[309] Dies spiegelt den allgemeinen Unterschied wieder, dass die für Deutschland typische umfassende „Verwissenschaftlichung" von Rechtslehre und Rechtsanwendung in Finnland nicht stattgefunden hat.[310]

Die finnische Rechtsanwendung und Rechtslehre konzentrieren sich dagegen in der Regel darauf, die praktischen Fragestellungen möglichst allgemeingültig, gerecht und brauchbar ohne „Neigung zu übertriebener Begrifflichkeit und zur Konstruktion großer, streng durchdachter theoretischer Systeme"[311] zu lösen. Das Ziel der Rechtsanwendung ist, die Anforderungen der Praxis unter

---

307 Inoffizielle Übersetzung aus dem finnischen Gesetz durch Verfasser, siehe Anhang 3, Kursivschrift auch durch Verfasser.

308 Diese wird auch als abstrakt-generelle Betrachtung bezeichnet.

309 *Sacco*, S. 228 und 232-234; *Bogdan,* Komparativ rättskunskap, 166; allerdings scheinen auch manche deutsche Praktiker eine entsprechende flexible Betrachtungsweise zu favorisieren (vgl. Vortrag von *Müller* im Rahmen des 7. AGB Symposions am 11.3.2010, siehe *Friedrich/Lennartz*, in: *Axer* u.a., Tagungsbericht S. 17 (bisher unveröffentlicht), der sich – trotz einer bekundeten grundsätzlichen Sympathie für diesen Ansatz – allerdings an einer anderen Stelle (S. 20) wegen Praktikabilitätsgründen gegen die Gesamtbetrachtung des Vertrags ausspricht).

310 *Zweigert/Kötz*, S. 279-280; *Sacco*, S. 231 und 241-242; *Husa*, Edilex 2011, S. 6 und 8; *Ring/Olsen-Ring*, S. 3 Fußnote 8; vgl. auch *Triebel*, NJW-Editorial Heft 9/2008, dem zufogle in Deutschland die Rechtsreformen von dogmatischen Überlegungen getragen werden und Deutschland deshalb vom englischen Gesetzgeber lernen soll, der sich auf die Praxis konzentriert und *Graf von Westphalen* NJW 2009, 3560 ff, nach dem Anwälte zu wenig an der wissenschaftlichen Diskussion teilnehmen.

311 *Zweigert/Kötz*, S. 280; so auch *Husa*, Edilex 2011, S. 6 und 8-9; als Beispiel der Begriffsorientierung des deutschen Rechts vgl. die in Fußnote 438 dargestellte Argumentation von *Basedow* über die Einstufung der „Verbandsnormen".

stetiger Beachtung der Gleichberechtigung und des objektiven Zwecks des Gesetzes als Grundlage der Lösungsfindung möglichst gut zu erfüllen.[312] Dabei wird die Systematik des Rechtssystems berücksichtigt, allerdings ohne dabei strikt formalistische Maßstäbe zugrundezulegen.[313]

Diese „Elastizität" hat zwar den Vorteil, eine praxisnahe und für den jeweiligen Fall gerechte Lösung zu finden und neue Vertragstypen, wie Leasing oder Franchising, bei denen die AGB oft als Grundlage dienen, flexibel zu handhaben.[314] Allerdings kann die starke Einzelfallbezogenheit manchmal dazu führen, dass gegebenenfalls die Vorhersagbarkeit der Lösungen und dadurch auch die Rechtssicherheit leiden[315], obwohl die Richter sich bei ihrer Entscheidungsfindung normalerweise stark an der bisherigen Rechtsprechung[316] orientieren, um diese Nachteile zu vermeiden.[317]

---

312 *Ring/Olsen-Ring*, S. 9 und 11; *Zweigert/Kötz*, S. 275-276 und 279-280; *Bogdan*, Komparativ rättskunskap, S. 82; *Husa*, Edilex 2011, S. 7-9; *Tolonen*, S. 152-153 und 160; vgl. auch *Keto-Girgin*, S. 1; *Pöyhönen*, in: Oikeusjärjestelmä I, S. 133; *Taxell* JFT 1984, 606, 608; vgl. weiterhin auch die Argumentation des skandinavischen Realismus, der den Formalismus ablenht und deshalb eine praktische Lösung zu suchen ist (*Aarnio*, Laki, teko ja toiminta, S. 39; *Klami*, S. 64 und 173-177; *Siltala*, Johdatus oikeusteoriaan, S. 76; *Sacco*, S. 242).

313 *Tolonen* LM 1997, 25, 53-54; *Ring/Olsen-Ring*, S. 11; *Aarnio*, Laintulkinnan teoria, S. 223; *Pöyhönen*, Uusi varallisuusoikeus, S. 193-194; *Lindroos-Hovinheimo*, LM 2011, 278, 290-291.

314 Vgl. *Kondring* RIW 2010, 184, 184, dem zufolge ein „gutes" Recht flexibel ist und den Bedürfnissen des Rechtsverkehr voll Rechnung trägt und *Lieb* DNotZ 1989, 274, 283-284, der die diesbezüglichen Schwierigkeiten beim deutschen Recht kritisiert; vgl. auch *Hellner/Hager/Persson* 2010, S. 29 und bezüglich des UN-Kaufrechts *Hilberg*, S. 184-187.

315 So auch das Fazit von *Stürner*, S. 448-449; siehe auch *Lindroos-Hovinheimo*, LM 2011, 278, 297; vgl. aber auch die in der Fußnote 317 genauer dargestellte unterschiedliche Annäherung des deutschen und des finnischen Rechts an das Postulat der Rechtsicherheit.

316 Bei der Anwendung von flexiblen Normen, wie die oben dargestellte § 36 OikTL, sind vor allem die Begründungen des Gerichts wichtig, da sie die akzeptablen Argumentationsweisen und richtungsweisende Gewichtungen erläutern. Dagegen kommt dem Ergebnis des Falles keine direkte Präjudizwirkung zu (vgl. *Hemmo*, Sopimusoikeus II, S. 45 Fußnote 7; *Husa*, Edilex 2011, S. 8 sowie *Pöyhönen*, Sopimusoikeuden järjestelmä, S. 320-321 und *Wilhelmsson*, S. 109-110, die hinzufügen, dass auch Änderungen in der gesellschaftlichen Wertevorstellungen dazu führen können, dass das, was früher angemessen war, nicht mehr angemessen ist und umgekehrt. Deshalb kann von früherer Verneinung der Anpassung nicht abgeleitet werden, dass die Anpassung in einem ähnlichen Fall nicht in Frage kommt, soweit sich die gesellschaftliche Wertevorstellungen inzwischen geändert haben; vgl. auch *Aurejärvi* Oikeus 1984, 1, 9-10, nach

dem Anpassungslösungen keine Präjudizwirkung haben können, da sie immer einzelfallbezogen sind.

317 Vgl. *Kaisto,* Lainoppi ja oikeusteoria, S. 448; *Pöyhönen*, Uusi varallisuusoikeus, S. 191; *Tolonen*, S. 25; *Timonen*, in: Finnish Law, S. 29; *Heuman*, in: Finna rätt, S. 125; *Ring/Olsen-Ring*, S. 11. Den Präjudizen kommt jedoch keine absolut bindende Wirkung, wie in common law, zu (*Siltala,* Oikeustieteen tieteenteoria, S. 266; *Tolonen*, S. 24; *Husa*, Edilex 2011, S. 6; *Timonen*, in: Finnish Law, S. 29; *Aarnio*, in: Finnish Law, S. 14; *Heuman*, in: Finna rätt, S. 125; *Ring/Olsen-Ring*, S. 11). Besonders stark sieht der Mangel an Rechtssicherheit im finnischen Recht aus dem deutschen Blickwinkel aus, obwohl die Rechtssicherheit in Finnland genauso wie in allen Rechtsstaaten ein zentrales Ziel ist (vgl. z.B. Vortrag von *Faust* im Rahmen des 7. AGB Symposions am 11.3.2010, siehe *Rabus*, in: *Axer* u.a., Tagungsbericht S. 19 (bisher unveröffentlicht), dem zufolge die Berücksichtigung der Angemessenheit des ganzen Vertrags dazu führen würde, dass sich kaum mehr Standards durch eine konsistente Rechtsprechung herausbilden und dass die Gesamtbetrachtung deshalb wenig praktikabel und auch nicht Interessengerecht ist). Dies ergibt sich daraus, dass das gleiche Ziel in Deutschland und in Finnland durch unterschiedliche Methoden angestrebt wird. In Deutschland wird meist versucht, die Rechtssicherheit durch möglichst genaue Kategorisierung anhand von diversen Kriterien zu erreichen. Somit ist das Ergebnis voraussehbar, sobald die systematische Kategorie des Falles bekannt ist. Daher sollten die Kriterien eindeutig feststellbar und genau sein. Also Klarheit, Bestimmtheit und Beständigkeit sind zentral. Das Ziel scheint oft eine hundertprozentige Sicherheit zu sein (absolute Rechtssicherheit). *Sacco* (S. 232) spricht über einem gewissen Formalismus, der im Namen der Rechtsicherheit verwandt wird und *Zöllner* (NZA-Beil. 2006, 99, 102) weist auf die (seiner Meinung nach ungewünschte) Vermeidung der Verwendung des Gerechtigkeitsbegriffs hin, die durch fehlende Konkretisierbarkeit begründet wird. In Finnland konzentriert man sich deutlich weniger auf die Kategorisierung. Stattdessen nimmt man ein bestimmtes Maß an Unsicherheit in Kauf und zielt darauf ab, dass die Entscheidungen nach gesundem Menschenverstand gerecht, logisch und nachvollziehbar sind, und daher von sich aus jedem einleuchten (vgl. *Aarnio,* Tulkinnan taito, S. 254-255 und 261; *Husa*, Edilex 2011, S. 8; vgl. aber auch *Lindroos-Hovinheimo*, LM 2011, 278, 297, nach der das Bedürfnis nach klaren, eindeutigen Definitionen in der letzten Zeit gestiegen ist). Des Weiteren wird primär Bezug auf die frühere Rechtsprechung genommen. Diese unterschiedlichen Handhabungen sind eventuell auf die unterschiedlichen Kulturen zurückzuführen. Die Bevölkerungszahlen wirken sicherlich mit, da das Bedürfnis nach festen Regeln naturgemäß steigt, wenn die Zahl der Fälle steigt (vgl. *Bogdan,* Komparativ rättskunskap, 170). Jedoch zeigen beide Methoden deutliche Schwächen. Die in Deutschland angestrebte strenge Systematik kann durch Betrachtung der Fülle von unterschiedlichen Fällen und der immer komplizierter werdenden Welt leicht so kasuistisch und kompliziert werden, dass lediglich ein Fachmann sie durchblickt (vgl. z.B. die Abgrenzung zwischen Arbeitnehmer und selbständigen Dienstleister). In einem solchen Fall kann schwerlich die Rede von Sicherheit sein (vgl. *Pöyhönen*, Uusi varallisuusoikeus, S. 187-188, wonach die Zunahme der Gesetzgebung nach Überschreiten einer bestimmten Menge sich nachteilig auf die Vor-

Weiterhin ist der finnische Stand der Dinge aus wissenschaftlicher Sicht nicht optimal, weil aus der praxisorientierten Betrachtung und dem Bedürfnis, die stabile Rechtsanwendung zu gewährleisten, zusammen mit dem kleinen

---

aussehbarkeit der Ergebnisse und auf die rechtliche Gleichstellung auswirkt und die Situation bei der Ausübung von richterlichem Ermessen im Falle einer „Normenflut" identisch ist mit der Situation des Fehlens einer Norm). Weiterhin ist es bezüglich mancher Angelegenheiten unmöglich eindeutige Kriterien zu finden, die auch die notwendige Unterscheidungskraft besitzen. Außerdem müssen die rechtlichen Regelungen unvermeidlich auf einem gewissen Abstraktionsniveau erfasst werden (*Lieb,* in: AGB im Wirtschaftsverkehr, S. 16). Falls man sich dann mit solchen Kategorien zufriedenstellt, die eindeutig definierbar sind und somit die größtmögliche Rechtssicherheit garantieren, entspricht dies oft nicht den Bedürfnissen der unternehmerischen Praxis (vgl. die Kritik von *Berger/Kleine* BB 2007, 2137, 2141 gegenüber die deutsche Rechtsprechung; vgl. auch Diskussionsbeitrag von *Dietzel* im Rahmen des 7. AGB Symposions am 11.3.2010, siehe *Rabus*, in: *Axer* u.a., Tagungsbericht S. 11 (bisher unveröffentlicht), der interessanterweise und unvereinbar mit der traditionellen deutschen Betrachtungsweise nach mehr Rechtssicherheit durch eine Abschaffung des Verbots der geltungserhaltenden Reduktion verlangt). Zudem ist auch eine möglichst genaue Kategorisierung nicht unbedingt immer perfekt, und außerdem bleiben Individualitäten notwendigerweise unbeachtet (vgl. *Taxell* JFT 1984, 606, 614). Andererseits ist das finnische Model durchaus deswegen zu kritisieren, weil es keine absolute Gerechtigkeit bzw. keinen allgemein gültigen gesunden Menschenverstand gibt (vgl. *Aarnio,* Tulkinnan taito, S. 278-280). Dagegen beeinflussen subjektive Elemente, wie frühere Erfahrungen und Kenntnisse, moralische Wertevorstellungen usw. immer unser Denken und unseren Verstand über Gerechtigkeit (vgl. *Saarnilehto*, in: Maksupalvelusopimuksista, S. 106 und 116; *Aarnio,* Tulkinnan taito, S. 280). Außerdem ist die finnische Betrachtungsweise in Grenzfällen unsicher (vgl. *Lindroos-Hovinheimo*, LM 2011, 278, 297, nach der die Auslegung und die rechtliche Beschlussfassung immer in bestimmten Maßen subjektiv sind), obwohl z.B. *Kaisto* (in: Business law forum, S. 65) und *Hemmo* (Sopimusoikeus II, S. 53) feststellen, dass sich diesbezügliche Ängste (vgl. z.B. *Kivimäki* LM 1950, 302 ff.) hinsichtlich der Anpassungsmöglichkeit gemäß § 36 OikTL größtenteils als unbegründet erwiesen haben. Trotzdem trägt dies sicherlich neben system-, kultur- und kostenbedingten Faktoren dazu bei, dass die Rechtsmittelinstanzen in Finnland einen beträchtlich größeren Anteil der Fälle behandeln als in Deutschland (Umfrage des Council of Europe zu European Judicial Systems, Frage 90. Total number of cases in the second instance (appeal) courts und Frage 91. Total number of cases in the highest instance courts, Zahl für Civil (and Commercial) litigious cases). Dies verlängert die Dauer bis zu einem rechtskräftigen Urteil und verstößt somit stark gegen die Erwartungen des Geschäftsverkehrs auf eine rasche Abwicklung des Rechtsstreits. Zusammenfassend kann meines Erachtens festgestellt werden, dass ein Zwischenmodell wünschenswert wäre. Dabei sollte eine relativ grobe Kategorisierung angestrebt, aber auch ein bestimmtes Maß an Unsicherheit akzeptiert werden, damit genügend Raum überbleibt, um die Individualitäten des jeweiligen Falles zu berücksichtigen.

Kreis der Wissenschaftler automatisch ein gewisser Gleichklang der Auffassungen folgt. Außerdem führt das starke Zusammenspiel von „Theorie und Praxis" oft notwendigerweise zu einer starken gegenseitigen Einflussnahme und somit gelegentlich zu einem Mangel an Objektivität und Neutralität in der Wissenschaft.[318]

4.2.2 Schutz des Schwächeren und Berücksichtigung des Machtgefälles im finnischen AGB-Recht

Ein weiteres besonderes Merkmal des finnischen Rechts im Vergleich zum deutschen Recht bildet der Schutz des Schwächeren[319], der für das finnische Recht prägend ist.[320] Wie das deutsche Recht, geht auch das finnische Recht davon aus, dass von Unternehmen[321] eine erhöhte Professionalität und Eigenverantwortung bezüglich der Wahrung eigener Interessen und der Informationsbeschaffung erwartet werden kann.[322] Daher können die unternehmerischen Vertragsparteien grundsätzlich als ebenbürtig angesehen werden.[323]

---

318 Vgl. *Ring/Olsen-Ring*, S. 12; *Keto-Girgin*, S. 1.

319 In der Praxis hat der Schutz des Schwächeren eine enge Verbindung mit mehreren allgemeinen Prinzipien, wie Loyalitätsprinzip, Angemessenheitsprinzip und Auskunftspflicht (vgl. *Ämmälä*, in: Varallisuusoikeuden, S. 103-104; *Mähönen*, in: Varallisuusoikeuden, S. 111; *Toiviainen*, S. 89-90; *Karhu*, in: FS Kartio, S. 104-105; *Mäkelä*, S. 225-226; Kouvolan HO 4.11.2009, T:1083; Turun HO 19.2.1991, T:233; Helsingin HO 15.12.1993, T:5356).

320 *Taxell*, Avtalrättens normer, S. 23; *Määttä*, S. 177; *Wilhelmsson*, in: Finlands civil- och handelsrätt, S. 240; *Toiviainen*, S. 84; *Lehtinen*, S. 251; *Pöyhönen*, in: Finnish Law, S. 61-62; *Ämmälä*, in: Varallisuusoikeuden, S. 97; *Halila/Hemmo*, S. 8.

321 Im finnischen Recht bedeutet Unternehmer eine natürliche oder juristische Person, die bei dem Abschluss des Vertrags hauptsächlich in Ausübung ihrer Gewerbetätigkeit handelt. Dies umfasst den Zweck, finanzielle Vorteile bei Vorhandensein eines Unternehmerrisikos zu erzielen, aber die Ausübung der Tätigkeit muss nicht langfristig aufgelegt sein. Der Begriff deckt sowohl große Konzerne als auch Einmanngesellschaften ab (z.B. § 5, 1. Abschnitt Kuluttajansuojalaki [Verbraucherschutzgesetz]; § 3 Laki kilpailunrajoituksista [Gesetz gegen Wettbewerbsbeschränkungen]; *Routamo*, S. 17; *Bernitz,* S. 25-26).

322 Helsingin HO 3.12.1998, T:3714; *Mäkelä*, S. 233-234; *Lindmark*, in: Avtalslagen, S. 283; *Bernitz,* S. 26; *Norokorpi,* S. 58; *Wilhelmsson/Sevón/Koskelo*, S. 12; *Mäkilaurila*, S. 53 und 80; *Sarelin*, S. 25; *Hemmo*, Sopimusoikeus I, S. 31; *Väinölä*, S. 1; HE 39/1993, Abschnitt 1.4 (Regierungsentwurf zum Gesetz zur Regelung der Vertragsbedingungen zwischen Unternehmern).

323 Turun HO 8.5.2009, T: 1126; *Lehtinen*, S. 238; *Mäkilaurila*, S. 52 und 80; *Sarelin*, S. 25; *Hannula/Kari*, S. 153; *Hemmo*, Sopimusoikeus I, S. 31; Saarnilehto/Hemmo/Kar-

Obwohl der Schutz des Schwächeren deshalb vornehmlich Verträge zwischen Unternehmen und Verbrauchern betrifft, findet er auch bei Rechtsbeziehungen zwischen zwei Unternehmen Anwendung, wenn das Machtgefälle zwischen den Parteien groß ist.[324] Somit betrifft der Schutz des Schwächeren in der Regel Kleinunternehmen. Allerdings werden auch von diesen z.B. Sachkenntnisse und Kompetenz auf dem eigenen Geschäftszweig verlangt. Insofern erreicht der Schutz bei Unternehmen nie das gleiche Niveau wie der Verbraucherschutz und die Normen, die dem Schutz der Verbraucher dienen, können weder direkt noch analog zum Schutz der Kleinunternehmen verwendet werden.[325]

---

tio/*Saarnilehto* 2001, S. 282; Saarnilehto/Hemmo/Kartio/*Tolonen* 2001, S. 84; *Tolonen*, in: Varallisuusoikeuden, S. 82; *Kosonen*, S. 25.

324 Vgl. z.B. § 1 I des Gesetztes zur Regelung der Vertragsbedingungen zwischen Unternehmern, danach darf man in Verträgen zwischen Unternehmern keine Bedingung, die für eine Partei unter Rücksicht auf die Schutzbedürftigkeit dieser Partei wegen ihrer schwächeren Stellung und der anderen Umstände unbillig ist, anwenden (Laki elinkeinonharjoittajien välisten sopimusehtojen sääntelystä (3.12.1993/1062)) und HE 39/1993, Abschnitt 2 (Regierungsentwurf zu diesem Gesetz); *Yrittäjänsuojatoimikunta*, S. 1-2; vgl. auch Markkinaoikeus MT 2001:14; 2010:42; Helsingin HO 3.12.1998, T: 3714; Turun HO 22.2.1991, T:248; *Ahtonen*, S. 208, 218 und 222; *Halila/Hemmo*, S. 6; *Mäkilaurila*, S. 52; *Aurejärvi* LM 1979, 725, 728 und 732; *Lindmark*, in: Avtalslagen, S. 285 und 292; *Wilhelmsson/Sevón/Koskelo*, S. 12-13; *Karhapää*, S. 21-22; *Ämmälä*, in: Varallisuusoikeuden, S. 100; Saarnilehto/Hemmo/Kartio/*Mähönen* 2001, S. 109; *Sarelin*, S. 30-31 und 41; *Wilhelmsson*, S. 200-202; Saarnilehto/Hemmo/Kartio/*Tolonen* 2001, S. 149; *Grönfors/Dotevall*, S. 270; vgl. aber auch *Karhu*, in: FS Kartio, S. 113-114, nach dem der Schutz der Kleinunternehmen auf Sicherstellung der gleichmäßigen Wettbewerbsbedingungen bedacht ist. Somit ist der Grund für die Intervention nicht die schwächere Stellung einer Partei an sich sondern die Störung des Marktgleichgewichts, die von der Ausnutzung der schwächeren Stellung folgt. In Anbetracht der konkret-individuellen Betrachtungsweise des finnischen Rechts führt diese Betrachtungsweise jedoch kaum zu einem unterschiedlichen Ergebnis wie der direkte Schutz des Schwächeren. Somit kann eine genauere Überlegung an dieser Stelle unterbleiben.

325 *Wilhelmsson/Sevón/Koskelo*, S. 12-13; *Mäkilaurila*, S. 79-80; *Hemmo*, Sopimusoikeus I, S. 32-33; *Sarelin*, S. 25 und 31-32; vgl. aber auch *Lehtinen* (S. 233-234), demgemäß die Vertragsparteien bei internationalen Verträgen als ebenbürtig anzusehen sind. Er begründet dies damit, dass ein Unternehmen die Position eines Sachkundigen einnimmt, wenn es im internationalen Feld tätig wird. An sich ist dies berechtigt, aber in der Praxis nehmen auch viele relativ kleine, aber stark spezialisierte Unternehmen im internationalen Geschäftsverkehr teil. Die fachliche Spezialisierung und daraus ergebende Nachfrage auf dem Weltmarkt garantiert jedoch nicht z.B. rechtliche Kenntnisse, die im internationalen Geschäftsverkehr oft noch wichtiger als auf nationaler Ebene sind (vgl. *Hemmo*, Sopimusoikeuden oppikirja, S. 379). Daher kann diese These von *Lehtinen* nicht als allgemeingültig akzeptiert werden (vgl. Ulmer/Brandner/Hensen/

Weiterhin wird zum Teil vertreten, dass die verstärkte Verwendung von AGB das Bedürfnis, die schwächere Partei zu schützen, erhöht hat.[326]

Im Einklang mit der konkret-individuellen Betrachtungsweise und dem Schutz des Schwächeren bildet die Berücksichtigung des Machtverteilungsverhältnisses der Parteien jedoch einen Grundstein des finnischen (AGB)-Rechts. Sie kann als das zentrale Argument eine Abweichung von den grundlegendsten Prinzipien Privatautonomie und „Pacta sunt servanda" legitimieren.[327]

Zur Feststellung eines Machtgefälles zwischen den Parteien bzw. der Machtverhältnisse werden in der Praxis eine Vielzahl von Tatsachenverhältnissen und Kriterien untersucht und herangezogen. Als solche kommen in Frage z.B. Art, Volumen und Bedeutung des Vertrages, Größe der Vertragsparteien und deren wirtschaftliche Stellung, Wettbewerbssituation und Anzahl alternativer Anbieter, vorhandene Sach- und Rechtskenntnisse, Branchenkenntnisse und -erfahrung, Wissen über allgemein angewendete Vertragsklauseln, wirtschaftlicher oder sonstiger Zwang zum Abschluss des Vertrags für die Parteien und diesbezügliche Unterschiede zwischen den Parteien, die Möglichkeit auf den Vertragsabschluss zu verzichten, mögliche Abhängigkeitsverhältnisse, terminliche Zwänge, existierende Verträge zwischen den Parteien und Breite des Kontaktnetzwerks. In Bezug auf internationale Verträge ist zudem von besonders großer Bedeutung, in welchem Kulturraum (sowohl rechtlich als auch sozial) schwerpunktmäßig gehandelt wird.[328]

Die Beurteilung, ob ein relevantes Machtgefälle existiert oder nicht, erfolgt, wie typisch für das finnische Recht, konkret-individuell anhand aller Umstände des jeweiligen Falles und der tatsächlichen Positionen sowie des gegenseitigen

---

Schmidt 2011, Anh. § 305 Rn 31), obwohl sie tendenziell zuzustimmen ist (vgl. *Berger*, in: FS Horn, S. 6).

326 *Taxell* DL 1977, 148, 151; *Portin* JFT 1974, 323, 328.

327 *Pöyhönen*, Sopimusoikeuden järjestelmä, S. 287; *Taxell* JFT 1984, 606, 609-611 und 616; vgl. auch KKO 1983 II 78; 1985 II 36; 1986 II 97; 1993:68; 2001:27; HE 247/1981 S. 3-4 und 12 (Regierungsentwurf zur Änderung des Rechtsgeschäftsgesetzes); *Hemmo*, Sopimusoikeus II, S. 57, nach denen eine Anpassung eines Vertrags zwischen zwei ungefähr gleich starken Parteien nur in absoluten Ausnahmefällen in Frage kommt; genauer siehe Exkurs unter Abschnitt 11.2 über die Allgemeine Inhaltskontrolle nach § 36 OikTL; siehe auch *Siltala,* Oikeustieteen tieteenteoria, S. 230-231; *Toiviainen*, S. 84.

328 Genauer siehe *Hemmo*, Sopimusoikeus II, S. 64-72; *Pöyhönen*, Sopimusoikeuden järjestelmä, S. 290-291; *Hemmo*, Sopimusoikeus III, S. 20-24; *Wilhelmsson*, S. 128-129; siehe auch Saarnilehto/Hemmo/Kartio/*Tolonen* 2001, S. 85-86; *Ämmälä*, in: Varallisuusoikeuden, S. 99; *Mähönen*, in: Varallisuusoikeuden, S. 112-113; *Taxell* JFT 1984, 606, 616-617; HE 247/1981 S. 14-15 (Regierungsentwurf zur Änderung des Rechtsgeschäftsgesetzes); Helsingin HO 3.12.1998 T: 3714.

Verhältnisses der Parteien.[329] Deshalb ist es nicht möglich präzise Kriterien zu definieren.[330] Stattdessen handelt es sich hierbei um eine flexible Abwägungsentscheidung[331], bei welcher die obige Aufzählung, die keineswegs abschließend ist[332], lediglich als Anhaltspunkt dient.

Im Allgemeinen wird erst eine Auswahl der abwägungsrelevanten Elemente in Bezug auf den jeweiligen Fall getroffen. Je nach Fall müssen einige der oben erwähnten Tatsachenverhältnisse schwerer gewichtet werden als andere, während gegebenenfalls bestimmten Kriterien hinsichtlich des jeweiligen Falles sogar gar keine Bedeutung zukommt.[333] Diese fallspezifische Entscheidung hängt davon ab, welche Anknüpfungspunkte und Kriterien gerade bei dem jeweiligen Fall für das konkrete Resultat des Falles (z.B. dafür, dass die Rechte und Pflichten der Parteien auf eine bestimmte Weise zwischen den Parteien aufgeteilt worden sind und nicht auf eine andere Weise oder dafür, dass eine bestimmte Klausel in den Vertrag aufgenommen worden ist) wesentlich und ausschlaggebend sind und somit besondere Bedeutung haben.[334]

Obwohl dies in der Praxis relativ selten ist, kann in bestimmten Fällen ein einziges Element alle anderen Tatsachen überwiegen, so dass diese gar nicht mehr berücksichtigt werden.[335] Dies ist z.B. dann der Fall, wenn der Rechtsschutz einer Partei ansonsten droht, komplett ausgehöhlt zu werden[336] oder wenn

---

329 Vgl. § 36 OikTL; KKO 2001:27; *Taxell* JFT 1984, 606, 611 und 616; *Hemmo*, Sopimusoikeus II, S. 64; *Wilhelmsson*, S. 109-110 und 124-125; *Saarnilehto*, S. 171; *Pöyhönen*, Sopimusoikeuden järjestelmä, S. 286; *Mähönen*, in: Varallisuusoikeuden, S. 112.

330 *Saarnilehto*, S. 169; vgl. auch *Taxell* JFT 1984, 606, 616; *Ämmälä*, in: Varallisuusoikeuden, S. 98; siehe auch *Wilhelmsson*, S. 109-110, 124-125 und 151.

331 Vgl. *Taxell* JFT 1984, 606, 611; *Saarnilehto*, S. 169; *Pöyhönen*, Sopimusoikeuden järjestelmä, S. 318 und 320; *Wilhelmsson*, S. 109-110; vgl. ferner auch *Siltala*, Oikeustieteen tieteenteoria, S. 903-904.

332 Vgl. schon § 36 OikTL, der deutlich auf „alle sonstigen Umstände und Angelegenheiten“ verweist.

333 Vgl. *Taxell* JFT 1984, 606, 611; *Pöyhönen*, Sopimusoikeuden järjestelmä, S. 320; *Huovila*, S. 33.

334 Vgl. *Huovila*, S. 33; so auch Professor Ari Saarnilehto in einem mündlichen Gespräch am 15.8.2011.

335 So auch Professor Ari Saarnilehto in einem mündlichen Gespräch am 15.8.2011; vgl. durch Umkehrschluss auch KKO 2001:27, in dem festgestellt wird, dass ein einziges Kriterium in der Regel nicht entscheidend sein kann, sondern grundsätzlich alle Umstände des Falles berücksichtigt werden müssen.

336 Vgl. KKO 2003:60, in dem der KKO die Schiedsgerichtsbarkeitsklausel anpasste. In diesem Fall hatte sich die finanzielle Lage der schwächeren Partei (ein Ein-Mann-Betrieb) während der Vertragsdauer drastisch verschlechtert. Da er mittellos war, hätte die Schiedsgerichtsbarkeitsklausel ohne Anpassung zur kompletten Aushöhlung seines

eine Partei selbst in einer solchen Art und Weise gehandelt hat, dass es gegen Treu und Glauben wäre, andere Elemente zu berücksichtigen.[337]

Nach der Auswahl der relevanten Elemente und deren Gewichtung erfolgt der eigentliche Abwägungsvorgang, also die wertende Betrachtung des Rechtsanwenders, in der Praxis das mit dem Fall befasste Gericht, darüber, ob ein Machtgefälle vorliegt oder nicht. Diese Entscheidung wird auf der Grundlage der konkretisierten Abwägungselemente getroffen, aber das Ergebnis kann genauso wenig wie das Ergebnis der Gewichtung einzelner Elemente durch mathematische Rechenoperationen oder durch sonstige exakte, eindeutige Werte oder Kriterien dargestellt werden.[338]

Wie die Auswahl der abwägungsrelevanten Elemente, deren Gewichtung und die eigentliche Abwägung genau genommen vorgenommen werden, wird im finnischen Recht kaum behandelt.[339] Dies wird auch in den Urteilsbegründungen nicht explizit erklärt.[340] Zudem können, wie *Taxell* bezüglich der Anpassung feststellt, hierfür wegen der Einzelfallbezogenheit keine festen Richtlinien aufgestellt werden.[341] Deshalb sieht jeder Abwägungsprozess in der Praxis ein wenig unterschiedlich aus.

In vielen Fällen ist auf den ersten Blick klar, ob ein Machtgefälle besteht oder nicht. Dann kann der Abwägungsprozess etwas kürzer gefasst werden. Jedoch sind nicht alle Fälle so klar, sondern erfordern eine genauere Überprüfung.

Rechtsschutzes geführt; *Ruotsi* JT 2007-08, 166, 171-172; *Wilhelmsson*, in: FS Hoppu, S. 420 und 422.

337 So auch Professor Ari Saarnilehto in einem mündlichen Gespräch am 15.8.2011; vgl. auch KKO 2001:27, in dem das Gericht eine zwischen zwei Privatpersonen für den Fall eines Verzugs vereinbarte Vertragsstrafenklausel nicht anpasste, obwohl die Summe der Vertragsstrafe wegen der Länge des Verzugs am Ende fast ein Drittel des Kaufpreises (ca. 26 000 €) erreichte und die Summe der Vertragsstrafe höher war als der Schaden, den die Käufer erlitten hatten. Dies wurde damit begründet, dass der Verzug auf einer Tatsache (die Mutter der Verkäufer weigerte sich auszuziehen und deshalb war die Übergabe nicht möglich) beruhte, der den Verkäufern beim Verkauf bekannt war (oder hätte zumindest bekannt sein müssen) und die Verkäufer als einzige Partei die Möglichkeit hatten, den Grund des Verzugs auszuräumen. Statt dies zu tun, hatten sie sich sogar geweigert, eine Sicherung zu stellen, und somit die vom Käufer verlangte Zwangsvollstreckung verhindert. Deshalb gab es keinen Grund für eine Anpassung der Vertragsstrafe und die oben erwähnten für die Anpassung sprechenden Gründe wurden außer Acht gelassen, obwohl das Gericht in dem Urteil gesondert feststellte, dass in der Regel alle Umstände des Falles zu berücksichtigen sind.

338 So auch Professor Ari Saarnilehto in einem mündlichen Gespräch am 15.8.2011; vgl. auch zum deutschen Recht *Stürner*, S. 352 und 353-354.

339 So *Tolonen*, S. 37, der diesbezüglich auf englische Literatur verweist.

340 So auch Professor Ari Saarnilehto in einem mündlichen Gespräch am 15.8.2011.

341 *Taxell* JFT 1984, 606, 616.

Hierbei erfolgt die Auswahl der abwägungsrelevanten Elemente in oben genannter Weise flexibel anhand dessen, welche Tatsachenverhältnisse für den jeweiligen Fall wesentlich und ausschlaggebend sind. Die wertende Einschätzung und Gewichtung der für den jeweiligen Einzelfall bedeutenden Kriterien erfolgt auf einer groben Skala, wie etwa „gering", „mittel" und „sehr" wichtig.[342] Wie dies in der Praxis aussehen könnte, wird im Zusammenhang des später genauer dargestellten Falles KKO 1996:27 beispielhaft aufgeführt.

Hervorzuheben ist, dass die Rollen nicht fixiert sind, sondern ein Unternehmen bezüglich eines Vertrages die schwächere und bezüglich eines anderen die stärkere Partei sein kann. Dies hängt von dem gegenseitigen Verhältnis der Parteien ab.[343] Typischerweise kann ein Mittelständler die stärkere Partei im Vergleich zu einem Ein-Mann-Betrieb und die schwächere Partei im Vergleich zu einem globalen Großkonzern sein.[344] Gleichzeitig ist es aber wichtig festzuhalten, dass die Größe eines Unternehmens keineswegs allein maßgeblich ist. Somit kann eine an sich kleinere und insofern in der Regel schwächere Partei Inhaber eines für den jeweiligen Vertrag zentralen Patents oder eines speziellen Knowhows sein und somit faktisch die stärkere Partei sein und über eine besonders gute Verhandlungsposition verfügen.[345]

Wie diese vereinfachten Beispiele zeigen, hängt die Beurteilung immer von der gesamten Situation und von dem Verhältnis der Vertragsparteien in Bezug auf den jeweiligen konkreten Vertrag ab. Deshalb ist es auch zwischen den gleichen Parteien denkbar, dass ein Machtgefälle bei einem Vertrag vorhanden ist, bei einem anderen aber nicht. Als Beispiel kann ein Fall dienen, in dem Partei A beim Kauf von bestimmten Gütern vollkommen abhängig von dem Monopolisten B ist, B aber beim Kauf von den von A hergestellten Gütern eine Auswahl zwischen A und 10 anderen Produzenten hat.

Im Rahmen des Abwägungsvorgangs entscheidet der Rechtsanwender also, wie das Stärkeverhältnis der Vertragsparteien ausfällt und ob ein Machtgefälle vorhanden ist. Ist der Rechtsanwender überzeugt, dass eine der Vertragsparteien

---

342 Vgl. *Huovila* LM 2004, 791, 792, der bezüglich der Beweiswürdigung über „sichere, offensichtliche und wahrscheinliche Tatsachen" spricht; vgl. auch zum deutschen Recht *Stürner*, S. 353, der in Bezug auf die Beurteilung der Verhältnismäßigkeit über „von der Relevanz her leicht, mittel und schwer zu bewertende Rechtsgüte und Interesse"" spricht.

343 Saarnilehto/Hemmo/Kartio/*Tolonen* 2001, S. 85-86; *Taxell* JFT 1984, 606, 616; *Mähönen*, in: Varallisuusoikeuden, S. 112; *Hemmo*, Sopimusoikeus III, S. 20-24.

344 Vgl. HE 247/1981 S. 3 (Regierungsentwurf zur Änderung des Rechtsgeschäftsgesetzes); *Wilhelmsson*, S. 129.

345 Vgl. *Kessel/Stomps* BB 2009, 2666, 2674; *Pöyhönen*, Sopimusoikeuden järjestelmä, S. 305; *Sarelin*, S. 71; *Lindmark*, in: Avtalslagen, S. 286.

stärker ist als die andere, steht gleichwohl noch nicht fest, ob das Machtgefälle rechtlich relevant ist oder nicht. Dies ist eine Frage des Abwägungsmaßstabes. Der Abwägungsmaßstab legt fest, ob ein kleineres Machtgefälle genügt, um Auswirkung hervorzurufen (z.B. um Schutzmechanismen zu rechtfertigen), oder ob ein großes Machtgefälle erforderlich ist.[346] Hierbei sind die entgegenstehenden Rechtsgüter und deren Wirkungsziele sowie eine gerechte Risikoverteilung entscheidend.[347]

Daher hat nicht jeder Unterschied in den Machtpositionen der Vertragsparteien Bedeutung, obwohl es keinen klar definierten eindeutigen Abwägungsmaßstab, der immer anzuwenden wäre, gibt.[348] Es ist eine Aufgabe des Gerichts den Abwägungsmaßstab zu konkretisieren.[349] In der Regel muss der Unterschied deutlich und für das Resultat des Falles wesentlich sein, um eine differenzierte Behandlung hervorzurufen.[350] Dies wird besonders deutlich bei der Inhaltskontrolle, wie in dem Exkurs über die allgemeine Inhaltskontrolle unter Abschnitt 11.2 genauer erläutert wird.[351] Wie dort festgestellt wird, muss das Machtgefälle erheblich sein, um die Inhaltskontrolle zu legitimieren. Die zurückhaltende Einstellung, eine Inhaltskontrolle im unternehmerischen Geschäftsverkehr vorzunehmen, ist auf die Privatautonomie und das Prinzip „Pacta sunt servanda" zurückzuführen. Deshalb liegt der Abwägungsmaßstab hier auf einem hohen Niveau.

Somit führt ein an sich relativ großer Machtunterschied zwischen den unternehmerischen Vertragsparteien nicht zum Eingreifen der Inhaltskontrolle, wenn

---

346 Vgl. die Argumentation von *Pöyhönen*, Sopimusoikeuden järjestelmä, S. 320-321 über die Anpassungsschwelle; siehe diesbezüglich auch *Wilhelmsson*, S. 125 und 151; vgl. ferner auch *Siltala*, Oikeustieteen tieteenteoria, S. 903-904.

347 So auch Professor Ari Saarnilehto in einem mündlichen Gespräch am 15.8.2011: vgl. auch *Huovila*, S. 33; *Hemmo*, Sopimusoikeus II, S. 76-77 und 82-83. Somit ähnelt das Vorgehen bei der Prüfung, ob ein relevantes Machtgefälle vorhanden ist oder nicht, stark der Struktur der Verhältnismäßigkeitskontrolle des deutschen Rechts (hierzu genauer *Stürner*, S. 347-356). Ein wesentlicher Unterschied besteht jedoch darin, dass die Gewichtung der einzelnen Abwägungselementen bei der Prüfung eines Machtgefälles nicht erst losgelöst vom konkreten Einzelfall erfolgt, sondern direkt fallbezogen gearbeitet wird (so auch Professor Ari Saarnilehto in einem mündlichen Gespräch am 15.8.2011; vgl. auch *Huovila*, S. 33).

348 Vgl. *Wilhelmsson*, S. 151, der dies hinsichtlich der Anpassung feststellt; so auch Professor Ari Saarnilehto in einem mündlichen Gespräch am 15.8.2011.

349 *Wilhelmsson*, S. 151.

350 Vgl. *Huovila*, S. 33; *Pöyhönen*, Uusi varallisuusoikeus, S. 190; *Toiviainen*, S. 148; *Taxell* JFT 1984, 606, 620.

351 Genauer siehe Kapitel „Allgemeine Inhaltskontrolle und die Rechtsfolge der AGB-rechtlichen Inhaltskontrolle im finnischen Recht" im Exkurs.

der schwächeren Partei beim Vertragsschluss genügend Möglichkeiten zur Verfügung standen, ihre Interessen zu wahren. Eine solche Möglichkeit kann auch darin bestehen, dass die schwächere Partei frei – ohne praktische Notwendigkeit oder zeitlichen bzw. sonstigen Druck[352] – entscheiden kann, ob sie den Vertrag unter den angebotenen Bedingungen schließen will. Dabei muss der Verzicht auf einen Vertragsabschluss eine realistische Alternative darstellen.[353]

Ein Beispiel aus der höchstrichterlichen Rechtsprechung veranschaulicht dies. Im Fall KKO 1996:27 passte der KKO die Schiedsgerichtsbarkeitsklausel nicht an. Der KKO begründete dies damit, dass der Franchisenehmer (die schwächere Partei) kein dringendes Bedürfnis zum Abschluss des Franchisevertrags hatte, da er den Vertrag während eines ungekündigten Arbeitsverhältnisses schloss. Somit konnte er frei überlegen, ob er den Vertrag unter den angebotenen Bedingungen, die er laut KKO nicht erheblich beeinflussen konnte, schließen will. Weiterhin hatte er eine Woche Zeit gehabt, um sich mit den Bedingungen vertraut zu machen. Zudem war eine Schiedsgerichtsbarkeitsklausel in derartigen Verträgen nicht außergewöhnlich oder überraschend und es ging nicht um eine einfache Streitfrage mit geringem Wert, was im Vergleich zu den Kosten des Schiedsverfahrens zu einer Unangemessenheit der Klausel hätte führen können. Außerdem hatte der Franchisenehmer Unterstützung durch eine Person mit juristischem Fachwissen. Daher war es nicht wesentlich, dass der Franchisenehmer kaum Einfluss auf die Vertragsbedingungen hätte nehmen können. Zudem war seine Geschäftstätigkeit als Franchisenehmer anhand der wirtschaftli-

352 Eine praktische Notwendigkeit den Vertrag zu den angebotenen Bedingungen zu schließen kann aus einer Zwangslage des Vertragspartners des AGB-Verwenders resultieren, wenn z.B. eine Reparatur dringend vorgenommen werden muss und somit keine Zeit bleibt, andere Anbieter zu suchen. Gleichwohl kann sich die praktische Notwendigkeit aus der Monopolstellung des AGB-Verwenders oder daraus, dass alle Anbieter der Branche die gleichen AGB verwenden, ergeben. Weiterhin kann sie aus der Abhängigkeit des Vertragspartners von dem AGB-Verwender resultieren (Helsingin HO 3.12.1998, T: 3714; HE 247/1981 S. 3 und 12 (Regierungsentwurf zur Änderung des Rechtsgeschäftsgesetzes); *Ämmälä*, in: Varallisuusoikeuden, S. 100; *Pöyhönen*, in: Oikeusjärjestelmä I, S. 157; *Sevón* JFT 1985, 155, 167; *Taxell* JFT 1984, 606, 617).

353 HE 247/1981 S. 14-15 (Regierungsentwurf zur Änderung des Rechtsgeschäftsgesetzes); *Hemmo*, Sopimusoikeus II, S. 69; *Lindmark*, in: Avtalslagen, S. 285-2887; vgl. weiterhin auch *Ruotsi* JT 2007-08, 166, 172, der darstellt, dass bei der Erwägung über eine Anpassung das ökonomische Risiko des Schiedsverfahrens gegenüber dem ökonomischen Risiko des Hauptvertrags abgewogen werden soll.

chen Kennzahlen nicht gering gewesen und insofern entsprach seine Stellung nicht derjenigen eines Arbeitnehmers oder eines Verbrauchers.[354]

Als Umkehrschluss dieses Falles lässt sich vermuten, dass die Entscheidung unter anderen Umständen, die das Machtgefälle noch größer gemacht hätten, hätte anders sein können. Wenn z.B. der Franchisenehmer ein arbeitsloser alleinerziehender Elternteil gewesen wäre, der dringend den Unterhalt für sich selbst und seine Kindern gebraucht hätte und er die Entscheidung umgehend hätte fassen müssen, kann meines Erachtens davon ausgegangen werden, dass der KKO die Schiedsgerichtsbarkeitsklausel angepasst hätte. Andere in Richtung Anpassung wirkende Tatsachen hätten z.B. die mangelnde juristische Unterstützung und Geringfügigkeit der Geschäftstätigkeit sein können.

An diesem Beispiel lässt sich auch der Auswahl der abwägungsrelevanten Tatsachenverhältnissen und deren Gewichtung in oben genannter Weise beispielhaft darzustellen. Als abwägungsrelevante Elemente scheint der KKO folgende Tatsachenverhältnisse betrachtet zu haben:

- es handelte sich um einen Vertrag zwischen Unternehmen und die Stellung des Franchisenehmers entsprach nicht derjenigen eines Arbeitnehmers oder eines Verbrauchers (sehr wichtig),
- der Franchisenehmer befand sich in einem ungekündigte Arbeitsverhältnis und daraus folgte eine wirtschaftliche Unabhängigkeit, so dass für ihn also kein Zwang zum Abschluss des Vertrags bestand (sehr wichtig),
- es gab keine terminliche Zwänge (mittel wichtig),
- die nach dem Vertrag ausgeführte Tätigkeit hatte ein relativ großes Volumen gehabt (mittel wichtig),
- die Frage danach, ob es die Möglichkeit einer kompletten Aushöhlung des Rechtsschutzes bestand oder nicht (wichtig, aber nicht vorhanden in diesem Fall),
- die fragliche Klausel war in derartigen Verträgen nicht außergewöhnlich (mittel wichtig)
- der Franchisenehmer hatte juristische Unterstützung (mittel wichtig).

354 Ähnlich Helsingin HO 24.4.2009, T:1047; Turun HO 2.11.2009, T:2607. Vgl. aber auch die oben erwähnte Urteil KKO 2003:60, indem der KKO die Schiedsgerichtsbarkeitsklausel anpasste. In diesem Fall hatte sich die finanzielle Lage der schwächeren Partei (ein Ein-Mann-Betrieb) während der Vertragsdauer drastisch verschlechtert. Da er mittellos war, hätte die Schiedsgerichtsbarkeitsklausel ohne Anpassung zur kompletten Aushöhlung seines Rechtsschutzes geführt. Schon in dem hier beschriebenen Urteil hat der KKO die Aushöhlung des Rechtsschutzes als einen möglichen Anpassungsgrund erwähnt. Allerdings ist der KKO in dem damaligen Fall auf dieses Argument nicht genauer eingegangen.

Dagegen scheint der KKO den folgenden Tatsachenverhältnissen keine oder zumindest nur eine geringe Bedeutung beigemessen zu haben:

- Art des Geschäfts als Franchisevertrag (keine Bedeutung),
- Größe der Vertragsparteien und deren wirtschaftliche Stellung (geringe Bedeutung),
- Branchenkenntnisse und -erfahrung (keine Bedeutung)
- Möglichkeit, die angebotenen Bedingungen zu beeinflussen (keine Bedeutung, weil der Verzicht auf den Vertragsabschluss eine realistische Alternative war)
- existierende Verträge zwischen den Parteien (keine Bedeutung)
- Wettbewerbssituation und Anzahl alternativer Anbieter (keine Bedeutung)
- Breite des Kontaktnetzwerks (keine Bedeutung)
- andere Tatsachenverhältnisse (keine Bedeutung).

Die sich gegenüberstehenden Rechtsgüter bzw. Interessen sind bei der Einbeziehung von AGB im Vergleich zu der Inhaltkontrolle unterschiedlich. Die Anforderungen an eine wirksame Einbeziehung von AGB (Hinweis, Einverständnis, Kenntnisnahmemöglichkeit[355]) zielen auf die Information des Vertragspartners. Von einem informierten Vertragspartner des AGB-Verwenders kann viel eher Eigenverantwortung vorausgesetzt werden als von einem uninformierten.[356] Somit unterstützen die aus einem Machtgefälle folgenden höheren Anforderungen an die Einbeziehung von AGB die Verwirklichung der Privatautonomie. Sie stehen aber den positiven Funktionen von AGB nicht entgegen. Gegen die höheren Anforderungen wirkt lediglich das Interesse des AGB-Verwenders seine AGB möglichst leicht in den Vertrag einzubeziehen. Es wäre jedoch keine gerechte Risikoverteilung bzw. Abwägung der gegenüberstehenden Rechtsgüter, dieses Interesse des AGB-Verwenders vor das Interesse seines Vertragspartners zu stellen, der über den Inhalt des Vertrags informiert werden muss.

Daher ist das für die differenzierende Behandlung der Fälle erforderliche Niveau von Macht- und Erfahrungsunterschieden auf der Einbeziehungsebene

355 Genauer siehe Abschnitt 6.2.

356 Vgl. *Berger*, in: FS Westphalen, S: 20; *Lieb,* in: AGB im Wirtschaftsverkehr, S. 15-16, der jedoch gleichzeitig zu Recht feststellt, dass im deutschen Recht gar nicht erwartet wird, dass sich der Vertragspartner des AGB-Verwenders beim Vertragsschluss trotz Information aktiv mit den AGB auseinandersetzt; *Mäkelä*, S. 105; *Mäkilaurila*, S. 73; vgl. auch Rovaniemen HO 11.1.2008, T:23; *Dauner-Lieb/Axer* ZIP 2010, 309, 313 und *Schön*, in: FS Canaris, S. 1193-1194, die im Lichte des Informationsmodells feststellen, dass Informationen die Rechtssubjekte in die Lage versetzen, frei verantwortete Entscheidungen zu treffen.

deutlich geringer als bei der Inhaltskontrolle. Denn bei einem Machtgefälle zwischen den Parteien ist im Bereich der Einbeziehungskontrolle von AGB der schneller eingreifende Schutz der schwächeren Partei als Unterstützung des Grundsatzes der Privatautonomie gerechtfertigt. Entsprechend wird auch einem nicht besonders großen Machtgefälle zwischen den Parteien bei der Einbeziehung von AGB bereits Rechnung getragen. Der Verwender der AGB muss seinen Einbeziehungswillen deutlicher erklären, wenn zwischen den Vertragsparteien bedeutsame Macht- und Erfahrungsunterschiede bestehen, als wenn die Vertragsparteien ungefähr gleich stark sind oder wenn der Vertragspartner des AGB-Verwenders besondere Erfahrung in Bezug auf Verträge der betreffenden Art besitzt.[357]

Ein Beispiel der unterschiedlichen Abwägungsmaßstäbe bei der Einbeziehungs- und der Inhaltskontrolle kann aus dem oben erläuterten Fall KKO 1996:27 abgeleitet werden. Wie oben erläutert, passte der KKO die Schiedsgerichtsbarkeitsklausel nicht an, obwohl das Gericht ausdrücklich feststellte, dass der Franchisegeber und der Franchisenehmer nicht ungefähr gleich starken waren. Wenn es in dem Fall statt um eine Inhaltskontrolle darum gegangen wäre, dass der Franchisegeber nicht deutlich auf seine AGB hingewiesen hätte, hätte das Gericht vermutlich das Machtgefälle zwischen den Parteien als ein Grund für die Forderung einer erhöhten Deutlichkeit der Einbeziehungserklärung gesehen.

Jedoch ist die Bedeutung unterschiedlicher Machtpositionen der Parteien bei der Einbeziehung von AGB de lege lata insofern begrenzt, als die im Abschnitt 6.2.2 genauer beschriebenen, relativ strengen Einbeziehungsanforderungen des finnischen Rechts, wie die Kenntnisverschaffungspflicht des AGB-Verwenders, nach der traditionellen Ansicht auch bei ungefähr gleich starken unternehmerischen Vertragsparteien gelten.[358] Daher kommt die Bedeutung der Machtunterschiede bei der Einbeziehung von einseitig von einer Partei erstellten AGB nach der geltenden Rechtslage überwiegend nur darin zum Ausdruck, wie deutlich die Wortwahl eines Hinweises des AGB-Verwenders sein muss, wie deutlich die Umstände, die einen konkludenten Hinweis andeuten, sein müssen, wie deutlich der Vertragspartner des AGB-Verwenders seinen Widerspruch gegenüber der Einbeziehung der AGB erklären muss usw.

---

357 KKO 1977 II 103; *Hoppu/Hoppu*, S. 64; *Oikeustoimilakitoimikunta*, S. 311; *Wilhelmsson*, S. 67 und 72; *Kuuskoski*, S. 58; *Hemmo/Hoppu*, Aktualisierung 10.5.2008, Abschnitt 7 / Vakiosopimukset / Tapauskohtainen harkinta; *Wilhelmsson*, in: Finlands civil- och handelsrätt, S. 272; *Sarelin*, S. 69; *Heikkinen*, S. 14; *Hemmo*, Sopimusoikeus I, S. 152.

358 Genauer siehe Abschnitt 6.2.2.

Des Weiteren lassen sich die im Abschnitt 5.1.1 genauer erläuterten erleichterten Einbeziehungsanforderungen der „agreed documents" aufgrund der Bedeutung des Machtgefälles erklären. Dies ist darauf zurückzuführen, dass bei „agreed documents" wegen ihres Aufstellungsvorgangs davon ausgegangen wird, dass sie die Interessen beider Parteien ausgewogen berücksichtigen. Daher kann der mögliche Machtunterschied zwischen den konkreten Vertragsparteien außer Acht bleiben.[359]

4.2.3 Vergleich zum deutschen Recht und die Legitimation der AGB-Kontrolle in Deutschland

Im deutschen Recht wird dagegen hinsichtlich Unternehmen traditionell nicht mit dem Schutz des Schwächeren argumentiert.[360] Hinsichtlich der Bestrebung

---

359 Genauer siehe Abschnitt 5.1.1.

360 Vgl. jedoch BVerfG NJW 2005, 1036, 1037, nach dem die Kontrolle von AGB den Mangel an Verhandlungsmacht kompensiert. Allerdings ist nach der Schuldrechtsreform die indirekte Bedeutung des Schutzes des Schwächeren im Bereich des AGB-Rechts auch hinsichtlich des unternehmerischen Geschäftsverkehrs deutlich gestiegen, da die Vorschriften der Verbrauchsgüterkauf-Richtlinie in §§ 437 ff. BGB implementiert und somit weitgehend für alle Kaufverträge übernommen wurden (*Dauner-Lieb*, Schuldrecht aktuell, S. 10; *Berger* ZIP 2006, 2149, 2150; PWW/*Schmidt* 2011, vor §§ 433 ff Rn 12). Durch die in § 307 II Nr. 1 BGB manifestierte Leitbildfunktion des materiellen Rechts können sich die käuferfreundlichen Regelungen auch im unternehmerischen Geschäftsverkehr durchschlagen (*Kondring* RIW 2010, 184, 186; *Berger* ZIP 2006, 2149, 2150; *Dauner-Lieb* JZ 2001, 8, 13; BT-Drs. 14/6857, S. 17; ausführlich über den Einfluss der inhaltlichen Änderungen des Schuldrechts auf die Wirksamkeit von AGB-Klauseln durch die Leitbildfunktion der gesetzlichen Vorschriften nach § 307 II Nr. 1 BGB siehe *Canaris*, in: FS Ulmer, S. 1073 ff). Auch die vom BGH angenommene Indizwirkung der Klauselverbote der §§ 308 und 309 BGB wirkt in die gleiche Richtung (BGH NJW 2007, 3774, 3774-3775; 1988, 1785, 1788; 1984, 1750, 1751; BGH NZBau 2005, 149, 150). Folglich werden Verträge zwischen Unternehmen in der Rechtsprechung weitgehend gleich behandelt wie Verträge zwischen Verbraucher und Unternehmer (*Dauner-Lieb/Axer* ZIP 2010, 309, 310-311; *Lieb*, in: AGB im Wirtschaftsverkehr, S. 24-25; *Faust*, in: AGB im Wirtschaftsverkehr, S. 53; *Kessel/Stomps* BB 2009, 2666, 2668; *Koch* BB 2010, 1810, 1813; *Salger*, AGB-Rechtsprechung; *Graf von Westphalen* NJW 2010, 2254, 2262). Richtigerweise müssten jedoch die Besonderheiten des unternehmerischen *Geschäftsverkehrs* entsprechend des § 310 I 2 Halbs. 2 BGB bei Anwendung des § 307 II BGB berücksichtigt werden (vgl. *Dauner-Lieb*, Schuldrecht aktuell, S. 17; Berger NJW 2010, 465, 469; BT-Drs. 7/3919, S. 23 und S. 43 sowie BT-Drs. 14/6857, S. 54; aA *Graf von Westphalen* NJW 2009, 3560, 3561 und NJW 2009, 2977, 2982, der feststellt, dass die Leitbildfunktion des (käuferfreundlichen) dispositiven Rechts auf demokratisch legitimierten Wertun-

nach absoluter Rechtssicherheit[361] und der generell-typisierenden Betrachtungsweise des deutschen Rechts wäre dies auch problematisch. Dies ergibt sich daraus, dass das gegenseitige Verhältnis der Vertragsparteien und die Umstände des jeweiligen Falles zentral für die Beurteilung des Machtverhältnisses sind, es sei denn das Machtgefälle wird aus klar definierbaren strukturellen Eigenschaften der Akteure, wie zwischen Verbraucher und Unternehmer und zwischen Arbeitnehmer und Arbeitgeber, abgeleitet.

Somit wird im deutschen Recht aufgrund von § 310 I BGB bei der Einbeziehung von AGB nur zwischen Verbraucher und Unternehmer differenziert.[362] Bei allen unternehmerischen Verträgen sind die Einbeziehungsanforderungen dagegen grundsätzlich dieselben[363], und das Vorhandensein oder Fehlen eines wirtschaftlichen oder intellektuellen Machtgefälles zwischen den unternehmeri-

---

gen des Gesetzgebers beruht und wegen der balancierten Berücksichtigung der beiderseitigen Interessen der Vertragsparteien zu befürworten ist). Es geht hierbei jedoch nicht um das individuelle Vertragsverhältnis und die Machtpositionen der Vertragsparteien, sondern um die allgemeine Tendenz, dass Vorschriften, die im Hinblick auf Verbraucherschutz formuliert sind, eine immer zentralere Position im Bereich des Zivilrechts erobert haben (vgl. *Dauner-Lieb*, Schuldrecht aktuell, S. 12; *Lieb*, in: AGB im Spannungsfeld, S. 110-111).

361 Genauer siehe Fußnote 317.

362 Vgl. aber auch die im Abschnitt 4.1 erläuterte Kritik demgemäß das in § 310 I BGB enthaltene Gebot zur Differenzierung zwischen Verbrauchergeschäften und Geschäften zwischen Unternehmen in der Rechtspraxis missachtet wird, da bei beiden Geschäftsarten ähnlich strenge Anforderungen angewendet werden. Diese Kritik richtet sich vor allem gegen die Kriterien des Aushandelns und die Indizwirkung der Klauselverbote der §§ 308 und 309 BGB.

363 Ulmer/Brandner/Hensen/*Ulmer/Habersack* 2011, Einl. Rn 51 und § 305 Rn 8 und 52; *Graf von Westphalen* BB 2011, 195, 196; *Grünberger* Jura 2009, 249, 256. Dies ergibt sich auch daraus, dass bezüglich der Einbeziehungsvoraussetzungen zwischen den Unternehmen in der Literatur üblicherweise keine Differenzierung zwischen den unternehmerischen Parteien vorgenommen wird. Eine Ausnahme besteht bei überraschenden Klauseln, aber auch hier ist der Durchschnittskunde der jeweiligen Verkehrskreise für die Beurteilung maßgeblich. Die konkret-individuellen Eigenschaften des Vertragspartners des AGB-Verwenders werden dabei nicht berücksichtigt (vgl. Abschnitt 11.1). Die Umstände des Einzelfalles spielen in Rahmen der Einbeziehung von AGB eine Rolle lediglich bezüglich des Einverständnisses des Vertragspartners (NomosKomm Bd. 2/*Kollmann* 2012, § 305 Rn 72; Ulmer/Brandner/Hensen/*Ulmer/Habersack* 2011, § 305 Rn 170). AA wohl jedoch Ulmer/Brandner/Hensen/*Ulmer/Habersack* 2011, § 305 Rn 170 nach denen die Wiedergabe der AGB auf der Rückseite des Angebots im Verkehr mit Kleinunternehmen wegen ihrer geringeren Geschäftserfahrung womöglich nicht als ein konkludenter Hinweis gilt, obwohl dies im unternehmerischen Geschäftsverkehr in der Regel der Fall ist.

schen Vertragsparteien bleibt grundsätzlich ohne Bedeutung[364]. Anlass für die AGB-rechtliche Kontrolle ist nach der herrschenden Ansicht des deutschen Rechts vielmehr die Ausnutzung einer einseitig in Anspruch genommenen Vertragsgestaltungsmacht.[365]

Nach dieser Ansicht ist eine AGB-Kontrolle erforderlich, weil der Verwender bei der Vorformulierung von AGB die Vertragsgestaltungsfreiheit einseitig in Anspruch nimmt und dies dazu ausnutzen kann, seine eigene Rechtsposition durch die AGB zu stärken und Risiken auf seinen Vertragspartner zu verlagern. Der Vertragspartner hat wegen der vom AGB-Verwender einseitig in Anspruch genommenen Vertragsgestaltungsfreiheit keine eigene autonome Vertragsgestaltungsfreiheit mehr, sondern seine Selbstbestimmung ist vielmehr auf die Vertragsabschlussfreiheit beschränkt. Somit ist eine AGB-Kontrolle als ausgleichende Gegenmaßnahme notwendig.[366]

Allerdings ist die Legitimation der AGB-Kontrolle in Deutschland nicht unumstritten. Bis zum Erlass des AGB-Gesetzes wurde auch in Deutschland diskutiert, ob das AGB-Recht dem Schutz des Schwächeren dienen und einen Ausgleich für die wirtschaftliche, intellektuelle oder sonstige Unterlegenheit des Vertragspartners des AGB-Verwenders schaffen soll oder ob das AGB-Recht den Missbrauch der einseitigen Gestaltungsmacht des AGB-Verwenders verhin-

364 OLG Celle BB 1976, 1287; *Probst* JR 2011, 213, 213; *Graf von Westphalen* BB 2010, 195, 201; *Leuschner* JZ 2010, 875, 878; MüKo Bd. 2/*Kieninger* 2007, § 307 Rn 75; *Niebling* MDR 2011, 1399, 1407; Ulmer/Brandner/Hensen/*Ulmer/Habersack* 2011, Einl. Rn 51 und § 305 Rn 8 und 52; *Grünberger* Jura 2009, 249, 256; *Tettinger* AcP 205 (2005), 1, 29; *Rabe* NJW 1987, 1978, 1979; vgl. auch BGHZ 106, 42, 49; BGH NJW 2010, 1131, 1131-1132; aA *Schmidt* NJW 2011, 3329, 3329-3330 nach dem sie als zusätzliche Argumentation zu berücksichtigen sind.

365 BT-Drs. 7/3919, S. 15-16; BGH NJW 1997, 2043, 2044; 2010, 1131, 1132; *Graf von Westphalen* ZIP 2010, 1110, 1111; *Becker* JZ 2010, 1098, 1103; *Grünberger* Jura 2009, 249, 249; *Tettinger* AcP 205 (2005), 1, 29-30; Wolf/Lindacher/Pfeiffer/*Pfeiffer* 2009, Einl. Rn 3; *Graf von Westphalen* BB 2011, 195, 196; *Kaufhold* ZIP 2010, 631, 632; *Acker/Bopp* BauR 2009, 1040, 1042; *Berger/Kleine* BB 2007, 2137, 2139; *Berger* ZGS 2004, 415, 415; *Hensen* ZHR 157 (1993), 359, 360; *Paulusch* DWiR 1992, 182, 183; *Lutz*, S. 7 und 200; *Schroeder*, S. 75; *Ulmer*, in: Verhandlungen des 50. Deutschen Juristentages, S. H8, H22-H23.

366 BT-Drs. 7/3919, S. 15-16; BGH NJW 1997, 2043, 2044; 2010, 1131, 1132; OLG Koblenz 3.3.2011, BeckRS 2011, 05667; Wolf/Lindacher/Pfeiffer/*Pfeiffer* 2009, Einl. Rn 3; *Graf von Westphalen* ZIP 2010, 1110, 1111; *Kaufhold* ZIP 2010, 631, 632; *Berger* ZGS 2004, 415, 415.

dern soll.[367] Bis heute ist umstritten, ob der Verbraucherschutz zu dem Schutzzweck des AGB-Rechts gehört.[368]

Des Weiteren sind im Laufe der Zeit viele unterschiedliche Begründungen vom Schutz des Gemeinwohls[369] oder der Rechtsordnung[370] bis zur Korrektur des Marktversagens infolge einer unüberwindbaren Informationsasymmetrie[371] vorgetragen worden.[372] Heutzutage wird die letztgenannte Begründung als ernsthafteste Alternative zur Ausnutzung der einseitig in Anspruch genommenen Vertragsgestaltungsmacht als Legitimation des AGB-Rechts betrachtet.

Nach dieser Ansicht folgt das Bedürfnis nach AGB-Kontrolle vor allem aus dem fehlenden Konditionenwettbewerb bei AGB-Klauseln. Dies ist darauf zurückzuführen, dass die Vertragspartner den Inhalt der AGB regelmäßig nicht kontrollieren und auch nicht sinnvoll kontrollieren können, da sich die genaue Ermittlung, Überprüfung und der Vergleich mehrerer AGB sowie die Formulierung von Gegenvorschlägen und Durchführung von Vertragsverhandlungen wegen der prohibitiv hohen Transaktionskosten nicht lohnen würde. Folglich beschränkt sich der Wettbewerb üblicherweise auf die Qualität des Produktes bzw. der Dienstleistung und den Preis, und die vorformulierten Vertragsbedingungen bleiben unberücksichtigt. Aus diesem Grund hat der AGB-Verwender keinen Anreiz, ausgeglichene AGB zu formulieren, sondern er versucht die vertraglichen Risiken auf seinen Vertragspartner abzuwälzen und solche AGB zu formulieren, die ihn selbst möglichst stark begünstigen. Daher soll die AGB-Kontrolle dieses Funktionsdefizit des Marktes ausgleichen. Soweit so ein Defizit fehlt, z.B. weil die zur Überwindung der Informationsasymmetrie erforderlichen Kos-

---

367 Ulmer/Brandner/Hensen/*Ulmer/Habersack* 2011, Einl. Rn 47; *Axer*, S. 41; *Rabe* NJW 1987, 1978, 1979; vgl. auch die Regierungsbegründung zum Gesetzesentwurf des AGBG in BT-Drs. 7/3919, S. 43, wonach die Inhaltskontrolle ein Instrument des Verbraucherschutzes war.

368 Bejahend: BGH NJW 2003, 888, 890; PWW/*Berger* 2011, Vorbem. vor §§ 305 ff Rn 2; Verneinend: *Stürner*, S. 101; *Wackerbarth* AcP 200 (2000), 45, 63; in diesem Sinne auch *Dauner-Lieb*, Verbraucherschutz, S. 141 ff.

369 Genauer siehe *Hellwege*, S. 540-542 mit weiteren Nachweisen.

370 Genauer siehe *Hellwege*, S. 543-544 mit weiteren Nachweisen.

371 *Leuschner* JZ 2010, 875, 879-880 und 882; *Faust,* in: AGB im Wirtschaftsverkehr, S. 47-48; *Miethaner*, S. 72-73 und 99-100; *Dauner-Lieb/Axer* ZIP 2010, 309, 313; MüKo Bd. 2/*Basedow* 2007, vor § 305 Rn 4-6; *Kötz* JuS 2003, 209, 211-213; *Wackerbarth* AcP 200 (2000), 45, 69 ff; genauer siehe *Axer*, S. 46-71.

372 Zu den anderen Begründungsversuchen siehe *Hellwege,* S. 540 ff; siehe auch *Axer*, S. 40-50; vgl. auch *Niebling* MDR 2011, 1399, 1399 und 1406-1407, nach dem das Ziel des AGB-Rechts ist, den Rechtsverkehr von unwirksamen Klauseln freizuhalten.

ten nicht unverhältnismäßig hoch sind, ist eine AGB-Kontrolle nach dieser Ansicht nicht mehr legitimiert.[373]

Jedoch sind diese zwei Ansichten meines Erachtens miteinander verbunden und enthalten keine klar getrennten, selbstständigen Begründungen[374]. Dies ergibt sich daraus, dass die aus den prohibitiv hohen Transaktionskosten folgende Informationsasymmetrie und das daraus folgende Marktversagen die Ausnutzung der einseitig in Anspruch genommenen Vertragsgestaltungsfreiheit erleichtern, weil der Verwender deshalb vermuten kann, dass sein Vertragspartner die AGB nicht prüft. Somit steht der Weg zur Ausnutzung der Vertragsgestaltungsmacht für den Verwender offen. Andererseits würde die Informationsasymmetrie meist gar nicht entstehen, wenn alle Vertragsbedingungen von beiden Parteien stammten bzw. konkret im Einzelnen ausgehandelt würden. Erst die einseitige Inanspruchnahme der Vertragsgestaltungsfreiheit, die durch die Nutzung von vorformulierten Vertragsbedingungen gefördert wird, begründet die einseitigen hohen Transaktionskosten und die Informationsasymmetrie.

Zudem kann das Marktversagen (zumindest teilweise) auch eine Folge des Ungleichgewichts zwischen den Parteien sein[375], da das Marktversagen auch bei Individualvereinbarungen gegeben sein kann[376]. Dies ist meines Erachtens der Fall, wenn ein Monopolist (bzw. ein Quasimonopolist) alle Vertragsbedingungen diktiert[377]. Deshalb erscheint die von *Hellwege* dargestellte zweiteilige Begründung der Legitimation der AGB-Kontrolle überzeugend. Seiner Ansicht nach ist der Schutzgrund der individualschützenden Inhaltskontrolle das (situative) Ungleichgewicht zwischen den Vertragsparteien, während die überindividuell ausgerichtete Inhaltskontrolle als Korrektur eines Marktversagens eine marktbereinigende Funktion hat.[378] Bei beiden wirkt die einseitig in Anspruch genommene Vertragsgestaltungsmacht mit.

---

373 *Leuschner* JZ 2010, 875, 879-880 und 882; *Miethaner*, S. 72-73 und 99-100; *Dauner-Lieb/Axer* ZIP 2010, 309, 313; *Faust,* in: AGB im Wirtschaftsverkehr, S. 47-48; MüKo Bd. 2/*Basedow* 2007, vor § 305 Rn 4-6; *Kötz* JuS 2003, 209, 211-213; *Wackerbarth* AcP 200 (2000), 45, 69 ff.

374 In diesem Sinne wohl auch Wolf/Lindacher/Pfeiffer/*Pfeiffer* 2009, Einl. Rn 3.

375 So *Hellwege*, S. 556, der aus diesem Grund behauptet, dass sich die Anhänger der „Marktversagenstheorie" gar nicht gegen das Ungleichgewicht als Schutzgrund wenden, wie sie selbst vorgeben.

376 So *Stürner*, S. 105.

377 Vgl. *Wackerbarth* AcP 200 (2000), 45, 72-73 und Wolf/Lindacher/Pfeiffer/*Pfeiffer* 2009, Einl. Rn 3, der auch direkt auf die Bedeutung der überlegenen Verhandlungsmacht bei der einheitlichen Durchsetzung von Vertragsbedingungen in einer Vielzahl von Verträgen, wie es bei den AGB der Fall ist, hinweist.

378 *Hellwege*, S. 563-586; vgl. auch *Leuschner* AcP 207 (2007), 491, 497-505.

Festzuhalten bleibt jedoch, dass es im deutschen Recht keine eindeutige Legitimation der AGB-Kontrolle gibt. Dies ist sicherlich ein bedeutender Grund für die geringe Unterscheidung zwischen Verbraucherverträgen und Verträgen zwischen Unternehmen in der höchstrichterlichen Rechtsprechung und für die teils sehr komplexe rechtswissenschaftliche Diskussion über die Richtigkeit dieser Situation.[379] Die in Abschnitt 5.2.1.1 dargestellte Diskussion darüber, unter welchen Kriterien sich die AGB durch Aushandeln zu einer Individualvereinbarung wandeln können, verdeutlicht dies.

Wie die vorliegende Arbeit zeigen wird, haben die in diesem Abschnitt erläuterten Unterschiede und Besonderheiten vielfältige Auswirkungen in Bezug auf die verschiedenen Aspekte des AGB-Rechts. Abschließend ist darauf hinzuweisen, dass die finnische Kultur zu einem relativ hohen Grad immer noch eine Einheitskultur ist, die durch eine hohe gegenseitige soziale Kontrolle geprägt ist. Des Weiteren stehen Konfliktvermeidung, Rücksichtnahme und Anpassung bei privat(rechtlich)en Beziehungen im Vordergrund.[380] Im Vergleich zu Deutschland bewirken diese Tatsachen zusammen mit der kleinen Größe des Landes und somit auch der kleineren Geschäftskreise, dass die gegenseitige Kontrolle im Wirtschaftsleben deutlich stärker ist als in Deutschland. Dies trägt dazu bei, dass ein von einer finnischen Vertragspartei vorbereiteter erster Vertragsentwurf häufig ausbalancierter als ein von einer deutschen Partei vorbereiteter Entwurf ist, soweit die finnische Partei im internationalen Geschäftsverkehr nicht erfahren ist. Eine weitere Folge davon sind vergleichsweise wenige Gerichtsverfahren.[381]

---

379 Vgl. *Dauner-Lieb/Axer* ZIP 2010, 309, 310 ff; vgl. auch *Leuschner* AcP 207 (2007), 491, 528, nach dem der Anwendungsbereich des AGB-Rechts nur in enger Abstimmung mit dessen Schutzweck sinnvoll bestimmt werden kann; vgl. weiterhin die allgemeine Diskussion über die Legitimation der AGB-Kontrolle.

380 Vgl. *Ring/Olsen-Ring*, S. 11-12 und *Stolleis* FAZ Nr. 145 von 26.6.1998, S. 45 bezüglich Schweden.

381 Im Jahr 2006 haben Gerichte der ersten Instanz in Deutschland 1 588 198 Urteile und in Finnland 9072 Urteile in strittigen Zivilsachen erlassen (Umfrage des Council of Europe zu European Judicial Systems, Frage 88. Total number of cases in the first instance courts, Zahl für Civil (and Commercial) litigious cases). Unter Berücksichtigung der Einwohnerzahl (D: 82 351 000, FIN: 5 255 580) fällen die Gerichte der ersten Instanz in Deutschland 11,17-fach mehr Urteile als die finnischen Gerichte. Pro 1000 Einwohner bedeutet dies 19,30 Urteile in Deutschland und 1,73 Urteile in Finnland. Des Weiteren gibt es in Finnland pro 1000 Einwohner 3,69-fach weniger Urteile in nicht-strittigen Zivilsachen als in Deutschland. In verwaltungsrechtlichen Angelegenheiten beträgt dieser Faktor dagegen nur 1,12. Die Unterschiede in diesen Faktoren bestätigen meines Erachtens die Wirkung der gegenseitigen Kontrolle, obwohl sicherlich auch andere Faktoren mitwirken. Vgl. auch *Ring/Olsen-Ring*, S. 11-12.

4.3 Entstehungsgeschichte und die besonderen Merkmale des UN-Kaufrechts

Das UN-Kaufrecht ist als Ergebnis langjähriger, in den zwanziger Jahren gestarteten Bemühungen um eine Vereinheitlichung des internationalen Kaufrechts entstanden.[382] Als wichtiger Zwischenstand dieser Arbeit sind 1964 die Haager Kaufgesetze[383] beschlossen worden. Obwohl diese Gesetze nur von neun Staaten ratifiziert wurden, dienten sie als eine wichtige Grundlage für die Vorbereitung des UN-Kaufrechts durch die UNCITRAL[384]-Arbeitsgruppe ab dem Jahr 1968.[385] Nach zahlreichen Sitzungen und mehreren Entwürfen wurde das UN-Kaufrecht durch die Wiener Konferenz vom 10. März bis 11. April 1980 mit positiven Stimmen von 42 Staaten verabschiedet.[386] Mittlerweile haben weltweit bereits 77 Staaten das UN-Kaufrecht ratifiziert.[387]

Um die Vereinheitlichung des materiellen Kaufrechts auf internationaler Ebene zu schaffen, mussten die verschiedensten Interessen der beteiligten Staaten und die verschiedenen Rechtssysteme berücksichtigt werden. Da die nationalen Gerichte das UN-Kaufrecht in der Praxis anwenden, müssen sie es autonom nach dessen eigenem Sinn und Zweck ohne Rückgriff auf nationale Verständnisse auslegen und anwenden, damit die kodifizierte Einheit bewahrt wird.[388] Diese aus Art. 7 I CISG abgeleitete autonome Auslegung und Qualifikation bil-

382 *Van Alstine*, S. 165-166; *Prinz von Sachsen Gessaphe*, S. 88; *Schlechtriem*, in: Einheitliches Kaufrecht, S. 27-28; *Sisula-Tulokas*, in: FS Majamaa, S. 426.

383 Einheitliches Gesetz über den internationalen Kauf beweglicher Sache (EKG) und Einheitliches Gesetz über den Abschluss von internationalen Kaufverträgen über beweglichen Sachen (EAG).

384 United Nations Commission on International Trade Law (UNCITRAL).

385 *Schlechtriem*, S. 2-3; *Lögering*, S. 21-22; *Güllemann*, S. 121-122; *Meyer,* RabelsZ 69 (2005), 457, 459-460.

386 Staudinger CISG/*Magnus* 2005 Einl zum CISG Rn 26; *Van Alstine*, S. 168-169; *Schlechtriem*, in: Einheitliches Kaufrecht, S. 32; Official Records UN Doc.A/Conf 97/19, S. 230.

387 Siehe Anhang 1: Vertragsstaaten des UN-Kaufrechts.

388 BGH 2.3.2005, http://www.cisg-online.ch, case 999; BGH 3.4.1996, http://www.cisg-online.ch, case 135; *Kuoppala*, S. 10 und 185; *Kuoppala* Oikeustieto 2009, 2, 3; *Schwenzer* IHR 2010, 45, 45-46; MüKo Bd. 3/*Westermann* 2012, vor Art. 1 Rn 11; *Piltz* NJW 2007, 2159, 2161; *Hilberg*, S. 234-235; *Meyer* IPRax 2005, 462, 462-463; Honsell/*Siehr* 2010, Präambel Rn 5-6.

det den Ausgangspunkt des UN-Kaufrechts[389], der auch bezüglich der Einbeziehung von AGB von zentraler Bedeutung ist.

Wie das finnische Recht, enthält auch das UN-Kaufrecht keine ausdrücklichen Regelungen über AGB. Deswegen sind die allgemeinen Vertragsabschlussregeln der Art. 14-24 CISG für die Einbeziehung der AGB maßgeblich.[390] Soweit erforderlich, ist die Willensübereinstimmung der Parteien hinsichtlich der Einbeziehung von AGB durch Auslegung nach Art. 8 CISG zu ermitteln.[391]

Falls Art. 8 CISG den Besonderheiten der AGB-Verwendung nicht genügend Rechnung trägt, liegt eine Regelungslücke vor.[392] Gemäß Art. 7 II 1. Alt. CISG ist sie an erster Stelle mit den allgemeinen, dem UN-Kaufrecht zugrunde liegenden Grundsätze zu schließen. Zu diesen Grundsätzen gehören die oben erwähnten Prinzipien, die Vertragsfreiheit und „Pacta sunt servanda" sowie Treu und Glauben.[393] Fehlen solche Grundsätze, sind gemäß Art. 7 II 2. Alt. CISG als ultima ratio die Regelungen des subsidiär anwendbaren nationalen Rechts anzuwenden, was aber bei der Einbeziehung von AGB nicht notwendig sein dürfte.[394]

In Bezug auf das UN-Kaufrecht herrscht eine Fülle und Vielfalt von Rechtsquellen. In jedem Mitgliedstaat gibt es mehr oder weniger Veröffentlichungen und zudem existieren einige hervorragende internationale Internet-Datenbanken.[395] Naturgemäß prägen auch die zahlreichen Urteile aus den Mitgliedstaaten das UN-Kaufrecht.

Diese Fülle und Vielfalt von Rechtsquellen offenbart auch den Schwachpunkt des UN-Kaufrechts. Obwohl das UN-Kaufrecht – inklusive dessen oft wertungsoffene Regeln – autonom und einheitlich ausgelegt und angewendet

---

389 Schlechtriem/Schwenzer/*Ferrari* 2008, Art. 7 Rn 9-10; *Huber* IHR 2006, 228, 229; Ferrari/Kieninger et al./*Saenger* 2012, Art. 7 Rn 4; Staudinger CISG/*Magnus* 2005, Art. 7 Rn 12.

390 Staudinger CISG/*Magnus* 2005, Art. 14 Rn 41; MüKo HGB Bd. 6/*Ferrari* 2007, vor Art. 14 Rn 5; *Piltz* IHR 2004, 133, 133-134, *Schillo* IHR 2003, 257, 261; *Drasch*, S. 3.

391 BGH IHR, 14, 16; Staudinger CISG/*Magnus* 2005, Art. 8 Rn 18; *Sistermann*, S. 43-44.

392 *Stadler*, S. 97 und 103-105; *Sistermann*, S. 50; Ulmer/Brandner/Hensen/*Schmidt* 2011, Anh. § 305 Rn 11.

393 *Verweyen/Foester/Toufar*, S. 62; *Hillman 2,* Article 7(1) und Article 7(2); *Kuoppala*, S. 10; *Ämmälä*, in: FS Saarnilehto, S. 476; Staudinger CISG/*Magnus* 2005, Art. 7 Rn 42-43; Schlechtriem/Schwenzer/*Ferrari* 2008, Art. 7 Rn 48-49; *Güllemann*, S. 141; *Achilles* 2000, Art. 7 Rn 8.

394 Ulmer/Brandner/Hensen/*Schmidt* 2011, Anh. § 305 Rn 11; *Stadler*, S. 97 und 105; vgl. auch *Bacher*, in: FS Schlechtriem, S. 162; *Ämmälä*, in: FS Saarnilehto, S. 471.

395 Pace Law School, CISG Database (www.cisg.law.pace.edu/); CISG-online (www.cisg-online.ch und www.globalsaleslaw.org/index.cfm?pageID=28) und UNCITRAL Database (www.uncitral.org).

werden soll, verdeutlichen die teils sehr unterschiedlichen Auffassungen in der internationalen Rechtsprechung und Literatur diesbezügliche Schwierigkeiten.[396] Diese Unterschiede sind größtenteils auf die Wirkung der eigenen nationalen Rechte und der unterschiedlichen Gesellschaftsordnungen zurückzuführen, da die eigene (Rechts)kultur das Fundament des Rechtsverständnisses bildet und die daraus stammenden Vorverständnisse alle Juristen prägen.[397] Weil es an einer supranationalen Rechtsprechungsinstanz fehlt, an der sich nationale Gerichte zu orientieren hätten und die Richter oft kein ausreichendes Wissen über den Inhalt des UN-Kaufrechts haben, steigt die Tendenz, auf das eigene nationale Recht zurückzugreifen.[398] Zudem haben die schon vorhandenen Entscheidungen ausländischer Gerichte keine Bindungswirkung.[399] Daher verlangt die autonome Auslegung des UN-Kaufrechts ein besonderes Bewusstsein, das schon während des Studiums geweckt werden sollte.[400] Zudem erschweren die sprachbegründeten Verständnisschwierigkeiten die Ermittlung der in den anderen Ländern ver-

---

396 Vgl. *Magnus* ZEuP 2006, 96, 100-101; *Schwenzer* IHR 2010, 45, 46; *Ferrari* IHR 2009, 8, 9-11 und 23 mit Beispielen an Seiten 14-21; *Schlechtriem*, S. 6-7; *Hilberg*, S. 234-235; *Kuoppala* Oikeustieto 2009, 2, 4; vgl. z.B. die Behandlung von kollidierenden AGB (Abschnitt 10.4), die Entscheidungen des BGH und des österreichischen Obersten Gerichtshofs über die Obliegenheit des AGB-Verwenders die AGB der anderen Partei zu übersenden (Abschnitt 6.3.3.3) oder die Ablehnung der Möglichkeit eines stillschweigenden Ausschlusses des UN-Kaufrecht durch amerikanische Gerichte (Fußnote 152).

397 Vgl. *Ferrari* IHR 2009, 8, 12-13 und 23-24; *Verweyen/Foester/Toufar*, S. 200; *Schwenzer* IHR 2010, 45, 46; *Kischel* ZVglRWiss 2005, 10, 14-15; *Freiburg* IHR 2005, 56, 56; *Hammerschmidt*, S. 121.

398 Vgl. *Schwenzer* IHR 2010, 45, 53; *Verweyen/Foester/Toufar*, S. 42-43; *Huber* IHR 2006, 228, 229; *Meyer* IPRax 2005, 462, 463-464; vgl. auch *Hilberg*, S. 235, die auf das fehlende Bewusstsein der nationalen Gerichte um die zentrale Bedeutung von Art. 7 CISG hinweist. Zum Teil wird sogar eine Auslegung im Lichte des nationalen Rechts für erlaubt gehalten, wenn der Wortlaut des UN-Kaufrechts dem Wortlaut der nationalen Gesetze folgt (vgl. U.S. Court of Appeals (2nd Cir.) 6.12.1995, http://www.cisg-online.ch, case 140; *Meyer* IPRax 2005, 462, 463 mit weiteren Nachweisen aus der US-amerikanischen Gerichtspraxis. Dies ist jedoch abzulehnen, da es dem Sinn und Zweck des UN-Kaufrecht, Einheitlichkeit zu schaffen, widerspricht (vgl. *Bacher*, in: FS Schlechtriem, S. 162). Die gleiche Tendenz, auf das jeweilige nationale Verständnis zurückzugreifen, lässt sich aber auch bei den wissenschaftlichen Veröffentlichungen bemerken.

399 *Bacher*, in: FS Schlechtriem, S. 161; Staudinger CISG/*Magnus* 2005, Art. 7 Rn 21; Witz/Salger/Lorenz/*Witz* 2000, Art. 7 Rn 11; *Kuoppala* Oikeustieto 2009, 2, 3.

400 *Schwenzer* IHR 2010, 45, 55; *Ferrari* IHR 2009, 8, 24.

tretenen Ansichten oder getroffenen Entscheidungen, was nur in eingeschränktem Maße durch internationale Datenbanken aufgehoben werden kann.[401]

Diese Arbeit baut hauptsächlich auf deutsch- und finnischsprachigen Quellen über das UN-Kaufrecht auf. Dabei liegt die Betonung allein schon wegen der auf die unterschiedlichen Bevölkerungszahlen zurückzuführenden sehr unterschiedlichen Anzahl an Veröffentlichungen und Urteilen auf den deutschsprachigen Quellen. Des Weiteren hat der von Finnland gemäß Art. 92 CISG gegenüber Teil II des UN-Kaufrechts erklärte Vorbehalt das Interesse an diesbezüglichen Veröffentlichungen weiter eingeschränkt. Zum Teil werden die deutsch- und finnischsprachigen Quellen durch englischsprachige Rechtsprechung und Literatur ergänzt.

401 *Schwenzer* IHR 2010, 45, 53-54.

5. Allgemeine Geschäftsbedingungen und Individualvereinbarungen

Die überwiegende Mehrheit der Verträge des internationalen unternehmerischen Geschäftsverkehrs besteht heutzutage sowohl aus AGB (typischerweise z.B. Haftungsbeschränkungsklauseln) als auch aus Individualvereinbarungen (z.B. hinsichtlich der zu liefernden Menge).[402] Die Abgrenzung zwischen diesen Formen der Vertragsbedingungen ist wichtig, da die Voraussetzungen, wie AGB und Individualvereinbarungen zum Bestandteil des Vertrags werden, teils unterschiedlich sind und Individualvereinbarungen der AGB-rechtlichen Inhaltskontrolle des deutschen Rechts nicht unterliegen, sondern lediglich an §§ 134, 138 und 242 BGB gemessen werden.[403] Weiterhin ist es wichtig, das Rangverhältnis zwischen AGB und Individualvereinbarungen zu klären.

5.1 Begriff der Allgemeinen Geschäftsbedingungen

5.1.1 Vergleich der Definitionen im deutschen und finnischen Rechts

Im deutschen Recht ist der Begriff der AGB in § 305 I BGB definiert. Das finnische Recht bietet keine gesetzliche Definition der AGB an, sondern die Definition der AGB ist in der Rechtsliteratur und Rechtsprechung entstanden. Dem Begriff der AGB wird jedoch in Finnland – auch verhältnismäßig betrachtet – viel weniger Interesse entgegengebracht als in Deutschland. Meistens werden nur die wichtigsten Eigenschaften der AGB kurz aufgelistet, ohne den Begriff besonders zu thematisieren. Dies ist mutmaßlich darauf zurückzuführen, dass in Finnland kaum darüber gestritten wird, ob die Vertragsbedingungen AGB sind oder nicht.

---

402 *Stadler*, S. 39; *Stoffels,* S. 116; *Hoppu/Hoppu,* S. 63 und 65; *Kuuskoski,* S. 26; *Aspbäck*, S. 80.

403 Vgl. § 305 und 307 BGB; vgl. auch BGH NJW-RR 2009, 947, 947-948; *Graf von Westphalen*, Einkaufsbedingungen, S. 9; *Kappus* NZM 2010, 529, 530, 534, 541 und 543; *Acker/Bopp* BauR 2009, 1040, 1043; *Dose* NZM 2009, 381, 382; *Wilhelmsson*, S. 43-44. Vgl. aber auch die Überlegung von *Lieb* AcP 178 (1978), 196, 223-225, ob man den Weg der gesonderten AGB-rechtlichen Vorschriften weitergehen oder zu einem einheitlich geltenden Privatrecht zurückkehren soll, indem man den Kreis derjenigen Klauseln, die generell (sowohl in Individualverträgen als auch in AGB) zu missbilligen sind, etwas erweitern würde und somit den Bedarf an die Unterscheidung zwischen den Fällen gestörter Vertragsparität und Gleichgewichtslagen entbehrlich machen würde.

Dies beruht vermutlich einerseits darauf, dass die Begrifflichkeit im finnischen Recht nicht so zentral ist wie im deutschen Recht[404] und andererseits darauf, dass die Unterscheidung zwischen AGB und Individualvereinbarungen im finnischen Recht nicht so bedeutsam ist wie im deutschen Recht[405].

Nach § 305 I Satz 1 BGB und nach den allgemeinen Prinzipien des finnischen Rechts[406] sind Allgemeine Geschäftsbedingungen alle Vertragsbedingungen[407], die für eine Vielzahl von Verträgen vorformuliert sind[408] und die der Verwender der anderen Vertragspartei bei Abschluss eines Vertrags stellt[409]. Es

---

404 Vgl. Abschnitt 4.2.1.

405 Siehe diesbezüglich die Erläuterungen in Abschnitt 5.2.1.2 und im Exkurs unter Abschnitt 11.2 über die Allgemeine Inhaltskontrolle nach § 36 OikTL, die sowohl Individualvereinbarungen als auch AGB-Klauseln betrifft.

406 Vgl. z.B. *Hemmo*, Sopimusoikeus I, S. 148; *Wilhelmsson*, S. 36; *Telaranta*, S. 183-184; Rovaniemen HO 28.4.2010, T:332.

407 Vertragsbedingungen sind alle Erklärungen, die den Vertragsinhalt regeln. Dagegen sind Bitten oder Empfehlungen keine Vertragsbedingungen (BGH NJW 1994, 188-189; 1996, 2574-2576; *Stoffels,* S. 36 und 39; *Grünberger* Jura 2009, 249, 252-253; *Telaranta*, S. 184; *Ahtonen*, S. 273). Weiterhin werden einseitige Rechtsgeschäfte des Vertragspartners zu einer Vertragsbedingung im Sinne von AGB, wenn sie vom Verwender vorformuliert sind. Somit sind §§ 305 ff. BGB auf sie anwendbar (BGH ZIP 2009, 2446, 2447; BGH NJW 1999, 1864; *Grünberger* Jura 2009, 249, 253; Ulmer/Brandner/Hensen/*Ulmer/Habersack* 2011, § 305 Rn 16). Teilweise wird zusätzlich ein Zusammenhang mit einer vertraglichen Beziehung vorausgesetzt (OLG Koblenz NJW-RR 1994, 58). Dagegen stellen bei eigenen einseitigen Rechtsgeschäften verwendete vorformulierte Texte keine AGB dar, da es sich um keine Vertragsbedingungen handelt und der Erklärende nur seine eigene Gestaltungsmacht in Anspruch nimmt (*Heinrichs* NJW 1997, 1407, 1408; Staudinger AGB/*Schlosser* 2006, § 305 Rn 10; *Ring/Klingelhöfer/Niebling*, S. 41).

408 Entscheidend ist die Absicht, die vor dem Vertragsabschluss formulierten Bedingungen mehrfach zu verwenden. Soweit diese Absicht besteht, sind die Bedingungen schon bei der ersten Verwendung AGB (BGH NJW 2004, 1454-1455; PWW/*Berger* 2011, § 305 Rn 5; *Grünberger* Jura 2009, 249, 254; *Stoffels,* S. 42; Helsingin HO 3.12.1998, T:3714; *Saarnilehto* Oikeustieto 2002, 2, 3; *Hemmo*, Sopimusoikeus I, S. 148; *Erma*, S. 17; aA *Miethaner*, S. 261, der bereit ist, die Anforderung der Mehrfachverwendungsabsicht ersatzlos zu streichen, da sie seiner Ansicht nach keine sinnvolle Funktion bei der Definierung des AGB-Begriffs hat. Dabei stellt er fest, dass hierzu eine Gesetzesänderung notwendig wäre).

409 Das Merkmal „Stellen" bedeutet nach der traditionell herrschenden Ansicht, dass der Verwender die AGB dem Vertragspartner einseitig auferlegt (BGH NJW 2001, 2635, 2636; *Grünberger* Jura 2009, 249, 254; Tonner/Willingmann/Tamm/*Richter* 2010, § 305 Rn 6; *Brox/Walker*, S. 102; AnwK AGB-Recht/*Niebling* 2012, Glossar Rn 1085; MüKo Bd. 2/*Basedow* 2007, § 305 Rn 21; *Heinrichs* NJW 1977, 1505, 1507; *Telaranta*, S. 184; *Lindström*, S. 63. Eine andere Ansicht vertreten *Schiffer/Weichel* BB 2011,

1283, 1284; *Köhler*, BGB Allgemeiner Teil, S. 234; Palandt/*Grüneberg* 2012, § 305 Rn 10; Ulmer/Brandner/Hensen/*Ulmer/Habersack* 2011, § 305 Rn 26-27; *Niebling* MDR 2010, 961, 961; *Niebling* ZMR 2010, 509, 510; *Jaeger* NJW 1979, 1569, 1572 und *Kramer* ZHR 146 (1982), 105, 112, nach denen es genügt, dass der Verwender die AGB aus eigenem Antrieb in die Vertragsverhandlungen eingebracht bzw. ein konkretes Einbeziehungsangebot gemacht hat. Dieser Ansicht ist zu folgen, da das Folgen der ersten Ansicht den Anwendungsbereich des AGB-Rechts entgegen seinem Schutzzweck zu sehr einschränkt. Dies ergibt sich daraus, dass keine einseitige Durchsetzung ohne Verhandlungsbereitschaft verlangt werden kann, um die Anwendbarkeit des AGB-Rechts zu bejahen, sondern es muss genügen, dass der Verwender die AGB aus eigenem Antrieb in die Verhandlungen einbringt (Ulmer/Brandner/Hensen/*Ulmer/Habersack* 2011, § 305 Rn 26; Wolf/Lindacher/Pfeiffer/*Pfeiffer* 2009, § 305 Rn 30). Hierbei ist jedoch anzumerken, dass diejenige Partei, die die AGB konkret mitbringt, kann nicht automatisch für Verwender gehalten werden, da es rein zufällig sein kann, welche Partei im konkreten Fall den vom Dritten entworfenen Mustervertrag tatsächlich kauft. Daher kommt es darauf an, ob sich die Parteien gemeinsam über das anzuwendende Klauselwerk geeinigt haben und es hierbei der anderen Partei frei stand, auch andere Klauselwerke einzubringen und sie eine effektive Möglichkeit der Durchsetzung anderer Vertragstexte hatte (BGH NJW 2010, 1131, 1132-1133). In diesem Sinne auch Wolf/Lindacher/Pfeiffer/*Pfeiffer* 2009, § 305 Rn 30, der zusätzlich zu dem Einbringen in die Vertragsverhandlungen voraussetzt, dass die andere Vertragspartei keine reale Möglichkeit zum Aushandeln hat und *Graf von Westphalen* NJW 2011, 2098, 2098, nach dem das Stellen bedeutet, dass der Vertragspartner mit den AGB so konfrontiert wird, dass er auf deren inhaltliche Gestaltung keinen Einfluss nehmen kann. AA *Niebling* MDR 2011, 1399, 1400 und ZMR 2010, 509, 510, der das Urteil des BGH so zu verstehen scheint, dass die AGB-Eigenschaft eines Klauselwerks schon dadurch entzogen wird, dass der Vertragspartner des AGB-Verwenders (formularmäßig) erklärt, dass er mit dem Klauselwerk einverstanden ist. Deshalb ist die Rechtsprechung des BGH seiner Meinung nach abzulehnen. Stattdessen soll das Merkmal des Stellens lediglich dann entfallen, wenn die andere Vertragspartei die Bedingungen kennt und unabhängig von dem Vorschlag des Verwenders deren Einbeziehung wünscht. Meines Erachtens kann die Entscheidung des BGH nicht im Sinne von Niebling interpretiert werden, da das Urteil voraussetzt, dass es der anderen Partei frei stand, andere Klauselwerke einzubringen und sie eine effektive Möglichkeit zur Durchsetzung dieser anderen Texte hatte. *Kramer (*ZHR 146 (1982), 105, 114-115) vertritt noch weitergehend, dass man auf das Tatbestandsmerkmal des „Stellens" verzichten soll, damit auch der Inhalt der nicht gestellten Vertragsbedingungen kontrollierfähig wäre). Allerdings ist hierbei besonders zu beachten, dass die Vertragspartei, die in der Regel Verträge unter Einbeziehung von bestimmten AGB abschließt, auch dann Verwender der AGB ist, wenn ihr Vertragspartner die AGB aufgrund seines Wissens über die regelmäßige Verwendung dieser AGB bereits in sein Angebot aufgenommen hat und damit formal die Stellung eines Verwenders eingenommen hat. Somit wird auch der vorauseilend gehorsame Vertragspartner, der bereits in sein Angebot den Willen der stärkeren Marktseite berücksichtigt, durch das AGB-Recht geschützt (BGH ist gleichgültig, ob die Bestimmungen in die Vertragsurkunde aufgenommen werden oder ob sie einen äußerlich gesonderten Bestandteil des Vertrags bilden. Ebenso ist es unbedeutend, welchen Umfang die AGB haben, in welcher Weise sie fixiert sind und welche Form der Vertrag hat.[410] Auch die Wahlmöglichkeit des Vertragspartners zwischen bestimmten vom Verwender vorgegebenen Alternativen hebt die Eigenschaft der Klausel als AGB nicht auf.[411] Weiterhin ist für die Definition der Vertragsbedingungen als AGB gleichgültig, ob die Vertragsbedingungen vom Verwender selbst oder durch Dritte entworfen sind, so-

---

NJW 1997, 2043, 2044; BGH NJW-RR 2006, 740; *Graf von Westphalen* NJW 2007, 2228, 2228; PWW/*Berger* 2011, § 305 Rn 8; *Lorenz* DAR 2010, 314, 316). Vgl. auch *Miethaner*, S. 261-262, dem zufolge das Tatbestandsmerkmal des „Stellens" sachlich nicht gerechtfertigt und entbehrlich ist. Seiner Ansicht nach soll es genügen, dass eine Partei die Inhaltskontrolle ihres eigenen Klauselwerks zu ihren Gunsten nicht verlangen darf.

410 § 305 I Satz 2 BGB; *Hemmo*, Sopimusoikeus I, S. 148; *Laurila*, S. 37; *Bernitz*, in: Finna rätt, S. 166-167; *Tanninen*, S. 4. Daher handelt es sich auch bei den als Textbausteine auf dem Rechner oder nur im Kopf des Verwenders gespeicherten Vertragsbedingungen um AGB (BGH NJW 1999, 2180, 2181; 2005, 2543, 2544; *Schwab*, S. 12; MüKo Bd. 2/*Basedow* 2007, § 305 Rn 13; *Gottschalk* NJW 2005, 2493, 2494). Die Stellungnahmen in Finnland sind vorsichtiger, da sie nur auf die auf dem Rechner gespeicherten AGB Bezug nehmen (*Oikeustoimilakitoimikunta*, S. 309; *Wilhelmsson*, S. 36). Dies ist insofern zweckmäßig, als es in der Praxis oft schwierig sein kann, die Vorformulierung der lediglich im Kopf des Verwenders gespeicherten AGB zu beweisen.

411 BGH NJW-RR 1986, 54, 54-55; 1997, 1000, 1000-1001; BGH NJW 2010, 1131, 1133; 1992, 503, 504; *Ring/Klingelhöfer/Niebling*, S. 49; MüKo Bd. 2/*Basedow* 2007, § 305 Rn 41; Staudinger Eckpfeiler/ *Coester* 2011, E. Rn 25; Wolf/Lindacher/Pfeiffer/ *Reiff* 2009, Klauseln Rn V 86; *Lorenz* DAR 2010, 314, 316; *Schuhmann* JZ 1998, 127, 130; *Laurila*, S. 40; *Wilhelmsson*, S. 52; aA *Miethaner*, S. 241-242, soweit der Vertragspartner des AGB-Verwenders die Auswahl selbst trifft und nicht der Verwender oder sein Abschlussgehilfe. Allerdings kann die Wahlmöglichkeit des Vertragspartners meines Erachtens insofern Bedeutung haben, als es um die Kenntnisnahmemöglichkeit des Vertragspartners oder um den Überraschungscharakter einer Klausel geht. Wenn der Vertragspartner die Klausel selbst gewählt hat, hat er nachweislich Kenntnis vom Inhalt der Klausel genommen. Eine selbst gewählte Klausel dürfte für den Vertragspartner in den meisten Fällen nicht überraschend sein, obwohl dies nicht gänzlich ausgeschlossen werden kann, weil eine Klausel auch wegen eines unerwarteten Ergebnisses durch das Zusammenwirken aller Klauseln des Vertrags überraschend sein kann. Jedoch behält die Klausel trotz der Wahlmöglichkeit ihre Eigenschaft als AGB, weil der Vertragspartner keinen Einfluss auf den Inhalt der Alternativen hat. Weiterhin kann eine gewählte Klausel inhaltlich unzulässig bzw. unangemessen sein, da es möglich ist, dass alle dem Vertragspartner zur Wahl gestellten Klauseln unzulässig bzw. unangemessen sind (vgl. *Stoffels,* S. 42; *Laurila*, S. 40, 56-58).

weit sich der Verwender die AGB zu Eigen macht.[412] Außerdem sind die persönlichen Eigenschaften des AGB-Verwenders oder des Vertragspartners für die Definition des Begriffs ohne Bedeutung.[413]

Wie der vorige Absatz zeigt, ist die theoretische Definition der AGB in Deutschland und in Finnland grundsätzlich ähnlich. Bei genauer Betrachtung sind jedoch einige bedeutsame Unterschiede auf der Anwendungsebene festzustellen. Zum Beispiel genügt nach deutschem Recht schon die Absicht, die Klausel für mindestens drei Verträge zu verwenden, um die Anforderung der Vorformulierung der Bedingungen für eine Vielzahl von Verträgen zu erfüllen.[414] Diese drei Verträge können auch anlässlich eines Kundenvertrags geschlossene Subunternehmerverträge sein, die die Klausel des Kundenvertrags den Subunternehmern back-to-back durchstellen.[415] Weiterhin gilt dies unabhängig davon, ob der Verwender beabsichtigt, die Bedingungen in Verträgen mit mehreren oder lediglich mit einem Vertragspartner zu nutzen oder ob diese Absicht tatsächlich verwirklicht wird.[416] In Finnland wird dagegen eine höhere Zahl

---

412 BGH NJW 1984, 360; 1994, 2825, 2826; 2010, 1131, 1131; *Stoffels,* S. 45; *Schwab*, S. 12; *Brox/Walker*, S. 102; KKO 1992:50; *Telaranta*, S. 184; *Laurila*, S. 38; *Wilhelmsson*, S. 36-37.

413 Ulmer/Brandner/Hensen/*Ulmer/Habersack* 2011, § 305 Rn 83. Bezüglich des finnischen Rechts ergibt sich dies daraus, dass in der Rechtsprechung oder in der Literatur die persönlichen Eigenschaften der Parteien im Zusammenhang mit dem AGB-Begriff nicht diskutiert werden.

414 BGH NJW 2004, 1454; 2002, 138; *Grünberger* Jura 2009, 249, 254; MüKo Bd. 2/*Basedow* 2007, § 305 Rn 18; Erman Bd. I/*Roloff* 2011, § 305 Rn 11; PWW/*Berger* 2011, § 305 Rn 5; *Siegburg* EWiR 2004, 465, 465; Graf von Westphalen/Thüsing/*Graf von Westphalen*, Vertragsrecht – Individualvereinbarung Rn 5; kritisch *Braun* BB 1979, 689, 692; *Abels,* in: AGB im Spannungsfeld, S. 14, nach denen eine höhere Anzahl von Vertragsabschlüssen vorauszusetzen wäre. Noch weitergehend *Hellwege*, S. 572, dem zufolge das Vielzahlkriterium für die individualschützende Inhaltskontrolle aufzugeben ist.

415 *Kollmann* NJOZ 2011, 625, 627; *Abels*, in: AGB im Spannungsfeld, S. 14-15.

416 BGH NJW 2004, 1454; 2002, 138; Bamberger/Roth Bd. 1/*Becker* 2007, § 305 Rn 24; NomosKomm Bd. 2/*Kollmann* 2012, § 305 Rn 9; *Habersack/Schürnbrand*, in: FS Canaris, S. 368; *Castendyk* ZUM 2007, 169, 170; *Grünberger* Jura 2009, 249, 254. Aufgrund dieser engen Definition ist im deutschen Recht die Frage gestellt worden, ob auch ausgehandelte Rahmenvereinbarungen dadurch zu AGB werden, dass in ihnen zumindest ein Teil der Bedingungen für eine Vielzahl von zukünftigen Verträgen festgesetzt und somit bei folgenden Vertragsabschlüssen vorformuliert wird. Eine Ansicht bejaht die Anwendung des AGB-Rechts, solange nicht bei jeder Verwendung ein erneutes Aushandeln erfolgt (BGH NJW 1979, 367, 368-369; Erman Bd. I/*Roloff* 2011, § 305 Rn 20; *Schmitt/Ulmer*, S. 6). Die Gegenansicht lehnt dies dagegen zu Recht ab (*Kollmann* NJOZ 2011, 625, 626; *Lenkaitis/Löwisch* ZIP 2009, 441, 449; No-

von beabsichtigten Verwendungen der Klausel als in Deutschland verlangt.[417] Zudem wird vorausgesetzt, dass die AGB gegenüber mehreren Vertragspartnern angewendet werden oder dass zumindest eine diesbezügliche Absicht besteht.[418]

Zusätzlich liegen nach deutschem Recht AGB bereits dann vor, wenn der Autor die Bedingungen für eine Vielzahl von Verträgen vorformuliert hat, obwohl der tatsächliche Verwender sie nur einmalig einsetzt und dabei seinem Vertragspartner stellt. Somit umfasst der AGB-Begriff Musterverträge sowie einzelne Musterklauseln.[419]

Im finnischen Recht wird dagegen verlangt, dass der Verwender beabsichtigt, die Bedingungen vielfach zu verwenden. Somit handelt es sich nach dem finnischen Recht anders als nach dem deutschen Recht nicht um AGB, wenn

---

mosKomm Bd. 2/*Kollmann* 2012, § 305 Rn 97; Ulmer/Brandner/Hensen/*Ulmer/Habersack* 2011, § 305 Rn 45), da die erste Ansicht, die berechtigte Absicht der Vertragsparteien, eine gemeinsam vereinbarte individuelle Basis für die zukünftigen gemeinsamen Geschäfte zu schaffen, konterkariert. Die individuell ausgehandelten Rahmenverträge verlieren ihre Individualität nicht durch die mehrfache Inbezugnahme. Vielmehr ist die Geltung der in einer Rahmenvereinbarung vereinbarten Bedingungen für die späteren Einzelverträge von beiden Parteien gewünscht, um deren Abschlüsse zu erleichtern und zu beschleunigen. Somit wird das Merkmal „Stellen" nicht erfüllt (NomosKomm Bd. 2/*Kollmann* 2012, § 305 Rn 97; *Lenkaitis/Löwisch* ZIP 2009, 441, 449-450).

417 Vgl. *Heikkinen*, S. 2, *Bernitz*, in: Finna rätt, S. 167 und *Lindström*, S. 63; nach denen solche Bedingungen AGB sind, die für eine große Anzahl von Verträgen vorformuliert sind; *Wilhelmsson*, S. 36; *Ahtonen*, S. 273-274 und *Tanninen*, S. 4, die über zahlreiche Verträge sprechen und *Oksanen/Laine/Kaskiaro*, S. 29, die sogar über Massenverträge sprechen. Viele Autoren diskutieren nicht ausdrücklich, wie oft Bedingungen verwendet werden sollen, um AGB zu sein. Von dem Sprachgebrauch lässt sich jedoch ableiten, dass unter AGB grundsätzlich solche Klauselwerke verstanden werden, die standardgemäß gegenüber allen Kunden oder allen Lieferanten (einer Art) verwendet werden. Somit wird in der Praxis die Verwendung eines Klauselwerks bei deutlich mehr als drei Verträgen vorausgesetzt. So auch Oberassistent Mika Viljanen in einem mit ihm geführten mündlichen Gespräch am 16.2.2009.

418 Helsingin HO 3.12.1998, T:3714; *Linna*, S. 35; *Wilhelmsson*, S. 36; *Pöyhönen*, in: Finnish Law, S. 91; *Hoppu/Hoppu*, S. 63; *Sarelin*, S. 9 und 67; *Väinölä*, S. 4; *Bernitz*, in: Finna rätt, S. 167; *Kosonen*, S. 21 und 23; *Erma*, S. 17; *Oikeustoimilakitoimikunta*, S. 309 und 327.

419 BGH NZBau 2005, 590; BGH NJW 2010, 1131, 1131; OLG Düsseldorf NJOZ 2004, 1935, 1938; MüKo Bd. 2/*Basedow* 2007, § 305 Rn 19; *Ring/Klingelhöfer/Niebling*, S. 46; PWW/*Berger* 2011, § 305 Rn 5; *Graf von Westphalen*, Einkaufsbedingungen, S. 8; *Habersack/Schürnbrand*, in: FS Canaris, S. 369; *Leuschner* AcP 207 (2007), 491, 517 und 522; *Lorenz* DAR 2010, 314, 316; *Heinrichs* NJW 1977, 1505, 1506; *Schwab*, S. 15; *Schmitt/Ulmer*, S. 5-6; aA *Schwenker/Thode* ZfIR 2005, 635, 637; kritisch auch *Hellwege*, S. 572.

eine Vertragspartei einen Mustervertrag aus einer Formularsammlung einmalig verwendet.[420] Entsprechendes gilt auch dann, wenn der Autor[421] einen (Groß)teil der Bedingungen eines Vertrags als einzelne Klauseln seiner Datenbank entnimmt und diese zu einem individuell auf das Verhältnis der Parteien zugeschnittenen Vertrag zusammenfügt. Auch bei einem solchen Vertrag handelt es sich nach dem finnischen Verständnis um einen Individualvertrag und nicht um AGB.[422]

Im deutschen Recht wird dagegen für möglich gehalten, dass es sich um AGB handelt, wenn der Autor des Vertragsentwurfs die Bedingungen seiner Klauseldatenbank entnimmt, selbst wenn der Vertrag insgesamt nur auf ein Vertragsverhältnis zugeschnitten ist.[423] Allerdings dürfte die Beweislastverteilung die Bedeutung dieser Auffassung entschärfen, da der Vertragspartner des AGB-Verwenders grundsätzlich beweisen muss, dass die Voraussetzungen des § 305 I Satz 1 und 2 vorliegen, wenn er sich auf den Schutz der AGB-Vorschriften beruft.[424] Obwohl der BGH tendenziell von einer durch den Verwender widerlegbaren Vermutung für das Vorliegen von AGB ausgeht[425], dürfte in den oben genannten Fällen ein dafür erforderlicher Anschein für eine Mehrfachverwendung fehlen, weil der Vertrag individuell auf das Verhältnis der Vertragsparteien zu-

---

420 *Sarelin*, S. 18; vgl. auch *Kuuskoski*, S. 25, die davon ausgeht, dass der AGB-Charakter eines Klauselwerks voraussetzt, dass zumindest eine Vertragspartei oder deren Interessenvertreter in der Formulierung der Bedingungen teilgenommen hat. Dieselbe Ansicht teilten auch Professor Ari Saarnilehto in einem mündlichen Gespräch am 12.2.2009 und Oberassistent Mika Viljanen in einem mündlichen Gespräch am 16.2.2009.

421 Der Autor kann z.B. die Vertragspartei selbst oder ihr Anwalt sein.

422 *Hemmo*, Sopimusoikeus III, S. 93. So auch Professor Ari Saarnilehto in einem mündlichen Gespräch am 12.2.2009 und Oberassistent Mika Viljanen in einem mündlichen Gespräch am 16.2.2009.

423 BGH ZIP 2005, 1604, 1604-1605; *Graf von Westphalen* NJW 2006, 2228, 2228 zusammenfassend aus der Rechtsprechung des BGH; *Graf von Bernstorff*, Vertragsgestaltung, S. 271; *Schwab*, S. 15; *Castendyk* ZUM 2007, 169, 170; *Schiffer/Weichel* BB 2011, 1283, 1283; *Miethaner*, S. 256; vgl. auch *Graf von Westphalen* ZGS 2006, 81; in diesem Sinne wohl auch *Ostendorf* FAZ Nr. 218 von 17.9.2008, S. 23 und *Habersack/Schürnbrand*, in: FS Canaris, S. 370; *Jahn* FAZ Nr. 21 von 25.1.2012, S. 21; aA *Schwenker/Thode* ZfIR 2005, 635, 636-637; *Lieb* DNotZ 1989, 274, 289; kritisch auch *Stoffels,* S. 45 vor allem hinsichtlich Fälle, in denen der Autor in der Rolle eines neutralen Beraters agiert.

424 BGH ZGS 2008, 300, 302; *Probst* JR 2011, 213, 214; Staudinger AGB/*Schlosser* 2006, § 305 Rn 51; NomosKomm Bd. 2/*Kollmann* 2012, § 305 Rn 28; *Schmidt-Salzer* NJW 1977, 129, 131.

425 Vgl. BGH NJW 1992, 2160, 2162; 2000, 1110, 1111; 2004, 502, 503; 2009, 3717, 3720; MüKo Bd. 2/*Basedow* 2007, § 305 Rn 43; *Schmitt/Ulmer*, S. 10; *Schwenker/Thode* ZfIR 2005, 635, 636; *Siegburg* EWiR 2004, 465, 466.

geschnitten ist[426]. Somit trägt der Vertragspartner des AGB-Verwenders die volle Beweislast. In der Praxis ist es ihm nur sehr schwer möglich nachzuweisen, dass der Autor den individuell zugeschnittenen Vertrag aus vorgefertigten Klauseln aus seiner Datenbank zusammengefügt hat, es sei denn man nimmt aufgrund allgemein bekannten juristischen Arbeitsweise in der Praxis an, dass der Vertragsentwurf aus vorgefertigten Klauseln besteht und diese somit AGB sind, soweit er nicht ausgehandelt wird.[427] Allerdings wäre das, wie *Graf von Westphalen*[428] formuliert, „der „Tod" der anwaltlichen Datenbanken […], weil sie dann alle AGB enthalten, deren Wirksamkeit angesichts einer oft extrem restriktiven Rechtsprechung im Bereich des gesamten Vertragsrechts mindestens zweifelhaft ist".

Außerdem besteht ein bedeutsamer Unterschied darin, dass in Finnland traditionell unter den AGB der Klauselkatalog in seiner Gesamtheit verstanden wird.[429] Dementsprechend werden auf der Einbeziehungsebene lediglich die gesamte AGB und nicht, wie im deutschen Recht[430], die einzelnen, in einen Indivi-

---

426 So auch *Bröker* IBR 2010, 254; OLG Hamburg 12.12.2008 - 1 U 143/07; vgl. auch die Ansicht des BGH, dass ein Anschein für eine Mehrfachverwendung besteht, wenn der Vertrag zahlreiche formelhafte Klauseln enthält und nicht auf die individuelle Vertragssituation abgestimmt ist (BGH NJW 2004, 502, 503; 2009, 3717, 3720; BGH ZGS 2008, 300, 302-303); siehe auch *Graf von Westphalen* NJW 2010, 2254, 2255; Erman Bd. I/*Roloff* 2011, § 305 Rn 58; *Siegburg* EWiR 2004, 465, 466; aA wohl *Ring/Klingelhöfer/Niebling*, S. 46-47. Allerdings kann die individuelle Vertragsgestaltung im Zeitalter der automatisierten Textverarbeitung nicht ausschließlich daraus entnommen werden, dass die Vertragsparteien im Vertragstext namentlich genannt sind und der Vertrag individuelle Regelungen über die Projektorganisation enthält (so aber *Bröker* IBR 2010, 254; OLG Hamburg 12.12.2008 - 1 U 143/07 nach denen dies genügt).

427 Vgl. *Leuschner* AcP 207 (2007), 491, 517.

428 *Graf von Westphalen* NJW 2006, 2228, 2228; in diesem Sinne auch *Schwenker/Thode* ZfIR 2005, 635, 637.

429 Vgl. *Olsson* Nordiska Juristmötet 1957, 7, 18; *Oikeustoimilakitoimikunta*, S. 339; *Erma*, S. 10; *Karhapää*, S. 6. Dies wird allerdings in der Regel für selbstverständlich gehalten und daher nicht ausdrücklich diskutiert. Implizit vgl. z.B. *Hemmo*, Sopimusoikeus I, S. 148; Saarnilehto/Hemmo/Kartio/*Saarnilehto* 2001, S. 446, Aktualisierung 26.5.2004; *Ämmälä* LM 1994, 946, 951; aA jedoch *Laurila*, S. 34, nach dem für jede Klausel getrennt zu prüfen ist, ob es sich um eine Individualvereinbarung oder um eine AGB-Klausel handelt.

430 BGHZ 75, 15, 21; BGH NJW 1997, 135; *Graf von Westphalen*, Einkaufsbedingungen, S. 11; MüKo Bd. 2/*Basedow* 2007, § 305 Rn 30; Staudinger Eckpfeiler/*Coester* 2011, E. Rn 22; Bamberger/Roth Bd. 1/*Becker* 2007, § 305 Rn 11 und 30; aA jedoch *Vorderobermeier*, S. 106, nach dem es sich bei der Vereinbarung von AGB um eine globale Einbeziehung eines komplexen Bedingungswerkes handelt und *Acker/Bopp* BauR

dualvertrag eingebetteten Klauseln behandelt.[431] Somit werden nach finnischem Recht traditionell entweder alle oder keine Bedingungen des Klauselwerks Vertragsbestandteil. Daher sind einzelne Klauseln, die als Textbausteine aus Musterverträgen oder aus Klauseldatenbanken in einen ansonsten individualvertraglich gefassten Vertrag eingefügt werden, keine AGB.[432]

Des Weiteren ist in Finnland die Aufteilung der AGB in die „einseitig von einer Partei erstellten AGB" und den „agreed documents"[433] von Bedeutung. Somit ist die Grenze zwischen Individualverträgen und AGB nicht streng sondern eher fließend.[434] Die „agreed documents" sind AGB, die von den Repräsentanten beider Parteien (z.B. auf Verbandsebene) gemeinsam erstellt worden sind und daher in der Regel die Interessen beider Parteien ausgewogen berücksichtigen. Wenn dies der Fall ist, sind die Anforderungen für deren Einbeziehung nach der herrschenden Meinung niedriger als für die Einbeziehung von „einseitig von einer Partei erstellten AGB".[435] Das gleiche gilt für die von neutralen

---

2009, 1040, 1048, denen gemäß AGB als Ganzes und nicht klauselorientiert zu bewerten sind; vgl. auch Diskussionsbeitrag von *Kugler* im Rahmen des 7. AGB Symposions am 11.3.2010, siehe *Friedrich/Lennartz*, in: *Axer* u.a., Tagungsbericht S. 18 (bisher unveröffentlicht), nach dem man in den 70er Jahren auch in Deutschland unter AGB komplexe Klauselwerke verstand.

431 Vgl. Abschnitt 5.2.1.1 und 5.2.1.2 sowie 11.1 und 11.2, da dieser Unterschied sich besonders deutlich in Zusammenhang mit dem Aushandeln und der überraschenden Klauseln bemerkbar macht.

432 *Karhapää*, S. 6. Anders im deutschen Recht, vgl. z.B. der BGH in seinen Urteilen BGHZ 75, 15, 21; BGH NJW 1997, 135, in denen ausdrücklich feststellt wird, dass einzelne Klauseln in sonst individuell gestalteten Verträgen AGB sein können.

433 Der entsprechende deutsche Begriff ist „kollektiv ausgehandelte Vertragsbedingungen". So sind z.B. die Allgemeine Deutsche Spediteurbedingungen (ADSp), die Verdingungsordnung für Bauleistung (VOB) und kollektiv erarbeitete Einheitsmietverträge „agreed documents".

434 Vgl. *Keto-Girgin*, S. 96; *Linna*, S. 36.

435 Helsingin HO 1.8.2001, T:2012; *Wilhelmsson*, S. 37 und 67; *Hoppu/Hoppu*, S. 63-64; *Hemmo*, Sopimusoikeus I, S. 146-147, 162; *Ekuri*, S. 38-39; *Heikkinen*, S. 10; *Aspbäck*, S. 67; *Kosonen*, S. 25; *Portin* LM 1987, 391, 392-393; *Hemmo/Hoppu*, Aktualisierung 10.5.2008, Abschnitt 7 / Vakiosopimukset / Laatimistapa; *Grönfors/Dotevall*, S. 72; *Erlund/Lindfors/Salminen/Turunen*, S. 32-33; *Bernitz*, in: Finna rätt, S. 167-168; *Lindström*, S. 66-67; so auch *Kuuskoski*, S. 27-28 und 37, die allerdings zu Recht hervorhebt, dass die gemeinsame Aufstellung die Ausgewogenheit der Bedingungen nicht garantiert, falls eine Seite den Inhalt der Bedingungen tatsächlich diktieren kann; noch weitergehend *Oikeustoimilakitoimikunta* (S. 291-292, 302 und 333), der vorschlug, dass im unternehmerischen Geschäftsverkehr ein Hinweis auf „agreed documents" allein genügen würde, um deren Einbeziehung in den Vertrag zu bewirken und *Halila/Hemmo*, S. 53, nach denen bestimmte „agreed documents" in bestimmten

Instanzen geschaffenen Klauselwerke, wie Incoterms oder ECE 188-Bedingungen.[436] Falls der Aufstellungsvorgang nur scheinbar gemeinsam gewesen ist, sind die gleichen Regeln wie in Bezug auf „einseitig von einer Partei erstellten AGB“ anzuwenden.[437]

In Deutschland bleibt der Aufstellungsvorgang normalerweise ohne Bedeutung für die Einbeziehung der AGB. Etwas anderes gilt innerhalb Deutschlands nur, wenn der Vertragspartner selbst oder seine unmittelbaren Vertreter am Aufstellungsvorgang beteiligt waren. Dann sind die Vertragsbedingungen nicht mehr von einer Partei gestellt und nehmen somit den Charakter der Individualvereinbarung an.[438] Dies ist auch dann der Fall, wenn beide Parteien unabhängig voneinander bzw. im Einverständnis aufgrund freier Entscheidung beider Parteien[439] die Einbeziehung derselben branchenüblichen oder sonst keiner Partei zu-

---

Fällen zumindest teilweise sogar ohne eindeutigen Hinweis Anwendung finden können. Als Beispiel für solche „agreed documents“ erwähnen sie Rakennusurakan yleiset sopimusehdot.; vgl. auch *Oksanen/Laine/Kaskiaro*, S. 29-30, nach denen lediglich solche AGB glaubhaft sind, die durch einen gemeinsamen Aufstellungsvorgang entstanden sind; aA *Saarnilehto* (Saarnilehto/Hemmo/Kartio 2001, S. 371), wonach der Aufstellungsvorgang bei der Auslegung der AGB berücksichtigt werden kann, aber dem Aufstellungsvorgang auf der Einbeziehungsebene keine Bedeutung zuzumessen ist. Dieser Ansicht ist nicht zu folgen, weil es bei der Anwendung von „agreed documents“ wegen der gemeinsamen Aufstellung und daraus folgender Berücksichtigung der Interessen beider Parteien an der einseitigen Inanspruchnahme der Vertragsgestaltungsfreiheit fehlt. Insofern ist der Vertragspartner nicht gleichermaßen schutzbedürftig wie bei den einseitig erstellten AGB. Daher ist es nicht gerechtfertigt, gleich hohe Anforderungen an die Einbeziehung von „agreed documents“ und an die Einbeziehung von einseitig erstellten AGB zu stellen.

436 *Wilhelmsson*, S. 59-60; *Portin* LM 1987, 391, 392-393.

437 *Laurila*, S. 30; vgl. auch *Kosonen*, S. 22; *Kuuskoski*, S. 27-28 und 37.

438 Ulmer/Brandner/Hensen/*Ulmer/Habersack* 2011, § 305 Rn 59 und 74; Wolf/Lindacher/Pfeiffer/*Pfeiffer* 2009, § 305 Rn 44; in diesem Sinne auch Erman Bd. I/*Roloff* 2011, § 305 Rn 23; vgl. auch BGH ZIP 2009, 2446, 2447-2448, in dem die zwischen der Fondsgesellschaft und dem Wirtschaftsprüfer im Einzelnen ausgehandelten Bedingungen der Inhaltskontrolle unterlagen, weil sie später gegenüber einer unbestimmten Vielzahl von Anlegern Verwendung finden sollten. Deshalb war der Inhalt der Bedingungen trotz des Aushandelns aus der Sicht eines Anlegers vorgegeben und handelte es sich somit um AGB; vgl. aber auch *Basedow* ZHR 150 (1986), 469, 485, der die „Verbandsnormen“ eigentlich als eine dritte Kategorie neben der Individualvereinbarungen und den einseitigen AGB ansieht, sie aber wegen der dichotomischen Unterscheidung zwischen AGB und Individualvereinbarung in § 1 AGBG (jetzt: § 305 I BGB), die keinen Raum für eine dritte Kategorie lässt, als AGB einstuft.

439 Das Beruhen auf einer freien Entscheidung beider Parteien setzt voraus, dass auch die Partei, die mit dem Verwendungsvorschlag der anderen Partei konfrontiert wird, in der Auswahl der in Betracht kommenden Vertragstexte frei sein und insbesondere Gele-

zurechnenden AGB (z.B. VOB) verlangen.[440] Die geringe Bedeutung des Aufstellungsvorgangs im deutschen Recht ist vermutlich auf die im internationalen Vergleich relativ geringen Einbeziehungsanforderungen des deutschen Rechts[441] zurückzuführen. Daher besteht kein Bedürfnis, die „agreed documents“ bei der Einbeziehung anders als die einseitig erstellten AGB zu behandeln.

Diese Grundsätze gelten nach dem deutschen Recht ebenfalls im Bereich des internationalen Handelsverkehrs für die Einbeziehung von unter Beteiligung von Interessenverbänden beider Marktseiten oder von internationalen neutralen Organisationen im Interesse beider Vertragsseiten ausgearbeiteten AGB. Da das Fehlen des Merkmals „Stellen“ auch bezüglich dieser Bedingungen nicht vermutet werden kann, ist das AGB-Recht anzuwenden.[442] Allerdings wird bei solchen Klauselwerken von einer mehr oder weniger starken Vermutung sachlicher Ausgewogenheit ausgegangen. Daher sind sie im Rahmen der Inhaltskontrolle nicht ohne weiteres einseitig gestellten AGB gleichzustellen, soweit sie auf den

---

genheit erhalten muss, alternativ eigene Textvorschläge mit der effektiven Möglichkeit ihrer Durchsetzung in die Verhandlungen einzubringen (BGH NJW 2010, 1131, 1133). Unter diesen Voraussetzungen sind entweder beide oder keine der Parteien Verwender. Der BGH hat es freilich dahinstehen lassen, welche von diesen Alternativen sich durchsetzt. Jedoch liegt kein „Stellen“ von Vertragsbedingungen im Sinne von § 305 I Satz 1 BGB vor, weil es in beiden Fällen keine Gegenpartei des Verwenders gibt. Da das AGB-Recht darauf abzielt, Rechtsbeziehungen zwischen einem Verwender und einer anderen Vertragspartei, nicht aber zwischen zwei Verwendern zu regeln, finden §§ 305 ff. BGB folglich keine Anwendung (BGH NJW 2010, 1131, 1131 und 1133; *Lorenz* DAR 2010, 314, 316-317; aA *Graf von Westphalen*, Einkaufsbedingungen, S. 12 und *Schmitt/Ulmer*, S. 6, nach denen beide Parteien in so einem Fall AGB-Verwender sind und dass bei einer konkreten Fragestellung immer diejenige Partei, die sich auf eine bestimmte AGB-Klausel beruft, der Verwender ist).

440 Palandt/*Grüneberg* 2012, § 305 Rn 13; *Niebling* MDR 2010, 961, 961; *Stoffels*, S. 47-48; *Grünberger* Jura 2009, 249, 255; *Schwab*, S. 21; Erman Bd. I/*Roloff* 2011, § 305 Rn 12; Ulmer/Brandner/Hensen/*Ulmer/Habersack* 2011, § 305 Rn 29; *Meyer* ZHR 174 (2010), 108, 139; BGH NJW 2010, 1131; *Lorenz* DAR 2010, 314, 316-317; aA Staudinger AGB/*Schlosser* 2006, § 305 Rn 31 und *Schmitt/Ulmer*, S. 6, denen zufolge die Vertragsparteien in solchen Fällen die AGB gegenseitig gestellt haben; *Miethaner*, S. 188-189, nach dem „immer eine der Parteien als erste die Verwendung des jeweiligen Klauselwerks“ vorschlägt und die Einwilligung der anderen Seite kein unabhängiges Verlangen oder Einverständnis darstellt. Deshalb können beide Parteien höchstens dann die Einbeziehung gleicher AGB verlangen, wenn sie in sich kreuzenden Briefen auf dieselben AGB verweisen.

441 Vgl. vor allem Abschnitt 6.2.1; *Reithmann/Martiny*, S. 216; *Drasch*, S. 1-2; *Nörenberg* NJW 1978, 1082, 1086; vgl. auch die Länderberichten in *Müller/Otto*.

442 Ulmer/Brandner/Hensen/*Schmidt* 2011, Anh. § 305 Rn 31; *Maindl*, S. 205; vgl. auch BAG ZIP 2009, 1533; aA *Stoll*, in: FS Kegel, S. 655.

internationalen Geschäftsverkehr ausgerichtet sind. Folglich sind „im Sach- und Zweckzusammenhang stehende Klauseln in ihrer Gesamtheit zu würdigen und im Zweifel zu validieren“ anstatt jede Klausel isoliert zu bewerten.[443]

Das Hauptaugenmerk dieser Untersuchung liegt bei den einseitig von einer Partei gestellten AGB, da die meisten AGB von einer Partei oder deren Branchenorganisation einseitig erstellt werden.[444] Trotzdem werden auch die Besonderheiten der von neutralen Instanzen geschaffenen Klauselwerke mitberücksichtigt.

5.1.2 Begriff der AGB im UN-Kaufrecht

Wie das finnische Recht, beinhaltet das UN-Kaufrecht keine gesetzliche Definition der AGB.[445] Des Weiteren wird in Bezug auf das UN-Kaufrecht die Thematik des AGB-Begriffs meist übersprungen. In den wenigen ausdrücklichen Stellungnahmen wird einerseits die Auffassung vertreten, dass grundsätzlich die Definition des subsidiär anwendbaren nationalen Rechts anzuwenden ist.[446] Nach anderer Auffassung ist dagegen nicht auf das unvereinheitlichte nationale Recht

---

443 Wolf/Lindacher/Pfeiffer/*Hau* 2009, IntGV Rn 57; Ulmer/Brandner/Hensen/*Fuchs* 2011, § 307 Rn 154; Staudinger Rom I Bd.1/*Hausmann* 2011, Art. 10 Rn 95; *Maindl*, S. 228-229; *Basedow* ZHR 150 (1986), 469, 485; vgl. auch die Entscheidungen des BGH zum VOB/B auf der nationalen Ebene (BGHZ 86, 135, 141-142; BGH NJW 1982, 1820, 1821) und Herberger/Martinek et al./*Lapp/Salamon* 2010, § 307 Rn 37.

444 *Oikeustoimilakitoimikunta*, S. 298; *Portin* LM 1987, 391, 392.

445 Im internationalen Vergleich ist dies gar nicht so selten der Fall, da z.B. auch das italienische, französische und schweizerische Recht keine gesetzliche Definition der AGB enthalten (*Rühl*, S. 135, 139, 150).

446 *Stadler*, S. 40; in diesem Sinne wohl auch *Verweyen/Foester/Toufar*, S. 203, die die deutsche AGB-Definition wiederholen, ohne näher auf die Thematik einzugehen und *Hennemann*, S. 69, der einerseits kurz feststellt, dass es keinen international einheitlichen AGB-Begriff gibt und somit eindeutig von der Anwendbarkeit der nationalen AGB-Definitionen ausgeht. Andererseits begründet er die Anwendung des UN-Kaufrechts auf die Einbeziehung von AGB damit, dass es ansonsten von den nationalen AGB-Definitionen abhängen würde, wann dass UN-Kaufrecht zur Anwendung kommt und wann nicht. Dies leitet er davon ab, dass das UN-Kaufrecht jedenfalls für den individualvertraglichen Vertragsabschluss maßgeblich ist. Bei der Anwendung des jeweiligen nationalen Rechts auf die Frage der Einbeziehung von AGB würde der Anwendungsbereich des UN-Kaufrechts abhängig von den nationalen AGB-Definitionen immer unterschiedlich ausfallen. Daher soll das UN-Kaufrecht seiner Meinung nach für die Prüfung der Einbeziehung von AGB maßgeblich sein. Somit bringt er die aus der Anwendung der nationalen AGB-Begriffe folgenden erheblichen Nachteile deutlich zum Ausdruck. Dennoch hat er die Anwendung der nationalen AGB-Definitionen nicht in Frage gestellt; unklar hingegen *Köhler*, Das UN-Kaufrecht, S. 88-89.

zurückzugreifen, sondern die Begriffsbestimmung soll losgelöst von den nationalen Ansichten erfolgen.[447]

Nach Art. 7 II CISG sind im UN-Kaufrecht geregelte, aber nicht ausdrücklich entschiedene Gegenstände nach den dem UN-Kaufrecht zugrunde liegenden allgemeinen Grundsätzen zu entscheiden. Damit sind interne Lücken, also solche Rechtsfragen gemeint, die in den Regelungsbereich des UN-Kaufrechts fallen, aber auf die die Vorschriften keine unmittelbare Antwort geben.[448] Somit sind die Gerichte zur Rechtsfortbildung aufgerufen.[449] Das unvereinheitlichte nationale Recht kann nur dann angewendet werden, um eine Lücke zu schließen, wenn diese aufgrund der allgemeinen Grundsätze des UN-Kaufrechts nicht autonom geschlossen werden kann.[450]

Wie oben festgestellt, wird die Einbeziehung von AGB im Anwendungsbereich des UN-Kaufrechts nach Artt. 14 ff. CISG entschieden. Dabei ist natürlich wesentlich, was unter dem AGB-Begriff verstanden wird.[451] Wenn die Definition des AGB-Begriffs immer davon abhängig wäre, welches Recht subsidiär anwendbar ist, wäre die durch das UN-Kaufrecht angestrebte Vereinheitlichung des internationalen Kaufrechts erheblich gefährdet.[452] Somit handelt es hierbei um eine in den Regelungsbereich des UN-Kaufrechts fallende Rechtsfrage, die allerdings nicht ausdrücklich entschieden worden ist. Daher ist der Begriff der AGB im Anwendungsbereich des UN-Kaufrechts anhand der allgemeinen Grundsätze des UN-Kaufrechts zu definieren.

Gemäß Art. 7 I CISG sind bei der Auslegung der Begriffe des UN-Kaufrechts der internationale Charakter des CISG, seine einheitliche Auslegung und die Wahrung des guten Glaubens im internationalen Handel zu berücksich-

---

447 *Hammerschmidt*, S. 32.

448 Ferrari/Kieninger et al./*Saenger* 2012, Art. 7 Rn 7; Schlechtriem/Schwenzer/*Ferrari* 2008, Art. 7 Rn 41-43; *Huber* IHR 2006, 228, 234; *Brunner* 2004, Art. 7 Rn 7; *Kuoppala*, S. 10.

449 *Schmid*, S. 54 und 66; *Karollus* JuS 1993, 378, 382.

450 *Gebauer*, The scope of autonomous interpretation in different Conventions; Staudinger CISG/*Magnus* 2005, Art. 7 Rn 58; Witz/Salger/Lorenz/*Witz* 2000, Art. 7 Rn 32; *Karollus* JuS 1993, 378, 382; *Kuoppala* Oikeustieto 2009, 2, 4-5; *Lindström*, S. 42 und 77.

451 Vgl. *Schmid*, S. 42, nach dem gewährleistet werden muss, dass alle in wesentlichen Teilen vom UN-Kaufrecht geregelten Fragen auch wirklich nach dem UN-Kaufrecht behandelt werden.

452 Vgl. *Hennemann*, S. 69, der allerdings trotzdem ohne besondere Thematisierung von der Anwendbarkeit der nationalen AGB-Definitionen ausgeht. Zur angestrebten Vereinheitlichung vgl. Staudinger CISG/*Magnus* 2005, Art. 4 Rn 11 und Art.7 Rn 12; *Piltz* IHR 2002, 2, 5; *Rudolph* 1996, Art. 7 Rn 5; *Riski*, S. 21; *Sisula-Tulokas*, in: Ulkomaankauppaoikeus, S. 60-61.

tigen. Daraus wird das Gebot der autonomen Auslegung abgeleitet.[453] Dies bedeutet, dass die Begriffe des UN-Kaufrechts aus sich selbst heraus und in Zusammenhang zu anderen Begriffen des UN-Kaufrechts zu interpretieren sind. Ein Rückgriff auf das nationale Recht und dessen Begriffe und Verständnisse ist nicht erlaubt.[454] Dies gilt jedoch nicht, wenn ein Rechtsinstitut des UN-Kaufrechts gezielt aus einer bestimmten Rechtsordnung übernommen wurde oder das Übereinkommen selbst, wie in Art. 1 I lit.b) oder in Art. 28 CISG, auf das nationale Recht verweist.[455]

Diese autonome Auslegung bildet den allgemeinen Grundsatz für die Definition und Auslegung der Begriffe im Bereich des UN-Kaufrechts. Daher sollte sie auch für die Bestimmung des Begriffs AGB angewendet werden, obwohl es sich dabei nicht um einen im Übereinkommenstext genannten Begriff handelt. Somit ist der Begriff der AGB allein aus dem Blinkwinkel des UN-Kaufrechts unter Berücksichtigung der im Art. 7 I CISG erwähnten Kriterien festzulegen, ohne auf ein nationales Recht zurückzugreifen.

An den Auslegungsprinzipien des UN-Kaufrechts und an der Realität des internationalen Handelsverkehrs orientiert sind nach *Hammerschmidt* unter AGB solche vorgefertigten Klauselkataloge zu verstehen, die für eine vielfache Verwendung in gleichartigen Kaufverträgen entworfen worden sind und die zwischen den Parteien nicht individuell ausgehandelt werden.[456]

Dieser Definition, die naturgemäß sowohl der deutschen als auch der finnischen Definition ähnelt, ist grundsätzlich zuzustimmen. Jedoch erfordert sie zum Teil eine nähere Konkretisierung. Bei der Bestimmung des AGB-Begriffs sollten vor allem die praktischen und nicht die rein formalen Gesichtspunkten im

---

453 Schlechtriem/Schwenzer/*Ferrari* 2008, Art. 7 Rn 9; Staudinger CISG/*Magnus* 2005, Art. 7 Rn 11-12; MüKo HGB Bd. 6/*Ferrari* 2007, Art. 7 Rn 7; Witz/Salger/Lorenz/*Witz* 2000, Art. 7 Rn 8; *Achilles* 2000, Art. 7 Rn 3; Soergel Bd. 13/*Lüderitz/Fenge* 2000, Art. 7 Rn 2; *Rudolph* 1996, Art. 7 Rn 5; *Karollus*, S. 11; BGH NJW 1999, 2440, 2441; HGer Aargau 26.9.1997, http://www.cisg-online.ch, case 329; vgl. auch *Klami/Kuisma*, S. 61-62.

454 *Ferrari* IHR 2009, 8, 8-10; Ferrari/Kieninger et al./*Saenger* 2012, Art. 7 Rn 4; *Schwenzer* IHR 2010, 45, 45-46; *Hilberg*, S. 234-235; Staudinger CISG/*Magnus* 2005, Art. 7 Rn 11; *Rudolph* 1996, Art. 7 Rn 5; *Huber* IHR 2006, 228, 229; *Sisula-Tulokas*, CISG 2009, S. 10; *Kuoppala* Oikeustieto 2009, 2, 3; *Riski*, S. 21.

455 *Schlechtriem*, S. 45; Staudinger CISG/*Magnus* 2005, Art. 7 Rn 12-13; MüKo HGB Bd. 6/*Ferrari* 2007, Art. 7 Rn 7-8; Schlechtriem/Schwenzer/*Ferrari* 2008, Art. 7 Rn 9-10; *Sisula-Tulokas*, in: Ulkomaankauppaoikeus, S. 60-61.

456 *Hammerschmidt*, S. 32.

Vordergrund stehen, um die Bedürfnisse des internationalen Handelsverkehrs[457] zu berücksichtigen, ihnen entgegenzukommen und um die einheitliche Auslegung des UN-Kaufrechts zu unterstützen.[458]

Aufgrund der üblichen Erwartungen des internationalen Handelsverkehrs sollten hinsichtlich der „vielfachen Verwendung" in der Regel deutlich mehr Verträge als nach dem deutschen Recht vorausgesetzt werden. Dabei sollte die absolute Anzahl der Verwendungen allerdings nicht allein maßgeblich sein, sondern die allgemeingültige Natur der Bedingungen und deren Vorformulierung für eine unbestimmte Anzahl von ähnlichen Geschäften sollten als wesentliche Tatbestandsmerkmale mitberücksichtigt werden.[459] Diesem steht jedoch nicht entgegen, dass von vornherein eine bestimmte, größere Anzahl von vorhandenen Kaufobjekten vorgesehen ist, vorausgesetzt dass die Verwendung der AGB in allen diesen Fällen beabsichtigt ist.[460]

Bei der Beurteilung sollte, wie im deutschen und finnischen Recht, die Absicht des Verwenders maßgeblich sein. Somit liegen AGB auch bei der ersten Verwendung vor, wenn eine vielfache Verwendung beabsichtigt ist. Weiterhin setzt der AGB-Charakter in der Regel voraus, dass das Klauselwerk gegenüber mehreren Vertragspartnern verwendet wird. Dies beruht auf der bereits oben aufgeführten und zweckmäßigerweise dem AGB-Begriff innewohnenden An-

---

457 Zu diesen Bedürfnissen gehören z.B. die einfache, zügige, reibungslose, klare und flexible Abwicklung der Geschäfte (*Lutz*, S. 6; *Schmidt,* Handelsrecht, S. 35; Baumbach/Hopt/*Hopt* 2012, Einl v § 1 Rn 4-7).

458 Vgl. Schlechtriem/Schwenzer/*Ferrari* 2008, Präambel Rn 7, wonach die einheitsrechtlichen Regelungen der Vereinfachung des internationalen Kaufrechts dienen sollen.

459 Vgl. *Lindström*, S. 63; *Tettinger* AcP 205 (2005), 1, 30, der kritisch fragt, ob drei Verträge (gegebenenfalls gegenüber demselben Vertragspartner) eine Vielzahl ausmachen. Als Alternative spricht er von einer „echten Vielzahl" von Verwendungen. Vgl. auch *Abels,* in: AGB im Spannungsfeld, S. 14, der eine hundertfache oder tausendfache Verwendung als ursprüngliche Absicht des Gesetzgebers erwähnt. Gleichzeitig mahnt er (in: AGB im Spannungsfeld, S. 16), dass die „Vielzahl" deutlich größer als drei sein soll und sich auf voneinander wirtschaftlich getrennte Vertragsvorgänge beziehen soll. Vgl. weiterhin auch *Schulte-Nölke*, der die weite Auslegung des Merkmals „Vielzahl" und die daraus folgende extrem weite Definition von AGB problematisch findet (*Schulte-Nölke* ZGS 2007, 321) und *Rühl*, die darstellt, dass in Frankreich AGB „in abstrakter und genereller Weise für eine unbestimmte Anzahl von Geschäften vorformuliert" sein müssen (*Rühl*, S. 140) und dass die spanische gesetzliche Definition eine Anwendung bei allen Verträgen, die die Partei abschließt, voraussetzt (*Rühl*, S. 144). So auch Oberassistent Mika Viljanen in einem mündlichen Gespräch am 16.2.2009.

460 Vgl. BT-Drs. 7/3919, S. 16.

forderung an die Allgemeingültigkeit, die meist nicht erfüllt wird, wenn die Bedingungen lediglich gegenüber einem Vertragspartner verwendet werden.[461]

Des Weiteren sollte das Kriterium „in gleichartigen Kaufverträgen" hervorgehoben werden. Somit sollten Klauseln, die als Textbausteine aus Musterverträgen oder Datenbanken in standardisierter Form in einen auf das Verhältnis der Parteien individuell zugeschnittenen Vertrag eingefügt werden, nach dem UN-Kaufrecht keine AGB sein. Dies ergibt sich daraus, dass es für den Vertragspartner und seine Schutzbedürftigkeit keinen Unterschied macht, ob die Klauseln eines einmaligen, auf das Verhältnis der Parteien individuell zugeschnittenen Vertrags als vorformulierte Textbausteine aus Datenbanken entnommen und individuell zusammengefügt oder ad hoc formuliert sind.[462] Daher ist es nicht überzeugend, die Klauseln aufgrund formaler Kriterien, wie ihrer Herkunft aus Datenbanken oder Musterverträgen, als AGB zu definieren, obwohl dies sinnigerweise mit einer mehrfachen Verwendung der Klauseln in verschiedenen Zusammenhängen verbunden ist. Vielmehr sollte die Definition im Anwendungsbereich des UN-Kaufrechts auf die Absicht des konkreten Verwenders, sie in gleichartigen Kaufverträgen zu verwenden, abstellen.

Dagegen kommt es bei dem Merkmal „Klauselkatalog" nicht auf die Länge des Katalogs an. Auch eine relativ kurze Textpassage kann AGB sein, wenn der Verwender sie allen gleichartigen Verträgen zugrunde zu legen pflegt. Außerdem muss der Klauselkatalog keinen äußerlich gesonderten Bestandteil des Vertrags bilden, sondern die AGB können sich in der Vertragsurkunde befinden. Außerdem bleibt es ohne Bedeutung in welcher Weise die AGB fixiert sind oder ob sie von dem Verwender selbst oder durch Dritte entworfen sind, soweit der Verwender sie sich zu Eigen macht und beabsichtigt, sie vielfach in gleicharti-

---

461 Vgl. zusätzlich auch die in Fußnote 416 dargestellte Diskussion bezüglich der möglichen AGB-Qualität der Rahmenvereinbarungen.

462 Vgl. MüKo Bd. 2/*Basedow* 2007, § 305 Rn 33, der ausdrücklich darstellt, dass es sich bei ad hoc formulierten Vertragsentwürfen um keine AGB handelt, obwohl der „Verwender" sie in Form eines Angebots an die andere Partei einseitig auferlegt und dabei ankündigt, dass er nicht daran denke, sich auf Verhandlungen über den Vertragsinhalt einzulassen. Zwar entspricht dies nicht der üblichen Entstehungsart eines Vertrags, weil ad hoc formulierte Vertragsentwürfe im Allgemeinen und vor allem in Verbindung mit einer klaren Ablehnung aller Verhandlungen sehr selten sind. Trotz dieser Praxisfremdheit verdeutlicht dieses Beispiel aber sehr gut, dass es für den Vertragspartner und seine Schutzbedürftigkeit keinen Unterschied macht, ob die Klauseln eines individuell zugeschnittenen Vertrags aus Datenbanken entnommen worden oder ad hoc formuliert sind. Somit ist es nicht gerechtfertigt, eine Unterscheidung (AGB oder keine AGB) aus solchen formalen Kriterien herzuleiten.

gen Verträgen zu verwenden.[463] Jedoch ist das Merkmal „Klauselkatalog" insofern ernst zu nehmen, dass die AGB als Einheit zu verstehen sind, ohne die einzelnen Klauseln isoliert zu betrachten.[464] Hiermit wird der Tatsache Rechnung getragen, dass Unternehmen regelmäßig das Vertragswerk als Gesamtpaket sehen und deshalb Kompromisse hinsichtlich bestimmter Klauseln eingehen, um bei anderen Klauseln Vorteile zu erzielen.[465]

Ein auf diese Weise definierter AGB-Begriff ist nicht so streng wie die deutsche Definition. Er entspricht aber besser dem allgemeinen Verständnis der internationalen Wirtschaftsleute als die deutsche Definition, die sogar in deutscher Literatur als „extrem weit" kritisiert wird, weil es „praktisch alle Verträge auch unter Unternehmen erfasst".[466] Somit unterstützt die hier vertretene Definition auch entsprechend Art. 7 I CISG die Wahrung des guten Glaubens im internationalen Handel. Gleichzeitig fördert eine solche praxisnahe Definition die einheitliche Auslegung und Anwendung des UN-Kaufrechts in allen Mitgliedstaaten.

---

463 Vgl. diesbezüglich die Definitionen des deutschen und finnischen Rechts in Abschnitt 5.1.1.

464 Vgl. *Ventsch/Kluth* IHR 2003, 61, 64; BGH IHR 2002, 16, 19; vgl. auch *Schmidt-Kessel/Meyer* IHR 2008, 177, 179, die darauf hinweisen, dass der BGH die AGB als ganzes berücksichtigt.

465 Vgl. *Günes/Ackermann* ZGS 2010, 454, 456; *Dauner-Lieb/Axer* ZIP 2010, 309, 311; *Müller/Griebeler/Pfeil* BB 2009, 2658, 2660-2661; *Berger* NJW 2010, 465, 468-469; *Bröker* IBR 2010, 255; *Miethaner* NJW 2010, 3121, 3127.

466 Vgl. *Schulte-Nölke* ZGS 2007, 321; *Leuschner* JZ 2010, 875, 875; *Abels,* in: AGB im Wirtschaftsverkehr, S. 30-31; Begrüßung von *Abels* im Rahmen des 7. AGB Symposions am 11.3.2010, siehe *Friedrich/Lennartz*, in: *Axer* u.a., Tagungsbericht S. 2 (bisher unveröffentlicht); Vortrag von *Maier-Reimer* im Rahmen des 7. AGB Symposions am 11.3.2010, siehe *Rabus*, in: *Axer* u.a., Tagungsbericht S. 7 (bisher unveröffentlicht); *Salger*, AGB-Rechtsprechung; *Pfeil*, RIW-Editorial Heft 5/2009 und *Bellinghausen*, in: AGB im Spannungsfeld, S. 43, die darstellen, dass keine andere Rechtsordnung den Begriff der AGB so streng wie die deutsche definiert; vgl. auch *Schlosser* JR 1988, 1, 2, der feststellt, dass der Begriff der AGB schon 10 Jahre nach Erlass des AGB-Gesetzes eine ungeahnte Ausdehnung erfahren hatte, da in allen Grenzfällen AGB und keine Individualvereinbarungen angenommen wurden; vgl. weiterhin auch *Pfeiffer* ZGS 2004, 401, der im Zusammenhang einer zunehmenden Flucht der deutschen Unternehmen in das schweizerische Recht auf den weiten AGB-Begriff des deutschen Rechts als einen zentralen Grund hinweist; vgl. auch *Miethaner*, S. 258, der dem Ergebnis zustimmt, dass der jetzige AGB-Begriff zu weit geht, da „heute fast jede Vertragsbedingung unter dem Vorbehalt ihrer Angemessenheit steht". Gleichzeitig hält er die Ausdehnung der Kriterien „Stellen" und „Vielzahl" für sachlich gerechtfertigt und sieht lediglich die von BGH an das Aushandeln angewendeten Kriterien als zu zurückhaltend an.

5.2 Individualvereinbarungen und deren Verhältnis zu den AGB

5.2.1 Individualvereinbarungen

Gemäß § 305 I Satz 3 BGB liegen AGB nicht vor, soweit die Vertragsbedingungen zwischen den Vertragsparteien im Einzelnen ausgehandelt sind. Solche Vereinbarungen sind Individualvereinbarungen. Eine ähnliche Definition gilt nach finnischem Recht.[467]

Meines Erachtens können Individualvereinbarungen grundsätzlich entstehen:

- durch eine ausdrückliche einzelvertragliche Vereinbarung der Parteien (Einzelfallvereinbarung)[468],
- dadurch, dass die anfänglich gestellten AGB durch Aushandeln den Charakter von Individualvereinbarungen annehmen[469] oder
- durch eine verhaltensbezogene Abweichung von den AGB[470].

Der erste Fall ist normalerweise leicht zu erkennen. Beim zweiten Fall gibt es dagegen häufig Abgrenzungsprobleme. Auch beim dritten Fall ist oft fraglich, ob es sich um eine Individualvereinbarung handelt. Daher wird hier auf diese Fälle näher eingegangen.

5.2.1.1 Wandlung der AGB zu einer Individualvereinbarung durch Aushandeln nach dem deutschen Recht

5.2.1.1.1 Bei durchgeführten Verhandlungen

5.2.1.1.1.1 Traditionell herrschende Ansicht

Nach ständiger Rechtsprechung des BGH und der herrschenden Lehre setzt „Aushandeln" auch im unternehmerischen Geschäftsverkehr mehr als bloßes „Verhandeln" voraus. Der Verwender muss den in seinen AGB enthaltenen gesetzesfremden Kerngehalt inhaltlich ernsthaft zur Disposition stellen und dem Verhandlungspartner Gestaltungsfreiheit zur Wahrung eigener Interessen einräumen. Zugleich muss er dem Verhandlungspartner eine reale Möglichkeit ver-

---

467 Saarnilehto/Hemmo/Kartio/*Saarnilehto* 2001, S. 281.

468 BGH NJW 1988, 2465, 2466; Saarnilehto/Hemmo/Kartio/*Saarnilehto* 2001, S. 281. Dies erfasst auch Fälle, in denen die Vertragsparteien ausdrücklich eine, von den AGB abweichende Regelung vereinbart haben (vgl. *Oksanen/Laine/Kaskiaro*, S. 30-31).

469 Ulmer/Brandner/Hensen/*Ulmer/Habersack* 2011, § 305 Rn 39-40 und 45; *Telaranta*, S. 184.

470 BGH NJW 1983, 2638; 1986, 43, 44; KKO 1934 II 581; 1992:50.

schaffen, den Inhalt der Vertragsbedingungen zu beeinflussen.[471] Somit wird mit dem Aushandeln im Sinne von § 305 I Satz 3 BGB ein durch das Aushandeln bedingte *Ergebnis* gemeint, welches mehr als die bare *Tätigkeit* des Verhandelns ist.[472] Deshalb genügt die Erklärung des Klauselinhalts[473] genauso wenig wie eine vom Vertragspartner unterzeichnete Erklärung, wonach der Vertragsinhalt ausgehandelt wurde[474]. Stattdessen muss erkennbar geworden sein, dass der Vertragspartner den Sinn wirklich erfasst hat und in seinen rechtsgeschäftlichen Gestaltungswillen aufgenommen hat.[475]

Weiterhin muss das Aushandeln im Zusammenhang des jeweiligen Vertrags erfolgen. Ein kollektives Aushandeln auf Verbandsebene, was bei „agreed documents" typischerweise der Fall sein könnte, reicht nicht aus.[476] Das gleiche gilt für die Wiederverwendung von mit einem Vertragspartner im Einzelnen ausgehandelten Individualvereinbarungen in Bezug auf ein anderes Vertragsverhältnis.[477] Dagegen kann sich der AGB-Verwender gleichzeitig mit mehreren Vertragspartnern zusammensetzen, damit die Vertragsbedingungen zwischen

---

471 BGH NJW-RR 2009, 947, 948; BGH NJW 2003, 1805, 1807; 2002, 2388, 2389; 2000, 1110, 1111-1112; 1998, 2600, 2601; 1998, 3488, 3489; BGH NJW-RR 1996, 783, 787; *Graf von Westphalen* ZIP 2010, 1110, 1111; Graf von Westphalen/Thüsing/*Graf von Westphalen*, Vertragsrecht – Individualvereinbarung Rn 1 und 13; *Niebling* MDR 2010, 961, 961; *Grünberger* Jura 2009, 249, 255; *Schwab*, S. 32; *Graf von Westphalen* ZIP 2007, 149, 151; Erman Bd. I/*Roloff* 2011, § 305 Rn 18 und 24; Wolf/Lindacher/Pfeiffer/*Pfeiffer* 2009, § 305 Rn 38-39; MüKo Bd. 2/*Basedow* 2007, § 305 Rn 34; *Schiffer/Weichel* BB 2011, 1283, 1286; Palandt/*Grüneberg* 2012, § 305 Rn 20; *Graf von Westphalen* BB 2010, 195, 197; Bamberger/Roth Bd. 1/*Becker* 2007, § 305 Rn 33-34; *Gottschalk* NJW 2005, 2493, 2494; *Heinrichs* NJW 1977, 1505, 1507-1508; in diesem Sinne auch *Lischek/Mahnken* ZIP 2007, 158, 160 bezüglich Massengeschäfte.

472 *Graf von Westphalen* BB 2011, 195, 197; *Graf von Westphalen* NJW 2009, 2977, 2981; *Löwe* NJW 1977, 1328, 1329; BGH NJW 2005, 2543, 2544.

473 BGH NJW 2000, 1110, 1111; 1977, 624, 625; BGHZ 74, 204, 209; Palandt/*Grüneberg* 2012, § 305 Rn 21; Erman Bd. I/*Roloff* 2011, § 305 Rn 18; *Schuhmann* JZ 1998, 127, 128.

474 BGH NJW 1977, 432, 432; 2004, 502, 503; *Graf von Westphalen* BB 2011, 195, 197; *Wieland*, in: AGB in europäischen Rechtspraxis, S. 19; *Miethaner* NJW 2010, 3121, 3122; *Kappus* NZM 2010, 529, 535; AnwK AGB-Recht/*Niebling* 2012, § 305 Rn 72.

475 BGH NJW 2005, 2543, 2544; 1991, 1678, 1679; MüKo Bd. 2/*Basedow* 2007, § 305 Rn 34.

476 BT-Drs. 7/3919, S. 17; Wolf/Lindacher/Pfeiffer/*Pfeiffer* 2009, § 305 Rn 44; Erman Bd. I/*Roloff* 2011, § 305 Rn 23; Palandt/*Grüneberg* 2012, § 305 Rn 18; *Abels*, in: AGB im Spannungsfeld, S. 23; in diesem Sinne auch BGH NJW 1982, 1820, 1821.

477 BGH NJW 1979, 367, 368-369; *Müller/Griebeler/Pfeil* BB 2009, 2658, 2660; vgl. auch OLG Hamburg 12.12.2008 - 1 U 143/07; *Bröker* IBR 2010, 255, die hinzufügen, dass sich dies jedoch aus den Umständen des Einzelfalles ergeben kann.

dem Verwender einerseits und den Vertragspartnern andererseits gemeinsam im Einzelnen ausgehandelt werden.[478]

Die Voraussetzungen des Aushandelns müssen grundsätzlich für jede Klausel einzeln erfüllt werden.[479] Nach der Rechtsprechung des BGH schlägt sich das ernsthaft zur Disposition stellen in aller Regel in erkennbaren Änderungen des vorformulierten Textes nieder. Ausnahmsweise kann eine unveränderte Bedingung ausgehandelt sein, wenn der AGB-Verwender grundsätzlich zur Änderung bereit war, dieses seinem Vertragspartner bewusst war und der Vertragspartner sich aber nach gründlicher Erörterung mit der Bedingung ausdrücklich einverstanden erklärt hat.[480] Im Streitfall muss der AGB-Verwender dies beweisen.[481]

---

478 *Temme*, in: FS Herber, S. 205; AnwK AGB-Recht/*Niebling* 2012, § 305 Rn 69, nach dem dies auch durch bevollmächtigte Vertreter mehrerer Vertragspartner möglich ist.

479 BGH NJW-RR 1996, 783, 787; BT-Drs. 7/3919, S. 17; *Acker/Bopp* BauR 2009, 1040, 1043; *Graf von Westphalen*, Verkaufsbedingungen, S. 15; Wolf/Lindacher/Pfeiffer/*Pfeiffer* 2009, § 305 Rn 41; Graf von Westphalen/Thüsing/ *Graf von Westphalen*, Vertragsrecht – Individualvereinbarung Rn 23; Ulmer/Brandner/Hensen/*Ulmer/Habersack* 2011, § 305 Rn 55; *Habersack/Schürnbrand*, in: FS Canaris, S. 374; *Jaeger* NJW 1979, 1569, 1573; *Löwe* NJW 1977, 1328, 1329; aA LG Frankfurt ZGS 2003, 386, 396-397; *Michel/Hilpert* DB 2000, 2513, 2514.

480 BGH NJW 2003, 1805, 1807; 2000, 1110, 1112; 1998, 2600, 2601; 1991, 1678, 1679; BGHZ 84, 109, 111-112; BT-Drs. 7/3919, S. 17; MüKo Bd. 2/*Basedow* 2007, § 305 Rn 37; *Vogt* TranspR 2010, 15, 16; *Heinrichs* NJW 1977, 1505, 1508; vgl. auch *Graf von Westphalen*, Einkaufsbedingungen, S. 13, nach dem dies detaillierte, auf Abänderung zielende – und diese schließlich verwerfende – Vertragsverhandlungen voraussetzt; aA *Löwe* NJW 1977, 1328, 1329-1330, der Abänderung als eine notwendige Voraussetzung sieht. Wesentlich ist jedoch, dass die Änderung spontan entworfen wird und auf die individuellen Bedürfnisse des Vertragspartners des AGB-Verwenders zu seinen Gunsten zugeschnitten wird, da es ansonsten um eine im Kopf gespeicherte, vorformulierte Alternativklausel geht (*Miethaner* NJW 2010, 3121, 3125-3126; vgl. auch BGH NJW 1998, 1066, 1067-1068; 1988, 410; AnwK AGB-Recht/*Kummer* 2012, § 305b Rn 17).

481 BGH NJW 1977, 624, 625; 1998, 2600, 2601; BGH ZGS 2008, 300, 302; *Probst* JR 2011, 213, 214; *Miethaner*, S. 227; *Kappus* NZM 2010, 529, 536; *Schwab*, S. 33; *Graf von Westphalen*, Einkaufsbedingungen, S. 15; *Eberstein,* S. 31; *Heinrichs* NJW 1977, 1505, 1509; *Schuhmann* JZ 1998, 127, 130; aA freilich BVerfG NJW 2005, 1036, 1037. Andererseits kann der AGB-Verwender die Beweislast dadurch auf die andere Vertragspartei abwälzen, dass die Klausel in eine andere, aber ebenfalls verwenderfreundliche Fassung abgeändert wird. Auch hierbei ist die Beweisführung in der Praxis oft schwierig (*Schuhmann* JZ 1998, 127, 129).

Die Beweisführung ist in der Praxis sehr schwierig[482], obwohl darin, dass eine Reihe von zentralen Klauseln geändert worden sind, ein Indiz für das Aushandeln der übrigen, unveränderten Klauseln liegen kann.[483] Oft bleibt dies allerdings auf der theoretischen Ebene, da die herrschende Lehre und die Rechtsprechung diesbezüglich zurückhaltend sind.[484] Zudem müsste zwischen der abgeänderten und der unverändert übernommenen AGB-Klausel ein sachlicher Zusammenhang bestehen.[485] Deshalb wird das Vorliegen von AGB vielfach selbst dann bejaht, wenn intensive Vertragsverhandlungen stattgefunden haben.[486]

5.2.1.1.1.2 Kritik an der herrschenden Ansicht und die Grundlagen der Gegenansicht

Die Strenge der BGH-Rechtsprechung und der herrschenden Lehre hat viel Kritik erweckt und zu einer heftigen Diskussion sowohl unter Rechtswissenschaftlern, Praktikern als auch in der Tagespresse geführt.[487] Eine Gegenansicht wirft

---

482 Besonders schwierig ist sie dann, wenn die Parteien wegen der übereinstimmenden Überzeugung von der wirtschaftlichen Sachgerechtigkeit einer Klausel nicht ausführlich über diese diskutiert haben (vgl. *Abels,* in: AGB im Wirtschaftsverkehr, S. 32; Staudinger AGB/*Schlosser* 2006, § 305 Rn 36a; *Berger* ZIP 2006, 2149, 2152).

483 Ulmer/Brandner/Hensen/*Ulmer/Habersack* 2011, § 305 Rn 55; Erman Bd. I/*Roloff* 2011, § 305 Rn 22; BT-Drs. 7/3919, S. 17; *Habersack/Schürnbrand,* in: FS Canaris, S. 374; *Eberstein,* S. 31; Graf von Westphalen/Thüsing/*Graf von Westphalen*, Vertragsrecht – Individualvereinbarung Rn 25; aA *Schuhmann* JZ 1998, 127, 129-130, nach dem selbst im Falle erheblicher Modifikationen nicht davon ausgegangen werden kann, dass auch die nicht abgeänderten Vertragsbedingungen ausgehandelt worden sind.

484 Vgl. *Lieb*, in: AGB im Spannungsfeld, S. 116-118; *Kollmann* NJOZ 2011, 625, 628 und *Miethaner* NJW 2010, 3121, 3122-3123 und 3126, der sogar feststellt, dass Individualvereinbarungen nicht möglich sind, wenn an dem vorformulierten Inhalt festgehalten wird; vgl. auch *Müller/Griebeler/Pfeil* BB 2009, 2658, 2660; *Graf von Westphalen* NJW 2009, 2977, 2982; *Günes/Ackermann* ZGS 2010, 454, 455; *Dauner-Lieb/Axer* ZIP 2010, 309, 311 Fußnote 22 und *Schiffer/Weichel* BB 2011, 1283, 1286, denen gemäß entsprechende Entscheidungen des BGH fehlen und sich daher keine Leitlinien ableiten lassen, unter welchen Umständen unveränderte AGB als ausgehandelt gelten.

485 *Graf von Westphalen* BB 2010, 195, 198; MüKo Bd. 2/*Basedow* 2007, § 305 Rn 39; Wolf/Lindacher/Pfeiffer/*Pfeiffer* 2009, § 305 Rn 41.

486 BGH NJW 1988, 410, 411; *Leuschner* JZ 2010, 875, 876; *Günes/Ackermann* ZGS 2010, 454, 455; *Lischek/Mahnken* ZIP 2007, 158, 160; Staudinger AGB/*Schlosser* 2006, § 305 Rn 36a.

487 Vgl. z.B. der Tagungsbericht (*Axer* u.a.) des 7. AGB Symposions am 11.3.2010 (bisher unveröffentlicht); im letzten Jahr erschienene rechtswissenschaftliche Aufsätze zu die-

der herrschenden Ansicht und der Rechtsprechung des BGH vor, dass sie weder praxis- noch interessengerecht sind und dazu führen, dass deutsche Unternehmen zunehmend die Wahl eines ausländischen Rechts bevorzugen.[488] Daher soll das „Verhandeln", also jeder „Prozess des wechselseitigen Kommunizierens zum Zwecke der Erzielung einer gemeinsamen Entscheidung"[489] im unternehmerischen Geschäftsverkehr genügen, um die Anforderungen des „Aushandelns" zu erfüllen.[490] Weiterhin wird vertreten, dass bestimmte Verträge, wie

---

sem Thema sowie *Jahn* FAZ Nr. 21 von 25.1.2012, S. 21; *Jahn* FAZ Nr. 236 von 11.10.2006, S. 25; *Ostendorf* FAZ Nr. 218 von 17.9.2008, S. 23; *Jahn* FAZ Nr. 64 von 17.3.2010, S. 23.

488 *Berger* ZIP 2006, 2149, 2149; *Dauner-Lieb/Axer* ZIP 2010, 309, 309; *Leuschner* JZ 2010, 875, 876; *Kollmann* NJOZ 2011, 625, 628-629; *Lischek/Mahnken* ZIP 2007, 158, 158 und 163; *Bellinghausen*, in: AGB im Spannungsfeld, S. 43; Staudinger AGB/*Schlosser* 2006, § 305 Rn 36a; *Hobeck* SchiedsVZ 2005, 108, 112; *Pfeiffer* ZGS 2004, 401. Zudem wurde dies schon während der Gesetzgebungsarbeiten zur Schuldrechtsreform vom Bundesrat befürchtet (BT-Drs. 14/6857, S. 17). AA *Graf von Westphalen* ZIP 2007, 149, 155, demgemäß vielmehr zu erwarten ist, dass sich der unternehmerische Geschäftsverkehr auf die ständige Rechtsprechung eingelassen und auch eingerichtet hat und *Faust,* in: AGB im Wirtschaftsverkehr, S. 50-51, nach dessen Ansicht man an dem restriktiven Begriff des Aushandelns festhalten soll.

489 *Berger*, in: AGB und Vertragsgestaltung, S. 44; *Berger* ZGS 2004, 415, 421-422.

490 *Berger* (NJW 2010, 465, 467) hat diesen Gedanken in Form eines Gesetzesvorschlages folgend formuliert: „Wird eine Vertragsbedingung gegenüber einem Unternehmer, einer juristischen Person des öffentlichen Rechts oder einem öffentlich-rechtlichen Sondervermögen verwendet, so gilt sie als ausgehandelt, wenn die Vertragsparteien über sie im Einzelnen oder im Zusammenhang mit anderen Bestimmungen desselben Vertrags in einer dem Gegenstand des Vertrags und den Umständen des Vertragsschlusses angemessenen Weise verhandelt haben." Seiner Meinung nach wäre auch eine widerlegbare Vermutung statt die hier vorgeschlagenen unwiderlegbaren gesetzlichen Funktion als Rechtsfolge akzeptabel (Vortrag von *Berger* im Rahmen des 7. AGB Symposions am 11.3.2010, siehe *Axer*, in: *Axer* u.a., Tagungsbericht S. 13 (bisher unveröffentlicht)). Für weniger strenge Anforderungen im unternehmerischen Geschäftsverkehr als bei Verbraucherverträgen auch Palandt/*Grüneberg* 2012, § 305 Rn 22; Tonner/Willingmann/Tamm/*Richter* 2010, § 305 Rn 10; *Koch* BB 2010, 1810, 1813 und 1815; *Miethaner* NJW 2010, 3121, 3127; *Kessel/Jüttner* BB 2008, 1350, 1353; *Berger* ZGS 2004, 415, 421-422; *Berger* NJW 2001, 2152, 2153-2154; *Michel/Hilpert* DB 2000, 2513, 2513-2514; *Rabe* NJW 1987, 1978, 1980; in diesem Sinne auch *Lischek/Mahnken* ZIP 2007, 158, 160 bezüglich andere als Massengeschäfte; siehe auch *Abels,* in: AGB im Spannungsfeld, S. 27. Auch die Bundesregierung hat in Bezug auf das Transportrecht den Begriff „ im einzelnen ausgehandelt" mit dem Begriff „Verhandlungen über die Vertragsbestimmungen stattgefunden haben" gleichgesetzt und begründet dies damit, dass „davon auszugehen ist, dass die Parteien ihre jeweiligen Interessen in diese Verhandlungen eingebracht haben" (BT-Drs. 13/8445, S. 87; *Temme*,

z.B. Unternehmenskaufverträge, wegen der Komplexität der Regelungsmaterie grundsätzlich ausgehandelt werden und deshalb keine AGB darstellen.[491]

Die Gegenansicht wird damit begründet, dass sich die erhöhte Selbstbestimmung und -verantwortung der Unternehmen gerade in der Entscheidung zum Vertragsabschluss in Kenntnis der damit verbundenen Risiken und Geschäftschancen verwirklicht.[492] Die Unternehmer können sich durch Verhandeln genügend gegen ungewollte Vertragsbedingungen schützen und ihre eigenen wirtschaftlichen Interessen durchsetzen. Somit soll das Ergebnis der Verhandlungen als Individualvereinbarung zwischen den Parteien gelten. Dies müsste auch dann der Fall sein, wenn die AGB schließlich unverändert akzeptiert worden sind.[493] Weiterhin soll grundsätzlich das gesamte Klauselwerk als ausgehandelt gelten und nicht nur die Klausel, über die konkret verhandelt worden ist. Sonst werden die Anforderungen an die Beweisführung überspannt, und die Situation entspricht nicht mehr der Rechtswirklichkeit des unternehmerischen Ge-

---

in: FS Herber, S. 200; Staudinger AGB/*Schlosser* § 305 Rn 36a). Vgl. aber auch die Kritik von *Müller/Griebeler/Pfeil* BB 2009, 2658, 2661, denen gemäß der Begriff des „Verhandelns" nicht präziser als der des „Aushandelns" ist und somit keine wirkliche Lösung bietet. Zustimmend *Graf von Westphalen* BB 2010, 195, 197 und Diskussionsbeitrag von *Borges* im Rahmen des 7. AGB Symposions am 11.3.2010, siehe *Reintzsch/Lennartz*, in: *Axer* u.a., Tagungsbericht S. 15 (bisher unveröffentlicht). Vgl. weiterhin auch *Kollmann* (NJOZ 2011, 625, 629), der sogar vorschlägt, dass in § 305 I BGB eine generelle, aber widerlegbare Vermutung für das Aushandeln im unternehmerischen Geschäftsverkehr aufzunehmen wäre.

491 *Liese/Theusinger* BB 2007, 1076, 1077; *Habersack/Schürnbrand*, in: FS Canaris, S. 377; in diesem Sinne auch *Schiffer/Weichel* BB 2011, 1283, 1290 sowie PWW/*Berger* 2011, § 305 Rn 13, der darauf hinweist, dass von der Gegenseite bei einem Unternehmenskauf typischerweise erwartet werden kann, dass sie ihre Interessen durch Verhandlungen eigenverantwortlich wahrnimmt.

492 *Kessel/Jüttner* BB 2008, 1350, 1352 und 1354; *Berger* ZGS 2004, 415, 421-422; *Berger* NJW 2001, 2152, 2153-2154; *Miethaner*, S. 64-65; in diesem Sinne auch *Pfeiffer* ZGS 2004, 401.

493 *Acker/Bopp* BauR 2009, 1040, 1045; *Kötz* AnwBl 2010, 1, 5; *Abels,* in: AGB im Wirtschaftsverkehr, S. 37; *Koch* BB 2010, 1810, 1811; *Lischek/Mahnken* ZIP 2007, 158, 160; *Berger/Kleine* BB 2007, 2137, 2140; *Berger* ZGS 2004, 415, 421-422; *Rabe* NJW 1987, 1978, 1980; *Abels,* in: AGB im Spannungsfeld, S. 26; *Michel/Hilpert* DB 2000, 2513, 2513-2515; *Schmidt-Salzer* NJW 1977, 129, 132-133; *Bröker* IBR 2010, 255; OLG Hamburg 12.12.2008, 1 U 143/07; vgl. auch *Miethaner*, S. 204-209, 219 und 247 sowie NJW 2010, 3121, 3127, da die von ihm vorgeschlagenen Voraussetzungen (Kenntnisnahme des Klauselinhalts, Verstehen ihrer Bedeutung und keine Überforderung durch die Komplexität des Vertragsinhalts) für das Aushandeln immer dann erfüllt sein müssten, wenn im unternehmerischen Geschäftsverkehr verhandelt wird. Dies gilt unabhängig davon, ob der Klauseltext schließlich geändert wird oder nicht.

schäftsverkehrs, in der die Parteien den Vertrag als Gesamtpaket bewerten und dabei Kompromisse hinsichtlich bestimmter Klauseln eingehen, um bei anderen Klauseln Vorteile zu erzielen und nicht über solche Klauseln zu verhandeln, über die sie sich einig sind.[494]

5.2.1.1.1.3 Kriterien für das Aushandeln als Konkretisierung der Gegenansicht und die Kritik gegenüber solchen Lösungsansätzen

Pfeiffer fordert den Gesetzgeber auf, § 310 I BGB mit einer Vorschrift zu ergänzen, nach der das Verhandeln anstelle des Aushandelns im unternehmerischen Geschäftsverkehr ausreicht, um eine Klausel AGB-rechtlich kontrollfrei zu stellen, soweit der Gegenstandswert des Vertrags einen bestimmten Betrag überschreitet. Als möglichen Grenzwert schlägt er drei Millionen Euro vor. Dies begründet er damit, dass die Parteien bei großen Transaktionen die von ihnen als relevant angesehene Klauseln frei aushandeln und die Nichtaushandlung anderer Klauseln ebenso auf einer freien rechtsgeschäftlichen Entscheidung beruht.[495] In ähnlicher Weise schlagen *Müller, Griebeler* und *Pfeil* vor, dass in § 305 BGB ein neuer Absatz 1a eingefügt werden soll, nach dem bei einem Vertragswert von einer Million Euro eine widerlegbare Vermutung des Aushandelns besteht.[496] Weiterhin soll nach *Miethaner* ab einem Vertragsvolumen von einer Million Euro eine Obliegenheit des Vertragspartners des AGB-Verwenders zur aktiven Verhandlungsführung bestehen.[497]

---

494 *Dauner-Lieb/Axer* ZIP 2010, 309, 311; *Abels,* in: AGB im Wirtschaftsverkehr, S. 37; *Müller/Griebeler/Pfeil* BB 2009, 2658, 2660-2661; *Schmitt/Ulmer*, S. 9; *Berger* NJW 2010, 465, 468-469; *Miethaner* NJW 2010, 3121, 3127; Staudinger AGB/*Schlosser* 2006, § 305 Rn 36a; *Lischek/Mahnken* ZIP 2007, 158, 159-161; *Tettinger* AcP 205 (2005), 1, 32; *Berger*, in: AGB und Vertragsgestaltung, S. 45; *Pfeiffer* ZGS 2004, 401; *Michel/Hilpert* DB 2000, 2513, 2513-2514; *Ostendorf* FAZ Nr. 218 von 17.9.2008, S. 23; vgl. auch *Koch* BB 2010, 1810, 1813, demgemäß die Beurteilung anhand der zusammenhängenden Klauseln erfolgen soll. Bei komplexen wirtschaftlichen Verträgen ist zu vermuten, dass ein Gesamtzusammenhang aller Klauseln besteht und *Kaufhold* ZIP 2010, 631, 634, nach der hierbei auch das unterschiedliche wirtschaftliche oder rechtlichte Gewicht der veränderten und der nicht veränderten Klauseln zu berücksichtigen ist. Vgl. auch *Bellinghausen,* in: AGB im Wirtschaftsverkehr, S. 79, der vertritt, dass dies auch dann gelten muss, wenn der Verwender bestimmte Klauseln als nicht verhandelbar bezeichnet, aber an anderer Stelle Zugeständnisse macht.

495 *Pfeiffer* ZGS 2004, 401.

496 *Müller/Griebeler/Pfeil* BB 2009, 2658, 2662; für den gleichen Grenzwert auch *Miethaner* NJW 2010, 3121, 3127.

497 *Miethaner*, S. 209-210.

Becker geht noch weiter und verlangt, dass das AGB-Recht keine Anwendung findet, wenn der Vertragswert 500 000 Euro übersteigt. Er begründet das Einfügen dieser Bereichsausnahme damit, dass sie die möglichen Zweifelsfälle bezüglich der Erfüllung des Kriteriums „Verhandeln" beseitigt. Um dieses Ziel zu erreichen, schlägt er vor, dass in 310 I BGB ein neuer Satz 4 mit entsprechendem Inhalt zugefügt werden soll.[498]

Eine solche von *Pfeiffer* sowie von *Müller, Griebeler* und *Pfeil* vorgeschlagene Vorschrift würde den sehr weit gefassten AGB-Begriff des deutschen Rechts[499] einschränken und somit die unternehmerische Praxis in vielen Fällen erleichtern. In dieser Hinsicht sind diese Vorschläge unterstützenswert. Weiterhin würde vor allem der Vorschlag von *Becker* eine klare, voraussehbare Rechtslage schaffen und somit dem traditionellen deutschen Verständnis über Rechtssicherheit entsprechen.

Allerdings würde eine solche Vorschrift die Einschränkung der AGB-Eigenschaft an ein Kriterium binden, das nicht notwendigerweise im Kausalzusammenhang mit der Möglichkeit der Parteien zu einer freien rechtsgeschäftlichen Entscheidung steht. Ein großer Gegenstandswert des Vertrags reflektiert allein nicht automatisch die Möglichkeit beider Parteien zur freien Willensbildung.[500] Somit baut eine solche Vorschrift nicht auf dem Zweck des AGB-Rechts auf, den Vertragspartner des AGB-Verwenders vor der einseitigen Inanspruchnahme der Gestaltungsmacht zu schützen. Weiterhin würde sie keine ganzheitliche Lösung anbieten, da sie Verträge, deren Gegenstandswert unterhalb der gewählten Grenze liegt, unbeachtet lässt, obwohl die gleiche Problematik durchaus auch bei diesen Verträgen vorkommen kann.[501] Außerdem ist eine mögliche Grenze immer willkürlich festgelegt.[502] Hinzu kommt noch, dass sich die Vorschläge anscheinend auf einzelvertragliche Schuldverhältnisse beschränken, da die Vertreter keine Stellung zu Dauerschuldverhältnissen und deren Vertragswertbestimmung (z.B. Monatszahlung, Jahresgesamtzahlung oder Rechnungssumme über die gesamte Vertragsdauer) nehmen. Daher sind diese Vorschläge als zu pauschal abzulehnen.

---

498 *Becker* JZ 2010, 1098, 1105-1106. Vgl. auch *Leyens/Schäfer* AcP 210 (2010), 771, 795 und 803, nach denen von der Inhaltskontrolle abgesehen werden sollten, wenn der Vertragswert genügend hoch ist. Ihrer Ansicht nach soll diese Grenze jedoch erst bei einem Vielfachen oder jedenfalls deutlich höheren Betrag als 550 000 Euro liegen.

499 Vgl. *Bellinghausen*, in: AGB im Spannungsfeld, S. 43; Wolf/Lindacher/Pfeiffer/*Pfeiffer* 2009, Einl. Rn 35; *Schulte-Nölke* ZGS 2007, 321; siehe auch Abschnitt 5.1.

500 Vgl. *Graf von Westphalen* BB 2010, 195, 198.

501 So auch *Koch* BB 2010, 1810, 1812 Fußnote 35.

502 So auch *Günes/Ackermann* ZGS 2010, 454, 458.

Dagegen überzeugt die Argumentation von *Günes* und *Ackermann*, dass die Verwendung einer solchen Grenze Tür und Tor für Manipulation öffnen würde, da sie sich durch eine Aufsplittung des Vertrags in mehrere Teilverträge leicht umgehen lässt.[503] An sich ist diese Behauptung wahr. Allerdings fehlt in den meisten Fällen eine Motivation für eine solche Manipulation, da die Vertragsbedingungen dadurch der Inhaltskontrolle unterliegen werden. Dies ist nicht im Interesse der stärkeren Vertragspartei, die aufgrund ihrer Machtposition meist für sich günstige Bedingungen durchsetzen kann. Somit ist es wahrscheinlicher, dass die stärkere Partei, die die besseren Chancen hat, eine Aufsplittung des Vertrags zu bewirken, sie eher verhindert als befördert. Stattdessen könnte eine „künstliche" Erhöhung des Vertragswerts in der Nähe der Grenze im Interesse der stärkeren Partei sein, um die Grenze zu überschreiten, somit die Inhaltskontrolle zu umgehen und für sich selbst Vorteile durch bessere Vertragsbedingungen zu erzielen.

Leuschner präsentiert eine in die gleiche Richtung tendierende, aber raffiniertere Lösungsvariante, da er die Vermutung, ob die AGB ausgehandelt worden sind, an die „Transaktionskosten-Vertragswert-Relation" binden will. Wenn die mit der Analyse der AGB aufzuwendenden Kosten in einem angemessenen Verhältnis zum Vertragswert stehen, ist seiner Meinung nach davon auszugehen, dass die AGB ausgehandelt worden sind. Dies soll sich daraus ergeben, dass die Überwindung der situativen Unterlegenheit (des Vertragspartners) in diesen Fällen möglich und zumutbar ist, was dazu führt, dass eine Inhaltskontrolle nicht erforderlich ist. Daher soll diese Vermutung unabhängig davon gelten, ob der Text der AGB tatsächlich geändert worden ist oder nicht.[504]

Diese Lösungsvariante führt sicherlich in vielen Fällen zu einem gerechten Ergebnis. In der Tat ist es zumutbar zu verlangen, dass sich der Vertragspartner des AGB-Verwenders bei einem besonders wichtigen Geschäft, das der von *Leuschner* als Beispiel verwendete Unternehmenskauf[505] in aller Regel ist, aktiv

---

503 *Günes/Ackermann* ZGS 2010, 454, 458.

504 *Leuschner* AcP 207 (2007), 491, 497 ff., 502 ff. und 524; so auch *Kötz* JuS 2003, 209, 211; in diesem Sinne auch *Leyens/Schäfer* AcP 210 (2010), 771, 790-792, die jedoch die Anwendung der Transaktionskosten-Vertragswert-Relation bei der Beurteilung der Angemessenheit nach § 307 I BGB bevorzugen. *Becker* (JZ 2010, 1098, 1104) favorisiert diese Lösung auf der theoretischen Ebene, entscheidet sich aber wegen der Anwendungsprobleme und Unsicherheiten auf der praktischen Ebene gegen diesen Ansatz.

505 *Leuschner* AcP 207 (2007), 491, 515 ff; ähnlich auch *Schiffer/Weichel* BB 2011, 1283, 1290, die zusätzlich hinzufügen, dass ein Auktionsverfahren durch seine konkrete Ausgestaltung bereits als solches das Aushandeln des Unternehmenskaufvertrags sicherstellt (so auch *Habersack/Schürnbrand*, in: FS Canaris, S. 376).

und selbstverantwortlich mit den AGB auseinandersetzt, deren Inhalt versteht und analysiert und bei Bedarf Experten hinzuzieht.

Allerdings stößt auch diese Lösungsvariante als eine allgemeingültige Lösung an das Problem, dass ein großer Gegenstandswert des Vertrags allein nicht automatisch die Möglichkeit beider Parteien zur freien Willensbildung reflektiert, obwohl er automatisch bedeutet, dass die „Transaktionskosten-Vertragswert-Relation“ positiv ist. Genauso wenig kann die Möglichkeit zur freien Willensbildung allein von der Obliegenheit des Vertragspartners, die AGB eigenständig gründlich zu analysieren, abgeleitet werden. Dies ist darauf zurückzuführen, dass es trotz exakten Wissens nicht automatisch möglich ist, die eigenen Interessen durchzusetzen.[506] Deshalb ist abzulehnen, dass das Verhandeln die Anforderungen an das Aushandeln in diesen Fällen ausnahmslos erfüllt.

Diese Zweifel werden auch dadurch nicht aufgehoben, dass *Leuschner* in seiner späteren Aufführung den Begriff des Vertragswerts durch den Begriff des Vertragsvolumens (das vereinbarte Entgelt) ersetzt hat, weil der Wert des Vertrag immer auf den subjektiven Motiven und der Wertermittlung des Vertragspartners basiert. Da auch die exakte Abschätzung der potentiell aufzubringenden Transaktionskosten in der Praxis Schwierigkeiten bereitet[507], nimmt er an, dass die Transaktionskosten ab einem Vertragsvolumen von einer Million Euro nicht mehr in relevantem Umfang zunehmen. Daher soll der Vertrag ab diesem Vertragsvolumen als ausgehandelt gelten, da die Überwindung der situativen Unterlegenheit (des Vertragspartners) in diesen Fällen möglich und zumutbar ist.[508] Trotz dieser Modifizierung gelten die oben aufgeführten Gegenargumente meines Erachtens weiterhin.

Müller, Griebeler und *Pfeil* empfehlen zusätzlich weitere Kriterien, nach welchen von einem „Aushandeln“ auszugehen ist. Eine solche widerlegbare Vermutung soll bestehen, wenn 1) die Vertragsverhandlungen länger als zwei Monate angedauert haben, 2) der Vertragspartner des AGB-Verwenders einen Vertragsentwurf, in dem die AGB enthalten waren, zumindest einmal schriftlich kommentiert hat, 3) der Vertragspartner des AGB-Verwenders bei Vertragsabschluss anwaltlich beraten wurde und 4) der Vertragspartner des AGB-Verwenders mindestens eine Änderung an den AGB durchgesetzt hat oder 5) die

---

506 Vgl. *Gottschalk* AcP 206 (2006), 555, 563; *Bröker* IBR 2010, 255; *Peters* ZGS 2011, 10, 12; vgl. auch *Axer*, S. 173-174, nach dem eine Transaktionskosten-Vertragswert-Relation wegen ihrer Unbestimmtheit abzulehnen ist.

507 *Hellwege*, S. 560; *Leuschner* JZ 2010, 875, 884.

508 *Leuschner* JZ 2010, 875, 884. *Leuschner* schlägt vor, dass eine entsprechende Vorschrift entweder § 305 I Satz 3 BGB ersetzen oder als eine entsprechende Einschränkung neben den derzeitigen § 305 I Satz 3 BGB gestellt werden soll.

Vertragsbedingung im Wesentlichen einer zwischen den Parteien früher ausgehandelten Vertragsbedingung entspricht.[509]

Dieser Kriterienkatalog soll in § 305 BGB als ein neuer Absatz 1a eingefügt werden. *Müller, Griebeler* und *Pfeil* begründen die Verankerung dieses Kriterienkatalogs im Gesetz durch einen Gewinn an Rechtssicherheit.[510] Dies stimmt insofern, als alle Kriterien klar feststellbar sind. Somit entspricht dieser Vorschlag dem traditionellen deutschen Verständnis über Rechtssicherheit.

Allerdings würde auch diese Vorschrift das Vorhandensein des „Aushandelns" an solche Kriterien binden, die nicht notwendigerweise im Kausalzusammenhang mit der Möglichkeit der Parteien zu einer freien und eigenverantwortlichen Entscheidung stehen.[511] Wenn der Vertragspartner des AGB-Verwenders die Hinweise seines Anwalts in der Praxis nicht durchsetzen kann, hilft ihm die Rechtsberatung wenig.[512] Stattdessen kann der AGB-Verwender das „Aushandeln" dadurch fingieren, dass er die Vertragsverhandlungen durch längere Pausen zwischen den Verhandlungsaktionen formal in die Länge zieht, in den Verhandlungen stur auf der Unveränderbarkeit der AGB beharrt oder dass er der Änderung einer für ihn unwesentlichen Klausel zustimmt. Deshalb könnte diese Ansicht leicht dazu führen, dass der Vertragspartner des AGB-Verwenders nichts kommentiert. Wie im nächsten Abschnitt genauer erläutert wird, ist es beim Ausbleiben der konkreten Vertragsverhandlungen nur beschränkt möglich, das „Aushandeln" zu bejahen. Zusätzlich sind die Verhandlungsszenarien in der Praxis so vielgestaltig, dass sie sich im Gesetz nicht vorwegnehmen lassen.[513]

Außerdem ist das Feststellen einer freien und eigenverantwortlichen Entscheidung eine Tatsachen- und nicht eine Rechtsfrage. Deshalb muss ihr Vorhandensein auf Grundlage von konkreten Nachweisen anstatt von festgeschrie-

---

509 *Müller/Griebeler/Pfeil* BB 2009, 2658, 2662; vgl. auch Gesetzgebungsvorschlag zur Änderung des AGB-Rechts der AGB-Recht Initiative, Stelle B.I.4. (www.agb-recht-initiative.de, Stand 15.2.2012), da die dort vorgeschlagenen Indizien für das Vorliegen einer „selbstbestimmten unternehmerischen Entscheidung" des Vertragspartners des AGB-Verwenders teilweise ähnlich sind.

510 *Müller/Griebeler/Pfeil* BB 2009, 2658, 2661-2662.

511 Vgl. *Graf von Westphalen* BB 2010, 195, 197-198; Diskussionsbeitrag von *Freitag* im Rahmen des 7. AGB Symposions am 11.3.2010, siehe *Reintsch/Lennartz*, in: *Axer* u.a., Tagungsbericht S. 14 (bisher unveröffentlicht).

512 *Günes/Ackermann* ZGS 2010, 454, 458.

513 *Berger* NJW 2010, 465, 468; vgl. auch *Axer*, S. 270-271, der darstellt, dass die Festlegung auf einige wenige Fallgestaltungen die größte Schwäche des Vorschlags ist und hinzufügt, dass die Greifbarkeit der Kriterien auch den Zugang zum AGB-Recht vereinfacht.

benen Kriterien festgestellt werden.[514] Somit ist auch der Vorschlag von *Müller, Griebeler* und *Pfeil* abzulehnen.

Im Ergebnis ergibt sich damit, dass die hier vorgestellten, auf festen Kriterien aufbauenden Ansichten einerseits zu pauschal sind und andererseits auf solchen Tatsachen aufbauen, die nicht im Kausalzusammenhang mit der Möglichkeit der Parteien zu einer freien, privatautonomiekonformen rechtsgeschäftlichen Entscheidung stehen. Zusätzlich öffnen sie oft Tür und Tor für Manipulation. Deshalb sind sie abzulehnen, und die Lösung ist anderweitig zu suchen.

5.2.1.1.1.4 Lösung der Aushandeln-Problematik durch differenzierte Betrachtung aufgrund der Schutzbedürftigkeit des Vertragspartners

Eine praxis- und interessengerechte Lösung könnte meines Erachtens durch eine andere differenzierte Betrachtung der Anforderungen an das Aushandeln innerhalb des unternehmerischen Geschäftsverkehrs gesucht werden. Nach dieser Lösung sollten die Anforderungen an das Aushandeln nach § 305 I Satz 3 BGB mit der Schutzbedürftigkeit des Vertragspartners des AGB-Verwenders verknüpft werden.[515] Soweit keine Unterscheidung bezüglich der Schutzbedürftigkeit des

---

514 *Graf von Westphalen* BB 2010, 195, 198.

515 Vgl. *Berger*, in: FS Westphalen, S. 25-26; *Berger* ZIP 2006, 2149, 2153; *Berger/Kleine* BB 2007, 2137, 2140; *Berger/Kleine* NJW 2007, 3526, 3527. Hierbei handelt es sich um eine Weiterentwicklung im Vergleich zu früheren Aufsätzen Bergers, in welchen er keine Differenzierung innerhalb des unternehmerischen Geschäftsverkehrs vorgenommen hat. In diesem Sinne auch *Günes/Ackermann* ZGS 2010, 454, 457-458, die das strukturelle und wirtschaftliche Gleichgewicht bzw. Ungleichgewicht für ein entscheidendes Kriterium halten; Gesetzgebungsvorschlag zur Änderung des AGB-Rechts der AGB-Recht Initiative, Stelle A.4.b. und B.I.3. (www.agb-recht-initiative.de, Stand 15.2.2012); ICC-Zwischen- und Teilschiedsspruch Nr. 10279, SchiedsVZ 2005, 108 ff. in dessen Leitsatz nach SchiedsVZ-Redaktion es heißt „Zwischen Unternehmen, die sich nicht in einem wirtschaftlichen Ungleichgewicht gegenüberstehen" und schon *Bunte* NJW 1987, 921, 924, nach dem das AGB-Recht in den Fällen nicht anzuwenden ist, in denen sich eine Überlegenheit des einen und Unterlegenheit des anderen Vertragspartners nicht feststellen lässt. In diesem Sinne zum Teil auch Wolf/Lindacher/Pfeiffer/*Pfeiffer* 2009, § 305 Rn 39. Vgl. auch BT-Drs. 7/3919, S. 43, in der festgestellt wird, dass eine gesetzliche Regelung über die verschiedene Behandlung von Voll- und Minderkaufleute absichtlich unterlassen wurde, jedoch die Vorschriften des Entwurfs es wegen ihrer Flexibilität ermöglichen, den besonderen Gegebenheiten bei Geschäften mit Minderkaufleuten Rechnung zu tragen und BVerfG NJW 2011, 1339, 1340; 2007, 286, 287 sowie 2001, 957, 958, in denen dargelegt wird, dass der übereinstimmende Wille der Vertragsparteien grundsätzlich zu respektieren ist. Bei erheblich ungleichen Verhandlungspositionen der Vertragsparteien ist es jedoch Aufgabe des Rechts, auf die Wahrung der Grundrechtspositionen beider Ver-

Vertragspartners erfolgt, werden – wie in der jetzigen Rechtslage – auch solche Unternehmen geschützt, die ihre Interessen entsprechend der Privatautonomie selbst wahren können und daher nicht schutzbedürftig sind.[516] Dies höhlt die Privatautonomie und somit die Grundlage des Zivilrechts aus.[517]

---

tragspartner hinzuwirken, um zu verhindern, dass sich für einen Vertragsteil die Selbstbestimmung in eine Fremdbestimmung verkehrt. Vgl. weiterhin auch BVerfG NJW 1990, 1469, 1470, in dem dargestellt wird, dass solche Schranken unentbehrlich sind, weil Privatautonomie auf dem Prinzip der Selbstbestimmung beruht, also voraussetzt, dass auch die Bedingungen freier Selbstbestimmung tatsächlich gegeben sind. Hat einer der Vertragsteile ein so starkes Übergewicht, dass er vertragliche Regelungen faktisch einseitig setzen kann, bewirkt dies für den anderen Vertragsteil Fremdbestimmung. Wo es an einem annähernden Kräfteausgleichgewicht der Beteiligten fehlt, ist mit den Mitteln des Vertragsrechts allein kein sachgerechter Ausgleich der Interessen zu gewährleisten. In diesem Sinne tendenziell auch *Wellenhofer-Klein* ZIP 1997, 774, 776 und 781, die jedoch die existentielle Abhängigkeit einer Vertragspartei von der anderen Partei als maßgebliches Kriterium bevorzugt. Die existentielle Abhängigkeit soll im Sinne von § 20 GWB verstanden werden. Selbst *Graf von Westphalen* scheint zumindest indirekt den Bedarf an Differenzierung innerhalb des unternehmerischen Geschäftsverkehrs erkennen, indem er den Gesetzesänderungsvorschlag von *Berger* (NJW 2010, 465, 467) mit der Frage begegnet, ob das „Verhandeln" auch kleine und mittelständische Unternehmen hinreichend in ihrer Vertragsgestaltungsfreiheit schützt (*Graf von Westphalen* ZIP 2010, 1110, 1113), obwohl es seiner Meinung nach weder auf eine individuelle noch auf eine vertypte Rücksichtnahme der Schutzbedürftigkeit des Vertragspartners des AGB-Verwenders ankommt (*Graf von Westphalen* BB 2011, 195, 197-198). Hierbei ist jedoch zu bemerken, dass der hier unterbreitete Vorschlag deutlich von der traditionellen deutschen Ansicht, nach der die Schutzbedürftigkeit des Vertragspartners des AGB-Verwenders außer Betracht bleibt, abweicht (genauer siehe Abschnitt 4.2.3). Vgl. aber auch *Acker/Bopp* (BauR 2009, 1040, 1046-1047), die ausdrücklich erklären, warum (vor allem dann, wenn das Geschäft in dem Kerntätigkeitsbereich beider Parteien geschlossen wird) kein Bedürfnis für eine differenzierte Betrachtung besteht. AA auch *Leuschner* JZ 2010, 875, 878, dem zufolge die Schutzbedürftigkeit des Vertragspartners des AGB-Verwenders beim AGB-Recht nicht zu berücksichtigen ist. Vgl. weiterhin auch *Koch* BB 2010, 1810, 1810 und 1812, der Massengeschäfte einerseits und komplexe Geschäfte andererseits auch innerhalb des unternehmerischen Geschäftsverkehrs voneinander abtrennt und die Inhaltskontrolle bei Massengeschäften für berechtigt hält aber für sie bei komplexen Geschäften, bei denen sich die Vertragsparteien gleichrangig gegenüber stehen, keine Rechtfertigung findet.

516 Vgl. *Schulte-Nölke* ZGS 2007, 321, nach dem die starke Tradition des Schutzes von mittelständischen Unternehmen und Kleinunternehmern im deutschen Recht mangels Differenzierungsmöglichkeiten zwischen großen und kleinen Unternehmen dazu geführt hat, dass zugleich alle Unternehmen, auch die ganz großen, vom AGB-Recht erfasst sind. Aus diesem Grund verlangt er eine Differenzierung innerhalb des unter-

Deshalb ist die oben beschriebene Gegenansicht bei Verträgen zwischen zwei „ungefähr gleich starken“[518] Unternehmen vorzugswürdig. Das „Verhandeln“ – also die *Tätigkeit* – reicht in diesen Fällen aus, um den auf die einseitige Gestaltungsmacht beruhenden Vorsprung des AGB-Verwenders genügend auszugleichen. Darüber hinaus sollte die Entscheidung zum Vertragsabschluss unter bestimmten Bedingungen entsprechend der Privatautonomie und Vertragsfreiheit zum Bereich der Selbstbestimmung und -verantwortung des Vertragspartners des AGB-Verwenders gehören. Somit kann das Ergebnis der Vertragsverhandlungen beiden Parteien als Ausdruck freier und eigenverantwortlicher Willensentscheidung zugerechnet werden. Dies gilt sowohl hinsichtlich der geänderten als auch der unveränderten AGB-Klauseln.[519]

Günes und *Ackermann* wollen auch im Falle eines strukturellen und wirtschaftlichen Gleichgewichts zwischen den Parteien zusätzlich voraussetzen, dass wesentliche Vertragsklauseln, die zum Nachteil des Vertragspartners des AGB-Verwenders vom dispositiven Gesetzesrecht abweichen, abgeändert worden sind. Sie begründen dies damit, dass der Vertragspartner des AGB-Verwenders keine ausreichende Möglichkeit gehabt hat, auf den Vertragstext Einfluss zu nehmen, falls es ihm nicht gelungen ist, den Verwender zu Änderungen wesentlicher Klauseln zu bewegen oder falls er aus Effizienzgründen auf Änderungen verzichtet hat. Daher kann der Vertrag nicht als ausgehandelt gelten.[520]

---

nehmerischen Geschäftsverkehrs; vgl. auch das generelle Bedenken von *Lieb* AcP 178 (1978), 196, 223 gegenüber der Ausdehnung des Schutzbereichs aus diesem Grund.

517 Vgl. *Schuhmann* JZ 1998, 127, 128, demgemäß eine solche Ausweitung des Geltungsbereichs des AGB-Rechts durch dessen Schutzzweck nicht gefordert und auch nicht sachgerecht ist; vgl. auch *Jahn,* in: AGB im Wirtschaftsverkehr, S. 10-11; *Medicus* AcP 192 (1992), 35, 62; *Leyens/Schäfer* AcP 210 (2010), 771, 790.

518 Der Ausdruck „ungefähr gleich stark“ und dessen Bestimmung werden später genauer erläutert.

519 Vgl. *Berger*, in: FS Westphalen, S. 23-24; *Berger* NJW 2010, 465, 468; *Koch* BB 2010, 1810, 1811-1812; *Berger* ZIP 2006, 2149, 2152; *Lischek/Mahnken* ZIP 2007, 158, 160; ICC-Zwischen- und Teilschiedsspruch Nr. 10279, SchiedsVZ 2005, 108 ff.; Gesetzgebungsvorschlag zur Änderung des AGB-Rechts der AGB-Recht Initiative, Stelle B.I.2. und B.I.3. (www.agb-recht-initiative.de, Stand 15.2.2012); vgl. auch BT-Drs. 7/3919, S. 17, wonach Vertragsbedingungen als Individualvereinbarungen von dem Anwendungsbereich des AGB-Rechts abgegrenzt sind, wenn sie ein Ergebnis einer selbstverantwortlichen Prüfung, Abwägung und einer möglichen Einflussnahme beider Vertragsparteien sind; vgl. auch weiterhin BGH NJW 2010, 1131, 1133, in dem der BGH feststellt, dass die AGB nicht gestellt sind, wenn beide Parteien „in der Auswahl der in Betracht kommenden Vertragstexte frei“ sind und insbesondere Gelegenheit erhalten, „alternativ eigene Textvorschläge mit der effektiven Möglichkeit ihrer Durchsetzung in die Verhandlungen einzubringen“.

520 *Günes/Ackermann* ZGS 2010, 454, 458-459.

Meines Erachtens ist dieser Ansicht nicht zu folgen, da jede „Nichtgelungene Änderung wesentlicher Klauseln“ keineswegs ungerecht und dem AGB-Verwender zuzurechnen ist. Dies ist z.B. der Fall, wenn die Nichtänderung auf die mangelnde Vertiefung in die Bedingungen bzw. auf der Faulheit des Vertragspartners beruht.[521] Des Weiteren gehört es, wie in dem Exkurs über die allgemeine Inhaltskontrolle unter Abschnitt 11.2 genauer erläutert wird, zu den guten Rechten einer Vertragspartei, auch risikoreiche und/oder einseitig belastende Geschäfte zu schließen.[522]

Ein ungefähr gleich starker Vertragspartner des AGB-Verwenders hätte in aller Regel eine Möglichkeit zur Änderung der Vertragsbedingungen gehabt, wenn er dies gewollt hätte. Somit ist die Nichtänderung der AGB nicht auf einer rechtlich relevanten Störung der Vertragsparität zurückzuführen, sondern basiert auf einer freien und eigenverantwortlichen Entscheidung des Vertragspartners. Dies fällt entsprechend der Privatautonomie und Vertragsfreiheit in den Bereich der erhöhten unternehmerischen Selbstbestimmung und -verantwortung.[523] Der AGB-Charakter der Bedingungen rechtfertigt allein nicht ein anderes Ergebnis, da von einem Unternehmen zu erwarten ist, dass es die Vertragsbedingungen trotz des Vorbereitungsvorteils der anderen Partei prüfen, für es nachteilige Bedingungen erkennen und seine eigenen Interessen zum Ausdruck bringen kann.[524] Deshalb verdient der Vertragspartner nicht automatisch den Schutz der

---

521 Vgl. *Medicus* AcP 192 (1992), 35, 62; *Hemmo*, Sopimusoikeuden oppikirja, S. 379; *Tolonen*, in: Varallisuusoikeuden, S. 87; *Mähönen*, in: Varallisuusoikeuden, S. 113.

522 Vgl. BGH NJW 1994, 1278, 1279-1280; 1989, 1276; *Stürner*, S. 7; *Becker* JZ 2010, 1098, 1099; *Zöllner* NZA-Beil. 2006, 99, 102; *Koch* BB 2010, 1810, 1812; *Miethaner*, S. 64-65; *Hemmo*, Sopimusoikeus II, S. 59; *Wilhelmsson*, S. 138; *Heikkinen*, S. 7; *Grönfors/Dotevall*, S. 280-281.

523 Vgl. MüKo Bd. 2/*Basedow* 2007, § 305 Rn 34; *Berger*, in: AGB und Vertragsgestaltung, S. 45; *Kessel/Stomps* BB 2009, 2666, 2668-2669; *Koch* BB 2010, 1810, 1814; *Kaisto/Lohi*, S. 129-130; Saarnilehto/Hemmo/Kartio/*Mähönen* 2001, S. 103-105; Saarnilehto/Hemmo/Kartio/*Tolonen* 2001, S. 87-88.

524 Vgl. ICC-Zwischen- und Teilschiedsspruch Nr. 10279, SchiedsVZ 2005, 108, 110-111, in dem festgestellt wird, dass Kaufleute davon ausgehen, dass über jede Klausel verhandelt werden kann und dass der Vertragspartner des AGB-Verwenders erkennen muss, dass von ihm eine Reaktion erwartet wird, wenn er mit einem Vorschlag des Verwenders nicht einverstanden ist. Vgl. auch Gesetzgebungsvorschlag zur Änderung des AGB-Rechts der AGB-Recht Initiative, Stelle B.I.2. (www.agb-recht-initiative.de, Stand 15.2.2012). Wegen der erhöhten Selbstverantwortung eines Unternehmens kann auch dem „Seriositätsschein des allgemein Üblichen und Geübten“ (*Lindacher* BB 1972, 296, 297 und JZ 1981, 131, 131) im unternehmerischen Geschäftsverkehr keine Bedeutung gegeben werden (vgl. *Ahtonen*, S. 284; *Norokorpi,* S. 58). Vgl. auch *Dauner-Lieb/Axer* ZIP 2010, 309, 313-314; *Hochbaum*, NJW-Editorial Heft 51/2008 und *Schön*, in: FS Canaris, S. 1205, nach denen vor allem beim unternehmerischen Ge-

Inhaltskontrolle, obwohl die vertragswesentlichen Punkte zu seinem Nachteil vom dispositiven Recht abweichen.[525]

Zu Recht weisen *Günes* und *Ackermann* auf die Möglichkeit hin, dass der Vertragspartner aus Effizienzgründen auf die Prüfung der AGB und damit auch auf seine Änderungswünsche verzichtet hat. Die dadurch erreichte Ersparnis in den Verhandlungskosten kommt beiden Parteien zugute.[526]

Trotzdem ist es, wie im nächsten Abschnitt genauer dargestellt wird, meines Erachtens nicht gerechtfertigt, dass der Vertragspartner des AGB-Verwenders immer einseitig entscheiden dürfte, ob er aus Effizienzgründen auf die Änderung der AGB verzichtet und somit die Möglichkeit der Inhaltskontrolle bewahrt oder nicht. Dies ist einerseits auf das Interesse des AGB-Verwenders entsprechend dem Prinzip „Pacta sunt servanda" an die Aufrechthaltung des Vereinbarten zu vertrauen und andererseits auf die privatautonomiekonformen Pflicht zur Eigenverantwortung zurückzuführen.[527] Deshalb soll die Möglichkeit, einseitig aus Effizienzgründen auf die Änderung der Vertragsbedingungen zu verzichten, dem Vertragspartner des AGB-Verwenders nur dann offen stehen, wenn der Eintritt in die Verhandlungen aufgrund des Umfangs des Geschäfts und des Vertrags sowie seiner Erfahrung nicht zumutbar ist.[528] In anderen Fällen müsste der Vertrag trotz auf Effizienzgründen beruhender Nichtänderung der Vertragsbedingungen als ausgehandelt gelten.

Da der Unternehmer-Begriff des § 14 BGB jedoch sehr weit gefasst ist[529], gibt es notwendigerweise auch zwischen Unternehmen Verträge, bei denen es kaum zu erwarten ist, dass der Vertragspartner des AGB-Verwenders seine Interessen durch Verhandlungen selbst genügend wahren kann.[530] Somit können die

---

schäftsverkehr der Grundsatz „Im Zweifel für die Vertragsfreiheit" maßgeblich sein soll.

525 Vgl. *Berger* ZIP 2006, 2149, 2152; *Leuschner* AcP 207 (2007), 491, 524; *Wackerbarth* AcP 200 (2000), 45, 81 und 83; *Dauner-Lieb* in ihrem Diskussionsbeitrag im Rahmen des 7. AGB Symposions am 11.3.2010, siehe *Khan*, in: *Axer* u.a., Tagungsbericht S. 19 (bisher unveröffentlicht); *Probst* JR 2011, 213, 213, nach dem das AGB-Recht kein allgemeines Schutzrecht vor nachteiligen Formularklauseln darstellt.

526 *Günes/Ackermann* ZGS 2010, 454, 458-459.

527 Vgl. Abschnitt 4.

528 Vgl. MüKo Bd. 2/*Basedow* 2007, § 305 Rn 37; *Berger* ZIP 2006, 2149, 2153; Staudinger AGB/*Schlosser* 2006, § 305 Rn 44 und 46; *Graf von Westphalen* BB 2010, 195, 198; NomosKomm Bd. 2/*Kollmann* 2012, § 305 Rn 26; *Michel/Hilpert* DB 2000, 2513, 2515. Hinsichtlich der diesbezüglichen Kriterien siehe genauer Abschnitt 5.2.1.1.2.

529 Genauer siehe Fußnote 283.

530 Vgl. *Günes/Ackermann* ZGS 2010, 454, 457, denen gemäß die Annahme, dass sich im unternehmerischen Geschäfsverkehr immer zwei gleichberechtigte und gleichverant-

unverändert gebliebenen Klauseln ihm nicht als Ausdruck freier und eigenverantwortlicher Willensentscheidung zugerechnet werden. Diese Verschiedenheit der Vertragspartner und der Vertragsverhältnisse innerhalb des unternehmerischen Geschäftsverkehrs sollte beim Aushandeln berücksichtigt werden.[531] Da-

wortliche Partner gegenüberstehen, illusorisch und in dieser Allgemeinheit unzutreffend ist; *Lutz*, S. 5; Diskussionsbeitrag von *Möhlenkampf* im Rahmen des 7. AGB Symposions am 11.3.2010, siehe *Rabus*, in: *Axer* u.a., Tagungsbericht S. 9 (bisher unveröffentlicht); Diskussionsbeitrag von *Frellesen* im Rahmen des 7. AGB Symposions am 11.3.2010, siehe *Rabus*, in: *Axer* u.a., Tagungsbericht S. 11 (bisher unveröffentlicht); *Sarelin*, S. 41-42; *Wellenhofer-Klein* ZIP 1997, 774, 775; *Berger/Kleine* BB 2007, 2137, 2138, nach denen innerhalb des unternehmerischen Geschäftsverkehrs erhebliche Unterschiede hinsichtlich der Schutzbedürftigkeit des Vertragspartners des AGB-Verwenders bestehen und *Schroeder*, S. 76, der aufführt, dass Handelsgeschäfte oft durch ebenso großes Machtgefälle gekennzeichnet sind wie Verbrauchergeschäfte. Vgl. auch *Abels,* in: AGB im Spannungsfeld, S. 14, der zu Recht bezweifelt, ob der Kleingewerbetreibende seinem Kunden ständig wirtschaftlich überlegen ist. Dagegen ist dies meines Erachtens zwischen dem Kleingewerbetreibenden und einen Großkonzern normalerweise der Fall. Vgl. weiterhin auch BT-Drs. 13/8444, S. 27-28, in dem bezüglich § 2 HGB festgestellt wird, dass bestimmte Gruppen von Kaufleuten weniger schutzbedürftig sind als andere sowie Ulmer/Brandner/Hensen/*Fuchs* 2011, § 307 Rn 378 und MüKo Bd. 2/*Basedow* 2007, § 310 Rn 8, die bezüglich der Inhaltskontrolle feststellen, dass bei unternehmerischen Vertragspartnern tendenziell eine vergleichbare Schutzbedürftigkeit wie beim Privatkunden besteht, wenn der Vertragspartner wirtschaftlich abhängig von dem AGB-Verwender ist oder wenn es um Geschäfte geht, die nicht zum Kern der wirtschaftlichen Tätigkeit des Vertragspartners gehören. Vgl. aber auch *Dauner-Lieb/Axer* ZIP 2010 309, 313-314, nach denen die ausbleibende Wahrung der eigenen Interessen auf die intellektuelle Überforderung des Vertragspartners und auf die hohen Kosten einer intensiven Befassung mit dem Vertragstext statt der höheren Schutzbedürftigkeit bzw. dem Machtgefälle zwischen den Vertragsparteien zurückzuführen ist; *Leuschner* JZ 2010, 875, 878, dem zufolge wirtschaftliche Abhängigkeitslagen im unternehmerischen Geschäftsverkehr eine seltene Ausnahmeerscheinung sind; ähnlich *Becker* JZ 2010, 1098, 1100; *Hellwege*, S. 578-579; *Schmidt-Salzer* NJW 1971, 1010, 1014 sowie *Acker/Bopp* BauR 2009, 1040, 1042 und 1045, nach denen im unternehmerischen Geschäftsverkehr keine strukturelle Unterlegenheit existiert und beide Vertragsparteien die Möglichkeiten und Fähigkeiten haben, ihre Interessen gleichermaßen zu wahren und somit der Vertragspartner des AGB-Verwenders keines Schutzes bedarf.

531 BVerfG NJW 1990, 1469, 1470; *Berger*, in: FS Westphalen, S. 25-26; *Günes/Ackermann* ZGS 2010, 454, 457-458; *Berger* ZIP 2006, 2149, 2153 und 2155; Diskussionsbeitrag von *Schäfer* im Rahmen des 7. AGB Symposions am 11.3.2010, siehe *Rabus*, in: *Axer* u.a., Tagungsbericht S. 10-11 (bisher unveröffentlicht); *Berger/Kleine* BB 2007, 2137, 2138; vgl. auch *Lutz*, S. 5; vgl. weiterhin auch *Kessel/Stomps* BB 2009, 2666, 2674, die bezüglich der Inhaltskontrolle eine Unterscheidung zwischen ver-

her reicht das „Verhandeln" nicht in allen Fällen des unternehmerischen Geschäftsverkehrs aus, um die negativen Begleiterscheinungen der AGB-Verwendung auszugleichen.[532] Dann sind die von der herrschenden Ansicht vorgetragenen strengen Anforderungen an das „Aushandeln" begründet.

Deshalb ist die Ansicht von *Günes* und *Ackermann*, dass AGB in ihrer Gesamtheit als ausgehandelt gelten und somit der Inhaltskontrolle entzogen werden, wenn der Vertragspartner des AGB-Verwenders trotz eines strukturellen und wirtschaftlichen Ungleichgewichts hinsichtlich wesentlicher Klauseln für ihn günstige Abweichungen vom Entwurf des Verwenders erreicht hat[533], nicht besonders gut begründet. Dies ergibt sich daraus, dass einzelne für den Vertragspartner des AGB-Verwenders günstige Änderungen der wesentlichen Klauseln keineswegs bedeuten, dass der Vertrag in Folge auch nur annäherungsweise balanciert ist. Hinzu kommt noch, dass eine Klausel trotz einer für den Vertragspartner günstigen Änderung immer noch deutlich günstiger für den Verwender sein kann, wenn der Ausgangspunkt sehr einseitig gewesen ist.

Die hier vorgeschlagene differenzierte Betrachtung ist praxis- und interessengerecht. Die Privatautonomie wird nicht unbegründet beschränkt, weil Vertragspartner, die ihre Interessen eigenständig wahren können, nicht unnötig geschützt werden wie nach der jetzigen Rechtslage. Andererseits werden solche Unternehmen, die ihre Interessen nicht eigenständig wahren können, gegenüber der einseitigen Inanspruchnahme der Gestaltungsfreiheit durch den AGB-

gleichbaren Unternehmen und Unternehmen unterschiedlicher Größe, Kapitalkraft und Finanzausstattung vornehmen.

532 Vgl. aber auch das von *Kessel/Jüttner* BB 2008, 1350, 1354-1355 vorgeschlagene Modell, wonach AGB als ausgehandelt gelten und somit Individualvereinbarungen sind, soweit der Vertragspartner keine Änderungsvorschläge unterbreitet oder der AGB-Verwender substantiiert darlegt, warum er die Änderungsvorschläge seines Vertragspartners nicht zu akzeptieren vermag. Danach muss der Vertragspartner neue Vorschläge (hinsichtlich anderer oder auch derselben Vertragsklauseln) einbringen, wenn er die Wandlung der AGB zu einer Individualvereinbarung verhindern möchte. Dieser Aufwand läuft allerdings leer, falls der Verwender seinerseits die erneuten Änderungsvorschläge substantiert ablehnt. Am Ende führt das Modell dazu, dass alle AGB-Klauseln zu Individualvereinbarungen werden, soweit der Verwender während der Verhandlungen hartnäckig alle Änderungsvorschläge seines Vertragspartners substantiiert zurückweist. Die einzige Alternative, die dem Vertragspartner übrig bleibt, ist den Vertrag nicht zu schließen. In der Praxis ist dies allerdings oft nicht möglich, soweit der Vertragspartner z.B. ein Zulieferer ist, dessen Existenz stark von dem Verwender abhängt. Dieses Ergebnis entspricht nicht dem Schutzzweck des AGB-Rechts und kann daher nicht akzeptiert werden, obwohl Verhandlungen stattgefunden haben.

533 *Günes/Ackermann* ZGS 2010, 454, 459.

Verwender geschützt.[534] Fraglich bleibt lediglich, wie die differenzierte Betrachtung zu verwirklichen ist.

5.2.1.1.1.5 Erste Alternative für die Verwirklichung der differenzierten Betrachtung und die Kritik gegenüber dieser Alternative

Eine Alternative könnte eine differenzierte Betrachtung durch festgeschriebene Kriterien sein, wie hinsichtlich der Inhaltskontrolle im niederländischen Recht und in aktuellen Entwürfen des englischen Rechts. Nach dem niederländischen Recht können Unternehmen, die mehr als 50 Arbeitnehmer beschäftigen oder der Rechnungslegungspflicht unterliegen, sich nicht auf die Generalklausel der Inhaltskontrolle berufen.[535] Für das englische Recht wird vorgeschlagen, dass zukünftig der AGB-rechtliche Schutz von Unternehmen, die maximal neun Arbeitnehmer beschäftigen, verstärkt wird.[536]

Hinsichtlich des deutschen Rechts hat *Berger* einen ähnlichen Vorschlag zur Neuregelung der AGB-rechtlichen Inhaltskontrolle unterbreitet. Danach soll eine unangemessene Benachteiligung im Sinne von § 307 I BGB nur dann vorlie-

---

534 Anders ist die jetzige Situation, in der keine Unterscheidung zwischen den unterschiedlichen Unternehmen vorgenommen wird und die „entweder-oder" -Betrachtungsweise dazu führt, dass jeder Diskussionsteilnehmer überspitzt die Ansicht seiner Interessengruppe vertritt und fördert (vgl. die Diskussionen in 7. AGB Symposion am 11.3.2010, siehe Tagungsbericht *Axer* u.a., (bisher unveröffentlicht) und *Leuschner* JZ 2010, 875, 876-877, der darauf hinweist, dass nicht sämtliche Unternehmensvertreter die Reformbewegung unterstützen).

535 Buch 6 Art. 235 des Niederländischen Bürgerlichen Gesetzbuches; *Berger/Kleine* BB 2007, 2137, 2140.

536 Dies entspricht den Artikeln 11 und 27 des Entwurfs von Law Commission (Unfair Contract Terms Bill, http://lawcommission.justice.gov.uk/docs/lc292_Unfair_Terms_In_Contracts.pdf, Stand 29.2.2012; hinsichtlich der ergänzenden Kriterien und der Begründung der Grenzwertfestlegung siehe Absatz 2.30 ff und Teil 5 des Final Report der Law Commission (http://lawcommission.justice.gov.uk/docs/lc292_Unfair_ Terms _In_Contracts.pdf, Stand 29.2.2012). Die Regierung hat diesen Entwurf grundsätzlich im Report Response Letter to the Law Commission akzeptiert (http://www.berr.gov.uk/files/file34128.PDF, Stand 2.12.2008 und http://lawcommission.justice.gov.uk/areas/unfair-terms-in-contracts.htm, Stand 29.2.2012), hat aber bis jetzt keine neue Gesetzgebung eingeleitet. Die Regierung hat die Akzeptanz des Entwurfs in 2011 nochmal bekräftigt, aber die Implementierung wird erst erfolgen, wenn die Richtlinie über die Rechte der Verbraucher behandelt worden ist (http://lawcommission.justice.gov.uk/areas/unfair-terms-in-contracts.htm, Stand 29.2.2012). Die Richtlinie ist am 25.10.2011 erlassen worden (http://eur-lex.europa.eu/LexUriServ/LexUriServ.do?uri=OJ:L:2011:304:0064:0088:DE:PDF, Stand 29.2.2012), jedoch ist ein neues Gesetz aufgrund des Entwurfs der Law Commission noch nicht erlassen worden.

gen, wenn von wesentlichen Rechtsgrundsätzen und vernünftiger unternehmerischer Praxis abgewichen wird und die AGB gegenüber einem Unternehmer verwendet werden, der in dem Geschäftsjahr vor Vertragsschluss, für welches er seinen letzten Jahresabschluss aufgestellt hat, mindestens zwei der drei in § 267 I HGB genannten Merkmale überschritten hat. Außerdem soll § 307 II BGB in diesen Fällen keine Anwendung finden.[537]

Eine solche Lösung wäre beim Aushandeln genauso möglich wie bei der Inhaltskontrolle. Sie würde in vielen Fällen eine klare, voraussehbare Rechtslage schaffen und somit dem traditionellen deutschen Verständnis von Rechtssicherheit entsprechen.[538] Allerdings ist es kaum möglich, einige wenige Kriterien zu finden, deren alleinige Berücksichtigung eine zuverlässige Aussage über die Schutzbedürftigkeit des unternehmerischen Vertragspartners des AGB-Verwenders ermöglicht.[539] Es ist z.B. nicht plausibel, dass ein Zuwachs der Arbeitnehmerzahl um einen Mitarbeiter bzw. ein Zuwachs der Umsatzerlöse oder der Bilanzsumme um einen Euro eine erhebliche Auswirkung auf die Schutzbedürftigkeit des Vertragspartners hätte.

Zusätzlich kann die Anwendung der festen Kriterien zu Schwierigkeiten führen, wenn z.B. neue Eigentümer ein in Insolvenz gegangenes mittelgroßes oder großes Unternehmen im Rahmen eines *asset deal* übernehmen oder zwei kleine Unternehmen verschmelzen und somit ein neues mittelgroßes Unternehmen gründen, da das Unternehmen faktisch oberhalb der in § 267 I HGB festgestellten Grenzen liegt, aber für das Vorjahr noch keinen Jahresabschluss aufgestellt hat. Eine ähnliche Situation kann auch bei Neugründungen auftreten, obwohl dies in der Praxis vermutlich nicht so oft der Fall ist. Außerdem kann die Anwendung der festen Kriterien einen Anreiz dafür bieten, künstlich unter den Grenzen zu bleiben und die Gestaltungsspielräume so zu nutzen, dass dieses Ziel erreicht wird, wobei hier vermutlich bilanz- und steuerrechtliche Aspekte eine größere Rolle spielen werden als das AGB-Recht.

Dagegen ist es gerechtfertigt, den zuletzt aufgestellten Jahresabschluss zu verwenden, obwohl dies dazu führt, dass in vielen Fällen relativ alte Daten, die womöglich der Realität nicht mehr entsprechen, verwendet werden. Dies ergibt sich daraus, dass die Bilanzsumme und Umsatzerlöse nicht zu jedem beliebigen

537 *Berger*, Gesetzentwurf zur Neuregelung der AGB-Kontrolle im unternehmerischen Geschäftsverkehr mit Begründung, S. 1, Stand 2.12.2009, (bisher unveröffentlicht).

538 So auch *Berger*, Gesetzentwurf zur Neuregelung der AGB-Kontrolle im unternehmerischen Geschäftsverkehr mit Begründung, S. 3, Stand 2.12.2009, (bisher unveröffentlicht).

539 Vgl. *Berger/Kleine* BB 2007, 2137, 2140; *Graf von Westphalen* NJW 2009, 2977, 2980; vgl. auch die im Folgenden beschriebenen vielfältigen Faktoren, die die Verhandlungsmöglichkeiten des Vertragspartners beeinflussen.

Zeitpunkt – zumindest nicht ohne erhebliche Kosten und Beweisschwierigkeiten – ermittelt werden können.[540]

Zusammenfassend lässt sich jedoch wegen der praktischen Schwierigkeiten, die Schutzbedürftigkeit des Vertragspartners des AGB-Verwenders aufgrund festgeschriebener Kriterien zu definieren, und wegen der Manipulationsmöglichkeiten bei der Anwendung solcher Kriterien feststellen, dass diese Alternative abzulehnen ist.

5.2.1.1.1.6 Differenzierte Betrachtung aufgrund des Vorhandenseins der realen Verhandlungsmöglichkeit als befürwortenswerte zweite Alternative

Daher ist bei der Beurteilung der Schutzbedürftigkeit eine flexible Betrachtung zu bevorzugen[541], obwohl diese automatisch einen Verlust der absoluten Rechtssicherheit bedeutet und daher kritisiert wird[542]. Die flexible Betrachtung kann dadurch erreicht werden, dass die Anforderungen an das Aushandeln an die reale Verhandlungsmöglichkeit eines unternehmerischen Vertragspartners des AGB-Verwenders gebunden werden.[543] Soweit der Vertragspartner entsprechend der Privatautonomie in der Lage ist, „seine Interessen durch Verhandlungen eigenverantwortlich wahrzunehmen“, ist er durch die von dem AGB-Verwender einseitig in Anspruch genommene Gestaltungsmacht nicht gefährdet.[544] Somit ist der Vertragspartner im Sinne dieser Arbeit „ungefähr gleich

---

540 Vgl. *Berger*, Gesetzentwurf zur Neuregelung der AGB-Kontrolle im unternehmerischen Geschäftsverkehr mit Begründung, S. 3-4, Stand 2.12.2009, (bisher unveröffentlicht).

541 *Berger/Kleine* BB 2007, 2137, 2140.

542 Vgl. *Miethaner*, S. 49-50; *Graf von Westphalen* BB 2011, 195, 197-198; *Graf von Westphalen*, Einkaufsbedingungen, S. 16; *Acker/Bopp* BauR 2009, 1040, 1047; *Graf von Westphalen* ZIP 2007, 149, 157-158; Diskussionsbeitrag von *Freitag* im Rahmen des 7. AGB Symposions am 11.3.2010, siehe *Reintzsch/Lennartz* und *Friedrich/Lennartz*, in: *Axer* u.a., Tagungsbericht S. 14 und 17 (bisher unveröffentlicht); *Wackerbarth* AcP 200 (2000), 45, 52-53; *Lieb* AcP 178 (1978), 196, 203 und 221; in diesem Sinne auch *Kappus* NZM 2010, 529, 542, der sich kritisch gegenüber den in der Literatur vorgeschlagenen Änderungen äußert und ernstlich bezweifelt, ob die Vorschläge den Geboten der Rechtssicherheit und der Bestimmtheit der Norm entsprechen.

543 Vgl. *Berger* ZIP 2006, 2149, 2153, der zu dem Ergebnis gekommen ist, dass die Berücksichtigung der Verhandlungsmöglichkeit des Vertragspartners eine notwendige Voraussetzung für eine differenzierte Regelung der Anforderungen des „Aushandelns“ ist. Vgl. auch *Garrn* JZ 1978, 302, 303-304.

544 Vgl. BGH NJW 2010, 1131, 1133; *Berger/Kleine* BB 2007, 2137, 2139-2140; OLG Düsseldorf VersR 2002, 901, 902; vgl. auch *Lieb* AcP 178 (1978), 196, 204; *Garrn* JZ 1978, 302, 303; *Jaeger* NJW 1979, 1569, 1573. Dies scheint auch dem Willen des Gesetzgebers zu entsprechen, da laut BT-Drs. 7/3919, S. 17 Vertragsbedingungen als In-

stark“ wie der AGB-Verwender, wenn er eine reale Verhandlungsmöglichkeit hat. Daher sollte das „Verhandeln“ in diesen Fällen die Anforderungen des § 305 I Satz 3 BGB erfüllen.

Die reale Verhandlungsmöglichkeit drückt sich darin aus, dass dem Vertragspartner eine Möglichkeit zu einer eigenverantwortlichen Willensentscheidung über den Abschluss und Inhalt des Vertrags besteht und er fähig ist, seinen Willen durchzusetzen.[545] Unter Umständen kann die reale Verhandlungsmöglichkeit auch in der Möglichkeit, sich frei – also ohne praktische Notwendigkeit, zeitlichen bzw. sonstigen Druck oder bedeutende Nachteile – zu entscheiden, ob man den Vertrag unter den angebotenen Bedingungen schließen will, bestehen. Entgegen der Ansicht von *Leuschner*[546], *Kessel* und *Stomps*[547], *Becker*[548] sowie *Miethaner*[549], nach denen die fehlende inhaltliche Gestaltungsmacht prinzipiell durch das Bestehen (negativer) Vertragsabschlussfreiheit kompensiert wird, setzt dies freilich voraus, dass der Verzicht auf den Vertragsschluss eine realistische und zumutbare Alternative darstellt und dass der Vertragspartner die Folgen seiner Entscheidung erkennen kann.[550]

---

dividualvereinbarungen von dem Anwendungsbereich des AGB-Rechts ausgenommen sind, wenn die Vertragsbedingungen ein Ergebnis einer selbstverantwortlichen Prüfung, Abwägung und einer möglichen Einflussnahme beider Vertragsparteien sind.

545 *Garrn* JZ 1978, 302, 303; *Wolf* NJW 1977, 1937, 1939-1940; *Heinrichs* NJW 1977, 1505, 1507; *Jaeger* NJW 1979, 1569, 1573; *Rabe* NJW 1987, 1978, 1980; vgl. auch BT-Drs. 7/3919, S. 17; BGH NJW 2010, 1131, 1133; 1991, 1678, 1679; 1992, 1107, 1108; 1992, 2759, 2760; OLG Düsseldorf VersR 2002, 901, 902; *Graf von Westphalen* ZIP 2010, 1110, 1111; Wolf/Lindacher/Pfeiffer/*Pfeiffer* 2009, § 305 Rn 39; *Kappus* NZM 2010, 529, 536; in diesem Sinne auch *Berger/Kleine* BB 2007, 2137, 1939-1940; *Berger* ZIP 2006, 2149, 2152.

546 *Leuschner* JZ 2010, 875, 877 und 881-882; *Leuschner* AcP 207 (2007), 491, 498.

547 *Kessel/Stomps* BB 2009, 2666, 2669-2670.

548 *Becker* JZ 2010, 1098, 1099-1100 und 1106.

549 *Miethaner*, S. 218 und 261, der außerdem aufführt, dass die Möglichkeit, die eigenen Interessen in den Vertragsverhandlungen geltend machen zu können, genügt. Stattdessen sei eine Möglichkeit, sie durchzusetzen, nicht erforderlich (*Miethaner*, S. 167).

550 Vgl. *Canaris* AcP 200 (2000), 273, 323-324; *Fastrich*, S. 80; in diesem Sinne auch *Berger* ZGS 2004, 415, 421; *Stürner*, S. 7; *Axer*, S. 18-19 und BGH NJW 1994, 1278, 1279-1280, wonach die Privatautonomie das Abschließen risikoreicher und zugleich einseitig belastender Geschäfte rechtfertigen kann, wenn beide Parteien in der Lage sind, sich in Freiheit für oder gegen einen Vertrag zu entscheiden. Der BGH setzt zusätzlich eine uneingeschränkte Erkenntnismöglichkeit über die Rechtsfolgen, mit denen die in Frage stehenden Verpflichtungen verbunden sein können, voraus. Vgl. auch *Wackerbarth* AcP 200 (2000), 45, 64-65, der nicht die fehlende individuelle Einflussmöglichkeit für entscheidend hält sondern die fehlende generelle Beeinflussung des Inhalts vorformulierter Bedingungen mangels funktionierenden Wettbewerbs. Hin-

Weil es auf dem Markt nicht immer andere Anbieter gibt oder alle Anbieter gleichermaßen einseitige und sich selbst begünstigende AGB verwenden, hat der Vertragspartner des AGB-Verwenders nicht immer passende Ausweichmöglichkeiten. Gänzlich auf bestimmte Leistungen zu verzichten ist oft keine realistische Alternative.[551] Daher genügt die bloße Vertragsabschlussfreiheit nicht allein, um für den Vertragspartner eine hinreichende Einflussnahme auf die vom AGB-Verwender einseitig in Anspruch genommenen Vertragsgestaltung zu gewährleisten.[552] Deshalb ist es in diesen Fällen Aufgabe des Rechts darauf hinzuwirken, dass sich die Selbstbestimmung des Vertragspartners nicht in eine Fremdbestimmung verkehrt, wenn er nicht ungefähr gleich stark ist wie der AGB-Verwender und somit keine reale Verhandlungsmöglichkeit hat.[553]

Die reale Verhandlungsmöglichkeit ist im Hinblick auf das wirtschaftliche und wettbewerbliche Umfeld und die konkrete Verhandlungssituation zu beurteilen. Somit sind die eigene Marktmacht des Vertragspartners und seine Wahlmöglichkeiten am Markt sowie seine wirtschaftliche oder gar existentielle Abhängigkeit von dem Vertragsschluss zu berücksichtigen. Weiterhin sollten Erfahrungen und Kenntnisse des Vertragspartners, das Vorhandensein eines Rechtsbeistandes, seine Kapitalkraft und Finanzausstattung, Umfang und Bedeutung des Geschäfts und Umfang der Klauseln sowie eventuelle terminliche Zwänge in Betracht gezogen werden.[554]

---

sichtlich des finnischen Rechts siehe Exkurs bezüglich der Allgemeinen Inhaltskontrolle unter Abschnitt 11.2. Vgl. aber auch BGH NJW 1991, 1678, 1679 und 1992, 1107, 1108, wonach kein Aushandeln vorliegt, wenn der Vertragspartner vor die Wahl gestellt wird, entweder die AGB unverändert anzunehmen oder vom Vertrag Abstand zu nehmen und *Graf von Westphalen*, der (NJW 1994, 2113, 2115 und 2117, NJW 2009, 2977, 2981 sowie BB 2010, 195, 199) feststellt, dass die Vertragsabschlussfreiheit nicht genügt, sondern eine inhaltliche Vertragsgestaltungsfreiheit erforderlich ist.

551 Vgl. *Fastrich*, S. 85; *Canaris* AcP 200 (2000), 273, 323-324.

552 Vgl. BGH NJW 1991, 1678, 1679; 1992, 1107, 1108; *Graf von Westphalen* NJW 2009, 2977, 2981; *Graf von Westphalen* BB 2011, 195, 195-196; *Graf von Westphalen* NJW 2011, 2098, 2098.

553 Vgl. BVerfG NJW 2007, 286, 287; BVerfG NJW 2001, 957, 958; *Wagner* ZEuP 2007, 180, 200; *Kirchhof*, in: FS Ulmer, S. 1212 und 1214; vgl. auch *Grünberger* Jura 2009, 249, 249-250.

554 MüKo Bd. 2/*Basedow* 2007, § 310 Rn 8 und § 305 Rn 37; Staudinger AGB/*Schlosser* 2006, § 305 Rn 46; *Günes/Ackermann* ZGS 2010, 454, 458; *Berger* ZIP 2006, 2149, 2153 und 2155; *Berger/Kleine* BB 2007, 2137, 2139; *Kessel/Stomps* BB 2009, 2666, 2674; OLG Düsseldorf VersR 2002, 901, 902; vgl. auch *Michel/Hilpert* DB 2000, 2513, 2515 und Gesetzgebungsvorschlag zur Änderung des AGB-Rechts der AGB-Recht Initiative, Stelle B.I.4. (www.agb-recht-initiative.de, Stand 15.2.2012); vgl. wei-

5.2.1.1.1.7 Beurteilung aufgrund generell-typisierender oder konkret-individueller Betrachtung?

Berger und *Kleine* vertreten, dass es die Aufgabe von Rechtswissenschaft und Literatur ist, anhand dieser Kriterien „homogene Kundengruppen, die sich durch eine vergleichbare Schutzbedürftigkeit auszeichnen", zu bilden. Hierbei sollen auch Paritätserwägungen einbezogen werden. Allerdings solle dies aufgrund der gruppentypischen Eigenschaften (typisches Vorhandensein eines Rechtsbeistandes, typische wirtschaftliche Abhängigkeit des Vertragspartners von dem AGB-Verwender etc.) erfolgen, ohne die Parität im Einzelfall zu berücksichtigen. Die Anzahl solcher Kundencluster soll davon abhängig sein, „inwieweit sich signifikante Abstufungen im AGB-typischen Schutzbedürfnis der Verwendergegenseite anhand ihres typisierten Vorsorgepotentials normativ feststellen lassen".[555]

Dies entspricht der generell-typisierenden Betrachtungsweise, die im deutschen (AGB-)Recht zentral ist. Im Grunde genommen ist diese Ansicht unterstützenswert, da die Idee der Verwendung von AGB gerade darin liegt, dass sie für eine Vielzahl von Verträgen angewendet werden. Daher soll es nicht auf die einzelnen Vertragsparteien und deren Verhältnisse und Fähigkeiten ankommen.[556] Diese Ansicht trifft meines Erachtens jedoch auf einige praktische Schwierigkeiten, die durch eine konkret-individuelle Betrachtung vermieden werden können.

Berger und *Kleine* begründen die Bildung von homogenen Kundengruppen für die differenzierte Betrachtung der Anforderungen an das Aushandeln damit, dass das gleiche auch im Rahmen der Auslegung und bei der Beurteilung einer Klausel als überraschende Klausel geschieht, weil hierfür das Verständnis des durchschnittlichen Vertragspartners aus den beteiligten Verkehrskreisen maßgeblich ist.[557] Die Beurteilung der realen Verhandlungsmöglichkeit des Vertragspartners unterscheidet sich jedoch von der Auslegung und der Beurteilung einer Klausel als überraschend dadurch, dass die Möglichkeit einer Partei „ihre

---

terhin auch zum finnischen Recht *Hemmo*, Sopimusoikeus III, S. 20; *Mähönen*, in: Varallisuusoikeuden, S. 112-113; Helsingin HO 3.12.1998 T: 3714 sowie Abschnitt 4.2.2.

555 *Berger*, in: FS Westphalen, S. 26-27; *Berger/Kleine* BB 2007, 2137, 2139. Hierbei handelt es sich um eine Weiterentwicklung im Vergleich zu dem Aufsatz *Berger*, in: FS Horn, S. 16 und *Berger* ZIP 2006, 2149, 2153, in dem er darstellt, dass die generell-typisierende Betrachtungsweise des § 307 BGB bei der Beurteilung der realen Verhandlungsmöglichkeit nicht gilt, sondern sie anhand der konkret-individuellen Umstände des Einzelfalles festgestellt werden kann.

556 Vgl. BGHZ 106, 42, 49; NomosKomm Bd. 2/*Kollmann* 2012, § 305 Rn 72; genauer in Abschnitt 4.2.3.

557 *Berger/Kleine* BB 2007, 2137, 2139; *Berger*, in: FS Westphalen, S. 26-27.

Interessen durch Verhandlungen eigenverantwortlich wahrzunehmen"[558] notwendigerweise von dem gegenseitigen Verhältnis der Parteien und von den Umständen des Vertrags abhängig ist.[559] Somit stellt sich die Situation hier anders dar als bei der Auslegung oder der Beurteilung einer Klausel als überraschend, bei welcher lediglich die Eigenschaften des Vertragspartners und nicht das Verhältnis zwischen den Vertragsparteien zu berücksichtigen sind und der Vergleich somit statisch ist.[560]

Die Berücksichtigung des gegenseitigen Verhältnisses erschwert deutlich die Beurteilung der realen Verhandlungsmöglichkeit, da die im Geschäftsalltag auftretenden Verhandlungssituationen ausgesprochen vielgestaltig sind, und sehr viele unterschiedliche Faktoren mitwirken.[561] Somit ist das Ergebnis der Beurteilung insofern fallabhängig, als dasselbe Unternehmen in Bezug auf einen Vertrag fähig sein kann, seine Interessen eigenverantwortlich wahrzunehmen, aber hinsichtlich eines anderen Vertrags nicht. Dies hängt von der anderen Vertragspartei und den sonstigen Umständen des Vertrags ab und gilt auch dann, wenn die Paritätserwägungen aufgrund gruppentypischer Eigenschaften erfolgen.[562]

---

558 *Berger/Kleine* BB 2007, 2137, 2140.

559 Vgl. *Taxell* JFT 1984, 606, 616; *Lindmark*, in: Avtalslagen, S. 286 und 293; *Ahtonen*, S. 117.

560 Das gleiche gilt in Bezug auf die Argumentation von *Berger* und *Kleine* (siehe NJW 2007, 3526, 3527 und 2530) hinsichtlich des Transparenzgebots, da die Verständnismöglichkeiten einer Partei nur von ihren eigenen Eigenschaften abhängen.

561 Vgl. *Fastrich*, S. 219-220, nach dem machtkompensatorische, ökonomische, soziologische und psychologische Wirkungszusammenhänge berücksichtigt werden müssten, da sie alle Einfluss auf das Verhalten der Vertragsparteien haben; vgl. auch *Berger* NJW 2010, 465, 468; *Hellwege*, S. 567-568; *Abels,* in: AGB im Wirtschaftsverkehr, S. 33; *Tolonen*, in: Varallisuusoikeuden, S. 156.

562 Vgl. *Rabe* NJW 1987, 1978, 1980; *Ahtonen*, S. 117 sowie die Beispiele in Abschnitt 4.2.2. Wenn ein Unternehmen dagegen immer zu der gleichen Gruppe gehören soll, könnten die (typisierten) Paritätserwägungen in der Praxis nicht mitberücksichtigt werden, sondern lediglich die Eigenschaften des Vertragspartners des AGB-Verwenders. Dann wäre der Fall ähnlich wie bei der Auslegung oder bei der Beurteilung einer Klausel als überraschend. Allerdings würden die Unterschiede in der Schutzbedürftigkeit der Vertragspartner lediglich andeutungsweise berücksichtigt, da die Auswirkungen des gegenseitigen Verhältnisses auf die reale Verhandlungsmöglichkeit des Vertragspartners außer Acht gelassen würden. Vgl. weiterhin auch *Berger/Kleine* BB 2007, 2137, 2140, die zusätzlich auf „Geschäfte der konkret in Rede stehenden Art" verweisen, was mutmaßen lässt, dass ein Unternehmen bei Verträgen mit dem gleichem Geschäftspartner abhängig von der Art des Geschäftes hinsichtlich der Schutzbedürftigkeit zumindest theoretisch zu unterschiedlichen Gruppen gehören könnte. Dies erscheint begründet z.B. in Fällen, wo die an sich kleinere und insofern in der Regel schwächere Partei Inhaber eines für den jeweiligen Vertrag zentralen Patents

Trotzdem ist die Ermittlung der typisierten Positionen beider Vertragsparteien und der daraus abzuleitenden realen Verhandlungsmöglichkeit der Verwendergegenseite in der Praxis sicherlich oft unproblematisch[563], da in vielen Fällen auf den ersten Blick klar sein wird, ob der Vertragspartner des AGB-Verwenders über eine reale Verhandlungsmöglichkeit verfügt oder nicht. Soweit die Antwort bereits ohne Untersuchung offensichtlich ist, ist es irrelevant, ob eine generell-typisierende oder konkret-individuelle Betrachtungsweise angewendet wird.

Aufgrund der Vielgestaltigkeit der Situationen werden jedoch nicht alle Fälle so klar sein, sondern erfordern eine genauere Überprüfung, obwohl die reale Verhandlungsmöglichkeit keine exakte Ebenbürtigkeit der Parteien voraussetzt. Hinsichtlich dieser Fälle verkompliziert die generell-typisierende Betrachtung die Lage erheblich, da beide Vertragsparteien in für sie typische Gruppen zugeordnet werden sollen und dabei auch die typisierten Paritätserwägungen zwischen diesen typisierten Gruppen in die Ermittlung einfließen sollen. Dies führt zu einer sehr komplizierten Überlegung, bei welcher alle typisierenden Faktoren Auswirkung auf alle anderen typisierenden Faktoren haben. Eine solche Überlegung ist allerdings notwendig, um eine echte Typisierung zu erreichen, da es sich ansonsten lediglich um eine typisierte Darstellungsweise des anhand von konkret-individuellen Beurteilungen erzeugten Ergebnisses handeln würde.[564]

Folglich erscheint es kaum möglich, anhand der oben erwähnten Kriterien solche typisierten Gruppen zu bilden, die der Vielfalt der praktischen Fälle ge-

---

oder einen speziellen Know-how ist und somit faktisch über eine gute Verhandlungsposition verfügt (vgl. *Kessel/Stomps* BB 2009, 2666, 2674; *Sarelin*, S. 71; *Lindmark*, in: Avtalslagen, S. 286).

563 Vgl. z.B. BGH NJW 2000, 1110, 1111, in dem der AGB-Verwender ein Mineralölkonzern und sein Vertragspartner Tankstelleneigentümer war und LG Itzehoe NJW 2002, 2479, in dem der AGB-Verwender ein relativ großes Beratungsunternehmen und sein Vertragspartner ein handwerksähnlicher Betrieb mit geringer kaufmännischer Erfahrung war. In beiden Fällen behandelten die AGB das Kerngeschäft des Verwenders. Auf solche Evidenzfälle weist auch *Fastrich* (S. 220) hin. Vgl. auch *Leuschner* AcP 207 (2007), 491, 525 bezüglich der von ihm vorgeschlagenen Lösungsvariante; vgl. weiterhin auch die finnischen Erfahrungen bezüglich der allgemeinen Inhaltskontrolle nach § 36 OikTL (*Kaisto*, in: Business law forum, S. 65).

564 Vgl. LG Itzehoe NJW 2002, 2479, in dem das Gericht das Urteil aufgrund konkret-individueller Argumentation bezüglich der Parteien zu begründen scheint und lediglich die Schriftleitung durch eine Anmerkung darauf hinweist, dass die unterschiedliche Geschäftserfahrung das Bilden von unternehmerischen Untergruppen rechtfertigen kann.

recht würden und gleichzeitig überschaubar blieben.[565] Allerdings wäre die Problematik nicht entscheidend geringer, auch wenn die Typisierung auf zwei Cluster – verhandlungsfähige (ungefähr gleich starke) und nicht-verhandlungsfähige (schutzbedürftige) – beschränkt würde, anstatt eine differenziertere Abstufung anzustreben. Dies ist darauf zurückzuführen, dass die Grenzziehung, wann der Vertragspartner eine reale Verhandlungsmöglichkeit hat und wann nicht, in beiden Fällen unsicher bleibt[566], die zu berücksichtigenden Faktoren die gleichen sind und ein Unternehmen bezüglich verschiedener Verträge zu verschiedenen Cluster gehören kann.

Des Weiteren ist die Ermittlung der realen Verhandlungsmöglichkeit des Vertragspartners wegen der mehrfachen Typisierung für die Gerichte im Individualprozess aber vor allem für die Vertragsparteien beim Vertragsschluss eine große Herausforderung. Eine derartige mehrfache Verallgemeinerung erhöht auch die Gefahr, dass die gleiche Situation in verschiedenen Vorgängen unterschiedlich beurteilt wird und die Rechtsunsicherheit somit zunimmt. Aus diesen Gründen können die Parteien in vielen Fällen nicht voraussehen, wie das Vorhandensein der realen Verhandlungsmöglichkeit bei dem jeweiligen Vertrag einzuschätzen ist.

Daher lässt sich feststellen, dass die generell-typisierende Betrachtungsweise die Rechtslage oft unnötig verkompliziert und die Rechtssicherheit somit eher vermindert als erhöht. Die Vorteile der generell-typisierenden Betrachtungsweise gleichen deren Nachteile nicht aus. Außerdem unterliegt sie im Individualprozess notwendigerweise gewissen Einschränkungen, da die konkret-individuellen Eigenschaften der Parteien als Grundlage der Typisierung dienen, weil eine Gruppierung ansonsten unmöglich wäre.[567] Weiterhin führt eine echte

---

565 Vgl. *Lieb* AcP 178 (1978), 196, 200 und 221; *Fastrich*, S. 220; *Graf von Westphalen* NJW 2009, 2977, 2980; *Miethaner*, S. 49-50; *Graf von Westphalen* ZIP 2007, 149, 152; in diesem Sinne wohl auch *Vogt* TranspR 2010, 15, 19; vgl. auch Fußnote 317 bezüglich der Folgen der zu kasuistischen Kategorisierung. So auch *Hellwege*, S. 574, nach dem eine Typisierung nicht möglich ist. Aus diesem Grund kommt er jedoch zu dem Ergebnis, dass das Ungleichgewicht zwischen den Vertragsparteien stellvertretend durch die Art und Weise des Zustandekommens des Vertrags berücksichtigt werden muss, obwohl es der eigentliche Schutzgrund ist (genauer *Hellwege*, S. 569-574).

566 Vgl. *Graf von Westphalen* 2009 NJW 2977, 2980; *Graf von Westphalen* ZIP 2007, 149, 157; *Kessel/Stomps* BB 2009, 2666, 2672 Fußnote 83.

567 Vgl. Staudinger AGB/*Coester* 2006, § 307 Rn 113, der bezüglich der gruppentypisch differenzierten Inhaltskontrolle aufführt, dass obwohl der generell-typisierende Prüfungsmaßstab als übergreifender Grundsatz bezeichnet werden kann, er im Individualprozess gewissen Einschränkungen unterliegt, da das konkrete Vertragsverhältnis festlegt, auf welche Fall- oder Personengruppe die Kontrolle zu beziehen ist. Vgl. auch *Graf von Westphalen* NJW 2009, 2977, 2980, demgemäß die Gruppenbildung deswe-

generell-typisierende Betrachtungsweise zwangsläufig dazu, dass das Ergebnis der Beurteilung nicht immer der Realität des jeweiligen Falles entspricht und somit nicht gerecht ist.[568] Hierbei besteht die Versuchung, das Ergebnis der typisierten Betrachtung und der Paritätserwägung aufgrund der tatsächlichen Eigenschaften der Parteien zu korrigieren, soweit das „typisierte Ergebnis“ in dem konkreten Fall unangemessen erscheint. Des Weiteren besteht die Gefahr, die komplexen Funktionszusammenhänge unzulässig zu vereinfachen.[569] Insgesamt kommt die Ansicht von *Berger* und *Kleine* aufgrund der Berücksichtigung der Paritätserwägungen in der Praxis einer konkret-individuellen Betrachtungsweise relativ nahe.[570]

Daher wäre es sinnvoll, die reale Verhandlungsmöglichkeit des Vertragspartners zukünftig anhand einer konkret-individuellen Betrachtung des Vertragsverhältnisses und aller Umstände des jeweiligen Falles zu beurteilen.[571] §

---

gen ihr Ziel verfehlt, weil sie den Grundsatz der generell-abstrakten Bewertung nicht durchhalten kann.

568 Vgl. z.B. die in der Fußnote 562 beschriebenen Fälle, bei welchen die an sich kleinere und somit in der Regel schwächere Partei Inhaber eines für den jeweiligen Vertrag zentralen Patents ist.

569 *Fastrich*, S. 220.

570 Vgl. *Graf von Westphalen* ZIP 2007, 149, 157, der behauptet, dass durch die Berücksichtigung der wirtschaftlichen Merkmale und der daraus abzuleitenden Verhandlungsfähigkeit weithin auf die Typisierung verzichtet wird und dagegen die konkret-individuelle Schutzbedürftigkeit des Vertragspartners im Vordergrund steht.

571 So auch *Berger* NJW 2010, 465, 468 und *Günes/Ackermann* ZGS 2010, 454, 458; vgl. auch *Kaufhold* ZIP 2010, 631, 634, dergemäß „unter Berücksichtigung aller Umstände des Einzelfalles“ zu lösen ist, ob das Verhalten des Verwenders „insgesamt als Einlösung des bei Vertragsanbahnung gegebenen Signals gewertet werden kann, einen im Ganzen individuellen Vertrag abschließen zu wollen“ und Vortrag von *Jüttner* im Rahmen des 7. AGB Symposions am 11.3.2010, siehe *Reintzsch/Lennartz*, in: *Axer* u.a., Tagungsbericht S. 14 (bisher unveröffentlicht); vgl. weiterhin auch *Hellwege,* S. 579-580 und 590, dem zufolge die individualschützende Inhaltskontrolle individuell-konkret erfolgen soll, (obwohl sie seiner Meinung nach im unternehmerischen Geschäftsverkehr gar nicht zur Anwendung kommen soll, sondern auf die im unternehmerischen Geschäftsverkehr verwendeten Klauseln lediglich im Rahmen einer überindividuell schützenden Inhaltskontrolle eingegriffen werden kann (*Hellwege*, S. 591)); aA *Graf von Westphalen* NJW 2009, 2977, 2981; *Axer*, S. 279, nach dem eine konkret-individuelle Differenzierung für erhebliche Rechtsunsicherheit sorgen würde. Alternativ könnte das durch generell-typisierende Betrachtung erreichte Ergebnis bei Bedarf auf Basis der konkret-individuellen Fakten des jeweiligen Falles korrigiert werden. Allerdings würde dies nur die (auch in diesem Fall) letztendlich maßgebliche konkret-individuelle Betrachtung verschleiern und kann somit im Vergleich zu der direkten konkret-individuellen Betrachtung nicht bevorzugt werden.

305 I BGB ermöglicht diese Einzelfallbetrachtung.[572] Dadurch entspricht das Ergebnis der konkreten Situation und ist sofern gerecht. Des Weiteren ist es bei komplexen Fällen für die Parteien in der Regel leichter, ihr konkretes Vertragsverhältnis einzuschätzen[573], als sich selbst und die andere Partei in die typisierten Gruppen einzuordnen und diese Gruppen typisiert zu betrachten. Somit verbessert die konkret-individuelle Betrachtungsweise die praktische Rechtssicherheit im Vergleich zur Typisierung, obwohl die Berücksichtigung der wirtschaftlichen Merkmale und Umstände immer ein gewisses Maß an Rechtsunsicherheit nach sich zieht, weil hierbei auf wertausfüllungsfähige und -bedürftige Begriffe zurückgegriffen werden muss.[574]

Diese Rechtsunsicherheit ist eine unausweichliche Folge der praxisnahen Rechtsanwendung, die die Privatautonomie, die Bedürfnisse des unternehmerischen Geschäftsverkehrs und die Unterschiedlichkeit der Unternehmen flexibel und möglichst optimal beachtet.[575] Gleichwohl wird die Rechtsunsicherheit

572 *Berger* NJW 2010, 465, 468; *Dose* NZM 2009, 381, 383 *Günes/Ackermann* ZGS 2010, 454, 458 und 460.

573 Vgl. *Hemmo*, Sopimusoikeus II, S. 53, der hinsichtlich der Anpassung von Vertragsklauseln nach § 36 OikTL feststellt, dass die Vertragsparteien regelmäßig gut einschätzen können, ob ein Risiko besteht, dass eine Klausel unangemessen sein könnte.

574 Vgl. *Lindacher* BB 1972, 296, 299. Vgl. aber auch *Michel/Hilpert* DB 2000, 2513, 2515, nach denen die Subsumption von Bedeutung und Umfang des Geschäfts sowie geschäftliche Gewandtheit und Erfahrenheit der Partei keine unlösbare Beweisprobleme stellen soll; aA *Bastian/Böhm* BB 1974, 110, 111, die das Abstellen auf die Schutzbedürftigkeit des Vertragspartners des AGB-Verwenders bei der Inhaltskontrolle als wenig praktikabel ablehnen, weil es den Vertragsparteien nicht möglich wäre, diese Merkmale festzustellen.

575 Vgl. *Kessel/Stomps* BB 2009, 2666, 2675; Diskussionsbeitrag von *Berger* im Rahmen des 7. AGB Symposions am 11.3.2010, siehe *Reintzsch/Lennartz*, in: *Axer* u.a., Tagungsbericht S. 16 (bisher unveröffentlicht); Vortrag von *Müller* im Rahmen des 7. AGB Symposions am 11.3.2010, siehe *Friedrich/Lennartz*, in: *Axer* u.a., Tagungsbericht S. 17 (bisher unveröffentlicht); vgl. auch *Berger/Kleine* BB 2007, 2137, 2140, die feststellen, dass die Berücksichtigung der Schutzbedürftigkeit der jeweiligen Kundengruppe ein praktikabler Ansatz ist und nicht zu unerträglicher Rechtsunsicherheit führt. Allerdings verweisen sie als Beweis hierfür auf das oben beschriebene niederländische System, was nicht besonders gelungen ist, da das niederländische Modell auf festgeschriebenen Kriterien basiert und somit naturgemäß rechtssicherer als ein flexibles Modell ist. Vgl. weiterhin auch *Lenkaitis/Löwisch* ZIP 2009, 441, 447, die in Bezug auf die Inhaltskontrolle die von *Berger/Kleine* vorgeschlagene Lösung wegen der Rechtsunsicherheit kritisieren, deren eigene Lösung jedoch auf „Üblichkeit", und „Widerspiegelung eines typischen Regelungsbedürfnisses des unternehmerischen Geschäftsverkehrs im Allgemeinen oder der konkreten Branche" basiert. Weiterhin führen *Lenkaitis/Löwisch* einige auf Basis des Grundsatzes von Treu und Glauben gebil-

durch diesen Vorteil ausgeglichen, da ansonsten lediglich eine Abtrennung zwischen Verbraucher und Unternehmen bzw. eine Abtrennung auf Basis von gesetzlich festgeschriebenen eindeutigen Kriterien, wie Mitarbeiterzahl, Umsatzerlöse oder Bilanzsumme, möglich wäre, was der Realität des unternehmerischen Geschäftsverkehrs nicht entspricht.[576]

Weiterhin baut das AGB-Recht von der Natur aus auf Wertungen auf, die immer ein bestimmtes Maß an Rechtsunsicherheit mit sich bringen, wie § 307 BGB (unangemessen benachteiligt) und § 308 BGB (mit Wertungsmöglichkeit) zeigen. Somit handelt es sich hierbei nicht um ein neues Phänomen im AGB-Recht. Hinzu kommt noch, wie *Fountoulakis* bezüglich der offenen und somit

---

dete Fallgruppen ein, bei denen sich der unternehmerische Vertragspartner des AGB-Verwenders in einer ähnlichen Situation wie ein Verbraucher befindet. Diese Begriffe sind ebenfalls konkretisierungsbedürftig, da z.B. immer eine Grenzziehung erforderlich ist, welche Bedingungen üblich sind und welche nicht. Die Grenzziehung wird dadurch noch weiter erschwert, dass sich im Laufe der Zeit typische Regelungsbedürfnisse permanent ändern. Somit führt auch dieser Vorschlag entgegen der Behauptung von *Lenkaitis/Löwisch* nicht zu einer rechtssicheren Lösung. Weiterhin muss hingewiesen werden, dass die Üblichkeit einer Klausel z.B. auf einem starken Branchenverband der Verwenderseite beruhen kann und somit nicht notwendigerweise die Angemessenheit der Klausel reflektiert. Zusätzlich ist darauf hinzuweisen, dass in Bezug auf flexible Lösungen solche Abgrenzungsfragen nie ganz zu vermeiden sind (vgl. z.B. *Leuschner* AcP 207 (2007), 491, 525 bezüglich der von ihm vorgeschlagene Lösungsvariante). Vgl. außerdem *Miethaner*, S. 161-166 und 170 und *Günes/Ackermann* ZGS 2010, 454, 455 und 457, die darstellen, dass auch die bisherige höchstrichterliche Rechtsprechung zu Rechtsunsicherheit führt, weil der BGH aus einen großen Pool von Beurteilungsmaßstäben, die Ungereimtheiten beinhalten und durch das Fehlen einer klaren Linie gekennzeichnet sind, bei konkreten Einzelfällen immer unterschiedliche Kriterien heranzieht. Zudem sind die graduellen Differenzierungen des BGH so feintönig, dass sie sich kaum für die praktische Anwendung durch die Instanzgerichte, geschweige denn durch die Vertragsparteien, eignen. Allerdings kann Rechtssicherheit auch nicht bei Anwendung der von *Miethaner* vorgeschlagenen Lösung (siehe Abschnitt 5.2.1.1.2) außer in den Fällen, in denen der Vertragswert eine Million Euro übersteigt, erreicht werden. Dies folgt daraus, dass die von ihm verwendeten Kriterien nicht unmittelbar dem Beweis zugänglich sind, sondern lediglich durch Indizien bestimmt werden können (vgl. *Miethaner*, S. 228).

576 AA *Graf von Westphalen* NJW 2009, 2977, 2981, der wegen der Rechtsunsicherheit die Vorschläge für eine differenzierende Betrachtung ablehnt. Seiner Ansicht nach ist auch im Gesetz keinerlei Unterstützung für eine differenzierende Betrachtung zu finden. Allerdings erkennt auch er zumindest indirekt den Bedarf an Differenzierung innerhalb des unternehmerischen Geschäftsverkehrs an, in dem er den Gesetzesänderungsvorschlag von *Berger* (NJW 2010, 465, 467) mit der Frage begegnet, ob das „Verhandeln" auch kleine und mittelständische Unternehmen hinreichend in ihrer Vertragsgestaltungsfreiheit schützt (*Graf von Westphalen* ZIP 2010, 1110, 1113).

wertungsabhängigen Begriffe des UN-Kaufrechts aufführt, dass diese in der Praxis ein Erfolg gewesen und in anderen Rechtstexten übernommen worden sind, obwohl sie als rechtsunsicher kritisiert worden sind.[577] Zusätzlich lässt sich aufgrund der Anwendung von offenen Begriffen und der konkret-individuellen Betrachtung im finnischen Recht festhalten, dass diese Art von Betrachtung nicht zu dem von dem *Graf von Westphalen*[578]und *Miethaner*[579] befürchteten Chaos führen.[580] Aus dem gleichen Grund kann auch die Sorge von *Faust*[581], *Lieb*[582] *und Axer*[583], dass die Gerichte in mehrfacher Hinsicht überfordert wären, wenn sie die Umstände des Einzelfalles berücksichtigen müssten, aufgehoben werden.[584]

Bei der konkret-individuellen Beurteilung ist naturgemäß neben allen anderen Umständen des Einzelfalles auch das tatsächliche Machtgefälle zwischen den Parteien zu beachten. Daher ist eine reale Verhandlungsmöglichkeit desto eher anzunehmen, je stärker der Vertragspartner im Verhältnis zu dem AGB-Verwender ist. Obwohl dieser Ansatz somit nicht der herrschenden Ansicht in Deutschland entspricht, dass das Vorhandensein oder Fehlen eines wirtschaftlichen oder intellektuellen Machtgefälles zwischen den Parteien grundsätzlich ohne Bedeutung bleibt[585], scheint er auch dem deutschen Recht nicht komplett fremd zu sein.

---

577 *Fountoulakis*, E.V.5.a); vgl. auch *Freiburg* IHR 2005, 56, 56-57, wonach die unbestimmten Rechtsbegriffe wegen des internationalen Kontextes unerlässlich sind und die erforderliche Rechtssicherheit durch Rechtsprechung und Literatur erreicht wird; *Hilberg*, S. 184-187, die bezüglich des UN-Kaufrechts der flexiblen Begriffsdefinierung einen Vorrang gegenüber der strengen Begrifflichkeit und der damit zu erreichenden zusätzlichen Rechtssicherheit einräumt und *Stürner*, S. 448, nach dem im europäischen Vergleich eine Tendenz Richtung Zuwachs von Nutzung offene Formulierungen wie Verhältnismäßigkeit, Billigkeit oder Angemessenheit festgestellt werden kann und diese Tendenz auch durch die Schuldrechtsreform bestätigt wurde.

578 *Graf von Westphalen* ZIP 2007, 149, 157.

579 *Miethaner*, S. 50. In diesem Sinne wohl auch *Bastian/Böhm* BB 1974, 110, 111 und *Lieb* AcP 178 (1978), 196, 203 und 221.

580 Vgl. z.B. *Kaisto*, in: Business law forum, S. 65 bezüglich der Anpassungsmöglichkeit gemäß § 36 OikTL, die aufgrund der offenen Begriffe und der konkret-individuellen Betrachtung durchzuführen ist.

581 Vortrag von *Faust* im Rahmen des 7. AGB Symposions am 11.3.2010, siehe *Rabus*, in: *Axer* u.a., Tagungsbericht S. 19 (bisher unveröffentlicht).

582 *Lieb* AcP 178 (1978), 196, 223.

583 *Axer*, S. 45.

584 So auch *Günes/Ackermann* ZGS 2010, 454, 458; *Heinrichs* NJW 1977, 1505, 1508.

585 Siehe Abschnitt 4.2.3, Fußnote 364.

Dies ergibt sich aus der früheren Literatur, in der mehrfach vertreten worden ist, dass die intellektuellen Fähigkeiten der Vertragsparteien und das wirtschaftliche Machtgefälle zwischen ihnen sowie die daraus abzuleitende wechselseitige Verhandlungsmacht bei der Beurteilung, ob eine Klausel ausgehandelt worden ist, zu berücksichtigen sind.[586] Außerdem wird dies zum Teil auch in der neueren Literatur vertreten.[587] Aus den oben genannten Gründen sollte dieser Ansatz wieder in das deutsche Recht aufgenommen werden[588], obwohl er nach der aktuell herrschenden Ansicht nicht vollkommen zufriedenstellend ist.

Hinzu kommt noch, dass die von *Graf von Westphalen* favorisierte Lösung, die die „freie Entscheidung" der mit dem Verwendungsvorschlag konfrontierten Partei zum zentralen Tatbestandsmerkmal des Aushandelns aufhebt[589], meines Erachtens der hier vorgeschlagenen Lösung über die reale Verhandlungsmacht im Kern entspricht. Das Vorhandensein einer realen Verhandlungsmöglichkeit ist einerseits gerade eine Voraussetzung für die freie Entscheidung und andererseits zeigt sie sich in der freien Entscheidung. Dies ist darauf zurückzuführen, dass die tatsächlichen Machtpositionen, wie z.B. die mögliche wirtschaftliche

---

586 Vgl. *Garrn* JZ 1978, 302, 304; *Wolf* NJW 1977, 1937, 1940; *Heinrichs* NJW 1977, 1505, 1508; *Rabe* NJW 1987, 1978, 1980; *Hensen* NJW 1987, 1986, 1987; *Graf von Westphalen* NJW 1994, 2113, 2114 und 2117; in diesem Sinne wohl auch *Wolf*, in: FS Brandner, S. 303.

587 Palandt/*Grüneberg* 2012, § 305 Rn 20; *Ring/Klingelhöfer/Niebling*, S. 55; *Günes/Ackermann* ZGS 2010, 454, 458; *Habersack/Schürnbrand*, in: FS Canaris, S. 371; PWW/*Berger* 2011, § 305 Rn 13; OLG Düsseldorf VersR 2002, 901, 902; *Bellinghausen*, in: AGB im Wirtschaftsverkehr, S. 81; vgl. auch *Abels*, in: AGB im Wirtschaftsverkehr, S. 33, nach dem die Frage der Stärke in der Vertragsbeziehung differenziert zu betrachten und im Einzelfall zu entscheiden ist. Vgl. weiterhin auch BVerfG NJW 2011, 1339, 1340-1341, nach dem die gerichtliche Kontrolle der Allgemeinen Geschäftsbedingungen die mangelnde Verhandlungsmacht des Vertragspartners des Verwenders kompensiert.

588 Dass dieser Ansatz praktikabel ist und nicht zu unerträglicher Rechtsunsicherheit führt, zeigt die finnische allgemeine Inhaltskontrolle gemäß § 36 OikTL (genauer siehe diesbezüglicher Exkurs in Abschnitt 11.2). Diesem Ansatz steht meines Erachtens auch die Aussage des BGH (NJW 1131, 1131-1132) nicht entgegen, dass das Tatbestandsmerkmal „Stellen" nicht voraussetzt, dass ein Ungleichgewicht zwischen den Vertragsbeteiligten hinsichtlich der vertraglichen Durchsetzungsmacht besteht, sondern vielmehr auch eine Vertragspartei, die der anderen weder wirtschaftlich noch sonst überlegen ist, der Verwender im Sinne von § 305 Absatz I 1 BGB sein kann. Dies ergibt sich daraus, dass die Aussage des BGH lediglich die Verwendereigenschaft bei der Beurteilung des Tatbestandsmerkmals „Stellen" – also die Begriffsdefinition – betrifft und somit nicht bedeutet, dass die wirtschaftliche Überlegenheit bei der Beurteilung des Aushandelns nicht berücksichtigt werden sollte.

589 *Graf von Westphalen* ZIP 2010, 1110, 1114.

Abhängigkeit einer Partei von der anderen, notwendigerweise Auswirkung auf die Entscheidungsfreiheit haben. Deshalb müsste das mögliche Machtgefälle zwischen den Parteien bei der Beurteilung der „freien Entscheidung" berücksichtigt werden. Folglich kann das Merkmal „freie Entscheidung" nicht als „klar, hinreichend konkret und auch zielführend"[590] bezeichnet werden, es sei denn, dies wird auch für die reale Verhandlungsmöglichkeit für zutreffend gehalten.

5.2.1.1.1.8 Ermittlung des Vorhandenseins oder Fehlens der realen Verhandlungsmöglichkeit in der Praxis

In der Praxis ist das Vorhandensein oder Fehlen der realen Verhandlungsmöglichkeit durch einen ähnlichen Abwägungsprozess wie die im Abschnitt 4.2.2 dargestellte Beurteilung der Existenz eines rechtlich relevanten Machtgefälles im finnischen Recht zu ermitteln. Daher sind auf der ersten Stufe die Abwägungselemente, also die Tatsachenverhältnisse und Kriterien, die in Bezug auf den jeweiligen Fall für die Existenz der realen Verhandlungsmöglichkeit wesentlich und ausschlaggebend sind, zu wählen. Hierbei sind alle Umstände des jeweiligen Falles und der tatsächlichen Positionen sowie des gegenseitigen Verhältnisses der Parteien zu berücksichtigen. Die in Abschnitt 4.2.2 und 5.2.1.1.1.6 über die zu berücksichtigenden Tatsachenverhältnisse dargestellten beispielhaften Aufzählungen dienen dabei als Anhaltspunkt. Danach müssen sie unter ständiger Betrachtung des jeweiligen Falles in ähnlicher Weise („gering", „mittel" und „sehr" wichtig) gewichtet werden, wie in dem Beispiel in Abschnitt 4.2.2 dargestellt.

Der Abwägungsmaßstab legt fest, wie groß der Unterschied in der Verhandlungsmöglichkeit der Parteien maximal sein darf, um die reale Verhandlungsmöglichkeit noch zu bejahen. Er müsste hier niedriger sein als bei der Inhaltskontrolle, da es bei den Anforderungen an das Aushandeln genau darum geht, ob der Vertragspartner des AGB-Verwenders durch das Aushandeln seine Interessen entsprechend der Privatautonomie eigenverantwortlich wahren kann oder nicht. Somit handelt es sich hier um eine Maßnahme zur Unterstützung der Privatautonomie und nicht um einen direkten Eingriff in die Privatautonomie und das Prinzip „Pacta sunt servanda".

Andererseits muss der Unterschied in der Verhandlungsmöglichkeit zwischen den Parteien größer sein als bei der Frage einer wirksamen Einbeziehung von AGB (Hinweis, Einverständnis, Kenntnisnahmemöglichkeit), weil es nicht nur um die Information des Vertragspartners geht. Stattdessen dienen die Kriterien des Aushandelns als eine Art Vorstufe vor der Inhaltskontrolle. Denn wenn

590 So *Graf von Westphalen* ZIP 2010, 1110, 1115.

man die Kriterien an das Aushandeln niedriger setzt, gelangt man schneller zu dem Ergebnis, dass es sich bei bestimmten Klauseln um Individualvereinbarungen handelt. Damit werden solche Klauseln einer Inhaltskontrolle entzogen. Zusätzlich kann, wie im Exkurs im Abschnitt 11.2. genauer dargestellt wird, im Großen und Ganzen ein gleichwertiges Ergebnis (zumindest im Falle der hier vorgeschlagenen Änderungen hinsichtlich der Kriterien des Aushandelns als auch der Inhaltskontrolle) erzielt werden, unabhängig davon, auf welcher der beiden Prüfungsebenen man die reale Verhandlungsmöglichkeit berücksichtigt. Aus diesem Grund kann die Schwelle, ab wann die höheren Anforderungen gelten, nicht zu niedrig gesetzt werden. Bei einem niedrigen Unterschied in der realen Verhandlungsmöglichkeit zwischen den Parteien hingegen sollte ein reines Verhandeln bereits ausreichen, um die Klauseln als Individualvereinbarungen einzustufen. Denn eine Überspannung der Anforderungen an das Aushandeln führt zur Ineffizienz, weil dies z.B. ein ausführliches Protokollieren der Vertragsverhandlungen voraussetzt.

Im Ergebnis sind daher höhere Anforderungen an das Aushandeln ab einem mittleren Unterschied in der Verhandlungsfähigkeit zwischen den Parteien zu stellen. Der Grad des Gefälles zwischen den Parteien, ab dem eine Differenzierung vorzunehmen ist, ist damit im Vergleich zur Inhaltskontrolle niedriger und im Vergleich zur Einbeziehungskontrolle höher.

5.2.1.1.1.9 Beweislast

In Bezug auf die hier vertretene Ansicht kann angesichts der vom Unternehmen erwarteten erhöhten Eigenverantwortung grundsätzlich davon ausgegangen werden, dass ein Unternehmen eine reale Verhandlungsmöglichkeit hat.[591] Somit trägt der Vertragspartner des AGB-Verwenders die Beweislast für die Umstände, aufgrund welcher er gerade nicht als ungefähr gleich stark wie der AGB-Verwender anzusehen ist.[592] Soweit ihm dies gelingt, ist den strengeren Anfor-

---

591 *Berger*, in: FS Westphalen, S. 23; *Berger* ZIP 2006, 2149, 2152; *Berger*, in: AGB und Vertragsgestaltung, S. 45; vgl. auch *Stürner*, S. 10 und 442, wonach eine Vermutung besteht, dass das, was die Parteien vereinbart haben, ihren Interessen und Verhältnissen entspricht und damit verhältnismäßig ist; vgl. weiterhin Abschnitt 4.2.

592 *Berger* ZIP 2006, 2149, 2153; *Michel/Hilpert* DB 2000, 2513, 2515; vgl. auch Landesjustizminister *Goll*, der in einem Interview in der FAZ, siehe „Kein übertriebener Schutz für Unternehmen“ FAZ von 15.2.1010, Nr. 38, S. 12 eine widerlegbare gesetzliche Vermutung vorschlägt, nach der die Verträge im unternehmerischen Geschäftsverkehr ausgehandelt worden sind; aA *Graf von Westphalen* ZIP 2007, 149, 156, der die Ansicht vertritt, dass der Verwender eine nicht hinreichende Schutzbedürftigkeit des Vertragspartners nachweisen müsste. Vgl. jedoch auch *Berger/Kleine* BB 2007, 2137, 2140, wonach die für die Beurteilung erforderlichen Tatsachen in aller Regel ge-

derungen der herrschenden Ansicht an das Aushandeln und die dabei geltende Beweislast zu folgen. Eine umgekehrte Vermutung und Verteilung der Beweislast bei der Feststellung des Gleichgewichts bzw. Ungleichgewichts der Vertragsparteien, wie von *Günes* und *Ackermann* vorgeschlagen[593], ist nicht sinnvoll, da sie die vorgeschlagene Änderung erheblich verwässern würde.

Es ist zuzugeben, dass die hier vorgeschlagene Lösung trotz dieser Beweislastverteilung einen Unsicherheitsfaktor für den AGB-Verwender beinhaltet. Er kann erst nach Durchführung eines Gerichtsverfahrens endgültig wissen, ob sein Vertragspartner eine reale Verhandlungsmöglichkeit hatte und somit die niedrigeren Anforderungen an das Aushandeln genügen. Wie oben dargestellt, können die Vertragsparteien jedoch ihr konkretes Verhältnis regelmäßig gut einschätzen.[594] Somit kann der AGB-Verwender in der Regel mit relativ hoher Wahrscheinlichkeit wissen, ob sein Vertragspartner eine reale Verhandlungsmöglichkeit hat oder nicht. Zudem kann ein unsicherer AGB-Verwender im Grenzfällen bewusst entscheiden, ob er den strengen Anforderungen an das Aushandeln freiwillig folgt oder lieber das Risiko in Kauf nimmt, dass er sich in einer Grauzone bewegt und sich dadurch Vorteile verschafft, aber womöglich später festgestellt wird, dass sein Vertragspartner keine reale Verhandlungsmöglichkeit hatte.[595]

5.2.1.1.2 Bei bloßer Zustimmung ohne konkrete Verhandlungen

Es ist strittig, ob die Vertragsbestimmungen auch dann als ausgehandelt gelten, wenn der Verwender die AGB zur Disposition stellt[596], aber sein Vertragspartner

---

richtsbekannt sind und somit eine Beweiserhebung im Einzelfall nicht nötig ist. Dies trifft meines Erachtens bei klaren Fällen zu, aber in Grenzfällen ist eine Beweiserhebung sicherlich notwendig.

593 *Günes/Ackermann* ZGS 2010, 454, 458.

594 Vgl. *Hemmo*, Sopimusoikeus II, S. 53 sowie Fußnote 573.

595 Vgl. *Hemmo*, Sopimusoikeus II, S. 53-54.

596 Dies setzt voraus, dass der Verwender auch inhaltlich verhandlungsbereit ist (BGH NJW 2010, 1131, 1133; *Kaufhold* ZIP 2010, 631, 632; *Graf von Westphalen* BB 2010, 195, 199). Freilich genügt es hierfür nicht, dass der AGB-Verwender eine formularmäßige Erklärung abgibt, dass er zur Änderung der AGB jederzeit bereit sei (*Graf von Westphalen*, Einkaufsbedingungen, S. 14-15). Dagegen kommt es nicht auf die technische Möglichkeit der Abänderung an, da dies weder erforderlich noch ausreichend ist (*Kaufhold* ZIP 2010, 631, 632). Weiterhin genügt es nicht, dass dem Vertragspartner lediglich die Möglichkeit eröffnet wird, den Vertrag unter Zugrundelegung der AGB oder gar nicht abzuschließen (vgl. BGH WM 1995, 1455, 1456). Zudem reicht es nicht aus, dass dem Vertragspartner mehrere Vertragsentwürfe zur Auswahl gegeben wird, soweit keine inhaltlichen Änderungen möglich sind (Ulmer/Brandner/Hensen/*Ulmer/*

auf die angebotenen Verhandlungen nicht eingeht, sondern dem Vertrag ohne konkrete Verhandlungen zustimmt. Nach der ersten Ansicht reicht eine bloße Zustimmung des Vertragspartners zum Vertrag trotz der bekundeten, ernsthaften Verhandlungsbereitschaft des AGB-Verwenders über den Inhalt der AGB nicht aus, um die in den Vertrag einbezogenen AGB zu Individualvereinbarungen zu machen.[597] *Lieb* stellt ausdrücklich dar, dass es das gute Recht des Vertragspartners ist, auf die angebotenen Verhandlungen nicht einzugehen, um sich die Möglichkeit einer späteren Inhaltskontrolle zu bewahren.[598] Diese Ansicht wird allerdings teilweise dadurch relativiert, dass einzelne Klauseln, an denen der Verwender ein besonderes sachlich berechtigtes Interesse[599] hat, aufgrund einer bloßen Zustimmung Individualvereinbarungen werden können, soweit der Verwender ernsthaft bereit zur Verhandlungen war.[600]

Kritiker werfen der ersten Ansicht zu Recht vor, dass sie die Eigenverantwortung des Vertragspartners des AGB-Verwenders beiseite schiebt, wenn sie ein Flüchten unter den Schirm der AGB-rechtlichen Inhaltskontrolle trotz bekundeter Verhandlungsbereitschaft akzeptiert. Es soll nicht die Aufgabe der Rechtsprechung sein, dem Vertragspartner die freiwillig durch den Verzicht auf

---

Habersack 2011, § 305 Rn 53; MüKo Bd. 2/*Basedow* 2007, § 305 Rn 38; vgl. hierzu auch Abschnitt 5.1.1).

597 Erman Bd. I/*Roloff* 2011, § 305 Rn 19; Graf von Westphalen/Thüsing/*Graf von Westphalen*, Vertragsrecht – Individualvereinbarung Rn 11; Ulmer/Brandner/Hensen/*Ulmer/Habersack* 2011, § 305 Rn 50 und 52; *Löwe* NJW 1977, 1328, 1329-1330; in diesem Sinne wohl auch *Ring/Klingelhöfer/Niebling*, S. 50; *Braun* BB 1979, 689, 692; vgl. auch *Jahn* FAZ Nr. 64 von 17.3.2010, S. 23.

598 *Lieb*, in: AGB im Spannungsfeld, S. 115; in diesem Sinne auch Erman Bd. I/*Roloff* 2011, § 305 Rn 19; *Schuhmann* JZ 1998, 127, 129.

599 Typischerweise können Haftungsbeschränkungen solche Klauseln sein (*Lieb*, in: AGB im Spannungsfeld, S. 116).

600 Ulmer/Brandner/Hensen/*Ulmer/Habersack* 2011, § 305 Rn 51; *Lieb*, in: AGB im Spannungsfeld, S. 116; *Habersack/Schürnbrand*, in: FS Canaris, S. 373; in diesem Sinne auch *Jaeger* (NJW 1979, 1569, 1574), der das Aushandeln solcher Klauseln allerdings darin fest macht, dass der AGB-Verwender seinen Vertragspartner auf eine oder einzelne Klauseln besonders hinweist und erklärt, dass er ein besonderes Interesse an einer wirksamen Regelung der in diesen Klauseln behandelten Probleme hat; aA Erman Bd. I/*Roloff* 2011, § 305 Rn 19; *Graf von Westphalen* ZIP 2007, 149, 152; *Miethaner*, S. 213-214, der zutreffend erläutert, dass das sachlich berechtigte Interesse des AGB-Verwenders an einer Regelung keinen Bezug zu der Frage aufweist, ob der Vertragspartner in seiner Privatautonomie beeinträchtigt war. Deshalb sollten sämtliche Klauseln gleich behandelt werden (vgl. hierzu auch *Kessel/Jüttner* BB 2008, 1350, 1353).

Abänderung der AGB eingegangenen Risiken abzunehmen.[601] Deshalb kann der Gegenansicht zufolge von einem unternehmerischen Vertragspartner des AGB-Verwenders das Wahrnehmen und Nutzen einer Verhandlungsmöglichkeit grundsätzlich erwartet werden. Somit soll ein „Aushandeln“ auch dann vorliegen, wenn der Verwender die AGB zur Disposition stellt, aber sein Vertragspartner auf die angebotenen Verhandlungen nicht eingeht.[602]

Miethaner vertritt noch weitergehend als die Gegenansicht, dass kein sachlicher Grund besteht, eine Abänderungsbereitschaft des Verwenders für das Aushandeln zu verlangen. Stattdessen genügt seiner Meinung nach, dass sichergestellt wird, dass der Vertragspartner des AGB-Verwenders die Klausel in seine Entscheidung über den Vertragsschluss einbezogen hat. Deshalb läge eine Individualvereinbarung immer dann vor, wenn der Vertragspartner des AGB-Verwenders die konkrete Bestimmung zur Kenntnis genommen hat, ihre Bedeutung inhaltlich verstehen konnte und von der Komplexität des Vertragsinhalts nicht überfordert war. Die Erfüllung dieser Anforderungen sei automatisch anzunehmen, soweit der Vertragswert über einer Million Euro liegt. Zusätzlich sollte in anderen Fällen des unternehmerischen Geschäftsverkehrs die Erfüllung der beiden letzten Voraussetzungen wegen der höheren Erfahrung und des täglichen Umgangs mit AGB besonders leicht angenommen werden.[603]

---

601 *Berger* ZIP 2006, 2149, 2152; *Leuschner* AcP 207 (2007), 491, 524; *Wackerbarth* AcP 200 (2000), 45, 81 und 83; *Miethaner*, S. 224; *Kessel/Jüttner* BB 2008, 1350, 1352; Staudinger AGB/*Schlosser* 2006, § 305 Rn 36a; *Tettinger*, AcP 205 (2005), 1, 32; *Berger*, in: AGB und Vertragsgestaltung, S. 45; *Lieb* DNotZ 1989, 274, 291; *Jahn* FAZ Nr. 21 von 25.1.2012, S. 21.

602 *Kessel/Jüttner* BB 2008, 1350, 1352 und 1355; *Lischek/Mahnken* ZIP 2007, 158, 160; *Berger*, in: FS Westphalen, S. 23; *Berger*, in: AGB und Vertragsgestaltung, S. 45; *Michel/Hilpert* DB 2000, 2513, 2514; in diesem Sinne wohl auch *Müller/Griebeler/Pfeil* BB 2009, 2658, 2661; Vortrag von *Jüttner* im Rahmen des 7. AGB Symposions am 11.3.2010, siehe *Axer*, in: *Axer* u.a., Tagungsbericht S. 13 (bisher unveröffentlicht); vgl. auch *Wolf*, in: 50 Jahre BGH, S. 121, der davon ausgeht, dass es genügt, dass der gesetzesfremde Kerngehalt der AGB erkennbar zur Disposition steht. Dies könnte sich auch aus objektiven Umständen ergeben und somit unabhängig vom gezeigten Verhalten des AGB-Verwenders möglich sein. Vgl. weiterhin auch *Wackerbarth* AcP 200 (2000), 45, 83-84, der noch weitergehend vertritt, dass eine reine Aufklärung über den Vertragsinhalt genügt, ohne dass der Verwender zur Abänderung des Vertrags bereit sein muss, da der Vertragspartner danach entscheiden kann, ob er den Vertrag abschließen will oder nicht. Diese Ansicht ist jedoch abzulehnen, weil der Vertragspartner in bestimmten Fällen zum Vertragsschluss praktisch gezwungen ist. Dies ist zum Beispiel dann der Fall, wenn er wirtschaftlich von dem AGB-Verwender abhängig ist oder eine Reparatur dringend vorgenommen werden muss und er deshalb keine Zeit zum Vergleich verschiedener Anbieter hat.

603 *Miethaner*, S. 204-209, 213, 218 und 228.

Die Gegenansicht und die Ansicht von *Miethaner* sind jedoch insofern problematisch, als sie die Verschiedenheit der Vertragsverhältnisse zwischen Unternehmen nicht berücksichtigen. Bei pauschaler Geltung gehen sie zu weit. Erstens ist es naheliegend, dass ein deutlich schwächerer Vertragspartner in manchen Fällen auf die Verhandlungen von vornherein verzichtet, weil er glaubt, dass sich eine nähere Auseinandersetzung mit den Bedingungen sowieso nicht lohnen wird, da die AGB ohnehin verwendet werden.[604] Der AGB-Verwender könnte dies ausnutzen, in dem er seinem Vertragspartner Verhandlungen in der Hoffnung auf einen freiwilligen Verzicht anbietet, um später das Vorliegen des Aushandelns behaupten zu können. Diese Vorgehensweise ist für den AGB-Verwender insofern risikolos, da er aufgrund seiner stärkeren Position sicher sein kann, dass das Ergebnis seinen Interessen entspricht, auch wenn der Vertragspartner entgegen den Erwartungen auf das Angebot eingehen würde. Zweitens kann im Interesse der Effizienz des gesamten Vertragswesens dem Vertragspartner nicht immer zugemutet werden, dass er die AGB in allen Fällen genau überprüft und diesbezügliche Verhandlungen führt.[605]

Gegenüber die von *Miethaner* vertretene Ansicht ist zusätzlich einzuwenden, dass die von ihm verwendeten Kriterien in der Praxis dazu führen, dass der Verwender aus AGB im unternehmerischen Geschäftsverkehr durch seine eigene Handlungen immer Individualvereinbarung machen und sie somit der Inhaltskontrolle entziehen kann, obwohl er zu einer Verhandlung nicht einmal bereit ist. Dies ist darauf zurückzuführen, dass nach Meinung von *Miethaner* im unternehmerischen Geschäftsverkehr grundsätzlich angenommen werden kann, dass der Vertragspartner die AGB inhaltlich verstehen kann und von der Komplexität des Vertragsinhalts nicht überfordert ist.[606] Daher bleibt in der Regel nur die Anforderung der Kenntnisnahme. Dies kann der Verwender z.B. dadurch erreichen, dass er zwangsweise die AGB mit seinem Vertragspartner vor dem Vertragsschluss bespricht und den Klauselinhalt erörtert.[607] Somit würde eine

---

604 Vgl. *Tettinger* AcP 205 (2005), 1, 30; vgl. auch die BGH-Rechtsprechung zum vorauseilend gehorsamen Vertragspartner, der bereits in sein Angebot den Willen der stärkeren Marktseite berücksichtigt und dessen AGB einbezieht (BGH NJW 1997, 2043, 2044; BGH NJW-RR 2006, 740); vgl. weiterhin auch *Peters* ZGS 2011, 10, 12, dem zufolge das gleiche auch im Streitfällen gilt und sich die schwächere Partei somit fügt.

605 Vgl. *Faust*, in: AGB im Wirtschaftsverkehr, S. 48, nach dem es eine unsinnige Zeitvergeudung wäre, wenn ein Unternehmen die einschlägigen AGB analysieren müsste, wenn kleine an sich unbedeutsame Geschäfte tätigt werden, wie z.B. wenn das Firmenauto im Parkhaus geparkt wird, die Dienstkleidung in die Reinigung gegeben wird oder Kugelschreiber fürs Büro gekauft werden.

606 Vgl. *Miethaner*, S. 206-207 und 209.

607 Vgl. *Miethaner*, S. 246.

Individualvereinbarung, die aus dem Bereich der Inhaltskontrolle ausgenommen ist, immer vorliegen, obwohl der Vertragspartner keine Möglichkeit zur Wahrung seiner eigenen Interessen hatte. Dies entspricht nicht dem Schutzzweck des AGB-Rechts. Dabei hilft es wenig, dass der AGB-Verwender die Erörterung bzw. die Verhandlungen nach Ansicht von *Miethaner* protokollieren oder eine Aushandlungsbestätigung in Form eines individuellen Zusatzes aufnehmen muss, um dieser Ergebnis zu erreichen.[608]

Aus diesen Gründen ist der vermittelnden Ansicht grundsätzlich zuzustimmen, der zufolge die Entscheidung in solchen Fällen davon abhängen soll, ob dem Vertragspartner der Eintritt in die Verhandlungen aufgrund des Umfangs des Geschäfts und des Vertrags sowie seiner Erfahrung zumutbar ist.[609] Wenn der Eintritt in die Verhandlungen zumutbar ist, darf sich der Vertragspartner des AGB-Verwenders nicht stillschweigend zurücklehnen. Stattdessen ist er zum aktiven Verhandeln verpflichtet. Tut er dies nicht, gelten die aufgrund einer bloßen Zustimmung unverändert übernommenen Klauseln als ausgehandelt, weil er von seiner Entscheidungsfreiheit Gebrauch gemacht hat und daher nicht schutzwürdig ist. Somit kann er später nicht geltend machen, dass die Klauseln AGB wären und der Inhaltskontrolle unterlägen.[610]

---

608 Vgl. *Miethaner*, S. 248-249. Zusätzlich soll im unternehmerischen Geschäftsverkehr eine separate Unterzeichnung einer Klausel genügen, um die Kenntnisnahme nachzuweisen (*Miethaner*, S. 249). Meines Erachtens kommt eine solche Unterzeichnung allerdings einer individuellen Aushandlungsbestätigung nahe, die unzureichend ist (BGH NJW 1977, 432, 432; 2004, 502, 503), obwohl es lediglich um eine Klausel geht.

609 MüKo Bd. 2/*Basedow* 2007, § 305 Rn 37; *Berger* ZIP 2006, 2149, 2153; Staudinger AGB/*Schlosser* 2006, § 305 Rn 44 und 46; *Graf von Westphalen* BB 2010, 195, 198; NomosKomm Bd. 2/*Kollmann* 2012, § 305 Rn 26; *Michel/Hilpert* DB 2000, 2513, 2515; in diesem Sinne wohl auch OLG Düsseldorf VersR 2002, 901, 902; *Axer*, S. 187 und 348-349; *Lischek/Mahnken* ZIP 2007, 158, 160; *Berger/Kleine* BB 2007, 2137, 2140, die die Möglichkeit des Vertragspartners, seine Interessen „bei Geschäften der konkret in Rede stehenden Art" eigenverantwortlich wahrzunehmen, für ein wesentliches Kriterium halten; Palandt/*Grüneberg* 2012, § 305 Rn 22, der meint, dass der Vertragspartner seine Rechte mit zumutbarem Aufwand durch Verhandlungen wahrnehmen können müsste und *Wolf*, nach dem eine theoretisch-abstrakte Möglichkeit der Einflussnahme nicht genügt, sondern ohne Schwierigkeiten durchführbar sein und zumutbar erscheinen muss (NJW 1977, 1937, 1939) und nach dem „das Vorliegen von Umständen, die ein individuelles Aushandeln ermöglichen, von Fall zu Fall geprüft werden muss und nicht abschließend aufgezählt werden kann" (in: 50 Jahre BGH, S. 121).

610 So auch *Kaufhold* ZIP 2010, 631, 634; *Graf von Westphalen* ZIP 2010, 1110, 1112 und 1115; *Koch* BB 2010, 1810, 1813.

Die Zumutbarkeit des Eintritts in die Verhandlungen setzt meines Erachtens eine reale Verhandlungsmöglichkeit des Vertragspartners des AGB-Verwenders voraus, da es keinen Sinn macht, den Eintritt in die Verhandlungen zu verlangen, wenn von vornherein klar ist, dass der Vertragspartner keine tatsächliche Möglichkeit zur Wahrung seiner eigenen Interessen hat. Es ist aber nicht zu verlangen, dass der Verwender seine Verhandlungsbereitschaft gesondert erklärt, sondern es reicht aus, dass sie sich aus den Umständen ergibt.[611] Dabei kann die Verhandlungsbereitschaft meines Erachtens im unternehmerischen Geschäftsverkehr bei Mangel anderweitiger Anhaltspunkte in der Regel vermutet werden. Andererseits genügt eine ausdrückliche Erklärung über die Verhandlungsbereitschaft nicht, wenn die reale Verhandlungsmöglichkeit des Vertragspartners fehlt. Weiterhin ist eine pauschalisierte Annahme über die Zumutbarkeit eines Eintritts in Vertragsverhandlungen aufgrund eines hohen Vertragswerts aufgrund der in Abschnitt 5.2.1.1.1 erläuterten Gründe entgegen dem Vorschlag von *Miethaner* abzulehnen.[612]

Von einem verhandlungsfähigen Vertragspartner könnte an sich erwartet werden, dass er die Verhandlungen mit zumutbarem Aufwand durchführen kann. Allerdings würde es die Kosten des gesamten Vertragswesens in die Höhe treiben und den positiven Rationalisierungseffekt der Verwendung von AGB konterkarieren, wenn der Eintritt in Verhandlungen für verhandlungsfähige Vertragspartner ausnahmslos als zumutbar angesehen würde. Deshalb sollte auch bei ihnen das Aushandeln aufgrund der bloßen Zustimmung nur dann angenommen werden, wenn die AGB eine Individualvereinbarungsnähe aufweisen[613]

611 In diesem Sinne zu verstehen BGH NJW 2010, 1131, 1133; aA *Kappus* NZM 2010, 529, 536; wohl auch *Axer*, S. 277; vgl. auch *Kaufhold* ZIP 2010, 631, 632-633, nach der tendenziell eine ausdrückliche Botschaft des Verwenders, dass er verhandlungsbereit ist, erforderlich ist.

612 *Miethaner*, S. 210-211 und 217; in diesem Sinne wohl auch der Vorschlag von *Müller/Griebeler/Pfeil* BB 2009, 2658, 2662.

613 Die Individualvereinbarungsnähe kann sich z.B. daraus ergeben, dass die AGB nur wenige Male (gegebenenfalls gegenüber den gleichen Vertragspartner) verwendet werden (vgl. *Tettinger* AcP 205 (2005), 1, 30; *Abels,* in: AGB im Spannungsfeld, S. 14 und 16, die sich demgegenüber kritisch äußern, dass bereits drei Verträge eine Vielzahl im Sinne des AGB-Rechts ausmachen) oder dass der Inhalt, Umfang und die Bedeutung des Geschäfts auf einen Individualvertrag zwischen den Parteien hinweisen, obwohl Klauseln aus Musterverträgen angewendet werden (vgl. *Lischek/Mahnken* ZIP 2007, 158, 159; in diesem Sinne wohl schon *Lindacher* JZ 1981, 131, 132). Somit geht es eigentlich um solche Bedingungen, die unter den strengen AGB-Begriff des deutschen Rechts fallen, aber nicht regelmäßig für gleichartige Geschäfte eingesetzt werden, sondern dem Charakter nach eher einem Individualvertrag entsprechen. Vgl. wei-

oder der Vertrag im Kernbereich der Tätigkeit des Vertragspartners geschlossen wird[614] oder ansonsten für die Kerntätigkeit des Vertragspartners alltäglich besonders wichtig ist[615]. In sonstigen Fällen kann von dem Vertragspartner nicht zumutbar verlangt werden, dass er in die Verhandlungen eintritt. Daher sollte auch die bloße Zustimmung keine Auswirkung haben, sondern die Bedingungen sind weiterhin AGB und unterliegen somit der Inhaltskontrolle. Etwas anderes sollte nur dann gelten, wenn der Vertragspartner seine Zustimmung zu einem Zeitpunkt erklärt, zu dem der in den AGB geregelte Konflikt bereits besteht.[616]

Aus ähnlichen Gründen wie bei durchgeführten Verhandlungen sollte der Vertragspartner des AGB-Verwenders hier die Beweislast dafür tragen, dass er keine reale Verhandlungsmöglichkeit hatte und dass der jeweilige Vertrag nicht zu dem Kernbereich seiner Tätigkeit gehört oder für den alltäglichen Geschäftsbetrieb keine besondere Bedeutung hat. Zudem ist ihm die diesbezügliche Beweisführung naturgemäß leichter als dem AGB-Verwender. Dagegen sollte der AGB-Verwender beweisen, dass der Vertrag eine Individualvereinbarungsnähe hat, soweit dies aufgrund des Inhalts der Bedingungen und der Umstände des Falles nicht offensichtlich ist. Dies ergibt sich daraus, dass er die besten Kenntnisse über seine eigene Bedingungen und deren Verwendung hat.

---

terhin die Definition von *Tettinger* (AcP 205 (2005), 1, 31) über die Individualvereinbarungsnähe.

614 Vgl. *Berger/Kleine* BB 2007, 2137, 2140; Vortrag von *Jüttner* im Rahmen des 7. AGB Symposions am 11.3.2010, siehe *Axer*, in: *Axer* u.a., Tagungsbericht S. 14 (bisher unveröffentlicht); vgl. weiterhin auch *Berger* ZIP 2006, 2149, 2155; MüKo Bd. 2/*Basedow* 2007, § 310 Rn 8; Ulmer/Brandner/Hensen/*Fuchs* 2011, § 307 Rn 378; Wolf/Lindacher/Pfeiffer/*Wolf* 2009, § 307 Rn 198; *Wellenhofer-Klein* ZIP 1997, 774, 777; BGH NJW 2005, 2006, 2007, die (hinsichtlich der Inhaltskontrolle) darauf hinweisen, dass die Schutzbedürftigkeit eines Unternehmens davon abhängt, ob das jeweilige Geschäft zum Kern seiner produktiven Tätigkeit zählt oder außerhalb dieses Kernbereichs liegt. In diesem Sinne wohl schon *Lindacher* JZ 1981, 131, 132, nach dem sich der Aufwand an Mühe und Kosten bei der Prüfung von AGB ökonomisch nicht lohnt, wenn der Vertragspartner ähnliche Verträge nicht massengeschäftsartig schließt.

615 Zum Beispiel können Telekommunikationsdienstleistungen eine notwendige Voraussetzung für die Abwicklung aller Geschäfte eines Logistikunternehmens sein, wenn die gesamte Kommunikation mit Kunden, Fluggesellschaften und anderen Zusammenarbeitspartnern, Behörden usw. ausschließlich über durch das Internet verbundene IT-Systeme durchgeführt wird. Somit kann vom dem Logistikunternehmen erwartet werden, dass es den für seinen Betrieb besonders wichtigen TK-Vertrag (inklusive der AGB) eigenverantwortlich prüft bzw. eigenverantwortlich entscheidet, ob es den Vertrag ohne Prüfung und Verhandlungen abschließt. Dagegen sind Telekommunikationsdienstleistungen für die täglichen Abläufe eines Malerbetriebs selten so wichtig. Daher kann von ihm nicht das gleiche Maß an Eigenverantwortung verlangt werden.

616 *Wolf* NJW 1977, 1937, 1940-1941.

5.2.1.1.3 Bedarf nach Änderung des Gesetzes?

Es bleibt zu fragen, ob die in den vorigen Abschnitten vorgeschlagene Änderung der Anforderungen an das Aushandeln auch eine Änderung des Gesetzes verlangt. § 305 I Satz 3 BGB ist seinem Wortlaut nach flexibel und ermöglicht eine Würdigung aller Umstände des konkreten Vertragsschlusses.[617] Er würde meines Erachtens die hier vorgeschlagene Differenzierung durch richterliche Konkretisierung erlauben. Die hier vorgeschlagene Lösung würde jedoch eine wesentliche Änderung im Vergleich zu der bisherigen Rechtsprechung bedeuten. Daher wäre eine gesetzliche Verankerung der Änderung wünschenswert.[618] Außerdem bestehen begründete Zweifel, ob die Gerichte ohne einen Anstoß des Gesetzgebers eine Richtungsänderung vornehmen würden.[619] Zusätzlich hat die Flucht der Unternehmen in ausländisches Recht und zu Schiedsgerichten dazu beigetragen, dass die staatlichen Gerichte kaum noch Fälle erhalten, bei denen sie die Begradigung durchführen können.[620]

Folglich kann die Ansicht von *Graf von Westphalen* und *Kaufhold*, dass eine Änderung der §§ 305 ff. BGB nicht erforderlich ist[621], nicht geteilt werden. Sie begründen ihren Ansicht damit, dass schon die jetzige Rechtslage – insbesondere unter Beachtung der BGH-Entscheidung vom 17.2.2010[622], die sie als richtungsweisend beschreiben[623] – eine unproblematische Möglichkeit bietet, Indi-

---

617 Vgl. *Berger* NJW 2010, 465, 468; *Abels,* in: AGB im Wirtschaftsverkehr, S. 38; *Dose* NZM 2009, 381, 383; *Bellinghausen,* in: AGB im Wirtschaftsverkehr, S. 78; *Günes/Ackermann* ZGS 2010, 454, 460.

618 Vgl. *Berger* NJW 2010, 465, 465-467; *Abels* BB 2010, 918, 919.

619 *Dauner-Lieb/Axer* ZIP 2010, 309, 314; *Berger* NJW 2010, 465, 465; Expertendialog, BB 2010, 2; *Graf von Westphalen* BB 2011, 195, 199; *Jahn* FAZ Nr. 21 von 25.1.2012, S. 21; *Salger*, AGB- Rechtsprechung; Begrüßung von *Abels* im Rahmen des 7. AGB Symposions am 11.3.2010, siehe *Friedrich/Lennartz*, in: *Axer* u.a., Tagungsbericht S. 4 (bisher unveröffentlicht); Vortrag von *Maier-Reimer* im Rahmen des 7. AGB Symposions am 11.3.2010, siehe *Rabus*, in: *Axer* u.a., Tagungsbericht S. 7 (bisher unveröffentlicht); vgl. auch Vortrag von *Monika Hermanns*, Richterin am Bundesgerichtshof beim RWS Seminar „ AGB-Kontrolle im unternehmerischen Geschäftsverkehr: Zeit für eine Änderung der AGB-Rechtsprechung“ am 4.5.2007, in dem sie feststellte, dass keine Änderung der BGH-Rechtsprechung hinsichtlich des Aushandelns oder der Inhaltskontrolle nötig ist.

620 *Salger*, AGB- Rechtsprechung.

621 *Graf von Westphalen* ZIP 2010, 1110, 1110 und 1115; so auch *Kaufhold* ZIP 2010, 631, 635, die jedoch angesichts der zwischenzeitlichen Diskussionen eine Gesetzesänderung für wünschenswert hält.

622 BGH NJW 2010, 1131.

623 *Kaufhold* ZIP 2010, 631, 631; *Graf von Westphalen* ZIP 2010, 1110, 1110.

vidualvereinbarungen zu schließen.[624] Daher genügt es *Kaufholds* Ansicht nach, der BGH-Entscheidung folgend das Merkmal des „Stellens" in der Rechtsanwendung wieder stärker zu betonen, und zwar in dem Sinne, dass die AGB nicht gestellt sind, wenn die Vorformulierung keine Unmöglichkeit der inhaltlichen Einflussnahme durch den Vertragspartner des AGB-Verwenders zur Folge hat.[625] *Graf von Westphalen* vertritt hingegen, dass die in der Entscheidung für das „Stellen" erwähnten Kriterien, die er als deutlich konkreter und konturenschärfer als die bisherigen Kriterien bezeichnet, (im Umkehrschluss) für das Aushandeln nach § 305 I Satz 3 BGB maßgebend sein sollen und somit die nötige Klarheit schaffen sollten.[626]

Die Ansicht, dass die BGH-Entscheidung vom 17.2.2010 den Bedarf für eine Gesetzesänderung aufgehoben hat, ist auch deshalb von der Hand zu weisen, weil die besprochene Entscheidung lediglich feststellt, dass auch die Partei, die mit dem Verwendungsvorschlag der anderen Partei konfrontiert wird, in der Auswahl der in Betracht kommenden Vertragstexte frei sein und insbesondere Gelegenheit erhalten muss, alternativ eigene Textvorschläge mit der effektiven Möglichkeit ihrer Durchsetzung in die Verhandlungen einzubringen, damit kein „Stellen" von Vertragsbedingungen im Sinne von § 305 I Satz 1 vorliegt. Somit entspricht sie der früheren Rechtsprechung, nach der die Einbeziehung von Vertragsbedingungen auf einer freien Entscheidung beider Parteien beruhen muss, damit die Vertragsbedingungen nicht als „gestellt" gelten. Daher war dieses Ergebnis schon anhand der früheren Rechtsprechung absehbar.[627] Im Ergebnis bestätigt der BGH durch diese Entscheidung noch einmal die alte Rechtslage, bietet aber nichts Neues für den unternehmerischen Geschäftsverkehr.[628]

Weiterhin bleibt es nach den Erläuterungen von *Graf von Westphalen* unklar, wie der AGB-Verwender beweisen soll, dass er seinem Vertragspartner die Möglichkeit zur „freien Entscheidung" über die zu verwenden AGB und zur inhaltlichen Gestaltung des vorgeschlagenen Formulartextes gewährt hat, wenn

---

624 *Kaufhold* ZIP 2010, 631, 635; *Graf von Westphalen* ZIP 2010, 1110, 1114.

625 *Kaufhold* ZIP 2010, 631, 635.

626 *Graf von Westphalen* ZIP 2010, 1110, 1112-1113.

627 Vgl. z.B. BGH NJW 1997, 2043, 2044; 1992, 503, 504; so auch *Abels* BB 2010, 918, 919; vgl. auch *Probst* JR 2011, 213, 214, nach dem der BGH im Anschluss an ältere Ansätze darauf abgestellt hat, ob die Einbeziehung auf dem freien Wunsch beider Parteien beruht hat und *Niebling* MDR 2010, 961, 961-962 sowie ZMR 2010, 509, 510; nach dem die hier erwähnten Kriterien des „Stellens" in dem vom BGH entschiedenen Fall nicht vorlagen.

628 So auch *Abels* BB 2010, 918, 919, aA *Graf von Westphalen* ZIP 2010, 1110, 1115 (unklarer aber in der Tendenz ähnlich in NJW 2010, 2254, 2255), nach dem die besprochene Entscheidung des BGH Klarheit – auch im Blick auf den unternehmerischen Geschäftsverkehr – geschaffen hat.

die AGB tatsächlich nicht geändert worden sind.[629] Auch aus diesem Grund erscheint es zweifelhaft, ob das Ersetzen des früheren Wortpaares „besonderen Umständen" durch die „freie Entscheidung" tatsächlich eine wesentliche Änderung im Vergleich zu der früheren BGH-Rechtsprechung[630] bedeutet.[631] Jedenfalls hängt dies von der näheren Konkretisierung der Anforderungen ab, die an die Gelegenheit der Einflussnahme gestellt werden, um die „freie Entscheidung" zu bejahen.

Zudem handelte es sich in dem besprochenen Fall nicht um einseitige, von einer Partei erstellte AGB, sondern um ein von einem (unabhängigen) Dritten erstelltes Vertragsformular, auf welches sich die Parteien geeinigt hatten. Deshalb kann aus der besprochenen Entscheidung nicht mit Sicherheit herausgelesen werden, ob eine einvernehmliche Verwendung von einseitig von einer Partei erstellten AGB nach Ansicht von BGH überhaupt in Betracht kommt.[632] Obwohl der Aufstellungsvorgang nach deutschem Recht bei der Einbeziehung von AGB im Allgemeinen ungeachtet bleibt, gewinnt er möglicherweise bei der Beurteilung der „freien Entscheidung" an Bedeutung, da eine Vertragspartei aus dem eigenen Willen naturgemäß eher zu „agreed documents" zustimmt als zu den eigenen, einseitigen AGB seines Gegners. Jedoch sind die einseitigen AGB in der Praxis sehr üblich. Daher bleibt ein Großteil der praktischen AGB-Verwendungsfälle noch im unklaren Bereich. Außerdem erscheint es aus der Sicht der Praxis abwegig, dass ein Unternehmen die aus einer fremden Branche stammenden AGB zur Auswahl akzeptieren würden, wie *Abels* zutreffend hinweist.[633]

Daher ist die Schlussfolgerung von *Graf von Westphalen* und *Kaufhold*, dass nach dieser BGH-Entscheidung eine Änderung der §§ 305 ff. BGB entbehrlich ist, voreilig gezogen. Stattdessen ist eine gesetzlich verankerte Vermutung er-

629 Vgl. *Graf von Westphalen* ZIP 2010, 1110, 1111.

630 Siehe Abschnitt 5.2.1.1.1. Nach dieser Rechtsprechung konnte eine unveränderte Bedingung unter „besonderen Umständen" ausnahmsweise ausgehandelt sein, wenn der AGB-Verwender grundsätzlich zur Änderung bereit war, dieses seinem Vertragspartner bewusst war und der Vertragspartner sich nach gründlicher Erörterung mit der Bedingung ausdrücklich einverstanden erklärte.

631 So aber *Koch* BB 2010, 1810, 1813.

632 Vgl. aber auch *Schiffer/Weichel* BB 2011, 1283, 1287-1288, nach denen das Merkmal des „Stellens" bei Unternehmenskaufverträgen gegebenenfalls nicht erfüllt ist, wenn die Parteien individualvertraglich vereinbaren, welche Partei den ersten Entwurf als Diskussionsgrundlage zur Verfügung stellt. Dies hat zur Folge, dass der Entwurf nicht einer Partei zuzurechnen, sondern Ausdruck des freien Willens beider Parteien ist, wenn er mit dem Hinweis verbunden wird, dass die andere Partei freien Einfluss auf alle in dem Vorschlag enthaltenen Klauseln hat.

633 *Abels* BB 2010, 918, 919.

wünscht, nach der die aufgrund einer bloßen Zustimmung unverändert übernommene AGB als ausgehandelt gelten, soweit 1) der Vertragspartner des AGB-Verwenders eine reale Verhandlungsmöglichkeit hatte und 2) es sich um ein Vertrag handelte, der Individualvereinbarungsnähe aufweist oder im Kernbereich seiner Tätigkeit geschlossen wird oder ansonsten für seine Kerntätigkeit alltäglich besonders wichtig ist und 3) es aus den Umständen hervorgeht, dass der Verwender zum Verhandeln bereit war. Dies ist erforderlich, um die Bedürfnisse des unternehmerischen Geschäftsverkehrs und die Unterschiedlichkeit der Unternehmen angemessen zu berücksichtigen, ohne die Privatautonomie unnötig zu beschränken.

Weiterhin erscheint die von *Kaufhold* aufgeführte Begründung, dass sich ein Großteil der AGB-Problematik durch die Annahme des Aushandelns aufgrund der bloßen Zustimmung einfach und verlässlich erledigt[634], im Lichte der jetzigen Rechtslage nur beschränkt zutreffend. Dies ergibt sich daraus, dass eine Änderung der Rechtslage mit großer Wahrscheinlichkeit dazu führen würde, dass die Vertragspartner der AGB-Verwender deutlich öfter als nach der jetzigen Rechtslage die AGB-Klauseln beanstanden würden. Somit verschiebt sich die Problematik lediglich an eine andere Stelle; nämlich zu den Klauseln, die trotz der Beanstandung unverändert geblieben sind. Wenn man an dieser Stelle wie die bisherige Rechtsprechung davon ausgeht, dass die unveränderten Klauseln nur ausnahmsweise Individualvereinbarungen sein können[635], bleibt weiterhin einen Großteil der AGB-Problematik bestehen.

Deshalb ist auch die in Abschnitt 5.2.1.1.1 vorgeschlagene Änderung notwendig. Auch sie soll gesetzlich verankert werden. Dies könnte z.B. dadurch erreicht werden, dass § 305 I BGB ein neuer Satz 4 zugefügt wird, nach dem die Vertragsbedingungen im unternehmerischen Geschäftsverkehr keine AGB darstellen, soweit der Vertragspartner des AGB-Verwenders eine reale Verhandlungsmöglichkeit besitzt und auf dieser Basis den AGB oder dem Vertragswerk insgesamt aufgrund einer selbstbestimmten unternehmerischen Entscheidung zugestimmt hat. Einer Abänderung des vorformulierten Vertragstextes bedarf es hierfür nicht.[636] Alternativ könnte dem Vorschlag von *Berger* gefolgt werden.[637]

---

634 *Kaufhold* ZIP 2010, 631, 633.

635 Siehe Abschnitt 5.2.1.1.1.1.

636 Ähnlich Gesetzgebungsvorschlag zur Änderung des AGB-Rechts der AGB-Recht Initiative, Stelle B.I. (www.agb-recht-initiative.de, Stand 15.2.2012). Stattdessen können meines Erachtens nicht alle unter B.I.4. erläuterten Indizien als solche akzeptiert werden, da sie nicht notwendigerweise im Kausalzusammenhang mit der Möglichkeit der Parteien zu einer freien rechtsgeschäftlichen Entscheidung stehen. Hierzu siehe genauer Abschnitt 5.2.1.1.1.3.

Zusätzlich wäre es wünschenswert, ausdrücklich darauf hinzuweisen, dass die Beurteilung unter Berücksichtigung aller Umstände des Einzelfalles erfolgen soll.[638]

Alternativ zu diesen Vorschlägen könnte man die Auswirkung einer bloßen Zustimmung auf der Ebene des Aushandelns außer Acht lassen und sie erst auf der Ebene der Inhaltskontrolle behandeln, soweit sie nach dem in Abschnitt 11.2 vorgeschlagenen Modell erfolgen würde. Dies könnte in dem Sinne sogar vorteilhaft sein, dass die Beurteilung, ob eine unangemessene und gegen Treu und Glauben verstoßende Benachteiligung vorliegt, flexibler ist als die reine Prüfung, ob es sich bei einer Klausel um AGB oder eine Individualvereinbarung handelt.[639]

5.2.1.2 Wandlung der AGB zu einer Individualvereinbarung durch Aushandeln nach dem finnischen Recht

Im finnischen Recht gibt es keine höchstrichterlichen Entscheidungen über die Anforderungen des Aushandelns[640] und auch in der Literatur wird die Problematik des Aushandelns kaum behandelt. Dies beruht vermutlich darauf, dass das finnische Recht neben der in der Rechtsprechung und in der Rechtsliteratur für überraschende und unangemessene[641] Klausel entwickelten AGB-rechtlichen Inhaltskontrolle[642] auch eine allgemeine Inhaltskontrolle nach § 36 OikTL für alle vertraglichen Regelungen, auch solche in Individualverträgen, beinhaltet.[643]

Wie schon im Abschnitt 4.2 kurz erläutert, kann eine Vertragsbedingung gemäß § 36 I OikTL angepasst oder unberücksichtigt gelassen werden, wenn die Bedingung mit Rücksicht auf den den gesamten Inhalt des Vertrages, die Stel-

---

637 *Berger* NJW 2010, 465, 467. Genauer über den Inhalt dieses Vorschlags siehe Fußnote 490.

638 Vgl. Abschnitt 5.2.1.1.1.7.

639 Vgl. *Tettinger* AcP 205 (2005), 1, 32; vgl. auch *Faust*, in: AGB im Wirtschaftsverkehr, S. 50-53, nach dem man an dem restriktiven Begriff des Aushandelns festhalten und stattdessen die Korrektur auf der Ebene der Inhaltskontrolle vornehmen soll. Genauer siehe Exkurs über die allgemeine Inhaltskontrolle unter Abschnitt 11.2.

640 Nach gründlicher Untersuchung waren entsprechende Entscheidungen der finnischen Berufungsgerichte auch nicht zu finden.

641 Die direkte Übersetzung wäre „überraschende und strenge" Klausel, aber das Wort „unangemessen" gibt den gemeinten Inhalt deutlicher wieder und wird daher hier angewendet.

642 Genauer in Abschnitt 11.2.

643 Vgl. *Keto-Girgin*, S. 96-97, nach der sich das finnische Recht nicht auf die Abgrenzung zwischen Individualvertrag und AGB konzentriert, sondern nur auf die Missbräuchlichkeit der einzelnen Bedingungen des fraglichen Vertrags.

lung der Parteien, die Umstände bei und nach Abschluss des Vertrages und sonstige Umstände und Angelegenheiten unangemessen ist oder zu einer Unangemessenheit führen kann. Zudem kann sich die Unangemessenheit auch aus dem Vertrag als Gesamtheit ergeben, obwohl keine der einzelnen Klauseln an sich unangemessen wäre.[644] Soweit die Bedingung eine solche Bedeutung für den Vertrag hat, dass es billigerweise nicht gefordert werden kann, dass der Vertrag im Übrigen mit unverändertem Inhalt gilt, kann der Vertrag auch in andere Hinsicht angepasst werden oder in seiner Gesamtheit für unwirksam erklärt werden (§ 36 II OikTL).

Wie bereits oben aufgeführt, können aufgrund § 36 OikTL sowohl Individualvereinbarungen als auch AGB angepasst oder für unwirksam erklärt werden.[645] Das heißt, dass beide Formen der Vertragsbedingungen einer Art Inhaltskontrolle unterliegen, und nicht, wie im deutschen Recht, nur die AGB. Die Kontrolle der Individualvereinbarungen nach §§ 134, 138 und 242 BGB liegt nämlich auf einer anderen Ebene als die Kontrolle gemäß § 36 OikTL, da die Kontrollschwelle bei §§ 134, 138 und 242 BGB deutlich höher ist bzw. die Kontrolle auf anderen Maßstäben beruht[646], obwohl das Ziel der finnischen allgemeinen Inhaltskontrolle auch keine absolute Gerechtigkeit ist[647].

Somit besteht für den finnischen AGB-Verwender – anders als für den deutschen AGB-Verwender – nicht die Möglichkeit eine Inhaltskontrolle dadurch zu umgehen, dass er erfolgreich behauptet, es handele sich um eine Individualvereinbarung statt um AGB. Folglich hat der Verwender in Finnland nicht die gleiche Motivation wie in Deutschland, vor Gericht zu behaupten, dass die AGB durch „Aushandeln" zu Individualvereinbarungen geworden seien.

In der finnischen Literatur gibt es lediglich zwei kurze Stellungnahmen über die Anforderungen an das „Aushandeln".[648] Bei der einen ist der deutsche und bei der anderen der europäische Einfluss deutlich erkennbar. Allerdings schei-

644 Turun HO 2.11.2009, T:2607; *Wilhelmsson*, S. 127; *Ahtonen*, S. 165.

645 *Wilhelmsson*, S. 123; *Laurila*, S. 31-32; Ulmer/Brandner/Hensen/*Ulmer/Habersack* 2011, Einl. Rn 115; Saarnilehto/Hemmo/Kartio/*Kartio* 2001, S. 652; *Saarnilehto*, in: Maksupalvelusopimuksista, S. 87; *Zweigert/Kötz*, S. 277; *Hellwege*, S. 535; vgl. aber auch *Ahtonen*, S. 304-305, nach der Zurückhaltung bei der Anpassung der Individualvereinbarungen geboten ist, weil sie auf einer bewussten Entscheidung der Vertragsparteien beruhen.

646 Vgl. *Stoffels*, S. 135-137; Vortrag von *Berger* im Rahmen des 7. AGB Symposions am 11.3.2010, siehe *Axer*, in: *Axer* u.a., Tagungsbericht S. 12 (bisher unveröffentlicht) und BGH NJW-RR 2009, 947, 947 bezüglich §§ 138 und 242 im Vergleich zur deutschen Inhaltskontrolle.

647 *Portin* LM 1987, 391, 398; *Ahtonen*, S. 165 und 285; siehe genauer auch der Exkurs bezüglich der Allgemeinen Inhaltskontrolle unter Abschnitt 11.2.

648 *Telaranta*, S. 184; *Hemmo*, Sopimusoikeus I, S. 149.

nen beide Autoren davon auszugehen, dass entweder alle oder keine Bedingungen der Klauselwerke ausgehandelt sind. Dies ist konform mit dem finnischen Grundgedanken, dass AGB als Gesamtheit in den Vertrag einbezogen werden, aber bildet einen deutlichen Unterschied zu dem deutschen Recht.

Auf der Grundlage der deutschen beziehungsweise der europäischen Einflüsse wird vertreten, dass es sich aufgrund des „Aushandelns" um Individualvereinbarungen handelt, wenn die Parteien die Vertragsbedingungen zusammen so durchgehen, dass der Vertragspartner eine reale Möglichkeit hat, den Inhalt des Vertrages mitzubestimmen.[649] Es ist nach den allgemeinen Auslegungsprinzipien zu ermitteln, ob diese Voraussetzung erfüllt ist. Soweit die äußere Gestaltung der Vertragsbedingungen und andere Umstände darauf hinweisen, dass es sich um AGB handelt, müsste der Verwender nachweisen, dass die Bedingungen statt AGB doch Individualvereinbarungen sind.[650]

Beide Autoren kommen aber zu keinem konkreten Ergebnis, da sie nichts dazu sagen, welche konkreten Folgen die Wandlung von AGB zur Individualvereinbarung durch Aushandeln im finnischen Recht haben soll. Theoretisch könnte in Finnland die Wandlung von AGB zur Individualvereinbarungen Bedeutung haben, da die AGB-Klauseln schneller als die Individualvereinbarungen gemäß § 36 OikTL angepasst werden könnten[651] und in einigen Fällen auch sollten[652]. Allerdings kann der Verwender diese die Anpassung fördernde Wirkung

---

649 *Telaranta*, S. 184.

650 *Hemmo*, Sopimusoikeus I, S. 149.

651 *Hemmo*, Sopimusoikeuden oppikirja, S. 380; *Wilhelmsson*, S. 123-124 und 135; *Alenius*, S. 26; *Pöyhönen*, Sopimusoikeuden järjestelmä, S. 298; *Sarelin*, S. 17; *Ahtonen*, S. 274 und 304-305; vgl. auch *Hoppu/Hoppu,* S. 66, nach denen dies besonders Verträge zwischen einem Unternehmen und einem Verbraucher betrifft; vgl. zusätzlich auch *Annola*, Edilex 2012, S. 188, nach dem die Auslegung einer oder mehrerer AGB-Klauseln aufgrund des Aushandelns zu einem anderen Ergebnis führen kann als eine Auslegung nach dem Wortlaut.

652 HE 247/1981 S. 3-4 und 16 (= Regierungsentwurf zur Änderung des Rechtsgeschäftsgesetzes); *Aurejärvi* LM 1979, 725, 735, demgemäß die Verwendung einseitiger AGB der wichtigste Umstand bei dem Abschluss des Vertrags ist, der für die Anpassung der Bedingung spricht; *Saarnilehto*, in: Maksupalvelusopimuksista, S. 86-87 und *Oikeustoimilakitoimikunta*, S. 294, denen gemäß Verwendung von AGB eine von den Tatsachen ist, die eine Anpassung der Klausel empfehlen. Zusätzlich geht Zweifel bei der Auslegung Allgemeiner Geschäftsbedingungen auch nach finnischem Recht zu Lasten des Verwenders (KKO 2011:13; 2010:68; 2003:26; 1993:137; Helsingin HO 5.11.2010, T:2900a; *Hemmo*, Sopimusoikeus III, S. 91-92; *Wilhelmsson*, S. 45 und 97; *Oikeustoimilakitoimikunta*, S. 319). Dies betrifft jedoch nicht „agreed documents", da sie aufgrund des gemeinsamen Aufstellungsvorgangs die Interessen beider Parteien ausgeglichen berücksichtigen und somit den Machtunterschied der einzelnen Vertrags-

der Verwendung von AGB damit zunichte machen, dass er valide Gründe für die Verwendung von AGB aufführt.[653]

Soweit eine solche Wandlung in der Praxis behauptet und daher geprüft werden würde, dürften die Anforderungen an das „Aushandeln" bei Verträgen zwischen zwei gleich starken Unternehmern geringer sein als im deutschen Recht. Dies ist darauf zurückzuführen, dass das finnische Rechtssystem im Allgemeinen praktische und realitätsnahe Lösungen bevorzugt, die die Anforderungen des realen Lebens (hier der kaufmännischen Praxis) möglichst gut berücksichtigen.[654] Außerdem wird im Bereich des unternehmerischen Geschäftsverkehrs (bei untereinander gleichgestellten Unternehmern) traditionell möglichst weitgehend an den Prinzipien der „Privatautonomie" und „Pacta sunt servanda" festgehalten, weil davon ausgegangen wird, dass der Vertrag dem individuellen Willen der Parteien entspricht.[655] Des Weiteren wird bezüglich § 36 OikTL vertreten, dass die Unangemessenheit einer Klausel durch andere Klauseln kompensiert werden kann und somit kein Anpassungsgrund vorliegt.[656] Dies müsste analog auch hinsichtlich der Anforderungen an das „Aushandeln" gelten und somit könnte das „Aushandeln" aller AGB-Klauseln aufgrund der Änderungen der anderen Klauseln angenommen werden.

Es wäre im Einklang mit diesen Ansätzen und würde somit den allgemeinen Grundstrukturen des finnischen Rechts entsprechen, die verhandelten und von beiden Parteien akzeptierten Vertragsbedingungen trotz anfänglicher AGB-Form als Individualvereinbarungen zu sehen.[657] Aus diesen Gründen würde das Anforderungsniveau der Beweisführung bei Verträgen zwischen zwei gleich starken Unternehmern wahrscheinlich ungefähr der oben beschriebenen deutschen Mindermeinung entsprechen.

Dagegen sind, wie in Abschnitt 4.2 erwähnt, der Schutz des Schwächeren und die konkret-individuelle Betrachtungsweise für das finnische Recht prägend und werden auch bei Rechtsbeziehungen zwischen zwei Unternehmern berücksichtigt. Somit ist zu vermuten, dass die Anforderungen an das „Aushandeln"

---

parteien ausgleichen (*Oikeustoimilakitoimikunta*, S. 328; *Saarnilehto* DL 2009, 523, 527).

653 *Pöyhönen*, Sopimusoikeuden järjestelmä, S. 298.

654 Genauer Abschnitt 4.2.1.

655 *Lehtinen*, S. 9 und 21; *Aurejärvi* LM 1979, 725, 725-726; *Toiviainen*, S. 89; siehe auch Exkurs bezüglich der Allgemeinen Inhaltskontrolle unter Abschnitt 11.2 und dem dort erläuterten Grundsatz der Eigenverantwortung der Unternehmen bei den Vertragsverhandlungen und dem Vertragsschluss.

656 *Wilhelmsson*, S. 126-127; *Ahtonen*, S. 165; *Saarnilehto*, S. 171 und 173; *Sevón* JFT 1985, 155 ff; 166; *Telaranta*, S. 386; *Laurila*, S. 62-64.

657 So auch Professor Ari Saarnilehto im mündlichen Gespräch am 12.2.2009.

bei Verträgen zwischen zwei deutlich nicht ebenbürtigen Unternehmern wiederum ungefähr den derzeitig herrschenden deutschen Anforderungen entsprechen würden.

Jedoch ist die praktische Bedeutung einer Behauptung, dass es sich bei einer vertraglichen Regelung um eine Individualvereinbarung statt um AGB handelt, in Finnland gering. Dies beruht darauf, dass der Vorteil einer Einstufung als AGB unsicherer und erheblich niedriger ist als in Deutschland. Obwohl die möglicherweise aufwendige Beweisführung gelingen würde, bleibt das Endergebnis trotzdem unsicher, da auch die Individualvereinbarungen angepasst werden können.[658] Daher ist die Kosten-Nutzen-Relation einer solchen Behauptung normalerweise schlecht. Deshalb besteht kein ausreichender Anlass, den Status der Vertragsbedingungen als AGB bei gerichtlichen Verfahren anzuzweifeln. Wahrscheinlich fehlt die einschlägige Rechtsprechung in Finnland aus diesem Grunde. Somit kommt der vorigen Argumentation über die Anforderungen an das „Aushandeln“ in der finnischen Rechtspraxis kaum Bedeutung zu.

5.2.1.3 Verhaltensbezogene Abweichungen von den AGB

Der Wortlaut des § 305 b BGB bezieht sich lediglich auf vertragliche Individualvereinbarungen. Jedoch können sich Individualvereinbarungen auch aus einseitigen individuellen Rechtshandlungen des Verwenders ergeben, die in Widerspruch mit dem Inhalt seiner AGB stehen. So ist die mündliche Einschränkung einer Vollmacht vorrangig gegenüber der in den AGB enthaltenen (uneingeschränkten) Vollmachterteilung.[659] Weiterhin können Individualvereinbarungen dadurch entstehen, dass das Verhalten des Verwenders im Rahmen der Vertragsverhandlungen bei seinem Vertragspartner bestimmte, vom objektiven Inhalt der AGB abweichende Vorstellungen hervorruft (Rechtsschein). Daher stehen der Verkäufer und der Kreditgeber trotz gegenteiliger AGB-Klausel dem Darlehensnehmer gemeinsam als Vertragspartner gegenüber, wenn der Darle-

658 Des Weiteren ist der Unterschied zwischen AGB-Klauseln und Individualvereinbarungen bezüglich der Inhaltskontrolle im finnischen Recht relativ gering, wie in dem Exkurs zu der Allgemeinen Inhaltskontrolle unter Abschnitt 11.2 genauer dargestellt wird; vgl. auch *Keto-Girgin*, S. 96-97.

659 BGH WM 1987, 646, 647; AnwK AGB-Recht/*Kummer* 2012, § 305b Rn 10; Erman Bd. I/*Roloff* 2011, § 305 b Rn 4; vgl. auch Wolf/Lindacher/Pfeiffer/*Lindacher* 2009, § 305 b Rn 7, wonach Bindungsausschlussklauseln in den dem Angebot beigefügten AGB am Vorrang der Individualvereinbarungen scheitern, soweit aus den individuellen Bestandteilen des Angebots zu entnehmen ist, dass das Angebot bindend sein soll.

hensnehmer im Laufe der Verhandlungen gerechtfertigt einen dementsprechenden Eindruck gewonnen hat.[660]

Auch die finnische Rechtsprechung erkennt die im vorigen Absatz dargestellten verhaltensbezogenen Entstehungsformen von Individualvereinbarungen an.[661] Verhaltensbezogene Individualvereinbarungen sind neben den Einzelfallvereinbarungen sogar die Hauptentstehungsform der Individualvereinbarungen, da die Fälle, in denen anfängliche AGB durch das Aushandeln den Charakter der Individualvereinbarungen erhalten, in der finnischen Praxis aus den oben dargestellten Gründen fehlen.

Es ist hervorzuheben, dass der Ausgangspunkt dieser Fälle oft ein anderer ist als bei den „Aushandeln-Fällen". In diesen Fällen behauptet häufig der Vertragspartner des AGB-Verwenders, dass seine Stellung durch eine Individualvereinbarung im Vergleich zu den AGB verbessert worden ist. Bei den „Aushandeln-Fällen" verlangt dagegen der Verwender normalerweise, dass die AGB sich zur Individualvereinbarung gewandelt haben und somit nicht der Inhaltskontrolle gemäß § 307 (bzw. auch §§ 308 und 309) BGB unterliegen.

Alle in diesem Abschnitt erwähnten Urteile des BGH oder KKO beziehen sich auf Rechtsgeschäfte des AGB-Verwenders mit Verbrauchern. In diesen Fällen wurde entschieden, dass die Vertragsparteien konkludent eine vom Wortlaut der AGB zugunsten des Vertragspartners (Verbrauchers) abweichende Individualvereinbarung getroffen hatten. Nach den tatsächlichen Umständen dieser Fälle war ein vom Wortlaut der AGB abweichender Eindruck des Vertragspartners gerechtfertigt. Da der AGB-Verwender diese Vorstellung seines Vertragspartners nicht korrigiert hatte, haben die Gerichte entschieden, dass die Parteien hinsichtlich dieser Klausel eine der unausgesprochenen Vorstellung des Vertragspartners entsprechende Individualvereinbarung getroffen haben. Somit war der Vertrag mit dem für ihn günstigen Inhalt der Vorstellung des Vertragspartners zustande gekommen.

Meines Erachtens ist es im Bereich des unternehmerischen Geschäftsverkehrs, insbesondere zwischen zwei ungefähr gleich starken Unternehmern, begründet, gegenüber den verhaltensbezogenen Individualvereinbarungen kritisch zu sein. Dies ist auf die bei Unternehmern vorausgesetzte erhöhte Professionalität und Selbstverantwortung[662] zurückzuführen. Es ist zu erwarten, dass ein Un-

660 BGH NJW 1986, 43, 44; 1983, 2638; BGH WM 1998, 2255, 2256; Ulmer/Brandner/Hensen/*Ulmer/Schäfer* 2011, § 305 b Rn 10a; AnwK AGB-Recht/*Kummer* 2012, § 305b Rn 11.

661 KKO 1934 II 581; 1990:73; 1992:50; *Wilhelmsson*, S. 89-90.

662 *Pfeiffer*, in: Handbuch der Handelsgeschäfte, S. 5; *Hofmann*, S. 5; auch verschiedene Paragrafen des BGB und HGB, z.B. § 310 I BGB und § 348 HGB, bringen dies zum Ausdruck; KKO 1977 II 103; Saarnilehto/Hemmo/Kartio/*Saarnilehto* 2001, S. 282;

ternehmer seine Vorstellungen in den Verhandlungen und im Vertrag deutlich zum Ausdruck bringen kann und dass der Vertragstext dem Willen der Parteien entspricht.[663]

Somit sollte eine Verbesserung der Stellung des unternehmerischen Vertragspartners dadurch, dass der Vertrag aufgrund seiner unausgesprochenen Vorstellung mit einem vom Wortlaut der AGB abweichenden Inhalt abgeschlossen wird, nur in Ausnahmefällen in Frage kommen. Meines Erachtens könnte eine solche Ausnahme angenommen werden, wenn das Verhalten des AGB-Verwenders besonders deutlich den Rechtsschein erweckt. Des Weiteren ist von dem AGB-Verwender auch im unternehmerischen Geschäftsverkehr zu erwarten, dass er die „falsche" Vorstellung seines Vertragspartners korrigiert, soweit dieser sie deutlich zum Ausdruck gebracht hat. Es wäre gegen Treu und Glauben, wenn sich der AGB-Verwender in diesen Fällen auf dem Text der AGB berufen könnte.

Somit betrifft diese Argumentation jedoch nur eine Verbesserung der Stellung des unternehmerischen Vertragspartners aufgrund seiner unausgesprochenen Vorstellungen gegenüber dem Wortlaut der AGB. Sie sollte aber keineswegs die Möglichkeit, stillschweigende (Individual-)vereinbarungen im unternehmerischen Verkehr zu treffen, im Allgemeinen ausschließen. Stillschweigende (Individual-)vereinbarungen können im Laufe der Vertragsbeziehung z.B. dadurch entstehen, dass die Vertragsparteien ständig in anderer Weise agieren als in den AGB vorgeschrieben ist. Das Vorliegen einer stillschweigenden Vereinbarung ist nach den Grundsätzen der allgemeinen Rechtsgeschäftslehre zu ermitteln.

Pfeiffer greift diese Möglichkeit auf, indem er vorschlägt, dass statt der Anforderungen an das Aushandeln mehr über die Möglichkeit der Parteien diskutiert werden soll, unabhängig von der AGB-Klausel eine zusätzliche stillschweigende individuelle Vereinbarung gleichen Inhalts zu treffen. Seiner Auffassung nach soll aus dem Verhalten der Vertragsparteien unter bestimmten Voraussetzungen[664] entnommen werden, dass diese aufgrund ihres frei gebildeten indivi-

---

Liuksiala, S. 59; HE 39/1993 (Regierungsentwurf zum Gesetz zur Regelung der Vertragsbedingungen zwischen Unternehmern) Ausführliche Begründungen 1.1; *Aurejärvi* LM 1979, 725, 725-727; vgl. auch Abschnitt 4.1 und 4.2.

663 Vgl. *Meyer* ZHR 174 (2010), 108, 116; *Miethaner*, S. 206-207.

664 Für maßgebliche Kriterien hält *Pfeiffer* (ZGS 2003, 378, 379), dass der AGB-Verwender erkennen lässt, dass eine bestimmte Regelung ihm besonders wichtig ist, dies seinem „hinreichend verhandlungsmächtigen Vertragspartner" bekannt ist und „von ihm als Bestandteil seiner auf den konkreten Vertrag bezogenen und individuellen Willensbildung akzeptiert" wird. Weiterhin setzt er voraus, dass „die Regelung der vertraglichen Interessenlage" entspricht.

duellen Vertragswillens eine Regelung mit dem gleichen Inhalt wie die – als solche gegebenenfalls unwirksame – AGB-Klausel getroffen hätten. Folglich wäre diese individuelle Vereinbarung entscheidend, ohne dass sie durch die mögliche Unwirksamkeit der inhaltlich identischen AGB-Klausel beeinträchtigt werden könnte.[665]

Somit sucht *Pfeiffer* faktisch nach einem alternativen Weg zum Aushandeln, der die Reichweite der AGB-rechtlichen Inhaltskontrolle beschränken könnte und somit eine praxis- und interessengerechte Lösung für den unternehmerischen Geschäftsverkehr darstellt. Allerdings bestehen hier aus der aktuell herrschenden deutschen Sicht die gleichen Herausforderungen, wie bei dem oben hinsichtlich des differenzierten Aushandelns vorgeschlagenen Lösungsmodell, weil auch diese Auffassung einen „hinreichend verhandlungsmächtigen Vertragspartner" voraussetzt und somit in der Praxis die Berücksichtigung des Machtgefälles zwischen den Vertragsparteien verlangt.

Außerdem liegt ein Schwachpunkt dieses Vorschlags darin, dass das Ergebnis ausschließlich auf Indizien basiert. Wie oben erläutert, kann von den unternehmerischen Vertragsparteien erwartet werden, dass sie ihre Vorstellungen bei den Verhandlungen deutlich zum Ausdruck bringen. Weiterhin wird es dem AGB-Verwender in der Praxis oft schwierig sein, die Entstehung einer mit der unwirksamen AGB-Klausel inhaltlich identischen stillschweigenden Individualvereinbarung zu beweisen. Somit kann dieser Vorschlag nicht vorbehaltlos unterstützt werden. Zusätzlich wird auf ihn noch kurz am Ende des Exkurses über die allgemeine Inhaltskontrolle unter Abschnitt 11.2 eingegangen, da die Beschränkung der Reichweite der AGB-rechtlichen Inhaltskontrolle das zentrale Motiv für diesen Vorschlag gewesen ist.

5.2.2 Vorrang der Individualvereinbarungen vor den AGB

5.2.2.1 Deutschland und Finnland

Grundsätzlich haben AGB-Bedingungen die gleiche Wirkung und Kraft wie Vertragsbedingungen als Individualvereinbarungen.[666] Jedoch haben Individualvereinbarungen sowohl nach deutschem[667] als auch nach finnischem[668] Recht

---

665 *Pfeiffer* ZGS 2003, 378, 379.

666 *Erma/Lehtinen/Tolonen*, S. 101; *Koller*, in: FS Honsell, S. 236; *Hoppu/Hoppu,* S. 64 und 136.

667 § 305 b BGB.

668 KKO 1934 II 581; 1994:108; *Wilhelmsson*, S. 88; *Norokorpi*, S. 57; *Koulu*, Välityssopimus, S. 105; *Hoppu/Hoppu,* S. 65; *Sarelin*, S. 14; *Väinölä*, S. 5; Saarnilehto/Hemmo/Kartio/*Saarnilehto* 2001, S. 416; *Lehrberg*, S. 279; *Adlercreutz*, S. 51; *Oikeustoi-*

Vorrang vor AGB, soweit diese sich widersprechen. Dies gilt unabhängig von den unterschiedlichen Entstehungsformen der Individualvereinbarungen[669] und davon, ob der inhaltliche Widerspruch direkt oder nur mittelbar besteht[670].

Der Vorrang der Individualvereinbarungen beruht auf der Idee, dass eine Individualvereinbarung dem Willen der Parteien eher entspricht als eine für eine Vielzahl der Verträge vorformulierte AGB-Klausel. Daher kann eine Individualabrede nicht durch AGB ausgehöhlt werden.[671] Der Vorrang hängt nicht von der Form der Individualvereinbarung ab. Sowohl schriftliche, mündliche als auch stillschweigende Individualvereinbarungen sind vorrangig im Verhältnis zu den AGB, soweit sie wirksam sind.[672] Die Durchsetzbarkeit eines Anspruchs setzt natürlich voraus, dass die Existenz und der Inhalt der Individualvereinbarung nachgewiesen werden können.

Die Rechtsfolge des § 305 b BGB ist jedoch in Deutschland umstritten.[673] Nach einer Ansicht muss die Kollision der Individualvereinbarung und der AGB auf der Ebene der Einbeziehung entschieden werden. Entsprechend werden die individualvereinbarungswidrigen AGB-Bedingungen zunächst nicht in den Vertrag einbezogen.[674] Die Gegenansicht sieht in § 305 b BGB vielmehr eine Auslegungsregel für den Geltungsanspruch der in den Vertrag einbezogenen AGB. Somit werden die mit der Individualvereinbarung kollidierenden AGB zwar Vertragsbestandteil, treten aber aufgrund des Vorrangprinzips gegenüber den

---

milakitoimikunta, S. 318; *Telaranta*, S. 191, *Erma/Lehtinen/Tolonen*, S. 101; *Taxell*, Avtal och rättsskydd, S. 45.

669 Es ist jedoch zu berücksichtigen, dass dem Vorrang der Individualvereinbarung in der Praxis häufig nur wenig Bedeutung zukommt, soweit sich die AGB durch „Aushandeln" zur Individualvereinbarung wandeln. Dies ist darauf zurückzuführen, dass in den AGB oft keine Bedingung übrig bleibt, die die gleiche Sache regeln würde und somit verdrängt werden könnte.

670 Herberger/Martinek et al./*Lapp/Salomon* 2010, § 305 b Rn 20; AnwK AGB-Recht/*Kummer* 2012, § 305b Rn 20-21.

671 *Stoffels,* S. 116; MüKo Bd. 2/*Basedow* 2007, § 305 b Rn 1; *Lingemann/Gotham* NJW 2009, 268, 269; *Hellwege*, S. 402; *Brox/Walker*, S. 106; *Zoller* JZ 1991, 850, 853; *Sarelin*, S. 17; Saarnilehto/Hemmo/Kartio/*Saarnilehto* 2001, S. 415; *Oikeustoimilakitoimikunta*, S. 318.

672 BGH NJW 1986, 1807, 1807; Herberger/Martinek et al./*Lapp/Salomon* 2010, § 305 b Rn 12 und 16; AnwK AGB-Recht/*Kummer* 2012, § 305b Rn 15-16; AnwKomm/*Hennrichs* 2002, § 305 b Rn 2; KKO 1992:50; *Wilhelmsson*, S. 89; *Karhapää*, S. 7. Hinsichtlich der Bedeutung von Schriftformklauseln in diesen Zusammenhang siehe genauer Abschnitt 5.3.

673 In der finnischen Literatur wird einfach festgestellt, dass die Individualvereinbarung die AGB „syrjäyttää" (= verdrängt, ersetzt, beiseitesetzt). Dagegen wird nicht diskutiert auf welcher Ebene dies passieren soll.

674 *Stoffels*, S. 117; Wolf/Lindacher/Pfeiffer/*Lindacher* 2009, § 305 b Rn 2-3.

Individualvereinbarungen zurück (funktionelles Rangverhältnis).[675] Die dritte Ansicht geht von einem gesetzlich begründeten Rangverhältnis bzw. von einer Kollisionsnorm eigener Art zugunsten der Individualvereinbarungen aus.[676]

Die erste Ansicht ist zu befürworten, obwohl sie nicht herrschend ist und die beiden anderen Ansichten sich insofern logisch begründen lassen, dass genau genommen nur eine in den Vertrag einbezogene AGB mit einer Individualvereinbarung kollidieren kann[677]. Der rechtsgeschäftliche Konsens der Parteien ist in der Regel jedoch am ehesten so zu verstehen, dass die AGB nur insoweit Bestandteil des Vertrags werden, als sie nicht mit den Individualvereinbarungen kollidieren. Auch die Gesetzessystematik spricht für diese Lösung, weil die §§ 305 II und III, 305 a und 305 c sich mit Einbeziehungsfragen befassen.[678] Weiterhin sprechen keine praktischen Gründe dafür, dass solche Bedingungen in den Vertrag einbezogen werden sollten, die dem ausdrücklichen Parteiwillen nicht entsprechen und die aufgrund des Vorrangs der wirksamen Individualvereinbarung sowieso nicht zur Anwendung kommen. Außerdem erleichtert diese Auffassung in vielen Fällen die Beweisaufnahme, da die Kollision vor allem bei schriftlichen Individualvereinbarungen oft evident ist, die Beweisführung über die Einbeziehung der AGB aber kompliziert sein kann.[679]

Es ist jedoch auf jeden Fall zu betonen, dass für das Endergebnis des Einzelfalls im Wesentlichen gleichgültig ist, welcher Ansicht gefolgt wird.[680] Die wirksame Individualvereinbarung gestaltet maßgeblich die Rechtsbeziehung der

---

675 Ulmer/Brandner/Hensen/*Ulmer/Schäfer* 2011, § 305 b Rn 1 und 7-8; weiterhin wird zum Teil vertreten, dass § 305 b ein funktionelles Rangverhältnis zum Ausdruck bringt, ohne dabei dazu Stellung zu nehmen, ob der Paragraf eine Auslegungsregel darstellt oder nicht (PWW/*Berger* 2011, § 305 b Rn 1; Palandt/*Grünebeg* 2012, § 305 b Rn 1). Für ein funktionelles Rangverhältnis plädiert auch *Richter*, der jedoch auch behauptet, dass AGB, die in einem direkten Widerspruch zum Inhalt einer Individualvereinbarung stehen, unwirksam sind (vgl. Tonner/Willingmann/Tamm/*Richter* 2010, § 305b Rn 1 und Rn 3).

676 Erman Bd. I/*Roloff* 2011, § 305 b Rn 1; Bamberger/Roth Bd. 1/*Schmidt* 2007, § 305 b Rn 1; *Zoller* JZ 1991, 850, 853; in diesem Sinne wohl auch MüKo Bd. 2/*Basedow* 2007, § 305 b Rn 1.

677 Vgl. Bamberger/Roth Bd. 1/*Schmidt* 2007, § 305 b Rn 6.

678 Vgl. *Stoffels*, S. 117.

679 Vgl. Bamberger/Roth Bd. 1/*Schmidt* 2007, § 305 b Rn 6, wonach die wirksame Einbeziehung grundsätzlich vor der Vorrangfrage zu klären ist. Gleichwohl weist er darauf hin, dass der Richter die weniger aufwendige Argumentation vorziehen kann, wenn die Einbeziehungsfrage nur durch Beweisaufnahme zu klären ist.

680 Vgl. Staudinger AGB/*Schlosser* 2006, § 305 b Rn 11; Erman Bd. I/*Roloff* 2011, § 305 b Rn 1; AnwK AGB-Recht/*Kummer* 2012, § 305b Rn 5.

Parteien unabhängig davon, ob die kollidierende AGB-Klausel in den Vertrag einbezogen wird oder nicht.

Vermutlich aus diesem Grund wird im finnischen Recht nicht diskutiert, wie der Vorrang der Individualvereinbarungen rechtssystematisch zu ordnen ist.[681] Hinsichtlich des finnischen Rechts wäre es systemkonform, den Vorrang der Individualvereinbarungen als Auslegungsregel zu bewerten. Somit wäre die Einbeziehung der AGB erst zu beurteilen und auch die mit der Individualvereinbarung kollidierenden AGB würden Vertragsbestandteil. Aufgrund des Vorrangprinzips würden sie aber dann gegenüber den Individualvereinbarungen zurücktreten.

Dies ergibt sich daraus, dass wie in Abschnitt 5.1.1 erläutert, im finnischen Recht unter AGB der Klauselkatalog in seiner Gesamtheit verstanden wird. Dementsprechend wird die Einbeziehung bezüglich der gesamten AGB und nicht bezüglich der einzelnen Klauseln beurteilt. Somit wäre es unlogisch einzelne Klauseln wegen des Vorrangs der Individualvereinbarungen nicht in den Vertrag einzubeziehen. So werden auch die überraschenden AGB-Klauseln nach der traditionellen Ansicht als Teil der Inhaltskontrolle behandelt. Wie oben schon erwähnt, hat diese vom deutschen Recht abweichende Beurteilung jedoch keine praktischen Konsequenzen für das Endergebnis des Einzelfalls.

5.2.2.2 UN-Kaufrecht

Das UN-Kaufrecht enthält keine besondere Regelung über das Verhältnis zwischen AGB und Individualvereinbarungen. In der Literatur werden vier verschiedene Lösungsansätze vertreten. Sie alle gehen mehr oder weniger davon aus, dass es sich beim Verhältnis zwischen den AGB und den Individualvereinbarungen um eine Auslegungsfrage und nicht um eine Einbeziehungsfrage handelt.

Nach der ersten Meinung richtet sich das Verhältnis zwischen den AGB und den Individualvereinbarungen nach dem subsidiär anwendbaren nationalen Recht, da die Regelungen des UN-Kaufrechts nicht auf die Besonderheiten der Verwendung der AGB abgestimmt sind. Weiterhin betrachtet diese Meinung das Verhältnis zwischen den AGB und den Individualvereinbarungen als Vorstufe der Inhaltskontrolle. Somit müsste sie einheitlich mit der Inhaltskontrolle nach dem subsidiär anwendbaren nationalen Recht behandelt werden.[682]

---

681 Vgl. die Abschnitt 4.2.1 beschriebene Tendenz des finnischen Rechts auf Konzentration auf die praktischen Fragestellungen ohne Neigung zu Begrifflichkeit und Konstruktion theoretischer Systeme.

682 *Teklote*, S. 157-159; *Stoll*, in: FS Beitzke, S. 763 (noch zum EAG).

Die zweite Meinung geht davon aus, dass Art. 8 CISG eine Auslegungsregelung enthält, die das Verhältnis zwischen den AGB und den Individualvereinbarungen regelt. Nach dieser Ansicht ist gemäß Art. 8 II CISG bei der Auslegung der AGB auf das Verständnis eines vernünftigen Empfängers abzustellen. Da es widersinnig wäre, Individualvereinbarungen zu treffen, falls diese nicht vorrangig wären, würde ein vernünftiger Empfänger den Individualvereinbarungen Vorrang vor den AGB geben. Somit besteht ein Vorrang von Individualvereinbarungen vor AGB.[683]

Die dritte Meinung ähnelt stark der zweiten Meinung. Sie leitet aber den Vorrang der Individualvereinbarungen vor einbezogenen AGB direkt aus dem Gesamtzusammenhang des Vertrags und aus der vorrangigen Beachtung des Parteiwillens ab, ohne sich gesondert auf das Verständnis eines vernünftigen Empfängers zu stützen. Somit kommt dieser Meinung zu dem Ergebnis, dass das UN-Kaufrecht eine widerlegliche Vermutung der Hierarchie von Klauseln kennt.[684]

Nach der vierten Meinung könnte sich der Vorrang der Individualvereinbarungen möglicherweise schon aus den Auslegungsregeln gemäß Art. 8 CISG[685] ergeben. Es wird jedoch für möglich gehalten, dass es um eine Besonderheit der AGB-Verwendung handelt, die aufgrund Art. 8 CISG nicht zu lösen ist. Nach dieser Meinung lässt sich die Regelungslücke jedenfalls durch die aufgrund der nach Art. 7 II CISG zur Anwendung kommenden allgemeinen Grundsätze des UN-Kaufrechts schließen. Sie führen dann zum Vorrang der Individualvereinbarungen.[686]

Bei subsidiärer Anwendbarkeit des deutschen oder des finnischen Rechts wären Individualvereinbarungen unabhängig davon vorrangig, welcher Meinung gefolgt wird. Bei Anwendbarkeit eines anderen nationalen Rechts könnte die erste Meinung, nach der sich das Verhältnis zwischen den AGB und den Individualvereinbarungen nach dem subsidiär anwendbaren nationalen Recht richtet, jedoch zu einem anderen Ergebnis führen. Deswegen ist mit der gleichen Begründung, die in Abschnitt 1.3 hinsichtlich der Einbeziehung der AGB dargelegt wurde, die erste Meinung abzulehnen. Dagegen muss nicht zwischen der zweiten, dritten und vierten Meinung entschieden werden, da sie in der Praxis zum gleichen Ergebnis führen.

---

683 *Schultheiß*, S. 45; Witz/Salger/Lorenz/*Witz* 2000, Art. 8 Rn 14.

684 Schlechtriem/Schwenzer/*Schmidt-Kessel* 2008, Art. 8 Rn 58; *Hellwege*, S. 372.

685 Dies könnte entweder durch subjektive Auslegung gemäß Art. 8 I CISG oder gemäß Art. 8 II CISG durch objektive Auslegung passieren.

686 *Stadler*, S. 104; Ulmer/Brandner/Hensen/*Schmidt* 2011, Anh. § 305 Rn 11; Wolf/Lindacher/Pfeiffer/*Hau* 2009, IntGV Rn 73.

5.2.3 Zusammenfassung

Der Vorrang der Individualvereinbarungen vor den AGB ist allen hier behandelten Rechtssystemen gemein. Er gilt unabhängig davon, ob die Individualvereinbarung schriftlich, mündlich oder stillschweigend getroffen wird. Jedoch unterscheiden sich die neben den ausdrücklichen einzelvertraglichen Vereinbarungen geltenden zentralen Entstehungsformen der Individualvereinbarungen im deutschen und im finnischen Recht.

In Deutschland ist es regelmäßig im Interesse des AGB-Verwenders zu behaupten, dass es sich um eine Individualvereinbarung und nicht um eine AGB handelt, um der Inhaltskontrolle zu entgehen. Somit stellt die Wandlung einer AGB-Klausel zu einer Individualvereinbarung durch Aushandeln die wesentliche Entstehungsform der Individualvereinbarungen dar. In Finnland liegt das Interesse an einer Individualvereinbarung dagegen in der Regel beim Vertragspartner des AGB-Verwenders, der behauptet, dass die Parteien durch eine Individualvereinbarung zu seinen Gunsten von den AGB abgewichen sind. Deshalb sind verhaltensbezogene Abweichungen von AGB die wichtigste Entstehungsform der Individualvereinbarungen im finnischen Recht.

Diese Unterschiede sind vor allem auf die unterschiedliche Handhabung und Reichweite der Inhaltskontrolle zurückzuführen, da AGB nach deutschem Recht einer relativ strengen Inhaltskontrolle nach § 307 BGB unterliegen und die Individualvereinbarungen lediglich an §§ 134, 138 und 242 BGB gemessen werden. Im Anwendungsbereich des finnischen Rechts gilt zusätzlich zu der AGB-rechtlichen Inhaltskontrolle, die überraschende und unangemessene Klauseln betrifft, eine Allgemeine Inhaltskontrolle nach § 36 OikTL, nach der sowohl Individualvereinbarungen als auch AGB angepasst oder für unwirksam erklärt werden können. Daher profitiert der AGB-Verwender nicht in gleichen Maßen wie nach dem deutschen Recht davon, dass es sich statt AGB um Individualvereinbarung handelt, und hat deshalb wenig Motivation zu behaupten, dass die AGB ausgehandelt worden sind.

Die Unterschiede der Inhaltskontrolle haben jedoch ihre unmittelbare Auswirkung bei der Einbeziehung von AGB. Dies ist insbesondere der Fall, wenn der hier bezüglich des deutschen Rechts vertretenen Ansicht gefolgt wird. Nach dieser Auffassung werden die mit den Individualvereinbarungen kollidierenden AGB-Klauseln nicht in den Vertrag einbezogen.

Nach der herrschenden Ansicht des deutschen Rechts muss der Verwender den in seinen AGB enthaltenen gesetzesfremden Kerngehalt inhaltlich ernsthaft zur Disposition stellen und dem Verhandlungspartner Gestaltungsfreiheit zur Wahrung eigener Interessen einräumen, damit eine AGB-Klausel als ausgehandelt gilt. Zugleich muss er dem Verhandlungspartner eine reale Möglichkeit verschaffen, den Inhalt der Vertragsbedingungen zu beeinflussen. Nach ständiger Rechtsprechung des BGH gelten diese Anforderungen an das Aushandeln auch im unternehmerischen Geschäftsverkehr in vollem Ausmaß.

Die Voraussetzungen des Aushandelns müssen grundsätzlich für jede Klausel einzeln erfüllt werden, was sich in der Regel in einer erkennbaren Änderung des vorformulierten Textes niederschlägt. Ausnahmsweise kann auch eine unveränderte Bedingung ausgehandelt sein. In der Praxis sind die herrschende Lehre und die Rechtsprechung diesbezüglich jedoch zurückhaltend. Deshalb ist es bei der Anwendung des deutschen Rechts für den Verwender der AGB empfehlenswert, dafür zu sorgen, dass die AGB in den Vertragsverhandlungen aktiv behandelt und die Verhandlungen möglichst ausführlich protokolliert werden.[687] Nur dadurch kann er nachweisen, dass es sich um eine ausgehandelte Individualvereinbarung und nicht um AGB handelt.

Somit muss ein finnischer Unternehmer bei der Anwendbarkeit des deutschen Rechts die Wichtigkeit des Aushandelns und die diesbezüglichen strengen Anforderungen kennen, um die eigenen Interessen möglichst effektiv zu wahren. Ein deutscher Unternehmer muss bei der Anwendbarkeit des finnischen Rechts dagegen damit rechnen, dass neben der AGB-rechtlichen Inhaltskontrolle zusätzlich auch Individualvereinbarungen nach § 36 OikTL kontrolliert werden können.[688] Die Internationalität des Sachverhalts verhindert die Anpassung nicht.[689] Allerdings setzt eine Intervention sowohl bei Individualvereinbarungen als auch bei AGB voraus, dass sich der Vertragspartner auf die Unangemessenheit beruft und dass er seine eigenen Interessen nicht selbst hätte wahren können.[690]

---

687 Vgl. auch die von *Schuhmann* (JZ 1998, 127, 131) vorgeschlagene Lösung die wichtigsten Klauseln als Zusatzregelungen entweder auf oder außerhalb des Formularvertrags festzulegen. Als regelmäßige Praxis kann dies meines Erachtens jedoch zu Schwierigkeiten führen, da es irrelevant ist, in welcher Form der Klauselinhalt fixiert ist (siehe Abschnitt 5.1.1; vgl. auch *Miethaner* NJW 2010, 3121, 3125-3126; AnwK AGB-Recht/*Kummer* 2012, § 305b Rn 17; BGH NJW 1998, 1066, 1067-1068; 1988, 410). Daher ist es möglich, die wiederkehrenden Zusatzregelungen als AGB zu sehen (vgl. BGH NJW 1999, 2180, 2981).

688 Allerdings ist hierbei zu bemerken, dass angesichts des weit gefassten AGB-Begriffs (vgl. Abschnitt 5.1.1 und Fußnote 466) auch nach deutschem Recht nahezu alle Vertragsbedingungen einer Inhaltskontrolle unterliegen.

689 *Wilhelmsson*, S. 120; *Lindström*, S. 78; HE 247/1981 S. 10 (= Regierungsentwurf zur Änderung des Rechtsgeschäftsgesetzes); *Grönfors/Dotevall*, S. 276. Im Allgemeinen ergeben sich die inhaltsbezogenen Wirksamkeitsanforderungen aus dem Vertragsstatut (Art. 31 I EGBGB / Art. 8 I Rom-Übereinkommen / Art. 10 I Rom I-VO).

690 Genauer siehe den Exkurs bezüglich der Allgemeinen Inhaltskontrolle unter Abschnitt 11.2.

Hinsichtlich des deutschen Rechts wäre es zukünftig wünschenswert, die Anforderungen an das Aushandeln innerhalb des unternehmerischen Geschäftsverkehrs zu differenzieren. Wenn der Vertragspartner des AGB-Verwenders eine reale Verhandlungsmöglichkeit hat – also seine Interessen eigenverantwortlich durch Verhandlungen wahrnehmen kann – ist er durch die von dem AGB-Verwender einseitig in Anspruch genommene Vertragsgestaltungsfreiheit nicht gefährdet. Stattdessen kann das Ergebnis der Verhandlungen bzw. die bloße Zustimmung zu den AGB ohne konkrete Verhandlungen dem Vertragspartner als Ausdruck freier und eigenverantwortlicher Willensentscheidung zugerechnet werden. Folglich sollte das Verhandeln bzw. die von dem AGB-Verwender dazu angebotene Möglichkeit, die seinen Vertragspartner zumutbar ist, genügen, um die AGB als ausgehandelt anzusehen.

Wenn der Vertragspartner dagegen keine reale Verhandlungsmöglichkeit besitzt, sollten die derzeitigen Anforderungen an das Aushandeln gelten, weil das Verhandeln in diesen Fällen nicht ausreicht, um die negativen Begleiterscheinungen der AGB-Verwendung auszugleichen. Weiterhin kann von dem Vertragspartner trotz der vorhandenen realen Verhandlungsmöglichkeit nicht erwartet werden, dass er sich auf Verhandlungen einlässt, wenn die AGB keine Individualvereinbarungsnähe aufweisen und der Vertrag nicht im Kerntätigkeitsbereich des Vertragspartners liegt bzw. für die Kerntätigkeit des Unternehmens alltäglich nicht besonders wichtig ist. Dies ergibt sich daraus, dass der Eintritt in die Verhandlungen wegen der daraus folgenden übermäßigen Kosten sowohl für den einzelnen Vertragspartner als auch für das gesamte Vertragswesen in diesen Fällen nicht zumutbar ist. Außerdem würde der positive Rationalisierungseffekt der Verwendung von AGB konterkariert, wenn der Vertragspartner des AGB-Verwenders auch in diesen Fällen praktisch verpflichtet wäre, sich auf Verhandlungen einzulassen.

Eine differenzierende Betrachtung ist notwendig, um einerseits die Bedürfnisse des unternehmerischen Geschäftsverkehrs und die Unterschiedlichkeit der Unternehmen angemessen zu berücksichtigen und andererseits die Privatautonomie nicht unnötig zu beschränken. Eine aus einer solchen Betrachtung folgende Rechtsunsicherheit ist eine unausweichliche Folge der praxisnahen und privatautonomiekonformen Rechtsanwendung, die durch ihre Vorteile ausgeglichen wird.

Um die Folgen dieser Rechtsunsicherheit möglichst gering zu halten und die Gerechtigkeit der Lösungen zu garantieren, sollte das Vorhandensein der realen Verhandlungsmöglichkeit anhand einer konkret-individuellen Betrachtung des Vertragsverhältnisses und der Umstände des jeweiligen Falles bestimmt werden. Dies ergibt sich daraus, dass es sowohl für die Parteien als auch für die Gerichte einfacher ist, das konkrete Vertragsverhältnis der Parteien einzuschätzen als eine mehrfache Typisierung vorzunehmen, die nach der im deutschen Recht traditionellen generell-typisierenden Betrachtungsweise notwendig wäre.

In Bezug auf den unternehmerischen Geschäftsverkehr zwischen Deutschland und Finnland ist bei der Beurteilung der realen Verhandlungsmöglichkeit des Vertragspartners zu berücksichtigen, dass ein am internationalen Geschäftsverkehr aktiv teilnehmendes Unternehmen tendenziell weniger Schutz benötigt und verdient als eines, welches sich auf reine Inlandsgeschäfte beschränkt.[691] Dies ist begründet, da das Unternehmen durch die aktive Teilnahme am internationalen Geschäftsverkehr sein Risikopotential bewusst erhöht. Allerdings sind die Situationen im internationalen Geschäftsverkehr sehr unterschiedlich. Daher sind auch hier die gesamten Umstände des jeweiligen Falles zu beachten, da die Möglichkeit des Vertragspartners zu einer eigenverantwortlichen Willensentscheidung die entscheidende Frage ist. Angesichts der von allen Unternehmen erwarteten erhöhten Eigenverantwortung muss der Vertragspartner dabei die Umstände beweisen, die seine fehlende reale Verhandlungsmöglichkeit begründen.

Weiterhin muss es den Parteien bewusst sein, dass Individualvereinbarungen auch durch verhaltensbezogene Abweichungen von AGB entstehen können. Dies kann beim Vertragsschluss dadurch geschehen, dass das Verhalten des AGB-Verwenders bei seinem Vertragspartner bestimmte, vom objektiven Inhalt der AGB abweichende Vorstellungen hervorruft. Beim unternehmerischen Geschäftsverkehr zwischen ungefähr gleich starken Vertragsparteien sollte dies jedoch eine Ausnahme sein, weil es zu erwarten ist, dass die Parteien ihre Vorstellungen während der Verhandlungen deutlich zum Ausdruck bringen und dass der Vertrag somit ihren Willen entspricht. Viel eher können verhaltensbezogene Abweichungen während eines Dauerschuldverhältnisses zur Individualvereinbarungen führen, wenn die Vertragsparteien ständig in anderer Weise agieren als in den AGB vorgeschrieben.

---

691 Vgl. *Berger*, in: FS Horn, S. 6; Wolf/Lindacher/Pfeiffer/*Hau* 2009, IntGV Rn 57; noch weitergehend *Lehtinen*, S. 233-234, dem zufolge die am internationalen Geschäftsverkehr teilnehmende Unternehmen fast ausnahmslos als ebenbürtig anzusehen sind; aA wohl Ulmer/Brandner/Hensen/*Schmidt* 2011, Anh. § 305 Rn 33-34, nach dem im internationalen Geschäftsverkehr kein Raum für eine generelle Modifikation der Prüfungsmaßstäbe des § 307 BGB ist.

5.3 Sonderfall: Problematik der Schriftformklausel

AGB beinhalten oft eine Schriftformklausel, die insbesondere auf die Unterbindung von mündlichen Abreden zielt.[692] Die Grundform der Schriftformklauseln ist die einfache Schriftformklausel, die die Wirksamkeit von ergänzenden oder modifizierenden Abreden von der Einhaltung der Schriftform abhängig macht.[693] Eine qualifizierte Schriftformklausel[694] verlangt, dass alle Ergänzungen und Modifikationen schriftlich (durch bestimmte Personen) von Seiten des AGB-Verwenders bestätigt werden.[695] Weiterhin gehören auch Vollständigkeits-

---

692 *Stoffels,* S. 119; *Ring/Klingelhöfer/Niebling*, S. 58 und 437; Ulmer/Brandner/Hensen/*Ulmer/Schäfer* 2011, § 305 b Rn 30; Staudinger AGB/*Schlosser* 2006, § 305 b Rn 39; *Reiling* JA 2000, 866, 871; *Norros* LM 2008, 183, 183; ausführlich über Schriftformklauseln in AGB *Teske.*

693 MüKo Bd. 2/*Basedow* 2007, § 305 b Rn 12; Erman Bd. I/*Roloff* 2011, § 305 b Rn 10; *Hemmo*, Sopimusoikeus I, S. 200-201; MüKo Bd. 3/*Gruber* 2012, Art. 29 Rn 7. Allerdings ist es auch möglich, obwohl vermutlich relativ selten, dass die Parteien ein Schriftformerfordernis vereinbaren, ohne die Rechtsfolgen genauer zu erläutern. Dann ist es durch Auslegung zu ermitteln, welche Bedeutung der Schriftformklausel beizumessen ist und ob die Klausel z.B. lediglich Beweiszwecken dienen soll und somit eher anweisend bzw. deklaratorisch als verbindlich ist (vgl. *Teske*, S. 210; *Michalski* DStR 1998, 771, 771; *Norros* LM 2008, 183, 188-189 und 204; *Hemmo*, Sopimusoikeus I, S. 202; *Pöyhönen*, in: Oikeusjärjestelmä I, S. 152; *Muukkonen* 1958, S. 79 und 164-166; hinsichtlich des UN-Kaufrechts vgl. auch Honsell/*Gsell* 2010, Art. 29 Rn 18; MüKo HGB Bd. 6/*Benicke* 2007, Art. 29 Rn 6; MüKo Bd. 3/*Gruber* 2012, Art. 29 Rn 11; Schlechtriem/Schwenzer/*Schlechtriem/Schroeter* 2008, Art. 29 Rn 14). Im deutschen Recht ist aufgrund der in § 125 Satz 2 BGB enthaltenen Auslegungsregel im Zweifel davon auszugehen, dass es sich um eine einfache Schriftformklausel mit konstitutiven Wirkung handelt, falls die lediglich deklaratorische, also Beweiszwecken dienende, Bedeutung nicht durch den Wortlaut der Klausel deutlich zum Ausdruck gebracht worden ist (*Michalski* DStR 1998, 771, 771; *Teske*, S. 210; aA *Bloching/Ortlof* NJW 2009, 3393, 3394).

694 Qualifizierte Schriftformklauseln werden in der Literatur auch als Bestätigungsvorbehalte bezeichnet (vgl. z.B. Wolf/Lindacher/Pfeiffer/*Lindacher* 2009, § 305 b Rn 32; *Achilles* 2000, Art. 29 Rn 3; Graf von Westphalen/Thüsing/*Graf von Westphalen*, Vertragsrecht – Schriftformklauseln Rn 26). Zum Teil wird in der Literatur auch eine andere Terminologie verwendet. Z.B. versteht *Michalski* (DStR 1998, 771 ff) unter qualifizierten Schriftformklauseln solche Klauseln, die z.B. ein Beurkundungserfordernis aufstellen. Die hier als qualifizierte Schriftformklauseln bezeichneten Klauseln bezeichnet er als Bestätigungsklauseln.

695 BGH ZIP 1991, 1054; Staudinger AGB/*Schlosser* 2006, § 305 b Rn 39; Erman Bd. I/*Roloff* 2011, § 305 b Rn 10; *Achilles* 2000, Art. 29 Rn 3. Qualifizierte Schriftformklauseln werden im finnischen Recht, soweit ersichtlich, nicht gesondert behandelt. Dies ist vermutlich darauf zurückzuführen, dass solche Klauseln in der finnischen Vertragspra-

klauseln, nach denen der schriftliche Vertrag vollständig alle Vertragsabsprachen beinhaltet und mündliche Nebenabreden nicht bestehen, zu den Schriftformklauseln, obwohl sie indes einen anderen Zweck als die einfache und qualifizierte Schriftformklauseln verfolgen.[696]

Da nur wirksame Individualvereinbarungen Vorrang vor AGB haben[697], ist hier besonders darauf einzugehen, ob und inwiefern nicht-schriftliche Vertragsabreden trotz wirksam einbezogener Schriftformklausel möglich sind. Diesbezüglich bestehen einige bedeutsame Unterschiede zwischen den zu behandelnden Rechtssystemen.

Abweichend von dem deutschen[698] und dem finnischen[699] Recht enthält das UN-Kaufrecht in Art. 29 II CISG eine ausdrückliche Regelung über die Bedeutung von Schriftformklauseln. Danach kann ein Vertrag, der eine schriftliche[700] Schriftformklausel beinhaltet, auf andere Weise nicht wirksam geändert oder aufgehoben werden (Art. 29 II Satz 1 CISG). Dies betrifft naturgemäß grundsätzlich auch die Schriftformklausel selbst[701] und gilt ebenfalls gleichermaßen für einfache und qualifizierte Schriftformklauseln und Vollständigkeitsklauseln[702]. Somit sind nur schriftliche Änderungs- oder Aufhebungsvereinbarungen

---

xis selten sind. Stattdessen setzen Schriftformklauseln im Allgemeinen voraus, dass mündliche Vereinbarungen von beiden Parteien schriftlich bestätigt werden, was der einfachen Schriftformklausel entspricht.

696 Bamberger/Roth Bd. 1/*Schmidt* 2007, § 305 b Rn 18; Erman Bd. I/*Roloff* 2011, § 305 b Rn 10; Schlechtriem/Schwenzer/*Schlechtriem/Schroeter* 2008, Art. 29 Rn 17; *Norros* LM 2008, 183, 184 und 196; aA *Stoffels,* S. 120.

697 PWW/*Berger* 2011, § 305 b Rn 2; Wolf/Lindacher/Pfeiffer/*Lindacher* 2009, § 305 b Rn 32; *Stoffels,* S. 120; Erman Bd. I/*Roloff* 2011, § 305 b Rn 10.

698 In Deutschland wurde im Rahmen des Gesetzgebungsverfahrens zum AGB-Gesetz vorgeschlagen, dass einfache und qualifizierte Schriftformklauseln immer unzulässig wären (BT-Drs. 7/3919, S. 7 und 39-40). Dieser Vorschlag wurde jedoch vom Parlament mit der Begründung, dass ein solcher Paragraf zu wenig flexibel wäre, verworfen (BT-Drs. 7/5422, S. 3).

699 *Norros* LM 2008, 183, 185.

700 Mündliche Schriftformklauseln sind an sich wirksam, aber sie fallen aus dem Anwendungsbereich des Art. 29 II CISG. Daher können sie formlos außer Kraft gesetzt werden, es sei denn dass sich aufgrund ihrer Auslegung ausnahmsweise ergibt, dass sie ausschließlich schriftlich aufgehoben werden können (Bamberger/Roth Bd. 1/*Saenger* 2007, Art. 29 Rn 3; MüKo Bd. 3/*Gruber* 2012, Art. 29 Rn 7; Schlechtriem/Schwenzer/*Schlechtriem/Schroeter* 2008, Art. 29 Rn 21).

701 MüKo HGB Bd. 6/*Benicke* 2007, Art. 29 Rn 4; Staudinger CISG/*Magnus* 2005, Art. 29 Rn 12; *Karollus*, S. 79; *Brunner* 2004, Art. 29 Rn 2.

702 Ferrari/Kieninger et al./*Ferrari* 2012, Art. 29 Rn 9; *Schlechtriem*, S. 84; *Achilles* 2000, Art. 29 Rn 3. Allerdings sind qualifizierte Schriftformklauseln im Bereich des UN-Kaufrechts gemäß Art. 4 Satz 2 lit. a) CISG nach dem nationalen Recht zu prüfen, so-

wirksam und mündliche Abreden entfalten keine Wirkung.[703] Dem Schriftformerfordernis genügen auch mittels Telefax oder E-Mail abgegebene Erklärungen, es sei denn die Parteien haben vertraglich weitergehende Formerfordernisse festgelegt.[704]

Eine Ausnahme von dieser strikten Bindung an die Schriftform gilt nur dann, wenn die Schriftformklausel lediglich Beweiszwecken dienen soll. In der Praxis ist dies allerdings oft schwierig zu beweisen, da im Zweifel nicht davon ausgegangen werden kann, dass eine Schriftformklausel nur der Beweissicherung dient.[705] Auch die Möglichkeit der Parteien Art. 29 II Satz 1 CISG nachträglich über Art. 6 CISG formlos abzubedingen ist sehr beschränkt, da strengste Voraussetzungen an die Ausdrücklichkeit und Ernsthaftigkeit solcher Vereinbarungen zu stellen sind.[706] Somit sind die Parteien bei der Anwendung des UN-Kaufrechts grundsätzlich an die gewillkürte Schriftform gebunden.

---

weit sie sich lediglich auf die (fehlende) Vertretungsmacht von Mitarbeitern beziehen (MüKo Bd. 3/*Gruber* 2012, Art. 29 Rn 10; Schlechtriem/Schwenzer/*Schlechtriem/Schroeter* 2008, Art. 29 Rn 17; aA *Geldsetzer*, S. 168, die davon ausgeht, dass auch die als Schriftformklauseln auftretenden Vertretungsregelungen unter Art. 29 II CISG fallen).

703 Bamberger/Roth Bd. 1/*Saenger* 2007, Art. 29 Rn 3; MüKo HGB Bd. 6/*Benicke* 2007, Art. 29 Rn 4; Staudinger CISG/*Magnus* 2005, Art. 29 Rn 12; MüKo Bd. 3/*Gruber* 2012, Art. 29 Rn 7-8; *Schwenzer/Mohs* IHR 2006, 239, 245; *Brunner* 2004, Art. 29 Rn 2; *Achilles* 2000, Art. 29 Rn 3; aA *Piltz,* Internationales Kaufrecht, S. 146, wonach das Schriftformerfordernis ausnahmsweise formfrei geändert werden kann, wenn eine diesbezügliche „hinreichend eindeutige, das heißt Interpretationsmöglichkeiten ausschließende und nachweisbare, mündliche Vereinbarung“, vorliegt.

704 Schlechtriem/Schwenzer/*Schlechtriem/Schroeter* 2008, Art. 29 Rn 19; MüKo Bd. 3/*Gruber* 2012, Art. 29 Rn 12; Staudinger CISG/*Magnus* 2005, Art. 29 Rn 13; Bamberger/Roth Bd. 1/*Saenger* 2007, Art. 29 Rn 3; *Schwenzer/Mohs* IHR 2006, 239, 245; aA Witz/Salger/Lorenz/*Salger* 2000, Art. 13 Rn 2 bezüglich E-Mails.

705 Honsell/*Gsell* 2010, Art. 29 Rn 18; MüKo HGB Bd. 6/*Benicke* 2007, Art. 29 Rn 6; MüKo Bd. 3/*Gruber* 2012, Art. 29 Rn 11; Schlechtriem/Schwenzer/*Schlechtriem/Schroeter* 2008, Art. 29 Rn 14; aA *Geldsetzer*, S. 152, die davon ausgeht, dass Art. 29 II CISG alle Schriftformklauseln erfasst und zwischen den verschiedenen Zwecken der Schriftformklauseln nicht zu differenzieren ist.

706 Schlechtriem/Schwenzer/*Schlechtriem/Schroeter* 2008, Art. 29 Rn 16; Ferrari/Kieninger et al./*Ferrari* 2012, Art. 29 Rn 10; Bamberger/Roth Bd. 1/*Saenger* 2007, Art. 29 Rn 6. Zum Teil wird sogar vertreten, dass die Abbedingung des Art. 29 II Satz 1 CISG kraft Art. 6 CISG nur schriftlich (*Herber/Czerwenka* 1991, Art. 29 Rn 6; MüKo Bd. 3/*Gruber* 2012, Art. 29 Rn 8) oder gar nicht (*Perales Viscasillas,* Seite 179) möglich sei, da der Regelungszweck des Art. 29 II Satz 1 CISG sonst unterlaufen würde. Meines Erachtens genügt es, um den Regelungszweck des Art. 29 II Satz 1 CISG sicherzustellen, strenge Anforderungen an die formlose Vereinbarung zu stellen. Darüber hinaus gehende Anforderungen beschränken dagegen die Privatautonomie übermäßig. Al-

Art. 29 II Satz 2 CISG schränkt jedoch die in Satz 1 angeordnete strenge Bindung an die Schriftform ein. Danach darf sich eine Partei nicht auf die Schriftformklausel berufen, wenn dies einen Widerspruch zu ihrem früheren Verhalten darstellen würde und die andere Partei sich auf dieses Verhalten verlassen hat. Somit muss das Vertrauen durch das Verhalten der anderen Partei veranlasst sein. Dabei ist freilich umstritten, ob bereits eine bloße mündliche Vereinbarung einer Vertragsänderung ausreicht[707], um das Vertrauen zu begründen, oder ob darüber hinaus zusätzliche vertrauensbegründende Verhaltensweisen, etwa in Zusammenhang von Erbringung oder Annahme von Leistungen, erforderlich sind[708].

Um zu vermeiden, dass die in Art. 29 II Satz 1 CISG geregelte strenge Bindung an die von den Parteien gewollte Schriftform nicht leerläuft, entspricht es der Regelungslogik des UN-Kaufrechts, dass eine bloße mündliche Änderungsvereinbarung ohne weitere Anhaltspunkte nicht genügt.[709] Dagegen kann meines Erachtens nicht ausnahmslos verlangt werden, dass sich die weiteren vertrauensbegründenden Momente in konkreten vertragserfüllenden Handlungen, wie Erbringung oder Annahme von Leistungen, niederschlägt.[710] Vielmehr kann das Vertrauen der Gegenpartei auch durch Bezugnahme auf die formlose Vereinbarung im Schriftwechsel oder in Verhandlungen veranlasst sein.[711]

Zudem muss die Gegenpartei aufgrund dieses Vertrauens agiert, z.B. Aufwendungen gemacht, Leistungen vorbereitet oder auf Rechtsbehelfe verzichtet,

---

lerdings dürfte es bei andersartigen als schriftlichen Vereinbarungen schwierig zu beweisen sein, dass die Parteien Art. 29 II Satz 1 CISG wirklich ernsthaft abbedingen wollten. Deshalb dürfte die praktische Bedeutung dieser Meinungsverschiedenheit gering sein.

707 MüKo Bd. 3/*Gruber* 2012, Art. 29 Rn 13; Bamberger/Roth Bd. 1/*Saenger* 2007, Art. 29 Rn 4; in diesem Sinne auch Schlechtriem/Schwenzer/*Schlechtriem/Schroeter* 2008, Art. 29 Rn 24-25, die allerdings als Beispiele Situationen mit weiteren vertrauenserzeugenden Momente erwähnen.

708 Ferrari/Kieninger et al./*Ferrari* 2012, Art. 29 Rn 13; *Brunner* 2004, Art. 29 Rn 3; Witz/Salger/Lorenz/*Salger* 2000, Art. 29 Rn 16; Enderlein/Maskow/Strohbach/*Maskow* 1991, Art. 29 Rn 4.

709 Vgl. Ferrari/Kieninger et al./*Ferrari* 2012, Art. 29 Rn 13; Enderlein/Maskow/Strohbach/*Maskow* 1991, Art. 29 Rn 4; vgl. auch *Norros* LM 2008, 183, 206 und I.C.C International Court of Arbitration 1.3.1998, http://www.cisg-online.ch, case 777, wonach Art. 29 II Satz 2 CISG als eine Ausnahmevorschrift eng auszulegen ist und somit nur in Ausnahmefällen zur Geltung kommt.

710 Vgl. Ferrari/Kieninger et al./*Ferrari* 2012, Art. 29 Rn 13 und *Brunner* 2004, Art. 29 Rn 3, die dies zu verlangen scheinen.

711 Vgl. Witz/Salger/Lorenz/*Salger* 2000, Art. 29 Rn 16; Enderlein/Maskow/Strohbach/*Maskow* 1991, Art. 29 Rn 4.

haben.[712] Soweit die Gegenpartei noch keine konkreten Dispositionen getätigt hat, ist sie nicht schutzwürdig. Daher kann die andere Partei den Vertrauenstatbestand jederzeit mit Wirkung ex nunc zerstören, wenn sie deutlich auf die Formunwirksamkeit der mündlichen Abrede hinweist. Naturgemäß ist dies nur möglich, bevor die Abrede durch eine schutzwürdige Betätigung unumkehrbar wird.[713]

Dieser Missbrauchseinwand ist im Prozess von Amts wegen zu berücksichtigen[714], aber diejenige Vertragspartei, die sich auf eine formlos vereinbarte Änderung oder Aufhebung berufen will, muss die Erfüllung der oben genannten Voraussetzungen beweisen[715]. Wenn die Voraussetzungen erfüllt sind, wird der Vertrag als geändert bzw. aufgehoben betrachtet. Dies gilt allerdings nur in dem Umfang, in dem sich die Gegenpartei auf die Wirksamkeit der Änderung bzw. Aufhebung verlassen hat und die Betätigungen nicht mehr ohne Schaden rückgängig gemacht werden können.[716]

Die Handhabung von Schriftformklauseln im deutschen Recht unterscheidet sich deutlich von deren Behandlung nach dem UN-Kaufrecht. Unter Anwendung des deutschen Rechts ist erst die Wirksamkeit der Schriftformklausel nach § 307 BGB zu prüfen, da sich die Frage nach der Formbedürftigkeit von Individualvereinbarungen lediglich dann stellt, wenn die Schriftformklausel wirksam ist.[717] Allerdings soll es dem Richter im Individualprozess frei stehen, ob er sich im Überschneidungsbereich auf § 305 b oder auf § 307 BGB stützt.[718]

---

712 Bamberger/Roth Bd. 1/*Saenger* 2007, Art. 29 Rn 4; Ferrari/Kieninger et al./*Ferrari* 2012, Art. 29 Rn 14; Staudinger CISG/*Magnus* 2005, Art. 29 Rn 18; MüKo Bd. 3/*Gruber* 2012, Art. 29 Rn 14.

713 Honsell/*Gsell* 2010, Art. 29 Rn 92; Schlechtriem/Schwenzer/*Schlechtriem/Schroeter* 2008, Art. 29 Rn 31; *Achilles* 2000, Art. 29 Rn 6.

714 *Schlechtriem*, S. 85; Ferrari/Kieninger et al./*Ferrari* 2012, Art. 29 Rn 15; *Brunner* 2004, Art. 29 Rn 3.

715 Staudinger CISG/*Magnus* 2005, Art. 29 Rn 24; Bamberger/Roth Bd. 1/*Saenger* 2007, Art. 29 Rn 7; Honsell/*Gsell* 2010, Art. 29 Rn 33.

716 Schlechtriem/Schwenzer/*Schlechtriem/Schroeter* 2008, Art. 29 Rn 31; MüKo Bd. 3/*Gruber* 2012, Art. 29 Rn 16; *Achilles* 2000, Art. 29 Rn 6.

717 Ulmer/Brandner/Hensen/*Ulmer/Schäfer* 2011, § 305 b Rn 2a und 31-32; Erman Bd. I/*Roloff* 2011, § 305b Rn 2 und 5; *Teske*, S. 237; *Michalski* DStR 1998, 771, 776; *Schulz* Jura 1995, 71, 72; aA *Ring/Klingelhöfer/Niebling*, S. 437; *Graf von Westphalen*, Verkaufsbedingungen, S. 44; Löwe/Graf von Westphalen/Trinkner/*Trinkner* 1977, § 4 Rn 12, nach denen § 305 b BGB vorrangig sein soll; vgl. auch Soergel Bd. 3/*Stein* 1991, § 4 Rn 4.

718 Wolf/Lindacher/Pfeiffer/*Lindacher* 2009, § 305 b Rn 4; Staudinger AGB/*Schlosser* 2006, § 305 b Rn 2; *Teske*, S: 234; Ulmer/Brandner/Hensen/*Ulmer/Schäfer* 2011, § 305 b Rn 2a.

Nach der ganz herrschenden Meinung sind Schriftformklauseln gemäß § 307 BGB unwirksam, wenn sie beim Vertragspartner den unzulässigen Eindruck erwecken, dass Änderungsabreden nur bei Einhaltung des Formerfordernisses wirksam sind und ihn somit von der Geltendmachung eigener Rechte abzuhalten versuchen.[719] Dies trifft bei solchen Klauseln zu, die individuelle Ergänzungen oder Modifikationen entweder generell ausschließen oder von einer schriftlichen Bestätigung auch dann abhängig machen, wenn der Verwender selbst oder sein Prokurist bzw. Generalbevollmächtigter die Willenserklärung abgegeben hat.[720] Dagegen sind Klauseln, die feststellen, dass „mündliche Nebenabreden nicht getroffen worden sind", wirksam, da sie sich auf den Moment des Vertragsschlusses beziehen.[721] Unwirksame Schriftformklauseln können nur im Individualprozess als Hinweis über die beschränkte Vertretungsmacht des Personals des AGB-Verwenders Bedeutung erlangen, soweit sie z.B. durch drucktechnische Hervorhebung deutlich sichtbar und inhaltlich verständlich sind.[722]

Obwohl die Schriftformklausel wirksam wäre, greift der Vorrang der Individualvereinbarungen nach § 305 b BGB ein. Dabei kommt es weder auf die genaue Ausgestaltung und die Art des Formerfordernisses noch auf die Form der individuellen Abrede an. Somit können die in AGB vorhandenen Schriftformklauseln auch formlos, z.B. durch mündliche oder konkludente Individualabrede, außer Kraft gesetzt werden.[723] Die Parteien müssen sich dabei nicht einmal

---

719 BGH NJW 2001, 292, 292-293; 1995, 1488, 1489; BGH ZIP 1991, 1054, 1055; *Stoffels,* S. 121; *Ring/Klingelhöfer/Niebling*, S. 439; Graf von Westphalen/Thüsing/*Graf von Westphalen*, Vertragsrecht – Schriftformklauseln Rn 13; AnwK AGB-Recht/ *Kummer* 2012, § 305b Rn 41; NomosKomm Bd. 2/*Kollmann* 2012, § 305 b Rn 16; PWW/*Berger* 2011, § 307 Rn 12; Bamberger/Roth Bd. 1/*Schmidt* 2007, § 305 b Rn 17; Erman Bd. I/*Roloff* 2011, § 305 b Rn 10-11; *Küpper* ZGS 2009, 117, 118-119; *Castendyk* ZUM 2007, 169, 172; *Schmitt/Ulmer*, S. 154; *Reiling* JA 2000, 866, 872; *Michalski* DStR 1998, 771, 779; noch weitergehend *Reinicke/Tiedtke*, S. 37, nach denen derartige Klauseln generell unwirksam sind; aA *Ostermeier* ZGS 2007, 260, 263-264. Jedoch können solche Schriftformklauseln wirksam sein, die lediglich Beweiszwecken dienen (*Schmitt/Ulmer*, S. 154-155).

720 BGH NZBau 2004, 146, 148; BGH NJW 2001, 292, 292-293; 1995, 1488, 1489; 1991, 2559, 2559-2560; Ulmer/Brandner/Hensen/*Ulmer/Schäfer* 2011, § 305 b Rn 32; MüKo Bd. 2/*Basedow* 2007, § 305 b Rn 13; *Graf von Westphalen*, Einkaufsbedingungen, S. 36-38; *Reiling* JA 2000, 866, 872; *Schulz* Jura 1995, 71, 72-73.

721 BGH NJW 1985, 2329; *Graf von Westphalen*, Einkaufsbedingungen, S. 36; ähnlich BGH NJW 2000, 207.

722 Ulmer/Brandner/Hensen/*Ulmer/Schäfer* 2011, § 305 b Rn 31 und 35; Wolf/Lindacher/ Pfeiffer/*Lindacher* 2009, § 305 b Rn 48; MüKo Bd. 2/*Basedow* 2007, § 305 b Rn 14; Herberger/Martinek et al./*Lapp/Salomon* 2010, § 305 b Rn 19.

723 BGH NJW 2006, 138, 139; 1995, 1488, 1489; BGH NJW-RR 1995, 179; BGH NJW 1985, 320, 322; OLG Koblenz 3.3.2011, BeckRS 2011, 05667; Palandt/*Ellenberger*

der in AGB enthaltenen Schriftformklausel bewusst sein, sondern es genügt, dass sie den Willen haben, den Vertrag durch die mündliche Vereinbarung zu ändern.[724] Daher beschränkt sich die Bedeutung der wirksamen Schriftformklauseln auch auf den möglichen Hinweis über die beschränkte Vertretungsmacht des Personals des AGB-Verwenders.

Umstritten ist dagegen, wie der Fall zu behandeln ist, wenn die Parteien vereinbart haben, dass die Schriftformklausel nur schriftlich geändert bzw. auf sie verzichtet werden kann (doppelte bzw. verstärkte Schriftformklausel). Einer Auffassung nach wäre es möglich, die Geltung der Schriftform durch eine solche Klausel abzusichern.[725] Überzeugender erscheint jedoch die Auffassung, wonach sich die Parteien auch von dieser Klausel jederzeit formlos lösen können. Dies ergibt sich daraus, dass die doppelte Schriftformklausel nur explizit verlautbart, was ohnehin in der einfachen Schriftformklausel implizit eingeschlossen ist, da die einfache Schriftformklausel alle Klauseln des Vertrags – sich selbst genauso wie die anderen Klauseln – umfasst. Daher ist es nicht begründet, einer solchen „Verstärkungsklausel" eine von einfachen Schriftform-

---

2012, § 125 Rn 19; *Stoffels,* S. 120-121; Erman Bd. I/*Arnold* 2011, § 125 Rn 26; MüKo Bd. 2/*Basedow* 2007, § 305 b Rn 11; Bamberger/Roth Bd. 1/*Schmidt* 2007, § 305 b Rn 17 und 19; Palandt/*Grüneberg* 2012, § 305 b Rn 5; Ulmer/Brandner/Hensen/*Ulmer/Schäfer* 2011, § 305 b Rn 33; *Zanier-Link* GWR 2011, 162; NomosKomm Bd. 2/*Kollmann* 2012, § 305 b Rn 16; *Graf von Westphalen*, Verkaufsbedingungen, S. 40; Tonner/Willingmann/Tamm/*Richter* 2010, § 305b Rn 4; *Schmitt/Ulmer*, S. 155; *Ring*, S. 56; *Reinicke/Tiedtke*, S. 36; MüKo Bd. 3/*Gruber* 2012, Art. 29 Rn 8; *Teske*, S. 314; aA *Ostermeier* ZGS 2007, 260, 260, 262-263 und 265, der (größtenteils zu Recht) behauptet, dass die herrschende Ansicht den Schriftformklauseln jegliche praktische Wirksamkeit entzieht. Da somit seiner Meinung nach sowohl die Entscheidung des Gesetzgebers, AGB-Schriftformklauseln in den Katalog der absolut unzulässigen AGB-Bestimmungen nicht aufzunehmen, als auch anerkannte Auslegungsmethoden ignoriert werden, fordert er eine Bindung an die gewillkürte Schriftform und somit eine Kehrtwende von der jetzigen herrschenden Rechtsprechung und Lehre.

724 BGH NJW 2006, 138, 139; BGHZ 71, 162, 164; OLG Koblenz 3.3.2011, BeckRS 2011, 05667; Palandt/*Ellenberger* 2012, § 125 Rn 19; Jauernig/*Stadler* 2011, § 305 b Rn 3; Erman Bd. I/*Arnold* 2011, § 125 Rn 26; Bamberger/Roth Bd. 1/*Schmidt* 2007, § 305 b Rn 17; *Zanier-Link* GWR 2011, 162; *Bloching/Ortlof* NJW 2009, 3393, 3394; *Reinicke/Tiedtke*, S. 36; *Michalski* DStR 1998, 771, 780; *Schulz* Jura 1995, 71, 71-72.

725 *Ostermeier* ZGS 2007, 260, 261; vgl. auch *Lingemann/Gotham* NJW 2009, 268, 270 für Verbindlichkeit von doppelten Schriftformklauseln in Arbeitsverträgen; vgl. auch BGH NJW 1976, 1395, in dem die doppelte Schriftformklausel jedoch individualvertraglich vereinbart war; vgl. weiterhin auch Palandt/*Ellenberger* 2012, § 125 Rn 19; in diesem Sinne auch Erman Bd. I/*Arnold* 2011, § 125 Rn 26, der jedoch darauf hinweist, dass in AGB derartige Klauseln gegen §§ 305 b und 307 BGB verstoßen und daher individuelle mündliche Abreden Vorrang haben.

klauseln abweichende Bedeutung beizumessen.[726] Vor allem sollte dies gelten, wenn sich die doppelte Schriftformklausel in AGB befindet.

Zudem gibt es keinen Grund, warum eine doppelte Schriftformklausel in AGB entsprechend der oben aufgeführten herrschenden Ansicht nicht schon deswegen unwirksam sein soll, dass sie den unzulässigen Eindruck erweckt, dass Änderungsabreden nur bei Einhaltung des Formerfordernisses wirksam sind und den Vertragspartner somit von der Geltendmachung eigener Rechte abzuhalten versucht.[727] Deshalb ist eine doppelte Schriftformklausel lediglich dann zulässig und wirksam, wenn sie in Form einer Individualvereinbarung getroffen wird.[728]

Somit lässt sich festhalten, dass die Parteien nach dem deutschen Recht die in AGB gewillkürte Schriftform jederzeit formlos außer Kraft setzen können. Dies unterscheidet sich deutlich von dem UN-Kaufrecht, in dem das Vertrauen der Gegenpartei auf die Wirksamkeit der formlosen Vertragsänderungen trotz vereinbarten Formzwangs lediglich durch den in Art. 29 II Satz 2 CISG niedergelegten Missbrauchseinwand geschützt wird.

Das finnische Recht scheint seinen Standpunkt zwischen dem deutschen und dem UN-Kaufrecht zu haben. Einerseits wird, wie im deutschen Recht, vertreten, dass die Vertragsparteien bestehende Schriftformklauseln jederzeit auch formlos außer Kraft setzen können.[729] Diese Möglichkeit entspricht der Privatautonomie.[730]

---

726 OLG Koblenz 3.3.2011, BeckRS 2011, 05667; Staudinger AGB/*Schlosser* 2006, § 305 b Rn 40; Wolf/Lindacher/Pfeiffer/*Lindacher* 2009, § 305 b Rn 34; Erman Bd. I/*Palm* 2008, § 125 Rn 9; *Reinicke/Tiedtke*, S. 37; *Michalski* DStR 1998, 771, 780; *Graf von Westphalen*, Einkaufsbedingungen, S. 34.

727 Für eine Unwirksamkeit auch OLG Rostock 19.5.2009, http://www.betriebs-berater.de/archiv/pages/show.php?timer=1281537210&deph=0&id=67607, Stand 16.8.2010; *Pielke* BB 2009, 2282; in diesem Sinne wohl auch *Bloching/Ortlof* NJW 2009, 3393, 3396; *Schmitt/Ulmer*, S. 154; *Niebling* MDR 2011, 1399, 1406; vgl. auch *Teske*, S. 319.

728 BGH NJW 1976, 1395; OLG Koblenz 3.3.2011, BeckRS 2011, 05667; OLG Rostock 19.5.2009, http://www.betriebs-berater.de/archiv/pages/show.php?timer=1281537210&deph=0&id=67607, Stand 16.8.2010; *Zanier-Link* GWR 2011, 162; *Pielke* BB 2009, 2282.

729 *Hemmo*, Sopimusoikeus III, S. 345; *Norros* LM 2008, 183, 190 und 205; *Muukkonen* 1958, S. 168-169; *Telaranta*, S. 243; *Ramberg/Ramberg*, S. 102; vgl. auch Helsingin HO 19.2.2008, T:395 und *Linna*, S. 21; unklar *Erlund/Lindfors/Salminen/Turunen*, nach denen einerseits der Übergang von IT 2000 zu IT 2010 -Bedingungen bei bestehenden Verträgen lediglich durch einen schriftlichen Änderungsvertrag möglich ist, da nach IT 2000 alle Änderungen schriftlich vereinbart werden müssen (S. 66) die aber

Andererseits wird die diesbezügliche Beweisschwelle relativ hoch angesetzt. Es genügt nicht, dass die Parteien formlos lediglich eine Änderungsvereinbarung getroffen haben. Hingegen wird verlangt, dass die Parteien deutlich zum Ausdruck bringen, dass die formlose Vereinbarung ungeachtet der Schriftformklausel gelten soll bzw. dass beide Parteien verstanden haben, dass die Vertragsänderung eine Abweichung von der Schriftformklausel bedeutet.[731] Die Partei, die sich auf eine in einer von der Schriftform abweichenden Form getroffene Vertragsänderung beruft, muss dies beweisen.[732]

Diese vom deutschen Recht abweichende Auffassung wird damit begründet, dass Unternehmen unter sich auch strenge Verpflichtungen vereinbaren dürfen und an diese Vereinbarungen gebunden sein sollen. Somit besteht grundsätzlich kein Bedürfnis, seitens des Rechtssystems die Gebundenheit der unternehmerischen Vertragsparteien an die Schriftformklausel zu beschränken. Daher kommt eine Anpassung gemäß § 36 OikTL bei Verträgen zwischen Unternehmen nur in besonderen Fällen in Betracht.[733]

Eine andere Auffassung bzw. eine niedrigere Beweisschwelle würde unnötig die Möglichkeit der Parteien, Schriftformklauseln effektiv zu benutzen, beschränken, obwohl dies aufgrund der Privatautonomie nicht zu begründen wäre. Weiterhin würde die durch eine Schriftformklausel gewollte Klarheit nicht erreicht. Ergänzend wird aufgeführt, dass eine hohe Beweisschwelle erforderlich

---

andererseits feststellen, dass trotz einer Schriftformklausel auch mündlich oder konkludent vereinbarte Änderungen des (schriftlichen) Vertrags möglich sind (S. 181).

730 *Norros* LM 2008, 183, 190.

731 *Norros* LM 2008, 183, 207; *Telaranta*, S. 243; vgl. auch Helsingin HO 19.2.2008, T:395, in dem das Gericht feststellte, dass die Parteien durch eine gemeinsame Entscheidung aufgrund des engen Zeitplans des Projektes auf die in den AGB vereinbarte Schriftform verzichtet hatten; vgl. weiterhin auch KKO 1998:75, der allerdings die Wirkung einer in einer anderen Form als in den AGB festgelegten Schriftform abgegebenen einseitigen Mitteilung betrifft und somit nicht direkt mit der hier behandelten Schriftformklausel für Vertragsänderungen bzw. -Ergänzungen gleichgestellt werden kann; aA *Erlund/Lindfors/Salminen/Turunen*, S. 181, nach denen die Parteien nicht einmal wissen müssen, dass die AGB eine Schriftformklausel beinhalten, sondern es genügt, dass sie den Willen haben, den Vertrag durch die mündliche Vereinbarung zu ändern und die vereinbarenden Personen eine Befugnis zur Vertragsänderung haben.

732 *Erlund/Lindfors/Salminen/Turunen*, S. 182; *Telaranta*, S. 243; *Hemmo*, Sopimusoikeus III, S. 345-346; vgl. auch *Linna*, S. 21-22, nach der die schriftliche Form des ursprünglichen Vertrags schon allein, d.h. auch ohne Schriftformklausel, höhere Anforderungen für den Beweis einer Änderung in einer anderen als in der schriftlichen Form setzen kann.

733 Vgl. *Norros* LM 2008, 183, 188-189 und 207; vgl. auch der Exkurs über die allgemeine Inhaltskontrolle unter Abschnitt 11.2; vgl. weiterhin auch *Lehtinen*, S. 387-388.

ist, um eine große Abweichung im Vergleich zum UN-Kaufrecht zu vermeiden.[734]

Allerdings wird auch betont, dass eine illoyal agierende Vertragspartei keine Vorteile durch das Berufen auf die Schriftformklausel erzielen darf. Damit sind z.B. Situationen gemeint, in denen eine Vertragspartei bewusst anstrebt, dass eine Änderung des Vertrags in mündlicher Form abgemacht wird, um später behaupten zu können, dass die Änderung wegen der falschen Form nicht verbindlich ist.[735] Somit gilt im finnischen Recht ein sehr ähnlicher Missbrauchseinwand wie im UN-Kaufrecht.

Zusammenfassend lässt sich feststellen, dass die Vertragsparteien abhängig von dem anwendbaren Recht unterschiedlich agieren müssen. In Bezug auf das deutsche Recht können sich die Parteien nur auf individualvertraglich vereinbarte Schriftformklauseln verlassen. Im Anwendungsbereich des UN-Kaufrechts und des finnischen Rechts erlangen auch die in AGB vorhandenen Schriftformklauseln Geltung, es sei denn dass sie durch illoyales Agieren missbraucht werden.

Meines Erachtens wäre es bezüglich des deutschen Rechts zukünftig sinnvoll zu überlegen, einer in den AGB eines unternehmerischen Vertrags vereinbarten Schriftformklausel mehr Bedeutung zukommen zu lassen. So würde den Bedürfnissen des unternehmerischen Geschäftsverkehrs – vor allem der Rechtssicherheit – stärker Rechnung getragen.[736] Eine stärkere Bindung an das Vereinbarte wäre auch aus der Sicht der Privatautonomie wünschenswert. Andererseits kann aber die privatautonome Gestaltungsmöglichkeit der Parteien nicht zu streng beschränkt werden und der Vorrang der Individualvereinbarungen muss erhalten bleiben.

In der Praxis könnte die Balance, wie im finnischen Recht, dadurch erreicht werden, dass eine Schriftformklausel lediglich dann durch mündliche Vereinbarung außer Kraft gesetzt werden könnte, wenn die Vertragsparteien deutlich zum Ausdruck gebracht haben, dass die formlose Vereinbarung ungeachtet der Schriftformklausel gelten soll. Der Nachteil dieser Auffassung ist lediglich, dass sie in bestimmten Fällen zu Schwierigkeiten bei der Beweisführung führen kann. Dies betrifft aber mündliche Vereinbarungen im Allgemeinen, was den Unternehmen generell bekannt ist. Daher stellt sie kein besonderes Gegenargument dar.

---

734 *Norros* LM 2008, 183, 207; *Hemmo*, Sopimusoikeus II, S. 41.

735 *Hemmo*, Sopimusoikeus II, S. 41.

736 Vgl. den diesbezüglichen generellen Wunsch von *Kötz* (AnwBl 2010, 1, 5), der sich allerdings mit der jetzigen Rechtslage hinsichtlich der Schriftformklauseln zufrieden zu geben scheint.

6. Einbeziehung von AGB durch eine einzelvertragliche Einbeziehungsvereinbarung

Wie oben in Kapitel 4 festgestellt, werden die AGB im unternehmerischen Geschäftsverkehr grundsätzlich nur kraft rechtsgeschäftlicher Vereinbarung Vertragsbestandteil. Somit richtet sich die Einbeziehung der AGB nach den allgemeinen rechtsgeschäftlichen Grundsätzen über Willenserklärungen und das Zustandekommen von Verträgen. Da diese Grundsätze in den zu behandelnden Rechtssystemen teilweise unterschiedlich sind, werden erst die Grundzüge des Vertragsabschlussrechts kurz erläutert.[737] Danach werden die konkreten Anforderungen einer wirksamen Einbeziehung durch eine einzelvertragliche Vereinbarung behandelt.

6.1 Grundzüge des Vertragsabschlussrechts

6.1.1 Deutschland

Nach §§ 145 ff. BGB kommt ein Vertrag durch zwei übereinstimmende, mit Bezug auf einander abgegebene Willenserklärungen, Angebot und Annahme, zustande. Das Angebot ist eine empfangsbedürftige Willenserklärung[738], die gemäß § 130 I Satz 1 BGB unter Abwesenden (wie dies im internationalen unternehmerischen Geschäftsverkehr üblich ist) erst mit dem Zugang beim Empfänger wirksam wird. Das Angebot kann also nach § 130 I Satz 2 BGB widerrufen werden, bis es so in den Machtbereich des Empfängers gelangt ist, dass dieser von dem Inhalt des Angebots Kenntnis nehmen kann und er entweder tatsächlich Kenntnis genommen hat oder unter normalen Umständen mit der Kenntnisnahme zu rechnen ist.[739] Nach dem Zugang ist der Anbietende gemäß § 145 BGB an das Angebot gebunden bis es gemäß § 146 BGB erlischt, soweit er die Gebundenheit nicht ausgeschlossen hat. Dies beruht auf dem Bedürfnis, dem Empfänger eine gesicherte Position zu verschaffen und sein Vertrauen auf die Bindung des Angebots zu schützen.[740]

---

737 Die Erläuterung basiert auf der herrschenden Meinung des jeweiligen Rechtssystems.

738 *Schmidt*, Bürgerliches Gesetzbuch, S. 106; Palandt/*Ellenberger* 2012, § 145 Rn 1.

739 BGH NJW 2004, 1320; 1980, 990; BGHZ 67, 271, 275; Erman Bd. I/*Arnold* 2011, § 130 Rn 8.

740 *Larenz/Wolf*, S. 556; Tonner/Willingmann/Tamm/*Deinert* 2010, § 145 Rn 10; Soergel Bd. 2/*Wolf* 1999, § 145 Rn 9.

Inhaltlich muss das Angebot so bestimmt sein, dass die Annahme durch eine bloße Zustimmung des Vertragspartners erfolgen kann. Dies bedeutet, dass das Angebot mindestens die wesentlichen Punkte des Vertrags, also Leistung, Gegenleistung und Parteien (essentialia negotii) enthalten muss. Es reicht aber auch aus, dass die essentialia negotii durch Gesetz (z.B. §§ 315-317, 612, 632 BGB) bestimmbar sind.[741]

Die Annahme ist ebenfalls eine empfangsbedürftige Willenserklärung.[742] Somit gelten für ihren Zugang und ihre Wirksamkeit die gleichen Regelungen wie für das Angebot. Darüber hinaus muss die Annahme unter Abwesenden dem Anbietenden rechtzeitig, also innerhalb der Annahmefrist (§ 148 BGB) oder bis zu dem Zeitpunkt, in welchen der Anbietende den Eingang der Antwort unter regelmäßigen Umständen erwarten darf (§ 147 II BGB), erfolgen. Unter Anwesenden muss das Angebot nach § 147 I BGB sofort angenommen werden. Eine verspätete Annahme gilt gemäß § 150 I BGB als neues Angebot. § 149 BGB enthält eine Sonderregelung für rechtzeitig abgesendete aber verspätet zugegangene Annahmeerklärungen.

Inhaltlich muss die Annahme mit dem Angebot übereinstimmen, um den Vertragsschluss herbeizuführen.[743] Die Annahme muss nicht ausdrücklich sein, sondern sie kann auch konkludent, z.B. durch Bewirken oder Entgegennahme der gewünschten Leistung oder durch sonstige Handlungen entsprechend dem Angebot geschehen. Das bloße Schweigen auf ein Angebot ist dagegen grundsätzlich keine konkludente Annahme.[744] Das Schweigen kann jedoch aufgrund

---

741 Erman Bd. I/*Armbrüster* 2011, vor § 145 Rn 4 und § 145 Rn 2; *Brox/Walker*, S. 82-83.

742 Soergel Bd. 2/*Wolf* 1999, § 145 Rn 24; *Kropholler* 2011, § 147 Rn 1; *Brox/Walker*, S. 87.

743 *Brox/Walker*, S. 43; *Kropholler* 2011, vor § 145 Rn 1; *Köhler*, BGB Allgemeiner Teil, S. 103.

744 BGH NJW 1995, 1281; 1980, 2245, 2246; 1963, 1248; Palandt/*Ellenberger* 2012, § 147 Rn 2-3; MüKo HGB Bd. 5/*Schmidt* 2009, § 346 Rn 130; Erman Bd. I/*Armbrüster* 2011, § 147 Rn 2-3; vgl. auch BGH NJW 1995, 1281, wonach das Schweigen im Allgemeinen keine konkludente Annahme des Angebots bedeutet. Das Schweigen gilt jedoch ausnahmsweise als Annahme, wenn nach Treu und Glauben ein Widerspruch des Angebotsempfängers erforderlich gewesen wäre. In diesem Fall entsprach das Angebot dem Ergebnis der alle wichtigen Punkte betreffenden Vorverhandlungen der Parteien. Somit durfte der Anbieter darauf vertrauen, dass die andere Partei reagiert, soweit sie das Angebot nicht akzeptiert.

einer gesetzlichen Regelung[745], einer Parteivereinbarung oder -übung[746] oder aufgrund eines Gewohnheitsrechts oder Handelsbrauches[747] als Annahme gelten.

Wenn die Annahme gegenüber dem Angebot Erweiterungen, Einschränkungen oder sonstige Änderungen enthält (modifizierte Annahme), gilt sie gemäß § 150 II BGB als Ablehnung des Angebots und gleichzeitig als neues Angebot. Es ist grundsätzlich ohne Bedeutung, ob es sich um wesentliche oder unwesentliche Änderungen handelt, da jede Änderung[748] genügt, um diese Rechtsfolge herbeizuführen.[749] Für die Annahme des neuen Angebots gelten wieder die allgemeinen Regeln. Das Schweigen kann jedoch in einzelnen Ausnahmefällen aufgrund Treu und Glauben als Annahme aufgefasst werden. Dies setzt voraus, dass die Abweichungen so gering sind, dass das Einverständnis des anderen als sicher angenommen werden kann.[750]

6.1.2 Finnland

Ein Vertrag kommt nach §§ 1 ff. OikTL[751] durch zwei übereinstimmende, mit Bezug auf einander abgegebene Willenserklärungen, Angebot und Annahme, zustande. Ein Angebot kann gemäß § 7 OikTL jedoch bis zur tatsächlichen Kenntnisnahme des Empfängers widerrufen werden. Dies ermöglicht dem Anbietenden, das Wirksamwerden seines Angebots in einigen Fällen bis zu einem späteren Zeitpunkt als nach dem deutschen Recht zu verhindern. Nach dem Wirksamwerden ist der Anbietende nach § 1 I OikTL an das Angebot, genauso

---

745 Siehe z.B. § 516 II 2 BGB, 362 HGB; Palandt/*Ellenberger* 2012, § 147 Rn 3; Jauernig/*Jauernig* 2011, § 147 Rn 4; Röhricht/Ammon/Westphalen/*Wagner* 2008, § 346 Rn 49.

746 *Schmidt,* Bürgerliches Gesetzbuch, S. 52; Staudinger/*Bork* 2010, § 146 Rn 5; Röhricht/Ammon/Westphalen/*Wagner* 2008, § 346 Rn 50.

747 MüKo HGB Bd. 5/*Schmidt* 2009, § 346 Rn 130, 132 und 135; Erman Bd. I/*Armbrüster* 2011, § 147 Rn 5; Staudinger/*Bork* 2010, § 146 Rn 6, die das kaufmännische Bestätigungsschreiben als Beispiel erwähnen.

748 Bei einem offensichtlichen Schreibfehler handelt es sich nicht um eine Änderung. Das gleiche gilt für eine allgemeine Bitte um bessere Vertragsbedingungen, wenn durch Auslegung ermittelt werden kann, dass der Annehmende notfalls mit den angebotenen Bedingungen einverstanden ist (BGH WM 1982, 1329, 1330; Palandt/*Ellenberger* 2012, § 150 Rn 2; Staudinger/*Bork* 2010, § 150 Rn 10).

749 BGH NJW 2001, 221, 222; *Larenz/Wolf,* S. 564-565; Erman Bd. I/*Armbrüster* 2011, § 150 Rn 3; Jauernig/*Jauernig* 2011, § 150 Rn 2.

750 BGH DB 1956, 474; Erman Bd. I/*Armbrüster* 2011, § 150 Rn 7; Staudinger/*Bork* 2010, § 150 Rn 15; in diesem Sinne auch Palandt/*Ellenberger* 2012, § 150 Rn 3.

751 Vgl. Anhang 3: Zentrale Paragrafen des finnischen Rechtsgeschäftsgesetzes.

wie nach dem deutschen Recht, gebunden bis es gemäß §§ 2 I, 3 oder 5 OikTL erlischt, soweit er die Bindungswirkung nicht ausgeschlossen hat.[752]

Auch nach finnischem Recht muss das Angebot so bestimmt sein, dass die Annahme durch bloße Zustimmung des Vertragspartners erfolgen kann.[753] Die Anforderungen an die Bestimmtheit des Angebots sind ähnlich wie in Deutschland. Gleichwohl reicht es nach finnischem Recht aus, wenn die bestehenden Lücken durch die dispositiven Gesetzesvorschriften (z.B. §§ 45-47 des Kaufgesetzes[754]) ausgefüllt werden können.[755]

Die Annahme muss rechtzeitig i.S.v. §§ 2 I und 3 OikTL erfolgen. Diese Vorschriften entsprechen inhaltlich §§ 147 und 148 BGB im deutschen Recht. Weiterhin gilt die Regelung des § 7 OikTL über die Widerrufbarkeit auch für die Annahme. Die Annahme wird also erst mit der tatsächlichen Kenntnisnahme des Empfängers wirksam. Folglich kommt der Vertrag in einigen Fällen später als nach dem deutschen Recht zustande.

Wie nach deutschem Recht gilt eine verspätete Annahme gemäß § 4 I OikTL als neues Angebot. Auch die Ausnahmeregelung des § 4 II OikTL für rechtzeitig abgesendete aber verspätet zugegangene Annahmeerklärungen stimmt mit § 149 BGB überein. Gleichwohl kann die Annahme nach finnischem Recht sowohl ausdrücklich als auch konkludent geschehen. Das bloße Schweigen bedeutet dagegen grundsätzlich keine konkludente Annahme. Die Parteien können jedoch frei vereinbaren, dass das Schweigen als Annahme gilt. Dies kann auch auf einer Parteiübung beruhen.[756]

Gemäß § 6 I OikTL gilt eine modifizierte Annahme – übereinstimmend mit § 150 II BGB – grundsätzlich als Ablehnung des Angebots verbunden mit einem neuen Angebot. Das neue Angebot muss dann nach den allgemeinen Regeln angenommen werden. Dieser Grundsatz gilt nach finnischem Recht jedoch nicht ausnahmslos wie nach dem deutschen Recht. Dies beruht auf § 6 II OikTL. Danach kommt § 6 I OikTL nicht zur Anwendung, soweit erstens der Annehmende davon ausgeht, dass die Annahme (trotz tatsächlicher Abweichungen) mit dem Angebot übereinstimmt und zweitens der Anbietende erkennen muss, dass der Annehmende von der Übereinstimmung ausging (doppelt subjektive Kriterien). Wenn diese doppelten subjektiven Kriterien erfüllt sind, muss der Anbietende, wenn er die Antwort nicht als Annahme anerkennen will, dies dem Annehmen-

752 Vgl. § 1 II OikTL, der dem Anbietenden ermöglicht, die Gebundenheit im Angebot auszuschließen; vgl. auch *Erma* DL 1973, 377, 381-382.

753 Saarnilehto/Hemmo/Kartio/*Saarnilehto* 2001, S. 339; *Häyhä*, S. 162.

754 Kauppalaki (27.3.1987/355).

755 *Routamo*, S. 138; *Telaranta*, S. 134-135; *Hellner/Hager/Persson* 2011, S. 44.

756 Saarnilehto/Hemmo/Kartio/*Saarnilehto* 2001, S. 340 und 344; *Telaranta*, S. 165.

den ohne schuldhaftes Zögern mitteilen. Sonst kommt der Vertrag mit dem Inhalt der (modifizierten) Annahme zustande.

Zu § 6 II OikTL besteht im deutschen Recht keine Entsprechung. Vom Ergebnis her ähnelt der in Abschnitt 6.1.1 beschriebene Ausnahmefall des deutschen Rechts, in dem das Schweigen des Anbietenden nach Treu und Glauben als Annahme des neuen Angebots gewertet wird, der Regelung in § 6 II OikTL. Dies ist darauf zurückzuführen, dass der Anbietende im Rahmen von § 6 II OikTL einsehen muss, dass der Annehmende von einer inhaltlichen Übereinstimmung seiner Annahme mit dem Angebot ausgeht. Dies ist natürlich bei geringfügigen Abweichungen eher der Fall als bei wesentlichen Änderungen.

Die rechtsgeschäftliche Konstruktion bleibt jedoch unterschiedlich, da es nach finnischem Recht zwei und nach deutschem Recht drei Willenserklärungen gibt. Weiterhin unterscheiden sich die maßgeblichen Kriterien für die Bewertung der Bedeutung des Schweigens. Nach deutschem Recht kommt es auf objektive Kriterien an, also auf die Geringfügigkeit der Änderung. Das finnische Recht berücksichtigt dagegen die subjektiven Vorstellungen des Annehmenden und des Anbietenden. Außerdem ist § 6 II OikTL nicht nur auf geringfügige Änderungen beschränkt, sondern kann auch bei bedeutenden Änderungen Anwendung finden. Ein Beispiel dafür ist der Fall, in dem der Annehmende einen Fachausdruck falsch verstanden hat. Weiterhin ist daran zu denken, dass in der finnischen Rechtspraxis häufiger Änderungen durch das Schweigen des (ursprünglich) Anbietenden angenommen werden als in der deutschen Rechtspraxis, da § 6 II OikTL in Finnland eine etablierte gesetzliche Regelung und kein Ausnahmefall ist.[757]

6.1.3 UN-Kaufrecht

Anders als das deutsche und finnische Recht enthält das UN-Kaufrecht in Art. 23 CISG eine ausdrückliche Vorschrift über den Vertragsschluss. Nach Art. 23 CISG kommt der Vertrag zustande, wenn die Annahme wirksam wird. Das Zustandekommen eines Vertrags setzt damit grundsätzliche zwei zeitlich aufeinander folgende Willenserklärungen, Angebot und Annahme, mit übereinstimmendem Inhalt voraus.[758] Die Grundkonstruktion des Vertragsabschlusses ist also mit dem deutschen und finnischen Recht identisch.

757 Vgl. *Johannsen*, S. 289-290.

758 Witz/Salger/Lorenz/*Witz* 2000, vor Art. 14-24 Rn 4; Staudinger CISG/*Magnus* 2005, Art. 23 Rn 1, 3 und 5.

Gemäß Art. 15 I CISG wird ein Angebot wirksam, sobald es dem Empfänger zugeht. Art. 24 CISG[759] enthält eine allgemeine Definition des Zugangs, die sowohl für das Angebot als auch für die Annahme gilt. Nach allgemeiner Ansicht wird Art. 24 CISG so ausgelegt, dass eine Willenserklärung als zugegangen gilt, sobald sie in den Machtbereich des Empfängers gelangt ist. Es kommt dagegen nicht auf die tatsächliche Kenntnisnahme oder auf die konkrete Kenntnisnahmemöglichkeit des Empfängers an.[760] Lediglich in dem in Art. 20 II CISG geregelten Ausnahmefall wird die Annahmefrist bis zum folgenden Arbeitstag verlängert, falls die Annahme wegen eines Feiertages nicht am letzten Tag der Frist zugestellt werden kann. Dies führt zu Unterschieden im Vergleich zum deutschen und finnischen Recht, wenn das Angebot oder die Annahme z.B. nach Geschäftsschluss oder an Feiertagen in einen Geschäftsbriefkasten eingeworfen ist oder vom Faxgerät oder Anrufbeantworter oder Computer des Adressaten aufgenommen wird. Nach dem UN-Kaufrecht ist die Willenserklärung zugegangen, nach dem deutschen und finnischen Recht jedoch noch nicht.[761]

Eine weitere Besonderheit des UN-Kaufrechts liegt darin, dass der Anbietende sein Angebot gemäß Art. 16 I CISG unabhängig von dessen Wirksamwerden grundsätzlich bis zur Absendung der Annahme widerrufen kann. Der Widerruf begründet keine Schadenersatzpflicht.[762] Im Gegensatz zum deutschen und finnischen Recht, die das Vertrauen des Empfängers schützen, schützt das UN-Kaufrecht also das Interesse des Anbietenden länger, frei über den rechtlichen Bestand seines Angebots zu entscheiden. In der unternehmerischen Geschäftspraxis kommt diesem Grundsatz eine große Bedeutung zu.

Gemäß Art. 16 II CISG kann ein Angebot jedoch nicht widerrufen werden, wenn es zum Ausdruck bringt, dass es unwiderruflich ist oder wenn der Empfänger vernünftigerweise darauf vertrauen konnte, dass das Angebot unwiderruf-

---

759 Gemäß Art. 24 CISG geht dem Empfänger eine Willenserklärung zu, „wenn sie ihm mündlich gemacht wird oder wenn sie ihm auf anderem Weg persönlich, an seiner Niederlassung oder Postanschrift oder wenn diese fehlen, an seinem gewöhnlichen Aufenthaltsort zugestellt wird".

760 Honsell/*Dornis* 2010, Art. 24 Rn 15; Witz/Salger/Lorenz/*Witz* 2000, Art. 24 Rn 11; Schlechtriem/Schwenzer/*Schlechtriem/Schroeter* 2008, Art. 24 Rn 18; Staudinger CISG/*Magnus* 2005, Art. 24 Rn 18; *Achilles* 2000, Art. 24 Rn 5; Bamberger/Roth Bd. 1/*Saenger* 2007, Art. 24 Rn 4; *Sisula-Tulokas*, CISG 2009, S. 6; aA MüKo Bd. 3/*Gruber* 2012, Art. 24 Rn 17; Soergel Bd. 13/*Lüderitz/Fenge* 2000, Art. 24 Rn 5.

761 Vgl. Schlechtriem/Schwenzer/*Schlechtriem/Schroeter* 2008, Art. 24 Rn 32; MüKo HGB Bd. 6/*Ferrari* 2007, Art. 24 Rn 13; *Achilles* 2000, Art. 24 Rn 5; *Sisula-Tulokas*, CISG 2009, S. 6; *Sevón* JFT 2006, 431, 434.

762 Staudinger CISG/*Magnus* 2005, Art. 16 Rn 4 und 14; MüKo HGB Bd. 6/*Ferrari* 2007, Art. 16 Rn 2; Schlechtriem/Schwenzer/*Schlechtriem/Schroeter* 2008, Art. 16 Rn 13; *Achilles* 2000, Art. 16 Rn 2.

lich ist, und er im Vertrauen auf das Angebot gehandelt hat. Da Art. 16 II CISG eine Ausnahmeregel ist, wird sie jedoch im Zweifelsfall verdrängt, und das Angebot bleibt frei widerrufbar.[763] Weiterhin trägt die Vertragspartei, die sich auf die Unwiderruflichkeit des Angebots beruft, die Beweislast für die unklar formulierten Bindungsvoraussetzungen.[764] Somit relativiert Art. 16 II CISG den Grundsatz des Art. 16 I CISG nur teilweise.

Zusätzlich ist zu beachten, dass auch ein unwiderrufliches Angebot gemäß Art. 15 II CISG zurückgenommen werden kann, wenn dem Empfänger die Rücknahmeerklärung vor oder gleichzeitig mit dem Angebot zugeht. Wenn ein unwiderrufliches Angebot in den Machtbereich des Empfängers gelangt ist, ist der Anbietende nach dem UN-Kaufrecht an sein Angebot gebunden bis es gemäß Art. 17 CISG erlischt oder bis die Annahmefrist gemäß 18 II CISG abgelaufen ist.

Das Angebot muss, ähnlich wie nach deutschem und finnischem Recht, gemäß Art. 14 I CISG bestimmt oder bestimmbar sein, um gültig zu sein. Im Gegensatz zum deutschen und finnischen Recht enthält das UN-Kaufrecht in Art. 14 I 2 CISG eine ausdrückliche Regelung über die erforderliche Bestimmtheit des Angebots. Danach ist das Angebot bestimmt genug und somit gültig, wenn es die Ware bezeichnet und ausdrücklich oder stillschweigend die Menge und den Preis festsetzt oder deren Festsetzung ermöglicht.

Das Angebot kann gemäß Art. 18 I 1 CISG entweder ausdrücklich oder durch schlüssiges Verhalten angenommen werden. Weiterhin stellen nach Art. 18 I 2 CISG Schweigen oder Untätigkeit allein keine Annahme dar[765]. Da diese Regelung dispositiv ist, können die Parteien eine solche Wirkung vereinbaren oder sie kann aufgrund einer zwischen den Parteien entstandenen Gepflogenheit oder eines Handelsbrauches entstehen.[766] Somit entspricht diese Regelung den Regelungen des deutschen und finnischen Rechts.

---

763 Staudinger CISG/*Magnus* 2005 Art. 16 Rn 9; vgl. auch Ferrari/Kieninger et al./*Mankowski* 2012, Art. 16 Rn 13-14; MüKo Bd. 3/*Gruber* 2012, Art. 16 Rn 1.

764 MüKo HGB Bd. 6/*Ferrari* 2007, Art. 16 Rn 24; Bamberger/Roth Bd. 1/*Saenger* 2007, Art. 16 Rn 6; Schlechtriem/Schwenzer/*Schlechtriem/Schroeter* 2008, Art. 16 Rn 11.

765 Liegen neben dem Schweigen dagegen weitere konkrete Umstände vor, kann auch dem Schweigen eine Bedeutung zugemessen werden. Zusammen können diese Tatsachen als Ausdruck des Willens der Partei aufgefasst werden (Schlechtriem/Schwenzer/*Schmidt-Kessel* 2008, Art. 8 Rn 36; *Fogt* IPRax 2007, 417, 418-419; OLG Köln 22.2.1994, http://www.cisg-online.ch, case 127; OLG Thüringen 10.11.2010, http://www.cisg-online.ch, case 2216).

766 Schlechtriem/Schwenzer/*Schlechtriem/Schroeter* 2008, Art. 18 Rn 9; *Achilles* 2000, Art. 18 Rn 3; MüKo Bd. 3/*Gruber* 2012, Art. 18 Rn 21.

Nach Art. 18 II CISG wird die Annahme wirksam (und der Vertrag kommt gemäß Art. 23 CISG zustande), wenn sie dem Anbietenden innerhalb der Annahmefrist zugeht. Die Annahme kann gemäß Art. 22 CISG bis zum Wirksamwerden, also bis zum Zugang der Annahmeerklärung, widerrufen werden. Das UN-Kaufrecht sieht eine verspätete Annahme als unwirksam an[767], während eine verspätete Annahme in Deutschland und Finnland ein neues Angebot darstellt. Gemäß Art. 21 I CISG ist die Annahme jedoch wirksam, wenn der Anbietende dies dem Annehmenden unverzüglich mitteilt. Die Ausnahmeregelung des Art. 21 II CISG für rechtzeitig abgesendete aber verspätet zugegangene Annahmeerklärungen stimmt dagegen mit der deutschen und finnischen Regelung überein.

Weiterhin gilt gemäß Art. 19 I CISG eine Annahme, die gegenüber dem Angebot Erweiterungen, Einschränkungen oder sonstige Änderungen enthält, als Ablehnung des Angebots verbunden mit einem neuen Angebot. Das UN-Kaufrecht enthält jedoch in Art.19 II CISG eine ähnliche Regelung wie das finnische Recht in § 6 II OikTL. Danach kann eine modifizierte Annahme aufgrund des Schweigens des Anbietenden dazu führen, dass der Vertrag mit dem Inhalt der (modifizierten) Annahme zustande kommt. Der Unterschied besteht jedoch darin, dass sich § 6 II OikTL auf subjektive Vorstellungen des Annehmenden und des Anbietenden, und Art. 19 II CISG auf die Unwesentlichkeit der Abweichung bezieht.[768]

Der in Abschnitt 6.1.1 beschriebene Ausnahmefall des deutschen Rechts, in dem das Schweigen des Anbietenden nach Treu und Glauben als Annahme des neuen Angebots gewertet wird, bezieht sich ebenso wie Art. 19 II CISG auf die Geringfügigkeit der Abweichung. Nach deutschem Recht bestehen jedoch drei Willenserklärungen und nicht nur zwei wie nach Art. 19 II CISG. Zudem werden bei der Anwendung des Art. 19 II CISG möglicherweise häufiger Änderungen durch das Schweigen des (ursprünglichen) Anbietenden angenommen als nach dem deutschen Recht. Dies ist darauf zurückzuführen, dass die Regelung im UN-Kaufrecht ausdrücklich enthalten ist, während es sich im deutschen Recht um einen nicht im Gesetz geregelten Ausnahmefall handelt.

Zusammenfassend kann festgestellt werden, dass bei dem Recht des Vertragsabschlusses zwischen den drei Rechtssystemen zahlreiche Unterschiede bestehen. Diese Unterschiede wirken sich bei der Einbeziehung der AGB im Hintergrund aus. Es ist z.B. für die Praxis wichtig, ob und ab welchem Zeitpunkt

767 Art. 18 II CISG; Staudinger CISG/*Magnus* 2005, Art. 21 Rn 1; *Achilles* 2000, Art. 21 Rn 1; Ferrari/Kieninger et al./*Mankowski* 2012, Art. 21 Rn 1; Honsell/*Dornis* 2010, Art. 21 Rn 1.

768 Vgl. *Sevón* JFT 2006, 431, 434.

das Angebot, durch das die AGB einbezogen werden sollen, bindend ist oder wann der Vertrag, dessen Bestandteil die AGB sind, zustande kommt.

6.2 Anforderungen an eine wirksame einzelvertragliche Einbeziehung

Nach den gesetzlichen Leitbildern der §§ 145 ff. BGB, §§ 1 ff. OikTL und Art. 14 ff. CISG sind durch den Abschluss eines Vertrags noch nicht ohne weiteres AGB miteinbezogen. Für eine wirksame Einbeziehung von AGB ist hingegen erforderlich, dass der Verwender ein Angebot unter Einbeziehung der AGB unterbreitet und sein Vertragspartner mit der Einbeziehung einverstanden ist und somit das Angebot ohne Modifikationen, insbesondere ohne Widerspruch gegenüber der Einbeziehung der AGB, annimmt.[769] Weiterhin besteht Einigkeit darüber, dass die AGB jedenfalls dann Bestandteil des Vertrags sind, wenn die Parteien sich ausdrücklich über die Geltung und den Inhalt der AGB geeinigt haben.[770] Dies ist z.B. dann der Fall, wenn beide Vertragsparteien ein Formular, das die AGB beinhaltet, unterschreiben oder in sonstiger Weise ihr Einverständnis mit der Geltung der AGB ausdrücklich erklären.[771]

Bei Bedarf ist in allen zu behandelnden Rechtssystemen der Inhalt der Willenserklärungen der Parteien durch Auslegung zu ermitteln.[772] Gleichwohl trägt nach allen drei Rechtssystemen die Partei, die sich auf die Geltung der AGB be-

---

769 BGHZ 117, 190, 194-195; BGH NJW-RR 2003, 754, 755; *Grünberger* Jura 2009, 249, 252; *Spellenberg* IPRax 2007, 98, 100; *Pfeiffer*, in: Handbuch der Handelsgeschäfte, S. 333-334; *Ring*, S. 44; *Schroeder*, S. 66-67; KKO 1992:155; *Oksanen/Laine/Kaskiaro*, S. 32 und 57; *Telaranta*, S. 184-185; *Portin* LM 1987, 391, 394-395; BGH IHR 2002, 14, 16; *Piltz,* Internationales Kaufrecht, S. 125-126; MüKo HGB Bd. 6/*Ferrari* 2007, Art.14 Rn 39.

770 BGH NJW 1988, 1210, 1212; OLG Hamm IPRax 2007, 125, 126; MüKo Bd. 2/*Basedow* 2007, § 305 Rn 91; *Hellwege*, S. 396-397; KKO 1992:155; *Wilhelmsson*, S. 69; *Taxell*, Avtal och rättsskydd, S. 40; Ferrari/Kieninger et al./*Mankowski* 2012, vor Art. 14 Rn 23; *Ventsch/Kluth* IHR 2003, 62, 62; *Kühl/Hingst*, in: FS Herber, S. 53.

771 Vgl. z.B. *Hellwege*, S. 394; *Spellenberg* IPRax 2007, 98, 100; OLG Hamm IPRax 2007, 125, 126; *Hemmo*, Sopimusoikeus III, S. 95; Saarnilehto/Hemmo/Kartio/*Saarnilehto* 2001, S. 369-370.

772 §§ 133, 157 BGB, Art. 8 CISG. Das finnische Recht enthält keine ausdrücklichen Vorschriften über die Auslegung. Die Auslegungsprinzipien sind stattdessen durch Rechtsprechung und Rechtsliteratur entwickelt worden (vgl. HE 218/1994 1.1). In der Praxis entsprechen die finnischen Auslegungsprinzipien grundsätzlich denen des deutschen Rechts. Bei der Auslegung sind auch etwaige Besonderheiten des internationalen Geschäftsverkehrs zu berücksichtigen (*Hau/Eichel* AL 2010, 84, 90).

ruft, in der Regel also der Verwender der AGB, die Beweislast dafür, dass die AGB wirksam in den Vertrag einbezogen worden sind.[773] Die Grundkonstruktion der Einbeziehung der AGB ist also in allen zu behandelnden Rechtssystemen gleich. Die konkreten Anforderungen, unter welchen die AGB – mangels Vorliegen einer ausdrücklichen Einigung – wirksam einbezogen werden, sind jedoch unterschiedlich.

Die in Bezug auf jedes Rechtssystem bestehenden Einbeziehungsvoraussetzungen gelten grundsätzlich genauso für inländische und ausländische AGB, wenn das jeweilige Recht Vertragsstatut ist.[774] Die aufgrund von IPR-Grundsätzen bestehenden Abweichungen hiervon werden in den folgenden Abschnitten dargestellt. Weiterhin gelten die gleichen Grundsätze in der Regel gleichermaßen unabhängig davon, auf welche Art und Weise (schriftlich, mündlich, oder konkludent, auf traditionelle Art und Weise oder elektronisch) der die AGB beinhaltende Vertrag abgeschlossen wird.[775] Soweit im Einzelfall diesbezüglich Besonderheiten bestehen, werden diese im Folgenden behandelt.

6.2.1 Deutschland

6.2.1.1 Hinweis des Verwenders auf die AGB

Gewöhnlich weist der Verwender im Angebot oder auf der Vorderseite der Bestellung ausdrücklich auf seine AGB hin[776] und bringt somit zum Ausdruck, dass die AGB Teil seines Angebots sind. Die auf die Einbeziehung der AGB gerichteten Willenserklärungen der Parteien können im unternehmerischen Ge-

---

773 BGH NJW 1991, 1750, 1753; BGH NJW-RR 2003, 754, 755; *Stoffels,* S. 95; *Fischer* BB 1995, 2491, 2494; KKO 1997:61; Turun HO 20.3.2008, T:593; *Saarnilehto*, Edilex 2001, S. 5; OLG Thüringen 10.11.2010, http://www.cisg-online.ch, case 2216; MüKo Bd. 3/*Gruber* 2012, Art. 14 Rn 39; Schlechtriem/Schwenzer/*Schlechtriem/Schroeter* 2008, Art. 14 Rn 76; *von Bodungen/ Schnell* BB 2011, 468; *Piltz* IHR 2004, 133, 134.

774 BGH NJW-RR 2003, 192; KKO 1933 II 451; *Maindl*, S. 41 Wolf/Lindacher/Pfeiffer/*Hau* 2009, IntGV Rn 1 und 34; *Weller*, IPRax 2005, 428, 429; *Schmidt,* Handelsrecht, S. 538-539.

775 *Saarnilehto*, in: FS Kartio, S. 301-303; *Laurila*, S. 1 und 52; *Oikeustoimilakitoimikunta*, S. 76; *Grönfors/Dotevall*, S. 53-54; *Ferrari* EuLF 2000-2001, 301, 307; *Wulf*, S. 175; *Gruber* DB 1999, 1437, 1441; *Taupitz/Kritter* JuS 1999, 839, 846.

776 Erman Bd. I/*Roloff* 2011, § 305 Rn 47; *Reh*, S. 92. Ein solcher pauschaler Verweis auf das AGB-Regelwerk genügt auch hinsichtlich der darin enthaltenen besonderen Klauseln wie z.B. der Schiedsklausel. Somit ist ein gesonderter Hinweis auf solche Klauseln nicht erforderlich (BGH SchiedsVZ 2007, 273, 275-276; *Berger*, in: FS Westphalen, S. 15; Zöller/*Geimer* 2012, § 1031 Rn 9 und 24). Hinsichtlich der besonderen Stellung der Rechtswahlklauseln siehe jedoch Abschnitt 3.2.5.1.

schäftsverkehr jedoch entsprechend den allgemeinen Grundsätzen entweder ausdrücklich oder konkludent sein.[777] Somit genügt neben einem ausdrücklichen Hinweis auch ein konkludenter Hinweis auf die AGB. Dies setzt voraus, dass das Verhalten des AGB-Verwenders – gegebenenfalls in Verbindung mit sonstigen konkreten Umständen – nach Maßgabe von §§ 133, 157 BGB klar als Einbeziehungserklärung zu erkennen ist.[778] Die Erkennbarkeit betrifft nur die AGB an sich und nicht deren Inhalt.[779]

Der Hinweis, egal ob ausdrücklich oder konkludent, muss klar und eindeutig sein, so dass der Vertragspartner des AGB-Verwenders ohne Zweifel weiß, welche Bedingungswerke gelten.[780] Daher ist es strittig, ob ein Hinweis auf „unsere" AGB genügt.[781] Meines Erachtens hängt es von der konkreten Situation ab, ob ein solcher Hinweis klar und eindeutig ist. Dies ist der Fall, wenn die AGB dem Angebot beigefügt sind.[782] Soweit der Verwender z.B. auf seiner Homepage lediglich ein einziges Klauselwerk bereithält, was auch für den flüchtigen Leser schnell feststellbar ist und dieses Klauselwerk explizit festlegt, dass es auf die Geschäfte der fraglichen Art anwendbar ist, kann regelmäßig angenommen werden, dass der Hinweis auf „unsere" AGB einen Hinweis auf dieses Klauselwerks darstellt. Dies setzt allerdings voraus, dass auch sonstige Indizien darauf hinweisen, dass der Verwender keine weiteren AGB verwendet.

---

777 BGH NJW 1985, 1838, 1839; BGHZ 117, 190, 194; MüKo Bd. 2/*Basedow* 2007, § 305 Rn 91; *Wieland*, in: AGB in europäischen Rechtspraxis, S. 48; AnwKomm/ *Hennrichs* 2002, § 310 Rn 3.

778 BGHZ 117, 190, 195; BGH BB 1978, 1085; *Graf von Westphalen*, Verkaufsbedingungen, S. 18; *Schmidt* NJW 2011, 3329, 3331; Ulmer/Brandner/Hensen/*Ulmer/Habersack* 2011, § 305 Rn 170; NomosKomm Bd. 2/*Kollmann* 2012, § 305 Rn 81; aA *Graf von Bernstorff*, Vertragsgestaltung, S. 240; Graf von Westphalen/Thüsing/*Graf von Westphalen*, Vertragsrecht – Vertragsabschlussklauseln Rn 25.

779 Wolf/Lindacher/Pfeiffer/*Pfeiffer* 2009, § 305 Rn 125.

780 BGH ZIP 1981, 1220, 1221-1222; BGH NJW 1988, 1210, 1212; PWW/*Berger* 2011, § 305 Rn 31; Palandt/*Grüneberg* 2012, § 305 Rn 51; NomosKomm Bd. 2/*Kollmann* 2012, § 305 Rn 85; Wolf/Lindacher/Pfeiffer/*Pfeiffer* 2009, § 305 Rn 130; Herberger/Martinek et al./*Lapp/Salomon* 2010, § 305 Rn 99. Meines Erachtens wird diese Anforderung nicht bereits dadurch erfüllt, dass der Vertragspartner die AGB von dem Verwender anfordern kann (so aber *Graf von Westphalen* NJW 2002, 1688, 1690). Stattdessen muss der Vertragspartner aufgrund des Hinweises in der Lage sein zu erkennen, welche AGB in den Vertrag einbezogen werden.

781 Bejahend: *Graf von Westphalen* NJW 2002, 1688, 1690. Verneinend: OLG Düsseldorf NJW-RR 2001, 1531, 1532. Siehe auch Staudinger AGB/*Schlosser* 2006, § 305 Rn 127 (bejahend) und Rn 157 (verneinend).

782 Vgl. Staudinger AGB/*Schlosser* 2006, § 305 Rn 157.

Allerdings entspricht diese Schilderung meistens nicht der Realität. Bei der Anwendung des deutschen Rechts, nach dem – anders als z.B. nach dem finnischen Recht – auch einzelne Klausel AGB sein können, ist das Vorhandensein von einem einzigen Klauselwerk selten. Die meisten Unternehmen haben nach diesen Grundsätzen mehrere AGB, was dazu führt, dass ein Hinweis auf „unsere" AGB nur selten eindeutig genug ist.[783]

Als konkludente Hinweise kommen z.B. die kommentarlose oder mit der Bitte um Unterzeichnung erfolgende Beifügung der AGB im schriftlichen Angebot oder der Abdruck der AGB auf der Rückseite eines Angebots oder Bestellscheins in Betracht.[784] Nach einer Meinung gelten auch die in Preislisten, Katalogen oder Prospekten abgedruckte AGB als ausreichender konkludenter Hinweis.[785] Nach der Gegenmeinung reicht der bloße Abdruck der AGB in diesen Unterlagen als Hinweis nicht aus.[786]

Meines Erachtens ist keine von diesen Meinungen als Standardlösung geeignet. Die Fälle sind danach zu unterscheiden, welchem Zweck die Preislisten, Kataloge oder Prospekte dienen. Soweit sie als Anlagen des Angebots lediglich der genaueren Unterrichtung über das Leistungsangebots des Unternehmers dienen[787], ist es nicht überzeugend, dass der bloße Abdruck der AGB in diesen Dokumenten als konkludenter Hinweis gilt. Wenn der Vertrag dagegen in der Regel allein (oder hauptsächlich) aufgrund dieser Unterlagen abgeschlossen wird und in denen deutlich und unübersehbar auf die Geltung der AGB verwiesen wird, ist es gerechtfertigt davon auszugehen, dass ein unternehmerischer Vertragspartner versteht, dass der Verwender die abgedruckte AGB dem Vertrag zugrunde legen will.[788]

---

783 Vgl. BGH ZIP 1981, 1220, 1221-1222.

784 BGH ZIP 1981, 1220, 1221-1222; *Spellenberg* IPRax 2007, 98, 100; *Schmidt* NJW 2011, 3329, 3332; NomosKomm Bd. 2/*Kollmann* 2012, § 305 Rn 82; Erman Bd. I/*Roloff* 2011, § 305 Rn 47; Wolf/Lindacher/Pfeiffer/*Pfeiffer* 2009, § 305 Rn 125; Ulmer/Brandner/Hensen/*Ulmer/Habersack* 2011, § 305 Rn 170; *Schmitt/Ulmer*, S. 15; *Locher*, S. 52; aA *Graf von Bernstorff*, Vertragsgestaltung, S. 240; Löwe/Graf von Westphalen/Trinkner/*Löwe/Graf von Westphalen* 1977, § 2 Rn 35; hinsichtlich des Abdrucks der AGB auf der Rückseite eines Angebots auch *Graf von Westphalen*, Einkaufsbedingungen, S. 18; Staudinger AGB/*Schlosser* 2006, § 305 Rn 127; *Vorderobermeier*, S. 53.

785 Wolf/Lindacher/Pfeiffer/*Pfeiffer* 2009, § 305 Rn 125.

786 *Graf von Westphalen*, Verkaufsbedingungen, S. 19; Erman Bd. I/*Roloff* 2011, § 305 Rn 47; *Reh*, S. 93; *Hellwege*, S. 426.

787 Vgl. Erman Bd. I/*Roloff* 2011, § 305 Rn 47.

788 Vgl. *Graf von Westphalen*, Einkaufsbedingungen, S. 19; NomosKomm Bd. 2/*Kollmann* 2012, § 305 Rn 82; Wolf/Lindacher/Pfeiffer/*Pfeiffer* 2009, § 305 Rn 125.

Weiterhin ist bei dem letzteren Fall danach zu unterscheiden, wer das Angebot macht. Ein Angebot umfasst normalerweise nicht die Einbeziehung der AGB der anderen Vertragspartei. Dies ergibt sich daraus, dass die AGB in der Regel die Vertragspartei begünstigen, die sie aufgestellt hat. Daher kann nicht angenommen werden, dass das Angebot einer Vertragspartei die für sie nachteiligen AGB der anderen Partei beinhaltet, es sei denn sie nimmt erkennbar hierauf Bezug.[789] Somit mag der Abdruck der AGB in Preislisten, Katalogen oder Prospekten grundsätzlich nur dann als konkludenter Hinweis gelten, wenn der Verwender das Angebot ausnahmsweise hauptsächlich durch Preisliste, Kataloge oder Prospekte macht. Dagegen sollten die in Preislisten, Katalogen oder Prospekten abgedruckten AGB regelmäßig nicht Vertragsbestandteil werden, wenn der Kunde diese Unterlagen z.B. aus dem Internet herunter geladen hat oder von einem Messestand des Vertragspartners mitgenommen hat und dann etwas bestellt (=ein Angebot macht).

Die Bestellung (das Angebot) des Kunden aufgrund von Preislisten, Katalogen oder Prospekten kann im unternehmerischen Geschäftsverkehr jedoch die Einbeziehung der AGB der anderen Partei (Verwender) bewirken. Dies setzt voraus, dass diese Unterlagen einen unübersehbaren und unmissverständlichen Hinweis enthalten, dass der Verwender Verträge nur zu seinen AGB abschließt.[790] Gegen diese Ansicht wird argumentiert, dass es sich bei Preislisten, Katalogen oder Prospekten immer um eine invitatio ad offerendum handelt. Die invitatio ad offerendum ist dem Vertragsabschluss vorgelagert und folglich kein Bestandteil der Willenserklärung.[791] Die letztere Ansicht entspricht jedoch nicht immer der Rechtswirklichkeit des unternehmerischen Geschäftsverkehrs. Es ist davon auszugehen, dass das Angebot (Bestellung) des unternehmerischen Kunden die Bezugnahme auf die AGB des Verwenders beinhaltet, soweit dem Kunden klar ist, dass der Verwender Verträge nur zu seinen AGB abschließt. Sonst würde seine Bestellung keinen Sinn haben, da der Verwender ein Angebot ohne Bezugnahme auf seine eigenen AGB ablehnen würde.

Außerdem muss der Hinweis auf die AGB beim Abschluss des jeweiligen Vertrags erfolgen. Somit reicht es nicht aus, wenn in der Rechnung, dem Lieferschein oder sonstigen Warenbegleitpapieren, die nach Vertragsabschluss ausge-

---

789 Erman Bd. I/*Roloff* 2011, § 305 Rn 47; Ulmer/Brandner/Hensen/*Ulmer/Habersack* 2011, § 305 Rn 170a; *Reh*, S. 93. Zusätzlich ist hierbei besonders zu beachten, dass die Vertragspartei, deren AGB in den Vertrag einbezogen werden, auch in diesen Fällen Verwender der AGB ist, obwohl ihr Vertragspartner Bezug auf die AGB nimmt und damit die AGB formal in den Vertragsabschluss eingeführt hat (vgl. Fußnote 409).

790 Ulmer/Brandner/Hensen/*Ulmer/Habersack* 2011, § 305 Rn 170a; *Graf von Westphalen*, Verkaufsbedingungen, S. 19; vgl. auch Erman Bd. I/*Roloff* 2011, § 305 Rn 47.

791 *Reh*, S. 93.

händigt werden, auf die AGB Bezug genommen wird oder diese Dokumente die AGB beinhalten.[792] Ebenso wenig werden die AGB aufgrund einer ausdrücklichen Einbeziehungsvereinbarung oder eines Hinweises bei einem früheren Vertrag bzw. aufgrund eines auf einer früheren Rechnung gemachten Hinweises konkludent in einen Folgevertrag, der keine Einbeziehungsvereinbarung enthält, einbezogen.[793]

Dies gilt grundsätzlich auch dann, wenn die bei einem früheren Geschäft in Bezug genommenen AGB ihrem Inhalt nach auch für künftige Verträge gelten sollen. Die AGB können aufgrund einer solchen Erstreckungsklausel lediglich dann in die zukünftigen Verträge einbezogen werden, wenn der Vertragspartner des AGB-Verwenders tatsächlich Kenntnis von dieser Klausel hat.[794] Dies ergibt sich daraus, dass Vertragsklauseln normalerweise nur den Vertrag betreffen, dessen Bestandteil sie sind. Folglich wäre es hinsichtlich der Geltungserstreckung auf zukünftige Verträge ungerechtfertigt, das diesbezügliche Einverständnis des Vertragspartners ohne Kenntnis über die betreffende Klausel zu erwarten.[795]

Weiterhin kann der Bezug zu dem jeweiligen Vertragsschluss durch Zeitablauf unterbrochen werden. Deshalb liegt eine wirksame Einbeziehung von AGB nicht automatisch vor, wenn die Vertragsparteien zwar zunächst ausdrücklich der Einbeziehung zugestimmt haben, danach aber die Vertragsverhandlungen unterbrechen und sie erst nach längerer Zeit wieder aufnehmen, ohne dann erneut auf die AGB Bezug zu nehmen.[796]

---

792 BGH NJW 1978, 2243, 2244; 2010, 864, 867-868; OLG Karlsruhe NJW-RR 1993, 567, 568; *Graf von Westphalen* NJW 2010, 2254, 2255; Erman Bd. I/*Roloff* 2011, § 305 Rn 51; Staudinger AGB/*Schlosser* 2006, § 305 Rn 127; *Rüthers/Stadler*, S. 243-244; vgl. jedoch Abschnitt 8.3, da dies nach der Rechtsprechung des BGH bei laufenden Geschäftsbeziehungen anders ist.

793 BGHZ 117, 190, 195-196; Erman Bd. I/*Roloff* 2011, § 305 Rn 51; Ulmer/Brandner/Hensen/*Ulmer/Habersack* 2011, § 305 Rn 170a; Palandt/*Grüneberg* 2012, § 305 Rn 51; vgl. jedoch Abschnitt 8.3, da dies bei einer laufenden Geschäftsbeziehung unter bestimmte Voraussetzungen anders ist.

794 BGHZ 117, 190, 198-199; PWW/*Berger* 2011, § 305 Rn 34; *Fischer* BB 1995, 2491, 2493; *Ring*, S. 44; *Wieland*, in: AGB in europäischen Rechtspraxis, S. 49; *Graf von Westphalen*, Einkaufsbedingungen, S. 18; vgl. auch *Schroeder*, S. 100, nach dem eine Erstreckungsklausel überraschend wäre.

795 BGHZ 117, 190, 198-199; *Berger* ZGS 2004, 415, 417; Graf von Westphalen/Thüsing/*Graf von Westphalen*, Vertragsrecht – Vertragsabschlussklauseln Rn 70.

796 Vgl. *Hellwege*, S. 404, nach dem es in solchen Fällen von den individuellen Umständen abhängt, ob die AGB einbezogen sind. Vgl. auch Abschnitt 8.3, in dem festgestellt wird, dass die AGB nicht automatisch Vertragsbestandteil werden, wenn die Parteien

6.2.1.2 Einverständnis des Vertragspartners mit der Geltung der AGB

Im unternehmerischen Geschäftsverkehr ist davon auszugehen, dass der Vertragspartner des AGB-Verwenders mit der Geltung der AGB einverstanden ist, wenn der Verwender auf seine AGB hingewiesen hat und der Vertragspartner ihrer Geltung nicht widerspricht.[797] Der Widerspruch gegenüber der Einbeziehung der AGB kann sowohl ausdrücklich als auch konkludent erklärt werden.[798] Somit liegt keine wirksame Einbeziehung der AGB vor, wenn der Vertragspartner seinen Widerspruch z.B. durch eine Abwehrklausel[799] oder durch Bezugnahme auf die eigenen AGB[800] erklärt. Zudem kann der Vertragspartner des AGB-Verwenders seine frühere Einbeziehungserklärung zurücknehmen, indem er der Einbeziehung noch vor oder spätestens bei Vertragsschluss widerspricht.[801]

Gleichwohl liegt keine wirksame Einbeziehung der AGB vor, wenn der Kunde ein Angebot (Bestellung) ohne Einbeziehungserklärung macht, und der Verwender es unter erstmaliger Bezugnahme auf seine AGB bestätigt (Auftragsbestätigung). Dagegen handelt es sich bei dieser modifizierten Annahme um eine Ablehnung des Angebots verbunden mit einem neuen Angebot im Sinne von § 150 II BGB.[802] In diesen Fällen kommt der Vertrag erst dann zustande, wenn der Kunde das neue Angebot nach den allgemeinen, in Abschnitt 6.1.1 erläuterten Grundsätzen annimmt. Eine widerspruchslose Entgegennahme des neuen Angebots stellt also keine stillschweigende Annahmeerklärung für die Einbeziehung der AGB dar.[803] Eine widerspruchslose Abnahme der Vertragsleistung und deren Bezahlung kann dagegen als konkludente Annahme des neu-

---

die ehemalige laufende Geschäftsbeziehung nach einer nicht unerheblichen Unterbrechung wieder aufnehmen.

797 BGHZ 117, 190, 194; BGH NJW-RR 2003, 754, 755; *Hellwege*, S. 425; *Grünberger* Jura 2009, 249, 252; *Wieland*, in: AGB in europäischen Rechtspraxis, S. 48; Erman Bd. I/*Roloff* 2011, § 305 Rn 47; Jauernig/*Stadler* 2011, § 305 Rn 18; *Vorderobermeier*, S. 53-54.

798 *Abels/Conrads/Litzka*, in: AGB und Vertragsgestaltung, S. 24; NomosKomm Bd. 2/*Kollmann* 2012, § 305 Rn 91.

799 BGH NJW 1985, 1838, 1839; BGH NJW-RR 2001, 484; Wolf/Lindacher/Pfeiffer/*Pfeiffer* 2009, § 305 Rn 125; *Berger*, in: FS Horn, S. 7.

800 Herberger/Martinek et al./*Lapp/Salomon* 2010, § 305 Rn 100; *Abels/Conrads/Litzka*, in: AGB und Vertragsgestaltung, S. 24; vgl. auch *Schwab*, S. 65.

801 So auch *Hellwege*, S. 398.

802 Vgl. Abschnitt 6.1.1; BGHZ 18, 212, 215; Wolf/Lindacher/Pfeiffer/*Pfeiffer* 2009, § 305 Rn 133; Erman Bd. I/*Roloff* 2011, § 305, Rn 47; *Pfeiffer*, in: Handbuch der Handelsgeschäfte, S. 335.

803 BGHZ 18, 212, 216; 61, 282, 285; BGH JZ 1977, 602, 603; *Graf von Westphalen*, Verkaufsbedingungen, S. 23-24; *Graf von Bernstorff*, Vertragsgestaltung, S. 240.

en Angebots (inklusive der AGB) angesehen werden.[804] Dies gilt jedoch nicht, wenn der Kunde in der früheren Korrespondenz ausdrücklich erklärt hat, dass er die AGB der anderen Partei in keinem Fall akzeptiert.[805] In einem solchen Fall kommt der Vertrag ohne AGB zustande, wenn der Verwender die Vertragsverhandlungen nach dem Widerspruch seines Vertragspartners weiterführt, da der Vertragspartner darauf vertrauen darf, dass dem Verwender der Vertragsschluss wichtiger ist als die Einbeziehung seiner AGB.[806]

Wenn der Vertragspartner der Einbeziehung der AGB dagegen erst mit seiner Annahmeerklärung widerspricht, liegt vorerst ein Dissens vor, da die abändernde Annahme als ein neues Angebot im Sinne von § 150 II BGB zu sehen ist. Der Dissens wird erst dann beseitigt, wenn der Verwender den Vertrag erfüllt und somit das neue Angebot konkludent annimmt. Eine in den AGB enthaltene Ausschließlichkeitsklausel[807] ändert dies nicht. Wenn der AGB-Verwender jedoch individuell erklärt hat, dass er nur unter Einbeziehung seiner AGB kontrahiert und einen Widerspruch nicht akzeptiert, bleibt der Dissens trotz der möglichen Vertragsdurchführung bestehen. Somit muss der Vertragsschluss verneint werden, obwohl dies volkswirtschaftlich nicht wünschenswert ist.[808] Wenn die Parteien an dem Vertrag festhalten möchten, müssten sie nachträglich vereinbaren, welche Vertragsbedingungen gelten.

Zusätzlich kann bei einem einzelnen Vertrag nicht vom Einverständnis des Vertragspartners ausgegangen werden, wenn im Angebot des AGB-Verwenders kein Hinweis auf die AGB vorliegt. Dies gilt unabhängig davon, ob der Vertragspartner wissen musste oder sogar wusste, dass der Verwender seinen Verträgen AGB zugrunde zu legen pflegt.[809]

---

804 BGHZ 61, 282, 287-288; BGH JZ 1978, 104, 105; BGH NJW 1995, 1671, 1672; BGH NJW-RR 2000, 1154, 1155. Insbesondere ist dies der Fall, wenn der Lieferant vorher deutlich zum Ausdruck gebracht hat, dass nur unter seinen AGB geliefert wird.

805 BGHZ 61, 282, 287-288; BGH WM 1977, 451, 452; BGH NJW 1995, 1671, 1672.

806 *Hellwege*, S. 400.

807 Durch die Verwendung der Ausschließlichkeitsklausel erklärt der AGB-Verwender, dass der Vertrag nur mit den eigenen AGB geschlossen werden soll und dass es keinen Raum für andere AGB gibt (*Graf von Westphalen*, Einkaufsbedingungen, S. 27; Wolf/Lindacher/Pfeiffer/*Pfeiffer* 2009, § 305 Rn 137).

808 *Hellwege*, S. 400-401.

809 BGH WM 1979, 19, 20; Ulmer/Brandner/Hensen/*Ulmer/Habersack* 2011, § 305 Rn 170a; Wolf/Lindacher/Pfeiffer/*Pfeiffer* 2009, § 305 Rn 134; *Schwab*, S. 58; Staudinger AGB/*Schlosser* 2006, § 305 Rn 127; aA NomosKomm Bd. 2/*Kollmann* 2012, § 305 Rn 81; MüKo Bd. 2/*Basedow* 2007, § 305 Rn 91. Vgl. aber auch Abschnitt 8.2 und 8.3, da bei der Branchenüblichkeit oder bei einer laufenden Geschäftsbeziehung die Kenntnis des Vertragspartners davon, dass der Verwender seinen Verträgen AGB zugrunde zu legen pflegt, ausreichend für die Einbeziehung der AGB ist. Vgl. auch

6.2.1.3 Möglichkeit zumutbarer Kenntnisnahme

Der Vertragspartner des Verwenders muss die Möglichkeit zumutbarer Kenntnisnahme vom Inhalt der AGB haben. Er muss also in der Lage sein, sich Kenntnis über die AGB zu verschaffen.[810] Dies ergibt sich daraus, dass niemand an etwas gebunden sein kann, wovon er keine Kenntnis nehmen kann.[811]

Die Möglichkeit zumutbarer Kenntnisnahme besteht, wenn der Verwender klar und eindeutig auf bestimmte AGB hingewiesen hat und seinem Vertragspartner daher ohne Zweifel bekannt ist, welche Bedingungen gelten.[812] Soweit diese Voraussetzung erfüllt ist, ist es im unternehmerischen Geschäftsverkehr Sache des Vertragspartners, sich Kenntnis über die AGB zu verschaffen (Erkundigungsobliegenheit).[813] Deshalb müssen die AGB dem für den Vertragsschluss

---

Abschnitt 6.2.1.1 für den Fall, dass der Vertragspartner des Verwenders das Angebot macht und nicht – wie hier – der Verwender.

810 BGH NJW 2002, 370, 372; BGHZ 102, 293, 304; Wolf/Lindacher/Pfeiffer/*Pfeiffer* 2009, § 305 Rn 131; PWW/*Berger* 2011, § 305 Rn 31; Jauernig/*Stadler* 2011, § 305 Rn 20; *Graf von Westphalen*, Verkaufsbedingungen, S. 19; *Pfeiffer*, in: Handbuch der Handelsgeschäfte, S. 334; Soergel Bd. 3/*Stein* 1991, § 2 Rn 37; aA *Hellwege*, S. 408, nach dem die Kenntnisnahmemöglichkeit keine eigenständige Einbeziehungsvoraussetzung ist, sondern nur für die Bestimmbarkeit des AGB-Inhalts wesentlich. Dies begründet er damit, dass genauso wie der Vertragspartner sich ihm unbekannten AGB unterwerfen kann, muss es ihm möglich sein, sich auf AGB einzulassen, die er nicht kennenlernen konnte. Meines Erachtens weicht die Situation in diesen Fällen jedoch voneinander ab, da im ersten Fall der Vertragspartner entscheidet, dass er trotz Möglichkeit keine Kenntnis über den Inhalt der AGB nehmen will. In dem zweiten Fall hat der Verwender ihm diese Möglichkeit zur selbstverantwortlichen Entscheidung entzogen. Somit lässt sich nicht rechtfertigen, dass die Einbeziehungserklärung trotzdem dem Vertragspartner gleichermaßen zugerechnet wird. Folglich müsste die Risikoverteilung anders sein. Deshalb ist der herrschenden Ansicht zu folgen und die Kenntnisnahmemöglichkeit als eigenständige Einbeziehungsvoraussetzung zu sehen.

811 Wolf/Lindacher/Pfeiffer/*Pfeiffer* 2009, § 305 Rn 131.

812 BGHZ 102, 293, 304; 117, 190, 194-195; Jauernig/*Stadler* 2011, § 305 Rn 20; Wolf/Lindacher/Pfeiffer/*Pfeiffer* 2009, § 305 Rn 131; Staudinger AGB/*Schlosser* 2006, § 305 Rn 157 und 177; vgl. aber auch Herberger/Martinek et al./*Lapp/Salomon* 2010, § 305 Rn 101 und 103, die vorauszusetzen scheinen, dass der Verwender auch darauf hinweist, dass er die AGB auf Wunsch übersendet.

813 BGH NJW 2002, 370, 372; BGHZ 117, 190, 198; BGH DB 1976, 1616; *Jungemeyer* RIW 2010, 166, 166; Erman Bd. I/*Roloff* 2011, § 305 Rn 50; *Schmidt* NJW 2011, 3329, 3331; *Berger*, in: FS Horn, S. 7; *Graf von Westphalen*, Verkaufsbedingungen, S. 21; aA MüKo Bd. 2/*Basedow* 2007, § 305 Rn 95; *Lindacher* JZ 1981, 131, 133 jedoch nur, wenn das Geschäft nicht zu einer Reihe ähnlicher Geschäfte gehört oder der Vertragswert nicht besonders groß ist. Zu beachten ist jedoch, dass die Erkundigungsobliegenheit des Vertragspartners nur bei Klauseln gilt, die den Inhalt oder die Abwick-

maßgeblichen Schreiben nicht beigefügt werden.[814] Bei einem deutlichen Hinweis kann somit auch die nur auszugsweise Wiedergabe einzelner AGB-Klauseln im Angebot ausreichend sein.[815] Weiterhin genügt eine in den AGB enthaltene deutliche Weiterverweisung auf ein nicht beigefügtes Regelwerk für dessen Einbeziehung.[816]

Außerdem ist es unerheblich, ob der Vertragspartner den Inhalt der AGB tatsächlich kennt. Wie schon erwähnt, wird von dem Vertragspartner erwartet, dass er die ihm unbekannten AGB beim Verwender anfordert oder sich in sonstiger Weise beschafft, falls er dies für nötig hält.[817] Somit umfasst seine auf den Vertragsschluss gerichtete Willenserklärung die AGB auch dann, wenn er deren Inhalt nicht kennt.

Soweit es sich nicht um gebräuchliche, leicht zugängliche Klauselwerke, wie ADSp, AGB-Banken oder VOB handelt, hat der Vertragspartner einen Anspruch auf Überlassung oder Einsicht der AGB. Verweigert der Verwender die aufgeforderte Übersendung oder Einsichtnahme, kann er sich entsprechend §

---

lung des konkreten Vertrags, dessen Bestandteil das Klauselwerk ist, regeln (BGHZ 117, 190, 198). Deshalb werden z.B. die Erstreckungsklauseln anders behandelt, wie schon am Ende des Abschnitts 6.2.1.1 festgestellt.

814 BGH BB 1989, 1442; BGH NJW 1976, 1886, 1887; BGHZ 108, 172, 174; 102, 293, 304; *Hau/Eichel* AL 2010, 84, 89; Palandt/*Grüneberg* 2012, § 305 Rn 53; MüKo HGB Bd. 5/*Schmidt* 2009, § 346 Rn 50; Staudinger AGB/*Schlosser* 2006, § 305 Rn 158; Jauernig/*Stadler* 2011, § 305 Rn 20; *Fischer* BB 1995, 2491, 2493; *Schmidt-Salzer* NJW 1977, 129, 134; aA MüKo Bd. 2/*Basedow* 2007, § 305 Rn 95, der verlangt, dass der Verwender die AGB dem Vertragspartner übersendet, soweit sie nicht branchenüblich sind, der Vertragspartner die AGB wegen früherer Geschäfte nicht kennt oder er sich nicht auf andere Weise ohne jegliche Mühe Kenntnis über die AGB verschaffen kann; in diesem Sinne auch *Hellwege*, S. 413, 414 und 430, nach dem ein Zugang des AGB-Textes beim Vertragspartner des Verwenders vor oder beim Vertragsschluss erforderlich ist, damit die AGB zum Vertragsinhalt werden.

815 OLG Hamburg DB 1981, 470; Ulmer/Brandner/Hensen/*Ulmer/Habersack* 2011, § 305 Rn 169; Erman Bd. I/*Roloff* 2011, § 305 Rn 50.

816 BGH NJW 1987, 487; 491; BGHZ 102, 293, 303-304; Ulmer/Brandner/Hensen/*Ulmer/Habersack* 2011, § 305 Rn 169; NomosKomm Bd. 2/*Kollmann* 2012, § 305 Rn 82. Soweit die AGB, die die Weiterverweisung auf ein nicht beigefügtes Regelwerk enthalten, dem Angebot nicht beigefügt sind, ist diese Ansicht jedoch kritisch zu betrachten, weil der Vertragspartner kein Wissen über die Weiterverweisung hat. Insbesondere gilt dies beim Geschäftsverkehr mit einem ausländischen Vertragspartner, weil dieser eine solche Einbeziehung in der Regel noch weniger erwartet als ein einheimischer Vertragspartner.

817 BGHZ 33, 216, 219; Erman Bd. I/*Roloff* 2011, § 305 Rn 50; *Sieg* RIW 1997, 811, 816; *Locher*, S. 52; *Lindacher* JZ 1981, 131, 132.

242 BGB nach Treu und Glauben nicht auf seine AGB berufen.[818] Zudem muss die Übermittlung der AGB zeitnah zu der Anforderung erfolgen, um die AGB wirksam in den Vertrag einzubeziehen.[819]

Fraglich ist, ob der Verwender seine Pflicht auf Überlassung durch Angabe einer Internetseite, auf welcher die AGB abrufbar sind, erfüllen kann.[820] Meines Erachtens müsste im unternehmerischen Geschäftsverkehr unter normalen Umständen jedoch die Angabe einer Internetseite genügen, soweit es sich z.B. um einen direkten Link oder eine genaue Information über die entsprechenden Unterseiten handelt, so dass die AGB eindeutig und leicht zu finden sind. Dies entspricht der von Unternehmen erwarteten erhöhten Selbstverantwortung. Etwas anderes kann nur dann gelten, wenn dem Vertragspartner die Nutzung des Internets aus objektiven Gründen nicht oder nur sehr beschränkt möglich ist.

Fordert der Vertragspartner des AGB-Verwenders die AGB an, kann dies nicht als Zustimmung für deren Einbeziehung interpretiert werden. Dagegen muss dem Vertragspartner eine angemessene Zeit für die Prüfung der AGB gewährt werden. Nur wenn er der Einbeziehung in dieser Zeit nicht widerspricht, können die AGB als einbezogen gelten.[821]

Schließlich müssen die AGB auch im unternehmerischen Geschäftsverkehr übersichtlich gegliedert und drucktechnisch so gestaltet sein (z.B. in Bezug auf die Schriftgröße), dass sie gelesen und verstanden werden können, obwohl die diesbezügliche Anforderungen im unternehmerischen Geschäftsverkehr niedriger sind als gegenüber Verbraucher. Falls diese Voraussetzungen nicht erfüllt werden, werden die AGB nicht wirksam in den Vertrag einbezogen.[822] Lediglich dann, wenn es dem Vertragspartner des AGB-Verwenders erkennbar ist, dass

---

818 OLG Hamm DB 1983, 2619, Palandt/*Grüneberg* 2012, § 305 Rn 53; Jauernig/*Stadler* 2011, § 305 Rn 20; Staudinger AGB/*Schlosser* 2006, § 305 Rn 158; *Schmidt* NJW 2011, 3329, 3331; *Wieland*, in: AGB in europäischen Rechtspraxis, S. 48; Graf von Westphalen/Thüsing/*Graf von Westphalen*, Vertragsrecht – Vertragsabschlussklauseln Rn 25.

819 Herberger/Martinek et al./*Lapp/Salomon* 2010, § 305 Rn 103.

820 Bejahend: OLG Bremen NJOZ 2004, 2854, 2856, wonach der Vertragspartner eine Übersendung in Schriftform hätte anfordern müssen, falls ihm das Abrufen der AGB im Internet nicht möglich oder zu arbeitsaufwendig oder kostenträchtig ist. Verneinend: *Hau/Eichel* AL 2010, 84, 89, nach denen der bloße Verweis auf eine Bezugsquelle gegenüber einem Auslandsansässigen nicht genügt; sehr kritisch und grundsätzlich verneinend auch *Hellwege*, S. 415-417.

821 Herberger/Martinek et al./*Lapp/Salomon* 2010, § 305 Rn 103.

822 BGH WM 1978, 978, 979; 1986, 769, 770; BGH NJW 1983, 2772, 2773; *Graf von Westphalen*, Einkaufsbedingungen, S. 21-22; Ulmer/Brandner/Hensen/*Ulmer/Habersack* 2011, § 305 Rn 169; MüKo Bd. 2/*Basedow* 2007, § 305 Rn 91; NomosKomm Bd. 2/*Kollmann* 2012, § 305 Rn 89; *Fischer* BB 1995, 2491, 2493.

die angeforderten AGB bei der Absendung lesbar waren, aber beim Erhalt jedoch unlesbar sind, ist er verpflichtet, den Verwender auf die Unlesbarkeit der AGB aufmerksam zu machen, um deren Einbeziehung zu vermeiden.[823] Dies kann z.B. bei per Fax übersandten AGB der Fall sein.

6.2.2 Finnland

6.2.2.1 Hinweis des Verwenders auf die AGB

In der finnischen Rechtspraxis weist der Verwender üblicherweise im Angebot oder auf der Vorderseite der Bestellung ausdrücklich auf seine AGB hin, soweit es sich nicht um einen von beiden Seiten unterschriebenen Vertrag handelt, der einen ausdrücklichen Hinweis beinhaltet. In diesen Fällen ist es eindeutig, dass der Erklärende die AGB auf die er hingewiesen hat in den Vertrag einbeziehen will. Vermutlich stellt ein Teil der Literatur daher lediglich fest, dass der Verwender bei der einzelvertraglichen Einbeziehung auf seine AGB hinweisen muss. Es wird jedoch offengelassen, ob der Hinweis ausdrücklich sein muss oder ob ein konkludenter Hinweis genügt.[824] Ebenso hat sich der KKO nicht ausdrücklich mit dieser Frage auseinandersetzen müssen. Jedoch lässt sich aus der Wortwahl des KKO in einem alten Urteil, in dem die AGB wegen eines fehlenden Hinweises nicht einbezogen wurden, vermuten, dass der KKO die Möglichkeit eines konkludenten Hinweises nicht von vornherein ablehnen würde.[825]

In der restlichen Literatur ist umstritten, ob ein konkludenter Hinweis auf die AGB ausreicht. Weiterhin wird danach unterschieden, ob es sich um eine kommentarlose Beifügung der AGB im schriftlichen Angebot oder um einen Abdruck der AGB auf der Rückseite eines Angebots handelt. Nach einer Ansicht muss der Hinweis auch im unternehmerischen Geschäftsverkehr immer ausdrücklich sein.[826] Die zweite Ansicht akzeptiert die Einbeziehung der AGB durch eine kommentarlose Beifügung der AGB in einem separaten Dokument, äußert sich aber kritisch gegenüber der Möglichkeit, die AGB ohne Hinweis miteinzubeziehen, indem diese auf der Rückseite des Angebots abgedruckt werden. Als Begründung wird angeführt, dass der Vertragspartner die rückseitigen AGB

823 *Hellwege*, S. 409; vgl. auch die in Fußnote 960 aufgeführte Literatur bezüglich des UN-Kaufrechts.

824 Vgl. z.B. *Hoppu/Hoppu,* S. 64; Saarnilehto/Hemmo/Kartio/*Saarnilehto* 2001, S. 370; *Oikeustoimilakitoimikunta*, S. 312; *Oksanen/Laine/Kaskiaro*, S. 30; *Portin* LM 1987, 391, 385; *Erma* DL 1971, 363, 372.

825 KKO 1932 II 514.

826 *Telaranta*, S. 185; *Kosonen*, S. 23; *Linna*, S. 38-39; *Laurila*, S. 19; in diesem Sinne wohl auch *Sarelin*, S. 28; und *Heikkinen*, S. 10 und 13.

nicht unbedingt bemerkt und dass der Verwender statt eines doppelseitig bedruckten Dokuments problemlos ein zweiseitiges Dokument verwenden könne.[827] Die dritte Ansicht geht davon aus, dass sowohl eine kommentarlose Beifügung der AGB als auch der Abdruck der AGB auf der Rückseite genügen.[828]

Der hier vertretenen Ansicht nach ist grundsätzlich davon auszugehen, dass ein Unternehmer den Einbeziehungswillen des Verwenders erkennen kann, wenn die AGB dem Angebot beifügt sind.[829] Ein separates Dokument müsste regelmäßig unübersehbar sein, aber ein Unternehmer muss auch die Rückseite des Angebots kontrollieren, da doppelseitige Formulare keine Seltenheit sind. Dies ergibt sich aus der von einem Unternehmer verlangten erhöhten Professionalität und Selbstverantwortung.[830] Lediglich dann, wenn die AGB gegenüber einem kleinen und in der Vertragspraxis unerfahrenen Unternehmer verwendet werden, kann im Einzelfall hinsichtlich der rückseitigen AGB ein anderes Ergebnis in Frage kommen.

Unabhängig von der Art des Hinweises (ausdrücklich oder konkludent) muss der Hinweis eindeutig sein, damit es bei dem Vertragspartner des AGB-Verwenders zu keinen Zweifel daran kommt, welche AGB einbezogen werden sollen.[831] Daher reicht ein Hinweis auf die in der Branche üblicherweise verwendeten AGB nicht aus, falls mehrere AGB oder mehrere Versionen des Klauselwerks in Frage kommen können.[832]

---

827 *Hemmo*, Sopimusoikeus I, S. 150; *Wilhelmsson*, S. 69; Oikeustoimilakitoimikunta, S. 330.

828 *Olsson* Nordiska Juristmötet 1957, 7, 19; *Taxell*, Avtal och rättsskydd, S. 41; *Ramberg/Ramberg*, S. 142; in diesem Sinne wohl auch Helsingin HO 3.12.2002, T:3746 und *Hellner/Hager/Persson* 2011, S. 139, die lediglich im Allgemeinen darauf hinweisen, dass AGB durch einen konkludenten Hinweis in den Vertrag einbezogen werden können.

829 Vgl. *Oikeustoimilakitoimikunta* (1990, S. 330) hat vorgeschlagen, dass die AGB ohne gesonderten Hinweis in den Vertrag einbezogen werden, wenn sie in deutlich erkennbarer Weise dem Angebot beigefügt sind.

830 Vgl. Abschnitt 4.1 und 4.2 und *Kangas*, in: Maksupalvelusopimuksista, S. 47, nach der die Einbeziehung von separat beigefügten oder rückseitigen AGB von der Sachkundigkeit des Vertragspartners des AGB-Verwenders abhängt; vgl. auch *Liuksiala*, S. 59, der die Ansicht vertritt, dass bei ausdrücklichen aber undeutlichen oder im Angebot versteckten Hinweisen bei Unternehmern (anders als bei Verbrauchern) kaum davon ausgegangen werden kann, dass der Vertragspartner den Hinweis nicht bemerkt hat.

831 *Saarnilehto*, S. 63; *Laurila*, S. 19; *Sarelin*, S. 57; *Erlund/Lindfors/Salminen/Turunen*, S. 44-45 und 47; *Telaranta*, S. 185; Turun HO 20.3.2008, T:593; Helsingin HO 1.8.2001, T:2012; Helsingin HO 31.3.1993, T:1364.

832 *Erma/Lehtinen/Tolonen*, S. 100; *Kuuskoski*, S. 38; *Erlund/Lindfors/Salminen/Turunen*, S. 45 und 47-48; Turun HO 20.3.2008, T:593.

Weiterhin muss der Hinweis auf die AGB vor dem Vertragsabschluss erfolgen, da die AGB sonst nicht zu dem vereinbarten Vertragsinhalt gehören. Daher genügt ein nachträglicher Hinweis in Quittung, Rechnung, Verpackung oder Lieferschein nicht.[833] Die Bedeutung eines Hinweises in Werbematerialien, Informationsblättern oder Preislisten hängt von der Situation und von der Erfahrenheit des Vertragspartners ab. In der Regel reicht ein Hinweis in diesen Unterlagen nicht aus, da sie lediglich ein Invitatio ad offerendum darstellen und ein ohne Bezug zu dem konkreten Vertragsabschluss vorgenommener Hinweis nicht genügt.[834] Die AGB können durch den Hinweis in diesen Unterlagen jedoch Vertragsbestandteil werden, wenn sie unmittelbar in festem Zusammenhang mit dem Vertragsabschluss stehen, der Vertragspartner ein erfahrener Unternehmer ist und die sonstigen Voraussetzungen der wirksamen Einbeziehung[835] erfüllt werden.[836]

6.2.2.2 Einverständnis des Vertragspartners mit der Geltung der AGB

Der Vertragspartner des AGB-Verwenders kann die Geltung der AGB besonders bestätigen. Dies ist jedoch nicht erforderlich. Es reicht aus, dass der Vertragspartner das Angebot, dessen Bestandteil die AGB sind, ohne Widerspruch gegenüber der Einbeziehung der AGB annimmt. Die Annahme kann, wie schon in Abschnitt 6.1.2 erwähnt, auch konkludent erfolgen.[837] Als Widerspruch wird

---

833 *Wilhelmsson*, S. 85; *Saarnilehto*, Edilex 2005, S. 23; *Oikeustoimilakitoimikunta*, S. 316; *Portin* LM 1987, 391, 395; vgl. auch KKO 1994:113; Vaasan HO 23.1.1992, T:74.

834 KKO 1975 II 30; 1984 II 57; *Saarnilehto*, S. 42, 64 und 68; *Sarelin*, S. 62; *Liuksiala*, S. 61; vgl. auch Saarnilehto/Hemmo/Kartio/*Saarnilehto* 2001, S. 339; Helsingin HO 31.3.2008, T: 885, wonach ein in der Invitatio ad offerendum inkludierter Hinweis auf die AGB deren Einbeziehung nicht bewirkt hat, da das Angebot erst einen Monat nach der Annahmefrist gesendet wurde und der Vertrag somit nicht auf Basis der Invitation ad offerendum geschlossen wurde.

835 Vgl. Abschnitt 6.2.2.2 und 6.2.2.3.

836 *Hemmo*, Sopimusoikeus I, S. 151-152; Saarnilehto/Hemmo/Kartio/*Saarnilehto* 2001, S. 372-373; vgl. auch KKO 1994:13, in dem eine in der Eigenwerbung der Zeitung für Inserate aufgeführte Haftungsbeschränkung galt, da sie in jeder Ausgabe der Zeitung wiederholt wurde und der Vertragspartner eine erfahrene Veranstaltungsagentur war, die ständig in Zeitungen inserierte. Dieser Fall kann allerdings auch als ein Fall einer laufenden Geschäftsbeziehung ausgelegt werden.

837 KKO 1982 II 167; 1995:204; Helsingin HO 31.3.2008, T: 885; Itä-Suomen HO 10.10.1996, T:1140; Helsingin HO 9.2.1994, T:869; Turun HO 23.3.1990, T:340; *Erma* DL 1971, 363, 372; *Wilhelmsson*, S. 74; *Kuuskoski*, S. 35; *Saarnilehto*, Edilex 2005, S. 21-22.

sowohl eine ausdrückliche als auch eine konkludente Äußerung, z.B. durch Verweis auf die eigenen AGB, bewertet.[838]

Es ist umstritten, wie ein Fall zu behandeln ist, bei dem der Vertragspartner des AGB-Verwenders ein Angebot (Bestellung) ohne Einbeziehungserklärung macht, und der Verwender dieses Angebot unter erstmaliger Bezugnahme auf seine AGB bestätigt (Auftragsbestätigung). Die erste Ansicht vertritt, dass es sich gemäß § 6 I OikTL um eine Ablehnung des Angebots verbunden mit einem neuen Angebot handelt. Der Vertrag kommt erst mit der Annahme des neuen Angebots zustande.[839] Nach der zweiten Ansicht ist § 6 II OikTL anwendbar, und somit führt die die AGB beinhaltende Annahme des Verwenders unmittelbar zum Vertragsabschluss unter Einbeziehung der AGB, soweit der Vertragspartner dem nicht widerspricht. Dies wird dadurch begründet, dass der Verwender davon ausgehen kann, dass der Vertragspartner das Angebot in der Vorstellung gemacht hat, dass die AGB des Verwenders gelten. Somit kann der Verwender voraussetzen, dass seine Annahme mit dem Angebot übereinstimmt und dass der Vertragspartner dies auch so versteht.[840]

Der KKO hat in den Urteilsbegründungen der zwei Fälle, in denen die AGB der Auftragsbestätigung beigefügt waren, nur kurz festgestellt, dass die AGB einbezogen worden sind. Der KKO hat ausdrücklich keine Stellung dazu genommen, wie die Einbeziehung konkret erfolgt hat.[841] Möglicherweise ist dies darauf zurückzuführen, dass die doppelten subjektiven Kriterien des § 6 II OikTL[842] nicht richtig zur Einbeziehung der AGB passen und oft sehr schwer beweisbar sind.[843] Dies hat auch Oikeustoimilakitoimikunta erkannt. Sie hat deswegen vorgeschlagen, dass § 6 II OikTL so verändert werden soll, dass das Zustandekommen des Vertrags durch eine modifizierte Annahme statt von den doppelten subjektiven Kriterien von der Unwesentlichkeit der Abweichung abhängen soll. Oikeustoimilakitoimikunta geht davon aus, dass die erstmalige Beifügung der AGB in der Annahme keine wesentliche Abweichung vom Angebot bedeutet, soweit die AGB nicht sehr außergewöhnlich sind.[844] Das Memoran-

---

838 *Telaranta*, S. 188; Helsingin HO 31.3.2008, T: 885.

839 *Saarnilehto*, S. 65; *Kuusi* Oikeustiede-Jurisprudentia XIX 1986, 351, 381; Turun HO 5.5.1997, T:1296.

840 *Liuksiala*, S. 60; *Wilhelmsson*, S. 81; *Tanninen*, S. 13.

841 Vgl. KKO 1933 II 451; 1982 II 167, obwohl in dem ersten Fall die unteren Instanzen die Einbeziehung der AGB durch § 6 II OikTL begründet hatten.

842 Siehe oben Abschnitt 6.1.2.

843 *Hellner* JFT 1979, 281, 294-295 und 300; *Kuusi* Oikeustiede-Jurisprudentia XIX 1986, 351, 380.

844 *Oikeustoimilakitoimikunta*, S. 264-266. Diese Konstruktion würde derjenigen des UN-Kaufrechts entsprechen. Die Ansicht der *Oikeustoimilakitoimikunta*, dass die erstmalig

dum der Oikeustoimilakitoimikunta hat jedoch nicht zu einer Änderung der Gesetzgebung geführt. Deshalb sind die doppelten subjektiven Kriterien maßgeblich.

In bestimmten Fällen ist es überzeugend, dass der AGB-Verwender davon ausgeht, dass sein Vertragspartner das Angebot in der Vorstellung gemacht hat, dass die AGB des Verwenders gelten. Dies gilt besonders dann, wenn das Angebot aufgrund von Katalogen oder Preislisten bzw. einer Ausschreibung unterbreitet wird, in denen der Verwender unübersehbar und unmissverständlich erklärt hat, dass er Verträge nur zu seinen AGB abschließt.[845] Typischerweise ist dies beim Onlinehandel der Fall, soweit der Unternehmer seiner Angabe nach die Bestellungen noch annehmen muss, bevor der Vertrag zustande kommt. Allerdings stellt die Darstellung des Sortiments im Onlinehandel oft ein Angebot dar, und somit kommt der Vertrag direkt bei der Bestellung, also ohne weiteres Zutun des Webseitenanbieters, zustande.[846]

Des Weiteren kann der Verwender auf die Geltung seiner AGB vertrauen, wenn der Vertragspartner sein Angebot auf Basis und unter Hinweis auf ein früheres (nicht angenommenes) Angebot des AGB-Verwenders unterbreitet hat, das die gleichen AGB beinhaltet hat, die der AGB-Verwender seiner Annahme zugefügt hat.[847] In einem solchen Fall kann der Verwender im guten Glauben voraussetzen, dass seine Annahme (trotz der erstmaligen ausdrücklichen Bezugnahme auf die AGB) mit dem Angebot des Vertragspartners übereinstimmt und dies auch der Vertragspartner so verstehen muss. Ansonsten hätte die Bestellung aus der Sicht des AGB-Verwenders keinen Sinn, da er sie sonst direkt ablehnen würde.

Wenn der Vertragspartner des AGB-Verwenders dagegen behaupten könnte, dass es sich bei der Annahme wegen der erstmaligen Bezugnahme der AGB um ein neues Angebot handelt, könnte er das Angebot nach den allgemeinen Regeln auch ablehnen. Der Vertragspartner könnte also die Ware/Leistung bestellen, den Vertragsabschluss durch Ablehnung des neuen Angebots aber später vermeiden, obwohl er schon bei der Bestellung wusste, dass der Verwender Verträge nur zu seinen AGB abschließt.

Da das bloße Schweigen keine Annahme bedeutet, würde der Vertrag erst durch die Entgegennahme der Vertragsleistung zustande kommen, soweit der Vertragspartner das neue Angebot nicht ausdrücklich annimmt. Der Vertrags-

---

bei der Annahme beigefügten AGB nur eine unwesentliche Abweichung vom Angebot bedeuten würde, ist jedoch gegensätzlich zu der Lösung derselben Problematik im UN-Kaufrecht (vgl. Abschnitt 6.2.3.2).

845 Vgl. Helsingin HO 9.3.1994. T:869; *Grönfors/Dotevall*, S. 47-48.

846 Vgl. *Kosonen*, S. 20; *Oikeustoimilakitoimikunta*, S. 145-146; *Nurmi*, S. 78.

847 Vgl. Turun HO 5.5.1997, T:1296.

partner könnte dies zu seinen Gunsten nutzen, um im Falle eines günstigeren Angebots bzw. einer günstigeren invitatio ad offerendum von einem Dritten von dem Vertragsabschluss Abstand zu nehmen. Dies würde in der Praxis eine Aufhebung der Bindungswirkung des Angebots bedeuten, da der Verwender bis hin zur Erfüllung seiner Leistungspflicht nicht auf den Vertragsabschluss vertrauen könnte. Da die Bindungswirkung des Angebots zu den zentralen Grundlagen des finnischen Rechts (§ 1 I OikTL) gehört, kann deren Aufhebung nicht akzeptiert werden. Daher muss der Vertragspartner dem Verwender dies unverzüglich mitteilen, falls er die die AGB beinhaltende Erklärung des Verwenders nicht als Annahme anerkennen will.

Es kann jedoch im Allgemeinen nicht davon ausgegangen werden, dass der Vertragspartner des AGB-Verwenders ein Angebot in der Vorstellung macht, dass die AGB des Verwenders gelten. Dies ergibt sich daraus, dass die AGB in der Regel den Verwender im Vergleich zu dem sonst anwendbaren dispositiven Recht begünstigen. Daher regt der Vertragspartner deren Einbeziehung normalerweise nicht an.[848] Dies muss auch dem Verwender klar sein. Somit kann er nicht gutgläubig davon ausgehen, dass seine die AGB beinhaltende Annahme mit dem Angebot übereinstimmt.

Aus diesen Gründen sollte meines Erachtens im Zweifelsfall zugunsten der Anwendung des § 6 I OikTL entschieden werden. Das neue Angebot wird dann nach den allgemeinen Regeln entweder ausdrücklich oder konkludent, z.B. durch widerspruchslose Entgegennahme der Vertragsleistung, angenommen.

6.2.2.3 Möglichkeit zumutbarer Kenntnisnahme

Ein Hinweis bei Vertragsschluss auf die AGB allein genügt nicht, um die AGB wirksam in den Vertrag einzubeziehen. Zusätzlich muss der Vertragspartner des AGB-Verwenders, wie auch nach dem deutschen Recht, die Möglichkeit haben, in zumutbarer Weise vom Inhalt der AGB Kenntnis zu nehmen.[849] Allerdings besteht nach traditionell herrschender Ansicht zumutbare Kenntnisnahmemöglichkeit im finnischen Recht bei der einzelvertraglichen Einbeziehung nur dann, wenn die AGB bei der Abgabe der Annahmeerklärung vorhanden sind oder der Vertragspartner ansonsten vor dem Vertragsschluss eine tatsächliche Möglichkeit gehabt hat, sich mit dem Inhalt der AGB vertraut zu machen. Es ist

---

848 Vgl. *Hemmo*, Sopimusoikeus I, S. 154; vgl. auch Abschnitt 1.1 und 6.2.1.1.

849 KKO 1984 II 57; 1993:45; 1994:5; 1998: 75; Helsingin HO 1.8.2001, T:2012; Turun HO 23.2.1996, T:805; vgl. auch *Norros* LM 2007, 25, 33; *Hoppu/Hoppu,* S. 64; *Hannula/Kari*, S. 157; *Heikkinen*, S. 14; *Hemmo*, Sopimusoikeus I, S. 153; *Vuoti*, S. 54; *Saarnilehto*, S. 63; *Liuksiala*, S. 58; *Oikeustoimilakitoimikunta*, S. 312; *Erma* DL 1971, 363, 372.

Sache des Verwenders seinem Vertragspartner die Kenntnisnahmemöglichkeit über den Inhalt der AGB zu verschaffen.[850]

Die Kenntnisverschaffungspflicht des AGB-Verwenders wird damit begründet, dass die AGB seinen Interessen dienen und dass er die AGB seinem Angebot in der Regel problemlos beifügen kann. Daher ist es vollkommen naheliegend, dass er seinem Vertragspartner Kenntnis über die AGB verschaffen muss. Soweit eine Erkundigungsobliegenheit bestehen würde, wäre der Vertragspartner gezwungen, sich aufgrund eigener Initiative Kenntnis über Bedingungen zu verschaffen, die seinen Interessen entgegenstehen.[851]

Somit muss der Verwender unter Abwesenden grundsätzlich die AGB seinem Vertragspartner übersenden oder die AGB müssen dem Vertrag beigefügt sein.[852] Bei Internetgeschäften genügt die Zurverfügungstellung der AGB im Internet, so dass der Vertragspartner problemlos von den AGB Kenntnis nehmen kann.[853] Meines Erachtens sollte im unternehmerischen Geschäftsverkehr auch bei anderen Geschäften genügen, dass die AGB im Internet abrufbar sind.[854]

---

850 KKO 1993:45; KKO 1994:5; Rovaniemen HO 28.4.2010, T:332; Itä-Suomen HO 11.6.1996, T: 687; Turun HO 5.5.1997, T:1296; Helsingin HO 30.4.2008, T: 1175; Turun HO 20.3.2008, T:593; *Kuuskoski,* S. 35 und 39-41; *Kalliokoski*, S. 22; *Sarelin*, S. 27, 37 und 56; *Heikkinen*, S. 11 und 15; *Saarnilehto*, Edilex 2005, S. 20; *Aspbäck*, S. 68; *Hemmo*, in: KKO:n ratkaisut, S. 420; Saarnilehto/Hemmo/Kartio/*Saarnilehto* 2001, S. 370; *Erlund/Lindfors/Salminen/Turunen*, S. 45; *Wilhelmsson*, in: Finlands civil- och handelsrätt, S. 272; *Hemmo*, Sopimusoikeus III, S. 96; *Kosonen*, S. 24; *Karhapää*, S. 13; *Erma*, S. 11-12; *Oikeustoimilakitoimikunta*, S. 312; *Telaranta*, S. 187; *Grönfors/Dotevall*, S. 70; in diesem Sinne wohl auch *Hoppu/Hoppu,* S. 64, die verlangen, dass die AGB dem Vertragspartner des AGB-Verwender so zur Verfügung gestellt werden oder zugänglich sein müssen, dass er diese archivieren kann; aA *Koulu*, Välityssopimus, S. 104, der auch feststellt, dass hinsichtlich der Schiedsklauseln die gleichen Einbeziehungsforderungen gelten wie bei den übrigen AGB-Klauseln.

851 *Heikkinen*, S. 15; *Hemmo*, Sopimusoikeuden oppikirja, S. 98; *Laurila*, S. 45.

852 KKO 1993:45; 1994:5; *Hemmo*, Sopimusoikeus I, S. 153 und 155; *Telaranta*, S. 187; *Oksanen/Laine/Kaskiaro*, S. 56; *Erlund/Lindfors/Salminen/Turunen*, S. 44-45; in diesem Sinne auch KKO 1998:75; Turun HO 23.2.1996, T:805; Helsingin HO 25.10.2007, T:3443.

853 Saarnilehto/Hemmo/Kartio/*Saarnilehto* 2001, S. 370; *Hemmo*, Sopimusoikeus III, S. 97; *Kosonen*, S. 28; *Saarnilehto*, Edilex 2005, S. 22-23; *Ramberg*, in: Avtalslagen, S. 449; *Ramberg/Ramberg*, S. 142, die jedoch empfehlen, dass der Vertragspartner des AGB-Verwenders die AGB um der Klarheit wegen durch einen aktiven Klick akzeptieren soll. In der Praxis kann dies durch einen direkten Link auf die AGB erfolgen. Kürzere AGB können auch direkt auf dem Online-Vertragsformular aufgenommen werden.

854 So auch *Norokorpi*, S. 59; *Grönfors/Dotevall*, S. 72; in diesem Sinne wohl auch *Hemmo*, Sopimusoikeus I, S. 155 Fußnote 23; *Heikkinen*, S. 18; *Alenius*, S. 23; *Sarelin*, S.

Dies würde z.B. telefonische Vertragsabschlüsse erleichtern, ohne den Vertragspartner wesentlich mehr zu belasten. Allerdings sollte verlangt werden, dass der Verwender seinem Vertragspartner einen direkten Link auf die AGB übermittelt, um Unsicherheiten zu vermeiden.[855] Das gleiche gilt, wenn der Vertrag durch ein SMS geschlossen wird.[856]

Unter Anwesenden reicht es aus, dass die AGB verfügbar sind.[857] Es ist nicht erforderlich, dass die AGB dem Vertragspartner zum Verbleib ausgehändigt werden.[858] Dagegen genügt eine nachträgliche Kenntnisnahmemöglichkeit nicht. Somit bleiben z.B. den Rechnungen beigefügte AGB grundsätzlich ohne Bedeutung, obwohl der Vertrag einen Hinweis auf die AGB beinhaltet hatte.[859] Dies betrifft auch Fälle, in denen der Vertrag durch Telefongespräch oder SMS geschlossen wird. Der AGB-Verwender kann die Kenntnisverschaffungspflicht dadurch erfüllen, dass sein Vertragspartner die AGB im Internet abrufen kann, bevor er den Vertrag abschließt.[860] Im Streitfall muss der Verwender beweisen, dass die Möglichkeit zumutbarer Kenntnisnahme im Einzelfall bestanden hat.[861]

Laut der Entscheidung KKO 2001:126 werden die AGB in den Vertrag einbezogen, wenn der Vertragspartner das einen Hinweis auf die AGB beinhaltende Angebot drei Wochen nach dessen Zugang ohne Widerspruch gegenüber den AGB annimmt, auch wenn ihm der Verwender die AGB nicht übersendet. Mit dieser Entscheidung hat der KKO nach einer Meinung in der Literatur eine Erkundigungsobliegenheit für den Vertragspartner des AGB-Verwenders in das finnische Recht eingeführt. Die Erkundigungsobliegenheit würde bestehen, wenn zwischen dem Angebot und der Annahme genügend Zeit für die Kenntnisverschaffung durch den Vertragspartner vorhanden ist. Bei einem schnellen

---

38; aA Helsingin HO 30.4.2008, T: 1175; vgl. auch *Norros* LM 2007, 25, 34, nach dem dies lediglich bei inhaltlich balancierten Bedingungswerken der Fall zu sein scheint.

855 Vgl. *Saarnilehto*, S. 64; *Laurila*, S. 44 und 56-57; *Kosonen*, S. 32; vgl. weiterhin auch *Grönfors/Dotevall*, S. 72.

856 *Saarnilehto*, Talentum, S. 12; *Linna*, S. 39-40.

857 KKO 1983 II 91; 1997:164; *Hemmo*, Sopimusoikeus III, S. 96; *Ämmälä* LM 1994, 946, 950.

858 Vgl. KKO 1977 II 103.

859 *Laurila*, S. 1, 9 und 30; *Sarelin*, S. 37; *Saarnilehto*, Edilex 2005, S. 21-22; *Hemmo*, Sopimusoikeus I, S. 153; *Aspbäck*, S. 68.

860 *Saarnilehto*, Talentum, S. 12.

861 *Hemmo*, Sopimusoikeuden oppikirja, S. 99; vgl. auch die allgemeine Regel über die Beweislastverteilung in Abschnitt 6.2.

Vertragsabschluss hätte der Verwender weiterhin eine Kenntnisverschaffungspflicht.[862]

Der hier vertretenen Ansicht nach ist diese Schlussfolgerung voreilig gezogen worden. Der KKO stellte ausdrücklich fest, dass die AGB in der Branche, in der der Vertragspartner tätig war, für derartige Geschäfte üblich waren.[863] Weiterhin handelte es sich in diesem Fall um „agreed documents"[864], bei denen die Anforderungen an die Einbeziehung nach finnischem Recht üblicherweise niedriger sind als bei den einseitigen AGB.[865] Des Weiteren hat der KKO erwähnt, dass die Klausel, auf die sich eine der Parteien im Prozess berufen hat, inhaltlich nicht überraschend war. Wie in Abschnitt 8.2.2 genauer gezeigt wird, ist eine entsprechende Argumentation in Bezug auf branchenübliche AGB in Finnland üblich. Zudem ist grundsätzlich Vorsicht geboten, wenn von einzelfallbezogenen Gerichtsentscheidungen allgemeingültige Schlussfolgerungen gezogen werden, weil es die primäre Aufgabe des Gerichts ist, den vorliegenden Rechtsstreit unter Berücksichtigung der Besonderheiten des jeweiligen Falles zu lösen.[866] Außerdem hat der KKO den Fall in seiner normalen Zusammensetzung entschieden. Dies spricht gegen einen grundlegenden Wechsel in der Rechtsprechung, da der KKO eine Rechtsprechungsänderung normalerweise nur in einer erweiterten Zusammensetzung entscheidet.[867] Daher erscheint es nicht begründet, von diesem Fall allzu weitgehende Schlussfolgerungen bezüglich der einzelvertraglichen Einbeziehungsvereinbarungen zu ziehen.

Helsingin hovioikeus hat dagegen als Rechtsmittelgericht im Jahr 2008 in einem Fall entschieden, dass die AGB durch einen deutlichen Hinweis Vertragsbestandteil werden, da der unternehmerischen Vertragspartner des AGB-Verwenders trotz einer genügenden Möglichkeit, sich Kenntnis über den Inhalt der AGB zu verschaffen, ihrer Geltung nicht widersprach.[868] Dieser Fall unterscheidet sich in zweierlei Hinsicht von dem oben erläuterten Fall KKO 2001:126. Erstens handelte es sich um von dem Verwender erstellte AGB und

---

862 *Saarnilehto* 2002 Oikeustieto, 2, 3; *Saarnilehto*, S. 63; *Laurila*, S. 19; vgl. auch *Linna*, S. 38-39, die jedoch zusätzlich voraussetzt, dass die AGB allgemein zugänglich sind.

863 Vgl. Abschnitt 8.2, in dem die Einbeziehung branchenüblichen AGB genauer behandelt wird.

864 *Hemmo*, in: KKO:n ratkaisut, S. 420.

865 Vgl. Abschnitt 5.1.1.

866 *Ramberg/Ramberg*, S. 27; vgl. auch *Tolonen*, S. 125.

867 Lappalainen/Frände/Koulu/*Rautio* 2007, S. 1012; *Lappalainen*, S. 148. Normalerweise entscheidet der KKO mit fünf Richtern. Bei einer Rechtsprechungsänderung trifft der KKO die Entscheidung entweder in einer erweiterten Zusammensetzung mit elf Richtern oder in einer Plenarsitzung (*Aarnio*, in: Finnish Law, S. 14).

868 Helsingin HO 29.5.2008, T:1492.

nicht um „agreed documents". Somit ist klar, dass die AGB nicht branchenüblich waren. Zweitens hat Helsingin hovioikeus anders als der KKO an keiner Stelle des Urteils begründet, warum der Vertragspartner eine ausreichende Möglichkeit hatte, sich Kenntnis über den Inhalt der AGB zu verschaffen. Daher scheint Helsingin hovioikeus von einer „echten" Erkundigungsobliegenheit des Vertragspartners auszugehen.

Weiterhin hat Helsingin hovioikeus im gleichen Jahr in einem anderen Fall geurteilt, dass die AGB aufgrund eines ausdrücklichen Hinweises in den Vertrag einbezogen worden sind, obwohl die AGB dem Vertrag nicht beigefügt waren. In diesen Fall ging es zwar um „agreed document", die an sich branchenüblich war, aber der Vertragspartner des AGB-Verwenders hatte vorgetragen, dass er nicht branchenkundig war. Trotzdem wurde die Einbeziehung ohne weiteres festgestellt.[869] Somit stellt sich die Lage hier weitgehend ähnlich dar wie in dem vorigen Fall.

Zusätzlich wird in der neueren Literatur vereinzelt vertreten, dass die AGB im unternehmerischen Geschäftsverkehr durch einen bloßen Hinweis in den Vertrag einbezogen werden können.[870] Ferner wird teilweise vertreten, dass die Unterlassung der Kenntnisverschaffungspflicht dem AGB-Verwender nicht schadet, soweit ein schneller Vertragsschluss im Interesse seines Vertragspartners ist und die Erfüllung der Kenntnisverschaffungspflicht den Vertragsschluss verlangsamen würde. Als Beispiel werden Vertragsabschlüsse per Telefon erwähnt.[871]

Diese Entwicklung ist grundsätzlich zu begrüßen, da sie der erhöhten Professionalität und Selbstverantwortung des Unternehmens besser entgegen kommt als die traditionell herrschende Ansicht. Da eine entsprechende höchstrichterliche Rechtsprechung fehlt und keine Sicherheit darüber besteht, dass der KKO dieser neuen Ansicht folgen würde, kann jedoch keineswegs behauptet werden, dass sich die Rechtslage geändert hätte.

869 Helsingin HO 19.2.2008, T:395.

870 *Tepora,* Johdatus esineoikeuden perusteisiin, S. 129; *Ekuri,* S. 38; in diesem Sinne wohl auch *Hellner/Hager/Persson* 2010, S. 163 bezüglich des schwedischen Rechts.

871 *Hemmo*, Sopimusoikeus I, S. 154-155; *Kosonen*, S. 24; *Heikkinen*, S. 18-20. Sie gehen jedoch davon aus, dass die Kenntnisverschaffungspflicht des AGB-Verwenders eine klare Hauptregel darstellt. Im Zeitalter von Internet, E-Mail und Faxgeräten sind allerdings Fälle, in denen die Übermittlung der AGB den Vertragsschluss deutlich verlangsamen würde, äußerst selten. Da es zum Risikobereich des Vertragspartners gehört, zu entscheiden, ob er tatsächlich Kenntnis vom Inhalt der ihm zur Verfügung gestellten AGB nimmt oder ob ein möglichst schneller Vertragsschluss ihm wichtiger ist, erscheint diese Argumentation nicht besonders relevant.

Somit ist bei Anwendbarkeit des finnischen Rechts weiterhin davon auszugehen, dass der Verwender seinem Vertragspartner Kenntnis über den Inhalt der AGB verschaffen muss. Außerdem ist in Anbetracht des für das finnische Recht prägenden Schutzes des Schwächeren zu vermuten, dass diese neue Ansicht nur zwischen ungefähr gleich starken Vertragsparteien Anwendung finden würde, soweit sich die Ansicht im finnischen Recht tatsächlich etablieren würde.

Letztlich muss die äußere Erscheinung, z.B. die Gliederung und Schriftgröße, der AGB von solcher Art sein, dass der Vertragspartner sie lesen und verstehen kann. Falls diese Voraussetzungen nicht erfüllt werden, werden die AGB nicht wirksam in den Vertrag einbezogen.[872] Es bleibt dagegen ohne Bedeutung, ob der Vertragspartner tatsächlich vom Inhalt der AGB Kenntnis nimmt. Erforderlich ist also nur die zumutbare Kenntnisnahmemöglichkeit.[873]

6.2.3 UN-Kaufrecht

6.2.3.1 Hinweis des Verwenders auf die AGB

Wie in Abschnitt 1.3 und 4.3 erwähnt, enthält das UN-Kaufrecht keine besonderen Regeln darüber, wie die Einbeziehung von AGB zu erfolgen hat. Deshalb muss die Antwort, ob die AGB Bestandteil des Angebots und der Einverständniserklärung des Vertragspartners sind, in den allgemeinen Vorschriften des UN-Kaufrechts gesucht werden.[874] Nach Art. 8 II CISG ist bei der Beurteilung darauf abzustellen, wie eine „vernünftige Person der gleichen Art wie die andere Vertragspartei […] unter den gleichen Umständen“ die jeweilige Erklärung aufgefasst hätte.

Hierauf basierend muss nach der Leitentscheidung des BGH unter Anwendung des UN-Kaufrechts für den Empfänger des Angebots erkennbar sein, dass der Anbietende seine AGB in den Vertrag einbeziehen will.[875] Zudem muss sich die Bezugnahme auf bestimmte oder zumindest bestimmbare AGB richten.[876] Der BGH hat jedoch nicht konkretisiert, ob der Hinweis ausdrücklich sein muss

---

872 *Vuoti*, S. 55; *Wilhelmsson*, S. 73; *Häyhä* DL 1996, 313, 316; *Telaranta*, S. 187; *Lehmuskenttä*, in: Maksupalvelusopimuksista, S. 29.

873 KKO 1994:5; 1995:56, Helsingin HO 1.8.2001, T:2012; *Linna*, S. 38; *Mäkelä*, S. 105; *Hoppu/Hoppu*, S. 64; *Alenius*, S. 23; *Saarnilehto*, Edilex 2005, S. 19-20; *Kosonen*, S. 28; *Karhapää*, S. 13; *Portin* LM 1987, 391, 395; *Norokorpi*, S. 59.

874 BGH IHR 14, 16; LG Neubrandenburg IHR 2006, 26, 27; *Schmidt-Kessel/Meyer* IHR 2008, 177, 178; Bamberger/Roth Bd. 1/*Saenger* 2007, Art. 14 Rn 7; *Mittmann* IHR 2006, 103, 103.

875 BGH IHR 2002, 14, 16.

876 *Hellwege*, S. 370-371; Schlechtriem/Schwenzer/*Schmidt-Kessel* 2008, Art. 8 Rn 54.

oder ob ein konkludenter Hinweis genügt. Ebenso stellt ein Teil der Literatur lediglich fest, dass ein eindeutig erkennbarer Hinweis erforderlich ist, ohne die Anforderungen an den Hinweis genauer zu konkretisieren.[877] In der restlichen Literatur sind die konkreten Anforderungen an den Hinweis umstritten. Nach einer Meinung reicht es nicht aus, dass der Verwender seine AGB dem Angebot beifügt oder die AGB auf der Rückseite des Angebots abdruckt, ohne im Angebotstext ausdrücklich auf ihre Geltung hinzuweisen.[878] Die andere Meinung geht dagegen davon aus, dass ein konkludenter Hinweis genügt.[879]

Der letzteren Meinung ist beim unternehmerischen Geschäftsverkehr auf jeden Fall dann zu folgen, wenn der Verwender die AGB dem Angebot zwar kommentarlos aber derart beifügt, dass sie dem Empfänger direkt auffallen müssen.[880] Dies ergibt sich aus dem oben erwähnten Art. 8 II CISG, nach dem die Erklärungen und das sonstige Verhalten einer Partei so auszulegen sind, wie eine vernünftige Person der gleichen Art wie der Vertragspartner sie unter den gleichen Umständen aufgefasst hätte. Da die Anwendung der AGB im internationalen Geschäftsverkehr sehr üblich ist[881], muss ein vernünftiger Unternehmer verstehen, dass sein Vertragspartner die AGB in den Vertrag einbeziehen will, wenn er sie seinem Angebot auffällig beifügt. Dies könnte z.B. der Fall sein, wenn die AGB auf der Vorderseite des Angebots abgedruckt sind[882] oder dem Angebot als ein separates Dokument beigefügt sind. Hierbei ist es gleichgültig, ob das Angebot per Post oder per E-Mail übermittelt wird. Ohne Einbeziehungswillen wäre die Beifügung der AGB nämlich sinnlos. Im Einzelfall kann

---

877 Vgl. z.B. Honsell/*Dornis* 2010, Vorbem. 14-24 Rn 7; Staudinger CISG/*Magnus* 2005, Art. 14 Rn 41; *Piltz* NJW 2005 2126, 2128; MüKo HGB Bd. 6/*Ferrari* 2007, Art. 14 Rn 39; *Piltz* IHR 2004, 133, 134-135.

878 OLG Düsseldorf 30.1.2004, http://www.cisg-online.ch, case 821; *Hellwege*, S. 370; *Magnus*, in: FS Kritzer, S. 315-316; *Lohmann*, S. 212; MüKo Bd. 3/*Gruber* 2012, Art. 14 Rn 33; Schlechtriem/Schwenzer/*Schmidt-Kessel* 2008, Art. 8 Rn 54; *Achilles* 2000, Art. 14 Rn 6; *Drasch*, S. 8; in diesem Sinne wohl auch *Piltz* NJW 2007, 2159, 2161, nach dem ein eindeutiger Hinweis außerhalb der eigentlichen AGB in einer Sprache, auf die sich die andere Partei einlassen muss, erforderlich ist; noch weitergehend LG Trier IHR 2004, 115, 116, wonach eine von beiden Parteien unterzeichnete Bezugnahme auf die AGB erforderlich ist.

879 *Schultheiß*, S. 15; *Stadler*, S. 91; Honsell/*Schnyder/Straub* 1997, Art. 14 Rn 56; *Rudolph* 1996, Art. 14 Rn 7; *Teklote*, S. 116.

880 Vgl. *Schultheiß*, S. 15.

881 Vgl. Abschnitt 1.1 und 5; *Ventsch/Kluth* IHR 2003, 61, 61; *Schmidt-Kessel* NJW 2002, 3444, 3444.

882 Vgl. *Schultheiß*, S. 15.

jedoch eine gegenteilige Beurteilung, z.B. aufgrund des späteren Verhaltens des Anbietenden vor Vertragsschluss, begründet sein.[883]

Der bloße Abdruck der AGB auf der Rückseite des Angebots ist nicht gleichermaßen auffällig. Da die Auffassung eines vernünftigen Vertragspartners bezüglich der rückseitigen AGB zusätzlich wegen der unterschiedlichen Einbeziehungsvoraussetzungen in verschiedenen Ländern[884] variieren kann, kann eine Einzelfallbetrachtung begründet sein. Somit wäre aufgrund der gesamten Umstände des jeweiligen Falles zu entscheiden, ob der Abdruck auf der Rückseite des Angebots als konkludenter Hinweis genügt.[885]

Der Hinweis muss aus Anlass des beabsichtigten Vertragsabschlusses und bis zum Zeitpunkt des Vertragsabschlusses erfolgen.[886] Ein irgendwann ohne konkreten Bezug zu dem jeweiligen Vertrag erfolgter Hinweis lässt den Vertragspartner nicht genügend eindeutig erkennen, dass die AGB für den jeweiligen Vertrag gelten sollen.[887] Weiterhin hat ein nach dem Vertragsabschluss, z.B. in der Rechnung oder in dem Lieferschein, vorgenommener Hinweis grundsätzlich keine Bedeutung für den Inhalt des Vertrags, ohne dass der Empfänger darauf reagieren muss. Dagegen ist eine nachträgliche Einbeziehung von AGB nur aufgrund einer auf dem übereinstimmenden Willen der Parteien beruhenden Vertragsänderung im Sinne von Art. 29 CISG möglich. Deshalb reicht eine bloße Begleichung der Rechnung nicht aus, da die Pflicht zur Bezahlung schon aufgrund des ursprünglichen Vertrags besteht und die Bezahlung somit keinen Vertragsänderungswillen signalisiert.[888]

---

883 Vgl. Art. 8 III CISG und *Rudolph* 1996, Art. 14 Rn 7.

884 Vgl. *Teklote*, S. 111 und die Länderberichte in *Reithmann/Martiny*, S. 216-217 und in *Müller/Otto*.

885 Vgl. Schlechtriem/Schwenzer/*Schmidt-Kessel* 2008, Art. 8 Rn 54, der davon ausgeht, dass der bloße Abdruck der AGB auf der Rückseite unter Umständen nicht genügt.

886 LG Trier IHR 2004, 115, 116; *Magnus*, in: FS Kritzer, S. 324; *Schmidt-Kessel/Meyer* IHR 2008, 177, 179; Schlechtriem/Schwenzer/*Schlechtriem/Schroeter* 2008, Art. 14 Rn 59; *Piltz* NJW 2007, 2159, 2161; *Drasch*, S. 7.

887 *Piltz* IHR 2004, 133, 135; in diesem Sinne wohl auch LG Coburg IHR 2007, 117, 118, nach dem der Hinweis auf die AGB grundsätzlich während der Verhandlungen über den konkreten Vertrag erfolgen muss.

888 LG Trier IHR 2004, 115, 116; LG Neubrandenburg IHR 2006, 26, 28; Ontario Superior Court of Justice, 28.10.2005, http://www.cisg-online.ch, case 1139; *Magnus*, in: FS Kritzer, S. 324; *Schmidt-Kessel/Meyer* IHR 2008, 177, 179-180; Ferrari/Kieninger et al./*Mankowski* 2012, Vor Art. 14 Rn 27; *Mittmann* IHR 2006, 103, 105-106. Allerdings kann ein Hinweis in einer vor dem Vertragsschluss gesendeten „pro forma"-Rechnung ausreichend sein, soweit der Vertragspartner des AGB-Verwenders die Rechnung nicht bestritten hat (Schlechtriem/Schwenzer/*Schmidt-Kessel* 2008, Art. 8

6.2.3.2 Einverständnis des Vertragspartners mit der Geltung der AGB

Die Annahme eines Angebots kann nach allgemeinen Regeln sowohl ausdrücklich als auch konkludent, z.B. durch Entgegennahme der Leistung, erfolgen.[889] Das bloße Schweigen bedeutet keine Annahme.[890] Es ist jedoch nicht erforderlich, dass der Annehmende die Geltung der AGB gezielt bestätigt. Es wird vermutet, dass die Vertragsannahme in Kenntnis über die AGB erfolgt und somit auch die AGB betrifft. Die Vermutung wird jedoch widerlegt, wenn der Annehmende auf die eigenen AGB verweist oder in sonstiger Weise deutlich macht, dass er mit der Geltung der AGB des Verwenders nicht einverstanden ist.[891]

Eine vom Angebot abweichende Annahmeerklärung stellt gemäß Art. 19 I CISG eine Ablehnung des Angebots verbunden mit einem neuen Angebot dar. Hierbei muss jedoch berücksichtigt werden, dass jeder wörtliche Unterschied zwischen der Annahmeerklärung und dem Angebot bzw. zwischen den in ihnen in Bezug genommenen AGB nicht zugleich eine rechtlich relevante Abweichung ist. Wenn z.B. die Annahmeerklärung zusätzliche Bedingungen enthält, die inhaltlich den gesetzlichen Regelungen entsprechen, liegt keine rechtlich relevante Abweichung vor, da auch das Angebot diese immanent umfasst.[892] Somit muss erst mittels Auslegung nach Art. 8 CISG geklärt werden, ob die Annahmeerklärung tatsächlich von dem Angebot abweicht.

Wie schon in Abschnitt 6.1.3 erwähnt, stellt die abweichende Annahmeerklärung nach Art. 19 II CISG jedoch eine Annahme dar, falls sie die Bedingungen des Angebots nicht wesentlich ändert und der Anbietende nicht unverzüglich auf das Fehlen der Übereinstimmung reagiert. Art. 19 III CISG enthält eine beispielhafte Aufzählung von Merkmalen, bei deren vorliegen entsprechende Abweichungen oder Ergänzungen als wesentliche Änderungen anzusehen sind. Nach einhelliger Ansicht können auch Änderungen anderer Merkmale wesent-

---

Rn 54; Cámara Nacional de Apelaciones en lo Commercial, 14.10.1993, http://www.cisg-online.ch, case 87).

889 Vgl. Art. 18 I 1 CISG und Abschnitt 6.1.3; *Magnus*, in: FS Kritzer, S. 318; *Schillo* IHR 2003, 257, 161; *Jungemeyer* RIW 2010, 166, 167.

890 Vgl. die ausdrückliche Regelung im Art. 18 I 2 CISG.

891 *Magnus*, in: FS Kritzer, S. 318; *Piltz* IHR 2004, 133, 134 und 135-136; *Lohmann*, S. 221; *Holthausen* RIW 1989, 513, 517; vgl. auch *Ventsch/Kluth* IHR 2003, 61, 62 und 64-65.

892 *Van Alstine*, S. 198; *Achilles* 2000, Art. 19 Rn 1; *Kröll/Hennecke* RIW 2001, 736, 736; *Hammerschmidt*, S. 40-41; vgl. aber auch Staudinger CISG/*Magnus* 2005, Art. 19 Rn 19, der in einer solchen Klausel eine unwesentliche Abweichung sieht. Allerdings führt dies in der Praxis aufgrund Art. 19 II CISG meist zu keinen konkreten Unterschieden.

lich sein.[893] Dagegen ist es umstritten, ob es sich bezüglich der erwähnten Merkmale um eine unwiderlegbare Vermutung einer wesentlichen Änderung oder lediglich um eine abdingbare Qualifizierung handelt.

Die herrschende Ansicht geht zu Recht davon aus, dass die Vermutung des Art. 19 III CISG entsprechend der Autonomie der Parteien widerlegbar ist, soweit ein diesbezüglicher Wille der Parteien aus einer stillschweigenden Abrede oder einer entsprechenden Parteigepflogenheit hervorgeht.[894] In solchen Fällen ist eine Änderung der in Art. 19 III CISG aufgezählten Punkte als unwesentlich anzusehen. Somit ist in der Praxis in jedem Einzelfall zu untersuchen, ob eine wesentliche oder unwesentliche Änderung vorliegt.

Dementsprechend ist hinsichtlich der (erstmaligen) Verweisung auf die AGB in der Annahmeerklärung anhand des Inhalts der AGB zu untersuchen, ob der Hinweis auf die AGB als wesentliche Änderung des Angebots anzusehen ist oder ob der Vertrag nach Art. 19 II CISG direkt aufgrund der Annahmeerklärung zustande kommt.[895] Eine Abweichung oder Ergänzung kann z.B. deswegen unwesentlich sein, da sie den Vorverhandlungen[896] oder Parteigepflogenheiten[897]

---

893 Dies ergibt sich schon aus dem Wortlaut des Artikels, nach dem „insbesondere" Klauseln über die erwähnten Inhalte als wesentliche Änderungen anzusehen sind. Dies entspricht auch der in der Literatur vertretenen Ansicht (Ferrari/Kieninger et al./*Mankowski* 2012, Art. 19 Rn 17; *Schwenzer/Mohs* IHR 2006, 239, 243; Staudinger CISG/*Magnus* 2005, Art. 19 Rn 19; *Kröll/Hennecke* RIW 2001, 736, 739; *Ventsch/Kluth* IHR 2003, 61, 63; Honsell/*Dornis* 2010, Art. 19 Rn 11; *Väinölä*, S. 31). Weiterhin wurde dies während der Vorbereitungsarbeiten des UN-Kaufrechts bestätigt (vgl. Secretariat Commentary Art. 17 (jetzige 19) No 7. im Internet abrufbar unter www.cisg.law.pace.edu/cisg/text/secomm/secomm-19.html, Stand 29.2.2012).

894 Schlechtriem/Schwenzer/*Schlechtriem/Schroeter* 2008, Art. 19 Rn 8b; Bamberger/Roth Bd. 1/*Saenger* 2007, Art. 19 Rn 5; *Schwenzer/Mohs* IHR 2006, 239, 243; Staudinger CISG/*Magnus* 2005, Art. 19 Rn 16; *Sevón* JFT 2006, 431, 434; *Väinölä*, S. 32-33; *Hammerschmidt*, S. 54; *Kröll/Hennecke* RIW 2001, 736, 738; *Achilles* 2000, Art. 19 Rn 2; Honsell/*Dornis* 2010, Art. 19 Rn 11; *Van Alstine*, S. 200-201; OGH 20.3.1997, http://www.cisg-online.ch, case 269; aA MüKo Bd. 3/*Gruber* 2012, Art. 19 Rn 7; *Herber/Czerwenka* 1991, Art. 19 Rn 11; Enderlein/Maskow/Strohbach/*Enderlein* 1991, Art. 19 Rn 8.

895 Vgl. MüKo Bd. 3/*Gruber* 2012, Art. 19 Rn 26; Ferrari/Kieninger et al./*Mankowski* 2012, Art. 19 Rn 38; Staudinger CISG/*Magnus* 2005, Art. 19 Rn 21; *Hammerschmidt*, S. 55; Witz/Salger/Lorenz/*Witz* 2000, Art. 19 Rn 11; *Kühl/Hingst*, in: FS Herber, S. 55-56; Honsell/*Dornis* 2010, Art. 19 Rn 38; *Herber/Czerwenka* 1991, Art. 19 Rn 18; vgl. auch *Hesse*, S. 61.

896 Schlechtriem/Schwenzer/*Schlechtriem/Schroeter* 2008, Art. 19 Rn 8b.

897 OGH 20.3.1997, http://www.cisg-online.ch, case 269; Staudinger CISG/*Magnus* 2005, Art. 19 Rn 16; *Achilles* 2000, Art. 19 Rn 2; Honsell/*Dornis* 2010, Art. 19 Rn 11.

entspricht oder sie den Vertragspartner des Verwenders begünstigt[898] oder lediglich formale Abweichungen aufweist[899].

In der Praxis sind Fälle, in denen die in der Annahmeerklärung erstmalig in Bezug genommenen AGB keine wesentlichen Abweichungen enthalten, jedoch sehr selten.[900] Dies ergibt sich daraus, dass die AGB normalerweise auf die Interessenlage des Verwenders zugeschnitten sind und versuchen seine Stellung zu verbessern.[901] Somit kommt die Anwendung des Art. 19 II CISG in der Regel nicht in Betracht, sondern die Annahmeerklärung stellt ein neues Angebot dar. Daher kommt der Vertrag erst zustande, wenn der ursprüngliche Anbietende das neue Angebot annimmt. Somit führt diese Ansicht nur selten zu einem anderen Ergebnis als die andere Ansicht, nach der in der erstmaligen Bezugnahme auf die AGB in der Annahmeerklärung immer eine wesentliche Abweichung vom Angebot zu sehen ist, die die Anwendung des Art. 19 II CISG von vornherein ausschließt.[902]

6.2.3.3 Möglichkeit zumutbarer Kenntnisnahme

Auch nach dem UN-Kaufrecht muss der Vertragspartner die Möglichkeit haben, in zumutbarer Weise von den AGB Kenntnis zu nehmen. Nach der herrschenden Ansicht besteht die Möglichkeit zumutbarer Kenntnisnahme bei der einzelvertraglichen Einbeziehung von AGB lediglich dann, wenn der Verwender den Text der AGB dem Vertragspartner übersendet oder anderweitig zugänglich macht, bevor dieser die Annahme erklärt.[903] Es reicht also nicht aus, dass der

---

898 OGH 20.3.1997, http://www.cisg-online.ch, case 269; *Brunner* 2004, Art. 19 Rn 3; MüKo HGB Bd. 6/*Ferrari* 2007, Art. 19 Rn 13.

899 Honsell/*Dornis* 2010, Art. 19 Rn 38.

900 Vgl. *Piltz,* Internationales Kaufrecht, S. 136; *Kühl/Hingst*, in: FS Herber, S. 56; *Stadie/Nietzer* MDR 2002, 428, 431; *Detzer/Thamm* BB 1992, 2369, 2371; vgl. auch *Holthausen* RIW 1989, 513, 517; *Piltz* NJW 2011, 2261, 2263.

901 Vgl. Abschnitt 1.1, 6.2.1.1 und 6.2.2.2.

902 Schlechtriem/Schwenzer/*Schlechtriem/Schroeter* 2008, Art. 19 Rn 9; *Piltz* IHR 2004, 133, 136; *Kröll/Hennecke* RIW 2001, 736, 739; *Teklote*, S. 146; *Wittmann* CR 1989, 1078, 1083.

903 BGH IHR 2002, 14, 16; LG Aachen IHR 2011, 82, 85; OLG Frankfurt IHR 2010, 250, 253; OLG Oldenburg IHR 2008, 112, 117; OLG München IHR 2009, 201; OLG Celle RIW 2010, 164, 165-166; OLG Thüringen 10.11.2010, http://www.cisg-online.ch, case 2216; LG Neubrandenburg IHR 2006, 26, 27; OLG Düsseldorf 21.4.2004, http://www.cisg-online.ch, case 915; OLG Düsseldorf 25.7.2003, http://www.cisg-online.ch, case 919; Rechtbank van Koophandel Kortrijk IHR 2005, 114, 115; OLG Düsseldorf 15.2.2001, http://www.cisg-online.ch, case 658; *Hesse*, S. 59; Wolf/Lindacher/Pfeiffer/*Hau* 2009, IntGV Rn 73; *von Bodungen/ Schnell* BB 2011, 468; *Großkopf* IHR 2009, 204, 204; Graf von Westphalen/Thüsing/*Graf von Westphalen*, Vertragsrecht – Ver-

Vertragspartner die Möglichkeit hat, sich selbst Kenntnis über den Inhalt der AGB zu verschaffen. Der Vertragspartner muss daher nicht etwa die AGB anfordern, sondern es besteht vielmehr eine Kenntnisverschaffungspflicht des Verwenders. Somit reicht das Angebot des AGB-Verwenders nicht aus, den Text der AGB auf Wunsch kostenlos zur Verfügung zu stellen.[904]

Nach der Gegenansicht ist eine generelle Kenntnisverschaffungspflicht des AGB-Verwenders abzulehnen.[905] Dagegen soll ein schlichter Hinweis auf die AGB grundsätzlich genügen. Dies setzt allerdings voraus, dass der Hinweis so

---

tragsabschlussklauseln Rn 73; *Magnus*, in: FS Kritzer, S. 320; Ferrari/Kieninger et al./*Mankowski* 2012, Vor Art. 14 Rn 28; *Stürner*, in: AGB im Spannungsfeld, S. 158; Staudinger CISG/*Magnus* 2005, Art. 14 Rn 41; Schlechtriem/Schwenzer/*Schlechtriem/Schroeter* 2008, Art. 14 Rn 40; MüKo Bd. 3/*Westermann* 2012, Art. 4 Rn 5; MüKo Bd. 3/*Gruber* 2012, Art. 14 Rn 29; Kronke/Melis/Schnyder/*Benicke* 2005, Teil B Rn 216; *Piltz* NJW 2007, 2159, 2161; MüKo HGB Bd. 6/*Ferrari* 2007, Art. 14 Rn 39; Palandt/*Grüneberg* 2012, § 305 Rn 53; Bamberger/Roth Bd. 1/*Saenger* 2007, Art. 14 Rn 7; *Güllemann*, S. 149; *Handorn*, S. 21; *Brunner* 2004, Art. 4 Rn 41; *Sauthoff* IHR 2005, 21, 22; *Schwenzer/Mohs* IHR 2006, 239, 241; *Lohmann*, S. 215; *Schultheiß*, S. 14; *Magnus* ZEuP 2006, 96, 113; *Berger* ZGS 2004, 415, 416; *Piltz* IHR 2004, 133, 134; *Janssen* IHR 2004, 194, 199; *Schillo* IHR 2003, 257, 261; *Ventsch/Kluth* IHR 2003 61, 62 und 65; *Piltz* NJW 2003, 2056, 2060; *Magnus* ZEuP 2002, 523, 532; *Hennemann*, S. 74; Witz/Salger/Lorenz/*Witz* 2000, vor Artt. 14-24 Rn 12; *Achilles* 2000, Art. 24 Rn 7; *Drasch*, S. 7-8; *Huber/Sundström* DL 1997, 747, 752; *Frense*, S. 45; Soergel Bd. 13/*Lüderitz/Fenge* 2000, Art. 14 Rn 10; Honsell/*Schnyder/Straub* 1997, Art. 14 Rn 57; zustimmend auch *Mittmann* IHR 2006, 103, 105-106, obwohl er die von der herrschenden Ansicht aufgeführten Begründungen ablehnt und die Kenntnisverschaffungspflicht des AGB-Verwenders lediglich daraus ableitet, dass die AGB „nur dann Vertragsinhalt werden, wenn ihr Inhalt (und nicht nur die Erklärung ihrer Einbeziehung) Bestandteil des Angebots ist"; teilweise kritisch, aber im Großen und Ganzen zum gleichen Ergebnis kommend Honsell/*Dornis* 2010, Vorbem. 14-24 Rn 8 und 10.

904 OLG München IHR 2009, 201; OLG Thüringen 10.11.2010, http://www.cisg-online.ch, case 2216; *Jungemeyer* RIW 2010, 166, 166-167; MüKo Bd. 3/*Gruber* 2012, Art. 14 Rn 29; Schlechtriem/Schwenzer/*Schlechtriem/Schroeter* 2008, Art. 14 Rn 55; Staudinger CISG/*Magnus* 2005, Art. 14 Rn 41; *Hesse*, S. 60; *Achilles* 2000, Art. 24 Rn 7-8; *Van Alstine*, S. 194; aA LG Coburg IHR 2007, 118, 119, das darauf hinweist, dass die AGB auf Anfrage erhältlich waren.

905 OGH 6.2.1996, http://www.cisg-online.ch, case 224; OGH 17.12.2003, http://www.cisg-online.ch, case 828; OLG Zweibrücken 31.3.1998, http://www.cisg-online.ch, case 481; *Schmidt-Kessel/Meyer* IHR 2008, 177, 178; *Kindler*, in: FS Heldrich, S. 233; *Berger*, in: FS Horn, S. 17; Schlechtriem/Schwenzer/*Schmidt-Kessel* 2008, Art. 8 Rn 53; *Stadler*, S. 94-95 und 222; *Schmidt-Kessel* NJW 2002, 3444, 3445-3446; *Sistermann*, S. 44; kritisch auch: *Pötter/Hübner* EWiR 2002, 339, 339-340; *Berger*, in: AGB und Vertragsgestaltung, S. 34.

deutlich ist, dass ein vernünftiger Vertragspartner ihn als Ausdruck des Einbeziehungswillens versteht und dass der Vertragspartner die Möglichkeit hat, sich in zumutbarer Weise Kenntnis von dem Inhalt der AGB zu verschaffen. Dabei ist es nicht unzumutbar, dass der Vertragspartner die AGB selbst anfragen muss.[906] Somit entspricht dieser Ansatz dem unvereinheitlichten deutschen Recht.

Die Gegenansicht wird durch die schwere Vereinbarkeit der herrschenden Ansicht mit dem Grundsatz der Erleichterung des internationalen Handels durch ein liberales einheitliches Vertragsrecht und durch das abgeschwächte Schutzbedürfnis von Unternehmen begründet.[907] Hierbei wird besonders auf die tendenziell geringere Schutzbedürftigkeit der am internationalen Geschäftsverkehr Teilnehmenden im Vergleich zu denjenigen, die sich auf reine Inlandsgeschäfte beschränken, hingewiesen.[908] Außerdem kritisieren die Vertreter der Gegenansicht den BGH wegen der Nichtberücksichtigung (abweichender) ausländischer Entscheidungen, was einen Verstoß gegen das Gebot einheitlicher Auslegung (Art. 7 I CISG) darstellt, sowie wegen der daraus folgenden Rechtsunsicherheit.[909]

Jedoch wird die Kenntnisverschaffungspflicht des AGB-Verwenders gerade durch den internationalen Charakter der unter das UN-Kaufrecht fallenden Geschäfte begründet.[910] Der BGH hat zu Recht aufgeführt, dass AGB im internationalen Geschäftsverkehr auch innerhalb einer Branche viel häufiger als im nationalen Geschäftsverkehr erheblich unterschiedlich ausgestaltet sind. Daher hat

---

906 Schlechtriem/Schwenzer/*Schmidt-Kessel* 2008, Art. 8 Rn 53; *Kindler*, in: FS Heldrich, S. 229 und 233.

907 *Stadler*, S. 94 und 222; *Schmidt-Kessel* NJW 2002, 3444, 3445-3446; *Berger*, in: AGB und Vertragsgestaltung, S. 34.

908 *Berger*, in: FS Horn, S. 6-7; Wolf/Lindacher/Pfeiffer/*Hau* 2009, IntGV Rn 57; aA wohl Ulmer/Brandner/Hensen/*Schmidt* 2011, Anh. § 305 Rn 33-34, nach dem im internationalen Geschäftsverkehr kein Raum für eine generelle Modifikation der Prüfungsmaßstäbe des § 307 BGB ist.

909 *Schmidt-Kessel/Meyer* IHR 2008, 177, 178; *Kindler*, in: FS Heldrich, S. 233. Die Nichtberücksichtigung ausländischer Entscheidungen ist allerdings kein spezifisches Problem des BGH; die gleichen Vorwürfe können auch anderen ausländischen Gerichten gemacht werden, da diese ebenfalls die Entscheidungen der Gerichte anderer Länder, wie die des BGH, nicht berücksichtigen. Vgl. *Janssen* IHR 2004, 194, 199, der darauf hinweist, dass das niederländische Gericht Hof's-Hertogenbosch das hier besprochene Urteil des BGH hätte berücksichtigen müssen. Somit geht es hierbei um eine der allgemeinen Herausforderungen des UN-Kaufrechts (vgl. auch Abschnitt 4.3).

910 Vgl. BGH IHR 2002, 14, 16; OLG Celle RIW 2010, 164, 166; Ferrari/Kieninger et al./*Mankowski* 2012, Vor Art. 14 Rn 28; *Piltz* IHR 2004, 133, 136; *Huber/Kröll* IPRax 2003, 309, 311; *Ventsch/Kluth* IHR 2003, 61, 62; *Hennemann*, S. 74.

der Vertragspartner häufig keine näheren Vorstellungen über den Inhalt der ausländischen AGB.[911] Ist der Inhalt der AGB nicht absehbar und die Kriterien der Inhaltskontrolle nicht bekannt bzw. eine Inhaltskontrolle nicht gewährleistet, ist es dem Vertragspartner besonders wichtig, die AGB im Voraus zur Kenntnis zu nehmen und im Einzelnen zu beurteilen.[912]

Aus diesem Grund ist zu vermuten, dass (zumindest ein erfahrener) Vertragspartner im internationalen Geschäftsverkehr die AGB in den meisten Fällen verlangen würde. Durch die Erkundigungsobliegenheit des Vertragspartners könnte es dann zu Verzögerungen beim Vertragsabschluss kommen.[913] Die von der Gegenansicht vorgetragene Begründung, dass der Verkäufer die mögliche Verzögerung bewusst in Kauf nimmt, wenn er lediglich auf seine AGB hinweist, ohne sie dem Angebot beizufügen,[914] überzeugt nicht, da sie das Interesse des Käufers an einem raschen Vertragsabschluss in Kenntnis aller geltenden Vertragsbestimmungen nicht berücksichtigt. Der Vertragspartner hätte nur die Wahl, entweder eine Verzögerung bei der Abwicklung des gegebenenfalls für ihn dringenden Geschäfts in Kauf zu nehmen oder sich auf die AGB einzulassen, ohne deren Inhalt zu kennen.[915]

---

911 BGH IHR 2002, 14, 16; OLG Celle RIW 2010, 164, 166; OLG Thüringen 10.11.2010, http://www.cisg-online.ch, case 2216; LG Neubrandenburg IHR 2006, 26, 27-28; *Jungemeyer* RIW 2010, 166, 167; Honsell/*Dornis* 2010, Vorbem. 14-24 Rn 8; MüKo Bd. 3/*Gruber* 2012, Art. 14 Rn 29; Kronke/Melis/Schnyder/*Benicke* 2005, Teil B Rn 216; *Janssen* IHR 2004, 194, 200; *Huber/Kröll* IPRax 2003, 309, 311; *Drasch*, S. 6-7; *Teklote*, S. 114; aA *Berger*, in: FS Horn, S. 9.

912 Vgl. Kronke/Melis/Schnyder/*Benicke* 2005, Teil B Rn 216.

913 BGH IHR 2002, 14, 16; OLG Düsseldorf 25.7.2003, http://www.cisg-online.ch, case 919; Wolf/Lindacher/Pfeiffer/*Hau* 2009, IntGV Rn 73; *Schultheiß*, S. 14; *Lohmann*, S. 217; aA *Berger*, in: FS Horn, S. 13, wonach „es nicht eine Aufgabe der Rechtsprechung sein kann, den Parteien vorzuschreiben, wie sie eine Verlangsamung oder Beschleunigung ihrer Geschäfte erreichen". Folgt man dieser Ansicht, kann der AGB-Verwender den Geschäftsabschluss deutlich verlangsamen, in dem er die AGB nicht unmittelbar nach der Erkundigung durch den Vertragspartner übersendet und dazu den langsamen Postweg nutzt anstatt den elektronischen Weg zu nutzen. Dies erscheint in Hinblick auf die Interessen des Vertragspartners und auf die Wahrung des guten Glaubens im internationalen Geschäftsverkehr nicht für begründet.

914 *Kindler*, in: FS Heldrich, S. 230; *Schmidt-Kessel* NJW 2002, 3444, 3445.

915 Vgl. *Hennemann*, S. 74. Aus diesem Grund ist auch der Ansicht von *Dornis* (Honsell/*Dornis* 2010, Vorbem. 14-24 Rn 8), dass vielmehr die Textverschaffungspflicht in bestimmten Fällen, wie beim Vertragsschluss am Telefon, zu Verzögerungen führt und dass ein zügiger Vertragsschluss stattdessen bei Einbeziehung der unbekannten AGB gewährleistet ist, nicht zu folgen, obwohl die Argumentation zum Teil Stand hält. Da die AGB im Zeitalter des Internets auch während des Telefonats aufgrund eines münd-

Dagegen kann der Verwender die (in aller Regel für ihn vorteilhaften) AGB, die er in den Vertrag einbeziehen will, seinem Angebot meist problemlos und ohne wesentliche Belastung beifügen.[916] Außerdem folgt aus dem Grundsatz von Treu und Glauben, dass jede Partei für die Vollständigkeit ihrer Erklärung zu sorgen hat.[917] Vor allem gilt dies in Bezug auf AGB, da deren Einbeziehung in der Regel ausschließlich im Interesse des Verwenders liegt.[918] Somit widerspräche es dem Grundsatz des guten Glaubens im internationalen Handel (Art. 7 CISG) sowie der daraus abgeleiteten allgemeinen Kooperations- und Informationspflicht der Vertragsparteien, dem Vertragspartner eine Erkundigungsobliegenheit hinsichtlich der nicht übersandten AGB aufzuerlegen.[919] Daher kann die Auffassung der Gegenansicht, nach der der Verwender mit dem Hinweis auf die AGB das Seinige getan hat und es zu den Pflichten des Vertragspartners gehört, sich über den Inhalt der AGB zu erkundigen,[920] nicht zugestimmt werden.

Hinzu kommt noch, dass zwei unterschiedliche Unternehmen die Bedeutung des gleichen Hinweises auf die AGB unterschiedlich bewerten können. Dies kann vor allem vorkommen, sofern die Unternehmen im internationalen Geschäftsverkehr nicht besonders erfahren sind und die ihnen bekannten diesbezüglichen nationalen Regelungen sehr unterschiedlich ausfallen. Somit ist die Sachlage beim internationalen Geschäftsverkehr komplizierter als beim nationalen Geschäftsverkehr. Deshalb dient die Kenntnisverschaffungspflicht des AGB-Verwenders der Rechtssicherheit und Rechtsklarheit.[921]

Zusätzlich wird die Kenntnisverschaffungspflicht des AGB-Verwenders damit begründet, dass sich der Verzicht auf eine Kenntnisverschaffungspflicht aus der Existenz der Inhaltskontrolle rechtfertigt und dass eine entsprechende

---

lich ermittelten Links abgerufen werden können, ist die Verzögerung anlässlich der Kenntnisverschaffungspflicht in den meisten Fällen sehr gering.

916 BGH IHR 2002, 14, 16; MüKo Bd. 3/*Gruber* 2012, Art. 14 Rn 29; Ferrari/Kieninger et al./*Mankowski* 2012, Vor Art. 14 Rn 30; Kronke/Melis/Schnyder/*Benicke* 2005, Teil B Rn 216; *Schultheiß*, S. 14; *Janssen* IHR 2004, 194, 199; *Ventsch/Kluth* IHR 2003, 61, 63.

917 *Hellwege*, S. 416; *Teklote*, S. 114; vgl. auch *Drasch*, S. 27; BGH NJW 1999, 1702, 1703.

918 *Magnus*, in: FS Kritzer, S. 320; OLG Thüringen 10.11.2010, http://www.cisg-online.ch, case 2216; vgl. auch Abschnitt 1.1, 6.2.2.3 und 6.2.3.2.

919 BGH IHR 2002, 14, 16; OLG Celle RIW 2010, 164, 166; LG Neubrandenburg IHR 2006, 26, 28; Ferrari/Kieninger et al./*Mankowski* 2012, Vor Art. 14 Rn 28; Wolf/Lindacher/Pfeiffer/*Hau* 2009, IntGV Rn 73; MüKo HGB Bd. 6/*Ferrari* 2007, Art. 14 Rn 39; Staudinger CISG/*Magnus* 2005, Art. 7 Rn 47-48; *Brunner* 2004, Art. 4 Rn 41; *Koller*, in: FS Honsell, S. 238.

920 *Kindler*, in: FS Heldrich, S. 230.

921 Vgl. *Schultheiß*, S. 14.

Inhaltskontrolle nicht in allen nationalen Rechten gewährleistet ist. Somit garantiere die Kenntnisverschaffungspflicht einen gewissen Mindestschutz.[922]

Die zuletzt erwähnte Begründung ist verständlich, da das AGB-Recht in nationalen Rechtssystemen eine Gesamtheit bildet. Somit balancieren sich die Einbeziehungskontrolle und die Inhaltskontrolle innerhalb eines nationalen Rechts aus, obwohl die Gewichtung zwischen diesen Kontrollmethoden von Land zu Land unterschiedlich sein kann.[923] Wenn die Einbeziehungskontrolle dagegen nach den Maßstäben des UN-Kaufrechts erfolgt, fehlt diese natürliche Ausbalancierung, da die Anforderungen der Einbeziehung und der Inhaltskontrolle nicht mehr nach dem gleichen Rechtssystem definiert werden und somit keine Gesamtheit bilden. Somit könnte das Gesamtkontrollniveau sehr niedrig ausfallen, wenn die Einbeziehungsanforderungen des UN-Kaufrechts gering wären und das subsidiär anwendbare nationale Recht entweder keine oder nur eine schwache Inhaltskontrolle beinhalten würde, wie z.B. das schweizerische Recht.[924]

Jedoch ist die Begründung insofern problematisch, als die Einbeziehungsanforderungen als Ersatz für die möglicherweise fehlende Inhaltkontrolle nach dem subsidiär anwendbaren nationalen Recht verwendet werden. Soweit die Einbeziehungsanforderungen mit Blick auf den Inhalt der AGB oder auf die fehlende Inhaltskontrolle festgelegt werden, handelt es sich um eine „verdeckte Inhaltskontrolle". Dies lässt sich nicht mit dem UN-Kaufrecht vereinbaren, da das UN-Kaufrecht durch Art. 4 Satz 2 lit. a) CISG bewusst auf Gültigkeitsbestimmungen verzichtet. Daher sollen solche auch nicht verdeckt eingeführt werden.[925]

---

922 Wolf/Lindacher/Pfeiffer/*Hau* 2009, IntGV Rn 73; Soergel Bd. 13/*Lüderitz/Fenge* 2000, Art. 14 Rn 10; *Janssen* IHR 2004, 194, 200; *Lohmann*, S. 215-216; in diesem Sinne auch BGH IHR 2002, 14, 16; OLG Thüringen 10.11.2010, http://www.cisg-online.ch, case 2216; LG Neubrandenburg IHR 2006, 26, 28.

923 Genauer siehe Abschnitt 1.1 und den Exkurs bezüglich der Allgemeinen Inhaltskontrolle unter Abschnitt 11.2.

924 *Koller*, in: FS Honsell, S. 244-245, der es aus diesem Grund für wünschenswert hält, dass eine Inhaltskontrolle in das schweizerische Recht eingeführt wird.

925 *Schmidt-Kessel* NJW 2002, 3444, 3445; *Mittmann* IHR 2006, 103, 105; *Berger*, in: FS Horn, S. 12-13; *Stadler*, S. 94-95; vgl. auch *Frense*, S. 44-45; vgl. weiterhin auch Ferrari/Kieninger et al./*Mankowski* 2012, Vor Art. 14 Rn 29, der die Ansicht vertritt, dass es kein Argument darstellt, dass das UN-Kaufrecht selbst keine Inhaltskontrolle anordnet. Dagegen beruft er sich als Begründung für die strengen Einbeziehungsanforderungen auf den Vereinheitlichungszweck des UN-Kaufrechts, der gefährdet werden würde, wenn die Inhaltskontrolle aufgrund der niedrigen Einbeziehungsschwelle häufiger maßgeblich wäre (in diesem Sinne auch OLG Düsseldorf 21.4.2004, http://www.cisg-online.ch, case 915).

Allerdings ist es nicht notwendig, die fehlende Inhaltskontrolle als Begründung für die im Vergleich zu dem unvereinheitlichten deutschen Recht höheren Einbeziehungsanforderungen heranzuziehen. Vielmehr rechtfertigen die Internationalität des Sachverhalts und die Unterschiede der nationalen Rechtsordnungen, die sowohl die Einbeziehungsanforderungen als auch die Rechte und Pflichten der Vertragsparteien betreffen, unmittelbar die höheren Anforderungen an die Einbeziehung von AGB nach dem UN-Kaufrecht. Dies ist darauf zurückzuführen, dass es den von ihrer eigenen Rechtsordnung geprägten Vertragsparteien kaum möglich ist, ohne Vorliegen der AGB abzusehen, auf welche Regelungen sie sich einlassen.[926]

Letztlich verweist der BGH darauf, dass es gemäß Art. 1 III CISG unerheblich ist, ob die Vertragsparteien „Kaufleute oder Nichtkaufleute“ sind.[927] Zwar stellt Art. 2 lit. a) CISG fest, dass das UN-Kaufrecht keine Anwendung findet, wenn die Ware für den persönlichen Gebrauch oder den Gebrauch in der Familie oder im Haushalt gekauft wird. Dies gilt jedoch nicht, wenn der Verkäufer weder wusste noch wissen musste, dass die Ware für einen solchen Gebrauch gekauft wird.[928] Daher ist es möglich, dass das UN-Kaufrecht auch für Verbrauchergeschäfte[929] angewendet wird, obwohl dies lediglich in Ausnahmefällen der Fall sein wird. Somit würden bei weniger hohen Anforderungen an die Einbeziehung von AGB auch Nichtkaufleute der Erkundigungsobliegenheit unterworfen. Daher will der BGH „im Interesse einer praxisnahen Rechtsanwendung sowie zur Vermeidung einer Schlechterstellung des nicht unternehmerisch tätigen

926 Ferrari/Kieninger et al./*Mankowski* 2012, Vor Art. 14 Rn 28; *Ventsch/Kluth* IHR 2003, 61, 62; vgl. auch BGH IHR 2002, 14, 16, in dem diese Gründe betont werden.

927 BGH IHR 2002, 14, 16; so auch OLG Celle RIW 2010, 164, 166; vgl. auch OLG Hamm IHR 2010, 59, 61.

928 Dies unterscheidet sich z.B. von dem deutschen und dem finnischen Recht, die nicht verlangen, dass der Verkäufer den beabsichtigten persönlichen Gebrauch der Ware kennt oder kennen muss, um das Geschäft als Verbrauchergeschäft zu qualifizieren. Allerdings trägt der Verkäufer die Beweislast dafür, dass er den privaten Verwendungszweck weder kannte noch erkennen konnte (OLG Hamm NJW-RR 2010, 708, 708-709; *Piltz* NJW 2011, 2261, 2262; *Magnus* ZEuP 2010, 881, 891; MüKo HGB Bd. 6/*Benicke* 2007, Art. 2 Rn 24).

929 Hierbei ist zu bemerken, dass es sich im Sinne des UN-Kaufrechts lediglich dann um ein Verbrauchergeschäft handelt, wenn die Ware im Wesentlichen nur zu privaten Zwecken genutzt wird. Nach der herrschenden Ansicht genügt schon eine zusätzliche, nicht ganz untergeordnete gewerbliche/berufliche Nutzung, um den Ausschluss des UN-Kaufrechts gemäß Art. 2 lit a) CISG zu verneinen (*Magnus* ZEuP 2010, 881, 887-888; MüKo HGB Bd. 6/*Benicke* 2007, Art. 2 Rn 4; Schlechtriem/Schwenzer/*Ferrari* 2008, Art. 2 Rn 12; Ferrari/Kieninger et al./*Saenger* 2012, Art. 2 Rn 3; *Hilberg*, S. 112; *Achilles* 2000, Art. 2 Rn 2; KKO 2005:114).

Vertragspartners“ alle dem UN-Kaufrecht unterliegenden Verträge den einheitlichen (strengeren) Einbeziehungsanforderungen unterstellen.[930]

Die Vertreter der Gegenansicht werfen dem BGH zutreffend vor, dass unter das UN-Kaufrecht fallende verdeckte grenzüberschreitende Verbraucherverträge in der Praxis sehr selten sind.[931] Daher erscheint es nicht begründet, die Einbeziehungsanforderungen im Allgemeinen an die Schutzbedürftigkeit der Verbraucher zu knüpfen. Vor allem gilt dies, da das UN-Kaufrecht für den internationalen Handelsverkehr erstellt worden ist und deshalb handelsrechtlich zu verstehen ist.[932] Des Weiteren eröffnet das UN-Kaufrecht selbst die Möglichkeit zu Wertungsspielräumen, in dem es nach Art. 8 II CISG eine „vernünftige Person der gleichen Art“ wie der Erklärungsempfänger als Maßstab für die Auslegung der Parteierklärungen festlegt.[933] Somit kann auch die Tatsache, dass der Vertragspartner ein Verbraucher ist, berücksichtigt werden.[934] Aus diesen Gründen überzeugt diese Argumentation des BGH nicht.

Obwohl alle zur Unterstützung der herrschenden Ansicht vorgetragenen Begründungen nicht gleichermaßen überzeugend sind, lässt sich zusammenfassend feststellen, dass in Bezug auf das Ziel und die Systematik des UN-Kaufrechts

930 BGH IHR 2002, 14, 16; *Magnus* ZEuP 2002, 523, 532; *Berger*, in: AGB und Vertragsgestaltung, S. 34; *Huber/Kröll* IPRax 2003, 309, 311; vgl. auch Schlechtriem/Schwenzer/*Ferrari* 2008, Art. 2 Rn 24.

931 *Kindler*, in: FS Heldrich, S. 231; vgl. auch *Stadler*, S. 94; vgl. weiterhin auch *Stadie/Nietzer* MDR 2002, 428, 429, wonach der Anwendungsbereich des UN-Kaufrechts faktisch auf den kaufmännischen Bereich reduziert ist. Dagegen ist die von *Kindler* vorgebrachte Begründung, dass das UN-Kaufrecht aufgrund Art. 4 Satz 2 lit. a) CISG „hinsichtlich der wichtigsten und einschneidendsten Rechtsfolgen des Verbraucherrechts“, nämlich der Inhaltskontrolle, zugunsten des subsidiär anwendbaren nationalen Recht zurücktritt, abzulehnen. Obwohl es im deutschen Recht und wegen der Richtlinie 93/13/EWG des Rates vom 5. April 1993 über missbräuchliche Klauseln in Verbraucherverträgen (EG-Verbrauchsgüterrichtlinie) auch in den anderen europäischen Rechtsordnungen eine Inhaltskontrolle in Bezug auf Verbraucherverträge gibt, kann dies bei außereuropäischen Mitgliedstaaten des UN-Kaufrechts anders sein. Somit kann das Verlangen nach lockereren Einbeziehungsanforderungen nicht dadurch begründet werden, dass die Verbraucher sowieso durch eine Inhaltskontrolle geschützt werden.

932 Vgl. *Stadler*, S. 94; *Kindler*, in: FS Heldrich, S. 232.

933 *Berger*, in: FS Horn, S. 17; *Kindler*, in: FS Heldrich, S. 232; *Pötter/Hübner* EWiR 2002, 339, 340; Schlechtriem/Schwenzer/*Schmidt-Kessel* 2008, Art. 8 Rn 53.

934 *Berger*, in: FS Horn, S. 17; *Kindler*, in: FS Heldrich, S. 232; *Pötter/Hübner* EWiR 2002, 339, 340; vgl. aber auch *Schmidt-Kessel* NJW 2002, 3444, 3445, nach dem das UN-Kaufrecht keine Unterscheidung zwischen unternehmerisch und nicht unternehmerisch tätigen Vertragspartnern kennt und der BGH sich somit auf eine von dem UN-Kaufrecht abgelehnte Unterscheidung stützt.

die besseren Gründe für die herrschende Ansicht sprechen. Vor allem folgt dieses Ergebnis aus der Erleichterung des internationalen Warenverkehrs und aus der gerechteren Risikoteilung im internationalen Geschäftsverkehr, da derjenige, der an der Geltung der eigenen AGB interessiert ist, so agieren muss, dass sein Wunsch in Erfüllung geht. Zu Recht treffen ihn auch die möglichen Kosten der Erfüllung seines eigenen Wunsches. Dagegen wäre es nicht gerecht, die möglichen Kosten und die Unsicherheit, die im internationalen Geschäftsverkehr oft noch höher sind als auf der nationalen Ebene, der Gegenpartei aufzubürden. Zudem dient die herrschende Ansicht der Rechtssicherheit und Rechtsklarheit.[935]

Daher muss der Verwender bei Anwendung des UN-Kaufrechts seinem Vertragspartner die AGB so zur Kenntnis bringen, dass dieser sie problemlos zur Kenntnis nehmen und verstehen kann.[936] Ein Hinweis auf die Geltung der AGB genügt in der Regel allein nicht.[937] Allerdings bedarf es keiner Übersendung der AGB, wenn die AGB dem Vertragspartner ohnehin bekannt sind.[938] Dies kann auf einer laufenden Geschäftsbeziehung zwischen den Parteien oder gegebenenfalls auch auf der Branchenüblichkeit der AGB beruhen, falls die AGB weitverbreitet und weitgehend bekannt sind.[939] Die einseitig von einer Partei erstellten AGB können dem Vertragspartner auch ohne eine laufende Geschäftsbeziehung bekannt sein, aber dies kann nicht vermutet werden, sondern der AGB-Verwender ist diesbezüglich beweispflichtig.[940]

Des Weiteren schadet die fehlende Übersendung nicht, wenn der Vertragspartner ausdrücklich auf die Beifügung der AGB verzichtet und sich mit deren Geltung einverstanden erklärt. Dies ergibt sich daraus, dass das Berufen auf die unterlassene Übersendung in diesen Fällen treuwidrig wäre.[941] Das gleiche gilt, wenn der Vertragspartner des AGB-Verwenders aus eigener Initiative das An-

---

935 Vgl. *Magnus*, in: FS Kritzer, S. 320-321; Ferrari/Kieninger et al./*Mankowski* 2012, Vor Art. 14 Rn 30; MüKo Bd. 3/*Gruber* 2012, Art. 14 Rn 29; *Hemmo*, Sopimusoikeuden oppikirja, S. 98; *Huber/Kröll* IPRax 2003, 309, 311; *Hennemann*, S. 74; OLG Düsseldorf 21.4.2004, http://www.cisg-online.ch, case 915; OLG Düsseldorf 15.2.2001, http://www.cisg-online.ch, case 658; in diesem Sinne auch *Karollus* LM H.3/2002, Anm. zu CISG Nr. 9.

936 Staudinger CISG/*Magnus* 2005, Art. 14 Rn 41a; *Drasch*, S. 6; *Magnus* ZEuP 1997, 823, 836-837; siehe auch die in Fußnote 903 angegebenen Quellen.

937 Honsell/*Dornis* 2010, Vorbem. 14-24 Rn 10; *Magnus*, in: FS Kritzer, S. 320; *Piltz* IHR 2004, 133, 134; *Ventsch/Kluth* IHR 2003, 61, 62 und 65; Witz/Salger/Lorenz/*Witz* 2000, Art. 14 Rn 12; siehe auch die in Fußnote 903 angegebenen Quellen.

938 MüKo Bd. 3/*Gruber* 2012, Art. 14 Rn 32; Honsell/*Dornis* 2010, Vorbem. 14-24 Rn 13; *Magnus*, in: FS Kritzer, S. 321-322; *Huber/Kröll* IPRax 2003, 309, 311.

939 Genauer siehe Abschnitt 8.2 und 8.3.

940 *Magnus*, in: FS Kritzer, S. 322.

941 *Drasch*, S. 7-8; *Teklote*, S. 115; *Piltz*, Internationales Kaufrecht, S. 125-126.

gebot macht, dass der Vertrag mit dem Inhalt zustande kommen soll, der sich ergänzend aus den AGB des Verwenders ergibt.[942]

Weiterhin sind die AGB nicht wirksam einbezogen, wenn sie lediglich bei Vertragsverhandlungen vorgelegt, aber nicht ausgehändigt werden.[943] Außerdem müssen die AGB so gestaltet sein, dass ein vernünftiger Unternehmer sie lesen und verstehen kann.[944] Dagegen ist es unerheblich, ob der Vertragspartner die AGB gelesen hat und sie somit tatsächlich kennt.[945]

Wie schon erwähnt, reicht es nach dem BGH auch aus, dass der Verwender die AGB dem Vertragspartner anderweitig zugänglich macht. Es besteht Einigkeit darüber, dass die Kenntnisverschaffungspflicht des Verwenders durch eine Hinterlegung der AGB bei einer Handelskammer oder bei einem Gericht nicht erfüllt wird.[946] Dies ist überzeugend, da es für den ausländischen Vertragspartner im Grunde genommen keinen Unterschied bedeutet, ob er die AGB von dem Verwender oder von der Kammer anfordern muss.

Umstritten ist dagegen, ob eine hinreichende Kenntnisnahmemöglichkeit anzuerkennen ist, wenn der Verwender auf seine im Internet zugänglichen AGB verweist. Nach einer Ansicht hat der Vertragspartner eine Möglichkeit zumutbarer Kenntnisnahme, wenn der Verwender die AGB im Internet zum Abruf und Herunterladen bereithält.[947] Die andere Ansicht hält dagegen, dass der Vertragspartner die AGB ohne jeglichen zusätzlichen Aufwand und Eigeninitiative erhalten muss. Es wird behauptet, dass dem Vertragspartner durch die Einsicht der

---

942 MüKo Bd. 3/*Gruber* 2012, Art. 14 Rn 33; Honsell/*Dornis* 2010, Vorbem. 14-24 Rn 13; Ferrari/Kieninger et al./*Mankowski* 2012, Vor Art. 14 Rn 41.

943 Schlechtriem/Schwenzer/*Schlechtriem/Schroeter* 2008, Art. 14 Rn 48; *Magnus* ZEuP 1997, 823, 837; Staudinger CISG/*Magnus* 2005, Art. 14 Rn 41b; *Schultheiß*, S. 14; *Frense*, S. 45.

944 *Drasch*, S. 6; *Ventsch/Kluth* IHR 2003, 61, 65; *Verweyen/Foester/Toufar*, S. 80; Schlechtriem/Schwenzer/*Schlechtriem/Schroeter* 2008, Art. 14 Rn 57.

945 Schlechtriem/Schwenzer/*Schlechtriem/Schroeter* 2008, Art. 14 Rn 75; *Piltz* IHR 2004, 133, 135; *Brunner* 2004, Art. 4 Rn 42; *Koller*, in: FS Honsell, S. 238; *Drasch*, S. 8.

946 Rechtbank van Koophandel te Hasselt 2.12.1998, http://www.cisg-online.ch, case 745; *Hellwege*, S. 371; Honsell/*Dornis* 2010, Vorbem. 14-24 Rn 11; Wolf/Lindacher/Pfeiffer/*Hau* 2009, IntGV Rn 73; Ferrari/Kieninger et al./*Mankowski* 2012, Vor Art. 14 Rn 30; Schlechtriem/Schwenzer/*Schlechtriem/Schroeter* 2008, Art. 14 Rn 55; Staudinger CISG/*Magnus* 2005, Art. 14 Rn 41; *Piltz* IHR 2004, 133, 134.

947 *Großkopf* IHR 2009, 204, 204; *Köhler*, Das UN-Kaufrecht, S. 110; *Stiegele/Halter* IHR 2003, 169; Kronke/Melis/Schnyder/*Benicke* 2005, Teil B Rn 216; *Schmidt* NJW 2011, 3329, 3334; *Kindler*, in: FS Heldrich, S. 234; NomosKomm Bd. 2/*Kollmann* 2012, § 305 Rn 90 und 114; MüKo Bd. 3/*Gruber* 2012, Art. 14 Rn 30; *Stadler*, S. 95 Fußnote 176; *Karollus* LM H.3/2002, Anm. zu CISG Nr. 9; *Pötter/Hübner* EWiR 2002, 339, 339-340.

AGB im Internet Extra-Kosten entstehen und von ihm technisches Know-how verlangt wird.[948] Weiterhin wird auf die Gefahr hingewiesen, dass die sich auf der Internetseite befindenden AGB nachträglich geändert werden können, ohne dass der Vertragspartner Einfluss darauf haben kann.[949] Deshalb leistet die Abrufmöglichkeit der AGB im Internet keine genügende Kenntnisnahmemöglichkeit.

Die Zurverfügungstellung der AGB im Internet muss auf jeden Fall bei Internetgeschäften ausreichen.[950] Es wäre nicht sinnvoll, den Vertrag im Internet schließen zu können, die AGB dem Vertragspartner aber in sonstiger Weise schicken zu müssen. Allerdings müssen sich die AGB auf der Seite befinden, auf welcher das Geschäft abgeschlossen wird. Dies kann z.B. durch einen deutlichen, direkten Link auf die AGB erfolgen oder im Falle von kürzeren AGB durch eine direkte Einbindung der AGB in das Online-Vertragsformular.[951] Au-

948 MüKo HGB Bd. 6/*Ferrari* 2007, Art. 14 Rn 39; *Ventsch/Kluth* IHR 2003, 224, 224-225; Staudinger CISG/*Magnus* 2005, Art. 14 Rn 41a; *Magnus* ZEuP 2010, 881, 894-895; *Piltz* NJW 2011, 2261, 2263; OLG Thüringen 10.11.2010, http://www.cisg-online.ch, case 2216; OLG Celle RIW 2010, 164, 165 allerdings in Bezug auf die Einbeziehung einer Gerichtsstandsvereinbarung, bei der die Formerfordernisse des Art. 23 I Satz 3 lit. a) zu berücksichtigen sind; *Jungemeyer* RIW 2010, 166, 167 mit Verweis auf den Beschluss des OLG Celle; vgl. auch Schlechtriem/Schwenzer/*Schmidt-Kessel* 2008, Art. 8 Rn 54, nach dem die Zurverfügungstellung im Internet in Anbetracht der BGH-Rechtsprechung nicht genügt, der aber gleichzeitig diese Anforderungen für zu streng hält. Allerdings lässt er außer Acht, dass sich der Beschluss auf eine Gerichtsstandsvereinbarung bezieht, obwohl wegen der besonderen Formerfordernisse des Art. 23 I Satz 3 lit. a) bei Gerichtsstandsvereinbarungen strengere Maßstäbe gelten können als bei der Einbeziehung von AGB im Allgemeinen; vgl. auch *Verweyen/Foester/Toufar*, S. 80 und *Magnus*, in: FS Kritzer, S. 323, nach denen es zweifelhaft ist, ob die Abrufbarkeit im Internet ausreicht und *Piltz,* Internationales Kaufrecht, S. 127, der eine Abrufbarkeit im Internet lediglich bei Vertragsabschlüssen im Internet für ausreichend hält.

949 *Jungemeyer* RIW 2010, 166, 167; Staudinger CISG/*Magnus* 2005, Art. 14 Rn 41a.

950 Schlechtriem/Schwenzer/*Schlechtriem/Schroeter* 2008, Art. 14 Rn 49; *Schmidt* NJW 2011, 3329, 3334; *Lohmann*, S. 219; MüKo Bd. 3/*Gruber* 2012, Art. 14 Rn 30; *Piltz* IHR 2007, 121, 122; *Brunner* 2004, Art. 4 Rn 42; *Karollus* LM H.3/2002, Anm. zu CISG Nr. 9; Honsell/*Dornis* 2010, Vorbem. 14-24 Rn 12; vgl. auch *Schmict-Kessel* NJW 2002, 3444, 3445; vgl. jedoch auch *Schmidt-Kessel/Meyer* IHR 2008, 177, 178, die davon auszugehen scheinen, dass auch bei Internetgeschäften die AGB getrennt per Post zu übersenden sind, da sie behaupten, dass das Übersendungserfordernis die Einbeziehung von AGB beim Vertragsschluss über Internet-Plattformen erheblich erschweren würde.

951 Vgl. *Schwenzer/Mohs* IHR 2006, 239, 241; Schlechtriem/Schwenzer/*Schlechtriem/Schroeter* 2008, Art. 14 Rn 49; vgl. ferner auch Graf von Westphalen/Thüsing/*Hoeren*, E-Commerce-Verträge Rn 61-63; *Taupitz/Kritter* JuS 1999, 839, 844 hinsichtlich des

ßerdem ist es erforderlich, dass der Vertragspartner des AGB-Verwenders die AGB ausdrucken bzw. speichern kann, damit er sie in Ruhe lesen kann.[952]

Weiterhin ist die erste Ansicht auch im Übrigen beim unternehmerischen Geschäftsverkehr zwischen Deutschland und Finnland bzw. zwischen Vertragsparteien aus sonstigen Industrieländern zu befürworten, weil es dem Interesse der praxisnahen Rechtsanwendung entspricht.[953] Da die Benutzung des Internets in der Regel zum täglichen Geschäft eines international tätigen Unternehmens gehört[954] und vom Unternehmer eine erhöhte Professionalität und Selbstverantwortung verlangt wird[955], kann erwartet werden, dass der Vertragspartner die AGB im Internet abruft, falls er dies für erforderlich hält, auch wenn der Vertrag auf sonstige Weise geschlossen würde. Dies erleichtert auch die Praxis des internationalen Geschäftsverkehrs, soweit die Geschäfte über Telefon oder Telefax abgewickelt werden. Weiterhin haben die deutschen und finnischen Unternehmen, die international tätig sind, in der Regel einen Flatrate-Internetanschluss. Somit entstehen durch das Abrufen der AGB keine Extra-Kosten im Vergleich zu Telefax oder E-Mail, bei denen die Druckkosten auch zu Lasten des Vertragspartners gehen.

Der Verwender muss jedoch in seinem Hinweis auf die AGB einen direkten Link auf die AGB (möglicherweise in mehreren Sprachfassungen[956]) angeben. Sonst muss der Vertragspartner auf einer fremdsprachigen Internetseite nach den AGB suchen. Dann bestünde die Gefahr, dass er die von dem Verwender in Be-

---

deutschen Rechts in Bezug auf Verbraucherverträge, da der AGB-Verwender auch hier eine Kenntnisverschaffungspflicht hat.

952 Schlechtriem/Schwenzer/*Schlechtriem/Schroeter* 2008, Art. 14 Rn 49; *Koller*, in: FS Honsell, S. 238; *Ventsch/Kluth* IHR 2003, 224, 225; *Schmidt* NJW 2011, 3329, 3334.

953 Vgl. *Stiegele/Halter* IHR 2003, 169; *Kramer*, in: FS Welser, S. 551; Wolf/Lindacher/Pfeiffer/*Hau* 2009, IntGV Rn 72-73. Soweit eine Vertragspartei aus einem Entwicklungsland stammt, kann nicht notwendigerweise erwartet werden, dass diese einen Internetanschluss besitzt. Soweit der Vertragspartner nicht über technischen Möglichkeiten verfügt, sich Zugang zu der Homepage zu verschaffen, muss der AGB-Verwender seine Kenntnisverschaffungspflicht in sonstiger Weise erfüllen (vgl. *Berger*, in: FS Horn, S. 18); aA Schlechtriem/Schwenzer/*Schlechtriem/Schroeter* 2008, Art. 14 Rn 50; *Ventsch/Kluth* IHR 2003, 224, 225.

954 Ferrari/Kieninger et al./*Mankowski* 2012, Vor Art. 14 Rn 33; *Stiegele/Halter* IHR 2003, 169; *Karollus* LM H.3/2002, Anm. zu CISG Nr. 9; *Pötter/Hübner* EWiR 2002, 339, 339-340.

955 Vgl. Abschnitt 4.1, 4.2 und 5.2.1.3, Fußnote 662.

956 Hinsichtlich der Anforderungen, auf welcher Sprache die AGB verfasst werden müssen, um in den Vertrag einbezogen zu werden, siehe Abschnitt 6.4.

zug genommene aktuelle Fassung der AGB gar nicht findet.[957] Es wäre nicht im Sinne des guten Glaubens im internationalen Handel (Art. 7 I CISG) und der hieraus folgenden allgemeinen Kooperations- und Informationspflicht der Parteien[958], wenn das Risiko einer Fehlinformation über die AGB dem Vertragspartner des AGB-Verwenders aufgebürdet würde.[959]

Aus dem Grundsatz des guten Glaubens und der daraus abgeleiteten allgemeinen Kooperations- und Informationspflicht der Parteien folgen aber auch Pflichten für den Vertragspartner des AGB-Verwenders. Danach ist der Vertragspartner z.B. verpflichtet, den Verwender darauf aufmerksam zu machen, dass die per Fax oder anderweitig übersandten AGB unleserlich sind. Ansonsten werden die AGB einbezogen, obwohl die Kenntnisnahme tatsächlich nicht möglich ist.[960] Dies setzt naturgemäß voraus, dass der Vertragspartner erkennen kann, dass es sich um AGB zu einem bestimmten Vertrag handelt und dass der Verwender den unlesbaren Zustand nicht zu verantworten hat.

6.2.4 Rechtsvergleichung

6.2.4.1 Erkundigungsobliegenheit oder Kenntnisverschaffungspflicht?

Der für die Praxis wesentlichste Unterschied zwischen dem deutschen Recht einerseits und dem finnischen und dem UN-Kaufrecht andererseits besteht darin, dass der Verwender die AGB nach deutschem Recht nicht dem für den Vertragsabschluss maßgeblichen Schreiben beifügen muss, um die wirksame Einbeziehung der AGB herbeizuführen. Es ist Sache des Vertragspartners, sich selbst Kenntnis über den Inhalt der AGB zu verschaffen, soweit der Verwender eindeutig auf bestimmte AGB hingewiesen hat. Nach dem finnischen und dem UN-

957 Honsell/*Dornis* 2010, Vorbem. 14-24 Rn 12; Wolf/Lindacher/Pfeiffer/*Hau* 2009, IntGV Rn 73; Ferrari/Kieninger et al./*Mankowski* 2012, Vor Art. 14 Rn 34-35; *Köhler*, Das UN-Kaufrecht, S. 110; *Berger*, in: FS Horn, S. 18; *Schwenzer/Mohs* IHR 2006, 239, 241; *Brunner* 2004, Art. 4 Rn 42; *Schmidt* NJW 2011, 3329, 3334; vgl. auch Bamberger/Roth Bd. 1/*Saenger* 2007, Art. 14 Rn 7.

958 Schlechtriem/Schwenzer/*Ferrari* 2008, Art. 7 Rn 54; MüKo Bd. 3/Gruber 2012, Art. 14 Rn 29.

959 BGH IHR 2002, 14, 16; Staudinger CISG/*Magnus* 2005, Art. 14 Rn 41a; *Schwenzer/Mohs* IHR 2006, 239, 241.

960 OLG Düsseldorf 21.4.2004, http://www.cisg-online.ch, case 915; *Hellwege*, S. 371; Schlechtriem/Schwenzer/*Schlechtriem/Schroeter* 2008, Art. 14 Rn 46; MüKo Bd. 3/*Gruber* 2012, Art. 14 Rn 29 Fußnote 74; *Sauthoff* IHR 2005, 21, 22; aA Ferrari/Kieninger et al./*Mankowski* 2012, Vor Art. 14 Rn 31; *Ventsch/Kluth* IHR 2003, 61, 65; nach denen es dem Verwender obliegt, die Lesbarkeit der AGB beim Empfänger sicherzustellen.

Kaufrecht reicht ein Hinweis dagegen allein nicht aus, sondern der AGB-Verwender muss seinem Vertragspartner Kenntnis über den Inhalt der AGB verschaffen oder es müssen sonstige Gründe[961] für die Einbeziehung der AGB vorliegen.

Dies führt im unternehmerischen Geschäftsverkehr zwischen Deutschland und Finnland dazu, dass die Anforderungen einer wirksamen einzelvertraglichen Einbeziehung der AGB sehr stark davon abhängen, welches Recht maßgeblich ist. Besonders merkwürdig ist das Ergebnis dann, wenn das internationale Privatrecht zur Anwendung des deutschen Rechts[962] führt. In diesem Fall sind die Einbeziehungsvoraussetzungen völlig unterschiedlich abhängig davon, ob das UN-Kaufrecht (als Bestandteil des deutschen Rechtssystems) oder das unvereinheitlichte deutsche Recht zur Anwendung gelangt.

Es ist nicht überzeugend, dass der Verwender der AGB z.B. bei einem Werklieferungsvertrag seinem Vertragspartner Kenntnis über den Inhalt der AGB verschaffen muss, wenn der Vertragspartner selbst keinen wesentlichen Teil der für die Herstellung notwendigen Stoffe zur Verfügung stellt (da das UN-Kaufrecht gemäß Art. 3 I CISG dann anwendbar ist). Wenn der Vertragspartner dagegen selbst einen wesentlichen Teil der für die Herstellung notwendigen Stoffe zur Verfügung stellt, muss er sich selbst Kenntnis über den Inhalt der AGB verschaffen (da das UN-Kaufrecht gemäß Art. 3 I CISG nicht anwendbar ist). Das gleiche gilt für Kaufverträge einerseits und Dienstleistungsverträge andererseits, die zwischen einem deutschen und einem finnischen Unternehmen geschlossen werden, und für Situationen, in denen die Parteien die Geltung des UN-Kaufrechts gemäß Art. 6 CISG ausschließen.

Die unterschiedlichen Anforderungen sind besonders bedenklich, weil der hauptsächliche Grund für die schärferen Anforderungen des UN-Kaufrechts an die Einbeziehung der AGB nicht das UN-Kaufrecht als solches ist. Vielmehr sind die schärferen Anforderungen eine Folge des internationalen Charakters des Geschäfts und der diesbezüglichen praktischen Umstände, obwohl die fehlende Ausbalancierungsmöglichkeit zwischen der Einbeziehungs- und Inhaltskontrolle zum Teil mitwirkt.[963]

Jedoch wird in Deutschland[964] überwiegend vertreten, dass die Erkundigungsobliegenheit des Vertragspartners über den Inhalt der AGB auch bei Ver-

961 Vgl. Abschnitt 8.

962 Hier wird der Begriff „das deutsche Recht" ausnahmsweise im eigentlichen Sinne genutzt und er umfasst abweichend von der Begriffsdefinition in Abschnitt 1.2.1 sowohl das deutsche unvereinheitlichte Recht als auch das UN-Kaufrecht.

963 Genauer siehe Abschnitt 6.2.3.3.

964 Vgl. z.B. Österreich, wo das Prinzip, dass der Vertragspartner sich auf sein Heimatrecht berufen kann, wenn es nicht gerechtfertigt wäre, die Wirkung seines Verhaltens

trägen mit einem auslandsansässigen Vertragspartner gilt, wenn der Vertrag dem unvereinheitlichten deutschen Recht untersteht. Nach dieser Ansicht reicht ein für den ausländischen Vertragspartner verständlicher[965] Hinweis auf die AGB in der schriftlichen Korrespondenz zwischen den Parteien für die wirksame Einbeziehung der AGB aus, wenn der Vertragspartner dem Hinweis nicht widerspricht.[966]

Diese Ansicht ist begründet, wenn die Anwendbarkeit des deutschen unvereinheitlichten Rechts für den im Geschäftsverkehr mit deutschen Unternehmen erfahrenen Vertragspartner des AGB-Verwenders bekannt ist. Als allgemeingültige Grundsatz muss diese Ansicht jedoch kritisch betrachtet werden, da sich eine Vertragspartei gemäß Art. 31 II EGBGB / Art. 8 II Rom-Übereinkommen / Art. 10 II Rom I-VO für die Behauptung, sie habe dem Vertrag nicht zugestimmt, auf ihr Heimatrecht berufen kann, wenn sich aus den Umständen ergibt, dass es nicht gerechtfertigt wäre, die Wirkung ihres Verhaltens bei Vertragsabschluss nach dem Vertragsstatut zu bestimmen.

Wie in Abschnitt 3.2.5.1 genauer erläutert, ist das Bestehen der Erkundigungsobliegenheit besonders dann fraglich, wenn das deutsche Recht erst durch eine Rechtswahlklausel in den AGB gewählt wird und das finnische oder das UN-Kaufrecht aufgrund der objektiven Anknüpfung anwendbar gewesen wäre. Somit bleibt festzuhalten, dass die Erkundigungsobliegenheit des Vertragspart-

---

nach dem ansonsten anzuwendenden Recht zu beurteilen, schon vor dem Inkrafttreten des Rom-Übereinkommen anerkannt war (*Wukoschitz*, in: Rechtswahlklauseln, S. 31).

965 Genauer siehe Abschnitt 6.4.

966 OLG Hamm NJW 1983, 523, 524; OLG Hamburg NJW 1980, 1232, 1233; BGH NJW 1995, 190; Palandt/*Grüneberg* 2012, § 305 Rn 58; Wolf/Lindacher/Pfeiffer/*Hau* 2009, IntGV Rn 36; Erman Bd. I/*Roloff* 2011, § 305 Rn 57; Staudinger AGB/*Schlosser* 2006, § 305 Rn 158; *Ring/Klingelhöfer/Niebling*, S. 136; vgl. auch *Stadler*, S. 86-87; *Nörenberg* NJW 1978, 1082, 1086; aA *Graf von Bernstorff*, Vertragsgestaltung, S. 276, nach dem darauf hingewirkt werden sollte, dass der ausländische Vertragspartei der AGB eindeutig zustimmt. Zusätzlich sollten die AGB beim Vertragsschluss verfügbar sein, soweit keine Rahmenvereinbarung vorliegt oder die AGB dem Vertragspartner bereits bekannt sind; MüKo Bd. 10/*Spellenberg* 1998, Art. 31 Rn 38, der die Ansicht vertritt, dass der bloße Hinweis nur dann genügt, wenn der ausländische Vertragspartner die AGB bereits kennt oder sich vor Vertragsannahme leicht anderweitig Kenntnis verschaffen kann. Ansonsten muss der Verwender die AGB beifügen. Vgl. auch Staudinger Rom I Bd.1/*Hausmann* 2011, Art. 10 Rn 91, nach dem ein Unternehmen aufgrund der Internationalität des Sachverhalts keine Erkundigungen über die AGB-Einbeziehungsvoraussetzungen des fremden Rechts anstellen muss. Dann kann von ihm auch nicht erwartet werden, dass er sich aufgrund des bloßen Hinweises über den Inhalt der AGB informiert, wenn sein Heimatrecht keine entsprechende Verpflichtung enthält.

ners des AGB-Verwenders bezüglich Verträgen zwischen einem deutschen und einem finnischen Unternehmen nicht ausnahmslos besteht, obwohl das deutsche unvereinheitlichte Recht anwendbar wäre.

Die Lösung des UN-Kaufrechts und der (noch) herrschenden Ansicht des finnischen Rechts kommt einerseits dem Grundsatz der erhöhten Professionalität und Selbstverantwortung des Unternehmers nicht in gleichem Maße entgegen, wie die deutsche Lösung. Weiterhin schützt diese Ansicht den Vertragspartner teilweise in übertriebener Art und Weise und entspricht nicht immer der Rechtswirklichkeit des unternehmerischen Geschäftsverkehrs. Im internationalen Bereich ist dies z.B. beim Vertragsabschluss zwischen internationalen Großunternehmern der Fall.[967]

Andererseits gibt es im internationalen Geschäftsverkehr wegen des breiten Spektrums der teilnehmenden Unternehmen notwendigerweise Verträge, bei denen die Verhandlungsfähigkeit der Parteien sehr unterschiedlich ist. Die negativen Auswirkungen der unterschiedlichen Verhandlungsmöglichkeiten sind auf internationaler Ebene üblicherweise erheblicher als auf nationaler Ebene. Dies ergibt sich schon daraus, dass auf internationaler Ebene die Parteien das Rechtssystem der anderen Partei und die Gebräuche des Heimatlands der anderen Vertragspartei häufig nicht kennen und dass die AGB im internationalen Geschäftsverkehr auch innerhalb einer Branche viel häufiger als im nationalen Geschäftsverkehr erheblich unterschiedlich ausgestaltet sind. Daher erschwert es unnötig die Situation der schwächeren Partei, wenn sie sich noch über die AGB ihres Vertragspartners erkundigen muss. Dagegen kann der Verwender seine AGB in der Regel problemlos dem Angebot beifügen.[968]

6.2.4.2 Eigener Lösungsansatz

Aus diesen Gründen ist meines Erachtens eine einheitliche Lösung für den gesamten Bereich des internationalen unternehmerischen Geschäftsverkehrs ungeeignet. Bei Verträgen zwischen ungefähr gleich starken, im internationalen Geschäftsverkehr erfahrenen Unternehmern sollte ein eindeutiger Hinweis auf die AGB genügen. Danach hat der Vertragspartner des AGB-Verwenders eine Erkundigungsobliegenheit.[969] Etwas anderes kann lediglich bei einem eilig oder

---

967 Vgl. *Stadler*, S. 94-95; *Schmidt-Kessel* NJW 2002, 3444, 3445-3446.

968 Vgl. BGH IHR 2002, 14, 16; *Magnus*, in: FS Kritzer, S. 320-321; MüKo Bd. 3/*Gruber* 2012, Art. 14 Rn 29; *Ventsch/Kluth* IHR 2003, 61, 62-63.

969 Vgl. jedoch MüKo Bd. 3/*Gruber* 2012, Art. 14 Rn 29, nach dem zu überlegen wäre, die Kenntnisverschaffungspflicht des AGB-Verwenders auch in das unvereinheitlichte deutsche Recht zu übernehmen, um Wertungswidersprüche zu vermeiden. Dieser Vorschlag ist jedoch abzulehnen, da der Grund für die Kenntnisverschaffungspflicht beim

unter Druck zu schließenden Geschäft gelten.[970] Wenn die Parteien nicht ebenbürtig sind, sollte der Verwender verpflichtet sein, seinem Vertragspartner Kenntnis über den Inhalt der AGB zu verschaffen.

Nach diesem Modell wäre es durch eine konkret-individuelle Betrachtung des gegenseitigen Verhältnisses der Vertragsparteien und der Umstände des jeweiligen Vertrags zu ermitteln, ob der Vertragspartner ungefähr gleich stark wie der AGB-Verwender ist. In der Praxis ist dies ähnlich wie beim Aushandeln dadurch zu klären, ob der Vertragspartner des AGB-Verwenders eine reale Verhandlungsmöglichkeit hat und somit als ungefähr gleich stark wie der Verwender der AGB angesehen werden kann.[971]

In der Praxis soll dies durch einen ähnlichen Abwägungsprozess, wie in Abschnitt 5.2.1.1.1.7 bezüglich der Anforderungen an das Aushandeln dargestellt, ermittelt werden. Dabei ist auch zu beachten, ob der Vertragspartner des AGB-Verwenders im internationalen Geschäftsverkehr besonders unerfahren ist, falls dies dem AGB-Verwender bewusst ist. Auf der anderen Seite ist aber auch anzumerken, dass das Unternehmen sein Risikopotential durch die aktive Teilnahme am internationalen Geschäftsverkehr bewusst erhöht. Wenn der Vertragspartner ungefähr gleich stark wie der Verwender ist, genügt ein bloßer Hinweis auf die AGB. Ansonsten hat der AGB-Verwender eine Kenntnisverschaffungspflicht.

Wie die finnischen Erfahrungen bezüglich der allgemeinen Inhaltskontrolle nach § 36 OikTL zeigen, sollte eine solche Beurteilung in den meisten Fällen unproblematisch möglich sein[972], da der Begriff „ungefähr gleich stark“ keine exakte Ebenbürtigkeit erfordert. Der Abwägungsmaßstab soll bei der Ermittlung der realen Verhandlungsmöglichkeit auf der Einbeziehungsebene jedoch niedrig gesetzt werden; also schon ein geringer Unterschied in der Verhandlungsmög-

---

UN-Kaufrecht gerade in der Internationalität des Geschäftsverkehrs liegt. Daher gelten die gleichen Argumente nicht in Bezug auf den nationalen Geschäftsverkehr. Zudem sind die deutschen Unternehmen – unabhängig von ihrer Größe oder Stärke – daran gewöhnt, dass sie sich selbst Kenntnis über den Inhalt der AGB verschaffen müssen. Insofern besteht kein Bedürfnis die existierende Rechtslage für den nationalen deutschen Geschäftsverkehr zu ändern.

970 Vgl. *Sarelin*, S. 62; *Saarnilehto* 2002 Oikeustieto, 2, 3.

971 Genauer siehe Abschnitt 5.2.1.1.1.6 und 5.2.1.1.1.7 hinsichtlich der Beurteilungsmaßstäbe der realen Verhandlungsmöglichkeit und der Frage, warum eine generell-typisierende Betrachtungsweise nicht zufriedenstellend ist, sondern eine konkret-individuelle Betrachtungsweise notwendig ist.

972 *Kaisto*, in: Business law forum, S. 65; *Hemmo*, Sopimusoikeus II, S. 53; vgl. auch *Berger/Kleine* BB 2007, 2137, 2140, die feststellen, dass die Berücksichtigung der Schutzbedürftigkeit der jeweiligen Kundengruppe ein praktikabler Ansatz ist und nicht zu unerträglicher Rechtsunsicherheit führt.

lichkeit der Parteien genügt, um die Kenntnisverschaffungspflicht zu begründen. Trotzdem wird die Lösung in den meisten Fällen jedem einleuchten und somit auch für die Parteien voraussehbar sein. Allerdings ist zuzugeben, dass die differenzierte Betrachtung in Grenzfällen sicherlich zur Unsicherheit darüber führt, welcher Maßstab für die wirksame Einbeziehung der AGB gilt.

In diesen Grenzfällen führt die in allen drei Rechtssystemen geltende Beweislastregelung[973] dazu, dass das aus dieser Unsicherheit wachsende Risiko gerecht verteilt wird. Der Verwender der AGB muss normalerweise die wirksame Einbeziehung der AGB beweisen. Daher muss er, soweit er seinem Vertragspartner keine Kenntnis über den Inhalt der AGB verschafft hat und sich trotzdem auf die Geltung der AGB beruft, auch beweisen, dass sein Vertragspartner eine reale Verhandlungsmöglichkeit hatte.

Da es dem Verwender normalerweise problemlos möglich ist, die AGB seinem Angebot (z.B. per Brief, Fax, E-Mail oder Internet) sicherheitshalber beizufügen, ist das Ergebnis, ob die AGB wirksam einbezogen worden sind oder nicht, in der Regel gerecht. Weiterhin steht es der gerechten Risikoverteilung nicht entgegen, dass es zu Lasten des AGB-Verwenders geht, wenn das Unterlassen der Übersendung der AGB auf Nachlässigkeit beruht, da die AGB in aller Regel für ihn vorteilhaft sind. Noch weniger schützenswert ist der AGB-Verwender, wenn er bewusst die Übersendung der AGB in der Erwartung unterlässt, dass sich der Vertragspartner entweder aus Bequemlichkeit oder Unerfahrenheit oder aufgrund abweichender Regelungen des Heimatrechts nicht über den Inhalt der AGB erkundigt und somit sich „ins Blaue hinein“ den fremden AGB unterwirft.[974]

Somit unterscheidet sich die Verteilung der Beweislast hier von der in Abschnitt 5.2.1.1 bezüglich der Anforderungen des Aushandelns vorgeschlagenen Verteilung. Dies ist auf die Unterschiedlichkeit der Situationen zurückzuführen. Die Kenntnisverschaffungspflicht zielt auf die Information des Vertragspartners. Nach Erhalt der AGB kann von dem Vertragspartner viel eher Eigenverantwortung vorausgesetzt werden.[975] Somit unterstützt die Kenntnisverschaffungs-

---

973 Vgl. Abschnitt 6.2.

974 Vgl. MüKo Bd. 3/*Gruber* 2012, Art. 14 Rn 29; *Magnus*, in: FS Kritzer, S. 320-321; Ferrari/Kieninger et al./*Mankowski* 2012, Vor Art. 14 Rn 30; *Laurila*, S. 45; OLG Düsseldorf 21.4.2004, http://www.cisg-online.ch, case 915.

975 Vgl. *Berger*, in: FS Westphalen, S. 20; *Lieb*, in: AGB im Wirtschaftsverkehr, S. 15-16; *Mäkelä*, S. 105; *Mäkilaurila*, S. 73 und analog *Wilhelmsson*, in: FS Hoppu, S. 419; Rovaniemen HO 11.1.2008, T:23; vgl. auch Helsingin HO 3.12.1998, T:3714; vgl. weiterhin auch ICC-Zwischen- und Teilschiedsspruch Nr. 10279, SchiedsVZ 2005, 108 ff., in dem der AGB-Verwender die fraglichen Klauseln seinem Vertragspartner gesendet und auf diese ausdrücklich hingewiesen hatte und das Schiedsgericht den Fall

pflicht die Privatautonomie. Daher ist es begründet, dass der Abwägungsmaßstab niedrig gesetzt wird – also ein geringer Unterschied in den Verhandlungsmöglichkeiten der Parteien genügt, um die Kenntnisverschaffungspflicht des Verwenders zu begründen – und dass die Indizlösungen in Zweifelsfällen und die Verteilung der Beweislast unterschiedlich sind.

Insbesondere im Hinblick auf telefonische Vertragsschlüsse und Vertragsschlüsse durch SMS wäre es sinnvoll, dass der AGB-Verwender seine Kenntnisverschaffungspflicht durch die Mitteilung eines direkten Links auf die im Internet abrufbaren AGB erfüllt. Dies würde den internationalen Geschäftsverkehr erleichtern ohne irgendwen zu überfordern, da es im unternehmerischen Geschäftsverkehr zwischen Deutschland und Finnland wahrscheinlich kaum Unternehmer gibt, die keinen (Flatrate-)Internetanschluss haben.

In Bezug auf die gegenwärtige Rechtsprechung ist jedoch zu empfehlen, dass der Verwender seine AGB dem Angebot immer beifügt, wenn das UN-Kaufrecht oder das finnische Recht maßgeblich ist. Lediglich dadurch kann er die wirksame Einbeziehung der AGB sicherstellen. Bei Anwendbarkeit des deutschen Rechts ist die finnische Vertragspartei darauf aufmerksam zu machen, dass er als Vertragspartner des AGB-Verwenders (anders als nach dem finnischen Recht) die Erkundigungsobliegenheit hat und somit selbst die AGB anfordern muss.

6.2.4.3 Hinweis des Verwenders auf die AGB

Bei allen zu behandelnden Rechtssystemen muss der Hinweis auf die AGB beim Vertragsabschluss erfolgen. Hinsichtlich der Art des Hinweises ist das deutsche Recht liberaler als das finnische und das UN-Kaufrecht, da sowohl eine kommentarlose Beifügung der AGB als auch ein bloßer Abdruck der AGB auf der Rückseite des Angebots genügen. Im finnischen und im UN-Kaufrecht ist es dagegen umstritten, ob ein konkludenter Hinweis ausreicht. Insbesondere gibt es kritische Äußerungen gegenüber der Einbeziehung der AGB durch einen bloßen Abdruck der AGB auf der Rückseite des Angebots.

Die deutsche Lösung entspricht besser der von einem Unternehmer erwarteten erhöhten Professionalität und Selbstverantwortung als die finnische und UN-kaufrechtliche Lösung. Weiterhin stellt auch das deutsche Recht an den Vertragspartner diesbezüglich keine übermäßigen Anforderungen. Deshalb wäre es

---

zugunsten des AGB-Verwenders entschied. Dies entspricht auch dem marktorientierten Informationsmodell, demgemäß die Vertragsparteien durch Information in die Lage versetzt werden, frei verantwortete Entscheidungen zu treffen (ausführlich über das Informationsmodell: *Schön*, in: FS Canaris, S. 1193 ff und *Dauner-Lieb/Axer* ZIP 2010, 309, 313).

zu begrüßen, dem deutschen Lösungsansatz auch im finnischen und im UN-Kaufrecht zu folgen. Solange diesbezüglich jedoch in verschiedenen Rechtssystemen unterschiedliche Lösungen gelten, ist es in der Praxis sinnvoll, beim grenzüberschreitenden Geschäftsverkehr im Text des Angebots ausdrücklich auf die AGB hinzuweisen. Dies gilt insbesondere hinsichtlich der rückseitigen AGB.

6.2.4.4 Einverständnis des Vertragspartners mit der Geltung der AGB

Weiterhin kann der Vertragspartner des Verwenders nach allen drei Rechtssystemen sein Einverständnis mit der Geltung der AGB sowohl ausdrücklich als auch konkludent erklären. Ein Unterschied besteht jedoch darin, wie die erstmalige Bezugnahme auf die AGB in der Annahme (typischerweise in der Auftragsbestätigung) behandelt wird. Nach dem deutschen und dem UN-Kaufrecht gilt die modifizierte Annahme als Ablehnung des Angebots verbunden mit einem neuen Angebot. Somit kommt der Vertrag erst zustande, wenn das neue Angebot angenommen wird. Nach finnischem Recht ist es aufgrund § 6 II OikTL in bestimmten Fällen möglich, dass der Vertrag trotz Modifizierung unmittelbar durch die Annahme zustande kommt. Dies setzt voraus, dass die doppelten subjektiven Kriterien[976] erfüllt sind und der Vertragspartner der Annahme nicht unverzüglich widerspricht.

Im unternehmerischen Geschäftsverkehr zwischen Deutschland und Finnland hat dieser Unterschied jedoch kaum Bedeutung. Dies ergibt sich daraus, dass die doppelten subjektiven Kriterien des finnischen Rechts kaum erfüllt werden können, wenn eine Vertragspartei aus Deutschland kommt. Das Rechtssystem des Heimatlandes hat in der Regel einen starken Einfluss darauf, welche Vorstellungen eine Person an seine eigenen oder an die Erklärungen seines Vertragspartners knüpft. Deshalb ist es unwahrscheinlich, dass die deutsche Vertragspartei die modifizierte Annahme für übereinstimmend mit dem Angebot halten würde, wenn sie nach dem deutschen Recht immer als ein neues Angebot gilt. Auf jeden Fall sind die schon in Abschnitt 6.2.2.2 erwähnten Beweisprobleme erheblich.

Aus rechtsvergleichender Sicht ist jedoch interessant, wie der Fall, in dem § 6 II OikTL nach dem finnischen Recht Anwendung findet, in den anderen Rechtssystemen gelöst wird. Es geht also um den Fall, in dem der Kunde (Vertragspartner des AGB-Verwenders) dem Verwender ein Angebot aufgrund von Katalogen oder Preislisten macht. Der Verwender hat in diesen Unterlagen unübersehbar und unmissverständlich erklärt, dass er Verträge nur zu seinen AGB

976 Siehe oben Abschnitt 6.1.2.

abschließt. Im Angebot nimmt der Kunde jedoch nicht ausdrücklich Bezug auf die AGB des Verwenders.

Zu den Grundgedanken des deutschen und des finnischen Rechts gehört es, das Vertrauen des Empfängers auf die Bindung des Angebots zu schützen (§ 145 BGB und § 1 I OikTL). Deshalb versuchen beide Rechtssysteme in dem beschriebenen Fall, den Vertrag durch die ersten zwei Willenserklärungen zu schließen (und nicht durch drei Willenserklärungen, wie dies der Fall ist, wenn die modifizierte Annahme als ein neues Angebot gilt). Dies ist darauf zurückzuführen, dass der Kunde seine Ungebundenheit an das Angebot ansonsten in der in Abschnitt 6.2.2.2 geschilderten Weise zu seinen Gunsten nutzen könnte. Der Weg zum Vertragsschluss durch die ersten zwei Willenserklärungen ist jedoch in beiden Rechtssystemen unterschiedlich.

Wie schon erwähnt erreicht das finnische Recht dieses Ziel durch § 6 II OikTL, aufgrund dessen die Willenserklärung des Annehmenden trotz erstmaliger Bezugnahme der AGB als Annahme gilt. Dies ist im deutschen Recht nicht möglich, da die modifizierte Annahme immer als ein neues Angebot gilt. Daher wird im deutschen Recht angenommen, dass das Angebot des Kunden in diesem Fall ausnahmsweise die AGB seines Vertragspartners umfasst. Somit kommt der Vertrag durch die Annahme des AGB-Verwenders zustande.[977]

Beide Lösungsansätze können sich jedoch nicht im internationalen Geschäftsverkehr durchsetzen. Wie oben erwähnt, können die doppelten subjektiven Kriterien des finnischen Rechts im internationalen Geschäftsverkehr kaum erfüllt werden. Die deutsche Lösung kann dagegen zumindest theoretisch zu einer Einbeziehung der AGB führen, ohne dass die AGB beim konkreten Erklärungswechsel der Parteien jemals ausdrücklich genannt oder gar beigefügt werden. Dies kann im internationalen Geschäftsverkehr kaum akzeptiert werden, da die Einbeziehung der AGB in vielen Rechtssystemen voraussetzt, dass der Verwender der AGB seinem Vertragspartner Kenntnis über den Inhalt der AGB verschafft.

Im Anwendungsbereich des UN-Kaufrechts könnte es aufgrund Art. 8 II CISG möglich sein, das Angebot des Kunden so auszulegen, dass es die AGB des Verwenders umfasst, wenn dies der Auffassung einer vernünftigen Person der gleichen Art entsprechen würde. Bei der Auslegung ist zu berücksichtigen, dass der Verwender der AGB seinem Vertragspartner Kenntnis über den Inhalt der AGB zu verschaffen hat. Wenn man trotz dieser Hürde die AGB des Verwenders als Bestandteil des Angebots des Kunden ansieht, stellt sich die Rechtslage doch im Einzelnen anders dar als nach dem deutschen Recht. Im Gegensatz zu den Regelungen des deutschen Schuldrechts ist das Angebot nach Art. 16 I

977 Vgl. Abschnitt 6.2.1.1.

CISG bis zur Absendung der Annahme widerruflich. Somit schützt das UN-Kaufrecht, anders als das deutsche und das finnische Recht, in der Regel das Interesse des Anbietenden länger, frei über den rechtlichen Bestand seines Angebots zu entscheiden. Das Angebot kann lediglich im Ausnahmefall aufgrund Art. 16 II CISG unwiderruflich sein.

Zusammenfassend lässt sich nur feststellen, dass die einzelvertragliche Einbeziehung der AGB im Bereich des internationalen Geschäftsverkehrs außerordentlich problematisch ist, wenn der Vertragspartner des AGB-Verwenders das Angebot aufgrund von Preislisten oder Katalogen unterbreitet. Daher ist es klarer, davon auszugehen, dass das Angebot des Vertragspartners im grenzüberschreitenden Geschäftsverkehr nicht die AGB des Verwenders umfasst, soweit auf sie nicht ausdrücklich Bezug genommen wird. Somit handelt es sich um ein neues Angebot, wenn der Verwender seine AGB in der Annahmeerklärung in den Vertrag einbeziehen will. Dabei sind zusätzlich die oben behandelten Anforderungen einer wirksamen Einbeziehung zu berücksichtigen. Der Kunde entscheidet dann, ob er das die AGB beinhaltende neue Angebot annimmt oder nicht. Deshalb ist dem Verwender in der Praxis anzuraten, eine ausdrückliche Annahme des Kunden zu verlangen, damit er auf den Vertragsschluss vertrauen kann.

6.3 Sonderfall: kaufmännisches Bestätigungsschreiben

6.3.1 Deutschland

Das kaufmännische Bestätigungsschreiben ist ein Rechtsinstitut, das aus der Praxis des Handelsverkehrs stammt. Der Sinn und Zweck des Bestätigungsschreibens ist es, den Inhalt einer mündlich erzielten Einigung schriftlich festzulegen. Das Rechtsinstitut ist durch die Rechtsprechung[978] konkretisiert worden und gilt heutzutage kraft Gewohnheitsrechts gemäß § 346 HGB. Der Normzweck des Gewohnheitsrechtssatzes ist es, den besonderen Bedürfnissen des kaufmännischen Geschäftsverkehrs, insbesondere dem Verkehrsschutz, Rechnung zu tragen.[979] Der zentrale Inhalt des Rechtsinstituts liegt darin, dass der Empfänger eines kaufmännischen Bestätigungsschreibens dem Schreiben unverzüglich widersprechen muss, wenn er den Inhalt des Schreibens nicht gegen sich

978 Vgl. die unten behandelte Rechtsprechung.

979 MüKo HGB Bd. 5/*Schmidt* 2009, § 346 Rn 143; *Batereau*, in: Handbuch der Handelsgeschäfte, S. 91-92; *Canaris*, S. 340 und 356; *Hofmann*, S. 174-176.

gelten lassen will. Widerspricht er nicht, gilt der Vertrag als mit dem Inhalt des Bestätigungsschreibens geschlossen (Bindungswirkung).[980]

Ein kaufmännisches Bestätigungsschreiben liegt vor, wenn zwischen den Unternehmern[981] Vertragsverhandlungen (ein geschäftliches Gespräch über einen Vertrag) stattgefunden haben[982] und der Absender des Schreibens darin „seine Auffassung über das Zustandekommen und den Inhalt eines mündlich, fernmündlich oder telegrafisch geschlossenen Vertrags mitteilt".[983] Es ist jedoch nicht notwendig, dass der Vertrag tatsächlich geschlossen worden ist, sondern

---

980 RGZ 95, 48, 50; BGHZ 7, 187, 189; BGH NJW 1965, 965, 966; 1970, 2104; 1972, 820.

981 Die Unternehmereigenschaft ist nach § 14 BGB zu bestimmen. *Fikentscher/Heinemann*, S. 104; vgl. auch Baumbach/Hopt/*Hopt* 2012, § 346 Rn 18; *Canaris*, S. 364; *Reinicke/Tiedtke*, S. 3, nach denen zusätzlich zu Kaufleuten auch Personen, die wie ein Kaufmann am Geschäftsleben teilnehmen und von denen erwartet werden kann, dass sie nach kaufmännischer Sitte verfahren, Adressat eines kaufmännischen Bestätigungsschreiben sein können. Als Beispiel für solche Personen führen sie z.B. Rechtsanwälte, Architekten und Grundstücksmakler auf. Somit entspricht dieser Definition derjenigen des § 14 BGB. Vgl. weiterhin auch Wolf/Lindacher/Pfeiffer/*Pfeiffer* 2009, § 305 Rn 135, der vom unternehmerischen Bestätigungsschreiben spricht; aA *Medicus/Petersen*, S. 27-28, nach dem der Empfänger des Schreibens Kaufmann sein muss, obwohl er gleichzeitig feststellt, dass eine Entwicklung zu einem unternehmerischen Bestätigungsschreiben zu beobachten ist; in diesem Sinne wohl auch *Vogt* TranspR 2010, 15, 16, dergemäß Handelsbräuche nur unter Kaufleuten gelten, nicht aber zwischen jedweden Unternehmern. Allerdings hat dieser Meinungsunterschied kaum Bedeutung hinsichtlich des unternehmerischen Geschäftsverkehrs zwischen Deutschland und Finnland, da die meisten Teilnehmer des Geschäftsverkehrs zwischen Deutschland und Finnland Kaufleute im Sinne der §§ 1-6 HGB sind. Außerdem findet das kaufmännische Bestätigungsschreiben in diesem Verkehr aufgrund Art. 31 II EGBGB lediglich in beschränkten Fällen Anwendung, wie im Abschnitt 6.3.4 genauer erläutert wird. Daher erfüllt der Empfänger in den Fällen, in denen das Bestätigungsschreiben Bindungswirkung hat, wahrscheinlich beide (Unternehmer und Kaufmann) Anforderungen. Falls der Empfänger die beiden Anforderungen nicht erfüllt, soll die Unternehmereigenschaft maßgeblich sein, da es keinen Grund gibt, warum solche Unternehmer, die nicht Kaufmann sind, geschützt werden sollten, wenn sie professionell, also ähnlich zu einem Kaufmann, am Geschäftsleben teilnehmen.

982 Dabei reicht es aus, dass ein vollmachtloser Vertreter die Vertragsverhandlungen durchgeführt hat (BGH NJW 1990, 386; *Graf von Westphalen*, Einkaufsbedingungen, S. 23).

983 BGH NJW 1965, 965, 965; 1972, 820; 1974, 991, 992; vgl. auch BGHZ 54, 236, 239-240, in dem der Inhalt eines aufgrund mündlichen Angebots und schriftlicher Annahme entstandenen Vertrags bestätigt wurde.

der (begründete) gute Glaube des Absenders an den Vertragsschluss genügt.[984] Das Bestätigungsschreiben muss aber den Vertrag eindeutig als geschlossen bezeichnen, damit der Vertragspartner weiß, welche Rechtfolge das Schreiben herbeiführt, soweit er ihm nicht widerspricht.[985]

Weiterhin muss das kaufmännische Bestätigungsschreiben den wesentlichen Vertragsinhalt wiedergeben.[986] Das Schreiben darf gegenüber dem mündlich Vereinbarten abändernde oder ergänzende Bestimmungen enthalten. Es darf sich jedoch nicht so weit von dem mündlich Abgesprochenen entfernen, dass der Absender in gutem Glauben nicht damit rechnen kann, dass der Empfänger mit dem Inhalt des Schreibens einverstanden ist.[987] Außerdem muss das Schreiben alsbald nach dem (angeblichen) Vertragsschluss abgeschickt werden, so dass zwischen dem Schreiben und dem Vertragsschluss ein unmittelbarer zeitlicher Zusammenhang besteht.[988] Hinzu kommt noch, dass das Schreiben dem Empfänger im Sinne des § 130 BGB zugehen muss.[989]

Wenn diese Erfordernisse erfüllt werden und der Empfänger dem Schreiben nicht unverzüglich nach dem Eingang widerspricht, tritt die Bindungswirkung des kaufmännischen Bestätigungsschreibens ein.[990] Da das Schreiben abändernde und ergänzende Bestimmungen enthalten darf, ist eine nachträgliche Einbeziehung der AGB in den Vertrag durch Schweigen auf das Bestätigungsschreiben, in dem erstmalig auf die AGB Bezug genommen wird, grundsätzlich möglich.[991]

Um die Einbeziehung der AGB zu bewirken, muss im Text des kaufmännischen Bestätigungsschreibens ausdrücklich und eindeutig auf die AGB Bezug genommen werden. Im Gegensatz zu dem im Abschnitt 6.2.1 behandelten Grundfall der einzelvertraglichen Einbeziehungsvereinbarung reicht ein konkludenter Hinweis, wie z.B. die kommentarlose Beifügung der AGB, beim kauf-

---

984 *Medicus/Petersen*, S. 27; *Reinicke/Tiedtke*, S. 4; Röhricht/Ammon/Westphalen/*Wagner* 2008, § 346 Rn 35.

985 BGH NJW 1964, 1223, 1224; 1965, 965, 966; 1972, 820; BGHZ 61, 282, 285.

986 BGH BB 1961, 271; BGH NJW 1965, 965; 1974, 991, 992.

987 BGHZ 7, 187, 190; 11, 1, 4; 40, 42, 44; 61, 282, 286-287.

988 BGH NJW 1964, 1223, 1224; 1970, 2104; BGH WM 1967, 958, 960.

989 BGH NJW 1965, 965, 966; BGHZ 70, 232, 234.

990 Palandt/*Ellenberger* 2012, § 147 Rn 8; *Graf von Westphalen*, Verkaufsbedingungen, S. 25 und 28; *Batereau*, in: Handbuch der Handelsgeschäfte, S. 108; Graf von Westphalen/Thüsing/*Graf von Westphalen*, Vertragsrecht – Vertragsabschlussklauseln Rn 29; *Hofmann*, S. 178.

991 BGHZ 7, 187, 187 und 190; BGH NJW 1978, 2243, 2244; *Schmidt* NJW 2011, 3329, 3333; Erman Bd. I/*Armbrüster* 2011, § 147 Rn 12; MüKo HGB Bd. 5/*Schmidt* 2009, § 346 Rn 168; Ulmer/Brandner/Hensen/*Ulmer/Habersack* 2011, § 305 Rn 178; *Stoffels*, S. 98; *Canaris*, S. 360.

männischen Bestätigungsschreiben also nicht aus.[992] Eine Beifügung der AGB neben dem ausdrücklichen Hinweis ist dagegen auch beim kaufmännischen Bestätigungsschreiben nicht erforderlich. Dies gilt unabhängig davon, ob der Vertragspartner den Inhalt der AGB kennt.[993]

Bei der nachträglichen Einbeziehung der AGB ist besonders zu berücksichtigen, dass der Absender gutgläubig damit rechnen können muss, dass der Empfänger den Inhalt des Schreibens billigt. Es ist besonders klar, dass der Absender nicht auf das Einverständnis des Empfängers vertrauen kann, wenn es sich um AGB handelt, die der Empfänger bei der Verhandlung ausdrücklich abgelehnt hat.[994] Dasselbe gilt, wenn die Ablehnung durch eine formularmäßige Abwehrklausel in einem dem Absender übersandten Schriftstück geschehen ist[995], wenn der Absender die Ablehnung seiner AGB aufgrund früherer Geschäftsbeziehungen kennt[996] oder wenn der Vertragspartner bereits während der Verhandlungen Bezug auf seine eigenen AGB genommen hat[997]. Weiterhin kann der Absender nicht mit dem Einverständnis rechnen, wenn das Bestätigungsschreiben evidente Abweichungen von der bisherigen Übung der Parteien enthält, oder wenn der Vertrag überhaupt noch nicht abschlussreif war.[998] Außerdem darf der Absender nicht auf die Anerkennung der AGB vertrauen, wenn ihr Inhalt von dem dispositiven Recht, das ohne die Einbeziehung der AGB gelten würde, oder von dem Besprochenen erheblich abweicht.[999]

---

992 BGHZ 7, 187, 190-191; OLG Düsseldorf NJW 1965, 761, 762; Palandt/*Grüneberg* 2012, § 305 Rn 52; MüKo Bd. 2/*Basedow* 2007, § 305 Rn 100; *Berger* ZGS 2004, 415, 418; aA *Graf von Westphalen*, Einkaufsbedingungen, S. 25, wonach auch ein konkludenter Hinweis ausreichend ist.

993 BGHZ 7, 187, 187 und 190; *Stoffels*, S. 98; MüKo Bd. 2/*Basedow* 2007, § 305 Rn 100; Herberger/Martinek et al./*Lapp/Salomon* 2010, § 305 Rn 102; PWW/*Berger* 2011, § 305 Rn 36; Röhricht/Ammon/Westphalen/*Wagner* 2008, § 346 Rn 46; Staudinger AGB/*Schlosser* 2006, § 305 Rn 199; *Schmidt* NJW 2011, 3329, 3333.

994 BGH NJW 1994, 1288; Staudinger AGB/*Schlosser* 2006, § 305 Rn 198; *Schmidt*, Handelsrecht, S. 581; Wolf/Lindacher/Pfeiffer/*Hau* 2009, IntGV Rn 45; *Vorderobermeier*, S. 89.

995 BGHZ 61, 282, 286-287; BGH WM 1973, 1198, 1200; BGH NJW 1985, 1838, 1839-1840; PWW/*Berger* 2011, § 305 Rn 36; *Canaris*, S. 360.

996 BGH NJW 1982, 1751; Ulmer/Brandner/Hensen/*Ulmer/Habersack* 2011, § 305 Rn 179; *Locher*, S. 53; Wolf/Lindacher/Pfeiffer/*Pfeiffer* 2009, § 305 Rn 135.

997 BGH NJW 1973, 2106, 2107; *Schmidt* NJW 2011, 3329, 3333.

998 BGHZ 61, 282, 285-286; *Schmidt*, Handelsrecht, S. 581; *Canaris*, S. 359.

999 Erman Bd. I/*Armbrüster* 2011, § 147 Rn 12; NomosKomm Bd. 2/*Kollmann* 2012, § 305 Rn 102; Wolf/Lindacher/Pfeiffer/*Pfeiffer* 2009, § 305 Rn 135; *Vorderobermeier*, S. 90; *Batereau*, in: Handbuch der Handelsgeschäfte, S. 106; kritisch *Schmidt* NJW 2011, 3329, 3333.

Soweit der Absender nicht gutgläubig mit dem Einverständnis des Empfängers rechnen kann, erzeugt das Schreiben keine Bindungswirkung bzw. werden solche Klauseln nicht Vertragsbestandteil.[1000] Für die Praxis ist bedeutsam, dass der Empfänger die Beweislast für die erhebliche Abweichung des Schreibens von dem mündlich Abgesprochenen und für die bewusste Unrichtigkeit des Schreibens trägt, wenn er trotz fehlenden Widerspruchs behauptet, dass wegen dieser Gründe keine Bindungswirkung eintritt.[1001] Gelingt dem Empfänger dieser Beweis, werden die AGB nicht in den Vertrag einbezogen.

In der Praxis ist es wichtig, das kaufmännische Bestätigungsschreiben von der in Abschnitt 6.2.1.2 behandelten Auftragsbestätigung zu unterscheiden. Während das kaufmännische Bestätigungsschreiben von einem (nach Ansicht des Absenders) bereits erfolgten Vertragsabschluss ausgeht, ist die Auftragsbestätigung eine vertragskonstitutive Angebotsannahme. Der für die Praxis wichtigste Unterschied besteht in der Bedeutung des Schweigens. Die widerspruchslose Entgegennahme der Auftragsbestätigung bedeutet, anders als beim kaufmännischen Bestätigungsschreiben, grundsätzlich keine Zustimmung für die in dem Schreiben erstmalig aufgeführten Änderungen oder Ergänzungen, wie z.B. die erstmalige Bezugnahme der AGB, da die vom Angebot abweichende Auftragsbestätigung als ein neues Angebot gilt.[1002]

Es ist durch Auslegung zu ermitteln, ob es sich bei einem Schreiben um ein kaufmännisches Bestätigungsschreiben oder um eine Auftragsbestätigung handelt. Dabei kommt es nicht auf die Überschrift oder Benennung des Schreibens an. Stattdessen sind der tatsächliche Inhalt und die Zweckrichtung des Schreibens maßgeblich.[1003] Der Absender trägt die Beweislast, dass es sich bei seinem

---

1000 Graf von Westphalen/Thüsing/*Graf von Westphalen*, Vertragsrecht – Vertragsabschlussklauseln Rn 29; Staudinger AGB/*Schlosser* 2006, § 305 Rn 198. Dies ergibt sich auch daraus, dass es sich in einem solchen Fall um kein kaufmännisches Bestätigungsschreiben im Sinne des Gewohnheitsrechtssatzes handelt, und die Bindungswirkung lediglich beim kaufmännischen Bestätigungsschreiben eintritt.

1001 BGH NJW 1974, 991, 992-993; MüKo HGB Bd. 5/*Schmidt* 2009, § 346 Rn 163; Baumbach/Hopt/*Hopt* 2012, § 346 Rn 27.

1002 Vgl. BGH NJW 1995, 1671, 1672; Staudinger AGB/*Schlosser* 2006, § 305 Rn 195-197; MüKo Bd. 2/*Basedow* 2007, § 305 Rn 99-100; *Stoffels,* S. 98-99; *Schmitt/Ulmer*, S. 17; Röhricht/Ammon/Westphalen/*Wagner* 2008, § 346 Rn 36; *Graf von Westphalen*, Einkaufsbedingungen, S. 22; MüKo HGB Bd. 5/*Schmidt* 2009, § 346 Rn 150, der jedoch auch auf solche Ausnahmefälle hinweist, in welchen das Schweigen auf eine Auftragsbestätigung dieselben Rechtsfolgen haben kann wie das Schweigen auf ein kaufmännisches Bestätigungsschreiben.

1003 BGHZ 54, 236, 238-239, 241; BGH NJW 1965, 965, 965-966; vgl. auch MüKo HGB Bd. 5/*Schmidt* 2009, § 346 Rn 151.

Schreiben um ein kaufmännisches Bestätigungsschreiben handelt und dass es seinem Vertragspartner zugegangen ist.[1004]

6.3.2 Finnland

Im finnischen Handelsverkehr ist es ebenfalls üblich, einen mündlich abgeschlossenen Vertrag schriftlich zu bestätigen.[1005] Eine Bestätigung wird häufig auch dann geschickt, wenn der Vertrag durch Austausch mehrerer Mitteilungen (z.B. durch mehrere E-Mails) entstanden ist.[1006] Das Bestätigungsschreiben führt nicht zum Zustandekommen des Vertrags, sondern setzt den Vertragsabschluss voraus.[1007] Es ist daher funktionell streng von der Annahme des Angebots, z.B. in Form einer Auftragsbestätigung, zu unterscheiden, obwohl beide auf Finnisch häufig als „vahvistus“ oder „tilausvahvistus“ bezeichnet werden.[1008]

Wenn das Bestätigungsschreiben von dem Vertrag abweicht, ist es ein Angebot, den abgeschlossenen Vertrag zu ändern, unabhängig davon, ob die Abweichung geringfügig oder erheblich ist. Dies ist darauf zurückzuführen, dass ein Vertrag nicht einseitig geändert werden kann. Der Empfänger des von dem Vertrag abweichenden Schreibens kann frei entscheiden, ob er das Änderungsangebot annehmen will. Da das bloße Schweigen nicht als Annahme gilt, muss der Empfänger dem Schreiben nicht widersprechen.[1009] Weiterhin gilt hier die Entgegennahme der Vertragsleistung nicht als konkludente Annahme, da die Leistungspflicht und die Entgegennahme der Leistung auf dem schon abgeschlossenen Vertrag beruhen.[1010] Im Rahmen einer laufenden Geschäftsbeziehung kann das Bestätigungsschreiben jedoch zusätzliche Bedingungen im Ver-

---

1004 BGH NJW 1974, 991, 992; BGHZ 70, 232, 234; *Batereau*, in: Handbuch der Handelsgeschäfte, S. 110; Röhricht/Ammon/Westphalen/*Wagner* 2008, § 346 Rn 47.

1005 *Oikeustoimilakitoimikunta*, S. 140; *Saarnilehto*, Edilex 2010, S. 2; *Adlercreutz*, S. 75; *Hemmo*, Sopimusoikeus I, S. 246.

1006 *Saarnilehto*, S. 75-76.

1007 *Oikeustoimilakitoimikunta*, S. 139; *Saarnilehto*, Edilex 2010, S. 6; *Hemmo*, Sopimusoikeus I, S. 247; Saarnilehto/Hemmo/Kartio/*Saarnilehto* 2001, S. 365; *Adlercreutz*, S. 75.

1008 Die Überschrift des Dokuments ist nicht entscheidend dafür, welche rechtliche Bedeutung diesem bestimmten Dokument gegeben wird, sondern der tatsächliche Inhalt und Verwendungszweck des Dokuments (vgl. z.B. KKO 1982 II 52; 1993:45; 2001:126; *Saarnilehto*, Talentum 2, S. 2-3).

1009 *Saarnilehto*, Talentum 2, S. 7; *Hemmo*, Sopimusoikeus I, S. 247-248; Saarnilehto/Hemmo/Kartio/*Saarnilehto* 2001, S. 366 und 372; *Lehrberg*, S. 263; *Telaranta*, S. 185; in diesem Sinne wohl auch *Wilhelmsson*, S. 84; aA *Soimakallio*, S. 52; *Taxell*, Avtal och rättsskydd, S. 42-43.

1010 *Telaranta*, S. 1985.

gleich zu dem Angebot bzw. der Annahme enthalten, vorausgesetzt, dass die Parteien die fraglichen Bedingungen schon bei den früheren Verträgen verwendet haben.[1011]

In der Praxis hat das Bestätigungsschreiben Bedeutung als Beweismittel über den Vertragsinhalt. Falls der Vertragspartner dem Schreiben nicht widerspricht, wächst dessen Bedeutung.[1012] Dies setzt voraus, dass der Absender im guten Glauben ist, da er sonst unberechtigte Vorteile bekommt, falls der Empfänger den Widerspruch z.B. vergisst.[1013] Das Schreiben ist jedoch nie ein voller Beweis über den Vertragsinhalt. Der Empfänger des Schreibens kann dagegen immer nachweisen, dass etwas Anderes vereinbart worden ist. Somit führt die Unterlassung des Widerspruchs lediglich zur Verbesserung der Stellung des Absenders.[1014]

Oikeustoimilakitoimikunta hat vorgeschlagen, dass in das Rechtsgeschäftsgesetz eine inhaltlich im Wesentlichen mit dem deutschen Recht übereinstimmende Regelung über das Bestätigungsschreiben eingeführt werden soll. Weiterhin enthielt der Entwurf der Oikeustoimilakitoimikunta für das Gesetz bezüglich der AGB eine Vorschrift, demgemäß die AGB durch das Bestätigungsschreiben einbezogen würden, soweit der Empfänger des Schreibens diesem nicht widersprechen würde.[1015] Diese Entwürfe haben jedoch nicht zu Gesetzesänderungen geführt.

Stattdessen sind in bestimmten Einzelgesetzen Sonderregelungen über die Bedeutung eines Bestätigungsschreibens eingeführt worden, die inhaltlich im Wesentlichen mit dem deutschen Recht übereinstimmen. Beispielsweise muss ein Elektrizitätsanbieter gemäß § 25 e des Gesetzes über Elektrizitätsmarkt einen mündlich abgeschlossenen Vertrag schriftlich innerhalb von zwei Wochen ab Vertragsabschluss bestätigen. Der Empfänger des Bestätigungsschreibens muss dem Schreiben innerhalb der erwähnten (zumindest dreiwöchigen) Frist widersprechen, falls das Schreiben dem Inhalt des Vertrags nicht entspricht. Widerspricht er nicht, gilt der Vertrag als mit dem Inhalt des Bestätigungsschreibens geschlossen.

Diese Sonderregelungen führen jedoch zu keiner Änderung der geltenden Rechtslage im Allgemeinen. Daher können die AGB durch eine erstmalige Bezugnahme in dem Bestätigungsschreiben nicht einbezogen werden, soweit der

1011 *Saarnilehto*, Edilex 2010, S. 5.

1012 KKO 1932 I 132; 1990:22; *Saarnilehto*, Edilex 2010, S. 6; *Adlercreutz*, S. 76-77; *Lehrberg*, S. 264.

1013 *Hemmo*, Sopimusoikeus I, S. 249-250; *Telaranta*, S. 173; *Saarnilehto*, Edilex 2010, S. 9.

1014 *Saarnilehto*, Talentum 2, S. 6; *Oikeustoimilakitoimikunta*, S. 140; *Adlercreutz*, S. 77.

1015 *Oikeustoimilakitoimikunta*, S. 267-269, 303 und 335-336.

Vertragspartner des AGB-Verwenders darin nicht einwilligt.[1016] Die Parteien können jedoch vereinbaren, dass das Bestätigungsschreiben, ähnlich wie das deutsche kaufmännische Bestätigungsschreiben, Bindungswirkung hat. Dies kann sich auch aus der Parteiübung ergeben.[1017] Die in Abschnitt 6.2.2 dargestellten allgemeinen Anforderungen an die Einbeziehung der AGB werden dadurch nicht beseitigt. Somit muss bei der einzelvertraglichen Einbeziehung auch die Möglichkeit einer zumutbaren Kenntnisnahme bestehen, soweit die Parteien diesbezüglich nichts Anderes vereinbart haben.[1018]

6.3.3 UN-Kaufrecht

Das UN-Kaufrecht enthält keine besonderen Vorschriften bezüglich des Schweigens auf ein kaufmännisches Bestätigungsschreiben.[1019] Ein Vorschlag, eine besondere Regelung über das kaufmännische Bestätigungsschreiben in das UN-Kaufrecht einzuführen, wurde mit der Begründung abgelehnt, dass alle Änderungen nach dem Abschluss des Vertrags einer Zustimmung beider Parteien nach den Vorschriften des UN-Kaufrechts bedürfen.[1020] Da diese Problematik insofern den äußeren Konsens der Vertragsparteien betrifft, ist sie nach den allgemeinen Vertragsabschlussregelungen des UN-Kaufrechts zu lösen.[1021]

1016 Vgl. *Saarnilehto*, Talentum 2, S. 7 und 9; *Wilhelmsson*, S. 84; *Saarnilehto*, Edilex 2005, S. 23; *Lehrberg*, S. 263-264; aA *Alenius*, S. 38; vgl. auch *Adlercreutz*, S. 80-81, nach dem die AGB durch eine erstmalige Bezugnahme im Bestätigungsschreiben einbezogen werden können, soweit sie lediglich eine Vervollständigung und keine Änderung darstellen. Meines Erachtens ist dies in der Praxis allerdings selten der Fall.

1017 Saarnilehto/Hemmo/Kartio/*Saarnilehto* 2001, S. 366.

1018 *Hemmo*, Sopimusoikeus I, S. 252-253.

1019 Honsell/*Dornis* 2010, Art. 19 Rn 36; MüKo HGB Bd. 6/*Ferrari* 2007, Art. 19 Rn 17; *Schultheiß*, S. 22; *Kröll/Hennecke* RabelsZ 67 (2003), 448, 449; *Kramer*, in: FS Welser, S. 546; *Drasch*, S. 28; *Väinölä*, S. 66.

1020 UNCITRAL Yearbook 1978, S. 77 Nr. 213 und S. 78 Nr. 228, im Internet abrufbar unter http://www.uncitral.org/uncitral/en/publications/yearbook.html, Stand 29.2.2012.

1021 Schlechtriem/Schwenzer/*Schlechtriem/Schroeter* 2008, vor Art. 14-24 Rn 18; Staudinger CISG/*Magnus* 2005, Art. 19 Rn 26; *Schultheiß*, S. 21; Schlechtriem/Schwenzer/*Schmidt-Kessel* 2008, Art. 9 Rn 22; *Kröll/Hennecke* RabelsZ 67 (2003), 448, 459-459; *Kramer*, in: FS Welser, S. 546; MüKo Bd. 3/*Gruber* 2012, Art. 18 Rn 24; Wolf/Lindacher/Pfeiffer/*Hau* 2009, IntGV Rn 74; *Van Alstine*, S. 231; *Teklote*, S. 122-123; OLG Dresden IHR 2011, 144, 144; aA *Huber*, RabelsZ 43 (1979), 413, 449 und *Fogt* ZEuP 2002, 580, 585-586, nach denen das UN-Kaufrecht nur den Fall regelt, in dem der Vertrag durch zwei aufeinander folgende Willenserklärungen (Angebot und Annahme) zustande kommt. Daher soll hinsichtlich des kaufmännischen Bestätigungsschreibens eine Lücke bestehen, die durch das subsidiär anwendbare nationale Recht

Wie in Abschnitt 6.1.3 erwähnt, kommt der Vertrag nach Artt. 14 ff. CISG durch Angebot und Annahme zustande und gilt mit diesem Inhalt. Daher ist ein von dem Vertrag durch Beifügung von AGB abweichendes Bestätigungsschreiben ein Angebot zu einer Änderung des bereits geschlossenen Vertrags. Der Empfänger kann, muss aber dieses Angebot nicht annehmen.[1022] Das Änderungsangebot wird gemäß Art. 18 I 2 CISG keinesfalls durch bloßes Schweigen angenommen. Somit kommt dem Schweigen auf das Bestätigungsschreiben im Anwendungsbereich des UN-Kaufrechts grundsätzlich keine dem deutschen Recht vergleichbare konstitutive Wirkung zu.[1023] Die dem Bestätigungsschreiben im nationalen Recht zugestandene, möglicherweise erhebliche Beweiswirkung bleibt dagegen als eine vom UN-Kaufrecht nicht erfasste prozessuale Regelung unberührt.[1024]

Eine Anerkennung des Grundsatzes über das Schweigen auf das kaufmännische Bestätigungsschreiben im deutschen Sinne kann im Anwendungsbereich des UN-Kaufrechts deshalb nur in besonderen Fällen in Frage kommen. Erstens können die Parteien gemäß Art. 6 CISG (i.V.m Art. 8 CISG) ausdrücklich oder stillschweigend vereinbaren, dass ein Bestätigungsschreiben eine ähnliche Wirkung wie nach dem deutschen Recht hat. In der Vertragspraxis sind solche Ver-

---

zu schließen wäre. Dieser Ansicht ist jedoch entgegenzuhalten, dass keine Regelungslücke besteht, wie die oben erläuterte Entstehungsgeschichte zeigt (so auch Honsell/*Dornis* 2010, Art. 18 Rn 28; Schlechtriem/Schwenzer/*Schlechtriem/Schroeter* 2008, vor Art. 14-24 Rn 19). Zudem wäre – wenn eine Lücke bestehen sollte – diese Lücke durch die allgemeinen Grundsätze des UN-Kaufrechts zu schließen, soweit dies möglich ist. Da sich den Artt. 14-24 CISG ein allgemeiner Grundsatz des Konsensprinzips entnehmen lässt, findet dieser auch hinsichtlich des kaufmännischen Bestätigungsschreibens Anwendung (*Kröll/Hennecke* RabelsZ 67 (2003), 448, 457-458, die allerdings auf Seite 460 auch feststellen, dass hinsichtlich des kaufmännischen Bestätigungsschreiben zumindest keine planwidrige Regelungslücke besteht).

1022 Vgl. *Drasch*, S. 29; *Rudolph* 1996, Art. 19 Rn 15; *Van Alstine*, S. 241; *Köhler*, Das UN-Kaufrecht, S. 160.

1023 OLG Graz IHR 2003, 71, 72; OLG Dresden IHR 2011, 144, 144; Staudinger CISG/*Magnus* 2005, Art. 19 Rn 26; MüKo HGB Bd. 6/*Ferrari* 2007, Art. 19 Rn 17; MüKo Bd. 3/*Gruber* 2012, Art. 18 Rn 24; *Schultheiß*, S. 22; *Magnus* ZEuP 2006, 96, 114; *Kröll/Hennecke* RabelsZ 67 (2003), 448, 459; Honsell/*Dornis* 2010, Art. 18 Rn 28; *Schillo* IHR 2003, 257, 261; Witz/Salger/Lorenz/*Witz* 2000, Art. 18 Rn 15; *Stoffels*, S. 83; *Huber/Sundström* DL 1997, 747, 752 und 754; *Rudolph* 1996, Art. 19 Rn 15; *Karollus*, S. 72.

1024 OLG Köln 22.2.1994, http://www.cisg-online.ch, case 127; OLG Frankfurt 5.7.1995, http://www.cisg-online.ch, case 258; *Van Alstine*, S. 235; *Drasch*, S. 29; *Reithmann/Martiny*, S. 516; Schlechtriem/Schwenzer/*Schlechtriem/Schroeter* 2008, vor Art. 14-24 Rn 22; MüKo Bd. 3/*Gruber* 2012, Art. 18 Rn 26.

einbarungen über prozessurale Details jedoch selten.[1025] Dies ist logisch, da die materiellen Fragestellungen für die Parteien beim Vertragsschluss zentral sind. Außerdem wären die Beweisschwierigkeiten bei Feststellung einer konkludenten Vereinbarung oft erheblich.

Zweitens kann sich die dem deutschen Recht vergleichbare Wirkung des Bestätigungsschreibens aus den gemäß Art. 9 I CISG zwischen den Parteien entstandenen Gepflogenheiten ergeben.[1026] Die Entstehung einer solchen Gepflogenheit ist im Rahmen laufender Geschäftsbeziehungen durchaus möglich. Zum Beispiel kann dies sich daraus ergeben, dass eine Partei bei den früheren Verträgen immer ein kaufmännisches Bestätigungsschreiben gesendet hat und beide Parteien einvernehmlich später auf dieses Schreiben Bezug genommen haben und es für maßgeblich für deren Vertragsbeziehung gehalten haben.

Drittens kann es zur Geltung des entsprechenden Grundsatzes durch Art. 9 II CISG kommen.[1027] Gemäß Art. 9 II CISG wird eine entsprechende Vereinbarung angenommen, soweit die Parteien die Gebräuche kannten oder zumindest kennen mussten und diese Gebräuche in dem jeweiligen Geschäftszweig bei internationalen Verträgen gleicher Art weithin bekannt sind und regelmäßig beachtet werden. Von der weiten internationalen Bekanntheit im wörtlichen Sinne kann nicht wirklich ausgegangen werden, da das kaufmännische Bestätigungs-

---

1025 *Köhler*, Das UN-Kaufrecht, S. 158-159; *Schultheiß*, S. 22; *Kröll/Hennecke* RabelsZ 67 (2003), 448, 463-464; *Drasch*, S. 29; *Rudolph* 1996, Art. 19 Rn 15; *Väinölä*, S. 67-68; Graf von Westphalen/Thüsing/*Graf von Westphalen*, Vertragsrecht – Vertragsabschlussklauseln Rn 75; vgl. aber auch *Kramer*, in: FS Welser, S. 547 und 551-552, nach dem zusätzlich ein stillschweigendes Einverständnis bezüglich des Inhalts des Bestätigungsschreibens anzunehmen ist, wenn die Bedingungen des Bestätigungsschreibens lediglich konsensfähige Konkretisierungen und Ergänzungen beinhalten oder wenn sie für den Empfänger günstiger sind als die Bedingungen des „bestätigten" Vertrags. Die Günstigkeit des Bestätigungsschreibens ist in seiner Gesamtheit zu beurteilen. Somit wäre es nicht möglich, lediglich einzelne für den Empfänger günstige Klauseln als stillschweigend akzeptiert zu sehen. Als ein allgemeines Prinzip bereitet diese Ansicht Schwierigkeiten, weil die Günstigkeit des Bestätigungsschreibens wegen der persönlichen Interessen der jeweiligen Vertragspartei „im Auge des Betrachters" liegt und daher eine objektive Beurteilung der Günstigkeit schwierig ist. Allerdings stellt sich dieses Problem in der Praxis nicht, weil der Empfänger eines für ihn günstigen Bestätigungsschreibens an dem Schreiben festhält und der Sender des Schreibens nach Treu und Glauben an seine eigene Erklärung gebunden ist.

1026 LG Hamburg RIW 1997, 873, 873-874; *Schlechtriem*, S. 58; *Magnus* ZEuP 2006, 96, 114; MüKo HGB Bd. 6/*Ferrari* 2007, Art. 19 Rn 17; *Handorn*, S. 25; *Schwenzer/Mohs* IHR 2006, 239, 245; Staudinger CISG/*Magnus* 2005, Art. 19 Rn 26; *Väinölä*, S. 66-67.

1027 OLG Dresden IHR 2011, 144, 144; Honsell/*Dornis* 2010, Art. 18 Rn 29; Schlechtriem/Schwenzer/*Schmidt-Kessel* 2008, Art. 9 Rn 23; MüKo Bd. 3/*Gruber* 2012, Art. 18 Rn 25; *Kröll/Hennecke* RabelsZ 67 (2003), 448, 465; *Väinölä*, S. 66.

schreiben im deutschen Sinne nur in einer begrenzten Zahl von Staaten Anwendung findet.[1028]

Es wird jedoch überwiegend vertreten, dass es auf jeden Fall ausreicht, wenn beide Parteien im Verbreitungsgebiet entsprechender Regeln niedergelassen sind. Weiterhin muss der Grundsatz für den jeweiligen Handelszweig gelten und auch ständig ausgeübt werden, was die Beweisführung erschwert.[1029] Des Weiteren ist hierbei das Recht, welches strengere Voraussetzungen vorsieht, heranzuziehen, damit der kleinste gemeinsame Nenner maßgeblich ist.[1030] Diese Auffassung ist überzeugend, da die Parteien nur insoweit vor Rechtswirkungen schutzwürdig sind, als sie diese nicht kennen.[1031] Es kann vom Unternehmer erwartet werden, dass er die nach heimischem Recht geltenden Grundsätze kennt.[1032]

1028 *Reithmann/Martiny*, S. 205; *Johannsen*, S. 330; *Verweyen/Foester/Toufar*, S. 58; Graf von Westphalen/Thüsing/*Graf von Westphalen*, Vertragsrecht – Vertragsabschlussklauseln Rn 75; *Güllemann*, S. 142; *Huber/Sundström* DL 1997, 747, 752. Dies wird nicht dadurch geändert, dass sowohl die UNIDROIT-Principles (Art. 2.12) als auch die Principles of European Contract Law (PECL, Art. 2:210) eine Bestimmung über die konstitutive Wirkung eines kaufmännischen Bestätigungsschreibens vorsehen (MüKo Bd. 3/*Gruber* 2012, Art. 18 Rn 24; *Kröll/Hennecke* RabelsZ 67 (2003), 448, 449-450 und 490-491; *Fogt* IPRax 2007, 417, 422). Zudem entfällt die Bindungswirkung nach diesen Artikeln, wenn die ergänzenden oder abweichenden Bedingungen den Vertrag erheblich ändern, was bei erstmaliger Beifügung von AGB oft der Fall sein kann (vgl. Abschnitt 6.2.3.2).

1029 OLG Frankfurt 5.7.1995, http://www.cisg-online.ch, case 258; *Fogt* IPRax 2007, 417, 420; *Reithmann/Martiny*, S. 516; Wolf/Lindacher/Pfeiffer/*Hau* 2009, IntGV Rn 72-73; *Schultheiß*, S. 23; *Kröll/Hennecke* RabelsZ 67 (2003), 448, 476 und 490; *Huber/Kröll* IPRax 2003, 309, 312; *Hennemann*, S. 84; *Drasch*, S. 30-31; *Rudolph* 1996, Art. 9 Rn 9; *Van Alstine*, S. 242; *Holl/Keßler* RIW 1995, 457, 459; *Teklote*, S. 135; in diesem Sinne wohl auch *Rehbinder*, in: Einheitliches Kaufrecht, S. 169; aA *Huber* RabelsZ 43 (1979), 413, 449; in diesem Sinne auch *Schlechtriem*, S. 58-59, der jedoch in der Existenz paralleler Bräuche in den Ländern der Niederlassungen der Parteien ein starkes Indiz für das Vorliegen der hier genannten Voraussetzungen sieht und *Verweyen/Foester/Toufar*, S. 58, nach denen jedoch gerade in diesem Fall das Entstehen einer entsprechenden Parteigepflogenheit möglich ist.

1030 *Kröll/Hennecke* RabelsZ 67 (2003), 448, 490; MüKo Bd. 3/*Gruber* 2012, Art. 18 Rn 25; Wolf/Lindacher/Pfeiffer/*Hau* 2009, IntGV Rn 74.

1031 Vgl. *Rudoplh* 1996, Art. 9 Rn 9; *Schultheiß*, S. 23; durch Umkehrschluss auch *Handorn*, S. 25.

1032 Dagegen verbietet schon der Wortlaut des Art. 9 II CISG, dass die Geltung einer entsprechenden Regelung allein am Sitz- oder Tätigkeitsort des schweigenden Empfängers eines kaufmännischen Bestätigungsschreibens ausreicht (vgl. *Fogt* IPRax 2007, 417, 420; Staudinger CISG/*Magnus* 2005, Art. 9 Rn 28).

Nach einer weiteren Ansicht genügt es zusätzlich, dass die Parteien ständig Geschäfte im Verbreitungsgebiet dieses Grundsatzes betreiben.[1033] Meines Erachtens entspricht diese Ansicht dem Grundsatz der erhöhten Selbstverantwortung eines Unternehmers, und somit ist ihr in der Regel zu folgen. Im Zweifelsfall ist im Anwendungsbereich des UN-Kaufrechts jedoch davon auszugehen, dass der Grundsatz über das Schweigen auf das kaufmännische Bestätigungsschreiben keine Anwendung findet.[1034]

Dagegen kann eine konstitutive Wirkung eines kaufmännischen Bestätigungsschreibens über eine analoge Anwendung von Art. 19 II CISG nicht anerkannt werden, obwohl dies zum Teil[1035] vertreten wird. Dies ergibt sich daraus, dass es sich beim Fehlen der konstitutiven Wirkung eines kaufmännischen Bestätigungsschreibens um keine planwidrige Lücke handelt, wie die oben erläuterte Entstehungsgeschichte zeigt.[1036] Somit fehlt es an den notwendigen Voraussetzungen für eine Analogie. Zudem wäre die mögliche Lücke zunächst nach den allgemeinen dem UN-Kaufrecht zugrunde liegenden Prinzipien, also nach dem Konsensprinzip nach Artt. 14-24 CISG, zu füllen und nicht im Analogiewege nach Art. 19 II CISG, der eine Sonderfallregelung darstellt.[1037]

Abschließend kann also festgestellt werden, dass das UN-Kaufrecht hinsichtlich des kaufmännischen Bestätigungsschreibens eigentlich keinen eigenen Lösungsansatz für die Praxis enthält. Dagegen eignet sich das UN-Kaufrecht außerhalb der entsprechenden Parteivereinbarungen eine Kombination der Lösungen der Rechtssysteme der Niederlassungsstaaten der Vertragsparteien an. Da hier der kleinste gemeinsame Nenner maßgeblich ist, kommt dem kaufmännischen Bestätigungsschreibens bei Anwendung des UN-Kaufrechts in der Regel eine wesentlich geringere praktische Bedeutung als im deutschen Recht zu.

In Bezug auf den unternehmerischen Geschäftsverkehr zwischen Deutschland und Finnland bedeutet dies, dass ein Bestätigungsschreiben bei der Anwendbarkeit des UN-Kaufrechts mangels anders lautender Parteivereinbarung grundsätzlich keine ähnliche Wirkung wie nach dem deutschen Recht hat, weil das finnische Recht das kaufmännische Bestätigungsschreiben im deutschen Sinne nicht kennt. Etwas anderes gilt nur, wenn die finnische Vertragspartei ständig in Deutschland Geschäfte tätigt, und daher die Wirkung des Schweigens

---

1033 MüKo HGB Bd. 6/*Ferrari* 2007, Art. 9 Rn 17; Schlechtriem/Schwenzer/*Schmidt-Kessel* 2008, Art. 9 Rn 23; Staudinger CISG/*Magnus* 2005, Art. 9 Rn 27; *Schillo* IHR 2003, 257, 261.

1034 *Schillo* IHR 2003, 257, 261; *Piltz* NJW 2000, 553, 556.

1035 *Holl/Keßler* RIW 1995, 457, 460.

1036 Vgl. Schlechtriem/Schwenzer/*Schlechtriem/Schroeter* 2008, vor Art. 14-24 Rn 19; Honsell/*Dornis* 2010, Art. 18 Rn 28; *Väinölä*, S. 66-67.

1037 So auch *Kröll/Hennecke* RabelsZ 67 (2003), 448, 459-460.

auf das kaufmännischen Bestätigungsschreibens nach dem deutschen Recht kennen muss oder wenn zwischen den Parteien eine entsprechende Gepflogenheit aufgrund einer laufenden Geschäftsbeziehung besteht.

6.3.4 Rechtsvergleichung

Die finnische Lösung folgt dogmatisch der Idee, dass jemand lediglich dann an ein Rechtsgeschäft gebunden sein soll, wenn er sich dazu aktiv verpflichtet hat.[1038] Weiterhin soll es nicht möglich sein, den Vertrag einseitig nachträglich zu ändern.[1039] Somit können die AGB nicht durch eine erstmalige Bezugnahme in dem Bestätigungsschreiben in den Vertrag einbezogen werden, soweit der Vertragspartner darin nicht einwilligt.

Diese Lösung ist insbesondere deshalb zu unterstützen, weil die nachträgliche Einbeziehung der AGB den Vertragsinhalt wesentlich verändern kann. Sie führt jedoch in der Praxis dazu, dass die Vertragsparteien bis hin zu der Beweisführung vor Gericht und dem darauf folgenden Urteil nicht sicher sein können, ob und mit welchem Inhalt ihr Vertrag zustande gekommen ist.

Die deutsche Lösung dient dagegen der Rechtssicherheit und dem Verkehrsschutz des unternehmerischen Geschäftsverkehrs, da der Vertrag mangels Widerspruch grundsätzlich als mit dem Inhalt des Bestätigungsschreibens abgeschlossen gilt. Beide Parteien wissen dies und können ihre weiteren Handlungen auf dieser Grundlage ausrichten. Die dadurch geschaffene Sicherheit fördert den unternehmerischen Geschäftsverkehr und entspricht daher dem Interesse der praxisnahen Rechtsanwendung.

Ein Bedürfnis hierzu ist auch im finnischen Recht bemerkt worden, wie die Einführung einer entsprechenden Sonderregelung in bestimmten Einzelgesetzen zeigt. Daher wäre es sinnvoll, kaufmännische Bestätigungsschreiben im deutschen Sinne zukünftig auch im Allgemeinen in das finnische Recht einzuführen.

Die praktische Relevanz der unterschiedlichen Lösungen des finnischen und des deutschen Rechts ist jedoch viel geringer als es auf den ersten Blick den Anschein hat. Obwohl das finnische Recht das kaufmännische Bestätigungsschreiben im deutschen Sinne gar nicht kennt, führen die beiden Lösungen in der Praxis häufig zum gleichen Ergebnis. Dies beruht auf der starken Beweiswirkung des Bestätigungsschreibens nach dem finnischen Recht bei fehlendem Widerspruch. Andere ausreichende Beweismittel sind gerade bei mündlich geschlossenen Verträgen oft nicht vorhanden. Dann kann der Empfänger des Bestäti-

---

1038 *Hemmo*, Sopimusoikeus I, S. 251; *Portin* LM 1987, 391, 395; *Telaranta*, S. 151-152.

1039 *Portin* LM 1987, 391, 395; Saarnilehto/Hemmo/Kartio/*Saarnilehto* 2001, S. 366 und 372; *Wilhelmsson*, S. 158-159.

gungsschreibens nicht nachweisen, dass der Vertrag entweder nicht oder mit einem anderen Inhalt zustande gekommen ist. Bei einem Rechtsstreit gilt der Vertrag in diesem Fall auch in Finnland so, als wäre er mit dem Inhalt des Bestätigungsschreibens geschlossen worden.

Weiterhin wird im deutschen Recht anerkannt, dass sich der ausländische Vertragspartner aufgrund Art. 31 II EGBGB / Art. 8 II Rom-Übereinkommen / Art. 10 II Rom I-VO hinsichtlich der Rechtswirkungen seines Schweigens auf das Bestätigungsschreiben auf das Recht seines Niederlassungsstaats berufen kann.[1040] Daher ist der ausländische Vertragspartner aufgrund seines bloßen Schweigens in der Regel nur dann an den Inhalt des Bestätigungsschreibens gebunden, wenn auch sein Niederlassungsrecht diese Rechtsfolge anordnet oder er sonst die Bindungswirkung des kaufmännischen Bestätigungsschreibens kennt.[1041]

Wie schon erwähnt, legt das finnische Recht dem Schweigen auf das kaufmännische Bestätigungsschreiben nicht die gleiche vertragskonstitutive Bindungswirkung bei wie das deutsche Recht. Daher werden die AGB gegenüber dem finnischen Vertragspartner durch erstmalige Bezugnahme in dem Bestätigungsschreiben aufgrund Art. 31 II EGBGB / Art. 8 II Rom-Übereinkommen / Art. 10 II Rom I-VO grundsätzlich nicht einbezogen, obwohl das deutsche Recht Vertragsstatut ist. Etwas anderes kann nur im Rahmen laufender Geschäftsbeziehungen oder dann, wenn der finnische Vertragspartner die deutsche Bindungswirkung kennt, gelten. Dies ergibt sich daraus, dass dann der finnische Vertragspartner nicht schutzwürdig ist und somit sich nicht auf Art. 31 II EGBGB / Art. 8 II Rom-Übereinkommen / Art. 10 II Rom I-VO berufen kann.[1042]

1040 BGHZ 135, 124, 137; Erman Bd. II/*Hohloch* 2011, Art. 10 Rom I Rn 14 (Anh II Art. 26); MüKo HGB Bd. 5/*Schmidt* 2009, § 346 Rn 170a; Palandt/*Thorn* 2012, Art. 10 Rom I Rn 5; *Hau/Eichel* AL 2010, 84, 89; *Reithmann/Martiny*, S. 205-206; *Maindl*, S. 86; *Batereau*, in: Handbuch der Handelsgeschäfte, S. 112; *Müller/Otto*, S. 121-122.

1041 OLG Karlsruhe NJW-RR 1993, 567, 568; Staudinger Rom I Bd.1/*Hausmann* 2011, Art. 10 Rn 108; MüKo Bd. 2/*Kieninger* 2007, § 307 Rn 267; Wolf/Lindacher/Pfeiffer/*Hau* 2009, IntGV Rn 46; Graf von Westphalen/Thüsing/*Graf von Westphalen/Thüsing*, Vertragsrecht – Rechtswahlklauseln Rn 21.

1042 *Stoffels*, S. 79; Staudinger Rom I Bd.1/*Hausmann* 2011, Art. 10 Rn 108; in diesem Sinne wohl auch *Reithmann/Martiny*, S. 206; aA *Batereau*, in: Handbuch der Handelsgeschäfte, S. 112, nach dem dies nur dann der Fall ist, wenn der ausländische Vertragspartner eine Niederlassung in Deutschland hat. Batereaus Ansicht ist jedoch abzulehnen, da Art. 31 II CISG nach seinem Wortlaut nur dann Anwendung findet, wenn es nicht gerechtfertigt wäre, die Wirkung des Verhaltens des ausländischen Vertragspartners nach dem Vertragsstatut zu bestimmen. Wenn der finnische Vertragspartner die

Durch Art. 31 II EGBGB / Art. 8 II Rom-Übereinkommen / Art. 10 II Rom I-VO kommt die unterschiedliche Handhabung des deutschen und des finnischen Rechts hinsichtlich der Wirkung des Schweigens auf das Bestätigungsschreiben in der Praxis regelmäßig nicht zum Tragen. Wegen der Beweiswirkung des Bestätigungsschreibens ist hinsichtlich des unternehmerischen Geschäftsverkehrs zwischen Deutschland und Finnland auf jeden Fall anzuraten, dass der Empfänger das Bestätigungsschreiben sorgfältig liest und ihm unverzüglich widerspricht, soweit es seiner Auffassung nicht entspricht. Dies gilt unabhängig davon, welches Recht anwendbar ist.

6.4 Fremdsprachige Einbeziehungsvereinbarungen

Für die Praxis des internationalen Handelsverkehrs ist von wesentlicher Bedeutung, in welcher Sprache der Hinweis auf die AGB und der Text der AGB verfasst sein müssen, um die AGB wirksam in den Vertrag einzubeziehen. Widrigenfalls kommt der Vertrag ohne die AGB zustande, auch wenn der Verwender auf sie hinweist.[1043]

Nach der überwiegenden Ansicht entscheidet das Vertragsstatut, wer das Sprachrisiko trägt.[1044] Insbesondere gilt dies für Inlandsgeschäfte, bei welchen die ausländische Vertragspartei in dem Land des Vertragsstatuts auftritt.[1045] Da-

deutsche Bindungswirkung des kaufmännischen Bestätigungsschreibens kennt, ist es gerechtfertigt, sein Verhalten dementsprechend auszulegen.

1043 *Spellenberg* IPRax 2007, 98, 101; *Magnus* ZEuP 2006, 96, 113-114.

1044 *Hau/Eichel* AL 2010, 84, 89; *Spellenberg* IPRax 2007, 98, 99; Staudinger Rom I Bd.1/*Hausmann* 2011, Art. 10 Rn 112; *Stadler*, S. 85; Wolf/Lindacher/Pfeiffer/*Hau* 2009, IntGV Rn 34 und 47; *Maindl*, S. 44; *Rott* ZVglRWiss 1999, 382, 393; *Freitag* IPRax 1999, 142, 144; *Rühl*, S. 122; Soergel Bd. 10/*von Hoffmann* 1996, Art. 31 Rn 33; *Schurig* IPRax 1994, 27, 32; *Müller/Otto*, S. 123; *von Bar*, S. 391; aA *Fischer*, S. 342-343; OLG Hamm RIW 1997, 153, 154; *Beckmann* RIW 1981, 79, 80, die zu Unrecht ein gesondertes Sprachstatut befürworten oder behaupten, dass die Parteien für ihre Erklärungen die Sprache des Landes verwenden müssen, dessen Recht das Vertragsstatut ist.

1045 *Reithmann/Martiny*, S. 207; Staudinger Rom I Bd.1/*Hausmann* 2011, Art. 10 Rn 115 und 125. Bei Inlandsgeschäften werden zudem weitaus geringere Anforderungen an die Sprachkenntnisse des Vertragspartners des AGB-Verwenders gestellt. Vielfach genügt es, wenn sich der Vertragspartner überhaupt irgendwie auf der Landessprache verständigen kann, sich auf die Verhandlungen auf der Landessprache einlässt oder wenn er die auf Landessprache verfassten AGB unterschreibt (OLG Bremen WM 1973, 1228, 1229; LG Frankfurt WM 1977, 298; *Hau/Eichel* AL 2010, 84, 89; AnwK AGB-Recht/*Niebling* 2012, § 305 Rn 85; *Rott* ZVglRWiss 1999, 382, 390-391; Staudinger BGB/*Singer* 2004, § 119 Rn 18; vgl. auch *Schäfer* JZ 2003, 879, 883 bezüglich gegen ist bei Distanzgeschäften umstritten, ob sich die sprachunkundige Vertragspartei aufgrund Art. 31 II EGBGB / Art. 8 II Rom-Übereinkommen / Art. 10 II Rom I-VO ergänzend auf ihr Heimatrecht berufen kann, wenn dies die vertragliche Bindung verneint, obwohl der Vertrag nach dem Vertragsstatut trotz mangelnder Sprachkenntnisse zustande gekommen ist.[1046] Diese Streitfrage kann jedoch dahinstehen, da fremdsprachige Erklärungen in allen drei zu behandelnden Rechtssystemen weitgehend ähnlich behandelt werden.[1047]

Wenn die Parteien ausdrücklich vereinbart haben, in welcher Sprache sie den Vertrag verfassen, sind die in dieser Sprache abgegebenen Erklärungen wirksam.[1048] Soweit eine Partei eine andere Sprache benutzt, kann die andere Partei dagegen einwenden, dass sie die Erklärung bzw. die AGB nicht versteht, es sei denn dass sie ebenfalls diese Sprache tatsächlich beherrscht.[1049] Mangels einer solchen Vereinbarung – was häufig der Fall ist – setzt die wirksame Einbeziehung der AGB in der Regel voraus, dass sowohl der Hinweis als auch die AGB selbst in einer Sprache vorliegen, die für den Vertragspartner des AGB-Verwenders verständlich ist.[1050] Somit trägt der AGB-Verwender grundsätzlich

---

Verbrauchergeschäfte). Hierbei ist jedoch zu berücksichtigen, dass ein Geschäft nicht nur deshalb zum Inlandsgeschäft wird, das der Vertragsschluss mehr oder weniger zufällig, z.B. auf einer Messe, in dem Land des Vertragsstatuts erfolgt. Dagegen setzt ein Inlandsgeschäft voraus, dass das Geschäft ausschließlich im Inland vollzogen wird (Wolf/Lindacher/Pfeiffer/*Hau* 2009, IntGV Rn 41).

1046 Bejahend: Staudinger Rom I Bd.1/*Hausmann* 2011, Art. 10 Rn 115; *Rott* ZVglRWiss 1999, 382, 396; *Schurig* IPRax 1994, 27, 32; *Fischer*, S. 342-343; *Drobnig*, in: FS Mann, S. 607-608; OLG Karlsruhe RIW 1994, 1046, 1047. Verneinend: *Reithmann/ Martiny*, S. 207; Soergel Bd. 10/*von Hoffmann* 1996, Art. 31 Rn 47; *Freitag* IPRax 1999, 142, 144-145; *von Bar*, S. 391; *Spellenberg*, in: FS Ferid, S. 466.

1047 Vgl. *Stadler*, S. 96, nach dem sich die Regelungen des deutschen und des UN-Kaufrechts im Wesentlichen decken.

1048 Dies ergibt sich schon aus dem Grundsatz der Vertragsfreiheit. *Beckmann* RIW 1981, 79, 80; Staudinger Rom I Bd.1/*Hausmann* 2011, Art. 10 Rn 116; *Drasch*, S. 10; MüKo Bd. 10/*Spellenberg* 2010, Art. 10 Rn 85-86; *Rott* ZVglRWiss 1999, 382, 389; *Pfeiffer*, in: Handbuch der Handelsgeschäfte, S. 934.

1049 *Reithmann/Martiny*, S. 210; aA MüKo Bd. 10/*Spellenberg* 2010, Art. 10 Rn 86-87.

1050 OLG Düsseldorf 21.4.2004, http://www.cisg-online.ch, case 915; *Jungemeyer* RIW 2010, 166, 167; *Stoffels*, S. 82; *Schmidt-Kessel/Meyer* IHR 2008, 177, 180; *Magnus*, in: FS Kritzer, S. 325; *Spellenberg* IPRax 2007, 98, 101-104; *Sauthoff* IHR 2005, 21, 23; Staudinger Rom I Bd.1/*Hausmann* 2011, Art. 10 Rn 120 und 122; NomosKomm Bd. 2/*Kollmann* 2012, § 305 Rn 116; *Rott* ZVglRWiss 1999, 382, 389-390; *Spellenberg*, in: FS Ferid, S. 486; *Lohmann*, S. 220; *Schultheiß*, S. 17; *Piltz* NJW 2007, 2159, 2161; *Kosonen*, S. 34; *Norokorpi*, S. 59; *Oikeustoimilakitoimikunta*, S. 312 und 334; *Wilhelmsson*, S. 74; *Markkanen*, S. 51; aA OLG München IHR 2009, 201, 204. Somit setzt die im geltenden finnischen und UN-Kaufrecht bestehende Kenntnisverschafdas Risiko der sprachlichen Verständigung und ist gegebenenfalls zur Übersetzung verpflichtet.[1051]

---

fungspflicht des Verwenders voraus, dass er die AGB seinem Vertragspartner auf einer diesem verständlichen Sprache übersendet oder anderweitig zugänglich macht. In der deutschen Rechtsprechung wird dagegen teilweise vertreten, dass ein Hinweis in der Verhandlungssprache auf die anderssprachigen AGB genügt. Dies wird damit begründet, dass im Rechtsverkehr unter Unternehmen die AGB nicht beigefügt sein müssen, sondern der Vertragspartner des AGB-Verwenders eine Erkundigungsobliegenheit hat (OLG Karlsruhe RIW 1994, 1046, 1047). Diese Ansicht kann nicht als ein allgemeingültiger Grundsatz akzeptiert werden, weil sie die Verantwortung zur Beschaffung einer Übersetzung dem Vertragspartner allein aufgrund eines ihm verständlichen Einbeziehungshinweises überwälzt. Dies entspricht weder den Interessen des internationalen Handels noch dem gesetzlichen Grundsatz, dass der Erklärende das Risiko der sprachlichen Verständigung trägt. Der Verwender sollte zumindest auf Verlangen verpflichtet sein, die AGB seinem Vertragspartner auf der Verhandlungssprache oder auf einer ihm ansonsten verständlichen (Welt-)Sprache zugänglich zu machen (vgl. Ulmer/Brandner/Hensen/*Schmidt* 2011, Anh. § 305 Rn 16; *Spellenberg* IPRax 2007, 98, 103-104; Wolf/Lindacher/Pfeiffer/*Hau* 2009, IntGV Rn 39; Herberger/Martinek et al./*Lapp/Salomon* 2010, § 305 Rn 107; AnwK AGB-Recht/*Niebling* 2012, § 305 Rn 85). Etwas anderes kann nur dann gelten, wenn der Vertragspartner sich ausdrücklich mit der Geltung der anderssprachigen AGB einverstanden erklärt (Staudinger Rom I Bd.1/*Hausmann* 2011, Art. 10 Rn 122) oder freiwillig verspricht, sich um die Übersetzung zu kümmern (MüKo Bd. 10/*Spellenberg* 2010, Art. 10 Rn 200). Unter Beachtung der in Abschnitt 6.2.4.2 vorgeschlagenen Lösung müsste der Verwender die AGB seinem Vertragspartner auf einer diesem verständlichen Sprache übersenden oder anderweitig zugänglich machen, soweit ihm eine Kenntnisverschaffungspflicht betrifft. Falls der Vertragspartner dagegen eine Erkundigungsobliegenheit hat, weil er ungefähr gleich stark wie der AGB-Verwender ist, kann von ihm erwartet werden, dass er nach einer ihm verständlichen Sprachfassung der AGB verlangt, auf die hingewiesen wurde. Nach einem solchen Verlangen besteht für den AGB-Verwender eine Textverschaffungsobliegenheit. Schickt der Verwender die AGB nicht oder nicht auf einer seinem Vertragspartner verständlicher Sprache, kann er sich später auf sie nicht berufen (MüKo Bd. 10/*Spellenberg* 2006, Art. 31 Rn 48).

1051 *Reinhart* RIW 1977, 16, 20; Graf von Westphalen/Thüsing/*Graf von Westphalen/Thüsing*, Vertragsrecht – Rechtswahlklauseln Rn 17; MüKo Bd. 10/*Spellenberg* 2010, Art. 10 Rn 62; Staudinger BGB/*Singer* 2004, § 119 Rn 19; *Graf von Westphalen*, Verkaufsbedingungen, S. 23; *Handorn*, S. 21; aA OGH IHR 2004, 148, 154; wonach der Vertragspartner bei langen, intensiven und wirtschaftlich bedeutsamen Geschäftsbeziehung verpflichtet ist, sich selbst eine Übersetzung zu besorgen oder eine Übermittlung einer Übersetzung zu fordern; Ferrari/Kieninger et al./*Mankowski* 2012, Vor Art. 14 Rn 43, der davon ausgeht, dass ein großes Vertragsvolumen und die Verbreitung der verwendeten Sprache im betreffenden Kulturkreis zu einer Übersetzungsobliegenheit des Vertragspartners führen könnte. Dies ist vor allem bei Anwendung des UN-Kaufrechts und des finnischen Rechts problematisch, da sie dem AGB-Verwender eine

Somit ist die Muttersprache des Vertragspartners immer ausreichend.[1052] Soweit es sich hingegen um eine Fremdsprache handelt, muss der Verwender beweisen, dass sein Vertragspartner die verwendete Sprache beherrscht.[1053] Allerdings reicht es aus, dass der Vertragspartner den Eindruck erweckt hat, die Sprache zu verstehen. Dagegen ist es nicht entscheidend, dass dieser Anschein der Wirklichkeit entspricht. Natürlich gilt dies nur, solange der Anschein besteht.[1054] Weiterhin muss sich die Vertragspartei die (scheinbaren) Sprachkenntnisse seines Vertreters oder Dolmetschers zurechnen lassen.[1055]

Des Weiteren muss der Vertragspartner des AGB-Verwenders im internationalen Handelsverkehr die in der Verhandlungs- und Vertragssprache vorliegenden Hinweise und AGB gegen sich gelten lassen.[1056] Dies ist darauf zurück-

---

Kenntnisverschaffungspflicht auferlegen. Allerdings ist diese Ansicht auch ansonsten bei einer einzelvertraglichen Einbeziehung im internationalen Geschäftsverkehr abzulehnen, da die AGB den Interessen ihres Verwenders dienen und es somit seine Aufgabe ist, die für deren Einbeziehung notwendige Übersetzung zu besorgen; AG Langenfeld NJW-RR 1998, 1524, wonach der Verwender nur bei Geschäften von erheblicher wirtschaftlicher Tragweite zur Übersetzung der AGB verpflichtet ist. Diese Meinung ist jedoch mit der vorigen Begründung abzulehnen.

1052 OGH IHR 2004, 148, 154; Wolf/Lindacher/Pfeiffer/*Hau* 2009, IntGV Rn 38; Ferrari/Kieninger et al./*Mankowski* 2012, Vor Art. 14 Rn 42; Staudinger Rom I Bd.1/ *Hausmann* 2011, Art. 10 Rn 120; *Magnus* ZEuP 2006, 96, 113; *Spellenberg* IPRax 2007, 98, 104.

1053 OLG Koblenz IPRax 1994, 46, 48; Schlechtriem/Schwenzer/*Schlechtriem/Schroeter* 2008, Art. 14 Rn 64; *Spellenberg* IPRax 2007, 98, 102.

1054 MüKo Bd. 10/*Spellenberg* 2010, Art. 10 Rn 71; *Spellenberg*, in: FS Ferid, S. 480.

1055 BGH NJW 1995, 190; OLG Linz IHR 2005, 249, 251; Ferrari/Kieninger et al./*Mankowski* 2012, Vor Art. 14 Rn 42; Wolf/Lindacher/Pfeiffer/*Hau* 2009, IntGV Rn 38; *Reithmann/Martiny*, S. 209.

1056 BGHZ 87, 112, 114; BGH NJW 1996, 1819, 1819; LG Aachen IHR 2011, 82, 85; OLG Hamm IHR 2006, 84, 85; OLG Hamm NJW 1983, 523, 524; *Piltz* NJW 2011, 2261, 2263; *Jungemeyer* RIW 2010, 166, 167; Honsell/*Dornis* 2010, Vorbem. 14-24 Rn 14; *Magnus*, in: FS Kritzer, S. 325; *Schwenzer/Mohs* IHR 2006, 239, 241; *Berger*, in: AGB und Vertragsgestaltung, S. 35; *Maindl*, S. 71; *Rott* ZVglRWiss 1999, 382, 390; *Temme*, in: FS Herber, S. 202; *Piltz* NJW 2003, 2056, 2060; *Kosonen*, S. 35; *Wilhelmsson*, S. 73-74; kritisch *Spellenberg*, nach dem dies nicht gelten kann, wenn der Vertragspartner die Sprache erkennbar zu wenig beherrscht, um komplizierte Texte wie AGB zu verstehen (*Spellenberg*, in: FS Ferid, S. 481 und 485). Er begründet dies damit, dass der Gebrauch einer bestimmten Sprache keine Obliegenheit begründet, sich einen nicht verstandenen Einbeziehungshinweis übersetzen zu lassen (*Spellenberg* IPRax 2007, 98, 103). Diese Kritik mag bei Geschäften mit Verbrauchern zutreffen, aber entspricht nicht der von Unternehmen erwarteten Eigenverantwortung. Einschränkend auch *Piltz* NJW 2007, 2159, 2161, der lediglich die Verhandlungssprache oder Heimatsprache des Vertragspartners des AGB-Verwenders akzeptiert.

zuführen, dass der Vertragspartner die Obliegenheit übernimmt, sich erforderlichenfalls selbst eine Übersetzung zu verschaffen, wenn er sich in den Verhandlungen auf einer bestimmten Sprache einlässt oder den Vertrag vorbehaltlos unterzeichnet.[1057] Auf anderen Sprachen verfasste Hinweise oder AGB gelten da-

1057 BGH NJW 1995, 190; BGHZ 87, 112, 114-115; *Berger* ZGS 2004, 415, 417; *Stadler*, S. 100; Staudinger Rom I Bd.1/*Hausmann* 2011, Art. 10 Rn 120-121; *Pfeiffer*, in: Handbuch der Handelsgeschäfte, S. 934 und 937-938; *Beckmann* RIW 1981, 79, 82. Allerdings ist es umstritten, ob eine Partei den Hinweis bzw. die AGB in der Vertragssprache gegen sich gelten lassen muss, soweit die Parteien ausschließlich auf einer anderen Sprache als der Vertragssprache verhandelt haben. Nach einer Ansicht genügt auch ein Hinweis in der Sprache, in welcher die Parteien den Vertrag schließen (Wolf/Lindacher/Pfeiffer/*Hau* 2009, IntGV Rn 38; Staudinger Rom I Bd.1/*Hausmann* 2011, Art. 10 Rn 121; Graf von Westphalen/Thüsing/*Graf von Westphalen/Thüsing*, Vertragsrecht – Rechtswahlklauseln Rn 17; vgl. auch *Hellwege*, S. 410-411, der dies jedoch davon abhängig macht, dass die Sprache der Vertragsurkunde einheitlich ist. Wenn die AGB in einer anderen Sprache verfasst sind als die Vertragsurkunde, kann der Verwender nicht auf die Einbeziehung vertrauen). Nach einer anderen Ansicht reicht dagegen eine Unterschrift unter einem auf einer anderen als der Verhandlungssprache verfassten Vertragsformular nicht aus, soweit der Hinweis auf der Verhandlungssprache fehlt (Staudinger AGB/*Schlosser* 2006, § 305 Rn 141; vgl. OLG Stuttgart IPRax 1988, 293, 294; in diesem Sinne auch Ulmer/Brandner/Hensen/*Schmidt* 2011, Anh. § 305 Rn 15-16, nach dem im internationalen Geschäftsverkehr allerdings zusätzlich auch ein Hinweis auf einer Weltsprache genügt, obwohl diese von der Verhandlungssprache abweicht). *Hellwege*, S. 410 und *Reithmann/Martiny*, S. 211 stellen fest, dass in einem solchen Fall die Zusätze, die nicht Gegenstand der Verhandlungen waren, nicht Vertragsbestandteil werden. Dies kann auch die AGB erfassen. Die Auffassung von *Hellwege* und *Reithmann/Martiny* ist zutreffend, wenn die Parteien ausführlich über den Vertrag verhandelt haben und das anderssprachige Vertragsformular zum Notieren der Bestellung lediglich deswegen genutzt wird, da kein Formular mit der Verhandlungssprache vorhanden ist. In solchen Fällen ist es begründet, dass der Vertragspartner auf die mündlichen Verhandlungen und die ihm dabei gemachten mündlichen Angaben über den Formularinhalt vertraut (vgl. OLG Stuttgart IPRax 1988, 293, 294; Staudinger BGB/*Singer* 2004, § 119 Rn 19). Wenn die Parteien dagegen nur sehr kurz und oberflächlich – zumindest im Vergleich zu dem Umfang und der Bedeutung des Vertrags – verhandelt haben, kann der Vertragspartner kein ähnliches Vertrauen auf die Verhandlungen (im Sinne von einer mündlichen Vertrag) haben (vgl. *Schurig* IPRax 1994, 27, 32). Weiterhin kann hier keine stillschweigende Vereinbarung über die Anwendung der Verhandlungssprache angenommen werden (vgl. *Beckmann* RIW 1981, 79, 80-81, der die ständige und ausschließliche Korrespondenz auf einer bestimmten Sprache während der Verhandlungen als eine stillschweigende Vereinbarung über die Anwendung dieser Sprache deutet.) Somit muss der Vertragspartner damit rechnen, dass der Inhalt des anderssprachigen Vertrags inklusive der AGB, auf die hingewiesen wird, zur Geltung kommt (*Schurig* IPRax 1994, 27, 32). Wegen der unterschiedlichen Auffassungen und vorprogrammierten Beweisschwierigkeiten ist den gegen grundsätzlich nicht.[1058] Haben die Parteien in mehreren Sprachen verhandelt, ist jede dieser Sprachen Verhandlungssprache.[1059] Dies trifft auch dann zu, wenn die Korrespondenz von jeder Partei in einer anderen Sprache geführt worden ist und die Gegenpartei dies vorbehaltlos akzeptiert hat.[1060] Folglich ist bei Internetgeschäften die Sprache des Internetauftritts maßgeblich.[1061] Soweit die AGB zweisprachig sind und inhaltlich nicht übereinstimmen, ist die Fassung in der Verhandlungssprache maßgebend.[1062]

Außerdem genügt nach zahlreichen Stimmen in der Literatur die Fassung des Hinweises und der AGB auf Englisch – der lingua franca des internationalen Wirtschaftsverkehrs – unabhängig davon, ob im konkreten Fall auf Englisch verhandelt wurde. Dies gilt jedoch lediglich dann, wenn keine Anhaltspunkte dafür sprechen, dass der Vertragspartner Englisch nicht beherrscht.[1063] Gegen

---

Vertragsparteien jedoch in allen Fällen zu empfehlen, keinen Vertrag zu unterschreiben, mit dessen Inhalt sie nicht vertraut und einverstanden sind.

1058 OLG Hamm IHR 2006, 84, 85; AG Kehl NJW-RR 1996, 565; OLG Koblenz IPRax 1994, 46, 48; OLG Hamburg NJW 1980, 1232, 1233; LG Göttingen 31.7.1997, http://www.cisg-online.ch, case 564; *Beckmann* RIW 1981, 79, 82.

1059 Witz/Salger/Lorenz/*Witz* 2000, vor Art. 14-24 Rn 13; *Schultheiß*, S. 17; *Schmidt* NJW 2011, 3329, 3334.

1060 Staudinger Rom I Bd.1/*Hausmann* 2011, Art. 10 Rn 120; Wolf/Lindacher/Pfeiffer/*Hau* 2009, IntGV Rn 38; *Schmidt* NJW 2011, 3329, 3334.

1061 NomosKomm Bd. 2/*Kollmann* 2012, § 305 Rn 75; Staudinger AGB/*Schlosser* 2006, § 305 Rn 141; *Taupitz/Kritter* JuS 1999, 839, 844.

1062 BGH NJW 1996, 1819, 1819; *Schmidt* NJW 2011, 3329, 3334.

1063 *Berger* ZGS 2004, 415, 417; Schlechtriem/Schwenzer/*Schmidt-Kessel* 2008, Art. 8 Rn 42; Schlechtriem/Schwenzer/*Schlechtriem* 2004, Art. 24 Rn 16; MüKo Bd. 2/*Kieninger* 2007, § 307 Rn 270; *Graf von Bernstorff*, Vertragsgestaltung, S. 272-273; *Schmitt/Ulmer*, S. 18; *Ring*, S. 47-48; *Stadler*, S. 86; *Hennemann*, S. 76; *Rott* ZVglRWiss 1999, 382, 390; *Drobnig*, in: FS Mann, S. 595; KKO 1982 II 167; *Sarelin*, S. 41; *Oikeustoimilakitoimikunta*, S. 312; *Norokorpi*, S. 59; *Wilhelmsson*, S. 73-74; in diesem Sinne wohl auch LG Göttingen 31.7.1997, http://www.cisg-online.ch, case 564, in dessen Urteil ausdrücklich festgestellt wird, dass die verwendete Sprache keine Weltsprache war und dass deren Beherrschung daher nicht vorausgesetzt werden kann; vgl. auch Graf von Westphalen/Thüsing/*Graf von Westphalen/Thüsing*, Vertragsrecht – Rechtswahlklauseln Rn 18, die jedoch voraussetzen, dass es erkennbar ist, dass der Vertragspartner diese Sprache versteht; aA für die ausnahmslose Geltung der auf Englisch verfassten Hinweisen und AGB im internationalen Geschäftsverkehr *Reithmann/Martiny*, S. 210; PWW/*Berger* 2011, § 305 Rn 32; Ulmer/Brandner/Hensen/*Schmidt* 2011, Anh. § 305 Rn 16; OLG München IHR 2009, 201, 204; OGH IHR 2004, 148, 154, nach denen der dem Englischen nicht mächtige Vertragspartner der Einbeziehung englischsprachinger AGB unverzüglich widersprechen muss. Teilweise werden in der Literatur und Rechtsprechung auch andere Sprachen, wie Spanisch, Französisch oder Deutsch als „Weltsprachen des internationalen Handels" erwähnt (*Reithmann/Martiny*, diese Ansicht wird argumentiert, dass auch vom Unternehmer nicht pauschal erwartet werden kann, dass er Englisch beherrscht, wenn keine (positiven oder negativen) Anhaltspunkte diesbezüglich vorhanden sind.[1064] Da im unternehmerischen Geschäftsverkehr zwischen Deutschland und Finnland überwiegend (zumindest teilweise) auf Englisch verhandelt wird, hat dieser Streit kaum Bedeutung für die Praxis im Bereich dieser Arbeit.

Nach finnischem Recht könnte möglicherweise sogar das Vorliegen der deutschsprachigen AGB gegenüber dem finnischen Vertragspartner im Falle von ausschließlich englischsprachigen Verhandlungen und einen ansonsten auf Englisch verfassten Vertrags ausreichen, um die wirksame Einbeziehung der AGB herbeizuführen.[1065] Diese Ansicht ist vermutlich darauf zurückzuführen, dass die finnische Sprache von so geringer Bedeutung ist, da nur sehr wenige Menschen weltweit diese Sprache sprechen. Daher wird in Finnland im Allgemeinen erwartet, dass die Finnen andere Sprachen beherrschen, um am internationalen Geschäftsverkehr teilzunehmen. Diese Ansicht ist jedoch abzulehnen, da es unbegründet ist, deshalb an die finnische Partei höhere Anforderungen als an die deutsche Partei zu stellen.

Dagegen kann die Teilnahme am internationalen Geschäftsverkehr in einer bestimmten Branche die Obliegenheit mit sich bringen, eine bestimmte Fremdsprache zu beherrschen, wenn die Verwendung dieser Sprache branchentypisch

---

S. 210; *Drobnig*, in: FS Mann, S. 595; OGH IHR 2004, 148, 154; vgl. auch *Reinhart* RIW 1977, 16, 20, nach dem von einem Unternehmer erwartet werden kann, dass er entweder die am seinen Aufenthaltsort gängigen Handelssprachen beherrscht oder die notwendigen Übersetzungen einholt). In bestimmten Regionen mögen diese Sprachen „Weltsprachen", genauso wie arabisch im vorderen Orient, sein, aber im Allgemeinen können Kenntnisse dieser Sprachen nicht vorausgesetzt werden, es sei denn die Umständen des Falles lassen dies zu erwarten (vgl. MüKo Bd. 10/*Spellenberg* 2010, Art. 10 Rn 66, 198 und 200; *Berger*, in: AGB und Vertragsgestaltung, S. 35).

1064 *Schultheiß*, S. 17-18; *Piltz* IHR 2004, 133, 135; *Maindl*, S. 74; *Drasch*, S. 10; vgl. auch *Rüthers/Stadler*, S. 249; Schlechtriem/Schwenzer/*Schlechtriem/Schroeter* 2008, Art. 24 Rn 38 und Art. 14 Rn 66; nach denen sich nicht darauf berufen werden kann, dass die Erklärung in einer Weltsprache wie Englisch abgefasst ist, sondern die verwendete Sprache muss entweder die Verhandlungs- oder Vertragssprache oder zumindest dem Vertragspartner verständlich sein. Stattdessen soll der Einordnung einer Sprache als Weltsprache keine Bedeutung zukommen; vgl. weiterhin auch Wolf/Lindacher/Pfeiffer/*Hau* 2009, IntGV Rn 38 und Staudinger Rom I Bd.1/*Hausmann* 2011, Art. 10 Rn 121, nach denen Englischkenntnisse mangels dafür sprechender Anhaltspunkte außerhalb von bestimmten Branchen nicht generell erwartet werden können.

1065 Vgl. KKO 1933 II 451, in dem der KKO entschieden hat, dass die auf Französisch verfassten AGB Vertragsbestandteil geworden waren. Allerdings hat ein Richter eine abweichende Meinung publizieren lassen. Nach ihm hat das Unternehmen keine Verpflichtung gehabt, sich über den Inhalt der fremdsprachigen AGB zu erkundigen.

ist. Dies gilt zum Beispiel für die englische Sprache für Tätigkeiten im Zusammenhang mit dem Seehandel oder internationalen Finanzierungen.[1066]

Weiterhin kann eine entsprechende Verpflichtung auf die Gepflogenheiten der Vertragsparteien im Rahmen laufender Geschäftsbeziehung zurückzuführen sein. Wenn die Parteien ihre Kontakte früher auf einer bestimmten Sprache gepflegt haben, können auch die nachfolgenden Erklärungen grundsätzlich auf dieser Sprache abgegeben werden.[1067] Allerdings kann der Empfänger aufgrund der laufenden Geschäftsbeziehung auch verpflichtet sein, sich den Inhalt eines auf einer anderen als der gewohnten Verhandlungs- und Vertragssprache verfassen Schriftstücks entweder durch eine Übersetzung oder durch Rückfrage bei seinem Vertragspartner erklären zu lassen, wenn die Rechtserheblichkeit der Erklärung zu erkennen ist.[1068]

1066 Wolf/Lindacher/Pfeiffer/*Hau* 2009, IntGV Rn 38; *Rühl*, S. 122-123; *Oikeustoimilakitoimikunta*, S. 312 und 334-335 (Seehandel); *Graf von Bernstorff*, Vertragsgestaltung, S. 9 (internationale Finanzierung); vgl. aber auch *Spellenberg* IPRax 2007, 98, 102-103, wonach eine entsprechende Vermutung in bestimmten Branchen bestehen kann, aber da es keine (gesetzliche) Pflicht gibt, eine Sprache zu beherrschen, diese Vermutung widerlegbar ist.

1067 *Reinhart* RIW 1977, 16, 20; *Oikeustoimilakitoimikunta*, S. 312. Dies kann z.B. bei kleineren Unternehmen bei einem Mitarbeiterwechsel von Bedeutung sein.

1068 OLG Hamm RIW 1997, 153, 155; Staudinger Rom I Bd.1/*Hausmann* 2011, Art. 10 Rn 121; *Oikeustoimilakitoimikunta*, S. 312 und 334-335.

7. Einbeziehung von AGB durch eine Rahmenvereinbarung

In einer Rahmenvereinbarung setzen die Vertragsparteien im Voraus zumindest einen Teil der Bedingungen fest, die für ihre zukünftigen Verträge einer bestimmten Art gelten. Die in der Rahmenvereinbarung vereinbarten Bedingungen ergänzen dann automatisch den Einzelvertrag und füllen ihn aus. Dabei ist ein besonderer Verweis auf die Rahmenvereinbarung oder auf die vereinbarten Bedingungen nicht notwendig. Typischerweise wird in der Rahmenvereinbarung die Geltung von bestimmten AGB vereinbart, damit die AGB in jeden Einzelvertrag nicht neu einbezogen werden müssen. Somit erleichtert die Rahmenvereinbarung den Geschäftsverkehr zwischen Parteien, die ständig gleichartige Verträge abschließen. Aus der Rahmenvereinbarung erwächst jedoch kein Anspruch auf den Abschluss von Einzelverträgen.[1069]

Die Einbeziehung von AGB im unternehmerischen Geschäftsverkehr durch eine Rahmenvereinbarung ist in keinem der zu behandelnden Rechtssystemen ausdrücklich geregelt. Daher bleibt es bei der Anwendung der allgemeinen Regeln des Vertragsabschlussrechts. Somit setzt die wirksame Einbeziehung von AGB in den Einzelverträgen durch eine Rahmenvereinbarung grundsätzlich voraus, dass die Rahmenvereinbarung eine Einbeziehungsvereinbarung enthält, die die Voraussetzungen des anwendbaren Rechts an eine wirksame einzelvertragliche Einbeziehung von AGB erfüllt.[1070]

Die Anwendbarkeit des UN-Kaufrechts auf die Rahmenvereinbarungen ist jedoch auf die Fälle beschränkt, bei denen die Rahmenvereinbarung unmittelbare kaufvertragliche Pflichten begründet und die kauffremden Elemente (wie Kooperationspflichten, Wettbewerbsverbote und diverse angeschlossene Dienstleistungspflichten) nicht im Vordergrund stehen.[1071] Dies ist damit zu begründen, da

---

1069 BGH WM 1986, 1194, 1195; BT-Drs. 7/3919, S. 18; *Hemmo*, Sopimusoikeus I, S. 158 und 568-569; *Alenius*, S. 24; Saarnilehto/Hemmo/Kartio/*Annola* 2001, S. 356; *Hoppu/Hoppu*, S. 127; *Ring/Klingelhöfer/Niebling*, S. 425; *Brox/Walker*, S. 104; Wolf/Lindacher/Pfeiffer/*Pfeiffer* 2009, § 305 Rn 114; Ferrari/Kieninger et al./*Mankowski* 2012, Vor Art. 14 Rn 22; MüKo Bd. 2/*Basedow* 2007, Art. 305 Rn 96; *Stoffels*, S. 99-100; *Abels/Conrads/Litzka*, in: AGB und Vertragsgestaltung, S. 27; *Pfeiffer*, in: Handbuch der Handelsgeschäfte, S. 14; *Freund*, S. 82-83; *Schroeder*, S. 99 und 103; *Vorderobermeier*, S. 65.

1070 *Telaranta*, S. 189; Wolf/Lindacher/Pfeiffer/*Pfeiffer* 2009, § 305 Rn 115; in diesem Sinne auch Erman Bd. I/*Roloff* 2011, § 305 Rn 52.

1071 *Piltz* NJW 2007, 2159, 2160; Schlechtriem/Schwenzer/*Schlechtriem/Schroeter* 2008, vor Art. 14-24 Rn 41; Schlechtriem/Schwenzer/*Ferrari* 2008, Art. 1 Rn 31; Staudinger CISG/*Magnus* 2005, Art. 1 Rn 37; *Kuoppala*, S. 5; OLG Frankfurt, 6.10.2004, das UN-Kaufrecht nach Art. 1 I CISG auf internationale Kaufverträge über Waren anzuwenden ist. Somit entscheidet die Art der Rahmenvereinbarung, ob das UN-Kaufrecht anwendbar ist.

Hierbei ist jedoch anzumerken, dass die Rahmenvereinbarung von den in seiner Ausführung geschlossenen einzelnen und rechtlich selbständigen Kaufverträgen zu trennen ist, obwohl der Inhalt dieser Einzelverträge durch den Rahmenvertrag teilweise vorgegeben wird. Daher können die einzelnen Kaufverträge durchaus dem UN-Kaufrecht unterliegen, obwohl dies bezüglich der Rahmenvereinbarung nicht der Fall ist.[1072]

Weiterhin wird im deutschen Recht abweichend von der einzelvertraglichen Einbeziehung teilweise vertreten, dass der Verwender seine AGB dem Vertragspartner auch im unternehmerischen Geschäftsverkehr beim Abschluss der Rahmenvereinbarung in vollem Wortlaut bekannt machen muss, soweit er sie nicht schon vorher kennt.[1073] Dies wird damit begründet, dass die Rahmenvereinbarung für den Vertragspartner eine besondere Bedeutung hat, weil die AGB aufgrund der Rahmenvereinbarung für alle künftigen Verträge zwischen den Parteien gelten.[1074]

Dieser Ansicht ist insbesondere bezüglich des internationalen Geschäftsverkehrs zu folgen.[1075] Dies ergibt sich daraus, dass der Vertragspartner wegen der oft von Land zu Land unterschiedlichen typischen Gestaltung von AGB häufig

---

http://www.cisg-online.ch, case 996; vgl. aber auch *Huber/Sundström* DL 1997, 747, 749, die die Auffassung vertreten, dass das UN-Kaufrecht in der Regel nur auf die einzelnen unter der Rahmenvereinbarung abgeschlossene Kaufverträge anwendbar ist, obwohl sie gleichzeitig feststellen, dass dies davon abhängt, welche Arten von Pflichten im Vertrags überwiegen.

1072 Schlechtriem/Schwenzer/*Ferrari* 2008, Art. 1 Rn 31; Staudinger CISG/*Magnus* 2005, Art. 1 Rn 37; *Huber/Sundström* DL 1997, 747, 749; OLG Hamm 5.11.1997, http://www.cisg-online.ch, case 381; OLG München 9.7.1997, http://www.cisg-online.ch, case 282.

1073 BGHZ 18, 212, 218; MüKo Bd. 2/*Basedow* 2007, § 305 Rn 96; aA Erman Bd. I/*Roloff* 2011, § 305 Rn 52.

1074 Vgl. BGHZ 18, 212, 218; MüKo Bd. 2/*Basedow* 2007, § 305 Rn 96; vgl. auch Herberger/Martinek et al./*Lapp/Salomon* 2010, § 305 Rn 96, nach denen eine ausdrückliche Vereinbarung, wonach die AGB über den Einzelfall hinaus Anwendung finden sollen, erforderlich ist sowie die in Abschnitt 6.2.1.1 dargestellte Argumentation, wonach die AGB aufgrund einer Erstreckungsklausel lediglich dann in die zukünftigen Verträge einbezogen werden können, wenn der Vertragspartner des AGB-Verwenders die Erstreckungsklausel tatsächlich kennt.

1075 Bezüglich des landesinternen Geschäftsverkehrs ist es jedoch fraglich, ob eine solche Einschränkung der Eigenverantwortung des Unternehmens erforderlich ist, soweit es dem Vertragspartner klar ist, dass die Geltung der AGB auch für zukünftige Verträge vereinbart wird.

keine näheren Vorstellungen über den Inhalt der ausländischen AGB hat.[1076] Zusammen mit der oben geschilderten besonderen Bedeutung von Rahmenvereinbarungen führt dies dazu, dass die Wahrung des guten Glaubens in internationalen Handel eine Kenntnisverschaffungspflicht des AGB-Verwenders verlangt. Daher kann eine Rahmenvereinbarung im internationalen Geschäftsverkehr auch nicht stillschweigend zustande kommen.[1077]

Somit lässt sich feststellen, dass eine wirksame Einbeziehung der AGB im internationalen Geschäftsverkehr durch eine Rahmenvereinbarung nach allen drei Rechtssystemen zusätzlich zu dem Hinweis auf die AGB voraussetzt, dass der Verwender seinem Vertragspartner beim Abschluss der Rahmenvereinbarung Kenntnis über den Inhalt der AGB verschafft.

Bezüglich des deutschen Rechts ist zusätzlich festzuhalten, dass die Bedingungen einer ausgehandelten Rahmenvereinbarung nicht dadurch wieder zu AGB werden, dass die Parteien beabsichtigen, die Rahmenvereinbarung als Basis vieler zukünftiger gemeinsamer Verträge gelten zu lassen. Somit genügt es, wenn die Anforderungen an das Aushandeln bei dem Schluss der Rahmenvereinbarung erfüllt worden sind und die Bedingungen der Rahmenvereinbarung müssen nicht bei jedem Einzelvertrag neu ausgehandelt werden.[1078]

Dagegen ist es umstritten, ob die Einbeziehung der AGB durch eine Rahmenvereinbarung strikt auf eine bestimmte Fassung der AGB beschränkt ist[1079] oder ob eine Einbeziehung der AGB „in ihrer jeweils gültigen Fassung" möglich ist[1080]. Meiner Meinung nach ist die letztere Ansicht im unternehmerischen Geschäftsverkehr zu befürworten, soweit der Verwender seinem Vertragspartner die geänderte Fassung der AGB unverzüglich bekannt macht.[1081] Dabei muss er auch ausdrücklich auf die Änderung hinweisen oder dies muss deutlich aus der

---

1076 Vgl. genauer Abschnitt 6.2.3.3.

1077 Bezüglich des nationalen deutschen Rechts so aber Staudinger AGB/*Schlosser* 2006, § 305 Rn 185; aA Erman Bd. I/*Roloff* 2011, § 305 Rn 52.

1078 Genauer siehe Fußnote 416, da diese Frage jedoch nicht unumstritten ist.

1079 *Telaranta*, S. 189-190; Tonner/Willingmann/Tamm/*Richter* 2010, § 305 Rn 21; Erman Bd. I/*Roloff* 2011, § 305 Rn 52; *Brox/Walker*, S. 105.

1080 Palandt/*Grüneberg* 2012, § 305 Rn 50; Jauernig/*Stadler* 2011, § 305 Rn 22; MüKo Bd. 2/*Basedow* 2007, § 305 Rn 96; *Abels/Conrads/Litzka*, in: AGB und Vertragsgestaltung, S. 23; NomosKomm Bd. 2/*Kollmann* 2012, § 305 Rn 85; *Ring*, S. 47; Herberger/Martinek et al./*Lapp/Salomon* 2010, § 305 Rn 99.

1081 Vgl. MüKo Bd. 2/*Basedow* 2007, § 305 Rn 96; Palandt/*Grüneberg* 2012, § 305 Rn 50; *Abels/Conrads/Litzka*, in: AGB und Vertragsgestaltung, S. 23; vgl. auch Abschnitt 12.2; aA Herberger/Martinek et al./*Lapp/Salomon* 2010, § 305 Rn 99, nach denen eine Übersendung der neuen Fassung nicht erforderlich ist, sondern es ausreicht, wenn der Verwender den Vertragspartner über die neue Fassung informiert hat.

Überschrift der geänderten Fassung hervorgehen, da der Vertragspartner sonst eine irrtümliche Zusendung der schon einbezogenen AGB vermuten kann.[1082]

Es kann im unternehmerischen Geschäftsverkehr – auch auf internationaler Ebene – erwartet werden, dass der über die neuen AGB informierte Unternehmer selbst entscheidet, ob er Verträge zu den neuen Bedingungen schließen will. Durch diese Entscheidungsfreiheit sind seine Interessen genügend gewahrt, und nach der Information kann er sich auf die neuen Bedingungen einstellen bzw. weitere Vertragsschlüsse verweigern. Falls die Rahmenvereinbarung eine bindende Pflicht enthält, weitere Einzelverträge abzuschließen (vorvertraglicher Charakter), ist den in Abschnitt 12.1 erläuterten Grundsätzen über Einbeziehung von geänderten AGB bei Dauerschuldverhältnissen zu folgen.

1082 Vgl. *Freund*, S. 74; vgl. auch die Argumentation hinsichtlich laufender Geschäftsbeziehungen in Abschnitt 12.2.

8. Einbeziehung von AGB aus besonderem Grund

Haben die Parteien keine Rahmenvereinbarung abgeschlossen, durch welche die AGB einbezogen werden, müssen diese grundsätzlich immer individualvertraglich vereinbart werden. Dies entspricht häufig nicht den Bedürfnissen des unternehmerischen Geschäftsverkehrs. Daher ist die Einbeziehung von AGB in bestimmten Fällen unter erleichterten Voraussetzungen möglich. Diese Fälle werden in diesem Abschnitt genauer geschildert und analysiert.

8.1 Handelsbrauch

Soweit bestimmte AGB sich über die Branchenüblichkeit ihrer Einbeziehung hinaus ihrem Inhalt nach[1083] zum Handelsbrauch entwickelt haben, sind sie gemäß § 346 HGB automatisch – also ohne rechtsgeschäftliche Einigung – Bestandteil des Vertrags.[1084] Auch im finnischen Recht kommt gemäß § 1 II OikTL sowie § 3 der Kauppalaki (Kaufgesetz) dem Handelsbrauch automatisch Rechtswirkung zu.[1085]

Nach dem deutschen und dem finnischen Recht liegt ein Handelsbrauch vor, wenn eine tatsächliche, nicht nur vorübergehende Übung besteht, die im Verkehr der betroffenen kaufmännischen Kreise herrschend ist und auf einheitlicher Überzeugung dieser Kreise beruht.[1086] Soweit die AGB zum Handelsbrauch er-

---

1083 Die Tatsache, dass im Allgemeinen unter Einbeziehung von AGB kontrahiert wird, kann sich dagegen nicht zum Handelsbrauch erstarken, da sie zu unbestimmt ist. Dies ist darauf zurückzuführen, dass es wesentlich auf den Inhalt der AGB ankommt (*Hellwege*, S. 437).

1084 Palandt/*Grüneberg* 2012, § 305 Rn 57; Erman Bd. I/*Roloff* 2011, § 305 Rn 53; MüKo Bd. 2/*Basedow* 2007, § 305 Rn 89; Staudinger AGB/*Schlosser* 2006, § 305 Rn 188; *Fikentscher/Heinemann*, S. 104; Graf von Westphalen/Thüsing/*Graf von Westphalen*, Vertragsrecht – Vertragsabschlussklauseln Rn 69; *Abels/Conrads/Litzka*, in: AGB und Vertragsgestaltung, S. 24; *Schinkels*, in: Handbuch der Handelsgeschäfte, S. 190; *Wieland*, in: AGB in europäischen Rechtspraxis, S. 50.

1085 *Eskelinen* Oikeustieto 2008, 10, 11 und 13; *Hemmo*, Sopimusoikeus I, S. 158; *Routamo/Ramberg*, S. 36; *Telaranta*, S. 187; *Oikeustoimilakitoimikunta*, S. 314; *Taxell*, Avtal och rättsskydd, S. 41; Lahden KäO 4.6.2007, T:3710.

1086 Baumbach/Hopt/*Hopt* 2012, § 346 Rn 12; MüKo HGB Bd. 5/*Schmidt* 2009, § 346 Rn 11-14; Wolf/Lindacher/Pfeiffer/*Pfeiffer* 2009, § 305 Rn 145; *Schinkels*, in: Handbuch der Handelsgeschäfte, S. 182; *Canaris*, S. 340-341; *Basedow* ZHR 150 (1986), 469, 486; *Schroeder*, S. 71; *Saarnilehto*, S. 40; *Tolonen*, S. 146 und 152; *Vuoti*, S. 61; *Liuksiala*, S. 61; *Wilhelmsson*, S. 79; *Bernitz*, in: Finna rätt, S. 154; Lahden KäO 4.6.2007, starkt sind, muss die Vertragspartei ihrer Geltung ausdrücklich widersprechen, wenn sie nicht Vertragsinhalt werden sollen.[1087] Dagegen ist es nicht notwendig, dass die zu dem betroffenen Verkehrskreis gehörenden Vertragsparteien im konkreten Fall den Handelsbrauch kennen oder sich dem Brauch unterwerfen wollen.[1088] Daher kann in beiden Ländern von einer normativen Geltung der Handelsbräuche gesprochen werden.[1089]

Da der Handelsbrauch definitionsgemäß auf der freiwilligen Übung beider Parteien aufgrund einer einheitlichen Überzeugung beruht, kann die weit verbreiteten Verwendung von bestimmten AGB nicht allein genügen, die AGB als Handelsbrauch anzusehen. Dies ergibt sich daraus, dass die weite Verbreitung bestimmter AGB häufig z.B. auf einer Empfehlung der Dachverbände der stärkeren Marktseite zurückzuführen ist. Daher sind auch weit verbreitete AGB oft ein Ausdruck einseitiger Vertragsgestaltungsmacht und nicht Ausdruck einer einheitlichen Überzeugung der betroffenen Verkehrskreise. Daher kommt die Geltung der AGB kraft Handelsbrauchs in der Regel lediglich bei „agreed documents" oder bei von neutralen Instanzen ausgearbeiteten AGB in Betracht.[1090]

T:3710. Dieser Definition wohnt ein Angemessenheitserfordernis inne, da ein Brauch ansonsten kaum zu einer einheitlichen Überzeugung der betroffenen Kreise führen könnte. AA *Heikkinen*, S. 25, wonach ein Brauch nicht angemessen sein muss, um als Handelsbrauch anerkannt zu werden.

1087 Erman Bd. I/*Roloff* 2011, § 305 Rn 53; Wolf/Lindacher/Pfeiffer/*Hau* 2009, IntGV Rn 3; Ulmer/Brandner/Hensen/*Ulmer/Habersack* 2011, § 305 Rn 180; *Vogt* TranspR 2010, 15, 17; OLG Köln MDR 1954, 364; KG NJW 1960, 632; *Klami*, in: Oikeusjärjestelmä I, S. 25; *Toiviainen*, S. 85; *Wilhelmsson/Sevón/Koskelo*, S. 12; *Telaranta*, S. 105; *Taxell*, Avtal och rättsskydd, S. 59-61; Lahden KäO 4.6.2007, T:3710.

1088 Erman Bd. I/*Roloff* 2011, § 305 Rn 53; Baumbach/Hopt/*Hopt* 2012, § 346 Rn 8; MüKo HGB Bd. 5/*Schmidt* 2009, § 346 Rn 34; *Canaris*, S. 347; Wolf/Lindacher/Pfeiffer/*Pfeiffer* 2009, § 305 Rn 145; *Hellwege*, S. 436; *Wilhelmsson/Sevón/Koskelo*, S. 19; *Saarnilehto*, S. 40; *Kuuskoski*, S. 30; *Väinölä*, S. 5; Saarnilehto/Hemmo/Kartio/*Ämmälä* 2001, S. 846; HE 247/1981 S. 11 (Regierungsentwurf zur Änderung des Rechtsgeschäftsgesetzes).

1089 Vgl. MüKo HGB Bd. 5/*Schmidt* 2009, § 346 Rn 1; Baumbach/Hopt/*Hopt* 2012, § 346 Rn 8; *Schmidt*, Handelsrecht, S. 23; *Eskelinen* Oikeustieto 2008, 10, 13; *Tulokas*, in: FS Ylöstalo, S. 448; *Taxell*, Avtal och rättsskydd, S. 45.

1090 *Hellwege*, S. 437; Baumbach/Hopt/*Hopt* 2012, § 346 Rn 12; *Graf von Westphalen* NJW 2009, 2977, 2977; Wolf/Lindacher/Pfeiffer/*Hau* 2009, IntGV Rn 3; *Basedow* ZHR 150 (1986), 469, 483-484; *Schroeder*, S. 71; AnwK AGB-Recht/*Niebling* 2012, § 305 Rn 71; KKO 1984 II 119; Lahden KäO 4.6.2007, T:3710; *Wilhelmsson*, S. 79-80; *Hemmo/Hoppu*, Aktualisierung 10.5.2008, Abschnitt 7 / Vakiosopimukset / Kauppatapa; *Kuuskoski*, S. 32-33; *Karhapää*, S. 15; *Oikeustoimilakitoimikunta*, S. 314-315; *Tuomisto*, S. 164.

Nach dem deutschen Recht sind AGB vereinzelt als Handelsbrauch anerkannt worden. Die Allgemeinen deutschen Seeversicherungsbedingungen (ADS)[1091], die Tegernseer Gebräuche im Holzhandel[1092] und die Einheitlichen Richtlinien und Gebräuche für Dokumentenakkreditive (ERA)[1093] sind in ihrer Gesamtheit zum Handelsbrauch erstarkt. Weiterhin können einzelne Klauseln, wie z.B. einfache Eigentumsvorbehalte[1094] oder Schiedsklauseln[1095] in bestimmten Branchen einen Handelsbrauch darstellen. Dagegen sind die Allgemeinen Deutsche Spediteurbedingungen (ADSp), AGB-Banken, Allgemeinen Beförderungsbedingungen für den gewerblichen Güternahverkehr mit Kraftfahrtzeugen (AGNB), Verdingungsordnung für Bauleistungen (VOB), Lieferbedingungen im Mineralölhandel und die Hamburger Lagerungsbedingungen (HLB) kein Handelsbrauch.[1096]

In der finnischen Rechtspraxis ist die Geltung von AGB in ihrer Gesamtheit als Handelsbrauch bisher verneint worden.[1097] Weiterhin sind die Stellungnah-

---

1091 Palandt/*Grüneberg* 2012, § 305 Rn 57; Ulmer/Brandner/Hensen/*Ulmer/Habersack* 2011, § 305 Rn 181; *Vogt* TranspR 2010, 15, 17.

1092 BGH BB 1986, 1395; BGH WM 1983, 684; MüKo HGB Bd. 5/*Schmidt* 2009, § 346 Rn 29.

1093 LG Frankfurt WM 1996, 153; Erman Bd. I/*Roloff* 2011, § 305 Rn 53; aA *Hesse*, S. 161.

1094 LG Marburg NJW-RR 1993, 1505; Graf von Westphalen/Thüsing/*Graf von Westphalen*, Vertragsrecht – Eigentumsvorbehaltssicherung Rn 3, wonach dies in der Textilbranche der Fall ist; Wolf/Lindacher/Pfeiffer/*Pfeiffer* 2009, § 305 Rn 147, wonach dies zwischen Verleger und Buchhändler sowie im Weinhandel der Fall ist; aA OLG Hamm NJW-RR 1993, 1444, 1444-1445; wohl auch *Reinicke/Tiedtke*, S. 481 nach denen ein Eigentumsvorbehalt eine diesbezügliche Vereinbarung voraussetzt.

1095 BGH NJW 1993, 1798; Palandt/*Grüneberg* 2012, § 305 Rn 57.

1096 BGHZ 9, 1, 3; 17, 1, 2; Erman Bd. I/*Roloff* 2011, § 305 Rn 53; Palandt/*Grüneberg* 2012, § 305 Rn 57; MüKo HGB Bd. 5/*Schmidt* 2009, § 346 Rn 29; Ulmer/Brandner/Hensen/*Ulmer/Habersack* 2011, § 305 Rn 181; Wolf/Lindacher/Pfeiffer/*Pfeiffer* 2009, § 305 Rn 148; Staudinger AGB/*Schlosser* 2006, § 305 Rn 189-193; vgl. auch *Basedow* ZHR 150 (1986), 469, 487-488, der die Existenz der Verweisungsbräuche grundsätzlich bejaht, aber hinzufügt, dass sie einen Bruch in der Dogmatik des § 346 BGB bedeutet; aA *Schmid*, S. 48 Fußnote 73, dem zufolge ADSp zum Handelsbrauch sind.

1097 KKO 1973 II 30; 1984 II 119; 2007:41; Helsingin HO 30.5.2008, T: 1553; Turun HO 5.5.1997, T:1296; Turun HO 25.3.1996, T:1270; Turun HO 20.1.1989, T:30; *Karhapää*, S. 15; *Oikeustoimilakitoimikunta*, S. 314; vgl. auch *Johansson* SJT 2008, 292, 298 hinsichtlich der schwedischen Rechtspraxis; vgl. aber auch Kouvolan HO 6.5.2008, T:531, das (allerdings unlogisch) darauf hinweist, dass die Parteien die Geltung des Handelsbrauchs mündlich vereinbart hatten und ein Hinweis im Schriftverkehr daher nicht notwendig war. Diese Entscheidung ist auch insofern problematisch, als der Vertragspartner der Partei, die sich auf die Geltung der AGB berufen hat, nicht men in der Literatur überwiegend kritisch gegenüber der Möglichkeit, dass die AGB in ihrer Gesamtheit zum Handelsbrauch erstarken können.[1098] Dagegen wird teilweise vertreten, dass sich einzelne AGB-Klauseln zum Handelsbrauch entwickeln können.[1099] Hinsichtlich des Eigentumsvorbehalts ist dies traditionell explizit verneint worden.[1100] Teilweise wird zu Recht für möglich gehalten, dass sich der Eigentumsvorbehalt in bestimmten Branchen zum Handelsbrauch entwickeln kann, obwohl an die Stabilität des Brauches hohe Anforderungen zu stellen sind.[1101]

Da Handelsbräuche lediglich dann gelten, wenn die Parteien zu dem betroffenen Verkehrskreis gehören, ist die normative Geltung solcher AGB, die auf nationaler Ebene als Handelsbrauch anerkannt sind, im grenzüberschreitenden Geschäftsverkehr oft abzulehnen.[1102] Wegen des unterschiedlichen nationalen

---

in der Branche tätig war, deren AGB als Handelsbrauch (bzw. als branchenüblich) einbezogen werden sollten. Vgl. weiterhin auch *Oksanen/Laine/Kaskiaro*, S. 32, nach denen AGB keinen Handelsbrauch darstellen können, branchenübliche AGB aber bei einem Rechtsstreit als Auslegungshilfe dienen können.

1098 *Sandvik* JFT 2008, 115, 132 Fußnote 82; *Portin* LM 1987, 391, 396; *Liuksiala*, S. 61; *Bernitz*, in: Finna rätt, S. 168; *Wilhelmsson*, S. 79-80; *Sarelin*, S. 45-46; *Hemmo*, Sopimusoikeus I, S. 158; Saarnilehto/Hemmo/Kartio/*Saarnilehto* 2001, S. 372; Saarnilehto/Hemmo/Kartio/*Vuorijoki* 2001, S. 1026; *Vuoti*, S. 62; *Saarnilehto*, Edilex 2001, S. 6-7; *Kuuskoski*, S. 30 und 32; aA *Oikeustoimilakitoimikunta*, S. 333-334 und *Grönfors/Dotevall*, S. 72; denen gemäß „agreed documents" oder von neutralen Organisationen ausgearbeitete AGB, die über längere Zeit in einem Branche ohne inhaltliche Änderungen angewendet worden sind, innerhalb dieser Branche kraft Handelsbrauch gelten können. Vgl. auch *Mäkilaurila*, S. 50 und *Hoppu/Hoppu*, S. 65, die – allerdings ohne konkrete Beispiele – erwähnen, dass die Einbeziehung von AGB auf einem Handelsbrauch beruhen kann. Vgl. weiterhin auch *Ekuri*, S. 41-42, der trotz der gegenteiligen Rechtsprechung (Turun HO 25.3.1996, T:1270) behauptet, dass es sich bei PSYM-(Spediteur)bedingungen in ihrer Gesamtheit oder zumindest hinsichtlich der langfristig unverändert gebliebenen Klauseln dieser Bedingungen um einen Handelsbrauch handelt.

1099 Saarnilehto/Hemmo/Kartio/*Saarnilehto* 2001, S. 372; *Wilhelmsson*, S. 80; *Bernitz*, S. 55 und 57; *Saarnilehto*, Edilex 2005, S. 23; vgl. auch *Sevón* 1972 JFT, 355, 359.

1100 *Tepora*, Johdatus esineoikeuden perusteisiin, S. 133; *Ekuri*, S. 80; *Kalliokoski*, S. 23; *Tepora*, Omistuksenpidätyksestä, S. 210; *Helander*, S. 627; durch Umkehrschluss auch *Sainio* DL 1996, 196, 199-200.

1101 *Tuomisto*, S. 164-165; *Tepora/Kaisto/Hakkola*, S. 369 Fußnote 427.

1102 Der betroffene Verkehrskreis wird sowohl in räumlicher (geographisch) als auch in sachlicher (Art der Handelsgeschäften, Branche) Hinsicht definiert. BGH NJW 1983, 1267, 1268-1269; *Schmidt*, Handelsrecht, S. 25; *Schinkels*, in: Handbuch der Handelsgeschäfte, S. 198; *Hemmo*, Sopimusoikeuden oppikirja, S. 99; *Telaranta*, S. 105, *Routamo*, S. 14; vgl. auch *Wilhelmsson/Sevón/Koskelo*, S. 19; aA Wolf/Lindacher/Pfeiffer/*Hau* 2009, IntGV Rn 43, nach dem die Geltung des deutschen Rechts kraft Rechtswahl

Hintergrunds gehört der ausländische Vertragspartner nur selten zu dem Verkehrskreis, innerhalb dessen sich der nationale Handelsbrauch etabliert hat.

Daher kann die Geltung eines nationalen Handelsbrauchs im internationalen Geschäftsverkehr in der Regel nur dann bejaht werden, wenn die ausländische Vertragspartei über längere Zeit regelmäßig intensiv in dem anderen Land tätig war[1103] oder der nationale Handelsbrauch den internationalen Gebräuchen entspricht. Eine Ausnahme kann bei solchen Gebräuchen anzunehmen sein, die an bestimmten Warenbörsen, Messen, Hafen oder Ablageplätzen gelten. Dies setzt allerdings voraus, dass sie dort regelmäßig, auch im Geschäftsverkehr mit Ausländern, befolgt werden.[1104] Des Weiteren können die AGB kraft nationalem Handelsbrauch Geltung gewinnen, soweit der gleiche Brauch in den Heimatländern beider Parteien besteht[1105], obwohl es keinen entsprechenden internationalen Handelsbrauch gibt.

Zusätzlich können im grenzüberschreitenden Geschäftsverkehr internationale Handelsbräuche entstehen und zur Geltung kommen. Sie sind Bräuche, die in mehreren Ländern oder besonders hinsichtlich des grenzüberschreitenden Geschäftsverkehrs Geltung beanspruchen. Sie haben im internationalen Handelsverkehr grundsätzlich Vorrang vor den nationalen Bräuchen.[1106]

---

oder objektiver Anknüpfung zugleich die prinzipielle Maßgeblichkeit des inländischen Handelsbrauchs begründet.

1103 BGH BB 1984, 1191; *Schmidt,* Handelsrecht, S. 25; Röhricht/Ammon/Westphalen/*Wagner* 2008, § 346 Rn 23; Vgl. ebenso OLG Graz 9.11.1995, http://www.cisg-online.ch, case 308 zu Art. 9 II CISG; aA Schlechtriem/Schwenzer/*Schmidt-Kessel* 2008, Art. 9 Rn 18 auch zu Art. 9 II CISG, dem es zu weit geht, rein nationale Gebräuche aufgrund der intensiven Tätigkeit der ausländischen Vertragspartei in dem betreffenden Staat gelten zu lassen.

1104 Vgl. analog OLG Graz 9.11.1995, http://www.cisg-online.ch, case 308; *Bernitz*, in: Finna rätt, S. 155; *Routamo/Ramberg*, S. 36.

1105 Vgl. BGH WM 1958, 464, 466; 1984, 1000, 1003; MüKo Bd. 3/*Westermann* 2012, Art. 9 Rn 6; vgl. auch die analoge Anwendung des Grundgedankens des Art. 31 II EGBGB; teilweise anderer Ansicht *Maindl*, S. 107-109, nach dem ein ausländischer nationaler Handelsbrauch maßgeblich sein soll, soweit der Schwerpunkt des Vertrags im Verbreitungsgebiet dieses Brauches liegt. Diese Ansicht ist jedoch nicht überzeugend, da sie dem Vertragspartner eine Erkundigungsobliegenheit hinsichtlich der im anderen Land geltenden Bräuche aufbürden würde. Es ist aber häufig für den Vertragspartner – allein wegen sprachlicher Schwierigkeiten – sehr schwer, solche Ermittlungen durchzuführen. Dies kann ihm nicht vor dem ersten (und möglicherweise gleichzeitig dem letzten) Vertragsabschluss zugemutet werden.

1106 Röhricht/Ammon/Westphalen/*Wagner* 2008, § 346 Rn 24; in diesem Sinne wohl auch *Toiviainen*, S. 85; *Lehtinen*, S. 161, der allerdings hinzufügt, dass kein Brauch gesetzwidrig sein darf.

Hinsichtlich des unternehmerischen Geschäftsverkehrs zwischen Deutschland und Finnland können die von neutralen internationalen Organisationen ausgearbeiteten AGB („agreed documents") am ehesten als Handelsbrauch anerkannt werden. Es könnte z.B. in Betracht kommen, dass der Inhalt einer Lieferungsbedingung wie FOB oder CIF kraft internationalen Handelsbrauchs im Sinne der von der internationalen Handelskammer ausgearbeiteten Incoterms verstanden wird.[1107] Im Allgemeinen ist hier jedoch Vorsicht geboten, da die Existenz eines Handelsbrauchs im internationalen Geschäftsverkehr kritisch betrachtet wird.

Nach dem Inkrafttreten der Incoterms 2010 am 1.1.2011 ist die mögliche Geltung des Inhalts einer Lieferungsbedingung wie FOB oder CIF als Handelsbrauch noch mehr in Zweifel geraten, da es teilweise Unterschiede zwischen den Incoterms 2000 und Incoterms 2010 gibt.[1108] Zumindest in den ersten Jahren nach dem Inkrafttreten der Incoterms 2010 kann es zweifelhaft sein, welche Version einen Handelsbrauch, also eine tatsächliche, nicht nur vorübergehende Übung, die im Verkehr der betroffenen kaufmännischen Kreise herrschend ist und auf einheitlicher Überzeugung dieser Kreise beruht, darstellen würde.

Die Partei, die sich auf die Geltung der AGB kraft Handelsbrauchs beruft, muss nachweisen, dass die AGB sich zum Handelsbrauch entwickelt haben.[1109]

1107 In der Literatur variieren die Meinungen diesbezüglich sehr stark, obwohl die Geltung der Incoterms in ihrer Gesamtheit als Handelsbrauch tendenziell eher verneint wird. Die eine Ansicht befürwortet die Geltung der gesamten Incoterms als Handelsbrauch (Staudinger AGB/*Schlosser* 2006, § 305 Rn 188; *Bernitz*, in: Finna rätt, S. 157; *Routamo/Ramberg*, S. 38). Eine andere Ansicht geht davon aus, dass die einzelnen Klauseln der Incoterms als Handelsbrauch gelten (MüKo HGB Bd. 5/*Schmidt* 2009, § 346 Rn 112; *Wilhelmsson*, S. 80; *Sandvik* JFT 2008, 115, 132 Fußnote 82; *Karhapää*, S. 15; *Taxell*, Avtal och rättsskydd, S. 55; *Schmidt,* Handelsrecht, S. 841; *Lögering*, S. 75; in diesem Sinne wohl auch *Verweyen/Foester/Toufar*, S. 90). Nach der dritten Ansicht können die Incoterms gar nicht kraft Handelsbrauchs gelten, sondern ihre Geltung beruht auf der Vereinbarung der Parteien (*Stadler*, S. 89; *Lehtinen*, S. 156-157; in diesem Sinne wohl auch Kronke/Melis/Schnyder/*Benicke* 2005, Teil B Rn 392; Baumbach/Hopt/*Hopt* 2012, Incoterms Einl Rn 14, der allerdings auch darauf hinweist, dass eine ausnahmsweise Geltung von Incoterms als Handelsbrauch möglich ist und dass die Incoterms unter Umständen zur Auslegung des nationalen Handelsbrauchs beitragen bzw. sich im Einzelfall mit diesem decken können).

1108 Genauer siehe *Piltz* IHR 2011, 1 ff.

1109 OLG Schleswig NJW-RR 2004, 1027, 1028; MüKo HGB Bd. 5/*Schmidt* 2009, § 346 Rn 25; Baumbach/Hopt/*Hopt* 2012, § 346 Rn 13; *Achilles* 2000, Art. 9 Rn 10; KKO 1993:45; *Saarnilehto*, S. 41; *Eskelinen* Oikeustieto 2008, 10, 10-11; *Kuuskoski,* S. 30; *Taxell*, Avtal och rättsskydd, S. 61; aA *Routamo/Ramberg*, S. 38, wonach das Prinzip Jura novit curia (das Gericht kennt das Recht) auch hinsichtlich der normativ geltenden

In der Regel erfolgt dies durch entsprechende Gutachten von Handelskammern oder gegebenenfalls auch von Fachverbänden.[1110] Da die Beweisführung wegen der hohen Anforderungen häufig sehr schwierig ist, sollten die Vertragsparteien in der Praxis nicht damit rechen, dass die AGB kraft Handelsbrauchs gelten. Daher ist zu empfehlen, die Einbeziehung der AGB auf andere Weise sicherzustellen.

Im Unterschied zu der normativen Geltung der Handelsbräuche nach dem deutschen und finnischen Recht geht das UN-Kaufrecht (Art. 9 CISG) von der durch Parteiwillen bestimmten subjektiven Geltung der Gebräuche aus.[1111] Gemäß Art. 9 I CISG sind die Parteien an die Gebräuche gebunden, mit denen sie sich (ausdrücklich oder konkludent) einverstanden erklärt haben. Mangels anders lautender Vereinbarung der Parteien fingiert[1112] Art. 9 II CISG eine Vereinbarung über solche Gebräuche, die die Parteien kannten oder kennen mussten und die im internationalen Handel bezüglich Verträgen dieser Art in dem betreffenden Geschäftszweig weithin bekannt sind und beachtet werden.

Somit kann festgestellt werden, dass das UN-Kaufrecht keine normative Geltung der AGB kraft Handelsbrauchs im Sinne des deutschen und des finnischen Rechts kennt. Dagegen ähnelt die Konstruktion der angenommenen Parteivereinbarungen (Art. 9 II CISG) stark der Einbeziehung von branchenüblichen AGB, die im folgenden Abschnitt genauer dargestellt wird.

Handelsbräuche anwendbar ist und somit die Parteien während eines Rechtsstreits den Handelsbrauch nicht vortragen müssen.

1110 *Bernitz*, in: Finna rätt, S. 156; *Heikkinen*, S. 22-23; *Routamo/Ramberg*, S. 36; Vaasan HO 9.10.1997, T:1464; MüKo Bd. 3/*Westermann* 2012, Art. 9 Rn 7; MüKo HGB Bd. 5/*Schmidt* 2009, § 346 Rn 25; Baumbach/Hopt/*Hopt* 2012, § 346 Rn 13; BGH NJW 1966, 502, 503.

1111 Saarnilehto/Hemmo/Kartio/*Ämmälä* 2001, S. 846; *Routamo/Ramberg*, S. 37; Schlechtriem/Schwenzer/*Schmidt-Kessel* 2008, Art. 9 Rn 12; *Achilles* 2000, Art. 9 Rn 4; *Rudolph* 1996, Art. 9 Rn 2; aA Soergel Bd. 13/*Lüderitz/Fenge* 2000, Art. 9 Rn 1, die eine normative Geltung der Gebräuche behaupten.

1112 MüKo HGB Bd. 6/*Ferrari* 2007, Art. 9 Rn 10; MüKo Bd. 3/*Westermann* 2012, Art. 9 Rn 5; Staudinger CISG/*Magnus* 2005, Art. 9 Rn 16; *Stadler*, S. 99; Witz/Salger/Lorenz/*Witz* 2000, Art. 9 Rn 6; Honsell/*Melis* 2010, Art. 9 Rn 8; aA Schlechtriem/Schwenzer/*Schmidt-Kessel* 2008, Art. 9 Rn 12, dem zufolge Art. 9 II CISG keine Fiktion des Parteiwillens begründet. Dagegen soll es entsprechend den Vertragsauslegungsstandards des Art. 8 II CISG um eine Vertragsergänzung auf der Basis eines hypothetischen Parteiwillens gehen. In der Praxis hat dieser Meinungsunterschied allerdings grundsätzlich keine Bedeutung, da das Endergebnis gleich bleibt und die Gebräuche mangels anders lautender Vereinbarung die Parteien binden.

8.2 Branchenüblichkeit

8.2.1 Deutschland

Nach deutschem Recht werden die branchenüblichen AGB ohne einen ausdrücklichen oder konkludenten Hinweis in den Vertrag einbezogen.[1113] Branchenüblichkeit der AGB besteht dann, wenn sie derart verkehrsüblich sind, dass der Vertragspartner mit ihrer Geltung beim Vertragsabschluss rechnen muss.[1114] Aus diesem Grund wird das Angebot des Verwenders so ausgelegt, dass es stillschweigend die Einbeziehung der branchenüblichen AGB umfasst. Somit wird ihre Einbeziehung durch die Annahme des Vertragspartners konkludent vereinbart, falls der Vertragspartner der Einbeziehung nicht widerspricht.[1115] Dabei ist es unerheblich, ob der branchenkundige Vertragspartner die branchenüblichen AGB und deren Inhalt beim Vertragsschluss tatsächlich kennt.[1116]

In der Regel wird die Einbeziehung aber nur bei solchen AGB angenommen, die in einer Branche mit einheitlichem Inhalt von allen oder nahezu allen Verwendern verwendet werden, und somit einen hohen Grad an praktischer Verbreitung gefunden haben. Dagegen reicht es nicht aus, dass der Vertragspartner weiß, dass die meisten Unternehmen AGB verwenden.[1117] Weiterhin setzt die Einbeziehung von AGB unter erleichterten Anforderungen aufgrund der Branchenüblichkeit voraus, dass es sich um ein typischerweise zur Branche gehörendes Geschäft handelt und dass beide Vertragspartner branchenkundig

---

1113 BGH NJW 1990, 513, 514; BGHZ 108, 353, 362; Palandt/*Grüneberg* 2012, § 305 Rn 56; MüKo HGB Bd. 5/*Schmidt* 2009, § 346 Rn 51; *Schwab*, S. 59; *Graf von Westphalen*, Einkaufsbedingungen, S. 20; NomosKomm Bd. 2/*Kollmann* 2012, § 305 Rn 82; *Hellwege*, S. 434.

1114 BGH WM 2004, 1177, 1177-1178; BGH NJW 1985, 2411, 2412; BGHZ 17, 1, 3; 42, 53, 55; Erman Bd. I/*Roloff* 2011, § 305 Rn 49; Wolf/Lindacher/Pfeiffer/*Pfeiffer* 2009, § 305 Rn 127; Soergel Bd. 3/*Stein* 1991, § 2 Rn 36; *Müller-Graff*, in: FS Pleyer, S. 412.

1115 BGHZ 1, 83, 86; 9, 1, 3; Ulmer/Brandner/Hensen/*Ulmer/Habersack* 2011, § 305 Rn 173-174; Jauernig/*Stadler* 2011, § 305 Rn 19; *Schwab*, S. 60; *Graf von Bernstorff*, Vertragsgestaltung, S. 241; *Locher*, S. 53; *Schroeder*, S. 70. Auch ein Verweis auf die eigenen AGB kann als Widerspruch verstanden werden (*Schmitt/Ulmer*, S. 15).

1116 BGHZ 42, 53, 55; Erman Bd. I/*Roloff* 2011, § 305 Rn 49; Wolf/Lindacher/Pfeiffer/*Pfeiffer* 2009, § 305 Rn 134. Erforderlich ist nur, dass es dem Vertragspartner möglich ist, sich Kenntnis über den Inhalt der AGB in zumutbarer Weise zu verschaffen (BGHZ 102, 293, 304), was bei den branchenüblichen AGB keine Probleme bereiten sollte.

1117 *Spellenberg* IPRax 2007, 98, 101; Herberger/Martinek et al./*Lapp/Salomon* 2010, § 305 Rn 98; MüKo Bd. 2/*Basedow* 2007, § 305 Rn 92-93; Staudinger AGB/*Schlosser* 2006, § 305 Rn 187; aA wohl *Castendyk* ZUM 2007, 169, 171.

sind. Soweit diese Voraussetzungen nicht erfüllt sind, muss der Verwender auf seine AGB hinweisen.[1118] Außerdem kann es an der Einbeziehung der branchenüblichen AGB fehlen, wenn der Vertrag auf einem Angebot beruht, das umfangreiche spezielle Regelungen beinhaltet, ohne dabei auf die AGB Bezug zu nehmen. Gleichwohl spricht es gegen die stillschweigende Einbeziehung der branchenüblichen AGB, wenn der Verwender ausdrücklich auf seine eigenen AGB hinweist ohne die branchenüblichen AGB zu erwähnen.[1119]

Es ist allerdings umstritten, ob ein vom Vertragspartner des AGB-Verwenders ausgehendes Angebot die branchenüblichen AGB umfasst. Eine Ansicht verneint dieses, soweit der Vertragspartner nicht weiß oder wissen muss, dass der Verwender nur unter Einbeziehung der AGB zum Vertragsschluss bereit ist.[1120] Nach der Gegenansicht ist es unerheblich von welcher Seite das Angebot ausgeht.[1121] Die letztere Ansicht ist zu befürworten. Dies ergibt sich daraus, dass die AGB aufgrund ihres Charakters als branchenüblich stillschweigend in den Vertrag einbezogen werden. Dieser Charakter hängt nicht davon ab, von welcher Seite das Angebot ausgeht.

Nach dem deutschen Recht sind Allgemeine Deutsche Spediteurbedingungen (ADSp)[1122], Versicherungsbedingungen[1123], AGB-Banken[1124], AGB von

---

1118 BGH BB 1976, 1386; BGH NJW 1976, 2075; OLG Hamburg EWiR 1997, 895; *Schmidt* NJW 2011, 3329, 3332; *Schwab*, S. 60; Wolf/Lindacher/Pfeiffer/*Pfeiffer* 2009, § 305 Rn 127; *Wieland*, in: AGB in europäischen Rechtspraxis, S. 49-50; *Schmitt/Ulmer*, S. 15; vgl. aber auch *Hellwege*, S. 435, nach dem es nicht genügt, dass der Vertragspartner zwar branchenkundig ist, der Branche aber nicht angehört.

1119 BGH WM 1981, 789, 791; BGH NJW 1980, 1275; Ulmer/Brandner/Hensen/*Ulmer/Habersack* 2011, § 305 Rn 173.

1120 Ulmer/Brandner/Hensen/*Ulmer/Habersack* 2011, § 305 Rn 174.

1121 Erman Bd. I/*Roloff* 2011, § 305 Rn 49; Wolf/Lindacher/Pfeiffer/*Pfeiffer* 2009, § 305 Rn 127; Soergel Bd. 3/*Stein* 1991, § 2 Rn 36.

1122 BGH NJW 1986, 1434; BGH NJW-RR 1996, 1313; NomosKomm Bd. 2/*Kollmann* 2012, § 305 Rn 82; *Temme*, in: FS Herber, S. 203; *Schwab*, S. 59; vgl. aber auch BGH NJW 2003, 1397, 1398; *Vogt* TranspR 2010, 15, 17 und *Schmidt* NJW 2011, 3329, 3332, nach dem diese Annahme überholt erscheint, da neben die ADSp die Vertragsbedingungen für den Güterkraftverkehrs- und Logistikunternehmer (VBGL) getreten sind und somit die ADSp nicht mehr durchgängig von allen Logistikunternehmen verwendet werden.

1123 MüKo Bd. 2/*Basedow* 2007, § 305 Rn 92; Ulmer/Brandner/Hensen/*Ulmer/Habersack* 2011, § 305 Rn 175; Wolf/Lindacher/Pfeiffer/*Pfeiffer* 2009, § 305 Rn 128.

1124 BGH WM 2004, 1177, 1177-1178; 1973, 635, 636; BGHZ 108, 353, 362; *Weller*, IPRax 2005, 428, 429 und 431; *Abels/Conrads/Litzka*, in: AGB und Vertragsgestaltung, S. 24.

kommunalen Betrieben[1125], Konnossementsbedingungen[1126], AGB des Anzeigewesen[1127] und Eigentumsvorbehalts-Klauseln in den bestimmten Geschäftszweigen[1128] branchenüblich. Hinsichtlich der VOB wird zumindest teilweise vertreten, dass sie als branchenüblich anzusehen sind.[1129] Dagegen sind z.B. Bedingungen der Textilveredelungsindustrie, Makler-AGB oder die Hamburger Lagerungsbedingungen nicht solche landesweit branchenübliche AGB, bei denen die stillschweigende Einbeziehung vermutet werden kann.[1130]

In Bezug auf Verträge mit Auslandsberührung werden die im nationalen Rechtsverkehr geltenden Grundsätze zumindest ansatzweise verwendet, soweit das deutsche Recht Vertragsstatut ist.[1131] Allerdings kann von ausländischen Vertragspartnern nicht pauschal erwartet werden, dass sie mit den deutschen Usancen vertraut sind.[1132] Daher ist für die Einbeziehung maßgeblich, ob von dem ausländischen Vertragspartner die Kenntnis der branchenüblichen Verwendung bestimmter AGB erwartet werden kann.[1133] Diese Kenntnis muss die Be-

---

1125 OLG Karlsruhe VersR 1971, 159, 160 (Flughafenbetrieb); BGH LM AGB Nr. 21a (Hafenbetrieb); *Ring/Klingelhöfer/Niebling*, S. 84.

1126 Palandt/*Grüneberg* 2012, § 305 Rn 56; *Vogt* TranspR 2010, 15, 17; Staudinger Rom I Bd.1/*Hausmann* 2011, Art. 10 Rn 87.

1127 LG Braunschweig NJW 1975, 782, 783; Erman Bd. I/*Roloff* 2011, § 305 Rn 49; Ulmer/Brandner/Hensen/*Ulmer/Habersack* 2011, § 305 Rn 175; aA Wolf/Lindacher/Pfeiffer/*Pfeiffer* 2009, § 305 Rn 129.

1128 BGHZ 42, 53, 55; BGH JZ 1978, 104, 105; Erman Bd. I/*Roloff* 2011, § 305 Rn 49; Wolf/Lindacher/Pfeiffer/*Pfeiffer* 2009, § 305 Rn 128; aA NomosKomm Bd. 2/*Kollmann* 2012, § 305 Rn 82. Allerding können lediglich einfache Eigentumsvorbehalte branchenüblich sein. Somit gilt die auf der Branchenüblichkeit basierende Indizwirkung, dass der Vertragspartner stillschweigend mit der Regelung einverstanden ist, nicht bei einem verlängerten oder erweiterten Eigentumsvorbehalt (BGH NJW 1985, 1838, 1840; Erman Bd. I/*Roloff* 2011, § 305 Rn 49).

1129 *Castendyk* ZUM 2007, 169, 171 Fußnote 13; in diese Richtung tendierend auch NomosKomm Bd. 2/*Kollmann* 2012, § 305 Rn 82 und Fußnote 312, der allerdings auch erwähnt, dass diese Frage noch nicht entschieden worden ist; aA Wolf/Lindacher/Pfeiffer/*Pfeiffer* 2009, § 305 Rn 129.

1130 BGH NJW-RR 1992, 626; OLG Hamburg EWiR 1997, 895; OLG Dresden NJW-RR 1999, 846; Palandt/*Grüneberg* 2012, § 305 Rn 56; *Schwab*, S. 60; *Graf von Westphalen*, Einkaufsbedingungen, S. 21.

1131 BGH WM 2004, 1177, 1177-1178; Palandt/*Grüneberg* 2012, § 305 Rn 58; Ulmer/Brandner/Hensen/*Schmidt* 2011, Anh. § 305 Rn 19 und 31; Erman Bd. II/*Hohloch* 2011, Art. 10 Rom I Rn 9 (Anh II Art. 26).

1132 BGH NJW 1976, 2075; Wolf/Lindacher/Pfeiffer/*Hau* 2009, IntGV Rn 42; *Weller*, IPRax 2005, 428, 430; *Spellenberg*, in: FS Ferid, S. 481.

1133 BGH WM 2004, 1177, 1178; BGH NJW 1976, 2075; Ulmer/Brandner/Hensen/*Schmidt* 2011, Anh. § 305 Rn 19; Graf von Westphalen/Thüsing/*Graf von Westpha-*

deutung des vorbehaltlosen Vertragsschlusses also die Figur der stillschweigenden Einbeziehung kraft Verkehrssitte umfassen[1134], da zahlreiche ausländische Rechtsordnungen keine stillschweigende Einbeziehung von AGB kennen[1135].

Ob eine solche Kenntnis zu erwarten ist, ist durch Auslegung des beiderseitigen Erklärungsverhaltens auf materiell-rechtlicher Ebene (§§ 305 ff. BGB) zu lösen.[1136] In der Regel kann sie aufgrund der professionellen Nähe, insbesondere bei Parteien der gleichen Branche innerhalb der EU, erwartet werden.[1137] Dagegen muss der nicht der gleichen Branche angehörende ausländische Unternehmer grundsätzlich die branchenübliche Verwendung der bestimmten AGB nicht kennen. Vielmehr bedarf es in einem solchen Fall regelmäßig eines ausdrücklichen Hinweises auf die AGB.[1138]

Weiterhin kann keine Kenntnis der branchenüblichen Verwendung bestimmter AGB lediglich deswegen erwartet werden, weil der Vertrag in Deutschland geschlossen wird.[1139] Eine Ausnahme davon besteht, wenn der aus-

---

len/Thüsing, Vertragsrecht – Rechtswahlklauseln Rn 22; MüKo Bd. 10/*Spellenberg* 2010, Art. 10 Rn 189; *Müller/Otto*, S. 121; *Drobnig*, in: FS Mann, S. 593-595.

1134 BGH NJW 1976, 2075; Wolf/Lindacher/Pfeiffer/*Hau* 2009, IntGV Rn 42; *Weller*, IPRax 2005, 428, 430; *Reithmann/Martiny*, S. 221; *Müller/Otto*, S. 121.

1135 *Weller*, IPRax 2005, 428, 430; vgl. auch Staudinger Rom I Bd.1/*Hausmann* 2011, Art. 10 Rn 83 und *Reithmann/Martiny*, S. 205.

1136 Wolf/Lindacher/Pfeiffer/*Hau* 2009, IntGV Rn 42; Ulmer/Brandner/Hensen/*Schmidt* 2011, Anh. § 305 Rn 19; MüKo Bd. 10/*Spellenberg* 2006, Art. 31 Rn 85-87; *Weller*, IPRax 2005, 428, 430.

1137 BGH WM 2004, 1177, 1178; 1989, 1756, 1759 (Verkehr der Banken untereinander); BGH NJW 1976, 2075; OLG Frankfurt RIW 1980, 666, 667 (Verkehr der Spediteuren untereinander); Graf von Westphalen/Thüsing/*Graf von Westphalen/Thüsing*, Vertragsrecht – Rechtswahlklauseln Rn 22; Staudinger Rom I Bd.1/*Hausmann* 2011, Art. 10 Rn 87; MüKo Bd. 2/*Kieninger* 2007, § 307 Rn 269; *Ring/Klingelhöfer/Niebling*, S. 136; aA *Fischer*, S. 339.

1138 BGH NJW 1976, 2075; 1981, 1905, 1905-1906; Ulmer/Brandner/Hensen/*Schmidt* 2011, Anh. § 305 Rn 19; *Reithmann/Martiny*, S. 221; Staudinger Rom I Bd.1/*Hausmann* 2011, Art. 10 Rn 89; *Maindl*, S. 94; *Schroeder*, S. 70. Allerdings wird zusätzlich teilweise vertreten, dass der ausländische Vertragspartner aufgrund wirkungsgleicher Verkehrssitten in seinem Umweltrecht die stillschweigende Einbeziehung branchenüblicher AGB kennen muss (*Weller*, IPRax 2005, 428, 430). Meines Erachtens können wirkungsgleiche Verkehrssitten zwar berücksichtigt werden, dürfen aber nicht allein entscheidend sein, da der Vertragspartner oft auch in dem Heimatland branchenunkundig ist.

1139 Ulmer/Brandner/Hensen/*Schmidt* 2011, Anh. § 305 Rn 19; Staudinger Rom I Bd.1/*Hausmann* 2011, Art. 10 Rn 87; Wolf/Lindacher/Pfeiffer/*Hau* 2009, IntGV Rn 43; MüKo Bd. 10/*Spellenberg* 2006, Art. 31 Rn 87; aA wohl BGH NJW 1973, 2154; OLG Frankfurt RIW 1980, 666, 667.

ländische Vertragspartner eine eigene Niederlassung in Deutschland hat oder ständig mit deutschen Unternehmern zusammenarbeitet.[1140] Diese Grundsätze gelten in gleicher Weise, wenn der ausländische Verwender gegenüber einem deutschen Vertragspartner auftritt. In Betracht können z.B. die Nordischen Spediteurbedingungen kommen.[1141]

Da der mangelnden Vertrautheit des ausländischen Vertragspartners mit den Regeln und Usancen im Lande des Vertragsstatuts somit bereits im Rahmen der Auslegung des beiderseitigen Erklärungsverhaltens Rechnung zu tragen ist, bedarf es grundsätzlich keiner kollisionsrechtlichen Sonderanknüpfung gemäß Art. 31 II EGBGB / Art. 8 II Rom-Übereinkommen / Art. 10 II Rom I-VO an das Heimatrecht des Vertragspartners. Dies ergibt sich daraus, dass die branchenüblichen AGB nur dann wirksam einbezogen werden, wenn von dem ausländischen Vertragspartner die Kenntnis der stillschweigenden Einbeziehung der AGB kraft Verkehrssitte erwartet werden kann. In diesen Fällen bleibt kein Raum für eine Korrektur nach Art. 31 II EGBGB / Art. 8 II Rom-Übereinkommen / Art. 10 II Rom I-VO, da es nicht unbillig ist, das Verhalten des Vertragspartners nach dem Vertragsstatut zu bestimmen. Wenn eine entsprechende Kenntnis nicht erwartet werden kann, scheitert die Einbeziehung bereits auf der materiell-rechtlichen Ebene also gemäß §§ 305 ff. BGB. Somit besteht kein Bedürfnis für eine Korrektur.[1142]

1140 BGH IPRax 1987, 372, 373; BGH RIW 1982, 55; BGH NJW 1976, 2075; MüKo Bd. 2/*Kieninger* 2007, § 307 Rn 269; Wolf/Lindacher/Pfeiffer/*Hau* 2009, IntGV Rn 43; Staudinger Rom I Bd.1/*Hausmann* 2011, Art. 10 Rn 89; *Spellenberg*, in: FS Ferid, S. 481; Graf von Westphalen/Thüsing/*Graf von Westphalen/Thüsing*, Vertragsrecht – Rechtswahlklauseln Rn 22.

1141 *Maindl*, S. 95; Staudinger Rom I Bd.1/*Hausmann* 2011, Art. 10 Rn 87; vgl. auch BGH RIW 1982, 55.

1142 Wolf/Lindacher/Pfeiffer/*Hau* 2009, IntGV Rn 42; MüKo Bd. 2/*Kieninger* 2007, § 307 Rn 269; *Weller*, IPRax 2005, 428, 430; aA *Stadler*, S. 87 und *Fischer*, S. 340, die auf die Anwendbarkeit des Art. 31 II EGBGB hinweisen; vgl. auch MüKo Bd. 10/*Spellenberg* 2006, Art. 31 Rn 90; MüKo Bd. 10/*Spellenberg* 2010, Art. 10 Rn 238, der feststellt, dass die Auslegung vor der Anwendung des Art. 31 II EGBGB bzw. Art. 10 II Rom I-VO vorzunehmen ist und meist genügt, der aber dennoch die Anwendung des Art. 31 II EGBGB bzw. Art. 10 II Rom I-VO für denkbar hält, obwohl dies bisher in der Rechtsprechung nicht aufgetreten ist und Staudinger Rom I Bd.1/*Hausmann* 2011, Art. 10 Rn 82, wonach sich der Vertragspartner lediglich dann auf seinem Heimatrecht berufen darf, wenn die Auslegung keinen angemessenen Schutz bewirkt. Somit gewinnen Art. 31 II EGBGB / Art. 8 II Rom-Übereinkommen / Art. 10 II Rom I-VO in der Regel lediglich in den der einzelvertraglichen Einbeziehung entsprechenden Fällen Bedeutung, in denen der Verwender auf die branchenüblichen AGB hinweist und der ausländische Vertragspartner diesbezüglich die Rechtsfolgen seines Schweigens ver-

8.2.2 Finnland

In der finnischen Literatur wird einerseits vertreten, dass die AGB automatisch ohne besonderen Hinweis und gesonderte Kenntnisnahmemöglichkeit in den Vertrag einbezogen werden, wenn der Vertragspartner weiß oder wissen muss, dass derartige Verträge in der Praxis regelmäßig unter Einbeziehung der AGB abgeschlossen werden und er den AGB nicht widerspricht.[1143] Dies soll vor allem für die Versicherungsbedingungen gelten, da ein Versicherungsunternehmen Verträge kaum ohne Versicherungsbedingungen abschließen kann. Ferner sollen aber auch die AGB der Banken und möglicherweise die AGB der Transportgeschäfte auch ohne Hinweis in den Vertrag einbezogen werden. Insbesondere soll dies der Fall sein, wenn der Vertrag so abgeschlossen wird, dass die Einhaltung der normalen Einbeziehungsvoraussetzungen schwierig ist. Als Beispiel wird der Vertragsabschluss durch Telefongespräch genannt.[1144]

Hinsichtlich der Versicherungs-, Bank- oder Transport-AGB ist in der höchstrichterlichen Rechtsprechung seit der Verbreitung der Verwendung von AGB zu dieser Ansicht nicht ausdrücklich Stellung genommen worden.[1145] In der Literatur ist sie teilweise kritisiert worden. Diese Kritik wird damit begründet, dass der Vertragspartner des AGB-Verwenders nicht ohne jeglichen Hinweis an die AGB gebunden werden kann.[1146] Ferner wird aufgeführt, dass es in

---

kennt. Hierbei gelten die oben in Abschnitt 3.2.5.1, 6.2.4 und 6.3.4 erläuterten Grundsätze.

1143 *Olsson* Nordiska Juristmötet 1957, 7, 23; *Hellner* JFT 1979, 281, 297-298; *Telaranta*, S. 186; *Oikeustoimilakitoimikunta*, S. 332; *Routamo/Ramberg*, S. 36; *Hemmo*, Sopimusoikeus I, S. 160-161; *Toiviainen*, S. 85; *Karhapää*, S. 14; *Laurila*, S. 19; vgl. auch *Sisula-Tulokas*, S. 53-54, wonach dies möglicherweise im Allgemeinen zutrifft, aber eine Ausnahme zumindest dann besteht, wenn der Vertragspartner des AGB-Verwenders ein kleines Unternehmen ist. Des Weiteren vertritt sie die Ansicht, dass ein Hinweis notwendig ist, um eine Schiedsklausel oder eine Verpfändungsklausel in den Vertrag einzubeziehen; vgl. auch *Halila/Hemmo*, S. 53, nach denen „agreed documents" in bestimmten Fällen ohne eindeutigen Hinweis Anwendung finden können.

1144 *Hemmo*, Sopimusoikeus I, S. 160-161; *Sisula-Tulokas*, S. 53-54; *Telaranta*, S. 186; *Oikeustoimilakitoimikunta*, S. 332-333; *Bernitz* 1993, S. 33; *Häyhä*, S. 179.

1145 Vgl. *Hemmo*, Sopimusoikeus I, S. 160. Allerdings hat der KKO in einem älteren Fall KKO 1932 II 514 die Einbeziehung von Versicherungsbedingungen wegen eines fehlenden Hinweises abgelehnt, da es nicht ersichtlich war, dass die Verwendung von AGB dem Versicherungsnehmer ansonsten bekannt gewesen wäre. Die letztere Voraussetzung dürfte jedoch heutzutage nicht mehr zutreffen. Somit kommt diesem Urteil kaum mehr Bedeutung zu.

1146 *Wilhelmsson*, S. 77; *Erma*, S. 11; *Oikeustoimilakitoimikunta*, S. 314; *Liuksiala*, S. 61; *Saarnilehto*, Edilex 2001, S. 6; *Kuuskoski*, S. 58; in diesem Sinne auch Rovaniemen HO 20.12.2002, T:861.

der Gesetzgebung keinen Anhaltspunkt für eine solche von der vertragsrechtlichen Bindung abgetrennte Einbeziehungsform gibt.[1147]

Diese Kritik scheint durch eine neue Entscheidung des KKO Rückhalt zu finden, da der KKO feststellte, dass auch die Geltung von branchenüblichen AGB durch eine Parteivereinbarung begründet werden muss. Somit wurden die im Baugewerbe branchenüblichen Rakennusurakan yleiset sopimusehdot YSE 1983 ohne einen Hinweis nicht Vertragsbestandteil. Ebenso verneinte der KKO die Möglichkeit, aus dem Inhalt der AGB ein allgemein geltendes Prinzip abzuleiten.[1148]

Trotz dieses Urteils kann von einem Unternehmen, das kontinuierlich in einer bestimmten Branche tätig ist, meines Erachtens erwartet werden, dass er die Verwendung der branchenüblichen AGB genau so wie die für seinen Geschäftszweig geltenden Handelsbräuche kennt. Diese Ansicht hebt zu Recht die Eigenverantwortung des Unternehmens hervor. Daher sollten die branchenüblichen AGB auch im finnischen Recht, ähnlich wie im deutschen Recht, konkludent ohne besonderen Hinweis in den Vertrag einbezogen werden, soweit das Geschäft branchentypisch ist, beide Parteien branchenkundig sind und der Geltung der AGB nicht widersprechen.[1149]

Dies setzt allerdings voraus, dass bestimmte AGB in der jeweiligen Branche mit einheitlichem Inhalt von allen oder nahezu allen Verwendern verwendet werden.[1150] Dies ist darauf zurückzuführen, dass eine stillschweigende Einbeziehungsvereinbarung lediglich dann angenommen werden kann, wenn beide Parteien beim Vertragsabschluss wissen müssen, mit welcher Geltung welcher AGB sie rechnen müssen.[1151] Einen solchen Kenntnisstand kann der Vertragspartner lediglich aufgrund eines allgemeinen Wissens, dass die Verwendung von AGB in einer bestimmten Branche üblich ist, nicht haben, falls jeder Verwender eigene, voneinander abweichende AGB verwendet. Daher sollte in den letztgenannten Fällen ein Hinweis auf die konkret geltenden AGB notwendig sein, es

---

1147 *Oikeustoimilakitoimikunta*, S. 314. Daher schlug *Oikeustoimilakitoimikunta* (S. 332-333) einen Norm vor, die die direkte Bindungswirkung von AGB in bestimmten Fällen begründet hätte.

1148 KKO 2007:41; *Wirén*, in: KKO:n ratkaisut, S. 276; ähnlich Kouvolan HO 21.1.2010, T:88; vgl. auch Helsingin HO 30.5.2008, T: 1553 und Rovaniemen HO 20.12.2002, T:861.

1149 So auch Itä-Suomen HO 31.12.1996, T:1590; *Sarelin*, S. 45; vgl. auch KKO 1994:13; *Ramberg/Nilsen*, S. 10 und 30; *Karhapää*, S. 14; vgl. weiterhin Helsingin HO 23.11.2000, T:3320; Kouvolan HO 12.7.1989, T:1027.

1150 Vgl. Abschnitt 8.2.1 zum deutschen Recht.

1151 Vgl. Kouvolan HO 12.7.1989, T:1027.

sei denn, es kann aus besonderen Gründen angenommen werden, dass die AGB keine Bedeutung für die Beschlussfassung des Vertragspartners hat.

Zumindest wird vertreten, dass ein Hinweis auf die branchenüblichen AGB für die Einbeziehung ausreicht. Somit hat der Verwender bezüglich der branchenüblichen AGB – anders als bei der einzelvertraglichen Einbeziehung – keine Kenntnisverschaffungspflicht über den Inhalt der AGB.[1152] Soweit eine konkludente Einbeziehungsvereinbarung branchenüblicher AGB mit einheitlichem Inhalt nicht angenommen wird, ist wenigstens dieser Ansicht zu folgen. Dies ergibt sich daraus, dass die branchenüblichen AGB oft von neutralen Instanzen oder den Repräsentanten beider Parteien erstellte „agreed documents"[1153], wie PSYM-(Spediteur)bedingungen[1154] oder zumindest von einem Interessenverband der Branche ausgearbeitete Klauselwerke sind. Somit sind sie in der Regel öffentlich zugänglich, und deshalb kann der Vertragspartner sie leicht selbst beschaffen, soweit er dies will und sie noch nicht kennt.

Nach einer Auffassung kann eine Kenntnisverschaffungspflicht des AGB-Verwenders auch bei branchenüblichen AGB jedoch dann bestehen, wenn die zeitliche Gestaltung des Vertragsschlusses nicht erlaubt, dass sich der Vertragspartner des AGB-Verwenders die Kenntnis selbst verschafft.[1155] Diese Auffassung ist nur dann begründet, wenn der Zeitdruck hinsichtlich des Vertragsabschlusses auf den AGB-Verwender zurückzuführen ist. Ansonsten gehört das Risiko der fehlenden Kenntnisse über die branchenüblichen AGB zum Verantwortungsbereich des Vertragspartners, wenn er den Vertrag trotz seiner mangelhaften Kenntnisse schließen will. Allerdings muss der AGB-Verwender entsprechend seiner Kooperationspflicht möglichst schnell antworten, wenn der Vertragspartner mit Hinweis auf den Zeitdruck die Zurverfügungstellung der AGB

1152 KKO 2001:126; 1997:164; 1994:13; Helsingin HO 1.8.2001, T:2012; Turun HO 23.2.1996, T:805; Turun HO 25.3.1996, T:1270; Helsingin HO 27.3.1991, T:568; *Saarnilehto*, Talentum, S. 6-7; *Tulokas*, in: FS Ylöstalo, S. 449; *Ramberg/Ramberg*, S. 142; *Ämmälä* LM 1998, 622, 626; *Portin* LM 1987, 391, 395; *Wilhelmsson*, S. 76; *Kuuskoski*, S. 40-41; *Saarnilehto* Oikeustieto 1996, 21, 21; *Heikkinen*, S. 10-11, 15 und 47; *Hemmo*, Sopimusoikeus I, S. 153-154; *Kalliokoski*, S. 23; *Väinölä*, S. 5; *Adlercreutz*, S. 63; *Erma*, S. 11-12; in diesem Sinne wohl auch KKO 2007:41; aA Helsingin HO 8.1.1998, das darauf hinweist, dass die PSYM-(Spediteur)bedingungen nicht einbezogen worden sind, weil der Verwender nicht einmal behauptet hat, er habe sie seinem Vertragspartner übersandt. Allerdings fehlte in diesem Fall auch ein Hinweis auf die AGB vor Vertragsschluss.

1153 Vgl. *Hemmo*, in: KKO:n ratkaisut, S. 420-421; vgl. auch Abschnitt 5.1.1.

1154 Turun HO 25.3.1996, T:1270; *Kuuskoski*, S. 27; *Sisula-Tulokas*, S. 53-54; *Ekuri*, S. 38-39; *Ramberg/Nilsen*, S. 5 und 10.

1155 *Saarnilehto* Oikeustieto 2002, 2, 3.

anfordert. Ansonsten wäre es gegen Treu und Glauben, sich auf die AGB zu berufen.

8.2.3 UN-Kaufrecht

Im Anwendungsbereich des UN-Kaufrechts wird gemäß Art. 9 II CISG mangels anders lautender Vereinbarung eine stillschweigende Einbeziehung bestimmter Gebräuche in den Vertrag angenommen. Diese Fiktion setzt voraus, dass die Vertragsparteien diese Gebräuche beim Vertragsschluss kannten oder kennen mussten und sie im internationalen Handel der jeweiligen Branche weithin bekannt sind und regelmäßig beachtet werden (Art. 9 II CISG). Hierbei ist in erster Linie auf das objektive Verständnis der beteiligten Handelskreise abzustellen.[1156]

Die internationale Bekanntheit erfordert nicht, dass die Gebräuche weltweit bekannt sind, sondern es genügen auch lokale Bräuche an Plätzen wie Börsen oder Messen, an denen internationaler Handel getrieben wird und eine hohe Anteil der Geschäftsteilnehmer ausländisch sind. Dagegen sind rein nationale Bräuche nicht mit umfasst.[1157] Weiterhin reicht es aus, dass der überwiegende Teil der Unternehmer der betroffenen Branche die Gebräuche kennt und sie beachtet.[1158] Zudem kommt es auf die Dauer der Übung nicht an, soweit sie weithin bekannt ist und regelmäßig beachtet wird.[1159] Es wird erwartet, dass Parteien, die im Verbreitungsgebiet dieser Gebräuche ansässig sind oder dort in der betreffenden Branche ständig Geschäfte betreiben, die Gebräuche kennen.[1160] Soweit die AGB diese Voraussetzungen erfüllen, wird ihre Einbeziehung in den Vertrag ohne besonderen Hinweis angenommen.[1161]

1156 Schlechtriem/Schwenzer/*Schmidt-Kessel* 2008, Art. 9 Rn 16-20; *Piltz*, in: FS Herber, S. 22.

1157 *Rudolph* 1996, Art. 9 Rn 9; Staudinger CISG/*Magnus* 2005, Art. 9 Rn 22; *Lögering*, S. 46; *Brunner* 2004, Art. 9 Rn 4; *Kröll/Hennecke* RabelsZ 67 (2003), 448, 471 und 475; *Piltz*, in: FS Herber, S. 22; OLG Graz 9.11.1995, http://www.cisg-online.ch, case 308; kritisch, aber nicht für einen Ausschluss per se *Holl/Keßler* RIW 1995, 457, 459.

1158 Ferrari/Kieninger et al./*Saenger* 2012, Art. 9 Rn 5; Witz/Salger/Lorenz/*Witz* 2000, Art. 9 Rn 8; Schlechtriem/Schwenzer/*Schmidt-Kessel* 2008, Art. 9 Rn 16.

1159 Staudinger CISG/*Magnus* 2005, Art. 9 Rn 23; MüKo HGB Bd. 6/*Ferrari* 2007, Art. 9 Rn 14; *Piltz*, in: FS Herber, S. 22.

1160 MüKo Bd. 3/*Westermann* 2012, Art. 9 Rn 5; MüKo HGB Bd. 6/*Ferrari* 2007, Art. 9 Rn 16; Schlechtriem/Schwenzer/*Schmidt-Kessel* 2008, Art. 9 Rn 23; *Kröll/Hennecke* RabelsZ 67 (2003), 448, 476; *Achilles* 2000, Art. 9 Rn 7; Staudinger CISG/*Magnus* 2005, Art. 9 Rn 27.

1161 OGH 6.2.1996, http://www.cisg-online.ch, case 224; *Magnus*, in: FS Kritzer, S. 316; *Berger*, in: FS Horn, S. 18-19; *Kramer*, in: FS Welser, S. 551; Witz/Salger/Lorenz/

In der Literatur wird es für möglich gehalten, dass die Incoterms oder auf jeden Fall der genauere Inhalt der einzelnen Klausel als Brauch gelten, soweit ihre regelmäßige Beachtung in der jeweiligen Branche nachgewiesen werden kann.[1162] Gegenüber der Beachtung oder Bekanntheit der sonstigen Regelwerke sind die Stellungnahmen noch kritischer.[1163] Daher sollten die Parteien nicht auf die Geltung von bestimmten Regelwerken kraft Art. 9 II CISG vertrauen, sondern sie sollten die Anwendbarkeit der AGB durch ausdrückliche und präzise Vereinbarung sicherstellen.[1164]

Weiterhin wird teilweise vertreten, dass der Verwender die branchenüblichen AGB seinem Vertragspartner nicht übersenden muss, obwohl sie nicht zu einem Brauch nach Art. 9 II CISG erstarkt sind. Dies entspricht der Rechtslage des finnischen Rechts. Ein Hinweis soll insbesondere dann genügen, wenn die Übermittlung des vollständigen Textes beim Vertragsschluss nur schwer möglich ist, die Verwendung der AGB bei Geschäften dieser Art üblich ist und die Eckpunkte der AGB kundgetan werden.[1165] Das gleiche soll für international vereinheitlichte und bekannte AGB („agreed documents"), wie Incoterms, gelten.[1166]

Witz 2000, vor Art. 14-24 Rn 12; Schlechtriem/Schwenzer/*Schlechtriem/Schroeter* 2008, Art. 14 Rn 73.

1162 Witz/Salger/Lorenz/*Witz* 2000, Art. 9 Rn 14; *Piltz* NJW 2005, 2126, 2128; MüKo HGB Bd. 6/*Ferrari* 2007, Art. 9 Rn 18; Schlechtriem/Schwenzer/*Schlechtriem/Schroeter* 2008, Art. 14 Rn 73; *Hennemann*, S. 84; *Väinölä*, S. 16; *Routamo/Ramberg*, S. 38; *Piltz*, in: FS Herber, S. 22, der allerdings darauf hinweist, dass insbesondere die US-amerikanischen Vertragsparteien die American Foreign Trade Definitions, die teilweise die gleichen 3-Buchstabencodes wie die Incoterms verwenden, oft besser als die Incoterms kennen. Daher sollte die gewünschte Bezugnahme auf die Incoterms bei diesen Verträgen ausdrücklich formuliert werden; kritisch *Hesse*, S. 83-84; MüKo Bd. 3/*Westermann* 2012, Art. 9 Rn 4; Staudinger CISG/*Magnus* 2005, Art. 9 Rn 8. Die Situation hat sich nach dem Inkrafttreten der Incoterms 2010 am 1.1.2011 insofern geändert, dass es – zumindest in den ersten Jahren – nicht unbedingt klar ist, ob Incoterms 2000 oder Incoterms 2010, die an einigen Stellen unterschiedlich sind, als Brauch gelten sollten (vgl. *Piltz* IHR 2011, 1 ff).

1163 Schlechtriem/Schwenzer/*Schmidt-Kessel* 2008, Art. 9 Rn 26; Witz/Salger/Lorenz/*Witz* 2000, Art. 9 Rn 15; aA *Berger*, in: FS Horn, S. 18, der, allerdings ohne genauere Begründung, auf die häufige Geltung von AGB aufgrund eines in der betreffenden Branche geltenden Handelsbrauchs verweist.

1164 Staudinger CISG/*Magnus* 2005, Art. 9 Rn 8; Schlechtriem/Schwenzer/*Schmidt-Kessel* 2008, Art. 9 Rn 26; *Lögering*, S. 75.

1165 Ferrari/Kieninger et al./*Mankowski* 2012, Vor Art. 14 Rn 37; *Piltz* IHR 2004, 133, 135.

1166 *Huber/Kröll* IPRax 2003, 309, 311; *Schmidt-Kessel* NJW 2002, 3444, 3446; *Karollus* LM H.3/2002, Anm. zu CISG Nr. 9; *Achilles* 2000, Art. 24 Rn 7. Ein Hinweis ist jedoch besonders wichtig nach dem Inkrafttreten der Incoterms 2010 am 1.1.2011, da

Insbesondere der letztere Fall ist begründet, da redlicherweise erwartet werden kann, dass der zur gleichen Branche gehörende Vertragspartner des AGB-Verwenders solche international etablierten branchenüblichen Klauselwerke, die öffentlich zugänglich sind, kennt bzw. sich Kenntnis verschafft. Bei Branchenfremden bleibt es freilich bei der Anwendung der Grundregel.[1167]

Dagegen scheint die erstgenannte Situation im unternehmerischen Geschäftsverkehr zwischen Deutschland und Finnland kaum zu verwirklichen, da die Übermittlung eines Links auf die AGB oder die Übersendung der AGB per E-Mail eigentlich immer möglich sein soll.[1168] Dies gilt grundsätzlich auch für telefonische Vertragsabschlüsse. Bei Platzgeschäften unter Anwesenden ist die Übergabe der AGB möglich. Des Weiteren gilt hier die Möglichkeit des Vertragspartners, ausdrücklich auf die Übersendung der AGB zu verzichten, auf die in Abschnitt 6.2.3.3 hingewiesen wird.

8.2.4 Unternehmerischer Geschäftsverkehr zwischen Deutschland und Finnland

Zusammenfassend lässt sich hinsichtlich des unternehmerischen Geschäftsverkehrs zwischen Deutschland und Finnland festhalten, dass AGB naturgemäß auf internationaler Ebene seltener branchenüblich sind als auf nationaler Ebene.[1169] Am ehesten kommt dies bei international einheitlichen von neutralen internationalen Organisationen verfassten AGB, wie den Incoterms, oder bei „agreed documents", deren Verbreitungsgebiet beide Ländern umfasst, in Betracht. Meines Erachtens kann z.B. die Geltung von bestimmten Klauseln der Incoterms sowie der Spediteurbedingungen bei branchentypischen Geschäften unter Branchenkundigen aufgrund der Branchenüblichkeit bejaht werden. Dagegen ist es kaum denkbar, dass die von einer der beteiligten Vertragsparteien vorformulierten AGB international als branchenüblich eingeordnet würden.

Weiterhin scheint es auf der nationalen Ebene nur bei der Anwendung des deutschen Rechts sicher zu sein, dass die Parteien auch ohne ausdrücklichen

Incoterms 2000 und Incoterms 2010 an einigen Stellen unterschiedlich sind (vgl. *Piltz* IHR 2011, 1 ff.) und es somit in den ersten Jahren nach dem Inkrafttreten der Incoterms 2010 fraglich sein könnte, welche Version branchenüblich ist.

1167 Ferrari/Kieninger et al./*Mankowski* 2012, Vor Art. 14 Rn 39; Honsell/*Dornis* 2010, Vorbem. 14-24 Rn 10; vgl. jedoch auch MüKo Bd. 3/*Gruber* 2012, Art. 14 Rn 32, wonach der individuelle Kenntnisstand des Vertragspartners maßgeblich ist und nicht der vom Branchenkundigen zu erwartende Kenntnisstand; aA *Ventsch/Kluth* IHR 2003, 61, 63, nach deren Ansicht der Text der AGB jedes Mal übermittelt werden muss.

1168 Genauer siehe Abschnitt 6.2.2.3 und vor allem 6.2.3.3.

1169 Vgl. *Stadler*, S. 87; Turun HO 23.3.1990, T:340; Turun HO 5.5.1997, T:1296.

Hinweis auf die Einbeziehung der branchenüblichen AGB vertrauen können. Allerdings setzt die stillschweigende Einbeziehung der branchenüblichen AGB gegenüber ausländische Vertragsparteien auch nach dem deutschen Recht voraus, dass von der ausländischen Vertragspartei die Kenntnis von der entsprechenden Verkehrssitte erwartet werden kann.

Deshalb ist zu empfehlen, dass die Parteien im Geschäftsverkehr zwischen Deutschland und Finnland immer ausdrücklich auf die AGB hinweisen, um unnötige Rechtsstreitigkeiten zu vermeiden, selbst wenn die AGB branchenüblich sind. Unter Anwendung des UN-Kaufrechts wird möglicherweise sogar die Übersendung der branchenüblichen AGB verlangt.[1170] Somit ist auch die Beifügung der AGB zu empfehlen, um die Geltung der AGB zuverlässig sicherzustellen.

8.3 Laufende Geschäftsbeziehung

Gemäß Art. 9 I CISG sind die Vertragsparteien an die zwischen ihnen entstandenen Gepflogenheiten gebunden. Gepflogenheiten sind Verhaltensweisen, die zwischen den Parteien regelmäßig beachtet werden.[1171] Diese Gepflogenheiten gehen den normativen Vorgaben der Art. 14 ff. CISG vor.[1172] Deshalb kann die Geltung der AGB durch eine solche Gepflogenheit begründet werden, obwohl die in Abschnitt 6.2.3 erläuterten Einbeziehungsvoraussetzungen nicht erfüllt sind. Des Weiteren haben die Parteigepflogenheiten Vorrang vor den internationalen Gebräuchen des Art. 9 II CISG.[1173] Dies ist gerechtfertigt, da die Gepflogenheiten ein Ausdruck des konkreten Parteiwillens sind und somit besser auf die Besonderheiten einer konkreten vertraglichen Beziehung passen.[1174]

1170 Dabei reicht jedoch eine einmalige Übersendung von zwischenzeitlich unverändert gebliebenen AGB aus (*Köhler*, Das UN-Kaufrecht, S. 111; *Huber/Kröll* IPRax 2003, 309, 311).

1171 Staudinger CISG/*Magnus* 2005, Art. 9 Rn 13; MüKo HGB Bd. 6/*Ferrari* 2007, Art. 9 Rn 7.

1172 OGH 15.10.1998, http://www.cisg-online.ch, case 380; OGH 21.3.2000, http://www.cisg-online.ch, case 641; *Piltz* IHR 2004, 133, 134; Bamberger/Roth Bd. 1/*Saenger* 2007, Art. 9 Rn 2; Staudinger CISG/*Magnus* 2005, Art. 9 Rn 12; Witz/Salger/Lorenz/*Witz* 2000, Art. 9 Rn 1.

1173 *Karollus*, S. 52; MüKo Bd. 3/*Westermann* 2012, Art. 9 Rn 3; *Holl/Keßler* RIW 1995, 457, 458; *Sisula-Tulokas*, in: Ulkomaankauppaoikeus, S. 83; vgl. auch Schlechtriem/Schwenzer/*Schmidt-Kessel* 2008, Art. 9 Rn 10, nach dem eine diesbezügliche Vermutung besteht.

1174 Vgl. Staudinger CISG/*Magnus* 2005, Art. 9 Rn 19; *Holl/Keßler* RIW 1995, 457, 458.

Das deutsche und das finnische Recht enthalten keine entsprechenden ausdrücklichen Vorschriften über die Gepflogenheiten der Parteien. Jedoch gilt in beiden Rechtssystemen ein ähnliches Prinzip hinsichtlich laufender Geschäftsbeziehungen.

Wenn die Vertragsparteien bei einer laufenden Geschäftsbeziehung Verträge stets unter Einbeziehung von bestimmten AGB abgeschlossen haben, kann regelmäßig davon ausgegangen werden, dass sie beabsichtigen, die gleichen AGB auch ihren zukünftigen Verträgen zugrunde zu legen.[1175] Dies setzt zusätzlich voraus, dass der Vertragspartner des AGB-Verwenders weiß oder wissen muss, dass der Verwender diese AGB den Geschäften zugrunde zu legen pflegt.[1176] Wenn der Vertragspartner des AGB-Verwenders unter diesen Umständen die Einbeziehung der AGB in einen neuen Vertrag nicht annehmen will, muss er dies zum Ausdruck bringen. Auch ein konkludenter Widerspruch, z.B. durch eine Abwehrklausel in eigenen AGB, ist möglich.[1177] Ansonsten liegt in dem

---

1175 BGH NJW 1992, 1232, 1233; BGH NJW-RR 2003, 754, 755; MüKo Bd. 2/*Basedow* 2007, § 305 Rn 93; *Graf von Bernstorff*, Vertragsgestaltung, S. 240; *Schultheiß*, S. 26; Turun HO 5.5.1997, T:1296; Helsingin HO 1.8.2001, T:2012; Helsingin HO 27.2.1991, T:424; *Oikeustoimilakitoimikunta*, S. 313 und 331-332; *Toiviainen*, S. 85; *Ramberg/Ramberg*, S. 142; *Hoppu/Hoppu,* S. 64-65; *Kosonen*, S. 28-29; aA AnwK AGB-Recht/*Niebling* 2012, § 305 Rn 100. Besonders deutlich ist die Einbeziehung aufgrund einer laufenden Geschäftsbeziehung bei Nachbestellungen (*Graf von Westphalen*, Verkaufsbedingungen, S. 21; *Wieland*, in: AGB in europäischen Rechtspraxis, S. 49); kritisch *Vorderobermeier*, S. 58-68). Vgl. aber auch *Hellwege*, S. 432-433, nach dem die stetigen früheren ausdrücklichen Hinweise genau das gegenteilige andeuten – also dass, der Geschäftsgebrauch beinhaltet, dass nur das ausdrücklich Erklärte gilt. Somit dürfte der Vertragspartner bei Fehlen des Hinweises davon ausgehen, dass die AGB nicht mehr zum Vertragsinhalt werden sollen.

1176 BGHZ 42, 53, 55; 117, 190, 195 und 197; BGH NJW-RR 2002, 1027, 1028; BGH NJW-RR 2003, 754, 755; Erman Bd. I/*Roloff* 2011, § 305 Rn 48 und 51; *Schroeder*, S. 72; *Telaranta*, S. 186; *Sarelin*, S. 65; Rovaniemen HO 28.4.2010, T:332. Vgl. aber auch *Hellwege*, S. 436, der behauptet, dass ein solches generelles Wissen nicht ausreicht, sondern es notwendig ist, dass der Vertragspartner positiv weiß, dass der Verwender auch im konkreten Fall den Vertrag unter Einbeziehung von AGB schließen will. In der Praxis ist ein solches positives Wissen allerdings nahezu unmöglich zu beweisen, obwohl aller Wahrscheinlichkeit nach davon auszugehen ist, dass ein Verwender, der ähnliche Geschäfte regelmäßig unter Einbeziehung bestimmter AGB tätigt, diese auch bei dem jeweiligen Vertrag verwenden will. Daher ist die von *Hellwege* beschriebene Anforderung meines Erachtens übertrieben. Somit ist der herrschenden Ansicht zu folgen.

1177 KKO 1972 II 55; Helsingin HO 27.2.1991, T:424; *Saarnilehto*, Edilex 2005, S. 21; *Kuuskoski,* S. 47; *Olsson* Nordiska Juristmötet 1957, 7, 22; Erman Bd. I/*Roloff* 2011, §

vorbehaltlosen neuen Vertragsschluss das stillschweigende Einverständnis des Vertragspartners mit der Geltung der AGB. Somit werden die AGB in den Vertrag einbezogen, ohne dass der Verwender auf die AGB besonders hinweist.[1178]

Im Anwendungsbereich des UN-Kaufrechts sehen einige Autoren die Wirkung einer laufenden Geschäftsbeziehung freilich darin, dass der Verwender den vollständigen Text der AGB bei jedem Vertragsabschluss nicht neu übersenden muss.[1179] Da die Einbeziehung der AGB bei einer laufenden Geschäftsbeziehung oft den entstandenen Parteigepflogenheiten entspricht, kann meines Erachtens darüber hinaus oft auch auf die Hinweispflicht verzichtet werden.[1180] Dies ergibt sich daraus, dass die schärferen Anforderungen des UN-Kaufrechts an die Einbeziehung der AGB, wie in Abschnitt 6.2.3 und 6.2.4 dargestellt, eine Folge des internationalen Charakters des Geschäfts sind. Hinsichtlich der Parteigepflogenheiten ist jedoch unwesentlich, ob die jeweilige Geschäftsbeziehung international oder national ist, da die Gepflogenheiten durch gemeinsame Handlungen der beteiligten Parteien entstehen und lediglich zwischen ihnen gelten. Daher sind die Parteien nur an ihre eigenen Handlungen gebunden. Es ist nicht zu begründen, warum die Einbeziehung der AGB bei einer laufenden Geschäftsbeziehung im Anwendungsbereich des UN-Kaufrechts anders als nach dem deutschen und dem finnischen Recht einen Hinweis auf die AGB voraussetzt.

In der Praxis ist stets zu prüfen, ob in dem jeweiligen Fall nach Treu und Glauben eine laufende Geschäftsbeziehung und eine entsprechende Gepflogenheit zwischen den Parteien bestehen, und somit die erleichterte Einbeziehung

---

305, Rn 48 und 51; *Berger* ZGS 2004, 415, 418; BGH NJW 1978, 2243; MüKo HGB Bd. 6/*Ferrari* 2007, Art. 9 Rn 8; Staudinger CISG/*Magnus* 2005, Art. 9 Rn 14.

1178 *Magnus*, in: FS Kritzer, S. 316; *Karollus* LM H.3/2002, Anm. zu CISG Nr. 9; *Schultheiß*, S. 26; *Hennemann*, S. 85; *Drasch*, S. 15; Erman Bd. I/*Roloff* 2011, § 305 Rn 48 und 51; *Stoffels,* 98; Helsingin HO 27.2.1991, T:424; *Kuuskoski,* S. 47-48; *Sarelin*, S. 46; *Wilhelmsson*, in: Finlands civil- och handelsrätt, S. 272-273; *Aspbäck*, S. 73-74; *Liuksiala*, S. 60; *Oikeustoimilakitoimikunta*, S. 313; *Grönfors/Dotevall*, S. 73; *Ramberg*, in: Avtalslagen, S. 449; aA Graf von Westphalen/Thüsing/*Graf von Westphalen*, Vertragsrecht – Vertragsabschlussklauseln Rn 26, nach dem in jedem Einzelfall sorgfältig zu prüfen ist, ob ein tatsächliches Einverständnis des Vertragspartners des AGB-Verwenders vorliegt.

1179 Honsell/*Dornis* 2010, Vorbem. 14-24 Rn 13; *Piltz,* Internationales Kaufrecht, S. 125; Ferrari/Kieninger et al./*Mankowski* 2012, Vor Art. 14 Rn 40; *Huber/Kröll* IPRax 2003, 309, 311; *Piltz* IHR 2007, 121, 122; MüKo Bd. 3/*Gruber* 2012, Art. 14 Rn 32; *Rudolph* 1996, Art. 14 Rn 7; aA *Ventsch/Kluth* IHR 2003, 61, 63, nach denen der Text der AGB jedes Mal übermittelt werden muss.

1180 Vgl. *Schultheiß*, S. 26; Witz/Salger/Lorenz/*Witz* 2000, Art. 9 Rn 17 und vor Art. 14-24 Rn 12; *Van Alstine*, S. 194.

der AGB möglich ist.[1181] Zunächst sind eine gewisse Häufigkeit von gleichartigen Vertragsabschlüssen und eine längere Dauer der Übung erforderlich.[1182] Feste Vorgaben gibt es dafür nicht. Nach der deutschen Rechtsprechung erfüllen drei Rechtsgeschäfte in relativ kurzer Zeit[1183] oder acht Verträge mit unterschiedlichem Inhalt in unregelmäßigen Abständen während dreier Jahre[1184] nicht diese Voraussetzung. In der deutschen Literatur findet sich die Auffassung, dass fünf Geschäfte in einem Halbjahr genügen sollen, um die laufende Geschäftsbeziehung nachzuweisen.[1185]

In der finnischen Rechtsprechung ist eine laufende Geschäftsbeziehung regelmäßig bei einer mehrjährigen Geschäftsbeziehung bejaht worden.[1186] In einem Fall hat der KKO jedoch entschieden, dass unter ganz besonderen Umständen die AGB schon aufgrund eines vorigen Vertrags in den zweiten Vertrag einbezogen werden können.[1187] In der Literatur wird dieser Fall im Zusammenhang mit laufenden Geschäftsbeziehungen behandelt.[1188]

1181 BGH NJW 1978, 2243; BGH WM 1973, 1198, 1199; *Schwab*, S. 61; *Berger* ZGS 2004, 415, 417; *Graf von Westphalen*, Verkaufsbedingungen, S. 20; *Oikeustoimilakitoimikunta*, S. 332; Itä-Suomen HO 13.2.1996, T:127.

1182 Staudinger CISG/*Magnus* 2005, Art. 9 Rn 13; MüKo Bd. 2/*Basedow* 2007, § 305 Rn 94; Palandt/*Grüneberg* 2012, § 305 Rn 51; *Graf von Westphalen*, Einkaufsbedingungen, S. 19-20; Itä-Suomen HO 13.2.1996, T:127; Turun HO 17.5.1991, T:522; *Hemmo*, Sopimusoikeus I, S. 159; *Heikkinen*, S. 30; *Alenius*, S. 24; *Kuuskoski,* S. 48; *Magnus* ZEuP 1997, 823, 837, Fn 119; *Fischer* BB 1995, 2491, 2492; Schlechtriem/Schwenzer/*Schlechtriem/Schroeter* 2008, Art. 14 Rn 70.

1183 BGH WM 1978, 978, 979.

1184 BGH WM 1973, 1198, 1200.

1185 *Fischer* BB 1995, 2491, 2492; *Berger* ZGS 2004, 415, 418.

1186 KKO 1972 II 55; Helsingin HO 27.2.1991, T:424; Helsingin HO 31.3.1993, T:1364; Turun HO 25.3.1996, T:1270; vgl. aber auch Vaasan HO 23.1.1992, T: 74, in dem festgestellt wurde, dass einige Verträge innerhalb von sieben Jahren keine laufende Geschäftsbeziehung begründeten.

1187 KKO 1976 II 44. In diesem Fall wurde ein Außenbordmotor unter Einbeziehung der AGB des Verkäufers verkauft. Laut seinen AGB gab der Verkäufer dem Motor eine Garantie für einen Sommer. Während des Sommers hatte der Verkäufer dem Käufer wegen der Aufhebung des ersten Vertrags einen anderen Motor unter Einbeziehung der AGB verkauft. Diese AGB beinhalteten die Garantieklausel nicht mehr. Der KKO hat jedoch entschieden, dass der zweite Kaufvertrag zu den gleichen Bedingungen und somit mit der gleichen Garantie wie der erste Vertrag zustande kam, da der Verkäufer den Unterschied in den AGB hinsichtlich der Garantieklausel nicht hervorgehoben hatte. Ähnlich Helsingin HO 24.2.2006, T: 523, in einem Fall, in dem es um zwei Verträge über den gleichen Gegenstand ging, wobei der neuere Vertrag den älteren nur zum Teil ersetzt hatte. Auch wenn die AGB nur in den ersten Vertrag einbezogen worden waren, entschied das Gericht, dass sie für beide Verträge gelten. Vgl. aber auch Turun

Der österreichische OGH hat die Einbeziehung der AGB aufgrund einer entsprechenden Gepflogenheit nach Art. 9 I CISG sogar beim ersten Vertragsabschluss bejaht. In diesem Fall wurde in dem Vertragsangebot nicht auf die AGB Bezug genommen, obwohl dem Vertragspartner des AGB-Verwenders aufgrund von Vorgesprächen klar sein musste, dass der Vertrag nur unter Einbeziehung der AGB zustande kommt.[1189] Meines Erachtens geht es in diesen Fällen nicht um eine laufende Geschäftsbeziehung bzw. Gepflogenheiten der Parteien, sondern darum, worauf der Vertragspartner im Einzelfall nach Treu und Glauben vertrauen durfte bzw. wie er die Erklärung seines Vertragspartners verstehen musste.[1190]

Zweitens ist es für die Geltung der AGB aufgrund einer laufenden Geschäftsbeziehung bedeutsam, wann und wie die AGB bei den früheren Geschäften in den Vertrag einbezogen worden sind. Soweit der Verwender nicht beim Abschluss der früheren Verträge sondern erst nachträglich auf die AGB Bezug genommen hat, ist es entscheidend, in welchen Dokumenten er dies getan hat.

Nach der deutschen und finnischen Rechtsprechung kann ein ständig wiederholter und auch für den flüchtigen Leser ohne weiteres erkennbarer Hinweis in Rechnungen genügen, um die Einbeziehung der AGB für künftige Verträge zu bewirken.[1191] Dagegen reicht ein Hinweis in Lieferscheinen nicht aus. Dieser

---

HO 17.5.1991, T:522, das entschied, dass die AGB nicht nur deshalb als einbezogen zu sehen sind, dass sie bei einem früheren Vertrag der Parteien einbezogen und angewendet worden sind.

1188 Vgl. z.B. *Wilhelmsson*, S. 75-76; *Hemmo*, Sopimusoikeus I, S. 159; *Liuksiala*, S. 60-61; Saarnilehto/Hemmo/Kartio/*Saarnilehto* 2001, S. 371; kritisch *Heikkinen*, S. 31.

1189 OGH 6.2.1996, http://www.cisg-online.ch, case 224.

1190 Vgl. *Schultheiß*, S. 26-27; *Drasch*, S. 16.

1191 BGH RIW 2005, 776, 778; BGH NJW 1978, 2243; BGHZ 42, 53, 55; BGH NJW-RR 1991, 571; BGHZ 117, 190, 199; Palandt/*Grüneberg* 2012, § 305 Rn 51; MüKo HGB Bd. 5/*Schmidt* 2009, § 346 Rn 168; Wolf/Lindacher/Pfeiffer/*Pfeiffer* 2009, § 305 Rn 126 und 133; Jauernig/*Stadler* 2011, § 305 Rn 19; Herberger/Martinek et al./*Lapp/Salomon* 2010, § 305 Rn 102; *Ring*, S. 45; *Fischer* BB 1995, 2491, 2493; Löwe/Graf von Westphalen/Trinkner/*Löwe/Graf von Westphalen* 1977, § 2 Rn 37; KKO 1972 II 55; Helsingin HO 6.2.3006, T: 310; Helsingin HO 27.2.1991, T:424; Turun HO 25.3.1996, T:1270; aA Erman Bd. I/*Roloff* 2011, § 305 Rn 51; *Schwab*, S. 63; Ulmer/Brandner/Hensen/*Ulmer/Habersack* 2011, § 305 Rn 176; in diesem Sinne auch Graf von Westphalen/Thüsing/*Graf von Westphalen*, Vertragsrecht – Vertragsabschlussklauseln Rn 27, obwohl er vertritt, dass das Vorliegen eines tatsächlichen Einverständnisses des Vertragspartners in jedem Einzelfall zu untersuchen ist; kritisch auch *Schmidt* NJW 2011, 3329, 3332; vgl. auch *Hellwege*, S. 428, nach dem der Verwender den Bezug für künftige Verträge besonders deutlich herstellen muss, damit die Hinweise auf den Rechnungen die Einbeziehung bewirken. Zu beachten ist auf jeden Fall, dass nach dem finnischen Recht der Verwender der AGB seinem Vertragspartner grundsätzlich

Unterschied ist darauf zurückzuführen, dass der AGB-Verwender bei Rechnungen – anders als bei Lieferscheinen – damit rechnen kann, dass sie bei ordnungsgemäßem Geschäftsgang einer für die inhaltliche Ausgestaltung von Folgeverträgen zuständigen Person vorgelegt werden. Deshalb kann er beim Hinweis in Rechnungen vom stillschweigenden Einverständnis seines Vertragspartners bezüglich künftiger Verträge ausgehen, soweit dieser der Geltung der AGB nicht widerspricht.[1192]

Hinsichtlich des UN-Kaufrechts ist die entsprechende Wirkung eines Hinweises in Rechnungen umstritten. Einer Ansicht nach genügt ein auf Rechnungen vorhandener Hinweis auf die AGB auch bei laufenden Geschäftsbeziehungen nicht, da der Wiederholung der Einbeziehungsversuche keine Wirkung beizumessen ist, wenn jeder Versuch für sich untauglich ist. Die Bezahlung der Rechnungen ändert dies nicht, da die Zahlungspflicht bereits aufgrund des jeweiligen, ohne Verwendung von AGB abgeschlossenen Vertrags besteht. Dagegen bedarf es weiterer Indizien, die erkennen lassen, dass die Einbeziehung der AGB dem gemeinsamen Willen beider Parteien entspricht.[1193] Somit kann die Einbeziehung aufgrund von Hinweisen in Rechnungen nur in ganz seltenen Fällen angenommen werden, es sei denn, dass sich der Vertragspartner auf die AGB beruft oder sonst deutlich macht, dass er mit der Geltung der AGB einverstanden ist.[1194]

Die Gegenansicht entspricht der Auffassung des deutschen und finnischen Rechts. Danach sollen die regelmäßig erfolgten und auch bei flüchtiger Lektüre ohne weiteres erkennbaren Hinweise in Rechnungen genügen.[1195] Es gibt keinen

---

Kenntnis über den Inhalt der AGB verschaffen muss, soweit es sich nicht um branchenübliche AGB handelt (vgl. *Hemmo*, Sopimusoikeus I, S. 252-253 und Abschnitt 6.2.2.3).

1192 BGH NJW 1978, 2243, 2244; OLG Hamburg WM 2003, 581, 583; *Berger* ZGS 2004, 415, 418; Palandt/*Grüneberg* 2012, § 305 Rn 51; *Fischer* BB 1995, 2491, 2492; Itä-Suomen HO 30.11.1993, T:2514.

1193 *Piltz* IHR 2007, 121, 121-122; in diesem Sinne wohl auch *Mittmann* IHR 2006, 103, 105-106; Schlechtriem/Schwenzer/*Schlechtriem/Schroeter* 2008, Art. 14 Rn 71 und Art. 29 Rn 8; vgl. aber auch *Piltz,* Internationales Kaufrecht, S. 128-129, nach dem es unter besonderen Umständen möglich ist, die Einbeziehung von AGB in zukünftige Verträge aufgrund wiederholter, auf Rechnungen vermerkter AGB-Hinweise bei laufenden Geschäftsbeziehungen zu bejahen.

1194 Vgl. Helsingin HO 6.2.3006, T:310.

1195 LG Coburg IHR 2007, 118, 118-119; *Piltz* NJW 2011, 2261, 2263, der jedoch zusätzlich voraussetzt, dass die AGB auf der Rückseite der Rechnungen gedruckt sein müssten; in diesem Sinne wohl auch *Schmidt-Kessel/Meyer* IHR 2008, 177, 180; Schlechtriem/Schwenzer/*Schmidt-Kessel* 2008, Art. 8 Rn 53a und Ontario Superior Court of

Grund, die Rechtslage bei Anwendung des UN-Kaufrechts abweichend von dem deutschen und finnischen Recht zu beurteilen. Somit kann vermutet werden, dass der Vertragspartner des AGB-Verwenders bei einer laufenden Geschäftsbeziehung die Einbeziehung von AGB für zukünftige Verträge akzeptiert, wenn er den ständig wiederholten Hinweisen nicht widerspricht. Allerdings muss der Verwender bei Anwendung des UN-Kaufrechts, genau wie nach dem finnischen Recht, seinen Vertragspartner auch in diesen Fällen Kenntnis über den Inhalt der AGB verschaffen bevor sie zur Geltung kommen.[1196]

Da die Geltung der AGB aufgrund laufender Geschäftsbeziehungen bzw. Gepflogenheiten auf der individuellen Übung und den individuellen Umständen der Parteien beruht, kann sie dadurch entfallen, dass sich die zugrunde liegenden Verhältnisse ändern.[1197] Daher können z.B. die in der Zwischenzeit geänderten AGB nicht ohne weiteres aufgrund der laufenden Geschäftsbeziehung einbezogen werden.[1198] Weiterhin werden die AGB nicht automatisch Vertragsbestandteil, wenn die Parteien die ehemalige laufende Geschäftsbeziehung nach einer nicht unerheblichen Unterbrechung wieder aufnehmen.[1199] Im Streitfall muss der Verwender der AGB nachweisen, dass zwischen den Parteien eine laufende Geschäftsbeziehung bzw. eine Gepflogenheit zur Einbeziehung der AGB besteht.[1200]

Justice 28.10.2005, http://www.cisg-online.ch, case 1139 allerdings hinsichtlich einer Rechtswahlklausel.

1196 *Hemmo*, Sopimusoikeus I, S. 252-253; Schlechtriem/Schwenzer/*Schlechtriem/Schroeter* 2008, Art. 14 Rn 71; vgl. auch Abschnitt 6.2.2.3 und 6.2.3.3.

1197 *Wieland*, in: AGB in europäischen Rechtspraxis, S. 49; Witz/Salger/Lorenz/*Witz* 2000, Art. 9 Rn 17; *Hemmo*, Sopimusoikeus I, S. 159; Staudinger CISG/*Magnus* 2005, Art. 9 Rn 14.

1198 Ferrari/Kieninger et al./*Mankowski* 2012, Vor Art. 14 Rn 40; Staudinger AGB/*Schlosser* 2006, § 305 Rn 175; Ulmer/Brandner/Hensen/*Ulmer/Habersack* 2011, § 305 Rn 176; *Taxell*, Avtal och rättsskydd, S. 41-42; in diesem Sinne wohl auch *Heikkinen*, S. 47; *Kuuskoski,* S. 48; genauer siehe Abschnitt 12.2.

1199 OLG Hamburg MDR 1948, 15, 16; *Fischer* BB 1995, 2491, 2492; *Norokorpi*, S. 59; *Hemmo*, Sopimusoikeus I, S. 159; *Taxell*, Avtal och rättsskydd, S. 41-42.

1200 *Piltz* IHR 2004, 133, 134; MüKo Bd. 2/*Basedow* 2007, § 305 Rn 93; *Kuuskoski,* S. 59; vgl. auch die allgemeine Regel über die Beweislastverteilung in Abschnitt 6.2.

9. Rechtsfolgen bei Nichteinbeziehung von AGB

Bei Nichteinbeziehung von AGB ist erstens der Fortbestand übrigen Vertrags und zweitens der Inhalt des möglicherweise in Kraft gebliebenen Vertrags zu untersuchen. Die Folgen der Nichteinbeziehung von AGB bestimmen sich grundsätzlich nach dem Vertragsstatut.[1201]

Sowohl nach dem deutschen als auch nach dem finnischen Recht werden die nicht-einbezogenen AGB nicht Bestandteile des Vertrags, der Vertrag bleibt aber grundsätzlich im Übrigen wirksam.[1202] Lediglich in dem seltenen Ausnahmefall, dass das Festhalten an dem Vertrag eine unzumutbare Härte für eine Vertragspartei darstellen würde, ist der Vertrag unwirksam.[1203] Der Inhalt des Vertrags hinsichtlich der nicht-einbezogenen Klauseln richtet sich nach den gesetzlichen Vorschriften.[1204] Somit sind die Rechtsfolgen der Nichteinbeziehung von AGB im deutschen und finnischen Recht gleich.

1201 Wolf/Lindacher/Pfeiffer/*Hau* 2009, IntGV Rn 48; *Maindl*, S. 279-280.

1202 Im deutschen Recht ist dies ausdrücklich in § 306 I BGB geregelt. Im finnischen Recht folgt dies aus den allgemeinen Prinzipien, da das von Oikeustoimilakitoimikunta vorgeschlagene Gesetz bezüglich AGB, dessen § 6 eine diesbezügliche Vorschrift enthalten hätte, nie zustande kam (vgl. *Oikeustoimilakitoimikunta*, S. 317 und 339-340). Vgl. aber auch Herberger/Martinek et al./*Lapp/Salomon* 2010, § 305 Rn 87, die bei einem offenen oder versteckten Dissens über die Einbeziehung von AGB davon ausgehen, dass es in der Regel auch am Konsens über den Vertragsschluss fehlt. Somit soll ihrer Meinung nach ein wirksamer Vertrag nur dann zustande kommen, wenn sich aus besonderen Umständen erkennen lässt, dass dies trotz fehlender Einigung über die Einbeziehung von AGB dem gemeinsamen Willen der Parteien entspricht.

1203 § 306 III BGB; MüKo Bd. 2/*Basedow* 2007, § 306 Rn 31-32; Staudinger AGB/*Schlosser* 2006, § 306 Rn 31 und 33; Ulmer/Brandner/Hensen/*Schmidt* 2011, § 306 Rn 42; *Saarnilehto*, S. 173; *Hemmo*, Sopimusoikeus II, S. 94; *Oikeustoimilakitoimikunta*, S. 340-341; *Telaranta*, S. 395.

1204 § 306 II BGB; BGH NJW 2012, 222, 223-224; *Hemmo*, Vahingonkorvauksen, S. 282-283; *Oikeustoimilakitoimikunta*, S. 339-340; *Portin* LM 1987, 391, 394. Dies ist logisch, da auch ansonsten die dispositiven Gesetzesregelungen den Vertrag ergänzen, soweit der Vertrag lückenhaft ist. Soweit es keine entsprechenden Vorschriften gibt, sind bei der Anwendung des finnischen Rechts die allgemeinen Prinzipien maßgeblich (*Taxell* JFT 1984, 606, 621; *Lehrberg*, S. 281). Soweit die Lückenschließung bei der Anwendung des deutschen Rechts sekundär – also, wenn dispositives Gesetzesrecht nicht zur Verfügung steht – im Wege ergänzender Vertragsauslegung erfolgt, sind bei Auslandsgeschäften „gewisse Abweichungen vom dispositiven Inlandsrecht als Ersatzordnung denkbar“ (*Hau/Eichel* AL 2010, 84, 89). Allerdings ist es umstritten, ob die Lückenschließung durch eine ergänzende Vertragsauslegung unter unmittelbarer Anwendung der §§ 133, 157 BGB möglich ist (so BGH NJW 1984, 1177, 1178; 2008, 2172, 2175; 2009, 2662, 2666; *Graf von Westphalen* NJW 2010, 2254, 2256-2257)

Im Anwendungsbereich des UN-Kaufrechts sind hinsichtlich der Rechtsfolgen die Regelungen des subsidiär anwendbaren nationalen Rechts maßgeblich. Dies ergibt sich daraus, dass die Frage, ob durch die Nichteinbeziehung von AGB oder deren Unwirksamkeit die Wirksamkeit des Vertrags tangiert wird, als Wirksamkeitsfrage gemäß Art. 4 Satz 2 lit. a) CISG vom Regelungsbereich des UN-Kaufrechts ausgenommen ist.[1205] Soweit nach dem nationalen Recht an die Stelle der nicht-einbezogenen oder unwirksamen Klauseln die dispositiven Gesetzesregelungen treten, sind jedoch die Regelungen des UN-Kaufrechts einschließlich seiner Ergänzungen nach Art. 7 II CISG anwendbar. Ein Rückgriff auf das subsidiär anwendbare nationale Recht ist nur denkbar, wenn das UN-Kaufrecht in dem betroffenen Bereich eine Regelungslücke enthält.[1206]

Da das deutsche und das finnische Recht von der Wirksamkeit des übrigen Vertrags und von der Anwendung der gesetzlichen Vorschriften anstatt der nicht-einbezogenen AGB ausgehen, ist das konkrete Ergebnis bei subsidiärer Anwendung beider Rechtssysteme gleich. Der Vertrag bleibt im Übrigen wirksam und die Regelungen des UN-Kaufrechts bestimmen den Inhalt des Vertrags. Unterschiede können lediglich dann entstehen, wenn das UN-Kaufrecht eine Frage nicht behandelt und die dispositiven Gesetzesregelungen des deutschen und des finnischen Rechts voneinander abweichen.

---

oder ob sie als anerkanntes Institut der allgemeinen Rechtsgeschäftslehre zur Anwendung kommt (so Wolf/Lindacher/Pfeiffer/*Lindacher* 2009, § 306 Rn 15; Ulmer/Brandner/Hensen/*Schmidt* 2011, § 306 Rn 26 und 34). Weiterhin ist umstritten, ob die ergänzende Vertragsauslegung lediglich dann in Betracht kommt, wenn die durch den Fortfall einer AGB-Klausel entstandene Lücke zu einem Ergebnis führt, welches das Vertragsgefüge völlig einseitig zu Gunsten des Vertragspartners des AGB-Verwenders verschiebt und somit ein für den AGB-Verwender unzumutbares Ergebnis eintreten würde (so BGH NJW 2008, 2172, 2175; 2009, 2662, 2666; 2011, 50, 54; 2011, 1342, 1345; *Niebling* MDR 2011, 1399, 1401) oder ob es genügt, dass das dispositive Recht keine sachgerechte Regelung zur Lückenschließung enthält und der ersatzlose Wegfall der unangemessenen AGB-Klausel keine für beide Vertragsparteien angemessene Lösung darstellen würde (so BGH NJW 1984, 1177, 1178; 2000, 1110, 1114; 2008, 2840, 2841; Palandt/*Grüneberg* 2012, § 306 Rn 13; *Uffmann* NJW 2011, 1313, 1316-1317; *Schmitt/Ulmer*, S. 48-49).

1205 *Stadler*, S. 101; Staudinger CISG/*Magnus* 2005, Art. 4 Rn 25; *Schultheiß*, S. 62; vgl. jedoch auch *Teklote*, S. 115, der die gleiche Rechtsfolge wie nach dem deutschen und finnischen Recht direkt aus dem UN-Kaufrecht ableitet.

1206 *Stürner*, in: AGB im Spannungsfeld, S. 158; *Freiburg* IHR 2005, 56, 60; *Schultheiß*, S. 62; Ulmer/Brandner/Hensen/*Schmidt* 2011, Anh. § 305 Rn 10; *Sistermann*, S. 160-161.

10. Einbeziehung kollidierender AGB (battle of forms)

10.1 Problemstellung

Die verbreitete Verwendung von sowohl allgemeinen Einkaufs- als auch Verkaufsbedingungen führt im unternehmerischen Geschäftsverkehr relativ häufig dazu, dass beide Parteien ihre eigenen AGB in den Vertrag einbeziehen wollen. Somit nehmen sie im Rahmen der auf den Vertragsschluss gerichteten Willenserklärungen Bezug auf die jeweils eigenen AGB.[1207] Typischerweise bestellt ein Unternehmen Waren und verweist dabei auf seine Allgemeinen Einkaufsbedingungen oder legt diese der Bestellung bei. Der Lieferant antwortet, dass er das Angebot annimmt, verweist dabei aber auf seine Allgemeinen Verkaufsbedingungen oder fügt diese der Annahme bei. Alternativ kann das Angebot naturgemäß auch vom Verkäufer ausgehen. Wesentlich ist, dass der Verweis auf die eigenen AGB in der Praxis oft automatisch erfolgt, ohne dass die Partei den Inhalt der gegnerischen AGB genau kennt.[1208]

Eine Kollision von AGB kann sich (im Anwendungsbereich des deutschen Rechts) auch daraus ergeben, dass sich beide Parteien einen mündlich abgeschlossenen Vertrag durch sich kreuzende kaufmännische Bestätigungsschreiben bestätigen und dabei jeweils auf die eigenen AGB hinweisen.[1209] Die in diesem Kapitel erläuterten Grundsätzen und Argumentation zu der Frage der Geltung

---

1207 NomosKomm Bd. 2/*Kollmann* 2012, § 305 Rn 103; *Stoffels,* S. 101; *Köster* JuS 2000, 22, 23; *Saarnilehto* 2008 Oikeustieto, 15, 15; *Väinölä*, S. 5-6. Auf den Fall, dass mehrere AGB des gleichen Verwenders kollidieren, wird in dieser Arbeit nicht näher eingegangen, da es sich hierbei um eine Frage der Auslegung der AGB (so BGH NJW 2002, 2470, 2471; MüKo Bd. 2/*Basedow* 2007, § 305 c Rn 39; Ulmer/Brandner/Hensen/*Ulmer/Schäfer* 2011, § 305 c Rn 88) bzw. der Anwendung des Transparenzgebots (so AG Frankfurt am Main NJW 2006, 3010, 3011-3012; in diesem Sinne wohl auch BGH NJW-RR 2006, 1350; *Graf von Westphalen* NJW 2007, 2228, 2229) handelt. Diese Fragestellung liegt außerhalb des Themengebiets dieser Arbeit. Es kann lediglich festgestellt werden, dass es dem Verwender zu empfehlen ist, das Rangverhältnis der einzelnen Klauselwerke deutlich festzulegen, um Unklarheiten und die daraus folgenden Problemen zu vermeiden (so auch *Graf von Westphalen* NJW 2007, 2228, 2229).

1208 *Hammerschmidt*, S. 39; Ferrari/Kieninger et al./*Mankowski* 2012, Art. 19 Rn 34; *Vanhala* JFT 1995, 161, 167; *Sandvik* JFT 2008, 115, 117-118; *Bogdan* SJT 2011, 873, 896.

1209 Ulmer/Brandner/Hensen/*Ulmer/Habersack* 2011, § 305 Rn 183; Staudinger AGB/*Schlosser* 2006, § 305 Rn 204; MüKo HGB Bd. 5/*Schmidt* 2009, § 346 Rn 169; *Saarnilehto*, Talentum 2, S. 8 zum Bestätigungsschreiben im finnischen Sinne.

von AGB bei dem jeweiligen Hinweis beider Parteien auf deren eigene AGB gelten auch für diese Fälle.[1210] Dagegen handelt es sich nicht um eine rechtlich relevante Kollision von AGB, wenn eine Partei erst nach dem Vertragsschluss, z.B. in Lieferschein oder auf Rechnung, auf ihre AGB verweist. Dies ergibt sich daraus, dass ein solcher nachträglicher Hinweis nach den in Kapitel 6 erläuterten allgemeinen Grundsätzen keine wirksame Einbeziehung der AGB bewirken kann.[1211]

Wegen der unterschiedlichen Interessenlagen der Parteien ist es nahezu unvermeidlich, dass der Inhalt der beiden in Bezug genommenen AGB erhebliche Unterschiede aufweist.[1212] Die Parteien können verhandeln, wessen AGB tatsächlich einbezogen werden bzw. die inhaltlichen Unterschiede erklären und besprechen, um Widersprüchlichkeiten zu beseitigen. Meist verzichten sie jedoch routinemäßig auf die ausdrückliche Behandlung des Kollisionsproblems, weil sie den Abschluss des Vertrags nicht gefährden und weder Zeit noch Geld in womöglich langwierige Verhandlungen investieren möchten.[1213] Dies ist aus kaufmännischer Sicht logisch, da in der Regel eine reibungslose Abwicklung des Geschäfts zu erwarten ist, bei welcher sich niemand für die AGB und deren unterschiedlichen Regelungen interessiert.[1214] Außerdem bevorzugen die Parteien gegebenenfalls auch bewusst die etwaige Ungewissheit über die Geltung von

---

1210 Vgl. Baumbach/Hopt/*Hopt* 2012, § 346 Rn 22; Ulmer/Brandner/Hensen/*Ulmer/Habersack* 2011, § 305 Rn 183; vgl. auch MüKo HGB Bd. 5/*Schmidt* 2009, § 346 Rn 169.

1211 Vgl. *Hemmo*, Sopimusoikeus I, S. 171; *Saarnilehto*, Talentum, S. 14 und 27; aA *Karhapää*, S. 28-29.

1212 Schlechtriem/Schwenzer/*Schlechtriem/Schroeter* 2008, Art. 19 Rn 19; Ulmer/Brandner/Hensen/*Ulmer/Habersack* 2011, § 305 Rn 182; *Kröll/Hennecke* RIW 2001, 736, 737; *Väinölä*, S. 6; *Karhapää*, S. 45.

1213 *Stoffels,* S. 101; Bamberger/Roth Bd. 1/*Becker* 2007, § 305 Rn 82; *Brunner* 2004, Art. 4 Rn 44; *Drasch*, S. 16; OLG Köln BB 1980, 1237, 1239; *Väinölä*, S. 6; *Vanhala* JFT 1995, 161, 161; vgl. auch *Kaisto,* Sopimusvapaus, S. 113 und *Lehtinen*, S. 260; vgl. aber auch *Saarnilehto*, Talentum, S. 25-26, der dafür appelliert, dass Vertragsparteien die Kollisionssituation immer durch Verhandlungen lösen sollten. Es kommt jedoch in manchen Fällen vor, dass sich die Parteien der Kollision nicht Bewusst sind (Ferrari/Kieninger et al./*Mankowski* 2012, Art. 19 Rn 34) und deshalb die Kollision nicht durch Verhandlungen lösen (*Väinölä*, S. 6). Meines Erachtens ist eine solche Unkenntnis jedoch nicht rechtlich relevant, da die Parteien aufgrund ihrer Geschäftserfahrung und der erhöhten Selbstverantwortung unternehmerischer Vertragsparteien die Kollision bemerken müssten.

1214 Vgl. *Kröll/Hennecke* RIW 2001, 736, 740; *Wittmann* CR 1989, 1078, 1082; vgl. auch *Hemmo*, Sopimusoikeus I, S. 170, der bezüglich des finnischen Rechts feststellt, dass Kollisionsprobleme nur sehr selten vor Gericht behandelt werden, obwohl die Verwendung von kollidierenden AGB in der Praxis üblich ist.

AGB im Vergleich zu der direkten Unterwerfung unter die AGB des Geschäftspartners.[1215]

Falls die Vertragsabwicklung jedoch nicht problemlos verläuft, stellt sich die Frage, ob trotz der sich teilweise widersprechenden Willenserklärungen der Parteien ein Vertrag zustande gekommen ist und welchen Inhalt der Vertrag hat.[1216]

In allen drei Rechtssystemen – im deutschen Recht, im finnischen Recht und im UN-Kaufrecht – gibt es keine gesetzlich festgeschriebenen Lösungen zu diesen Fragen, obwohl das Problem schon seit langem bekannt ist und besondere Regelung sowohl für das deutsche Recht als auch das UN-Kaufrecht vorgeschlagen wurden.[1217] Somit muss eine Lösung durch Rückgriff auf die allgemeinen Regeln des Vertragsrechts gefunden werden[1218], was zu unterschiedlichen Lösungsansätzen in den nachfolgend zu behandelnden Rechtssystemen geführt hat.

1215 *Drasch*, S. 16-17; *Wittmann* CR 1989, 1078, 1082.

1216 Ulmer/Brandner/Hensen/*Ulmer/Habersack* 2011, § 305 Rn 182; *Köster* JuS 2000, 22, 23-24; *Väinölä*, S. 6; *Markkanen*, S. 42.

1217 Schlechtriem/Schwenzer/*Schlechtriem/Schroeter* 2008, Art. 19 Rn 4 und 21; Ulmer/Brandner/Hensen/*Ulmer/Habersack* 2011, § 305 Rn 183a; *Tanninen*, S. 31. Für das deutsche Recht empfahl der Bundesrat eine Regelung, nach der der Vertragsschluss nicht an der fehlenden Einigung über die AGB scheitern soll und die durch die Nichteinbeziehung entstandenen Lücken nach § 306 II und III BGB zu behandeln wären (BT-Drs. 7/3919, S. 47-48). Die Bundesregierung lehnte diesen Vorschlag mit der Begründung ab, dass gesetztechnisch eine solche Detailfrage des unternehmerischen Geschäftsverkehrs nicht geregelt werden müsse, da das AGB-Gesetz auch ansonsten keine besonderen Vorschiften bezüglich des unternehmerischen Geschäftsverkehrs beinhalte (BT-Drs. 7/3919, S. 60). Während der Vorbereitungsarbeiten für das UN-Kaufrecht wurden mehrere Vorschläge und Änderungsvorschläge unterbreitet (vgl. z.B. UNCITRAL Yearbook 1977, S. 82 Nr. 105 (2b) und S. 100, Nr. 12, im Internet abrufbar unter http://www.uncitral.org/uncitral/en/publications/yearbook.html, Stand 29.2.2012 und Legislative History, Report of the First Committee *Document A/CONF.97/11* im Internet abrufbar unter http://www.cisg.law.pace.edu/cisg/1st committee/summaries19.html, Stand 29.2.2012), aber keine von diesen Vorschlägen konnte sich mangels Aussicht auf Konsens durchsetzen. Somit ist eine Regelung über das Problem kollidierender AGB unterblieben (Witz/Salger/Lorenz/*Witz* 2000, Art. 19 Rn 3 und 14; Schlechtriem/Schwenzer/*Schlechtriem/Schroeter* 2008, Art. 19 Rn 4 und 21; *Väinölä*, S. 19-20).

1218 *Stoffels*, S. 102; Ferrari/Kieninger et al./*Mankowski* 2012, Art. 19 Rn 32-33; Honsell/*Dornis* 2010, Art. 19 Rn 37.

10.2 Deutschland

10.2.1 Zustandekommen des Vertrags

Das einheitliche Bestreben der Rechtsprechung sowie der ganz herrschenden Lehre geht dahin, den Vertragsschluss nicht an der Kollision von AGB scheitern zu lassen.[1219] Dies ist dadurch begründet, dass die Vertragsparteien regelmäßig mit der Vertragsdurchführung beginnen, obwohl ihnen die Kollision von AGB bekannt ist. Somit zeigt die Praxis, dass die Parteien den rechtsgeschäftlichen Leistungsaustausch für wichtiger halten und diesen an der Kollision von AGB nicht scheitern lassen wollen. Daher setzt eine interessengerechte Bewertung des Parteiwillens voraus, den Vertrag trotz fehlender Einigung über die maßgeblichen AGB als geschlossen anzusehen.[1220]

Allerdings unterscheiden sich die vertretenen Lösungsansätze in Bezug auf den Weg, wie es zum Vertragsschluss kommt und wirken sich somit unterschiedlich auf den Vertragsinhalt aus. Die frühere Rechtsprechung löste das Kollisionsproblem streng nach § 150 II BGB. Somit stellte die Zustimmungserklärung des Angebotsempfängers wegen der Bezugnahme auf die eigenen AGB ein neues Angebot dar. Der Vertrag kam erst durch seine Ausführung (z.B. vorbehaltlose Entgegennahme der Lieferung) zustande, da diese als eine stillschweigende Annahme des neuen Angebots und somit als ein stillschweigendes Einverständnis mit den zuletzt in Bezug genommenen AGB angesehen wurde, die folglich für den Vertragsinhalt maßgeblich waren.[1221] Dieser Lösungsansatz ist treffend als „Theorie des letzten Wortes“ bezeichnet worden, weil die AGB derjenigen Partei, die zuletzt auf sie verwiesen hat, in den Vertrag einbezogen werden.[1222]

1219 BGH BB 1951, 456; BGH NJW 1963, 1248; 1973, 2106; 1985, 1838, 1839; *Stoffels,* S. 102-103; Erman Bd. I/*Roloff* 2011, § 305 Rn 54; *Graf von Westphalen* ZIP 2007, 149, 150; Ulmer/Brandner/Hensen/*Ulmer/Habersack* 2011, § 305 Rn 184 und 187; *Fikentscher/Heinemann*, S. 104; Soergel Bd. 3/*Stein* 1991, § 2 Rn 41; *Schlechtriem*, in: Zum Deutschen und Internationalen Schuldrecht, S. 7.

1220 *Stoffels,* S. 105; Ulmer/Brandner/Hensen/*Ulmer/Habersack* 2011, § 305 Rn 188; Erman Bd. I/*Roloff* 2011, § 305 Rn 54; Bamberger/Roth Bd. 1/*Becker* 2007, § 305 Rn 82; *Berger*, in: AGB und Vertragsgestaltung, S. 40; vgl. auch BGHZ 61, 282, 288-289.

1221 BGH BB 1951, 456; 1954, 882; BGH NJW 1963, 1248; *Ebel* NJW 1978, 1033, 1033; vgl. aber auch *Brox/Walker*, S. 104, nach denen der Vertrag entsprechend § 150 II BGB erst durch seine Ausführung zustande kommt, weil die abweichende Annahme ein neues Angebot darstellt, aber denen gemäß der Inhalt des Vertrags trotzdem durch das Prinzip der Kongruenzgeltung (siehe genauer Abschnitt 10.2.2) zu bestimmen ist.

1222 *Ebel* NJW 1978, 1033, 1033; *Locher*, S. 54; *Stoffels,* S. 103.

Der BGH hat in seiner neueren Rechtsprechung zwar im Grundsatz an der obigen Konzeption festgehalten, sie aber hinsichtlich der Wirkungen deutlich eingeschränkt. Der Lösungsweg über § 150 II BGB greift nach der neueren Rechtsprechung des BGH dann nicht ein, wenn der Anbietende (Besteller) in seinem Angebot zum Ausdruck bringt, dass er den Vertrag nur zu seinen eigenen AGB abschließen will und die AGB der Gegenseite nicht anerkenne. Soweit der Besteller eine entsprechende Erklärung entweder individuell oder durch eine in seinen AGB enthaltene Abwehrklausel abgibt, lässt sich in der widerspruchlosen Hinnahme der AGB des Vertragspartners bzw. der Leistung ein Einverständnis mit deren Geltung nicht sehen. Allerdings scheitert der Vertragsschluss nicht an diesem Einigungsmangel, sofern die Parteien einvernehmlich mit der Durchführung des Vertrags beginnen oder ihr Verhalten ansonsten ihren Willen, den Vertrag nicht an der Kollision von AGB scheitern zu lassen, erkennen lässt.[1223] Als Folge dieser Einschränkung ist die Theorie des letzten Wortes lediglich für diejenigen Fälle maßgeblich, in denen es an einer Abwehrklausel auf Seiten des Bestellers fehlt oder seine Gegenseite in ihrem Antwortschreiben eindeutig erklärt hat, dass sie nur zu ihren AGB zum Vertragsschluss bereit ist.

Wie oben schon erwähnt, herrscht in der Literatur generell Einigkeit darüber, dass das Zustandekommen des Vertrags nicht an der Kollision von AGB scheitern soll, obwohl die Lösungswege und deren Begründungen im Einzelnen variieren. Zum Teil wird der Lösungsweg vertreten, den der BGH vorschlägt.[1224] Häufig wird die Lösung jedoch durch eine Umkehrung der Auslegungsregel des § 154 I BGB gesucht[1225] und damit begründet, dass die Parteien den Vertrag trotz der nicht erzielten Einigung über die AGB schließen wollen[1226]. Soweit die Parteien ihren Dissens über die AGB beim Vertragsschluss nicht bemerkt haben, ist der Vertrag gemäß § 155 BGB im Zweifel wirksam, wenn beide Parteien von seiner Gültigkeit ausgehen.[1227]

1223 BGH NJW 1973, 2106; 1985, 1838, 1839; 1991, 1604, 1606; BGH NJW-RR 2001, 484, 484-485.

1224 Vgl. Wolf/Lindacher/Pfeiffer/*Pfeiffer* 2009, § 305 Rn 138; Erman Bd. I/*Roloff* 2011, § 305 Rn 54; *Graf von Bernstorff*, Vertragsgestaltung, S. 273-274; *Schultheiß*, S. 147-148; vgl. auch AnwK AGB-Recht/*Niebling* 2012, § 305 Rn 97, nach dem die Abhängigkeit vom Vorhandensein einer Abwehrklausel jedoch lediglich dann gilt, wenn die AGB im Rahmen eines kaufmännischen Bestätigungsschreibens einbezogen werden.

1225 MüKo Bd. 2/*Basedow* 2007, § 305 Rn 102; *Graf von Westphalen* ZIP 2007, 149, 150; *Stoffels*, S. 104-105; *Reinicke/Tiedtke*, S. 484; *Schwab*, S. 65; *Berger* ZGS 2004, 415, 419; *Köster* JuS 2000, 22, 23; *Graf von Westphalen*, Einkaufsbedingungen, S. 29; in diesem Sinne wohl auch Palandt/*Grüneberg* 2012, § 305 Rn 54.

1226 Genauer siehe oben.

1227 *Fikentscher/Heinemann*, S. 104; MüKo Bd. 2/*Basedow* 2007, § 305 Rn 102.

Abweichend von der BGH-Rechtsprechung wird diese Auffassung überwiegend unabhängig vom Vorhandensein und Ausgestaltung einer vorformulierten Abwehrklausel vertreten. Somit kommt eine Anwendung von § 150 II BGB nur in solchen Ausnahmefällen in Betracht, in denen eine Partei die Geltung ihrer AGB ausdrücklich und unmissverständlich zu einer Wirksamkeitsvoraussetzung[1228] des Vertrags erhebt und die andere Partei sich trotz anfänglichen Widerspruchs diesen AGB unterwirft. Tut die andere Partei dies nicht, scheitert der Vertrag gemäß § 154 I BGB wegen des offenen Dissenses genauso wie dann, wenn eine Partei ausdrücklich gesondert gegen die AGB der anderen Partei protestiert und diese ihrerseits nicht nachgibt.[1229]

Der Lösungsweg über die Umkehrung des § 154 I BGB ist zu befürworten, weil damit die dogmatische Grundlage klar von der Theorie des letzten Wortes getrennt wird.[1230] Weiterhin hebt diese Lösung zutreffend die Bedeutung des Parteiwillens hervor. Außerdem erscheint es nicht plausibel, die Einschränkung der Anwendung der Theorie des letzten Wortes mechanisch ausschließlich beim Vorhandensein einer Abwehrklausel vorzunehmen.[1231] Vielmehr ist anzunehmen, dass schon die Bezugnahme auf die eigenen AGB zum Ausdruck bringt, dass der erste Anbietende die AGB der Gegenseite nicht ohne weiteres anerkennen wird.[1232] Somit ist diesbezüglich der von der BGH-Rechtsprechung abweichenden Literaturmeinung zu folgen. Insbesondere gilt dies in Bezug auf den internationalen Geschäftsverkehr, da Abwehrklauseln nicht in allen Ländern so üblich sind wie in Deutschland.

Des Weiteren ist umstritten, ob der Vertrag trotz der unvollständigen Einigung bereits mit der Annahme[1233] oder erst konkludent durch die Ausführung

1228 Eine bloße Abwehrklausel ist unabhängig von ihrer Formulierung nicht als ein solcher Wirksamkeitsvorbehalt anzusehen (Ulmer/Brandner/Hensen/*Ulmer/Habersack* 2011, § 305 Rn 189; *Stoffels,* S. 105; *Graf von Westphalen*, Einkaufsbedingungen, S. 32).

1229 OLG Köln BB 1980, 1237, 1239; *Stoffels,* S. 105; *Fikentscher/Heinemann*, S. 104; Ulmer/Brandner/Hensen/*Ulmer/Habersack* 2011, § 305 Rn 189; in diesem Sinne wohl auch *Graf von Westphalen*, Verkaufsbedingungen, S. 35; *Vorderobermeier*, S. 106-107; Graf von Westphalen/Thüsing/*Graf von Westphalen*, Vertragsrecht – Vertragsabschlussklauseln Rn 40; vgl. aber auch *Schwab*, S. 65-66, der davon ausgeht, dass auch im Falle einer individuellen Erklärung keine der beiden AGB Vertragsbestandteil wird.

1230 Vgl. *Stoffels*, S. 104.

1231 Vgl. *Graf von Westphalen* ZIP 2007, 149, 150; *Schmidt* NJW 2011, 3329, 3333.

1232 Vgl. *Graf von Westphalen*, Einkaufsbedingungen, S. 30; *Abels/Conrads/Litzka*, in: AGB und Vertragsgestaltung, S. 24; *Schwab*, S. 65; Graf von Westphalen/Thüsing/*Graf von Westphalen*, Vertragsrecht – Vertragsabschlussklauseln Rn 40; in diesem Sinne auch *Schmidt* NJW 2011, 3329, 3333.

1233 Ulmer/Brandner/Hensen/*Ulmer/Habersack* 2011, § 305 Rn 188; *Schlechtriem*, in: Zum Deutschen und Internationalen Schuldrecht, S. 11; *Schultheiß*, S. 148.

des Vertrags[1234] zustande kommt. Hierbei ist die erste Auffassung zu bevorzugen. Der gemeinsame Wille der Parteien über das Zustandekommen des Vertrags, der für den Vertragsschluss bei dem Lösungsweg über die Umkehrung des § 154 I BGB maßgeblich ist, entsteht nicht erst mit der Vertragsdurchführung, sondern kommt schon in der Einigung der Parteien über die essentialia negotii zum Ausdruck.[1235]

Außerdem würde der partielle Einigungsmangel ansonsten bis zur Leistungserbringung eine einfache Möglichkeit bieten, sich aus einem ungünstig gewordenen Vertrag durch eine Durchführungsverweigerung zu lösen. Andererseits könnte eine Partei im Falle eines günstigen Vertrags versuchen, durch eine partielle Durchführung des Vertrags eine Bindung der Gegenseite an den Vertrag zu erreichen.[1236] Dies kann nicht akzeptiert werden, da es die andere Partei treuwidrig benachteiligt. Die Treuwidrigkeit ist darauf zurückzuführen, dass die Parteien regelmäßig wissen oder zumindest wissen müssten, dass sie den Vertrag schließen, ohne die Frage über die anzuwendenden AGB zu erklären.[1237] Aus diesen Gründen sollte davon ausgegangen werden, dass der Vertrag trotz der Kollision von AGB grundsätzlich durch die Annahmeerklärung zustande kommt. Die Vertragsdurchführung dient dann als äußerlich erkennbares Indiz für den Bindungswille der Parteien.[1238]

Diese Grundsätze gelten unabhängig davon, ob die tatsächlichen Regelungswidersprüche in den kollidierenden AGB und deren Ausmaß den Parteien bekannt sind. Weil die Kenntnis vom Inhalt der AGB keine Voraussetzung für deren Einbeziehung ist, kann es auch bei der Kollision von AGB nicht auf die konkreten Kenntnissen oder Vorstellungen der Parteien über den Inhalt der AGB ankommen. Ferner ist es allgemein bekannt, dass die AGB der beiden Parteien wegen voneinander abweichenden Interessenlagen üblicherweise erhebliche Unterschiede aufweisen.[1239]

1234 OLG Düsseldorf NJW-RR 1997, 946; Staudinger AGB/*Schlosser* 2006, § 305 Rn 207; in diesem Sinne wohl auch Palandt/*Grüneberg* 2012, § 305 Rn 54; *Schwab*, S. 65.

1235 *Schultheiß*, S. 148 Fußnote 667; vgl. auch *Graf von Westphalen* ZIP 2007, 149, 150.

1236 Genauer und hinsichtlich der weiteren Begründungen siehe *Schlechtriem*, in: Zum Deutschen und Internationalen Schuldrecht, S. 10-11; vgl. auch *Berger* ZGS 2004, 415, 420; vgl. weiterhin auch die im Abschnitt 6.2.2.2 dargestellte Argumentation über die Bedeutung der verschiedenen Erklärungen der Parteien im Falle einer Bestellung aufgrund eines Katalogs.

1237 Vgl. *Schlechtriem*, in: Zum Deutschen und Internationalen Schuldrecht, S. 11.

1238 Ulmer/Brandner/Hensen/*Ulmer/Habersack* 2011, § 305 Rn 188; *Schultheiß*, S. 148 Fußnote 667.

1239 Ulmer/Brandner/Hensen/*Ulmer/Habersack* 2011, § 305 Rn 190.

10.2.2 Inhalt des Vertrags

Der Vertragsinhalt wird entsprechend der Privatautonomie in erster Linie durch den zwischen den Parteien erzielten Konsens bestimmt. Da dieses Grundprinzip auch bei der Kollision von AGB zu folgen ist, werden die sich widersprechenden AGB entgegen der früher vertretenen Auffassung[1240] nicht automatisch gänzlich durch das dispositive Gesetzesrecht ersetzt. Vielmehr werden die beiderseitigen AGB Vertragsbestandteil, soweit sie inhaltlich übereinstimmende Regelungen enthalten (Prinzip der Kongruenzgeltung). Somit gelten sie zusammen mit dem individualvertraglich Vereinbarten.[1241] Dies gilt unabhängig davon, ob die Parteien die Übereinstimmung kennen.[1242]

Da die übereinstimmenden Regelungen von beiden Parteien gewollt und vorgeschlagen sind und somit keine Partei die Bedingungen der anderen Partei stellt, handelt es sich hierbei nicht mehr um AGB, obwohl die übereinstimmenden Klauseln ursprünglich aus AGB stammen. Somit ist keine der Parteien als AGB-Verwender zu sehen. Deshalb findet keine Inhaltskontrolle dieser Klauseln statt und auch die sonstigen Vorschriften des AGB-Rechts können nur im Analogiewege zur Anwendung kommen.[1243]

Das Vorliegen und der Umfang der Übereinstimmung sind durch Auslegung zu ermitteln. Hierbei sind Sinn und Zweck der jeweiligen Regelung und das bei-

---

1240 *Vorderobermeier*, S. 109-115; *Schlechtriem*, in: Zum Deutschen und Internationalen Schuldrecht, S. 2 mit weiteren Nachweisen.

1241 BGH NJW 1985, 1838, 1839; 1991, 1604, 1606; *Stoffels,* S. 105; Palandt/*Grüneberg* 2012, § 305 Rn 54; Wolf/Lindacher/Pfeiffer/*Pfeiffer* 2009, § 305 Rn 142; Ulmer/Brandner/Hensen/*Ulmer/Habersack* 2011, § 305 Rn 191-192; Tonner/Willingmann/Tamm/*Richter* 2010, § 305 Rn 20; PWW/*Berger* 2011, § 305 Rn 40; Erman Bd. I/*Roloff* 2011, § 305 Rn 55; Bamberger/Roth Bd. 1/*Becker* 2007, § 305 Rn 82; *Ring*, S. 48; *Graf von Westphalen*, Verkaufsbedingungen, S. 32; *Sieg* RIW 1997, 811, 817. In der Praxis sind übereinstimmende Klauseln wegen der oben erwähnten unterschiedlichen Interessenlagen der Parteien nicht besonders üblich, können aber z.B. bei Gerichtsstands- oder Schiedsklauseln, bei bestimmten Gewährleistungsfragen, wie Feststellung von Garantiefristen oder unentgeltlicher Nachbesserung oder Nachlieferung oder bei Kündigungsrechten oder deren Ausschluss vorkommen (Wolf/Lindacher/Pfeiffer/*Pfeiffer* 2009, § 305 Rn 142; *Schlechtriem*, in: Zum Deutschen und Internationalen Schuldrecht, S. 13).

1242 Wolf/Lindacher/Pfeiffer/*Pfeiffer* 2009, § 305 Rn 142.

1243 *Stoffels,* S. 106; Wolf/Lindacher/Pfeiffer/*Pfeiffer* 2009, § 305 Rn 142; aA Graf von Westphalen/Thüsing/*Graf von Westphalen*, Vertragsrecht – Vertragsabschlussklauseln Rn 46 nach dem die Klausel wirksam sein muss, um Geltung zu erlangen; vgl. aber auch Ulmer/Brandner/Hensen/*Ulmer/Habersack* 2011, § 305 Rn 30 und 192, demgemäß auch die Inhaltskontrolle im Analogiewege möglich ist.

derseitige Interesse der Vertragsparteien maßgeblich.[1244] Daher kann z.B. nicht ohne weiteres davon ausgegangen werden, dass das gemeinsame Minimum gelten soll.[1245] Logischerweise sind dem Wortlaut nach identische Klauseln nicht übereinstimmend, soweit sie in jeweiligen AGB nur für den Vertragspartner, aber nicht für den Verwender selbst vorgesehen sind.[1246] Im Falle einer Übereinstimmung müssen beide Parteien die Klausel auch dann gegen sich gelten lassen, wenn sie die andere Partei begünstigt.[1247]

Wenn beide AGB dieselbe Frage unterschiedlich regeln und somit miteinander unvereinbar sind, werden sie nicht Vertragsinhalt.[1248] Hierbei ist gleichgültig, ob eine der Klauseln, den Inhalt gesetzlicher Vorschriften wiedergibt, während der andere eine vom dispositiven Recht abweichende Regelung aufstellt oder ob beide Klauseln vom dispositiven Recht abweichen.[1249] Weiterhin ist es auch hier ohne Bedeutung, ob der Widerspruch den Parteien bekannt ist.[1250] Die entstandene Lücke ist nach der ganz herrschenden Ansicht entsprechend dem Rechtsgedanken des § 306 II BGB durch Anwendung dispositiven Gesetzesrechts an Stelle der sich widersprechenden AGB zu schließen.[1251]

1244 *Stoffels,* S. 105; Ulmer/Brandner/Hensen/*Ulmer/Habersack* 2011, § 305 Rn 192; Graf von Westphalen/Thüsing/*Graf von Westphalen*, Vertragsrecht – Vertragsabschlussklauseln Rn 43; Wolf/Lindacher/Pfeiffer/*Pfeiffer* 2009, § 305 Rn 142; *Graf von Westphalen*, Verkaufsbedingungen, S. 32.

1245 Staudinger AGB/*Schlosser* 2006, § 305 Rn 209; Ulmer/Brandner/Hensen/*Ulmer/Habersack* 2011, § 305 Rn 192; Graf von Westphalen/Thüsing/*Graf von Westphalen*, Vertragsrecht – Vertragsabschlussklauseln Rn 44. Hierbei ist es entscheidend, ob der Inhalt einer Klausel vom Willen der Gegenseite als mit umfasst gesehen werden kann (vgl. BT-Drs. 7/3919, S. 48). In der Praxis hängt dies davon ab, ob die in Frage stehende Klausel für die Gegenseite günstiger als die gesetzliche Vorschrift ist (*Schlechtriem*, in: Zum Deutschen und Internationalen Schuldrecht, S. 12 Fußnote 47; vgl. analog auch das unten in Bezug auf Ergänzungsklauseln erläuterte Günstigkeitsprinzip).

1246 Wolf/Lindacher/Pfeiffer/*Pfeiffer* 2009, § 305 Rn 142.

1247 Erman Bd. I/*Roloff* 2011, § 305 Rn 55. Dabei ist jedoch von wesentlicher Bedeutung, dass sachlich unmittelbar zusammengehörende Klauseln als Gesamtheit betrachtet werden sollten, weil sich der Sinn und Zweck der Regelung erst durch diese Gesamtheit ergibt (vgl. Staudinger AGB/*Schlosser* 2006, § 305 Rn 209).

1248 BGH NJW 1991, 2633, 2634; *Ring/Klingelhöfer/Niebling*, S. 99; Ulmer/Brandner/Hensen/*Ulmer/Habersack* 2011, § 305 Rn 193; NomosKomm Bd. 2/*Kollmann* 2012, § 305 Rn 103; Wolf/Lindacher/Pfeiffer/*Pfeiffer* 2009, § 305 Rn 143; Palandt/*Grüneberg* 2012, § 305 Rn 54; PWW/*Berger* 2011, § 305 Rn 41; *Schultheiß*, S. 147.

1249 Vgl. Ulmer/Brandner/Hensen/*Ulmer/Habersack* 2011, § 305 Rn 193.

1250 Wolf/Lindacher/Pfeiffer/*Pfeiffer* 2009, § 305 Rn 143.

1251 BGH NJW 1991, 2633, 2634; PWW/*Berger* 2011, § 305 Rn 41; MüKo Bd. 2/*Basedow* 2007, § 305 Rn 102; Wolf/Lindacher/Pfeiffer/*Pfeiffer* 2009, § 305 Rn 143; *Stoffels,* S.

Des Weiteren können die AGB einer Partei eine Regelung zu einer bestimmten Frage beinhalten, während die AGB der anderen Partei hierzu schweigen. Solche Klauseln werden in der Literatur als Ergänzungsklauseln[1252] bzw. als einseitige Regelungen[1253] bezeichnet. Eine diesem Fall gleichzustellende Situation liegt auch dann vor, wenn eine der widersprechenden Klauseln unwirksam ist und daher keine Rechtswirkung besitzt. Dies ist darauf zurückzuführen, dass lediglich eine gültige Klausel übrig bleibt und somit kein Unterschied zu der Konstellation besteht, in welcher eine Partei von vornherein keine Aussage zu dieser Frage getroffen hat.[1254]

Die Geltung einer Ergänzungsklausel hängt davon ab, ob diesbezüglich ein stillschweigendes Einvernehmen der Gegenseite angenommen werden kann. Dies ist durch Auslegung anhand aller Umstände und unter Berücksichtigung der Parteiinteressen zu ermitteln.[1255] Die Auffassungen über die Bedeutung einer Abwehrklausel für diese Auslegung weichen erheblich voneinander ab.

Nach der Ansicht des BGH schließt eine Abwehrklausel nicht nur die Geltung der sich widersprechenden sondern grundsätzlich auch die der Ergänzungsregelungen aus.[1256] In Teilen der Literatur wird dieser Auffassung in ihrer All-

---

105; Bamberger/Roth Bd. 1/*Becker* 2007, § 305 Rn 82; *Berger*, in: AGB und Vertragsgestaltung, S. 40; kritisch *Ebel* NJW 1978, 1033, 1033; Meines Erachtens könnte § 306 II BGB auch direkt und nicht nur analog angewendet werden, wie nach der gängigen Ansicht vertreten wird. Dies ergibt sich daraus, dass die oben erläuterte, lediglich analoge Anwendung der Normen des AGB-Rechts hier nicht zutrifft, da die nichtübereinstimmenden Klauseln von dem Konsens der Parteien nicht erfasst sind und somit weiterhin als von einer Partei gestellte AGB anzusehen sind. Bezüglich der sich widersprechenden Klauseln fehlt ein Einverständnis der jeweils anderen Vertragspartei. Somit werden diese Klauseln nicht in den Vertrag einbezogen und § 306 II BGB ist direkt anwendbar. Allerdings macht es für die Praxis keinen Unterschied, ob § 306 II BGB direkt oder analog angewendet wird. Somit ist diese Überlegung nur von theoretischer Bedeutung.

1252 Wolf/Lindacher/Pfeiffer/*Pfeiffer* 2009, § 305 Rn 144; *Stoffels*, S. 106.

1253 Ulmer/Brandner/Hensen/*Ulmer/Habersack* 2011, § 305 Rn 194; *Schwab*, S. 67.

1254 BGH NJW 1991, 2633, 2635; Wolf/Lindacher/Pfeiffer/*Pfeiffer* 2009, § 305 Rn 144; *Stoffels*, S. 106.

1255 BGH NJW 1985, 1838, 1839; OLG Hamburg NJW 1978, 222; BT-Drs. 7/3919, S. 48; Ulmer/Brandner/Hensen/*Ulmer/Habersack* 2011, § 305 Rn 194; Wolf/Lindacher/Pfeiffer/*Pfeiffer* 2009, § 305 Rn 144; *Schwab*, S. 67; *Graf von Westphalen*, Verkaufsbedingungen, S. 34; *Eckert/Nebel* WM 1988, 1545, 1549; *Schultheiß*, S. 147 Fußnote 664; aA Erman Bd. I/*Roloff* 2011, § 305 Rn 55; vgl. auch *Niebling* MDR 2011, 1399, 1401, nach dem nur die übereinstimmenden AGB-Klauseln gelten und im Übrigen das Gesetz gilt.

1256 BGH NJW-RR 2001, 484, 485; BGH NJW 1991, 2633, 2635; BGH NJW 1985, 1838, 1839-1840.

gemeinheit richtigerweise widersprochen, obwohl die genauen Erläuterungen über die Bedeutung von Abwehrklauseln variieren.[1257] Wenn es Anhaltspunkte für ein stillschweigendes Einverständnis der anderen Partei in Bezug auf eine konkrete Klausel gibt, soll dieser gemeinsame Wille der Parteien Vorrang vor einer vergleichsweise pauschal formulierten Abwehrklausel haben.[1258] In der Regel kann z.B. davon ausgegangen werden, dass die andere Partei mit einer Ergänzungsregelung einverstanden ist, soweit diese sie begünstigt und keinen erkennbarer Zusammenhang mit einer anderen Klausel aufweist, die nicht Geltung erlangt hat (Günstigkeitsprinzip). Somit gewinnen diese Klauseln Geltung aufgrund des stillschweigenden Einverständnisses.[1259] Bei ungünstigen Ergänzungsregelungen ist dies kaum der Fall.

Außerdem kann ein stillschweigendes Einverständnis der anderen Partei nach dieser teilweise vertretenen Ansicht auch dann angenommen werden, wenn der Inhalt der Ergänzungsregelung bei entsprechenden Geschäften handelsüblich

---

1257 Vgl. *Stoffels,* S. 106; Wolf/Lindacher/Pfeiffer/*Pfeiffer* 2009, § 305 Rn 144; *Graf von Westphalen,* Verkaufsbedingungen, S. 34; Ulmer/Brandner/Hensen/*Ulmer/Habersack* 2011, § 305 Rn 194; *Graf von Westphalen* NJW 2002, 1688, 1689-1690; *Köster* JuS 2000, 22, 27; *Schlechtriem,* in: Zum Deutschen und Internationalen Schuldrecht, S. 14-15; *Eckert/Nebel* WM 1988, 1545, 1549; aA Erman Bd. I/*Roloff* 2011, § 305 Rn 55; Palandt/*Grüneberg* 2012, § 305 Rn 54; Staudinger AGB/*Schlosser* 2006, § 305 c Rn 13; PWW/*Berger* 2011, § 305 Rn 40; Jauernig/*Stadler* 2011, § 305 Rn 23; *Abels/Conrads/Litzka,* in: AGB und Vertragsgestaltung, S. 26, die sich dem BGH anschließen.

1258 *Stoffels,* S. 106; in diesem Sinne wohl auch Wolf/Lindacher/Pfeiffer/*Pfeiffer* 2009, § 305 Rn 144; *Graf von Westphalen,* Einkaufsbedingungen, S. 31; *Köster* JuS 2000, 22, 27; *Graf von Westphalen* DB 1976, 1317, 1320-1321. In vergleichbarer Weise bedeutet eine allgemeine Verweisung auf das dispositive Recht oder die Nichtregelung einer Frage in den AGB – welche wegen der Ergänzungsfunktion des dispositiven Rechts in der Regel mit einer impliziten Verweisung auf das dispositive Recht gleichzustellen ist – nicht, dass die Partei es notwendigerweise bei den dispositiven Regelungen bewenden lassen will (Ulmer/Brandner/Hensen/*Ulmer/Habersack* 2011, § 305 Rn 193-194; *Köster* JuS 2000, 22, 27). Der Vorrang des situationsbezogenen stillschweigenden Einverständnisses vor den allgemeinen Klauseln ergibt sich aus den allgemeinen Auslegungsprinzipien, wonach Individualvereinbarungen Vorrang vor den standardmäßig benutzen Klauseln und spätere Vereinbarungen Vorrang vor den älteren Vereinbarungen haben (vgl. Abschnitt 5.2.2 und 5.3). Dies gilt unabhängig davon, ob es um eine allgemeine Abwehrklausel oder eine allgemeine Verweisung auf das dispositive Recht geht. Daher ist im konkreten Fall durch Auslegung zu ermitteln, ob ein stillschweigendes Einverständnis vorliegt.

1259 Wolf/Lindacher/Pfeiffer/*Pfeiffer* 2009, § 305 Rn 144; *Schwab,* S. 67; Staudinger AGB/*Schlosser* 2006, § 305 Rn 209; Ulmer/Brandner/Hensen/*Ulmer/Habersack* 2011, § 305 Rn 194; *Medicus/Petersen,* S. 32; *Stoffels,* S. 106.

ist.[1260] Da diese Fragestellung in der Praxis vor allem bezüglich eines Eigentumsvorbehalts von Bedeutung ist, wird sie daher genauer in Abschnitt 10.6 behandelt.

10.3 Finnland

10.3.1 Zustandekommen des Vertrags

In Finnland ist die Einbeziehung von kollidierenden AGB ebenfalls nicht durch eine besondere Gesetzgebung geregelt.[1261] Weiterhin gibt es weder in Finnland noch in Schweden höchstrichterliche Rechtsprechung zu dieser Frage, und das Kollisionsproblem wird überhaupt nur selten vor Gericht behandelt.[1262] Dies hat dazu geführt, dass die Meinungen in der Literatur deutlich voneinander abweichen. Des Weiteren stellen viele Autoren nur verschiedene Lösungsalternativen vor, ohne eindeutig Stellung zu nehmen.[1263] Hinzu kommt noch, dass sich oft lediglich auf die Frage konzentriert wird, welchen Inhalt der unter kollidierenden AGB abgeschlossene Vertrag hat und dass das Zustandekommen des Vertrags gar nicht diskutiert wird.

Wie in Abschnitt 6.1.2 erläutert, setzt § 6 I OikTL voraus, dass sich das Angebot und die Annahme vollständig decken, um einen Vertragsschluss herbeizuführen. Eine modifizierte Annahme gilt grundsätzlich als Ablehnung des Angebots verbunden mit einem neuen Angebot. Somit müsste die Kollision von AGB zum Scheitern des Vertragsschlusses führen, da eine Divergenz zwischen den beiden AGB wegen der unterschiedlichen Interessenlagen der Parteien nahezu unausweichlich ist. Der fehlende Vertragsschluss könnte lediglich durch die Ausführung des Vertrags herbeigeführt werden, da die vorbehaltslose Entgegennahme der Lieferung als eine stillschweigende Annahme des neuen Angebots zum Zustandekommen des Vertrags führt.[1264] Somit wären die in dem neuen

---

1260 Ulmer/Brandner/Hensen/*Ulmer/Habersack* 2011, § 305 Rn 194; *Schwab*, S. 68; *Schlechtriem*, in: Zum Deutschen und Internationalen Schuldrecht, S. 15; *Eckert/Nebel* WM 1988, 1545, 1549; in diesem Sinne wohl auch *Stoffels,* S. 106 und Wolf/Lindacher/Pfeiffer/*Pfeiffer* 2009, § 305 Rn 144, der auf Ulmer verweist; aA Staudinger AGB/*Schlosser* 2006, § 305 Rn 209; Erman Bd. I/*Roloff* 2011, § 305 Rn 55.

1261 *Hemmo*, Sopimusoikeus I, S. 179; *Väinölä*, S. 80; *Karhapää*, S. 48; *Markkanen*, S. 43.

1262 *Sandvik* JFT 2008, 115, 121; *Hemmo*, Sopimusoikeus I, S. 170; Saarnilehto/Hemmo/Kartio/*Saarnilehto* 2001, S. 416; *Karhapää*, S. 48; *Tanninen*, S. 31; *Ramberg*, in: Avtalslagen, S. 449.

1263 So auch *Sandvik* JFT 2008, 115, 121.

1264 *Saarnilehto*, Talentum, S. 25-26; *Lehrberg*, S. 257: *Hemmo*, Sopimusoikeus I, S. 175; *Ramberg*, in: Avtalslagen, S. 451.

Angebot, also die zuletzt in Bezug genommene AGB anwendbar (Theorie des letzten Wortes).

Dieser Ansicht wird entgegengehalten, dass Oikeustoimilaki allzu mechanisch und nicht ausreichend nuanciert für die Behandlung von Kollisionen von AGB ist.[1265] Das Scheitern des Vertragsschlusses entspricht in der Regel nicht dem Willen der Parteien.[1266] Außerdem entspricht es nicht den Bedürfnissen des unternehmerischen Geschäftsverkehrs, den Vertragsschluss erst durch die Vertragsausführung zustande kommen zu lassen, weil eine den Vertragsschluss bereuende Partei bis zum Beginn der Vertragsausführung mit Hinweis auf die Kollision von AGB einseitig Abstand von dem Vertrag nehmen könnte. Somit würde eine solche Vorgehensweise eine unerwünschte Spekulationsmöglichkeit eröffnen.[1267] Zusätzlich wird darauf hingewiesen, dass es manchmal eher zufällig ist, welche Partei das letzte Angebot unterbreitet. Insofern wäre es nicht gerecht, wenn die Lösung rein mechanisch aus § 6 I OikTL abgeleitet würde, ausschließlich die AGB dieser Partei gelten würden und sie somit einen Vorteil wegen der von ihr selbst verfassten AGB haben könnte.[1268] Deshalb werden in der Literatur alternative Lösungswege gesucht.

Einer alternativen Ansicht nach könnte das Kollisionsproblem durch § 6 II OikTL gelöst werden.[1269] Gemäß § 6 II OikTL kommt § 6 I OikTL nicht zur Anwendung, soweit der Annehmende davon ausgeht, dass die Annahme (trotz tatsächlicher Abweichungen) mit dem Angebot übereinstimmt und der Anbietende erkennen muss, dass der Annehmende von der Übereinstimmung ausging. Somit kommt der Vertrag unmittelbar mit der Annahme und mit deren Inhalt zustande, es sei denn der ursprünglich Anbietende widerspricht dieser. Dieser Lösungsweg stößt jedoch auf praktische Schwierigkeiten, da eine annehmende Partei, die der Annahme ihre AGB beifügt, kaum glauben kann, dass die Annahme mit dem Angebot übereinstimmt. Noch weniger ist zu erwarten, dass der ursprünglich Anbietende dies erkennen müsste.[1270]

1265 *Sandvik* JFT 2008, 115, 117; *Göransson*, S. 25; *Taxell*, Avtalrättens normer, S. 85-86.

1266 *Hemmo*, Sopimusoikeus I, S. 171; *Väinölä*, S. 6; *Karhapää*, S. 27 und 62; *Lando* UfR 1988, 1, 6-7.

1267 *Taxell*, Avtal och rättsskydd, S. 25; *Göransson*, S. 25; *Vanhala* JFT 1995, 161, 163; *Sandvik* JFT 2008, 115, 118 und 133.

1268 *Sandvik* JFT 2008, 115, 117 und 133; in diesem Sinne wohl auch *Wilhelmsson*, S. 83.

1269 *Adlercreutz*, S. 73; *Hellner* JFT 1979, 281, 294; in diese Richtung auch *Hemmo*, Sopimusoikeus I, S. 174-175, der allerdings auch darauf hinweist, dass es in der Praxis unklar ist, wann der Annehmende davon ausgehen kann, dass seine AGB aufgrund § 6 II OikTL Vertragsbestandteil werden.

1270 *Väinölä*, S. 77; *Göransson*, S. 105; *Vanhala* JFT 1995, 161, 164; *Ramberg/Ramberg*, S. 145; vgl. auch *Wilhelmsson*, S. 81.

Zudem hat sich in der Literatur keine einheitliche Meinung bezüglich Abwehr- bzw. Ausschließlichkeitsklauseln herausgebildet. Teils wird – abweichend von BGH-Rechtsprechung zum deutschen Recht – vertreten, dass die in AGB enthaltenen Abwehr- bzw. Ausschließlichkeitsklauseln lediglich dann zur Geltung kommen, wenn die AGB wirksam in den Vertrag einbezogen worden sind.[1271] Somit würden in der Praxis nur individualvertraglich vereinbarte Abwehr- bzw. Ausschließlichkeitsklauseln bei einer Kollision von AGB eine Wirkung entfalten.[1272]

Nach einer Gegenansicht kann sich der Anbietende, dessen AGB eine Ausschließlichkeitsklausel beinhalten, berechtigterweise darauf verlassen, dass seine AGB gelten, falls die Gegenseite diesem nicht ausdrücklich widerspricht. Dagegen kann der Annehmende nicht auf die in seinen AGB enthaltene Ausschließlichkeitsklausel vertrauen, da sein Vertragspartner schon früher Bezug auf seine AGB genommen hat.[1273] Allerdings ist auch hierbei zu berücksichtigen, dass einer rein routinemäßig übersendeten AGB-Klauseln nicht die gleiche Wirkung zukommen kann wie dem individualvertraglich geäußerten Willen der Partei.[1274] Daher ist es fraglich, ob eine entsprechende AGB-Klausel tatsächlich diese Wirkung hat. Die Bedeutung dieser Fragestellung und der Meinungsunterschiede wird jedoch dadurch relativiert, dass Abwehr- bzw. Ausschließlichkeitsklauseln in Finnland nicht so üblich sind wie in Deutschland.[1275]

Da sich keine völlig zufriedenstellende theoretische Lösungsalternative herauskristallisiert hat, wird das Zustandekommen des Vertrags meist durch die praktische Argumentation begründet, dass die Rückgängigmachung des Vertrags den Interessen der Parteien nicht entspricht und dass sie für beide Parteien mehr Probleme verursachen würde als das Festhalten an dem jeweiligen Vertrag. Dies wird dadurch verstärkt, dass die Parteien in den meisten Fällen den Vertrag zumindest teilweise ausgeführt haben, bevor sich die Frage nach kollidierenden AGB z.B. durch einen Streit über eine fehlerhafte Lieferung stellt. Die Rückgängigmachung des Vertrags würde im Vergleich zu anderen Rechtsfolgen zu einer Verschwendung von Ressourcen führen, und die durch Verwendung von AGB angestrebten praktischen und ökonomischen Vorteile würden verloren gehen, wenn das Zustandekommen des Vertrags wegen der Kollision von AGB abgelehnt würde.[1276]

1271 *Ramberg/Ramberg*, S. 144.

1272 In diesem Sinne auch *Sandvik* JFT 2008, 115, 125 und 135; *Tanninen*, S. 34.

1273 *Vanhala* JFT 1995, 161, 165-166.

1274 Vgl. *Göransson*, S. 122; vgl. auch *Adlercreutz*, S. 73-74.

1275 So auch Professor Ari Saarnilehto im mündlichen Gespräch am 30.10.2009.

1276 *Vanhala* JFT 1995, 161, 167; *Hemmo*, Sopimusoikeus I, S. 171-172; *Karhapää*, S. 27; *Göransson*, S. 25 und 157; *Markkanen*, S. 42; *Tanninen*, S. 30; in diesem Sinne wohl

Hinzu kommt noch, dass die Parteien oft automatisch auf die eigenen AGB verweisen, ohne den Inhalt der gegnerischen AGB genau zu kennen und somit zu erkennen geben, dass der Inhalt von AGB für sie nicht das Wesentliche bei dem Vertragsschluss ist. Stattdessen zeigt das Verhalten der Parteien in der Regel, dass sie an dem Vertrag festhalten möchten. Sie erbringen z.B. die vereinbarten Leistungen und berufen sich bei Streitigkeiten auf den Vertrag.[1277] Weiterhin wird auf die Vermeidung der oben erwähnten Spekulationsmöglichkeiten hingewiesen.[1278]

Daher können die Parteien das Zustandekommen des Vertrags aufgrund der Kollision von AGB lediglich dann bestreiten, wenn sie dies umgehend nach dem Austausch der Willenserklärungen tun. Die Parteien müssen also dem Vertrag ohne unnötige Verzögerungen widersprechen, falls sie den Vertrag wegen der Kollision der AGB nicht abschließen wollen.[1279] Ansonsten kommt der Vertrag zustande, soweit die Parteien eine Vereinbarung über die essentialia negotii erreicht haben.[1280] Dieser Ansicht ist zuzustimmen, da sie das für den unternehmerischen Geschäftsverkehr wichtige Vertrauen auf den Vertrag und die Rationalisierungsfunktion der AGB aufrechthält und somit den Geschäftsverkehr unterstützt.

10.3.2 Inhalt des Vertrags

Unabhängig von der Art oder Existenz einer Begründung besteht im finnischen wie auch im skandinavischen Recht im Allgemeinen meist Einigkeit darüber, dass bei einer Kollision von AGB trotz diesbezüglichen Dissenses ein verbindlicher Vertrag zustande kommt.[1281] Dies ergibt sich auch daraus, dass sich die Vertreter in der Literatur oftmals lediglich auf die Frage konzentrieren, welchen

---

auch *Wilhelmsson*, S. 83 und *Saarnilehto*, Talentum, S. 26; vgl. weiterhin auch *Taxell*, Avtal och rättsskydd, S. 85.

1277 *Hemmo*, Sopimusoikeus I, S. 171; *Väinölä*, S. 36 und 77; *Karhapää*, S. 27, 45 und 62; *Vanhala* JFT 1995, 161, 167-168; *Göransson*, S. 122; *Lando* UfR 1988, 1, 6-7.

1278 *Vanhala* JFT 1995, 161, 163; *Göransson*, S. 25.

1279 *Hemmo*, Sopimusoikeus I, S. 172; *Väinölä*, S. 77; *Vanhala* JFT 1995, 161, 168.

1280 *Sandvik* JFT 2008, 115, 119-120; *Vanhala* JFT 1995, 161, 168; vgl. auch *Kurkela*, S. 43-44.

1281 *Sandvik* JFT 2008, 115, 119; *Hemmo*, Sopimusoikeus I, S. 172; *Karhapää*, S. 27; so auch *Lehrberg*, S. 257, der allerdings darauf hinweist, dass seiner Meinung nach das Zustandekommen des Vertrags trotz Dissenses in vielen Fällen gegen das geltende Recht verstößt. Stattdessen soll das Rechtsverhältnis in den Kollisionsfällen nach den Regeln abgewickelt werden können, die dann gelten, wenn kein Vertrag zustande gekommen ist.

Inhalt der unter kollidierenden AGB abgeschlossene Vertrag hat. In der Regel werden hierzu vier oder fünf Lösungsvarianten vorgestellt, aber viele Autoren enthalten sich einer konkreten Stellungnahme zu den verschiedenen Alternativen.

10.3.2.1 Die traditionelle Ansicht – Theorie des letzten Wortes

Wie schon oben erläutert, gilt die Theorie des letzten Wortes, wobei die AGB derjenigen Partei gelten, die zuletzt auf die eigenen AGB Bezug nimmt, als eine traditionelle Lösung.[1282] Diese Ansicht wird wie schon erwähnt durch § 6 OikTL unterstützt und damit begründet, dass Oikeustoimilaki geltendes Recht ist und es mangels anders lautender Parteivereinbarung anzuwenden ist.[1283] Somit würden die zuletzt bezuggenommenen AGB angewendet werden.

10.3.2.2 Theorie des ersten Wortes

Wegen der oben erwähnten Nachteile der Theorie des letzten Wortes wird alternativ die Theorie des ersten Wortes vorgeschlagen. Nach dieser Theorie sollen die zuerst in Bezug genommenen AGB maßgeblich sein, es sei denn die andere Partei widerspricht diesen deutlich, weil die erste Partei durch ihre Erklärung deutlich gemacht hat, dass sie ihre eigenen AGB anwenden will.[1284]

Folgt man der Theorie des ersten Wortes ist eine spätere Bezugnahme auf die eigenen AGB nicht als ein Widerspruch anzusehen.[1285] Wie in Abschnitt 10.3.1 dargelegt ist anzunehmen, dass dies unabhängig davon gilt, ob die späteren AGB eine Abwehrklausel enthalten oder nicht. Somit müsste der Annehmende die Geltung der AGB des Anbietenden ausdrücklich durch eine individuelle Erklärung widersprechen.

Teilweise wird vertreten, dass der Geltungsanspruch der Theorie des ersten Wortes verstärkt wird, wenn die zuerst in Bezug genommen AGB eine Ausschließlichkeitsklausel enthalten.[1286] Diese Argumentation ist jedoch nicht un-

---

1282 *Wilhelmsson*, S. 83; *Bernitz* 1993, S. 41; Saarnilehto/Hemmo/Kartio/*Saarnilehto* 2001, S. 416; *Göransson*, S. 166.

1283 Vgl. Saarnilehto/Hemmo/Kartio/*Saarnilehto* 2001, S. 416; vgl. auch *Hemmo*, Sopimusoikeus I, S. 175; vgl. aber auch *Ramberg*, in: Avtalslagen, S. 451-452, der darauf hinweist, dass das Rechtsgeschäftsgesetz nicht für das Lösen solcher Fragen verwendet werden soll, wofür es nicht gemacht worden ist.

1284 *Saarnilehto* 2008 Oikeustieto, 15, 15; *Hemmo*, Sopimusoikeus I, S. 174; *Saarnilehto*, Talentum, S. 26; *Karhapää*, S. 31; *Göransson*, S. 83.

1285 *Saarnilehto*, Talentum, S. 26; *Hemmo*, Sopimusoikeus I, S. 174; *Sandvik* JFT 2008, 115, 122.

1286 *Hemmo*, Sopimusoikeus I, S. 174 Fußnote 72.

problematisch, da es unsicher ist, ob die andere Partei den Inhalt der AGB kennt bzw. kennen müsste.[1287] Weiterhin könnte der Verwender in einigen Fällen durch eine solche Bedeutung von Ausschließlichkeitsklauseln unberechtigte Vorteile bekommen. Vor allem könnte dies der Fall sein, wenn eine Partei die eigenen AGB nur kurz vor den anderen übersendet.[1288] Deshalb sollten die in den AGB enthaltenen Ausschließlichkeitsklauseln bei der Beurteilung ignoriert werden.[1289]

Die Theorie des ersten Wortes ist einfach anzuwenden, da es meist leicht zu identifizieren ist, welche von den Parteien zuerst auf ihre AGB Bezug genommen hat. Weiterhin haben die Parteien keine Motivation, die Vertragsverhandlungen dadurch zu verlängern und zu verkomplizieren, dass sie immer wieder den AGB der anderen Partei widersprechen, weil sie als letzte Partei auf ihre AGB Bezug nehmen wollen.[1290] Andererseits würde die Theorie des ersten Wortes höchst wahrscheinlich dazu führen, dass beide Parteien ihre eigenen AGB möglichst früh zu übersenden versuchen. In der Praxis würde dies entweder den Schwerpunkt der Vertragsverhandlungen so weit nach vorne schieben, dass es ökonomisch nicht sinnvoll ist oder die Parteien müssten den AGB der anderen Partei kategorisch widersprechen, ohne sich Kenntnis über deren Inhalt zu verschaffen, wobei wiederum die Problematik über den Vertragsinhalt erhalten bleibt.[1291] Weiterhin wird die Theorie des ersten Wortes weder durch das Oikeustoimilaki noch durch den gemeinsamen Willen der Parteien unterstützt.[1292]

10.3.2.3 Wegfall beider AGB

Als dritte Alternative wird vertreten, dass sich die kollidierenden AGB gegenseitig ausschließen und dass das dispositive Recht anstatt beider AGB zur Geltung kommt.[1293] Diese Theorie wird in dieser Arbeit als „Wegfall beider AGB" bezeichnet. Die Vertreter dieser Theorie argumentieren, dass wegen des Dissenses bezüglich der AGB entsprechend des § 6 I OikTL kein Vertrag zustande gekommen ist. Wenn das Handeln der Parteien jedoch zeigt, dass die Parteien vom Zustandekommen eines gültigen Vertrags ausgehen, werden die vom Dissens

1287 *Hemmo*, Sopimusoikeus I, S. 174 Fußnote 72; vgl. Abschnitt 10.3.1.

1288 Vgl. *Karhapää*, S. 31-32; *Göransson*, S. 166; *Hemmo*, Sopimusoikeus I, S. 174 Fußnote 72.

1289 Vgl. *Vanhala* JFT 1995, 161, 166.

1290 *Sandvik* JFT 2008, 115, 123.

1291 Vgl. *Vanhala* JFT 1995, 161, 166; *Sandvik* JFT 2008, 115, 123; *Göransson*, S. 83 und 165-166.

1292 Vgl. *Karhapää*, S. 62-63.

1293 *Saarnilehto*, Talentum, S. 26; *Hemmo*, Sopimusoikeus I, S. 176; *Karhapää*, S. 38; *Adlercreutz*, S. 73; *Tanninen*, S. 30; *Saarnilehto* 2008 Oikeustieto, 15, 15.

betroffenen Teilen des Vertrags, also die beiden AGB, durch das dispositive Recht ersetzt.[1294]

Der Wegfall beider AGB ist insofern gerecht, als die von der Kollision von AGB verursachten Unklarheiten beiden Parteien zuzurechnen sind, weil keine von ihnen die Lösung des Kollisionsproblems in der Verhandlungsphase verlangt hat.[1295] Außerdem entspricht es der allgemeinen Grundregel, dass die dispositiven Gesetzesregelungen den Vertrag ausfüllen, soweit der Vertrag lückenhaft ist.[1296] Zu Recht wird diese Ansicht jedoch deshalb kritisiert, da sie (auch) die (gemeinsamen bzw. in die gleiche Richtung wirkenden) Absichten der Parteien übergeht.[1297] Zusätzlich ist die finnische Gesetzgebung, wie im Abschnitt 4.2 beschrieben, öfters bewusst generell gehalten und zudem in vielen Bereichen lückenhaft, da eine erschöpfende Regelung des jeweiligen Gebiets nicht angestrebt wird. Die Anwendung von allgemeinen, ungeschriebenen Rechtsgrundsätzen und Prinzipien funktioniert in der Praxis meistens gut, aber vor allem bei besonderen Branchen kann dies dazu führen, dass das Ergebnis nur schwer absehbar ist.[1298]

10.3.2.4 Theorie des besten Wortes

Nach der vierten Alternative soll ein Mittelweg zwischen den kollidierenden AGB gefunden werden. Somit führt die Lösung dazu, einen Mittelweg dahingehend zu suchen, dass dieser einen bestmöglichen Kompromiss zwischen beiden AGB darstellt (Theorie des besten Wortes).[1299] Manchmal wird die Theorie des besten Wortes auch in der Form vertreten, dass die gerechteren bzw. billigeren der beiden AGB allein angewendet werden sollen während die anderen AGB außer Acht bleiben.[1300]

1294 *Hemmo*, Sopimusoikeus I, S. 176; *Karhapää*, S. 38; *Väinölä*, S. 79.

1295 Vgl. *Hemmo*, Sopimusoikeus I, S. 179 Fußnote 85.

1296 Vgl. Fußnote 1204.

1297 *Väinölä*, S. 79; *Karhapää*, S. 38-39; *Göransson*, S. 119.

1298 Vgl. *Göransson*, S. 118-119 und 169; *Väinölä*, S. 79; *Hemmo*, Sopimusoikeus I, S. 177.

1299 *Hemmo*, Sopimusoikeus I, S. 177; *Karhapää*, S. 40.

1300 *Sandvik* JFT 2008, 115, 130.

10.3.2.5 Knock-out -Lösung

Das fünfte Lösungsmodell wird meistens als Knock-out -Lösung bezeichnet.[1301] Nach ihm sollen die übereinstimmen Bedingungen beider AGB maßgeblich sein weil sie den gemeinsamen Willen der Parteien entsprechen.[1302] Hinsichtlich der sich widersprechenden Klauseln und der Ergänzungsklauseln – also Klauseln über eine Frage, die lediglich in den AGB einer Partei angesprochen wird, während die AGB der anderen Partei hierzu keine korrespondierende Klausel beinhalten – ist die Situation nicht gleichermaßen klar. Hierzu werden mehrere Meinungen vertreten.

Nach der ersten Meinung sollen die sich widersprechenden Klauseln, soweit wie möglich, aneinander angepasst werden. Falls dies nicht möglich ist, sollen zunächst Handelsbräuche und solche branchenübliche AGB, die als „agreed document" von Repräsentanten beider Parteien gemeinsam erstellt worden sind, und in zweiter Linie das dispositive Recht, angewendet werden.[1303] Zum Teil wird vertreten, dass die Knock-out -Lösung in diesem Punkt auch mit der Theorie des ersten bzw. letzten Wortes kombiniert werden könnte.[1304] Nach der Gegenmeinung sollen die sich widersprechenden Klauseln direkt durch das dispositive Recht ersetzt werden, ohne dass zuerst einen Anpassungsversuch der Bedingungen durchgeführt wird.[1305]

Hinsichtlich der Ergänzungsklauseln wird einerseits vertreten, dass die andere Vertragspartei sie akzeptiert, es sei denn sie widerspricht ihrer Geltung deutlich.[1306] Zum Teil wird diese Ansicht insofern eingeschränkt, als die Ergänzungsklauseln nur dann zur Geltung kommen, wenn sie entweder mit dem Handelsbrauch oder mit Klauseln aus branchenüblichen „agreed documents" übereinstimmen.[1307]

1301 Problematisch ist jedoch, dass manche Autoren diese Bezeichnung auch in Bezug auf den „Wegfall beider AGB" verwenden, was leicht zu Missverständnissen führt (vgl. *Saarnilehto*, Talentum, S. 26; *Hemmo*, Sopimusoikeus I, S. 176).

1302 *Sandvik* JFT 2008, 115, 130; *Wilhelmsson*, S. 83; *Saarnilehto* 2008 Oikeustieto, 15, 15; *Hemmo*, Sopimusoikeus I, S. 178; *Karhapää*, S. 46; *Ramberg*, in: Avtalslagen, S. 451; *Vanhala* JFT 1995, 161, 170; *Göransson*, S. 26; *Tanninen*, S. 33; *Hellner* JFT 1979, 281, 297; so auch *Saarnilehto*, Talentum 2, S. 8 zu Fällen, in denen beide Partien ihre eigenen AGB durch sich kreuzende Bestätigungsschreiben einzubeziehen versuchen.

1303 *Vanhala* JFT 1995, 161, 170-171; *Karhapää*, S. 47 und 65.

1304 *Göransson*, S. 16 und 26-27.

1305 *Saarnilehto*, Talentum 2, S. 8-9; *Sandvik* JFT 2008, 115, 116; *Wilhelmsson*, S. 83; *Hellner* JFT 1979, 281, 297.

1306 *Tanninen*, S. 33; *Hellner* JFT 1979, 281, 297.

1307 *Vanhala* JFT 1995, 161, 171.

Die andere Ansicht geht dagegen davon aus, dass Ergänzungsklauseln gleich wie die sich widersprechenden Klauseln zu behandeln sind. Somit werden sie durch das dispositive Recht ersetzt, es sei denn es geht bei ihnen lediglich um technische Spezifikationen, die weder zu einem inhaltlichen Konflikt mit dem sonstigen Inhalt des Vertrags noch mit der entsprechenden gesetzlichen Regelung führen können.[1308]

10.3.2.6 Fallbezogene Lösung unter Anwendung mehrere Lösungsmodelle

Weiterhin wird zum Teil vertreten, dass keine der fünf Lösungsmodelle grundsätzlich bevorzugt werden soll. Dagegen soll jeder einzelne Fall für sich unter Berücksichtigung aller relevanten Umstände gelöst werden. Somit wird in der Praxis eine flexible Handhabung anstatt einer klaren Stellungnahme vorgeschlagen, was bedeutet, dass mehrere von den oben dargestellten Lösungsalternativen in Frage kommen können.[1309]

Diese Einstellung wirkt attraktiv und passt einerseits gut zu der konkret-individuellen Betrachtungsweise des finnischen Rechts. Andererseits führt sie in der ohnehin unklaren Situation jedoch nur zur Verwirrung und Rechtsunsicherheit. Die Parteien können kaum abschätzen, wie der Kollisionsfall tatsächlich gelöst wird. Dies widerspricht stark den Interessen des unternehmerischen Geschäftsverkehrs. Deshalb sollte im Namen der Rechtssicherheit eine der fünf vorgestellten Alternativen gewählt und alle Kollisionsfälle durch Anwendung dieser Methode gelöst werden.[1310]

Bei der Wahl der passenden Lösung sind die von *Sandvik* beschriebenen Kriterien zu berücksichtigen:

1) Die Lösung soll möglichst klar und einfach zum Anwenden sein.
2) Die Lösung soll möglichst Spekulationsmöglichkeiten und willkürliche bzw. zufällige Ergebnisse vermeiden.
3) Die Lösung soll möglichst neutral sein und nicht einseitig eine der Parteien bevorzugen, da beide Parteien verantwortlich für die Entstehung der Kollisionssituation sind.

1308 *Sandvik* JFT 2008, 115, 116 und 135.

1309 *Karhu*, in: Oikeusjärjestys III, S. 45; *Ramberg/Ramberg*, S. 145; *Hemmo/Hoppu*, Aktualisierung 10.5.2008, Abschnitt 7 / Vakiosopimukset / Kollisio; *Hemmo*, Sopimusoikeus I, S. 179; *Aspbäck*, S. 70; *Karhapää*, S. 71-72; *Lando* UfR 1988, 1, 11-12; so auch *Bernitz,* S. 75, der in der Vorauflage noch für die Theorie des letzten Wortes plädiert hat.

1310 So auch *Sandvik* JFT 2008, 115, 132.

4) Die Lösung soll, soweit möglich, den üblichen Methoden, die Unklarheiten eines Vertrags zu lösen, entsprechen.[1311]

10.3.2.7 Stellungnahme zu der Frage nach dem geeigneten Lösungsmodell

Die Theorie des besten Wortes wirkt auf den ersten Blick attraktiv, weil sie versucht, die Interessen beider Parteien möglichst gut zu berücksichtigen. Allerdings ist ein Mittelweg zwischen den beiden AGB oft unmöglich zu definieren. Hinsichtlich der Rechtswahl- bzw. Gerichtsstandsklauseln ist dies besonders deutlich, da z.B. das dänische Recht bzw. Kopenhagen kein Mittelweg zwischen dem deutschen und dem finnischen Recht bzw. zwischen Köln und Helsinki ist.[1312] Weiterhin ist in der Regel kaum zu ermitteln, welche der beiden AGB billiger bzw. gerechter ist. Außerdem wäre die Lösung in beiden Fällen für die Parteien kaum absehbar.[1313] Deshalb sind die beiden oben beschriebenen Lösungsvarianten in der Anwendung sehr problematisch und diese Ansicht wird abgelehnt.

Dagegen sind sowohl die Theorie des ersten als auch des letzten Wortes klar und einfach in der Anwendung.[1314] Weiterhin lassen sie sich gut mit der Systematik des finnischen Rechts vereinbaren, da bei beiden die AGB einer Partei „gewinnen" und in ihrer Gesamtheit in den Vertrag einbezogen werden, während die AGB der anderen Partei komplett unberücksichtigt bleiben. Das gleiche gilt für den Wegfall beider AGB, weil beide AGB ausfallen.

Ein gemeinsamer Nachteil dieser Ansichten besteht jedoch darin, dass die Lösung mechanisch abgeleitet wird, ohne das Verhältnis und die Absichten der Parteien zu berücksichtigen. Dies führt dazu, dass eine Partei gezwungen wird, sich den AGB der anderen Partei unterzuwerfen oder dass das dispositive Recht auch dann gilt, wenn beide Parteien etwas anderes gewollt hätten.[1315] Weiterhin kann die Anwendung des dispositiven Rechts zu Unsicherheiten führen, soweit die Rechtslage (noch) nicht gefestigt ist.[1316] Daher ist das Ergebnis oft willkürlich und passt nicht besonders gut zu der tragenden Idee der Privatautonomie, dass der Vertrag dem gemeinsamen Willen der Parteien entspricht und deshalb das zentrale Mittel für die Gestaltung von rechtlichen Angelegenheiten ist.[1317]

1311 *Sandvik* JFT 2008, 115, 132.

1312 *Vanhala* JFT 1995, 161, 170.

1313 *Sandvik* JFT 2008, 115, 134.

1314 *Sandvik* JFT 2008, 115, 132.

1315 *Göransson*, S. 26 und 169; *Vanhala* JFT 1995, 161, 171; *Sandvik* JFT 2008, 115, 134.

1316 *Hemmo*, Sopimusoikeus I, S. 178.

1317 Vgl. Abschnitt 4.

Die Knock-out -Lösung nimmt mehr Rücksicht auf das Verhältnis und die Absichten der Vertragsparteien[1318], bereitet aber in Bezug auf das finnische Recht systematische Probleme in zweierlei Hinsicht. Entweder müssten beide AGB in den Vertrag einbezogen worden sein, um das Kollisionsproblem mittels Knock-out -Lösung auf der Auslegungsebene zu lösen oder die AGB-Klauseln müssten schon auf der Einbeziehungsebene einzeln (anstatt als eine Gesamtheit[1319]) behandelt werden. Dies scheint vielen Autoren, die diese Lösungsvariante vorschlagen, nicht bewusst zu sein, da sie dieses Thema nicht ansprechen, obwohl die Beurteilung der Einbeziehungsanforderungen hinsichtlich einzelner Klauseln eine Systemänderung für das finnische Recht bedeuten würde.[1320]

Nach den Regeln des Oikeustoimilaki ist es kaum möglich, die AGB beider Parteien in den Vertrag einzubeziehen, ohne dabei eine Rangfolge zu vereinbaren. Dies ergibt sich aus dem Grundprinzip, dass das Zustandekommen des Vertrags zwei übereinstimmende Willenserklärungen voraussetzt. Soweit die Parteien bewusst beide AGB zu einem Vertrag beifügen, vereinbaren sie in aller Regel eine Rangfolge dieser Anhänge. Somit ist es in der Praxis ausgeschlossen, das Problem der kollidierenden AGB durch Knock-out -Lösung erst auf der Auslegungsebene zu lösen.

Somit setzt die Anwendung der Knock-out -Lösung voraus, dass die AGB-Klauseln ausnahmsweise schon auf der Einbeziehungsebene einzeln behandelt werden. Meines Erachtens ist dies bei der Kollision von AGB begründet, um die Interessen der Parteien zu berücksichtigen und um Spekulationsmöglichkeiten und zufällige Ergebnisse zu vermeiden. Die bessere Rücksichtnahme der beiderseitigen Parteiinteressen entspricht dem Prinzip der Privatautonomie, die das zentralste Prinzip des Privatrechts sowie jedes an marktwirtschaftlichen Grundsätzen orientierten Rechtssystems ist und somit eine solche Ausnahme rechtfertigt.

1318 *Vanhala* JFT 1995, 161, 171; *Sandvik* JFT 2008, 115, 134; *Hemmo*, Sopimusoikeus I, S. 178; *Karhapää*, S. 46.

1319 Vgl. die in Abschnitt 5.1.1 dargestellte traditionelle Lösung des finnischen Rechts, wonach unter den AGB der Klauselkatalog in seiner Gesamtheit verstanden wird und somit alle oder keine Bedingungen des Klauselwerks einbezogen werden.

1320 *Sandvik* JFT 2008, 115 ff; *Wilhelmsson*, S. 83; *Hemmo*, Sopimusoikeus I, S. 178; *Vanhala* JFT 1995, 161, 170; *Göransson*, S. 26. Vgl. aber auch *Saarnilehto*, Talentum, S. 26, nach dem die Lösungsmöglichkeiten des Kollisionsproblems zunehmen, falls die AGB nicht als eine Gesamtheit angesehen werden, sondern die Klauseln einzeln behandelt werden und *Väinölä*, S. 79, die davon ausgeht, dass eine (einzel)klauselbezogene Beurteilung auch für das finnische Recht eine überlegungswerte Alternative darstellt.

Weiterhin verliert die Knock-out -Lösung etwas an Einfachheit und Klarheit im Vergleich zu den Theorien des ersten bzw. des letzten Wortes. Die bessere Rücksichtnahme auf die Interessen beider Parteien sowie die Vermeidung von Spekulationsmöglichkeiten und willkürlichen bzw. zufälligen Ergebnissen überwiegen jedoch die Vorteile der Klarheit. Daher entspricht die Knock-out -Lösung in aller Regel auch dem Parteiwillen.[1321] Somit sollte die Knock-out -Lösung im finnischen Recht für die Einbeziehung kollidierender AGB maßgeblich sein.

Folglich werden die übereinstimmenden Klauseln beider AGB Vertragsbestandteil. Hinsichtlich der sich widersprechenden Klauseln sollte meines Erachtens der Gegenmeinung des finnischen Rechts, nach der die sich widersprechenden Klauseln direkt, ohne irgendwelche Anpassungsversuche durch das dispositive Recht ersetzt werden, gefolgt werden. Dies entspricht dem allgemeinen Prinzip, dass die dispositiven Gesetzesregelungen den Vertrag ergänzen, soweit der Vertrag lückenhaft ist. Des Weiteren ist das Ergebnis solcher Anpassungsversuche oft schwer vorhersehbar und daher nicht mit den Bedürfnissen des unternehmerischen Geschäftsverkehrs zu vereinbaren. Somit sollten die sich widersprechenden Klauseln sowohl im deutschen als auch im finnischen Recht ähnlich behandelt werden.

Allerdings sollte die traditionelle finnische Betrachtung der AGB als Gesamtheit bei der Beurteilung der Ergänzungsklauseln beachtet werden. Dies ergibt sich daraus, dass der AGB-Verwender wegen dieses Grundverständnisses kaum von einer Einzelbeurteilung von Ergänzungsklauseln ausgeht. Stattdessen sieht er in der Regel die AGB als eine Gesamtheit. Deshalb kann in der Regel nicht davon ausgegangen werden, dass der AGB-Verwender die für die Gegenpartei günstigen Klauseln gegen sich gelten lassen möchte – zumindest nicht, ohne im Gegenzug in den Genuss der für ihn günstigen Bedingungen zu gelangen.[1322] Somit können solche AGB-Klauseln, die den Vertragspartner des AGB-

1321 So auch *Sandvik* JFT 2008, 115, 135; *Vanhala* JFT 1995, 161, 171; *Hemmo*, Sopimusoikeus I, S. 178.

1322 Vgl. *Saarnilehto* 2008 Oikeustieto, 15, 16, der feststellt, dass beide Vertragsparteien davon ausgehen müssen, dass die AGB entweder in ihre Gesamtheit oder gar nicht gelten. Stattdessen ist es nicht möglich, dass eine Partei wählen kann, welche AGB-Klauseln gelten und welche nicht. Es ging allerdings bei diesem Aufsatz um einen Fall, in dem eine Partei zwei Bedingungswerke ihrem Angebot beigefügt hatte, die abgestuft gelten sollten. In diesem Fall wurde das im Rang niedrigere Bedingungswerk ergänzend angewendet, obwohl die andere Partei die Ansicht vertrat, dass das zweite Bedingungswerk nicht zur Anwendung kommen sollte. Dies wurde damit begründet, dass sich die andere Partei an anderer Stelle auch selbst auf das zweite, rangniedrigere Bedingungswerk berufen hatte.

Verwenders begünstigen, im finnischen Recht anders als im deutschen Recht nicht aufgrund eines stillschweigenden Einverständnisses einbezogen werden, sondern eine solche Ergänzungsklausel ist durch dispositives Recht zu ersetzen.

Dagegen kann meines Erachtens auch im Anwendungsbereich des finnischen Rechts davon ausgegangen werden, dass Ergänzungsklauseln, deren Inhalt in entsprechenden Geschäftsbeziehungen handelsüblich ist, Vertragsbestandteil werden, es sei denn die andere Vertragspartei widerspricht der Einbeziehung. Dies ergibt sich daraus, dass im unternehmerischen Geschäftsverkehr die Lücke in den eigenen AGB als stillschweigende Zustimmung zu den in der Praxis üblicherweise verwendeten Regelungen anzusehen ist.[1323] Dies ist darauf zurückzuführen, dass eine Partei wissen muss, dass die andere Partei solche handelsübliche Klauseln höchstwahrscheinlich in ihre AGB einfügt und daher reagieren muss, falls sie dies nicht akzeptiert.

10.4 UN-Kaufrecht

10.4.1 Zustandekommen des Vertrags

Wie im Abschnitt 10.1 erwähnt, enthält das UN-Kaufrecht keine ausdrückliche Regelung über kollidierende AGB. Jedoch handelt es sich hierbei genauso wie bei der Einbeziehung von einseitigen AGB um eine Frage des „äußeren Konsenses“ der Parteien. Folgerichtig fällt sie mithin in den Regelungsbereich des UN-Kaufrechts.[1324] Allerdings ist die Behandlung von kollidierenden AGB eine von

---

1323 Vgl. *Vanhala* JFT 1995, 161, 171, der auf den Handelsbrauch oder auf Klauseln, die mit branchenüblichen „agreed documents“ übereinstimmen, verweist. Vgl. weiterhin Abschnitt 10.2.2 und 10.6 zum deutschen Recht.

1324 Honsell/*Dornis* 2010, Art. 19 Rn 37; Ferrari/Kieninger et al./*Mankowski* 2012, Art. 19 Rn 32; MüKo Bd. 3/*Gruber* 2012, Art. 19 Rn 18; *Köhler*, Das UN-Kaufrecht, S. 140; Staudinger CISG/*Magnus* 2005, Art. 19 Rn 20; *Hammerschmidt*, S. 48; *Schultheiß*, S. 161; Soergel Bd. 13/*Lüderitz/Fenge* 2000, Art. 19 Rn 5; *Drasch*, S. 17; *Van Alstine*, S. 206-207; *Väinölä*, S. 21 und 45; vgl. auch Abschnitt 1.3 sowie zahlreiche andere Autoren, die das Problem der kollidierenden AGB unter UN-Kaufrecht lösen, ohne dessen Anwendbarkeit gesondert zu thematisieren (siehe z.B. *Brunner* 2004, Art. 4 Rn 44; *Ventsch/Kluth* IHR 2003, 61, 63); aA *Ebenroth* JurBl 1986, 681, 686; *Huber* RabelsZ (1979), 413, 445. Ebenso wenig handelt es sich um eine interne Lücke, die über Art. 7 II CISG zu lösen wäre, da Art. 19 CISG einen Anhaltspunkt für die Lösung des Problems kollidierender AGB anbietet, wie sich schon aus der Entstehungsgesichte des UN-Kaufrechts ableiten lässt (Ferrari/Kieninger et al./*Mankowski* 2012, Art. 19 Rn 33; *Schultheiß*, S. 163; *Kröll/Hennecke* RIW 2001, 736, 740; aA *Fogt* IPRax 2007, 417, 421, nach dem eine interne Lücke vorliegt, die mangels geeigneten allgemeinen dem den Beispielen (vgl. hierzu die Ausführungen in Abschnitt 4.3) bei denen die Auffassungen auf der internationalen Ebene erheblich voneinander abweichen.

10.4.1.1 Die traditionelle Ansicht – Theorie des letzten Wortes

Die in den älteren deutschsprachigen Literatur und Rechtsprechung vertretene und international wohl immer noch herrschende Ansicht löst das Problem kollidierender AGB durch strikte Anwendung des Art. 19 CISG.[1325] Eine Annahmeerklärung unter Zugrundelegung der eigenen kollidierenden AGB gilt gemäß Art. 19 I CISG als Ablehnung des ursprünglichen Angebots und stellt ein Gegenangebot dar, es sei denn, die kollidierenden AGB ändern die Bedingungen des Angebots nur unwesentlich.[1326] Im Falle einer lediglich unwesentlichen Änderung kommt der Vertrag nach Art. 19 II CISG mit dem Inhalt der Annahmeerklärung zustande, falls der Anbietende das Fehlen der Übereinstimmung nicht unverzüglich beanstandet. Wie in Abschnitt 6.2.3.2 festgestellt, ist es anhand des Inhalts der AGB zu untersuchen, ob die AGB eine wesentliche Änderung darstellen.

Allerdings sind diese Fälle in der Praxis sehr selten, da sich die kollidierenden AGB allein schon wegen der unterschiedlichen Interessenlagen der Parteien regelmäßig in wesentlichen Punkten widersprechen.[1327] In dem seltenen Fall der lediglich unwesentlichen Abweichungen muss nach einer Ansicht zudem die mögliche Abwehrklausel berücksichtigt werden. Wenn der ursprüngliche Anbietende in seinen eigenen AGB eine Abwehrklausel hat, soll diese als vorsorglich geäußerter Widerspruch gelten.[1328]

UN-Kaufrecht zugrunde liegenden Grundsätzen nach dem anwendbaren nationalen Recht zu schließen ist).

1325 *Herber/Czerwenka* 1991, Art. 19 Rn 18; Enderlein/Maskow/Strohbach/*Enderlein* 1991, Art. 19 Rn 10; *Tiedemann* IPRax 1991, 424, 427; OLG München 11.3.1998, http://www.cisg-online.ch, case 310; OLG Hamm 22.9.1992, http://www.cisg-online.ch, case 57; *McNamara*, Battle of Forms, *Perales Viscasillas 2,* VI.E.3; vgl. auch die weiteren Nachweisen aus internationalen Literatur bei Schlechtriem/Schwenzer/*Schlechtriem/Schroeter* 2008, Art. 19 Rn 22 Fußnote 108 und *Hammerschmidt*, S. 75 Fußnote 268; sowie Hinweise auf die herrschende internationale Geltung in *Piltz* IHR 2004, 133, 136-137; *Berger* ZGS 2004, 415, 420; *Kröll/Hennecke* RIW 2001, 736, 738-739; aA hinsichtlich der internationalen Dominanz *Schmidt-Kessel/Meyer* IHR 2008, 177, 179.

1326 Genauer siehe Abschnitt 6.2.3.2.

1327 Honsell/*Dornis* 2010, Art. 19 Rn 38; Staudinger CISG/*Magnus* 2005, Art. 19 Rn 22; *Schultheiß*, S. 164-165; *Väinölä*, S. 25 und 32; vgl. auch Abschnitt 10.1.

1328 MüKo Bd. 3/*Gruber* 2012, Art. 19 Rn 26; Schlechtriem/Schwenzer/*Schlechtriem/Schroeter* 2008, Art. 19 Rn 33; Witz/Salger/Lorenz/*Witz* 2000, Art. 19 Rn 15; Ferrari/Kieninger et al./*Mankowski* 2012, Art. 19 Rn 38; aA *Piltz,* Internationales Kaufrecht,

Dieser Ansicht ist in dieser Absolutheit nicht zuzustimmen, obwohl es auf den ersten Blick plausibel wirkt, dass sich der ursprüngliche Anbietende auf die Abwehrklausel verlässt und keine Notwendigkeit eines späteren konkreten Widerspruchs sieht.[1329] Eine Vertragspartei darf jedoch ihren Willen vor dem Vertragsschluss ändern.[1330] Dies kann auch stillschweigend zum Ausdruck gebracht werden.[1331] Angesichts der Unwesentlichkeit der Änderungen erscheint es plausibel, dass der ursprüngliche Anbietende in vielen Fällen die modifizierte Annahmeerklärung nicht ablehnen und somit womöglich sogar den Vertragsschluss in Gefahr bringen will. Weiterhin ist aufgrund des Wortlauts des Art. 19 II CISG („unverzüglich") anzunehmen, dass der ursprünglich Anbietende seinen Widerspruch erst nach dem Erhalt des Gegenangebots erklären soll. Dies ist auch logisch, weil der ursprüngliche Anbietende erst dann abschätzen kann, ob er die Annahmeerklärung wegen der unwesentlichen Änderungen ablehnen will.

Weiterhin würde die ausnahmslose Geltung der Abwehrklausel als Widerspruch dazu führen, dass der Vertrag trotz lediglich unwesentlicher Änderungen nie zustande kommen würde, soweit die AGB beider Parteien eine Abwehrklausel beinhalten würden. Wenn die Parteien jedoch das Geschäft durchgeführt haben, entspricht dies in der Regel nicht deren Interessen.[1332] Daher sind die Bedeutung der Abwehrklausel und die Existenz einer möglichen anderweitigen stillschweigenden Erklärung im konkreten Fall durch Auslegung zu ermitteln.

Aufgrund der Seltenheit der unwesentlichen Abweichungen und der möglichen Bedeutung einer Abwehrklausel stellt die Annahmeerklärung unter Zugrundelegung der eigenen kollidierenden AGB in der Regel ein Gegenangebot dar, das eine bedingungslose Zustimmung benötigt, um den Vertragsschluss

---

S. 139, der allerdings dadurch auch die Geltung der Theorie des letzten Wortes begründet.

1329 Vgl. Ferrari/Kieninger et al./*Mankowski* 2012, Art. 19 Rn 38.

1330 Vgl. *Piltz*, Internationales Kaufrecht, S. 139; *Kramer*, in: FS Welser, S. 558. Insbesondere kann dies der Fall sein, wenn der ursprüngliche Wille formularmäßig ohne konkreten Bezug auf den jeweiligen Fall geäußert worden ist (vgl. Fußnote 1258).

1331 Vgl. *Kramer*, in: FS Welser, S. 558 und 554 Fn 67; Schlechtriem/Schwenzer/*Schlechtriem* 2004, Art. 19 Rn 20, nach dem auch ein Verzicht auf die Abwehrklausel durch die Einigung der Parteien trotz kollidierenden AGB möglich ist. Eine solche Einigung kann sich seiner Meinung nach z.B. aus der Erfüllung des Vertrags oder aus Leistungsvorbereitungen ergeben, die entsprechend Art. 8 CISG als Ausdruck des Einig-Seins auszulegen sind.

1332 Vgl. Abschnitt 10.2.1, in dem festgestellt wurde, dass die Vertragsparteien normalerweise den rechtsgeschäftlichen Leistungsaustausch für wichtiger halten und diesen an der Kollision von AGB nicht scheitern lassen wollen.

herbeizuführen.[1333] Somit kommt der Vertrag erst durch widerspruchslose Ausführung des Vertrags zustande, weil in den Ausführungshandlungen eine konkludente Annahme des letzten Gegenangebots gesehen wird. Daher gelten die der Annahmeerklärung bzw. dem letzten Gegenangebot beigefügten, also die zuletzt in Bezug genommenen AGB (Theorie des letzten Wortes, last shot rule).[1334]

10.4.1.2 Kritik an der traditionellen Ansicht

In der neueren deutschsprachigen Literatur über das UN-Kaufrecht wird die Theorie des letzten Wortes heftig kritisiert. Dieser Kritik richtet sich vor allem gegen die zufällige Bevorzugung einer Partei und gegen die für die Parteien überraschenden Ergebnisse, zu welchen die Theorie des letzten Wortes in der Praxis oft führt, da es nach dieser Theorie entscheidend ist, welche Partei das erste Angebot abgegeben und welche angenommen hat.[1335] Somit führt sie zu

1333 Dies gilt unabhängig davon, ob der Verweis auf die eigenen AGB individualvertraglich oder formularmäßig erfolgt (*Kröll/Hennecke* RIW 2001, 736, 738-739; *Perales Viscasillas 2,* VI.E.1; genauer siehe auch Abschnitt 6.2.3.2; aA *Hammerschmidt*, S. 39-40). Dies ist begründet, weil auch die formularmäßige Bezugnahme entgegen der Behauptung von *Hammerschmidt* auf einer bewussten Entscheidung des Verwenders basiert. Allerdings erfolgt diese Entscheidung auf einer allgemeinen Ebene und beruht entsprechend dem Rationalisierungsgedanke auf dem Willen die eigenen AGB einheitlich für alle Verträge zugrundezulegen. Somit bringt sie genauso wie ein individualvertraglicher Verweis auf die eigenen AGB den Willen des Verwenders zum Ausdruck, obwohl sie keine bewusste Reaktion auf den Inhalt der AGB der anderen Vertragspartei darstellt. Allerdings muss auch hier berücksichtigt werden, dass der Verwender womöglich eher bereit ist, seinen formularmäßig zum Ausdruck gebrachten Willen zu ändern als einen individualvertraglich geäußerten Willen (vgl. Fußnote 1258).

1334 MüKo HGB Bd. 6/*Ferrari* 2007, Art. 19 Rn 15; *Hammerschmidt*, S. 76; *Piltz* IHR 2004, 133, 137; *Schultheiß*, S. 164.

1335 MüKo Bd. 3/*Gruber* 2012, Art. 19 Rn 24; Ferrari/Kieninger et al./*Mankowski* 2012, Art. 19 Rn 35 und 41; *Sieg* RIW 1997, 811, 814; Kronke/Melis/Schnyder/*Benicke* 2005, Teil B Rn 219; *Hesse*, S. 62-63; aA Honsell/*Dornis* 2010, Art. 19 Rn 40, nach dem das Ergebnis der Verwendung der Theorie des letzten Wortes keinesfalls regelmäßig überraschend ist, da die Problematik kollidierender AGB in der Praxis nicht unbekannt ist, die Parteien in der Regel darauf bedacht sind, „das letzte Wort“ zu haben und deshalb die in Art. 19 II CISG verankerte Risikoverteilung keinesfalls immer unangemessen ist. Dagegen dürfte die Gefahr eines oft befürchteten Ping-Pong-Spieles, in dem Widerspruch auf Widerspruch folgt (vgl. *Stoffels,* S. 104; *Väinölä*, S. 44), in der Praxis relativ gering sein (*Kröll/Hennecke* RIW 2001, 736, 740 Fußnote 43). Dies erscheint plausibel, da den Parteien womöglich die Kollision nicht bewusst ist (Ferrari/Kieninger et al./*Mankowski* 2012, Art. 19 Rn 34), sondern diese den Vertrag einfach durchführen. Soweit die Kollision bis ins Bewusstsein beider Parteien vordringt, lässt unterschiedlichen Ergebnissen abhängig davon, ob der Käufer selbst ein Angebot unterbreitet oder den Verkäufer zur Abgabe eines Angebots auffordert, obwohl die Interessenlage vergleichbar ist und die Vorstellungen der Parteien über den Sachverhalt in beiden Fällen mutmaßlich weitgehend identisch sind.[1336] Weiterhin ist es vor allem bei längeren Verhandlungen manchmal eher zufällig, welche von den Parteien die Verhandlungen in Form eines Angebots zusammenfasst.[1337] Außerdem ist die Theorie des letzten Wortes von vornherein unbrauchbar, wenn der Vertrag ausnahmsweise durch sich kreuzende kaufmännische Bestätigungsschreiben zustande kommt.[1338]

Zudem ist es bei kollidierenden AGB oft eine Fiktion, in den Vertragsdurchführungshandlungen, eine Zustimmung zu den gegnerischen AGB zu sehen, wovon die Theorie des letzten Wortes ausgeht. Vielmehr hat der erste Anbietende schon durch die Bezugnahme auf die eigenen AGB zum Ausdruck gebracht, dass er die AGB seiner Gegenseite nicht ohne weiteres anerkennt. Dieses vorherige Verhalten soll gemäß Art. 8 CISG in die Auslegung seiner Willenserklärung einfließen.[1339]

Außerdem besteht ohne Vertrag keine rechtliche Bindung. Daher kann jede Partei bis zum Beginn der Ausführungsverhandlungen einseitig Abstand von dem Vertrag nehmen, soweit sie z.B. eine attraktivere Beschaffungs- bzw. Verkaufsmöglichkeit bekommt.[1340] Folglich kann sich keine Partei auf die Erklärun-

---

sich ein solches Spiel häufig dadurch vermeiden, dass sich die Parteien auf ein Weglassen beider AGB (*Kröll/Hennecke* RIW 2001, 736, 740 Fußnote 43) oder auf Verwendung einer alternativen Klauselwerk einigen.

1336 Vgl. *Kröll/Hennecke* RIW 2001, 736, 739. In der Praxis bestellt der Käufer oft die Waren, was zu einer unverhältnismäßigen Bevorzugung des Verkäufers führt (*Ventsch/Kluth* IHR 2003, 61, 64; *Köhler*, Das UN-Kaufrecht, S. 142).

1337 *Ventsch/Kluth* IHR 2003, 61, 64; *Schultheiß*, S. 167; Ferrari/Kieninger et al./*Mankowski* 2012, Art. 19 Rn 35 und 41. Weiterhin könnte die Anwendung der Theorie des letzten Wortes dazu führen, dass keine der Parteien den ersten Vertragsentwurf verfassen will.

1338 Ferrari/Kieninger et al./*Mankowski* 2012, Art. 19 Rn 40; MüKo Bd. 3/*Gruber* 2012, Art. 19 Rn 24.

1339 *Kramer*, in: FS Welser, S. 554; *Detzer/Thamm* BB 1992, 2369, 2378; *Kötz*, S. 48; *Hammerschmidt*, S. 107; in diesem Sinne wohl auch Soergel Bd. 13/*Lüderitz/Fenge* 2000, Art. 19 Rn 5. Dagegen hält die von *Kröll/Hennecke* (RIW 2001, 736, 739) in diesem Zusammenhang vorgeführte Begründung, dass der Vertragspartner des Verwenders die AGB oft nicht oder nur oberflächlich liest und daher seine Zustimmung lediglich eine Fiktion ist, nicht stand. Dies ergibt sich daraus, dass es nicht zu den Aufgaben des UN-Kaufrechts gehört, eine Partei von den Folgen des Nichtlesens der AGB zu schützen (vgl. *Schultheiß*, S. 169; *Perales Viscasillas 2,* VI.E.1).

1340 *Hammerschmidt*, S. 64; *Kröll/Hennecke* RIW 2001, 736, 741; *Drasch*, S. 24; *Väinölä*, S. 21 und 44; vgl. auch *Van Alstine*, S. 220-221. Weiterhin müsste selbst eine Vergen ihrer Gegenseite verlassen, sondern der Verkäufer müsste die Waren gegebenenfalls über große Distanzen in der Hoffnung befördern, dass der Käufer sie abnimmt und damit der Vertrag zustande kommt. Dies widerspricht jeder wirtschaftlichen Logik und entspricht somit nicht den Interessen des internationalen Geschäftsverkehrs und auch nicht dem typischen Willen der Parteien beim Austausch der Erklärungen, in welchen sie sich über die essentialia negotii einigen.[1341]

Weiterhin führt die Verneinung des Vertragsschlusses vor Vertragsausführung oft zu unklaren Situationen, die häufig vor Gericht gelöst werden müssen.[1342] Somit fällt auch das zentrale Argument der Theorie des letzten Wortes weg, dass sie zur Rechtssicherheit beitrage.[1343] Hinzu kommt noch, dass auch bei Fällen einer Vertragsdurchführung die Sicherheit hinsichtlich der auf den Vertrag anwendbaren Regeln um den Preis der oben beschriebenen zufälligen Ergebnisse erreicht wird.[1344] Ferner wird behauptet, dass die Anwendung der Theorie des letzten Wortes zum Daueraustausch von AGB und somit zur Verlangsamung und Ineffektivität des Geschäftsverkehrs führen kann, wenn beide Parteien zuletzt auf die AGB Bezug nehmen und somit die Geltung der eigenen AGB absichern wollen.[1345]

---

tragsausführungshandlung als Gegenangebot ausgelegt werden, falls man, wie der BGH in der neueren Rechtsprechung des deutschen Rechts (vgl. Abschnitt 10.2.1) annimmt, dass eine Abwehrklausel die konkludente Annahme der der Annahmeerklärung beigefügten AGB durch Vertragsausführung verhindert (vgl. *Hammerschmidt*, S. 78-79 und 98; *Van Alstine*, S. 225). Eine solche Annahme ist unter Anwendung der Theorie des letzten Wortes sicherlich in der Regel begründet, weil die Partei durch die Abwehrklausel deutlich macht, dass sie sich nicht den gegnerischen AGB unterwerfen will. Daher wäre es nicht sachgemäß, in der Ausführungshandlung trotz der Abwehrklausel plötzlich eine Unterwerfung unter die womöglich sehr ungünstigen gegnerischen AGB zu sehen, es sei denn, es sprechen besondere Anhaltspunkte für ein stillschweigendes Einverständnis. Allerdings führt dies unter strenger Anwendung der Theorie des letzten Wortes zu dem unerwünschten Ergebnis, dass der Vertrag trotz Durchführung nie zustande kommt, wenn beide Parteien Abwehrklauseln verwenden und keine ausdrücklich auf die Verwendung der eigenen AGB verzichtet. Dies verdeutlicht die Probleme, zu welcher die Theorie des letzten Wortes führt.

1341 Vgl. *Berger* ZGS 2004, 415, 420; *Kröll/Hennecke* RIW 2001, 736, 740.

1342 *Hammerschmidt*, S. 97; vgl. auch *Kröll/Hennecke* RIW 2001, 736, 742.

1343 So aber *Perales Viscasillas 2*, VI.E.3; *Tanninen*, S. 55, der allerdings darauf hinweist, dass dies eine einheitliche Anwendung des UN-Kaufrechts durch die nationalen Gerichte voraussetzt; in diesem Sinne wohl auch *Piltz,* Internationales Kaufrecht, S. 138.

1344 *Kröll/Hennecke* RIW 2001, 736, 742; vgl. auch *Schultheiß*, S. 169-170.

1345 *Schultheiß*, S. 170; *Ventsch/Kluth* IHR 2003, 61, 64; Ferrari/Kieninger et al./*Mankowski* 2012, Art. 19 Rn 41; vgl. aber auch die in Fußnote 1335 geäußerte Skepsis über diese Folge.

Vor diesem Hintergrund wird die Theorie des letzten Wortes in der neueren deutschsprachigen Literatur überwiegend abgelehnt.[1346] Um die unerwünschten Ergebnisse der Theorie des letzten Wortes zu vermeiden, wird auf anderen Wegen versucht, einen Vertragsschluss trotz kollidierender AGB anzunehmen. Dabei ist allen vorgeschlagenen Lösungsmodellen gemeinsam, dass sie sich nach dem (mutmaßlichen) Parteiwillen richten und dementsprechend darauf abstellen, ob die wörtliche Geltung des Art. 19 CISG von den Parteien gewollt ist oder nicht.

10.4.1.3 Alternative Lösungsmodelle

10.4.1.3.1 Anwendung der Restgültigkeitstheorie aufgrund von Art. 9 CISG

Eine Ansicht versucht die mit der Anwendung des Art. 19 CISG verbundenen Probleme über Anwendung des Art. 9 CISG umzugehen. Einerseits wird eine Abweichung vom Art. 19 CISG durch eine entsprechend dem Art. 9 I CISG zwischen den Parteien entstandenen und mit der Restgültigkeitstheorie[1347] übereinstimmenden Gepflogenheit begründet. Andererseits wird im Sinne von Art. 9 II CISG ein entsprechender internationaler Handelsbrauch angenommen.[1348] Somit würde der Vertrag aufgrund dieser Gepflogenheit bzw. dieses Handelsbrauchs ohne Anwendung des Art. 19 CISG zustande kommen.

Diese Versuche haben jedoch in vielen Fällen wenig Aussicht auf Erfolg. Trotz einem gewissen auf ihre Geltung hingehenden Trend findet die Restgültigkeitstheorie keine eindeutige internationale Anerkennung.[1349] Dies ergibt sich

---

1346 *Hammerschmidt*, S. 99; MüKo Bd. 3/*Gruber* 2012, Art. 19 Rn 24; Schlechtriem/Schwenzer/*Schlechtriem/Schroeter* 2008, Art. 19 Rn 22 und 25; *Berger* ZGS 2004, 415, 420; *Ventsch/Kluth* IHR 2003, 61, 64; Staudinger CISG/*Magnus* 2005, Art. 19 Rn 24; *Schultheiß*, S. 170; *Brunner* 2004, Art. 4 Rn 44; Wolf/Lindacher/Pfeiffer/*Hau* 2009, IntGV Rn 75; Bamberger/Roth Bd. 1/*Saenger* 2007, Art. 19 Rn 3; Ferrari/Kieninger et al./*Mankowski* 2012, Art. 19 Rn 35-36; *Magnus* ZEuP 2002, 523, 533; *Kröll/Hennecke* RIW 2001, 736, 739 ff; *Kühl/Hingst*, in: FS Herber, S. 56-57; *Drasch*, S. 26-27; aA MüKo HGB Bd. 6/*Ferrari* 2007, Art. 19 Rn 15; *Piltz*, Internationales Kaufrecht, S. 138-139; *Verweyen/Foester/Toufar*, S. 81 und 203; *Koch* NJW 2000, 910, 910-911; in diesem Sinne auch *Stadie/Nietzer* MDR 2002, 428, 431, wonach eine andere Lösung schwer möglich ist, da das UN-Kaufrecht keine dem §§ 154, 155 BGB entsprechenden Vorschriften kennt.

1347 Siehe genauer Abschnitt 10.4.2.

1348 Witz/Salger/Lorenz/*Witz* 2000, Art. 19 Rn 4; Honsell/*Dornis* 2010, Art. 19 Rn 41; *Hammerschmidt*, S. 90; Schlechtriem/Schwenzer/*Schlechtriem/Schroeter* 2008, Art. 19 Rn 29.

1349 *Köhler*, Das UN-Kaufrecht, S. 145; *Kröll/Hennecke* RIW 2001, 736, 741; *Hammerschmidt*, S. 100-101. Dies wird nicht dadurch geändert, dass sowohl die UNIDROITdaraus, dass die nationalen Regelungen hinsichtlich der Einbeziehung kollidierender AGB erheblich divergieren[1350] und dass in Bezug auf das UN-Kaufrecht die Theorie des letzten Wortes oft bevorzugt wird[1351]. Somit handelt es sich bei der Restgültigkeitstheorie – zumindest zurzeit – um keinen international anerkannten Handelsbrauch im Sinne von Art. 9 II CISG. Daher kann die Anwendung des Art. 19 CISG nicht durch Art. 9 II CISG verdrängt werden.

Weiterhin besteht eine der Restgültigkeitstheorie entsprechende Gepflogenheit zwischen den Parteien nur in wenigen Fällen. Erstens setzt eine solche Gepflogenheit eine frühere Rechtsbeziehung von gewisser Dauer voraus.[1352] Zweitens müssen sich die Parteien innerhalb dieser Rechtsbeziehung wiederholt auf eine Art und Weise verhalten haben, die dahingehend ausgelegt werden kann, dass die Restgültigkeitstheorie zwischen den Parteien zur Anwendung kommt.[1353] Hierzu genügt nicht, dass die Parteien trotz kollidierender AGB regelmäßig den Vertrag durchgeführt haben, da darin auch eine Zustimmung zu den in dem letzten Angebot enthaltenen AGB gesehen werden kann. Daher erfordert die Annahme einer der Restgültigkeitstheorie entsprechenden Gepflogenheit, dass die Parteien während der Vertragsdurchführung deutlich von den zuletzt unterbreiteten AGB abgewichen sind und sich dabei auf die gesetzlichen Regelungen gestützt haben.[1354] Aus diesem Grund sind die Möglichkeiten, die Problematik kollidierender AGB durch Art. 9 I CISG zu lösen, in der Praxis eingeschränkt.

Principles (Art. 2.1.22) als auch die Principles of European Contract Law (Art. 2:209) im Wesentlichen der Restgültigkeitstheorie folgen (so auch *Köhler*, Das UN-Kaufrecht, S. 145; vgl. auch die entsprechende Diskussion bezüglich des kaufmännischen Bestätigungsschreibens in Abschnitt 6.3.3).

1350 Zu den verschiedenen Ansätzen innerhalb der EU-Mitgliedstaaten siehe *Lando/Beale*, S. 184-185; *Sandvik* JFT 2008, 115, 122-128.

1351 Siehe oben; vgl. auch *Hammerschmidt*, S. 101.

1352 *Brunner* 2004, Art. 9 Rn 3; MüKo HGB Bd. 6/*Ferrari* 2007, Art. 9 Rn 7; Ferrari/Kieninger et al./*Saenger* 2012, Art. 9 Rn 3; vgl. auch Abschnitt 8.3.

1353 Vgl. Schlechtriem/Schwenzer/*Schmidt-Kessel* 2008, Art. 9 Rn 8; Witz/Salger/Lorenz/*Witz* 2000, Art. 9 Rn 17; Honsell/*Melis* 2010, Art. 9 Rn 4: vgl. auch Ferrari/Kieninger et al./*Mankowski* 2012, Art. 19 Rn 37.

1354 *Hammerschmidt*, S. 100; *Kröll/Hennecke* RIW 2001, 736, 741; *Köhler*, Das UN-Kaufrecht, S. 145; aA Schlechtriem/Schwenzer/*Schlechtriem/Schroeter* 2008, Art. 19 Rn 29, denen gemäß es genügt, dass die Parteien früher die Verträge ohne Beanstandung der Kollision von AGB durchgeführt haben.

10.4.1.3.2 Ausschluss des Art. 19 CISG aufgrund von Art. 6 CISG

Die Vertreter einer weiteren Ansicht umgehen die unerwünschten Ergebnisse der Theorie des letzten Wortes durch Anwendung des Art. 6 CISG, nach dem die Parteien das UN-Kaufrecht ausschließen können. Die Vertreter dieser Ansicht sehen in der Vertragsdurchführung trotz kollidierender AGB eine einvernehmliche stillschweigende Abbedingung der Regelung des Art. 19 CISG.[1355] Dieser Ansatz basiert auf der Überlegung, dass die Parteien durch die Vertragsausführung ihren gemeinsamen Willen, trotz kollidierender AGB an den Vertrag auf der Grundlage der übereinstimmenden Bedingungen gebunden sein zu wollen, zum Ausdruck bringen.[1356] Dieser gemeinsame Wille geht entsprechend der im Art. 6 CISG kodifizierten Privatautonomie den Vertragsschlussregeln des UN-Kaufrecht vor[1357] und der Vertrag kommt somit aufgrund der Vertragsausführung zustande. Daher bleiben auch die möglichen Abwehrklauseln ohne Wirkung.[1358]

Sofern die Parteien mit der Vertragsausführung angefangen haben, führt diese Ansicht zu praxisgerechten und dogmatisch gut begründbaren Ergebnissen.[1359] Haben die Parteien jedoch noch nicht mit der Ausführung des Vertrags begonnen, bereitet dieses Lösungsmodell Probleme, da es an einem Verhalten, das mit hinreichender Sicherheit als konkludenter Ausschluss des Art. 19 CISG

1355 AG Kehl NJW-RR 1996, 565, 565-566; Ferrari/Kieninger et al./*Mankowski* 2012, Art. 19 Rn 35; Bamberger/Roth Bd. 1/*Saenger* 2007, Art. 19 Rn 3; Honsell/*Dornis* 2010, Art. 19 Rn 41; *Schwenzer/Mohs* IHR 2006, 239, 244; Kronke/Melis/Schnyder/*Benicke* 2005, Teil B Rn 219; Staudinger CISG/*Magnus* 2005, Art. 19 Rn 25; Schlechtriem/Schwenzer/*Schlechtriem/Schroeter* 2008, Art. 19 Rn 28 und 30; Witz/Salger/Lorenz/*Witz* 2000, Art. 19 Rn 17; *Schlechtriem*, in: FS Herber, S. 46; in diesem Sinne wohl auch BGH IHR 2002, 16, 18. Teilweise wird eine einvernehmliche stillschweigende Abbedingung der Regelung des Art. 19 CISG bereits aufgrund einer (teilweisen) Leistung einer Partei, die die andere Partei vorbehaltlos entgegennimmt oder einvernehmlichen Vorbereitungs- oder Mitwirkungshandlungen der Parteien angenommen (so MüKo Bd. 3/*Gruber* 2012, Art. 19 Rn 20; *Schlechtriem*, in: FS Herber, S. 44-45).

1356 MüKo Bd. 3/*Gruber* 2012, Art. 19 Rn 24; Schlechtriem/Schwenzer/*Schlechtriem/Schroeter* 2008, Art. 19 Rn 30; *Schultheiß*, S. 172; *Kühl/Hingst*, in: FS Herber, S. 57; *Van Alstine*, S. 213; *Holthausen* RIW 1989, 513, 518; vgl. jedoch auch *Schwenzer/Mohs* IHR 2006, 239, 244, nach denen schon die Vereinbarung der Parteien über die essentialia negotii zum Vertragsschluss führt.

1357 *Schlechtriem*, in: FS Herber, S. 46; *Van Alstine*, S. 213.

1358 Witz/Salger/Lorenz/*Witz* 2000, Art. 19 Rn 17; MüKo Bd. 3/*Gruber* 2012, Art. 19 Rn 24.

1359 *Hammerschmidt*, S. 99; *Köhler*, Das UN-Kaufrecht, S. 145-146; *Kröll/Hennecke* RIW 2001, 736, 741; aA *Schultheiß*, S. 173, der an der hinreichenden Deutlichkeit des Ausschlusswillens zweifelt.

gewertet werden könnte, fehlt.[1360] Insbesondere kann in dem Schweigen der anderen Vertragspartei auf die mit der Auftragsbestätigung übersandten AGB weder eine Zustimmung zu ihnen noch ein konkludenter Ausschluss des Art. 19 CISG gesehen werden, da nach Art. 18 I CISG Schweigen allein keine Annahme darstellt.[1361] Somit bleibt Art. 19 CISG bis zum Beginn der Vertragsdurchführung uneingeschränkt anwendbar und führt bei Kollision von AGB zunächst einmal dazu, dass kein Vertragsschluss vorliegt. Daher verbleiben auch nach dieser Ansicht die oben erwähnten problematischen Spekulationsmöglichkeiten der Parteien während des vertragslosen Zustands.

10.4.1.3.3 Anwendung der Restgültigkeitstheorie aufgrund von Art. 8 CISG

Des Weiteren wird das Zustandekommen des Vertrags ohne Anwendung des Art. 19 CISG aus einer entsprechenden Auslegung der auf den Vertragsschluss gerichteten Parteierklärungen gemäß Art. 8 CISG hergeleitet.[1362] Dies ist begründet, weil die Anwendung von Art. 19 CISG voraussetzt, dass es sich nach der Intention der Parteien bei dem Hinweis auf die eigenen AGB tatsächlich um eine rechtlich relevante Modifikation handelt. Zusätzlich müsste es den Parteien bewusst gewesen sein, dass der Vertragsschluss an dieser Modifikation scheitern kann.[1363]

Soweit diese Voraussetzungen nicht erfüllt sind, stellt die Annahme nach dieser Ansicht keine Modifikation des Angebots dar. Somit stimmen die Willenserklärungen überein und führen zum Vertragsschluss. Daher besteht ein rechtsgültiger Vertrag, wenn die Willenserklärungen der Parteien so zu verstehen sind, dass ihnen die AGB lediglich zweitrangig sind und sie den Vertragsschluss nicht an dem Verweis auf die eigenen AGB scheitern lassen wollen.[1364]

1360 *Kröll/Hennecke* RIW 2001, 736, 741; Honsell/*Dornis* 2010, Art. 19 Rn 42; *Hammerschmidt*, S. 84 und 96; Witz/Salger/Lorenz/*Witz* 2000, Art. 19 Rn 19; *Köhler*, Das UN-Kaufrecht, S. 146.

1361 Vgl. *Kühl/Hingst*, in: FS Herber, S. 54; *Kröll/Hennecke* RIW 2001, 736, 741-742.

1362 *Schultheiß*, S. 173-174; *Hammerschmidt*, S. 86; *Kröll/Hennecke* RIW 2001, 736, 742; *Köhler*, Das UN-Kaufrecht, S. 146-148; *Väinölä*, S. 36; auf diese Möglichkeit weisen auch *Achilles* 2000, Art. 19 Rn 5 und *Rudolph* 1996, Art. 19 Rn 13 kurz hin; vgl. auch *Sieg* RIW 1997, 811, 814; vgl. aber auch Ferrari/Kieninger et al./*Mankowski* 2012, Art. 19 Rn 42, der diesen Weg mutig findet.

1363 *Kröll/Hennecke* RIW 2001, 736, 742; *Hammerschmidt*, S. 86; *Köhler*, Das UN-Kaufrecht, S. 146; bezüglich der rechtlichen Relevanz eines Unterschieds vgl. auch Abschnitt 6.2.3.2.

1364 *Kühl/Hingst*, in: FS Herber, S. 54; *Schultheiß*, S. 173-174; vgl. auch *Detzer/Thamm* BB 1992, 2369, 2378.

Die Bestimmung dessen, was die Parteien mit ihrer Erklärungen gemeint haben, richtet sich nach Art. 8 CISG. Zunächst ist nach Art. 8 I CISG der tatsächliche Parteiwille maßgeblich. Wenn er der anderen Vertragspartei nicht bekannt bzw. zumindest erkennbar war, ist gemäß Art. 8 II CISG auf den Empfängerhorizont abzustellen. Sowohl bei der Ermittlung des tatsächlichen als auch des objektiven Parteiwillens ist laut Art. 8 III CISG auf alle erhebliche Umstände zurückzugreifen. Insbesondere die Verhandlungen zwischen den Parteien, die zwischen ihnen entstandenen Gepflogenheiten und das Verhalten der Parteien nach Vertragsschluss sind zu berücksichtigen (Art. 8 III CISG).

Wie oben bereits mehrfach angedeutet, ist den Parteien angesichts der wirtschaftlichen Realität in der Regel der Abschluss des Vertrags wichtiger als die Durchsetzung der eigenen AGB. Daher ist es naheliegend, den Verweis auf die eigenen AGB so auszulegen, dass die Partei zwar am liebsten diese Bedingungen durchsetzen will, aber dadurch vor allem deutlich macht, dass sie sich auf keinen Fall den gegnerischen AGB unterwerfen will. Weiterhin ist normalerweise anzunehmen, dass die Partei lieber auf die eigenen AGB verzichtet und zu den gesetzlichen Regeln als neutrales Instrument gebunden sein will als gar keine vertragliche Bindung zu erreichen. Dies ergibt sich daraus, dass eine Partei lediglich dann zum Bestreiten des Vertragsschlusses neigt, wenn sich der Vertrag als für diese Partei ungünstig erweist.[1365]

Somit erklären beide Parteien von vornherein faktisch, dass sie auf die eigenen AGB zugunsten der gesetzlichen Regelungen verzichten wollen, falls auch die andere Seite eigene AGB vorschlägt und der Vertrag daran zu scheitern droht. Folglich stimmen die Erklärungen miteinander überein vorausgesetzt, dass sich die Parteien ansonsten geeinigt haben. Somit fehlt es an einer Modifikation und Art. 19 CISG greift nicht. Daher kommt der Vertrag durch den Austausch der Willenserklärungen zustande.

Diese Auslegung entspricht in der Regel der Interessenlage und somit dem tatsächlichen bzw. objektiven Willen der Parteien zum Zeitpunkt des Vertragsschlusses, da ein vertragsloser Zustand in der Praxis das letzte ist, was die Parteien wollen.[1366] Daher gilt etwas anderes nur, wenn eine Partei ausdrücklich den

---

1365 *Achilles* 2000, Art. 19 Rn 5; *Kröll/Hennecke* RIW 2001, 736, 742; *Hammerschmidt*, S. 86-87; Schlechtriem/Schwenzer/*Schlechtriem/Schroeter* 2008, Art. 19 Rn 28; *Kramer*, in: FS Welser, S. 557; *Väinölä*, S. 7 und 36; vgl. auch *Schwab*, S. 65 und OLG Köln BB 1980, 1237, 1239-1240 zum deutschen Recht. AA MüKo Bd. 3/*Gruber* 2012, Art. 19 Rn 27, der die Ansicht vertritt, dass nicht angenommen werden kann, dass sich der Sinn der Beifügung eigener AGB in der Regel darauf beschränke, fremde AGB abzuwehren.

1366 *Kröll/Hennecke* RIW 2001, 736, 742; *Achilles* 2000, Art. 19 Rn 5; *Schultheiß*, S. 174. Außerdem entspricht diese Auslegung den Art. 2.1.22 UNIDROIT-Principles und Art.

Vertragsabschluss von der Geltung der eigenen AGB abhängig macht (Ausschließlichkeitserklärung).[1367] Die Partei kann dies entweder schon im Vorfeld oder nach dem Erhalt der modifizierten Annahmeerklärung erklären. Entsprechend Treu und Glauben muss der nachträgliche Widerspruch jedoch unverzüglich erfolgen, da die andere Partei sonst darauf vertrauen darf, dass der Vertragsschluss, wie üblich, auch ihrer Gegenseite wichtiger ist als die Durchsetzung der eigenen AGB. Vor allem gilt dies, wenn die Partei durch aktives Verhalten signalisiert hat, dass sie an den Vertrag gebunden sein will.[1368]

Eine in den AGB enthaltene Abwehr- bzw. Ausschließlichkeitsklausel ist nicht als eine solche Ausschließlichkeitserklärung zu verstehen. Dies ergibt sich daraus, dass standardmäßig benutzen Klauseln weniger Bedeutung als dem individualvertraglich geäußerten Willen beizumessen ist und dass die Abwehrklausel durch stillschweigende Vereinbarung fallengelassen werden kann.[1369] Somit ist nur ein unmissverständlicher, individualvertraglicher Verweis auf die ausschließliche Geltung der eigenen AGB beachtlich.[1370] Angesichts der tatsächlichen Verhältnisse beim Abschluss internationaler Kaufverträge dürften solche Verweise in der Praxis jedoch selten sein.[1371]

Diese Ansicht überzeugt im Vergleich zu den anderen alternativen Lösungsmodellen aus mehreren Gründen. Sie entspricht der Privatautonomie und bietet eine zufriedenstellende dogmatische Begründung für das Zustandekommen des Vertrags trotz kollidierender AGB ohne Anwendung des Art. 19 CISG. Weiterhin löst sie die mit der Kollision von AGB verbundenen Probleme nicht nur nach, sondern auch schon vor dem Beginn der Vertragsausführung, da bereits das Zustandekommen des Vertrags an die Vertragserklärungen anknüpft. Somit werden die treuwidrigen Spekulationsmöglichkeiten verwehrt. Weiterhin hat eine Partei die Möglichkeit, durch Mitteilung gegenüber der anderen Partei zu erklären, dass sie an diese zugrundegelegte Auslegung nicht gebunden sein

---

2:209 Principles of European Contract Law. Mangels anderweitiger Hinweise kann vermutet werden, dass die Erklärungen der Vertragsparteien im Sinne dieser internationalen Klauselwerke zu interpretieren sind. Vgl. aber auch *Köhler*, Das UN-Kaufrecht, S. 145, der diese Ansicht nur für den Fall vertritt, dass die Parteien den Vertrag ausführen.

1367 *Hammerschmidt*, S. 88; *Kröll/Hennecke* RIW 2001, 736, 742; *Sieg* RIW 1997, 811, 814.

1368 *Schlechtriem*, in: FS Herber, S. 44; *Kröll/Hennecke* RIW 2001, 736, 742.

1369 MüKo Bd. 3/*Gruber* 2012, Art. 19 Rn 24; Schlechtriem/Schwenzer/*Schlechtriem* 2004, Art. 19 Rn 20; *Schultheiß*, S. 181; *Hammerschmidt*, S. 89; *Schlechtriem*, in: FS Herber, S. 44-45; vgl. auch Fußnote 1258.

1370 *Sieg* RIW 1997, 811, 814; vgl. auch Witz/Salger/Lorenz/*Witz* 2000, Art. 19 Rn 19.

1371 Vgl. *Hammerschmidt*, S. 88-89.

will, sondern auf der Geltung ihrer eigenen AGB besteht. Somit führt diese Ansicht zu interessengerechten praktischen Ergebnissen.

10.4.2 Inhalt des Vertrags

Wie oben erwähnt, führt die Theorie des letzten Wortes zur Durchsetzung der AGB, auf die als letztes Bezug genommen wurde. Die alternativen Lösungsmodelle favorisieren die Restgültigkeitstheorie, die als interessengerecht angesehen wird.[1372] International wird diese Lösung auch knock-out -rule genannt.[1373]

Nach der Restgültigkeitstheorie werden die übereinstimmenden Klauseln beider AGB Vertragsbestandteil, da sie dem Willen beider Parteien entsprechen. Soweit sich die AGB beider Parteien widersprechen, ist auf die gesetzlichen Regelungen des UN-Kaufrechts (oder des subsidiär anwendbaren nationalen Rechts bei Fehlen einer Regelung im UN-Kaufrecht) bzw. auf entsprechende Handelsbräuche oder Gepflogenheiten zurückzugreifen, die dann an die Stelle der kollidierenden Bedingungen treten.[1374]

Allerdings vertritt *Hammerschmidt*[1375], dass die ersatzweise Anwendung der Bestimmungen des UN-Kaufrechts in bestimmten Fällen zu ungerechten Ergeb-

---

1372 MüKo Bd. 3/*Gruber* 2012, Art. 19 Rn 24; *Hammerschmidt*, S. 105; Ferrari/Kieninger et al./*Mankowski* 2012, Art. 19 Rn 35; *Kühl/Hingst*, in: FS Herber, S. 56.

1373 Vgl. *Berger* ZGS 2004, 415, 420; Schlechtriem/Schwenzer/*Schlechtriem/Schroeter* 2008, Art. 19 Rn 23.

1374 Ferrari/Kieninger et al./*Mankowski* 2012, Art. 19 Rn 35; MüKo Bd. 3/*Gruber* 2012, Art. 19 Rn 21-22; Wolf/Lindacher/Pfeiffer/*Hau* 2009, IntGV Rn 75; Bamberger/Roth Bd. 1/*Saenger* 2007, Art. 19 Rn 3; *Schwenzer/Mohs* IHR 2006, 239, 244; Staudinger CISG/*Magnus* 2005, Art. 19 Rn 24; Kronke/Melis/Schnyder/*Benicke* 2005, Teil B Rn 220; *Schultheiß*, S. 170-171; *Kramer*, in: FS Welser, S. 556; Witz/Salger/Lorenz/*Witz* 2000, Art. 19 Rn 18; *Achilles* 2000, Art. 19 Rn 5; *Schlechtriem*, in: FS Herber, S. 47; *Kühl/Hingst*, in: FS Herber, S. 56; *Väinölä*, S. 36; OLG Düsseldorf 25.7.2003, http://www.cisg-online.ch, case 919, das allerdings feststellt, dass das Ergebnis auch unter Anwendung der Theorie des letzten Wortes das Gleiche wäre. Zum Teil wird sich darauf berufen, dass sich auch der BGH in IHR 2002, 16 der Restgültigkeitstheorie angeschlossen habe (z.B. Schlechtriem/Schwenzer/*Schlechtriem/Schroeter* 2008, Art. 19 Rn 23; *Hesse*, S. 62; vgl. auch *Berger* ZGS 2004, 415, 420). Der BGH hat – genauso wie der OGH in IHR 2002, 74 – jedoch die Entscheidung zwischen der Restgültigkeitstheorie und der Theorie des letzten Wortes offen gelassen, obwohl der BGH eine gewisse Sympathie für die Restgültigkeitstheorie geäußert hat, in dem er auf die Bedenken der Literatur gegen die Theorie des letzten Wortes hinweist (so auch MüKo Bd. 3/*Gruber* 2012, Art. 19 Rn 23; NomosKomm Bd. 2/*Kollmann* 2012, § 305 Rn 115; *Ventsch/Kluth* IHR 2003, 61, 64; *Hammerschmidt*, S. 119).

1375 *Hammerschmidt*, S. 107-108 und 111-120.

nissen führt und daher eine Korrektur notwendig ist. Sie begründet dies damit, dass es zur Störung des durch Verhandlungen erreichten vertraglichen Gleichgewichts kommen kann, wenn im Nachhinein nur die Nebenbestimmungen, aber nicht die Hauptvertragsbestandteile wie der Preis, auf die der Inhalt von Nebenbedingungen Einfluss hat, geändert werden.[1376]

Deshalb schlägt *Hammerschmidt* eine unterschiedliche Behandlung von erheblichen und geringen Abweichungen vor. Die Gefahr der Verschiebung des vertraglichen Gleichgewichts soll es nur hinsichtlich der geringen Abweichungen geben, da den Parteien eine erhebliche Abweichung aufgefallen und durch Verhandlungen beseitigt worden wäre, wenn eine oder beide Parteien der jeweiligen Klausel eine wesentliche Bedeutung beigemessen hätten. Daraus zieht sie den Schluss, dass solche Klauseln, die trotz des erheblichen Widerspruchs unausgehandelt geblieben sind, keinen wesentlichen Einfluss auf das vertragliche Gleichgewicht haben. Daher kann es auch zu keiner Verschiebung des Gleichgewichts kommen, wenn diese Klauseln durch das UN-Kaufrecht ersetzt werden.[1377]

Nach *Hammerschmidt* greift die Anwendung der Regelungen des UN-Kaufrechts bei geringen Abweichungen von vornherein stärker in die Parteiautonomie ein, da es den Parteien „fast gelungen ist, Übereinstimmung zu erreichen" und „der geringe Widerspruch zwischen den Klauseln beider Seiten im Ergebnis nicht entscheidend war", sondern den Parteien „genügte vielmehr die Gewissheit, dass jedenfalls nicht die parallele Bestimmung des UN-Kaufrechts zur Anwendung gelangt". Zu Ungerechtigkeiten führt dies ihrer Meinung nach vor allem dann, wenn zwischen der Regelung des UN-Kaufrechts und den nahezu gleichen Vorschlägen der Vertragsparteien ein großer Unterschied besteht. Daher soll aufgrund Berücksichtigung von Treu und Glauben eine Regelung, die sich möglichst stark an die Klauselvorschläge beider Parteien annähert und somit die Verschiebung des vertraglichen Gleichgewichts verhindert, anstatt der entsprechenden Regelung des UN-Kaufrechts Anwendung finden.[1378]

In der Praxis bedeutet dies nach *Hammerschmidt*, dass außerhalb der partiellen Übereinstimmung der Bedingungen beider Parteien eine in der Mitte der Parteivorschläge liegende Regelung anzuwenden ist. Wenn z.B. die Verkaufsbedingungen eine Gewährleistung von drei Jahren gestatten und die Einkaufsbedingungen von einer Gewährleistung von vier Jahren ausgehen, soll anstatt der gesetzlichen Frist von zwei Jahren (Art. 39 II CISG), ein Mittelweg zwischen

1376 *Hammerschmidt*, S. 107-108.

1377 *Hammerschmidt*, S. 111-112.

1378 *Hammerschmidt*, S. 112-113 und 118.

den Parteivorschlägen und somit eine Frist von 3,5 Jahren angenommen werden.[1379]

Der Vorschlag von *Hammerschmidt* ist aus mehreren, sowohl praktischen als auch dogmatischen Gründen abzulehnen. Die von ihr vorgeschlagene unterschiedliche Behandlung von erheblichen und geringen Abweichungen erscheint im Lichte der Realität des unternehmerischen Geschäftsverkehrs künstlich. Wie in Abschnitt 10.1 erwähnt, verzichten die Parteien oft bewusst auf die Verhandlungen über die kollidierenden AGB. Soweit die Vertragsparteien den Inhalt der gegnerischen AGB nicht genau kennen, worauf auch *Hammerschmidt* selbst hinweist[1380] und darüber auch nicht verhandeln wollen, ist es realitätsfern zu behaupten, dass die Parteien im Falle einer lediglich geringen Abweichung fast eine Übereinstimmung erreicht und dass sie im Falle einer erheblichen Abweichung der jeweiligen Klausel keine wesentliche Bedeutung beigemessen hätten.

Aus diesem Grund überzeugt auch das Argument nicht, dass die Anwendung des UN-Kaufrechts an Stelle der sich widersprechenden AGB-Klauseln in den erstgenannten Fällen zu einer Verschiebung des vertraglichen Gleichgewichts führen würde. Vielmehr ist zu vermuten, dass jede Partei bei den Verhandlungen über die Hauptvertragsbestandteile wie den Preis von der Geltung des Gesetzesrechts bzw. von der Geltung der eigenen AGB ausgeht, was wiederum dazu führt, dass das Verhandlungsergebnis von vornherein einen mittleren Kompromiss darstellt. Zudem ist zu mutmaßen, dass sich die Vertragsparteien in manchen Fällen der Kollision nicht bewusst sind bzw. sich keine Gedanken darüber machen.[1381] Somit können die kollidierenden AGB keinen Einfluss auf den Inhalt der Einigung über die essentialia negotii haben. Unter diesen Umständen wird das vertragliche Gleichgewicht nicht verschoben, wenn die gesetzlichen Regelungen zur Anwendung kommen.

Selbst wenn das vertragliche Gleichgewicht verschoben würde, wäre das Ergebnis mit Blick auf die von Unternehmen erwartete erhöhte Selbstverantwortung gerecht. Dies ist darauf zurückzuführen, dass die Parteien das Kollisionsproblem als Ganzes durch explizites Abklären, welche von den beiden AGB gelten, hätten beseitigen können. Außerdem gewährt es Rechtssicherheit, wenn sich die Parteien von vornherein darauf einstellen können, dass das gesetzliche Recht an Stelle der kollidierenden AGB tritt. Um den von *Hammerschmidt* bevorzugten mittlere Weg herauszufinden, müssten die Parteien dagegen beide AGB durchlesen und analysieren. Zusätzlich wäre das Ergebnis immer unterschied-

1379 *Hammerschmidt*, S. 116-117.

1380 Vgl. z.B. *Hammerschmidt*, S. 39.

1381 Vgl. Ferrari/Kieninger et al./*Mankowski* 2012, Art. 19 Rn 34; *Hesse*, S. 63; *Väinölä*, S. 6.

lich. Dies entspricht nicht dem Bedürfnis der Praxis nach schnell auffindbaren, einfachen und eindeutigen Antworten[1382] und kann auch daher nicht unterstützt werden.

Weiterhin sind die von *Hammerschmidt* beschriebenen Situationen, in denen dem Vertragspartner des AGB-Verwenders eine AGB-Klausel günstiger als die entsprechende gesetzliche Regelung ist, in der Praxis vermutlich relativ selten. Dies ergibt sich aus der Logik der Verwendung von AGB, da der Verwender in der Regel durch die AGB versucht, Vorteile für sich zu schaffen. Daher befinden sich die sich widersprechenden Bedingungen beider Parteien öfters auf der jeweils unterschiedlichen Seite der gesetzlichen Regelung.[1383]

Soweit die sich widersprechenden Bedingungen beider Parteien auf der gleichen Seite der gesetzlichen Regelung sind, bietet schon die Restgültigkeitstheorie ohne ergänzende Korrekturen eine zufriedenstellende Lösung. Das Vorliegen und der Umfang der Übereinstimmung sind unter Anwendung des UN-Kaufrechts aufgrund einer Gesamtwürdigung aller einschlägigen Regelungen und der beiderseitigen Interessen der Parteien zu ermitteln.[1384] Daher kann automatisch weder von der Geltung des gemeinsamen Minimums noch von einem Widerspruch aufgrund der unterschiedlichen Wortlaute ausgegangen werden.

Jedoch ist jede Partei nach Treu und Glauben (Art. 7 I CISG) grundsätzlich an die eigene Erklärungen gebunden und darf sich daher nicht missbräuchlich auf eine Kollision von AGB berufen, um von den eigenen Vertragserklärungen abzuweichen und die Geltung des günstigeren Gesetzesrechts zu erhalten.[1385] Da der Wille des Käufers in dem von *Hammerschmidt* erwähnten Beispielsfall auch die vom Verkäufer vorgeschlagenen Frist mit umfasst[1386], ist in der Regel davon auszugehen, dass die Parteien eine Gewährleistungsfrist von drei Jahren verein-

---

1382 Vgl. *Dauner-Lieb*, Schuldrecht aktuell, S. 3.

1383 Vgl. Abschnitt 1.1 und 10.1.

1384 Vgl. BGH IHR 2002, 16, 19; Schlechtriem/Schwenzer/*Schlechtriem/Schroeter* 2008, Art. 19 Rn 35; in diesem Sinne auch Kronke/Melis/Schnyder/*Benicke* 2005, Teil B Rn 220.

1385 Vgl. *Hammerschmidt*, S. 115; in diesem Sinne wohl auch BGH IHR 2002, 16, 19; vgl. weiterhin auch Ferrari/Kieninger et al./*Saenger* 2012, Art. 7 Rn 6; vgl. ferner auch *Miethaner*, S. 261; siehe auch OLG Koblenz 3.3.2011, BeckRS 2011, 05667, nach dem sich der Verwender nicht wegen der von ihm selbst eingeführten Formularbestimmungen auf die Inhaltskontrolle berufen kann, da die Inhaltskontrolle nur zugunsten des Vertragspartners des Verwenders eingreift.

1386 Vgl. Schlechtriem/Schwenzer/*Schlechtriem/Schroeter* 2008, Art. 19 Rn 20; *Schlechtriem*, in: FS Herber, S. 47, der eine nachträgliche Unterwerfung unter die gegnerischen Bedingungen zulassen will, wenn durch Auslegung ermittelt werden kann, dass die Vertragsschlusserklärung einer Partei auch den Erklärungsinhalt der gegnerischen Bedingung mit umfasst.

bart haben. Somit fehlt es innerhalb dieser partiellen Übereinstimmung an einem Widerspruch und die ersatzweise Geltung des UN-Kaufrechts kommt nicht in Frage.[1387]

Dagegen ist die von *Hammerschmidt* vorgeschlagene Lösung, außerhalb der partiellen Übereinstimmung den mittleren Weg zwischen den Parteivorschlägen zu begehen und somit eine Gewährleistungsfrist von 3,5 Jahren einzuräumen, nicht begründet. Der Käufer kann höchstens mit einer Gewährleistungsfrist von drei Jahren rechnen, soweit die gegnerischen AGB ihm überhaupt bekannt sind. Vor allem trifft aber die von *Hammerschmidt* vorgebrachte Begründung, dass der mittlere Weg der Parteiautonomie entspreche, nicht zu, da der Verkäufer nie eine längere Gewährleistungsfrist als die in seinen AGB enthaltenen drei Jahren versprochen hat. Deshalb kann nicht davon ausgegangen, dass er mit einer längeren Frist einverstanden wäre. Stattdessen würde der mittlere Weg den Käufer unbegründet begünstigen, da der Verkäufer keine Leistung gegen diese Fristverlängerung außerhalb seines Willens bekommt. Somit führt die von *Hammerschmidt* vorgeschlagene Lösung entgegen ihrer Behauptung zu einer Verschiebung des vertraglichen Gleichgewichts, soweit die AGB überhaupt Einfluss auf den sonstigen Inhalt des Vertrags gehabt haben. Andererseits gibt es keinen Grund für eine ersatzweise Geltung der gesetzlichen Gewährleistungsfrist von zwei Jahren. Stattdessen behauptet sich die auf dem übereinstimmenden Willen beider Parteien beruhende Frist von drei Jahren in allen Fällen und erlangt somit aufgrund der Restgültigkeitstheorie Geltung.

Zusammenfassend lässt sich feststellen, dass die ersatzweise Anwendung der Bestimmungen des UN-Kaufrechts an der Stelle der sich widersprechenden AGB-Klauseln beider Parteien nicht zu ungerechten Ergebnissen führt. Allerdings stellt sich im Rahmen der Restgültigkeitstheorie die Frage hinsichtlich der Geltung der Ergänzungsklauseln, also hinsichtlich solcher Bedingungen, die eine vom dispositiven Recht abweichende Regelung beinhalten, zu denen es aber keine korrespondierende Klausel in den AGB der anderen Partei gibt und die somit lediglich in AGB einer Vertragspartei angesprochen werden.[1388] Die diesbezüglichen Meinungen in der Literatur unterscheiden sich erheblich.

Teilweise wird vertreten, dass die Ergänzungsklauseln Vertragsbestandteil werden, wenn die andere Partei sie nicht durch eine Abwehrklausel ausschließen.[1389] *Schultheiß* begründet dies damit, dass der Zweck der AGB-Verwen-

1387 Vgl. aber auch *Väinölä*, S. 64, die davon auszugehen scheint, dass alle Klauseln, die nicht direkt (wörtlich) übereinstimmen, durch die Bestimmungen des UN-Kaufrechts bzw. des subsidiär anwendbaren nationalen Rechts zu ersetzen sind.

1388 Vgl. *Schlechtriem*, in: FS Herber, S. 48; *Schultheiß*, S. 182; Ferrari/Kieninger et al./*Mankowski* 2012, Art. 19 Rn 43; zum deutschen Recht siehe Abschnitt 10.2.2.

1389 MüKo Bd. 3/*Gruber* 2012, Art. 19 Rn 21; *Schultheiß*, S. 183; OGH IHR 2002, 74, 76.

dung, Geschäftsabläufe zu rationalisieren und die eigene rechtliche Position zu verbessern, unterlaufen würde, wenn auch die Ergänzungsklauseln ausgeschlossen würden.[1390]

Diese Argumentation erscheint jedoch abwegig, da sie der Begründung des Vertragsabschlusses trotz Kollision von AGB zuwiderläuft. Wie oben aufgeführt, kommt der Vertrag trotz kollidierender AGB zustande, weil die Parteien durch den Verweis auf die eigenen AGB vor allem deutlich machen, dass sie sich einerseits auf keinen Fall den gegnerischen AGB unterwerfen wollen, aber andererseits lieber auf die eigenen AGB zugunsten der gesetzlichen Regeln verzichten als den Vertrag gänzlich scheitern zu lassen. Daher kann nicht angenommen werden, dass eine Partei trotz des Verweises auf die eigenen AGB die Ergänzungsklauseln ihrer Gegenpartei ohne weiteres annehmen möchte.

Deshalb überzeugt vielmehr die Gegenmeinung, nach der Ergänzungsklauseln in der Regel nicht Vertragsbestandteil werden.[1391] Dies ergibt sich aus dem Grundsatz, dass das dispositive Recht die Vertragserklärungen der Parteien ergänzt, soweit diese zu bestimmten Themen schweigen. Somit besteht bei den von dem dispositiven Recht abweichenden Ergänzungsklauseln ein Widerspruch.[1392] Die Entscheidung der anderen Vertragspartei zugunsten des Gesetzesrechts kann entweder bewusst oder unbewusst sein.[1393] Abweichend von dieser Grundregel wird eine Ergänzungsklausel in den Vertrag einbezogen, wenn ihr Inhalt den Parteigepflogenheiten oder einen Handelsbrauch entspricht und sie somit nach Art. 9 CISG Geltung vor dem Gesetzesrecht beansprucht.[1394]

Weiterhin wird zum Teil für möglich gehalten, dass auch solche Ergänzungsklauseln, die aus sonstigen Gründen durch Auslegung als Erklärungsinhalt der Vertragsschlusserklärung der anderen Partei gesehen werden können, Ver-

---

1390 *Schultheiß*, S. 183.

1391 BGH IHR 2002, 16, 18-19; Schlechtriem/Schwenzer/*Schlechtriem/Schroeter* 2008, Art. 19 Rn 19 und 35; Witz/Salger/Lorenz/*Witz* 2000, Art. 19 Rn 18; *Schlechtriem*, in: FS Herber, S. 48-49; *Väinölä*, S. 35; in diesem Sinne wohl auch Ferrari/Kieninger et al./*Mankowski* 2012, Art. 19 Rn 43, nach dem eine Ergänzungsklausel zur Geltung kommen kann, wenn den Erklärungen der anderen Partei kein formeller oder inhaltlicher Widerspruch entnommen werden kann.

1392 Schlechtriem/Schwenzer/*Schlechtriem/Schroeter* 2008, Art. 19 Rn 19 und 35; *Schlechtriem*, in: FS Herber, S. 48; *Väinölä*, S. 35; vgl. auch BGH IHR 2002, 16, 19; *Schmidt-Kessel/Meyer* IHR 2008, 177, 179.

1393 Vgl. Ferrari/Kieninger et al./*Mankowski* 2012, Art. 19 Rn 43.

1394 Schlechtriem/Schwenzer/*Schlechtriem/Schroeter* 2008, Art. 19 Rn 20; Witz/Salger/Lorenz/*Witz* 2000, Art. 19 Rn 18.

tragsbestandteil werden.[1395] In der Praxis könnten dies vor allem solche Klauseln sein, die die Gegenpartei begünstigen.[1396]

In Anbetracht des Verständnisses der AGB als gesamtes Klauselwerk[1397] kann die Frage, ob einer Ergänzungsklausel widersprochen worden ist oder ob sie als Erklärungsgehalt der Vertragsschlusserklärung der anderen Partei gesehen werden kann, nicht losgelöst für einzelne Klauseln beantwortet werden. Somit ist im Anwendungsbereich des UN-Kaufrechts eine Gesamtwürdigung aufgrund aller einschlägigen Bedingungen geboten.[1398]

In der Regel kann nicht angenommen werden, dass der AGB-Verwender die für die Gegenpartei günstigen Klauseln gegen sich gelten lassen möchte – zumindest nicht, ohne im Gegenzug in den Genuss der für ihn günstigen Bedingungen zu gelangen. Weiterhin kann nicht ohne weiteres davon ausgegangen werden, dass der Vertragspartner des AGB-Verwenders die für sich nachteiligen Bedingungen plötzlich hinnehmen würde, wenn er durch den Verweis auf die eigenen AGB zum Ausdruck gebracht hat, dass er sich nicht den gegnerischen AGB unterwerfen will.[1399] Somit ist in der Regel von einem Widerspruch auszugehen, was dazu führt, dass die Ergänzungsklauseln in diesen Fällen durch dispositives Gesetzesrecht ersetzt werden.

Zusammenfassend lässt sich feststellen, dass die Restgültigkeitstheorie (inklusive dieser von dem deutschen Recht abweichenden Besonderheit) in Bezug auf das UN-Kaufrecht zu bevorzugen ist. Der einzige problematische Aspekt dieser Lösung scheint zu sein, dass die Einbeziehung der AGB bei der Restgültigkeitstheorie hinsichtlich der einzelnen Klauseln und nicht hinsichtlich des gesamten Klauselwerks beurteilt werden muss. Dieses Problem wird in der Literatur wahrscheinlich deshalb nicht erwähnt, weil der Begriff der AGB, wie in Abschnitt 5.1.2 erwähnt, in Bezug auf das UN-Kaufrecht kaum behandelt wird. Es ist zu vermuten, dass die Autoren der deutschsprachigen Literatur mangels besonderer Thematisierung des Begriffs automatisch von dem deutschen AGB-Begriff ausgehen und Ihnen dieses Problem somit nicht auffällt.

1395 Schlechtriem/Schwenzer/*Schlechtriem* 2004, Art. 19 Rn 19-20; in diesem Sinne wohl auch *Verweyen/Foester/Toufar*, S. 83.

1396 Vgl. *Schlechtriem*, in: FS Herber, S. 48 und Abschnitt 10.2.2 zum deutschen Recht.

1397 Vgl. Abschnitt 5.1.2.

1398 BGH IHR 2002, 16, 19; Schlechtriem/Schwenzer/*Schlechtriem/Schroeter* 2008, Art. 19 Rn 35; Kronke/Melis/Schnyder/*Benicke* 2005, Teil B Rn 220; *Ventsch/Kluth* IHR 2003, 61, 64; *Schmidt-Kessel/Meyer* IHR 2008, 177, 179; in diesem Sinne wohl auch *Verweyen/Foester/Toufar*, S. 83.

1399 BGH IHR 2002, 16, 19; Schlechtriem/Schwenzer/*Schlechtriem* 2004, Art. 19 Rn 21; *Huber/Kröll* IPRax 2003, 309, 311; MüKo Bd. 3/*Gruber* 2012, Art. 19 Rn 21; in diesem Sinne auch Kronke/Melis/Schnyder/*Benicke* 2005, Teil B Rn 220.

Obwohl die triftigeren Gründe im Allgemeinen für die Behandlung der AGB als Gesamtheit auf der Einbeziehungsebene sprechen[1400], ist es begründet, im Zusammenhang mit der Einbeziehung von kollidierenden AGB eine Ausnahme zu machen. Dies ist, genauso wie in Bezug auf das finnische Recht, durch die bessere Rücksichtnahme auf die beiderseitigen Interessen der Parteien – also durch die Privatautonomie – zu rechtfertigen.

10.5 Rechtsvergleichung

Wegen der Verbreitung der Verwendung von AGB werden die Kollisionen von AGB in der Praxis des unternehmerischen Geschäftsverkehrs immer üblicher. Genauso üblich ist, dass die Parteien auf eine ausdrückliche Behandlung des Kollisionsproblems vor dem Vertragsschluss verzichten. Daher ist die rechtliche Lösung des Problems von zentraler Bedeutung, wenn die Vertragsabwicklung nicht reibungslos verläuft.

Da es in keiner der zu behandelnden Rechtssysteme eine gesetzlich festgeschriebene Lösung für die Einbeziehung kollidierender AGB gibt, muss sie durch Rückgriff auf die allgemeinen Regeln des Vertragsrechts des jeweiligen Rechtssystems gefunden werden. Das gemeinsame Bestreben aller drei Rechtssysteme geht dahin, den Vertragsschluss – zumindest nach der begonnenen Vertragsausführung – an der Kollision von AGB nicht scheitern zu lassen. Dies ist begründet, da es in der Regel dem Willen (redlicher) Vertragsparteien entspricht.

Der für die Praxis wesentlichste Unterschied zwischen dem deutschen Recht einerseits und dem finnischen und dem UN-Kaufrecht andererseits scheint darin zu bestehen, dass der BGH klar Stellung zu der Einbeziehung kollidierender AGB genommen hat. Hinsichtlich des finnischen Rechts fehlen die höchstrichterlichen Entscheidungen und bezüglich des UN-Kaufrechts variieren die Lösungen abhängig davon, in welchem Land der Rechtsstreit entschieden wird. Somit scheint die Anwendung des deutschen Rechts den Parteien des unternehmerischen Geschäftsverkehrs mehr Rechtssicherheit anzubieten als das finnische Recht oder das UN-Kaufrecht.

Allerdings wird die Rechtsprechung des BGH in der deutschen Literatur häufig und begründet kritisiert. Dies ist darauf zurückzuführen, dass der BGH an der Anwendung des § 150 II BGB (Theorie des letzten Wortes) grundsätzlich festgehalten hat und dessen Anwendbarkeit lediglich soweit eingeschränkt hat als die AGB des (ersten) Anbietenden eine Abwehrklausel enthalten oder er

---

1400 Siehe Abschnitt 5.1.2.

sonst erklärt, dass er den Vertrag nur zu seinen eigenen AGB abschließen will. Soweit die Theorie des letzten Wortes keine Anwendung findet, ist der Vertragsinhalt nach dem BGH durch das Prinzip der Kongruenzgeltung zu definieren.

Nach der in der Literatur vertretenen Ansicht ist die Lösung des Kollisionsproblems durch eine Umkehrung des § 154 I BGB zu suchen. Der Vertrag kommt zustande aufgrund des diesbezüglichen gemeinsamen Willens der Parteien und zwar unabhängig davon, ob die AGB des (ersten) Anbietenden eine Abwehrklausel enthalten. Der Inhalt des Vertrags ist durch das Prinzip der Kongruenzgeltung zu definieren. Lediglich eine von der anderen Vertragspartei akzeptierte unmissverständliche individualvertragliche Äußerung dahingehend, dass die Geltung der eigenen AGB eine Wirksamkeitsvoraussetzung des Vertrags ist, führt zur Anwendung des § 150 II BGB (Theorie des letzten Wortes). Mangels einer entsprechenden Akzeptanz scheitert der Vertrag wegen des offenen Dissenses.

Es ist möglich, dass sich die Rechtslage in Zukunft in die Richtung der in der Literatur vertretenen Ansicht ändert. In Bezug auf die gegenwärtige BGH-Rechtsprechung ist den Vertragsparteien jedoch zu empfehlen, dass sie bei der Anwendbarkeit des deutschen Rechts immer eine Abwehrklausel verwenden, um die Anwendung der Theorie des letzten Wortes zu vermeiden.[1401] Dies bedeutet insbesondere für die finnische Vertragspartei eine Änderung, da Abwehrklauseln in Finnland nicht so üblich wie in Deutschland sind.

Wie oben erwähnt, gibt es in Finnland keine höchstrichterliche Rechtsprechung zu der Einbeziehung kollidierender AGB. Weiterhin hat sich in der Literatur keine überwiegende, geschweige denn eine einheitliche Auffassung herausgebildet. Deshalb ist es genauso möglich, dass der KKO in einem konkreten Fall entweder aufgrund von § 6 I OikTL zu einer der Theorie des letzten Wortes entsprechenden Lösung kommt wie dass er sich eine von den in der Literatur beschriebenen alternativen Lösungen aneignet. Das Berufen auf § 6 II OikTL ist dagegen wegen der praktischen Schwierigkeiten höchst unwahrscheinlich. Wegen der für das finnische Recht typischen konkret-individuellen Betrachtungsweise ist es auch denkbar, dass sich der KKO auf keine Lösungsalternative festlegt, sondern jeden Kollisionsfall – trotz der daraus folgenden Rechtsunsicherheit – unter Einbeziehung aller relevanten Umstände des jeweiligen Einzelfalles löst.[1402]

Obwohl aus diesen Gründen mit Sicherheit nur gesagt werden kann, dass ein Vertrag trotz Kollision von AGB nach der Vertragsausführung besteht, scheint

1401 Vgl. *Küpper* ZGS 2009, 117, 126; *Schmidt* NJW 2011, 3329, 3333.

1402 Vgl. *Karhu*, in: Oikeusjärjestys III, S. 44-45; *Ramberg/Ramberg*, S. 145; *Hemmo*, Sopimusoikeus I, S. 179; *Karhapää*, S. 71-72, die eine flexible Lösung bevorzugen.

es im Lichte der allgemeinen Erfahrungen im finnischen Recht wahrscheinlich, dass die Parteien das Zustandekommen des Vertrags aufgrund der Kollision von AGB lediglich umgehend nach der Austausch der die essentialia negotii beinhaltenden Willenserklärungen bestreiten können. Deshalb müssen die Vertragsparteien gegebenenfalls unmittelbar nach dem Austausch der Willenserklärungen widersprechen, soweit sie nicht an dem Vertrag gebunden sein wollen, wenn das finnische Recht anwendbar ist. Da die Bedeutung von Abwehrklauseln im finnischen Recht äußerst unklar ist, können sich die Parteien hierbei nicht auf eine in den eigenen AGB enthaltene Abwehrklausel verlassen.

Im UN-Kaufrecht wird die Kollision von AGB traditionell durch strikte Anwendung des Art. 19 CISG gelöst. In der Praxis führt dies zur Anwendung der Theorie des letzten Wortes. Diese Lösung wird vor allem in deutschsprachiger Literatur wegen der zufälligen Bevorzugung einer Partei und der eröffneten Spekulationsmöglichkeiten kritisiert. Diese Kritik ist meines Erachtens gerechtfertigt.

Weil die Parteien in der Regel höheren Wert auf den Vertragsschluss als auf die Geltung der eigenen AGB legen, sind ihre auf den Vertragsschluss gerichteten Willenserklärungen entsprechend Art. 8 CISG übereinstimmend auszulegen. Somit kommt der Vertrag mit der Annahme zustande und sein Inhalt ist durch die von deutschen Autoren favorisierte und den Parteiinteressen besser entsprechende Restgültigkeitstheorie zu bestimmen.

Allerdings bleibt es in Anbetracht der weit verbreiteten traditionellen Auffassung abzuwarten, ob sich die Restgültigkeitstheorie auch in der Rechtsprechung durchsetzt. Bisher ist keine gesicherte, einheitliche Rechtsprechung in dieser Richtung zu erkennen.[1403] Im Lichte der in Abschnitt 4.3 beschriebenen Tendenz der nationalen Gerichte auf das eigenen nationale Recht zurückzugreifen, dürfte dies eher in den Staaten der Fall sein, die in ihrem nationalen Recht eine der Restgültigkeitstheorie entsprechenden Lösung folgen, als in solchen Staaten, die die Theorie des letzten Wortes anwenden.[1404]

Für den unternehmerischen Geschäftsverkehr zwischen Deutschland und Finnland bedeutet dies, dass die Parteien im Rahmen des UN-Kaufrechts nicht auf die Anwendbarkeit der Restgültigkeitstheorie vertrauen können. Im Falle der Geltung der Theorie des letzen Wortes sollte jede Partei im eigenen Interesse versuchen, zuletzt Bezug auf die eigenen AGB zu nehmen. Somit sollte der

---

1403 MüKo Bd. 3/*Gruber* 2012, Art. 19 Rn 25; *Handorn*, S. 24; *Stürner*, in: AGB im Spannungsfeld, S. 159; *Kröll/Hennecke* RIW 2001, 736, 743; vgl. auch BGH IHR 2002, 16 und OGH IHR 2002, 74, die die Entscheidung zwischen der Restgültigkeitstheorie und der Theorie des letzten Wortes offen gelassen haben, obwohl der BGH eine gewisse Sympathie für die Restgültigkeitstheorie geäußert hat.

1404 So auch *Kröll/Hennecke* RIW 2001, 736, 743.

Verkäufer, nachdem der Käufer sein Angebot unter Verweis auf die eigenen AGB annimmt, vor der Versendung der Ware verlangen, dass der Käufer den Abschluss des Vertrags noch einmal bedingungslos bestätigt. Der Käufer sollte hingegen bei der Entgegennahme der Ware noch einmal auf seine AGB hinweisen, um die Anwendung der Verkäufer-AGB zu verhindern. Des Weiteren ist die Verwendung von Abwehrklauseln zu empfehlen.[1405]

Somit lässt sich zusammenfassen, dass die Einbeziehung kollidierender AGB sowohl nach dem UN-Kaufrecht als auch nach dem finnischen Recht durch eine starke Unsicherheit gekennzeichnet ist. Um diese Unsicherheit auszuschließen, sollten die Vertragsparteien im unternehmerischen Geschäftsverkehr zwischen Deutschland und Finnland unbedingt darauf achten, dass sie eine Einigung über den Vertragsinhalt einschließlich aller AGB erzielen. Alternativ können sie vereinbaren, wie das Kollisionsproblem zu lösen ist, also (nach der hier vertretenen Ansicht) dass diejenigen Klauseln beider Parteien, die inhaltlich nicht übereinstimmen, nicht zur Anwendung kommen sollten und stattdessen die gesetzlichen Vorschriften (vorrangig des UN-Kaufrechts und ergänzend des jeweils subsidiär anwendbaren nationalen Rechts) gelten.[1406] Auf jeden Fall ist es ratsam, entscheidende Fragen, wie Rechtswahl- und Gerichtsstandsklauseln, Haftungsausschlüsse und Abwehrklausel, individualvertraglich zu vereinbaren, soweit die Verhandlungssituation dies erlaubt, obwohl es in der Praxis mehr Arbeit in diesem Stadium bedeutet.[1407]

Zukünftig ist in Bezug auf alle drei Rechtssysteme wesentlich, obwohl momentan noch umstritten, dass der Vertrag trotz Kollision von AGB bereits mit der Annahme des Angebots und nicht erst durch die Ausführung des Vertrags zustande kommt. Dies ergibt sich daraus, dass der gemeinsame Wille der Parteien zum Vertragsschluss schon in der Einigung über die essentialia negotii zum Ausdruck kommt und dass eine andere Vorgehensweise unerwünschte Spekulationsmöglichkeiten öffnet, da sich eine Partei bis zur Vertragsausführung von dem Vertrag einseitig lösen kann. Dabei sollte einer in den AGB enthaltenen Abwehrklausel keine Bedeutung zukommen, weil die Parteien schon durch die Bezugnahme auf die eigenen AGB zum Ausdruck bringen, dass sie die AGB der Gegenseite nicht ohne weiteres anerkennen.

1405 Vgl. *Kröll/Hennecke* RIW 2001, 736, 743; Witz/Salger/Lorenz/*Witz* 2000, Art. 19 Rn 21.

1406 So auch bezüglich des finnischen Rechts *Saarnilehto*, Talentum, S. 26-27; *Väinölä*, S. 83; *Karhapää*, S. 70 und bezüglich des UN-Kaufrechts *Verweyen/Foester/Toufar*, S. 82 und 203; Witz/Salger/Lorenz/*Witz* 2000, Art. 19 Rn 21; vgl. auch *Graf von Bernstorff*, Vertragsgestaltung, S. 275.

1407 So auch *Ventsch/Kluth* IHR 2003, 61, 64.

Idealerweise wäre der Inhalt des Vertrags im Falle kollidierender AGB in allen drei Rechtssystemen durch einen im Großen und Ganzen dem Prinzip der Kongruenzgeltung des deutschen Rechts entsprechenden Ansatz zu bestimmen. Dies ist darauf zurückzuführen, dass die Theorie des letzten Wortes unbegründet eine Partei auf Kosten der anderen begünstigt, obwohl beide Parteien für die Kollisionssituation verantwortlich sind. Weiterhin führt die Theorie des letzten Wortes in manchen Fällen zu zufälligen Ergebnissen, da es demnach entscheidend ist, welche Partei das Angebot unterbreitet und welche annimmt. Zudem kann sie ein Ping-Pong -Spiel auslösen, in dem beide Parteien versuchen, das letzte Wort zu behalten.

Das Gegenstück des deutschen Prinzips der Kongruenzgeltung wird im finnischen Recht als Knock-out -Lösung und im UN-Kaufrecht als Restgültigkeitstheorie (international knock-out -rule) bezeichnet. Eine solche Lösung ist auch im finnischen und im UN-Kaufrecht zu bevorzugen, obwohl sie für diese Rechtssysteme insofern eine Abweichung von der normalen Grundregel bedeutet, dass die AGB-Klauseln schon auf der Einbeziehungsebene einzeln (anstatt als eine Gesamtheit) behandelt werden. Diese Ausnahme ist wegen der der Privatautonomie entsprechenden, besseren Rücksichtnahme der beiderseitigen Interessen der Parteien gerechtfertigt.

Die Knock-out -Lösung und die Restgültigkeitstheorie entsprechen im Grunde genommen dem Prinzip der Kongruenzgeltung des deutschen Rechts. Somit werden die übereinstimmenden Klauseln beider AGB Vertragsbestandteil und die sich widersprechenden Klauseln werden durch die gesetzlichen Regelungen ersetzt. Ein wesentlicher Unterschied besteht jedoch in der Behandlung von Ergänzungsklauseln.

Im deutschen Recht hängt die Geltung von Ergänzungsklauseln davon ab, ob diesbezüglich ein stillschweigendes Einvernehmen der Gegenseite angenommen werden kann. Nach der BGH-Rechtsprechung ist kein solches Einverständnis vorhanden, soweit die AGB eine Abwehrklausel beinhalten. In der deutschen Literatur wird jedoch teilweise vertreten, dass der gemeinsame Wille der Parteien trotz einer Abwehrklausel gilt. Wichtig ist, dass das Vorhandensein eines Einverständnisses gesondert für jede Klausel beurteilt wird, es sei denn die fragliche Klausel weist einen besonderen Zusammenhang mit einer anderen Klausel auf. Daher gewinnen solche Klauseln, die den Vertragspartner des AGB-Verwenders begünstigen, aufgrund seines stillschweigenden Einverständnisses Geltung (Günstigkeitsprinzip).

Nach dem finnischen und dem UN-Kaufrecht sind die Ergänzungsklauseln hingegen in der Regel durch das Gesetzesrecht zu ersetzen. Dies ergibt sich aus der generellen Behandlung der AGB als eine Gesamtheit. Wegen dieses Grundverständnisses geht kaum eine Vertragspartei von einer gesonderten Evaluierung der Ergänzungsklauseln aus. Deshalb ist zu vermuten, dass der AGB-Verwender die für seinen Vertragspartner günstigen Klauseln nicht gegen sich gelten lassen will – zumindest nicht, ohne im Gegenzug in den Genuss der für ihn günstigen Bedingungen zu gelangen. Dies muss auch dem Vertragspartner des AGB-Verwenders verständlich sein und seinen Erwartungen entsprechen. Somit werden Ergänzungsklauseln nicht Vertragsbestandteil, obwohl sie den Vertragspartner des AGB-Verwenders begünstigen.

Obwohl die deutschen Unternehmen es gewöhnt sind, dass AGB-Klauseln einzeln behandelt werden, sehen Unternehmen berechtigterweise den Vertrag gewöhnlich als eine Gesamtheit an und betrachten die Einzelbestimmungen nicht isoliert.[1408] Daher wäre es auch innerhalb des deutschen Rechts zukünftig überlegenswert, auf das Günstigkeitsprinzip zu verzichten. Dies wird auch durch den Grundsatz unterstützt, dass das dispositive Recht die Vertragserklärungen der Parteien ergänzt, soweit diese zu bestimmten Themen schweigen. Somit vervollständigt das dispositive Recht die AGB der Partei, deren AGB eine bestimmte Frage nicht regeln. Das führt zu einem Widerspruch zwischen den AGB der Parteien, da die einen AGB vom dispositiven Recht abweichenden Ergänzungsklauseln enthalten während in die anderen die gesetzliche Regelung „hineingelesen" wird. Vor allem wäre dieser Verzicht im Bereich des internationalen Geschäftsverkehrs begründet, da das UN-Kaufrecht und die Rechtssysteme bestimmter anderer Länder davon ausgehen, dass die Ergänzungsklauseln nicht gelten.

Eine Ausnahme zu der Nicht-Geltung der Ergänzungsklauseln gilt lediglich dann, wenn der Inhalt der Ergänzungsklausel in entsprechenden Geschäftsbeziehungen handelsüblich ist. Handelsübliche Ergänzungsklauseln werden Vertragsbestandteil, weil im unternehmerischen Geschäftsverkehr angenommen werden kann, dass die Lücke in den eigenen AGB eine Zustimmung zu den in der Branche üblicherweise verwendeten Regelungen bedeutet, es sei denn es wird ihnen sonst aktiv widersprochen. In Bezug auf den internationalen Geschäftsverkehr gilt dies nur, wenn die Klausel entweder international oder zumindest in den Heimatländern beider Parteien handelsüblich ist. Meines Erachtens gilt diese Ausnahme in allen drei hier behandelten Rechtssystemen.

1408 Vgl. *Lischek/Mahnken* ZIP 2007, 158, 159-160; *Abels,* in: AGB im Spannungsfeld, S. 19; *Rabe* NJW 1987, 1978, 1980; vgl. auch *Günes/Ackermann* ZGS 2010, 454, 456; *Dauner-Lieb/Axer* ZIP 2010, 309, 311; *Müller/Griebeler/Pfeil* BB 2009, 2658, 2660-2661; *Berger* NJW 2010, 465, 468-469; *Bröker* IBR 2010, 255; *Miethaner* NJW 2010, 3121, 3127.

10.6 Sonderfall: Eigentumsvorbehalt

Wegen seiner wichtigen Funktion im Wirtschaftsleben wird die Frage der Wirksamkeit eines Eigentumsvorbehalts und dessen möglicher Durchsetzung trotz Kollision von AGB im deutschen Recht besonderes Interesse entgegengebracht. Es ist umstritten, ob und inwieweit eine stillschweigende Zustimmung des Käufers zum einfachen bzw. verlängerten oder erweiterten Eigentumsvorbehalt trotz einer Abwehrklausel in seinem AGB angenommen werden kann.

Wie im Abschnitt 10.2.2 erwähnt, schließt der BGH aufgrund einer Abwehrklausel nicht nur die Geltung der sich widersprechenden Regelungen sondern grundsätzlich auch die der Ergänzungsregelungen aus, weil der Käufer mit der Abwehrklausel klar und eindeutig zu erkennen gegeben hat, dass er nur unter Zugrundelegung seiner Einkaufsbedingungen bestellt. Daher werden andere Bedingungen ohne ein ausdrückliches schriftliches Anerkenntnis auch dann nicht Vertragsinhalt, wenn ihnen nicht gesondert widersprochen wird. Somit scheitert die Einbeziehung des in den AGB des Verkäufers enthaltenen Eigentumsvorbehalts wegen der Abwehrklausel des Käufers.[1409]

Nach der BGH-Rechtsprechung gilt dies unabhängig von der möglichen Branchenüblichkeit des Eigentumsvorbehalts, weil die Abwehrklausel insbesondere auch den Eigentumsvorbehalt des Verkäufers verhindern soll.[1410] Da dem Eigentumsvorbehalt somit widersprochen wird, werden die Anforderungen an die Einbeziehung von AGB aufgrund der Branchenüblichkeit nicht erfüllt.[1411] Wenn der Eigentumsvorbehalt dagegen entsprechend § 346 HGB als Handelsbrauch anerkannt worden ist, gilt er auch ohne gesonderte Bezugnahme. Allerdings ist dies in den wenigsten Branchen der Fall.[1412]

Somit lehnt der BGH die Konstruktion eines stillschweigenden Einverständnisses auf der schuldrechtlichen Ebene ab. Allerdings hat der BGH festge-

---

1409 BGH NJW 1985, 1838, 1839-1840; BGH WM 1986, 643, 644.

1410 BGH NJW 1985, 1838, 1839-1840; BGH WM 1986, 643, 644.

1411 Genauer zu den Anforderungen an eine Einbeziehung von AGB aufgrund der Branchenüblichkeit und zur Branchenüblichkeit von Eigentumsvorbehaltsklauseln siehe Abschnitt 8.2.1.

1412 BGH NJW-RR 2004, 555, 555-556; MüKo Bd. 2/*Basedow* 2007, § 305 Rn 104; Ulmer/Brandner/Hensen/*Ulmer/Habersack* 2011, § 305 Rn 195; Graf von Westphalen/Thüsing/*Graf von Westphalen*, Vertragsrecht – Eigentumsvorbehaltssicherung Rn 3, der jedoch bedenkt, dass der Handelsbrauch durch eine entgegenstehende AGB-Klausel beseitigt werden kann; so auch Wolf/Lindacher/Pfeiffer/*Dammann* 2009, Klauseln Rn E 15, nach dem eine allgemeine Abwehrklausel jedoch hierfür nicht genügt; genauer über Einbeziehung von AGB kraft Handelsbrauch siehe Abschnitt 8.1; aA *Reinicke/Tiedtke*, S. 481 nach denen ein Eigentumsvorbehalt eine diesbezügliche Vereinbarung voraussetzt.

stellt, dass sich der einfache Eigentumsvorbehalt auf der sachenrechtlicher Ebene auch dann durchsetzen kann, wenn er wegen der Kollision von AGB in den schuldrechtlichen Vertrag nicht einbezogen worden ist.[1413] Dies ergibt sich daraus, dass der Verkäufer den Eigentumsübergang im Zuge des Erfüllungsgeschäfts durch eine einseitige Erklärung z.B. auf dem Lieferschein ausschließen kann. Den Vorbehalt muss er freilich vor der Übergabe der Sache erklären, da der Käufer ansonsten bei der Übergabe das unbedingte Eigentum erlangt.[1414]

Bei der Auslegung der Übereignungserklärung des Verkäufers kommt dem in den AGB enthaltenen Eigentumsvorbehalt trotz der gescheiterten Einbeziehung wesentliche Bedeutung zu. Dies beruht darauf, dass der Käufer aufgrund des in den AGB des Verkäufers enthaltenen Eigentumsvorbehalts nicht ohne weiteres damit rechnen darf, dass die Übergabe der Kaufsache als ein unbedingtes Übereignungsangebot zu verstehen wäre. Stattdessen muss er in der Regel mit einer bedingten Erklärung rechnen. Somit setzt sich der einfache Eigentumsvorbehalt auf der sachenrechtlichen Ebene grundsätzlich unabhängig von dem Inhalt des schuldrechtlichen Verpflichtungsgeschäfts durch.[1415] Dies gilt auch dann, wenn der Käufer keine Kenntnis von dem Eigentumsvorbehalt hatte, wenn er davon in zumutbarer Weise Kenntnis hätte nehmen können.[1416] Verlängerte und erweiterte Eigentumsvorbehalte setzen dagegen einen schuldrechtlichen Konsens der Vertragsparteien voraus und lassen sich daher nur mit der Zustimmung des Käufers realisieren.[1417]

1413 BGH NJW 1982, 1749, 1750; 1982, 1751; 1988, 1774, 1776.

1414 BGH ZIP 1986, 1052, 1053; *Stoffels,* S. 106-107; Wolf/Lindacher/Pfeiffer/*Dammann* 2009, Klauseln Rn E 19; *Ring/Klingelhöfer/Niebling*, S. 99; *Reinicke/Tiedtke*, S. 482-483; Graf von Westphalen/Thüsing/*Graf von Westphalen*, Vertragsrecht – Eigentumsvorbehaltssicherung Rn 2; Bamberger/Roth Bd. 1/*Becker* 2007, § 305 Rn 83; Bamberger/Roth Bd. 1/*Faust* 2007, § 449 Rn 14; *Schmitt/Ulmer*, S. 93-94; *Medicus/Petersen*, S. 32; Staudinger AGB/*Schlosser* 2006, § 305 Rn 209.

1415 BGH NJW 1982, 1749, 1750; 1982, 1751; 1988, 1774, 1776; BGH WM 1986, 1081, 1082; *Stoffels,* S. 106-107; MüKo Bd. 2/*Basedow* 2007, § 305 Rn 104; MüKo Bd. 3/*Westermann* 2012, § 449 Rn 13; *Abels/Conrads/Litzka*, in: AGB und Vertragsgestaltung, S. 26; *Leible/Sosnitza* JuS 2001, 244, 246-247; *Schlechtriem*, in: Zum Deutschen und Internationalen Schuldrecht, S. 18; AnwK AGB-Recht/*Eckhoff* 2012, Glossar Rn 711.

1416 BGH NJW 1982, 1749, 1750; Ulmer/Brandner/Hensen/*Ulmer/Habersack* 2011, § 305 Rn 197; Graf von Westphalen/Thüsing/*Graf von Westphalen*, Vertragsrecht – Eigentumsvorbehaltssicherung Rn 2; *Leible/Sosnitza* JuS 2001, 244, 247; aA wohl *Ring/Klingelhöfer/Niebling*, S. 99, die die Kenntnis des Eigentumsvorbehaltes voraussetzen.

1417 BGH NJW 1995, 1671, 1672; 1985, 1838, 1840; *Ring*, S. 49; Graf von Westphalen/Thüsing/*Graf von Westphalen*, Vertragsrecht – Eigentumsvorbehaltssicherung Rn 20, nach dem in diesen Fällen jedoch stets zu prüfen ist, ob nicht die Voraussetzungen

Entgegen der BGH-Rechtsprechung wird in der Literatur aufgrund der Handelsüblichkeit des einfachen Eigentumsvorbehalts in bestimmten Branchen zum Teil vertreten, dass ein stillschweigendes Einverständnis des Käufers trotz einer Abwehrklausel angenommen werden kann, wenn die Eigentumsvorbehaltsklausel eine Ergänzungsregelung ist.[1418] Dies wird damit begründet, dass die Lücke in den eigenen AGB als stillschweigende Zustimmung zu den in der Praxis üblicherweise verwendeten Regelungen auszulegen ist, soweit es sich um eine feststehende Praxis handelt.[1419] Die Richtigkeit der Aussage, dass ein branchenkundiger Käufer einen Eigentumsvorbehalt erwartet, wenn seine Anwendung in der Branche die Regel ist, bestätigt sich auch dadurch, dass die eigenen AGB der Käufer wiederholt Klausel beinhalten, die erkennbar einen Eigentumsvorbehalt voraussetzen und akzeptieren.[1420]

Daher bedarf es in den Branchen, in denen die Lieferung regelmäßig unter Eigentumsvorbehalt erfolgt, einer über die allgemeine Abwehrklausel hinausgehende ausdrückliche Ablehnung des einfachen Eigentumsvorbehalts, um dessen Nichteinbeziehung zu bewirken.[1421] Auch Vertreter dieser Ansicht sind überwiegend der Meinung, dass ein stillschweigendes Einverständnis des Käufers

---

eines einfachen Eigentumsvorbehalts gegeben sind (Graf von Westphalen/Thüsing/*Graf von Westphalen*, Vertragsrecht – Eigentumsvorbehaltssicherung Rn 22). Diese Zustimmung kann sich auch aus den AGB des Käufers ergeben, soweit diese erkennbar einen Eigentumsvorbehalt voraussetzen und akzeptieren (MüKo Bd. 2/*Basedow* 2007, § 305 Rn 104; OLG Düsseldorf NJW-RR 1997, 946, 947, in dem der Käufer in seinen AGB sich die Befugnis einräumte, unter Eigentumsvorbehalt gelieferte Waren ohne Offenlegung der Rechtsstellung des Verkäufers weiterzuveräußern. Somit zeigte der Käufer, dass er mit einem Eigentumsvorbehalt gerechnet hatte und ihn akzeptierte, soweit er die Verkehrsfähigkeit der Waren nicht beeinträchtigt).

1418 Ulmer/Brandner/Hensen/*Ulmer/Habersack* 2011, § 305 Rn 195; *Schwab*, S. 68; *Köster* JuS 2000, 22, 26-27; *Eckert/Nebel* WM 1988, 1545, 1549; *Schlechtriem*, in: Zum Deutschen und Internationalen Schuldrecht, S. 15; in diesem Sinne wohl auch *Stoffels*, S. 106 und Wolf/Lindacher/Pfeiffer/*Pfeiffer* 2009, § 305 Rn 144, der auf Ulmer verweist; aA Staudinger AGB/*Schlosser* 2006, § 305 Rn 209; Erman Bd. I/*Roloff* 2011, § 305 Rn 55; NomosKomm Bd. 2/*Kollmann* 2012, § 305 Rn 107, die der BGH-Rechtsprechung folgen.

1419 *Schlechtriem*, in: Zum Deutschen und Internationalen Schuldrecht, S. 15; vgl. auch *Graf von Westphalen* DB 1976, 1317, 1320-1321, zu dem Gedanken, dass handelsübliche Klauseln als Ausnahme von der Geltung des dispositiven Rechts aufgrund eines stillschweigendes Konsenses der Parteien als akzeptiert gelten können.

1420 Vgl. OLG Düsseldorf NJW-RR 1997, 946, 947.

1421 Ulmer/Brandner/Hensen/*Ulmer/Habersack* 2011, § 305 Rn 195; Wolf/Lindacher/Pfeiffer/*Pfeiffer* 2009, § 305 Rn 144; *Eckert/Nebel* WM 1988, 1545, 1549; *Schlechtriem*, in: Zum Deutschen und Internationalen Schuldrecht, S. 20; in diesem Sinne wohl auch *Graf von Westphalen* DB 1976, 1317, 1320-1321.

nicht ohne weitere dafür sprechende Anhaltspunkte bei verlängertem oder erweitertem Eigentumsvorbehalt angenommen werden kann.[1422]

Diese Ansicht ist begründet, da die Parteien die Bedeutung der Abwehrklauseln bereits dadurch relativiert haben, dass sie den offenbaren Dissens, der in der beiderseitigen Verwendung von AGB unter Abwehrklausel liegt, beim Vertragsschluss ungelöst gelassen haben.[1423] Daher hat eine situationsbezogene stillschweigende Zustimmung des Käufers zu einem Eigentumsvorbehalt einen höheren Stellenwert als eine allgemeine, vorformulierte Abwehrklausel.[1424] Eine stillschweigende Zustimmung des Käufers kann oft vor allem deswegen angenommen werden, da die Einbeziehung des Eigentumsvorbehalts auch im Interesse des Käufers liegt, wie *Lieb*[1425] und *Faust*[1426] überzeugend darstellen.

Dies ergibt sich daraus, dass sich die durch Einräumung von Zahlungszielen begründete Vorleistungspflicht des Verkäufers zur Besitzverschaffung des Kaufgegenstandes beschränkt, wenn der Eigentumsvorbehalt entfällt. Der Verkäufer ist nämlich dann nicht zu einer unbedingten Übereignung verpflichtet, sondern kann die Eigentumsübertragung entsprechend § 320 BGB bis zur vollständigen Entrichtung des Kaufpreises verweigern.[1427] Somit steht der einfache

---

1422 Wolf/Lindacher/Pfeiffer/*Pfeiffer* 2009, § 305 Rn 144; *Stoffels,* S. 106; *Schlechtriem*, in: Zum Deutschen und Internationalen Schuldrecht, S. 20; *Graf von Westphalen* DB 1976, 1317, 1320; in diesem Sinne wohl auch Ulmer/Brandner/Hensen/*Ulmer/Habersack* 2011, § 305 Rn 195, der eine solche Annahme als zweifelhaft bezeichnet; aA *Köster* JuS 2000, 22, 27 und *Eckert/Nebel* WM 1988, 1545, 1553 zu verlängerten Eigentumsvorbehalten.

1423 *Schlechtriem*, in: Zum Deutschen und Internationalen Schuldrecht, S. 13; vgl. auch *Köster* JuS 2000, 22, 27.

1424 Vgl. Fußnote 1258.

1425 *Lieb*, in: FS Baumgärtel, S. 311 ff.

1426 Bamberger/Roth Bd. 1/*Faust* 2007, § 449 Rn 12.

1427 *Lieb*, in: FS Baumgärtel, S. 318, 320-321 und 324; Bamberger/Roth Bd. 1/*Faust* 2007, § 449 Rn 12; MüKo Bd. 3/*Westermann* 2012, § 449 Rn 15; *Schwab*, S. 70; vgl. auch *Huber* ZIP 1987, 750, 755-756. Dies ist darauf zurückzuführen, dass entsprechend der gewöhnlichen Auslegung beim Ausbleiben der (gleichzeitigen) Gegenleistung mangels anderslautender Vereinbarung im Zweifel nur eine bedingte Übereignung gewollt und geschuldet ist, es sei denn die Parteien haben explizit vereinbart, dass der Verkäufer schon bei der Übergabe unbedingt zu übereignen hat (MüKo Bd. 3/*Westermann* 2012, § 449 Rn 15; Erman Bd. I/*Grunewald* 2011, § 449 Rn 5; Bamberger/Roth Bd. 1/*Faust* 2007, § 449 Rn 12 und 14). Diese Ansicht trifft zu, da es nicht einleuchtet, warum der Verkäufer bei Stundung des Kaufpreises auf jegliche Sicherung für den Fall, dass die Zahlung ausbleibt, verzichten möchte (vgl. *Lieb*, in: FS Baumgärtel, S. 315; MüKo Bd. 3/*Westermann* 2012, § 449 Rn 15; *Huber* ZIP 1987, 750, 756-757). Es ist nicht begründet, das Vorleistungsrisiko des Verkäufers entgegen der gesetzlichen Grundregel des § 320 BGB über die Besitzverschaffung zu steigern (vgl. *Lieb*, in: FS Baumgärtel,

Eigentumsvorbehalt, der mit einer sofortigen bedingten Übereignung verbunden ist, im Interesse des Käufers, da er sich somit zumindest ein Anwartschaftsrecht sichert.[1428] Daher ist es gerechtfertigt, trotz der ursprünglichen Abwehrklausel ein stillschweigendes Einverständnis des Käufers mit der bedingten Übereignung, also mit dem handelsüblichen Eigentumsvorbehalt, anzunehmen, es sei denn, dass er seine Abwehrklausel bei Entgegennahme der Waren wiederholt.[1429]

Bezüglich des finnischen Rechts ist eine entsprechende Diskussion nicht geführt worden. Es wird lediglich kurz, ohne Bezugnahme auf die Kollision von AGB festgestellt, dass die allgemeinen Regeln über die Einbeziehung von AGB auch hinsichtlich Eigentumsvorbehalten maßgeblich sind.[1430] Soweit die traditionelle Lösung, also die Theorie des letzten Wortes, angewendet wird, gilt der Eigentumsvorbehalt lediglich dann, wenn der Verkäufer zuletzt auf seine AGB verwiesen hat.

Wenn dagegen, wie in dieser Arbeit, die Knock-out -Lösung für maßgeblich gehalten wird, stellt sich die Situation komplizierter dar. Wegen der unterschiedlichen Interessenlage der Parteien existieren in der Praxis keine übereinstimmenden Eigentumsvorbehaltsklauseln. Auch sich widersprechende Eigentumsvorbehaltsklauseln sind selten. Wenn sie jedoch vorkommen, schließen sie sich gegenseitig aus.

In der Praxis handelt es sich bei einem Eigentumsvorbehalt meist um eine Ergänzungsklausel. Wenn der hier vertretenen Ansicht gefolgt wird[1431], gilt ein handelsüblicher Eigentumsvorbehalt aufgrund eines stillschweigenden Einverständnisses des Käufers trotz der Kollision von AGB. Wenn der Eigentumsvorbehalt dagegen nicht handelsüblich ist, wie es bei einem verlängerten oder erweiterten Eigentumsvorbehalt meist der Fall sein dürfte, wird er durch das dispositive Recht ersetzt. Wenn dagegen *Sandviks* Meinung entsprochen wird, nach der Ergänzungsklauseln gleich zu behandeln sind wie sich widersprechen-

---

S. 315, vgl. aber auch *Fritsche/Würdinger* NJW 2007, 1037, 1039, nach denen eine solche Annahme erst nach einer (erwünschten) Gesetzesänderung möglich wäre).

1428 *Lieb*, in: FS Baumgärtel, S. 318 und 322; Bamberger/Roth Bd. 1/*Faust* 2007, § 449 Rn 12; in diesem Sinne wohl auch MüKo Bd. 3/*Westermann* 2012, § 449 Rn 13. Eine entsprechende Annahme ist ferner oft in Bezug auf den verlängerten Eigentumsvorbehalt begründet, da die für den Käufer wichtige Ermächtigung des Verkäufers zur Weiterveräußerung entfällt, soweit der Vorausabtretung der Forderung scheitert, weil der Käufer dem verlängerten Eigentumsvorbehalt nicht zustimmt (vgl. OLG Düsseldorf NJW-RR 1997, 946, 947; *Lieb*, in: FS Baumgärtel, S. 313 und 323).

1429 Vgl. *Lieb*, in: FS Baumgärtel, S. 322 und 324.

1430 *Tepora/Kaisto/Hakkola*, S. 368-369; *Tuomisto*, in: FS Majamaa, S. 499; *Alenius*, S. 21-22.

1431 Vgl. Abschnitt 10.3.2.7.

de Klauseln, wird der einseitige Eigentumsvorbehalt durch das dispositive Recht ersetzt.

Die Fälle der Nichtgeltung eines Eigentumsvorbehalts können bei der Anwendung des finnischen Rechts nicht auf die gleiche Weise gelöst werden, wie durch den BGH, da das finnische Recht kein Abstraktionsprinzip im deutschen Sinne kennt.[1432] Somit begründet eine einseitige Erklärung des Verkäufers keinen Eigentumsvorbehalt, sondern er setzt eine Parteivereinbarung voraus[1433], es sei denn, der Eigentumsvorbehalt ist zu einem Handelsbrauch erstarkt[1434]. Aus der Sicht des Wirtschaftslebens und der Sicherung der Kaufpreisforderung ist der Eigentumsvorbehalt in Finnland genauso wichtig wie in Deutschland.[1435]

Eine Lösung kann aus dem Grundsatz der Zug-um-Zug -Leistungen, der auch im finnischen Recht gilt, abgeleitet werden. Aufgrund dieses Grundsatzes kann eine aus einem gegenseitigen Vertrag verpflichtete Vertragspartei die ihr obliegende Leistung bis zur Erbringung der Gegenleistung verweigern.[1436] Deshalb kann der Käufer im Zweifel nicht davon ausgehen, dass der Verkäufer die Ware vor der Bezahlung des Kaufpreises übereignen möchte, obwohl die Eigentumsvorbehaltsklausel im Falle einer Kollision von AGB nicht in den Vertrag einbezogen worden wäre. Somit sollte der Eigentumsvorbehalt meines Erachtens auch unter Anwendung des finnischen Rechts trotz der sich widersprechenden AGB zur Geltung kommen.

Dies gilt allerdings nicht, wenn der Vertrag eine (individualvertragliche) Barzahlungsbedingung beinhaltet. In diesem Fall bleibt auch eine in den AGB enthaltene Eigentumsvorbehaltsklausel ohne Bedeutung, obwohl der Verkäufer die Ware ohne (Bar)bezahlung abliefern würde.[1437]

Das UN-Kaufrecht regelt nach Art. 4 Satz 2 lit. b) CISG nicht die Übertragung des Eigentums. Daher befasst es sich auch nicht mit dem Eigentumsvorbehalt. Stattdessen sind die Übereignung und somit auch die Wirksamkeit eines

---

1432 Vgl. *Alenius*, S. 13.

1433 KKO 1994:113; *Tuomisto*, in: FS Majamaa, S. 496; *Alenius*, S. 20-21; *Tepora/Kaisto/Hakkola*, S. 367; *Sainio* DL 1996, 196, 199-200; *Tepora,* Omistuksenpidätyksestä, S. 209-210.

1434 Vgl. Abschnitt 8.1.

1435 Vgl. *Alenius*, S. 73; *Sainio* DL 1996, 196, 198.

1436 § 10 und 49 Kauppalaki (Kaufgesetz); *Wilhelmsson/Sevón/Koskelo*, S. 14; *Routamo/Ramberg*, S. 79-80 und 345-346; *Lehtinen*, S. 39; vgl. auch HE 187/2002 S. 44-45 (Regierungsentwurf zur Erneuerung der Regelungen über die Schuldverjährung, nach dem die Verjährungszeit entsprechend des Zug-um-Zug -Leistungsprinzips beginnt, sobald der Gläubiger seine Leistungspflicht erfüllt hat, unabhängig davon, wann er die Rechnung sendet).

1437 KKO 1997:39; *Tuomisto*, in: FS Majamaa, S. 498; *Alenius*, S. 25.

Eigentumsvorbehalts nach dem subsidiär anwendbaren nationalen Rechts zu bestimmen.[1438]

10.7 Sonderfall: Kollidierende Rechtswahlklauseln

Problematisch ist des Weiteren der Fall, wenn die kollidierenden AGB unterschiedliche Rechtswahlklauseln enthalten. Nach einer Ansicht ist entsprechend dem in Abschnitt 3.2.5.1 erläuterten IPR-rechtlichen Grundprinzip über das für das Zustandekommen einer Rechtswahl maßgebliche Recht[1439] bezüglich jeder der beiden Rechtswahlklauseln getrennt nach dem jeweils gewählten Recht zu prüfen, ob eine Rechtswahl zustande gekommen ist.[1440] Folgt man dieser Ansicht, hängt von dem gewählten Rechte und deren materiell-rechtlichen Regelungen über die Einbeziehung von (kollidierenden) AGB ab, zu welchen Ergebnissen diese doppelte Prüfung führt.

Grundsätzlich ist es möglich, dass die Einbeziehung der Rechtswahlklauseln nach beiden Rechtsordnungen scheitert. Dann wird das Vertragsstatut aufgrund objektiver Anknüpfung gemäß Art. 28 EGBGB / Art. 4 Rom-Übereinkommen / Art. 4 Rom I-VO ermittelt. Soweit nur eine Rechtswahl wirksam zustande gekommen ist, während die andere Rechtswahlklausel nicht wirksam in den Vertrag einbezogen worden ist, gilt das wirksam gewählte Recht. Sind dagegen beide Rechtswahlvereinbarungen nach dem jeweils gewählten Recht wirksam zustande gekommen, ist das Ergebnis ein Paradoxon, da ein Vertrag in seiner Gesamtheit sinnvollerweise nicht zwei verschiedenen Rechtsordnungen gleichzeitig unterliegen kann. Daher stellen die Vertreter dieser Ansicht fest, dass der von Art. 27 I EGBGB / Art. 3 I Rom-Übereinkommen / Art. 3 I Rom I-VO geforderte Konsens der Vertragsparteien über das anzuwendende Recht in diesen Fällen

---

1438 Schlechtriem/Schwenzer/*Widmer* 2008, Art. 30 Rn 8; MüKo HGB Bd. 6/*Benicke* 2007, Art. 4 Rn 12; *Verweyen/Foester/Toufar*, S. 31; Staudinger CISG/*Magnus* 2005, Art. 4 Rn 32; *Brunner* 2004, Art. 4 Rn 17; *Hesse*, S. 138-139; *Väinölä*, S. 8; *Sainio* DL 1996, 196, 203-204.

1439 Siehe Art. 27 IV EGBGB / Art. 3 IV Rom-Übereinkommen / Art. 3 V Rom I-VO i.V.m. Art. 31 I EGBGB / Art. 8 I Rom-Übereinkommen / Art. 10 I Rom I-VO.

1440 *Hamacher*, in: AGB im Spannungsfeld, S. 101; *Looschelders* 2004, Art. 27 Rn 31; *Mankowski* RIW 2003, 2, 4; *Tiedemann* IPRax 1991, 424, 425; *Meyer-Sparenberg* RIW 1989, 347, 348; MüKo Bd. 10/*Spellenberg* 2006, Art. 31 Rn 26; in diesem Sinne wohl auch *Sieg* RIW 1997, 811, 817; vgl. weiterhin auch *Dutta* ZVglRWiss 2005, 461, 471 ff, der auf Basis der den Artt. 27 IV und 31 I EGBGB zugrunde liegenden Wertungen und auf Basis des Prinzips der engsten Verbindung eine Alternativlösung darstellt.

fehlt. Somit ist keine Rechtswahlvereinbarung zustande gekommen, und das anzuwendende Recht auch hier mittels objektiver Anknüpfung zu bestimmen.[1441]

Diese Ansicht entspricht den Art. 27 IV EGBGB / Art. 3 IV Rom-Übereinkommen / Art. 3 V Rom I-VO i.V.m. Art. 31 I EGBGB / Art. 8 I Rom-Übereinkommen / Art. 10 I Rom I-VO, die die Frage, ob ein Verweisungsvertrag zustande gekommen ist, an das gewählte nationale Recht delegieren. Allerdings führt sie dazu, dass zwangsläufig zwei Verweisungsverträge auf ihr Zustandekommen hin geprüft werden müssen. Des Weiteren leitet sie die Lösung aus dem Kollisionsrecht (Art. 27 I EGBGB / Art. 3 I Rom-Übereinkommen / Art. 3 I Rom I-VO) ab, soweit beide Verweisungsverträge nach den gewählten Rechtsordnungen wirksam zustande gekommen wären.[1442] Deshalb muss geprüft werden, ob die Frage kollidierender Rechtswahlklauseln direkt auf der kollisionsrechtlichen Ebene gelöst werden könnte.

Dies erscheint begründet, da die Rechtswahl entsprechend der immanenten Voraussetzung des Art. 27 I EGBGB / Art. 3 I Rom-Übereinkommen / Art. 3 I Rom I-VO in Form einer Einigung stattfinden muss.[1443] Daher setzt die Anwendung des Art. 27 IV EGBGB / Art. 3 IV Rom-Übereinkommen / Art. 3 V Rom I-VO i.V.m. Art. 31 I EGBGB / Art. 8 I Rom-Übereinkommen / Art. 10 I Rom I-VO voraus, dass objektive Hinweise auf einen übereinstimmenden Parteiwillen vorliegen.[1444] Diese Hinweise können entsprechend des Art. 27 I EGBGB / Art. 3 I Rom-Übereinkommen / Art. 3 I Rom I-VO ausdrücklich sein oder sich aus den Umständen ergeben.

Bei den sich widersprechenden Rechtswahlklauseln fehlen solche Hinweise dagegen völlig. Stattdessen ist auf den ersten Blick erkennbar, dass sich die Vertragsparteien in der Frage des anwendbaren Rechts nicht einig sind. Somit kann das Fehlen eines Konsenses bereits auf der kollisionsrechtlichen Ebene direkt aus der Tatsache kollidierender Rechtswahlklauseln abgeleitet werden, ohne die

---

1441 *Mankowski* RIW 2003, 2, 4; *Hamacher*, in: AGB im Spannungsfeld, S. 101-102; *Dutta* ZVglRWiss 2005, 461, 469; *Tiedemann* IPRax 1991, 424, 425-426; *Meyer-Sparenberg* RIW 1989, 347, 348; *Sieg* RIW 1997, 811, 817; *Looschelders* 2004, Art. 27 Rn 31.

1442 Vgl. *Rühl*, S. 73 und 75; *Kost*, S. 60; vgl. auch *Tiedemann* IPRax 1991, 424, 425-426.

1443 Dies ergibt sich schon aus dem Wortlaut der Artikel, der auf Parteien im Plural hinweist. Allerdings ist dem materiellen nationalen Recht zu entnehmen, welche Anforderungen diese Einigung als rechtsgeschäftliche Vereinbarung erfüllen muss (*Rühl*, S. 57; *Baumert* RIW 1997, 805, 806-807).

1444 Staudinger Rom I Bd.1/*Magnus* 2011, Art. 3 Rn 174; *Baumert* RIW 1997, 805, 806; *Rühl*, S. 58 und 76.

Einbeziehung der Rechtswahlklauseln nach den nationalen Rechtsordnungen zu prüfen.[1445]

Weiterhin würde eine getrennte materiell-rechtliche Prüfung nach zwei nationalen Rechtsordnungen dazu führen, dass die Frage nach dem anzuwendenden Recht nicht auf Grundlage einer einheitlichen Wertung entschieden würde. Somit würde dies der Zielsetzung des Art. 27 IV EGBGB / Art. 3 IV Rom-Übereinkommen / Art. 3 V Rom I-VO i.V.m. Art. 31 I EGBGB / Art. 8 I Rom-Übereinkommen / Art. 10 I Rom I-VO widersprechen, einen einheitlichen Prüfungsmaßstab für das Vertragsverhältnis zu gewährleisten.[1446]

Ferner würde bei der getrennten Prüfung die Lösung über das anwendbare Recht eigentlich von einem Zufall abhängen, da das Ergebnis davon abhängen würde, welche Rechtsordnungen aufeinander treffen. Die hierbei möglichen Konstellationen sind so vielgestaltig, dass sie sich im Voraus nur schwer überblicken lassen. Dies wird zusätzlich dadurch erschwert, dass die Kollision von AGB in vielen Rechtsordnungen, wie im deutschen, finnischen und UN-Kaufrecht, nicht gesetzlich geregelt ist. Somit wäre eine Ermittlung der Rechtslage basierend auf Rechtsprechung und Literatur erforderlich.[1447] Es ist anzunehmen, dass die Vertragsparteien eine solche zeit- und kostenaufwendige Ermittlung meist unterlassen. Daher können sich die Parteien kaum auf die Gültigkeit ihrer Klauseln verlassen oder überhaupt wissen, welches Recht am Ende für ihr Vertragsverhältnis maßgeblich ist.[1448]

Im Übrigen hat die Lösung auf kollisionsrechtlicher Ebene im Vergleich zu der erst vorgestellten Ansicht den Vorteil, dass sie einen einheitlichen Wertungsmaßstab anbietet. Sie ist für die Vertragsparteien übersichtlich und verständlich und trägt somit zu Rechtssicherheit, Rechtsklarheit und Praktikabilität bei.[1449]

1445 Vgl. Staudinger Rom I Bd.1/*Hausmann* 2011, Art. 10 Rn 36; Staudinger Rom I Bd.1/*Magnus* 2011, Art. 3 Rn 174; *Rühl*, S. 76; *Kost*, S. 59-60; *von Bar*, S. 349; *Bogdan* SJT 2011, 873, 896, der zutreffend hinzufügt, dass im Kollisionsfall aus der Akzeptanz der Gerichtsstandsklausel nicht automatisch die Akzeptanz der Rechtswahlklausel abgeleitet werden kann.

1446 Vgl. BT-Drs. 10/504 S. 81; MüKo Bd. 10/*Martiny* 2010, Art. 3 Rn 106; Soergel Bd. 10/*von Hoffmann* 1996, Art. 31 Rn 9; *Rühl*, S. 77.

1447 Vgl. *Rühl*, S. 76-77.

1448 Vgl. jedoch MüKo Bd. 10/*Spellenberg* 2006, Art. 31 Rn 26, nach dem den Vertragsparteien in der Regel zuzumuten ist, sich über den Inhalt des von der Gegenseite vorgeschlagenen Rechts einschließlich seiner Regelungen über die Behandlung der kollidierenden AGB zu informieren.

1449 Staudinger Rom I Bd.1/*Magnus* 2011, Art. 3 Rn 174; *Rühl*, S. 77; zustimmend auch *Dutta* ZVglRWiss 2005, 461, 465, obwohl er die erste Ansicht vertritt.

Aus diesen Gründen lässt sich zusammenfassend feststellen, dass diese rein im Kollisionsrecht angesiedelte Lösung zu befürworten ist. Das Fehlen einer für die Rechtswahl gemäß Art. 27 I EGBGB / Art. 3 I Rom-Übereinkommens / Art. 3 I Rom I-VO erforderlichen Einigung wird direkt aus der Tatsache kollidierender Rechtswahlklauseln abgeleitet. Konsequenterweise führt die Kollision zur Unbeachtlichkeit beider Rechtswahlklauseln. Daher ist das anzuwendende Recht im Falle kollidierender Rechtswahlklauseln durch objektive Anknüpfung gemäß Art. 28 EGBGB / Art. 4 Rom-Übereinkommen / Art. 4 Rom I-VO zu ermitteln.[1450]

Dieses Ergebnis ist sachlich angemessener als eine mehr oder weniger vom Zufall geprägte Lösung durch doppelte Prüfung nach den nationalen Rechtsordnungen. Des Weiteren können die Parteien jederzeit, auch während eines laufenden Verfahrens eine nachträgliche Rechtswahl vereinbaren, falls sie eine der beiden Rechtsordnungen oder eine dritte Rechtsordnung gegenüber dem objektiv ermittelten Vertragsstatut bevorzugen.[1451]

Im Anwendungsbereich des UN-Kaufrechts wird entsprechend der in Abschnitt 3.2.5.2 erläuterten herrschenden Meinung über das Zustandekommen einer Rechtswahlvereinbarung davon ausgegangen, dass der Ausschluss des UN-Kaufrechts auch im Falle kollidierenden Rechtswahlklausen nach dem UN-Kaufrecht zu beurteilen ist. Im Allgemeinen wird hinsichtlich der Lösung des Kollisionsproblems auf die Anwendbarkeit des Art. 19 CISG hingewiesen und darauf, dass kollidierende Rechtswahlklauseln regelmäßig eine wesentliche Abweichung im Sinne von Art. 19 III CISG bedeuten.[1452]

1450 Bamberger/Roth Bd. 3/*Spickhoff* 2008, Art. 31 Rn 7; Wolf/Lindacher/Pfeiffer/*Hau* 2009, IntGV Rn 26; *Stankewitsch*, S. 509-510 und 755; Staudinger Rom I Bd.1/*Magnus* 2011, Art. 3 Rn 174; Staudinger Rom I Bd.1/*Hausmann* 2011, Art. 10 Rn 36; *Güllemann*, S. 27; Graf von Westphalen/Thüsing/*Graf von Westphalen/Thüsing*, Vertragsrecht – Rechtswahlklauseln Rn 15; Soergel Bd. 10/*von Hoffmann* 1996, Art. 31 Rn 10; *Rühl*, S. 75-76; *von Bar*, S. 349; MüKo Bd. 10/*Spellenberg* 2010, Art. 10 Rn 169 (in der Vorauflage noch anders).

1451 Siehe Abschnitt 3.2.1.

1452 Staudinger CISG/*Magnus* 2005, Art. 6 Rn 12-13; Graf von Westphalen/Thüsing/*Graf von Westphalen/Thüsing*, Vertragsrecht – Rechtswahlklauseln Rn 25; *Achilles* 2000, Art. 6 Rn 2; Staudinger Rom I Bd.1/*Hausmann* 2011, Art. 10 Rn 36; *Tiedemann* IPRax 1991, 424, 427; Schlechtriem/Schwenzer/*Schlechtriem/Schroeter* 2008, Art. 19 Rn 9 und 21; sogar *von Hoffmann*, der vertritt, dass der sachliche Anwendungsbereich des UN-Kaufrechts Rechtswahlvereinbarungen nicht erfasst, befürwortet wegen der erwünschten Akzessorietät der Behandlung von Rechtswahl- und Hauptvertrag die Anwendung des UN-Kaufrechts (Soergel Bd. 10/*von Hoffmann* 1996, Art. 31 Rn 9).

Falls Art. 19 CISG strikt angewendet wird (Theorie des letzten Wortes), führt dies zur Geltung der zuletzt in Bezug genommenen Rechtswahlklausel.[1453] Richtigerweise wird die Lösung von Teilen der Literatur trotz des Hinweises auf Art. 19 CISG entsprechend der Restgültigkeitstheorie gesucht. Dies ergibt sich daraus, dass selbst bei Zustandekommen des Vertrags eine Einigung über den Ausschluss des UN-Kaufrechts verneint wird, wenn die AGB beider Parteien kollidierende Rechtswahlklauseln enthalten.[1454]

Folglich wird das UN-Kaufrecht nicht ausgeschlossen, wenn eine Partei das Recht eines Vertragsstaates und die andere das Recht eines Nicht-Vertragsstaates gewählt hat. Das gleiche gilt, wenn die Parteien das unvereinheitlichte Recht jeweils verschiedener Vertragsstaaten gewählt haben.[1455] Haben beide Parteien dagegen das Recht des gleichen Nicht-Vertragsstaates bzw. das unvereinheitlichte Recht des gleichen Vertragsstaates gewählt, wird das UN-Kaufrecht aufgrund einer stillschweigenden Abwahlvereinbarung ausgeschlossen.[1456]

Fraglich ist die Situation, wenn beide Rechtswahlklauseln auf das Recht eines jeweils anderen Nicht-Vertragsstaat verweisen. Einerseits wird vertreten, dass beide Parteien durch das Abstellen auf einen Nicht-Vertragsstaat ihren Ausschlusswillen deutlich gemacht haben. Daher soll eine Ausschlussvereinbarung zustande gekommen sein.[1457] Diese Auffassung ist jedoch abzulehnen, da solche Rechtswahlklauseln nicht hinreichend deutlich zum Ausdruck bringen, ob die Parteien, die sich nicht auf ein bestimmtes Recht einigen können, jedenfalls das UN-Kaufrecht ausschließen wollen.[1458] Dies ist insofern begründet, als viele Vertragsparteien trotz der zunehmenden Bekanntheit des UN-Kaufrechts nicht notwendigerweise wissen, welche Staaten das Übereinkommen ratifiziert haben.

Soweit der in Abschnitt 3.2.5.2 vertretenen Auffassung hinsichtlich des Zustandekommens einer Abwahl des UN-Kaufrechts gefolgt wird, wird das Zu-

---

1453 *Tiedemann* IPRax 1991, 424, 427; *Tanninen*, S. 64; vgl. auch *Sieg* RIW 1997, 811, 813.

1454 Staudinger CISG/*Magnus* 2005, Art. 6 Rn 13; *Achilles* 2000, Art. 6 Rn 2; *Köhler*, Das UN-Kaufrecht, S. 235.

1455 *Piltz,* Internationales Kaufrecht, S. 62; *Schmidt-Kessel/Meyer* IHR 2008, 177, 179; MüKo HGB Bd. 6/*Benicke* 2007, Art. 6 Rn 9; Staudinger CISG/*Magnus* 2005, Art. 6 Rn 15; *Tiedemann* IPRax 1991, 424, 427.

1456 Vgl. Abschnitt 3.2.2; so auch *Sieg* RIW 1997, 811, 813; *Schmidt-Kessel/Meyer* IHR 2008, 177, 179. Jedoch genügt die Wahl des Rechts des gleichen Vertragsstaats nicht ohne weiteres, sondern es muss hinreichend deutlich erkennbar sein, dass die Parteien das unvereinheitlichte Recht dieses Staates gemeint haben (vgl. Abschnitt 3.2.2).

1457 *Tiedemann* IPRax 1991, 424, 427; *Sieg* RIW 1997, 811, 813.

1458 Staudinger CISG/*Magnus* 2005, Art. 6 Rn 14; *Köhler*, Das UN-Kaufrecht, S. 235.

standekommen der Abwahl nach dem Inkrafttreten der Rom I-Verordnung nach dem Recht beurteilt, das anzuwenden wäre, wenn der Ausschluss wirksam wäre. Dabei stellt sich die oben erläuterte Frage, ob das Zustandekommen beider Rechtswahlklauseln getrennt zu prüfen ist oder ob das Fehlen einer für die Rechtswahl erforderlichen Einigung direkt aus der Tatsache kollidierender Rechtswahlklauseln abgeleitet werden kann. Aufgrund der obigen Argumentation ist auch hier die letztere Alternative zu befürworten. Somit führt die Kollision der Rechtswahlklauseln konsequenterweise zur Unbeachtlichkeit beider Rechtswahlklauseln. Daher ist das anzuwendende Recht im Falle kollidierender Rechtswahlklauseln durch objektive Anknüpfung gemäß Art. 28 EGBGB / Art. 4 Rom-Übereinkommen / Art. 4 Rom I-VO zu ermitteln. Dadurch entscheidet sich auch die Anwendbarkeit des UN-Kaufrechts für den Hauptvertrag.

11. Überraschende Klauseln

Erfahrungsgemäß nutzt der Vertragspartner des AGB-Verwenders in vielen Fällen die Kenntnisnahmemöglichkeit über den Inhalt der AGB entweder gar nicht oder nur unzureichend. Dies beruht oft auf Zeitmangel. Zusätzlich fehlt insbesondere den kleineren Unternehmern häufig die Rechtskunde, die für das Verständnis der oft komplexen Klauselwerke notwendig ist. Daher wird im Allgemeinen davon ausgegangen, dass der Vertragspartner in bestimmten Maßen auf die Redlichkeit des Geschäftsverkehrs und somit auch auf die Redlichkeit des AGB-Verwenders vertrauen darf. Der Vertragspartner darf also grundsätzlich damit rechnen, dass sich die einzelnen Regelungen im großen und ganzen im Rahmen dessen halten, was nach den Umständen bei Abschluss des Vertrags erwartet werden kann. Daher wird vertreten, dass sich sein globales Einverständnis nur auf die erwarteten Bedingungen erstreckt. Aus diesem Grund wird der Vertragspartner des AGB-Verwenders vor überraschende AGB-Klauseln geschützt.[1459] Die konkreten Lösungen diesbezüglich variieren jedoch in den verschiedenen Rechtssystemen.

11.1 Deutschland

Gemäß § 305 c I BGB werden die AGB-Klauseln, die den Umständen nach so ungewöhnlich sind, dass der Vertragspartner des AGB-Verwenders mit ihnen nicht zu rechnen braucht, nicht Vertragsbestandteil. Dabei ist insbesondere das äußere Erscheinungsbild des Vertrags zu berücksichtigen. § 305 c I BGB knüpft

---

1459 BT-Drs. 7/3919, S. 19; *Stoffels,* S. 107-108; Erman Bd. I/*Roloff* 2011, § 305 c Rn 2; *Ring/Klingelhöfer*, S. 59; Saarnilehto/Hemmo/Kartio/*Saarnilehto* 2001, S. 445, Aktualisierung 26.5.2004; *Mäkelä*, S. 105; *Wilhelmsson*, S. 69 und 92-93; *Linna*, S. 45; *Häyhä* DL 1996, 313, 316 und 324; *Tulokas*, in: FS Ylöstalo, S. 451; aA *Hellwege*, S. 419-420 und 429-430 nach dem dieser Schutz des Vertragspartners vor überraschenden Klauseln überflüssig ist, da ein verständiger Vertragspartner die Einbeziehungserklärung des AGB-Verwenders nicht so verstehen darf, dass dieser nur die in seinem AGB enthaltenen üblichen und billigen Klauseln einbeziehen wolle. Stattdessen gilt die Einbeziehungserklärung für alle Klauseln. Er stellt ausdrücklich fest, dass dieses Ergebnis nicht dadurch beeinflusst wird, dass der Vertragspartner die AGB nicht lese. Meines Erachtens ist der Ansicht von *Hellwege* nicht zu folgen, weil es die Kosten des gesamten Vertragswesens in die Höhe treiben und den positiven Rationalisierungseffekt der Verwendung von AGB konterkarieren würde, wenn sich der Vertragspartner nicht mal darauf verlassen könnte, dass die AGB keine überraschenden Klauseln enthalten. Dies würde auch nicht der allgemeinen Kooperations- und Loyalitätspflicht der Vertragsparteien entsprechen.

die Nichteinbeziehung der überraschenden AGB-Klausel also an zwei Voraussetzungen.

Erstens muss die Klausel objektiv ungewöhnlich sein.[1460] Dies wird nach den Gesamtumständen beurteilt. Maßgeblich sind die Erwartungen, die der redliche Verkehr typischerweise oder aufgrund des Verhaltens des AGB-Verwenders bei Abschluss eines Vertrags der in Frage stehenden Art an den Vertragsinhalt knüpft.[1461] Die Ungewöhnlichkeit kann sich z.B. aus einer erheblichen Abweichung vom dispositiven Recht oder von den üblichen Vertragsbedingungen[1462] sowie aus der Unvereinbarkeit mit dem äußeren Erscheinungsbild des Vertrags ergeben[1463].

Zweitens muss der Klausel ein Überrumpelungs- oder Übertölpelungseffekt innewohnen.[1464] Dies setzt voraus, dass der Vertragspartner des AGB-Verwenders subjektiv von der Klausel überrascht wird. Es muss also eine deutliche Diskrepanz zwischen den Erwartungen des Vertragspartners und dem Klauselinhalt bestehen, so dass der Vertragspartner nicht mit der Klausel zu rechnen brauchte.[1465] Dies kann z.B. darauf zurückzuführen sein, dass der Klauselinhalt im Widerspruch zum Verlauf der Vertragsverhandlungen steht.[1466] Ferner kann der Überraschungscharakter sich aus dem ungewöhnlichen Zuschnitt oder der Fundstelle in dem Vertrag ergeben.[1467] Weiterhin kann eine Klausel in zeitlicher Hinsicht überraschend sein, wenn z.B. nach der langjährigen Vertragspraxis für je-

---

1460 Palandt/*Grüneberg* 2012, § 305 c Rn 3; Ulmer/Brandner/Hensen/*Ulmer/Schäfer* 2011, § 305 c Rn 11; *Stoffels*, S. 111; *Schwab*, S. 74; LG Offenburg MDR 6/2009, 317.

1461 Erman Bd. I/*Roloff* 2011, § 305 c Rn 9; MüKo Bd. 2/*Basedow* 2007, § 305 c Rn 6; *Fikentscher/Heinemann*, S. 105; *Vorderobermeier*, S. 184.

1462 BGH NJW-RR 2001, 195, 196; BGH NJW 1992, 1234, 1235; Erman Bd. I/*Roloff* 2011, § 305 c Rn 9; *Wieland*, in: AGB in europäischen Rechtspraxis, S. 52.

1463 BGHZ 101, 29, 33; BGH NJW-RR 2006, 490, 491; Ulmer/Brandner/Hensen/*Ulmer/Schäfer* 2011, § 305 c Rn 18; Palandt/*Grüneberg* 2012, § 305 c Rn 3; Jauernig/*Stadler* 2011, § 305 c Rn 2.

1464 BGH NJW 1989, 2255; 1990, 576, 577; 2001, 1416, 1416-1417; MüKo Bd. 2/*Basedow* 2007, § 305 c Rn 10; AnwKomm/*Hennrichs* 2002, § 305 c Rn 2; PWW/*Berger* 2011, § 305 c Rn 6.

1465 BGHZ 84, 109, 113; 130, 19, 25; BGH NJW-RR 2004, 780, 781; MüKo Bd. 2/*Basedow* 2007, § 305 c Rn 10; Ulmer/Brandner/Hensen/*Ulmer/Schäfer* 2011, § 305 c Rn 22; *Locher*, S. 58.

1466 BGH NJW 1992, 1234, 1235; 2001, 1416, 1417; *Schwab*, S. 74; Tonner/Willingmann/Tamm/*Richter* 2010, § 305c Rn 2; *Vorderobermeier*, S. 184 und 188-189.

1467 MüKo Bd. 2/*Basedow* 2007, § 305 c Rn 17; Staudinger AGB/*Schlosser* 2006, § 305c Rn 9 und 12; Wolf/Lindacher/Pfeiffer/*Lindacher* 2009, § 305 c Rn 22; *Vorderobermeier*, S. 286-287; LG Offenburg MDR 6/2009, 317; *Schmidt-Salzer* NJW 1977, 129, 136; aA *Grunsky* BB 1971, 1113, 1114 hinsichtlich des unternehmerischen Geschäftsverkehrs.

des Jahr ein neuer Vertrag geschlossen wird und die AGB plötzlich festlegen, dass der Vertrag sich stillschweigend verlängert, falls er nicht fristgerecht gekündigt wird.[1468]

Die Beurteilung, ob eine Klausel überraschend ist, richtet sich in der Regel nach den Erkenntnismöglichkeiten des typischerweise zu erwartenden Durchschnittskunden.[1469] Daher ist beim internationalen Geschäftsverkehr zu berücksichtigen, was an dem internationalen Standard gemessen überraschend bzw. nicht überraschend ist.[1470] Das Ergebnis kann jedoch aufgrund der konkreten Umstände modifiziert werden. Z.B. kann eine generell nicht überraschende Klausel im Einzelfall eine solche sein, wenn sie nach dem Verlauf der Vertragsverhandlungen keinesfalls zu erwarten war[1471] oder wenn sie durch systematisch unpassende Einordnung versteckt worden ist[1472]. Umgekehrt entfällt die Anwendung des § 305 c I BGB, wenn der Vertragspartner des AGB-Verwenders im konkreten Fall z.B. aufgrund eines entsprechenden Hinweises des Verwenders[1473] oder aufgrund einer besonderen drucktechnischen Gestaltung[1474] die Klausel kennt oder mit ihr rechnen muss[1475].

1468 *Fikentscher/Heinemann*, S. 105-106.

1469 BGH NJW 1995, 2637, 2638; Erman Bd. I/*Roloff* 2011, § 305 c Rn 10; *Schwab*, S. 86; Staudinger AGB/*Schlosser* 2006, § 305 c Rn 13; *Vorderobermeier*, S. 279.

1470 *Spellenberg*, in: FS Ferid, S. 482.

1471 BGH NJW 1987, 2011, 2011-2012; NomosKomm Bd. 2/*Kollmann* 2012, § 305 c Rn 9; Wolf/Lindacher/Pfeiffer/*Lindacher* 2009, § 305 c Rn 20; *Wieland*, in: AGB in europäischen Rechtspraxis, S. 52.

1472 BGH NJW 2010, 3152, 3153-3154; OLG Düsseldorf NJW-RR 1997, 370; LG Offenburg MDR 6/2009, 317; Wolf/Lindacher/Pfeiffer/*Lindacher* 2009, § 305 c Rn 22; *Graf von Westphalen* NJW 2011, 2098, 2098; AnwK AGB-Recht/*Niebling* 2012, § 305c Rn 4 und 6; aA jedoch *Grunsky* BB 1971, 1113, 1114 hinsichtlich des unternehmerischen Geschäftsverkehrs.

1473 BGH WM 1997, 1615, 1615-1616; Ulmer/Brandner/Hensen/*Ulmer/Schäfer* 2011, § 305 c Rn 23; MüKo Bd. 2/*Basedow* 2007, § 305 c Rn 8.

1474 BGH NJW-RR 2006, 490, 491; BGH WM 2002, 1117; PWW/*Berger* 2011, § 305 c Rn 7; Staudinger AGB/*Schlosser* 2006, § 305c Rn 31; aA *Gottschalk* AcP 206 (2006), 555, 575; einschränkend auch *Vorderobermeier*, S. 294-295, nach dem eine drucktechnische Hervorhebung lediglich dann genügt, wenn die Klausel zusätzlich noch in unmittelbarer Formularkopf- oder Unterschriftsnähe angeordnet ist. Diese Anforderung ist meines Erachtens im Verhältnis zu der vom Unternehmen erwarteten erhöhten Selbstverantwortung übertrieben. Die drucktechnische Hervorhebung verliert allerdings ihren Aufmerksamkeitswert, wenn eine Reihe von Bedingungen in dieser Weise hervorgehoben werden (Wolf/Lindacher/Pfeiffer/*Lindacher* 2009, § 305 c Rn 40; BGH BB 1982, 1018, 1019).

1475 Ulmer/Brandner/Hensen/*Ulmer/Schäfer* 2011, § 305 c Rn 23-24; Erman Bd. I/*Roloff* 2011, § 305 c Rn 12; *Schwab*, S. 87; *Stoffels*, S. 112.

Wenn die Klausel objektiv ungewöhnlich ist und ihr ein Überrumpelungs- oder Übertölpelungseffekt innewohnt, wird die Klausel nicht in den Vertrag einbezogen, obwohl die Voraussetzungen für die Einbeziehung der AGB im Übrigen vorliegen.[1476] Somit legt § 305 c I BGB eine negative Einbeziehungsvoraussetzung fest, die als Korrektur erst dann aktiv wird, wenn die AGB an sich in den Vertrag einbezogen sind.[1477] Trotz dieses systematischen und funktionalen Vorrangs der allgemeinen Einbeziehungsvoraussetzungen vor dem § 305 c BGB bleibt es dem Richter in der Praxis frei, die Frage nach der wirksamen Einbeziehung offen zu lassen, wenn die Eigenschaft der Klausel als AGB und deren überraschender Charakter feststehen. Dies beruht auf der ökonomischen Nutzung der Ressourcen.[1478]

§ 305 c BGB gilt auch uneingeschränkt im unternehmerischen Verkehr. Es ist jedoch zu beachten, dass von Unternehmern ein höheres Maß an Geschäftserfahrung und Selbstverantwortung als von Verbrauchern erwartet wird. Daher ist der überraschende Charakter einer Klausel gegenüber Unternehmern weniger leicht zu bejahen als gegenüber Verbrauchern.[1479]

Typischerweise ist eine Klausel überraschend[1480], wenn sie 1) für den Vertragspartner des AGB-Verwenders weitere Hauptpflichten begründet[1481], 2) zur

---

1476 § 305 c I BGB; MüKo Bd. 2/*Basedow* 2007, § 305 c Rn 1; Ulmer/Brandner/Hensen/*Ulmer/Schäfer* 2011, § 305 c Rn 3; *Stoffels,* S. 107; *Locher*, S. 56; OLG Jena WM 2009, 1134, 1135.

1477 Erman Bd. I/*Roloff* 2011, § 305 c Rn 6; MüKo Bd. 2/*Basedow* 2007, § 305 c Rn 3; Bamberger/Roth Bd. 1/*Schmidt* 2007, § 305 c Rn 8; Ulmer/Brandner/Hensen/*Ulmer/Schäfer* 2011, § 305 c Rn 3-4; Palandt/*Grüneberg* 2012, § 305 c Rn 1-2; *Stoffels,* S. 109; Wolf/Lindacher/Pfeiffer/*Lindacher* 2009, § 305 c Rn 4; *Wieland*, in: AGB in europäischen Rechtspraxis, S. 51; aA AnwK AGB-Recht/*Niebling* 2012, § 305c Rn 2; Soergel Bd. 3/*Stein* 1991, § 3 Rn 2. Die herrschende Meinung ist zu befürworten, da überraschende Klauseln logischerweise nicht besonders behandelt werden müssen, soweit die Einbeziehung aller Klauseln an den allgemeinen Einbeziehungsanforderungen scheitert.

1478 MüKo Bd. 2/*Basedow* 2007, § 305 c Rn 3; Bamberger/Roth Bd. 1/*Schmidt* 2007, § 305 c Rn 8; AnwK AGB-Recht/*Niebling* 2012, § 305c Rn 2.

1479 Erman Bd. I/*Roloff* 2011, § 305 c Rn 5; *Stoffels,* S. 110; Wolf/Lindacher/Pfeiffer/*Lindacher* 2009, § 305 c Rn 95; *Grunsky* BB 1971, 1113, 1114.

1480 Vgl. *Stoffels*, S. 113-115; *Locher*, S. 58-59.

1481 Dies ist dann der Fall, wenn ein Kaufvertrag eine Klausel enthält, wonach zugleich ein langfristiger Wartungsvertrag über die gekaufte Sache abgeschlossen wird (vgl. BT-Drs. 7/3919, S. 19; Staudinger AGB/*Schlosser* 2006, § 305c Rn 18; vgl. auch z.B. BGH NJW 2002, 2710).

Änderung des Vertragscharakters führt[1482] oder 3) atypische Nebenabreden beinhaltet[1483]. Weiterhin kann der überraschende Charakter einer Klausel auf den ungewöhnlichen äußeren Zuschnitt der Vertragsurkunde und auf die Unterbringung der Klausel an unerwarteter Stelle zurückzuführen sein.[1484] Somit erfasst § 305 c I BGB sowohl Klauseln, die im Hinblick auf ihren Inhalt überraschend sind, als auch Klauseln, die nach der Einteilung und der äußeren Gestaltung des Vertragstexts überraschend sind.

11.2 Finnland

Tulokas und *Telaranta* haben – ersichtlich unter Berücksichtigung des deutschen Rechts – aufgeführt, dass die überraschenden Klauseln nicht in den Vertrag einbezogen werden.[1485] Weiterhin erwähnen *Hemmo* und *Hoppu* sowie *Hoppu* und *Hoppu* kurz, dass nur die sonstigen AGB-Klauseln Vertragsbestandteil werden, soweit der Verwender der AGB die überraschende und unangemessene Klausel gegenüber seinem Vertragspartner nicht genügend hervorgehoben hat.[1486]

Diese Autoren sagen allerdings nichts über das Verhältnis ihres Vorschlags, die überraschenden Klauseln in den Vertrag nicht einzubeziehen, zu dem Grundsatz, dass das Vorliegen der Einbeziehungsvoraussetzungen im finnischen Recht in der Regel hinsichtlich des gesamten Klauselwerks beurteilt wird.[1487] Weiterhin gibt es im finnischen Recht traditionell keine negativen Einbeziehungsvoraussetzungen wie § 305 c BGB im deutschen Recht, sondern Klauseln, die mit dem Schutzzweck des AGB-Rechts nicht vereinbar sind, werden im

---

1482 Dies ist dann der Fall, wenn der Verwender durch eine Vermittlerklausel nur die Rolle des Leistungsvermittlers übernehmen will (vgl. BGH NJW 1974, 37, 38-39; *Locher*, S. 58-59; vgl. auch z.B. BGH NJW 1995, 2637, 2638).

1483 Dies ist dann der Fall, wenn nach den Einkaufsbedingungen „die vereinbarten Liefertermine und Lieferfristen fix gelten", ohne dass sich die Parteien darüber geeinigt haben und wenn aus den sonstigen Umständen nicht klar wird, dass das Geschäft mit Fristeinhaltung steht oder fällt (vgl. BGH NJW 1990, 2065, 2067; MüKo Bd. 2/*Basedow* 2007, § 305 c Rn 12; vgl. auch OLG Köln NJW 1994, 1483).

1484 Dies ist dann der Fall, wenn auf der Vorderseite in drucktechnisch hervorgehobener Form bestimmt wird, dass die Vertragsdauer ein Jahr beträgt und lediglich auf der Rückseite eine Regelung enthalten ist, dass der Vertrag bei nicht rechtzeitiger Kündigung automatisch verlängert wird (vgl. BGHZ 84, 109, 113; *Stoffels*, S. 115; vgl. auch BGH NJW 1982, 2309, 2310).

1485 *Tulokas*, in: FS Ylöstalo, S. 451; *Telaranta*, S. 190.

1486 *Hemmo/Hoppu*, Aktualisierung 10.5.2010, Abschnitt 7 / Vakioehdot / Yllättävät ja ankarat ehdot; *Hoppu/Hoppu*, S. 65.

1487 Siehe oben Abschnitt 5.1.1.

Rahmen der Inhaltskontrolle aussortiert oder angepasst.[1488] Daher geht die herrschende Ansicht davon aus, dass die überraschenden AGB-Klauseln als Teil der Inhaltskontrolle behandelt werden.[1489] Somit ist der Überraschungscharakter einer Klausel nur soweit von Bedeutung, wenn die AGB wirksam in den Vertrag einbezogen worden sind.[1490]

Wie in Abschnitt 4.2.1 und 5.2.1.2 erläutert, gibt es im finnischen Recht die Möglichkeit, sowohl Individualvereinbarungen als auch AGB-Klausel gemäß § 36 OikTL anzupassen oder für unwirksam zu erklären. Zusätzlich zu dieser Allgemeinen Inhaltskontrolle ist in der Rechtsprechung und in der Rechtsliteratur bezüglich des AGB-Rechts eine Lehre über überraschende und unangemessene Klauseln entwickelt worden. Diese Lehre wird in dieser Arbeit als AGB-rechtliche Inhaltskontrolle bezeichnet, obwohl sie nicht mit der deutschen Inhaltskontrolle gleichgesetzt werden kann.

Die AGB-rechtliche Inhaltskontrolle betrifft nur solche Klauseln, die sowohl überraschend als auch unangemessen sind.[1491] Somit ist sein Anwendungsbereich eingeschränkter als der Anwendungsbereich der deutschen Inhaltskontrolle. Der Kerngehalt der finnischen AGB-rechtlichen Inhaltskontrolle besteht darin, dass in die überraschenden und unangemessenen Klauseln leichter eingegriffen werden kann als in die Klauseln, die lediglich unangemessen sind.[1492] Die

1488 *Wilhelmsson*, S. 92-93 und 95-96; *Määttä*, S. 215; *Olsson* Nordiska Juristmötet 1957, 7, 18; Saarnilehto/Hemmo/Kartio/*Saarnilehto* 2001, S. 446, Aktualisierung 26.5.2004; *Ämmälä* LM 1994, 946, 951; *Saarnilehto*, Edilex 2001, S. 9.

1489 KKO 1991:75; 1995:56; *Saarnilehto*, Edilex 2001, S. 9; *Ämmälä* LM 1998, 622, 627; *Wilhelmsson*, S. 92-93 und 95-96; Saarnilehto/Hemmo/Kartio/*Saarnilehto* 2001, S. 446, Aktualisierung 26.5.2004; Saarnilehto/Hemmo/Kartio/*Mähönen* 2001, S. 110; *Oikeustoimilakitoimikunta*, S. 317; *Ämmälä* LM 1994, 946, 951.

1490 *Saarnilehto*, Edilex 2005, S. 26; *Laurila*, S. 20; *Kuuskoski,* S. 51; *Heikkinen*, S. 50. Es ist jedoch zuzugeben, dass es für die Praxis an sich unbedeutend ist, in welcher Kontrollebene die Prüfung erfolgt. Die existierenden Unterschiede beruhen auf den teils unterschiedlichen Rechtsfolgen der Nichteinbeziehung und der Unangemessenheit und nicht auf der Kontrollebene an sich.

1491 *Saarnilehto*, Talentum, S. 20; *Linna*, S. 45 und 49; *Laurila*, S. 20; *Kuuskoski,* S. 51; implizit durch konstantes Nutzen des Wortpaares „überraschend und unangemessen" z.B. *Wilhelmsson*, S. 92-96; *Pöyhönen*, in: Finnish Law, S. 91; *Karhapää*, S. 8-9; *Alenius*, S. 25; *Häyhä* DL 1996, 313, 316; *Adlercreutz*, S. 63; *Oikeustoimilakitoimikunta*, Paragrafenvorschlag und dessen Begründung; aA *Sarelin*, S. 48; vgl. auch *Hemmo*, Sopimusoikeus I, S. 162, der vermutlich unbewusst manchmal über überraschende *und* unangemessene Klauseln und manchmal über überraschende *oder* unangemessene Klauseln schreibt und *Heikkinen*, S. 34-36, die unter Einfluss von *Hemmo* gelegentlich über überraschende *oder* unangemessene Klauseln schreibt.

1492 KKO 1991:75; *Laurila*, S. 21; Saarnilehto/Hemmo/Kartio/*Saarnilehto* 2001, S. 445-446, Aktualisierung 26.5.2004; *Ämmälä* LM 1998, 622, 627; *Wilhelmsson*, S. 92 und lediglich unangemessenen Klauseln können nur aufgrund der allgemeinen Inhaltskontrolle gemäß § 36 OikTL behandelt werden.[1493]

Eine Klausel kann überraschend sein, wenn sie in dem vorliegenden Vertrag ihrer Art nach, im Hinblick auf die anderen Klauseln des Vertrags oder die Verhandlungssituation unerwartet ist[1494] oder als Teil des vorliegenden Vertrags wegen des Zusammenwirkens aller Klauseln zu unerwarteten Ergebnissen führt[1495]. Der überraschende Charakter kann sich auch daraus ergeben, dass die Klausel durch irreführende Einordnung oder drucktechnische Gestaltung versteckt wird.[1496] Eine Klausel ist in der Regel unangemessen, wenn sie zum Nachteil des Vertragspartners des AGB-Verwenders wesentlich von den Regelungen des dispositiven Rechts, von den für das jeweilige Geschäft typischen Regelungen oder gegebenenfalls von den allgemeinen vertragsrechtlichen Prinzipien bzw. anerkannten Gebräuchen abweicht.[1497]

Für die Beurteilung, ob eine Klausel überraschend und unangemessen ist, ist das Verständnis des durchschnittlichen Vertragspartners unter den konkreten Umständen des Vertragsabschlusses maßgeblich.[1498] In der Rechtspraxis wurde in Bezug auf den unternehmerischen Geschäftsverkehr der Überraschungscharakter einer Klausel wegen der vom Unternehmer erwarteten erhöhten Professionalität und Geschäftserfahrung mehrmals verneint.[1499] Weiterhin wird von Unternehmen zumindest in bestimmten Fällen auch aktive Kenntnisnahme von der

---

95; *Saarnilehto*, Edilex 2005, S. 27; *Norokorpi*, S. 61; in diesem Sinne auch *Pöyhönen*, in: Finnish Law, S. 91-92; vgl. auch KKO 1977 II 103; 1995:56; 1997:164; Helsingin HO 1.8.2001, T: 2012; in dem festgestellt wurde, dass die Klausel nicht überraschend und unangemessen war.

1493 Rovaniemen HO 28.4.2010, T:332; *Laurila*, S. 20; *Ahtonen*, S. 286; *Linna*, S. 45; *Karhu*, in: Oikeusjärjestys III, S. 46; *Alenius*, S. 26; *Saarnilehto*, Edilex 2001, S. 10; *Oikeustoimilakitoimikunta*, S. 340.

1494 KKO 1997:4; *Ämmälä* LM 1994, 946, 952; *Heikkinen*, S. 34; *Bernitz* 1993, S. 36; *Wilhelmsson*, S. 94; *Oikeustoimilakitoimikunta*, S. 338.

1495 *Hemmo*, Sopimusoikeus I, S. 167, KKO 1997:4.

1496 KKO 1997:4; *Wilhelmsson*, S. 95; *Heikkinen*, S. 34; Saarnilehto/Hemmo/Kartio/*Saarnilehto* 2001, S. 446, Aktualisierung 26.5.2004; *Norokorpi*, S. 60; vgl. auch Turun HO 19.2.1991, T:233.

1497 Helsingin HO 1.8.2001, T:2012; KKO 1977 II 103; *Linna*, S. 45; *Wilhelmsson*, S. 94-95; *Hemmo*, Sopimusoikeuden oppikirja, S. 102-103; *Pöyhönen*, in: Finnish Law, S. 92; *Oikeustoimilakitoimikunta*, S. 338-339; *Heikkinen*, S. 34; *Adlercreutz*, S. 63; durch Umkehrschluss auch Helsingin HO 20.2.1996, T:986.

1498 *Ämmälä* LM 1998, 622, 628; Saarnilehto/Hemmo/Kartio/*Saarnilehto* 2001, S. 447, Aktualisierung 26.5.2004.

1499 KKO 1977 II 103; 2001:126; Helsingin HO 1.8.2001, T: 2012; *Hemmo*, Vahingonkorvauksen, S. 279-280; vgl. auch KKO 1994:13.

branchenüblichen Praxis verlangt, obwohl grundsätzlich die Kenntnisse eines Außenseiters für maßgeblich gehalten werden.[1500]

Wie im deutschen Recht, kann das Ergebnis aufgrund der konkreten Umstände modifiziert werden. Eine üblicherweise nicht überraschende und unangemessene Klausel kann im Einzelfall aufgrund der Umstände eine solche sein.[1501] Dies gilt z.B. dann, wenn es einen validen Grund für die Verwendung der jeweiligen Bedingung im Zusammenhang des jeweiligen Geschäfts gibt.[1502] Andererseits kann der Überraschungscharakter einer Klausel dadurch entfallen, dass der Verwender der AGB seinem Vertragspartner über die Klausel und deren Bedeutung besonders informiert. Die Anforderungen hinsichtlich dieser Information sind desto höher je überraschender und unangemessener die jeweilige Bedingung ist und je weniger sachkundig der Vertragspartner des AGB-Verwenders ist.[1503] Eine drucktechnische Hervorhebung der Klausel sollte daher im unternehmerischen Verkehr normalerweise genügen.[1504] Dagegen kommt einer Klausel, wonach der Vertragspartner durch seine Unterschrift bestätigt, dass er den Inhalt der AGB in Kenntnis genommen hat und dass diese ihm ausreichend erklärt worden sind, keine automatische Bedeutung zu.[1505] Bei Internetgeschäften muss die Hervorhebung so erfolgen, dass der Vertragspartner zwangsläufig auf die Klausel aufmerksam wird.[1506]

In der finnischen Literatur wird in der Regel nicht diskutiert, welche Bedeutung eine z.B. wegen unerwarteter Einordnung überraschende aber inhaltlich nicht unangemessene Klausel haben soll. Dies beruht wahrscheinlich darauf, dass sich der Überraschungscharakter und die Unangemessenheit einer Klausel in der Praxis üblicherweise überlappen.[1507] Jedoch behauptet *Hemmo*, dass dem Überraschungscharakter allein keine Bedeutung zukommt. Er begründet dies damit, dass der AGB-Verwender ansonsten nicht einmal den geringfügigsten

---

1500 *Hemmo*, Sopimusoikeuden oppikirja, S. 103; *Norokorpi*, S. 60; *Linna*, S. 47.

1501 *Ämmälä* LM 1994, 946, 952.

1502 *Pöyhönen*, in: Finnish Law, S. 92.

1503 Saarnilehto/Hemmo/Kartio/*Tolonen* 2001, S. 148; *Ahtonen*, S. 275; *Saarnilehto*, Edilex 2001, S. 9; *Wilhelmsson*, S. 96; *Kuuskoski*, S. 50; *Linna*, S. 46-47; *Alenius*, S. 25; *Karhapää*, S. 9; *Ämmälä* LM 1994, 946, 952; *Hemmo*, Vahingonkorvauksen, S. 281-282; *Oikeustoimilakitoimikunta*, S. 339; vgl. auch Turun HO 19.2.1991, T:233.

1504 Vgl. *Sarelin*, S. 69-70; *Hemmo*, Sopimusoikeus I, S. 168-169, nach dem nicht klar ist, welche Bedeutung dieser besonderen Informationsobliegenheit überhaupt im unternehmerischen Geschäftsverkehr zukommen soll, obwohl sie nicht völlig ausgeschlossen wird.

1505 *Hemmo*, Sopimusoikeus I, S. 170; vgl. auch *Hellner*, in: FS Grönfors, S. 243-245.

1506 *Linna*, S. 46; *Laurila*, S. 57; *Saarnilehto*, Talentum, S. 20-21; *Kosonen*, S. 28 und 31.

1507 Vgl. *Hemmo*, Sopimusoikeus I, S. 163; MüKo Bd. 2a/*Basedow* 2007, § 305 c Rn 3; *Locher*, S. 57-58.

Vorteil durch die schwere Lesbarkeit oder unklare Einordnung der AGB ziehen kann.[1508]

Diese Argumentation ist meines Erachtens abzulehnen, da sie gegen den Sinn und Zweck des AGB-Rechts verstößt. Die einseitige Inanspruchnahme der Vertragsgestaltungsfreiheit wird wegen der positiven Funktionen der AGB akzeptiert[1509] und nicht deswegen, weil der Verwender sich durch die schwere Lesbarkeit oder unklare Einordnung der Klauseln Vorteile verschaffen könnte. Weiterhin verstößt es gegen das Prinzip des Leistungswettbewerbs, dass der Verwender im Wettbewerb mit seinen Konkurrenten neue Kunden dadurch gewinnen könnte, dass die Kunden wegen der unklaren Gestaltung glaubten, seine AGB seien besser als diejenige des Wettbewerbers. Daher sollte – im Gegensatz zu *Hemmo*s Behauptung – dem Überraschungscharakter auch allein Bedeutung zukommen.[1510] Dies sollte zumindest dann gelten, wenn der Verwender die AGB absichtlich so gestaltet hat, dass sie schwer lesbar oder unklar eingeordnet sind.

In einem solchen – in der Praxis womöglich selten vorkommenden – Fall könnte meines Erachtens die Einbeziehung der einzelnen, überraschenden Klausel ausnahmsweise verneint werden. Dies ergibt sich daraus, dass dem Vertragspartner wegen der unerwarteten Einordnung oder der drucktechnischen Gestaltung eine genügende Kenntnisnahmemöglichkeit fehlt. Die Nicht-Erfüllung der Einbeziehungsvoraussetzungen betrifft jedoch nur die überraschende Klausel und nicht das gesamte Klauselwerk. Daher wäre es unbegründet, die AGB in ihrer Gesamtheit aufgrund einer überraschenden Klausel nicht in den Vertrag einzubeziehen. Zusätzlich würde die Nichteinbeziehung des gesamten Klauselwerks regelmäßig den Interessen der Vertragsparteien widersprechen. Außerdem ist es wenig überzeugend, die gesamte AGB wegen einer überraschenden Klausel nicht in den Vertrag einzubeziehen, wenn der Vertrag bei Unangemessenheit einer Klausel grundsätzlich im Übrigen wirksam bleibt.[1511] Diese Fälle sind in der Praxis jedoch grundsätzlich vergleichbar. Daher sollte die überraschende Klausel ausnahmsweise nicht in den Vertrag einbezogen werden, ohne dabei Auswirkungen auf die Einbeziehung der anderen Klauseln zu haben.

1508 *Hemmo*, Sopimusoikeus I, S. 163; vgl. auch *Hemmo*, Vahingonkorvauksen, S. 280.

1509 Vgl. Abschnitt 1.1.

1510 Vgl. auch KKO 2001: 126, in dem der KKO als zusätzliche Begründung erwähnt hat, dass die Klausel nicht überraschend war, ohne sich dabei über die Unangemessenheit der Klausel zu äußern.

1511 Vgl. Kapitel 9 hinsichtlich der Rechtsfolgen bei Nichteinbeziehung von AGB sowie Abschnitt 5.2.1.2 und Exkurs zu der Allgemeinen Inhaltskontrolle in diesem Abschnitt hinsichtlich der Rechtsfolgen bei unangemessenen Vertragsbedingungen.

Alternativ könnte dem Überraschungscharakter im Rahmen der Inhaltskontrolle eine so große Bedeutung gegeben werden, dass die Unangemessenheit der Klausel allein durch ihren Überraschungscharakter angenommen würde. Dies scheint *Wilhelmsson*s Auffassung zu entsprechen, da er behauptet, dass auch in die versteckten AGB-Klauseln durch die Inhaltskontrolle eingegriffen werden kann[1512]. Es erscheint jedoch nicht völlig überzeugend, dass eine Klausel lediglich wegen der unerwarteten Einordnung unangemessen wäre, wenn sie objektiv betrachtet im Zusammenhang des jeweiligen Vertrags inhaltlich nicht zu beanstanden wäre. Daher ist es zu befürworten, die lediglich überraschende Klausel nicht in den Vertrag einzubeziehen.

Des Weiteren besteht in der finnischen Rechtsliteratur Uneinigkeit über die Rechtsfolgen der AGB-rechtlichen Inhaltskontrolle. Nach der ersten Ansicht bindet eine überraschende und unangemessene Klausel nicht.[1513] Nach den in Kapitel 9 erläuterten Regeln würden die dispositiven Gesetzesregelungen in solchen Fällen Anwendung finden.[1514] Somit stimmt diese Ansicht mit dem deutschen Recht überein, nach welchem unangemessene AGB-Klauseln gemäß §§ 307-309 BGB unwirksam sind. Da § 306 BGB die gleichen Rechtsfolgen bei Nichteinbeziehung von AGB und bei deren Unwirksamkeit vorsieht, bleibt der Vertrag, wie in Kapitel 9 geschildert, grundsätzlich im Übrigen wirksam und die gesetzlichen Vorschriften ersetzen die unwirksamen AGB-Klauseln.

Die zweite Ansicht hält die erste Ansicht für bedenklich, weil sie in manchen Situationen nicht zu einer Geltung des Vertrauensschutzes und somit zu einem unerwünschten Ergebnis führen würde. Als Beispiel werden Verpfändungsverträge erwähnt, in welchen die Verpfändung formularmäßig auf alle bestehenden und künftigen Ansprüche ausgedehnt wird. Falls die Verpfändungsklausel gänzlich – also auch bezüglich der Hauptschuld – entfallen würde, würde die Verpfändung ihren Sinn und Zweck verlieren. Eine solche weitgehende Unwirksamkeit der Klausel ist zum Schutz des Verpfänders jedoch gar nicht er-

---

1512 *Wilhelmsson*, S. 95; vgl. auch *Bernitz* 1993, S. 37, nach dem die Anforderungen hinsichtlich der Unangemessenheit der Klausel nicht besonders hoch sein sollen, soweit die Klausel überraschend ist.

1513 *Oikeustoimilakitoimikunta*, S. 338; *Kuuskoski,* S. 50; *Pöyhönen*, in: Finnish Law, S. 92; Saarnilehto/Hemmo/Kartio/*Mähönen* 2001, S. 110; *Hemmo*, Sopimusoikeus I, S. 162; *Karhapää*, S. 8; in diesem Sinne wohl auch Rovaniemen HO 28.4.2010, T:332; *Häyhä* DL 1996, 313, 316 und *Pöyhönen*, in: Oikeusjärjestelmä I, S. 160, der in Verbindung mit der AGB-rechtlichen Inhaltskontrolle feststellt, dass die Anpassung nach der allgemeinen Inhaltskontrolle lediglich dann in Frage kommt, wenn der Klausel eine Bindungswirkung zukommt.

1514 Siehe auch *Hemmo*, Vahingonkorvauksen, S. 282-283; *Oikeustoimilakitoimikunta*, S. 339.

forderlich, da der Verpfänder ja davon ausgeht, ein Pfandrecht für die Hauptschuld zu bestellen. Hingegen ist das Vertrauen seines Vertragspartners dahingehend, dass wenigstens für die Hauptschuld das Pfandrecht bestellt wird, schutzwürdig. Deshalb ist es nicht sinnvoll, dass die Verpfändung auch hinsichtlich der Hauptschuld aufgehoben wird. Die Aufhebung soll sich deshalb vielmehr nur auf die Verpfändung für frühere oder spätere Ansprüche beziehen.[1515] Die Befürworter dieser Ansicht vertreten folglich, dass eine überraschende und unangemessene Bedingung nicht in ihrer ursprünglichen, womöglich aber in einer geänderten Form gilt.[1516] Somit würden bei der AGB-rechtlichen Inhaltskontrolle in der Praxis die gleichen Rechtsfolgen wie bei der allgemeinen Inhaltskontrolle gemäß § 36 OikTL zur Verfügung stehen.[1517] Um diese und die Bedeutung der Inhaltskontrolle für die Systematik des AGB-Rechts und somit auch für die Einbeziehung der AGB zu erläutern, werden hier in einem Exkurs die Grundlagen der allgemeinen Inhaltskontrolle vorgestellt.

Exkurs: Allgemeine Inhaltskontrolle des finnischen Rechts und Vergleich mit den Grundlagen der deutschen Inhaltskontrolle

Allgemeine Inhaltskontrolle und die Rechtsfolge der AGB-rechtlichen Inhaltskontrolle im finnischen Recht

Wie schon in Abschnitt 4.2.1 und 5.2.1.2 erwähnt, kann das Gericht gemäß § 36 OikTL eine unangemessene Klausel nicht nur für unwirksam erklären, sondern

---

1515 Saarnilehto/Hemmo/Kartio/*Saarnilehto* 2001, S. 447, Aktualisierung 26.5.2004; *Saarnilehto*, Edilex 2005, S. 25; vgl. auch *Portin* JFT 1974, 323, 328. Im deutschen Recht wird eine parallele Diskussion bezüglich der formularmäßigen Ausdehnung einer Bürgschaft geführt (genauer siehe *Stoffels,* S. 242-243). Vgl. auch KKO 1990:73; 1991:75, in denen der KKO bezüglich Verpfändungsklauseln feststellte, dass die Klausel im Hinblick auf die Hauptschuld bindet, obwohl ihr bezüglich der anderen Ansprüche keine Bindungswirkung zukommt.

1516 *Saarnilehto*, Edilex 2005, S. 26-27; *Linna*, S. 45; *Ahtonen*, S. 286; *Saarnilehto*, Talentum, S. 19-21; in diesem Sinne auch KKO 1990:73; 1991:75.

1517 Vgl. *Saarnilehto*, Edilex 2005, S. 27; vgl. auch *Oikeustoimilakitoimikunta*, S. 338 und 340, der einerseits vertritt, dass eine Klausel, die überraschend und unangemessen ist, nicht bindet, aber andererseits feststellt, dass unangemessene Klauseln immer gemäß § 36 OikTL angepasst werden können.

sie auch nach eigenem Ermessen anpassen.[1518] In der Praxis werden die dispositiven Gesetzesregelungen als Maßstab verwendet, obwohl es hierfür keine absolute Pflicht gibt.[1519] Des Weiteren orientieren sich die Gerichte an der vorigen Rechtsprechung bzw. vor allem an den Begründungen der vorigen Entscheidungen[1520], Gesetzesmaterialien, Rechtsliteratur und allgemeinen Vertragspraxis sowie an der allgemeinen Systematik und Wertevorstellungen der Rechtsordnung.[1521] Dadurch wird der Ermessensspielraum faktisch eingeschränkt, obwohl die Schaffung abschließender Kriterien für unmöglich und sogar für unnötig gehalten wird.[1522] Trotzdem bleibt ein bestimmtes Maß an Unsicherheit schon deswegen bestehen, weil es keine absolute Definition für die Angemessenheit geben kann, da sich die Definition an der jeweils herrschenden Werteordnung orientiert.[1523] Zudem kann die Berücksichtigung der individuellen Umstände dazu führen, dass eine Klausel bei ähnlichen Verträgen im Allgemeinen angemessen ist, aber aufgrund der speziellen Umstände bei dem jeweiligen Fall unangemessen ist oder umgekehrt.[1524] Da jede Lösung somit einzelfallbezogen ist, ist die Allgemeine Inhaltskontrolle nach § 36 OikTL ein Beispiel für die in Ab-

---

1518 § 36 OikTL; *Ahtonen*, S. 55-56; *Toiviainen*, S. 149; *Wilhelmsson*, S. 113-114 und 151; *Kaisto*, in: Business law forum, S. 67-68; *Keto-Girgin*, S. 122-123; *Palmujoki/Palmujoki*, S. 34; Saarnilehto/Hemmo/Kartio/*Saarnilehto* 2001, S. 433; *Hoppu/Hoppu*, S. 66; *Lindström*, S. 79.

1519 *Wilhelmsson*, S. 151-153; *Ahtonen*, S. 285-286; *Hemmo*, Sopimusoikeus II, S. 58 und 60; *Linna*, S. 51; *Lindmark*, in: Avtalslagen, S. 288-289; *Saarnilehto*, S. 172; *Grönfors/Dotevall*, S. 285; *Bernitz*, S. 148; *Lindström*, S. 79; HE 247/1981 S. 13-14 (Regierungsentwurf zur Änderung des Rechtsgeschäftsgesetzes); vgl. auch z.B. KKO 1994:137.

1520 Genauer siehe Fußnote 316.

1521 *Kaisto*, in: Business law forum, S. 65; *Hemmo*, Sopimusoikeus II, S. 53 und 61; *Pöyhönen*, Uusi varallisuusoikeus, S. 191-194; *Timonen*, in: Finnish Law, S. 28-29; *Lindström*, S. 79; *Saarnilehto*, in: Maksupalvelusopimuksista, S. 116; *Keto-Girgin*, S. 106; aA *Aurejärvi* Oikeus 1984, 1, 9-10, nach dem Anpassungslösungen nicht als Präjudikat Betrachtet werden können, da sie immer einzelfallbezogen sind; kritisch auch *Wilhelmsson*, S. 125.

1522 *Sevón* JFT 1985, 155, 162 und 164; *Wilhelmsson*, in: FS Hoppu, S. 422.

1523 Vgl. *Tepora* LM 1998, 744, 780-781; *Lindmark*, in: Avtalslagen, S. 294; *Saarnilehto*, in: Maksupalvelusopimuksista, S. 106.

1524 *Wilhelmsson*, S. 125; *Aurejärvi* Oikeus 1984, 1, 9-11. Jedoch gilt bei bestimmten Klauseln wegen ihres Typs eine starke Vermutung, dass die Klausel unangemessen ist. Dies betrifft z.B. Klauseln, die einer Partei eine einseitige Entscheidungs- und Änderungsmacht bezüglich der zentralen Vertragsklauseln einräumen (HE 247/1981 S. 13-14 (Regierungsentwurf zur Änderung des Rechtsgeschäftsgesetzes); *Wilhelmsson*, S. 158-159; *Mähönen*, in: Varallisuusoikeuden, S. 117; *Saarnilehto*, S. 173).

schnitt 4.2 erläuterte konkret-individuelle Betrachtungsweise und die Duldung der Unsicherheit im finnischen Recht.

Wie oben dargestellt, betrifft die Allgemeine Inhaltskontrolle auch AGB-Klauseln, soweit diese nicht als überraschend und unangemessen der AGB-rechtlichen Inhaltskontrolle unterliegen. Daher kommt der Allgemeinen Inhaltskontrolle bezüglich AGB-Klauseln eine wesentliche Bedeutung zu. Wegen der dadurch begründeten Anpassungsmöglichkeit existiert das im deutschen AGB-Recht herrschende grundsätzliche Verbot der „geltungserhaltenden Reduktion“[1525] im finnischen Recht nicht.

1525 Siehe z.B. BGH NJW 2012, 222, 224; BGH WM 2010, 277, 281; BGH NJW 1982, 2309, 2310; 2001, 1419, 1421; 2005, 1574, 1576; BGH VIII ZR 50/09 vom 20.1.2010; *Lorenz* DAR 2010, 314, 317; *Niebling* MDR 2010, 961, 962; Staudinger AGB/*Coester* 2006, § 307 Rn 55; *Meyer* ZHR 174 (2010), 108, 114; Ulmer/Brandner/Hensen/*Schmidt* 2011, § 306 Rn 14; *Stoffels,* S. 237-239; *Dose* NZM 2009, 381, 385; aA MüKo Bd. 2/*Basedow* 2007, § 306 Rn 13; siehe auch *Stürner*, S. 129-130, demgemäß zahlreiche Ausnahmen das Verbot der geltungserhaltenden Reduktion bis zur Unkenntlichkeit durchlöchern sowie *Leyens/Schäfer* AcP 210 (2010), 771, 801-802, die für eine differenzierte Betrachtung plädieren. Nach dieser Ansicht soll die geltungserhaltende Reduktion bei Rechtsunsicherheit des AGB-Verwenders möglich sein und nur dann verboten sein, wenn die Unangemessenheit klar erkennbar ist. Siehe auch *Kappus* NZM 2011, 674, 676, nach dem man zumindest dann, wenn infolge des zur Verfügung stehenden dispositiven Rechts eine ergänzende Vertragsauslegung ausscheidet, die Fehlleistung des Vorformulierers aber relativ gering einzuschätzen ist und der wirksam übrig bleibende Klauselrest durch einfache Operation vom Übermaß befreit werden kann, Abstand von dem Verbot der geltungserhaltenden Reduktion nehmen sollte. Vgl. weiterhin auch *Müller/Griebeler/Pfeil* BB 2009, 2658, 2664 Fußnote 64, die die Existenz der geltungserhaltenden Reduktion bejahen, aber gleichzeitig meinen, dass es hinsichtlich der Bedürfnisse der Praxis womöglich besser wäre, wenn die Gerichte stattdessen eine gewisse Freiheit hätten. Des Weiteren wird vertreten, dass bei Anwendbarkeit des deutschen Rechts auch bezüglich der im internationalen Handelsverkehr verwendeten AGB an dem Verbot der geltungserhaltenden Reduktion festzuhalten ist (*Hau/Eichel* AL 2010, 84, 90; Ulmer/Brandner/Hensen/*Schmidt* 2011, Anh. § 305 Rn 34; Wolf/Lindacher/Pfeiffer/*Hau* 2009, IntGV Rn 61; Staudinger Rom I Bd.1/*Hausmann* 2011, Art. 10 Rn 95; aA *Maindl*, S. 254-255; *Stoll*, in: FS Kegel, S. 661-662). Eine ergänzende Vertragsauslegung ist nach deutschem Recht lediglich dann erlaubt, wenn das dispositive Recht keine zur Lückenschließung sachgerechte Regelung enthält und der ersatzlose Wegfall der unangemessenen AGB-Klausel keine für beide Vertragsparteien angemessene Lösung darstellen würde (so BGH NJW1984, 1177, 1178; 2000, 1110, 1114; 2008, 2840, 2841; Palandt/*Grüneberg* 2012, § 306 Rn 13; *Uffmann* NJW 2011, 1313, 1316-1317; *Schmitt/Ulmer*, S. 48-49) bzw. wenn sich das Vertragsgefüge als Folge des Wegfalls völlig einseitig zu Gunsten des Vertragspartners des AGB-Verwenders verschieben und somit ein für den AGB-Verwender

Außerdem kann das Gericht nach § 36 II OikTL die anderen Bedingungen des Vertrags anpassen und somit die Wirksamkeit des Vertrags bewahren, soweit der Fortbestand des Vertrags mit unverändertem Inhalt nicht zumutbar wäre. Daher dürfte der ganze Vertrag nach dem finnischen Recht noch seltener als nach dem deutschen Recht, wo dies auch ein absoluter Ausnahmefall ist[1526], unwirksam sein.

Angesichts der obigen Erläuterung über die Rechtsfolgen der Allgemeinen Inhaltskontrolle ist der zweiten Ansicht über die Rechtsfolgen der AGB-rechtlichen Inhaltskontrolle, nach der eine überraschende und unangemessene AGB-Klausel auch angepasst werden kann, zu folgen.[1527] Dies passt besser zur Systematik des finnischen Rechts, zu welchem die Anpassungsmöglichkeit als wesentlicher Teil gehört.[1528] Sowohl Individualvereinbarungen als auch AGB-Klauseln, die unangemessen aber nicht überraschend sind, können nach finnischem Recht angepasst werden. Daher wäre es nicht logisch, die Anpassungsmöglichkeit lediglich wegen des Überraschungscharakters abzulehnen. Vor allem wäre dies nicht zu rechtfertigen, weil unterschiedliche Rechtsfolgen zur unterschiedlichen Behandlung einer bestimmten Klausel in inhaltlich faktisch identischen Verträgen führen könnte, falls der Überraschungscharakter lediglich aus einer irreführenden Einordnung oder der drucktechnischen Gestaltung resultiert. Hinzu kommt noch, dass diese Ansicht auch aus Gründen des Vertrauensschutzes zu befürworten ist, da sie es ermöglicht, bei Bedarf die berechtigten Interessen des AGB-Verwenders in angemessener Weise zu berücksichtigen. Da die AGB-rechtliche Inhaltskontrolle und die Allgemeine Inhaltskontrolle in hier erklärter Weise in enger Verbindung miteinander stehen, ist es logisch, dass die Beurteilung von überraschenden Klauseln im finnischen Recht zur Inhaltskontrolle gehört und keine negative Einbeziehungsvoraussetzung darstellt, wie im deutschen Recht.

---

unzumutbares Ergebnis eintreten würde (so BGH NJW 2008, 2172, 2175; 2009, 2662, 2666; 2011, 50, 54; 2011, 1342, 1345; *Niebling* MDR 2011, 1399, 1401).

1526 Vgl. Kapitel 9.

1527 Der KKO hat in drei Fällen über Verpfändungsklauseln zwischen Verbrauchern und Unternehmern in diesem Sinne entschieden und die Klausel über die Verpfändung so angepasst, dass sie weiterhin bezüglich der Hauptschuld, in deren Zusammenhang sie vereinbart wurde, gültig war, aber nicht bezüglich der später vereinbarten weiteren Schulden (KKO 1991:75, 1990:73 und 1989:106). Es gibt meines Erachtens keinen Grund, warum eine entsprechende Lösung bei andersartigen Fällen bzw. bei Verträgen zwischen Unternehmen nicht anwendbar sein sollte.

1528 Dies ergibt sich z.B. daraus, dass nach finnischem Recht anders als nach deutschem Recht auch die Hauptleistungen, wie die Preishöhe angepasst werden können (vgl. § 307 III BGB, § 36 III OikTL).

Um die Bedeutung der Allgemeinen Inhaltskontrolle für die Gesamtheit des finnischen AGB-Rechts und somit auch für die Einbeziehung von AGB zu erläutern, ist es wichtig, ihre Anwendung in der Praxis im Vergleich zu den Grundlagen der deutschen Inhaltskontrolle darzustellen. Weiterhin zeigt ein solcher Vergleich interessante grundlegende Unterschiede zwischen den Rechtssystemen.

Obwohl § 36 OikTL seinem Wortlaut nach eine breite Anwendung ermöglichen würde, wird eine Klausel bzw. ein Vertrag des unternehmerischen Geschäftsverkehrs in der Praxis nur selten angepasst.[1529] Dies gilt grundsätzlich auch für AGB-Klausel. Besonders stark ist die diesbezügliche Vermutung, wenn es sich um „agreed documents“, von neutralen Instanzen geschaffenen Klauselwerken oder branchenübliche AGB handelt.[1530] Vor allem werden Verträge zwischen „ungefähr gleich starken“ Unternehmen nur in außergewöhnlichen Fällen angepasst.[1531] Stark gegen die Anpassung spricht auch das, dass die Anpassung aufgrund solcher Umstände gefordert wird, die schon beim Vertragsschluss vorhanden oder vorauszusehen waren (anfängliche Unangemessenheit) und somit dem Vertragspartner bekannt waren bzw. sein sollten.[1532]

1529 *Saarnilehto*, Talentum, S. 22; *Hemmo/Hoppu*, Aktualisierung 10.5.2010, Abschnitt 7 / Sopimusehtojen sovittelu / Kohtuuttomuus; *Palmujoki/Palmujoki*, S. 34; *Lindmark*, in: Avtalslagen, S. 282-283; *Saarnilehto*, Edilex 2005, S. 27; *Lindström*, S. 79; vgl. auch *Wilhelmsson*, S. 181, der darstellt, dass der Schutz durch Inhaltskontrolle in der Praxis deutlich geringer ist als aufgrund der allgemeinen Diskussion zu vermuten wäre und sogar behauptet, dass der Schuzt durch § 36 OikTL oft nur scheinbar existiert.

1530 *Toiviainen*, S. 101; *Ramberg/Nilsen*, S. 30; *Laurila*, S. 29; vgl. auch *Hoppu/Hoppu*, S. 63-64; *Hemmo*, Sopimusoikeus II, S. 68; *Lindmark*, in: Avtalslagen, S. 288.

1531 KKO 1983 II 78; 1985 II 36; 1986 II 97; 1993:68; 2001:27; Turun HO 18.3.2009, T:630; Helsingin HO 29.4.2008, T:1173; *Ahtonen*, S. 208 und 211; *Saarnilehto*, S. 171 und 173-174; *Wilhelmsson*, S. 129; *Mäkilaurila*, S. 72; *Lehtinen*, S. 138-139; *Hemmo*, Sopimusoikeus II, S. 57, 64 und 89; *Kurkela*, S. 216; Saarnilehto/Hemmo/Kartio/*Tolonen* 2001, S. 87-88; *Linna*, S. 50; Saarnilehto/Hemmo/Kartio/*Mähönen* 2001, S. 104-105; *Lindström*, S. 80; HE 247/1981 S. 14-15 (Regierungsentwurf zur Änderung des Rechtsgeschäftsgesetzes); *Tykkyläinen*, Seminar, S. 29. Ein solcher Fall könnte vorliegen, wenn sich die Umstände völlig unerwartet, z.B. wegen Verfügungen des Staates, stark ändern (*Kaisto/Lohi*, S. 130; *Mähönen*, in: Varallisuusoikeuden, S. 115). Entsprechendes kann auch aufgrund des Loyalitätsprinzips wegen Änderung der Umstände bei besonders langfristigen Dauerschuldverhältnissen gelten (*Häyhä* DL 1996, 313, 317-318; *Mähönen*, in: Varallisuusoikeuden, S. 123; vgl. auch KKO 2010:69, nach dem die Parteien jedoch in der Regel selbst das Risiko tragen müssen, dass sich die Umstände während des Vertragsverhältnisses ändern; KKO 1990:138; *Linna*, S. 19-20).

1532 KKO 1993:68, in dem der KKO die Anpassung ablehnte, weil die Umstände, aufgrund welcher die Anpassung gefordert wurde, während der Vertragsdauer sich nicht geän-

Ein relativ großer Machtunterschied zwischen den Parteien ändert die Situation nicht, soweit der schwächeren Partei beim Vertragsschluss genügend Möglichkeiten zustanden, ihre Interessen zu wahren. Eine solche Möglichkeit kann auch darin bestehen, dass die schwächere Partei frei – ohne praktische Notwendigkeit oder zeitlichen bzw. sonstigen Druck[1533] – entscheiden kann, ob sie den Vertrag unter den angebotenen Bedingungen schließen will. Dabei muss der Verzicht auf einen Vertragsabschluss eine realistische Alternative darstellen.[1534]

---

dert haben. *Sevón* JFT 1985, 155, 164; Saarnilehto/Hemmo/Kartio/*Saarnilehto* 2001, S. 430; *Hemmo*, Sopimusoikeus II, S. 64 und 89; *Lehtinen*, S. 138; *Mäkilaurila*, S. 79; KKO 1985 II 36; 1993:68; 1995:186; 1995:204; HE 247/1981 S. 12 und 17 (Regierungsentwurf zur Änderung des Rechtsgeschäftsgesetzes); *Saarnilehto*, Edilex 2007, S. 2 und die in diesem Artikel vorgestellte Rechtsprechung; vgl. auch *Wilhelmsson*, S. 135-136; vgl. weiterhin auch Laintarkastuskunta (Gesetzesprüfungskommission), der in seinem Gutachten (2/1981, S. 3-4) sogar vorschlug, dass zu § 36 I OikTL als letzter Satz hinzugefügt werden soll, dass derjenige, der beim Vertragsschluss von der Unangemessenheit der Klausel wusste oder hätte wissen müssen, sich nicht auf die Unangemessenheit der Klausel berufen kann. Dieser Vorschlag wurde allerdings nicht akzeptiert, da er zu fragwürdigen Ergebnissen geführt hätte, wenn die Unangemessenheit einer Klausel dem Vertragspartner zwar bekannt gewesen wäre, aber ihm wegen seiner untergelegenen Stellung in der Praxis keine andere Möglichkeit zur Verfügung gestanden hätte als die Bedingung zu akzeptieren (*Sevón* JFT 1985, 155, 163; *Wilhelmsson*, S. 136; HE 247/1981 S. 12 und 17 (Regierungsentwurf zur Änderung des Rechtsgeschäftsgesetzes)).

1533 Eine praktische Notwendigkeit den Vertrag zu den angebotenen Bedingungen zu schließen kann aus einer Zwangslage des Vertragspartners des AGB-Verwenders resultieren, wenn z.B. eine Reparatur dringend vorgenommen werden muss und somit keine Zeit bleibt, andere Anbieter zu suchen. Gleichwohl kann sich die praktische Notwendigkeit aus der Monopolstellung des AGB-Verwenders oder daraus, dass alle Anbieter der Branche die gleichen AGB verwenden, ergeben. Weiterhin kann sie aus der Abhängigkeit des Vertragspartners von dem AGB-Verwender resultieren (Helsingin HO 3.12.1998, T: 3714; HE 247/1981 S. 3 und 12 (Regierungsentwurf zur Änderung des Rechtsgeschäftsgesetzes); *Ämmälä*, in: Varallisuusoikeuden, S. 100; *Pöyhönen*, in: Oikeusjärjestelmä I, S. 157; *Sevón* JFT 1985, 155, 167; *Taxell* JFT 1984, 606, 617).

1534 HE 247/1981 S. 14-15 (Regierungsentwurf zur Änderung des Rechtsgeschäftsgesetzes); *Hemmo*, Sopimusoikeus II, S. 69; *Lindmark*, in: Avtalslagen, S. 285-2887; KKO 1996:27, in welchem der KKO die Schiedsgerichtsbarkeitsklausel nicht anpasste. Der KKO begründete dies damit, dass der Franchisenehmer (schwächere Partei) kein dringendes Bedürfnis zum Schluss des Franchisevertrags hatte, da er den Vertrag während eines ungekündigten Arbeitsverhältnisses schloss. Somit konnte er frei überlegen, ob er den Vertrag unter den angebotenen Bedingungen, die er laut KKO nicht beeinflussen konnte, schließen will. Weiterhin hatte er eine Woche Zeit gehabt, um sich mit den Bedingungen vertraut zu machen. Zudem war eine Schiedsgerichtsbarkeitsklausel in

Weiterhin muss die Unangemessenheit deutlich sein, um eine Anpassung vorzunehmen. Insofern führt nicht jede Ungleichheit zu einer Anpassung.[1535]

Die zurückhaltende Einstellung zur Anpassung ist in beiden oben genannten Fällen auf die Privatautonomie und das Prinzip „Pacta sunt servanda" zurückzuführen. Ein Unternehmen verantwortet selbst, dass es Verträge zu akzeptablen Bedingungen schließt. Danach ist das Unternehmen grundsätzlich verpflichtet,

---

derartigen Verträgen nicht außergewöhnlich oder überraschend und es ging nicht um eine einfache Streitfrage mit geringem Wert, was im Vergleich zu dem Kosten des Schiedsverfahrens zu einer Unangemessenheit der Klausel hätte führen können. Außerdem hatte er Unterstützung durch eine Person mit juristischem Fachwissen bekommen. Daher war es nicht wesentlich, dass der Franchisenehmer vermutlich kaum Einfluss auf die Vertragsbedingungen hätte haben können. Zudem war seine Geschäftstätigkeit als Franchisenehmer anhand der wirtschaftlichen Kennzahlen nicht gering gewesen und insofern entsprach seine Stellung nicht derjenigen eines Arbeitnehmers oder eines Verbrauchers. Ähnlich Helsingin HO 24.4.2009, T:1047; Turun HO 2.11.2009, T:2607. Als Umkehrschluss dieses Falles lässt sich vermuten, dass die Entscheidung unter anderen Umständen hätte anders sein können. Wenn z.B. der Franchisenehmer ein arbeitsloser alleinerziehender Elternteil gewesen wäre, der dringend den Unterhalt für sich selbst und seine Kindern gebraucht hätte und er die Entscheidung umgehend hätte fassen müssen, kann meines Erachtens davon ausgegangen werden, dass der KKO die Schiedsgerichtsbarkeitsklausel angepasst hätte. Andere in Richtung Anpassung wirkende Tatsachen hätten z.B. die mangelnde juristische Unterstützung und Geringfügigkeit der Geschäftstätigkeit sein können. Vgl. weiterhin auch *Ruotsi* JT 2007-08, 166, 172, der darstellt, dass bei der Erwägung über eine Anpassung das ökonomische Risiko des Schiedsverfahrens gegenüber dem ökonomischen Risiko des Hauptvertrags abgewogen werden soll. Vgl. aber auch KKO 2003:60, indem der KKO die Schiedsgerichtsbarkeitsklausel anpasste. In diesem Fall hatte sich die finanzielle Lage der schwächeren Partei (ein Ein-Mann-Betrieb) während der Vertragsdauer drastisch verschlechtert. Da er mittellos war, hätte die Schiedsgerichtsbarkeitsklausel ohne Anpassung zur kompletten Aushöhlung seines Rechtsschutzes geführt. Schon in dem erstgenannten Urteil hat der KKO die Aushöhlung des Rechtsschutzes als einen möglichen Anpassungsgrund erwähnt. Allerdings ist der KKO in dem damaligen Fall auf dieses Argument nicht genauer eingegangen. Auch *Ruotsi* und *Wilhelmsson* halten dies für ein zentrales Argument (*Ruotsi* JT 2007-08, 166, 171-172; *Wilhelmsson*, in: FS Hoppu, S. 420 und 422).

1535 *Toiviainen*, S. 148; *Pöyhönen*, in: Finnish Law, S. 90; *Portin* LM 1987, 391, 398; *Taxell* JFT 1984, 606, 617 und 620; *Mähönen*, in: Varallisuusoikeuden, S. 113; *Wilhelmsson*, S. 138 und 140; Saarnilehto/Hemmo/Kartio/*Mähönen* 2001, S. 104; *Lindström*, S. 80; vgl. auch KKO 1993:68. Hierbei ist jedoch zu berücksichtigen, dass je größer das Machtgefälle ist, desto kleinere Unangemessenheit Bedeutung erlangen können (*Pöyhönen*, Sopimusoikeuden järjestelmä, S. 290-291).

seine Verträge einzuhalten und zu erfüllen, auch wenn sich der Vertrag als ungünstig zeigt.[1536]

Ein Ungleichgewicht in den Vorteilen und Belastungen des Vertrags für die Vertragsparteien begründet daher keine Anpassung, soweit es nicht auf einer rechtlich relevanten Störung der Vertragsparität zurückzuführen ist.[1537] Somit muss ein Unternehmen die von seinem Vertragspartner verwendeten AGB Klausel für Klausel prüfen und bei Bedarf eine Änderung des Inhalts verlangen, soweit er über eine entsprechende Gestaltungsmöglichkeit verfügt. Alternativ kann er auf den Vertragsschluss verzichten, soweit es keine praktische Notwendigkeit gibt, den Vertrag zu schließen.[1538] Ansonsten wird davon ausgegangen, dass sich die Unausgeglichenheit der Bedingungen aus akzeptablen Gründen, wie unterschiedliches Verhandlungsgeschick, mangelnde Vertiefung einer Partei in die Bedingungen oder bewusstes Eingehen eines Risikos ergibt und somit kein Anpassungsgrund vorliegt.[1539]

1536 HE 247/1981 S. 12 (Regierungsentwurf zur Änderung des Rechtsgeschäftsgesetzes); KKO 1995:204; 2010:69; Helsingin HO 24.4.2009, T:1047; Turun HO 18.3.2009, T:630; Vaasan HO 3.11.1997, T:1616; Helsingin HO 1.8.2001, T:2012; *Saarnilehto*, S. 169-170; *Ahtonen*, S. 57, 223 und 226; Saarnilehto/Hemmo/Kartio/*Mähönen* 2001, S. 104; *Pöyhönen*, in: Oikeusjärjestelmä I, S. 157; *Häyhä* DL 1996, 313, 316-317; *Lehmuskenttä*, in: Maksupalvelusopimuksista, S. 26; *Lindmark*, in: Avtalslagen, S. 292.

1537 *Kaisto/Lohi*, S. 129-130; Saarnilehto/Hemmo/Kartio/*Mähönen* 2001, S. 103-105; Saarnilehto/Hemmo/Kartio/*Tolonen* 2001, S. 87-88; *Lindmark*, in: Avtalslagen, S. 287; *Ahtonen*, S. 57, 166-167 und 223. Eine rechtlich relevante Störung ist z.B. gegeben, wenn der schwächeren Partei die tatsächliche Freiheit fehlt, über den Vertragsschluss zu verfügen oder wenn die stärkere Partei die fehlende Sachkenntnisse ihres Vertragspartners ausnutzt (*Kaisto/Lohi*, S. 129-130; HE 247/1981 S. 14-15 (Regierungsentwurf zur Änderung des Rechtsgeschäftsgesetzes); *Saarnilehto*, S. 170). Soweit keine rechtlich relevante Störung stattfindet, ist der Vertrag nicht unangemessen, obwohl eine Vertragspartei wegen den Verpflichtungen in Konkurs gehen würde (*Hemmo/Hoppu*, Aktualisierung 10.5.2008, Abschnitt 7 / Sopimusehtojen sovittelu / Kohtuuttomuus).

1538 Vgl. Helsingin HO 24.4.2009, T:1047; Helsingin HO 1.8.2001, T:2012; *Saarnilehto*, Edilex 2005, S. 18; *Kurkela*, S. 216; *Ahtonen*, S. 284; *Sevón* JFT 1985, 155, 163-167; *Taxell* JFT 1984, 606, 617 und 620; *Saarnilehto*, Talentum, S. 3.

1539 KKO 1982 II 192; Turun HO 8.5.2009, T: 1126; *Hemmo*, Sopimusoikeuden oppikirja, S. 379; *Tolonen*, in: Varallisuusoikeuden, S. 87; *Mähönen*, in: Varallisuusoikeuden, S. 113; *Wilhelmsson*, S. 138; *Hemmo*, Sopimusoikeus II, S. 59 und 64; *Linna*, S. 54; *Keto-Girgin*, S. 119; vgl. auch *Grönfors/Dotevall*, S. 280-281.

Vergleich der allgemeinen Inhaltskontrolle des finnischen Rechts mit den Grundlagen der deutschen Inhaltskontrolle

Deshalb kann sich die faktisch stärkere Partei oder eine von den „ungefähr gleich starken" Parteien nach finnischem Recht nicht auf die anfängliche Unangemessenheit der AGB berufen, wenn sie die AGB durch den Vertragsschluss akzeptiert hat. Dies weicht deutlich von der deutschen Inhaltskontrolle ab, die nach der traditionellen Ansicht ohne Rücksicht auf die individuelle Schutzbedürftigkeit des einzelnen unternehmerischen Vertragspartners durchgeführt wird.[1540] Dementsprechend hat der BGH in einem Fall, in welchem die stärkere

1540 BGH NJW 1976, 2345, 2346; 2005, 2006, 2008; OLG Celle BB 1976, 1287; *Graf von Westphalen* BB 2011, 195, 196-198; Palandt/*Grüneberg* 2012, § 307 Rn 39; *Axer*, S. 279; *Koch* BB 2010, 1810, 1815; *Vogt* TranspR 2010, 15, 19; *Kuntz* AcP 209 (2009), 242, 257; *Graf von Westphalen* NJW 2009, 2977, 2980-2981; Diskussionsbeitrag von *Abels* im Rahmen des 7. AGB Symposions am 11.3.2010, siehe *Khan*, in: *Axer* u.a., Tagungsbericht S. 20 (bisher unveröffentlicht); MüKo Bd. 2/*Kieninger* 2007, § 307 Rn 37 und 74-75; Ulmer/Brandner/Hensen/*Fuchs* 2011, § 307 Rn 372; *Stoffels*, S. 215-216; Wolf/Lindacher/Pfeiffer/*Wolf* 2009, § 307 Rn 186; *Lorenz* DAR 2010, 314, 317; *Peters* ZGS 2011, 10, 13; *Niebling* MDR 2011, 1399, 1407; *Wackerbarth* AcP 200 (2000), 45, 63; *Hensen* ZHR 157 (1993), 359, 360; *Lutz*, S. 9; *Bastian/Böhm* BB 1974, 110, 112-113; *Schmidt-Salzer* NJW 1971, 1010, 1014; *Ulmer*, in: Verhandlungen des 50. Deutschen Juristentages, S. H8, H23; vgl. auch *Kollmann* NJOZ 2011, 625, 627; aA *Berger/Kleine* NJW 2007, 3526, 3527; *Dauner-Lieb/Axer* ZIP 2010, 309, 314; *Berger* NJW 2010, 465, 470; *Kessel/Stomps* BB 2009, 2666, 2672, die neuerdings für eine differenzierte Inhaltskontrolle innerhalb des unternehmerischen Geschäftsverkehrs plädieren. In diesem Sinne schon früher *Lindacher* BB 1972, 296, 299. Vor kurzem ist auch vorgeschlagen worden, dass § 307 BGB mit einem neuen Absatz 4 ergänzt werden soll, nach dem die Inhaltskontrolle keine Anwendung findet, wenn es um einen Vertrag zwischen einem deutschen und einem ausländischen Unternehmen geht. Dieser Vorschlag ist jedoch abzulehnen, da es kaum zu rechtfertigen ist, warum der Reformbedarf lediglich für den internationalen aber nicht für den nationalen Geschäftsverkehr besteht. Weiterhin könnte dies womöglich gegen das Gemeinschaftsrecht der Europäischen Union verstoßen (genauer *Berger* NJW 2010, 465, 466-467; *Dauner-Lieb/Axer* ZIP 2010, 309, 309; Begrüßung von *Abels* im Rahmen des 7. AGB Symposions am 11.3.2010, siehe *Friedrich/Lennartz*, in: *Axer* u.a., Tagungsbericht S. 3 (bisher unveröffentlicht); vgl. auch die in Abschnitt 6.2.3.3 vorgeführten Begründungen, warum die Internationalität eines Sachverhalts eher strengere Prüfungsmaßstäbe erfordert als diejenige, die auf der nationalen Ebene verwendet werden). Vgl. auch *Hellwege* (S. 578-579), der vorschlägt, dass im unternehmerischen Geschäftsverkehr gänzlich auf die Inhaltskontrolle aufgrund des Individualschutzes verzichtet werden soll. Stattdessen soll ein Unternehmer selbst für den angemessenen Inhalt des Vertrags inklusive der AGB verantwortlich sein. Wenn es ihm nicht gelingt, dies durch

Vertragspartei behauptete, dass die AGB der schwächeren Partei § 307 BGB nicht standhielten, explizit festgestellt, dass sich auch ein großes Unternehmen auf die Regelungen der §§ 1 I und 9 AGBG (jetzt: §§ 305 I und 307 BGB) berufen kann.[1541] Dies hat der BGH auch später durch die Feststellung bestätigt, dass auch eine Vertragspartei, die der anderen weder wirtschaftlich noch sonst überlegen ist, der Verwender im Sinne von § 305 I BGB sein kann. Stattdessen kommt es auf die Einseitigkeit der Auferlegung der Bedingungen an.[1542] Somit kann auch eine gegenüber einem faktisch mächtigeren Unternehmen verwendete AGB-Klausel nach der Inhaltskontrolle unwirksam sein.

Dieser Unterschied wird noch durch zwei weitere Unterschiede verstärkt. Erstens ist die Unwirksamkeit von AGB-Klauseln nach dem deutschen Recht

---

Verhandlungen zu erreichen, soll er vom Vertragsschluss Abstand nehmen. Stattdessen könnten die im unternehmerischen Geschäftsverkehr verwendeten AGB-Klauseln lediglich im Rahmen einer überindividuell schützenden Inhaltskontrolle behandelt werden.

1541 BGH NJW 2004, 502, 503. Es handelte sich um einen Fall, in welchem eines der größten deutschen Bauunternehmen behauptete, dass es durch bestimmte AGB-Klauseln des kleineren Auftraggebers gemäß § 307 BGB unangemessen benachteiligt wird. Diese Machtverteilung beeinflusste nicht die Möglichkeit der stärkeren Vertragspartei, sich auf die Unangemessenheit der AGB-Klauseln der schwächeren Partei zu berufen. Somit stellte der BGH fest, dass die jeweiligen AGB-Klauseln unwirksam waren. Dies entspricht einer in der Literatur schon früher vertretenen Meinung (vgl. *Rabe* NJW 1987, 1978, 1979; *Schmidt-Salzer* NJW 1971, 1010, 1014; vgl. auch neulich *Graf von Westphalen* BB 2011, 195, 198; *Axer*, S. 44; *Jahn* FAZ Nr. 21 von 25.1.2012, S. 21). AA LG Frankfurt ZGS 2003, 396, 397, wonach die Inhaltskontrolle nicht zur Unwirksamkeit einer Klausel führt, wenn der Vertragspartner des AGB-Verwenders ein erfahrenes Großunternehmen ist, das trotz Kenntnis der fraglichen AGB-Klausel erkennbar keinen Wert auf die Aushandlung legt und die Klausel unter den Umständen des Falles nicht unbillig erscheint; LG Köln NJW-RR 1987, 1001, 1001-1002, wonach das AGB-Recht keine Anwendung findet, wenn der Kunde aufgrund seiner wirtschaftlichen Macht und aufgrund des Umfangs des vorgenommenen Geschäfts grundsätzlich in der Lage gewesen ist, seine Interessen in das Vertragsverhältnis bestimmend einzubringen und dadurch Einfluss auf die Gestaltung des Vertrags zu nehmen, obwohl er von diesen Einflussmöglichkeit keinen Gebrauch gemacht hat; *Bunte* NJW 1987, 921, 924, nach dem das AGB-Recht aufgrund einer teleologischen Reduktion in den Fällen nicht anzuwenden ist, in denen sich eine Überlegenheit des einen und eine Unterlegenheit des anderen Vertragspartners nicht feststellen lässt und *Faust,* in: AGB im Wirtschaftsverkehr, S. 52, nach dem die Inhaltskontrolle lediglich dann gerechtfertigt ist, wenn ein Selbstschutz ineffizient wäre und deshalb von einem rational handelnden Unternehmen nicht erwartet werden kann. Seiner Ansicht nach kommt es jedoch nicht auf die wirtschaftliche Macht der Parteien an, sondern lediglich darauf, ob sich eine eingehende Analyse der AGB lohnt.

1542 BGH NJW 2010, 1131, 1131-1132.

von Amts wegen zu prüfen.[1543] Zweitens kann die Unangemessenheit einer Klausel von nicht-kollektiv ausgehandelten AGB nach der herrschenden Ansicht nur dann durch sonstige vorteilhafte Bedingungen kompensiert werden, wenn die Klauseln sachlich zusammenhängen und der Vor- und Nachteil zumindest annähernd gleichwertig sind.[1544]

1543 Staudinger Eckpfeiler/*Coester* 2011, E. Rn 42; AnwK AGB-Recht/*Niebling* 2012, Vor § 307 Rn 27; Ulmer/Brandner/Hensen/*Fuchs* 2011, Vorb. v. § 307 Rn 2 und 106; Staudinger AGB/*Coester* 2006, Vorbem zu §§ 307-309 Rn 25. Obwohl dies der Systematik der Rechtsanwendung zwingenden Rechts entspricht, wäre es aufgrund der Selbstverantwortung der Unternehmen im unternehmerischen Geschäftsverkehr nicht unzumutbar zu verlangen, dass sich die Partei auf die Unangemessenheit berufen müsste. Sofern die Parteien die AGB nicht für unangemessen halten, sollte das Gericht keinen Anlass haben, dies anders zu sehen. Da sich die Vertragsparteien in der Praxis meist ohnehin auf die Unangemessenheit der AGB berufen und sich nicht auf die Eigeninitiative der Gerichte verlassen, ist die Bedeutung dieses Unterschieds eher von theoretischer Natur.

1544 BGH NJW 2003, 888, 890-891; *Stoffels,* S. 180; Staudinger AGB/*Coester* 2006, § 307 Rn 125-127; Bamberger/Roth Bd. 1/*Schmidt* 2007, § 307 Rn 20; Palandt/*Grüneberg* 2012, § 307 Rn 14; Wolf/Lindacher/Pfeiffer/*Wolf* 2009, § 307 Rn 127 und 212; Ulmer/Brandner/Hensen/*Fuchs* 2011, § 307 Rn 153; *Niebling* MDR 2011, 1399, 1402; Vortrag von *Faust* im Rahmen des 7. AGB Symposions am 11.3.2010, siehe *Rabus*, in: *Axer* u.a., Tagungsbericht S. 19 (bisher unveröffentlicht); vgl. auch Erman Bd. I/*Roloff* 2011, § 307 Rn 11, wonach Kompensationsmöglichkeiten im unternehmerischen Geschäftsverkehr allerdings weitergehend zu bejahen sind als gegenüber Verbrauchern. AA *Berger* NJW 2010, 465, 470; Herberger/Martinek et al./*Lapp/Salamon* 2010, § 307 Rn 35 und *Günes/Ackermann* ZGS 2010, 454, 459, die die Ansicht vertreten, dass alle Klauseln des Vertrags berücksichtigt werden können, ohne dass es auf einen sachlichen Zusammenhang ankommt; *Hoyningen-Huene*, S. 82-83, der alle übrigen vorteilhaften Klauseln bei der Beurteilung der Kompensationsmöglichkeit heranziehen möchte; MüKo Bd. 2/*Kieninger* 2007, § 307 Rn 34 und *Acker/Bopp* BauR 2009, 1040, 1049, die davon ausgehen, dass der gesamte Vertragsinhalt zu berücksichtigen ist. Jedoch weist *Kieninger* dabei auf den Art. 4 I der EG-Klauselrichtlinie (Richtlinie des Rates über missbräuchliche Klauseln in Verbraucherverträgen 93/13/EWG) hin, der nur für Verbraucherverträge gilt, obwohl der Text ansonsten allgemein formuliert ist; vgl. auch BGH NJW 2003, 886, 887, wonach der gesamte Vertragsinhalt bei Verträgen zwischen unternehmerischen Parteien zu berücksichtigen ist. Die herrschende Meinung ist insofern problematisch, als es den (ungefähr gleich starken) unternehmerischen Vertragsparteien nach der Privatautonomie erlaubt sein müsste, solche Verträge zu schließen, wie sie möchten (vgl. BGH NJW 1994, 1278, 1279-1280; 1989, 1276; *Schön*, in: FS Canaris, S. 1191-1192 und 1194; *Heikkinen*, S. 7). Daher sollten die Parteien auch solche Klauseln vereinbaren können, die alleine oder in Verbindung mit den unmittelbar zusammenhängenden Klauseln als unzumutbar betrachtet werden könnten, aber für die Parteien angesichts des gesamten Vertrags (inklusive der nicht zusammenhängenden Klauseln und der Individualvereinbarungen) akzeptabel sind. Zumindest im

Nach finnischem Recht darf das Gericht die Unangemessenheit einer Klausel im unternehmerischen Geschäftsverkehr nicht von Amts wegen berücksichtigen, wenn sich die Parteien nicht darauf berufen haben.[1545] Teilweise wird sogar vertreten, dass die Anpassung ausdrücklich verlangt werden muss.[1546] Meist besteht Einigkeit darüber, dass sich eine Partei zumindest irgendwie auf die Unangemessenheit der Klausel berufen muss. Danach kann die Anpassungsforderung den anderen Forderungen dieser Partei entnommen werden.[1547]

Weiterhin wird das Anpassungsbedürfnis nach dem gesamten Vertrag beurteilt. Somit kann die Unangemessenheit einer Klausel durch andere Bedingungen kompensiert werden. Insbesondere zwischen ungefähr gleich starken Unternehmen gilt dies unabhängig davon, ob die Bedingungen sachlich zusammen-

---

Kernbereich seiner Tätigkeit kann von einem Unternehmen erwartet werden, dass es in der Lage ist, eine Gesamtwürdigung des Vertrages durchzuführen, obwohl der Vertrag auch AGB beinhaltet (vgl. *Tettinger* AcP 205 (2005), 1, 31 und 34; BGH NJW 2005, 2006, 2007). Zudem gehört es zur Verhandlungstaktik, an einer Stelle nachzugeben, um an einer anderen Stelle wieder mehr verlangen zu können. Diese Stellen müssen nicht im unmittelbaren Zusammenhang stehen, weil vernünftige unternehmerische Parteien nicht Einzelbestimmungen isoliert betrachten, sondern den ganzen Vertrag in ihrem wirtschaftlichen Gesamtzusammenhang (vgl. *Dauner-Lieb/Axer* ZIP 2010, 309, 311; *Miethaner*, S. 157-158; Vortrag von *Maier-Reimer* im Rahmen des 7. AGB Symposions am 11.3.2010, siehe *Rabus*, in: *Axer* u.a., Tagungsbericht S. 7 (bisher unveröffentlicht); *Müller/Griebeler/Pfeil* BB 2009, 2658, 2660; *Lischek/Mahnken* ZIP 2007, 158, 159-160; *Abels*, in: AGB im Spannungsfeld, S. 19; *Bröker* IBR 2010, 255; *Rabe* NJW 1987, 1978, 1980).

1545 Vgl. KKO 1992:12, in dem der KKO die Vertragsbedingungen nicht angepasst hat, da die Partei keine die Unangemessenheit begründenden Argumente vorgebracht hat und nicht die Anpassung oder Unwirksamkeit der Bedingungen geltend gemacht hat; *Hemmo*, Sopimusoikeus II, S. 94-95; *Ämmälä* DL 1991, 42, 46, 48-49; *Saarnilehto*, in: Maksupalvelusopimuksista, S. 88-90; *Toiviainen*, S. 149; *Hoppu/Hoppu*, S. 66; *Hemmo/Hoppu*, Aktualisierung 10.5.2008, Abschnitt 7 / Sopimusehtojen sovittelu / Sovittelu.

1546 *Virolainen*, in: FS Lappalainen, S. 580; *Virolainen* JFT 2006, 187, 197 und 206; *Laukkanen*, S. 148 Fußnote 22; in diesem Sinne wohl auch *Ovaskainen*, S. 114.

1547 KKO 1990:148; HE 247/1981 S. 16-17 (Regierungsentwurf zur Änderung des Rechtsgeschäftsgesetzes); *Wilhelmsson*, S. 175-176; *Saarnilehto* LM 1992, 759, 761; *Ämmälä* DL 1991, 42, 46, 48-49; *Kartio*, in: FS Ylöstalo, S. 211; vgl. auch *Oikeustoimilakitoimikunta*, S. 284; KKO 1981 II 102; Die Voraussetzungen für eine Andeutung der Unangemessenheit sind jedoch insbesondere bei Verbrauchern relativ gering und in unklaren Fällen kann sich das Gericht im Rahmen der Prozessleitung bei einer Partei erkundigen, ob ihre Aussagen als Anpassungsanforderung zu verstehen sind (*Kaisto*, in: Business law forum, S. 123 und 127; *Hemmo*, Sopimusoikeus II, S. 94-95; *Ovaskainen*, S. 114).

hängen oder Individualvereinbarungen oder AGB-Klauseln sind.[1548] Soweit die Parteien ihr Verhältnis durch mehrere, zusammengehörende Verträge geregelt haben, können auch diese anderen Verträge mitberücksichtigt werden.[1549]

Die deutsche Ansicht, dass auch ein stärkerer Vertragspartner sich auf die Unwirksamkeit von AGB berufen kann, wird durch die Tatsache begründet, dass Unternehmen – ebenso wie Verbraucher – nicht über den Inhalt der AGB verhandeln. Auch sehr geschäftskundige (und marktmächtige) Vertragsparteien nehmen die AGB ohne Gegenwehr hin, obwohl es in der Branche viele konkurrierende Anbieter gibt.[1550] *Becker*[1551] und *Faust*[1552] fügen hinzu, dass der Vertragspartner des AGB-Verwenders die AGB meist gar nicht oder nur verkürzt zur Kenntnis nimmt. Dagegen orientiert sich der Kunde meistens lediglich am Preis und an der Qualität des Produktes und nicht an der „Qualität" der AGB. Somit ist der Wettbewerb nicht in der Lage, für angemessene AGB zu sorgen, was einer Kompensation durch die Rechtsordnung bedarf.[1553]

Weiterhin wird als Begründung auf den Zweck der Inhaltskontrolle hingewiesen. Die Inhaltskontrolle schützt den Vertragspartner des AGB-Verwenders vor der situativ bedingten Gefährdung der inhaltlichen Ausgewogenheit des Vertrags, die durch die Verwendung von AGB also durch die einseitige Inanspruchnahme der Gestaltungsfreiheit erfolgt. Dies betrifft jeden Vertragspartner des AGB-Verwenders, der dann „schlicht keine eigene vertragsautonome Selbstbestimmung hat".[1554] Zudem weist *Zweigert* und *Kötz* darauf hin, dass das Prinzip der Vertragsfreiheit nur dann die Respektierung eines Vertrags verlangt,

---

1548 *Saarnilehto*, S. 171 und 173; *Ahtonen*, S. 165; *Wilhelmsson*, S. 126-127; *Telaranta*, S. 386; *Taxell* JFT 1984, 606, 619; *Laurila*, S. 62-64; Saarnilehto/Hemmo/Kartio/*Saarnilehto* 2001, S. 431; vgl. auch *Saarnilehto* DL 2009, 523, 528-529. Somit unterscheidet sich dies auch von der in Deutschland zum Teil vertretenen Ansicht, dass Individualvereinbarungen grundsätzlich nicht zur Kompensation in der Lage sind (Erman Bd. I/*Roloff* 2011, § 307 Rn 11, aA Staudinger AGB/*Coester* 2006, § 307 Rn 115).

1549 *Wilhelmsson*, S. 128.

1550 *Becker* JZ 2010, 1098, 1100; *Zweigert/Kötz*, S. 326; MüKo Bd. 2/*Kieninger* 2007, § 307 Rn 39 und 74; *Kuntz* AcP 209 (2009), 242, 257; *Rühl*, S. 37; *Wackerbarth* AcP 200 (2000), 45, 78-79; *Kötz* JuS 2003, 209, 210-211.

1551 *Becker* JZ 2010, 1098, 1100.

1552 *Faust*, in: AGB im Wirtschaftsverkehr, S. 47.

1553 *Kuntz* AcP 209 (2009), 242, 259; Palandt/*Grüneberg* 2012, Überbl. vor § 305 Rn 6; *Graf von Westphalen* BB 2010, 195, 200; *Canaris* AcP 200 (2000), 273, 323-324.

1554 *Graf von Westphalen* BB 2011, 195, 196; *Graf von Westphalen* BB 2010, 195, 200; BGH NJW 1994, 2825, 2826; 1995, 2034, 2035; Ulmer/Brandner/Hensen/*Fuchs* 2011, Vorb. v. § 307 Rn 27; Palandt/*Grüneberg* 2012, Überbl. vor § 305 Rn 8; Staudinger AGB/*Coester* 2006, § 307 Rn 2; *Wackerbarth* AcP 200 (2000), 45, 51-52; *Lieb* AcP 178 (1978), 196, 202.

wenn jede Partei eine faire Möglichkeit hatte, auf den Inhalt des Vertrags Einfluss zu nehmen.[1555]

Diese Begründungen erscheinen widerlegbar. Das „Nichtverhandeln" ist eine rationale Folge der jetzigen Rechtslage.[1556] Warum soll ein Unternehmen den Inhalt von AGB prüfen und diesbezüglich auf das Aushandeln gezielte Verhandlungen einleiten, wenn dies Zeit und Geld kostet und das Unternehmen wegen der umfassenden Inhaltskontrolle des deutschen Rechts rechtlich meist besser oder zumindest zufriedenstellend gestellt wird, wenn es sich bei einem möglichen Streit einfach auf die Inhaltskontrolle beruft.[1557] Falls die Rechtslage anders wäre – also der von der Inhaltskontrolle gewährte Schutz nicht so umfassend wäre – würden die Unternehmen sicherlich in einigen Fällen die AGB prüfen und über deren Inhalt verhandeln und in anderen Fällen bewusst das Risiko der für sie ungünstigen Bedingungen im Kauf nehmen.[1558]

1555 *Zweigert/Kötz*, S. 327.

1556 Vgl. *Wackerbarth* AcP 200 (2000), 45, 80, nach dem die Inhaltskontrolle sicherstellt, dass der Vertragspartner sich im Wesentlichen nur um Preis und Qualität des Produktes und nicht um die weitere Ausgestaltung der rechtlichen Beziehung kümmern muss; vgl. auch *Kollmann* NJOZ 2011, 625, 628-629.

1557 Vgl. *Lieb*, in: AGB im Spannungsfeld, S. 113; *Leuschner* JZ 2010, 875, 878; *Küpper* ZGS 2009, 117, 126; *Rühl*, S. 37; *Rabe* NJW 1987, 1978, 1979; *Garrn* JZ 1978, 302, 303; *Faust*, in: AGB im Wirtschaftsverkehr, S. 48; *Schmitt/Ulmer*, S. VI Vorwort; LG Frankfurt ZGS 2003, 396, 397; *Jahn* FAZ Nr. 64 von 17.3.2010, S. 23; in diesem Sinne auch *Kessel/Jüttner* BB 2008, 1350, 1351; *Eidenmüller* JZ 2005, 216, 222; *Pfeiffer* ZGS 2003, 378, 378.

1558 Vgl. *Kollmann* NJOZ 2011, 625, 629; *Grunsky* BB 1971, 1113, 1117, der aus diesem Grund eine Einschränkung der Inhaltskontrolle verlangt; durch Umkehrschluss auch *Wackerbarth* AcP 200 (2000), 45, 71, der auf Seite 75 zudem vorführt, dass die Inhaltskontrolle zur gänzlichen Abschaffung des Konditionenwettbewerbs beiträgt, was vor allem im kaufmännischen Bereich problematisch ist, da hier grundsätzlich erwartet werden könnte, dass die unterschiedliche Bedingungen zur Beurteilung der Qualität des Angebot herangezogen werden; vgl. auch *Fastrich*, S. 228, der darauf hinweist, dass das Bewusstsein, für den Vertrag die volle Selbstverantwortung zu tragen, das Verhalten der Vertragsparteien ändert. In diesem Sinne wohl auch *Leyens/Schäfer* AcP 210 (2010), 771, 776. Daher kann der Ansicht von *Becker*, dass die Qualität der AGB, wenn überhaupt, in der Regel erst nach dem Vertragsschluss beurteilt werden kann (JZ 2010, 1098, 1101), nicht geteilt werden. In der Praxis könnte das Verhalten des Vertragspartners des AGB-Verwenders wie folgt aussehen. Soweit Aufwand und Kosten in keinem Verhältnis zu den dadurch erreichbaren Vorteilen stehen, wie es oft bei geringfügigen, einmaligen Geschäften der Fall ist, verzichtet das vernünftige Unternehmen auf die Verhandlungen oder prüft nur kurz die zentralsten Klauseln. Ansonsten rechnet es damit, dass es sich bei Unzufriedenheit bei dem nächsten Vertrag an einen anderen Anbieter wenden kann. Wenn der Vertrag dagegen besonders wichtig ist, wie

Weiterhin entspricht es der wirtschaftlichen Realität, dass eine Partei, für die ein Vertragsschluss von hoher Wichtigkeit ist, bereit ist, die von ihr verfassten Bedingungen auf Anforderung ihres Vertragspartners zu ändern.[1559] Insbesondere trifft dies zu, wenn die jeweiligen AGB nur in einigen Verträgen und gegebenenfalls mehrmals gegenüber demselben stärkeren Vertragspartner verwendet werden.[1560] Daher ist die mächtigere (oder zumindest ungefähr gleich starke) Partei oft keineswegs schutzlos der Ausnutzung der einseitigen Gestaltungsfreiheit des AGB-Verwenders ausgeliefert, sondern hat aufgrund ihrer wirtschaftlichen Macht durchaus die Möglichkeit, den Vertragsinhalt inklusive der AGB zu beeinflussen.[1561]

Dagegen verstößt die deutsche Ansicht gegen die Privatautonomie und das mit der Privatautonomie eng verbundene Prinzip „Pacta sunt servanda"[1562], da

---

es z.B. ein langfristig angelegter Kooperationsvertrag oft ist, fällt die Entscheidung meist anders aus (vgl. *Kessel/Stomps* BB 2009, 2666, 2673).

1559 Vgl. *Müller/Griebeler/Pfeil* BB 2009, 2658, 2661; *Saarnilehto*, Talentum, S. 3; *Sarelin*, S. 20; *Axer*, S. 52-53 und 55. In der Praxis wird der Text der AGB oft nicht direkt geändert. Dagegen werden die Änderungen individualvertraglich in dem Hauptvertrag oder in einem separaten Anhang niedergelegt. Da Individualvereinbarungen Vorrang vor den AGB haben, ändert diese Vorgehensweise nicht die Tatsache, dass die AGB für diesen Vertrag faktisch geändert werden.

1560 Vgl. *Lindacher* JZ 1981, 131, 132.

1561 Vgl. *Jahn,* in: AGB im Wirtschaftsverkehr, S. 10, nach dem Unternehmen häufig genügend Nachfragemacht besitzen, um „unmoralischen Angeboten der Gegenpartei nicht hilflos ausgeliefert zu sein"; *Wolf,* in: FS Brandner, S. 304-306, nach dem der AGB-Verwender die Fähigkeit, an seinen vorformulierten AGB unverändert festzuhalten, besitzen muss, damit die Vorformulierung die Möglichkeit seines Vertragspartners zur Einflussnahme auf den Vertragsinhalt beseitigt. Diese Fähigkeit sieht er darin, dass der Verwender die von seinem Vertragspartner gemachten interessengerechten Gegenvorschläge nicht beachten und die AGB nicht nennenswert ändern muss. In der Praxis besitzt der AGB-Verwender eine solche Fähigkeit gegenüber einem faktisch stärkeren Vertragspartner oft nicht. Die Situation mag anders sein, wenn der Verwender ständig gleichartige, eher geringfügige Verträge schließt und dabei immer seine AGB zugrunde legt. In einem solchem Fall kann es auch vorkommen, dass der Verwender lieber auf den Vertrag verzichtet als seine AGB zu ändern, da der bezweckte und für die Rentabilität notwendige Rationalisierungseffekt ansonsten verloren ginge. Somit kann tatsächlich eine Gefährdungslage trotz des Machtverteilungsverhältnisses zugunsten des Vertragspartners vorliegen (vgl. *Axer*, S. 84; *Tettinger* AcP 205 (2005), 1, 30). Vgl. auch *Peters* ZGS 2011, 10, 12 und *Bröker* (IBR 2010, 255), der darauf hinweist, dass in dem vorliegenden Fall kein Machtgefälle vorlag, infolgedessen der AGB-Verwender seinem Vertragspartner hätte dazu zwingen können, die fragliche Klausel zu akzeptieren.

1562 Bezüglich dieser Grundlagen eines freiheitlichen und an marktwirtschaftlichen Grundsätzen orientierten Privatrechts siehe genauer Abschnitt 4.

die richterliche Inhaltskontrolle an die Stelle der eigenen Überprüfung der AGB durch den Vertragspartner des AGB-Verwenders und somit auch an die Stelle der mit der Privatautonomie untrennbar verbundenen Selbstverantwortung tritt.[1563] Wie in Abschnitt 4 erläutert, fördert jede Beschränkung der Eigenverantwortung der Vertragsparteien durch eine Zunahme von nicht privatautonom vereinbarten Möglichkeiten, sich einseitig von der vertraglichen Vereinbarung zu lösen, letztlich unüberlegtes Handeln und beeinträchtigt somit die Funktionsfähigkeit der Privatautonomie. Daher erfordert jeder Eingriff in die Vertragsfreiheit und in das Prinzip „Pacta sunt servanda" eine überzeugende Rechtfertigung.[1564] Dies betrifft auch gesetzlich legitimierte Lösungsmöglichkeiten, da das Bestandsinteresse[1565] auch ihren Anwendungsbereich einschränken kann.[1566] Daraus folgt, dass das Vorliegen einer solchen Rechtfertigung für die Inhaltskontrolle bei Fällen, in denen die mächtigere (oder zumindest ungefähr gleicher starke) Partei sich auf sie beruft, zu prüfen ist.

Eine solche Rechtfertigung der Inhaltskontrolle könnte in der rechtsökonomischen Argumentation liegen, da es die Transaktionskosten erheblich erhöht, wenn das Unternehmen die AGB bei Vertragsschluss inhaltlich prüft und gegebenenfalls Verhandlungen führt oder die AGB mit den AGB anderer Anbieter

1563 Vgl. *Wolf*, in: 50 Jahre BGH, S. 119; *Lieb*, in: AGB im Spannungsfeld, S. 113; *Gottschalk* AcP 206 (2006), 555, 561 und 565; *Schmitt/Ulmer*, S. VI Vorwort; *Miethaner*, S. 158-160; *Lorenz*, S. 41; vgl. weiterhin auch *Pfeiffer* ZGS 2003, 378, 378, der darauf hinweist, dass die deutsche AGB-rechtliche Inhaltskontrolle im internationalen Vergleich außergewöhnlich weitreichend und intensiv ist.

1564 Vgl. *Dauner-Lieb* AnwBl 2006, 430, 434; *Lorenz*, S. 41-42; *Dauner-Lieb/Axer* ZIP 2010, 309, 314; *Miethaner*, S. 17-18; in diesem Sinne auch *Lehtinen*, S. 253; *Kessel/Stomps* BB 2009, 2666, 2668-2669.

1565 Das Bestandsinteresse, auch bezeichnet als Bindungsinteresse, beschreibt das Vertrauensinteresse an der Aufrechthaltung und Kalkulierbarkeit des Vereinbarten. Somit ist es dem aus dem Vertrag Berechtigten zuzuordnen. Der Verpflichtete hat dagegen ein Lösungsinteresse, das das Interesse an der „Nichtbindung" des Vertrags bedeutet (*Lorenz*, S. 38).

1566 *Lorenz*, S. 41-42; *Miethaner*, S. 19 und 21-22; *Schön*, in: FS Canaris, S. 1202 und 1204-1205; vgl. auch *Lieb* AcP 178 (1978), 196, 211 und Fußnote 41; *Leuschner* JZ 2010, 875, 880-881; *Medicus* AcP 192 (1992), 35, 62; *Lehtinen*, S. 251 und 253; sowie BVerfG NJW 2005, 1036, 1037, nach dem die Statuierung einer Inhaltskontrolle für Formularverträge an sich verfassungsrechtlich unbedenklich ist, obwohl es gleichzeitig darauf hinweist, dass für das Kriterium der Dispositionsbereitschaft als Schranke der Vertragsfreiheit im Gesetz keine Stütze gibt. AA wohl *Graf von Westphalen* NJW 2009, 2977, 2982, der die Problematik der Rechtfertigung der Inhaltskontrolle beiseite schiebt, in dem er behauptet, dass die demokratisch legitimierten Wertungen des Gesetzgebers im Rang nicht minder hoch zu einzustufen sind als der Grundsatz der Vertragsgestaltungsfreiheit.

vergleicht. Aus diesem Grund wird argumentiert, dass der Vertragspartner des AGB-Verwenders unabhängig von den tatsächlichen Machtpositionen der Parteien wegen der prohibitiv hohen Transaktionskosten in der Praxis keine Gestaltungsmöglichkeit hat.[1567] Weiterhin wird auch im unternehmerischen Geschäftsverkehr auf die Informationsasymmetrie zwischen den Parteien hingewiesen, weil der Vertragspartner des AGB-Verwenders trotz der geschäftlichen Erfahrung durch umfangreiche AGB intellektuell überfordert sein kann, wenn die AGB außerhalb des Kernbereichs seiner Tätigkeit liegen.[1568]

Es muss jedoch diskutiert werden, ob die Beurteilung der Risiken und des Kosten-Nutzen-Verhältnisses der verschiedenen Handlungsalternativen nicht gerade zu den wesentlichen und ureigensten Aufgaben eines Unternehmens gehört.[1569] Daher sollte die Entscheidung, ob sich die Prüfung der AGB und diesbezügliche Verhandlungen in einem bestimmten Fall lohnen, grundsätzlich im Bereich der Selbstverantwortung des Unternehmens liegen. Weiterhin kann behauptet werden, dass das Bedürfnis der Vertragsparteien im unternehmerischen Geschäftsverkehr, ohne eigene Kontrolle auf die Redlichkeit des Geschäftsver-

---

1567 *Miethaner*, S. 72-73 und 99-100; Ulmer/Brandner/Hensen/*Fuchs* 2011, Vorb. v. § 307 Rn 33-34; *Leuschner* JZ 2010, 875, 879; *Grünberger* Jura 2009, 249, 250; *Kuntz* AcP 209 (2009), 242, 259; *Zweigert/Kötz*, S. 326-327; MüKo Bd. 2/*Kieninger* 2007, § 307 Rn 39 und 74; *Dauner-Lieb/Axer* ZIP 2010, 309, 313; *Faust,* in: AGB im Wirtschaftsverkehr, S. 47-48; *Eidenmüller* JZ 2005, 216, 222; *Wackerbarth* AcP 200 (2000), 45, 70; vgl. auch *Ulmer*, in: Verhandlungen des 50. Deutschen Juristentages, S. H8, H23 und *Rühl*, S. 37; aA *Lindacher* BB 1972, 296, 299; kritisch auch *Kessel/Stomps* BB 2009, 2666, 2673 und *Kötz* JuS 2003, 209, 211, nach denen ein Marktversagen aufgrund von Transaktionskosten nicht angenommen werden kann, wenn es um einen Vertragsgegenstand von erheblichem Wert geht. Vgl. weiterhin zum finnischen Recht *Ahtonen*, S. 104-105 und *Kurkela*, S. 216, der allerdings feststellt, dass die Transaktionskosten kaum als Grund für Passivität zu akzeptieren sind.

1568 Vgl. *Dauner-Lieb/Axer* ZIP 2010, 309, 313; *Grünberger* Jura 2009, 249, 250; *Dauner-Lieb* NJW 2004, 1431, 1433; Ulmer/Brandner/Hensen/*Fuchs* 2011, Vorb. v. § 307 Rn 36; *Axer*, S. 48-49 und 170-171; in diesem Sinne wohl auch *Acker/Bopp* BauR 2009, 1040, 1048; *Wellenhofer-Klein* ZIP 1997, 774, 777; vgl. aber auch *Lindacher* BB 1972, 296, 299, der dies davon abhängig macht, ob das Unternehmen über eine eigene Rechtsabteilung verfügt bzw. nach Art und Größe darüber verfügen müsste. Zur ökonomischen Theorie über die asymmetrische Informationsverteilung siehe *Akerlof* QJE 1970, 488-500.

1569 Vgl. *Tettinger* AcP 205 (2005), 1, 29 und 34; *Hellwege*, S. 559 und 579; *Lischek/Mahnken* ZIP 2007, 158, 158-159; *Kötz*, in: 25 Jahre Karlsruher Forum, S. 152; Saarnilehto/Hemmo/Kartio/*Mähönen* 2001, S. 101; *Lindacher* BB 1972, 296, 299; vgl. auch *Miethaner*, S. 64-65; *Lenkaitis/Löwisch* ZIP 2009, 441, 443; *Kessel/Jüttner* BB 2008, 1350, 1352 und 1354; *Berger* ZGS 2004, 415, 421-422; *Hemmo*, Sopimusoikeus I, S. 31-32; *Saarnilehto*, S. 171.

kehrs und des AGB-Verwenders zu vertrauen, genügend durch den Schutz vor überraschenden Klauseln berücksichtigt wird.

Da die Rechtswissenschaft eng mit der gesellschaftlichen und wirtschaftlichen Realität verbunden ist[1570], muss allerdings auch die wirtschaftliche Gesamteffizienz der verschiedenen Ansichten berücksichtigt werden. Die finnische Ansicht betont zu Recht die Prinzipien Privatautonomie und „Pacta sunt servanda", macht aber letztendlich kaum einen Unterschied zwischen Individualvereinbarungen und AGB-Klauseln[1571], obwohl AGB-Klauseln schneller als die Individualvereinbarungen gemäß § 36 OikTL angepasst werden könnten[1572]. Weil der Vertragspartner den Inhalt der AGB im Grunde genommen genauso prüfen muss wie den Inhalt der Individualvereinbarungen, erhöht die finnische Vorgehensweise die Kosten des gesamten Vertragswesens deutlich, läuft dem Rationalisierungsziel der Verwendung von AGB zuwider und verschlechtert somit die Gesamteffizienz des Geschäftsverkehrs.[1573] Dies ist insbesondere dann der Fall, wenn der Vertrag für die Kerntätigkeit des Unternehmens nicht wesent-

---

1570 *Toiviainen*, S. 54-55; *Siltala,* Oikeustieteen tieteenteoria, S. 341-343; *Tolonen*, S. 52-54; *Aarnio*, Studia Poenalia; *Kivimäki* LM 1950, 302.

1571 So auch Oberassistent Mika Viljanen im mündlichen Gespräch am 16.2.2009; *Wilhelmsson*, S. 45 und 47. Vgl. auch *Keto-Girgin*, S. 96; nach der die finnische vertragsrechtliche Gesetzgebung nicht klar zwischen AGB und Individualvereinbarungen trennt; *Saarnilehto*, Talentum, S. 5, nach dem Individualvereinbarungen und AGB zum Teil unterschiedlich zu beurteilen sind, aber diese Unterschiede oft nicht bedeutend sind; vgl. weiterhin auch Helsingin HO 24.4.2009, T:1047; *Toiviainen*, S. 101.

1572 Vgl. Abschnitt 5.2.1.2.

1573 Vgl. *Tettinger*, in: AGB und Vertragsgestaltung, S. 160; *Ulmer*, in: Verhandlungen des 50. Deutschen Juristentages, S. H19; vgl. auch *Schön*, in: FS Canaris, S. 1208, dem zufolge der Gesetzgeber in jedem Einzelfall prüfen muss, welche Lösung höhere volkswirtschaftliche Kosten verursacht – das freie Spiel der Vertragsfreiheit, die Kombination aus Privatautonomie und zwingender Information oder die inhaltliche Prägung des Rechtsgeschäfts; vgl. weiterhin auch *Mäkelä*, S. 233, nach dem die Pflichten, die dem Vertragspartner aufgebürdet werden, nicht in massivem Missverhältnis zu den typischen Interessen bei entsprechenden Geschäften stehen dürfen, um die Geschmeidigkeit des Geschäftsverkehrs nicht zu gefährden; *Ahtonen*, S. 118-119, die jedoch auch behauptet, dass die Inhaltskontrolle die Kosten des AGB-Verwenders erhöht und somit zur einer Verschlechterung der Gesamteffizienz des Geschäftsverkehrs führen kann und *Norokorpi*, S. 57-58, der einerseits darstellt, dass die individuellen Verhandlungen die Transaktionskosten erhöhen, aber andererseits behauptet, dass die AGB wegen der geringeren Transaktionskosten effektiver sind als Individualvereinbarungen. Dies mag aus der Sicht des AGB-Verwenders wahr sein aber stimmt meines Erachtens nicht hinsichtlich der Gesamteffizienz des Geschäftsverkehrs sowie *Kuntz* AcP 209 (2009), 242, 261-262, nach dem jede Partei die Risiken übernehmen soll, welche für sie mit geringeren Kosten vermeidbar bzw. versicherbar sind.

lich ist und die zusätzliche Belastung somit besonders hoch ist.[1574] Dieses Ergebnis kann aus der Sicht der Gesellschaft nicht als erwünscht betrachtet werden, obwohl der finnische Weg aus der Sicht der Privatautonomie bei der Betrachtung eines einzelnen Vertrages begrüßenswert erscheint.

Auf der anderen Seite ist der Begriff der AGB im deutschen Recht sehr weit gefasst, wie oben in Kapitel 5 gezeigt wurde. Daher gelten viele Verträge des unternehmerischen Geschäftsverkehrs bzw. deren Klauseln als AGB, obwohl die fraglichen Bedingungen ihrem Wesen nach dem Individualvertrag deutlich näher stehen als dem Massenvertrag.[1575] In diesem Fall ist die Rechtfertigung eines Eingriffs in die Vertragsfreiheit und in das Prinzip „Pacta sunt servanda" durch eine intensive Inhaltskontrolle deutlich schwächer als beim massengeschäftsartigen Vertragsschluss.[1576] Das gleiche gilt, wenn der Vertrag im Kernbereich der Tätigkeit des Vertragspartners geschlossen wird oder ansonsten eine wesentliche Bedeutung für den alltäglichen Geschäftsbetrieb des Vertragspartners hat und daher erwartet werden kann, dass in die Entscheidung, den Vertrag abzuschließen, auch die AGB einfließen.[1577]

Eine intensive Inhaltskontrolle in Verbindung mit dem weit gefassten AGB-Begriff und den strengen Anforderungen an das Aushandeln kann auch dazu führen, dass der Vertragspartner beim Vertragsschluss die von dem Verwender angebotenen Verhandlungen über die AGB verweigert, um sich die Möglichkeit

---

1574 Vgl. *Faust,* in: AGB im Wirtschaftsverkehr, S. 48, nach dem es eine unsinnige Zeitvergeudung wäre, wenn ein Unternehmen die einschlägigen AGB analysieren müsste, wenn kleine an sich unbedeutsame Geschäfte tätigt werden, wie z.B. wenn das Firmenauto im Parkhaus geparkt wird, die Dienstkleidung in die Reinigung gegeben wird oder Kugelschreiber fürs Büro gekauft werden.

1575 Dies kann z.B. daraus resultieren, dass Mustervertragstexte oder -klauseln bei bedeutsamen Einzelverträgen als Basis oder Teil des Vertrags verwendet werden oder dass die Klauseln lediglich einige Male und gegebenenfalls gegenüber demselben Vertragspartner verwendet werden (*Koch* BB 2010, 1810, 1811; *Lischek/Mahnken* ZIP 2007, 158, 158-159; *Abels*, in: AGB im Spannungsfeld, S. 14). Hierbei ist die Situation nicht viel anders als bei vollständig und abschließend formulierten (individualvertraglichen) Vertragsentwürfen (*Lieb*, in: AGB im Spannungsfeld, S. 115). Vgl. auch *Lieb* DNotZ 1989, 274, 285-286, nach dem versucht wird, die Grenze zwischen AGB und Individualvereinbarungen zu verschieben, um Inhaltskontrolle auch außerhalb der durch die §§ 305 ff. BGB gezogenen Grenze möglich zu machen.

1576 Vgl. *Tettinger* AcP 205 (2005), 1, 30-31.

1577 Vgl. *Berger* ZIP 2006, 2149, 2151 und 2155; *Acker/Bopp* BauR 2009, 1040, 1046-1047; *Wellenhofer-Klein* ZIP 1997, 774, 777; *Saarnilehto*, in: Maksupalvelusopimuksista, S. 121.

einer späteren Inhaltskontrolle zu erhalten.[1578] Er kann sich absichtlich auf solche AGB einlassen, die seiner Kenntnis nach einer Inhaltskontrolle nicht standhalten würden.[1579] Eine solche Nutzung der Inhaltskontrolle mag im Einklang mit dem geltenden Recht sein[1580], es verstößt aber naturgemäß gegen das Prinzip der Privatautonomie, nach dem die Parteien selbst ihre Interessen wahren sollen, und ist insofern verfassungsrechtlich problematisch[1581].

Diese Fälle sind insofern problematisch, als das dem Zweck des AGB-Rechts entsprechende schutzwürdige Interesse fehlt, soweit der Vertragspartner durch (privatautonomiekonforme und ihm zumutbare) Verhandlungen ein für ihn akzeptables Ergebnis hätte erreichen können[1582] und somit keinen Schutz gegenüber der einseitigen Gestaltungsmacht gebraucht hätte. Außerdem steht das sich-Berufen auf die Inhaltskontrolle nicht im Einklang mit dem Verhalten des Vertragspartners beim Vertragsschluss. Stattdessen reflektiert ein solches Handeln rechtsgeschäftliche Verantwortungslosigkeit. Daher sollte eine solche Handlungsweise des Vertragspartners als gegen Treu und Glauben (§ 242 BGB) verstoßende missbilligte Rechtsausübung nicht akzeptiert werden.[1583] Allerdings

---

1578 Vgl. *Lieb*, in: AGB im Spannungsfeld, S. 115; *Kollmann* NJOZ 2011, 625, 628; *Miethaner*, S. 159; *Günes/Ackermann* ZGS 2010, 454, 456; *Kessel/Jüttner* BB 2008, 1350, 1351; *Tettinger* AcP 205 (2005), 1, 33; *Küpper* ZGS 2009, 117, 126; LG Frankfurt ZGS 2003, 396, 397.

1579 *Günes/Ackermann* ZGS 2010, 400, 401-402; *Leyens/Schäfer* AcP 210 (2010), 771, 791; *Müller/Griebeler/Pfeil* BB 2009, 2658, 2660; *Lischek/Mahnken* ZIP 2007, 158, 161; *Berger* ZIP 2006, 2149, 2152; Diskussionsbeitrag von *Herrn* im Rahmen des 7. AGB Symposions am 11.3.2010, siehe *Rabus*, in: *Axer* u.a., Tagungsbericht S. 10 (bisher unveröffentlicht); *Rabe* NJW 1987, 1978, 1979; in diesem Sinne wohl auch *Kessel/Jüttner* BB 2008, 1350, 1351; *Pfeiffer* ZGS 2003, 378, 378; vgl. auch *Abels* FAZ Nr. 182 von 8.8.2007, S. 19.

1580 Vgl. BGH NJW 2004, 502, 503; BGH NJW-RR 144, 145; *Miethaner*, S. 158-160; in diesem Sinne auch *Lieb,* in: AGB im Wirtschaftsverkehr, S. 15. Bezüglich der Diskussion über eine Verweigerung von angebotenen Verhandlungen und über eine bloße Zustimmung zu den AGB ohne Eintritt in die angebotenen Verhandlungen siehe genauer Abschnitt 5.2.1.1.2.

1581 *Miethaner* NJW 2010, 3121, 3127; vgl. auch BVerfG NJW 2005, 1036, 1037, nach dem es für das Kriterium der Dispositionsbereitschaft als Schranke der Vertragsfreiheit im Gesetz keine Stütze gibt.

1582 Vgl. *Miethaner* NJW 2010, 3121, 3127; vgl. auch BVerfG NJW 2011, 1339, 1341, nach dem sich die Inhaltskontrolle von AGB gerade wesensmäßig dadurch auszeichnet, dass sie der Privatautonomie beider Vertragsparteien zur Wirksamkeit verhilft, in dem sie der Herstellung praktischer Konkordanz zwischen der jeweils grundrechtlich geschützten Privatautonomie des Verwenders sowie der anderen Vertragspartei dient.

1583 Vgl. *Kessel/Jüttner* BB 2008, 1350, 1352; *Miethaner*, S. 96, 159 und 216-217; MüKo Bd. 2/*Roth* 2007, § 242 Rn 211 und 255; *Günes/Ackermann* ZGS 2010, 400, 403; Erist es in der Praxis meist nahezu unmöglich, eine solche missbilligte Rechtsausübung nachzuweisen.[1584] Weiterhin belastet eine solche Nutzung der Inhaltskontrolle unnötigerweise das Gerichtswesen und die verstärkte, aber objektiv ungerechtfertigte Geltendmachung der Unangemessenheit der AGB-Klauseln reduziert die Rechtssicherheit.[1585]

Wie sich aus der obigen Darstellung ergibt, wird dem AGB-Charakter der Bedingungen im deutschen und im finnischen Recht in Bezug auf die Inhaltskontrolle eine sehr unterschiedliche Bedeutung zugemessen. Da das AGB-Recht eine Gesamtheit bildet, zeigen sich die Unterschiede der Inhaltskontrolle auch in der Einbeziehungsebene und umgekehrt. Hierbei werden auch die in Abschnitt 1.1 erwähnten Unterschiede der Rechtssysteme in Bezug auf die Gewichtung der Kontrollmethode deutlich. Somit sind die oben beschriebenen strengeren Einbeziehungsanforderungen des finnischen Rechts eine logische Folge daraus, dass die Inhaltskontrolle nach finnischem Recht bei AGB nicht so leicht greift wie nach deutschem Recht, indem die Vorschriften über die Inhaltskontrolle den Schwerpunkt des AGB-Rechts zu formen scheinen.[1586] Da die Inhaltskontrolle als Gültigkeitsfrage gemäß Art. 4 Satz 2 lit. a) CISG vom Regelungsbereich des UN-Kaufrechts ausgenommen ist und somit nach den unterschiedlichen Rege-

---

man Bd. I/*Hohloch* 2011, § 242 Rn 106, 108 und 111; *Graf von Westphalen* BB 2010, 195, 201; Vortrag von *Berger* im Rahmen des 7. AGB Symposions am 11.3.2010, siehe *Axer*, in: *Axer* u.a., Tagungsbericht S. 12 (bisher unveröffentlicht); in diesem Sinne auch Vortrag von *Faust* im Rahmen des 7. AGB Symposions am 11.3.2010, siehe *Rabus*, in: *Axer* u.a., Tagungsbericht S. 19 (bisher unveröffentlicht), der vorschlägt, dass § 307 BGB insofern Anwendung findet, als „nicht die Sorgfalt eines ordentlichen Unternehmers gebietet, vor Vertragsschluss den Inhalt der Bedingungen zur Kenntnis zu nehmen und die aus ihnen resultierenden Belastungen zu prüfen". Vgl. für das finnische Recht *Tammi-Salminen*, S. 247; *Karhu*, in: Oikeusjärjestys III, S. 44; vgl. weiterhin auch die prinzipiell negative Haltung des finnischen Rechts gegenüber einer anfänglichen Unangemessenheit, die zum Teil durch eine entsprechende Überlegung und zum Teil durch die Eigenverantwortung des Vertragspartners begründet wird (vgl. die oben geführte Argumentation und *Sevón* JFT 1985, 155, 162-163); kritisch Diskussionsbeitrag von *Maier-Reimer* im Rahmen des 7. AGB Symposions am 11.3.2010, siehe *Khan*, in: *Axer* u.a., Tagungsbericht S. 20 (bisher unveröffentlicht), nach dem das von Faust vorgeschlagene Modell zu Rechtsunsicherheit führt und deshalb nicht praktikabel ist.

1584 Etwas anderes würde nur dann gelten, wenn vermutet würde, dass der Vertragspartner den AGB zustimmt, wenn er den Vertrag unterschreibt. Dies wäre allerdings in vielen Fällen keine zufriedenstellende Lösung und ist daher nicht unterstützenswert. Somit bleibt die praktische Bedeutung dieser Überlegung sehr gering.

1585 *Lindacher* BB 1972, 296, 299.

1586 Vgl. Palandt/*Grüneberg* 2012, Überbl. vor. § 305 Rn 7.

lungen des subsidiär anwendbaren nationalen Rechts erfolgt[1587], leuchtet es ein, dass die Einbeziehungshürde nach dem UN-Kaufrecht verhältnismäßig hoch liegt.

Eigener Lösungsansatz

Sowohl der deutsche als auch der finnische Ansatz bezüglich der Inhaltskontrolle lassen jedoch einiges zu wünschen übrig, sowohl innerhalb der jetzigen Lösungskonzepte des jeweils eigenen Rechtssystems als auch hinsichtlich des in Abschnitt 6.2.4 vorgeschlagenen Konzeptes für die Einbeziehung von AGB. Es müsste bezüglich der Inhaltskontrolle eine Balance zwischen Privatautonomie und der durch den Rationalisierungseffekt erreichbaren Gesamteffizienz gefunden werden, um die negativen Begleiterscheinungen der AGB zu bekämpfen ohne die positiven Funktionen zu verlieren und ohne die Privatautonomie unnötig zu beschränken. Deshalb wäre ein Mittelweg zwischen den Ansätzen für die beiden Rechtssysteme wünschenswert.

Nach der hier vertretenen Ansicht ist es gerechtfertigt, auf die Eigenverantwortung der Parteien zu setzen, soweit der Vertragspartner des AGB-Verwenders selbst seine eigenen Interessen wahren kann. Was der Vertragspartner in diesen Fällen freiwillig akzeptiert und somit „in seinen rechtsgeschäftlichen Gestaltungswillen aufgenommen“ hat, kann ihn nicht gegen Treu und Glauben benachteiligen. Stattdessen können ihm die AGB in diesen Fällen trotz ihrer Vorformulierung als Ausdruck freier und eigenverantwortlicher Willensentscheidung zugerechnet werden. Dies ergibt sich daraus, dass die vom Unternehmen verlangte erhöhte Selbstverantwortung gerade in der Entscheidung zum Vertragsabschluss in Kenntnis der damit verbundenen Risiken und Chancen zum Ausdruck kommt.[1588]

Die Privatautonomie rechtfertigt auch das Abschließen risikoreicher und zugleich einseitig belastender Geschäfte, wenn beide Parteien in der Lage sind, sich in Freiheit über den Vertrag und seine Bedingungen zu entscheiden. Somit

---

1587 Genauer siehe Abschnitt 1.3.

1588 Vgl. MüKo Bd. 2/*Basedow* 2007, § 305 Rn 34; *Berger*, in: FS Westphalen, S. 23-24; *Berger* ZIP 2006, 2149, 2152; *Kessel/Stomps* BB 2009, 2666, 2668-2669; *Koch* BB 2010, 1810, 1814; *Faust*, in: AGB im Wirtschaftsverkehr, S. 51-52; *Berger* ZGS 2004, 415, 421; Diskussionsbeitrag von *Dauner-Lieb* im Rahmen des 7. AGB Symposions am 11.3.2010, siehe *Khan*, in: *Axer* u.a., Tagungsbericht S. 19 (bisher unveröffentlicht); *Bunte* NJW 1987, 921, 924; vgl. auch BGH NJW 2005, 2543, 2544 und *Miethaner*, S. 64-65 und 224, demgemäß allerdings die Möglichkeit, die eigenen Interessen in den Vertragsverhandlungen geltend machen zu können, genügt. Stattdessen sei eine Möglichkeit, sie durchzusetzen, nicht erforderlich (*Miethaner*, S. 167).

kann im Falle einer „echten Freiwilligkeit“, wie bei solchen Vertragsparteien, die selbst ihre Interessen wahren können, nicht an der Validität des Konsenses gezweifelt werden.[1589] Des Weiteren ist nicht jedes Ungleichgewicht zwingend ungerecht. Dies ist z.B. der Fall bei dem Übergewicht des Fleißigen gegenüber dem Faulen. In solchen Fällen bedarf es auch keiner Kompensation.[1590] Folglich muss entsprechend der „Pacta sunt servanda“ an dem Vertrag festgehalten werden, weil es nicht die Aufgabe der Rechtsprechung sein kann, dem Vertragspartner freiwillig eingegangene Risiken nachträglich abzunehmen.[1591] Somit besteht grundsätzlich weder ein Bedürfnis noch eine Rechtfertigung für eine Inhaltskontrolle.

Die Vorformulierung der AGB und die Sogwirkung des Vorformulierten reichen nicht allein als Grund für eine besondere Behandlung der AGB in diesen Fällen aus[1592], da sich die Parteien in der Praxis sehr selten zusammensetzen, um den Vertrag von Anfang bis Ende zusammen zu schreiben. Deshalb stammt der erste Vertragsentwurf fast immer von einer Partei, die dann naturgemäß den Vorteil hat, dass sie mit dem Text vertrauter ist (Vorbereitungsvorteil). Somit sind die Bedingungen aus der Sicht der anderen Partei vorformuliert, auch wenn die formulierende Partei, was in der Praxis sicherlich selten vorkommt, keine Mustervertragstexte oder -klauseln anwenden würde und es sich daher (auch im Sinne des deutschen Rechts) um einen echten Individualvertrag handeln würde.

1589 Vgl. *Zöllner* NZA-Beil. 2006, 99, 102; *Koch* BB 2010, 1810, 1812; BGH NJW 1994, 1278, 1279-1280; 1989, 1276; *Stürner*, S. 7; *Miethaner*, S. 64-65; *Axer*, S. 18-19; *Wilhelmsson*, S. 138; *Grönfors/Dotevall*, S. 281; *Heikkinen*, S. 7; vgl. auch *Dauner-Lieb/Axer* ZIP 2010, 309, 313-314; *Hochbaum*, NJW-Editorial Heft 51/2008 und *Schön*, in: FS Canaris, S. 1205, nach denen vor allem beim unternehmerischen Geschäftsverkehr der Grundsatz „Im Zweifel für die Vertragsfreiheit“ maßgeblich sein soll.

1590 *Medicus* AcP 192 (1992), 35, 62; *Lieb* DNotZ 1989, 274, 291; *Hemmo*, Sopimusoikeuden oppikirja, S. 379; *Tolonen*, in: Varallisuusoikeuden, S. 87; *Mähönen*, in: Varallisuusoikeuden, S. 113.

1591 *Dauner-Lieb/Axer* ZIP 2010, 309, 314; *Kessel/Stomps* BB 2009, 2666, 2668-2669; *Berger*, in: AGB und Vertragsgestaltung, S. 45; *Lieb* DNotZ 1989, 274, 291; *Wackerbarth* AcP 200 (2000), 45, 81 und 83; *Jahn* FAZ Nr. 21 von 25.1.2012, S. 21; *Keto-Girgin*, S. 119; *Hemmo*, Sopimusoikeus II, S. 59; *Grönfors/Dotevall*, S. 280-281.

1592 *Lieb* DNotZ 1989, 274, 291 und 294; *Larenz/Wolf*, S. 762; *Hellwege*, S. 570; aA *Schmidt* NJW 2011, 3329, 3330, nach dem schon allein die Vorformulierung ein solches Ungleichgewicht schafft, das durch das AGB-Recht auszugleichen ist und *Kramer* ZHR 146 (1982), 105, 110, dem zufolge das Erfordernis der Vorformulierung für eine *Vielzahl* künftiger Vertragsabschlüsse wegen der Sogwirkung des Vorformulierten gänzlich fallengelassen werden sollte; in diesem Sinne wohl auch Wolf/Lindacher/Pfeiffer/*Pfeiffer* 2009, § 305 Rn 14.

Wegen der erhöhten Anforderung an die Professionalität und an die Eigenverantwortung ist jedoch von einem Unternehmen zu erwarten, dass es die Vertragsbedingungen trotz des Vorbereitungsvorteils der anderen Partei prüfen, für es nachteilige Bedingungen erkennen und seine eigenen Interessen zum Ausdruck bringen kann.

Weiterhin würde die Erhöhung der Eigenverantwortung der Unternehmen wahrscheinlich zur erhöhten Rücksichtnahme auf die Interessen des Vertragspartners bei der Gestaltung der AGB führen. Auf Grundlage der finnischen Praxis erscheint es plausibel, dass Verwender ausbalanciertere AGB nutzen, wenn sie wissen, dass die Gegenpartei die Bedingungen lesen wird und deren Inhalte gegebenenfalls durch Individualvereinbarungen ersetzen möchte.[1593] Da diesbezügliche Verhandlungen auch den Verwender belasten, liegt es auch in seinem Interesse, die AGB schon von vornherein so zu gestalten, dass sein Vertragspartner sich bei verständiger Würdigung der Interessen- und Risikolage auf die AGB einlässt.[1594]

Außerdem würde die Erhöhung der Eigenverantwortung der Unternehmen den Konditionenwettbewerb[1595] verstärken, da der Inhalt der AGB aufgrund des geringeren gesetzlichen Schutzes bei der Entscheidung zum Vertragsschluss mit einem bestimmten AGB-Verwender stärker ins Gewicht fallen würde.[1596] Somit würde sie die Funktionsfähigkeit des Marktes erhöhen. Zudem verbessert diese

1593 Allerdings trägt hierzu sicherlich auch die in Abschnitt 4.2.3 erläuterte stärkere gegenseitige Kontrolle aufgrund der kleineren Geschäftskreise bei. Vgl. auch *Fastrich*, S. 228, der anschaulich darlegt, dass eine voreilige Inhaltskontrolle durch Aushöhlung des Bewusstseins der Selbstverantwortung den Bedarf an externer Kontrolle, zu deren Befriedigung sie angetreten ist, erst selbst schafft.

1594 Vgl. die von *Paulusch* (DWiR 1992, 182, 188) präsentierte Kontrollfrage „Würde sich ein Durchschnittskunde bei Kenntnisnahme von den AGB und bei verständiger Würdigung der Interessen- und Risikolage auf die fragliche Haftungsfreizeichnung oder -begrenzung durch seinen Vertragspartner eingelassen haben?“ hinsichtlich der Richtigkeit eines durch die Klauselkontrolle gewonnenen Ergebnisses. Vgl. auch *Tettinger* AcP 205 (2005), 1, 32-33.

1595 Vgl. z.B. *Wackerbarth* AcP 200 (2000), 45, 71 und 89; Ulmer/Brandner/Hensen/*Fuchs* 2011, Vorb. v. § 307 Rn 34-35; *Canaris* AcP 200 (2000), 273, 324; in diesem Sinne wohl auch *Gottschalk* AcP 206 (2006), 555, 560 und 565, nach denen der wegen des Marktversagens mangelnde Konditionenwettbewerb (zumindest teilweise) die Inhaltskontrolle rechtfertigt.

1596 So auch *Grunsky* BB 1971, 1113, 1117; vgl. auch Ulmer/Brandner/Hensen/*Fuchs* 2011, Vorb. v. § 307 Rn 37 und *Wackerbarth* AcP 200 (2000), 45, 71, die umgekehrt darauf hinweisen, dass die Inhaltskontrolle zur völligen Ausschaltung des Konditionenwettbewerbs führt, da der Vertragspartner wegen der Inhaltskontrolle die Ausgestaltung der AGB noch weniger in seine Überlegungen beim Vertragsschluss miteinbezieht.

Lösung zusammen mit dem in Abschnitt 6.2.4 vorgeschlagenen Konzept für die Einbeziehung von AGB die Balance zwischen Inhaltskontrolle und Einbeziehungskontrolle.[1597]

Wie schon in Abschnitt 5.2.1.1.1 festgestellt, gibt es auch im unternehmerischen Geschäftsverkehr jedoch vielfach Konstellationen, in denen der Vertragspartner des AGB-Verwenders seine Interessen durch Verhandlungen nicht eigenständig wahren kann. Deshalb kann dem Vorschlag von *Kollmann* und von *Hellwege*, § 307 BGB für den unternehmerischen Geschäftsverkehr komplett abzuschaffen[1598], nicht gefolgt werden. Weiterhin wäre es, wie oben erläutert, in bestimmten Situationen gesamtwirtschaftlich unökonomisch, wenn sich der Vertragspartner in die AGB einarbeiten müsste und nicht den Schutz einer relativ umfassenden Inhaltskontrolle genießen würde. Daher setzt die gleichzeitige Bewahrung der Privatautonomie einerseits und die Verhinderung des Missbrauchs einseitig in Anspruch genommener Vertragsgestaltungsfreiheit sowie die Gesamteffizienz des Vertragswesens andererseits eine differenzierende Betrachtung innerhalb des unternehmerischen Geschäftsverkehrs voraus.[1599] Dies weicht von der traditionellen Ansicht des deutschen Rechts ab, aber lediglich auf diese Weise können die Rechtswirklichkeit und Interessen des unternehmerischen Geschäftsverkehrs angemessen und flexibel berücksichtigt werden.

1597 Vgl. *Wolf*, in: 50 Jahre BGH, S. 113 und 120, nach dem der Inhaltskontrolle ein deutliches Übergewicht vor der Einbeziehungskontrolle zukommt und über Auflockerung der Inhaltskontrolle im unternehmerischen Geschäftsverkehr nachgedacht werden soll.

1598 *Kollmann* NJOZ 2011, 625, 629 sowie Diskussionsbeitrag von *Kollmann* im Rahmen des 7. AGB Symposions am 11.3.2010, siehe *Friedrich/Lennartz*, in: *Axer* u.a., Tagungsbericht S. 18; (bisher unveröffentlicht); *Hellwege*, S. 578-579. Weil ein großer Gegenstandswert des Vertrags die Möglichkeit beider Parteien zur freien Willensbildung nicht automatisch reflektiert, wie in Abschnitt 5.2.1.1.1.3 genauer erläutert, und weil es zu pauschal wäre, die Anwendbarkeit der Inhaltskontrolle von einer summenmäßigen Grenze abhängig zu machen, ist auch der Vorschlag von *Faust* (in: AGB im Wirtschaftsverkehr, S. 54), dass eine Inhaltskontrolle ab einem bestimmten Vertragsvolumen unterbleiben soll, abzulehnen.

1599 Vgl. *Dauner-Lieb/Axer* ZIP 2010, 309, 314; *Berger* NJW 2010, 465, 470; *Kessel/Stomps* BB 2009, 2666, 2672; *Berger/Kleine* NJW 2007, 3526, 3527 und 3530; Vortrag und Diskussionsbeitrag von *Pfeiffer* im Rahmen des 7. AGB Symposions am 11.3.2010, siehe *Rabus und Friedrich/Lennartz*, in: *Axer* u.a., Tagungsbericht S. 10 und 17 (bisher unveröffentlicht); Diskussionsbeitrag von *Schäfer* im Rahmen des 7. AGB Symposions am 11.3.2010, siehe *Rabus*, in: *Axer* u.a., Tagungsbericht S. 10-11 (bisher unveröffentlicht); Vortrag von *Müller* im Rahmen des 7. AGB Symposions am 11.3.2010, siehe *Friedrich/Lennartz*, in: *Axer* u.a., Tagungsbericht S. 17 (bisher unveröffentlicht); vgl. aber auch *Müller/Griebeler/Pfeil* BB 2009, 2658, 2658-2660 und 2665, die die Auflockerung der Inhaltskontrolle der AGB beim unternehmerischen Geschäftsverkehr verlangen, ohne dabei eine differenzierende Betrachtung zu erwähnen.

Um eine solche differenzierende Betrachtung zu erreichen, ist in der Literatur vorgeschlagen worden, dass die AGB-rechtliche Inhaltskontrolle nicht eingreifen soll, wenn das zu schließende Geschäft zu dem Kerntätigkeitsbereich des Unternehmens gehört.[1600] Das gleiche müsste für Geschäfte gelten, die ansonsten für die Kerntätigkeit des Unternehmens alltäglich besonders wichtig sind.[1601] Weiterhin wird vertreten, dass die Individualvereinbarungsnähe der AGB bei der Beurteilung der Unangemessenheit zu berücksichtigen ist[1602]. Diese Ansichten werden damit begründet, dass es in diesen Fällen erwartet werden kann, dass der Vertragspartner des AGB-Verwenders seine Interessen wahrt und selbst entscheidet, ob und inwieweit es sich lohnt, die AGB vor dem Vertragsschluss zu prüfen und diesbezügliche Verhandlungen zu führen. Somit fehlt eine überzeugende Rechtfertigung für den Eingriff in die Privatautonomie durch die Inhaltskontrolle.[1603]

Meines Erachtens wird die Gesamteffizienz des Vertragswesens durch diese Kriterien hinreichend berücksichtigt. Allerdings reichen sie nicht allein als Korrektiv aus, da ihre Erfüllung nicht automatisch bedeutet, dass der Vertragspartner des AGB-Verwenders seine Interessen selbst wahren kann. Der Vertragspartner besitzt nicht immer eine Möglichkeit zu einer eigenverantwortlichen Willensentscheidung über den Inhalt und Abschluss des Vertrags und die Fähigkeit seinen Willen durchzusetzen (reale Verhandlungsmöglichkeit[1604]), obwohl

1600 Vgl. *Berger* ZIP 2006, 2149, 2155; *Axer*, S. 136-138, 281 und 345; MüKo Bd. 2/*Basedow* 2007, § 310 Rn 8, der als Beispiel einen Kfz-Händler oder Versicherungsmakler, der einmalig ein neues Betriebsgebäude errichtet, erwähnt. Es wäre für ihn genauso unökonomisch wie für einen Privatkunden, die oft komplizierten AGB des Architekten, des Bauunternehmens sowie einzelner Handwerker und Lieferanten zu prüfen. Dagegen ist die Situation ganz anders, wenn der Auftraggeber im Immobiliensektor umfassend tätig ist. Für ihn lohnt es sich oft, die AGB zur Kenntnis zu nehmen und gegebenenfalls zum Verhandlungsgegenstand zu machen. Zumindest kann von ihm entsprechend der Privatautonomie erwartet werden, dass er diesbezügliche Entscheidungen selbst trifft. In diesem Sinne wohl auch *Dauner-Lieb/Axer* ZIP 2010, 309, 313-314; *Bellinghausen,* in: AGB im Wirtschaftsverkehr, S. 79; *Acker/Bopp* BauR 2009, 1040, 1048-1049; *Tettinger*, in: AGB und Vertragsgestaltung, S. 160 und *Heikkinen*, S. 48.

1601 Vgl. Abschnitt 5.2.1.1.2.

1602 *Tettinger*, in: AGB und Vertragsgestaltung, S. 161-162.

1603 *Dauner-Lieb/Axer* ZIP 2010, 309, 314; *Berger/Kleine* BB 2006, 2137, 2140; *Tettinger*, in: AGB und Vertragsgestaltung, S. 160-162; *Bellinghausen*, in: AGB im Wirtschaftsverkehr, S. 80.

1604 Genauer über die reale Verhandlungsmöglichkeit siehe Abschnitt 5.2.1.1.1.6 und 5.2.1.1.1.7.

der Vertrag im Kernbereich seiner Tätigkeit abgeschlossen wird oder die AGB eine Individualvereinbarungsnähe aufweisen.[1605]

Dies ist auf die unterschiedliche Verhandlungsfähigkeiten und -positionen der Vertragsparteien zurückzuführen. Der Vertragspartner kann zum Beispiel mehr oder weniger abhängig von dem AGB-Verwender sein. Somit ergibt sich die einseitige Gestaltungsmacht nicht nur aus dem Vorbereitungsvorteil oder aus dem Marktversagen infolge einer unüberwindbaren Informationsasymmetrie, sondern kann sich auch aus wirtschaftlichen oder sonstigen Machtpositionen ergeben.[1606] Hierbei ist festzuhalten, dass obgleich wirtschaftliche oder sonstige Machtpositionen kein AGB-spezifisches Problem darstellen, sondern auch bei Individualverträgen Bedeutung haben, wie *Leuschner*[1607], *Faust*[1608] und *Wellenhofer-Klein*[1609] zu Recht feststellen, verstärken sie die negativen Begleiterscheinungen und behindern deren Korrektur durch den Markt. Dies ergibt sich daraus, dass lediglich ein marktmächtiger AGB-Verwender darauf vertrauen kann, dass er seine AGB – unabhängig davon, wie einseitig sie sind – immer durchset-

---

1605 Vgl. *Günes/Ackermann* ZGS 2010, 400, 403; *Wellenhofer-Klein* ZIP 1997, 774, 777.

1606 Vgl. *Günes/Ackermann* ZGS 2010, 400, 403; *Wolf*, in: FS Brandner, S. 303; *Schön*, in: FS Canaris, S. 1209; *Berger* ZIP 2006, 2149, 2155; *Kessel/Stomps* BB 2009, 2666, 2673-2674; *Müller/Griebeler/Pfeil* BB 2009, 2658, 2661; *Wellenhofer-Klein* ZIP 1997, 774, 777; *Lindacher* BB 1972, 296, 299; *Grunsky* BB 1971, 1113, 1114; Gesetzgebungsvorschlag zur Änderung des AGB-Rechts der AGB-Recht Initiative, Stelle A.4.b. (www.agb-recht-initiative.de, Stand 15.2.2012); *Ahtonen*, S. 90-91; *Laurila*, S. 31-32 und 38-39; *Wilhelmsson*, S. 50; *Sarelin*, S. 71; vgl. auch *Jahn* FAZ Nr. 64 von 17.3.2010, S. 23; Diskussionsbeitrag von *Schäfer* im Rahmen des 7. AGB Symposions am 11.3.2010, siehe *Rabus*, in: *Axer* u.a., Tagungsbericht S. 10-11 (bisher unveröffentlicht); *Peters* ZGS 2011, 10, 12 und *Bröker* (IBR 2010, 255), der darauf hinweist, dass in dem vorliegenden Fall kein Machtgefälle vorlag, infolgedessen der AGB-Verwender seinem Vertragspartner hätte dazu zwingen können, die fragliche Klausel zu akzeptieren. AA *Leuschner* JZ 2010, 875, 878, dem zufolge wirtschaftliche Abhängigkeitslagen im unternehmerischen Geschäftsverkehr eine seltene Ausnahmeerscheinung sind; *Becker* JZ 2010, 1098, 1100; *Hellwege*, S. 578-579 und *Acker/Bopp* BauR 2009, 1040, 1042 und 1045, denen gemäß im unternehmerischen Geschäftsverkehr keine strukturelle Unterlegenheit existiert und beide Vertragsparteien die Möglichkeiten und Fähigkeiten haben, ihre Interessen gleichermaßen zu wahren und somit der Vertragspartner des AGB-Verwenders keines Schutzes bedarf.

1607 *Leuschner* JZ 2010, 875, 878; Diskussionsbeitrag von *Leuschner* im Rahmen des 7. AGB Symposions am 11.3.2010, siehe *Khan*, in: *Axer* u.a., Tagungsbericht S. 20 (bisher unveröffentlicht).

1608 *Faust*, in: AGB im Wirtschaftsverkehr, S. 46-47.

1609 *Wellenhofer-Klein* ZIP 1997, 774, 777; in diesem Sinne auch *Miethaner* NJW 2010, 3121, 3126-3127.

zen kann.[1610] Deshalb kann die Schutzbedürftigkeit des Vertragspartners nicht gänzlich außer Acht gelassen werden.[1611]

In Fällen unterschiedlicher Machtpositionen genügen ausreichende Information und Markttransparenz nicht, um den Vertragspartner gegenüber der Ausnutzung einseitig in Anspruch genommener Gestaltungsmacht des AGB-Verwenders zu schützen.[1612] Obwohl die These, dass es nicht im Interesse des Marktmächtigen liegt, seinen Kunden solche Risiken zuzuweisen, die er selbst zu niedrigeren Kosten beherrschen kann[1613], in Theorie richtig sein mag, entspricht sie nicht der Realität der Praxis. Dies ist darauf zurückzuführen, dass die Verkehrsteilnehmer im Allgemeinen nicht immer optimal und rational handeln und da die Informationen auf dem Markt nicht gleichmäßig verteilt sind, nicht mal in der Lage dazu sind. Zusätzlich ist es aufgrund des Kosten-Nutzen-Verhältnisses für den Vertragspartner des AGB-Verwenders oft gerade rational, die AGB nicht zu prüfen. Daher hat der marktmächtige AGB-Verwender einen Anreiz, in den AGB Risiken auf seinen Vertragspartner abzuwälzen.[1614] Da der Konditionenwettbewerb somit nicht als ganzes funktioniert und die Ausgewogenheit der AGB nicht generell garantiert, helfen die Information und Markt-

1610 In diesem Sinne auch *Wellenhofer-Klein* ZIP 1997, 774, 777.

1611 Vgl. BVerfG NJW 2011, 1339, 1340; 2007, 286, 287 sowie 2001, 957, 958, in denen dargelegt wird, dass der übereinstimmende Wille der Vertragsparteien grundsätzlich zu respektieren ist. Bei erheblich ungleichen Verhandlungspositionen der Vertragsparteien ist es jedoch Aufgabe des Rechts, auf die Wahrung der Grundrechtspositionen beider Vertragspartner hinzuwirken, um zu verhindern, dass sich für einen Vertragsteil die Selbstbestimmung in eine Fremdbestimmung verkehrt.

1612 Vgl. *Gottschalk* AcP 206 (2006), 555, 563 und 565; *Schön*, in: FS Canaris, S. 1209; vgl. weiterhin auch *Faust,* in: AGB im Wirtschaftsverkehr, S. 51, nach dem sich das genaue Lesen und Analysieren von AGB lediglich dann lohnt, wenn der Vertragspartner des AGB-Verwenders die Klausel inhaltlich beeinflussen kann, was aber nicht immer der Fall ist. Vgl. aber auch das marktorientierte Informationsmodell, nach den der Inhalt eines „informiert" ausgehandelten Vertrags keiner sachlichen Kontrolle mehr zu unterwerfen ist (genauer *Dauner-Lieb/Axer* ZIP 2010, 309, 313; *Schön*, in: FS Canaris, S. 1194 ff). Das gleiche gilt auch für die von *Grunewald* (im Rahmen des 7. AGB Symposions am 11.3.2010, siehe *Rabus* und *Reintzsch/Lennartz*, in: *Axer* u.a., Tagungsbericht S. 9 und 15 (bisher unveröffentlicht)) vorgeschlagene Lösung, nach der jeder Unternehmer selbst auf der eigenen Webseite erklären könne, dass er auf den AGB-Schutz verzichten will. Weil z.B. ein Monopolist eine solche Erklärung von allen seinen Vertragspartnern verlangen könnte, bewährt sich diese Idee nicht, obwohl sie an sich gut und privatautonomiekonform ist.

1613 *Leyens/Schäfer* AcP 210 (2010), 771, 780-782.

1614 *Ahtonen*, S. 89, 92, 94-95, 104-105, 116, 126-127, 277-278 und 385; *Leyens/Schäfer* AcP 210 (2010), 771, 782-784; *Gottschalk* AcP 206 (2006), 555, 560-565; *Akerlof* QJE 1970, 488-500; vgl. auch *Wellenhofer-Klein* ZIP 1997, 774, 777.

transparenz nicht dem Vertragspartner eines marktmächtigen AGB-Verwenders, der weiterhin auf seine AGB beharren kann.[1615] Aus diesen Gründen kann dem Plädoyer, dass sich Gerichte nicht in das einmischen sollen, was kaufmännische Geschäftspartner miteinander vereinbaren[1616], nicht ausnahmslos gefolgt werden. Stattdessen muss die reale Verhandlungsmöglichkeit als zusätzliches Kriterium angewendet werden, um den unterschiedlichen Positionen der Vertragsparteien Rechnung zu tragen.

Ein verhandlungsfähiger Vertragspartner sollte entsprechend der von Unternehmen erwarteten erhöhten Selbstverantwortung und wegen der mangelnden Schutzbedürftigkeit verpflichtet sein, seine Interessen eigenständig zu wahren. Er müsste die Bindungswirkung des von ihm geschlossenen Vertrags entsprechend des Prinzips „Pacta sunt servanda" anerkennen.[1617] Dabei ist es irrelevant, ob über die wirksam einbezogenen AGB tatsächlich verhandelt wurde oder nicht, soweit eine reale Verhandlungsmöglichkeit vorhanden war. Weiterhin ist es unbedeutend, ob die AGB in veränderter oder in unveränderter Form in den Vertrag einbezogen wurden. Hierbei ist jedoch anzumerken, dass in besonderen Fällen die reale Verhandlungsmöglichkeit auch von einem an sich verhandlungsfähigen Vertragspartner fehlen kann. Zum Beispiel kann es bei einem eilig oder unter Druck zu schließenden Geschäft unzumutbar sein, ein umfangreiches Klauselwerk zu prüfen.[1618]

1615 Vgl. *Wackerbarth* AcP 200 (2000), 45, 65; *Gottschalk* AcP 206 (2006), 555, 560-565; *Fastrich*, S. 80-81; *Canaris* AcP 200 (2000), 273, 323-324; *Wellenhofer-Klein* ZIP 1997, 774, 777.

1616 *Jahn* FAZ Nr. 236 von 11.10.2006, S. 25.

1617 Vgl. *Koch* BB 2010, 1810, 1812; *Kessel/Stomps* BB 2009, 2666, 2674; *Schwenker/Thode* ZfIR 2005, 635, 637, nach denen „die Einschränkung der grundrechtlich gesicherten Privatautonomie nur da ihre Legitimation finden kann, wo einseitige Verhandlungsmacht zu einem strukturellen Ungleichgewicht führt". Vgl. auch *Wagner* ZEuP 2007, 180, 200, nach dem solche Regelungsgegenstände der Privatautonomie entzogen werden, die nicht als Resultat eines fairen Aushandlungsprozesses unter Freien und Gleichen denkbar sind; vgl. weiterhin auch *Wackerbarth* AcP 200 (2000), 45, 65, der die Ansicht vertritt, dass die Inhaltskontrolle jedenfalls dann zu unterbleiben hat, wenn die individuelle Einflussmöglichkeit des Vertragspartners konkret vorhanden war. Er vertritt allerdings noch weitergehend auch, dass die mangelnde Verhandlungsfähigkeit des Vertragspartners des AGB-Verwenders keine Inhaltskontrolle rechtfertigt, da jedem Vertragspartner bei Verwendung von AGB genauso wie bei Individualverträgen die Möglichkeit offensteht, von dem Vertragsschluss Abstand zu nehmen, falls der Verwender die Vertragsbedingungen auf Anfrage nicht ändert (*Wackerbarth* AcP 200 (2000), 45, 64).

1618 Staudinger AGB/*Schlosser* 2006, § 305 Rn 46; *Wolf*, in: FS Brandner, S. 306; *Wolf* NJW 1977, 1937, 1938; *Ahtonen*, S. 57 und 274.

Stattdessen kann es nicht akzeptiert werden, dass bei branchenüblichen AGB-Klauseln generell anzunehmen ist, dass sie nicht auf einen Missbrauch der Vertragsgestaltungsfreiheit beruhen.[1619] Eine solche Annahme ist höchstens hinsichtlich branchenüblichen „agreed documents“ berechtigt.[1620] Dies ergibt sich daraus, dass branchenübliche AGB oft von einer Branchenorganisation der Verwenderseite stammen. In diesen Fällen ist die einseitige Inanspruchnahme der Vertragsgestaltungsfreiheit und der daraus folgende Missbrauchsgefahr keineswegs geringer als bei einseitig von einer Partei erstellten AGB.

In der Praxis ist das Vorhandensein oder Fehlen der realen Verhandlungsmöglichkeit durch einen ähnlichen Abwägungsprozess, wie die in Abschnitt 5.2.1.1.1.7 bezüglich der Anforderungen an das Aushandeln dargestellt, zu ermitteln. Jedoch muss der Abwägungsmaßstab bei der Ermittlung der realen Verhandlungsmöglichkeit im Zusammenhang mit der Inhaltskontrolle höher angesetzt werden als bei den Anforderungen an das Aushandeln, da das Fehlen der realen Verhandlungsmöglichkeit die Inhaltskontrolle, also den Eingriff in die Privatautonomie, legitimiert. Das bedeutet, dass eine Inhaltskontrolle erst dann vorzunehmen ist, wenn das Gefälle zwischen den Parteien groß ist und der Vertragspartner des AGB-Verwenders somit keine reale Verhandlungsmöglichkeit hat.

Unter Anwendung des deutschen Rechts würde die Anwendung dieser Ansicht eine große Änderung für die unternehmerische Praxis bedeuten. Ein verhandlungsfähiger und somit ungefähr gleich starker (oder stärkerer) Vertragspartner des AGB-Verwenders dürfte sich nicht mehr auf die Unangemessenheit der wirksam einbezogenen AGB berufen, wenn die AGB Individualvertragsnähe aufweisen oder das Geschäft im Kernbereich seiner Tätigkeit geschlossen wird oder ansonsten für seinen Kerntätigkeit alltäglich besonders wichtig ist. Stattdessen müsste er seine eigenen Interessen durch Verhandlungen wahren. Folglich wäre er entsprechend den Prinzipien der Privatautonomie und „Pacta sunt

1619 *Graf von Westphalen* NJW 2009, 2977, 2978; *Ortlieb*, EWeRK, Stellungnahme; in diesem Sinne auch BGH NJW 1984, 2160; *Koller*, in: FS Steindorff, S. 682; aA *Kessel/Stomps* BB 2009, 2666, 2675 und wohl auch *Berger* NJW 2010, 465, 470, der auf die Bedeutung der Branchenüblichkeit einer Klausel verweist sowie der Gesetzgebungsvorschlag zur Änderung des AGB-Rechts der AGB-Recht Initiative, Stelle B.II., in dem die gängige unternehmerische Praxis als Maßstab verwendet wird; vgl. weiterhin auch *Basedow* ZHR 150 (1986), 469, 490, demgemäß die Üblichkeit einer Klausel dem Richter eine besondere Begründungslast auferlegt, um eine solche Klausel für unwirksam zu erklären.

1620 Vgl. aber auch *Aspbäck*, S. 67, nach dem der Charakter der AGB als „agreed documents“ keineswegs garantiert, dass die AGB nicht einseitig wären, weil ein Machtgefälle auch zwischen den Repräsentanten beider Partei bestehen kann.

servanda“ an den Vertrag (inklusive der AGB) gebunden und könnte nicht auf den Schutz der Inhaltskontrolle vertrauen.[1621]

Bei der Anwendung des finnischen Rechts dürfte dagegen abweichend von der jetzigen Rechtslage auch ein an sich verhandlungsfähiger ungefähr gleich starker Vertragspartner auf die Inhaltskontrolle vertrauen, soweit die AGB bei Geschäften, die weder zum Kernbereich der Tätigkeit des Vertragspartners gehören noch ansonsten für seine Kerntätigkeit alltäglich eine besondere Bedeutung haben, verwendet werden. In diesen Fällen könnte er die eigenständige Prüfung der AGB unterlassen. Somit würde die Gesamteffizienz des Vertragswesens erhöht. Zusätzlich kann die Möglichkeit der Inhaltskontrolle in diesen Fällen darauf hinwirken, dass der AGB-Verwender balanciertere Vertragsbedingungen verwendet als er sonst verwenden würde. Dies ergibt sich daraus, dass der Vertragspartner des AGB-Verwenders in diesen Fällen die AGB in der Regel nicht prüft, da dies für ihn nicht effizient wäre.

§ 307 BGB i.V.m. § 310 I 2 Halbs. 2 BGB und § 36 OikTL sind ihrem Wortlaut nach flexibel und erlauben somit eine situationsangemessene Differenzierung durch richterliche Konkretisierung.[1622] Somit wäre es möglich, die vorgeschlagene Änderung im Rahmen der Auslegung durch Rechtsprechung, basierend auf dem bestehenden Gesetzestext, auszuführen. Da sie jedoch einen wesentlichen Richtungswechsel bedeuten würde, wäre eine gesetzliche Veranke-

---

1621 Vgl. auch der Vorschlag von *Abels* (in: AGB im Wirtschaftsverkehr, S. 37), die Inhaltskontrolle auf eine Exzesskontrolle zu reduzieren. Im Rahmen der Exzesskontrolle wäre im Bezug auf den konkreten Einzelfall zu beurteilen, ob der Vertrag unter Ausnutzung wirtschaftlicher Macht des einen und wirtschaftlicher Ohnmacht des anderen Vertragspartners entstanden ist. Lediglich in diesen Fällen wäre eine unangemessene Benachteiligung im Sinne von § 307 BGB zu bejahen.

1622 Vgl. *Tettinger*, in: AGB und Vertragsgestaltung, S. 158; *Lenkaitis/Löwisch* ZIP 2009, 441, 441; *Steinberger*, BB-Editorial Heft 35/2009; *Hochbaum*, NJW-Editorial Heft 51/2008; *Kötz* JuS 2003, 209, 213; *Abels,* in: AGB im Wirtschaftsverkehr, S. 38; *Bellinghausen,* in: AGB im Wirtschaftsverkehr, S. 78; so auch *Günes/Ackermann* ZGS 2010, 400, 404 und 406, die jedoch eine sprachliche Klarstellung des § 310 I 2 Halbs. 2 BGB wünschen, um in der Frage, ob mit § 310 I 2 Halbs. 2 BGB lediglich Handelsbräuche im Sinne von § 346 BGB gemeint sind (so *Graf von Westphalen* BB 2010, 195, 195; in diesem Sinne wohl auch Gesetzgebungsvorschlag zur Änderung des AGB-Rechts der AGB-Recht Initiative, Stelle B.II.) oder ob § 310 I 2 Halbs. 2 auch andere Gegebenheiten des unternehmerischen Geschäftsverkehrs erfasst (so *Basedow* ZHR 150 (1986), 469, 491; *Günes/Ackermann* ZGS 2010, 400, 405; *Pfeiffer* NJW 1999, 169, 171 und 174) Klarheit zu schaffen; vgl. auch *Müller/Griebeler/Pfeil* BB 2009, 2658, 2658 und *Berger* NJW 2010, 465, 469, denen gemäß die diesbezügliche Situation nicht eindeutig geklärt ist.

rung der Änderung wünschenswert.[1623] Außerdem bestehen begründete Zweifel, ob die Gerichte ohne einen Anstoß des Gesetzgebers eine Änderung der Rechtsprechung vornehmen würden.[1624]

Hinsichtlich des deutschen Rechts könnte eine stärkere Differenzierung zwischen b2c- und b2b-Geschäftsverkehr sowie innerhalb des b2b-Verkehrs durch eine negative Konkretisierung des Kriteriums „unangemessen“ erfolgen. Dabei wäre festzulegen, dass eine AGB-Klausel unter den oben genannten Umständen[1625] keine unangemessene Benachteiligung des Vertragspartners entgegen den Geboten von Treu und Glauben bedeutet. Alternativ könnte, wie von *Berger* vorgeschlagen, der bisherige § 310 I 2 Halbs. 2 BGB zu einem selbständigen Satz 3 umformuliert werden. Dieser Satz soll lauten: „Im Handelsverkehr geltende Gewohnheiten und Gebräuche sowie Gegebenheiten des unternehmerischen Geschäftsverkehrs, insbesondere die im Vergleich zu Verbrauchern geringere Schutzbedürftigkeit bestimmter Unternehmer, sind zu beachten.“[1626] Stattdessen sind die Vorschläge von *Müller*, *Griebeler* und *Pfeil*[1627] sowie von der

1623 Vgl. *Berger* NJW 2010, 465, 465-466; *Dauner-Lieb/Axer* ZIP 2010, 309, 314; *Müller/Griebeler/Pfeil* BB 2009, 2658, 2658.

1624 Vgl. *Dauner-Lieb/Axer* ZIP 2010, 309, 314; *Koch* BB 2010, 1810, 1815; *Graf von Westphalen* BB 2011, 195, 199; Expertendialog, BB 2010, 2; *Jahn* FAZ Nr. 21 von 25.1.2012, S. 21; Begrüßung von *Abels* im Rahmen des 7. AGB Symposions am 11.3.2010, siehe *Friedrich/Lennartz*, in: *Axer* u.a., Tagungsbericht S. 4 (bisher unveröffentlicht); Vortrag von *Maier-Reimer* im Rahmen des 7. AGB Symposions am 11.3.2010, siehe *Rabus*, in: *Axer* u.a., Tagungsbericht S. 7 (bisher unveröffentlicht); so auch Landesjustizminister *Goll*, in einem Interview in der FAZ, siehe „Kein übertriebener Schutz für Unternehmen“ FAZ von 15.2.1010, Nr. 38, S. 12. Vgl. auch den Vortrag von *Monika Hermanns*, Richterin am Bundesgerichtshof beim RWS Seminar „ AGB-Kontrolle im unternehmerischen Geschäftsverkehr: Zeit für eine Änderung der AGB-Rechtsprechung“ am 4.5.2007, in dem sie feststellte, dass keine Änderung der BGH-Rechtsprechung hinsichtlich des Aushandelns oder der Inhaltskontrolle nötig ist.

1625 Reale Verhandlungsmöglichkeit kombiniert mit Individualvereinbarungsnähe, ein dem Kerntätigkeitsbereich des Vertragspartners betreffender Vertrag oder ein für die Kerntätigkeit des Unternehmens alltäglich besonders wichtiger Vertrag.

1626 *Berger* NJW 2010, 465, 469.

1627 *Müller/Griebeler/Pfeil* BB 2009, 2658, 2658, nach denen die bisherige Formulierung des § 310 I 2 Halbs. 2 BGB durch folgenden Wortlaut „auf die Bedürfnisse des unternehmerischen Verkehrs ist angemessen Rücksicht zu nehmen“ ersetzt werden soll. Dieser Vorschlag ist jedoch insofern problematisch, als er das Bedürfnis nach Differenzierung innerhalb des unternehmerischen Geschäftsverkehrs nicht miteinbezieht. Außerdem ist es schwierig „Bedürfnisse des unternehmerischen Verkehrs“ festzustellen, da die Bedürfnisse des Verkäufers und des Einkäufers oft gegenteilig sind (vgl. *Graf von Westphalen* BB 2010, 195, 196).

AGB-Recht Initiative[1628] nicht zu folgen. In Bezug auf das finnische Recht sollte die Liste des § 36 OikTL über die bei der Prüfung der Unangemessenheit zu berücksichtigenden Aspekte[1629] mit der besonderen Bedeutung des AGB-Charakters bei Geschäften, die nicht zu dem Kerntätigkeitsbereich gehören, ergänzt werden.

Angesichts der vom Unternehmen grundsätzlich erwarteten erhöhten Eigenverantwortung, der privatautonomiekonformen Vermutung, dass das, was die Parteien vereinbart haben, ihren Interessen und Verhältnissen entspricht und der allgemeinen Beweislastregelung sollte der Vertragspartner des AGB-Verwenders die Beweislast für die Umstände, die den Schutz durch Inhaltskontrolle rechtfertigen tragen.[1630] Somit unterscheidet sich die Beweislast hier von der in Abschnitt 6.2.4 vorgestellten Beweislast bezüglich der Kenntnisverschaffungspflicht des Verwenders über die AGB. Dies ist auf die Unterschiedlichkeit der Situationen zurückzuführen. Die Kenntnisverschaffungspflicht zielt auf die Information des Vertragspartners. Nach Erhalt der AGB kann von dem Vertragspartner viel eher Eigenverantwortung hinsichtlich des Inhalts des Vertrags verlangt werden.[1631] Daher ist es gerechtfertigt, dass die Indizlösungen in Zweifelsfällen unterschiedlich sind.

Sowohl bei der hier vertretenen Ansicht als auch bei dem Vorschlag *Bergers* bleibt jedoch fraglich, wie der realen Verhandlungsmöglichkeit (bzw. unter-

---

1628 Gesetzgebungsvorschlag zur Änderung des AGB-Rechts der AGB-Recht Initiative, Stelle B.II. (www.agb-recht-initiative.de, Stand 15.2.2012), nach dem lediglich solche Vertragsbestimmungen unangemessen sein sollten, die entgegen den Geboten von Treu und Glauben von gängiger unternehmerischer Praxis grob abweichen. Auch dieser Vorschlag ist problematisch, da die marktmächtigen Parteien eine bestimmte Praxis durchsetzen können. Somit wäre diese Praxis im Sinne des Vorschlags eine gängige unternehmerische Praxis. Trotzdem könnte sie nicht als akzeptabler Maßstab angesehen werden, wenn sie die stärkere Partei einseitig stark bevorzugt.

1629 Zurzeit beinhaltet die Liste den gesamten Inhalt des Vertrags, die Stellung der Parteien, die Umstände bei und nach Abschluss des Vertrags und die sonstigen Umstände.

1630 *Berger* ZIP 2006, 2149, 2155; *Lindmark*, in: Avtalslagen, S. 292; vgl. auch *Lenkaitis/Löwisch* ZIP 2009, 441, 445-446 sowie *Stürner*, S. 10 und 442. Nach dem allgemeinen Grundsatz muss jede Partei die für sie günstigen Tatsachen beweisen, aus welcher sie Rechte herleiten will (Baumbach/Lauterbach et. al./*Hartmann* 2012, Anh § 286 Rn 10; BGH NJW 1995, 49, 50; *Köhler*, BGB Allgemeiner Teil, S. 14; § 1 Abschnitt 17 des OK (Oikeudenkäymiskaari).

1631 Vgl. *Berger*, in: FS Westphalen, S: 20; *Lieb,* in: AGB im Wirtschaftsverkehr, S. 15-16; *Mäkelä*, S. 105; *Mäkilaurila*, S. 73; vgl. auch Rovaniemen HO 11.1.2008, T:23; *Dauner-Lieb/Axer* ZIP 2010, 309, 313 und *Schön*, in: FS Canaris, S. 1193-1194, die im Lichte des Informationsmodells feststellen, dass Informationen die Rechtssubjekte in die Lage versetzen, frei verantwortete Entscheidungen zu treffen.

schiedlichen Schutzbedürftigkeit) der Unternehmen in der Praxis bei der Inhaltskontrolle angemessen Rechnung zu tragen ist. Vor allem geht es darum, wie sich die Ermittlung und Berücksichtigung der realen Verhandlungsmöglichkeit (bzw. der unterschiedlichen Schutzbedürftigkeit) des Vertragspartners mit dem abstrakt-generellen Maßstab der deutschen Inhaltskontrolle aufeinander abstimmen lässt.

Um diese Frage zu beantworten, haben *Berger* und *Kleine* vorgeschlagen, dass homogene Kundengruppen, die sich durch eine vergleichbare Schutzbedürftigkeit auszeichnen, gebildet werden sollen. Aufgrund dieser Gruppierung soll eine Klausel im Verhältnis zu einer Gruppe wirksam und gegenüber einer anderen unwirksam sein.[1632] Diese Ansicht verfolgt zwar den abstrakt-generellen Maßstab der Inhaltskontrolle, überzeugt aber jedoch nicht völlig, da die Bestimmung der realen Verhandlungsmöglichkeit durch eine generell-typisierende Betrachtung wegen der mehrfachen Typisierung an praktischen Schwierigkeiten stößt, wie in Abschnitt 5.2.1.1.1.7 genauer erläutert.

Weiterhin erscheint es problematisch die reale Verhandlungsmöglichkeit daraus abzuleiten, dass sich der Vertragspartner des AGB-Verwenders in Verhandlungen über die AGB eingelassen hat.[1633] Dies ergibt sich daraus, dass der Eintritt in die Verhandlungen nicht notwendigerweise den Willen und die Lage des Vertragspartners, seine Interessen eigenverantwortlich zu wahren, dokumentiert. Einerseits kann der AGB-Verwender ohne jegliche Absicht seine AGB zu ändern in die Verhandlungen eintreten und sich in den Verhandlungen durchzusetzen, soweit seine Position auf dem Markt dies erlaubt. Andererseits würde dieses Kriterium eine unerwünschte Spekulationsmöglichkeit für den Vertragspartner des AGB-Verwenders eröffnen, weil er die Möglichkeit zur AGB-rechtlichen Inhaltskontrolle durch schlichtes Nicht-Verhandeln behalten könnte.

Um ein gerechtes und für die Parteien leichter einzuschätzendes Ergebnis zu erreichen, müsste die reale Verhandlungsmöglichkeit hinsichtlich der Inhalts-

---

1632 *Berger/Kleine* BB 2007, 2137, 2139; zustimmend *Koch* BB 2010, 1810, 1815; ähnlich *Bellinghausen,* in: AGB im Wirtschaftsverkehr, S. 79, der aber auch eine konkret-individuelle Einzelfallbetrachtung für möglich hält (in: AGB im Wirtschaftsverkehr, S. 81); ähnlich aber allgemeiner *Kessel/Stomps* BB 2009, 2666, 2672; Vortrag und Diskussionsbeitrag von *Pfeiffer* im Rahmen des 7. AGB Symposions am 11.3.2010, siehe *Rabus und Friedrich/Lennartz*, in: *Axer* u.a., Tagungsbericht S. 10 und 17 (bisher unveröffentlicht); stark gegen Gruppenbildung *Graf von Westphalen* NJW 2009, 2977, 2981. Auch *Günes* und *Ackermann* (ZGS 2010, 400, 405-406) scheinen diesen Weg zu gehen, obwohl sie andererseits (ZGS 2010, 400, 404) darauf hinweisen, dass der Maßstab der Inhaltskontrolle anhand der Schutzbedürftigkeit der beteiligten Parteien flexibel bestimmt werden kann.

1633 Vgl. aber *Dauner-Lieb/Axer* ZIP 2010, 309, 314.

kontrolle genauso wie hinsichtlich des Aushandelns unter konkret-individueller Betrachtung aller Umstände des jeweiligen Falles ermittelt werden.[1634] Dies verstößt jedoch gegen die grundlegende Systematik des deutschen AGB-Rechts, nach der die Beurteilung bei der Inhaltskontrolle stets losgelöst von den Umständen des Einzelfalles zu erfolgen hat.[1635] Deshalb ist die Balance zwischen der Eigenverantwortung des Unternehmens und dem Bedürfnis, den Vertragspartner des AGB-Verwenders gegenüber dem Missbrauch der einseitig in Anspruch genommenen Vertragsgestaltungsfreiheit zu schützen, im deutschen Recht eher bei einer Auflockerung der strengen Kriterien des Aushandelns zu suchen.[1636]

Wie in Abschnitt 5.2.1.1. dargestellt, sind die bezüglich des Aushandelns anzuwendenden Kriterien in der Praxis ähnlich zu den in diesem Abschnitt hinsichtlich der Erhöhung der Eigenverantwortung des Vertragspartners vorgeschlagenen Kriterien. Weiterhin kann durch eine Auflockerung der strengen Kriterien des Aushandelns ein im Großen und Ganzen gleichwertiges Ergebnis wie durch die hier beschriebene Änderung der Inhaltskontrolle erreicht werden. Dies resultiert daraus, dass lediglich AGB der Inhaltskontrolle nach § 307 BGB unterliegen. Da § 305 I BGB jedoch eine Würdigung aller Umstände des konkreten Vertragsabschlusses ermöglicht[1637], verstößt diese Lösungsvariante nicht gegen die grundlegende Systematik des deutschen AGB-Rechts. Daher ist die Erhöhung der Eigenverantwortung des Vertragspartners hinsichtlich des deutschen Rechts auf der Einbeziehungsebene zu behandeln, obwohl es auf den ersten Blick als sekundär erscheint, ob die Prüfung auf der Ebene der Einbeziehung

---

1634 So wohl auch Vortrag von *Müller* im Rahmen des 7. AGB Symposions am 11.3.2010, siehe *Friedrich/Lennartz*, in: *Axer* u.a., Tagungsbericht S. 17 (bisher unveröffentlicht), nach dem § 310 I Satz 3 wie folgt lauten sollte: „Im unternehmerischen Verkehr sind die Bedürfnisse der beteiligten Unternehmen unter Berücksichtigung aller Umstände des Falles angemessen zu beachten.“; *Lutz*, S. 5 und *Abels,* in: AGB im Wirtschaftsverkehr, S. 37.

1635 Palandt/*Grüneberg* 2012, § 307 Rn 39; *Graf von Westphalen* NJW 2009, 2977, 2980; *Berger* NJW 2010, 465, 468; *Günes/Ackermann* ZGS 2010, 400, 405; *Kessel/Stomps* BB 2009, 2666, 2672; Staudinger AGB/*Coester* 2006, § 307 Rn 109; *Hensen* ZHR 157 (1993), 359, 360; *Berger*, Gesetzentwurf zur Neuregelung der AGB-Kontrolle im unternehmerischen Geschäftsverkehr mit Begründung, S. 3, Stand 2.12.2009, (bisher unveröffentlicht).

1636 AA *Faust*, in: AGB im Wirtschaftsverkehr, S. 50-53, nach dem man an dem restriktiven Begriff des Aushandelns festhalten und stattdessen die Korrektur auf der Ebene der Inhaltskontrolle vornehmen soll.

1637 *Berger* NJW 2010, 465, 468; *Dose* NZM 2009, 381, 383.

oder der Inhaltskontrolle erfolgt, da die maßgeblichen Kriterien auf beiden Ebenen ähnlich wären.[1638]

Eine weitere Alternative würde die von *Pfeiffer* vorgeschlagene und in Abschnitt 5.2.1.3 genauer beschriebene Lösung anbieten, aus dem Verhalten der Parteien eine stillschweigende individuelle Vereinbarung gleichen Inhalts wie die unwirksame AGB-Klausel abzuleiten. *Pfeiffer* begründet den Vorschlag vor allem damit, dass so die klare Unterscheidung zwischen Definition des AGB-Begriffs, Einbeziehungskontrolle und Inhaltskontrolle erhalten bleibt, was im Interesse der Rechtssicherheit ist. Seiner Meinung nach würde diese klare Unterscheidung zugunsten eines beweglichen Systems aufgelöst, soweit innerhalb der Inhaltskontrolle differenziert würde, wie es das LG Frankfurt[1639] gemacht hat.[1640]

Allerdings baut auch dieser Vorschlag auf beweglichen Elementen auf, da die Annahme einer Individualvereinbarung unter anderem voraussetzt, dass der Vertragspartner hinreichend verhandlungsmächtig ist. Des Weiteren ist die stillschweigende Vereinbarung aus Indizien abzuleiten. Somit existieren die Herausforderungen hinsichtlich der Rechtssicherheit auch hier. Außerdem können die in Abschnitt 5.2.1.3 aufgeführten Beweisschwierigkeiten die Praxistauglichkeit dieses Vorschlags in vielen Fällen aushöhlen.

Deshalb erscheint es realistischer, den AGB-Begriff direkt neu zu definieren[1641], soweit die Balance zwischen der Eigenverantwortung des Unternehmens und dem Bedürfnis, den Inhalt der AGB zu kontrollieren, um die negativen Begleiterscheinungen zu bekämpfen, durch Umgehung der AGB-Qualität einer Klausel gefunden werden soll. Diese Möglichkeit wird in der deutschen Literatur, soweit ersichtlich, relativ wenig behandelt,[1642] obwohl der AGB-Begriff des

1638 Vgl. aber auch *Tettinger* AcP 205 (2005), 1, 32, der die Ebene der Inhaltskontrolle favorisiert.

1639 LG Frankfurt ZGS 2003, 396, 396-397.

1640 *Pfeiffer* ZGS 2003, 378, 378.

1641 Eigentlich würde es um eine Neuauslegung des § 305 I BGB gehen, da die Definition an sich allgemein genug ist und somit nicht geändert werden müsste. Seine jetzige Auslegung ist dagegen sehr streng, wenn z.B. die AGB-Qualität aufgrund der Absicht des AGB-Verwenders, die Klausel drei Mal gegenüber demselben Vertragspartner zu verwenden, bejaht wird. Das gleiche gilt für Fälle, in denen die AGB-Qualität darauf beruht, dass die Klausel aus einem Vertragsmuster stammt, obwohl der Verwender sie nur einmalig verwendet. Zudem geht die jetzige Auslegung nach Ansicht von *Schlosser* (JR 1988, 1, 2, der bereits 10 Jahre nach Inkrafttreten des AGB-Gesetzes auf eine ungeahnte Ausdehnung des AGB-Begriffs verwies) über den ursprünglichen Willen des Gesetzgebers hinaus.

1642 Jedoch ist diese Idee nicht neu, da zumindest *Kollmann* (NJOZ 2011, 625, 629); *Abels* (in: AGB im Spannungsfeld, S. 14 ff), *Bellinghausen* (in: AGB im Spannungsfeld, S.

Deutschen Rechts strenger als in allen anderen Rechtsordnungen angesehen wird[1643]. Meistens konzentriert sich die Diskussion auf die Anforderungen an das Aushandeln und somit auf das wieder Wegnehmen der existierenden AGB-Qualität.

Jedoch bietet die Neudefinierung des AGB-Begriffs eine beachtenswerte Chance, die Reichweite der Inhaltskontrolle zu beschränken. Zum Beispiel wäre es möglich, eine häufigere als dreifache Verwendung der Bedingungen vorauszusetzen, um die AGB-Eigenschaft zu bejahen. Weiterhin könnte verlangt werden, dass die AGB gegenüber verschiedenen Vertragspartnern verwendet werden. Außerdem müsste die AGB-Qualität nicht lediglich deswegen angenommen werden, weil die einzelnen Bedingungen aus einer Datenbank oder aus einem Mustervertrag stammen. Somit wären einige der bisher als AGB eingestuften Klauseln keine AGB und würden deshalb außerhalb der AGB-rechtlichen Inhaltskontrolle bleiben.

Allerdings würde eine neue Definition alle Verträge – auch Verbraucherverträge – betreffen, da zwei unterschiedliche Definitionen für den AGB-Begriff nicht akzeptabel sind. Dies schränkt die Erweiterung der Definition ein. Weiterhin ermöglicht eine Lösung auf Begriffsdefinitionsebene grundsätzlich keine Rücksichtnahme auf die Umstände des Einzelfalles und führt deshalb in der Regel zu einer Alles oder Nichts -Lösung.[1644] Deshalb kann die Problematik der Balance zwischen der Eigenverantwortung des Unternehmens und dem Bedürfnis, den Inhalt der AGB zu kontrollieren, nicht allein durch die Neudefinierung des AGB-Begriffs gelöst werden. Trotzdem wäre es meines Erachtens sinnvoll, die oben erwähnten Änderungen im deutschen Recht durchzuführen, weil sie auch hinsichtlich der Verbraucherverträge keine Probleme bereiten. Das Bedürfnis für die Änderungen der Anforderungen des Aushandelns und/oder der Inhaltskontrolle besteht jedoch weiterhin.

Hinsichtlich des finnischen Rechts besteht das oben in Bezug auf das deutsche Recht beschriebene Problem nicht, da die Betrachtung ohnehin konkret-individuell erfolgt und § 36 OikTL in oben erwähnter Weise sowohl bei Individualvereinbarungen als auch bei AGB Anwendung findet. Daher könnte die hier vorgeschlagene Lösung problemlos in das finnische Recht eingeführt werden. Meines Erachtens wäre dies empfehlenswert, da sie die Gesamteffizienz des Vertragswesens erhöht. Deshalb dürfte auch ein an sich verhandlungsfähiger, ungefähr gleich starker Vertragspartner des AGB-Verwenders zukünftig die ei-

---

43), *Lischek/Mahnken* (ZIP 2007, 158, 161) und *Tettinger* (AcP 205 (2005), 1, 29-30) auf die Probleme hinsichtlich der Definition des AGB-Begriffs hinweisen.

1643 *Bellinghausen*, in: AGB im Spannungsfeld, S. 43.

1644 Vgl. *Tettinger* AcP 205 (2005), 1, 32.

genständige Prüfung der AGB unterlassen, wenn das Geschäft weder zum Kernbereich seiner Tätigkeit gehört noch ansonsten für seine Kerntätigkeit alltäglich eine besondere Bedeutung hat. In diesen Fällen wäre es eine Aufgabe der richterlichen Inhaltskontrolle, den Vertragspartner des AGB-Verwenders letztendlich vor der Gefährdung der inhaltlichen Ausgewogenheit des Vertrags durch die einseitige Inanspruchnahme der Gestaltungsfreiheit zu schützen.

11.3 UN-Kaufrecht

Bei Verträgen, die grundsätzlich im Anwendungsbereich des UN-Kaufrechts liegen, ist umstritten, ob überraschende Klauseln nach dem UN-Kaufrecht oder nach dem subsidiär anwendbaren nationalen Recht geprüft und behandelt werden sollen. Nach der ersten Ansicht ist der Umgang mit einer überraschenden Klausel eine Frage der Einbeziehung der AGB. Somit ist sie nach dem UN-Kaufrecht zu beantworten.[1645] Die Vertreter der zweiten Ansicht bringen dagegen vor, dass die Prüfung, ob eine Klausel überraschend ist, funktional zur Inhaltskontrolle gehört. Folglich ist sie gemäß Art. 4 Satz 2 lit. a) CISG aus dem Bereich des UN-Kaufrechts ausgegrenzt, was zur Anwendung der nationalen Regelungen führt.[1646]

Vertreter der ersten Ansicht behaupten meines Erachtens unzutreffend aufgrund ihrer sich aus dem deutschen Recht – in dem § 305 c I BGB eine negative Einbeziehungsvoraussetzung darstellt – ergebenden Grundauffassung, dass die Behandlung überraschender Klauseln eine Sache der Einbeziehungskontrolle ist.[1647] Dies trifft zwar, wie in Abschnitt 11.1 festgestellt, im Anwendungsbereich des (unvereinheitlichten) deutschen Rechts zu. Gemäß Art. 7 I CISG sind bei der Auslegung des UN-Kaufrechts jedoch sein internationaler Charakter, der Vereinheitlichungszweck und die Förderung des guten Glaubens im internationalen Handel zu berücksichtigen. Daher kann aus einer diesbezüglichen Rechtslage im deutschen Recht nicht ohne weiteres abgeleitet werden, dass die Beurtei-

1645 *Köhler*, Das UN-Kaufrecht, S. 133-134; Honsell/*Dornis* 2010, Vorbem. 14-24 Rn 16; *Lohmann*, S. 223-224; *Drasch*, S. 11; *Sistermann*, S. 43; *Drobnig*, in: FS Mann, S. 613-614; *Brunner* 2004, Art. 4 Rn 46.

1646 *Stoffels*, S. 82-83: Schlechtriem/Schwenzer/*Schlechtriem/Schroeter* 2008, Art. 14 Rn 35; Staudinger CISG/*Magnus* 2005, Art. 4 Rn 25 und Art. 14 Rn 42; Witz/Salger/Lorenz/*Witz* 2000, vor Art. 14-24 Rn 11; MüKo Bd. 3/*Westermann* 2012, Art. 4 Rn 5; MüKo HGB Bd. 6/*Benicke* 2007, Art. 4 Rn 5; *Piltz* IHR 2004, 133, 138; *Kühl/Hingst*, in: FS Herber, S. 61; *Teklote*, S. 84.

1647 Vgl. *Lohmann*, S. 223-224; *Köhler*, Das UN-Kaufrecht, S. 132-133; *Drasch*, S. 11; *Sistermann*, S. 40-41.

lung der überraschenden Klauseln auch beim UN-Kaufrecht zum Bereich der Einbeziehungskontrolle gehört.

Die aus Art. 7 I CISG abgeleitete autonome Auslegung[1648] betrifft auch solche Vorschriften, die Materien aus dem Anwendungsbereich des UN-Kaufrechts ausschließen und dem subsidiär anwendbaren nationalen Recht zuweisen. Wenn der Anwendungsbereich des UN-Kaufrechts von den unterschiedlichen Qualifikationen der nationalen Rechte abhängen würde und somit immer unterschiedlich definiert würde, würde dies die angestrebte Vereinheitlichung erheblich gefährden.[1649] Deshalb müssen der Begriffe „Gültigkeit" und „äußerer Konsens" autonom ausgelegt werden.[1650] Gleichwohl ist die Frage, ob die Behandlung von überraschenden Klauseln die formelle oder materielle Gültigkeit betrifft, gesondert aus dem Blickwinkel des UN-Kaufrechts – und nicht aus dem Standpunkt des jeweiligen unvereinheitlichten nationalen Rechts – zu beantworten.[1651]

Das UN-Kaufrecht regelt in seinem Anwendungsbereich abschließend den „äußeren Konsens" der Vertragsparteien, also die formelle Gültigkeit des Kaufvertragsabschlusses. Somit verdrängt es die Einbeziehungsregelungen des subsidiär anwendbaren nationalen Rechts. Dagegen ist die materielle Gültigkeit des Vertrags oder der einzelnen Vertragsbestimmungen (Inhaltskontrolle) nach dem subsidiär anwendbaren nationalen Recht zu beurteilen.[1652] Es ist also entscheidend, ob es bei überraschenden Klauseln aus dem Blickwinkel des UN-Kaufrechts um den äußeren Konsens der Parteien oder um die materielle Gültigkeit der Bestimmung geht.

Wie in Abschnitt 11.1 festgestellt, kann sich die Überraschungswirkung nach § 305 c I BGB innerhalb des (unvereinheitlichten) deutschen Rechts sowohl aus formalen, wie beispielsweise die Einordnung einer Klausel und die äußere Gestaltung des Vertragstexts, als auch aus inhaltlichen Gesichtspunkten ergeben. Soweit der überraschende Charakter einer Bedingung hauptsächlich auf der Missbilligung des Klauselinhalts beruht, nimmt § 305 c I BGB funktional

---

1648 Für die Erläuterung des Begriffs siehe oben Abschnitt 4.3 und 5.1.2.

1649 Staudinger CISG/*Magnus* 2005, Art. 4 Rn 11 und Art.7 Rn 12; *Koller*, in: FS Honsell, S. 241; Schlechtriem/Schwenzer/*Ferrari* 2008, Art. 4 Rn 16; vgl. auch *Piltz* IHR 2002, 2, 5; *Sisula-Tulokas*, in: Ulkomaankauppaoikeus, S. 60-61.

1650 Schlechtriem/Schwenzer/*Ferrari* 2008, Art. 4 Rn 16; *Piltz*, Internationales Kaufrecht, S. 80.

1651 Vgl. Staudinger CISG/*Magnus* 2005, Art. 4 Rn 25; MüKo HGB Bd. 6/*Benicke* 2007, Art. 4 Rn 5; Schlechtriem/Schwenzer/*Schlechtriem* 2004, vor Art. 14-24 Rn 9; *Koller*, in: FS Honsell, S. 241. Wenn dies nicht der Fall wäre, handelt es sich bei den überraschenden Klauseln abhängig davon, welches Recht subsidiär anwendbar ist, manchmal um eine Einbeziehungsfrage und manchmal um eine Frage der Inhaltskontrolle.

1652 Vgl. Abschnitt 1.3.

Aufgaben der Inhaltskontrolle (Beurteilung der materiellen Gültigkeit der Klausel) wahr.[1653] Dies wird z.B. dann deutlich, wenn eine Klausel wegen erheblicher Abweichungen von dem einschlägigen dispositiven Recht oder von der in der Branche üblichen Vertragsbedingungen überraschend ist.[1654] Dagegen ist es eindeutig eine Frage des Zustandekommens des Vertrags, also des äußeren Konsenses der Vertragsparteien, wenn sich der überraschende Charakter einer Klausel in erster Linie aufgrund von formalen Gegebenheiten ergibt.[1655] Dies ist z.B. dann der Fall, wenn eine Klausel wegen ungewöhnlicher Positionierung innerhalb des Klauselwerks überraschend ist, obwohl sie inhaltlich nicht zu beanstanden ist.[1656]

Meines Erachtens ist diese Zweiteilung der Gründe des überraschenden Charakters entsprechend dem Grundsatz der autonomen Auslegung im Anwendungsbereich des UN-Kaufrechts Rechnung zu tragen.[1657] Daher wird § 305 c I BGB als Einbeziehungsregelung verdrängt, wenn sich der Überraschungscharakter auf das äußere Erscheinungsbild des Vertrags oder auf die Unterbringung der Klausel an unerwarteter Stelle bezieht. In diesen Fällen wird die Einbeziehung der überraschenden Klausel allein nach dem UN-Kaufrecht kontrolliert.[1658] Dagegen verdrängt das UN-Kaufrecht § 305 c I BGB nicht, solange der Überraschungscharakter hauptsächlich auf dem Inhalt der Klausel beruht, und § 305 c I BGB deswegen funktional als Gültigkeitsnorm zu beurteilen ist. Somit ist in diesen Fällen bei der Inhaltskontrolle nach dem deutschen Recht gemäß § 305 c I BGB zu prüfen, ob die Klausel überraschend ist.[1659] Das gleiche gilt natürlich

---

1653 Vgl. MüKo HGB Bd. 6/*Benicke* 2007, Art. 4 Rn 5; *Schultheiß*, S. 59-60; MüKo Bd. 3/*Westermann* 2012, Art.4 Rn 5; Schlechtriem/Schwenzer/*Schlechtriem/Schroeter* 2008, vor Art. 14-24 Rn 5; Staudinger CISG/*Magnus* 2005, Art. 4 Rn 25; *Teklote*, S. 84.

1654 BGH NJW 1988, 558, 560; 1992, 1234, 1235; BGH JZ 1996, 368, 369; Palandt/*Grüneberg* 2012, § 305 c Rn 3; Erman Bd. I/*Roloff* 2011, § 305 c Rn 9.

1655 *Reithmann/Martiny*, S. 224.

1656 BGH NJW 1982, 2309, 2310; Erman Bd. I/*Roloff* 2011, § 305 c Rn 6; *Stoffels*, S. 115.

1657 Vgl. *Schultheiß*, S. 60; vgl. auch Staudinger CISG/*Magnus* 2005, Art. 14 Rn 42; Schlechtriem/Schwenzer/*Schlechtriem/Schroeter* 2008, vor Art. 14-24 Rn 5.

1658 Vgl. *Schultheiß*, S. 60.

1659 Vgl. Schlechtriem/Schwenzer/*Schlechtriem/Schroeter* 2008, vor Art. 14-24 Rn 5; MüKo HGB Bd. 6/*Benicke* 2007, Art. 4 Rn 5; *Teklote*, S. 84. Für die in den AGB vereinbarten Hauptleistungspflichten der Parteien und für die deklaratorischen AGB-Klauseln, deren Inhalt den gesetzlichen Vorschriften entspricht, darf § 305 c I BGB auch im Anwendungsbereich des UN-Kaufrechts nicht zur Inhaltskontrolle herangezogen werden. Dies ergibt sich daraus, dass der Ausschluss des § 307 III BGB, nach dem die vorigen Klauseln der Inhaltskontrolle entzogen sind, andernfalls teilweise umgangen würde (*Schultheiß*, S. 60).

für entsprechende nationale unvereinheitlichte Normen anderer Rechtsordnungen.

Soweit die Kontrolle überraschender Klauseln nach dem UN-Kaufrecht erfolgt, ist gemäß Art. 8 II CISG darauf abzustellen, ob ein vernünftiger Dritter in der Position des Vertragspartners den Umständen nach mit der Klausel gerechnet hätte. Wenn die Klausel nach der äußeren Gestaltung des Vertrags vernünftigerweise nicht zu erwarten gewesen wäre, wird sie nicht in den Vertrag einbezogen, da sie kein Bestandteil des Angebots geworden ist, obwohl die Einbeziehung der AGB im Übrigen glückt.[1660]

Einige Autoren gehen gar nicht auf die Frage ein, ob die Behandlung der überraschenden Klauseln zur Einbeziehungskontrolle oder zur Inhaltskontrolle gehört. Sie behaupten bloß, dass aufgrund von Art. 8 CISG i.V.m. dem Grundsatz von Treu und Glauben entsprechend Art. 7 II 1. Alt. CISG konventionsautonome Beurteilungsmaßstäbe im Hinblick auf überraschende Klausel zu entwickeln sind. Somit sei ein Rückgriff auf das subsidiär anwendbare nationale Recht weder erforderlich noch zulässig.[1661]

Die Entwicklung solcher Grundsätze setzt nach dem Wortlaut des Art. 7 II CISG jedoch voraus, dass die jeweilige Frage einen in dem Übereinkommen geregelten Gegenstand betrifft. Wie oben gezeigt, betrifft die Behandlung der überraschenden Klauseln nicht ausschließlich im UN-Kaufrecht geregelte Gegenstände, also die Einbeziehung der AGB. Im Gegensatz dazu ist die Behandlung überraschender Klauseln im Anwendungsbereich des UN-Kaufrechts eine Frage der Inhaltskontrolle, wenn der Überraschungscharakter hauptsächlich auf dem Inhalt der Klausel beruht. Somit ist diese Ansicht nicht überzeugend.

Zusammenfassend kann festgestellt werden, dass überraschende Klauseln im Anwendungsbereich des UN-Kaufrechts aufgrund des Grundsatzes der autonomen Auslegung abhängig von dem Grund des Überraschungscharakters unterschiedlich zu behandeln sind. Wenn der Überraschungscharakter auf inhaltlichen Gegebenheiten beruht, scheitert die Klausel bei der Inhaltskontrolle nach dem subsidiär anwendbaren deutschen Recht an § 305 c I BGB. Wenn sich der Überraschungscharakter dagegen aus formalen Gegebenheiten ergibt und somit den äußeren Konsens der Vertragsparteien betrifft, wird die Einbeziehung der Klausel nach Art. 8 II CISG geprüft.

1660 Schlechtriem/Schwenzer/*Schmidt-Kessel* 2008, Art. 8 Rn 57; *Schmidt-Kessel/Meyer* IHR 2008, 177, 179; *Lohmann*, S. 224-225; *Drasch*, S. 12.

1661 *Stadler*, S. 95 und 99; Wolf/Lindacher/Pfeiffer/*Hau* 2009, IntGV Rn 72-73; vgl. auch MüKo Bd. 3/*Gruber* 2012, Art. 14 Rn 35.

11.4 Rechtsvergleichung

Im deutschen Recht wird nach dem Inkrafttreten des AGB-Gesetzes – anders als in der früheren deutschen Rechtsprechung[1662] und im finnischen Recht – die Qualifizierung einer Klausel als überraschend von der Inhaltskontrolle abgetrennt. Sie erfolgt schon in der Einbeziehungsebene. Somit werden die überraschenden Klauseln nicht in den Vertrag einbezogen. Nach dem finnischen Recht werden die überraschenden Klauseln im Rahmen der Inhaltskontrolle behandelt. Im Anwendungsbereich des UN-Kaufrechts sollten die überraschenden Klauseln abhängig davon, worauf sich der Überraschungscharakter hauptsächlich bezieht, entweder als ein Teil der Einbeziehungskontrolle nach dem UN-Kaufrecht oder als ein Teil der Inhaltskontrolle nach dem subsidiär anwendbaren nationalen Recht behandelt werden.

Allerdings sind die Grenzen zwischen den Anwendungsbereichen des § 305 c I BGB und der Inhaltskontrolle auch im deutschen Recht in der Praxis fließend und überschneiden sich oft.[1663] In der Praxis kommt es selten vor, dass der Vertragspartner des AGB-Verwenders von einer Klausel überrascht wird, die den Anforderungen der Inhaltskontrolle in vollem Umfang standhält.[1664] Es ist jedoch durchaus denkbar, dass z.B. eine ihrem Inhalt nach nicht zu beanstandende Klausel im Vertragstext an unerwarteter Stelle unterbracht wird und somit überraschend ist.[1665]

Dagegen ist kaum vorstellbar, dass eine Klausel nicht in den Vertrag einbezogen wird, wenn sie aus der Sicht des Vertragspartners des AGB-Verwenders außerordentlich positiv ist und zudem an einer unerwarteten Stelle untergebracht wird und somit die Tatbestandsmerkmale des § 305 c I BGB erfüllt.[1666] Dies wä-

---

1662 BGHZ 60, 243, 245; BGH DB 1976, 1616, 1616-1617; MüKo Bd. 2/*Basedow* 2007, § 305c Rn 3; *Meyer* ZHR 174 (2010), 108, 113.

1663 Herberger/Martinek et al./*Lapp/Salomon* 2010, § 305 c Rn 12; *Fikentscher/Heinemann*, S. 106; Staudinger AGB/*Schlosser* 2006, § 305c Rn 2; *Koller*, in: FS Honsell, S. 240; vgl. auch AG Frankfurt am Main NJW 2006, 3010, 3011-3012, das feststellt, dass eine Klausel, nach der der Rückflug im Falle der Nichtwahrnehmung des Hinflugs storniert werden kann, als überraschend im Sinne des § 307 BGB einzustufen ist.

1664 MüKo Bd. 2/*Basedow* 2007, § 305 c Rn 3; *Locher*, S. 57-58; *Hemmo*, Sopimusoikeus I, S. 163; in diesem Sinne wohl auch Ulmer/Brandner/Hensen/*Ulmer/Schäfer* 2011, § 305 c Rn 5 und 12.

1665 *Stoffels,* S. 109; Erman Bd. I/*Roloff* 2011, § 305 c Rn 6; Wolf/Lindacher/Pfeiffer/*Lindacher* 2009, § 305 c Rn 6; vgl. auch *Schmitt/Ulmer*, S. 21.

1666 Vgl. Staudinger AGB/*Schlosser* 2006, § 305c Rn 4; *Hellwege*, S. 478, der jedoch behauptet, dass der Gesetzgeber, anstatt § 305c I BGB zu beschließen, dem Vertragspartner des AGB-Verwenders ein besonders auszugestaltendes Anfechtungsrecht hätte einräumen sollen (*Hellwege*, S. 479 und 495).

re nämlich gegen den Sinn und Zweck des AGB-Rechts, den Vertragspartner vor den negativen Begleiterscheinungen der AGB-Verwendung zu schützen. Obwohl ein entsprechender Fall in der Praxis kaum vorkommt, zeigt das Beispiel, dass die Beurteilung des Überraschungscharakters mindestens versteckt auch inhaltliche Elemente beinhaltet.

Zusätzlich geht die herrschende Ansicht des deutschen Rechts davon aus, dass § 305 c BGB erst dann zum Zuge kommt, wenn das Vorliegen der allgemeinen Einbeziehungsvoraussetzungen bejaht worden ist.[1667] Weiterhin wird im deutschen Recht teilweise vertreten, dass § 305 c I BGB restriktiv als Vorfilter vor der Inhaltskontrolle anzuwenden ist.[1668] Aus diesen Gründen ist der Unterschied zwischen dem deutschen und dem finnischen Recht in der Praxis kleiner als in der Theorie.

Ferner sind die materiellen Beurteilungsmaßstäbe des Überraschungscharakters im deutschen und finnischen Recht weitgehend ähnlich, obwohl die Kontrolle auf unterschiedlichen Ebenen erfolgt und obwohl im finnischen Recht der Überraschungscharakter und die Unangemessenheit der Klausel aneinander gekoppelt werden. Daher wird der Überraschungscharakter einer Klausel meistens nach beiden Rechtssystemen entweder angenommen oder abgelehnt. Auch die Kontrolle der formal überraschenden Klauseln nach Art. 8 II CISG führt in der Regel zum gleichen Ergebnis, da ein vernünftiger Dritter in der Position des Vertragspartners nicht mit einer überraschenden Klausel gerechnet hätte.[1669]

Die Koppelung zwischen dem Überraschungscharakter und der Unangemessenheit der Klausel im finnischen Recht führt jedoch zu Problemen, wenn die Klausel z.B. wegen unerwarteter Einordnung überraschend, aber inhaltlich nicht zu beanstanden ist. Solche Fälle mögen in der Praxis selten sein. Sie sind aber durchaus möglich. Daher wäre auch in Finnland zweckmäßig anzunehmen, dass die überraschende Klausel in einem solchen Fall ausnahmsweise nicht Bestandteil des Vertrags wird, obwohl dies von dem allgemeinen Grundsatz des finnischen Rechts, die Einbeziehung von AGB bezüglich des gesamten Klauselwerks zu prüfen, abweicht.

Darüber hinaus ist das Endergebnis in der Praxis oft gleich, unabhängig davon, ob überraschende Klauseln als Teil der Einbeziehungskontrolle oder als Teil der Inhaltskontrolle behandelt werden. Im deutschen Recht knüpft § 306 I BGB die gleichen Rechtsfolgen an die Nichteinbeziehung von AGB wie an deren Unwirksamkeit.

1667 Genauer siehe Abschnitt 11.1.

1668 *Stoffels*, S. 110; *Locher*, S. 58; aA Ulmer/Brandner/Hensen/*Ulmer/Schäfer* 2011, § 305 c Rn 5; Wolf/Lindacher/Pfeiffer/*Lindacher* 2009, § 305 c Rn 6.

1669 *Lohmann*, S. 225; *Drasch*, S. 12; *Kühl/Hingst*, in: FS Herber, S. 52.

Im Anwendungsbereich des finnischen Rechts können jedoch Unterschiede entstehen, soweit der hier vertretenen Ansicht gefolgt wird. Wie in Abschnitt 11.2 dargestellt, können überraschende und unangemessene Klauseln nach dieser Ansicht sowohl für unwirksam erklärt als auch angepasst werden. Die Internationalität eines Sachverhalts steht der Anpassung nicht entgegen, da ihr keine die Anpassung verhindernde Wirkung zukommt.[1670]

Allerdings wird eine überraschende und unangemessene Klausel auch nach finnischem Recht oft für unwirksam erklärt. Erstens bestätigt schon die oben beschriebene, überwiegend vertretene Ansicht, die davon ausgeht, dass eine überraschende und unangemessene Klausel nicht bindet, die Üblichkeit dieser Rechtsfolge. Zweitens wollen die Gerichte den AGB-Verwendern kein Signal dahin geben, dass es sich lohnen könnte, die AGB bewusst möglichst einseitig zu gestalten, weil das Gericht die Klauseln aufgrund der Initiative des Vertragspartners auf das (aus der Sicht des AGB-Verwenders) höchste zulässige Maß zurückführt. Die Gerichte wollen nämlich die Verbreitung einer solchen unerwünschten Verhaltensweise seitens der AGB-Verwender nicht unterstützen und erklären deshalb die Klausel lieber für unwirksam als sie inhaltlich anzupassen.[1671] Wenn eine Klausel für unwirksam erklärt wird, kommt es nach dem finnischen genauso wie nach dem deutschen Recht zur Anwendung des dispositiven Gesetzesrechts.[1672]

Somit kann hinsichtlich des unternehmerischen Geschäftsverkehrs zwischen Deutschland und Finnland zusammenfassend festgestellt werden, dass die Bewertung des Überraschungscharakters einer Klausel nicht von dem anzuwendenden Rechtssystem abhängt. Weiterhin bleibt der Vertrag bei allen drei Rechtssystemen grundsätzlich im Übrigen wirksam, obwohl der Vertrag sowohl nach dem deutschen als auch nach dem finnischen Recht für unwirksam erklärt werden kann, wenn das Festhalten an dem Vertrag unzumutbar wäre. In der Praxis erfolgt dies allerdings selten.

Unterschiede können in der Praxis jedoch dadurch entstehen, dass die nichteinbezogenen oder unwirksamen Klauseln durch gesetzliche Vorschriften des jeweiligen Rechtssystems ersetzt werden und diese möglicherweise inhaltlich unterschiedlich sind. Weiterhin bleibt zu erwähnen, dass die Anpassungsmög-

---

1670 *Wilhelmsson*, S. 120; *Lindström*, S. 78; HE 247/1981 S. 10 (= Regierungsentwurf zur Änderung des Rechtsgeschäftsgesetzes); *Grönfors/Dotevall*, S. 276.

1671 So auch Oberassistent Mika Viljanen im mündlichen Gespräch am 16.2.2009. Vgl. auch HE 247/81 S. 4 (= Regierungsentwurf zur Änderung des Rechtsgeschäftsgesetzes); *Pöyhönen*, Sopimusoikeuden järjestelmä, S. 329-330; vgl. weiterhin auch *Ahtonen*, S. 381-382.

1672 *Hemmo*, Vahingonkorvauksen, S. 282-283; *Oikeustoimilakitoimikunta*, S. 317 und 339; *Hemmo*, Sopimusoikeus II, S. 94.

lichkeit des finnischen Rechts in bestimmten Fällen zu einem unterschiedlichen Ergebnis führen kann, obwohl überraschende und unangemessene Klauseln selten angepasst werden.

12. Einbeziehung von geänderten AGB (Neufassung) in bestehenden Verträgen

Die AGB gelten in der Fassung, in der sie bei Vertragsschluss in den Vertrag einbezogen wurden.[1673] In der Praxis kommt es aber immer wieder vor, dass der Verwender wegen der geänderten tatsächlichen oder rechtlichen Umstände oder aus einem sonstigen Grund seine AGB ändern möchte. Hinsichtlich neu zu schließender Verträge ist dies unproblematisch, es sei den der Verwender hat ein Angebot unter Einbeziehung der früheren AGB unterbreitet und ist an das Angebot gebunden.[1674] Wenn die geänderten AGB dagegen auch für die bestehenden Verträge maßgeblich sein sollen, stellt sich die Situation anders dar. Jedoch entspricht genau dieses oft dem Willen des AGB-Verwenders, da er meist versucht, seine rechtliche Position durch die Neufassung zu verstärken. Zudem ist die Vertragsverwaltung einfacher, wenn die gleiche AGB-Fassung für alle (gleichartigen) Verträge gilt.[1675] Weiterhin wird auf die einheitliche und gleichberechtigte Behandlung aller Kunden hingewiesen.[1676]

Keines von den drei hier behandelten Rechtssystemen enthält besondere Regelungen über die Änderung von AGB. Daher richtet sich die Beurteilung nach den allgemeinen rechtsgeschäftlichen Grundsätzen. Entsprechend dem Prinzip „Pacta sunt servanda" können Verträge grundsätzlich nicht einseitig geändert werden, sondern binden in der Form, in der sie geschlossen worden sind. Somit müssen die geänderten AGB durch eine rechtsgeschäftliche Einigung der Parteien in den Vertrag einbezogen werden. Etwas anderes gilt nur, wenn das Gesetz[1677] ausnahmsweise eine einseitige Änderungsmöglichkeit vorschreibt.[1678]

1673 Schlechtriem/Schwenzer/*Schlechtriem/Schroeter* 2008, Art. 14 Rn 58; Staudinger AGB/*Schlosser* 2006, § 305 Rn 172; Markkinaoikeus MT 1991:12; *Wilhelmsson*, S. 86; *Bernitz,* S. 76; *Oikeustoimilakitoimikunta*, S. 316; *Erlund/Lindfors/Salminen/Turunen*, S. 66.

1674 Vgl. Abschnitt 6.1.

1675 Vgl. z.B. *Linna*, S. 25-26; *Piironen*, S. 55; *Hemmo*, Pankkioikeus, S. 83; *Taxell* JFT 1980, 31, 36-37; MüKo Bd. 2/*Basedow* 2007, § 305 Rn 77; *Freund*, S. 26; OLG Thüringen 10.11.2010, http://www.cisg-online.ch, case 2216.

1676 *Linna*, S. 26; *Taxell* JFT 1980, 31, 37.

1677 Solche Regelungen existieren nur in wenigen Sonderbereichen, wie in der Energiewirtschaft. Des Weiteren sind die Änderungsmöglichkeiten eng beschränkt (genauer siehe *Freund*, S. 27 und 210 ff; *Linna*, S. 25; *Hemmo*, Sopimusoikeus II, S. 12 und 15 ff; siehe auch KKO 1994:55).

1678 *Linna*, S. 18-19; *Saarnilehto*, Talentum, S. 5 und 10-11; *Hoppu/Hoppu*, S. 65; *Hemmo*, Pankkioikeus, S. 83; *Hemmo/Hoppu*, Aktualisierung 10.5.2008, Abschnitt 7 / Vakiosopimukset / Vakiosopimuksen muuttaminen; *Erlund/Lindfors/Salminen/Turunen*, S.

Bei der Beurteilung, wann eine solche Einigung erzielt worden ist, muss zwischen bestimmten Fallkonstellationen differenziert werden. Dies ist auf die tatsächlichen Unterschiede der Vertragsverhältnisse zurückzuführen. Erstens besteht ein wesentlicher Unterschied darin, ob es sich um ein bestehendes Dauerschuldverhältnis handelt oder ob die geänderten AGB im Rahmen einer laufenden Geschäftsbeziehung für zukünftige Verträge gelten sollen. Zweitens ist es bedeutsam, ob die Parteien beim Vertragsschluss eine Änderungsmöglichkeit vereinbart haben und welchen Inhalt eine solche Vereinbarung hat. Zudem kann es entscheidend sein, ob dem AGB-Verwender beim Dauerschuldverhältnis das Recht auf eine ordentliche Kündigung zusteht.

12.1 Einbeziehung bei bestehendem Dauerschuldverhältnis

Hinsichtlich der Einbeziehung von geänderten AGB in ein Dauerschuldverhältnis während der Vertragsdauer gelten grundsätzlich die oben in Abschnitt 6.2 erläuterten Einbeziehungsanforderungen des maßgeblichen Rechts.[1679] Somit muss der Verwender auf die geänderten AGB hinweisen. Allerdings führt das Faktum, dass es um eine Änderung eines bereits bestehenden Vertrags geht, zu einigen Besonderheiten.

Daher wird im deutschen Recht anders als bei der erstmaligen einzelvertraglichen Einbeziehung vertreten, dass ein konkludenter Hinweis, z.B. durch eine kommentarlose Übersendung der geänderten AGB, nicht ausreicht, um die geänderten AGB in den Vertrag einzubeziehen. Dies ist begründet, da die spätere Übersendung von AGB ohne einen konkreten Hinweis keine automatische Verbindung zu einem bestimmten Vertrag hat. Außerdem kann der Vertragspartner

---

66; Herberger/Martinek et al./*Lapp/Salomon* 2010, § 305 Rn 88; Staudinger AGB/*Schlosser* 2006, § 305 Rn 172; *Freund*, S. 29. Entsprechendes gilt auch hinsichtlich des UN-Kaufrechts, da das Zustandekommen einer Vertragsänderung nach Artt. 14 ff. CISG zu beurteilen ist (MüKo Bd. 3/*Gruber* 2012, Art. 29 Rn 4; Bamberger/Roth Bd. 1/*Saenger* 2007, Art. 29 Rn 2; *Brunner* 2004, Art. 29 Rn 1). Vgl. aber auch *Piironen*, S. 47 und 56 und *Annola*, S. 198-199, nach denen kleinere, vor allem Formalitäten betreffende oder präzisierende Änderungen auch ohne Einigung der Parteien zuzulassen sind. Diese Ansicht wird jedoch zu Recht abgelehnt, da sie den allgemeinen Grundsätzen des Vertragsrechts nicht entspricht (genauer *Hemmo*, Sopimusoikeus II, S. 12; *Linna*, S. 25). Zudem würden nahezu zwangsläufig unerwünschte Abgrenzungsschwierigkeiten auftreten.

1679 Vgl. Ulmer/Brandner/Hensen/*Ulmer/Habersack* 2011, § 305 Rn 164; PWW/*Berger* 2011, § 305 Rn 28; Herberger/Martinek et al./*Lapp/Salomon* 2010, § 305 Rn 88; *Hoppu/Hoppu*, S. 65.

von einer irrtümlichen Zusendung ausgehen, soweit die AGB nicht ohne weiteres als geändert erkennbar sind. Deshalb muss der Verwender klar und eindeutig auf die Änderung der AGB hinweisen.[1680] Entsprechendes gilt naturgemäß auch hinsichtlich des finnischen und des UN-Kaufrechts, bei denen das Ausreichen eines konkludenten Hinweises schon bei erstmaliger einzelvertraglicher Einbeziehung umstritten ist.[1681] Zusätzlich zu dem ausdrücklichen Hinweis, dass die AGB geändert worden sind, muss der Verwender seinem Vertragspartner die geänderten AGB zur Verfügung stellen.[1682] Vor allem gilt dies im internationalen Geschäftsverkehr.[1683] Somit muss der AGB-Verwender nach allen drei hier behandelten Rechtssystemen ausdrücklich auf die Änderung der AGB hinweisen und die Neufassung seinem Vertragspartner unaufgefordert zur Verfügung stellen.

Dagegen ist es fraglich, ob dem Verwender darüber hinaus eine weitergehende Pflicht obliegt, seinen Vertragspartner über die Änderungen aufzuklären.[1684] Entsprechend der erhöhten Eigenverantwortung der Unternehmen kann in der Regel erwartet werden, dass der Vertragspartner des AGB-Verwenders die geänderten AGB mit der alten Fassung vergleicht und die rechtliche Bedeutung der Änderungen beurteilt. Diese Fragestellung hat jedoch eine enge Ver-

---

1680 Staudinger AGB/*Schlosser* 2006, § 305 Rn 172; *Freund*, S. 74; in diesem Sinne auch *Schwab*, S. 41-42.

1681 Vgl. Abschnitt 6.2.2.1 und 6.2.3.1.

1682 *Hellwege*, S. 474; Schlechtriem/Schwenzer/*Schlechtriem/Schroeter* 2008, Art. 14 Rn 58; *Freund*, S. 204; Ulmer/Brandner/Hensen/*Ulmer/Habersack* 2011, § 305 Rn 164; vgl. auch MüKo Bd. 2/*Basedow* 2007, § 305 Rn 96 und Staudinger AGB/*Schlosser* 2006, § 305 Rn 173 bezüglich laufender Geschäftsbeziehungen. Bei der Anwendbarkeit des finnischen und des UN-Kaufrechts folgt diese Voraussetzung schon aus den Anforderungen an die einzelvertragliche Einbeziehung von AGB (vgl. Abschnitt 6.2.2.3 und 6.2.3.3). In Bezug auf das deutsche Recht ist die Kenntnisverschaffungspflicht des AGB-Verwenders jedoch umstritten, da zum Teil vertreten wird, dass es genügt, wenn der Verwender durch besonderen Vermerk klar und eindeutig auf die Neufassung hinweist (MüKo HGB Bd. 5/*Schmidt* 2009, § 346 Rn 50 und Erman Bd. I/*Roloff* 2011, § 305 Rn 51 bezüglich laufender Geschäftsbeziehungen). Somit hätte der Vertragspartner des AGB-Verwenders eine Erkundigungsobliegenheit. Eine Kenntnisverschaffungspflicht des AGB-Verwenders ist bei einer Änderung von AGB gerechtfertigt, da er einen bereits bestehenden Vertrag einseitig (und zumindest in den meisten Fällen) zu seinen Gunsten ändern will. Daher ist von ihm zu verlangen, dass er die geänderten AGB seinem Vertragspartner zur Verfügung stellt, damit dieser die Bedeutung der Änderungen ohne weiteres bewerten kann. Außerdem garantiert dies eine fließende Fortsetzung des Vertragsverhältnisses und ist somit in Interesse beider Parteien.

1683 Genauer hinsichtlich der Begründungen vgl. Abschnitt 6.2.3.3.

1684 Vgl. *Freund*, S. 74 und 79.

bindung mit der Pflicht der Parteien, sich loyal gegenüber der anderen Vertragspartei zu verhalten.[1685] Somit kann eine Aufklärungspflicht aufgrund der besonderen Umstände des Vertragsverhältnisses bestehen. Vor allem kommt dies in Frage bei besonders langen und intensiven Dauerschuldverhältnissen[1686] oder laufenden Geschäftsbeziehungen[1687]. Meines Erachtens sollte eine Aufklärungspflicht beim unternehmerischen Geschäftsverkehr jedoch eine absolute Ausnahme sein.

Der ausdrückliche Hinweis und die Zurverfügungstellung (samt der Erfüllung der gegebenenfalls bestehenden Aufklärungspflicht) genügen jedoch nicht allein, sondern genauso wie bei der einzelvertraglichen Einbeziehung muss der Vertragspartner mit dem Angebot, die geänderten AGB in den Vertrag einzubeziehen, einverstanden sein. Dabei stellt sich vor allem die Frage, welche Bedeutung dem Schweigen des Vertragspartners und dem widerspruchslosen Fortsetzen des Vertragsverhältnisses zukommt. Keine Probleme ergeben sich, wenn der Vertragspartner sein Einverständnis ausdrücklich erklärt. Allerdings ist es fraglich, ob und unter welchen Bedingungen der Vertragspartner seine Zustimmung schon im Voraus abgeben kann. Weiterhin ist zu berücksichtigen, welche Bedeutung einem ordentlichen Kündigungsrecht seitens des AGB-Verwenders zukommen kann.

12.1.1 Schweigen

Freund vertritt, dass das Schweigen keine Zustimmung zu den dem Vertragspartner nachteiligen Änderungen bedeutet. Dagegen soll das Schweigen als eine Annahme zu bewerten sein, soweit die Änderungen zugunsten des Vertragspartners wirken.[1688] Diese Ansicht weicht von dem gemeinsamen Grundsatz aller drei zu behandelnden Rechtssysteme ab, dass das Schweigen auch im unternehmerischen Geschäftsverkehr grundsätzlich keine Zustimmung bedeutet.[1689]

Weiterhin ist sie insofern problematisch, als die geänderten AGB selten lediglich für den Vertragspartner vorteilhafte Änderungen enthalten. Daher müsste in der Praxis eine Unterscheidung zwischen den nachteiligen und den günstigen

---

1685 Somit darf der AGB-Verwender nicht nur seine eigenen Interessen im Auge behalten, sondern muss auch hinreichend Rücksicht auf die Interessen seines Vertragspartners nehmen (vgl. BGH NJW 1981, 117, 118; 1979, 1886, 1888; *Berger* ZIP 2006, 2149, 2155; *Karhu*, in: FS Kartio, S. 104-105; *Taxell*, Avtalrättens normer, S. 60; Helsingin HO 24.4.2009, T:1047; Turun HO 19.2.1991, T:233).

1686 Vgl. Helsingin HO 24.4.2009, T:1047; *Häyhä* DL 1996, 313, 317-318.

1687 Vgl. BGH NJW 1989, 2532, 2533; *Freund*, S. 79.

1688 *Freund*, S. 75-76.

1689 Vgl. Abschnitt 6.1. Hinsichtlich diesbezüglicher Ausnahmen siehe auch Abschnitt 6.1.

Klauseln vorgenommen werden. Hinsichtlich des finnischen und des UN-Kaufrechts widerspricht dies dem Grundsatz, dass AGB in ihrer Gesamtheit zu behandeln sind.[1690] Bezüglich des deutschen Rechts fehlt hier – anders als bei den Ergänzungsklauseln der sich widersprechenden AGB[1691] – eine solche Begründung, die die Annahme einer konkludenten Zustimmung des Vertragspartners rechtfertigen würde. Daher gewinnt die Argumentation, dass der AGB-Verwender nicht nur die für die Gegenpartei günstigen Klauseln gegen sich gelten lassen möchte, – zumindest nicht, ohne im Gegenzug in den Genuss der für ihn günstigen Bedingungen zu gelangen – auch in Bezug auf das deutsche Recht Bedeutung.[1692] Hinzu kommt noch, dass ein Vertragspartner die Änderung als nachteilig beurteilten kann, während ein anderer sie aber als vorteilhaft oder als neutral sieht.

Daher bleibt festzuhalten, dass das Schweigen grundsätzlich keine Annahme der geänderten AGB darstellt[1693]. Etwas anderes gilt, wenn die Parteien ursprünglich vereinbart haben, dass der Vertragspartner des AGB-Verwenders widersprechen muss, falls er die geänderten AGB nicht gelten lassen will. Andernfalls gilt die Neufassung als akzeptiert.

Wie oben erläutert, muss der Verwender klar und eindeutig auf die Änderung der AGB hinweisen. Da § 308 Nr. 5 BGB über fingierte Erklärungen nach § 310 I BGB nicht unmittelbar bei Verträgen mit Unternehmern gilt, ist ein zusätzlicher besonderer Hinweis im Sinne von § 308 Nr. 5 b) BGB auf die Bedeutung des Schweigens im unternehmerischen Geschäftsverkehr jedoch entbehrlich.[1694] Stattdessen liegt es im Verantwortungsbereich des Vertragspartners des

---

1690 Vgl. Abschnitt 5.1.

1691 Vgl. Abschnitt 10.2.2.

1692 Vgl. Abschnitt 10.3.2.7 und 10.4.2.

1693 Vgl. Ulmer/Brandner/Hensen/*Ulmer/Habersack* 2011, § 305 Rn 164, nach dem die Einbeziehung von geänderten AGB im Grundsatz auch dann den gleichen Anforderungen wie der Vertragsschluss selbst unterliegt, wenn die neuen AGB kundengünstiger sind; vgl. auch *Linna*, S. 25; Schlechtriem/Schwenzer/*Schmidt-Kessel* 2008, Art. 8 Rn 36 und 53a; OLG Thüringen 10.11.2010, http://www.cisg-online.ch, case 2216; siehe aber auch *Taxell* JFT 1980, 31, 43, nach dem ein Widerspruch in bestimmten Fällen vorausgesetzt werden kann.

1694 Vgl. Ulmer/Brandner/Hensen/*Schmidt* 2011, § 308 Nr. 5 Rn 15; Wolf/Lindacher/Pfeiffer/*Dammann* 2009, § 308 Nr. 5 Rn 70; Staudinger AGB/*Coester-Waltjen* 2006, § 308 Nr. 5 Rn 17, die darauf hinweisen, dass die Hinweispflicht entfallen kann, wenn die Erklärungsfiktion als bekannt vorausgesetzt werden kann und/oder ein berechtigtes Interesse an der Herbeiführung klarer Verhältnisse besteht sowie *Schmidt* NJW 2011, 3329, 3331, nach dem die an Unternehmen gestellten Sorgfaltsanforderungen gegen eine Indizwirkung des § 308 Nr. 5 b) BGB sprechen; in diesem Sinne wohl auch *Schmitt/Ulmer*, S. 161. Meines Erachtens werden diese beiden Voraussetzungen er-

AGB-Verwenders, sich entsprechend der ursprünglichen Vereinbarung zu verhalten. Allerdings muss dem Vertragspartner eine angemessene Frist zur Abgabe einer ausdrücklichen Erklärung eingeräumt werden, da ein Schutzbedürfnis gegenüber Erklärungsfiktionen auch im unternehmerischen Geschäftsverkehr grundsätzlich zu bejahen ist.[1695] In Anbetracht der gesteigerten Anforderungen an Unternehmen müsste eine Frist von zwei Wochen in der Regel genügen.[1696]

Soweit ersichtlich, ist eine entsprechende Diskussion über die Akzeptanz der geänderten AGB durch eine fingierte Erklärung weder in Bezug auf das finnische noch auf das UN-Kaufrecht durchgeführt worden. Aufgrund der Vertragsfreiheit, die in beiden Rechtssystemen ein vorherrschendes Prinzip darstellt, ist jedoch davon auszugehen, dass die Parteien nach beiden Rechtssystemen eine Vereinbarung über eine fingierte Erklärung verbindlich treffen können.[1697] Allerdings ist es nach Treu und Glauben erforderlich, dass dem Vertragspartner eine angemessene Frist zur Abgabe einer ausdrücklichen Erklärung gewährt wird, damit er seine Interessen wahren kann.

---

füllt, wenn die unternehmerischen Vertragsparteien beim ursprünglichen Vertragsschluss eine Erklärungsfiktion bezüglich der Einbeziehung von geänderten AGB vereinbart haben. AA Erman Bd. I/*Roloff* 2011, § 308 Rn 51; Bamberger/Roth Bd. 1/*Becker* 2007, § 308 Nr. 5 Rn 27 und *Freund*, S. 204, nach denen der Verwender seinen Vertragspartner nochmals auf die Bedeutung einer unterlassenen ausdrücklichen Erklärung hinweisen muss. Hinsichtlich ungewöhnlicher Erklärungsfiktionsklausel so auch *Lutz*, S. 78-79. Allerdings sind Erklärungsfiktionsklauseln in Bezug auf die Änderung von AGB so üblich, dass diesbezüglich nicht angenommen werden kann, dass eine solche Klausel ungewöhnlich wäre. Weiterhin dürfte die vom BGH (NJW-RR 2008, 134, 134-136) neuerdings eingeführte Einschränkung nicht den unternehmerischen Geschäftsverkehr betreffen. Deshalb sind meines Erachtens die Änderungen der essentialia negotii durch Erklärungsfiktion beim unternehmerischen Geschäftsverkehr auch in Zukunft möglich.

1695 Ulmer/Brandner/Hensen/*Schmidt* 2011, § 308 Nr. 5 Rn 15; Erman Bd. I/*Roloff* 2011, § 308 Rn 51; Staudinger AGB/*Coester-Waltjen* 2006, § 308 Nr. 5 Rn 17; aA Wolf/Lindacher/Pfeiffer/*Dammann* 2009, § 308 Nr. 5 Rn 70.

1696 So auch *Freund*, S. 206; vgl. auch Bamberger/Roth Bd. 1/*Becker* 2007, § 308 Nr. 5 Rn 28, nach dem die Erklärungsfrist im unternehmerischen Geschäftsverkehr kürzer bemessen sein kann als bei Verträgen mit Verbrauchern und der beispielsweise in Bezug auf die Richtigkeit der Provisionsabrechnung eines Handelsvertreters eine vierwöchige Frist für angemessen hält. Vgl. weiterhin auch Erman Bd. I/*Roloff* 2011, § 308 Rn 51 und Ulmer/Brandner/Hensen/*Schmidt* 2011, § 308 Nr. 5 Rn 15, nach denen bei der Bemessung einer angemessenen Frist zu berücksichtigen ist, dass von einem Unternehmen eine schnelle Reaktion erwartet werden kann.

1697 Meiner Erfahrung nach werden solche Vereinbarungen in der finnischen Vertragspraxis angewendet, ohne dass dies zu einer Diskussion geführt hätte.

Wenn der Vertragspartner des AGB-Verwenders innerhalb dieser Frist von seinem Widerspruchsrecht Gebrauch macht, scheitert die Einbeziehung der geänderten AGB. Dies berechtigt den Verwender nicht zu einer Kündigung aus wichtigem Grund.[1698] Stattdessen bleibt die alte Fassung in Kraft, und dem Verwender steht nur das Recht zu einer ordentlichen Kündigung zu, soweit sie zulässig ist.[1699]

Außerdem besteht ein sachlich anzuerkennendes Interesse des AGB-Verwenders an der Erklärungsfiktion auch dann, wenn die Parteien beim Vertragsschluss keine entsprechende Vereinbarung getroffen haben. Deshalb reicht es meines Erachtens beim unternehmerischen Geschäftsverkehr aus, dass der Verwender in Verbindung mit dem Hinweis und der Übersendung der geänderten AGB deutlich erklärt, dass der Vertragspartner innerhalb einer bestimmten Frist widersprechen muss, wenn er die geänderten AGB nicht akzeptieren will. Falls er dies nicht tut, gelten die geänderten AGB. Dies entspricht der Anforderungen der Praxis, Sicherheit über die geltenden AGB zu gewinnen, und nimmt gerecht Rücksicht auf die Interessen beider Vertragsparteien.

Andererseits kann der Vertragspartner des AGB-Verwenders aufgrund des Wortlauts des Hinweises berechtigt sein, auf die Geltung der ihm günstigeren AGB zu vertrauen, obwohl er sein Einverständnis nicht ausdrücklich erklärt hat. Dies ist z.B. dann der Fall, wenn der Verwender durch seinen Hinweis den Eindruck vermittelt, dass die geänderten AGB automatisch gelten. Unter diesen Umständen wäre es treuwidrig, falls sich der Verwender später darauf berufen

---

1698 OLG Köln NJW 1996, 1065; Palandt/*Grüneberg* 2012, § 305 Rn 47; MüKo Bd. 2/*Basedow* 2007, § 305 Rn 82; *Schwab*, S. 54; Staudinger AGB/*Schlosser* 2006, § 305 Rn 173.

1699 Vgl. OLG Köln NJW 1996, 1065; Erman Bd. I/*Roloff* 2011, § 305 Rn 43; *Graf von Westphalen* NJW 2007, 2228, 2232; *Graf von Westphalen* NJW 2008, 2234, 2238; KKO 1998:93; *Kangas*, in: Maksupalvelusopimuksista, S. 48; *Bernitz,* S. 76-77; aA *Freund*, S. 118 ff und MüKo Bd. 2/*Basedow* 2007, § 305 Rn 82, bezüglich einer ordentlichen Kündigung mit Sanktions- bzw. Druckcharakter bei Verträgen mit Verbrauchern. Meines Erachtens stellt sich die Situation jedoch anders dar, wenn es um Verträge zwischen Unternehmen geht. Wegen der geringeren Schutzbedürftigkeit und der erhöhten Selbstverantwortung der Unternehmen gibt es in der Regel kein Bedürfnis, vom gesetzlichen bzw. vertragsgemäßen Kündigungsrecht abzuweichen. Daher kann dies nur unter besonderen Umständen, wie z.B. dann, wenn der Verwender Monopolist ist oder wenn der Vertragspartner aufgrund der besonderen Umstände des bisherigen Vertragsverhältnisses ein berechtigtes Vertrauen auf den Fortbestand des Vertrags unter den bisherigen Bedingungen hat, bejaht werden. Grundsätzlich ist aber davon auszugehen, dass ein Unternehmen, dem der unveränderte Fortbestand des Vertrags wichtig ist, einen befristeten Vertrag schließt oder entsprechende Vertragsbedingungen verlangt.

würde, dass die geänderten AGB nicht gelten, weil der Vertragspartner wegen seines Schweigens die angebotene Änderung nicht angenommen hat. Weiterhin kann sich aus dem Vertrag eine Pflicht für den Verwender ergeben, die günstigeren AGB in den Vertrag einzubeziehen. Vor allem muss der Verwender seinen alten Vertragspartnern bei Verhandlungen über Vertragsverlängerungen auf die für ihn günstigere Neufassung hinweisen.[1700]

12.1.2 Im Voraus abgegebene Zustimmung

Weiterhin ist es möglich, dass der Vertragspartner seine Zustimmung für zukünftige einseitige Änderungen der AGB im Voraus erklärt. Dies ist der Fall, wenn die Parteien beim Vertragsschluss vereinbaren, unter welchen Bedingungen der Verwender seine AGB (einseitig) ändern kann. Wenn der im Vertrag bezeichnete Umstand eintritt, ändert sich der Vertrag entweder automatisch oder dem Verwender steht das Recht zu, die vereinbarten Änderungen herbeizuführen.

Hierbei ist jedoch vorauszusetzen, dass der Änderungsvorbehalt so transparent ist, dass der Vertragspartner vorhersehen kann, unter welchen Umständen und mit welchen Änderungen zu rechnen ist.[1701] Ansonsten ist eine solche Vereinbarung lediglich ein Ausdruck der einseitigen Gestaltungsmacht des AGB-Verwenders und kann somit dem Vertragspartner nicht als Ausdruck freier und eigenverantwortlicher Willensentscheidung zugerechnet werden.

Aus diesem Grund kann die Einbeziehung von AGB in ihrer „jeweils gültigen Fassung“ bei bestehenden Dauerschuldverhältnissen genauso wenig wie ein

---

1700 Vgl. BGH NJW1982, 926; Wolf/Lindacher/Pfeiffer/*Pfeiffer* 2009, § 305 Rn 99; Palandt/*Grüneberg* 2012, § 305 Rn 47; bezüglich des finnischen Rechts kann dies meines Erachtens aus dem Loyalitätsprinzip folgen (vgl. *Häyhä* DL 1996, 313, 317-318).

1701 BGHZ 136, 394, 401-402; Bamberger/Roth Bd. 1/*Becker* 2007, § 305 Rn 77 und § 308 Nr. 5 Rn 17; *Freund*, S. 148; PWW/*Berger* 2011, § 305 Rn 29; Staudinger AGB/*Coester-Waltjen* 2006, § 308 Nr. 4 Rn 6; *Schwab*, S. 54; KKO 1992:50; Markkinaoikeus MT 1991:12; *Linna*, S. 21-22; *Saarnilehto*, Talentum, S. 5; *Hemmo*, Sopimusoikeus II, S. 13, 15 und 24; *Karhapää*, S. 18; *Kangas*, in: Maksupalvelusopimuksista, S. 47; *Markkanen*, S. 50; in diesem Sinne wohl auch Staudinger AGB/*Schlosser* 2006, § 305 Rn 173. Zudem ergibt sich dies schon aus dem allgemeinen Transparenzgebot des § 307 BGB, der auch gegenüber Unternehmen Anwendung findet. Vgl. aber auch *Taxell* JFT 1980, 31, 36, 41-43 und 44, nach dem die AGB-Klausel dem Verwender auch ein offenes Recht für einseitige Änderungen geben kann. Obwohl dies zulässig ist, muss der AGB-Verwender bei der Ausübung seines Rechts das Loyalitätsprinzip, die Gleichberechtigung aller Vertragspartner sowie die Angemessenheit der Änderung für seinen Vertragspartner berücksichtigen.

sonstiges unbeschränktes einseitiges Änderungsrecht akzeptiert werden.[1702] Dagegen ist es im unternehmerischen Geschäftsverkehr eine Sache des verhandlungsfähigen Vertragspartners zu beurteilen, welche Änderungen er akzeptiert. Somit ist – anders als bei Verträgen an denen ein Verbraucher beteiligt ist[1703] – keine sachliche Gerechtigkeit zu verlangen, sondern die Transparenz über die möglichen Änderungen genügt, um eine im Voraus abgegebene Zustimmung zu bejahen.

Entsprechende Klauseln sind relativ üblich und funktionierend in Bezug auf die Anpassung der Hauptleistungen, wie die des Preises gut. Hinsichtlich der Änderung von AGB-Klauseln ist die Situation jedoch viel komplizierter. In der Praxis ist es oft schwierig, die Umstände und die Änderungen transparent genug darzustellen. Daher verliert eine im Voraus abgegebene Zustimmung großteils ihre praktische Bedeutung.[1704]

12.1.3 Widerspruchsloses Fortsetzen des Vertragsverhältnisses

Traditionell wird eine widerspruchslose Entgegennahme der Leistung als konkludente Annahme bewertet.[1705] Somit würde das widerspruchslose Fortsetzen

1702 Herberger/Martinek et al./*Lapp/Salomon* 2010, § 305 Rn 92-93; Staudinger AGB/*Schlosser* 2006, § 305 Rn 173; PWW/*Berger* 2011, § 305 Rn 29; NomosKomm Bd. 2/*Kollmann* 2012, § 305 Rn 85; *Schmitt/Ulmer*, S. 161; KKO 1992:50; Markkinaoikeus MT 1991:12; 2001:14; *Wilhelmsson*, S. 88; *Oikeustoimilakitoimikunta*, S. 316; *Kangas*, in: Maksupalvelusopimuksista, S. 48; in diesem Sinne auch BGH NJW 1999, 1865, 1865-1866; aA Löwe/Graf von Westphalen/Trinkner/*Löwe/Graf von Westphalen* 1977, § 2 Rn 64; *Taxell* JFT 1980, 31, 37 bezüglich AGB von Banken.

1703 MüKo Bd. 2/*Basedow* 2007, § 305 Rn 80-81; vgl. auch PWW/*Berger* 2011, § 305 Rn 29; aA *Linna*, S. 28 und 30, dergemäß eine Änderungsklausel angepasst oder für unwirksam erklärt werden kann, falls sie zu einem sachlich ungerechten Ergebnis führt oder die Vertragsbalance stark verschiebt.

1704 Vgl. *Freund*, S. 88; vgl. aber auch BGH NJW 2009, 2662, 2666; 2009, 2667, 2669 sowie BGH ZGS 2009, 532, 532-533, nach denen die Wirksamkeit einer formularmäßigen Preisanpassungsklausel voraussetzt, dass das vertragliche Äquivalenzverhältnis erhalten bleibt und die Klausel eine Preisanpassung in beide Richtungen gleichermaßen gewährleistet. Zumindest bei Geschäften mit Verbrauchern wahrt nicht einmal ein bei einer Preiserhöhung zugestandenes Kündigungsrecht des Vertragspartners die Wirksamkeit der Preisanpassungsklausel, es sei denn, die Kündigung wird spätestens zu dem Termin der Preiserhöhung wirksam und der Vertragspartner ist schriftlich über die Preiserhöhung benachrichtigt worden.

1705 Siehe Abschnitt 6.1; siehe auch Erman Bd. I/*Armbrüster* 2011, § 147 Rn 2; *Saarnilehto*, Talentum, S. 11; *Brunner* 2004, Art. 29 Rn 5.

des Vertragsverhältnisses zur Geltung der geänderten AGB führen. Laut *Freund* soll allerdings die oben beschriebene Unterscheidung zwischen nachteiligen und vorteilhaften Änderungen auch beim widerspruchslosen Fortsetzen des Vertragsverhältnisses vorgenommen werden. Daher würde das widerspruchslose Fortsetzen lediglich eine Annahme der für den Vertragspartner vorteilhaften Änderungen bedeuten.[1706]

Die traditionelle Ansicht entspricht der herrschenden Ansicht des deutschen Rechts.[1707] Diese Ansicht wird einerseits durch die praktische Erfahrung, dass trotz des mehrfachen Drängens ein Teil der Vertragspartner untätig bleibt und sein Einverständnis mit der Änderung der AGB nicht ausdrücklich erklärt.[1708] Andererseits wird einfach auf die traditionelle Bedeutung des widerspruchslosen Fortsetzens des Vertragsverhältnisses hingewiesen.[1709]

Hinsichtlich des finnischen Rechts ist die Rechtslage umstritten. Einer Ansicht nach ist der traditionellen Betrachtungsweise zu folgen.[1710] Eine weitere Meinung geht dagegen davon aus, dass dem widerspruchslosen Fortsetzen des Vertragsverhältnisses lediglich dann Bedeutung zukommt, wenn der Verwender seinen Vertragspartner gesondert über die Änderung und deren Bedeutung informiert hat.[1711]

Meines Erachtens ist hier der beim UN-Kaufrecht eingenommene Standpunkt, wonach die widerspruchslose Entgegennahme der Leistung in der Regel keine Einbeziehung der geänderten AGB bewirkt, zu folgen. Dies ergibt sich daraus, dass sich die Situation bei der Änderung von AGB anders als bei dem erstmaligen Vertragsschluss darstellt, weil das Recht (bzw. die Pflicht) die Leistung entgegenzunehmen bereits aufgrund des unter Einbeziehung der alten AGB-Fassung abgeschlossenen Vertrags besteht. Weiterhin kann nicht angenommen werden, dass der Vertragspartner des AGB-Verwenders das bestehende Äquivalenzverhältnis durch eine meist für ihn nachteilige Einbeziehung von geänderten AGB ohne weiteres abändern möchte.[1712]

1706 *Freund*, S. 76-77.

1707 BGHZ 52, 61, 62-63; durch Umkehrschluss auch OLG Stuttgart WM 1994, 626, 630; MüKo Bd. 2/*Basedow* 2007, § 305 Rn 78; Ulmer/Brandner/Hensen/*Ulmer/Habersack* 2011, § 305 Rn 164; *Fikentscher/Heinemann*, S. 103; aA *Hellwege*, S. 474-475.

1708 MüKo Bd. 2/*Basedow* 2007, § 305 Rn 78.

1709 Vgl. Ulmer/Brandner/Hensen/*Ulmer/Habersack* 2011, § 305 Rn 164.

1710 *Saarnilehto*, Edilex 2005, S. 22.

1711 KKO 1998:93; *Hemmo*, Sopimusoikeus II, S. 12-13; vgl. auch KKO 1996:34.

1712 Vgl. Schlechtriem/Schwenzer/*Schlechtriem/Schroeter* 2008, Art. 29 Rn 8; OLG Thüringen 10.11.2010, http://www.cisg-online.ch, case 2216; HGer Zürich 10.7.1996, http://www.cisg-online.ch, case 227; in diesem Sinne auch *Hellwege*, S. 474-475.

Deshalb ist in dem widerspruchslosen Fortsetzen des Vertragsverhältnisses bei einem bestehenden Dauerschuldverhältnis keine Annahme der geänderten AGB zu sehen, es sei denn die Parteien haben eine entsprechende Rechtsfolge vereinbart oder der Verwender hat beim Hinweis auf die geänderten AGB deutlich erklärt, dass das Schweigen als eine Zustimmung zu den geänderten AGB zu sehen ist. Die Möglichkeit zu einer solchen Erklärung bietet eine genügende Sicherung der Interessen des AGB-Verwenders. Somit ist dem AGB-Verwender zu empfehlen, dass er eine entsprechende Erklärung macht, um sicherzustellen, dass die Fortsetzung des Dauerschuldverhältnisses unter Anwendung der geänderten AGB erfolgt.

12.1.4 Bedeutung eines ordentlichen Kündigungsrechts (Änderungskündigung)

Weiterhin ist zu beachten, ob dem AGB-Verwender beim unbefristeten Dauerschuldverhältnis ein ordentliches Kündigungsrecht zusteht. Falls er den Vertrag kündigen könnte, kann er alternativ anbieten, den Vertrag nach der Beendigung der Kündigungsfrist unter den geänderten AGB fortzuführen. Dies ergibt sich daraus, dass die Änderung des Vertrages grundsätzlich ein milderes Mittel als die Kündigung des Vertragsverhältnisses ist.[1713] Wenn die ordentliche Kündigung nach dem maßgeblichen Recht zulässig ist, handelt es sich bei einer Änderungskündigung grundsätzlich weder um eine unzulässige Rechtsausübung (§ 242 BGB) noch um eine widerrechtliche Drohung (§ 123 BGB) oder Sittenwidrigkeit (138 BGB).[1714]

Meines Erachtens kann die Zulässigkeit eines vertragsgemäßen Kündigungsrechts lediglich dann in Frage gestellt werden, wenn der AGB-Verwender Monopolist ist oder wenn der Vertragspartner aufgrund der besonderen Umstände des bisherigen Vertragsverhältnisses ein berechtigtes Vertrauen auf den Fortbestand des Vertrags unter den bisherigen Bedingungen hat. Grundsätzlich ist aber davon auszugehen, dass ein Unternehmen, dem der unveränderte Fortbestand des Vertrags wichtig ist, einen befristeten Vertrag schließt oder entsprechende Vertragsbedingungen verlangt. Falls das Kündigungsrecht des Vertragspartners laut Vertrag beschränkter wäre als dasjenige des AGB-Verwenders, räumt eine für den Vertragspartner ungünstige Änderung ihm jedoch ein zusätz-

---

1713 Vgl. *Hemmo*, Sopimusoikeus II, S. 21; *Piironen*, S. 56-57; *Linna*, S. 31-32; *Graf von Westphalen* NJW 2007, 2228, 2232; *Graf von Westphalen* NJW 2008, 2234, 2238.

1714 Vgl. KKO 1992:50; *Linna*, S. 32-33; *Hemmo*, Sopimusoikeus II, S. 21; *Bernitz*, S. 77. Die entsprechenden Paragrafen des finnischen Rechts sind §§ 29 und 31 OikTL.

liches Recht ein, den Vertrag zum Zeitpunkt des Inkrafttretens der Änderung zu kündigen.[1715]

12.2 Einbeziehung bei einer laufenden Geschäftsbeziehung

Wie in Abschnitt 8.3 dargestellt, werden bei einer laufenden Geschäftsbeziehung die bei früheren Geschäften stets einbezogene AGB ohne besonderen Hinweis in die weitere Verträge einbezogen, es sei denn der Vertragspartner des Verwenders widerspricht der Geltung der AGB. Sein Einverständnis liegt in dem vorbehaltlosen neuen Vertragsschluss. Kommt es zu einer Änderung der AGB, ändert sich die Situation wesentlich, da die geänderten AGB dem Vertragspartner nicht bekannt sind. Daher kann auch sein Einverständnis nicht ohne weiteres angenommen werden.

Aus diesem Grund setzt die Einbeziehung der geänderten AGB voraus, dass der Verwender seinem Vertragspartner die geänderten AGB übermittelt und deutlich auf deren Änderung hinweist.[1716] Danach ist es die Aufgabe des Vertragspartners, die Änderungen zu beurteilen. Alternativ zu der Übermittlung der geänderten AGB kann der Verwender meines Erachtens seinen Vertragspartner über die nachteiligen Änderungen der Neufassung durch einen besonderen Vermerk informieren.[1717] Es muss aber berücksichtigt werden, dass es im Auge des Betrachters liegt, ob eine Änderung von Vorteil, von Nachteil oder neutral ist und wie die Gesamtheit der Änderungen zu beurteilen ist.

1715 *Hemmo*, Sopimusoikeus II, S. 23; *Linna*, S. 34.

1716 MüKo Bd. 2/*Basedow* 2007, § 305 Rn 96; *Freund*, S. 204; *Saarnilehto*, Talentum, S. 9-11; *Sarelin*, S. 42; *Saarnilehto*, Talentum 2, S. 4; in diesem Sinne wohl auch *Fischer* BB 1995, 2491, 2492; Honsell/*Dornis* 2010, Vorbem. 14-24 Rn 13; siehe auch BGH NJW-RR 1991, 570, 571, wobei dort die Neufassung übersandt und auf sie hingewiesen wurde und diese deswegen einbezogen war; zum Teil aA OLG Koblenz BB 1983, 1635, nach dem eine neutrale Änderung auch ohne Hinweis möglich ist.

1717 *Ring/Klingelhöfer/Niebling*, S. 426; in diesem Sinne wohl auch Ulmer/Brandner/Hensen/*Ulmer/Habersack* 2011, § 305 Rn 176; vgl. auch BGH NJW 1989, 2532, 3533 analog zu der Pflicht einer Vertragspartei ihre Gegenseite über die Änderungen im Rahmen des Vertragsverhältnisses zu informieren.

Soweit diese Anforderungen erfüllt sind, kann im unternehmerischen Geschäftsverkehr – auch auf internationaler Ebene – erwartet werden, dass der über die neuen AGB informierte Unternehmer selbst entscheidet, ob er künftig Verträge zu den neuen Bedingungen schließen will. Deshalb ist bei einer laufenden Geschäftsbeziehung im Unterschied zu einem bestehenden Dauerschuldverhältnis davon auszugehen, dass das widerspruchslose Fortsetzen der Geschäftsbeziehung eine Annahme der geänderten AGB bezüglich der künftigen Verträge bedeutet.[1718]

Des Weiteren kann das bloße Schweigen innerhalb der laufenden Geschäftsbeziehung die Einbeziehung der geänderten AGB bewirken, falls die Parteien bereits mehrfach so verfahren haben, dass ein Vertragsänderungsangebot durch Schweigen angenommen wurde.[1719] Im Allgemeinen gilt das bloße Schweigen auf ein Vertragsänderungsangebot aber auch bei laufenden Geschäftsbeziehungen nicht als Annahme der geänderten AGB.[1720] Nach einem ständig wiederholten Hinweis kann dies jedoch für die zukünftigen Verträge gelten. Dies entspricht dem allgemeinen Grundsatz der Rechtsgeschäftslehre. Allerdings kommt dieser Diskussion kaum praktische Bedeutung zu, da es bei einer laufenden Geschäftsbeziehung um nacheinander abzuschließende Einzelverträge geht und der Abschluss eines weiteren Vertrags das Fortsetzen der Geschäftsbeziehung bedeutet. In der Zwischenzeit vor dem nächsten Vertragsschluss hat die Geltung bzw. Nicht-Geltung der geänderten AGB keine praktische Bedeutung, da es keinen Vertrag gibt, bei welchem die geänderten AGB maßgeblich wären.

1718 So auch BGHZ 52, 61, 62-63; BGH NJW-RR 1991, 570, 571; Staudinger AGB/*Schlosser* 2006, § 305 Rn 173; vgl. auch KKO 1972 II 55; *Saarnilehto*, Talentum, S. 9-11.

1719 *Freund*, S. 80; vgl. auch Abschnitt 8.3.

1720 AA *Freund*, S. 79-80 mit der Begründung, dass wenn ein Schweigen im Allgemeinen bei laufenden Geschäftsbeziehungen für die Einbeziehung von AGB ausreicht (vgl. Abschnitt 8.3) und es keinen Grund gibt, warum dies bei der Einbeziehung von geänderten AGB nicht der Fall sein soll. Diesem ist jedoch entgegenzuhalten, dass die zwischen den Vertragsparteien entstandene Gepflogenheit die zwischenzeitlich geänderten AGB naturgemäß nicht umfassen kann. Deshalb genügt das bloße Schweigen meines Erachtens nicht.

13. Schlussbetrachtung

13.1 Zusammenfassung des geltenden Rechts und praktische Hinweise

Die Verträge des unternehmerischen Geschäftsverkehrs bestehen heutzutage überwiegend sowohl aus Individualvereinbarungen als auch aus AGB. Somit sind AGB für die Praxis extrem wichtig. Auf internationaler Ebene ist deren Bedeutung oft noch größer als auf nationaler Ebene, da die Vertragsparteien ihre Rechtsbeziehung möglichst umfassend durch Vertragsbedingungen festlegen möchten, um Rechtssicherheit zu gewinnen.

Wie diese Untersuchung zeigt, müssen die Vertragsparteien jedoch sehr stark auf die unterschiedlichen rechtlichen Rahmenbedingungen der Einbeziehung und der Inhaltskontrolle von AGB aufpassen, um ungewollte Konsequenzen zu vermeiden. Daher ist die Abgrenzung zwischen Individualvereinbarungen und AGB wesentlich. Zudem haben Individualvereinbarungen in allen drei hier behandelten Rechtssystemen Vorrang vor den AGB.

Der AGB-Begriff ist sowohl im deutschen, im finnischen als auch im UN-Kaufrecht auf der theoretischen Ebene grundsätzlich ähnlich. Somit sind AGB alle Vertragsbedingungen, die für eine Vielzahl von Verträgen vorformuliert sind und die der Verwender der anderen Vertragspartei bei Abschluss eines Vertrags stellt. Auf der Anwendungsebene bestehen jedoch mehrere Unterschiede, die für die Praxis bedeutsam sind.

Im deutschen Recht wird das Vorhandensein des AGB-Charakters bezüglich jeder Klausel gesondert geprüft. Weiterhin handelt es sich bereits bei dreimaliger Verwendung der Klausel gegenüber demselben Vertragspartner um AGB. Außerdem wird der AGB-Charakter bejaht, wenn die Klausel für mehrfache Verwendung entworfen ist, obwohl der tatsächliche Verwender sie nur einmalig verwendet.

Nach dem finnischen und dem UN-Kaufrecht werden unter AGB in der Regel gesamte Klauselwerke – und nicht einzelne Klauseln – verstanden. Weiterhin setzen beide Rechtssysteme voraus, dass Vertragsbedingungen gegenüber mehreren Vertragspartnern und öfter als drei Mal verwendet werden, um sie als AGB einzustufen. Mehr als um die Anzahl der Verwendungen geht es jedoch um die allgemeingültige Natur der Bedingungen und um die Absicht des Verwenders, sie für eine unbestimmte Anzahl von ähnlichen Geschäften zu verwenden. Außerdem handelt es sich nach diesen Rechten nicht um AGB, wenn der Verwender die Bedingungen lediglich einmalig verwendet, obwohl die Klauseln aus Mustervertrag bzw. aus Datenbank stammen.

Somit sind Vertragsbedingungen in vielen Fällen nach deutschem Recht AGB, obwohl sie nach dem finnischen und dem UN-Kaufrecht keine AGB darstellen. Auf diesen Unterschied müssen die Parteien in der Praxis Rücksicht nehmen, da die Begriffsdefinition die Anwendbarkeit der AGB-rechtlichen Einbeziehungs- und Inhaltskontrolle bestimmt. Des Weiteren bestehen für die Praxis bedeutsame Unterschiede darin, wie Individualvereinbarungen entstehen.

Unter dem deutschen Recht stellt die Wandlung von AGB-Klauseln durch Aushandeln zu Individualvereinbarungen die wesentliche Entstehungsform der Individualvereinbarungen dar. Diesbezügliche Anforderungen sind jedoch streng. Der Verwender muss den in seinen AGB enthaltenen gesetzesfremden Kerngehalt inhaltlich ernsthaft zur Disposition stellen und dem Verhandlungspartner Gestaltungsfreiheit zur Wahrung eigener Interessen einräumen, damit eine AGB-Klausel als ausgehandelt gilt. Zudem müssen diese Anforderungen grundsätzlich für jede Klausel einzeln erfüllt werden, was sich in der Regel in einer Änderung des Textes der jeweiligen Klausel niederlegt. Ausnahmsweise kann auch eine unveränderte Bedingung ausgehandelt sein. Da diese Anforderungen aus der Sicht eines finnischen Unternehmens hoch sind, muss er sie als AGB-Verwender besonders beachten, weil der Verwender das Aushandeln beweisen muss. In der Praxis ist dem Verwender zu empfehlen, dafür zu sorgen, dass die AGB in den Vertragsverhandlungen aktiv behandelt und die Verhandlungen ausführlich protokolliert werden.

Im Anwendungsbereich des finnischen Rechts sind verhaltensbezogene Abweichungen von den AGB zugunsten des Vertragspartners des AGB-Verwenders von größerer Bedeutung als das Aushandeln. Beim unternehmerischen Geschäftsverkehr dürften verhaltensbezogene Abweichungen jedoch höchstens bei Dauerschuldverhältnissen stattfinden. Von Unternehmen ist zu erwarten, dass sie ihre Vorstellungen während der Verhandlungen deutlich zum Ausdruck bringen und der Vertrag somit ihren Willen entspricht. Das Vorliegen einer verhaltensbezogenen Abweichung muss der Vertragspartner des AGB-Verwenders beweisen. Auch hierbei können die Beweisschwierigkeiten erheblich sein.

Die AGB werden im unternehmerischen Geschäftsverkehr grundsätzlich kraft rechtsgeschäftlicher Vereinbarung Vertragsbestandteil. Dabei sind verschiedene Szenarien und Einbeziehungsformen zu unterscheiden, da die AGB durch eine einzelvertragliche Vereinbarung oder durch eine Rahmenvereinbarung einbezogen werden können. Weiterhin kann die Einbeziehung kraft Handelsbrauch oder aufgrund Branchenüblichkeit oder einer laufenden Geschäftsbeziehung erfolgen. Zudem können die AGB erstmalig oder in geänderter Fassung einbezogen werden. Außerdem können beide Parteien versuchen ihre eigenen AGB in den Vertrag einzubeziehen, was zu einer Kollision von AGB führt.

Die konkreten Einbeziehungsvoraussetzungen für diese verschiedenen Einbeziehungsfälle sind im deutschen, im finnischen und im UN-Kaufrecht unterschiedlich. Soweit die für den jeweiligen Fall maßgeblichen Einbeziehungsanforderungen nicht erfüllt werden, werden die AGB nicht Vertragsbestandteil. In einem solchen Fall werden die betroffenen Bestimmungen durch das dispositive Gesetzesrecht ersetzt. Dies kann aus der Sicht des AGB-Verwenders zu bedauerlichen Überraschungen führen, da die nicht-einbezogenen Klauseln nicht gelten. Deshalb muss der AGB-Verwender dafür Sorge tragen, dass die Einbeziehungsvoraussetzungen des anwendbaren Rechts erfüllt werden.

Aus diesem Grund ist es wichtig zu beachten, welches Recht für den Vertrag maßgeblich ist. Häufig legen die Vertragsparteien das anwendbare Recht durch eine ausdrückliche Rechtswahlvereinbarung fest. Dies ist in der Praxis empfehlenswert, damit das anwendbare Recht einerseits den Interessen der Parteien möglichst gut entspricht und damit die Vertragsparteien andererseits die mit konkludenter Rechtswahl und mit objektiver Anknüpfung verbundenen Unsicherheiten vermeiden können. Bei der Wahl des Vertragsstatuts sollten die Vertragsparteien unter anderem die AGB-rechtlichen Unterschiede der in Frage kommenden Rechtssysteme berücksichtigen.

Am besten sollten die Parteien die Rechtswahlvereinbarung individualvertraglich treffen, um eine wirksame Rechtswahl sicherzustellen. Dies ergibt sich daraus, dass eine in den AGB enthaltene Rechtswahlklausel lediglich dann gilt, wenn die AGB wirksam in den Vertrag einbezogen worden sind. Aufgrund Art. 31 II EGBGB / Art. 8 II Rom-Übereinkommen / Art. 10 II Rom I-VO, die dem Vertragspartner des AGB-Verwenders in bestimmten Fällen das Berufen auf sein Heimatrecht ermöglichen, kann es jedoch zu Unsicherheiten darüber kommen, welche Einbeziehungsanforderungen erfüllt werden müssen. Deshalb ist es dem Verwender zu empfehlen, dass er die AGB seinem Vertragspartner zur Verfügung stellt, soweit die Rechtswahl durch eine in den AGB enthaltene Rechtswahlklausel erfolgen soll. Zudem sollte die Rechtswahlklausel drucktechnisch hervorgehoben werden, da die Rechtswahl eine Weichenstellung für das gesamte Vertragswerk ist und ihr deshalb eine besondere Bedeutung zukommt.

Bei einzelvertraglicher Einbeziehung besteht der wichtigste Unterschied zwischen den hier behandelten Rechtssystemen darin, dass es nach deutschem Recht genügt, dass der AGB-Verwender deutlich auf die AGB hinweist. Soweit diese Voraussetzung erfüllt ist, muss sich der Vertragspartner des AGB-Verwenders selbst Kenntnis über den Inhalt der AGB verschaffen. Dies gilt auch für auslandsansässige Vertragspartner. Weiterhin reicht nach deutschem Recht auch ein konkludenter Hinweis aus, z.B. eine kommentarlose Beifügung der AGB im schriftlichen Angebot oder ein Abdruck der AGB auf der Rückseite des Angebots.

Im finnischen und im UN-Kaufrecht wird dagegen traditionell vorausgesetzt, dass der AGB-Verwender seinem Vertragspartner vor dem Vertragsschluss Kenntnis über den Inhalt der AGB verschafft. Daher muss der Verwender seinem Vertragspartner die AGB grundsätzlich übersenden oder in sonstiger Weise zugänglich machen. Weiterhin sind konkludente Hinweise im finnischen Recht und im UN-Kaufrecht nicht gleichermaßen akzeptiert wie im deutschen Recht. In beiden Rechtssystemen gibt es insbesondere gegenüber den rückseitigen AGB kritische Äußerungen.

Dagegen kann der Vertragspartner des AGB-Verwenders nach dem finnischen und dem UN-Kaufrecht – wie auch nach dem deutschen Recht – sein Einverständnis mit der Geltung der AGB sowohl ausdrücklich als auch konkludent erklären. Des Weiteren ist es in allen drei Rechtssystemen klar, dass der Hinweis vor dem bzw. beim Vertragsabschluss erfolgen muss. Somit reicht ein nachträglicher Hinweis auf Quittung, Rechnung, Verpackung oder Lieferschein nicht.

Im Lichte der Entscheidungen des Helsingin hovioikeus im Jahr 2008 scheint es möglich, dass AGB im unternehmerischen Geschäftsverkehr zukünftig auch nach finnischem Recht durch einen bloßen Hinweis in den Vertrag einbezogen werden können. Somit bestünde dem AGB-Verwender keine Kenntnisverschaffungspflicht mehr. Da eine entsprechende höchstrichterliche Rechtsprechung fehlt und keine Sicherheit darüber besteht, dass der KKO dieser neuen Ansicht folgen würde, ist dem AGB-Verwender jedoch weiterhin zu empfehlen, dass er seinem Vertragspartner Kenntnis über den AGB verschafft. In Bezug auf das UN-Kaufrecht gilt entsprechendes trotz der in der Literatur vertretenen Gegenmeinung.

Außerdem ist bei der Betrachtung der Voraussetzungen der einzelvertraglichen Einbeziehung nach finnischem Recht zu bemerken, dass der Schutz des Schwächeren für das finnische Recht prägend ist. Diesem Prinzip wird schon bei der Einbeziehung der AGB Rechnung getragen. Somit sind die Einbeziehungsanforderungen desto höher, je größer der Machtunterschied zwischen den Parteien ist. Aus diesem Grund kommt der Qualifizierung eines Klauselwerks als „agreed documents“ in der Einbeziehungsebene nach finnischem Recht deutlich mehr Bedeutung zu als nach deutschem Recht.

Nach deutschem Recht können AGB auch nachträglich durch das Schweigen des Vertragspartners des AGB-Verwenders auf ein kaufmännisches Bestätigungsschreiben in den Vertrag einbezogen werden. Das finnische Recht kennt dagegen kein kaufmännisches Bestätigungsschreiben im deutschen Sinne. Das von dem Vertrag abweichende Bestätigungsschreiben wird im finnischen Recht als ein Angebot zur Änderung des bereits geschlossenen Vertrags angesehen. Somit muss es angenommen werden, um zur Geltung zu kommen.

Im Anwendungsbereich des UN-Kaufrechts können AGB in der Regel lediglich dann durch das kaufmännische Bestätigungsschreiben in den Vertrag einbezogen werden, wenn die Niederlassungsstaaten beider Parteien einen entsprechenden Grundsatz kennen. Deshalb kommt dies in Bezug auf den unternehmerischen Geschäftsverkehr zwischen Deutschland und Finnland nicht in Frage, es sei denn die finnische Vertragspartei tätigt ständig Geschäfte in Deutschland und kennt daher die Wirkung des Schweigens auf das kaufmännischen Bestätigungsschreibens nach deutschem Recht, oder zwischen den Parteien eine entsprechende Gepflogenheit aufgrund einer laufenden Geschäftsbeziehung besteht.

Diese Unterschiede haben in der Praxis jedoch kaum Bedeutung, da einem unwidersprochenen Bestätigungsschreiben immer eine erhebliche Beweiswirkung zukommt und da sich die finnische Vertragspartei bei der Geltung des deutschen Rechts aufgrund Art. 31 II EGBGB / Art. 8 II Rom-Übereinkommen / Art. 10 II Rom I-VO auf das finnische Recht berufen kann. Wegen der Beweiswirkung ist dem Empfänger eines Bestätigungsschreibens auf jeden Fall anzuraten, das Schreiben sorgfältig zu lesen und ihm unverzüglich zu widersprechen, soweit es seiner Auffassung nicht entspricht. Dies gilt unabhängig davon, welches Recht anwendbar ist.

Die Vertragsparteien können nach allen drei Rechtssystemen in einer Rahmenvereinbarung festlegen, dass bestimmte AGB für ihre zukünftigen Verträge gelten. Allerdings muss der AGB-Verwender seinem Vertragspartner beim internationalen Geschäftsverkehr nach allen drei zu behandelnden Rechtssystemen zusätzlich zu dem Hinweis auch Kenntnis über den Inhalt der AGB verschaffen. Somit sind die Anforderungen des deutschen Rechts an eine Einbeziehung durch eine Rahmenvereinbarung im internationalen Geschäftsverkehr strenger als die Anforderungen an eine einzelvertragliche Einbeziehung. Eine Erleichterung folgt dagegen daraus, dass eine Einbeziehung von AGB „in ihrer jeweils gültigen Fassung“ durch eine Rahmenvereinbarung möglich ist. Dies setzt allerdings voraus, dass der Verwender seinem Vertragspartner die geänderte Fassung der AGB unverzüglich bekannt macht. Folglich muss der Vertragspartner des AGB-Verwenders entscheiden, ob er neue Geschäfte unter den neuen AGB schließen will.

Soweit die Parteien keine Rahmenvereinbarung getroffen haben, muss die Einbeziehung von AGB grundsätzlich einzelvertraglich vereinbart werden, es sei denn sie erfolgt aus besonderem Grund. Nach deutschem Recht werden AGB automatisch Bestandteil des Vertrags, wenn sie sich zum Handelsbrauch entwickelt haben. Auch im finnischen Recht gilt ein Handelsbrauch normenähnlich. Allerdings sind in der finnischen Rechtspraxis bisher keine AGB als Handelsbrauch anerkannt worden. Das UN-Kaufrecht kennt dagegen keine normenähnliche Geltung der AGB kraft Handelsbrauchs, sondern geht von einer durch Parteiwillen bestimmten (gegebenenfalls fingierten) subjektiven Geltung des Handelsbrauchs aus. Zusammenfassend lässt sich feststellen, dass sich die Parteien nicht auf die Geltung der AGB kraft Handelsbrauchs verlassen sollten, da dies in der Praxis nur sehr selten der Fall ist.

Weiterhin gelten für branchenübliche AGB in allen hier behandelten Rechtssystemen erleichterte Einbeziehungsvoraussetzungen. Nach deutschem Recht können branchenübliche AGB ohne besonderen Hinweis in den Vertrag einbezogen werden. Dies gilt auch in Bezug auf ausländische Vertragspartner, soweit von ihnen Kenntnis über die branchenübliche Verwendung bestimmter AGB sowie Kenntnis über die stillschweigende Einbeziehung kraft Verkehrssitte erwartet werden kann.

Im finnischen Recht ist umstritten, ob branchenübliche AGB ohne Hinweis in den Vertrag einbezogen werden können. Abweichend von der einzelvertraglichen Einbeziehung reicht jedenfalls ein Hinweis auf sie aus. Somit hat der Verwender keine Kenntnisverschaffungspflicht über den Inhalt der branchenüblichen AGB.

Nach dem UN-Kaufrecht wird eine stillschweigende Einbeziehung der den Parteien bekannten Gebräuche angenommen, soweit diese Gebräche im internationalen Handel der jeweiligen Branche weithin bekannt sind und regelmäßig beachtet werden. Es wird für möglich gehalten, dass die Incoterms oder auf jeden Fall der genauere Inhalt der einzelnen Klausel in bestimmten Branchen als Brauch gelten können. Gegenüber sonstigen Regelwerken sind die Stellungnahmen kritischer. Weiterhin wird teilweise vertreten, dass der Verwender seinem Vertragspartner die branchenüblichen AGB nicht immer übersenden muss.

Abschließend kann gesagt werden, dass AGB naturgemäß auf internationaler Ebene seltener branchenüblich sind als auf nationaler Ebene. Am ehesten können von neutralen internationalen Organisationen verfasste AGB international als branchenüblich betrachtet werden. Des Weiteren unterscheiden sich die Einbeziehungsanforderungen branchenüblicher AGB. Daher sollten die Parteien im Geschäftsverkehr zwischen Deutschland und Finnland trotz der möglichen Branchenüblichkeit immer ausdrücklich auf die AGB hinweisen. Bei der Anwendbarkeit des UN-Kaufrechts ist zusätzlich auch die Übersendung der AGB zu empfehlen, um die Geltung der AGB zuverlässig sicherzustellen.

Wenn die Parteien im Rahmen einer laufenden Geschäftsbeziehung Verträge stets unter Einbeziehung von bestimmten AGB abschließen, werden diese AGB ohne besonderen Hinweis in die weiteren Verträge einbezogen. Hinsichtlich des UN-Kaufrechts wird jedoch teilweise vertreten, dass auch in diesen Fällen ein Hinweis erforderlich ist. In der Praxis ist sorgfältig zu prüfen, ob in dem jeweiligen Fall eine laufende Geschäftsbeziehung besteht und eine erleichterte Einbeziehung daher möglich ist. Da die diesbezüglichen Kriterien zu variieren scheinen, können die Parteien lediglich bei einer langdauernden und engen Geschäftsbeziehung auf das Bestehen einer laufenden Geschäftsbeziehung vertrauen. Deshalb können sich die Vertragsparteien auf eine Einbeziehung kraft laufender Geschäftsbeziehung nicht verlassen, wenn sie eine ehemalige laufende Geschäftsbeziehung nach einer nicht unerheblichen Unterbrechung wieder aufnehmen.

Einen besonderen Fall hinsichtlich der laufenden Geschäftsbeziehungen stellen solche Fälle dar, in denen der Verwender ständig und deutlich in den Rechnungen auf die AGB hinweist. Nach dem deutschen und dem finnischen Recht genügt dies, um die AGB in die künftigen Verträge einzubeziehen. Bezüglich des UN-Kaufrechts ist diese Frage umstritten. Meines Erachtens gibt es keinen Grund diese Frage bezüglich des UN-Kaufrechts anders zu behandeln als bezüglich des deutschen und des finnischen Rechts. Da die Frage jedoch umstritten ist, ist es dem Verwender bei der Anwendbarkeit des UN-Kaufrechts zu empfehlen, die Einbeziehung anderweitig sicherzustellen. Außerdem muss der Verwender seinem Vertragspartner sowohl nach dem finnischen Recht als auch nach dem UN-Kaufrecht einmalig Kenntnis über den Inhalt der AGB verschaffen, bevor sie aufgrund einer laufenden Geschäftsbeziehung zur Geltung kommen können.

Hinsichtlich kollidierender AGB bietet das deutsche Recht als einzige der hier behandelten Rechtssysteme eine klare Lösung für die Praxis, da der BGH klar Stellung zu der Einbeziehung kollidierender AGB genommen hat. Nach dem BGH ist die Theorie des letzten Wortes anzuwenden, es sei denn die AGB des (ersten) Anbietenden enthalten eine Abwehrklausel oder er hat sonst wie erklärt, dass er den Vertrag nur unter Geltung seiner eigenen AGB abschließen will. Obwohl diese Rechtsprechung des BGH in der Literatur zu Recht kritisiert wird, sollten die Vertragsparteien immer eine Abwehrklausel verwenden, um die Anwendung der Theorie des letzten Wortes zu vermeiden. Soweit die Theorie des letzten Wortes keine Anwendung findet, ist der Vertragsinhalt nach dem BGH durch das Prinzip der Kongruenzgeltung zu definieren.

Im finnischen Recht fehlen die höchstrichterlichen Entscheidungen, und hinsichtlich des UN-Kaufrechts variieren die Lösungen abhängig davon, in welchem Land der Rechtsstreit entschieden wird. Somit kennzeichnet eine starke Unsicherheit die Einbeziehung kollidierender AGB. Deshalb ist den Parteien zu empfehlen, dass sie eine Einigung über den Vertragsinhalt einschließlich der AGB erzielen. Besonders wichtig ist dies bezüglich der zentralen Klauseln, wie Haftungsbeschränkungen, die ansonsten oft durch AGB geregelt werden.

Soweit dies nicht möglich ist, sollten die Vertragsparteien unter Anwendung des finnischen Rechts unmittelbar nach dem Austausch der Willenserklärungen der anderen Partei mitteilen, dass sie nicht an den Vertrag gebunden sein wollen. Eine Abwehrklausel genügt dafür nicht. Weil im UN-Kaufrecht die Theorie des letzten Wortes traditionell die herrschende Ansicht gewesen ist, sollte bei dessen Anwendbarkeit jede Partei im eigenen Interesse versuchen, als letzte Bezug auf die eigenen AGB zu nehmen. Dies gilt trotz der weit verbreiteten Bevorzugung der Restgültigkeitstheorie in der deutschsprachigen Literatur.

AGB gelten in der Fassung, in der sie beim Vertragsschluss in den Vertrag einbezogen wurden. Eine Änderung der AGB kann in allen drei Rechtssystemen lediglich durch eine rechtsgeschäftliche Einigung der Parteien erfolgen. Dabei stellt das Schweigen grundsätzlich keine Annahme der geänderten AGB dar, es sei denn die Parteien haben ursprünglich vereinbart oder der Verwender hat in seinem Änderungsangebot deutlich zum Ausdruck gebracht, dass sein Vertragspartner innerhalb einer angemessenen Frist widersprechen muss, falls er die geänderten AGB nicht gelten lassen will. Deutlichkeitshalber ist es dem AGB-Verwender zu empfehlen, eine entsprechende Erklärung in sein Änderungsangebot aufzunehmen. Falls der Vertragspartner der Änderung widerspricht, bleibt die alte Fassung der AGB in Kraft.

Eine widerspruchslose Entgegennahme der Leistung wird traditionell als konkludente Annahme bewertet. Aus diesem Grund wird sowohl im deutschen als auch im finnischen Recht meist angenommen, dass das widerspruchslose Fortsetzen eines Dauerschuldverhältnisses zur Geltung der geänderten AGB führt. Deshalb sollte der Vertragspartner der Änderung der AGB widersprechen, bevor er weitere (Teil-)Leistung entgegennimmt, um eine Bindung an die geänderten AGB zu vermeiden.

Dagegen bewirkt das widerspruchslose Fortsetzen eines Dauerschuldverhältnisses nach dem UN-Kaufrecht in der Regel keine Einbeziehung der geänderten AGB. Entsprechend gibt es kein Bedürfnis für den Widerspruch, es sei denn die Parteien haben eine entsprechende Rechtsfolge vereinbart oder der Verwender hat beim Hinweis auf die geänderten AGB deutlich erklärt, dass das Schweigen als eine Zustimmung zu der geänderten AGB anzusehen ist. Ein Widerspruch schadet jedoch nicht und deshalb ist dem Vertragspartner ein Widerspruch als universelle Reaktion unabhängig von dem anwendbaren Recht zu empfehlen.

Eine im Voraus abgegebene Zustimmung für die Änderung von AGB gilt lediglich dann, wenn der Vertragspartner des AGB-Verwenders vorhersehen kann, unter welchen Umständen und mit welchen Änderungen zu rechnen ist. In der Praxis ist dies selten der Fall. Eine realistischere Alternative für eine Änderung der bereits einbezogenen AGB bietet die Möglichkeit einer Änderungskündigung. Wenn dem AGB-Verwender beim unbefristeten Dauerschuldverhältnis ein ordentliches Kündigungsrecht zusteht, kann er alternativ zu einer Kündigung des Vertrags anbieten, den Vertrag nach der Beendigung der Kündigungsfrist unter den geänderten AGB fortzuführen.

Im Rahmen einer laufenden Geschäftsbeziehung kann der Verwender die AGB ändern, vorausgesetzt dass er seinem Vertragspartner die geänderten AGB übermittelt und deutlich auf deren Änderung hinweist. Weil der informierte Vertragspartner selbst entscheiden kann, ob er weitere Verträge zu den neuen Bedingungen schließen will, gelten die geänderten AGB für zukünftige Verträge im Falle des Fortsetzens der Geschäftsbeziehung. Dies gilt auch auf internationaler Ebene. Somit gehört es zu dem Verantwortungsbereich des Vertragspartners, die geänderten AGB zu prüfen.

Der Vertragspartner des AGB-Verwenders wird in allen zu behandelnden Rechtssystemen vor überraschenden AGB-Klauseln geschützt. Im deutschen Recht erfolgt dies in der Einbeziehungsebene. Überraschende Klauseln werden nicht in den Vertrag einbezogen. Im finnischen Recht werden die überraschenden Klauseln als Teil der Inhaltkontrolle behandelt. Somit werden der Überraschungscharakter und die Unangemessenheit einer Klausel aneinander gekoppelt. In Finnland wird in der Regel nicht diskutiert, welche Folgen der Überraschungscharakter einer Klausel haben soll, wenn die Klausel inhaltlich nicht zu beanstanden ist. Im Anwendungsbereich des UN-Kaufrechts hängt es von dem Grund des Überraschungscharakters ab, ob die überraschenden Klauseln als Teil der Einbeziehungskontrolle nach dem UN-Kaufrecht oder als Teil der Inhaltskontrolle nach dem subsidiär anwendbaren nationalen Recht zu behandeln sind.

Die Unterschiede zwischen den Rechtssystemen sind jedoch in der Praxis deutlich geringer als in der Theorie. Eine Klausel ist normalerweise entweder nach allen drei Rechtssystemen oder nach keinem von diesen überraschend. Weiterhin sind die Rechtsfolgen in der Regel soweit ähnlich, dass der Vertrag im Übrigen wirksam bleibt und die dispositiven Gesetzesregelungen statt der nicht-einbezogenen bzw. unwirksamen Klauseln Anwendung finden, obwohl dem Gericht im finnischen Recht auch die Anpassungsmöglichkeit zusteht. Die gesetzlichen Vorschriften können natürlich in den verschiedenen Rechtssystemen inhaltlich unterschiedlich sein.

Ein für die Praxis viel bedeutsamer Unterschied besteht darin, wie der Inhalt der Vertragsbedingungen kontrolliert wird. Das UN-Kaufrecht betrifft gemäß Art. 4 Satz 2 lit. a) CISG nicht die Gültigkeit des Vertrags oder einer Vertragsklausel. Somit ist das jeweils subsidiär anwendbare nationale Recht maßgeblich für die Inhaltskontrolle der Vertragsbedingungen, obwohl das UN-Kaufrecht Maßstab für die inhaltliche Wertung der Klauseln bleibt.

Im deutschen Recht regeln §§ 307 ff. BGB die Inhaltskontrolle von AGB. Individualvereinbarungen werden dagegen lediglich an §§ 134, 138 und 242 BGB gemessen. Dabei ist die Kontrollschwelle deutlich höher als nach der AGB-rechtlichen Inhaltskontrolle. Des Weiteren wird die AGB-rechtliche Inhaltskontrolle ohne Rücksicht auf die individuelle Schutzbedürftigkeit des einzelnen Vertragspartners des AGB-Verwenders durchgeführt. Somit kann sich auch ein großes Unternehmen auf die AGB-rechtliche Inhaltskontrolle berufen.

Für ein finnisches Unternehmen bedeutet dies, dass es die gesetzlichen Regelungen des deutschen Rechts sowie deren Anwendung, wie z.B. die Indizwirkung der Klauselverbote der §§ 308 und 309 BGB, kennen muss. Dies kann für eine ausländische Vertragspartei eine echte Herausforderung sein. Andererseits kann es sich auf die gesetzlichen Regelungen verlassen, muss also nicht selbst versuchen, solchen Bedingungen durch Verhandlungen vorzubeugen, die einer Inhaltskontrolle nicht standhalten würden. Stattdessen ist es für den Vertragspartner in manchen Fällen wichtig, die AGB möglichst unangetastet zu lassen, um sich die Möglichkeit einer späteren Inhaltskontrolle zu erhalten.

Bei der Anwendbarkeit des finnischen Rechts muss (auch) ein (deutsches) Unternehmen dagegen damit rechnen, dass nicht nur der Inhalt der AGB, sondern auch der Inhalt der Individualvereinbarungen nach § 36 OikTL kontrolliert werden kann. Eine Intervention setzt jedoch voraus, dass sich der Vertragspartner auf die Unangemessenheit beruft und dass er seine eigenen Interessen nicht hätte selbst wahren können. Dies betrifft auch unangemessene AGB. Deshalb findet eine Inhaltskontrolle von AGB-Klauseln bei Verträgen zwischen Unternehmen nach finnischem Recht seltener statt als bei der Anwendung des deutschen Rechts.[1721] Somit muss ein deutsches Unternehmen bei der Anwendbarkeit des finnischen Rechts die von seinem Vertragspartner verwendeten AGB lesen und bei Bedarf eine Änderung des Inhalts verlangen, soweit es über eine entsprechende Gestaltungsmöglichkeit verfügt. Weiterhin kann das Gericht gemäß § 36 OikTL eine unangemessene Klausel auch inhaltlich nach eigenem Ermessen anpassen und nicht nur für unwirksam erklären. Die Internationalität eines Sachverhalts verhindert dies nicht.

1721 Vgl. auch *Wilhelmsson*, S. 181, der darstellt, dass der Schutz durch die Inhaltskontrolle in der Praxis deutlich geringer ist als aufgrund der allgemeinen Diskussion zu vermuten wäre und sogar behauptet, dass der Schutz durch § 36 OikTL oft nur scheinbar existiert.

13.2 Rechtspolitische und systematische Aspekte sowie Vorschläge de lege ferenda

Ein Rechtssystem bildet eine Gesamtheit, die an ihre innere Systematik gebunden ist. Einerseits beeinflussen die Regelungen jedes Rechtsgebiets diese Systematik, aber andererseits sind sie eine Folge dieser Systematik. Somit sind sie meist nur vor diesem Hintergrund verständlich. Deshalb muss bei Rechtsvergleichung immer versucht werden, die Gesamtheit und innere Systematik des jeweiligen Rechtssystems zu verstehen, auch wenn gleichzeitig Weiterentwicklungsideen für die verschiedenen Rechtssysteme gesucht werden.

Für diese Untersuchung bedeutsame grundlegende Unterschiede zwischen dem deutschen und dem finnischen Recht bestehen vor allem darin, dass das deutsche Recht weitaus mehr auf Begrifflichkeit sowie auf systematischer, abstrakt-genereller und typisierender Betrachtung aufbaut als das finnische Recht. Im finnischen Recht steht dagegen eine konkret-individuelle Betrachtung unter Berücksichtigung aller Umstände des jeweiligen Falles im Vordergrund. Dieser Unterschied macht sich schon dadurch merkbar, dass dem finnischen Recht eine systematisch aufgebaute Gesamtkodifikation, wie das BGB, fehlt. Stattdessen basiert das finnische Recht auf Einzelgesetzen und auf allgemeinen Rechtsgrundsätzen und Prinzipien, die flexibel und auch unter Analogie angewendet werden.

Weiterhin kann festgestellt werden – teils sicherlich als Folge, teils als notwendige Voraussetzung der unterschiedlichen Betrachtungsweisen –, dass die Rechtssicherheit im deutschen und im finnischen Recht unterschiedlich angenähert wird. Im deutschen Recht formen die Klarheit, Bestimmtheit und Beständigkeit und die daraus folgende möglichst genaue Kategorisierung der verschiedenen Fälle die Basis der Rechtssicherheit. Meines Erachtens kann dieses Ziel als Rechtssicherheit im absoluten Sinne beschrieben werden. Im finnischen Recht wird sich deutlich weniger auf die Kategorisierung konzentriert und die Rechtssicherheit wird ergänzend durch Gerechtigkeit und gesundem Menschenverstand gesucht. Somit handelt es sich eher um eine Rechtssicherheit im relativen Sinne.

Zudem ist der rechtspolitisch begründete Ausgangspunkt des AGB-Rechts im deutschen und im finnischen Recht zum Teil unterschiedlich. Im Deutschen Recht ist nach der herrschenden Ansicht der Anlass für die AGB-rechtliche Kontrolle die einseitige Inanspruchnahme der Vertragsgestaltungsfreiheit und die aus diesem Vorbereitungsvorteil folgende Einseitigkeit der Vertragsbedingungen, die durch den Markt nicht korrigiert wird. Deshalb bleibt das Vorhandensein oder Fehlen eines Machtgefälles zwischen den Parteien grundsätzlich ohne Bedeutung.

Im finnischen Recht dient der Schutz des Schwächeren gegenüber dem marktmächtigen AGB-Verwender zusammen mit der einseitig in Anspruch genommenen Vertragsgestaltungsfreiheit als Ausgangspunkt des AGB-Rechts. Es geht zentral um die Ausnutzung der Machtposition, obwohl angenommen wird, dass die Verwendung von AGB die Gefahr der Ausnutzung der Macht erhöht. Dieser Prägung des finnischen Rechts durch den Schutz des Schwächeren zeigt sich auch darin, dass logischerweise nicht nur der Inhalt der AGB, sondern auch der Inhalt der Individualvereinbarungen gemäß § 36 OikTL (allgemeine Inhaltskontrolle) kontrolliert wird.[1722] Folglich fällt der Unterschied zwischen Individualvereinbarungen und AGB im finnischen Recht deutlich geringer aus als im deutschen Recht.

Auf der anderen Seite wird im finnischen Recht die Eigenverantwortung des Vertragspartners stark betont, soweit der Vertragspartner nicht schwächer ist als der AGB-Verwender. Ein Unternehmen verantwortet selber, dass es Verträge zu akzeptablen Bedingungen schließt. Dies betrifft sowohl Individualvereinbarungen als auch AGB. Daher kann sich ein ungefähr gleich starker bzw. stärkerer Vertragspartner, anders als bei der Anwendung des deutschen Rechts, nicht auf die Inhaltskontrolle verlassen, sondern muss die AGB prüfen und bei Bedarf eine Änderung des Inhalts verlangen.

Wegen der oben erläuterten Natur jedes Rechtssystems als Gesamtheit, die an ihre innere Systematik gebunden ist, ist es selten fruchtbar, blind die Regelungen eines bestimmten Rechtsgebiets, wie des AGB-Rechts oder gar Teile dessen, wie die Regelungen bezüglich der Einbeziehung von AGB, von einem anderen Rechtssystem Eins zu Eins zu übernehmen. Dies verhindert allerdings nicht, die positiven Aspekte eines anderen Rechtssystems als Vorbild zu nehmen, in passender Weise in dem behandelten Rechtssystem einzuführen und dadurch das behandelte Rechtssystem weiterzuentwickeln. Manchmal setzt die Änderung eine neue Regelung voraus, aber vielfach können kleinere Kursänderungen auch durch eine geänderte Auslegung erreicht werden.

Weil das UN-Kaufrecht als internationales Übereinkommen lediglich durch einen völkerrechtlichen Änderungsvertrag, welcher der Zustimmung aller Parteien des ursprünglichen Vertrags bedarf, geändert werden kann,[1723] kommt eine Änderung des Wortlauts des UN-Kaufrecht in der Praxis nicht in Frage. Aus diesem Grund wird hier hauptsächlich auf Weiterentwicklungsideen hinsichtlich

---

1722 Vgl. *Wilhelmsson*, S. 45; *Laurila*, S. 31-32; *Tettinger* AcP 205 (2005), 1, 29; *Miethaner*, S. 48 und 216.

1723 *Herdegen*, S. 140; *Schweisfurth*, S. 178.

des deutschen und des finnischen Rechts konzentriert. Da eine Änderung der Auslegung auch hinsichtlich des UN-Kaufrechts möglich ist, werden auch solche Vorschläge unterbreitet, die im Rahmen des Übereinkommenstextes und der darin festgelegten Auslegungsregeln möglich sind.

Bei den Weiterentwicklungsideen ist meines Erachtens das Suchen nach einer möglichst optimalen Balance zwischen der Privatautonomie und der durch den Rationalisierungseffekt erreichbaren Gesamteffizienz zentral. Nur so können die negativen Begleiterscheinungen der AGB-Verwendung bekämpft werden, ohne ihre positiven Funktionen zu verlieren und ohne die Privatautonomie unnötig zu beschränken.

Hinsichtlich der Weiterentwicklungsideen ist es zusätzlich bedeutsam, dass das AGB-Recht eines nationalen Rechtssystems eine Gesamtheit bildet, in dem die Definition des AGB-Begriffs, die Einbeziehungskontrolle und die Inhaltskontrolle in einer gegenseitigen Wechselwirkung stehen. Somit balancieren sie sich mehr oder weniger gelungen gegenseitig aus und eine Änderung bezüglich einer dieser Teile hat (zumindest indirekt) Wirkung auf die anderen Teile.

Wie im vorigen Abschnitt dargestellt, zeigt sich dieser Balancierungseffekt darin, dass die Einbeziehungsanforderungen des deutschen Rechts heutzutage lockerer sind als diejenigen des finnischen und des UN-Kaufrechts. Die Definition des AGB-Bergriffs ist dagegen im deutschen Rechts strenger als im finnischen und im UN-Kaufrecht. Das gleiche gilt im Vergleich zum finnischen Recht für die Inhaltskontrolle – jedoch mit der Ausnahme, dass die finnische Inhaltskontrolle nicht nur AGB sondern auch Individualvereinbarungen betrifft. Allerdings führt die sehr weit gefasste Definition des AGB-Begriffs im deutschen Recht zum nahezu gleichen Ergebnis, da sie die meisten Verträge zwischen Unternehmen erfasst und somit die meisten Verträge der Inhaltskontrolle unterliegen.

Bei der Anwendbarkeit des UN-Kaufrechts fehlt eine ähnliche Ausbalancierungsmöglichkeit zwischen der Einziehungskontrolle und der Inhaltskontrolle, da die Inhaltskontrolle als Gültigkeitsfrage gemäß Art. 4 Satz 2 lit. a) CISG vom Regelungsbereich des UN-Kaufrechts ausgenommen ist. Somit werden die Anforderungen an die Einbeziehung von AGB und die Maßstäbe der Inhaltskontrolle nach den Regelungen unterschiedlicher Rechtssysteme definiert. Deshalb würde das Gesamtkontrollniveau sehr niedrig ausfallen, wenn die Einbeziehungsanforderungen des UN-Kaufrechts gering wären und das subsidiär anwendbare nationale Recht entweder keine oder nur eine schwache Inhaltskontrolle beinhalten würde.

Die einseitige Inanspruchnahme der Vertragsgestaltungsfreiheit und der daraus folgende Vorbereitungsvorteil sind gute Ausgangspunkte für das AGB-Recht. Sie reichen meines Erachtens aber allein nicht aus, um ein Gesamtbild über die Gründe der negativen Begleiterscheinungen der AGB-Verwendung zu vermitteln.[1724] Obwohl wirtschaftliche oder sonstige Machtpositionen kein AGB-spezifisches Problem darstellen[1725], verstärken sie die negativen Begleiterscheinungen und behindern deren Korrektur durch den Markt, weil lediglich ein marktmächtiger AGB-Verwender darauf vertrauen kann, dass er seine AGB – unabhängig davon, wie einseitig sie sind – immer durchsetzen kann. Deshalb muss die unterschiedliche Schutzbedürftigkeit der verschiedenen Vertragspartner des AGB-Verwenders in die Beurteilung miteinbezogen werden. Nur so können die Bedürfnisse des unternehmerischen Geschäftsverkehrs und die Unterschiedlichkeit der Unternehmen angemessen berücksichtigt werden, ohne die Privatautonomie unnötig zu beschränken.

Dem könnte durch die Berücksichtigung der realen Verhandlungsmöglichkeit des Vertragspartners begegnet werden. Somit sollte ein Vertragspartner des AGB-Verwenders, der keine reale Verhandlungsmöglichkeit hat, durch das Rechtssystem geschützt werden. Wenn der Vertragspartner dagegen eine reale Verhandlungsmöglichkeit besitzt und somit in der Lage ist, seine Interessen eigenverantwortlich zu wahren, sollte er dies entsprechend der Privatautonomie auch tun.

In Bezug auf den internationalen Geschäftsverkehr ist die Berücksichtigung der realen Verhandlungsmöglichkeit des Vertragspartners besonders wichtig, da die negativen Auswirkungen der unterschiedlichen Verhandlungsmöglichkeiten auf internationaler Ebene üblicherweise erheblicher als auf nationaler Ebene sind. Dies ergibt sich schon daraus, dass die Parteien das Rechtssystem der anderen Partei und die Gebräuche in deren Heimatland häufig nicht kennen und dass die AGB im internationalen Geschäftsverkehr auch innerhalb einer Branche viel häufiger als im nationalen Geschäftsverkehr erheblich unterschiedlich ausgestaltet sind.

Eine solche differenzierende Betrachtung innerhalb des unternehmerischen Geschäftsverkehrs sollte sowohl hinsichtlich der Anforderungen an das Aushandeln und an die Einbeziehung von AGB als auch hinsichtlich der Kriterien der

---

1724 Vgl. Diskussionsbeitrag von *Pfeiffer* im Rahmen des 7. AGB Symposions am 11.3.2010, siehe *Khan*, in: *Axer* u.a., Tagungsbericht S. 19-20 (bisher unveröffentlicht); Diskussionsbeitrag von *Müller* im Rahmen des 7. AGB Symposions am 11.3.2010, siehe *Khan*, in: *Axer* u.a., Tagungsbericht S. 20 (bisher unveröffentlicht); *Wolf*, in: FS Brandner, S. 303.

1725 Vgl. *Leuschner* JZ 2010, 875, 878; Diskussionsbeitrag von *Leuschner* im Rahmen des 7. AGB Symposions am 11.3.2010, siehe *Khan*, in: *Axer* u.a., Tagungsbericht S. 20 (bisher unveröffentlicht); *Faust,* in: AGB im Wirtschaftsverkehr, S. 46-47; *Wellenhofer-Klein* ZIP 1997, 774, 777; in diesem Sinne auch *Miethaner* NJW 2010, 3121, 3126-3127.

Inhaltskontrolle geschehen. In der Praxis bedeutet dies, dass im Anwendungsbereich des deutschen Rechts die jetzigen Anforderungen an das Aushandeln gelten sollten, wenn der Vertragspartner des AGB-Verwenders keine reale Verhandlungsmöglichkeit hat. Wenn er dagegen eine reale Verhandlungsmöglichkeit besitzt, sollte das Verhandeln bzw. die bloße Zustimmung zu den AGB ohne konkrete Verhandlungen genügen, um die Anforderungen des § 305 I Satz 3 BGB zu erfüllen, weil sie dem Vertragspartner als Ausdruck freier und eigenverantwortlicher Willensentscheidung zugerechnet werden können.

Ausnahmen von der Eigenverantwortung des Vertragspartners des AGB-Verwenders sollten lediglich dann gelten, wenn es trotz der realen Verhandlungsmöglichkeit unzumutbar wäre zu verlangen, dass der Vertragspartner seine Interessen selbst wahrt. Wegen der unverhältnismäßigen Kosten für das gesamte Vertragswesen kann es z.B. nicht erwartet werden, dass sich ein verhandlungsfähiger Vertragspartner in die Verhandlungen über den Inhalt der AGB einlässt, wenn die AGB keine Individualvereinbarungsnähe aufweisen und der Vertrag nicht im Kerntätigkeitsbereich des Vertragspartners liegt bzw. für die Kerntätigkeit des Unternehmens alltäglich nicht besonders wichtig ist. Das gleiche gilt, wenn der Vertrag eilig ist oder unter Druck zu schließen ist.

§ 305 I Satz 3 BGB ist seinem Wortlaut nach flexibel und würde die hier vorgeschlagene Differenzierung durch richterliche Konkretisierung erlauben. Da die hier vorgeschlagene Lösung jedoch einen wesentlichen Richtungswechsel bedeuten würde, wäre eine gesetzliche Verankerung der Änderung wünschenswert. Außerdem bestehen begründete Zweifel, ob die Gerichte ohne einen Anstoß des Gesetzgebers eine Änderung der Rechtsprechung vornehmen würden.

Entsprechend sollte ein Hinweis auf die AGB für deren Einbeziehung bei einem einzelnen Vertrag auch bei Anwendung des finnischen und des UN-Kaufrechts ausreichen, wenn der Vertragspartner des AGB-Verwenders eine reale Verhandlungsmöglichkeit hat. In diesen Fällen hat der Vertragspartner eine Erkundigungsobliegenheit. Dies entspricht dem Grundsatz der erhöhten Professionalität und Selbstverantwortung eines Unternehmers. Aus dem gleichen Grund sollte ein konkludenter Hinweis genügen, um die Einbeziehung zu bewirken.

Wenn die reale Verhandlungsmöglichkeit dagegen fehlt, sollte der Verwender seinem Vertragspartner die AGB zur Verfügung stellen. Hierfür sollte eine Abrufmöglichkeit der AGB im Internet ausreichen, soweit der Verwender seinem Vertragspartner einen direkten Link oder genaue Information über die entsprechenden Unterseiten übermittelt. Hinsichtlich des deutschen Rechts sollte dies lediglich für den internationalen Geschäftsverkehr gelten, da sich die deutschen Unternehmen im Laufe der Jahre an die gegenwärtige Praxis gewöhnt und angepasst haben. Deshalb bedarf es keiner Änderung bei innerdeutschen Geschäften.

Weiterhin sollte die Inhaltskontrolle an die reale Verhandlungsmöglichkeit der Parteien gebunden werden. Es ist (nur dann) gerechtfertigt, auf die Eigenverantwortung der Parteien zu setzen, wenn der Vertragspartner des AGB-Verwenders reale Verhandlungsmöglichkeit hat. Was der Vertragspartner in diesen Fällen freiwillig akzeptiert und somit in seinen rechtsgeschäftlichen Gestaltungswillen aufgenommen hat, kann ihn nicht gegen Treu und Glauben benachteiligen. Somit besteht grundsätzlich kein Bedürfnis auf eine Inhaltskontrolle.

Wenn der Vertragspartner dagegen keine reale Verhandlungsmöglichkeit besitzt, ist ein Eingriff in die Privatautonomie durch die Inhaltskontrolle rechtfertigt, weil der Vertragspartner seine Interessen nicht selbst wahren kann und stattdessen gegebenenfalls einen ungünstigen Vertrag schließen muss. Außerdem sollte die Inhaltskontrolle eingreifen, wenn das zu schließende Geschäft nicht zu dem Kerntätigkeitsbereich des Unternehmens gehört oder ansonsten nicht alltäglich besonders wichtig für seine Kerntätigkeit ist. Zusätzlich sollte die Individualvereinbarungsnähe der AGB bei der Beurteilung der Unangemessenheit berücksichtigt werden. Dies ist auf die Gesamteffizienz des Vertragswesens zurückzuführen, da es in diesen Fällen wirtschaftlich unökonomisch wäre, wenn sich der Vertragspartner in die AGB einarbeiten müsste und nicht den Schutz einer relativ umfassenden Inhaltskontrolle genießen würde.

Die reale Verhandlungsmöglichkeit drückt sich in allen diesen Fällen darin aus, dass dem Vertragspartner eine Möglichkeit zu einer eigenverantwortlichen Willensentscheidung über den Abschluss und Inhalt des Vertrags offen steht und er fähig ist, seinen Willen durchzusetzen. Sie ist konkret-individuell zu bestimmen, in dem auf das wirtschaftliche und wettbewerbliche Umfeld, die konkrete Verhandlungssituation sowie das Verhältnis der Vertragsparteien abzustellen ist. Dabei ist auch die mögliche Unerfahrenheit des Vertragspartners im internationalen Geschäftsverkehr zu beachten, soweit dies dem AGB-Verwender ersichtlich ist. In die andere Richtung wirkt jedoch die Tatsache, dass das Unternehmen durch die aktive Teilnahme am internationalen Geschäftsverkehr sein Risikopotential bewusst erhöht.

Die Beweislastverteilung sollte jedoch unterschiedlich ausfallen, weil die Anforderungen an das Aushandeln, an die Einbeziehung und an die Inhaltskontrolle verschiedenen Zwecken dienen. Die Kenntnisverschaffungspflicht bei der Einbeziehung von AGB zielt auf die Informierung des Vertragspartners. Nach Erhalt der AGB kann von dem Vertragspartner viel eher eigenverantwortliches Handeln verlangt werden. Außerdem kann der AGB-Verwender die Kenntnisverschaffungspflicht in der Regel problemlos erfüllen, wenn der Vertragspartner bei einseitig von einer Partei erstellten AGB kaum andere Alternativen hat, als die AGB von dem Verwender zu verlangen. Daher ist es gerecht, dass der Verwender beweisen muss, dass sein Vertragspartner eine reale Verhandlungsmöglichkeit hatte, wenn er seinem Vertragspartner keine Kenntnis über den Inhalt der AGB verschafft hat und sich trotzdem auf die Geltung der AGB beruft.

Anders ist der Fall beim Aushandeln und bei der Inhaltskontrolle, da es hier um Grenzen der privatautonomiekonformen Eigenverantwortung geht. Deshalb sollte der Vertragspartner des AGB-Verwenders die Beweislast für die Umstände tragen, aufgrund welcher er keine reale Verhandlungsmöglichkeit hat und daher die strengeren Anforderungen an das Aushandeln anzuwenden sind bzw. die Inhaltskontrolle gerechtfertigt ist. Eine umgekehrte Verteilung der Beweislast würde zu einer unnötigen Einschränkung der Privatautonomie führen.

Wie oben erwähnt, ist das Vorhandensein der realen Verhandlungsmöglichkeit nach der hier vertretenen Ansicht durch konkret-individuelle Betrachtung des gegenseitigen Verhältnisses der Vertragsparteien und aller Umstände des jeweiligen Vertrags zu beurteilen. Die vorgeschlagene Lösung kann in dieser Hinsicht problemlos in das finnische Recht eingeführt werden, da die konkret-individuelle Betrachtungsweise ohnehin Bestandteil des finnischen Rechts ist. Zudem vermindert diese Lösung aufgrund der wirtschaftlichen Effizienz die Eigenverantwortung des Vertragspartners des AGB-Verwenders im Vergleich zu der jetzigen Situation und führt somit zu Recht zu einem größeren Unterschied zwischen Individualvereinbarungen und AGB.

Die vorgeschlagene Lösung verstößt jedoch gegen die grundlegende Systematik des deutschen AGB-Rechts, nach welcher die Beurteilung bei der Inhaltskontrolle stets losgelöst von den Umständen des Einzelfalles zu erfolgen hat. Deshalb sollte der unterschiedlichen Schutzbedürftigkeit der verschiedenen Vertragspartner des AGB-Verwenders im deutschen Recht eher auf der Einbeziehungsebene – also durch Neudefinierung der Anforderungen an das Aushandeln – Rechnung getragen werden.

Zusätzlich wäre es sinnvoll, die Definition des AGB-Begriffs im deutschen Recht aufzulockern. Die AGB-Eigenschaft sollte lediglich dann bejaht werden, wenn die AGB deutlich öfter als (die jetzigen) dreimal und zudem gegenüber verschiedenen Vertragspartnern verwendet werden. Außerdem sollte die AGB-Qualität nicht lediglich deswegen angenommen werden, dass die einzelnen Bedingungen aus einer Datenbank oder aus einem Mustervertrag stammen, wenn der Vertrag insgesamt nur auf ein Vertragsverhältnis zugeschnitten ist. Weiterhin wäre es überlegenswert, unter AGB das Klauselwerk in seiner Gesamtheit zu verstehen, da die Parteien die AGB (bzw. den Vertrag) regelmäßig als Gesamtpaket betrachten.

Durch diese Herangehensweise kann die unterschiedliche Schutzbedürftigkeit der verschiedenen Vertragspartner des AGB-Verwenders genügend berücksichtigt sowie eine bessere Balance zwischen der Privatautonomie und der durch den Rationalisierungseffekt erreichbaren Gesamteffizienz erreicht werden, ohne die Kriterien der Inhaltskontrolle anzutasten. Dies ergibt sich daraus, dass die Inhaltskontrolle lediglich AGB betrifft. Deshalb bedarf es meines Erachtens keiner Änderung der grundlegenden Systematik der deutschen Inhaltskontrolle.

Die vorgeschlagene Berücksichtigung der unterschiedlichen Schutzbedürftigkeit führt aber zwangsläufig zu der Frage, ob es gerechtfertigt ist, dass ein und dieselbe Klausel nach dem deutschen Recht unabhängig von dem Machtgefälle der Parteien unbeanstandet bleibt, wenn sie individuell ausgehandelt wurde, aber als unangemessen und daher unwirksam qualifiziert wird, wenn sie als AGB gestellt wird. Diesbezüglich stellt sich die Frage, ob das Kartellrecht einen ausreichenden Marktschutz für solche Fälle bietet, in denen eine Vertragspartei wegen der Marktmacht der anderen Partei keinen Einfluss auf den Inhalt des Vertrags hat, obwohl der Vertrag lediglich zur einmaligen Verwendung bestimmt ist. Jedoch würde eine Berücksichtigung der Schutzbedürftigkeit des Vertragspartners auch im Hinblick auf den Abschluss von Individualverträgen eine Änderung der grundlegenden Systematik des deutschen Rechts im Allgemeinen und nicht nur der Systematik des AGB-Rechts bedeuten.[1726] Die nähere Untersuchung dieser Themenkomplexes würde den Rahmen dieser Arbeit sprengen und muss deshalb anderen Arbeiten vorbehalten bleiben.

Die konkret-individuelle Betrachtung bedeutet allerdings auch beim Aushandeln eine Änderung für das deutsche Recht, da sie zum Verlust der absoluten Rechtssicherheit führt. Diese Rechtsunsicherheit ist jedoch eine unausweichliche Folge einer den Bedürfnissen der Praxis besser entsprechenden und privatautonomiekonformen Rechtsanwendung und wird durch die erreichbaren Vorteile ausgeglichen. Zudem folgt hieraus, wie das finnische Recht gezeigt hat, keine unkontrollierbare Rechtslage.

Auf der anderen Seite könnte das finnische Rechtssystem die absolute Rechtssicherheit (also die Rechtssicherheit im deutschen Sinne) in bestimmten Fällen mehr betonen. Es wäre zum Beispiel wünschenswert, das kaufmännische Bestätigungsschreiben im deutschen Sinne im Allgemeinen – und nicht nur

1726 Vgl. *Miethaner*, S. 51; *Leuschner* JZ 2010, 875, 884; *Lieb* AcP 178 (1978), 196 ff. Allerdings zeigt das finnische Recht, dass – entgegen der Behauptung von *Schlosser* (JR 1988, 1, 4) – ein generelles Vorgehen gegen alle unangemessenen Vertragsklauseln auch im Bereich des unternehmerischen Geschäftsverkehrs sachgerecht möglich ist; vgl. auch *Eidenmüller* JZ 2005, 216, 223 und *Kramer* ZHR 146 (1982), 105, 112 und 115, nach denen der Möglichkeit einer Inhaltskontrolle auch außerhalb des AGB-Rechts aufgeschlossen zu begegnen ist.

durch Sondergebiete betreffende Einzelgesetze – in das finnische Recht einzuführen und somit eine sichere Grundlage für die weiteren Handlungen der Parteien zu schaffen.

Aus dem gleichen Grund sollte im finnischen Recht die Frage der Einbeziehung kollidierender AGB geklärt und eine Lösungsalternative gewählt werden, die für alle Kollisionsfälle angewendet wird. Die anzuwendende Methode bzw. die Kombination der anzuwendenden Methoden sollte nicht für jeden Fall gesondert gewählt werden, damit die Parteien im Voraus abschätzen können, wie ein Kollisionsfall tatsächlich gelöst wird.

In Bezug auf alle drei Rechtssysteme sollte zukünftig der Vertrag trotz Kollision von AGB bereits mit der Annahme des Angebots und nicht erst durch die Ausführung des Vertrags zustande kommen, vorausgesetzt, dass die Parteien sich über die essentialia negotii geeinigt haben. Dies entspricht in der Regel dem gemeinsamen Willen der Parteien und verhindert unerwünschte Spekulationsmöglichkeiten. Dabei sollte einer in den AGB enthaltenen Abwehrklausel keine Bedeutung zukommen, weil beide Parteien schon durch die Bezugnahme auf die eigenen AGB zum Ausdruck bringen, dass sie die AGB der Gegenseite nicht ohne weiteres anerkennen.

Der Inhalt des Vertrags sollte nach Prinzip der Kongruenzgeltung[1727] bestimmt werden. Somit werden die übereinstimmenden Klauseln beider AGB Vertragsbestandteil und die sich widersprechenden Klauseln werden durch die gesetzlichen Regelungen ersetzt. Eine solche Lösung bedeutet für das finnische und das UN-Kaufrecht eine Abweichung von dem normalen Grundsatz, nach dem AGB als eine Gesamtheit zu behandeln sind. Die der Privatautonomie entsprechende bessere Rücksichtnahme der beiderseitigen Interessen der Parteien rechtfertigt diese Abweichung.

Hinsichtlich Ergänzungsklauseln – also Klauseln über eine Frage, die lediglich in den AGB einer Partei angesprochen wird, während die AGB der anderen Partei hierzu keine korrespondierende Klausel beinhalten – sollte auch beim deutschen Recht auf das Günstigkeitsprinzip verzichtet werden. Ergänzungsklauseln sollten nicht aufgrund eines stillschweigenden Einvernehmens Vertragsbestandteil werden, obwohl sie den Vertragspartner des AGB-Verwenders begünstigen. Stattdessen sollten sie in der Regel durch das dispositive Recht ersetzt werden.

Dem liegt die Erwägung zu Grunde, dass Unternehmen den Vertrag gewöhnlich als eine Gesamtheit ansehen und die Einzelbestimmungen nicht iso-

1727 Das Gegenstück des Prinzips der Kongruenzgeltung wird im finnischen Recht als Knock-out -Lösung und im UN-Kaufrecht als Restgültigkeitstheorie (international knock-out -rule) bezeichnet.

liert betrachten. Deshalb kann kaum angenommen werden, dass der AGB-Verwender die für seinen Vertragspartner günstigen Klauseln gegen sich gelten lassen will – zumindest nicht, ohne im Gegenzug in den Genuss der für ihn günstigen Bedingungen zu gelangen. Dies muss auch dem Vertragspartner des AGB-Verwenders verständlich sein und seinen Erwartungen entsprechen. Zudem ergänzt das dispositive Recht die Vertragserklärungen der Parteien, soweit diese zu bestimmten Themen schweigen. Somit vervollständigt das dispositive Recht die AGB der Partei, deren AGB eine bestimmte Frage nicht regeln. Das führt zu einem Widerspruch zwischen den AGB der Parteien, da die einen AGB vom dispositiven Recht abweichenden Ergänzungsklauseln enthalten während in die anderen die gesetzliche Regelung „hineingelesen" wird. Aufgrund des resultierenden Widerspruches der AGB sind die sich widersprechenden Klauseln durch die gesetzlichen Regelungen zu ersetzen.

Eine Ausnahme zu der Nicht-Geltung einer Ergänzungsklausel sollte jedoch dann bestehen, wenn ihr Inhalt in entsprechenden Geschäftsbeziehungen handelsüblich ist. Handelsübliche Ergänzungsklauseln sollten Vertragsbestandteil werden, weil im unternehmerischen Geschäftsverkehr angenommen werden kann, dass die Lücke in den eigenen AGB eine Zustimmung zu den im unternehmerischen Geschäftsverkehr üblicherweise verwendeten Regelungen bedeutet, wenn ihnen nicht aktiv widersprochen wird. Im internationalen Geschäftsverkehr gilt dies nur, wenn die Klausel entweder international oder zumindest in den Heimatländern beider Parteien handelsüblich ist. Diese Ausnahme sollte in allen drei hier behandelten Rechtssystemen gelten.

Um die Eigenverantwortung eines Unternehmens hervorzuheben, sollten zusätzlich die branchenüblichen AGB im finnischen Recht, ähnlich wie im deutschen Recht, konkludent ohne besonderen Hinweis in den Vertrag einbezogen werden. Dies setzt natürlich voraus, dass bestimmte AGB in der jeweiligen Branche mit einheitlichem Inhalt bei nahezu allen gleichartigen Verträgen verwendet werden, das Geschäft branchentypisch ist, beide Parteien branchenkundig sind und der Geltung der AGB nicht widersprechen.

Außerdem wäre es wünschenswert, dass branchenübliche AGB auch bei Anwendung des UN-Kaufrechts aufgrund eines Hinweises in den Vertrag einbezogen werden, ohne dass die Wirksamkeit der Einbeziehung von der Übersendung der AGB abhängt. Dies ergibt sich daraus, dass von dem zur gleichen Branche gehörenden Vertragspartner redlicherweise erwartet werden kann, dass er international etablierte branchenübliche Klauselwerke kennt bzw. sich Kenntnis verschafft. Bei Branchenfremden bleibt es freilich bei der Anwendung der oben erläuterten Grundregel.

Des Weiteren sollte sowohl das deutsche als auch das finnische Recht dahingehend geändert werden, dass bei bestehenden Dauerschuldverhältnissen eine widerspruchslose Entgegennahme der Leistung keine Einbeziehung von geänderten AGB herbeiführt. Damit die Interessen beider Vertragsparteien angemessen berücksichtigt werden, sollte die Einbeziehung aufgrund des widerspruchslosen Fortsetzens des Dauerschuldverhältnisses lediglich dann erfolgen, wenn die Parteien eine entsprechende Rechtsfolge vereinbart haben oder der Verwender bei seinem Hinweis auf die geänderten AGB deutlich erklärt hat, dass das Schweigen als eine Zustimmung zu den geänderten AGB darstellt.

14. Thesen

Die Arbeit untersucht anhand des deutschen, finnischen und des UN-Kaufrechts wie de lege lata die Einbeziehung von den AGB in den jeweiligen Rechtssystemen geregelt ist. Auf der Basis der durch die Untersuchung gewonnenen Ergebnisse werden die systematischen Unterschiede dieser Rechtssystemen herausgearbeitet. Schließlich werden aufgrund dieser Überlegungen Änderungsvorschläge de lege ferenda für das jeweilige Rechtssystem unterbreitet, um eine optimale Balance zwischen der Privatautonomie und der Gesamteffizienz des Vertragswesens zu erreichen.

I Einbeziehung von AGB de lege lata

1. AGB-Begriff

Der AGB-Begriff des deutschen Rechts ist deutlich strenger als derjenige des finnischen Rechts, sodass Vertragsbedingungen nach deutschem Recht oft AGB sind, nicht aber nach finnischem Recht. Zentrale Unterschiede bestehen darin, dass nach finnischem Recht unter AGB der Klauselkatalog in seiner Gesamtheit verstanden wird, höhere Anzahl von Verwendungen durch den Verwender gegenüber unterschiedlichen Vertragspartnern vorausgesetzt wird und die Abstammung der Klauseln aus einer Mustervertrag bzw. einer Datenbank keinen AGB-Charakter begründet. Im Bereich des UN-Kaufrechts gibt es keine feste Definition des AGB-Begriffs, aber die Definition müsste weniger streng sein als derjenige des deutschen Rechts.

2. Aushandeln

Im deutschen Recht gelten auch beim unternehmerischen Geschäftsverkehr trotz der zunehmenden Kritik die strengen Anforderungen an das Aushandeln. Der Verwender muss den in seinen AGB enthaltenen gesetzesfremden Kerngehalt inhaltlich ernsthaft zur Disposition stellen und dem Verhandlungspartner Gestaltungsfreiheit zur Wahrung eigener Interessen einräumen, damit die Klausel Individualvereinbarungscharakter gewinnt. Im finnischen Recht besteht kein Anlass für eine entsprechende Diskussion, da sowohl AGB als auch Individualvereinbarungen nach § 36 OikTL kontrolliert werden können und somit wenig Motivation hat, zu behaupten, die AGB seien ausgehandelt worden.

3. Einzelvertragliche Einbeziehung

AGB werden in allen drei Rechtssystemen kraft rechtsgeschäftlicher Vereinbarung Vertragsbestandteil. Dies setzt einen Hinweis des Verwenders auf die AGB, ein Einverständnis des Vertragspartners mit der Geltung der AGB und die Möglichkeit zumutbarer Kenntnisnahme über den Inhalt der AGB voraus. Nach deutschem Recht muss sich der Vertragspartner des AGB-Verwenders auch im internationalen Geschäftsverkehr selbst Kenntnis über den Inhalt der AGB verschaffen (Erkundigungsobliegenheit), soweit der Verwender eindeutig auf die AGB hingewiesen hat. Nach finnischem Recht und UN-Kaufrecht hat der Verwender zusätzlich eine Kenntnisverschaffungspflicht, d.h. er muss die AGB seinem Vertragspartner zusenden. Auch ein konkludenter Hinweis wird im deutschen Recht eher akzeptiert als im finnischen Recht und UN-Kaufrecht. Im finnischen Recht muss die Einbeziehungserklärung umso deutlicher sein, je größer das Machtgefälle zwischen den Parteien ist.

4. Kaufmännisches Bestätigungsschreiben

Im deutschen Recht gilt der Vertrag als mit dem Inhalt des kaufmännischen Bestätigungsschreibens geschlossen. Auch AGB können grundsätzlich durch eine erstmalige Bezugnahme im kaufmännischen Bestätigungsschreiben einbezogen werden. Das finnische Recht kennt kein kaufmännisches Bestätigungsschreiben mit Bindungswirkung, sondern ein vom Vereinbarten abweichendes Bestätigungsschreiben stellt ein Vertragsänderungsangebot dar. Im Anwendungsbereich des UN-Kaufrechts setzt ein kaufmännisches Bestätigungsschreiben im deutschen Sinne voraus, dass die Heimatrechte beider Parteien ein entsprechendes Rechtsinstitut kennen. Wegen der Beweiswirkung eines unwidersprochenen Bestätigungsschreibens ist die Auswirkung dieser Unterschiede jedoch sehr gering.

5. Einbeziehung durch Rahmenvereinbarung

Nach allen drei Rechtssystemen muss der Verwender seinem Vertragspartner Kenntnis über den Inhalt der AGB verschaffen. Eine Einbeziehung von AGB „in ihrer jeweils gültigen Fassung“ ist möglich vorausgesetzt, dass der Verwender seinem Vertragspartner die geänderte Fassung unverzüglich bekannt macht.

6. Einbeziehung aufgrund Handelsbrauch

Handelsbräuche gelten sowohl in Deutschland als auch in Finnland normenähnlich. Im internationalen Geschäftsverkehr sollen sich die Parteien jedoch nicht auf die Geltung der AGB kraft Handelsbrauch verlassen, da AGB nur sehr selten als Handelsbrauch anerkannt werden.

7. Einbeziehung aufgrund Branchenüblichkeit

Für die branchenüblichen AGB gelten erleichterte Einbeziehungsvoraussetzungen, aber AGB sind auf internationaler Ebene seltener branchenüblich als auf nationaler Ebene. Nach deutschem Recht erfolgt die Einbeziehung ohne besonderen Hinweis. Dies gilt auch im internationalen Geschäftsverkehr soweit von dem ausländischen Vertragspartner Kenntnis über die Branchenüblichkeit und über die stillschweigende Einbeziehung erwartet werden kann. Nach finnischem Recht hat der Verwender keine Kenntnisverschaffungspflicht über den Inhalt der branchenüblichen AGB. Im Anwendungsbereich des UN-Kaufrechts gilt jedoch die Kenntnisverschaffungspflicht weiter.

8. Einbeziehung aufgrund laufenden Geschäftsbeziehung

Im Rahmen einer laufenden Geschäftsbeziehung werden die AGB ohne besonderen Hinweis in die weiteren Verträge einbezogen. Beim UN-Kaufrecht ist dies jedoch umstritten, und ein Hinweis ist deshalb zu empfehlen.

9. Rechtsfolgen bei Nichteinbeziehung von AGB

Die nichteinbezogenen AGB werden sowohl im deutschen als auch im finnischen Recht durch gesetzliche Vorschriften ersetzt, und der Vertrag bleibt im Übrigen wirksam. Das UN-Kaufrecht verweist hierbei auf das subsidiär anwendbare nationale Recht. Jedoch sind als gesetzliche Vorschriften zunächst die Regelungen des UN-Kaufrechts anwendbar.

10. Einbeziehung kollidierender AGB

Lediglich das deutsche Recht bietet eine klare Lösung für die Praxis. Nach dem BGH ist die Theorie des letzten Wortes anzuwenden, es sei denn die AGB des (ersten) Anbietenden enthalten eine Abwehrklausel oder er hat sonst wie erklärt, dass er den Vertrag nur unter Geltung seiner eigenen AGB abschließen will. Soweit die Theorie des letzten Wortes keine Anwendung findet, ist der Vertragsinhalt nach dem BGH durch das Prinzip der Kongruenzgeltung zu definieren. Demgemäß werden die übereinstimmenden Klauseln beider AGB Vertragsbestandteil und die sich widersprechenden Klauseln werden durch die gesetzlichen Regelungen ersetzt.

Im finnischen Recht fehlen höchstrichterliche Entscheidungen und in der Literatur wird zum Teil sogar vertreten, dass die anzuwendende Methode bzw. die Kombination der anzuwendenden Methoden für jeden Einzelfall gesondert gewählt werden sollte. Hinsichtlich des UN-Kaufrechts variieren die Lösungen abhängig davon, in welchem Land der Rechtsstreit entschieden wird. Deshalb ist den Parteien zu empfehlen, dass sie eine Einigung über den Vertragsinhalt einschließlich der AGB erzielen.

11. Überraschende Klauseln

Nach deutschem Recht werden überraschende Klauseln nicht in den Vertrag einbezogen. Im finnischen Recht werden überraschende Klauseln als Teil der Inhaltskontrolle behandelt. Dabei kann in die überraschenden und strengen Klauseln leichter eingegriffen werden als in die Klauseln, die lediglich unangemessen sind. Im Anwendungsbereich des UN-Kaufrechts hängt es von dem Grund des Überraschungscharakters ab, ob die überraschenden Klauseln als Teil der Einbeziehungskontrolle nach dem UN-Kaufrecht oder als Teil der Inhaltskontrolle nach dem subsidiär anwendbaren nationalen Recht zu behandeln sind. Die Bedeutung dieser Unterschiede ist jedoch in der Praxis deutlich geringer als in der Theorie, und eine Klausel ist normalerweise entweder nach allen drei Rechtssystemen oder nach keinem von diesen überraschend. Unterschiede entstehen nur dann, wenn eine Klausel überraschend ist, aber inhaltlich nicht zu beanstanden.

12. Einbeziehung von geänderten AGB

AGB gelten in der Fassung, in der sie einbezogen worden sind, es sei denn die geänderte AGB werden durch rechtsgeschäftliche Einigung einbezogen. Dies kann nach der traditionellen Ansicht durch widerspruchsloses Fortsetzen eines Dauerschuldverhältnisses erfolgen. Im Rahmen einer laufenden Geschäftsbeziehung kann der Verwender die AGB ändern, vorausgesetzt dass er die geänderten AGB seinem Vertragspartner sendet und deutlich auf deren Änderung hinweist.

13. Inhaltskontrolle

Nach deutschem Recht werden der Inhalt von Individualvereinbarungen und der Inhalt von AGB nach unterschiedlichen Maßstäben kontrolliert, und die Kontrollschwelle ist bei Individualvereinbarungen deutlich höher als bei AGB. Nach finnischem Recht kann sowohl der Inhalt von AGB als auch der Inhalt von Individualvereinbarungen anhand des gleichen Maßstabs (§ 36 OikTL) kontrolliert werden und das Gericht kann eine unangemessene Klausel nicht nur für unwirksam erklären, sondern auch nach eigenem Ermessen anpassen.

In der Praxis des unternehmerischen Geschäftsverkehrs wird nach deutschem Recht deutlich öfter als nach finnischem Recht in den Inhalt von AGB eingegriffen, weil ein Eingriff (auch bei AGB) nach finnischem Recht voraussetzt, dass der Vertragspartner seine eigenen Interessen nicht selbst wahren konnte. Nach deutschem Recht bleibt die individuelle Schutzbedürftigkeit des einzelnen Vertragspartners ohne Bedeutung.

Das UN-Kaufrecht regelt nicht die Gültigkeit des Vertrags oder einer Vertragsklausel. Somit ist das jeweils subsidiär anwendbare Recht maßgeblich für die Inhaltskontrolle.

II Zentrale systematische Unterschiede zwischen dem deutschen und dem finnischen (AGB-)Recht

1. Bedeutung von Privatautonomie und deren Verhältnis zur Gesamteffizienz des Vertragswesens in Bezug auf das AGB-Recht

Das deutsche Recht greift sowohl bei den Anforderungen an das Aushandeln als auch bei der Inhaltskontrolle unnötig und ungerechtfertigt in die Privatautonomie und in das Prinzip „Pacta sunt servanda“ ein, weil auch solche Unternehmen durch die gesetzlichen Vorschriften geschützt werden, die ihren Interessen entsprechend der Privatautonomie selbst wahren können und somit nicht schutzbedürftig sind.

Das finnische Recht betont zu Recht die Prinzipien Privatautonomie und „Pacta sunt servanda“. Daher werden die Vertragsbedingungen (unabhängig davon, ob sie AGB oder Individualvereinbarungen sind) bei Verträgen zwischen zwei ungefähr gleich starken Unternehmen nur in außergewöhnlichen Fällen angepasst. Es erhöht aber die Kosten des gesamten Vertragswesens, dass der Vertragspartner den Inhalt der AGB genauso prüfen muss wie den Inhalt der Individualvereinbarungen, statt dass er sich in bestimmten Fällen auf eine externe Kontrolle der AGB verlassen kann. Somit läuft das finnische Recht dem Rationalisierungsziel der Verwendung von AGB zuwider und verschlechtert daher unnötig die Gesamteffizienz des Vertragswesens.

2. Verwendete Betrachtungsweise und Bedeutung der Systematisierung

Das deutsche Recht baut weitaus mehr auf Begrifflichkeit sowie auf systematischer, abstrakt-genereller und typisierender Betrachtung als das finnische Recht. Im finnischen Recht steht dagegen eine konkret-individuelle Betrachtung unter Berücksichtigung aller Umstände des jeweiligen Falles im Vordergrund, mit dem Ziel, die praktischen Fragestellungen möglichst allgemeingültig, gerecht und brauchbar zu lösen.

3. Bedeutung des Schutzes des Schwächeren

Der Schutz des Schwächeren ist prägend für das finnische Recht, obwohl die unternehmerischen Vertragsparteien grundsätzlich als ebenbürtig angesehen werden. Das Machtgefälle zwischen den Parteien ist konkret-individuell anhand aller Umstände des jeweiligen Falles und der tatsächlichen Positionen sowie des gegenseitigen Verhältnisses der Parteien zu bestimmen, und dient als ein zentrales Argument, das eine Inhaltskontrolle legitimieren kann. Daher ist logisch, dass der Inhalt von Individualvereinbarungen gleichermaßen kontrolliert wird wie der Inhalt von AGB. Bei der Einbeziehung von AGB muss der Verwender seinen Einbeziehungswillen deutlicher erklären, wenn zwischen den Vertragsparteien ein Machtgefälle besteht als wenn die Vertragsparteien ungefähr gleich stark sind.

Im deutschen Recht wird dagegen hinsichtlich Unternehmen traditionell nicht mit dem Schutz des Schwächeren argumentiert. Somit wird im deutschen Recht aufgrund von § 310 I BGB nur zwischen Verbraucher und Unternehmer differenziert. Bei allen unternehmerischen Verträgen sind die Einbeziehungsanforderungen dagegen grundsätzlich dieselben.

4. Verständnis der Rechtssicherheit

Das deutsche Recht nähert sich dem Postulat der Rechtssicherheit unterschiedlich an als das finnische Recht. Dem deutschen Recht liegt das Leitbild einer absoluten Rechtssicherheit, die durch bestimmte und genau abgegrenzte Kategorien mit klaren und eindeutigen Rechtsfolgen zu erreichen ist, zugrunde. Im finnischen Recht dominiert eher eine „relative Rechtssicherheit“, in dem das finnische Recht viel weniger Gewicht auf eine genaue Kategorisierung legt und Rechtssicherheit ergänzend durch Gerechtigkeit und gesunden Menschenverstand gesucht wird.

III Einbeziehung von AGB de lege ferenda

1. Herstellung einer möglichst optimalen Balance zwischen der Privatautonomie und der Gesamteffizienz des Vertragswesens durch differenzierte Betrachtung anhand der realen Verhandlungsmöglichkeit

a. Zentral wichtig ist es, eine möglichst optimale Balance zwischen der Privatautonomie und der durch den Rationalisierungseffekt erreichbaren Gesamteffizienz zu erreichen. Nur so können die negativen Begleiterscheinungen der AGB-Verwendung bekämpft werden, ohne ihre positiven Funktionen zu verlieren und ohne die Privatautonomie unnötig zu beschränken.

b. Wegen des breiten Spektrums der im Geschäftsverkehr teilnehmenden Unternehmen kann diese Balance in allen drei Rechtssystemen nur durch eine differenzierte Betrachtung aufgrund der Schutzbedürftigkeit des Vertragspartners des AGB-Verwenders erreicht werden. Unternehmen, die ihre Interessen eigenverantwortlich wahren können, sollen dies entsprechend der Privatautonomie auch bei Verwendung von AGB tun. Etwas anderes gilt nur dann, wenn die Wahrung der eigenen Interessen wegen der daraus folgenden übermäßigen Kosten nicht zumutbar ist. Namentlich ist dies der Fall, wenn die AGB keine Individualvereinbarungsnähe aufweisen und der Vertrag nicht im Kerntätigkeitsbereich des Vertragspartners liegt bzw. für die Kerntätigkeit des Unternehmens alltäglich nicht besonders wichtig ist.

c. Die Differenzierung sollte aufgrund des Vorhandenseins der realen Verhandlungsmöglichkeit erfolgen, da die diversen in der Literatur vorgeschlagenen, auf feste Kriterien aufbauenden Ansichten einerseits zu pauschal sind und sich andererseits an solche Kriterien binden, die nicht im Kausalzusammenhang mit der Möglichkeit der Parteien zu einer freien, privatautonomiekonformen rechtsgeschäftlichen Entscheidung stehen. Zusätzlich öffnen solche Kriterien oft die Möglichkeit für Manipulation.

d. Die reale Verhandlungsmöglichkeit drückt sich darin aus, dass für den Vertragspartner eine Möglichkeit zu einer eigenverantwortlichen Willensentscheidung über den Abschluss und Inhalt des Vertrags besteht und er fähig ist, seinen Willen durchzusetzen.

e. Das Vorhandensein einer realen Verhandlungsmöglichkeit ist anhand konkret-individueller Betrachtung und im Hinblick auf das wirtschaftliche und wettbewerbliche Umfeld und die konkrete Verhandlungssituation zu beurteilen. Somit sind die eigene Marktmacht des Vertragspartners und seine Wahlmöglichkeiten am Markt sowie seine wirtschaftliche oder gar existentielle Abhängigkeit von dem Vertragsschluss zu berücksichtigen. Weiterhin sollten Erfahrungen und Kenntnisse des Vertragspartners, das Vorhandensein eines Rechtsbeistandes, seine Kapitalkraft und Finanzausstattung, Umfang und Bedeutung des Geschäfts und Umfang der Klauseln sowie eventuelle terminliche Zwänge in Betracht gezogen werden.

f. Auf der ersten Stufe sind die Abwägungselemente, also die Tatsachenverhältnisse und Kriterien, die in Bezug auf den jeweiligen Fall und das gegenseitige Verhältnis der Parteien für die Existenz der realen Verhandlungsmöglichkeit wesentlich und ausschlaggebend sind, zu wählen. Folglich müssen sie unter ständiger Betrachtung des jeweiligen Falles als „gering", „mittel" und „sehr" wichtig gewichtet werden. Danach erfolgt der eigentliche Abwägungsvorgang, also die wertende Betrachtung des Rechtsanwenders. Schließlich legt der Abwägungsmaßstab fest, wie groß der Unterschied in der Verhandlungsmöglichkeit der Parteien maximal sein darf, um die reale Verhandlungsmöglichkeit noch zu bejahen.

g. Diese differenzierte Betrachtung sollte zukünftig sowohl bei den Anforderungen an das Aushandeln, die Einbeziehung als auch bei der Inhaltskontrolle angewendet werden.

h. Somit sollte für das gesamte Klauselwerk ein Aushandeln der Vertragsbedingungen bejaht werden, wenn der Vertragspartner des AGB-Verwenders eine reale Verhandlungsmöglichkeit gehabt hat und ihm das Ergebnis der Verhandlungen somit als Ausdruck freier und eigenverantwortlicher Willensentscheidungen zugerechnet werden kann. Soweit keine Verhandlungen durchgeführt worden sind, sollten die Vertragsbedingungen dennoch als ausgehandelt gelten, wenn der Vertragspartner eine reale Verhandlungsmöglichkeit gehabt hat und die AGB eine Individualvereinbarungsnähe aufweisen oder

der Vertrag im Kerntätigkeitsbereich des Vertragspartners liegt bzw. ansonsten für seine Kerntätigkeit alltäglich besonders wichtig ist. Nur in sonstigen Fällen soll der Vertragspartner durch die jetzigen strengen Anforderungen an das Aushandeln geschützt werden.

Hierbei soll ein mittlerer Abwägungsmaßstab verwendet werden. Das heißt, dass der Unterschied in den Verhandlungsmöglichkeiten der Parteien nicht sehr groß sein darf, um die reale Verhandlungsmöglichkeit des Vertragspartners des AGB-Verwenders noch zu bejahen. Ein mittlerer Abwägungsmaßstab ist begründet, da das Aushandeln einerseits eine Art „Vorstufe" der Inhaltskontrolle ist, da es definiert, welche Bedingungen als AGB im deutschen Recht der Inhaltskontrolle unterliegen. Andererseits handelt es sich beim Aushandeln nicht um einen direkten Eingriff in die Privatautonomie, wie es der Fall bei der Inhaltskontrolle ist. Somit ist den strengen Anforderungen an das Aushandeln ab einem mittleren Unterschied in den Verhandlungsmöglichkeiten der Parteien zu folgen.

i. Im Hinblick auf die einzelvertragliche Einbeziehung sollte der Vertragspartner des AGB-Verwenders auch bei Anwendung des finnischen Rechts und des UN-Kaufrechts sowie im internationalen Geschäftsverkehr im Allgemeinen zukünftig eine Erkundigungsobliegenheit über den Inhalt der AGB haben, soweit er eine reale Verhandlungsmöglichkeit besitzt. Bei der einzelvertraglichen Einbeziehung sollte der Abwägungsmaßstab niedrig gesetzt werden. Schon ein geringer Unterschied in den Verhandlungsmöglichkeiten der Parteien soll die Kenntnisverschaffungspflicht des AGB-Verwenders begründen, weil die Information des Vertragspartners seine Möglichkeiten, eigene Interessen entsprechend der Privatautonomie zu wahren, unterstützt. Bei innerdeutschen Geschäften bedarf es diesbezüglich keiner Änderung.

j. Die Inhaltskontrolle sollte eingreifen, wenn der Vertragspartner des AGB-Verwenders keine reale Verhandlungsmöglichkeit hat. Außerdem sollte die Inhaltskontrolle wegen der Gesamteffizienz des Vertragswesens eingreifen, wenn das zu schließende Geschäft nicht zu dem Kerntätigkeitsbereich des Unternehmens gehört oder ansonsten nicht alltäglich besonders wichtig für seine Kerntätigkeit ist. In sonstigen Fällen kann der freiwillig akzeptierte Vertrag den Vertragspartner nach Treu und Glauben nicht benachteiligen. Bezüglich der Inhaltskontrolle ist ein hoch gesetzter Abwägungsmaßstab begründet. Somit ist ein hoher Unterschied in den Verhandlungsmöglichkeiten der Parteien vorauszusetzen, um die Inhaltskontrolle zu legitimieren, da die Inhaltskontrolle stark in die Privatautonomie und „Pacta sunt servanda" eingreift. Beim deutschen Recht soll der unterschiedlichen Schutzbedürftigkeit der verschiedenen Vertragspartner erststellig auf der Einbeziehungsebene Rechnung getragen werden, da nach der grundlegenden Systematik des deutschen Rechts die Beurteilung bei der Inhaltskontrolle stets losgelöst von den Umständen des Einzelfalles zu erfolgen hat.

k. Bei der einzelvertragliche Einbeziehung muss der AGB-Verwender beweisen, dass sein Vertragspartner eine reale Verhandlungsmöglichkeit hatte, wenn er ihm keine Kenntnis über den Inhalt der AGB verschafft hat und sich trotzdem auf die Geltung der AGB beruft. Beim Aushandeln und bei der Inhaltskontrolle trägt der Vertragspartner des AGB-Verwenders die Beweislast für die Umstände, aufgrund welcher er keine reale Verhandlungsmöglichkeit hatte.

2. Einbeziehung kollidierender AGB

a. In Bezug auf alle drei Rechtssysteme soll zukünftig der Vertrag trotz Kollision von AGB bereits mit der Annahme des Angebots und nicht erst durch die Ausführung des Vertrags zustande kommen, vorausgesetzt, dass die Parteien sich über die essentialia negotii geeinigt haben.

b. Einer in den AGB enthaltenen Abwehrklausel soll keine Bedeutung zukommen, weil beide Parteien schon durch die Bezugnahme auf die eigenen AGB zum Ausdruck bringen, dass sie die AGB der Gegenseite nicht ohne weiteres anerkennen.

c. Der Inhalt des Vertrags sollte nach Prinzip der Kongruenzgeltung bestimmt werden. Eine solche Lösung bedeutet für das finnische und das UN-Kaufrecht eine Abweichung von dem normalen Grundsatz, nach dem AGB als eine Gesamtheit zu behandeln sind. Die der Privatautonomie entsprechende bessere Rücksichtnahme der beiderseitigen Interessen der Parteien rechtfertigt diese Abweichung.

d. Ergänzungsklauseln sollten in der Regel durch das dispositive Recht ersetzt werden. Somit sollte beim deutschen Recht auf das Günstigkeitsprinzip verzichtet werden. Diesem liegt die Erwägung zu Grunde, dass Unternehmen den Vertrag gewöhnlich als eine Gesamtheit ansehen und die Einzelbestimmungen nicht isoliert betrachten. Deshalb kann nicht angenommen werden, dass ein AGB-Verwender die für seinen Vertragspartner günstigen Klauseln gegen sich gelten lassen will, ohne im Gegenzug in den Genuss der für ihn günstigen Bedingungen zu gelangen.

e. Eine Ausnahme zu der Nicht-Geltung einer Ergänzungsklausel gilt nur dann, wenn ihr Inhalt in entsprechenden (internationalen) Geschäftsbeziehungen handelsüblich ist. Dies ergibt sich daraus, dass hierbei angenommen werden kann, dass die Lücke in den eigenen AGB eine Zustimmung zu den im unternehmerischen Geschäftsverkehr üblicherweise verwendeten Regelungen bedeutet, wenn ihnen nicht aktiv widersprochen wird.

3. Einzelne Änderungsvorschläge für das finnische Recht

a. Das kaufmännische Bestätigungsschreiben im deutschen Sinne sollte in das finnische Recht eingeführt werden, um eine sichere Grundlage für die weiteren Handlungen der Parteien zu schaffen.

b. Um privatautonomiekonform die Eigenverantwortung eines Unternehmens auch an dieser Stelle hervorzuheben, sollten die branchenüblichen AGB im finnischen Recht zukünftig konkludent ohne besonderen Hinweis in den Vertrag einbezogen werden. Aus dem gleichen Grund soll bei einer einzelvertraglichen Einbeziehung ein konkludenter Hinweis, also eine kommentarlose Beifügung der AGB oder ein Abdruck der AGB auf der Rückseite des Angebots, genügen.

c. Es wäre auch im finnischen Recht zukünftig zweckmäßig anzunehmen, dass eine überraschende, aber inhaltlich nicht zu beanstandende Klausel nicht in den Vertrag einbezogen wird.

Fazit

Als Fazit lässt sich festhalten, dass im deutschen Rechtssystem de lege lata die Kontrolle von AGB zu stark vorgenommen wird und die Privatautonomie zu wenig zum tragen kommt. Es sollte deswegen eine geringere Kontrolldichte vorgezogen werden, um dem Grundsatz der Privatautonomie mehr Geltung zu verschaffen. Das kann zum Teil durch Rückgriff auf vom finnischen Recht inspirierte Regelungsmechanismen erfolgen.

Im Gegenzug dazu sollte im finnischen Recht an einigen Stellen wie vorgeschlagen die Kontrolldichte bei der Inhaltskontrolle von AGB erhöht werden, um die Gesamteffizienz des Vertragswesens zu erhöhen. Andererseits soll auf anderen Stellen, wie z.B. bei der Erkundigungsobliegenheit in Bezug auf die einzelvertragliche Einbeziehung von AGB und bei der Einbeziehung von branchenüblichen AGB mehr Wert auf die Eigenverantwortung eines Unternehmens gelegt werden. Auf dieser Art und Weise kann in beiden Rechtssystemen eine optimale Balance zwischen der Privatautonomie und der Gesamteffizienz des Vertragswesens erreicht werden.

ANHANG

Anhang 1: Vertragsstaaten des UN-Kaufrechts

State	Ratification, Accession, Approval, Acceptance or Succession	Entry into Force
Albania	13.5.2009	1.6.2010
Argentina	19.7.1983	1.1.1988
Armenia	2.12.2008	1.1.2010
Australia	17.3.1988	1.4.1989
Austria	29.12.1987	1.1.1989
Belarus	9.10.1989	1.11.1990
Belgium	31.10.1996	1.11.1997
Benin	29.7.2011	1.8.2012
Bosnia and Herzegovina	12.1.1994	6.3.1992
Bulgaria	9.7.1990	1.8.1991
Burundi	4.9.1998	1.10.1999
Canada	23.4.1991	1.5.1992
Chile	7.2.1990	1.3.1991
China	11.12.1986	1.1.1988
Colombia	10.7.2001	1.8.2002
Croatia	8.6.1998	8.10.1991
Cuba	2.11.1994	1.12.1995
Cyprus	7.3.2005	1.4.2006
Czech Republic	30.9.1993	1.1.1993
Denmark	14.2.1989	1.3.1990
Dominican Republic	7.6.2010	1.7.2011
Ecuador	27.1.1992	1.2.1993
Egypt	6.12.1982	1.1.1988
El Salvador	27.11.2006	1.12.2007
Estonia	20.9.1993	1.10.1994
Finland	15.12.1987	1.1.1989
France	6.8.1982	1.1.1988
Gabon	15.12.2004	1.1.2006
Georgia	16.8.1994	1.9.1995
Germany	21.12.1989	1.1.1991
Greece	12.1.1998	1.2.1999
Guinea	23.1.1991	1.2.1992
Honduras	10.10.2002	1.11.2003
Hungary	16.6.1983	1.1.1988
Iceland	10.5.2001	1.6.2002
Iraq	5.3.1990	1.4.1991
Israel	22.1.2002	1.2.2003

Italy	11.12.1986	1.1.1988
Japan	1.7.2008	1.8.2009
Kyrgyzstan	11.5.1999	1.6.2000
Latvia	31.7.1997	1.8.1998
Lebanon	21.11.2008	1.12.2009
Lesotho	18.6.1981	1.1.1988
Liberia	16.9.2005	1.10.2006
Lithuania	18.1.1995	1.2.1996
Luxembourg	30.1.1997	1.2.1998
Mauritania	20.8.1999	1.9.2000
Mexico	29.12.1987	1.1.1989
Moldova	13.10.1994	1.11.1995
Mongolia	31.12.1997	1.1.1999
Montenegro	23.10.2006	3.6.2006
Netherlands	13.12.1990	1.1.1992
New Zealand	22.9.1994	1.10.1995
Norway	20.7.1988	1.8.1989
Paraguay	13.1.2006	1.2.2007
Peru	25.3.1999	1.4.2000
Poland	19.5.1995	1.6.1996
Republic of Korea	17.2.2004	1.3.2005
Romania	22.5.1991	1.6.1992
Russian Federation	16.8.1990	1.9.1991
Saint Vincent and the Grenadines	12.9.2000	1.10.2001
Serbia	12.9.2000	1.10.2001
Singapore	16.2.1995	1.3.1996
Slovakia	28.5.1993	1.1.1993
Slovenia	7.1.1994	25.6.1991
Spain	24.7.1990	1.8.1991
Sweden	15.12.1987	1.1.1989
Switzerland	21.2.1990	1.3.1991
Syrian Arab Republic	19.10.1982	1.1.1988
The former Yugoslav Republic of Macedonia	22.11.2006	17.11.1991
Turkey	7.7.2010	1.8.2011
Uganda	12.2.1992	1.3.1993
Ukraine	3.1.1990	1.2.1991
United States of America	11.12.1986	1.1.1988
Uruguay	25.1.1999	1.2.2000
Uzbekistan	27.11.1996	1.12.1997
Zambia	6.6.1986	1.1.1988

Quelle: http://www.uncitral.org/uncitral/en/uncitral_texts/sale_goods/1980CISG_status.html Stand 15.2.2012.
Bezüglich Vorbehaltserklärungen der Vertragsstaaten und sonstige genauere Information siehe Quelle

ANHANG 2: Paragrafensynopse §§ 305 ff. BGB/AGBG

BGB	AGB-Gesetz
§ 305 Abs. 1	§ 1
§ 305 Abs. 2	§ 2 Abs. 1
§ 305 Abs. 3	§ 2 Abs. 2
§ 305a Nr. 1	§ 23 Abs. 2 Nr. 1
§ 305a Nr. 2	§ 23 Abs. 2 Nr. 1 lit. A und b
§ 305b	§ 4
§ 305c Abs. 1	§ 3
§ 305c Abs. 2	§ 5
§ 306	§ 6
§ 306a	§ 7
§ 307 Abs. 1 S. 1	§ 9 Abs. 1
§ 307 Abs. 1 S. 2	---
§ 307 Abs. 2	§ 9 Abs. 2
§ 307 Abs. 3	§ 8
§ 308	§ 10
§ 309 Nr. 1 bis 6	§ 11 Nr. 1 bis 6
§ 309 Nr. 7	§ 11 Nr. 7, § 23 Abs. 2 Nr. 3
§ 309 Nr. 8	§ 11 Nr 8 bis 11, § 23 Abs. 2 Nr. 3
§ 309 Nr. 9 bis 13	§ 11 Nr. 12 bis 16, § 23 Abs. 2 Nr. 6
§ 310 Abs. 1	§ 24
§ 310 Abs. 2	§ 23 Abs. 2 Nr. 2
§ 310 Abs. 3	§ 24a
§ 310 Abs. 4	§ 23 Abs. 1

Quelle: *Stoffels* 2003, S. 555-567.

ANHANG 3: Zentrale Paragrafen des finnischen Rechtsgeschäftsgesetzes

(inoffizielle Übersetzung aus dem finnischen Gesetz durch Jutta Uusitalo)

1. Kapitel. Vertragsabschluss

§ 1

(1) Ein Angebot über einen Vertragsabschluss und die Annahme eines solchen Angebots binden nach den Vorgaben dieses Kapitels denjenigen, der das Angebot oder die Annahme unterbreitet hat.

(2) Die Vorschriften in diesem Kapitel gelten nicht für Verträge, die formgebunden sind oder für deren Abschluss das Erbringen der Leistung an den anderen Vertragspartner erforderlich ist. Weiterhin gelten diese Vorschriften im Übrigen nur insoweit, als sich nichts anderes aus dem Angebot oder der Annahme oder aus einem Handels- oder einem sonstigen Brauch ergibt.

§ 2

(1) Hat der Anbietende für die Annahme des Angebots eine Frist gesetzt, wird davon ausgegangen, dass er bestimmt hat, dass ihm die Annahme innerhalb dieser Zeit zugehen muss.

(2) Ist in einem Brief oder in einem Telegramm, in dem ein Angebot gemacht wird, eine Frist für die Annahme bestimmt worden, wird diese von dem Tag an gerechnet, an dem der Brief datiert ist, ohne den besagten Tag mitzurechnen oder von dem Zeitpunkt an, an dem das Telegramm beim Telegrafenamt des Absendungsortes zum Zwecke der Beförderung aufgegeben worden ist. Enthält der Brief kein Datum, wird davon ausgegangen, dass er an dem Tag datiert ist, den der Poststempel angibt.

§ 3

(1) Die Annahme eines mündlich gemachten Angebots muss sofort erfolgen, falls hierfür keine Frist eingeräumt worden ist. Wird das Angebot nicht sofort angenommen, gilt es als abgelehnt.

(2) Wird das Angebot in einem Brief, einem Telegramm oder ansonsten in einer solchen Weise gemacht, dass die Annahme nicht sofort erfolgen kann und außerdem keine Frist für die Annahme bestimmt worden ist, muss die Annahme dem Anbietenden innerhalb der Zeit zugehen, in welcher der Anbietende bei der

Abgabe seines Angebots die Annahme billigerweise erwarten konnte. Bei Bemessung der genannten Zeitspanne soll der Anbietende, soweit sich aus den Umständen nichts anderes ergibt, voraussetzen dürfen, dass sein Angebot in der regulären Zeit zugeht, dass die Annahme nach der angemessenen Bedenkzeit ohne Verzug abgesendet wird und dass die Annahme ohne Verzögerung befördert wird. Ist das Angebot in einem Telegramm oder in einer anderen Weise gemacht worden, die auf den Wunsch des Anbietenden auf eine eilige Annahme hindeutet, darf der Anbietende voraussetzen, dass die Annahme auf dieselbe Weise befördert wird oder ihm auf andere Weise genauso schnell zugeht.

§ 4

(1) Eine Annahme, die dem Anbietenden zu spät zugeht, gilt als ein neues Angebot von dem Annehmenden.

(2) Absatz 1 findet jedoch keine Anwendung, wenn der Annehmende davon ausgegangen ist, dass die Annahme zur richtigen Zeit zugegangen ist und der Anbietende diese Vermutung erkennen musste. In einem solchen Fall muss der Anbietende dem Annehmenden ohne schuldhaftes Zögern mitteilen, wenn er die Annahme nicht anerkennen will. Unterlässt er dies, gilt der Vertrag als durch die Annahme zustande gekommen.

§ 5

Wenn ein Angebot abgelehnt wird, ist es erloschen, auch wenn die ursprüngliche Annahmefrist noch nicht abgelaufen ist.

§ 6

(1) Eine Antwort, die das Angebot seinem Wortlaut nach annimmt, aber aufgrund eines Zusatzes, einer Einschränkung oder einer Bedingung nicht mit dem Angebot übereinstimmt, gilt als Ablehnung des Angebots verbunden mit einem neuen Angebot.

(2) Absatz 1 findet jedoch keine Anwendung, wenn der Annehmende von der Übereinstimmung seiner Annahme mit dem Angebot ausging und der Anbietende dies erkennen musste. In einem solchen Fall muss der Anbietende dem Annehmenden ohne schuldhaftes Zögern mitteilen, wenn er die Annahme nicht anerkennen will. Unterlässt er dies, gilt der Vertrag als mit dem Inhalt der Annahme zustande gekommen.

§ 7

Ein Angebot oder eine Annahme, welche(s) widerrufen wird, ist nicht bindend, soweit der Widerruf demjenigen zugeht, an den das Angebot oder die Annahme gerichtet war, bevor dieser von dem Angebot oder von der Annahme Kenntnis nimmt oder wenn der Zugang gleichzeitig mit der Kenntnisnahme erfolgt.

§ 8

Hat derjenige, der ein Angebot abgegeben hat, erklärt, dass er keine ausdrückliche Annahme verlangt, oder wenn sich aus den Umständen ergibt, dass er keine ausdrückliche Annahme erwartet, ist der Angebotsempfänger jedoch verpflichtet auf Anfrage Bescheid zu sagen, ob er das Angebot annimmt. Falls er dies unterlässt, gilt das Angebot als erloschen.

3. Kapitel. Die Unwirksamkeit von Rechtsgeschäften und die Anpassung von diesen

§ 36

(1) Falls eine Vertragsbedingung unangemessen ist oder deren Anwendung zu einer Unangemessenheit führen würde, kann die Bedingung entweder angepasst oder unberücksichtigt gelassen werden. Bei der Prüfung der Unangemessenheit ist auf den gesamten Inhalt des Vertrags, die Stellung der Parteien, die Umstände bei und nach Abschluss des Vertrags und auf alle sonstigen Umstände und Angelegenheiten Rücksicht zu nehmen.

(2) Ist die anpassungsbedürftige Bedingung von solcher Bedeutung für den Vertrag, dass es nicht angemessen wäre, den Vertrag im Übrigen mit unverändertem Inhalt gelten zu lassen, kann der Vertrag auch in anderer Hinsicht angepasst werden oder in seiner Gesamtheit unberücksichtigt gelassen werden.

LITERATURVERZEICHNIS

Aarnio, Aulis, Tulkinnan taito, Vantaa 2006.

Aarnio, Aulis, Oikeus, kohtuus ja koulutus, Studia Poenalia VHKK 26.3.1996, http://www.vhkk.fi/ukh/9621.htm, Stand 10.11.2008, (zit. *Aarnio*, Studia Poenalia).

Aarnio, Aulis, Introduction, in: An Introduction to Finnish Law (Finnish Law), 2. Auflage, Helsinki 2002, S. 1 ff.

Aarnio, Aulis, Laintulkinnan teoria, Juva 1989.

Aarnio, Aulis, Laki, teko ja toiminta, Tutkimus tavoitteellisuudesta lain tulkinnassa ja sen soveltamisessa, Forssa 1975.

Abels, Michael, Die Lieferkette im unternehmerischen Bereich – gibt es dafür angemessene Regelungen im BGB?, in: AGB im Wirtschaftsverkehr: Herausforderung und Hürde (AGB im Wirtschaftsverkehr), Baden-Baden 2011, S. 27 ff.

Abels, Michael, Bedarf einer Gesetzesänderung zur Einschränkung der Inhaltskontrolle im B2B-Bereich erneut bestätigt, Betriebs-Berater (BB) 2010, 918 f.

Abels, Michael, Gerichte zerstören Vertrauen, Frankfurter Allgemeine Zeitung (FAZ), Nr. 182 von 8.8.2007, 19.

Abels, Michael, Wie muss man Inhalte, Formen und Verhandlungen gestalten, um der Anwendung von AGB Bestimmungen zu entgehen? Praktische Hinweise und Vorgehensweise im Licht der Rechtsprechung, in: AGB im Spannungsfeld zwischen Kautelarpraxis und Rechtsprechung (AGB im Spannungsfeld), Baden-Baden 2007, S. 13 ff.

Abels, Michael / Conrads, Christiane / Litzka, Niels, Einbeziehung von AGB zwischen Unternehmern und Verbrauchern und zwischen Unternehmern. Was gilt den eigentlich? in: AGB und Vertragsgestaltung nach der Schuldrechtsreform (AGB und Vertragsgestaltung), Baden-Baden 2005, S. 11 ff.

Achilles, Wilhelm-Albrecht, Kommentar zum UN-Kaufrechtsübereinkommen (CISG), Berlin 2000 (zit. *Achilles* 2000, Art. x Rn y).

Acker, Wendelin / Bopp, Claudia, Führt eine zu enge Anwendung des AGB-Rechts zu Nachteilen unserer Rechtsordnung im internationalen Rechtsverkehr, Baurecht (BauR) 2009, 1040 ff.

Adlercreutz, Axel, Avtalsrätt II, 3. Auflage, Lund 1991.

Ahtonen, Riitta, Kohtuuttomat oikeustoimen ehdot ja niiden sovittelu: Oikeustaloustieteellinen tarkastelu, Joensuu 2010.

Akerlof, George, The Market for 'Lemons': Quality Uncertainty and the Market Mechanism, The Quarterly Journal of Economics (QJE) 1970 (Vol. 84 No. 3), 488 ff.

Alenius, Minna, Omistuksenpidätys irtaimen kaupassa – oikeusvertaileva tutkimus, Turku 2006.

Ämmälä, Tuula, Kansainväliseen kauppaan sovellettavista periaatteista, in: Juhlajulkaisu Ari Saarnilehto 1947 – 12/11 – 2007 (FS Saarnilehto), Jyväskylä 2007, S. 469 ff.

Ämmälä, Tuula, Heikomman suoja, in: Varallisuusoikeuden kantavat periaatteet (Varallisuusoikeuden), Vantaa 2000, S. 97 ff.

Ämmälä, Tuula, KKO 1997:164, Lakimies (LM) 1998, 622 ff.

Ämmälä, Tuula, KKO 1994:13, Lakimies (LM) 1994, 946 ff.

Ämmälä, Tuula, KKO 1990:148, Defensor Legis (DL) 1991, 42 ff.

Andem, Maurice N. / Juanto, Leila, Kansainvälisen yksityisoikeuden perusteet, in: Oikeusjärjestys - osa I, 5. Auflage, Jyväskylä 2007, S. 529 ff.

Annola, Vesa, Sopimustulkinnan subjektiivisuus ja objektiivisuus, Aufsatz veröffentlicht am 19.1.2012 im Datenbank Edilex, http://www.edilex.fi/lakikirjasto/8500.pdf, Stand 2.2.2012, (zit. *Annola*, Edilex 2012).

Annola, Vesa, Sopimuksen dynaamisuus, Turku 2003.

Anwaltkommentar, Band 1: Allgemeiner Teil mit EGBGB, Bonn 2005 (zit. AnwKomm Bd. 1/*Bearbeiter* 2005).

Anwaltkommentar Schuldrecht: Erläuterungen der Neuregelungen zum Verjährungsrecht, Schuldrecht, Schadensersatzrecht und Mietrecht, Bonn 2002 (zit. AnwKomm/*Bearbeiter* 2002).

Aspbäck, Lasse, Gränsöverkridande elektroniska avtal inom EU ur ett finskt avtalsrättligt perspektiv, Turku 2002.

Aurejärvi, Erkki, Näkökohtia KKO:sta valituslupatuomioistuimena, Oikeus (Oikeus) 1984, 1 ff.

Aurejärvi, Erkki, Oikeustoimen kohtuullistamisen yleiset opit ja yrittäjien väliset sopimukset, Lakimies (LM) 1979, 725 ff.

Axer, Constantin, Rechtfertigung und Reichweite der AGB-Kontrolle im unternehmerischen Geschäftsverkehr, Frankfurt am Main 2012.

Axer, Constantin und andere, Tagungsbericht 7. AGB Symposion, 11.3.2010 in Köln (bisher unveröffentlicht).

Bacher, Klaus, Landesspezifische Auslegung von Einheitsrecht? in: Festschrift für Peter Schlechtriem zum 70. Geburtstag (FS Schlechtriem), Tübingen 2003, S. 155 ff.

Bamberger, Heinz Georg / Roth, Herbert, Kommentar zum Bürgerlichen Gesetzbuch, Band 1, §§ 1-610, CISG, 2. Auflage, München 2007 (zit. Bamberger/Roth Bd. 1/*Bearbeiter* 2007).

Bamberger, Heinz Georg / Roth, Herbert, Kommentar zum Bürgerlichen Gesetzbuch, Band 3, §§ 1297-2385, EGBGB, 2. Auflage, München 2008 (zit. Bamberger/Roth Bd. 3/*Bearbeiter* 2008).

Bamberger, Heinz Georg / Roth, Herbert, Kommentar zum Bürgerlichen Gesetzbuch, Band 3, §§ 1297-2385, EGBGB, CISG, 1. Auflage, München 2003 (zit. Bamberger/Roth Bd. 3/*Bearbeiter* 2003).

Bar, Christian von, Internationales Privatrecht, Band II: Besonderer Teil, München 1991.

Bar, Christian von / Mankowski, Peter, Internationales Privatrecht, Band I: Allgemeine Lehren, 2. Auflage, München 2003.

Basedow, Jürgen, Theorie der Rechtswahl oder Parteiautonomie als Grundlage des Internationalen Privatrechts, Rabels Zeitschrift für ausländisches und internationales Privatrecht (RabelsZ), Band 75, 2011, 32 ff.

Basedow, Jürgen, Handelsbräuche und AGB-Gesetz, Zeitschrift für das gesamte Handelsrecht und Wirtschaftsrecht (ZHR), Band 150, 1986, 469 ff.

Bastian, Günther / Böhm, Klaus, Schutz der Kaufleute vor Allgemeinen Geschäftsbedingungen, Betriebs-Berater (BB) 1974, 110 ff.

Batereau, Lutz, Zustandekommen des Handelsgeschäfts, in: Handbuch der Handelsgeschäfte, Köln 1999, S. 89 ff.

Baumbach, Adolf / Hopt, Klaus J., Handelsgesetzbuch, 35. Auflage, München 2012 (zit. Baumbach/Hopt/*Bearbeiter* 2012).

Baumbach, Adolf / Lauterbach, Wolfgang / Albers, Jan / Hartmann, Peter, Zivilprozessordnung, 70. völlig neubearbeitete Auflage, München 2012 (zit. Baumbach/Lauterbach et. al./*Bearbeiter* 2012).

Baumert, Andreas, Abschlußkontrolle bei Rechtswahlvereinbarungen, Recht der internationalen Wirtschaft (RIW) 1997, 805 ff.

Becker, Felix, Die Reichweite der AGB-Inhaltskontrolle im unternehmerischen Geschäftsverkehr, JuristenZeitung (JZ) 2010, 1098 ff.

Beckmann, Klaus, Die Bedeutung der Vertragssprache im Internationalen Wirtschaftsverkehr, Recht der internationalen Wirtschaft (RIW) 1981, 79 ff.

Bellinghausen, Rupert, Kardinalpflichten und Haftungsbeschränkungen im Lichte der neuesten BGH-Rechtsprechung, in: AGB im Wirtschaftsverkehr: Herausforderung und Hürde (AGB im Wirtschaftsverkehr), Baden-Baden 2011, S. 69 ff.

Bellinghausen, Rupert, Einheitliche AGB für Europa? in: AGB im Spannungsfeld zwischen Kautelarpraxis und Rechtsprechung (AGB im Spannungsfeld), Baden-Baden 2007, S. 39 ff.

Berger, Klaus Peter, Schiedsgerichtsbarkeit und AGB-Recht, in: Zwischen Vertragsfreiheit und Verbraucherschutz: Festschrift für Friedrich Graf von Westphalen zum 70. Geburtstag (FS Westphalen), Köln 2010, S. 13 ff.

Berger, Klaus Peter, Für eine Reform des AGB-Rechts im Unternehmensverkehr, Neue Juristische Wochenschrift (NJW) 2010, 465 ff.

Berger, Klaus Peter, Abschied von der Privatautonomie im unternehmerischen Geschäftsverkehr? Zeitschrift für Wirtschaftsrecht (ZIP) 2006, 2149 ff.

Berger, Klaus Peter, Einbeziehung von AGB in internationale Kaufverträge, in: Zivil- und Wirtschaftsrecht im Europäischen und Globalen Kontext, Festschrift für Norbert Horn zum 70. Geburtstag (FS Horn), Berlin 2006, S. 3 ff.

Berger, Klaus Peter, Einbeziehung von AGB in B2B-Verträge, in: AGB und Vertragsgestaltung nach der Schuldrechtsreform (AGB und Vertragsgestaltung), Baden-Baden 2005, S. 31 ff.

Berger, Klaus Peter, Einbeziehung von AGB in B2B-Verträge, Zeitschrift für das gesamte Schuldrecht (ZGS) 2004, 415 ff.

Berger, Klaus-Peter, Aushandeln von Vertragsbedingungen im kaufmännischen Geschäftsverkehr, Neue Juristische Wochenschrift (NJW) 2001, 2152 ff.

Berger, Klaus Peter / Kleine, Lucas, AGB-Gestaltung und Transparenzgebot – Beispiele aus der jüngeren BGH-Rechtsprechung zum unternehmerischen Geschäftsverkehr, Neue Juristische Wochenschrift (NJW) 2007, 3526 ff.

Berger, Klaus Peter / Kleine, Lucas, AGB-Kontrolle im unternehmerischen Geschäftsverkehr, Betriebs-Berater (BB) 2007, 2137 ff.

Bernitz, Ulf, Näringslivet normer, in: Finna rätt, 10. Auflage, Visby 2008, S. 153 ff.

Bernitz, Ulf, Standardavtalsrätt, 7. Auflage, Stockholm 2008 (zit. *Bernitz*).

Bernitz, Ulf, Standardavtalsrätt, 6. Auflage, Stockholm 1993 (zit. *Bernitz* 1993).

Bernstorff, Christoph Graf von, Vertragsgestaltung im Auslandsgeschäft, 6. Auflage, Frankfurt am Main 2007 (zit. *Graf von Bernstorff*, Vertragsgestaltung).

Bernstorff, Christoph Graf von, Rechtsprobleme im Auslandsgeschäft, 4. Auflage, Frankfurt am Main 2000 (zit. *Graf von Bernstorff*, Rechtsprobleme).

Björne, Lars, Oikeuden kansainvälistyminen ja pohjoismainen oikeus, Oikeus (Oikeus) 2011, 476 ff.

Bloching, Micha / Ortlof, Daniel, Schriftformklauseln in der Rechtsprechung von BGH und BAG, Neue Juristische Wochenschrift (NJW) 2009, 3393 ff.

Bodungen, Thilo von, / Schnell, Sebastian, OLG Thüringen: Einbeziehung von AGB in internationale Kaufverträge, Betriebs-Berater (BB), 2011, 468.

Bogdan, Michael, EG/EU-domstolens och svensk rättspraxis i internationell privat- och processrätt 2009-2010, Svensk Juristtidning (SJT) 2011, 873 ff.

Bogdan, Michael, EG-domstolens och svensk rättspraxis i internationell privat- och processrätt 2006-2008, Svensk Juristtidning (SJT) 2010, 33 ff.

Bogdan, Michael, Svensk internationell privat- och processrätt, 7. Auflage, Stockholm 2008 (zit. *Bogdan*, Svensk internationell privat- och processrätt).

Bogdan, Michael, Komparativ rättskunskap, 2. Auflage, Stockholm 2003 (zit. *Bogdan*, Komparativ rättskunskap).

Brachert, Sebastian / Dietzel, Andreas, Deutsche AGB-Rechtsprechung und Flucht ins Schweizer Recht, Zeitschrift für das gesamte Schuldrecht (ZGS) 2005, 441.

Braun, Johann, Die Stellung des AGB-Gesetzes im System des Privatrechts, Betriebs-Berater (BB), 1979, 689 ff.

Bröker, Jörn, Individualvereinbarung: Es gibt sie doch! Immobilien- & Baurecht (IBR) 2010, 255.

Bröker, Jörn, Anlagenbauvertrag: AGB-Charakter trotz Klauselartiger Formulierung nicht zwingend! Immobilien- & Baurecht (IBR) 2010, 254.

Brox, Hans/Walker, Wolf-Dietrich, Allgemeiner Teil des BGB, 35. neu bearbeitete Auflage, München 2011.

Brunner, Christoph, UN-Kaufrecht – CISG. Kommentar zum Übereinkommen der Vereinten Nationen über Verträge über den internationalen Warenkauf von 1980, Bern 2004 (zit. *Brunner* 2004, Art. x Rn y).

Bunte, Hermann-Josef, Zehn Jahre AGB-Gesetz – Rückblick und Ausblick, Neue Juristische Wochenschrift (NJW) 1987, 921 ff.

Buure-Hägglund, Kaarina, Ehdotus kansainvälisluonteisiin sopimuksiin sovellettavaa lakia koskevaksi lainsäädännöksi, Helsinki 1985.

Caemmerer, Ernst von / Schlechtriem, Peter, Kommentar zum Einheitlichen UN-Kaufrecht, 2. Auflage, München 1995 (zit. von Caemmerer/Schlechtriem/*Bearbeiter* 1995).

Canaris, Claus-Wilhelm, AGB-rechtliche Leitbildfunktion des neuen Leistungsstörungsrechts, in: Festschrift für Peter Ulmer zum 70. Geburtstag (FS Ulmer), Berlin 2003, S. 1073 ff.

Canaris, Claus-Wilhelm, Handelsrecht, 24. völlig neu bearbeitete Auflage, München 2006.

Canaris, Claus-Wilhelm, Wandlungen des Schuldvertragsrechts – Tendenzen zu seiner „Materialisierung“, Archiv für die civilistische Praxis (AcP), Band 200, 2000, 273 ff.

Castendyk, Oliver, Lizenzverträge und AGB-Recht, Zeitschrift für Urheber- und Medienrecht (ZUM) 2007, 169 ff.

Clausnitzer, Jochen / Woopen, Herbert, Internationale Vertragsgestaltung – Die neue EG-Verordnung für grenzüberschreitende Verträge (Rom I-VO), Betriebs-Berater (BB) 2008, 1798 ff.

Council of Europe, European Commission for the Efficiency of Justice (CEPEJ), Umfrage zu European Judicial Systems, http://www.coe.int/t/dg1/legalcooperation/cpej/evaluation/2008/germany_en.pdf, http://www.coe.int/t/dg1/legalcooperation/cepej/evaluation/2008/finland_en.pdf, Stand 2.11.2008 (zit. Umfrage des Council of Europe zu European Judicial Systems).

Dauner-Lieb, Barbara, Viereinhalb Jahre Gesetz zur Modernisierung des Schuldrechts, Anwaltsblatt (AnwBl) 2006, 430 ff.

Dauner-Lieb, Barbara, Auf dem Weg zu einem europäischen Schuldrecht? Neue Juristische Wochenschrift (NJW) 2004, 1431 ff.

Dauner-Lieb, Barbara, Schuldrecht aktuell, Entwicklungstendenzen und Problemschwerpunkte zwei Jahren nach der Schuldrechtsreform, Bonn 2003.

Dauner-Lieb, Barbara, Die geplante Schuldrechtsmodernisierung – Durchbruch oder Schnellschuß? JuristenZeitung (JZ) 2001, 8 ff.

Dauner-Lieb, Barbara, Verbraucherschutz durch Ausbildung eines Sonderprivatrechts für Verbraucher: systemkonforme Weiterentwicklung oder Schrittmacher der Systemveränderung?, Berlin 1983.

Dauner-Lieb, Barbara / Axer, Constantin, Quo vadis AGB-Kontrolle im unternehmerischen Geschäftsverkehr?, Zeitschrift für Wirtschaftsrecht (ZIP) 2010, 309 ff.

Detzer, Klaus / Thamm, Manfred, Überblick über das neue UN-Kaufrecht, Betriebs-Berater (BB) 1992, 2369 ff.

Dicey, Albert Venn / Morris, John Humphrey Carlile / Collins, Lawrence, Dicey, Morris and Collins on the Conflict of Laws, Volume 2, Lawrence Collins with specialist editors, 14. Auflage, London 2006.

Dose, Hans-Joachim, Gewerberaummiete: Grenzen der Abwälzung der Instandhaltungspflicht, Neue Zeitschrift für Miet- und Wohnungsrecht (NZM) 2009, 381 ff.

Drasch, Wolfgang, Einbeziehungs- und Inhaltskontrolle vorformulierter Geschäftsbedingungen im Anwendungsbereich des UN-Kaufrechts, Zürich 1999.

Drobnig, Ulrich, Allgemeine Geschäftsbedingungen im internationalen Handeln, in: Festschrift für F.A. Mann zum 70. Geburtstag (FS Mann), München 1977, S. 591 ff.

Dutta, Anatol, Kollidierende Rechtswahlklauseln in allgemeinen Geschäftsbedingungen, Zeitschrift für Vergleichende Rechtswissenschaft (ZVglRWiss) 2005, 461 ff.

Ebel, Hermann, Die Kollision Allgemeiner Geschäftsbedingungen, Neue Juristische Wochenschrift (NJW) 1978, 1033 ff.

Ebenroth, Thomas Carsten, Internationale Vertragsgestaltung im Spannungsverhältnis zwischen ABGB, IPR-Gesetz und UN-Kaufrecht, Juristische Blätter (JurBl) 1986, 681 ff.

Eberstein, Hans Hermann, Die zweckmäßige Ausgestaltung von Allgemeinen Geschäftsbedingungen im kaufmännischen Geschäftsverkehr, 4. Auflage, Heidelberg 1997.

Eckert, Jörn / Nebel, Andreas, Abwehrklausel in Einkaufsbedingungen, verlängerter Eigentumsvorbehalt und Globalzession, Wertpapier-Mitteilungen (WM) 1988, 1545 ff.

Eidenmüller, Horst, Der Homo Oeconomicus und das Schuldrecht: Herausforderungen durch Behavioral Law und Economiscs, JuristenZeitung (JZ) 2005, 216 ff.

Ekuri, Juhni, Myyjän ja huolitsija oikeudesta tavaraan kansainvälisessä kaupassa, Turku 2006.

Enderlein, Fritz / Maskow, Dietrich / Strohbach, Heinz, Internationales Kaufrecht, Berlin 1991 (zit. Enderlein/Maskow/Strohbach/*Bearbeiter* 1991).

Erlund, Kai / Lindfors, Arto / Salminen, Janne / Turunen, Jaakko, IT2010 – käytännön käsikirja, Helsinki 2010.

Erma, Reino, YSE 1983 Rakennusurakka – käytännön käsikirja, Helsinki 1991.

Erma, Reino, Sopimusoikeutta yleisten sopimusehtojen valossa III, Defensor Legis (DL) 1973, 377 ff.

Erma, Reino, Sopimusoikeutta yleisten sopimusehtojen valossa II, Defensor Legis (DL) 1971, 363 ff.

Erma, Reino, Sopimusoikeutta yleisten sopimusehtojen valossa I, Defensor Legis (DL) 1971, 316 ff.

Erma, Reino / Lehtinen, Leena / Tolonen, Juha, Ulkomaankaupan oikeuden käsikirja, Jyväskylä 1989.

Erman, Walter, Handkommentar zum Bürgerlichen Gesetzbuch, Band I, 13.Auflage, Köln 2011 (zit. Erman Bd. I/*Bearbeiter* 2011).

Erman, Walter, Handkommentar zum Bürgerlichen Gesetzbuch, Band I, 12.Auflage, Köln 2008 (zit. Erman Bd. I/*Bearbeiter* 2008).

Erman, Walter, Handkommentar zum Bürgerlichen Gesetzbuch, Band II, 13. neu bearbeitete Auflage, Köln 2011 (zit. Erman Bd. II/*Bearbeiter* 2011).

Eskelinen, Krista, Hovioikeudesta, Oikeustieto 2008, 10 ff.

Fastrich, Lorenz, Richterliche Inhaltskontrolle im Privatrecht, München 1992.

Faust, Florian, Regressfalle Lieferkette, in: AGB im Wirtschaftsverkehr: Herausforderung und Hürde (AGB im Wirtschaftsverkehr), Baden-Baden 2011, S. 39 ff.

Ferrari, Franco, Homeward Trend: What, Why and Why Not, Internationales Handelsrecht (IHR) 2009, 8 ff.

Ferrari, Franco, Zum vertraglichen Ausschluss des UN-Kaufrechts, Zeitschrift für Europäisches Privatrecht (ZEuP) 2002, 737 ff.

Ferrari, Franco, Einige kurze Anmerkungen zur Anwendbarkeit des UN-Kaufrechts beim Vertragsschluss über das Internet, The European Legal Forum (EuLF) 2000-2001, 301 ff.

Ferrari, Franco / Kieninger, Eva-Maria / Mankowski, Peter / Otte, Karsten / Saenger, Ingo / Schulze, Götz / Staudinger, Ansgar, Internationales Vertragsrecht, Kommentar, Rom I-VO-CISG-CMR-FactÜ, 2. Auflage, München 2012 (zit. Ferrari/Kieninger et.al./*Bearbeiter* 2012).

Ferrari, Franco / Kieninger, Eva-Maria / Mankowski, Peter / Otte, Karsten / Saenger, Ingo / Staudinger, Ansgar, Internationales Vertragsrecht, Kommentar, EGBGB-CISG-CMR-FactÜ, München 2007 (zit. Ferrari/Kieninger et.al./*Bearbeiter* 2007).

Fikentscher, Wolfgang / Heinemann, Andreas, Schuldrecht, 10. völlig neu bearbeitete Auflage, Berlin 2006.

Fischer, Frank O., Praktische Probleme der Einbeziehung von AGB unter Kaufleuten, insbesondere bei laufenden Geschäftsverbindungen, Betriebs-Berater (BB) 1995, 2491 ff.

Fischer, Gerfried, Verkehrsschutz im internationalen Vertragsrecht, Köln 1990.

Fischer, Robert, Die allgemeinen Geschäfts- und Lieferbedingungen, Betriebs-Berater (BB) 1957, 481 ff.

Flume, Werner, Allgemeiner Teil des bürgerlichen Rechts, 2. Band, Das Rechtsgeschäft, 4. Auflage, Berlin 1992.

Fogt, Morten, Konkludente Vertragsannahme und grenzüberschreitendes kaufmännisches Bestätigungsschreiben nach CISG, Praxis des Internationalen Privat- und Verfahrensrechts (IPRax) 2007, 417 ff.

Fogt, Morten, Rechtzeitige Rüge und Vertragsaufhebung bei Waren mir waschen Wertverlust nach UN-Kaufrecht, Zeitschrift für europäisches Privatrecht (ZEuP) 2002, 580 ff.

Fountoulakis, Christiana, The Parties Choice of “Neutral Law” in International Sales Contracts, http://cisgw3.law.pace.edu/cisg/biblio/fountoulakis.html, Stand 3.2.2009 (zit. *Fountoulakis*).

Freiburg, Nina, Die Rügeobliegenheit des Käufers bei grenzüberschreitendem Warenverkehr, Internationales Handelsrecht (IHR) 2005, 56 ff.

Freitag, Robert, Sprachenzwang, Sprachrisiko und Formanforderung im IPR, Praxis des Internationalen Privat- und Verfahrensrechts (IPRax) 1999, 142 ff.

Frense, Astrid, Grenzen der formularmäßigen Freizeichnung im einheitlichen Kaufrecht, Heidelberg 1992.

Freund, Thorsten, Die Änderung Allgemeiner Geschäftsbedingungen in bestehenden Verträgen, Frankfurt am Main 1998.

Fritsche, Karin / Würdinger, Markus, Konkludenter Eigentumsvorbehalt beim Autokauf, Neue Juristische Wochenschrift (NJW) 2007, 1037 ff.

Garrn, Heino, Zur Abgrenzung von Aushandlungsvereinbarung im Sinne des § 1 Abs. 2 AGBG, JuristenZeitung (JZ) 1978, 302 ff.

Gebauer, Martin, Uniform Law, General Principles and Autonomous Interpretation, http://www.cisg.law.pace.edu/cisg/biblio/gebauer.html, Stand 5.12.2008 (zit. *Gebauer*).

Geldsetzer, Annette, Einvernehmliche Änderung und Aufhebung von Verträgen, Baden-Baden 1993.

Giuliano, Mario / Lagarde, Paul, Bericht über das Übereinkommen über das auf vertragliche Schuldverhältnisse anzuwendende Recht, Bundestag Drucksache (BT-Drs.) 10/503 1983, 33 ff.

Göransson, Ulf, Kolliderande standardavtal, Uppsala 1988.

Gottschalk, Eckart, Das Transparenzgebot und allgemeine Geschäftsbedingungen, Archiv für die civilistische Praxis (AcP), Band 206, 2006, 555 ff.

Gottschalk, Eckart, Neues zur Abgrenzung zwischen AGB und Individualabrede, Neue Juristische Wochenschrift (NJW) 2005, 2493 ff.

Grönfors, Kurt / Dotevall, Rolf, Avtalslagen – En kommentar, 4. Auflage, Mölnlycke 2010.

Großkopf, Philipp, Anmerkung: Im Bermuda-Dreieck zwischen Rechtswahl-, Gerichtsstands- und Erfüllungsortvereinbarung, Internationales Handelsrecht (IHR) 2009, 204 f.

Gruber, Joachim, Vertragsschluss im Internet unter kollisionsrechtlichen Aspekten, Der Betrieb (DB) 1999, 1437 ff.

Grünberger, Michael, Der Anwendungsbereich der AGB-Kontrolle, Juristische Ausbildung (Jura) 2009, 249 ff.

Grunsky, Wolfgang, Allgemeine Geschäftsbedingungen und Wettbewerbswirtschaft, Betriebs-Berater (BB) 1971, 1113 ff.

Güllemann, Dirk, Internationales Vertragsrecht, Internationales Privatrecht, UN-Kaufrecht und internationales Zivilverfahrensrecht, München 2011.

Günes, Menderes / Ackermann, Tobias, Der Anwendungsbereich des AGB-Rechts im unternehmerischen Geschäftsverkehr – Zur Abgrenzung von Individualvereinbarungen und AGB am Merkmal „Aushandeln" i.S.v. § 305 Abs. 1 Satz 3 BGB, Zeitschrift für das gesamte Schuldrecht (ZGS) 2010, 454 ff.

Günes, Menderes / Ackermann, Tobias, Die Indizwirkung der §§ 308 und 309 BGB im unternehmerischen Geschäftsverkehr, Zeitschrift für das gesamte Schuldrecht (ZGS) 2010, 400 ff.

Habersack, Mathias / Schürnbrand, Jan, Unternehmenskauf im Wege des Auktionsverfahrens aus AGB-rechtlicher Sicht, in: Festschrift für Claus-Wilhelm Canaris zum 70. Geburtstag (FS Canaris), München 2007, S. 359 ff.

Hafrén, Stina, Några reflexioner infor Rom I-förordningens ikraftträdande, Tidskriften utgiven av juridiska förening i Finland (JFT) 2008, 75 ff.

Halila, Heikki / Hemmo, Mika, Sopimustyypit, 2. Auflage, Helsinki 2008 (zit. *Halila/Hemmo*).

Halila, Heikki / Hemmo, Mika, Sopimustyypit, Helsinki 1996 (zit. *Halila/Hemmo* 1996).

Hamacher, Karl, Rechtswahl in Allgemeinen Geschäftsbedingungen. Wahl eines fremden Rechts im innerstaatlichen Rechtsverkehr und bei Verträgen über die Grenze, in: AGB im Spannungsfeld zwischen Kautelarpraxis und Rechtsprechung (AGB im Spannungsfeld), Baden-Baden 2007, S. 83 ff.

Hammerschmidt, Jana, Kollision Allgemeiner Geschäftsbedingungen im Geltungsbereich des UN-Kaufrechts, Göttingen 2004.

Handorn, Boris, UN-Kaufrecht, Einheitliche Regeln für den internationalen Warenvertrieb – Chancen nutzen, Risiken erkennen, Berlin 2007.

Hannula, Antti / Kari, Matti, Yrityksen käytännön lakiasiat, Helsinki 2004.

Hau, Wolfgang / Eichel, Florian, AGB-Recht und Kollisionsrecht, Ad Legendum (AL) 2010, 84 ff.

Häyhä, Juha, Lojaliteettiperiaate ja sopimusoppi, Defensor Legis (DL) 1996, 313 ff.

Häyhä, Juha, Sopimus, laki ja vakuutustoiminta, Helsinki 1996.

Heikkinen, Sini, Vakioehtojen tuleminen sopimuksen osaksi, Helsinki 2005.

Heinrichs, Helmut, Die Entwicklung des Rechts der Allgemeinen Geschäftsbedingungen im Jahre 1996, Neue Juristische Wochenschrift (NJW) 1997, 1407 ff.

Heinrichs, Helmut, Der Rechtsbegriff der Allgemeinen Geschäftsbedingungen, Neue Juristische Wochenschrift (NJW) 1977, 1505 ff.

Helander, Bo, Kreditsäkerhet i lös egendom, Stockholm 1984.

Hellner, Jan, Uppgifter, erkännanden och intyg in formulär, in: Festskrift till Kurt Grönfors (FS Grönfors), Göteborg 1991, S. 229 ff.

Hellner, Jan, Standardavtal vid avtalsslutande, Tidskrift utgiven av juridiska föreningen i Finland (JFT) 1979, 281 ff.

Hellner, Jan / Hager, Richard / Persson Annina H, Speciell avtalsrätt II, Kontraktsrätt, 2. Häftet, Allmänna Ämnen, 5. Auflage, Vällingby 2011 (zit. *Hellner/Hager/Persson* 2011).

Hellner, Jan / Hager, Richard / Persson Annina H, Speciell avtalsrätt II, Kontraktsrätt, 1. Häftet, Särskilda Avtal, 5. Auflage, Mölnlycke 2010 (zit. *Hellner/Hager/Persson* 2010).

Hellwege, Phillip, Allgemeine Geschäftsbedingungen, einseitig gestellte Vertragsbedingungen und die allgemeine Rechtsgeschäftslehre, Tübingen 2010.

Hemmo, Mika / Hoppu, Kari, Sopimusoikeus, Onlinebuch; erste Veröffentlichung 30.10.2006; letzte Aktualisierung 10.5.2010, http://ezproxy.utu.fi:2509/wsoypro.aspx?prevpos=SO111&page=selain&ts=yo&pos=SO111.0&offset=0.0, Stand 15.7.2010 (zit. *Hemmo / Hoppu*, Aktualisierung 10.5.2010, Abschnitt).

Hemmo, Mika, Sopimusoikeuden oppikirja, Helsinki 2006 (zit. *Hemmo*, Sopimusoikeuden oppikirja).

Hemmo, Mika, Sopimusoikeus III, Helsinki 2005 (zit. *Hemmo*, Sopimusoikeus III).

Hemmo, Mika, Skiljeförfarande, lex mercatoria och UNIDROIT:s principer, Tidskriften utgiven av juridiska förening i Finland (JFT) 2005, 488 ff.

Hemmo, Mika, Sopimusoikeus I, 2. neubearbeitete und erweiterte Auflage, Helsinki 2003 (zit. *Hemmo*, Sopimusoikeus I).

Hemmo, Mika, Sopimusoikeus II, 2. neubearbeitete und erweiterte Auflage, Helsinki 2003 (zit. *Hemmo*, Sopimusoikeus II).

Hemmo, Mika, KKO 2001:126 Vakioehtoihin sisältyneen omistuksenpidätysehdon tuleminen sopimuksen osaksi, in: KKO:n ratkaisut kommentein II 2001 (KKO:n ratkaisut), Helsinki 2002, S. 419 ff.

Hemmo, Mika, Pankkioikeus, Jyväskylä 2001 (zit. *Hemmo*, Pankkioikeus).

Hemmo, Mika, Vahingonkorvauksen määräytymisestä sopimussuhteissa, Helsinki 1994 (zit. *Hemmo*, Vahingonkorvauksen).

Hennemann, Marc Samuel, AGB-Kontrolle im UN-Kaufrecht aus deutscher und französischer Sicht, Tübingen 2001.

Hensen, Horst-Diether, Die Auswirkung des AGB-Gesetzes auf den kaufmännischen Verkehr, Neue Juristische Wochenschrift (NJW) 1987, 1986 ff.

Hensen, Horst-Diether, Rezession: Lutz, AGB-Kontrolle im Handelsverkehr unter Berücksichtigung der Klauselverbote, Zeitschrift für das gesamte Handelsrecht und Wirtschaftsrecht (ZHR), Band 157, 1993, 359 ff.

Herbel, Peter, Der internationale Unternehmensjurist – ein vaterlandsloser Geselle? in: Schuldrecht, Rechtsvergleichung und Rechtsvereinheitlichung an der Schwelle zum 21. Jahrhundert – Symposium aus Anlass des 65. Geburtstag von Peter Schlechtriem (FS Schlechtriem), Tübingen 1999, 1 ff.

Herber, Rolf, Das Verhältnis des CISG zu anderen Übereinkommen und Rechtsnormen insbesondere zum Gemeinschaftsrecht der EU, Internationales Handelsrecht (IHR) 2004, 89 ff.

Herber, Rolf / Czerwenka, Beate, Internationales Kaufrecht. Kommentar zu dem Übereinkommen der Vereinten Nationen vom 11. April 1980 über Verträge über den internationalen Warenkauf, München 1991 (zit. *Herber/Czerwenka* 1991, Art. x Rn y).

Herberger, Maximilian / Martinek, Michael / Rüßmann, Helmut / Weth, Stephan, Juris Praxiskommentar. BGB, Band 2.1, Schuldrecht Teil 1: §§ 241-432 (herausgegeben von Markus Junker), 5. Auflage, Saarbrücken 2010 (zit. Herberger/Martinek Bd. 2.1/*Bearbeiter* 2010).

Herdegen, Matthias, Völkerrecht, 9. überarbeitete und erweiterte Auflage, München 2010.

Hesse, Torben, Internationale Standardverträge im Zusammenspiel mit den CISG, Unter besonderer Betrachtung des ICC – International Sales Contract (ICC-Publikation Nr. 556), Frankfurt am Main 2011.

Heuman, Lars, Rättspraxis, in: Finna rätt, 10.Auflage, Visby 2008, S. 123 ff.

Hietala, Harri / Järvensivu, Petri / Kaivanto, Keijo / Kyläkallio, Kalle, Yrityksen asiakirja- ja sopimusopas, Helsinki 2006.

Hilberg, Söntje Julia, Die autonome Anwendbarkeit des UN-Kaufrechts auf moderne Geschäftsfelder, Hamburg 2007.

Hildebrandt, Wolfgang, Zulässigkeit und Wirkung von Allgemeinen Geschäftsbedingungen, Juristische Rundschau (JR) 1955, 325 ff.

Hillman, Robert A., Applying the United Nations Convention on Contracts for the International Sale of Goods: The Elusive Goal of Uniformity, http://www.cisg.law.pace.edu/cisg/biblio/hillman1.html, Stand 19.9.2008 (zit. *Hillman 1*).

Hillman, Robert A., Cross-References and editorial analysis. Article 7, http://www.cisg.law.pace.edu/cisg/text/hillman.html, Stand 19.9.2008 (zit. *Hillman 2*).

Hobeck, Paul, Zum „Aushandeln" einer Vertragsbestimmung in Verträgen zwischen Unternehmen, Zeitschrift für Schiedsverfahren (SchiedsVZ) 2005, 108 ff.

Hochbaum, Johann, AGB-Kontrolle – Hemmschuh bei der Verbreitung deutschen Rechts, Neue Juristische Wochenschrift (NJW) 2008, Editorial, Heft 51/2008.

Hoffmann, Bernd von / Thorn, Karsten, Internationales Privatrecht, 9. Auflage, München 2007.

Hofmann, Paul, Handelsrecht, 11. Auflage, Neuwied 2002.

Holl, Volker / Kessler, Oliver, „Selbstgeschaffenes Recht der Wirtschaft" und Einheitsrecht – Die Stellung der Handelsbräuche und Gepflogenheiten im Wiener UN-Kaufrecht, Recht der internationalen Wirtschaft (RIW) 1995, 457 ff.

Holthausen, Rüdiger, Vertraglicher Ausschluss des UN-Übereinkommens über internationale Warenkaufverträge, Recht der Internationalen Wirtschaft (RIW) 1989, 513 ff.

Honsell, Heinrich, Kommentar zum UN-Kaufrecht, 2. Auflage, Heidelberg 2010 (zit. Honsell/*Bearbeiter* 2010).

Honsell, Heinrich, Kommentar zum UN-Kaufrecht, Heidelberg 1997 (zit. Honsell/*Bearbeiter* 1997).

Hoppu, Esko / Hoppu, Kari, Kauppa- ja varallisuusoikeuden pääpiirteet, 11. Auflage, Helsinki 2007.

Horn, Norbert, Vertragsdauer, in: Gutachten und Vorschläge zur Überarbeitung des Schuldrechts (Gutachten), Köln 1981, S. 551 ff.

Hoyningen-Huene, Gerrick von, Die Inhaltskontrolle nach § 9 AGB-Gesetz, Heidelberg 1991.

Huber, Christian / Sundström, Mikko, Kodifioitua kansainvälistä kauppaoikeutta oikeuskäytännön valossa: Wienin konventio muotoutuu kansainvälisen oikeuskäytännön myötä, Defensor Legis (DL) 1997, 747 ff.

Huber, Peter, Some introductory remarks on the CISG, Internationales Handelsrecht (IHR) 2006, 228 ff.

Huber, Peter / Kröll, Stefan, Deutsche Rechtsprechung zum UN-Kaufrecht in den Jahren 2001/2002, Praxis des internationalen Privat- und Verfahrensrecht (IPRax) 2003, 309 ff.

Huber, Ulrich, Der Eigentumsvorbehalt in Synallagma, Zeitschrift für Wirtschaftsrecht (ZIP) 1987, 750 ff.

Huber, Ulrich, Der UNCITRAL-Entwurf eines Übereinkommens über internationale Kaufverträge, Rabels Zeitschrift für ausländisches und internationales Privatrecht (RabelsZ), Band 43, 1979, 413 ff.

Hübner, Heinz, Rechtsgeschäftslehre und Verbraucherschutz, in: Festschrift für Bodo Börner zum 70. Geburtstag (FS Börner), Köln 1992, S. 717 ff.

Huovila, Mika, Perustelemisen peukalosäännöt, Lakimies (LM) 2004, 791 ff.

Huovila, Mika, Periaatteet ja perustelut, Jyväskylä 2003.

Husa, Jaakko, The stories we tell ourselves – about Nordic law in specific, Aufsatz veröffentlicht am 14.9.2011 im Datenbank Edilex, http://www.edi-lex.fi/lakikirjasto/8060.pdf, Stand 19.1.2011 (zit. *Husa*, Edilex 2011).

Jaeger, Wolfgang, „Stellen" und „Aushandeln" vorformulierter Vertragsbedingungen, Neue Juristische Wochenschrift (NJW) 1979, 1569 ff.

Jahn, Joachim, Unternehmen fordern von Politik und Justiz Vertragsfreiheit, Frankfurter Allgemeine Zeitung (FAZ), Nr. 21 von 25.1.2012, 21.

Jahn, Joachim, Überzogene AGB-Kontrolle entmündigt Vertragspartner – Für Gesetzgeber und Justiz mutieren Unternehmen zu schutzbedürftigen Verbrauchern, in: AGB im Wirtschaftsverkehr: Herausforderung und Hürde (AGB im Wirtschaftsverkehr), Baden-Baden 2011, S. 9 ff.

Jahn, Joachim, Vertragsfreiheit soll wachsen, Frankfurter Allgemeine Zeitung (FAZ), Nr. 64 von 17.3.2010, 23.

Jahn, Joachim, Unternehmen können Verträge nicht frei gestalten, Frankfurter Allgemeine Zeitung (FAZ), Nr. 236 von 11.10.2006, 25.

Janssen, André, Die Einbeziehung von Allgemeinen Geschäftsbedingungen in internationale Kaufverträge und die Bedeutung der INIDROIT- und der Lando-Principles, Internationales Handelsrecht (IHR) 2004, 194 ff.

Jaspers, Michael Bo, Nachträgliche Rechtswahl im internationalen Schuldvertragsrecht, Frankfurt am Main 2002.

Jauernig, Othmar, Bürgerliches Gesetzbuch, Kommentar, 14. neubearbeitete Auflage, München 2011 (zit. Jauernig/*Bearbeiter* 2011).

Johannsen, Sandra, Der Vorbehalt der skandinavischen Staaten gemäß Art. 92 CISG, Baden-Baden 2004.

Johansson, Svante, Svensk rättspraxis, Sjörätt och annan transporträtt 2001-2005, Svensk Juristtidning (SJT) 2008, 292 ff.

Jungemeyer, Sebastian, RIW-Kommentar zu OLG Celle vom 24.7.2009, Recht der internationalen Wirtschaft (RIW) 2010, 166 ff.

Kaisto, Janne, Pätemättömyys ja sovittelu prosessuaaliselta kannalta, in: Business law forum, Helsinki 2007, S. 45 ff.

Kaisto, Janne, Lainoppi ja oikeusteoria, Oikeusteorian perusteista aineellisen varallisuusoikeuden näkökulmasta, Helsinki 2005 (zit. *Kaisto*, Lainoppi ja oikeusteoria).

Kaisto, Janne, Sopimusvapaus, laki ja maksusuoja, Jyväskylä 2001 (zit. *Kaisto*, Sopimusvapaus).

Kaisto, Janne / Lohi, Tapani, Johdatus varallisuusoikeuteen, Helsinki 2008.

Kalliokoski, Kalle, Omistusvakuus ja erityisen oikeuden kirjaaminen, Turku 2006.

Kampf, Achim, UN-Kaufrecht und Kollisionsrecht, Recht der internationalen Wirtschaft (RIW) 2009, 297 ff.

Kangas, Marja, Maksupalvelusopimuksen palkkioehto ja ehdon muuttaminen pankin ja yksityisen asiakkaan välisessä suhteessa, in: Maksupalvelusopimuksista ja muista vakiosopimuksista (Maksupalvelusopimuksista), Turku 1990, S. 45 ff.

Kappus, Andreas, „Kupierte" Dekorations-AGB statt Kostenmietzuschlags – Erlaubt der punktuelle Formulierungsmissgriff die Klauselreduktion?, Neue Zeitschrift für Miet- und Wohnungsrecht (NZM) 2011, 674 ff.

Kappus, Andreas, Abgrenzung von Individual- und Formularverträgen – Möglichkeiten und Grenzen der Mietvertragsgestaltung, Neue Zeitschrift für Miet- und Wohnungsrecht (NZM) 2010, 529 ff.

Karhapää, Jukka, Vakiosopimusten battle of forms -ongelma, Turku 1998.

Karhu, Juha, Lojaliteettiperiaate sopimusoikeudessa – oikeudellista peruskartoitusta, in: Juhlajulkaisu Leena Kartio 1938 – 30/18 – 2008 (FS Kartio), Jyväskylä 2008, S. 101 ff.

Karhu, Juha, Velvoiteoikeus, in: Oikeusjärjestys - osa III, 7. erweiterte Auflage, Juva 2010, S. 1 ff.

Karollus, Martin, Anmerkung zu CISG Nr. 9 Art. 14, Lindenmaier-Möhring Nachschlagewerk des Bundesgerichtshofs (LM) 2002, H3.

Karollus, Martin, Der Anwendungsbereich des UN-Kaufrechts im Überblick, Juristische Schulung (JuS) 1993, 378 ff.

Karollus, Martin, UN-Kaufrecht: Eine systematische Darstellung für Studium und Praxis, Wien 1991.

Kartio, Leena, Varallisuusoikeus, in: Varallisuusoikeuden kantavat periaatteet (Varallisuusoikeuden), Vantaa 2000, S. 34 ff.

Kartio, Leena, OikTL 36 §:n soveltamiskäytännöstä kiinteistöoikeudessa, in: Juhlajulkaisu Matti Ylöstalo (FS Ylöstalo), Helsinki 1987, S. 203 ff.

Kaufhold, Sylvia, Anmerkung zu BGH von 17.2.2010, Zeitschrift für Wirtschaftsrecht (ZIP) 2010, 631 ff.

Kegel, Gerhard / Schurig, Klaus, Internationales Privatrecht, 9. Auflage, München 2004.

Kessel, Christian / Jüttner, Andreas, Der Vorbehalt der Individualabrede im unternehmerischen Geschäftsverkehr – Zur Abgrenzung von Individualvereinbarung und AGB, Betriebs-Berater (BB) 2008, 1350 ff.

Kessel, Christian / Stomps, Andreas, Haftungsklauseln im Geschäftsverkehr zwischen Unternehmern – Plädoyer für eine Änderung der Rechtsprechung, Betriebs-Berater (BB) 2009, 2666 ff.

Keto-Girgin, Natalie, Die Umsetzung der Verbraucherschutzrichtlinien in Finnland – das finnische Verbraucherschutzrecht, Aachen 2004.

Kindler, Peter, Ob Walzfräsmaschine oder Schreibtischsessel: Keine Obliegenheit zur AGB-Übersendung beim Vertragsschluss nach CISG! in: Festschrift Andreas Heldrich (FS Heldrich), München 2005, S. 225 ff.

Kirchhof, Paul, Der Vertrag als Ausdruck grundrechtlicher Freiheit, in: Festschrift für Peter Ulmer zum 70. Geburtstag (FS Ulmer), Berlin 2003, S. 1210 ff.

Kischel, Uwe, Vorsicht, Rechtsvergleichung! Zeitschrift für Vergleichende Rechtswissenschaft (ZVglRWiss) 2005, 10 ff.

Kivimäki, T. M., Yleislausekkeet oikeusvarmuutta heikentävinä tekijöinä, Lakimies (LM) 1950, 302 ff.

Klami, Hannu Tapani, Johdanto, in: Johdatus Suomen oikeusjärjestelmään I (Oikeusjärjestelmä I), Jyväskylä 1996, S. 1 ff.

Klami, Hannu Tapani, Ihmisen säännöt, Tutkimus oikeuden olemuksesta, synnystä ja toiminnasta, Turku 1983.

Klami, Hannu Tapani / Kuisma, Eira, Suomen kansainvälinen yksityisoikeus, 3. Auflage, Helsinki 2000.

Koch, Harald / Magnus, Ulrich / Winkler von Mohrenfels, Peter, IPR und Rechtsvergleichung, 4. neu bearbeitete Auflage, München 2010.

Koch, Raphael, Das AGB-Recht im unternehmerischen Geschäftsverkehr: Zu viel des Guten oder Bewegung in die richtige Richtung, Betriebs-Berater (BB), 2010, 1810 ff.

Koch, Robert, Wider den formularmäßigen Ausschluss des UN-Kaufrechts, Neue Juristische Wochenschrift (NJW) 2000, 910 ff.

Köhler, Helmut, BGB Allgemeiner Teil, 35. neu bearbeitete Auflage, München 2011 (zit. *Köhler*, BGB Allgemeiner Teil).

Köhler, Martin, Das UN-Kaufrecht (CISG) und sein Anwendungsausschluss, Frankfurt am Main 2007 (zit. *Köhler*, Das UN-Kaufrecht).

Koller, Ingo, Das Transparenzgebot als Kontrollmaßstab Allgemeiner Geschäftsbedingungen, in: Festschrift für Ernst Steindorff zum 70. Geburtstag (FS Steindorff), Berlin 1990, 667 ff.

Koller, Thomas, AGB-Kontrolle und UN-Kaufrecht (CISG) – Probleme aus schweizerischer Sicht, in: Besonderes Vertragsrecht – aktuelle Probleme, Festschrift für Heinrich Honsell zum 60. Geburtstag (FS Honsell), Genf 2002, S. 223 ff.

Kollmann, Andreas, AGB: Nicht nur theoretische Probleme (in) der Praxis, Neue Juristische Online-Zeitschrift (NJOZ) 2011, 625 ff.

Kondring, Jörg, Flucht vor dem deutschen AGB-Recht bei Inlandsverträgen, Recht der internationalen Wirtschaft (RIW) 2010, 184 ff.

Kosonen, Timo, Vakioehdot sähköisessä kaupankäynnissä, Helsinki 2000.

Kost, Manfred, Konsensprobleme im internationalen Schuldvertragsrecht, Frankfurt am Main 1995.

Köster, Thomas, Stillschweigende Vereinbarung eines verlängerten Eigentumsvorbehalts – OLG Düsseldorf, NJW-RR 1997, 946 ff, in: Juristische Schulung (JuS) 2000, 22 ff.

Kötz, Hein, Deutsches Recht und Common Law im Wettbewerb, Anwaltsblatt (AnwBl) 2010, 1 ff.

Kötz, Hein, Der Schutzzweck der AGB-Kontrolle – Eine rechtsökonomische Skizze, Juristische Schulung (JuS) 2003, 209 ff.

Kötz, Hein, Europäisches Vertragsrecht I, Tübingen 1996.

Kötz, Hein, Haftungsausschlußklauseln – Eine juristisch-ökonomische Analyse, in: Versicherungsrecht, 25 Jahre Karlsruher Forum, Jubiläumsausgabe 1983, (25 Jahre Karlsruher Forum), Karlsruhe 1983, S. 145 ff.

Koulu, Risto, Välityssopimus välimiesmenettelyn perustana, Helsinki 2008 (zit. *Koulu*, Välityssopimus).

Koulu, Risto, Kansainvälinen varallisuusoikeus pääpiirteittäin, Vantaa 2005 (zit. *Koulu*, Kansainvälinen).

Koulu, Risto, Lainvalinta oikeudenkäynnin ongelmana, osa I, Defensor Legis (DL) 2002, 211 ff.

Kramer, Ernst A., Konsensprobleme im Rahmen des UN-Kaufrechts, in: Festschrift Rudolf Welser zum 65. Geburtstag (FS Welser), Wien 2004, S. 539 ff.

Kramer, Ernst A., Nichtausgehandelter Individualvertrag, notariell beurkundeter Vertrag und AGBG, Zeitschrift für das gesamte Handelsrecht und Wirtschaftsrecht (ZHR), Band 146, 1982, 105 ff.

Kröll, Stefan / Hennecke, Rudolf, Kaufmännische Bestätigungsschreiben beim internationalen Warenkauf, Rabels Zeitschrift für ausländisches und internationales Privatrecht (RabelsZ), Band 67, 2003, 448 ff.

Kröll, Stefan / Hennecke, Rudolf, Kollidierende Allgemeine Geschäftsbedingungen in internationalen Kaufverträgen, Recht der internationalen Wirtschaft (RIW) 2001, 736 ff.

Kronke, Herbert / Melis, Werner / Schnyder, Anton K., Handbuch Internationales Wirtschaftsrecht, Köln 2005 (zit. Kronke/Melis/Schnyder/*Bearbeiter*).

Kropholler, Jan, Bürgerliches Gesetzbuch, Studienkommentar, 13. Auflage, München 2011 (zit. *Kropholler* 2011, § x Rn y).

Kropholler, Jan, Internationales Privatrecht, 6. neu bearbeitete Auflage, Tübingen 2006.

Kühl, Sebastian / Hingst, Kai-Michael, Das UN-Kaufrecht und das Recht der AGB, in: Transport- und Vertriebsrecht 2000, Festgabe für Professor Rolf Herber (FS Herber), Neuwied 1999, S. 50 ff.

Kuntz, Thilo, Angemessenheit weiter formularmäßiger Zweckerklärung bei Globalbürgschaften. Grundschulden und anderen Sicherungsrechten, Archiv für die civilistische Praxis (AcP), Band 209, 2009, 242 ff.

Kuoppala, Sanna, The Application and the Interpretation oft he CISG in the Finnish Case Law 1997-2005, Turku 2009.

Kuoppala, Sanna, CISG:n soveltaminen ja tulkinta suomalaisessa oikeuskäytännössä vuosina 1997-2005, Oikeustieto 6/2009, 2 ff.

Küpper, Georg, Der Umgang mit den Einkaufsbedingungen des VDA, Zeitschrift für das gesamte Schuldrecht (ZGS) 2009, 117 ff.

Kurkela, Matti, Globalisoitunut sopimuskäytäntö ja sopimusoikeudelliset periaatteet, Helsinki 2003.

Kuusi, Matti J., Yleisten sopimusehtojen käsite ja niiden tuleminen sopimuksen osaksi, Oikeustiede-Jurisprudentia XIX 1986, 351 ff.

Kuuskoski, Inkeri, PSYM 2000-vakioehtojen liittäminen huolintasopimuksen osaksi sekä pantti- ja pidätysoikeus huolitsijan saamisen turvaamiskeinona, Turku 2008.

Lando, Ole, Kampen om formularen, Ugeskrift for Retsvaesen (UfR), 1988, 1 ff.

Lando, Ole / Beale, Hugh, The Principles of European Contract Law, Parts I and II, Hague 2000.

Lando, Ole / Nielsen, Peter Arnt, The Rome I Proposal, Journal of Private International Law (JPrivIntL), Volume 3 April, 2007, 29 ff.

Lappalainen, Juha, Siviiliprosessioikeus I, Helsinki 1995.

Lappalainen, Juha / Frände, Dan / Koulu, Risto, Prosessioikeus, Oikeuden perusteokset, 2. Auflage, Juva 2007 (zit. Lappalainen/Frände/Koulu/*Bearbeiter*).

Larenz, Karl / Wolf, Manfred, Allgemeiner Teil des bürgerlichen Rechts, 9. Auflage, München 2004.

Laukkanen, Sakari, Tuomarin rooli, Prosessioikeudellinen tutkimus tuomarin roolista dispositiivisen riita-asian valmistelussa silmällä pitäen riidan kohteen selvittämistä, Helsinki 1995.

Laurila, Hannu, Räätälöity vakiosopimus sähköisessä toimintaympäristössä, Turku 2008.

Lehmuskenttä, Jarkko, Lojaliteettiperiaatteen toteutuminen erinäisten maksupalvelusopimusten ehdoissa, in: Maksupalvelusopimuksista ja muista vakiosopimuksista (Maksupalvelusopimuksista), Turku 1990, S. 25 ff.

Lehrberg, Bert, Avtalrättens grundelement, 2. Auflage, Uppsala 2006.

Lehtinen, Tuomas, Kansainvälisen kaupan liikesopimukset ja remburssi, Vammala 2006.

Leible, Stefan, Rechtswahl, in: Ein neues Internationales Vertragsrecht für Europa, Jena 2007, S. 41 ff.

Leible, Stefan / Lehmann, Matthias, Die Verordnung über das auf vertragliche Schuldverhältnisse anzuwendende Recht (Rom I), Recht der internationalen Wirtschaft (RIW) 2008, 528 ff.

Leible, Stefan / Sosnitza, Olaf, Grundfälle zum Recht des Eigentumsvorbehalts, Juristische Schulung (JuS) 2001, 244 ff.

Lenkaitis, Karlheinz / Löwisch, Stephan, Zur Inhaltskontrolle von AGB im unternehmerischen Geschäftsverkehr: Ein Plädoyer für eine dogmatische Korrektur, Zeitschrift für Wirtschaftsrecht (ZIP) 2009, 441 ff.

Letto-Vanamo, Pia, Kiinnostaako enää pohjoinen? in: Nykyajan muuttuva oikeus (Muuttuva oikeus), Saarijärvi 2001, S. 53 ff.

Leuschner, Lars, AGB-Kontrolle im unternehmerischen Geschäftsverkehr – Zu den Grundlagen einer Reformdebatte, JuristenZeitung (JZ) 2010, 875 ff.

Leuschner, Lars, Gebotenheit und Grenzen der AGB-Kontrolle. Weshalb M&A-Verträge nicht der Inhaltskontrolle der §§ 305 ff. AGB unterliegen, Archiv für die civilistische Praxis (AcP), Band 207, 2007, 491 ff.

Leyens, Patrick C. / Schäfer, Hans-Bernd, Inhaltskontrolle allgemeiner Geschäftsbedingungen, Archiv für die civilistische Praxis (AcP), Band 210, 2010, 771 ff.

Lieb, Manfred, Transparenz!, in: AGB im Wirtschaftsverkehr: Herausforderung und Hürde (AGB im Wirtschaftsverkehr), Baden-Baden 2011, S. 13 ff.

Lieb, Manfred, Das Ende der Vertragsfreiheit – Alle Verträge sind AGB? Rechtsprechungsexzesse oder notwendige richterliche Korrektur wirtschaftlicher Verhaltensweisen? in: AGB im Spannungsfeld zwischen Kautelarpraxis und Rechtsprechung (AGB im Spannungsfeld), Baden-Baden 2007, S. 109 ff.

Lieb, Manfred, Eigentumsvorbehalt und Abwehrklausel – Versuch einer Neubesinnung, in: Festschrift für Gottfried Baumgärtel zum 70. Geburtstag (FS Baumgärtel), Köln 1990, S. 311ff.

Lieb, Manfred, Schutzbedürftigkeit oder Eigenverantwortlichkeit?, Deutsche Notar-Zeitschrift (DNotZ), 1989, 274 ff.

Lieb, Manfred, Sonderprivatrecht für Ungleichgewichtslagen? Überlegungen zum Anwendungsbereich der sogenannten Inhaltskontrolle privatrechtlicher Verträge, Archiv für die civilistische Praxis (AcP), Band 178, 1978, 196 ff.

Liese, Jens / Theusinger, Ingo, BB-Kommentar, Betriebs-Berater (BB), 2007, 1076 ff.

Lindacher, Walter F., Kenntnisnahmemöglichkeit und Kenntnisnahmeobliegenheit bei Allgemeinen Geschäftsbedingungen, JuristenZeitung (JZ) 1981, 131 ff.

Lindacher, Walter F., Richterliche Inhaltskontrolle Allgemeiner Geschäftsbedingungen und Schutzbedürftigkeit des Kunden, Betriebs-Berater (BB), 1972, 296 ff.

Lindbach, Jochen, Rechtswahl im Einheitsrecht am Beispiel des Wiener UN-Kaufrechts, Aachen 1996.

Lindmark, Dan, Om jämkning av kommersiella avtal, in: Avtalslagen 90 år – Aktuell nordisk rättspraxis (Avtalslagen), Stockholm 2005, S. 281 ff.

Lindroos-Hovinheimo, Susanna, Miten lakia tulkitaan? – Erään oikeusteoreettisen kysymyksen suomalaista historiaa, Lakimies (LM) 2011, 278 ff.

Lindström, Päivi, International sale of goods between Finland and English businesses – a commentary of the question of the applicable law, Turku 1999.

Lingemann, Stefan / Gotham, Maike, Doppelte Schriftformklausel – gar nicht einfach! Neue Juristische Wochenschrift (NJW) 2009, 268 ff.

Linna, Johanna, Vakioehdot, sopimuksen sitovuus ja pankin yksipuolinen koronnosto-oikeus, Turku 2011.

Lischek, Jan / Mahnken, Volker, Vertragsverhandlungen zwischen Unternehmen und AGB – Anmerkungen aus der Sicht der Praxis, Zeitschrift für Wirtschaftsrecht (ZIP) 2007, 158 ff.

Liuksiala, Aaro, Kauppasopimukset, Käytännön käsikirja, Hämeenlinna 1990.

Locher, Horst, Das Recht der Allgemeinen Geschäftsbedingungen, 3. Auflage, München 1997.

Lögering, Martin, CISG und internationale Handelsklauseln, Frankfurt am Main 2008.

Lohmann, Arnd, Parteiautonomie und UN-Kaufrecht, Tübingen 2005.

Lookofsky, Joseph, Understanding the CISG, 3. Auflage, Copenhagen 2008 (zit. *Lookofsky*, Understanding the CISG).

Lookofsky, Joseph, Understanding the CISG in Scandinavia, Copenhagen 1996 (zit. *Lookofsky*, Understanding the CISG in Scandinavia).

Looschelders, Dirk, Internationales Privatrecht – Art. 3-46 EGBGB, Heidelberg 2004 (zit. *Looschelders* 2004, Art. x Rn y).

Lorenz, Egon, Die Rechtswahlfreiheit im internationalen Schuldvertragsrecht, Recht der internationalen Wirtschaft (RIW) 1987, 569 ff.

Lorenz, Stephan, Der private Verkauf von gebrauchten Kraftfahrzeugen: Reichweite und Grenzen der Privatautonomie bei der Verwendung von Musterverträgen, Deutsches Autorecht (DAR) 2010, 314 ff.

Lorenz, Stephan, Der Schutz vor dem unerwünschten Vertrag, München, 1997.

Löwe, Walter, Voraussetzungen für ein Aushandeln von AGB, Neue Juristische Wochenschrift (NJW) 1977, 1328 ff.

Löwe, Walter / Westphalen, Friedrich Graf von / Trinkner, Reinhold, Kommentar zum AGB-Gesetz, Heidelberg 1977 (zit. Löwe/Graf von Westphalen/Trinkner/*Bearbeiter* 1977).

Lutz, Reinhard, AGB-Kontrolle im Handelsverkehr unter Berücksichtigung der Klauselverbote, München 1991.

Määttä, Kalle, Yritysoikeus yritystoiminnan suunnittelussa, Helsinki 2005.

Magnus, Ulrich, Das UN-Kaufrecht – bereit für die nächste Dekade, Zeitschrift für europäisches Privatrecht (ZEuP) 2010, 881 ff.

Magnus, Ulrich, Die Rom I-Verordnung, Praxis des Internationalen Privat- und Verfahrensrechts (IPRax) 2010, 27 ff.

Magnus, Ulrich, Incorporation of Standard Contract Terms under the CISG, in: Sharing International Commercial Law across National Boundaries: Festschrift for Albert H. Kritzer on the Occasion of his Eightieth Birthday (FS Kritzer), London 2008, S. 303 ff.

Magnus, Ulrich, 25 Jahre UN-Kaufrecht, Zeitschrift für Europäisches Privatrecht (ZEuP) 2006, 96 ff.

Magnus, Ulrich, Das UN-Kaufrecht – aktuelle Entwicklungen und Rechtsprechungspraxis, Zeitschrift für Europäisches Privatrecht (ZEuP) 2002, 523 ff.

Magnus, Ulrich, Das UN-Kaufrecht: Fragen und Probleme seiner praktischen Bewährung, Zeitschrift für europäisches Privatrecht (ZEuP) 1997, 823 ff.

Mähönen, Jukka, Kohtuus, in: Varallisuusoikeuden kantavat periaatteet (Varallisuusoikeuden), Vantaa 2000, S. 109 ff.

Maindl, Johannes, Ausländische AGB im deutschen Recht, München 2000.

Mäkelä, Juha, Sopimus ja erehdys, Sastamala 2010.

Mäkilaurila, Pertti, Liikesopimusten sisällön tulkinnasta erityisesti modernien sopimusoikeuden kehittymispiirteiden valossa, Helsinki 2008.

Mallmann, Roman, Rechtswahlklauseln unter Ausschluss des IPR, Neue Juristische Wochenschrift (NJW) 2008, 2953 ff.

Mankowski, Peter, Die Rom I-Verordnung – Änderungen im europäischen IPR für Schuldverträge, Internationales Handelsrecht (IHR) 2008, 133 ff.

Mankowski, Peter, Überlegungen zur sach- und interessengerechten Rechtswahl für Verträge des internationalen Wirtschaftsverkehrs, Recht der internationalen Wirtschaft (RIW) 2003, 2 ff.

Mankowski, Peter, Zu einigen internationalprivat- und internationalprozessrechtlichen Aspekten bei Börsentermingeschäften, Recht der internationalen Wirtschaft (RIW) 1996, 1001 ff.

Mann, F.A., Die Gültigkeit der Rechtswahl- und Gerichtsstandsklausel und das internationale Privatrecht – Zugleich ein Beitrag zu den Haager Regeln, Neue Juristische Wochenschrift (NJW) 1984, 2740 ff.

Mansel, Heinz-Peter / Thorn, Karsten / Wagner, Rolf, Europäisches Kollisionsrecht 2011: Gegenläufige Entwicklungen, Praxis des Internationalen Privat- und Verfahrensrechts (IPRax) 2012, 1 ff.

Mansel, Heinz-Peter / Thorn, Karsten / Wagner, Rolf, Europäisches Kollisionsrecht 2008: Fundamente der Europäischen IPR-Kodifikation, Praxis des Internationalen Privat- und Verfahrensrechts (IPRax) 2009, 1 ff.

Markkanen, Merja, Yleisiin sopimusehtoihin kansainvälisessä kaupassa liittyvät ongelmat, Helsinki 1987.

Martiny, Dieter, Neuanfang im Europäischen Internationalen Vertragsrecht mit der Rom I-Verordnung, Zeitschrift für europäisches Privatrecht (ZEuP) 2010, 747 ff.

Martiny, Dieter, Neues deutsches internationales Vertragsrecht, Recht der internationalen Wirtschaft (RIW) 2009, 737 ff.

Maultzsch, Felix, Rechtswahl und ius cogens im Internationalen Schuldvertragsrecht, Rabels Zeitschrift für ausländisches und internationales Privatrecht (RabelsZ), Band 75, 2011, 60 ff.

McGuire, Mary-Rose, Grenzen der Rechtswahlfreiheit im Schiedsverfahrensrecht, Zeitschrift für Schiedsverfahren (SchiedsVZ) 2011, 257 ff.

McNamara, Tom, U.N. Sale of Goods Convention: Finally Coming of Age? http://www.cisg.law.pace.edu/cisg/biblio/mcnamara.html, Stand 22.5.2009 (zit. *McNamara*).

Medicus, Dieter/Petersen, Jens, Bürgerliches Recht, 22. neu bearbeitete Auflage, Köln 2009.

Medicus, Dieter, Der Grundsatz der Verhältnismäßigkeit im Privatrecht, Archiv für die civilistische Praxis (AcP), Band 192, 1992, 35 ff.

Meyer, Justus, UN-Kaufrecht in der deutschen Anwaltspraxis, Rabels Zeitschrift für ausländisches und internationales Privatrecht (RabelsZ), Band 69, 2005, 457 ff.

Meyer, Olaf, Contra Proferentem? Klares und weniger Klares zur Unklarheitenregel, Zeitschrift für das gesamte Handelsrecht und Wirtschaftsrecht (ZHR), Band 174, 2010, 108 ff.

Meyer, Olaf, Die Anwendung des UN-Kaufrechts in der UN-amerikanischen Gerichtspraxis, Praxis des Internationalen Privat- und Verfahrensrechts (IPRax) 2005, 462 ff.

Meyer-Sparenberg, Wolfgang, Rechtswahlvereinbarungen in Allgemeinen Geschäftsbedingungen, Recht der internationalen Wirtschaft (RIW) 1989, 347 ff.

Michalski, Lutz, Schriftformklauseln in Individual- und Formularverträgen, Deutsches Steuerrecht (DStR) 1998, 771 ff.

Michel, Jörg / Hilbert, Esther Allgemeine Geschäftsbedingungen oder „aus"-gehandelter Individualvertrag? – eine Risikoanalyse, Der Betrieb (DB) 2000, 2513 ff.

Miethaner, Tobias, AGB-Kontrolle versus Individualvereinbarung, Tübingen 2010.

Miethaner, Tobias, AGB oder Individualvereinbarung – die gesetzliche Schlüsselstelle „im Einzelnen ausgehandelt“, Neue Juristische Wochenschrift (NJW) 2010, 3121 ff.

Mikkola, Tuulikki, Oikeustapauskommentti – KKO 2011:74, Defensor Legis (DL) 2011, 833 ff.

Mittmann, Alexander, Zur Einbeziehung von Allgemeinen Geschäftsbedingungen in einen dem CISG unterliegenden Vertrag, Internationales Handelsrecht (IHR) 2006, 103 ff.

Müller, Holger / Otto, Hans-Hermann, Allgemeine Geschäftsbedingungen im internationalen Wirtschaftsverkehr, Berlin 1994.

Müller, Werner / Griebeler, Carsten / Pfeil, Julia, Für eine maßvolle AGB-Kontrolle im unternehmerischen Geschäftsverkehr, Betriebs-Berater (BB) 2009, 2658 ff.

Müller-Graff, Peter-Christian, AGB-Einbeziehung bei kaufmännischer Geschäftsübung und AGB-Gesetz, in: Festschrift für Klemens Pleyer zum 65. Geburtstag (FS Pleyer), Köln 1986, S. 401 ff.

Münchener Kommentar zum Bürgerlichen Gesetzbuch, Band 2, Schuldrecht Allgemeiner Teil, §§ 241-432, 5. Auflage, München 2007 (zit. MüKo Bd. 2/*Bearbeiter* 2007).

Münchener Kommentar zum Bürgerlichen Gesetzbuch, Band 3, Schuldrecht Besonderer Teil, §§ 433-610, CISG, 6. Auflage, München 2012 (zit. MüKo Bd. 3/*Bearbeiter* 2012).

Münchener Kommentar zum Bürgerlichen Gesetzbuch, Band 10, Internationales Privatrecht, Rom I-Verordnung, Rom II-Verordnung, Art. 1-24 EGBGB, 5. Auflage, München 2010 (zit. MüKo Bd. 10/*Bearbeiter* 2010).

Münchener Kommentar zum Bürgerlichen Gesetzbuch, Band 10, Internationales Privatrecht, Art. 1-38 EGBGB, 4. Auflage, München 2006 (zit. MüKo Bd. 10/*Bearbeiter* 2006).

Münchener Kommentar zum Bürgerlichen Gesetzbuch, Band 10, Internationales Privatrecht, Art. 1-38 EGBGB, 3. Auflage, München 1998 (zit. MüKo Bd. 10/*Bearbeiter* 1998).

Münchener Kommentar zum Handelsgesetzbuch, Band 5, Handelsgesetzbuch §§ 343-372, 2. Auflage, München 2009 (zit. MüKo HGB Bd. 5/*Bearbeiter* 2009).

Münchener Kommentar zum Handelsgesetzbuch, Band 6, Handelsgesetzbuch §§ 373-406, CISG, 2. Auflage, München 2007 (zit. MüKo HGB Bd. 6/*Bearbeiter* 2007).

Muukkonen, P.J., Muotosäännökset, Vammala 1958.

Niebling, Jürgen, Anwaltkommentar AGB-Recht, Bonn 2012 (zit. AnwK AGB-Recht/*Bearbeiter* 2012).

Niebling, Jürgen, AGB-Verwendung bei Geschäftsbeziehungen zwischen Unternehmen, Monatsschrift für deutsches Recht (MDR) 2011, 1399 ff.

Niebling, Jürgen, Aktuelle Entwicklungen im AGB-Recht, Monatsschrift für deutsches Recht (MDR) 2010, 961 ff.

Niebling, Jürgen, Wird das Mietrecht AGB freie Zone?, Zeitschrift für Miet- und Raumrecht (ZMR) 2010, 509 ff.

Nomoskommentar, Band 1: Allgemeiner Teil mit EGBGB, 2. Auflage, Baden-Baden 2012 (zit. NomosKomm Bd. 1/*Bearbeiter* 2012).

Nomoskommentar, BGB Schuldrecht, Band 2/1: §§ 241 bis 610, 2. Auflage, Baden-Baden 2012 (zit. NomosKomm Bd. 2/*Bearbeiter* 2012).

Nörenberg, Helmut, Internationale Verträge und Allgemeine Geschäftsbedingungen, Neue Juristische Wochenschrift (NJW) 1978, 1082 ff.

Norokorpi, Ville, Vastuunrajoitusehdot asianajotoimeksiannossa, Turku 2010.

Norros, Olli, Sopimusperusteiset muotovaatimukset, Lakimies (LM) 2008, 183 ff.

Norros, Olli, Sopimusoikeudellisten periaatekokoelmien oikeuslähdearvo, Lakimies (LM) 2007, 25 ff.

Nurmi, Risto, Elektroninen sopimus: elektronisen sopimusilmaisun sitovuusperusteista, Helsinki 1997.

Oikeustoimilakitoimikunta, Komiteamietintö 1990:20, Helsinki 1990.

Oksanen, Antero / Laine, Ville / Kaskiaro, Kim, Urakkasopimukset, Hämeenlinna 2011.

Olsson, Curt, Verkan av avtalsklausuler i standardformulär, Överläggningsämne vid det tjugoförsta nordiska juristmötet 1957, 7 ff.

Ortlieb, Birgit, Anmerkung zu LG Rostock 26.4.2007, veröffentlicht in EWeRK http://www.ewerk.hu-berlin.de/node/540, Stand 20.6.2010 (zit. *Ortlieb*, EWeRK).

Ostendorf, Patrick, Bedenkliche Vertragskontrolle, Frankfurter Allgemeine Zeitung (FAZ), Nr. 218 von 17.9.2008, 23.

Ostermeier, Peter, Die Wirksamkeit von AGB-Schriftformklauseln, Zeitschrift für das gesamte Schuldrecht (ZGS) 2007, 260 ff.

Otto, Hans-Hermann, Allgemeine Geschäftsbedingungen und Internationales Privatrecht, Göttingen 1984.

Ovaskainen, Seppo, Väittämistaakka siviiliprosessissa, Helsinki 1989.

Palandt, Otto, Bürgerliches Gesetzbuch, Kommentar, 70. Auflage, München 2011 (zit. Palandt/*Bearbeiter* 2011).

Palmujoki, Antti / Palmujoki, Katri, Liikejuridiikan perusteet, Keuruu 2007.

Pålsson, Lennart, Romkonventionen: tillämplig lag för avtalsförpliktelser, Stockholm 1998.

Paulusch, Bernd-Arthur, Haftung und Haftungsbeschränkung im kaufmännischen Geschäftsverkehr, Deutsche Zeitschrift für Wirtschaftsrecht (DWiR) 1992, 182 ff.

Perales Viscasillas, Maria del Pilar, Modification and Termination of the Contract (Art. 29 CISG), http://www.cisg.law.pace.edu/cisg/biblio/perales7.html, Stand 22.5.2009 (zit. *Perales Viscasillas*).

Perales Viscasillas, Maria del Pilar, "Battle of the Forms" Under the 1980 United Nations Convention on Contracts for the International Sale of Goods: A Comparison with Section 2-207 UCC and the UNIDROIT Principles, http://www.cisg.law.pace.edu/ cisg/biblio/pperales.html, Stand 22.5.2009 (zit. *Perales Viscasillas 2*).

Peters, Frank, Einkaufsbedingungen, Zeitschrift für das gesamte Schuldrecht (ZGS) 2011, 10.

Pfeiffer, Thomas, Neues Internationales Vertragsrecht – Zur Rom I-Verordnung, Europäisches Zeitschrift für Wirtschaftsrecht (EuZW) 2008, 622 ff.

Pfeiffer, Thomas, Aushandlung und Verhandlung von Vertragsklauseln im Unternehmensverkehr: Die Korrekturbedürftigkeit des deutschen AGB-Begriffs, Zeitschrift für das gesamte Schuldrecht (ZGS) 2004, 401.

Pfeiffer, Thomas, Die stillschweigende Unterlegung von AGB durch Individualabreden. Anmerkung zum LG Frankfurt, Urt. V. 20.3.2003 – 3/10 O 179/02, Zeitschrift für das gesamte Schuldrecht (ZGS) 2003, 378 f.

Pfeiffer, Thomas, AGB-Verwendung im Unternehmensverkehr, in: Handbuch der Handelsgeschäfte, Köln 1999, S. 313 ff.

Pfeiffer, Thomas, Grundlagen und Merkmale des Handelsgeschäfts, in: Handbuch der Handelsgeschäfte, Köln 1999, S. 1 ff.

Pfeiffer, Thomas, Die Entwicklung des Internationalen Vertrags-, Schuld- und Sachenrechts 1997-1999, Neue Juristische Wochenschrift (NJW) 1999, 3674 ff.

Pfeiffer, Thomas, Rechtswahlvereinbarungen, in: Handbuch der Handelsgeschäfte, Köln 1999, S. 897 ff.

Pfeiffer, Thomas, Vom kaufmännischen Verkehr zum Unternehmensverkehr – Die Änderung des AGB-Gesetzes durch das Handelsrechtsreformgesetz, Neue Juristische Wochenschrift (NJW) 1999, 169 ff.

Pfeil, Julia, Law – made in Germany?, Recht der internationalen Wirtschaft (RIW) 2009, Editorial Heft 5/2009.

Pielke, Walther, Vorformulierte, qualifizierte Schriftformklauseln sind sittenwidrig, Betriebs-Berater (BB) 2009, 2282.

Piironen, Matti, Sopimuksen sitovuus ja uudelleen neuvottelu, Turku 2006.

Piltz, Burghard, Neue Entwicklungen im UN-Kaufrecht, Neue Juristische Wochenschrift (NJW) 2011, 2261 ff.

Piltz, Burghard, Incoterms 2010, Internationales Handelsrecht (IHR) 2011, 1 ff.

Piltz, Burghard, Internationales Kaufrecht, Das UN-Kaufrecht in praxisorientierter Darstellung, 2. Auflage, München 2008 (zit. *Piltz*, Internationales Kaufrecht).

Piltz, Burghard, Anmerkung: Einbeziehung von AGB zum Urteil des LG Coburg vom 12.12.2006 – 22 O 38/06, Internationales Handelsrecht (IHR) 2007, 121 ff.

Piltz, Burghard, Neue Entwicklungen im UN-Kaufrecht, Neue Juristische Wochenschrift (NJW) 2007, 2159 ff.

Piltz, Burghard, Neue Entwicklungen im UN-Kaufrecht, Neue Juristische Wochenschrift (NJW) 2005, 2126 ff.

Piltz, Burghard, AGB in UN-Kaufverträgen, Internationales Handelsrecht (IHR) 2004, 133 ff.

Piltz, Burghard, Neue Entwicklungen im UN-Kaufrecht, Neue Juristische Wochenschrift (NJW) 2003, 2056 ff.

Piltz, Burghard, Gestaltung von Exportverträgen nach der Schuldrechtsreform, Internationales Handelsrecht (IHR) 2002, 2 ff.

Piltz, Burghard, Neue Entwicklungen im UN-Kaufrecht, Neue Juristische Wochenschrift (NJW) 2000, 553 ff.

Piltz, Burghard, Export- und Importgeschäfte, in: Handbuch der Handelsgeschäfte, Köln 1999, S. 475 ff.

Piltz, Burghard, Incoterms und UN-Kaufrecht, in: Transport- und Vertriebsrecht 2000, Festgabe für Professor Rolf Herber (FS Herber), Neuwied 1999, S. 20 ff.

Piltz, Burghard, Gestaltung von Exportverträgen, Recht der internationalen Wirtschaft (RIW) 1999, 897 ff.

Piltz, Burghard, UN-Kaufrecht. Gestaltung von Export- und Importverträgen, 3. neu bearbeitete Auflage, Heidelberg 2001 (zit. *Piltz*, UN-Kaufrecht).

Piltz, Burghard, Internationales Kaufrecht, Das UN-Kaufrecht (Wiener Übereinkommen von 1980) in praxisorientierter Darstellung, München 1993 (zit. *Piltz*, Internationales Kaufrecht 1993).

Piltz, Burghard, Praktische Erfahrungen in Deutschland mit der Anwendung der Haager Einheitlichen Kaufgesetze, in: Einheitliches Kaufrecht und nationales Obligationenrecht (Einheitliches Kaufrecht), Baden-Baden 1987, S. 37 ff.

Portin, Göran, Vakiosopimusten problematiikasta, Lakimies (LM) 1987, 391 ff.

Portin, Göran, Om jämkning av oskäliga avtal, Tidskriften utgiven av juridiska förening i Finland (JFT) 1974, 323 ff.

Pötter, Sebastian / Hübner, Oliver, Einbeziehung von AGB. Kurzkommentar. Entscheidungen zum Wirtschaftsrecht (EWiR) 2002, 339 f.

Pöyhönen, Juha, Uusi varallisuusoikeus, 2. Auflage, Saarijärvi 2003.

Pöyhönen, Juha, The Law of Obligations, in: An Introduction to Finnish Law (Finnish Law), 2. Auflage, Helsinki 2002, S. 60 ff.

Pöyhönen, Juha, Velvoitteet ja tehosteet, in: Johdatus Suomen oikeusjärjestelmään I (Oikeusjärjestelmä I), Jyväskylä 1999, S. 132 ff.

Pöyhönen, Juha, Sopimusoikeuden järjestelmä ja sopimusten sovittelu, Vammala 1988.

Probst, Martin, Anmerkung zu BGH von 17.2.2010, Juristische Rundschau (JR) 2011, 213 f.

Prütting, Hanns / Wegen, Gerhard / Weinreich, Gerd, BGB Kommentar, 6. neu bearbeitete und erweiterte Auflage, Köln 2011 (zit. PWW/*Bearbeiter* 2011).

Püls, Joachim, Parteiautonomie, Berlin 1995.

Rabe, Dieter, Die Auswirkung des AGB-Gesetzes auf den kaufmännischen Verkehr, Neue Juristische Wochenschrift (NJW) 1987, 1978 ff.

Railas, Lauri, Sähköiset sopimukset kansainvälisessä kaupassa – UNCITRALin uusi yleissopimus, Defensor Legis (DL) 2005, 1268 ff.

Ramberg, Jan, Standardavtal och avtalsinnehåll, in: Avtalslagen 90 år – Aktuell nordisk rättspraxis (Avtalslagen), Stockholm 2005, S. 447 ff.

Ramberg, Jan / Nilsen, Tom Rune, PSYM 2000 kommentaari, Helsinki 1998.

Ramberg, Jan / Ramberg, Christina, Allmän Avtalsrätt, 8. Auflage, Vällingby 2010.

Rapakko, Annamaria, Lainvalinta kansainvälisessä kaupassa, Defensor Legis (DL) 1990, 656 ff.

Regula, Sven / Kannowski, Bernd, Nochmals: UN-Kaufrecht oder BGB? Erwägungen zur Rechswahl aufgrund einer vergleichenden Betrachtung, Internationales Handelsrecht (IHR) 2004, 45 ff.

Reh, Harald Jürgen, Einbeziehung und Inhaltskontrolle allgemeiner Geschäftsbedingungen im kaufmännischen Verkehr, Nürnberg 1990.

Rehbinder, Eckard, Vertragsschluß nach UN-Kaufrecht im Vergleich zu EAG und BGB, in: Einheitliches Kaufrecht und nationales Obligationenrecht (Einheitliches Kaufrecht), Baden-Baden 1987, S. 149 ff.

Reiling, Michael, Vorkehrungen gegen Vertragsänderungen durch Vertragspartner: Schriftformklauseln, Juristische Arbeitsblätter (JA) 2000, 866 ff.

Reinhart, Gert, Verwendung fremder Sprachen als Hindernis beim Zustandekommen von Kaufverträgen? Recht der internationalen Wirtschaft (RIW) 1977, 16 ff.

Reinicke, Dietrich / Tiedtke, Klaus, Kaufrecht, 8. vollständig überarbeitete Auflage, München 2009.

Reithmann, Christoph / Martiny, Dieter, Internationales Vertragsrecht, 7. neu bearbeitete Auflage, Köln 2010 (zit. *Reithmann/Martiny*).

Reithmann, Christoph / Martiny, Dieter, Internationales Vertragsrecht, 6. Auflage, Köln 2004 (zit. *Reithmann/Martiny* 2004).

Ring, Gerhard, Arbeitsbuch AGB, Münster 2007.

Ring, Gerhard / Klingelhöfer, Thomas / Niebling, Jürgen, AGB-Recht in der anwaltlichen Praxis, 2. Auflage, Bonn 2009.

Ring, Gerhard / Klingelhöfer, Thomas, Das neue AGB-Recht, Bonn 2002.

Ring, Gerhard / Olsen-Ring, Line, Einführung in das skandinavische Recht, München 1999.

Riski, Tom, CISGin sovellettavuus tietokoneohjelmien hankintasopimuksiin, Turku 2002.

Röhricht, Volker / Ammon, Ludwig / Westphalen, Friedrich Graf von, Handelsgesetzbuch, 3. Auflage, Köln 2008 (zit. Röhricht/Ammon/Westphalen/*Bearbeiter* 2008).

Rösler, Hannes, Rechtswahl und optionales Vertragsrecht in der EU, Europäisches Zeitschrift für Wirtschaftsrecht (EuZW) 2011, 1.

Rott, Peter, Informationspflichten in Fernabsatzverträgen als Paradigma für die Sprachenproblematik im Vertragsrecht, Zeitschrift für Vergleichende Rechtswissenschaft (ZVglRWiss) 1999, 382 ff.

Routamo, Eero, Kaupan lait, Kotimainen ja kansainvälinen irtaimen kauppa, 2. Auflage, Helsinki 1996.

Routamo, Eero / Ramberg, Jan, Kauppalain kommentaari, Helsinki 1997.

Rudolph, Helga, Kaufrecht der Export- und Importverträge, Kommentierung des UN-Übereinkommens über internationale Warenkaufverträge mit Hinweisen für die Vertragspraxis, Berlin 1996 (zit. *Rudolph* 1996, Art. x Rn y).

Rühl, Christiane, Rechtswahlfreiheit und Rechtswahlklauseln in Allgemeinen Geschäftsbedingungen, Baden-Baden 1999.

Ruotsi, Mikael, Kan skiljeklausuler i kommersiella förhållanden vara oskäliga? Juridisk Tidskrift (JT) 2007-08 / Nr. 1, 166 ff.

Rüthers, Bernd / Stadler, Astrid, Allgemeiner Teil des BGB, 17. überarbeitete Auflage, München 2011.

Saarnilehto, Ari, Sopimuksen vahvistamisesta, Aufsatz veröffentlicht am 22.3.2010 im Datenbank Edilex. http://www.edilex.fi.ezproxy.utu.fi:2048/lakikirjasto/6905.pdf, Stand 19.7.2010 (zit. *Saarnilehto*, Edilex 2010).

Saarnilehto, Ari, Vakioehtojen käyttö, Seminarmaterialien von Talentum Lakikoulutus: Sopimuksen laatiminen ja sopimustekniikka, 18.3.2010, Helsinki (zit. *Saarnilehto*, Talentum).

Saarnilehto, Ari, Tilausvahvistuksen käyttö, Seminarmaterialien von Talentum Lakikoulutus: Sopimuksen laatiminen ja sopimustekniikka, 18.3.2010, Helsinki (zit. *Saarnilehto*, Talentum 2).

Saarnilehto, Ari, Sopimusoikeuden perusteet, 7. neubearbeitete Auflage, Helsinki 2009.

Saarnilehto, Ari, Viivästysvastuun rajoitus rakennusurakan YSE 1998 -ehtojen mukaan, Defensor Legis (DL) 2009, 523 ff.

Saarnilehto, Ari, Sopimus ja kahdet vakioehdot, Oikeustieto 3/2008, 15 f.

Saarnilehto, Ari, Uudet ilmiöt – uudet säännökset? in: Juhlajulkaisu Leena Kartio 1938 – 30/18 – 2008 (FS Kartio), Jyväskylä 2008, S. 301ff.

Saarnilehto, Ari, Oikeustoimen sovittelu korkeimmassa oikeudessa, Aufsatz veröffentlicht am 27.9.2007 im Datenbank Edilex. http://www.edilex.fi/ lakikirjasto/4778.pdf, Stand 19.11.2008 (zit. *Saarnilehto*, Edilex 2007).

Saarnilehto, Ari, Vastuun rajoitukset riskien hallinnasta ja vakioehdot, Aufsatz veröffentlicht am 5.10.2005 im Datenbank Edilex, http://www.edilex.fi/ lakikirjasto/2666.pdf, Stand 19.11.2008 (zit. *Saarnilehto*, Edilex 2005).

Saarnilehto, Ari, Vakioehtojen liittäminen sopimukseen, Kommentoituja oikeustapauksia, Oikeustieto 3/2002, 2 f.

Saarnilehto, Ari, Vakioehtojen liittäminen sopimukseen, Aufsatz veröffentlicht am 16.11.2001 im Datenbank Edilex, http://ezproxy.utu.fi:2095/lakikirjasto/14.pdf, Stand 9.7.2008 (zit. *Saarnilehto*, Edilex 2001).

Saarnilehto, Ari, Yleisten sopimusehtojen liittäminen sopimukseen. Oikeustieto, Edilex-versio 3/1996, 21 f.

Saarnilehto, Ari, KKO 1992:12, Lakimies (LM) 1992, 759 ff.

Saarnilehto, Ari, Vakioehtojen sovittelusta oikeuskäytännön valossa, in: Maksupalvelusopimuksista ja muista vakiosopimuksista (Maksupalvelusopimuksista), Turku 1990, S. 79 ff.

Saarnilehto, Ari / Hemmo, Mika / Kartio, Leena, Varallisuusoikeus, Oikeuden perusteokset, Juva 2001 (zit. Saarnilehto/Hemmo/Kartio/*Bearbeiter*), Aktualisierung 26.5.2004 hinsichtlich überraschender und strenger Klauseln auf der Internetseite www.wsoypro.fi.

Sacco, Rodolfo, Einführung in die Rechtsvergleichung, Baden-Baden 2001.

Sachsen Gessaphe, Prinz Karl August von, Internationales Privatrecht und UN-Kaufrecht, 2. überarbeitete Auflage, Berlin 2007.

Sainio, Veli, Omistuksenpidätysehdosta kansainvälisessä kaupassa, Defensor Legis (DL) 1996, 196 ff.

Salger, Hanns-Christian, AGB-Rechtsprechung – Die deutsche Wirtschaft will unsinnige Fesseln abstreifen, Legal Tribune Online 22.2.2012, http:// www.lto.de/recht/hintergruende/h/agb-rechtsprechung-die-deutsche-wirtschaft-will-unsinnige-fesseln-abstreifen/, Stand 29.2.2012 (zit. *Salger*, AGB-Rechtsprechung).

Sandvik, Björn, Kolliderande standardavtal – ett slag för knock-out, Tidskriften utgiven av juridiska förening i Finland (JFT) 2008, 115 ff.

Sarelin, Jan, Raisio ABp:s tillämpning av standardvillkor i kommersiella avtal, Turku 2006.

Sauthoff, Elisabeth, Lieferverzug als wesentliche Vertragsverletzung bei Vereinbarung sofortiger Lieferung und wirksame Einbeziehung fremdsprachiger AGB, Internationales Handelsrecht (IHR) 2005, 21 ff.

Savola, Mika, Välityslausekkeen laadinnasta kansainvälisluontoisissa sopimuksissa II, Defensor Legis (DL) 2009, 31 ff.

Schack, Haimo, Internationales Zivilverfahrensrecht, 5. neu bearbeitete Auflage, München 2010.

Schäfer, Carsten, Vertragsschluss unter Einbeziehung von Allgemeinen Geschäftsbedingungen gegenüber Fremdmuttersprachlern, JuristenZeitung (JZ) 2003, 879 ff.

Schiffer, Jack / Weichel, Mario, AGB-Kontrolle im Rahmen von Unternehmenskaufverträgen?, Betriebs-Berater (BB) 2011, 1283 ff.

Schilling, Johannes, Materielles Einheitsrecht und Europäisches Schuldvertrags-IPR, Europäisches Zeitschrift für Wirtschaftsrecht (EuZW) 2011, 776 ff.

Schillo, Franz-Josef, UN-Kaufrecht oder BGB? – Die Qual der Wahl beim internationalen Warenkaufvertrag – Vergleichende Hinweise zur Rechtswahl beim Abschluss von Verträgen, Internationales Handelsrecht (IHR) 2003, 257 ff.

Schinkels, Boris, Handelsbräuche, in: Handbuch der Handelsgeschäfte, Köln 1999, S. 181 ff.

Schlechtriem, Peter, Internationales UN-Kaufrecht, 4. neubearbeitete Auflage, Tübingen 2007.

Schlechtriem, Peter, Kollidierende Geschäftsbedingungen im internationalen Vertragsrecht, in: Transport- und Vertriebsrecht 2000, Festgabe für Professor Rolf Herber (FS Herber), Neuwied 1999, S. 36 ff.

Schlechtriem, Peter, Bemerkungen zur Gesichte des Einheitskaufrechts, in: Einheitliches Kaufrecht und nationales Obligationenrecht (Einheitliches Kaufrecht), Baden-Baden 1987, S. 27 ff.

Schlechtriem, Peter, Kollidierende Standardbedingungen und Eigentumsvorbehalt, in: Zum Deutschen und Internationalen Schuldrecht – Kolloquium aus Anlaß des 75. Geburtstags von Ernst von Caemmerer (Zum Deutschen und Internationalen Schuldrecht), Tübingen 1983, S. 1 ff.

Schlehtriem, Peter, Der Kaufmann im Gesetz zur Regelung des Rechts der allgemeinen Geschäftsbedingungen, in: Festschrift für Konrad Duden zum 70. Geburtstag (FS Duden), München 1977, S. 571 ff.

Schlechtriem, Peter / Schwenzer, Ingeborg, Kommentar zum Einheitlichen UN-Kaufrecht, 5. Auflage, München 2008 (zit. Schlechtriem/Schwenzer/*Bearbeiter* 2008).

Schlechtriem, Peter / Schwenzer, Ingeborg, Kommentar zum Einheitlichen UN-Kaufrecht, 4. Auflage, München 2004 (zit. Schlechtriem/Schwenzer/*Bearbeiter* 2004).

Schlosser, Peter, 10 Jahre AGB-Gesetz, Juristische Rundschau (JR) 1988, 1 ff.

Schmid, Christoph, Das Zusammenspiel von Einheitlichem UN-Kaufrecht und nationalem Recht: Lückenfüllung und Normenkonkurrenz, Berlin 1996.

Schmidt, Hubert, Einbeziehung von AGB im unternehmerischen Geschäftsverkehr, Neue Juristische Wochenschrift (NJW) 2011, 3329 ff.

Schmidt, Karsten, Handelsrecht, 5. Auflage, Köln 1999 (zit. *Schmidt*, Handelsrecht).

Schmidt, Rolf, Bürgerliches Gesetzbuch – Allgemeiner Teil, 7. völlig neu bearbeitete und aktualisierte Auflage, Grasberg bei Bremen 2010 (zit. *Schmidt*, Bürgerliches Gesetzbuch).

Schmidt-Ahrendts, Nils /Höttler, Phillip, Anwendbares Recht bei Schiedsverfahren mit Sitz in Deutschland, Zeitschrift für Schiedsverfahren (SchiedsVZ) 2011, 267 ff.

Schmidt-Kessel, Martin, Kollisionsrechtliche Behandlung der Einbeziehung Allgemeiner Geschäftsbedingungen unter dem CISG, Zeitschrift für Europäisches Privatrecht (ZEuP) 2008, 605 ff.

Schmidt-Kessel, Martin, Einbeziehung von Allgemeinen Geschäftsbedingungen unter UN-Kaufrecht, Neue Juristische Wochenschrift (NJW) 2002, 3444 ff.

Schmidt-Kessel, Martin / Meyer, Linus, Allgemeine Geschäftsbedingungen und UN-Kaufrecht, Internationales Handelsrecht (IHR) 2008, 177 ff.

Schmidt-Salzer, Joachim, Das Gesetz zur Regelung des Rechts der Allgemeine Geschäftsbedingungen, Neue Juristische Wochenschrift (NJW) 1977, 129 ff.

Schmidt-Salzer, Joachim, Allgemeine Geschäftsbedingungen, Neue Juristische Wochenschrift (NJW) 1971, 1010 ff.

Schmitt, Christoph / Ulmer, Detlef, Allgemeine Geschäftsbedingungen und Verträge für Unternehmen, Heidelberg 2010.

Schön, Wolfgang, Zwingendes Recht oder informierte Entscheidung – zu einer (neuen) Grundlage unserer Zivilrechtsordnung, in: Festschrift für Claus-

Wilhelm Canaris zum 70. Geburtstag (FS Canaris), München 2007, S. 1191 ff.

Schroeder, Dirk, Die Einbeziehung Allgemeiner Geschäftsbedingungen nach dem AGB-Gesetz und die Rechtsgeschäftslehre, Berlin 1983.

Schroeter, Ulrich, UN-Kaufrecht und Europäisches Gemeinschaftsrecht, Verhältnis und Wechselwirkungen, München 2005.

Schulte-Nölke, Hans, Zu wenig Vertragsfreiheit – Brüssel ist nicht das Problem, sondern Teil der Lösung, Zeitschrift für das gesamte Schuldrecht (ZGS) 2007, 321.

Schultheiß, Jörg, Allgemeine Geschäftsbedingungen im UN-Kaufrecht, Frankfurt am Main 2004.

Schulz, Klaus-Peter, Schriftformklauseln in Allgemeinen Geschäftsbedingungen, Juristische Ausbildung (Jura) 1995, 71 ff.

Schuhmann, Ralph, Waisenkind des AGB-Gesetzes: der Mustervertrag im kaufmännischen Individualgeschäft, JuristenZeitung (JZ) 1998, 127 ff.

Schurig, Klaus, Schiffbruch beim Eigentumsvorbehalt – Sachenrechtsstatut, Vertragsstatut, Sprachenrisiko, Praxis des Internationalen Privat- und Verfahrensrechts (IPRax) 1994, 27 ff.

Schwab, Martin, AGB-Recht, Heidelberg 2008.

Schweisfurth, Theodor, Völkerrecht, Tübingen 2006.

Schwenker, Christian / Thode, Reinhold, Anmerkung zum BGH 23.6.2005, Zeitschrift für Immobilienrecht (ZfIR) 2005, 635 ff.

Schwenzer, Ingeborg, The Application of the CISG in Light of National Law, Internationales Handelsrecht (IHR) 2010, 45 ff.

Schwenzer, Ingeborg – Mohs, Florian, Old Habits Die Hard: Traditional Contract Formation in a Modern World, Internationales Handelsrecht (IHR) 2006, 239 ff.

Sevón, Leif, Reservationen om avtalsslut i FN-konventionen om internationella köp, Tidskriften utgiven av juridiska förening i Finland (JFT) 2006, 431 ff.

Sevón, Leif, Kauppalaki ja YK:n yleissopimus kansainvälistä tavaran kauppaa koskevista sopimuksista, Lakimies (LM) 1988, 1 ff.

Sevón, Leif, Kann avtal jämkas pü grunder som var kända vid antalsslutet? Tidskriften utgiven av juridiska förening i Finland (JFT) 1985, 155 ff.

Sevón, Leif, Transportör eller speditör? Tidskriften utgiven av juridiska förening i Finland (JFT) 1972, 355 ff.

Sieg, Oliver, Allgemeine Geschäftsbedingungen im grenzüberschreitenden Geschäftsverkehr, Recht der Internationalen Wirtschaft (RIW) 1997, 811 ff.

Siegburg, Peter, AGB, Mehrfachverwendung, Kurzkommentar, Entscheidungen zum Wirtschaftsrecht (EWiR) 2004, 465 f.

Siehr, Kurt, Internationales Privatrecht, Deutsches und europäisches Kollisionsrecht für Studium und Praxis, Heidelberg 2001.

Siehr, Kurt, Der internationale Anwendungsbereich des UN-Kaufrechts, Rabels Zeitschrift für ausländisches und internationales Privatrecht (RabelsZ), Band 52, 1988, 587 ff.

Siltala, Raimo, Oikeustieteen tieteenteoria, Helsinki 2003 (zit. *Siltala*, Oikeustieteen tieteenteoria).

Siltala, Raimo, Johdatus oikeusteoriaan, Helsinki 2001 (zit. *Siltala*, Johdatus oikeusteoriaan).

Sistermann, Christian, Die Anwendung des AGB-Gesetzes bei Geltung des Kaufrechtübereinkommens der Vereinigten Nationen vom 11. April 1980 am Beispiel formularmäßiger Schadensersatzfreizeichnungen, München 1995.

Sisula-Tulokas, Lena, CISG pähkinänkuoressa, 1.1.2009, http://www.helsinki.fi/privatelaw/oppiaineet/sopimusoikeus/materiaali/Kansainvälisenkauppalainpääkohdat 2009.pdf, Stand 30.6.2009 (zit. *Sisula-Tulokas*, CISG 2009).

Sisula-Tulokas, Lena Kuljetusoikeuden perusteet, 3. Auflage, Jyväskylä 2007.

Sisula-Tulokas, Lena, Kansainvälistyvä sopimusoikeus, in: Kaavoitus, rakentaminen, varallisuus – Juhlajulkaisu Vesa Majamaa (FS Majamaa), Helsinki 2005, S. 423 ff.

Sisula-Tulokas, Lena, CISG, kansainvälinen kauppakonventio, in: Ulkomaankauppaoikeus, Jyväskylä 1998, S. 54 ff.

Sisula-Tulokas, Lena, Sovellettavan lain valinta, in: Ulkomaankauppaoikeus, Jyväskylä 1998, S. 99 ff.

Soergel, Hans Theodor, Kommentar zum Bürgerlichen Gesetzbuch, Band 2, Allgemeiner Teil 2, §§ 104-240, 13. Auflage, Stuttgart 1999 (zit. Soergel Bd. 2/*Bearbeiter* 1999).

Soergel, Hans Theodor, Kommentar zum Bürgerlichen Gesetzbuch, Band 3, Schuldrecht II, 12. Auflage, Stuttgart 1991 (zit. Soergel Bd. 3/*Bearbeiter* 1991).

Soergel, Hans Theodor, Kommentar zum Bürgerlichen Gesetzbuch mit Einführungsgesetz und Nebengesetzen, Band 10, Einführungsgesetz, 12. Auflage, Stuttgart 1996 (zit. Soergel Bd. 10/*Bearbeiter* 1996).

Soergel, Hans Theodor, Kommentar zum Bürgerlichen Gesetzbuch, Band 13, Schuldrechtliche Nebengesetze 2, CISG, 13. Auflage, Stuttgart 2000 (zit. Soergel Bd. 13/*Bearbeiter* 2000).

Soimakallio, Sarissa, Tilausvahvistus osana kansainvälistä kauppasopimusta, Turku 1999.

Spellenberg, Ulrich, Doppelter Gerichtsstand in fremdsprachigen AGB, Praxis des Internationalen Privat- und Verfahrensrechts (IPRax) 2007, 98 ff.

Spellenberg, Ulrich, Fremdsprache und Rechtsgeschäft, in: Festschrift für Murad Ferid zum 80. Geburtstag am 11. April 1988 (FS Ferid), Frankfurt am Main 1988, S. 463 ff.

Stadie, Volker / Nietzer, Wolf M., CISG – Das UN-Kaufrecht in der Anwaltspraxis, Monatsschrift für deutsches Recht (MDR) 2002, 428 ff.

Stadler, Hans-Jörg, Allgemeine Geschäftsbedingungen im internationalen Handel, Heidelberg 2003.

Stankewitsch, Peter, Entscheidungsnormen im IPR als Wirksamkeitsvoraussetzungen der Rechtswahl, Frankfurt am Main 2003.

Staudinger, Julius von, Kommentar zum Bürgerlichen Gesetzbuch mit Einführungsgesetz und Nebengesetzen, Internationales Vertragsrecht 1: Art 1-10 Rom I-VO, Berlin Neubearbeitung 2011 (zit. Staudinger Rom I Bd.1/*Bearbeiter* 2011).

Staudinger, Julius von, Kommentar zum Bürgerlichen Gesetzbuch mit Einführungsgesetz und Nebengesetzen, Internationales Vertragsrecht 2: Art 11-29 Rom I-VO und Art 46 b, c EGBGB, Berlin Neubearbeitung 2011 (zit. Staudinger Rom I Bd.2/*Bearbeiter* 2011).

Staudinger, Julius von, Kommentar zum Bürgerlichen Gesetzbuch mit Einführungsgesetz und Nebengesetzen, Eckpfeiler des Zivilrechts, Berlin Neubearbeitung 2011 (zit. Staudinger Eckpfeiler/*Bearbeiter* 2011).

Staudinger, Julius von, Kommentar zum Bürgerlichen Gesetzbuch mit Einführungsgesetz und Nebengesetzen, §§ 139-163, 14. Auflage, Berlin Neubearbeitung 2010 (zit. Staudinger/*Bearbeiter* 2010).

Staudinger, Julius von, Kommentar zum Bürgerlichen Gesetzbuch mit Einführungsgesetz und Nebengesetzen, Recht der Allgemeinen Geschäftsbedingungen §§ 305-310, UKlaG, Berlin Neubearbeitung 2006 (zit. Staudinger AGB/*Bearbeiter* 2006).

Staudinger, Julius von, Kommentar zum Bürgerlichen Gesetzbuch mit Einführungsgesetz und Nebengesetzen, Wiener UN-Kaufrecht (CISG), Berlin Neubearbeitung 2005 (zit. Staudinger CISG/*Bearbeiter* 2005).

Staudinger, Ansgar / Steinrötter, Björn, Europäisches Internationales Privatrecht: Die Rom-Verordnungen, Juristische Arbeitsblätter (JA) 2011, 241 ff.

Steinberger, Christian, Rechtswahl im Export: Risiko deutsches Recht, Betriebs-Berater (BB) 2009, Editorial Heft 35/2009.

Stiegele, Andreas / Halter, Rudolf, Nochmals: Einbeziehung von Allgemeinen Geschäftsbedingungen im Rahmen des UN-Kaufrechts – Zugänglichmachung im Internet, Internationales Handelsrecht (IHR) 2003, 169.

Stoffels, Markus, AGB-Recht, 2. Auflage, München 2009 (zit. *Stoffels*).

Stoffels, Markus, AGB-Recht, 1. Auflage, München 2003 (zit. *Stoffels* 2003).

Stoll, Hans, Das Statut der Rechtswahlvereinbarung – eine irreführende Konstruktion, in: Festschrift für Anton Heini zum 65. Geburtstag (FS Heini), Zürich 1995, S. 429 ff.

Stoll, Hans, Rechtliche Inhaltskontrolle bei internationalen Handelsgeschäften, in: Festschrift für Gerhard Kegel zum 75. Geburtstag (FS Kegel), Stuttgart 1987, S. 623 ff.

Stoll, Hans, Internationalprivatrechtliche Probleme bei Verwendung Allgemeiner Geschäftsbedingungen, in: Festschrift für Günther Beitzke zum 70. Geburtstag (FS Beitzke), Berlin 1979, S. 759 ff.

Stolleis, Michael, Der Koloß darf nicht nur marschieren. Wer Recht in Europa schafft, muß auch auf dessen nationale Traditionen achten, Frankfurter Allgemeine Zeitung (FAZ), Nr. 145 von 26.6.1998, 45.

Stürner, Michael, Der Grundsatz der Verhältnismäßigkeit im Schuldvertragsrecht, Tübingen 2010.

Stürner, Michael, Die Qual der (Ab-)Wahl: Der Ausschluss des UN-Kaufrechts aus der Sicht des deutschen Importeurs, in: AGB im Spannungsfeld zwischen Kautelarpraxis und Rechtsprechung (AGB im Spannungsfeld), Baden-Baden 2007, S. 155 ff.

Tammi-Salminen, Eva, Sopimus, kompetenssi ja kolmas, Jyväskylä 2001.

Tanninen, Seppo, Yleiset sopimusehdot ja battle of forms kansainvälisessä kaupassa, Helsinki 1985.

Taupitz, Jochen / Kritter, Thomas, Electronic Commerce – Probleme bei Rechtsgeschäften im Internet, Juristische Schulung (JuS) 1999, 839 ff.

Taxell, Lars Erik, Avtalsrättens normer, Turku 1987 (zit. *Taxell*, Avtalrättens normer).

Taxell, Lars Erik, Jämkning av avtal, Tidskriften utgiven av juridiska förening i Finland (JFT) 1984, 606 ff.

Taxell, Lars Erik, Ensidig ändring av villkor i massavtal, Tidskriften utgiven av juridiska förening i Finland (JFT) 1980, 31 ff.

Taxell, Lars Erik, Om lojalitet i avtalsförhållanden, Defensor Legis (DL) 1977, 148 ff.

Taxell, Lars Erik, Avtal och rättsskydd, Turku 1972 (zit. *Taxell*, Avtal och rättsskydd).

Teklote, Stephan, Die Einheitlichen Kaufgesetze und das deutsche AGB-Gesetz, Probleme bei der Verwendung Allgemeiner Geschäftsbedingungen im CISG und im EKG/EAG, Baden-Baden 1994.

Telaranta, K.A., Sopimusoikeus, Vammala 1990.

Temme, Jürgen, Individualvereinbarung und Allgemeine Geschäftsbedingungen im neuen Transportrecht, in: Transport- und Vertriebsrecht 2000, Festgabe für Professor Rolf Herber (FS Herber), Neuwied 1999, S. 197 ff.

Tepora, Jarno, Johdatus esineoikeuden perusteisiin, Helsinki 2008 (zit. *Tepora*, Johdatus esineoikeuden perusteisiin).

Tepora, Jarno, Oikeuden materiaalistuminen ja esineoikeuden perusteet, Lakimies (LM) 1998, 774 ff.

Tepora, Jarno, Omistuksenpidätyksestä, Vammala 1984 (zit. *Tepora*, Omistuksenpidätyksestä).

Tepora, Jarno / Kaisto, Janne / Hakkola, Esa, Esinevakuudet, Jyväskylä 2009.

Teske, Wolfgang, Schriftformklauseln in allgemeinen Geschäftsbedingungen, Köln 1990.

Tettinger, Peter, Haftungsfreizeichnungsklauseln in Verkäufer-AGB – Kollidieren alte Gewohnheiten mit der Kardinalpflichtenrechtsprechung, in: AGB und Vertragsgestaltung nach der Schuldrechtsreform (AGB und Vertragsgestaltung), Baden-Baden 2005, S. 145 ff.

Tettinger, Peter, Zu den Freizeichnungsmöglichkeiten des Verkäufers einer mangelhaften Sache, Archiv für die civilistische Praxis (AcP), Band 205, 2005, 1 ff.

Tiedemann, Stefan, Kollidierende AGB-Rechtswahlklauseln im österreichischen und deutschen IPR, Praxis des Internationalen Privat- und Verfahrensrechts (IPRax) 1991, 424 ff.

Tikkanen, Sirpa, Lainvalinta kansainvälisluontoisissa sopimuksissa ja sitoumuksissa, Kommentoituja oikeustapauksia, Oikeustieto, Edilex-versio 2/1998, 3 ff.

Timonen, Pekka, Sources of Law and Material on the Sources of Law, in: An Introduction to Finnish Law (Finnish Law), 2. Auflage, Helsinki 2002, S. 21 ff.

Toiviainen, Heikki, Introduction to Finnish Business Law, Helsinki 2008.

Tolonen, Hannu, Oikeuslähdeoppi, Helsinki 2003.

Tolonen, Hannu, Sopimuksen sitovuus ja sopimusvapaus, in: Varallisuusoikeuden kantavat periaatteet (Varallisuusoikeuden), Vantaa 2000, S. 70 ff.

Tolonen, Hannu, Yhdenvertaisuus, in: Varallisuusoikeuden kantavat periaatteet (Varallisuusoikeuden), Vantaa 2000, S. 82 ff.

Tolonen, Hannu, Yleisten periaatteiden merkitys ja niiden yhteensovittaminen, in: Varallisuusoikeuden kantavat periaatteet (Varallisuusoikeuden), Vantaa 2000, S. 156 ff.

Tolonen, Hannu, Tuomarin harkinta normin puuttuessa, Lakimies (LM) 1997, 25 ff.

Tolonen, Juha, Varallisuusoikeus ja talousjärjestys, in: Varallisuusoikeuden kantavat periaatteet (Varallisuusoikeuden), Vantaa 2000, S. 15 ff.

Tonner, Klaus / Willingmann, Armin / Tamm, Marina, Vertragsrecht. Kommentar, Köln 2010 (zit. Tonner/Willingmann/Tamm/*Bearbeiter* 2010).

Triebel, Volker, Der Kampf ums anwendbare Recht, Neue Juristische Wochenschrift (NJW) 2008, Editorial, Heft 9/2008.

Tulokas, Mikko, Vakioehtojen sitovuus – eräs ajatusmalli, in: Juhlajulkaisu Matti Ylöstalo (FS Ylöstalo), Helsinki 1987, S. 447 ff.

Tuomisto, Jarmo, Irtaimen kauppaan liittyvä omistuksenpidätysehto ja uusi konkurssilaki, in: Kaavoitus, rakentaminen, varallisuus – Juhlajulkaisu Vesa Majamaa (FS Majamaa), Helsinki 2005, S. 495 ff.

Tuomisto, Jarmo, Omistuksenpidätys ja leasing, Vammala 1988.

Tykkyläinen, Juha, Sopimusoikeus, Seminaari 23.11.2006, Lahti, http://www.stm.fi/Resource.phx/orgns/neuvt/rikos/seminaari231106.htx.i1038.pdf, Stand 28.10.2008 (*Tykkyläinen*, Seminar).

Uffmann, Katharina, Richtungswechsel des BGH bei der ergänzenden Vertragsauslegung, Neue Juristische Wochenschrift (NJW) 2011, 1313 ff.

Ulmer, Peter, Referat, in: Verhandlungen des 50. Deutschen Juristentages, Band II, München 1974, S. H8 ff.

Ulmer, Peter / Brandner, Hans-Erich / Hensen, Horst-Diether, AGB-Gesetz. Kommentar, 11. Auflage, Köln 2011 (zit. Ulmer/Brandner/Hensen/*Bearbeiter* 2011).

Ulmer, Peter / Brandner, Hans-Erich / Hensen, Horst-Diether, AGB-Gesetz. Kommentar, 9. Auflage, Köln 2001 (zit. Ulmer/Brandner/Hensen/Be-*arbeiter* 2001).

Väinölä, Elina, Battle of forms kansainvälisissä sopimuksissa, Turku 2002.

Van Alstine, Michael P., Fehlender Konsens beim Vertragsabschluss nach dem einheitlichen UN-Kaufrecht, Baden-Baden 1995.

Vanhala, Tomas, Vilka bestämmelser gäller i ett avtalsförhållande då vardera kontrahenten hänvisat till sina allmänna avtalsvillkor? Tidskriften utgiven av juridiska förening i Finland (JFT) 1995, 161 ff.

Ventsch, Verena / Kluth, Peter, Die Einbeziehung von Allgemeinen Geschäftsbedingungen im Rahmen des UN-Kaufrechts, Internationales Handelsrecht (IHR) 2003, 61 ff.

Ventsch, Verena / Kluth, Peter, UN-Kaufrecht: Keine Einbeziehung von AG durch Abrufmöglichkeit im Internet, Internationales Handelsrecht (IHR) 2003, 224 f.

Verweyen, Urs / Foerster, Viktor / Toufar, Oliver, Handbuch des Internationalen Warenkaufs UN-Kaufrecht (CISG), Stuttgart 2007.

Virolainen, Jyrki, Väittämistaakasta välimiesmenettelyssä, in: Oikeudenkäyntejä ja tuomioistuimia – Juhlakirja Juha Lappalainen 60 vuotta (FS Lappalainen), Helsinki 2007, S. 563 ff.

Virolainen, Jyrki, Åberopsbörda och jämkning av avtalsvillkor, Tidskriften utgiven av juridiska förening i Finland (JFT) 2006, 187 ff.

Vischer, Frank / Lucius Huber / Oser, David, Internationales Vertragsrecht, 2. überarbeitete Auflage, Bern 2000.

Vogt, Susanne, AGB im kaufmännischen Verkehr – Grundsatzen und Grenzen, Transportrecht (TranspR) 2010, 15 ff.

Vorderobermeier, Bernd-Stefan, Die Einbeziehung Allgemeiner Geschäftsbedingungen im kaufmännischen Geschäftsverkehr unter besonderer Berücksichtigung der überraschenden Klauseln (§ 3 AGBG), München 1992.

Vuoti, Vesa, Kotisivujen käyttöehdot, Turku 2002.

Wackerbarth, Ulrich, Unternehmer, Verbraucher und die Rechtfertigung der Inhaltskontrolle, Archiv für die civilistische Praxis (AcP), Band 200, 2000, 45 ff.

Wagner, Gerhard, Die Soziale Frage und der Gemeinsame Referenzrahmen, Zeitschrift für europäisches Privatrecht (ZEuP) 2007, 180 ff.

Wagner, Rolf, Der Grundsatz der Rechtswahl und das mangels Rechtswahl anwendbare Recht (Rom I-Verordnung), Praxis des Internationalen Privat- und Verfahrensrechts (IPRax) 2008, 377 ff.

Wellenhofer-Klein, Marina, Strukturell ungleiche Verhandlungsmacht und Inhaltskontrolle von Verträgen, Zeitschrift für Wirtschaftsrecht (ZIP) 1997, 774 ff.

Weller, Marc-Philippe, Stillschweigende Einbeziehung der AGB-Banken im internationalen Geschäftsverkehr (zu BGH 4.3.2004 – IX ZR 185/02), Praxis des Internationalen Privat- und Verfahrensrechts (IPRax) 2005, 428 ff.

Wenner, Christian, Das Internationale Schuldvertragsrecht in der Praxis des VII Zivilsenats des BGH, in: Festschrift für Reinhold Thode zum 65. Geburtstag (FS Thode), München 2005, S. 661 ff.

Wenner, Christian, Rechtswahlblüten, in: Festschrift für Ulrich Werner zum 65. Geburtstag (FS Werner), München 2005, S. 39 ff.

Westphalen, Friedrich Graf von, AGB-Recht im Jahr 2010, Neue Juristische Wochenschrift (NJW) 2011, 2098 ff.

Westphalen, Friedrich Graf von, AGB-rechtliche Schutzschranken im unternehmerischen Verkehr: Rückblick und Ausblick, Betriebs-Berater (BB) 2011, 195 ff.

Westphalen, Friedrich Graf von, Stellen vs. Aushandeln von AGB-Klauseln im unternehmerischen Geschäftsverkehr – der BGH weist die Lösung, Zeitschrift für Wirtschaftsrecht (ZIP) 2010, 1110 ff.

Westphalen, Friedrich Graf von, AGB-Recht im Jahr 2009, Neue Juristische Wochenschrift (NJW) 2010, 2254 ff.

Westphalen, Friedrich Graf von, Wider die angebliche Unattraktivität des AGB-Rechts, Betriebs-Berater (BB) 2010, 195 ff.

Westphalen, Friedrich Graf von, Wirksamkeitsgrenzen von Haftungsfreizeichnungs- und Haftungsbegrenzungsklauseln, Ad Legendum (AL) 2010, 77 ff.

Westphalen, Friedrich Graf von, Allgemeine Einkaufsbedingungen, 5. überarbeitete und aktualisierte Auflage, München 2009 (zit. *Graf von Westphalen*, Einkaufsbedingungen).

Westphalen, Friedrich Graf von, Wettbewerb der Rechtssysteme, Betriebs-Berater (BB) 2009, Editorial Heft 20/2009.

Westphalen, Friedrich Graf von, Der Anwalt und der Griff zur Feder – Warum so zaghaft?, Neue Juristische Wochenschrift (NJW) 2009, 3560 ff.

Westphalen, Friedrich Graf von, Wider einen Reformbedarf beim AGB-Recht im Unternehmerverkehr, Neue Juristische Wochenschrift (NJW) 2009, 2977 ff.

Westphalen, Friedrich Graf von, AGB-Recht im Jahr 2007, Neue Juristische Wochenschrift (NJW) 2008, 2234 ff.

Westphalen, Friedrich Graf von, Allgemeine Verkaufsbedingungen, 6. überarbeitete Auflage, München 2007 (zit. *Graf von Westphalen*, Verkaufsbedingungen).

Westphalen, Friedrich Graf von, 30 Jahre AGB-Recht – Eine Erfolgsbilanz, Zeitschrift für Wirtschaftsrecht (ZIP) 2007, 149 ff.

Westphalen, Friedrich Graf von, AGB-Recht im Jahr 2006, Neue Juristische Wochenschrift (NJW) 2007, 2228 ff.

Westphalen, Friedrich Graf von, AGB-Recht im Jahr 2005, Neue Juristische Wochenschrift (NJW) 2006, 2228 ff.

Westphalen, Friedrich Graf von, Zwingendes Recht v. Vertragsfreiheit, Zeitschrift für das gesamte Schuldrecht (ZGS) 2006, 81.

Westphalen, Friedrich Graf von, Die Entwicklung des AGB-Rechts im Jahr 2001, Neue Juristische Wochenschrift (NJW) 2002, 1688 ff.

Westphalen, Friedrich Graf von, Meidet das deutsche Recht, Recht der internationalen Wirtschaft (RIW) 1999, Editorial, Heft 1/1999.

Westphalen, Friedrich Graf von, Fallstricke bei Verträgen und Prozessen mit Auslandsberührung, Neue Juristische Wochenschrift (NJW) 1994, 2113 ff.

Westphalen, Friedrich Graf von, Kollision von Einkaufs- u. Verkaufsbedingungen beim Vertragsabschluß, Der Betrieb (DB) 1976, 1317 ff.

Westphalen, Friedrich Graf von / Thüsing, Gregor, Vertragsrecht und AGB-Klauselwerke, Loseblattsammlung, Stand 2010, München (zit. Graf von Westphalen/Thüsing/*Bearbeiter*, Name des Kapitels).

Wetzler, Christoph F., Rechtswahl im deutschen Recht – Möglichkeiten, Reichweite und Grenzen, in: Rechtswahlklauseln, Köln 2005, S. 1 ff.

Wieland, Max, Gesetz zur Regelung der Allgemeinen Geschäftsbedingungen, in: Allgemeine Geschäftsbedingungen in der europäischen Rechtspraxis (AGB in europäischen Rechtspraxis), Wien 1997, S. 13 ff.

Wilhemsson, Thomas, Vakiosopimus ja kohtuuttomat sopimusehdot, 3. Auflage, Helsinki 2008.

Wilhelmsson, Thomas, Avtal, in: Finlands civil- och handelsrätt: en introduktion, 3. Auflage, Jyväskylä 2005, S. 237 ff.

Wilhelmsson, Thomas, Välityslausekkeen sovittelu elinkeinonharjoittajien välisessä suhteessa, in: Juhlakirja Esko Hoppu 1935 – 15/1 – 2005 (FS Hoppu), Jyväskylä 2005, S. 411 ff.

Wilhelmsson, Thomas, Yksityisoikeus ja sen yleiset opit, in: Johdatus Suomen oikeusjärjestelmään I (Oikeusjärjestelmä I), Jyväskylä 1999, S. 105 ff.

Wilhelmsson, Thomas / Sevón, Leif / Koskelo, Pauliine, Kauppalain pääkohdat, 5. Auflage, Helsinki 2006.

Wirén, Ari, KKO 2007:41. Sivu-urakkasopimukseen perustuvien vaatimusten esittäminen, in: KKO:n ratkaisut kommentein I 2007 (KKO:n ratkaisut), Helsinki 2007, S. 275 ff.

Wittmann, Franz, „Bedingung-Ping-Pong“ nach einheitlichem Kaufrecht, Computer und Recht (CR) 1989, 1078 ff.

Witz, Wolfgang / Salger, Hanns-Christian / Lorenz, Manuel, International Einheitliches Kaufrecht, Praktiker- Kommentar und Vertragsgestaltung zum CISG, Heidelberg 2000 (zit. Witz/Salger/Lorenz/*Bearbeiter*).

Wolf, Manfred, Vertragsfreiheit und Vertragsrecht im Lichte der AGB-Rechtsprechung des Bundesgerichtshofs, in: 50 Jahre Bundesgerichtshof, Festgabe aus der Wissenschaft, Band I (50 Jahre BGH), München 2000, S. 111 ff.

Wolf, Manfred, Die Vorformulierung als Voraussetzung der Inhaltskontrolle, in: Festschrift für Hans Erich Brandner zum 70. Geburtstag (FS Brandner), Köln 1996, S. 299 ff.

Wolf, Manfred, Individualvereinbarungen im Recht der Allgemeinen Geschäftsbedingungen, Neue Juristische Wochenschrift (NJW) 1977, 1937 ff.

Wolf, Manfred / Lindacher, Walter F / Pfeiffer, Thomas, AGB-Gesetz, Kommentar, 5. Auflage, München 2009 (zit. Wolf/Lindacher/Pfeiffer/*Bearbeiter* 2009).

Wukoschitz, Michael, Rechtswahlklauseln in AGB, in: Rechtswahlklauseln, Köln 2005, S. 27 ff.

Wulf, Hans Markus, UN-Kaufrecht und eCommerce, Frankfurt am Main 2003.

Yrittäjänsuojatoimikunta, Komiteamietintö 1979:61, Helsinki 1979.

Zanier-Link, Etienne, OLG Koblenz: Eine vorformulierte qualifizierte Schriftformklausel steht einer mündlichen Individualvereinbarung nicht entgegen, Gesellschafts- und Wirtschaftsrecht (GWR) 2011, 162.

Zoller, Edgar, Dogmatik, Anwendungsprobleme und die ungewisse Zukunft des Vorrangs individueller Vertragsvereinbarungen vor Allgemeinen Geschäftsbedingungen (§ 4 AGBG), JuristenZeitung (JZ) 1991, 850 ff.

Zöller, Richard, Zivilprozessordnung, 29. Auflage, Köln 2012 (zit. Zöller/*Bearbeiter* 2012).

Zöllner, Wolfgang, Vertragskontrolle und Gerechtigkeit, Neue Zeitschrift für Arbeitsrecht. Beilage. Heft 3. (NZA-Beil.) 2006, 99 ff.

Zweigert, Konrad / Kötz, Hein, Einführung in die Rechtsvergleichung, 3. Auflage, Tübingen 1996.

STUDIEN ZUM VERGLEICHENDEN UND INTERNATIONALEN RECHT

Herausgeber: Bernd von Hoffmann (†), Erik Jayme und Heinz-Peter Mansel

Band 1 Ferdinand Henke: Die Datenschutzkonvention des Europarates. 1986.

Band 2 Peter Czermak: Der express trust im internationalen Privatrecht. 1986.

Band 3 Peter Kindler: Der Ausgleichsanspruch des Handelsvertreters im deutsch-italienischen Warenverkehr. Eine rechtsvergleichende und kollisionsrechtliche Untersuchung. 1987.

Band 4 Wilhelm Denzer: Stellung und Bedeutung des Engineers in den FIDIC-Bauvertragsbedingungen. 1988.

Band 5 Marijan-Maximilian Lederer: Die internationale Enteignung von Mitgliedschaftsrechten unter besonderer Berücksichtigung der französischen Enteignungen 1982. 1989.

Band 6 Rainer Esser: Klagen gegen ausländische Staaten. 1990.

Band 7 Chang Jae-Ok: Auf dem Weg zu einer Materialisierung des Immateriellen? Personen-, Persönlichkeitsschutz und Geldersatz des immateriellen Schadens in rechtsvergleichender Hinsicht am Beispiel des koreanischen und japanischen Zivilrechts unter besonderer Berücksichtigung des deutschen Rechts. 1990.

Band 8 Paul-Frank Weise: Lex mercatoria. Materielles Recht vor der internationalen Handelsschiedsgerichtbarkeit. 1990.

Band 9 Werner Born: Der Auftrittsvertrag für Musikgruppen im Bereich der Rock- und Popmusik. 1990.

Band 10 Ralf Erich Jürgens: IPR und Verfassung in Italien und in der Bundesrepublik Deutschland. 1990.

Band 11 Rainer Gildeggen: Internationale Schieds- und Schiedsverfahrensvereinbarungen in Allgemeinen Geschäftsbedingungen vor deutschen Gerichten. 1991.

Band 12 Klaus Grabinski: Die kollisionsrechtliche Behandlung des Durchgriffs bei rechtlich verselbständigten Unternehmen in privater oder öffentlicher Hand. 1991.

Band 13 Dieter Stummel: Konkurs und Integration. Konventionsrechtliche Wege zur Bewältigung grenzüberschreitender Insolvenzverfahren. 1991.

Band 14 Joachim Güntzer: Die Rechtsstellung des Geschäftsführers im spanischen Aktienrecht. Die Neuregelung des spanischen Aktienrechts nach dem Beitritt Spaniens zur EG. 1991.

Band 15 Sabine Isenburg-Epple: Die Berücksichtigung ausländischer Rechtshängigkeit nach dem Europäischen Gerichtsstands- und Vollstreckungsübereinkommen vom 27.9.1968. Untersuchungen zum Anwendungsbereich von Art. 21 EuGVÜ unter schwerpunktmäßiger Behandlung der Frage nach der Bestimmung eines europäischen Streitgegenstandsbegriffs. 1992.

Band 16 Ulrich Nickl: Die Qualifikation der culpa in contrahendo im Internationalen Privatrecht. 1992.

Band 17 Theo Rauh: Leistungserschwerungen im Schuldvertrag. Eine rechtsvergleichende Untersuchung des englischen, US-amerikanischen, französischen und deutschen Rechts unter besonderer Berücksichtigung der gerichtlichen Praxis. 1992.

Band 18 Bernadette Chaussade-Klein: Vorvertragliche "obligation de renseignements" im französischen Recht. 1992.

Band 19 Josef Sievers: Verbraucherschutz gegen unlautere Vertragsbedingungen im französischen Recht. Vom Code civil zum "Code de la consommation" – die Entstehung eines Sonderprivatrechts für Verbraucher. 1993.

Band 20 Achim Schäfer: Grenzüberschreitende Kreditsicherung an Grundstücken, unter besonderer Berücksichtigung des deutschen und italienischen Rechts. 1993.

Band 21 Eugenio Hernández-Breton: Internationale Gerichtsstandsklauseln in Allgemeinen Geschäftsbedingungen. Unter besonderer Berücksichtigung des deutsch-südamerikanischen Rechtsverkehrs (dargestellt am Beispiel Argentinien, Brasilien und Venezuela). 1993.

Band 22 Ingo Reng: Unterhaltsansprüche aufgrund nichtehelicher Lebensgemeinschaft – Internationales Privatrecht und ausländisches materielles Recht. 1994.

Band 23 Stefanie Roloff: Die Geltendmachung ausländischer öffentlicher Ansprüche im Inland. 1994.

Band 24 Katharina Ludwig: Der Vertragsschluß nach UN-Kaufrecht im Spannungsverhältnis von Common Law und Civil Law. Dargestellt auf der Grundlage der Rechtsordnungen Englands und Deutschlands. 1994.

Band 25 Malte Diesselhorst: Mehrparteienschiedsverfahren. Internationale Schiedsverfahren unter Beteiligung von mehr als zwei Parteien. 1994.

Band 26 Manfred Kost: Konsensprobleme im internationalen Schuldvertragsrecht. 1995.

Band 27 Wolff-Heinrich Fleischer: Das italienische Wettbewerbsrecht und die Probleme des selektiven Parfümvertriebs unter Berücksichtigung der Rechtslage in Frankreich und Deutschland. 1995.

Band 28 Angelika Fuchs: Lateinamerikanische Devisenkontrollen in der internationalen Schuldenkrise und Art. VIII Abschn. 2 b) IWF-Abkommen. 1995.

Band 29 Jacques Matthias Aull: Der Geltungsanspruch des EuGVÜ: "Binnensachverhalte" und Internationales Zivilverfahrensrecht in der Europäischen Union. Zur Auslegung von Art. 17 Abs. 1 S. 1 EuGVÜ. 1996.

Band 30 Hartmut Ost: EVÜ und fact doctrine. Konflikte zwischen europäischer IPR-Vereinheitlichung und der Stellung ausländischen Rechts im angelsächsischen Zivilprozeß. 1996.

Band 31 Stefan Wagner: Die Testierfähigkeit im Internationalen Privatrecht. 1996.

Band 32 Wolfgang Jakob Hau: Positive Kompetenzkonflikte im Internationalen Zivilprozeßrecht. Überlegungen zur Bewältigung von *multi-fora disputes*. 1996.

Band 33 Markus Schütz: UN-Kaufrecht und *Culpa in contrahendo*. 1996.

Band 34 Volker Geyrhalter: Das Lösungsrecht des gutgläubigen Erwerbers. Ein "vergessener" Kompromiß und die Auswirkungen auf das heutige deutsche Recht unter besonderer Berücksichtigung des internationalen Sachenrechts. 1996.

Band 35 Andreas Kramer: Abwicklungsstörungen bei Kaufverträgen. Die Lieferung vertragswidriger Sachen im deutschen und italienischen Recht. 1996.

Band 36 Petra Krings: Erfüllungsmodalitäten im internationalen Schuldvertragsrecht. 1997.

Band 37 Tonja Gaibler: Der rechtsgeschäftliche Irrtum im französischen Recht. 1997.

Band 38 Dirk Otto: Rechtsspaltung im indischen Erbrecht. Bedeutung und Auswirkungen auf deutsch-indische Nachlaßfälle. 1997.

Band 39 Gregor W. Decku: Zwischen Vertrag und Delikt. Grenzfälle vertraglicher und deliktischer Haftung dargestellt am Beispiel der Berufs- und Expertenhaftung zum Schutze des Vermögens Dritter im deutschen und englischen Recht. 1997.

Band 40 Gregor W. Decku: Zwischen Vertrag und Delikt. Grenzfälle vertraglicher und deliktischer Haftung dargestellt am Beispiel der Berufs- und Expertenhaftung zum Schutze des Vermögens Dritter im deutschen und englischen Recht. 1997.

Band 41 Ulrike Höpping: Auswirkungen der Warenverkehrsfreiheit auf das IPR unter besonderer Berücksichtigung des Internationalen Produkthaftungsrechts und des Internationalen Vertragsrechts. 1997.

Band 42 Helene Boriths Müller: Die Umsetzung der europäischen Übereinkommen von Rom und Brüssel in das Recht der Mitgliedstaaten. Dargestellt am Beispiel Deutschlands und Dänemarks. 1997.

Band 43 Bernd von Hoffmann / Myong-Chang Hwang (eds.): The Public Concept of Land Ownership. Reports and Discussions of a German-Korean Symposium held in Seoul on October 7-9, 1996. 1997.

Band 44 Oliver Heeder: Fraus legis. Eine rechtsvergleichende Untersuchung über den Vorbehalt der Gesetzesumgehung in Deutschland, Österreich, der Schweiz, Frankreich und Belgien unter besonderer Berücksichtigung des Internationalen Privatrechts. 1998.

Band 45 Heinrich Schütt: Deliktstyp und Internationales Privatrecht. Dargestellt an grenzüberschreitenden Problemen der Arzthaftung. 1998.

Band 46 Axel Steiner: Die stillschweigende Rechtswahl im Prozeß im System der subjektiven Anknüpfungen im deutschen Internationalen Privatrecht. 1998.

Band 47 Martina Schulz: Der Eigentumsvorbehalt in europäischen Rechtsordnungen. Rechtsvergleichende Untersuchung des deutschen, englischen und französischen Rechts unter besonderer Berücksichtigung von Erweiterungen und Verlängerungen. 1998.

Band 48 Karin Dreher: Die Rechtswahl im internationalen Erbrecht. Unter besonderer Berücksichtigung des italienischen IPR-Reformgesetzes N. 218 vom 31. Mai 1995. 1999.

Band 49 Giuliano Gabrielli: Das Verhältnis zwischen der Anfechtung wegen Eigenschaftsirrtums und den Gewährleistungsansprüchen im deutschen, österreichischen und italienischen Recht. 1999.

Band 50 Bernd von Hoffmann / Myong-Chan Hwang (eds.): Developments in Land Law. Reports and Discussions of a German-Korean Symposium held in Berlin and Trier on July 21-24, 1997. 1999.

Band 51 Volker Heidbüchel: Das UNCITRAL-Übereinkommen über unabhängige Garantien und Standby Letters of Credit. Vergleiche mit den Richtlinien der Internationalen Handelskammer, dem deutschen, englischen und US-amerikanischen Recht. 1999.

Band 52 Jan Christoph Nordmeyer: Pflichtteilsansprüche und Wiedervereinigung. Eine systematische Analyse der Ausgleichsansprüche nach BGB-Pflichtteilsrecht unter besonderer Berücksichtigung der durch den Wiedervereinigungsprozeß eingetretenen Wertveränderungen. 1999.

Band 53 Bettina Linder: Vertragsabschluß beim grenzüberschreitenden Verbraucherleasing. 1999.

Band 54 Almontasser Fetih: Die zivilrechtliche Haftung bei Vertragsverhandlungen. Eine rechtsvergleichende Studie zum deutschen, französischen, ägyptischen und islamischen Recht. 2000.

Band 55 Sona Rajani: Die Geltung und Anwendung des Gemeinschaftsrechts im Vereinigten Königreich von Großbritannien und Nordirland. Der Grundsatz der Parlamentssouveränität im Wandel. 2000.

Band 56 Joachim Kayser: Gegenmaßnahmen im Außenwirtschaftsrecht und das System des europäischen Kollisionsrechts. Eine Analyse der EU-Abwehrverordnung gegen die Auswirkungen extraterritorialer Rechtserstreckung eines Drittlandes. 2001.

Band 57 Albrecht Conrad: Qualifikationsfragen des Trust im Europäischen Zivilprozeßrecht. 2001.

Band 58 Bernd Borgmann: Die Entsendung von Arbeitnehmern in der Europäischen Gemeinschaft. Wechselwirkungen zwischen Kollisionsrecht, Grundfreiheiten und Spezialgesetzen. 2001.

Band 59 Aleksandar Jaksic: Arbitration and Human Rights. 2002.

Band 60 Islamisches und arabisches Recht als Problem der Rechtsanwendung. Symposium zu Ehren von Professor Emeritus Dr. iur. Omaia Elwan. Veranstaltet vom Institut für ausländisches und internationales Privat- und Wirtschaftsrecht der Universität Heidelberg und der Gesellschaft für Arabisches und Islamisches Recht e.V. Herausgegeben von Herbert Kronke, Gert Reinhart und Nika Witteborg. 2001.

Band 61 Patrick Fiedler: Stabilisierungsklauseln und materielle Verweisung im internationalen Vertragsrecht. 2001.

Band 62 Werner Mangold: Die Abtretung im Europäischen Kollisionsrecht. Unter besonderer Berücksichtigung des spanischen Rechts. 2001.

Band 63 Eike Dirk Eschenfelder: Beweiserhebung im Ausland und ihre Verwertung im inländischen Zivilprozess. Zur Bedeutung des US-amerikanischen discovery-Verfahrens für das deutsche Erkenntnisverfahren. 2002.

Band 64 Bernd Ehle: Wege zu einer Kohärenz der Rechtsquellen im Europäischen Kollisionsrecht der Verbraucherverträge. 2002.

Band 65 Heiko Lehmkuhl: Das Nacherfüllungsrecht des Verkäufers im UN-Kaufrecht. 2002.

Band 66 Jochen Nikolaus Schlotter: Erbrechtliche Probleme in der Société Privée Européenne. IPR-Harmonisierung im einheitlichen Europäischen Rechtsraum. 2002.

Band 67 Konrad Ost: Doppelrelevante Tatsachen im Internationalen Zivilverfahrensrecht. Zur Prüfung der internationalen Zuständigkeit bei den Gerichtsständen des Erfüllungsortes und der unerlaubten Handlung. 2002.

Band 68 Tobias Bosch: Die Durchbrechungen des Gesamtstatuts im internationalen Ehegüterrecht. Unter besonderer Berücksichtigung deutsch-französischer Rechtsfälle. 2002.

Band 69 Ursula Philipp: Form im amerikanischen Erbrecht. Zwischen Formalismus und harmless error. 2002.

Band 70 Christian Stefan Wolf: Der Begriff der wesentlich engeren Verbindung im Internationalen Sachenrecht. 2002.

Band 71 André Fomferek: Der Schutz des Vermögens Minderjähriger. Ein Vergleich des deutschen und des englischen Rechts unter Berücksichtigung des schottischen und irischen Rechts. 2002.

Band 72 nicht erschienen

Band 73 Markus Dreißigacker: Sprachenfreiheit im Verbrauchervertragsrecht. Der Verbraucher im Spannungsfeld zwischen kultureller Identität und Privatautonomie. 2002.

Band 74 Vassiliki Myller-Igknay: Auskunftsansprüche im griechischen Zivilrecht. Auswirkungen im deutsch-griechischen Rechtsverkehr sowie im deutschen internationalen Privat- und Verfahrensrecht. 2003.

Band 75 Stefan Bruinier: Der Einfluss der Grundfreiheiten auf das Internationale Privatrecht. 2003.

Band 76 Nika Witteborg: Das gemeinsame Sorgerecht nichtverheirateter Eltern. Eine Untersuchung im soziologischen, rechtsgeschichtlichen, verfassungsrechtlichen, rechtsvergleichenden und internationalen Kontext. 2003.

Band 77 Peter Stankewitsch: Entscheidungsnormen im IPR als Wirksamkeitsvoraussetzungen der Rechtswahl. 2003.

Band 78 Jan Wilhelm Ritter: Euro-Einführung und IPR unter besonderer Berücksichtigung nachehelicher Unterhaltsverträge. Eine Untersuchung mit Blick auf das deutsche, französische und schweizerische Recht. 2003.

Band 79 Wolf Richard Herkner: Die Grenzen der Rechtswahl im internationalen Deliktsrecht. 2003.

Band 80 Ira Ditandy: Internationale Zuständigkeit. Neuregelung durch die LOPJ 1985. Vergleich mit dem europäischen Vorbild und Auswirkungen auf das spanische internationale Zivilverfahrensrecht. 2003.

Band 81 Andrea Verena Schefold: Werbung im Internet und das deutsche Internationale Privatrecht. 2004.

Band 82 Klaus Herkenrath: Die Umsetzung der Richtlinie 93/13/EWG über missbräuliche Klauseln in Verbraucherverträgen in Deutschland, dem Vereinigten Königreich, Frankreich und Italien. Auswirkungen nationaler Umsetzungstechniken auf dem Harmonisierungserfolg. 2003.

Band 83 Alexander Thünken: Das kollisionsrechtliche Herkunftslandprinzip. 2003.

Band 84 Barbara v. Daumiller: Die Rechtswahl im italienischen internationalen Erbrecht: und ihre Auswirkungen im deutsch-italienischen Rechtsverkehr. 2003.

Band 85 Robert Mödl: Macht, Verantwortlichkeit und Zurechnung im Konzern. Eine rechtsvergleichende Untersuchung auf der Grundlage des deutschen, spanischen und US-amerikanischen Rechts. 2003.

Band 86 Ursula Kerpen: Das Internationale Privatrecht der Persönlichkeitsrechtsverletzungen. Eine Untersuchung auf rechtsvergleichender Grundlage. 2003.

Band 87 Barbara Ploeckl: Umgangsrechtsstreitigkeiten im deutsch-französischen Rechtsverkehr. Bestehende internationale und nationale Regelungen und der geplante *europäische Besuchstitel*. 2003.

Band 88 Katrin Wannemacher: Die Außenkompetenzen der EG im Bereich des Internationalen Zivilverfahrensrechts. Der räumliche Anwendungsbereich des Art. 65 EGV am Beispiel der EuGVO und der EheVO. 2003.

Band 89 Maren B. Eilinghoff: Das Kollisionsrecht der ungerechtfertigten Bereicherung nach dem IPR-Reformgesetz von 1999. 2004.

Band 90 Patrick Niehr: Die zivilprozessuale Dokumentenvorlegung im deutsch-englischen Rechtshilfeverkehr nach der deutschen und der englischen Prozessrechtsreform. 2004.

Band 91 Anna Christina Gördes: Internationale Zuständigkeit, Anerkennung und Vollstreckung von Entscheidungen über die elterliche Verantwortung. Die VO(EG) Nr. 1347/2000, ihre geplanten Änderungen und das Verhältnis beider zum Minderjährigen- und Kinderschutzabkommen. 2004.

Band 92 Martin Rädler: Rechtsbehelfe des Käufers eines Unternehmens oder einer unternehmerischen Beteiligung gegen den Verkäufer im deutschen und französischen Recht. 2004.

Band 93 Marc-Yngve Dietrich: Rechtsstellung und Beteiligung der Gläubiger im französischen Insolvenzverfahren. 2004.

Band 94 Katia Niemann: Die rechtsgeschäftliche und organschaftliche Stellvertretung und deren kollisionsrechtliche Einordnung. Deutschland und England im Vergleich. 2004.

Band 95 Daniel Ludwig: Neuregelungen des deutschen Internationalen Insolvenzverfahrensrechts. Eine Untersuchung unter vergleichender Heranziehung der Europäischen Insolvenzverordnung. 2004.

Band 96 Cordelia Faulenbach: Der gemeinschaftsrechtliche Vorbehalt im europäischen Wettbewerbsrecht. Die Herkunftslandanknüpfung der E-Commerce-Richtlinie unter dem Einfluss der Grundfreiheiten. 2004.

Band 97 Ulf Dörner: Der Vertragsgerichtsstand nach dem Protokoll von Buenos Aires. 2004.

Band 98 Martin Schmidhuber: Verhaltenskodizes im nationalen und grenzüberschreitenden elektronischen Geschäftsverkehr. Zur Frage der Integration der Selbstregulierung durch Private in die staatliche Rechtsordnung. 2004.

Band 99 Florian Kienle: Die fehlerhafte Banküberweisung im internationalen Rechtsverkehr. Unter besonderer Berücksichtigung des Artikels 4A US Uniform Commercial Code. 2004.

Band 100 Thomas Alexander Brandt: Die Adoption durch eingetragene Lebenspartner im internationalen Privat- und Verfahrensrecht. 2004.

Band 101 Florian Pulkowski: Subunternehmer und Internationales Privatrecht. Der Subunternehmer als Quasi-Verbraucher im Europäischen Kollisionsrecht. 2004.

Band 102 Ulrich Becker: Grundrechtsschutz bei der Anerkennung und Vollstreckbarerklärung im europäischen Zivilverfahrensrecht. Bestimmung der Grenzen für die Einführung eines europäischen Vollstreckungstitels. 2004.

Band 103 Thomas Badelt: Aufrechnung und internationale Zuständigkeit unter besonderer Berücksichtigung des deutsch-spanischen Rechtsverkehrs. 2005.

Band 104 Florian D. Wagner: Vorvertragliche Aufklärungspflichten im internationalen Franchising. Zur Harmonisierung von Delikts- und Vertragsstatut im internationalen Privatrecht unter besonderer Berücksichtigung der Franchise-Gesetzgebung des US-Bundesstaates Kalifornien. 2005.

Band 105 Vera Heine: Die Umsetzung der *EG-Richtlinie über missbräuchliche Klauseln in Verbraucherverträgen* im englischen und deutschen Recht. 2005.

Band 106 Alexander Franz: Überregionale Effektentransaktionen und anwendbares Recht. Eine kollisionsrechtliche Untersuchung unter besonderer Berücksichtigung der Vorschrift des § 17 a DepotG. 2005.

Band 107 Hanna-Maria Uhlenbrock: Gesetzliche Regelungen für nichteheliche Lebensgemeinschaften in Deutschland und Frankreich. Ein Vergleich des Unterhaltsrechts bei der eingetragenen Lebenspartnerschaft und beim Pacte civil de Solidarité. 2005.

Band 108 Katrin Stieß: Anknüpfungen im internationalen Urheberrecht unter Berücksichtigung der neuen Informationstechnologien. 2005.

Band 109 Hendrik Otto: Der gesetzliche Abschlussprüfer im italienischen Recht. Eine rechtsvergleichende Untersuchung unter besonderer Berücksichtigung der zivilrechtlichen Haftung. 2005.

Band 110 Frauke Stuphorn: Bankhaftung für Kreditauskünfte im deutschen und französischen Recht. 2005.

Band 111 Nina Fürer: Die zivilrechtliche Haftung für Raucherschäden. 2005.

Band 112 Giovanni B. Barillà: *Contratto autonomo di garanzia* e *Garantievertrag.* Categorie civilistiche e prassi del commercio. 2005.

Band 113 Timo Torz: Gerichtsstände im Internationalen Insolvenzrecht zur Eröffnung von Partikularinsolvenzverfahren. 2005.

Band 114 Martina Schmid: Die Grenzen der Auslegungskompetenz des EuGH im Vorabentscheidungsverfahren nach Art. 234 EG. Dargestellt am Beispiel der überschießenden Richtlinienumsetzung. 2005.

Band 115 Stephan Lesage-Mathieu: Dispositives Kollisionsrecht im prozessualen Kontext. 2005.

Band 116 Jürgen Görtz: Die subjektiven Grenzen der Rechtskraft US-amerikanischer Urteile. 2005.

Band 117 Vera Hoppe: Die Einbeziehung ausländischer Beteiligter in US-amerikanische class actions. Unter Berücksichtigung des Class Action Fairness Act 2005. 2005.

Band 118 Silke Pütz: Parteiautonomie im internationalen Urhebervertragsrecht – Eine rechtsdogmatische und rechtspolitische Betrachtung der Grenzen freier Rechtswahl im internationalen Urhebervertragsrecht unter besonderer Berücksichtigung des neuen deutschen Urhebervertragsrechts. 2005.

Band 119 Alice Nieroba: Die europäische Rechtshängigkeit nach der EuGVVO (Verordnung (EG) Nr. 44/2001) an der Schnittstelle zum nationalen Zivilprozessrecht. 2006.

Band 120 Jan Kayser: Alternative Formen gerichtlicher und außergerichtlicher Streitbeilegung im deutschen und französischen Zivilprozess. Les modes alternatifs judiciaires et extrajudiciaires de résolution des conflits en procédure civile allemande et française. 2006.

Band 121 Mirko Ehrich: Der internationale Anwendungsbereich des deutschen und französischen Rechts gegen irreführende Werbung. Freie Wahl von Form und Mittel, Rom II und Herkunftslandprinzip. 2006.

Band 122 Daniel Thelen: Die Haftung des Sekundärschädigers für Gewalttaten anderer im US-amerikanischen Deliktsrecht ausgehend von dem Problem rechtsextremistisch motivierter Gewalttaten. 2006.

Band 123 Anne Winterling: Die Entscheidungszuständigkeit in Arbeitssachen im europäischen Zivilverfahrensrecht. 2006.

Band 124 Sarah Gerling: Die Gleichstellung ausländischer mit inländischen Vollstreckungstiteln durch die Verordnung zur Einführung eines Europäischen Vollstreckungstitels für unbestrittene Forderungen. Im Vergleich zum bisherigen Recht und zur Rechtslage in den USA. 2006.

Band 125 Christian Bank: Präventivmaßnahmen börsennotierter Gesellschaften zur Abwehr feindlicher Übernahmeversuche in Deutschland und Großbritannien. Eine rechtsvergleichende Untersuchung des deutschen und britischen Rechts unter Berücksichtigung der Europäischen Übernahmerichtlinie. 2006.

Band 126 Christian Weis: Kaufrechtliche Gewährleistung und Garantievergabe in Deutschland und Spanien. Unter besonderer Berücksichtigung des Unternehmenskaufs. 2006.

Band 127 Emilio Maus Ratz: Der Nacherfüllungsanspruch nach UN-Kaufrecht. Im Lichte der deutschen, spanisch-mexikanischen und US-amerikanischen Rechtswissenschaft. 2006.

Band 128 Constanze Jacobs: Die Sachmängelgewähr im deutschen und belgischen Kaufrecht nach Umsetzung der Verbrauchsgüterkauf-Richtlinie. 2006.

Band 129 Ulrike Teichert: Lückenfüllung im CISG mittels UNIDROIT-Prinzipien – Zugleich ein Beitrag zur Wählbarkeit nichtstaatlichen Rechts. 2007.

Band 130 Sascha Reichardt: Internationale Zuständigkeit im Gerichtsstand der unerlaubten Handlung bei Verletzung europäischer Patente. 2006.

Band 131 Bilgehan Cetiner: Die Sachmängelhaftung des Verkäufers im UN-Kaufrecht und im neuen deutschen Schuldrecht. Eine rechtsvergleichende Studie. 2006.

Band 132 Jan Streer: Die Umsetzung der Verbrauchsgüterkaufrichtlinie im englischen Recht durch die Sale and Supply of Goods to Consumer Regulations 2002. 2007.

Band 133 Kathrin Wannenmacher: Einstweilige Maßnahmen im Anwendungsbereich von Art. 31 EuGVVO in Frankreich und Deutschland: Eine Betrachtung ausgesuchter Verfahren des einstweiligen Rechtsschutzes im internationalen Zivilverfahrensrecht – gerichtliche Zuständigkeit, Anerkennung und Vollstreckung. 2007.

Band 134 Wim Kreytenberg: Die individuelle Schwerpunktbestimmung internationaler Schuldverträge nach der Ausweichklausel des Artikel 4 Absatz 5 Satz 2 EVÜ. Ein Beitrag zur Förderung von Rechtssicherheit und Einzelfallgerechtigkeit im europäischen Kollisionsrecht der Schuldverträge. 2007.

Band 135 Nikolaus Geiben: Der Vorvertrag im Internationalen Privatrecht. Unter besonderer Berücksichtigung des Immobilienerwerbs im portugiesischen und brasilianischen Recht. 2007.

Band 136 Predrag Maksimovic: Der Kapitalschutz im europäischen, serbischen und deutschen Recht der Gesellschaft mit beschränkter Haftung. 2007.

Band 137 Alexander Rathenau: Die Anwendung des EuGVÜ durch portugiesische Gerichte unter Berücksichtigung des autonomen internationalen Zivilverfahrensrechts. 2007.

Band 138 Matthias Creydt: Die Besicherung von Weltraumvermögenswerten. Ein neues einheitliches internationales Sicherungsrecht und dessen Vergleich zum US-amerikanischen Mobiliarsicherungsrecht. 2007.

Band 139 Oliver Borkhardt: Registerpublizität und Kollisionsrecht besitzloser Mobiliarsicherheiten nach dem neuen Art. 9 UCC. 2007.

Band 140 Jens Engelmann-Pilger: Deliktische Haftung für das Fehlverhalten Dritter im Common Law. 2007.

Band 141 Bastian Rotmann: Der Schutz des Dritten in der europäischen Mobiliarzwangsvollstreckung. Eine rechtsvergleichende Untersuchung vor dem Hintergrund der Verordnung (EG) Nr. 805/2004 zur Einführung eines Europäischen Vollstreckungstitels für unbestrittene Forderungen. 2007.

Band 142 Oliver Ratzel: Die Präklusion isolierter Unterhaltsverfahren durch den ausländischen Scheidungsverbund. Zugleich ein Beitrag zur internationalen Verbundszuständigkeit im Lichte der Quellenveränderung. 2007.

Band 143 Bettina Maria Stade: Die Konstitutionalisierung des Zivilprozessrechts in Spanien und Deutschland vor dem Hintergrund der Europäisierung des Zivilprozessrechts. 2007.

Band 144 Julia El-Bitar: Der deutsche und der französische Kulturgüterschutz nach der Umsetzung der Kulturgüterrückgaberichtlinie. Eine materiellrechtliche und kollisionsrechtliche Untersuchung. 2007.

Band 145 Aris Kaschefi: Sachmängelhaftung im französischen Kaufrecht vor und nach Umsetzung der Verbrauchsgüterkaufrichtlinie. Mit rechtsvergleichenden Hinweisen zum deutschen Recht unter besonderer Berücksichtigung von Weiterfressersachverhalten. 2007.

Band 146 Isabel Roth: Die internationale Zuständigkeit deutscher Gerichte bei Persönlichkeitsrechtsverletzungen im Internet. 2007.

Band 147 Theresa Wilhelmi: Das Weltrechtsprinzip im internationalen Privat- und Strafrecht. Zugleich eine Untersuchung zu Parallelitäten, Divergenzen und Interdependenzen von internationalem Privatrecht und internationalem Strafrecht. 2007.

Band 148 Alice Halsdorfer: Privat- und kollisionsrechtliche Folgen der Verletzung von Kulturgüterschutznormen auf der Grundlage des UNESCO-Kulturgutübereinkommens 1970. 2008.

Band 149 Thomas Müller-Froelich: Der Gerichtsstand der Niederlassung im deutsch-amerikanischen Rechtsverkehr. Eine Untersuchung zu Fragen der Entscheidungs- und Anerkennungszuständigkeit. 2008.

Band 150 Christopher Luhn: Privatautonomie und Inhaltskontrolle von Eheverträgen. Ein kritischer Vergleich des deutschen und des australischen Rechts mit Bezügen zum Internationalen Privatrecht. 2008.

Band 151 Kristin Kohler: Die grenzüberschreitende Verbraucherverbandsklage nach dem Unterlassungsklagengesetz im Binnenmarkt. 2008.

Band 152 Dorothee Maria Kaulen: Die Anerkennung von Gesellschaften unter Artikel XXV Abs. 5 S. 2 des deutsch-US-amerikanischen Freundschafts-, Handels- und Schifffahrtsvertrags von 1954. 2008.

Band 153 Birka Vanessa Stroschein: Parteizustellung im Ausland. Eine systemvergleichende Untersuchung des Gemeinschafts- und Staatsvertragsrechts unter Einbeziehung des deutschen, französischen, englischen und US-amerikanischen Zustellungsrechts. 2008.

Band 154 Nancy Gruschinkse: Das europäische Kollisionsrecht der Aufrechnung unter besonderer Beachtung des Insolvenzfalles. 2008.

Band 155 Hans-Christian Frick: Sprachrisiko im Zeitalter des Ethnomarketings. US-amerikanische Erfahrungen und europäische Rechtsentwicklung. 2009.

Band 156 Stephan Mangold: Verbraucherschutz und Kunstkauf im deutschen und europäischen Recht. 2009.

Band 157 Robert Beier: Die gesetzlichen Rechte des überlebenden Ehegatten nach dem deutschen und spanischen Kollisionsrecht. Unter besonderer Berücksichtigung der *viudedad aragonesa*. 2009.

Band 158 Julia-Marie Oppermann: Internationale Handelsschiedsgerichtsbarkeit und Verjährung. 2009.

Band 159 Stephan Boese: Strukturprinzipien im Gläubigerschutz. Eine rechtsvergleichende Untersuchung zur GmbH und zur englischen Limited Company. 2009.

Band 160 Thomas Rosa: Das Kaufrecht nach dem Zivilgesetzbuch der Tschechischen und Slowakischen Republik. Eine rechtsvergleichende Darstellung im Lichte des deutschen Bürgerlichen Gesetzbuches. 2009.

Band 161 Roland Weis: Rechnungslegungspflichten von EU-Scheinauslandsgesellschaften im Land ihrer tatsächlichen wirtschaftlichen Betätigung. Insbesondere im Hinblick auf in Deutschland tätige englische Limiteds. 2009.

Band 162 Henning Frase: "Leoninische Vereinbarungen" und Ergebnisbeteiligungspflicht im deutschen und italienischen Gesellschaftsrecht. Zum *patto leonino* des italienischen Rechts und möglichen Entsprechungen im deutschen Recht. 2010.

Band 163 Christiane Tödter: Europäisches Kindschaftsrecht. Nach der Verordnung (EG) Nr. 2201/ 2003. 2010.

Band 164 Edda Gampp: *Perpetuatio fori internationalis* im Zivilprozeß und im Verfahren der freiwilligen Gerichtsbarkeit. 2010.

Band 165 Mei Wu: Die Reform des chinesischen Beweisrechts vor dem Hintergrund deutscher und US-amerikanischer Regelungsmodelle. 2010.

Band 166 Corina Leimert: Stand und Entwicklung des italienischen Rechts der Unternehmenszusammenschlüsse (gruppi di società / gruppi di imprese). 2010.

Band 167 Kasim Özen: Die Scheidungsgründe im türkischen Zivilgesetzbuch. 2010.

Band 168 Helena Isabel Maier: Marktortanknüpfung im internationalen Kartelldeliktsrecht. Eine internationalzuständigkeits- und kollisionsrechtliche Untersuchung unter Einbeziehung rechtsvergleichender Überlegungen zum englischen Recht. 2011.

Band 169 Thomas Spernat: Die gleichgeschlechtliche Ehe im Internationalen Privatrecht. Unter besonderer Berücksichtigung des Einflusses des EG-Vertrags. 2011.

Band 170 Max Johann Lipsky: Statutenwechsel im italienischen Sachenrecht – Auswirkungen auf den Im- und Export von Mobiliarsicherheiten. Eine Untersuchung der rechtlichen Beständigkeit dinglicher Kreditsicherheiten im deutsch-italienischen Rechtsverkehr. 2011.

Band 171 Silvia Karolina Seilstorfer: Die Umsetzung der Verbrauchsgüterkaufrichtlinie in Portugal mit rechtsvergleichenden Hinweisen zum deutschen Recht. 2011.

Band 172 Stephan Georg Knöchel: Anerkennung französischer Urteile mit Drittbeteiligung. Eine Untersuchung der Anerkennung von Drittbindungswirkungen nach der EuGVVO und autonomem deutschem Recht. 2011.

Band 173 Kristina Menzel: Vollstreckungsschutz zugunsten privater Altersvorsorge. Eine rechtsvergleichende Untersuchung zum deutschen und schweizerischen Recht. 2011.

Band 174 Manuela Krach: Scheidung auf Mexikanisch. Das materielle Recht der Scheidung im Mehrrechtsstaat Mexiko unter Berücksichtigung von Eheschließung und Ehewirkungen. 2011.

Band 175 Vanessa Sofia Wagner: Verkehrsschutz beim redlichen Erwerb von GmbH-Geschäftsanteilen. Ein Vergleich des Rechts für Gesellschaften mit beschränkter Haftung in Deutschland, England und Italien. 2011.

Band 176 Alexander Swienty: Der Statutenwechsel im deutschen und englischen internationalen Sachenrecht unter besonderer Betrachtung der Kreditsicherungsrechte. 2011.

Band 177 Kathrin Süß: Streitbeilegungsmechanismen im Verbraucherrecht. Unter besonderer Berücksichtigung der australischen Rechtsordnung. 2011.

Band 178 Efe Direnisa: Die materielle Rechtskraft im deutschen und türkischen Zivilverfahrensrecht. 2012.

Band 179 Julia Faenger: Leistungsunabhängige Nebenpflichten zum Schutz des Integritätsinteresses im deutschen und französischen Recht. Eine rechtsvergleichende Betrachtung ausgehend von den Rücksichtspflichten des § 241 Abs. 2 BGB. 2012.

Band 180 Dorothea Heine: Das Kollisionsrecht der Forderungsabtretung. UNCITRAL-Abtretungskonvention und Rom I-Verordnung. 2012.

Band 181 Lisa B. Möll: Kollidierende Rechtswahlklauseln in Allgemeinen Geschäftsbedingungen im internationalen Vertragsrecht. 2012.

Band 182 Jutta Jasmin Uusitalo: Einbeziehung von AGB im unternehmerischen Geschäftsverkehr zwischen Deutschland und Finnland. 2012.

www.peterlang.de